21世纪法学研究生参考书系列

林诚二◎著

民法债编各论

（上）

中国人民大学出版社

作者简介

林诚二，台湾省台中市人，中兴大学法学硕士，美国伊利诺伊州立大学比较法学硕士，美国北俄亥俄大学及美国伊利诺伊州立大学研究，东吴大学法学院法律学系教授。讲授民法总则、民法债编总论、民法债编各论、国际贸易法等课程。主要学术著作有：《民法总则讲义》（上、下册），《民法债编总论》（上、下册），《民法债编各论》，《民法理论与问题研究》，发表《由个案论债法上情事变更原则之适用》、《民法上信赖利益赔偿之研究》等学术论文数十篇。

修订二版序

民法各种之债，浩瀚深奥，实非个人能力所及，但见此次“民法债编”全盘修正以来，坊间仍欠缺一套完整债编各论教材，同学需求甚殷，乃不自量力，将多年来教授讲义重新充实整编，先后出版民法债编各论上、中、下三册，不敢言说学术价值，但求尽点心力，让有志于研习民法各种之债者，能有所参用。作者自知才疏学浅，书中论点谬误难免，尚盼先进专家不吝指正，以为切当，使民法债编各论之学说与实务更加进步。

本书上册系以民法债编修正草案为基础书写，自 1994 年 11 月出版以来，迄未修正，笔者有感于著作之完整性，乃依立法修正通过之民法债编，先完成本书中、下册之出版后，再开始修正本书上册，除配合本书中、下册之排版略作更动，使其具有一贯性外，并就近年实务与理论之发展，再为更新，使之更具阅读性与参考性。

本书之成，蒙贤棣叶张基君帮忙搜集资料、汇整编辑与缮打，谨此志谢。

最后，谨以本书深深感谢三十多年来无怨无悔陪伴笔者之内人叶芳芸女士，并祝她永远健康青春美丽。

林诚二

序于东吴大学法学院研究室

2003 年 7 月 1 日

序　　言

本书系笔者之教学资料，辅以实务之见解，及参加“法务部民法修正委员会”多年之心得而成，拟分上、中、下三册出版，但盼能如愿完成。其中所广泛搜集之实务见解及特意留白之版面，祈同学多加利用，得因此获得独立思考判断及资料整理之能力。此外，本书中不乏现今实务问题之介绍与评论，尚祈对台湾地区“民法”之注释及实务问题之解决有所助益。

滥竽民法教学，忝逾二十余年，自知不才，倘非为教学之便利，以及在大法官王泽鉴教授与好友甘添贵教授、王宝辉律师之鞭策下，实未敢于教科书之写作。笔者学力有限，且因仓促付梓，疏漏谬误之处，尚祈海内宏达，得不吝指正。

本书之缮打校对及资料整理工作，承贤棣吴至格同学协助，谨此志谢。

林诚二

1994年9月于中兴大学教授研究室

目 录

第一编 绪 论

第二编 各 论

第一编

绪　　论

欲了解台湾民法债编中各种之债（“民法”第三百四十五条至第七百五十六条之九），应先对下述观念有所认识。必先有此认识，乃能入门而正确适用法条，进一步解释具体案件之事实，而得到债之精髓——即契约之正义。

第一节　体制之认识

壹、主义

一、民商合一主义

采民商合一主义者，法制上即无民商法之别，商事交易契约亦订入民法债编各论中，即民法之商化，如瑞士债务法、俄国民法、英美法等是。

二、民商分立主义

采民商分立主义者，法制上即有民商法之别，商事交易契约单独立法，如法国民法、德国民法、日本民法等是。

贰、台湾地区之体制

台湾地区系采民商合一主义，故民法之外，不另立商事法对商事交易事项加以规定，商事交易契约亦适用民法之规定，尤其是债编中各种之债各节规定。实际上，台湾地区却常以单行法形式另行颁订商业登记法、公司法、票据法、海商法及保险法，在学校开课或考试上，将其合称为商事法，并以之俗称迄今未变。故台湾地区民法虽无民商分立之形式，却有民商分立之实。由于此一现象之奇特，适用法条时，尚须注意特别法优于普通法之原则。实则在民商合一之主义下，不妨将台湾之公司、票据、海商、保险等特别法看成台湾各种之债中之一环，而加以适用，即可免去被讥为民商分立之实。例如“民法”债编中各种之债第十一节对一般经理人设有规定，而“公司法”第二十九条至第三十四条及第三十六条亦设有经理人之规定，适用时应注意公司法之优先规定。又如雇佣，适用时尚须注意“劳动基准法”及其相关法令之有关强行性（强制或禁止）之规定。

第二节　民法债编各论之体系

- 债各
  - 二十四节（民§345至民§756）
    - 单独行为
      - 指示证券（民§710至§718）
      - 无记名证券（民§719至§728）
    - 债权契约
  - 增订三节，包括旅游（民§514-1至民§514-12）、合会（民§709-1至民§709-9）与人事保证（民§756-1至民§756-9）

- 债权契约
  - 以给付物为目的
    - 买卖（买回、货样买卖、试验买卖、拍卖）
    - 互易
    - 赠与
    - 租赁
    - 借贷
      - 使用借贷
      - 消费借贷
    - 有偿契约、无偿契约、双务契约、片务契约
      - 注意程度
      - 瑕疵担保
      - 危险负担
      - 解除契约
      - 民§77，78，183，244
  - 以给付劳务为目的或方法
    - 雇佣
    - 承揽
    - 出版
    - 旅游
    - 委任
    - 经理人及代办商
    - 居间
    - 行纪
    - 寄托
    - 仓库
    - 运送
      - 物品运送
      - 旅客运送
    - 承揽运送
    - 继续性契约
      - 终止契约
      - 情事变更
    - 报酬后付原则
  - 其他有名契约
    - 合伙
    - 隐名合伙
    - 合会
    - 终身定期金
    - 和解
    - 保证
    - 人事保证
    - 交互计算
  - 未规定者—无名契约、混合契约、联立契约、结合契约

第三节 债权契约之基本认识

如上所述，民法各种之债，其发生大多以债权契约为原因，故初学民法债各者，有必要再就债权契约之各种基本法则加以认识，兹就其要者，陈述如下：

壹、债权契约之意义与特性

所谓债权契约，系指两人以上以债之发生为目的而相互对立合意之法律事实（“民法”第一百五十三条），有别于物权契约与身份契约。故须注意下列之特性：

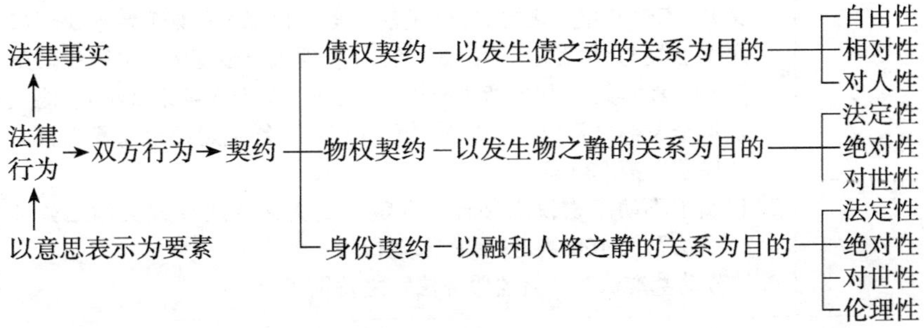

贰、债权契约之自由原则及其限制

关于债权契约之自由原则及其限制之缘起，以及将来发展趋势，请参见拙著民法债编总论（上册）。兹就其内容略述如下：

自由原则	限制（例如）
订定契约之自由	1. 法定租赁权（“民法”第 425 条之 1）、法定地上权（“民法”第 876 条）。 2. 地上权消灭时，土地所有人以时价购买其工作物或竹木者，地上权人不得拒绝（“民法”第 839 条第 2 项）。 3. 绝卖之限制（“民法”第 913 条）。 4. 绝押（“民法”第 973 条）或流质（“民法”第 893 条）之禁止。

续前表

自由原则	限制（例如）
	5. 优先承买权（“民法”第426条之2、“土地法”第104条、第107条）。 6. 优先承租权（“土地法”第117条）。 7. 优先承典权（“耕地三七五减租条例”第15条）。 8. “劳动基准法”、“就业服务法”之特别规定。
选择当事人之自由	1. 典权人之留置权（“民法”第919条）。 2. 社会性契约，如乘客、国民住宅申购人、邮票购买人。
决定契约内容之自由	1. 高利率（“民法”第205条）、复利之限制（“民法”第207条）。 2. 巧取利益之禁止（“民法”第206条）。 3. “劳动基准法”、“就业服务法”之特别规定。 4. “民法”第71条、第72条之基本规定。
契约方式之自由	1. “民法”第73条之基本限制规定。 2. 借贷及寄托之物之交付（“民法”第464条、第474条、第589条）、不动产租赁之方式（“民法”第422条）、委任事务处理权之书面授与（“民法”第531条）、经理人之管理权（“民法”第554条第2项）、代办商之权限（“民法”第558条第2项）、终生定期金契约之订立（“民法”第730条）、终生定期金遗赠之订立（“民法”第735条）。 3. 以负担不动产物权之移转、设定或变更义务之债权契约之公证（“民法”第166条之1，尚未施行）。 4. “劳动基准法”、“就业服务法”之特别规定。
契约内容变更之自由	1. 债务人之提前还本权（“民法”第204条）。 2. 买回最长期限之限制（“民法”第380条）。 3. 不动产租赁租金增减请求权（“民法”第442条）。 4. 租赁最长期限之限制（“民法”第449条）。 5. “劳动基准法”、“就业服务法”之特别规定。
契约解除之自由	1. 实际报酬超过预估概数甚巨时之承揽解除权（“民法”第506条）。 2. 解除之催告限制（“民法”第254条、第361条）。
契约终止之自由	1. 重大事由之雇佣终止权（“民法”第489条）。 2. 承租人死亡之终止权（“民法”第424条）。 3. 终止劳动契约之要件（“劳动基准法”第11条至第16条）。

此外，债权契约之自由，在现代正义观念下，不但要重视契约之形成公平（procedural fairness），同时也要重视契约形成后之实质公平

(substantial fairness)，前者如不得有暴利行为、错误、不知、误传、诈欺、胁迫等，后者如契约内容必须公平、合理。

叁、定型化契约、标准格式契约与附合（从）契约及不公平契约之关系

一、意义

以上各种契约之概念，请参见拙著民法债编总论（上册）之说明。

二、源由

定型化契约及标准格式契约，如保险契约、运送契约、证券买卖契约、证券集中保管契约、船舶或航空机建造契约、加盟经销契约，乃因应不断发展之商业交易活动及型态与交易对象，为交易方便及经济考虑所设计出来之契约，若契约之内容公平，则无可责性存在，亦无加以法律强行规范之必要。民法所要规范者，乃附合契约及不公平契约。为此，“民法”债编新修正第二百四十七条之一特设有一般性之限制规定，其内容为：“依照当事人一方预定用于同类契约之条款而订定之契约，为左列各款之约定，按其情形显失公平者，该部分约定无效：一、免除或减轻预定契约条款之当事人之责任者。二、加重他方当事人之责任者。三、使他方当事人抛弃权利或限制其行使权利者。四、其他于他方当事人有重大不利益者。”[1]

1　1999.4.21“民法”债编本条增订理由：一、本条新增。二、当事人一方预定契约之条款而由需要订约之他方，依照该项预定条款签订之契约，学说上名之为“附合契约”(contrat of adhesion)。此类契约，通常由工商企业者一方，预定适用于同类契约之条款，由他方依其契约条款而订定之。预定契约条款之一方，大多为经济上较强者，而依其预定条款订约之一方，则多为经济上之较弱者，为防止契约自由之滥用，外国立法例对于附合契约之规范方式有二：其一，在民法法典中增设若干条文已规定之，如意大利于1942年修正民法时增列第一千三百四十一条、第一千三百四十二条及第一千三百七十条之规定；其二，以单行法方式规定之，如以色列于1964年颁行之标准契约法之规定是。以上两种立法例，各有其优点，衡之台湾情形及工商业发展之现况，为使社会大众普遍知法、守法起见，宜于“民法”法典中列原则性规定，爰增订本条，明定附合契约之意义。为依照当事人一方预定用于同类契约之条款而订定之契约，此类契约他方每无磋商变更之余地。为防止此类契约自由之滥用及维护交易之公平，列举四款有关他方当事人利害之约定，如按其情形显失公平者，明定该部分之约定为无效。至于所谓“按其情形显失公平者”，系指依契约本质所生之王要权利义务，或按法律规定加以综合判断而有显失公平之情形而言。

三、观念澄清

目前通行之保险契约[2]以及各项有关费率契约（如用电、电话、煤气、自来水）虽为定型化契约，也可称为标准格式契约，但不一定为附合契约，更不一定为不公平契约。只能说由于定型化契约及标准格式契约之制作当事人，因其经济地位与有关契约法律知识较他方当事人为高，议约力（bargaining power）强，故此类契约常被诟为附合契约或不公平契约。实则社会性契约，常由于法令要求必须事先送目的事业主管机关之核备或核准（即所谓形成私法契约效力之行政处分），始能付诸使用。故欲使此等社会性契约能得契约之公平正义，目的事业主管机关应发挥其职权指导功能（行政指导），并由立法机关增修相关法律予以规范之。现行公平交易法对事业联合、结合等行为及不公平竞争，已有所限制；又消费者保护法对于消费者之权益及安全，均有详全之保护规定，适用时须注意，例如“消费者保护法施行细则”第十一条第一项规定给予消费者对定型化契约有三十日审阅期间。

四、定型化契约之性质

关于定型化契约之性质，向来有三说，即契约说、规范说及折衷说：

（一）契约说

此说认为，定型化契约仅系表达双方意思表示合致之一种方法。缔约时如法律上仍属公平，形式上虽由一方事先拟定契约内容，应无碍于契约之成立，与一般契约之成立无异。反对者认为，定型化契约在缔约时，一方之议约力（bargaining power）极为薄弱，有违契约内容自由及探求当事人真意之原则，故契约说有修正之必要。

（二）规范说

此说认为，一方当事人以预先拟定之条款而令他方当事人附合之行为，

2 “最高法院”1995年度台上字第1627号判决：“按保险人在承保危险事故发生时，依其承保之责任，负担赔偿之义务，为‘保险法’第二条所明定。本件汽车保险单将被保险汽车出险时被保险人报警处理及通知之义务，同规定于保险基本条款第二十一条，并记明‘被保险人未依上述规定办理者，上诉人不负赔偿责任’。但该两者，同在防免保险人损害之扩大，初与危险责任之预估不生影响。要保人或被保险人违反通知之义务者，‘保险法’第六十三条仅规定对保险人因此所受之损失应负赔偿责任，而未规定保险人得免除保险责任。被保险人违反报警义务时，亦应类推适用该规定，认仅发生对保险人应否负赔偿损失之问题，要不能因而免除其给付保险金之义务，如此解释方与保险契约分散损失之旨相符。否则违反通知或报警之义务，即依定型化契约之约定免除保险人之责任，将使保险之机能丧失殆尽，实非所宜。”

仅系将已成立之条款付诸实现，形同法律或习惯法，具有法规范之性质。反对者认为，定型化契约之条款系基于企业者或经济强者一方之利益，其适用范围一定，与法规范之目标在于正义，维持一般社会交易秩序之目标有违。

（三）折衷说

此说认为，定型化契约之性质，就其发生经过、拘束性及目的需要性考虑，实兼具契约与规范性。例如各企业所颁行之劳工工作规则，依“劳基法”第七十条规定，须报请主管机关核备后并公开揭示之，故兼具契约与规范性质。

本书以为，18、19世纪所建立之契约自由原则，迄今仍为经济活动之灵魂，20世纪以还，虽因资本主义兴起所生弊端及社会利益为重之观念影响，契约绝对自由之原则有加以修正之必要，但经济弱者及一般消费者之保护，仍可透过立法加以强行规范，殊无因定型化契约可能导致之不公平，即改变其为契约性质之认定。最重要者，乃不论定型化契约或非定型化契约，均应立法规范保护契约之形式自由与内容实质自由。

五、定型化契约之效力

定型化契约之效力，环观台湾民法及“消费者保护法”（以下简称“消保法”）之规定，约可窥知其效力如下：

（一）个别型定型化条款

所谓个别型定型条款，即指定型化契约条款（又称为一般条款，general conditions）与契约分开，而仅于契约中载明定型化条款为契约之一部分，同具契约效力。例如雇佣契约中约明受雇人应遵守雇用人公司所定工作规则；又如经销契约中载明经销商经销产品应遵守供应商所定颁之经销守则。

此类定型化契约条款（个别型定型化条款）之效力，应视其是否有在契约中明文约定适用而定其效力。按一般契约法观之，未将此定型化契约条款明载于契约者，自无契约效力可言。依“消保法”第十三条第一项规定，定型化契约条款如未记载于定型化契约中，原则上由企业经营者向消费者明示其内容，惟明示其内容显有困难之情形，例外允许得以显著之方式公告之。其经明示或公告后，尚须消费者同意受其拘束，且须依正常情形为消费者所得预见者（“消保法”第十四条参照），该定型化契约条款始得订入契约成为契约之内容。本书以为，凡未订入契约者，均无拘束力；至于订入者，如全部订入，仍须视其内容是否公平及有无违反消保法之规定而论其效力。例如载货证券（提单）（B/L，Air

Waybill）常于背面载明一般定型化契约条款。[3] 至于仅以“引述”性语句订入契约者，此时始有需要考虑“消保法”第十三条规定明示或公告之程序。须注意者，兹所谓“契约”仅指一般契约，非定型化契约，盖此时契约均为特别条款，而非定型化条款，其所定型者仅一般条款耳。

（二）单独型定型化契约

1. 有效：私法自治与契约自由化原则应受尊重，乃现代契约法之基柱，定型化契约所被诟病者，仅其条款内容显不公平且违正义之部分，故若定型化契约在形式与实质两方面均无违反法律强行规定，亦不背公序良俗，且合乎契约正义，其定型化契约条款既有其经济目的性存在，自无不发生其契约效力之理。

2. 无效：依通说见解，定型化契约中之条款、非定型化契约中之定型化契约条款（即一般定型化条款）或非定型化契约中引述定型化条款，有下列情事之一者，应为无效：

（1）违反强行规定

不论定型化契约或非定型化契约，若其约定条款之内容违反法律强制（作为）或禁止（不作为）规定者，原则上均应为无效[4]（“民法”第七

3 “最高法院”1991年度台上字第2362号判决：“本件载货证券背面条款第二十四条记载，运送契约应适用日本法，乃一定型化条款，系单方所为之意思表示，不能认系双方当事人之约定，无‘涉外民事法律适用法’第六条第一项之适用。原判决谓本件应适用日本法云云，已有可议。”同院1995年度台上字第1947号判决：“单位责任限制规定之立法意旨，乃在保障运送人于遇有非可归责于运送人之意外事故致货物灭失，而无法查证其价值时，得藉以杜绝双方之纷争，并减轻运送人所承受海上变故之风险，故系争载货证券上如已记载系争货物之品名、性质、种类、重量、数量、产地等，而依该等记载之内容已得据以计算出其于到货港当地完好之市场价值时，应该无限制责任规定适用之余地。况海运实务，亦仅于载货证券上载明货物种类、品名、数量、运送人即应可初估其价值，以尽运送注意义务，并加买保险转嫁于运费，苟率谓货物之性质及价值均须记载，方无单位责任限制之适用，此已于实际操作之情形严重背离，且一般载货证券多为定型化格式，而其上均无‘货物价值’一栏，如运送人得执托运人未就货物价值并为记载，而主张单位责任限制，亦有违诚信原则。本件载货证券既已载明货物品名、种类、重量、体积、数量产地等，则其客观价值已可确定，当不复有限制责任规定之适用。”

4 “最高法院”1991年度台上字第792号判决：“旅行契约系指旅行业者提供有关旅行给付之全部于旅客，而由旅客支付报酬之契约。故旅行中食宿及交通之提供，若由旅行业者洽由他人给付者，除旅客已直接与该他人发生契约行为外，该他人即为旅行业者之履行辅助人，如有故意或过失不法侵害旅客之行为，旅行业者应负损害赔偿责任。纵旅行业者印就之定型化旅行契约附有旅行业者就其代理人或使用人之故意或过失不负责任之条款，但因旅客就旅行中之食宿交通工具之种类、内容、场所、品质等项，并无选择之权，此项条款殊与公共秩序有违，应不认其效力。”

十一条参照）。

（2）违反公序良俗

不论是定型化契约或非定型契约，违反公序良俗与违反强行规定相同，均为无效（“民法”第七十二条参照）。

（3）违反诚信原则对消费者显失公平

依“消保法”第十二条第一项规定：“定型化契约中之条款违反诚信原则，对消费者显失公平者，无效。”本条项规定有误解诚信原则乃法律或契约之解释及适用原则，并非约定内容之原则，宜修改之。

（4）一般条款抵触非一般条款

“消保法”第十五条规定：“定型化契约中之定型化契约条款抵触个别磋商条款之约定者，其抵触部分无效。”本条所欲规范者，乃契约中之定型化契约条款，至于契约本身则不一定为定型化契约，通常其契约形式为正面条款，背面为定型化契约条款，正面条款仍容双方当事人自由协议订定。故此时，契约除抵触部分应为无效外，其他部分即正面条款仍应为有效（“消保法”第十六条前段参照）。

（5）全部无效

“消保法”第十六条规定：“定型化契约中之定型化契约条款，全部或一部无效或不构成契约内容之一部者，除去该部分，契约亦可成立者，该契约之其他部分，仍为有效。但对当事人之一方显失公平者，该契约全部无效。”定型化契约中之全部或一部为定型化契约条款，且有上述无效或不构成契约内容之一部者，有类似“民法”第一百十一条之规定。

（6）一般条款违反政府公告规定

“消保法”第十七条第一项及第二项规定：“‘中央’主管机关得选择特定行业，公告规定其定型化契约应记载或不得记载之事项。违反前项公告之定型化契约，其定型化契约条款无效。该定型化契约之效力，依前条规定定之。”[5] 本条第二项前段无效之规定，系因“民法”第七十一条仅于法律始有适用，但本条规定“中央”主管机关之公告系以行政命令

5 例如：预售屋买卖定型化契约应记载及不得记载事项、个人购车及购屋贷款定型化契约应记载事项、个人购车及购屋贷款定型化契约不得记载事项、电器买卖定型化契约应记载及不得记载事项、洗衣定型化契约应记载及不得记载事项、路外停车场租用定型化契约应记载或不得记载事项、台湾旅游定型化契约应记载及不得记载事项、台湾之外旅游定型化契约应记载及不得记载事项、瘦身美容定型化契约应记载及不得记载事项、有线广播电视系统经营者/有线播送系统定型化契约应记载及不得记载事项、观光游乐园（场、区）游乐服务契约应记载及不得记载事项。

行之，为“民法”第七十一条之特别规定。后段对无效后如何定当事人间之契约效力作规定？即应记载者未记载，仍生应记载之效力；不得记载而记载者，仍不生记载之效力。又行政机关尚制订多种定型化契约范本[6]，但因此等定型化契约范本并非“消保法”第十七条第一项所规定之“应记载或不得记载之事项”，自无同法条第二项规定之效力。[7]

（三）显失公平之推定

“消保法”第十二条第二项规定：“定型化契约中之条款有下列情形之一者，推定其显失公平：一、违反平等互惠原则。二、条款与其所排除不予适用之任意规定之立法意旨显相矛盾。三、契约之主要权利或义务，因受条款之限制，致契约之目的难以达成者。”[8] 本项适用时，应注意：

6 例如：纳骨塔位使用权买卖定型化契约范本、安亲班定型化契约范本、系统保全服务定型化契约范本、预售屋买卖契约书范本、汽车买卖定型化契约范本、驻卫保全服务定型化契约范本、信用卡定型化契约范本、个人购车及购屋贷款定型化契约范本、委托代向法院投标不动产定型化契约范本、保管箱出租定型化契约范本、路外停车场租用定型化契约范本、汽车驾驶训练定型化契约范本、汽车驾驶训练定型化契约范本、瘦身美容定型化契约范本、境内、外旅游契约书、人寿保险单示范条款、土地，建筑改良物抵押权设定契约书其他约定事项、手术、麻醉同意书、文理、电脑补习班补习服务契约书范本、车辆动产抵押契约书范本、有线电视系统契约书范本、有线电视节目播送系统契约书范本、套书（百科全书等）、语言录音带及教学录影带买卖定型化契约范本、观光游乐园（场、区等）游乐服务契约书范本、房地产委托销售契约书范本、安养定型化契约范本、公路汽车〔市区〕汽车客运业旅客运送定型化契约范本、预售停车位买卖契约书范本、小客车租赁定型化契约范本、保管箱出租定型化契约范本、坐月子中心定型化契约范本、搬家货运定型化契约范本、职业介绍服务定型化契约范本、汽车维修服务定型化契约范本、学生海外研修定型化契约范本、婚纱摄影（礼服租售及拍照）契约范本、行动电话业务服务契约范本、行动电话业务营业规章范本、系统保全服务定型化契约范本、移民服务定型化契约范本、计时计次停车场公告事项范本、中古汽车买卖定型化契约范本、成屋买卖契约书范本、驻卫保全服务定型化契约范本、房屋租赁契约书范本、房屋委托租赁契约书范本。

7 王泽鉴，债法原理，第一册，基本理论债之发生，作者自刊，2002年10月增订版六刷，第一〇八页。

8 “最高法院”1995年度台上字第1239号判决：“定型化契约条款如有疑义时，应为有利于消费者之解释；其条款违反诚信原则，对消费者显失公平者，无效，‘消费者保护法’第十一条第二项、第十二条第一项分别定有明文。”
同院1997年度台上字第3433号判决：“两造已订立前述书面契约，两造就保全服务期间之起算期日另以合意变更该定型化契约中之条款（即被上诉人之保全业务接续原新光公司之保全业务，不中断），就该合意变更部分是否不生效力，此观诸‘消费者保护法’第十一条：‘企业经营者在定型化契约中所用之条款，应本平等互惠之原则。定型化契约条款如有疑义，应为有利于消费者之解释。’及同法第十二条第一项、第二项第三款：‘定型化契约中之条款违反诚信原则，对消费者显失公平者，无效。定型化契约中之条款有下列情形之一者，推定其显失公平……三、契约之主要权利或义务，因受条款之限制，致契约之目的难以达成者。’之立法精神，不难明了。盖两造既同意被上诉人之保全业务接续原新×公司之保全业务，使之不中断，但若依电子保全服务契约书第五条第一款约定，以被上诉人提供之保全业务通报经上诉人签名之日为起算日，则显难达到接续而不中断之目的，故如认此项合意不生效力，似不足以保护消费者即上诉人。”

1. “定型化契约中之条款”应修正为“契约中之定型化契约条款”：若全部条款均定型化，固可称之为定型化契约；契约中背面条款或所引述之规章或特约为定型化契约条款者，不宜称之为定型化契约，但二者均受本项规范，应无轩轾。

2. 效力：违反本项各款之规定，仅为推定其显失公平，至于是否有同条第一项无效规定之适用，尚须具备第一项前段是否违反诚信原则而定。就同条第一项法律适用之推理过程言，综观本条规定之三项用语“诚信原则”、“显失公平”及“平等互惠原则”，似极为不当。盖“不平等互惠”虽非即“显失公平”，但“不平等”应不可否认之事实，惟本条第二项规定既推定为“显失公平”，除有反证外，自应先视其为“显失公平”，又如何断定其有违“平等互惠而显失公平”？本应依“民法”第一百四十八条规定之诚实信用原则[9]判断之，却因本条第一项即将诚信原则规定为定型化条款应否为无效之条件，诚属极为不当之立法。准此以观，本书以为在“消费者保护法”本条项规定下，应无所谓“推定无效”，而仅有“推定显失公平”，盖后者为事实问题，前者为效力问题，事实始可推定，效力不宜推定，充其量可由法律以“视为”规范之。惜 2003 年 1 月 22 日“消保法”修正时并未修正此条。

肆、债权契约之解释

一、与法律条文有疑义所作之解释不同

依“民法”第九十八条规定：“解释意思表示，应探求当事人之真意，不得拘泥于所用之辞句。”例如民间房屋买卖预定书，如将来系依所订之契约履行而无须另订本约者，并非预约，应为本约。[10]

二、解释时所应遵守之原则

（一）尊重当事人真意，法院不得在真意外为当事人创造意思。

9 关于诚信原则，请参阅拙著，再论诚实信用原则与权利滥用禁止原则之机能——“最高法院”1999 年度台上字第二八一九号判决评释，收录于台湾本土法学杂志，第二十二期，2001 年 5 月，第三十六页以下。

10 “最高法院”1975 年度台上字第 1567 号判例：“预约系约定将来订立一定契约（本约）之契约。倘将来系依所订之契约履行而无须另订本约者，纵名为预约，仍非预约。本件两造所订契约，虽名为‘土地买卖预约书’，但除买卖坪数、价金、缴纳价款、移转登记期限等均经明确约定，非但并无将来订立买卖本约之约定，且自第三条以下，均为双方照所订契约履行之约定，自属本约而非预约。”

（二）依据客观状况解释[11]（经济意义、当时事实、社会状态、当事人之环境）。

（三）不可拘泥于所使用之辞句。[12]

（四）尽量有效原则。

（五）诚信原则。

（六）解释仅为一补充方法，并非变更原则，不可变更当事人之意思。

（七）有利于消费者解释原则[13]（“消费者保护法”第十一条第二项参照）。

第四节　债权契约法之立法大原则

立法大原则——
- 观念性—契约自由原则
- 指导性—诚实信用原则
- 拘束性—契约严格遵守原则
- 社会性—法与时移原则
- 伦理性—经济利益调和原则
- 道德性—权利滥用禁止原则
- 艺术性—情事变更原则

11 最高法院1929年度上字第1727号判例：“解释私人之契约应通观全文，并斟酌立约当时之情形，以期不失立约人之真意。”

同院1930年度上字第28号判例：“解释当事人所立书据之真意，以当时之事实及其他一切证据资料为其判断之标准，不能拘泥字面或截取书据中一二语，任意推解致失真意。”

同院1930年度上字第58号判例：“解释当事人之契约，应于文义上及论理上详为推求，不得拘泥字面，致失当时立约之真意。”

同院1930年度上字第453号判例：“契约应以当事人立约当时之真意为准，而真意何在，又应以过去事实及其他一切证据资料为断定之标准，不能拘泥文字致失真意。”

12 最高法院1928年度上字第1118号判例：“解释契约，固须探求当事人立约时之真意，不能拘泥于契约之文字，但契约文字业已表示当事人真意，无须别事探求者，即不得反舍契约文字而更为曲解。”

13 “最高法院”1995年度台上字第1239号判决：“定型化契约条款如有疑义时，应为有利于消费者之解释；其条款违反诚信原则，对消费者显失公平者，无效，‘消费者保护法’第十一条第二项、第十二条第一项分别定有明文。”

第五节 债权契约之类型及其特性

想对适用民法各种之债之规定，能把握一正确方向，必先对各种债权契约之基本概念及特性有所认识。虽“债编总论”一课程中已有所学习及了解，惟为温故知新，兹再将债权契约之类型与特性略述如下：

壹、以有名无名而分

- 有名契约—典型契约
- 无名契约—非典型契约
- 混合契约
  - 有名与有名的混合
  - 无名与无名的混合
  - 有名与无名的混合
    - 吸收说——有违契约自由原则
    - 结合说——太重形式
    - 类推适用说—通说

（仅有一契约）

- 结合契约—两个以上契约，结合在一契约书中，契约间无相互条件而依存之关系。
- 联立契约—两个以上契约互为依存，互为条件。

一、有名契约（典型契约）

所谓有名契约，又称为典型契约，即“民法”债编各种之债中有标明名称之契约，以及民事特别法中有标明出来者，如买卖、赠与……，海上运送（海商法）、保险（保险契约）。有名契约，除当事人另有约定外，直接适用法律之规定。新修正民法债编各种之债新增订旅游、合会及人事保证等三节，均自原为无名契约变为有名契约。

二、无名契约[14]

（一）纯无名契约（非典型契约）

如双方同意越界建筑之契约；于广告中使用他人姓名及肖像之契约。

（二）混合契约

所谓混合契约，即仅有一个契约，但契约之内容却混合二个以上契

14 曾隆兴，现代非典型契约论，1996年11月修订七版，作者自刊，第一页。

约之性质在内，且二者有不可分割之关系。[15]

1. 种类：

（1）纯混合契约、真正混合契约

例如租赁买卖（混合租赁与买卖）与旅店住宿契约（混合租赁、雇佣、寄托、买卖等），系有名契约与有名契约之混合契约。不动产制造物供给契约[16]为承揽与买卖之混合契约。合建契约则须依其约定判断是否为承揽与买卖之混合契约。[17]

（2）准混合契约

有名契约与无名契约，或无名契约与无名契约之混合。此可直接视为无名契约，如越界建筑，约定可相互使用他方之地，则为（无名）越界建筑及（有名）使用借贷之混合契约。

2. 混合契约应如何适用法律

（1）吸收说

15 “最高法院”1988年度台上字第1286号判决：“混合契约系以二个以上有名契约应有之内容合并为其内容之单一契约，两者有不可分割之关系；此与契约之联立，系为数个契约便宜上互相结合，两者并无不可分割之关系，有显著之区别。”

16 “最高法院”1999年度台上字第156号判决：“按具有承揽与买卖混合契约性质之‘不动产买卖承揽’（即不动产制造物供给契约），就不动产财产权之移转而言，不啻与‘民法’第一百二十七条第七款所定‘技师、承揽人之报酬及其垫款’为一般单纯之承揽有间，更与同条第八款所称‘商人、制造人、手工业人所供给之商品’系专指‘动产’者不相侔，故此类不动产买卖承揽之价金或报酬请求权，应无上开条款二年短期消灭时效期间规定之适用。”

17 “最高法院”1993年度台上字第290号判决：“地主提供土地，由建主出资合作房屋，双方按约定之比例分配房屋之契约，如契约当事人言明，须俟房屋建竣后，始将应分归地主之房屋与分归建主之基地互易所有权，固属互易契约。惟如约定建主向地主承揽完成一定工作，而以地主应给予之报酬，充作建主买受分归其取得房屋部分基地之价款，则属买卖与承揽之混合契约。至若契约约定地主、建主各就分得之房屋以自己名义领取建筑执照，就地主部分而言，应认该房屋之原始所有人为地主，地主与建主就此部分之关系则为承揽契约。”

同院1997年度台上字第1019号判决：“两造所订立之合建契约，其性质属承揽与买卖之混合契约，即由被上诉人承揽完成一定工作而以上诉人应给予之报酬充作建筑商买受由其分得部分基地之价款，并由地主及建商各就其分得之房屋以自己名义取得建筑执照，已如前述，则就地主部分而言，依‘建筑法’第七十条第一项前段规定，建筑工程完成后，应由起造人会同承造人及监造人声请使用执照。又依‘土地登记规则’第七十条第一项规定，申请建物第一次所有权登记应提出使用执照，故如无特别情事，建造执照上所载之起造人恒为该建物所有权第一次登记之申请人亦即原始建筑人。是地主如以自己名义领取建筑执照而由建筑商建筑，自为该建物所有权第一次登记之申请人即原始建筑人，应认该房屋之原始所有人为地主。”

此说认为，当主要要素为典型契约时，即为典型契约所吸收。就现代私法自治原则言，因违背当事人真意，故不宜采。

(2) 结合说

此说认为，将各要素抽出，视何种要素符合典型契约而结合适用。此说太重视形式，故亦不宜采。

(3) 类推适用说

此说认为，将各要素抽出后，类推适用各个有名契约之规定。此说较符合当事人以一个契约订立之真意，故通说采之。[18]

实务处理上，则视个案而定，如租赁与买卖之混合契约，于租赁期中之租金给付，类推适用租赁之规定。租赁终了后，类推适用买卖之规定。

(三) 结合契约

所谓结合契约，系指于一个契约书上为求订立之方便，同时订立了数个契约，各自独立无连带关系，不互为条件之依存关系。例如房屋之买卖与整修（承揽或委任），本为两个各自独立之契约，但为方便计，同时订立于一契约书上。

(四) 联立契约

所谓联立契约，系指两个以上的独立契约，不一定同时存于一契约书上，不失其个性，但相互间互为依存的条件。[19] 如A向B买车一辆，但

18 “最高法院”1988年度台上字第1286号判决：“混合契约系以二个以上有名契约应有之内容合并为其内容之单一契约，两者有不可分割之关系；此与契约之联立，系为数个契约便宜上互相结合，两者并无不可分割之关系，有显著之区别。”

19 “司法院”院字第2290号解释：“大佃契约为租赁契约与典权设定契约之联立，两契约相互间，具有结合关系，在法律所许范围内，应依当事人立约之本旨，使租赁权与典权同其存续时期，依法律之规定，其存续时期不能一致者，仍应分别办理，当事人所约定之期限为三十年者，关于租赁部分，依‘民法’第四百四十九条第一项、第四百五十条第一项之规定，其租赁关系，于二十年届满时消灭，惟有‘民法’第四百五十一条或‘土地法’第一百七十二条情形时，视为以不定期限继续租赁契约。关于典权部分，当事人明定三十年内租赁关系消灭时，典期即为届满者，从其所定，当事人虽未明定，依两契约之结合关系，亦应解为有此意思，故二十年届满时租赁契约不再继续者，典权部分，得即回赎典物，二十年届满后租赁契约继续者，得于终止契约时回赎典物，租赁关系在回赎典物前消灭者民法关于共有之规定，于定当事人间之关系时，应准用之。”

“最高法院”1975年台上字第2400号判例：“所谓土地押租契约，一般指出租人将土地出租与承租人，承租人另借款与出租人，双方约定以借款利息抵付土地租金，俟租赁关系终了时互相返还土地借款之联立契约，其有关法律关系应分别适用民法租赁、借贷之规定。”

B须将车库租与A之情形。联立契约原则上各别适用法律规定，仅系附有依存条件耳。

由上可知，订于一契约书上不互为条件，为结合契约；如互为条件，则为联立契约。

（五）实例探讨

假设A海运公司与B造船厂签订一G级全货柜轮之建造契约，试问此一船舶建造契约之法律性质如何？船舶建造契约，与航空机建造契约一样，涉及层面相当广，且极具技术性（technical）。一般而言，涉及船舶本体建造契约、监造契约、设计规划契约、融资与担保契约。后三者于法律概念上较为明确：监造契约，就监造性质属事务处理，如营建工程之监造，其契约之性质应属委任；设计规划契约，如杂项营建工程之设计规划，重在工作之结果，其契约之性质应属承揽；融资与担保契约，为金钱消费借贷与担保契约，要无疑义。如上所述，船舶与航空机之建造，深具技术性，故订约时又涉及专利、专门技术（know-how）、营业秘密（trade secret）、商标及著作权之移转、使用、归属、授权以及续建权人之适用问题。于订约时，应特别注意及之。

最值探讨者，乃船舶（或航空机）本体之建造契约之法律性质[20]，摘要如下：

1. 船舶建造契约，就台湾民法契约之归类，应属非典型契约，颇类似制作物供给契约[21]，即德国民法所称之承揽供给契约（Werklieferungs-vertrag）。

2. 学说争议：学说上，船舶建造契约，虽有制作物（或承揽）供给契约之称，但其性质又如何？学说有不同看法之争议，向有下列说法：

20 许纹华，船舶建造契约之研究，中兴大学法研所硕士论文。

21 所谓制造物供给契约，又称为工作物供给契约，系指承揽人当事人之一方以自己之材料，制造物品，供给他方，而他方给付报酬之契约揽人供给全部材料，性质上已有买卖之特性。惟“制造物供给契约”之性质究为买卖？抑或承揽？台湾民法就此亦未规定，有学者认为原则上应探求当事人之意思，以资决定。若意思不明，则应解为承揽与买卖之混合契约，分别类推适用买卖与承揽之规定。亦即当事人之意思，重在工作物财产权之移转，认为买卖；重在工作物之完成时，认为承揽。若无所偏重，或轻重不分明，则认为承揽与买卖之混合契约。关于工作物之完成，类推适用承揽之规定；关于工作物财产权之移转，则类推适用买卖之规定也。承揽人供给全部材料，性质上已有买卖之特性。请参见戴修瓒，民法债编各论，三民书局股份有限公司，1964年，第一六三页，郑玉波，民法债编各论，上册，1992年10月十五版，作者自刊，第三五〇页。拙著，民法债编各论，中册，瑞兴图书股份有限公司，2002年3月初版，第五七至五八页。

(1) 当事人意思解释说

当事人之意思，重在工作物财产权之移转者，为买卖契约，重在工作之完成者，为承揽契约，无所偏重或意思不明时，为买卖与承揽之混合。

(2) 代替物与否区分说

此说以为契约标的物如为代替物者应为买卖，如为不代替物者应为承揽。

(3) 混合契约说

此说以为，契约之标的包含船舶本体之制作及所制作完成船舶之供给，故应为买卖与承揽之混合契约。

3. 立法例

(1) 英国

适用1979年物品买卖法 (Sale of Goods Act)，向采买卖说。

(2) 美国

适用 Uniform Commercial Cod Aticle 2 买卖编，向采期货买卖契约说。

(3) 德国

依德国民法第六百五十一条有关承揽供给契约规定，采代替物与否区分说。

(4) 日本

判决纷歧，学说向采当事人意思说，近来则改采混合契约说。[22]

(5) 台湾实务见解

对船舶建造契约之性质，未见有判决加以认定，但参照房屋或其他上工作物之例推论之[23]，台湾实务见解通采当事人意思说。

(6) 本书见解

本书以为船舶或航空机建造契约之内容，恒因技术、材料、规格、法

22 许纹华，前揭论文，同注18，第三八页。

23 "最高法院" 1970年度台上字第1590号判例："买卖乃法律行为，基于买卖取得不动产之所有权，非经登记不生效力，与承揽之定作人原始取得工作物所有权之情形不同。至所谓工作物供给契约，即工作物全部材料由承揽人供给者，如当事人之意思重在工作物财产权之移转时，仍不失为买卖之一种。"

同院1982年度台上字第1678号判决："承揽关系重在劳务之给付，非如买卖关系之重在财产权之移转，系争委建房屋合约所规定者全属财产权之移转问题，而无任何有关劳务给付之约定，从而该委建合约充其量，仅能认定系工作物供给契约，因契约当事人之意思重在工作物财产权之移转，仍不失为买卖之一种（参照'最高法院'1970年台上字第一五九〇号判例），自不能认系买卖与承揽之混合契约而主张有承揽关系之存在。"

同院1994年度台上字第1393号判决："按所谓工作物供给契约，即工作物全部材料由承揽人供给者，如当事人之意思重在工作物财产权之移转时，仍不失为买卖之一种。"

令、设计、融资、担保、船型、属性、付款方式及当事人之意思而有不同安排，不宜在法律上给予一定型契约归类，故以采当事人意思说为宜。如采当事人意思说，当事人又约明建造报酬含材料、设计、监造等费用者，与定作人提供材料之单纯承揽无异；反之，此等费用若未特别约明，则与到西装店订作西装同，虽规格特殊，但重在财产权之移转，应采买卖说。

此二说区别之实益，在于船舶或航空机建造完成之所有权归属。采买卖说时，未交船交机前之所有权属造船或造机工厂所有；采承揽说时，船机建造完成之所有权属定作人。兹有问题者，乃“海商法”第三十四条规定：“船舶抵押权，得就建造中之船舶设定之。”又依同法第三十五条规定：“船舶抵押权之设定，除法律别有规定外，仅船舶所有人或受其特别委任之人始得为之。”据此等法条解释，若采买卖说，则建造中之船舶所有人，应为造船公司，此时抵押融资之人亦应为造船公司，而提供融资之金融机构，其融资之性质则相当于俗称之建筑融资；如采承揽说，则建造中之船舶所有人，应为定作人，亦为融资之担保提供人。

贰、以互负对价关系而分（以主观上有报偿关系为已足）

一、双务契约

所谓双务契约，系指契约当事人互负对价关系的债务之契约。如买卖契约中，出卖人负有移转财产权之义务，买受人负有支付价金之义务，此二债务必须互为对价，方得称为双务契约。买受人支付价金在于换取出卖人移转财产权，而出卖人移转财产权在换取买受人支付价金。

民法债编各种之债之有名契约中为双务契约者甚多，例如买卖、互易、租赁、雇佣、承揽、运送、和解等是。但有些情形则不一定，如委任契约，若为无偿委任时，系为单务契约，若为有偿（给付报酬）时，则为双务契约。问题在于附负担赠与之情形，如A表示欲赠与B汽车一辆，但须B为A之子C补习英文三年，则此时是否为双务契约？依通说及“最高法院”[24]之见解，认为附负担赠与虽有负担，但仍不丧失其单务

24 学者多认为附负担之赠与仍为单务契约，请参见郑玉波，前揭书，同注19，第一六五页。邱聪智，新订债法各论，上册，2002年10月初版第一刷，作者自刊，第二九一页。最高法院1943年度上字第2575号判例：“所谓附有负担之赠与，系指赠与契约附有约款，使受赠人负担应为一定给付之债务者而言。必其赠与契约附有此项约款，而受赠与人，于赠与人已为给付后不履行其负担时，赠与人始得依民法第四百十二条第一项之规定撤销赠与。”

契约的性质，因负担非为对价。但本书认为，附负担赠与之所以有负瑕疵担保责任，即在表现其双务有偿性。又“民法”第四百十三条规定之负担，实已含有对价之性质，故应认其为双务契约。准此以论，B仅为A子C补习六个月，A应得请求B继续补习（“民法”第四百十二条参照）。

二、片务契约（单务契约）

所谓片务契约，又称为单务契约，仅当事人一方负有债务，而他方不为对待给付债务之契约，例如赠与、保证。又虽双方均负有债务，但不为对价关系者，亦非为双务契约，仍为单务契约，有称为非真正双务契约。如贷与人有容忍借用人使用借用物之义务，但此义务与借用人返还借用物之债务并无对价关系存在。纯单务契约，例如使用借贷（“民法”第四百六十四条），其特点为绝对无偿契约，若有偿则为租赁契约，且为要物契约（“民法”第四百六十四条）。再者，有两债务存在，但同属于一人所负担者，亦非双务契约，例如金钱消费寄托之情形。请参见下图，银行负有返还寄托物与支付利息之义务，至于存款为金钱消费寄托之成立要件（要物性），并非存款人之义务。

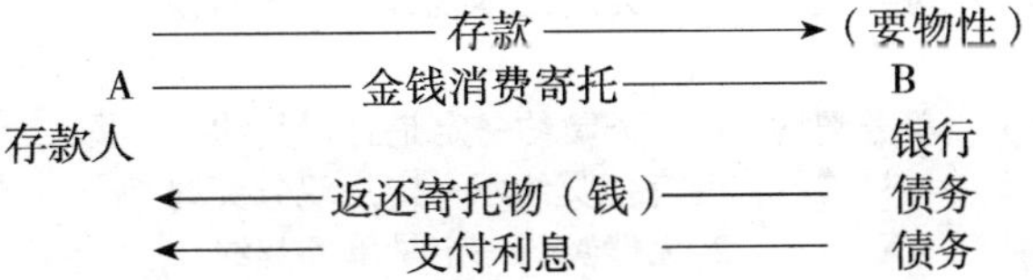

三、双务契约与单务契约之区别

（一）在双务契约下，才有同时履行抗辩权之适用[25]（“民法”第二百六十四条），片务契约则无同时履行抗辩权之适用。至于双务契约内非对待给付之义务而具有实质上牵连性者，则有准用或类推适用同时履行抗辩权规定之问题。[26]

25　“最高法院”1970年度台上字第850号判例：“所谓同时履行之抗辩，乃系基于双务契约而发生，倘双方之债务，非本于同一之双务契约而发生，纵令双方债务在事实上有密切之关系，或双方之债务虽因同一之双务契约而发生，然其一方之给付，与他方之给付，并非立于互为对待给付之关系者，均不能发生同时履行之抗辩。”

26　王泽鉴，同时履行抗辩：“民法”第二六四条规定之适用、准用及类推适用，收录于氏著民法学说与判例研究，作者自刊，第六册，1994年8月八版，第一四三页以下。

（二）双务契约绝大部分有危险负担问题[27]，单务契约之危险负担，则无法律上之意义。

（三）契约解除易发生于双务契约，而有双方负回复原状之义务之问题（“民法”第二百五十九条），至于片务契约发生解除而双方互负回复原状之情形，几不可想像，大多以撤销及不当得利救济之。例如赠与之撤销依关于不当得利之规定请求返还（“民法”第四百十九条参照）。

四、要物契约之物之交付之性质

“双务”之债务是指契约生效后所生之债务，故在使用借贷（“民法”第四百六十四条）或消费借贷（“民法”第四百七十四条），贷与人所为之交付，依现行法规定，乃成立要件，并非债务。至于在使用借贷或寄托期限中之容忍义务是否为债务？虽然有容忍使用义务，但并无对价或互为报偿之关系，亦即容忍使用并非在换取对方物之返还，故应认其为不真正双务契约（不完全、非真正双务契约）。

五、结论

兹就双务契约与有偿无偿契约之关系，以下图说明之：

图一

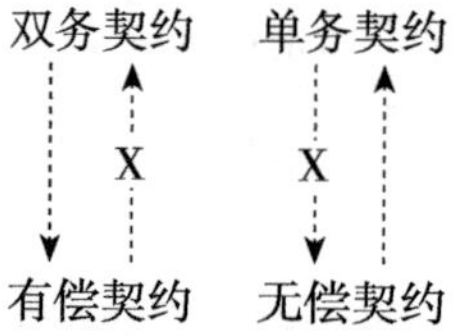

1. 双务契约一定是有偿契约
   有偿契约不一定是双务契约
2. 无偿契约一定是单务契约
   单务契约不一定是无偿契约

图二

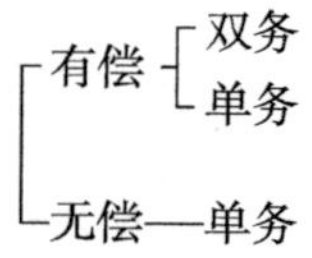

叁、以对价给付有无而分

一、有偿契约

所谓有偿契约，系指当事人各得因自己之给付，而自对方取得对价

27 “最高法院”1999年度台上字第155号判决：“‘民法’第二百六十六条规定双务契约危险负担之成立，必以因不可归责于双方当事人之事由，致一方之给付全部或一部不能始足称之。且该条所称之‘给付不能’，除属‘永久不能’外，尚须契约成立后之‘嗣后不能’及基于自然法则之‘事实上不能’或给付违反强行规定之‘法律上不能’。”

关系给付之契约。换言之，凡因使用对方之给付，而须为代价给付，虽非双务契约，亦属有偿契约，例如附利息约定之金钱消费寄托。

二、无偿契约

所谓无偿契约，系指当事人间仅有一方为给付，而不自他方取得对价关系给付之契约，例如赠与、使用借贷等是。故双务与单务契约之别，系由债务去看；有偿与无偿契约之别，则由给付去看。

三、在法律上区别之实益

（一）有偿契约可准用买卖之规定（“民法”第三百四十七条）

“民法”第三百四十七条规定：“本节规定，于买卖契约以外之有偿契约准用之。但为其契约性质所不许者，不在此限。”故有价契约可准用买卖之规定。[28] 所谓性质相同，即指可准用瑕疵担保责任与危险负担及利益承受（“民法”第三百七十三条参照）之规定；所谓性质不同，系指不可准用瑕疵担保责任，例如财产保险契约，虽系有偿契约，但保险人给付保险金之债务（非损害赔偿债务），以保险事故（即瑕疵）发生时始发生，故性质上无法准用买卖之瑕疵担保责任之规定。

（二）“民法”第七十七条限制行为能力人之意思表示及例外

“民法”第七十七条规定：“限制行为能力人为意思表示，应得法定代理人之允许。但纯获法律上利益，或依其年龄及身份，日常生活所必需者，不在此限。”如赠与契约之受赠人为限制行为能力人者，其所为允受赠与之意思表示，系属纯获法律上利益，无须法定代理人之同意，但如非纯获法律上之利益，除依其年龄及身份，日常生活所必需者外，需得法定代理人之允许，始得为意思表示。

（三）“民法”第二百四十四条债权人之撤销权

“民法”第二百四十四条第一、二项规定：“债务人所为之无偿行为，

28　“最高法院”1990年度台上字第2592号判决：“出租人固不以所有人为限，然被上诉人之将系争房屋转租黄邱×美，乃本于租赁契约之承租人地位，依‘民法’第四百二十一条第一项规定，对租赁物有使用收益权而来，如被上诉人与系争房屋原出租人间之租约，已经合法终止，则其使用收益权自不复存在。倘所有人本于所有权主张，黄邱×美为无权占有，收回租赁物，依‘民法’第三百四十七条准用第三百四十九条、第三百五十三条规定，黄邱惠美对被上诉人即非不得依债务不履行之规定，行使权利。”

有害及债权者，债权人得声请法院撤销之。债务人所为之有偿行为，于行为时明知有损害于债权人之权利者，以受益人于受益时亦知其情事者为限，债权人得声请法院撤销之。”债权人依“民法”第二百四十四条撤销债务人所为之法律行为，须视债务人所为系有偿行为或无偿行为而异其要件，在债务人为有偿行为时，除债务人行为时明知有害债权外，以受益人于受益时亦知其情事者为限，债权人始得行使撤销权。债务人为无偿行为时，仅该无偿行为有害及债权时，债权人即得声请法院撤销之。

（四）“民法”第一百八十三条不当得利之第三人返还责任

“民法”第一百八十三条规定：“不当得利之受领人，以其所受者，无偿让与第三人，而受领人因此免返还义务者，第三人于其所免返还义务之限度内，负返还责任。”如不当得利之受领人以其所受者有偿让与第三人者，不符合“民法”第一百八十三条之规定，债权人仅得向受领人请求返还受领人有偿让与之对价。如不当得利之受领人以其所受者无偿让与第三人者，适用“民法”第一百八十三条之规定，债权人可请求不当得利转得人返还所得不当利益。兹以下图说明之：

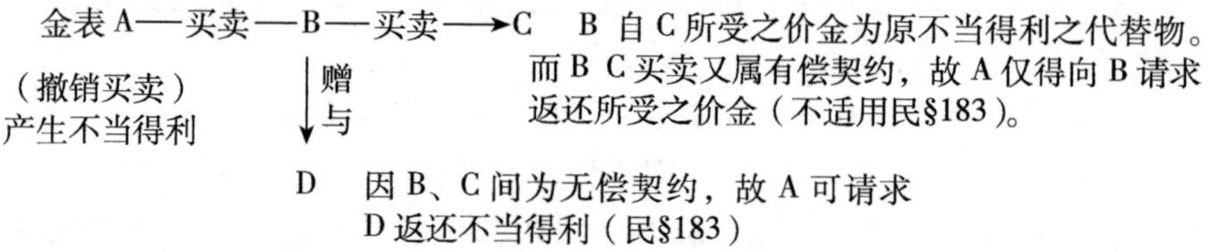

（五）“民法”第二百二十条债务人过失责任

“民法”第二百二十条第二项规定：“过失之责任，依事件之特性而有轻重，如其事件非予债务人以利益者，应从轻酌定。”故事件为有偿者，对于债务人有利益，其责任应较重，令其负抽象轻过失责任。反之事件为无偿者，并未对于债务人有利益，应从轻酌定其责任为具体轻过失责任。兹以受任人之注意程度为例以下图说明之：

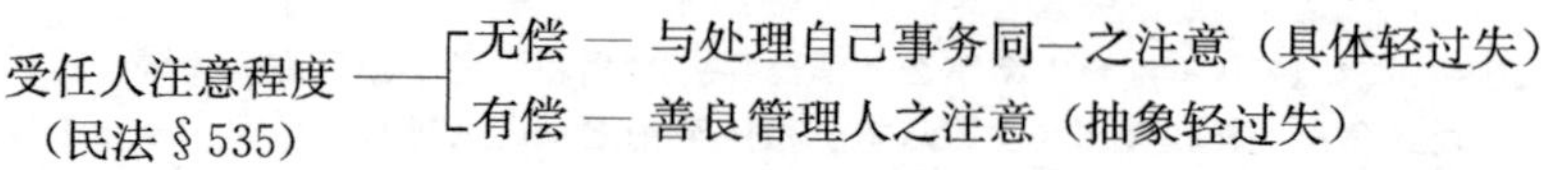

（六）“民法”第二百六十四条同时履行抗辩权

“民法”第二百六十四条同时履行抗辩之规定，仅限于双务有偿契约，方有其适用。[29]

至于在非双务契约情形下，法律有时亦会以“准用”来解决同时履行抗辩，例如“民法”第二百十八条之一第二项规定：“第二百六十四条之规定于前项情形准用之。”又在法律欠缺“准用”之规定下，亦会以“类推适用”为之，例如“民法”第二百二十五条第二项之代偿请求权，与债权人之相对给付间是否有同时履行抗辩之适用，即因二者间并非双务契约所生，但实务认为二者间不无牵连关系，非不得类推适用“民法”第二百六十四条之同时履行抗辩。[30]

肆、以给付范围是否在契约成立时就已确定而分

一、实定契约

所谓实定契约，系指契约于成立时，应为之给付及给付之范围，均已确定之契约。一般合法契约，均为实定契约。

二、射幸契约

所谓射幸契约（wager contract），系指应为之给付及其给付之范围，

29 “最高法院”1985 年度台上字第 1796 号：“‘民法’第二百六十四条第一项前段规定：‘因契约互负债务者，于他方当事人未为对待给付前，得拒绝自己之给付。’所谓他方未为对待给付，应包括他方之对待给付有可归责于债务人之事由致生瑕疵之情形在内；买卖契约为双务有偿契约，是买受人于付清价金前，知悉买卖标的物有权利瑕疵或有可归责于出卖人之事由致生物之瑕疵时，自得依上述规定主张同时履行抗辩。”

同院 1994 年度台上字第 288 号判决：“查两造订立之土地合建房屋契约书系约定被上诉人提供土地，上诉人提供资金、技术合建房屋，再由两造分配取得房屋及其基地。就被上诉人分得之房屋而言，乃以提供其土地之价值作为上诉人建筑房屋之对价，性属承揽，为有偿双务契约。则被上诉人应移转系争土地所有权与上诉人之义务，与上诉人应兴建完成承揽房屋之义务，两者系立于对待给付之关系。”

30 “最高法院”1985 年度台上字第 355 号判决：“（一）同时履行抗辩权，原则上固适用于具有对价关系之双方债务间。然而，虽非具有对价关系之双务契约而生之债务，其两债务之对立，在实质上有牵连性者，基于法律公平原则，亦非不许其准用或类推适用关于同时履行之抗辩。”（同院 1994 年度台上字第 1710 号判决同旨。）

同院 1989 年度台上字第 1645 号判决：“同时履行抗辩权，原则上固适用于具有对价关系之双方债务间。然而，虽非基于具有对价关系之双务契约而生之债务，其两债务之对立，在实质上有牵连性者，基于法律公平原则，亦非不许其准用或类推适用关于同时履行抗辩之规定。押租金契约虽系附随于租赁契约之别一契约，但二者在经济上具有关连之同一关系，故押租金之返还义务与租赁物之返还义务实具有牵连性，应认得类推适用‘民法’第二百六十四条规定主张同时履行抗辩。”

取决于契约成立以后偶然事故（contingency）之发生与否之契约。射幸契约除法律特许者外（如股票买卖、期货交易、保险[31]、终身定期金、公益彩券），因违背法律禁止、公序良俗而无效。

（一）赌博给付

“民法”第一百八十条第四款规定：“给付，有左列情形之一者，不得请求返还：四、因不法之原因而为给付者。但不法之原因仅于受领人一方存在时，不在此限。”按赌博契约依法无效，故赌博所为之给付，无法律上之原因，其因此所为之给付属不当得利，但因系不法原因而为，依“民法”第一百八十条第四款之规定，不得请求返还。又为规避法律禁止规定，以合法方式达成不法目的，例如以合法金钱消费借贷，达到不法的赌博之给付目的，此为脱法行为，违反“民法”第七十一条或第七十二条之规定，应属无效。[32] 最后，赌博之给付，如以用票据（无因证券）之方式给付，直接当事人间，可主张物的抗辩外，对于第三人则无法主张物的抗辩。

（二）买空卖空

实务上有所谓买空卖空，系指买卖之权利义务之存在及其范围，系于将来偶然事故（市价差额）之发生。[33] 基本上，此契约违背公序良俗，依“民法”第七十二条之规定，应属无效，但法令有特别规定者，例如

31 “最高法院”1996年度台上字第1685号判决：“保险为最大善意及最大诚信之射幸性契约，保险契约之当事人皆应本诸善意与诚信之原则缔结保险契约，始能免流于纯粹赌博性，并避免肇致道德危险，是在财产保险之要保人如心存诈欺，妄图不当利益，故意提高保险标的之价额，与保险人订立保险契约，即可能故使保险事故发生，以获得高额之赔偿，显违保险契约为诚信契约之本旨，故各国有关保险法规殆皆规定各种保险契约之超额保险契约无效。台湾保险法关于超额保险，原规定于损失保险章，并适用于一切损失保险，迨1963年修正保险法时，就保险事故重新区分，虽将超额保险之规定移列于现行法第七十六条火灾保险章中，惟海上保险之射幸性与道德危险，高于其他一切财产保险，参照保险法第一百条规定之立法精神，现行‘保险法’第七十六条关于超额保险之规定，应认亦应准用于海上保险。”

32 “最高法院”1955年度台上字第421号判例：“赌博为法令禁止之行为，其因该行为所生债之关系原无请求权之可言，除有特别情形外，纵使经双方同意以清偿此项债务之方法而变更为负担其他新债务时，亦属脱法行为不能因之而取得请求权。”

33 最高法院1929年度上字第818号判例：“买空卖空之成立，须当事人于订约之初，即有仅凭市价差额计算输赢之意思，而当事人订约之初，是否即有此意思，不能仅凭至期有无授受实货之事实以为臆测。倘其买卖，原约明以至期授受实货为目的，而嗣后因违约不能履行或其他原因仅依市价差额以定盈亏者，不能即与买空卖空同论。”
同院1930年度上字第438号判例：“（三）区别定期买卖与买空卖空之标准，当以买卖当事人间在订约之初，其意思系在交讨实货抑仅计算市价差额，以定输赢为断。”

证券交易法、期货交易法、保险法、民法债编各种之债终身定期金一节与公益彩券发行条例等，从其规定。兹以下图说明之：

买空卖空→射幸契约—股票—例外有效—法令允许

期货交易→射幸契约—黄金、石油—例外有效—法令允许

三、区别实益

实定契约与射幸契约之区别实益，在于契约是否有效，是否产生不当得利，及是否得依不当得利请求返还等问题。

伍、以契约是否须履行一定方式而分

一、要式契约

所谓要式契约，除当事人间相互之意思表示合致外，尚须履行一定方式，契约才能成立或生效之契约。要式又可分为法定要式及约定要式：

（一）法定要式契约

1. 定义：所谓法定要式契约，系依法律规定必须符合一定要件，始得成立或生效之契约。“民法”第七十一条规定：“法律行为，违反强制或禁止之规定者，无效。但其规定并不以之为无效者，不在此限。”“民法”第七十三条规定：“法律行为，不依法定方式者，无效。但法律另有规定者，不在此限。”

2. 效果：不具备“要式”时，除法律有特别规定外，依“民法”第七十一条本文及第七十三条本文之规定为无效。如“民法”第一百六十六条之一第一项（不动产物权移转、设定或变更之债权契约之公证）[34]、第四百二十二条（不动产租赁之方式）、第五百五十四条第二项（经理人之管理权）、第五百五十八条第三项（代办商之权限）、第七百三十条（终生定期金契约之订立）、第七百三十五条（终生定期金遗赠之准用）、第七百六十条（不动产物权契约之要式性）、第一千零七条（夫妻财产制契约之方式）、第一千零五十条（两愿离婚之方式）、第一千零七十九条第一项（收养行为之方式）、“海商法”第三十三条（船舶抵押权设定之方式）。

34　依“民法债编施行法”第三十六条第二项规定，本条尚未施行。

3. 无效法律行为之转换：依“民法”第七十一条但书及“民法”第七十三条但书之规定，不具备“要式”时，如法律另有规定不以之为无效者，则非无效，应以法律所规定之效果定之。例如“民法”第四百二十二条规定：“不动产之租赁契约，其期限逾一年者，应以字据订立之，未以字据订立者，视为不定期限之租赁。”又“民法”债编于民法1999年4月21日修正、目前尚未施行之第一百六十六条之一规定：“契约以负担不动产物权之移转、设定或变更之义务为标的者，应由公证人作成公证书。未依前项规定公证之契约，如当事人已合意为不动产物权之移转，设定或变更而完成登记者，仍为有效。”均为是例。[35]

4. 特殊情形：“要式”仅为证据作用，如“耕地三七五减租条例”第六条第一项前段规定：“本条例施行后，耕地租约应一律以书面为之，租约之订立、变更、终止或换订，应由出租人会同承租人申请登记。”此书面与登记之欠缺，耕地租约并非无效。[36]

5. 要式之种类：“要式”除书面外，尚有其他，例如仪式之要求（“民法”第九百八十二条）、公证（尚未施行之“民法”第一百六十六条之一、“民法”第四百零七条）。

（二）约定要式契约

所谓约定要式契约，系指法律未规定，但当事人间自己约定须履行一定方式始能成立或生效之契约。例如公司、银行等对外订立之高额贷放契约，尚需经董事会之决议。“民法”第一百六十六条规定：“契约当事人约定其契约须一定方式者，该方式未完成前，推定其契约不成立。”故于约定要式契约并未依约履行一定方式者，推定其契约不成立。本条规定既为“推定”，自可举证推翻之。

二、不要式契约

所谓不要式契约，系指仅有当事人之意思表示合致，无须另履行一定方式，即可成立之契约，一般债权契约均属之。

35 关于“民法”第一百六十六条之一之适用问题，请参见拙著，民法债编不动产债权契约公证与特殊侵权行为，台湾本土法学杂志，2000年2月，第七期，第一〇六页以下。

36 “最高法院”1962年度台上字第2629号判例：“耕地三七五减租条例第六条第一项载‘本条例施行后耕地租约应一律以书面为之，租约之订立、变更、终止或换订，应由出租人会同承租人申请登记’云云，系为保护佃农及谋举证上便利而设，非谓凡租约之订立、变更、终止或换订，须经登记，始能生效。”

三、区别实益

要式契约与不要式契约之区分实益，在于欠缺法律规定或契约或约定要件时，契约是否成立。

在要式契约下，如认为“要式”系成立要件者，欠缺要式时契约不成立，无信赖利益赔偿问题；如认为“要式”系生效要件者，欠缺要式时契约仍成立但不生效，有信赖利益赔偿问题。但请注意，新修正“民法”第二百四十五条之一关于缔约过失之信赖利益赔偿责任，于契约未成立时，亦有其适用。

陆、以契约就意思表示合致外，是否须为物之交付而分

一、要物契约

所谓要物契约，又称践成契约，系指契约除当事人间意思表示合致外，尚须为物之交付始能成立之契约。英美法称为 executed contract。1999 年 4 月 21 日修正、2000 年 5 月 5 日施行之“民法”债编修正条文将寄托、借贷均将物之交付从生效要件改为成立要件（详各节之说明）。

一般债权契约，多为诺成契约；物权契约，为要物契约。要物之债权契约，如使用借贷（“民法”第四百六十四条）、消费借贷（“民法”第四百七十四条）、寄托（“民法”第五百八十九条）、仓库（“民法”第六百十四条准用第五百八十九条）、押租金契约[37]、定金契约（“民法”第二百四十九条）、履约保证金契约[38]、代物清偿契约。[39]

37 “最高法院”1976 年度台上字第 156 号判例：“‘民法’第四百二十五条所谓对于受让人继续存在之租赁契约，系指‘民法’第四百二十一条第一项所定意义之契约而言，若因担保承租人之债务而接受押租金，则为别一契约，并不包括在内，此项押租金契约为要物契约，以金钱之交付为其成立要件，押租金债权之移转，自亦须交付金钱，始生效力，出租人未将押租金交付受让人时，受让人既未受押租金债权之移转，对于承租人自不负返还押租金之义务。”

38 “最高法院”2002 年度台上字第 901 号判决：“（二）一般履约保证金乃契约当事人之一方，为确保其契约之履行，交付于他方一定之金额，以为履行契约之担保。而履约保证金保证书，则在担保上开保证金之给付，替代履约保证金现金之提出。除此之外，该保证金或保证书，是否兼具于不履行契约或不依约履行时，充作违约金之性质，应综观契约约定之内容定之。”

39 “最高法院”1998 年度台简上字第 55 号判决：“代物清偿为要物契约，若未现实提出给付，即未践行不动产所有权移转登记，原债务自无消灭之理。原审遽将代物清偿和解书之给付约定，认系诺成契约，不论有无现实给付，当事人均应受拘束，原债之关系即归消灭，进而谓被上诉人之保证责任自亦不复存在，而为上诉人败诉之判决，其法律见解不无违误。”

二、不要物契约

不要物契约，又称诺成契约，系指契约当事人之意思表示合致时，契约即为成立，无需为物之交付之契约。英美法称为 executory contract。

三、区别实益

要物契约与不要物契约之区别实益，在于物未交付时契约是否成立或生效。

柒、以契约之订定是否须有一定原因而分

一、要因契约

所谓要因契约，系指具备一定之原因方能成立之契约。民法债编各论各种典型契约均为要因契约。[40] 原因者，非为动机，而系指法律关系之标的，债权契约均为要因契约，欠缺此一原因，常生不当得利之问题。至于英美法有所谓“约因”，称之为 consideration，如欠缺约因，其契约不能强制履行（unenforceable contract），颇类似台湾民法上之自然债务。

二、不要因契约

所谓不要因契约，系指不须具备一定原因即可成立之契约，亦即仅当事人意思表示合致即可成立之契约。物权契约均为不要因契约。又票据行为[41]（单独行为）、代理权之授与，亦为不要因行为。表现于民法者有：处分行为、债务拘束、债务让与、债务承认、指示证券、无记名证券及物权契约。

债权契约，有基本法律行为与特殊法律行为之分：

40 “最高法院”1999年度台上字第1189号判决：“法律行为以得否与其原因相分离，可分为要因行为（有因行为）及不要因行为（无因行为）。前者如买卖、消费借贷等债权契约是；后者如处分行为、债务拘束、债务承认、指示证券及票据行为等属之。民法上之典型契约固均属有因契约，惟基于契约自由原则，当事人于不背于法律强行规定及公序良俗之范围内，亦得订定无因契约，此种由一方负担不标明原因之契约，自属无因行为。”

41 “最高法院”1975年度台上字第1540号判例：“票据行为，为不要因行为，执票人不负证明关于给付之原因之责任，如票据债务人主张执票人取得票据出于恶意或诈欺时，则应由该债务人负举证之责。”

基本法律行为 ← 相对概念 → 特殊法律行为
（有因）　　　　　　　　　（无因）

例如：

A 为买卖房屋委任律师或公证
A 为买卖房屋开支票
┌基本法律行为 — 买卖 ↔ 要因（若原因不存在，产生不当得利）
└特殊法律行为 — 票据行为、委任、公证、背书
→ 开出之支票无效，不影响买卖。
→ 背书无效，不影响发票行为。

因基本法律行为衍生出来者，均为特殊法律行为，具备无因性，故其效力之有无不影响基本法律行为之效力。

三、区别实益

不要因契约之原因不存在，契约仍为有效。因契约有效，故不得以无因作为抗辩。反之，要因契约（行为），如原因不存在，其契约为无效，常产生“民法”第一百七十九条不当得利之问题。最后，非财产行为无所谓有因、无因问题，例如身份契约。

捌、依当事人之意思而分

一、本约

所谓本约，系指履行预约而成立之契约，通常本约之内容较为详细。因此，如契约之基本要素及权利义务关系均已明确，无待进一步约定者，应认定为本约。

二、预约

（一）预约之意义

所谓预约，英美法谓之 agreement to agree，系指约定将来成立一定契约之契约，但将来系依所订之契约履行而无须另订本约者，纵名为预约，仍非预约。预约又可分为双方预约与单方预约，前者系双方当事人皆须负有成立本约债务之契约；后者系指仅单方当事人有订立本约债务之契约。

（二）预约之效力

台湾民法对预约虽无规定，惟预约之性质乃属契约之一种，故其成立及生效，均可适用“民法”债编总论有关契约之规定。预约之主要目

的在于签订本约，但不妨将本约之基本内容，先为拟定，作为本约之张本，惟预约不履行时，不得依据预定之本约内容而请求履行[42]，盖预约之债务仅在履行订立本约，预约权利人仅得请求对方履行订立本约之义务，不得径依预定之本约内容主张权利。[43]

当事人订立之契约，究为本约或系预约，应依“民法”第九十八条之规定，就当事人之意思定之。[44] 当事人间所使用之文字虽名为“预约”或“预定书”，但实际上已具备本约之要点而无须令订本约者，应视为本约。[45]

42 “最高法院”1972年度台上字第964号判例（同注24）。

43 “最高法院”1992年度台上字第886号判决：“查预约与本约，其性质及效力均有不同。预约权利人仅得请求对方履行订立本约之义务，不得径依预定之本约内容请求履行。兹原审既认定两造订立者，为系争土地之买卖预约，乃竟就两造买卖标的之范围如何，上诉人得否就系争土地部分应有部分，请求被上诉人履行出卖人之义务，办理移转登记，而为论断，自属相互抵触。”
同院1993年度台上字第415号判决：“契约当事人约定其契约须用一定方式者，在该方式未完成前，推定其契约不成立，‘民法’第一百六十六条定有明文。查上开特约尚有一但书，即‘每年订立租赁附强制执行契约公证始生效’，显系重在被上诉人得依所附强制执行约款，以保障其出租人之权益甚明，并非以保全证据为目的，自应认其契约须待上开约定方式完成始行成立。所谓预约系约定将来订立一定契约（即本约）之契约，预约权利人仅得请求对方履行订立本约之义务，不得径依预定之本约内容主张权利。”

44 “最高法院”1993年度台上字第2号判决：“所谓预约，乃指当事人约定将来订立一定契约之约定而言，倘当事人就契约之所有内容，已意思表示一致，不论冠以何名称，均系契约本身（即本约），而非预约。”
同院1994年度台上字第462号判决：“按契约有预约及本约之分。其因当事人由他方受有定金，依‘民法’第二百四十八条规定，视为成立之契约。究为‘本约’抑系‘预约’，应依其情事解释当事人之意思订之，不得谓凡有定金之授受者，即概视为已成立本约。依两造所签订小订协议书（见一审卷第九页），不仅标题明示为‘小订’，其内容又有‘俟正式契约时’等语之记载，上诉人张王×霞辩称小订协议书仅系预约性质，似非无据。”
同院1996年度台上字第2396号判决：“当事人订立之契约，究为本约或系预约，应就当事人之意思定之，当事人之意思不明或有争执时，应通观契约全体内容是否包含契约之要素，及得否依所订之契约即可履行而无须另订本约等情形决定之。”

45 “最高法院”1975年度台上字第1567号判例：“预约系约定将来订立一定契约（本约）之契约。倘将来系依所订之契约履行而无须另订本约者，纵名为预约，仍非预约。本件两造所订契约，虽名为‘土地买卖预约书’，但除买卖坪数、价金、缴纳价款、移转登记期限等均经明确约定，非但并无将来订立买卖本约之约定，且自第三条以下，均为双方照所订契约履行之约定，自属本约而非预约。”
同院1995年度台上字第1434号判决：“上开契约虽名为房屋（或土地）预定买卖契约书，但买卖之坪数、价金、缴付价款、移转登记期限等，均经明确约定，并无将来订立本约之旨，且依该契约约定之内容即可履行而无须另订本约，故系争契约为本约而非预约。”
同院1996年度台上字第165号判决：“当事人互相表示意思一致者，无论其为明示或默示，契约即为成立，‘民法’第一百五十三条第一项定有明文。又租赁契约为诺成契约，虽当事人间非不得就租赁物及租金之范围先为拟定，成立预约以为将来订立本约之张本。惟当事人间如已就租赁契约必要之点即租赁物与租金互相表示一致，其租赁契约即为成立，不能因尚未订立书面契约，认其仅属预约之性质。”

(三) 预约之要点

1. “民法”债编并无预约之一般规定，民法有明文规定者，仅婚约一则。有学者认为要物契约在物未交付前，可解释为预约。[46] 惟新修正“民法”债编已于借贷与寄托契约设有预约之规定（“民法”第四百六十五条之一及第四百七十五条之一参照）。

2. 预约为契约之一种，应适用一般契约法之规定，如不履行订定本约之义务时，仍属债务不履行。[47]

3. 本约为要式行为，预约是否亦应为要式行为？有学者认为法律如规定本约为要式者，预约亦须为要式；又依当事人意思，有约定本约为要式者，预约亦为要式；若无约定，预约仍须为要式。[48] 本书以为，若无约定者，应为不要式较合理。

4. 预约与附停止条件契约之比较：

	预 约	附停止条件之契约
契约数量	预约是相对于本约，基本上有二个契约。	仅有一个法律行为或契约，停止条件系限制法律行为或契约生效之附约款。
效力	已经生效。	法律行为或契约已成立，但在条件成就前，尚未生效。
权利义务关系	当事人间有订立本约之权利义务关系存在。	当事人间尚未发生任何权利义务。（除非法律另有规定）。

三、区别实益

本约之请求，债权人依其约定内容为履行契约之请求；预约之请求，预约权利人仅得请求对方履行订立本约之义务，不得径依预定之本约内容请求履行。本约之违反，依本约之约定或法律规定发生债务不履行之效果。预约之违反，亦发生债务不履行责任。[49]

46 郑玉波，民法债编总论，三民书局，1993年10月十四版，第三三页。

47 “最高法院”1985年度台上字第1117号判决：“预约与本约之性质及效力均有不同，一方不依预约订立本约时，他方仅得请求对方履行订立本约之义务，尚不得径依预定之本约内容请求赔偿其支付或可预期之利益。”

48 郑玉波，前揭书，同注44，第三三页。

49 “最高法院”1997年度台上字第461号判决：“‘预约’既为可与‘本约’并存之另一种‘契约’型态（参见：本院1972年台上字第九六四号、1981年台上字第一四七四号等判例），倘因该‘预约’（契约）而负‘债务’之当事人，有债务不履行之情事，他方当事人（债权人）即非不得依‘债务不履行’之相关规定，对之请求损害赔偿。”

玖、以主、从关系而分

一、主契约

所谓主契约，系指能独立存在之契约，一般契约多为主契约。

二、从契约

所谓从契约，系指须因主契约之存在方能存在，随主契约消灭而消灭之契约。其可分为：

（一）债权从契约

所谓债权从契约，系指具备债权契约性质之从契约，例如定金、违约金[50]、利息、押租金之约定、保证契约、履约保证金之约定、人事保证契约[51] 等。

（二）物权从契约

所谓物权从契约，又称为担保物权契约，系指具备物权契约性质之从契约，例如质权、抵押权契约（包括最高限额抵押权契约）。

三、区别实益

主契约和从契约同其命运，即同其始终，其发生、变更、消灭均有从属关系。如本金契约（原本债权）和利息契约（利息债权）两者间，基本上有从属关系，如利息尚未到期者是，但到期尚未清偿之利息债权，则具备独立性。

50 “最高法院”1984年度台上字第2793号判决：“违约金契约为从契约，以主契约之有效存在为前提。如就法律上无从以契约强制之行为或不行为，约定为一定金额之给付或金钱以外之给付，以保障其履行者，并无主契约之存在，要与‘民法’第二百五十条所谓之违约金契约有别，而属于不真正违约金契约。然不真正违约金契约所约定之违约金过高者，法院为维持公平之原则，仍非不得类推准用‘民法’第二百五十二条规定，酌减至相当之数额。”（作者注：应为“类推适用”）

51 “最高法院”1990年度台上字第2015号判例：“所谓职务保证，乃保证人与雇用人约定，将来被保人之职务行为致生损害于雇用人时，由保证人负赔偿责任之从契约。其效力仅向将来发生。当事人间如无特别约定，对于雇用人于订约时，业已发生之损害，保证人不负赔偿责任。”

拾、以契约之生效于生前或死后而分

一、生前契约

所谓生前契约，系指契约之生效在于契约当事人生存（即具备权利能力）时，一般契约均为生前契约。

二、死因契约

所谓死因契约，系指以死亡为停止条件之契约，亦即须死亡事实之条件成就，契约才生效之契约，例如死因赠与[52]与生前殡葬服务契约[53]（“殡葬管理条例”第二条第十二款、第四十三条）。

三、区别实益

生前契约之生效在于契约当事人生存时。死因契约系死亡事实之条件成就始生效力。

四、遗赠、死因赠与、终身定期金之比较

类型	遗赠	死因赠与	终身定期金
意义	以遗嘱为赠与	民法债编各种之债赠与为债权契约之一种	当事人约定，一方于自己或他方或第三人生存期内，定期以金钱给付他方或第三人之契约
性质	死因行为	死因契约	生前契约
单独行为或契约	单独行为	契约行为	契约行为
要式或不要式	要式行为（遗嘱）	不要式契约	要式契约（民§730）
生效	以立遗嘱人死亡为生效要件	契约已成立，但未生效，即为附死亡为停止条件之契约。	契约成立且生效，但附以某特定人之死亡为解除条件之契约。

52　“最高法院”1999年度台上字第91号判决：“关于死因赠与，我民法虽无特别规定，然就无偿给与财产为内容而言，与一般赠与相同，且死因赠与，除系以契约之方式为之，与遗赠系以遗嘱之方式为之者有所不同外，就系于赠与人生前所为，但于赠与人死亡时始发生效力言之，实与遗赠无异，同为死后处分，其赠与之标的物，于赠与人生前均尚未给付。故基于同一法理，其效力应类推适用‘民法’第一千二百零一条规定受赠人于死因赠与契约生效（即赠与人死亡）前死亡，其赠与不生效力。”

53　“殡葬管理条例”第二条第十二款规定：“生前殡葬服务契约：指当事人约定于一方或其约定之人死亡后，由他方提供殡葬服务之契约。”

拾壹、以契约是否因一次给付即行消灭而分

一、一时性契约

（一）一时性契约之意义

所谓一时性契约，系指因一时之给付，契约之目的即为实现，债之关系随之消灭之契约，一般契约多属之。买卖原则上为一时性契约，但“继续性供给契约”[54]（例如水电、煤气、订阅报刊杂志或牛羊奶……），虽为买卖，但性质上属继续性契约。

（二）一时性契约之种类

一时性契约可分为一次给付契约与分期给付契约，一次给付契约为单纯的一时性给付，分期给付契约仍属一时性给付，但其给付系以分期方式为之，例如分期付价买卖[55]（“民法”第三百八十九条、第三百九十条）、附条件之分期付款买卖[56]（“动产担保交易法”第二十六条至第三十一条）与分期付款买卖（“消费者保护法”第二十一条）。

54 “最高法院”2000年度台上字第1904号判决：“按契约除当事人为合致之意思表示外，须经债务人继续之履行始能实现者，属继续性供给契约，而该契约倘于中途发生当事人给付迟延或给付不能时，民法虽无明文得为终止契约之规定，但为使过去之给付保持效力，避免法律关系趋于复杂，应类推适用‘民法’第二百五十四条至第二百五十六条之规定，许其终止将来之契约关系，依同法第二百六十三条准用第二百五十八条规定，向他方当事人以意思表示为之。”

55 “最高法院”1993年度台上字第78号判决：“违约金系当事人约定契约不履行时，债务人应支付之惩罚金或损害赔偿额之预定，以确保债务之履行为目的。至‘民法’第三百九十条所定分期付价买卖解约扣价约款之限制，则在保护出卖人已先将买卖标的物交付买受人使用而并未现实收受价金所负之风险并兼顾买受人之利益。二者无论其要件、法律效果及目的均不相同，不得混为一谈，比附援用。且违约金如属损害赔偿预定之性质者，只债务人一有违约情事，债权人即得请求约定之违约金，并无须证明其所受损害之情形。”

56 “最高法院”1973年度台上字第1559号判例：“附条件买卖在标的物所有权移转于买受人前，买受人如有不依约定偿还价款之情形，依据‘动产担保交易法’第二十八条第一项之规定，出卖人固得行使其取回权，但取回权及取回后其他权利之行使，依同法第三十条规定，应准用同法第十七条第二项、第三项及第十八条至第二十二条所定程序为之。此项程序固为保护出卖人而设，实亦兼顾买受人之利益，非谓出卖人可随时取回及取回后可置买受人一切利益于不顾。买受人即使于契约约定抛弃同法所规定之权利，依同法第十四条规定，其约定亦属无效。”

二、继续性契约

（一）继续性契约之意义

所谓继续性契约，系指不能因一次给付而使债消灭，须在一段时间内规则地或不断地给付，始能达成契约目的，使债之关系消灭之契约。劳务性契约多为继续性契约，例如雇佣、寄托、承揽、委任、运送、旅游。但财产性契约，例如租赁[57]、继续性供给契约亦属之。

（二）继续性契约适用之基本特征

1. 原则上仅有终止契约问题，不生解除契约问题（因其无法回复原状）[58]

- 例外
  - 继续性供给契约，一开始就违约 — 解除契约
  - 承揽（劳务＋财产）
    - 解除契约（民§494）
    - 终止契约
      - 定作人之终止（民§511）
      - 承揽契约之当然终止（民§512）

2. 重视信任关系，如移转其权利义务（“民法”第四百四十三条、

57 “最高法院”1991年度台上字第1882号判决：“租赁为继续性之契约，故‘耕地三七五减租条例’第十六条第二项所谓原订租约无效，系指原订租约无待于终止，当然向后失其效力，租赁关系从此归于消灭而言。从而出租人对于承租人自有租赁物返还请求权。”同院1992年度台上字第1454号判决：“按租金为租赁物使用收益之对价，故在租赁关系存续中，因不可归责于承租人之事由，致承租人无从为租赁物之使用收益，其情形与租赁物之灭失相类，倘出租人亦无可归责时，依‘民法’第二百二十五条第一项及第二百六十六条第一项前段规定之意旨，出租人固免其以该物供承租人使用收益之义务，承租人亦免其支付租金之义务，租赁关系即当然从此消灭。按租赁为继续性契约，关于承租人应给付之租金额，除当事人另有约定外，于租赁关系存续期间恒为一定。出租人因收受租金应缴纳之税捐，于双方订约商议租金额时，应已考虑斟酌在内，殊无于承租人给付租金外，再请求其代付税捐之理。本件为土地租赁，并非土地买卖，两造亦无上诉人台×公司因收受租金应缴纳之营业税，由启×公司负担之约定。原审为台×公司不得请求启×公司等连带给付营业税款之判决（上开五十七万零九十一元部分之营业税款除外），经核于法洵无违误。”

58 “最高法院”2002年度台上字第577号判决：“得以行使终止权而消灭其契约关系者，应以开始履行之继续性契约为限，盖已开始履行之继续性契约，无须因嗣后有债务不履行之情事，而使其溯及的消灭契约关系之必要，否则徒增法律关系之复杂；惟尚未履行之继续性契约，则无此顾虑，非不得容许法定或意定解除权之行使。故属继续性之租赁契约，在出租人尚未合法交付租赁物与承租人以前，当事人之一方非不得依‘民法’第二百五十四条规定解除租赁契约。本院1962年度台上字第二八二九号判例所称‘租赁契约一经合法成立，除有终止之原因外，不能以解除之意思表示，使之消灭’，系指已开始履行之租赁契约而言。”

第七百三十四条），使信任关系破坏，常成为终止契约之理由，例如非法转租。[59]

3. 原则上采报酬后付原则，但法律（如公务员之发薪）或契约另有订定者，不在此限。

4. 债权请求权欠缺让与性，例如“民法”第四百八十四条之劳务请求权是。

5. 原则上无“民法”第二百六十四条同时履行抗辩权之适用，但有例外，例如本月不付报费，下月不送报，俗称为“变态的同时履行抗辩”。

6. 常有情事变更原则之适用（“民法”第二百二十七条之二参照）。

三、区别实益

二者之区别实益，除一般一时性契约与继续性契约之差异[60] 者外，即在于上述继续性契约特征之有无。

尤有进者，合会究为继续性契约[61]，抑或是一时的契约中之分期给付契约[62]，实务上有不同之见解。本书以为，虽然合会团体性外观上似非一次性给付而完成，由每期投标与开标，交付会款与合会金等等，逐期完成给付之契约，乃有继续性契约之见解，惟合会金债权，系得标人受领合会金给付后，与会首或活会人约定就应返还之合会金分期清偿，性质

59 郑玉波，前揭书，同注 44，第三四页。

60 关于一时的契约与继续性契约之意义与区别，请参阅王泽鉴，前揭书，同注 7，第一四四页。郑玉波，前揭书，同注 44，第三四页。

61 “最高法院”1983 年度台上字第 2024 号判决：“民间合会系会首与会员间所订立之契约，会员应于定期开标之期日，按开标之金额计算，缴纳会款与会首，如标得合会，则得请求会首给付他会员缴纳之会款及过去得标会员所缴之标金（即所谓会息）。以后则于开标之期日按期缴还会款及加付标金与会首。是合会契约系以会员之循环给付为标的之继续契约。如果未得标会员将其会份让与第三人，则属契约之承担，由承受契约之该第三人继续履行债务及行使债权。”

62 “最高法院”1992 年度台上字第 3004 号判决：“‘民法’第一百二十六条所谓一年或不及一年之定期给付债权，系指基于一定法律关系，因每次一年以下期间之经过顺次发生之债权而言，本院著有 1939 年度上字第六×五号判例可资参照。系争合会金债权，乃上诉人受领合会金给付后，与被上诉人约定就应返还之合会金分期清偿，有两造签订之偿还合会金契约书附卷可稽，本质上为一次给付之债权，特别约定其给付方法为分期给付而已（如有一次迟延偿还，即丧失分期偿还之权利），与上开说明之定期给付债权不同。债务人对于支付命令未于法定期间提出异议者，支付命令与确定判决有同一之效力，‘民事诉讼法’第五百二十一条定有明文。系争支付命令均已确定，有支付命令确定证明书影本可按，则系争支付命令与确定判决有同一之效力，已无疑义，其内容纵有不当，应以再审表示不服，要非异议之诉所能救济。”

上为一次给付之债权，特别约定其给付方法为分期给付而已（如有一次迟延偿还，即丧失分期偿还之权利）。二者之差别除一般一时性契约与继续性契约之差异者外，其请求权时效将因是否属于定期给付债权而适用“民法”第一百二十六条五年之规定或非定期给付债权而适用“民法”第一百二十五条十五年规定。

拾贰、以契约订定是否强制性而分

一、强制契约

所谓强制契约，系指契约之订立须以法律限制规定为之，例如就业服务法规定之外劳招募契约，原则上雇主须经“中央”主管机关“行政院劳工委员会”许可，始得聘雇外国人工作（“就业服务法”第四十八条参照）。

二、非强制契约

所谓非强制契约，系指契约之订立依契约自由原则，不受法律强制规定之限制，一般契约均为非强制契约。

三、区别实益

强制契约违反法律限制之规定者，其契约无法生效。非强制契约并无法律之特别限制，除非有违反“民法”第七十一条、第七十二条，或“民法”第八十七条、第二百四十六条等规定，否则均生效力。

拾叁、以决定契约内容时当事人是否均有议约力而分

一、附合契约（contract of adhesion）

所谓附合契约，系指契约之内容由当事人一方所预定，他方惟有依其既定内容而签订之契约，契约当事人之一方仅有接受与否之选择，并无议约力（bargaining power）。一般定型化契约，多为附合契约。

二、非附合契约

所谓非附合契约，系指双方当事人均有议约力（有称为磋商力），亦

即可由双方互相协议而成立之契约。

三、区别实益

附合契约仅契约当事人之一方有议约力，另一方仅有接受与否之选择，与契约应基于平等地位之本质有所不符。基于契约之公平与正义，“民法”债编总论增订第二百四十七条之一规定：“依照当事人一方预定用于同类契约之条款而订定之契约，为左列各款之约定，按其情形显失公平者，该部分约定无效：一、免除或减轻预定契约条款之当事人之责任者。二、加重他方当事人之责任者。三、使他方当事人抛弃权利或限制其行使权利者。四、其他于他方当事人有重大不利益者。”[63] 附合契约有本条各款之一，按其情形显失公平者，该部分约定无效，并非契约全部无效。又适用本条时，应注意消保法有关定型化契约之特别规定（“消保法”第十一条至第十七条及“消保法施行细则”第九条至第十五条之规定）。

最后，本书须厘清者，定型化契约不一定是附合契约，盖定型化契约虽为一方所预定用于同类契约，但其所预拟之条款，他方当事人如仍有议约力（磋商力）者，仍非附合契约，必也他方当事人欠缺议约力，始得谓之为附合契约。由是观之，民法及消保法所要规范者，实际上并不在于定型化契约之可非难性，而系在于其定型化契约之条款因欠缺议约力而使情形显失公平者。故“民法”第二百四十七条之一及“消保法”第十四条、第十五条、第十六条等规定无效者，原则上均仅指不公平部分之条款而言。又应注意者，乃“民法”第二百四十七条之一所指之定型化契约，与消保法第二条第七款所指之定型化契约[64]，二者适用范围有所不同，前者并无资格及行为之限制；后者则限于企业经营者为与一般消费者（不特定多数人），且限于消费行为，始足论之。准此以观，消保法所定之定型化契约，依特别法优于普通法原则，消保法之规定自当优

63 1999.4.21民法债编增订本条理由：“一、本条新增。二、为使社会大众普遍知法、守法起见，宜于本法中列原则性规定，明定附合契约之意义，并为防止此类契约自由之滥用及维护交易之公平，列举四款有关他方当事人利害之约定，如按其情形显失公平者，明定该部分之约定为无效。”

64 2003年1月22日修正公布之“消保法”第二条第七款规定：“定型化契约条款：指企业经营者为与不特定多数消费者订立同类契约之用，所提出预先拟定之契约条款。定型化契约条款不限于书面，其以放映字幕、张贴、牌示、网际网路、或其他方法表示者，亦属之。”

先适用，但纵不符合消保法定型化契约之规定，并非即无“民法”第二百四十七条之一有关定型化契约之规定之适用，此为适用上应注意者。

拾肆、以契约内容系依何种法律规定而分

一、公法契约

公法契约，系指契约内容发生公法上之效果之契约（“行政程序法”第一百三十五条参照），例如保险医事服务机构与“中央健康保险局”所缔结之“全民健康保险特约医事服务机构合约”[65]、公费生与公立学校所签订之养成及服务契约[66]、公务人员与“中央信托局”间之公务人员保险契约[67]或行政和解契约（“行政程序法”第一百三十六条参照）。公法契

65 “司法院大法官会议”释字第533号解释：“‘宪法’第十六条规定，人民之诉讼权应予保障，旨在确保人民于其权利受侵害时，得依法定程序提起诉讼以求救济。‘中央健康保险局’依其组织法规系‘国家机关’，为执行其法定之职权，就办理全民健康保险医疗服务有关事项，与各医事服务机构缔结全民健康保险特约医事服务机构合约，约定由特约医事服务机构提供被保险人医疗保健服务，以达促进国民健康、增进公共利益之行政目的，故此项合约具有行政契约之性质。缔约双方如对契约内容发生争议，属于公法上争讼事件，依1998年10月二十八日修正公布之‘行政诉讼法’第二条：‘公法上之争议，除法律别有规定外，得依本法提起行政诉讼。’第八条第一项：‘人民与中央或地方机关间，因公法上原因发生财产上之给付或请求作成行政处分以外之其他非财产上之给付，得提起给付诉讼。因公法上契约发生之给付，亦同。’规定，应循行政诉讼途径寻求救济。保险医事服务机构与‘中央健康保险局’缔结前述合约，如因而发生履约争议，经该医事服务机构依‘全民健康保险法’第五条第一项所定程序提请审议，对审议结果仍有不服，自得依法提起行政争讼。”

66 “司法院大法官会议”释字第348号解释：“‘行政院’1978年元月二十七日台（1978）教字第八二三号函核准，由‘教育部’发布之‘国立阳明医学院医学系公费学生待遇及毕业后分发服务实施要点’，系主管机关为解决公立卫生医疗机构医师补充之困难而订定，并作为与自愿接受公费医学教育学生，订立行政契约之准据。依该要点之规定，此类学生得享受公费医学及医师养成教育之各种利益，其第十三点及第十四点因而定有公费学生应负担于毕业后接受分发公立卫生医疗机构服务之义务，及受服务未期满前，其专业证书先由分发机关代为保管等相关限制，乃为达成行政目的所必要，亦未逾越合理之范围，且已成为学校与公费学生间所订契约之内容。公费学生之权益受有限制，乃因受契约拘束之结果，并非该要点本身规定之所致。前开要点之规定，与宪法尚无抵触。”

67 “司法院大法官会议”释字第466号解释：“‘宪法’第十六条规定人民有诉讼之权，旨在确保人民得依法定程序提起诉讼及受公平之审判。至于诉讼救济究应循普通诉讼程序抑或依行政诉讼程序为之，则由立法机关依职权衡酌诉讼案件之性质及既有诉讼制度之功能等而为设计。台湾关于民事诉讼与行政诉讼之审判，依现行法律之规定，分由不同性质之法院审理，系采二元诉讼制度。除法律别有规定外，关于因私法关系所生之争执，

约系由行政主体与他造当事人就约定之内容自由达成协议，因意思表示合致而成立。惟行政主体受依法行政原则之拘束，签订契约恒以法规为依据，或径以法规之规定，作为契约内容之一部（公法上之定型化契约）。[68]

二、私法契约

私法契约，系指契约内容发生私法上之效果之契约[69]，民法之契约均

（接上页）由普通法院审判；因公法关系所生之争议，则由行政法院审判之。'国家'为提供公务人员生活保障，制定公务人员保险法，由'考试院铨叙部'委托'行政院财政部'所属之'中央信托局'办理公务人员保险，并于保险事故发生时予以现金给付。按公务人员保险为社会保险之一种，具公法性质，关于公务人员保险给付之争议，自应循行政争讼程序解决。惟现行法制下，行政诉讼除附带损害赔偿之诉外，并无其他给付类型诉讼，致公务人员保险给付争议纵经行政救济确定，该当事人亦非必然即可获得保险给付。有关机关应尽速完成行政诉讼制度之全盘修正，于相关法制尚未完备以前，为提供人民确实有效之司法救济途径，有关给付之部分，经行政救济程序之结果不能获得实现时，应许向普通法院提起诉讼谋求救济，以符首开'宪法'规定之意旨。"

68 吴庚，释字第348号解释协同意见书（二）："公法契约固应由行政主体与他造当事人就约定之内容自由达成协议，因意思表示合致而成立。惟行政主体受依法行政原则之拘束，签订契约恒以法规为依据，或径以法规之规定，作为契约内容之一部，此种公法上之定型化契约，亦属常见（本件之公费生于入学时先出具'志愿书'，嗣于上述要点发布后，又签订'保证书'——见'教育部'台（七九）诉字第五三二六三号诉愿决定书所载—表示愿遵守学校各种规定，系属定化契约之一种）。就此种契约而言，人民仅有签订与否之自由，并无对其内容与行政主体协商修改之余地，故其契约内容首重公平合理，不得使人民负不相当之对待给付义务。本件契约虽无此种情形，仍应于理由中详为表明。"

69 "司法院大法官会议"释字第540号解释：当局为达成行政上之任务，得选择以公法上行为或私法上行为作为实施之手段。其因各该行为所生争执之审理，属于公法性质者归行政法院，私法性质者归普通法院。惟立法机关亦得依职权衡酌事件之性质、既有诉讼制度之功能及公益之考量，就审判权归属或解决纷争程序另为适当之设计。此种情形一经定为法律，即有拘束全国机关及人民之效力，各级审判机关自亦有遵循之义务。1982年7月30日制定公布之"国民住宅条例"，对兴建国民住宅解决收入较低家庭居住问题，采取由"政府"主管机关兴建住宅以上述家庭为对象，办理出售、出租、贷款自建或奖励民间投资兴建等方式为之。其中除民间投资兴建者外，凡经主管机关核准出售、出租或贷款自建，并已由该机关代表当局或地方自治团体与承购人、承租人或贷款人分别订立买卖、租赁或借贷契约者，此等契约即非行使公权力而生之公法上法律关系。上开条例第二十一条第一项规定：国民住宅出售后有该条所列之违法情事者，'国民住宅主管机关得收回该住宅及基地，并得移送法院裁定后强制执行'，乃针对特定违约行为之效果赋予执行力之特别规定，此等涉及私权法律关系之事件为民事事件，该条所称之法院系指普通法院而言。对此类事件，有管辖权之普通法院民事庭不得以行政诉讼新制实施，另有行政法院可资受理为理由，而裁定驳回强制执行之声请。事件经本院解释系民事事件，认提起声请之行政法院无审判权者，该法院除裁定驳回外，并依职权移送有审判权限之普通法院，受移送之法院应依本院解释对审判权认定之意旨，回复事件之系属，依法审判，俾保障人民"宪法"上之诉讼权。

为私法契约。

三、区别实益

公法上契约与私法上契约，其区别标准学说上有（1）利益说，（2）从属说，（3）旧主体说与（4）新主体说。[70]

公法契约之救济，依“行政诉讼法”第八条第一项规定：“人民与‘中央’或地方机关间，因公法上原因发生财产上之给付或请求作成行政处分以外之其他非财产上之给付，得提起给付诉讼。因公法上契约发生之给付，亦同。”故如公法契约发生争执，应向高等行政法院提起行政诉讼。私法契约之救济，则系依民事诉讼法之规定向地方法院提起诉讼。

如契约之内容与效力，并无公法规定，而全由当事人之意思订定者，纵其一方为执行公务，仍属于私法上契约之范围。[71]

第六节 具体案件之检视要点

从民法总则依序学习到债编总论及债编各种之债后，想要检测自己对民法所知之程度，不妨时常对下述检视要点，反复自我检测，相信帮助甚多：

壹、当事人

一、主体数量：单数或复数

（一）单数主体之债

（二）复数主体之债

1. 可分之债

（1）可分债权

（2）可分债务

70 吴庚，行政法之理论与实用，作者自刊，1999 年 6 月增订五版，第二八页。

71 “最高法院”1972 年度台上字第 1672 号判例：“公法上契约与私法上之契约，其主要之区别为契约之内容与效力，是否均为公法所规定。苟契约之内容及效力，并无公法规定，而全由当事人之意思订定者，纵其一方为执行公务，仍属于私法上契约之范围。”

2. 连带之债

(1) 连带债权

(2) 连带债务

3. 不可分之债

(1) 不可分债权

(2) 不可分债务

二、权利能力

(一) 自然人

1. 本国人

2. 外国人

(二) 法人

1. 本国法人或外国法人

2. 社团法人或财团法人

3. 公法人或私法人

(三) 非法人团体（合伙）

(四) 代理人、代表人或商号

三、意思能力

四、识别能力

五、责任能力

六、行为能力

(一) 完全行为能力

(二) 限制行为能力

(三) 无行为能力

贰、标的

一、可能、适法、妥当、确定

二、种类之债

三、货币之债

四、利息之债

五、任意之债

六、选择之债（法定选择之债或约定选择之债，并注意英美法上之 Option）

七、给付债务、劳务债务、保全债务或信用债务

八、损害赔偿之债

叁、意思表示

一、效果意思（法效意思）

二、表示行为

（一）心中保留、通谋虚伪意思表示或隐藏行为

（二）错误

1. 内容错误

2. 当事人之资格错误

3. 物之性质错误

（三）诈欺或胁迫

（四）暴利行为

三、表示意思

（一）表示错误（不知）

（二）误传

（三）推知意思（无效法律行为之转换）

1. 意定转换

2. 法定转换（视为）

肆、单独行为、契约行为或共同行为

一、单独行为

（一）有相对人单独行为

1. 债权单独行为

2. 物权单独行为
3. 身份单独行为
（二）无相对人单独行为
1. 债权单独行为
2. 物权单独行为
3. 身份单独行为

二、契约行为

（一）债权契约
（二）物权契约
（三）身份契约

三、共同行为

（一）决议
（二）章程订定

伍、债权契约、物权契约或身份契约

一、债权契约

（一）本约或预约
（二）有偿契约或无偿契约
（三）单务（片务）契约或双务契约
（四）要因契约或不要因契约（例如债权让与）
（五）要式契约或不要式契约
1. 约定要式契约
2. 法定要式契约
（六）要物契约或不要物契约
（七）一时性契约或继续性契约
（八）财产性契约或劳务性契约
（九）保全契约
（十）特种契约（例如保险）
（十一）有名契约或无名契约
（十二）混合契约、联立契约或结合契约

（十三）主契约或从契约
（十四）定型化契约、附合契约或不公平契约
（十五）社会性契约
（十六）行政契约（公法契约）

二、物权契约

（一）物权移转契约
（二）负担设定契约

三、身份契约

（一）结婚
（二）离婚
（三）收养

陆、债权契约成立之意思表示

一、要约与承诺—意思表示合致

（一）明示或默示
（二）强制要约或强制承诺

二、交错要约

三、意思实现

柒、债权契约成立与生效

一、成立与生效

（一）成立或未成立
（二）一部生效或全部生效
（三）效力未定

二、成立时期与生效时期

三、附停止条件或期限（始期）

捌、债权契约生效之后

一、单一之债或复数之债

二、可分之债与不可分之债

（一）可分债权与可分债务

（二）不可分债权与不可分债务

三、连带债权、连带债务、不真正连带债务

四、涉他契约

（一）第三人利益契约

（二）第三人负担契约

五、当事人地位

（一）债权人与债务人

（二）受益人

（三）负担人

（四）保证人、连带保证人、共同保证人、最高限额保证人或担保物提供人（物上保证人）、共同抵押人

六、债之变化或债之更改

（一）种类之债、选择之债、任意之债或特定之债

（二）债权让与或债务承担

1. 免责承担

2. 并存承担

3. 概括承受

七、债权契约之特性与各类债权契约之特性

（一）负担行为效果

（二）双务契约或单务契约

（三）有偿契约或无偿契约

（四）要物契约或不要物契约

（五）要因契约或不要因契约

（六）要式契约或不要式契约
（七）定型化契约或非定型化契约
（八）附合契约或非附合契约
（九）财产契约或劳务契约
（十）混合契约、联立契约或结合契约

八、债之保全

（一）定金（成约定金、证约定金、解约定金、违约定金）、违约金、押金、履约保证金或担保物权

（二）代位权或撤销权或代位承受

九、债务之履行与债务不履行

（一）依债之本旨
（二）可归责与否
（三）诚实信用原则
（四）权利滥用禁止原则
（五）情事变更原则
（六）给付不能
1. 白始不能或嗣后不能
2. 一部不能或全部不能
（七）给付迟延
1. 一般债务给付迟延
2. 金钱债务给付迟延
（八）不完全给付
1. 依关于给付迟延之规定
2. 依关于给付不能之规定
3. 并损害赔偿
4. 瑕疵给付
5. 加害给付
（九）履行辅助人、代理人或代表人

十、双务契约之特性

（一）牵连性
1. 发生上牵连

2. 履行上牵连
3. 存续上牵连
（二）同时履行抗辩
1. 法律明文规定
2. 准用（“民法”第二百十八条之一第二项）
3. 类推适用（“民法”第二百二十五条第二项）
（三）不安抗辩
（四）拒绝给付抗辩
（五）危险负担
1. 债务人主义
2. 交付主义

十一、可归责之事由

（一）故意
1. 直接故意
2. 间接故意
（二）过失
1. 抽象轻过失
2. 具体轻过失
3. 重大过失
4. 推定过失
（三）恶意
（四）与有过失、准用与有过失
（五）无过失责任
1. 普通事变责任
2. 不可抗力责任（特别事变责任）
3. 法律特别规定（例如“民法”第一百十条）

十二、请求权基础

（一）债务不履行责任、侵权行为责任、法律规定特别责任、代负责任或担保责任

（二）法规竞合说、法规竞合修正说、请求权自由竞合说、请求权相互影响说、请求权规范竞合说与实务见解

十三、期间

（一）除斥期间、消灭时效期间、取得时效期间、法定不变期间、裁定（恩惠期间）或训示期间（犹豫期间）

（二）与取得时效期间之竞合问题

（三）始期、终期

（四）期间之计算

十四、特殊考虑

（一）代理

1. 显名代理或隐名代理

2. 有权代理或狭义无权代理或表见代理

（二）处理权授与

1. 须以书面为之

2. 不须以书面为之

（三）物权行为有效与否

（四）无权处分

1. 原则：效力未定

2. 例外：动产善意即时取得或不动产信赖登记

（五）是否涉及无因管理、不当得利、侵权行为、亲属或继承关系

十五、损害赔偿

（一）损害：积极损害、消极损害或纯粹经济损害

（二）侵害：积极侵害或消极侵害

（三）客观相当因果关系

（四）赔偿范围

1. 法定（所受损害与所失利益）

2. 约定（如违约金）

（五）违约金

1. 惩罚性违约金

2. 损害赔偿总额预定违约金（liquidated damages）

（六）和解

1. 认定效力

2. 创设效力

（七）民法债编各种之债特别规定（例如“民法”第六百三十八条第三项）

（八）赔偿计算基准

1. 主观价值

2. 客观价值

3. 特殊价值

（九）损益相抵

（十）让与请求权

（十一）准用同时履行抗辩权

十六、债权契约之消灭

（一）得否撤销

1. 撤销原因与撤销条件

2. 撤销权人、当事人与第三人

3. 撤销权之行使—诉讼外或诉讼上（撤销诉讼）

4. 撤销后之回复原状与损害赔偿

5. 物权行为之存在与否

（二）解除条件成就

（三）终期届满

（四）不可归责双方当事人之事由，致给付不能而债权契约消灭

1. 债权人与债务人均免责

2. 有无不当得利

3. 有无代偿请求权、可否类推适用同时履行抗辩权

（五）清偿

1. 债务人清偿或第三人清偿

2. 间接给付（旧债新偿、新债清偿）或债之更改

3. 代物清偿

（六）抵销

1. 抵销适状、抵充、抵销之抵充与抵销之限制

2. 抵销范围

3. 抵销权之行使

4. 动方抵销或被方抵销

（七）混同——原则与例外

（八）免除

（九）解除

1. 契约（协议）解除

（1）约定事由解除

（2）法定事由解除

2. 民法债编总论之规定

（1）给付迟延（定期行为与非定期行为）、需否催告

（2）给付不能

3. 解除权人

4. 解除权不可分性

5. 解除权之行使

（1）可否撤销解除权之行使

（2）可否对解除权之行使附条件或期限

6. 解除之效力（自始无效）

7. 仅生债之效力

8. 互负回复原状之义务

9. 准用双务契约之规定

10. 不妨害损害赔偿

11. 履行利益赔偿

12. 终止

（1）契约终止

①约定事由终止

②法定事由终止

（2）终止权人

（3）终止权之行使

①可否撤销终止权之行使

②可否对终止权之行使附条件或期限

（4）终止之效力（向将来失其效力）

（5）仅生债之效力

（6）回复原状

（7）准用双务契约之规定

（8）不妨害损害赔偿

（9）履行利益赔偿

（十）其他法定原因当然消灭（例如“民法”第五百五十条）

十七、债法之适用顺序

1. 意思表示（单独行为）契约约定 — 广义之债法

↓

2. “民法”第一条规定 法律（或习惯）— 狭义之债法

↓ ↑

习惯法 → 有时优先法律适用

↓

法 理

↓

类推解释

↓

类推适用 → 表现 — ［“最高法院”之决议；“最高法院”之判例或判决］— 司法造法

第二编

各　论

第一章

买卖

【案例提示】

一、A与B至餐厅向C说“来个一千元的四菜一汤”，是否已成立了买卖契约？

（一）应注意者，欲分析有无契约行为，须先分析有无法律行为，而法律行为之是否成立，则又须视有无当事人、标的、意思表示。

（二）法律行为有无生效，则须视：

1. 当事人有无行为能力？

2. 标的是否确定、适法、可能、妥当？

3. 意思表示是否自由、健全、无瑕疵？

二、甲将其土地出售交付与乙后，复将该土地出售移转所有权登记与丙后，该土地被“政府”征收为工业用地。试问：

（一）甲、乙间之买卖及甲、丙间之买卖效力如何？

（二）被“政府”征收之危险由何人负担？

（三）乙可否对甲主张权利瑕疵担保？

（四）丙可否对乙主张所有物返还请求权？

（五）乙可否撤销甲丙间之买卖行为及所有权移转登记？

（六）乙可否对甲主张债务不履行？

（七）土地征收地价补偿费应归谁领取？

三、甲将其房地出售交付于乙后，因丙出价更高，所以甲另外与丙订定买卖契约，复将该土地出售移转登记于丙，结果该房屋严重漏水，而且经鉴定为海砂屋。试问：

（一）甲、乙间之买卖与甲丙间之买卖效力如何？

（二）设甲将房地交付于乙后，移转登记于丙前，该房屋被火烧毁，此危险由何人负担？如甲移转登记于丙后始失火，其结果有无不同？

（三）丙可否对于乙主张所有权，并请求返还房地？

（四）乙得否向甲主张权利瑕疵担保责任？

（五）丙得否向甲主张物之瑕疵担保责任？

第一节　买卖法之认识

壹、买卖法之地位

买卖法可区分为实质意义之买卖法与形式意义之买卖法。实质意义之买卖法，包括买卖契约当事人之约定及一切规范有关财产权与金钱交易之法律；形式意义之买卖法，仅指台湾民法债编各种之债中“买卖”一节之规定。买卖为现代经济活动之动力，所以各国（地区）民法对买卖均设有相当完备之规定。依台湾民法之编制，买卖为债权契约，属契约行为之一种，双方行为之一种，法律行为之一种，为债之发生原因之一，故民法总则有关意思表示、法律行为之规定，债编通则有关债权契约、债之效力、债之消灭等规定，于买卖均有适用。由此观之，民法债编各论关于买卖之规定，常为民法总则与民法债编通则之特别规定及具体规定，适用上应注意及之。

就买卖进行之境域而言，买卖可分国内买卖与国际买卖（俗称国际贸易）。因此，买卖法又有国际买卖法及国内买卖法之别。国际买卖法又称为国际贸易法。依通说，其法源有国际交易惯例、国际组织立法（如联合国商品买卖统一法）、国际商会（ICC）所建立颁布之条规（ICC 500）、国际经济组织或团体所建立之公约，或一内国立法承认之国际统一规范……等等，不胜枚举，详见国际贸易契约一节之说明。但涉及国际买卖契约时，应注意国际私法（涉外民事法律适用法、“台湾地区与大陆地区人民关系条例”及“香港澳门关系条例”）之适用、国际惯例与内国习惯之引用，以及当事人有无特约适用或排除之约定。

贰、买卖之法的管制

现代契约法之基本原则为契约自由原则，但从经济观点言，则在求社会有限财货之正当分配，使财货之利用达到最经济的使用。因此，从保护消费者之观点而言，买卖之标的物及价格、履行以及交易的方法，均应直接、间接受到国家的管制。一般言之，其法的管制方式及内容可述之如下：

一、对买卖标的物之管制

（一）食品及添加物

此类管制即在禁止有害、有毒食品之制造、贩卖、输入及运送。凡不合一定规格基准之食品及添加物，例如著色料、漂白剂等，有些国家均禁止制造、贩卖、输入或输出。此部分，大多规定在食品卫生管理法、健康食品管理法、消保法或标准法中。

（二）医药品及化妆品

此类管制即在对凡不符合一定标准之医药品，均禁止制造、贩卖、输入或输出，甚或需有医师、兽医师之处方，方可进行买卖，消费者不可以直接交易，而必须遵照专家指示。

至于化妆品之买卖，亦均有类似之管制规定，例如化妆品卫生管理条例，特别重视其成分及用量之标示规范。

（三）电器用品类

此类管制主要在于确保其使用安全性，必须符合一定技术及安全之标准，大多在商品标示法、消保法及标准法中加以管制。

（四）汽车类

此类管制要求必须符合交通主管单位之检验合格，方可出厂贩卖，大多规定于商品标示法及标准法中。

（五）家庭用品类

此类管制在要求家庭用品必须符合确保生命、身体、健康之安全，例如家庭中之煤气用具等，大多规范于商品标示法、消保法及标准法中。

（六）工业用设备及生产机器具

此类管制主要在保护劳工及受雇人，大多规定在劳工安全卫生法等法规。

二、对买卖价格之管制

为抑制地价与消费物价之不合理高涨，当局对买卖价金，亦多少加以直接、间接的介入，例如对于食米买卖价格，常依粮食管理法来加以管制。一般言之，其措施如下：

（一）国家总动员法

在物价非常规高涨时，可依行政命令指定生活关连的物资之批发价格、零售价格。但因自由交易，乃经济活动之基本原则，管制相当困难，故许多国家，均采行政处罚，而鲜采刑事罚。

（二）土地法及平均地权条例

因市区人口稠密，在人口稠密地段，为抑制土地之投机交易，常由政府规制，同时公布地价，或对于土地之利用目的加以管制。台湾地区现行土地法，平均地权条例，亦有类似之规定。

对于超过一定面积之土地之买卖契约，非经特许不得移转登记，此乃为避免土地使用之过分集中。于此，台湾目前并无此类之规定，仅有以高税率规制之拟议。

（三）对于买卖方法及条件之管制

为排除企业之专断，以确保消费者及买受人之利益，各国（地区）对于买卖方式及条件，常随交易型态之发展，而订有各种管制措施。

1. 商品标示法、度量衡法：为确保商品之安全、品质、数量、规格、标示之正确，并为维持公平自由竞争，故有商品标示法、度量衡法，以资管制。

2. 消费者保护法：为保护消费者权益，促进国民消费生活安全，提升国民消费生活品质，台湾消费者保护法（以下简称“消保法”）已于1994年元月13日公布施行，嗣于2003年1月22日部分修正，适用时应注意特别法之优先适用。

3. 公平交易法：为维护交易秩序与消费者利益，确保公平竞争，促进经济之安定与繁荣，台湾已于1995年2月4日公布施行“公平交易法”（以下简称“公平法”），并已多次修正。

4. 光碟管理条例：为维护智慧财产权，台湾已于2001年11月14日公布施行。

5. 管制交易条件：

（1）禁止夸大不实之广告：事业不得在商品或其广告上，或以其他使公众得知之方法，对于商品之价格、数量、品质、内容、制造方法、制造日期、有效期限、使用方法、用途、原产地、制造者、制造地、加工者、加工地等，为虚伪不实或引人错误之表示或表征（“公平法”第二十一条第一项参照）。又企业经营者应确保广告内容之真实，其对消费者所负之义务不得低于广告之内容（“消保法”第二十二条参照）。

（2）专业证照制度之建立：明示契约，应由本人、代理人、居间人、代办商为之，并确立专业证照制度，例如不动产经纪业，须由领有专业证照之人充之（“不动产经纪业管理条例”第十七条参照）。

（3）产品重要文书之说明、交付：企业经营者对于其提供之商品或服务，应向消费者说明商品或服务之使用方法（“消保法”第四条）。同法第二十四条规定：“企业经营者应依商品标示法等法令为商品或服务之标示。输入之商品或服务，应附中文标示及说明书，其内容不得较原产地之标示及说明书简略。输入之商品或服务在原产地附有警告标示者，准用前项之规定。”同法第二十五条第一项规定：“企业经营者对消费者保证商品或服务之品质时，应主动出具书面保证书。”

（4）瑕疵担保责任之法定无过失化：例如“民法”第三百四十九条至第三百六十五条之瑕疵担保责任，“消保法”第七条甚至采得减轻之无过失责任。

（5）加重期限利益丧失约款之条件。

（6）加重解约扣价约款之条件。

（7）禁止所有权保留约款。

（8）禁止流质或流押契约之约定（“民法”第八百七十三条、第八百九十三条）。

（9）禁止商业机密之泄漏。

（10）要求契约之要式及其证据力。

（11）强制公证或认证或调解程序（例如“民法”第一百六十六条之一）。

（12）承认缔约过失赔偿责任之制度（“民法”第二百四十五条之一）。

（13）设置“行政院消费者保护委员会”与消保官，接受申诉。

（14）允设民间社团或财团设立消费者保护团体，如消费者文教基金会。

（15）承认团体诉讼制度。（“消保法”、“证券投资人与期货交易人保护法”及“民事诉讼法”）。

（16）定型化契约条款之效力限制（“消保法”，定期化契约范本与可约定与禁止约定条款）。

（17）加强交易资讯提供之义务规范。

（18）承认惩罚性赔偿（“消保法”第五十一条规定）。

（19）对于新型交易方式之管制：例如访问贩卖（“消保法”第二条第十一款、第十八条、第十九条）、沿街贩卖、邮购贩卖（“消保法”第二条第十款、第十八条、第十九条）、直销贩卖（即多层次传销，“公平法”第八条、第二十三条、第二十三条之一至之四)、网路交易（“电子签章法”）等新型交易方式。为因应此等新兴交易方式，特别立法对之加以规制，以补充民法之不足，例如何时成立要约或承诺，何时视为拒绝要约或承诺。“消保法”第十九条规定，邮购或访问买卖之消费者有七日之犹豫期间，退回商品或以书面通知企业经营者解除契约，无须说明理由或负担任何费用或价款。

第二节　买卖之意义、性质与其他概念

壹、买卖之意义

“民法”第三百四十五条第一项规定：“称买卖者，谓当事人约定一方移转财产权于他方，他方支付价金之契约。”买卖以有财产权的移转与价金之支付为要素，二者缺一不可。例如甲至便利商店买一份报纸，售价十五元，报纸的所有权和十五元的价格构成买卖契约之要素，此时便利商店为出卖人，甲为买受人[1]，报纸为买卖契约标的物。兹就买卖之要件分述如下：

→转移财产权

出卖人 ———————— 买受人

支付价金←

一、买卖系一方移转财产权之契约

（一）财产权之意义

所谓财产权，系指具有经济利益而得为交易之标的，其范围非常广泛，包括债权[2]、物权、准物权、无体财产权等等，甚至占有、电话使用权[3]、

1　史尚宽，债法各论，1986年11月台北六刷，作者自刊，第三页。郑玉波，民法债编各论，上册，1992年10月十五版，作者自刊，第六页。邱聪智，新订债法各论，上册，2002年10月初版第一刷，作者自刊，第五八页。

2　例如银行依“金融机构合并法”第十五条规定将不良债权出售于资产管理公司。并请参见拙著，资产管理公司（AMC）法制初探（Tentative Study of AMC in Taiwan），辅仁法学，2001年6月，第二十一期，第五五页以下。

3　郑玉波，前揭书，同注1，第七页。邱聪智，前揭书，同注1，第六十页。

市场摊位使用权（营业权）[4]、网路游戏之虚拟货币、宝物（电子商品）与分时度假权[5] 等均得为买卖契约之标的。但如权利因不可单独让与或具有专属性者，则不得为买卖之标的（例如担保物权之担保物不得单独让与[6] ）。不融通物如公用物或违禁物，亦不得为买卖标的之财产权。至于“权能”，实务见解似认为非买卖之标的。[7]

财产权不以在买卖契约成立时属于出卖人所有为必要，故出卖别人之财产权，买卖契约亦属有效[8]，盖买卖为债权契约，仅生负担行为之效果，只要出卖人于约定时间内能将买卖标的物移转财产权予买受人即可。[9] 例如甲将乙之汽车约定在 2002 年 7 月 1 日卖给丙，订立买卖契约时甲并无该车所有权，惟甲、丙买卖契约仍然有效存在，甲仅须于期限内向乙取得车子，而依约于 2002 年 7 月 1 日将汽车所有权交付予丙即可，否则甲须负债务不履行责任。故如法律上认为甲、丙买卖契约成立时，因甲无所有权而应为无效者，则甲即不必负违约责任，不但失之契约正义，而且阻碍经济活动。

（二）财产权之移转

所谓移转，系指交付占有及所有权之移转，如为债权之买卖，则依“民法”债编通则之债权让与规定为之。买卖契约之财产权必须依约定“移转”给买受人，例如房子之移转登记、股票之背书等是。

关于无体财产权之移转，特别法有规定其移转要件与对抗要件，例

4 “最高法院”1987 年度台上字第 215 号判决：“按买卖以财产权之移转为目的，包括物及权利，除其性质或依法律规定不得为交易之标的者外，均得为买卖之标的。市场摊位使用营业权既非不得交易，自得为买卖之标的，本件上诉人主张摊位之使用权不得与所有权分离云云，殊不足采。”

5 所谓分时度假权，系以一定金额取得会员资格（俗称会员权），会员权之大小，依其购买单位（Unit）之数目而定，从而会员可使用之度假设施亦有所不同，而表彰此一度假权利为会员卡，持此会员卡与国际分时度假组织（Resort Condomininum International，RCI）进行交换其他度假权使用机会，则又别称为分时度假权。

6 拙著，营业合并时最高限额抵押权之让与，本土法学杂志，2000 年 4 月，第九期，第一○七页以下。

7 “最高法院”1997 年度台上字第 3623 号判决：“得为民法上所定买卖契约之标的者，限于物、权利、债权或其他权利，此观同法第三百四十八条及第三百五十条之规定自明。而所有人依同法第七百六十五条所定之使用、收益及处分其所有物，均仅为所有权之权能，尚非权利，得否作为买卖之标的，非无进一步研求之余地。”

8 “最高法院”1982 年度台上字第 2064 号判决：“公同共有人中之一人，以公同共有物所有权之移转为买卖契约之标的，并非所谓以不能之给付为契约标的，其移转所有权之处分，虽因未经其他公同共有人之承认不能发生效力，而于关于买卖债权契约则非无效。”

9 王泽鉴，出卖他人之物和无权处分，收录于氏著民法学说与判例研究，第四册，作者自刊，1993 年 9 月八版，第一二九页。

如不符合商标法或专利法关于移转之规定，虽亦生私法上之效力，但不得对抗第三人（详后述）。

二、买卖系他方支付价金之契约

价金是移转财产权的对价[10]，须以金钱为之，且须“支付”予出卖人，可以现金、票据、汇款或押汇（L/C）方式为之，如票据之方式为之者，可能会有“民法”第三百二十条间接给付（新债清偿）规定之适用，应注意之。

贰、买卖之性质

一、有名契约

“民法”债编各种之债第一节即明文制定买卖一节，买卖自属一有名契约。

二、债权契约

买卖仅有出卖与买受之二个债权法上之意思表示，不发生物权移转之效力，故为债权契约[11]，不得对抗第三人。[12] 因此，买卖契约之效力仅生负

10 “最高法院”1983年度台上字第4890号判决：“债务人以所欠借款债务作为房屋价金，与债权人订立买卖契约者，除其约定之内容含有流质契约之性质外，尚难谓为无效。原审仅以卓某以所欠借款债务为价金，与上诉人就系争房屋订立买卖契约，名为买卖契约，实系债务担保之流质契约，未免误会。”

11 最高法院1941年度上字第441号判例：“不动产之出卖人于买卖契约成立后，本有使物权契约合法成立之义务，系争之买卖契约，苟已合法成立，纵令移转物权契约未经某甲签名，欠缺法定方式，但被上诉人为某甲之概括继承人，负有补正法定方定，使物权契约合法成立之义务，自不得藉口该物权契约尚未合法成立，即请求确认买卖契约为不存在。”
同院1983年度台上字第938号判例：“买卖契约仅有债之效力，不能对抗契约以外之第三人，本件上诉人虽向诉外人林×兰买受系争土地，在林×兰将系争土地并予拍卖，旋由被上诉人标买而取得所有权，则被上诉人基于所有权请求上诉人返还所有物，上诉人不得以其与林黄兰间之买卖关系，对抗被上诉人。”
同院1980年度台上字第397号判决：“买卖契约为债权契约，契约当事人之出卖人并不以所有人为限。上诉人辩称，被上诉人并非上开土地及房屋之所有人，无权出卖该土地及房屋，两造所订买卖契约依法无效等语，显无可采。”
同院1982年度台上字第3617号判决：“买卖契约与移转所有权之契约不同，出卖人对出卖之标的物，不以有处分权为必要。本件上诉人之母林×稻将讼争土地出卖与被上诉人之父陈×泰，其移转所有权之处分行为，纵令未经上诉人及林×等之同意不能发生效力，惟其买卖债权契约则非无效。”

12 最高法院1931年度上字第2405号判例：“买卖契约仅有债权效力，不能对抗契约以外之第三人。”

担行为之效果，不生处分行为之效果，故出卖人亦不以具处分权为必要。[13]

基于债权平等原则与物权优先原则，如出卖人将一物二卖，则其仅能将标的物移转所有权于其中一买受人。不论买卖契约订定之先后，二债权契约效力平等，任一买受人均不得主张另一买卖契约无效。[14] 但出卖人移转所有权标的物于其中一买受人后，即无法对另一买受人履行契约，纵使该买受人取占有标的物亦同，出卖人应对该买受人负给付不能之债务不履行责任。[15] 取得所有权之买受人基于物权优先原则，当得依“民法”第七百六十七条之规定，向占有标的物之另一买受人请求返还所有物。

买卖为债权契约，仅生负担行为之效果，已如前述。纵清偿期有给付不能之情形，亦仅生违约债务不履行之问题，故原则上无民法第二百四十六条第一项契约标的自始给付不能而无效规定之适用。[16] 惟有二个例外[17]：

(一) 特定物买卖

特定物买卖，于买卖成立时该屋已物理的灭失，自无能成立买卖之标的物，有“民法”第二百四十六条第一项规定之适用，买卖契约自始无效。[18]

13 最高法院 1948 年度上字第 7645 号判例：“买卖契约与移转所有权之契约不同，出卖人对于出卖之标的物，不以有处分权为必要。”
同院 1969 年度台上字第 3141 号判决：“出卖人对出卖之标的物不以有处分权为必要，纵就无处分权之物，亦非不可成立买卖。”

14 最高法院 1930 年度上字第 138 号判例：“卖主就同一标的物为二重买卖，如前买约仅生债权关系，而后买约已发生物权关系时，前之买主不得主张后买约为无效。”

15 最高法院 1941 年度上字第 1253 号判例：“物之出卖人固有使买受人取得该物所有权之义务，惟买卖契约成立后，出卖人为二重买卖，并已将该物之所有权移转于后之买受人者，移转该物所有权于原买受人之义务即属不能给付，原买受人对于出卖人仅得请求赔偿损害，不得请求为移转该物所有权之行为。”
同院 1970 年度台上字第 1534 号判例：“不动产所有权之移转，不以交付该不动产为其效力发生要件，不动产之买受人虽未受交付，而依物权法之规定，出卖人移转所有权于买受人之法律行为已生效力者，自不能因买受人尚未交付即谓其所有权未曾取得，又不动产之重复买卖，以先办妥所有权移转登记者，应受法律之保护。”

16 “最高法院”1982 年度台上字第 368 号判决：“出卖人以第三人所有之物为买卖标的物与买受人订立之买卖契约，并非所谓以不能之给付为契约标的，即不得依‘民法’第二百四十六条第一项前段规定认该买卖契约为无效。”

17 关于自始给付不能，请参见拙著，民法债编总论一体系化解说一，下册，瑞兴图书股份有限公司，2001 年 3 月初版，第五九页。王泽鉴，给付不能，收录于氏著民法学说与判例研究，第一册，作者自刊，1993 年 9 月十四版，第四一六页以下。

18 “最高法院”1986 年度台上字第 441 号判决：“所谓以不能之给付为契约标的，其契约为无效者，必以其给付有自始不能实现之情形，始足当之（‘民法’第二百四十六条第一项参照），而在约定让与债权之情形，苟该债权在约定让与时确属存在，即无以不能之给付为标的之可言。”

（二）不可能存在物买卖

不可能存在物买卖，于买卖成立时已无存在之可能（potential existence）。例如A于10月向B买家中北京狗今年底所生之小狗，但B之狗于10月时尚未受胎，则今年底不可能生小狗是。英美契约法采此见解。

三、双务契约

依“民法”第三百四十五条之规定，买卖标的物财产权之移转与价金之给付，二义务之间互有对价关系，故为双务契约，基本上有同时履行抗辩权之适用（“民法”第二百六十四条参照）。

四、有偿契约

买卖既系当事人约定，一方移转财产权于他方，以换取他方支付价金之契约（“民法”第三百四十五条参照），可知其为有偿契约。[19] 依“民法”第三百四十七条规定：“本节规定，于买卖契约以外之有偿契约准用之。但为其契约性质所不许者，不在此限。”[20] 故买卖系为一切有偿契约

19 “最高法院”1980年度台上字第3798号判决：“买卖不动产债权契约，原非要式行为，当不得因被上诉人间未有书面之订之，而断定其间之买卖非真。”
同院1983年度台上字第2435号判决：“所谓买卖契约，系指当事人约定一方（出卖人）移转财产权于他方（买受人），他方支付价金之契约而言，出卖人移转财产权之义务与买受人支付价金之义务间有对价关系，是为典型之有偿契约。至买受人履行其所负支付价金之义务，究系支付现金，抑由出卖人受领其他给付，以代原定给付，均足使其所负支付价金之义务归于消灭，而不影响其有偿契约之性质，此与本院1962年台上字第三五二八号判例所示先有债权而于事后设定抵押权为无偿行为之情形有间。”

20 “最高法院”1961年度台上字第1460号判决：“债权人受领他种给付以代原定之给付者，即所谓代物清偿，而债务人得债权人之允许，以对于他人之债权让与债权人，以代清偿者，亦属代物清偿之一种，于法应认为有消灭债之关系之效力，惟因代物清偿而让与之债权有瑕疵时，由于代物清偿乃有偿契约，依‘民法’第三百四十七条自应准用关于出卖人责任之规定，以资救济。”
同院1990年度台上字第2077号判决：“天×公司与被上诉人约定：届期大×公司如未能履行新债务，则应返还现金二十二万元于被上诉人，系以大×公司不能履行新债务为停止条件，大×公司始应返还二十二万元于被上诉人，此与新债清偿，于新债务未履行前，旧债务仍不消灭之情形有间。核其性质当系大×公司以负担新债务代替旧债务，若新债务于1986年12月31日以前，不能给付，则旧债务仍然存在，此为‘民法’第三百二十条所定当事人另有意思表示之情形，属附有解除条件之债之更改。被上诉人主张与大×公司间所订协议系买卖契约云云，其法律上见解，不无违误，惟债之更改为有偿契约，依‘民法’第四百四十七条规定，准用买卖契约之规定。”
同院1990年度台上字第2592号判决：“出租人固不以所有人为限，然被上诉人之将系争房屋转租黄邱×美，乃本于租赁契约之承租人地位，依‘民法’第四百二十一条第一项规

之典型。所谓准用买卖之规定，主要在于瑕疵担保及危险负担之规定。

五、不要式契约

买卖之成立，不须履行一定方式，故为不要式契约。[21] 但将来“民法”第一百六十六条之一开始施行后，因不动产之买卖须经公证，则不动产买卖属要式契约（详后述）。[22]

六、不要物契约

买卖仅因双方当事人意思表示相互合致，即得成立，故为诺成契约。[23]

七、要因契约

买卖契约系以价金换取财产权，以财产权换取价金为契约目的，并以此目的之有效存在为必要，故买卖为要因契约。

叁、买卖之种类

一、一般买卖与特种买卖

依民法之规定，可分为一般买卖与特种买卖：

（接上页）定，对租赁物有使用收益权而来，如被上诉人与系争房屋原出租人间之租约，已经合法终止，则其使用收益权自不复存在。倘所有人本于所有权主张，黄邱×美为无权占有，收回租赁物，依‘民法’第三百四十七条准用第三百四十九条、第三百五十三条规定，黄邱×美对被上诉人即非不得依债务不履行之规定，行使权利。”

21 最高法院1929年度上字第2956号判例：“买卖之债权契约并非要式行为，除第一百六十六条情形外，自无须以订立书据为其要件，苟有其他证据方法，足以证明确有买卖事实，则因买卖所发生之债务关系，即不容藉口无书据而任意否认。”

同院1930年度上字第335号判例：“买卖契约非要式行为，除第一百六十六条情形外，不论言词或书据只须意思表示合致即可成立，其写立书据者，亦无履行何种方式之必要。若嘱人签字即系授权行为，当然对于本人直接生效。”

同院1931年上字第1207号判例：“不动产物权移转之契约，虽以书立契据为必要之方式，而关于买卖不动产之债权契约，则本为不要式行为，若双方就房屋之标的物及价金互相同意，即不能谓其买卖之债权契约尚未成立。”

22 邱聪智，前揭书，同注1，第七二页。

23 最高法院1931年度上字第2202号判例：“买卖契约为诺成契约，一经当事人就标的物及其价金互相同意，买卖契约为成立。”

同院1991年度台上字第1260号判决：“买卖为诺成契约，故当事人虽未订立书面买卖契约，并不影响已成立之买卖契约。”

（一）一般买卖

一般买卖，即“民法”第三百四十五条第一项规定之买卖。

（二）特种买卖

关于特种买卖，台湾民法有规定者为买回、试验买卖、货样买卖、分期付价买卖、拍卖及互易。另外消保有邮购买卖及访问买卖等规定。

二、自由买卖与竞争买卖

依买卖之成立是否依竞争方式，可区分为自由买卖与竞争买卖：

（一）自由买卖

自由买卖者，系指双方当事人依自由意思之议约力而为之买卖，一般之买卖属之。

（二）竞争买卖

竞争买卖系由多数不特定人竞买，而与出价最高或条件最优者成立之买卖，例如财政部将某银行之股权（经营权）出售于资产管理公司。竞争买卖又可分为下列二种：

1. 拍卖：包括民法之拍卖与强制执行法之拍卖，属于特种买卖之一种。

2. 标卖：系以投标之方式所为之买卖，民法对此并无规定，惟实务上法院强制执行不动产均系以标卖之方式为之。

三、特定物买卖与种类物买卖

依买卖标的物之性质，可分为特定物买卖与种类物买卖：

（一）特定物买卖

特定物买卖系以特定物为标的之买卖，性质上为特定物之债。

（二）种类物买卖

种类物买卖系以种类指示给付物之买卖，性质上为种类之债，须经品质及物之特定后，方成为特定物之债。

四、公卖与私卖

依公法或私法程序，买卖可分为公卖与私卖：

（一）公卖

公卖系指依公法所定之程序，例如依强制执行程序所为之标卖与拍卖等买卖。公卖虽为买卖之一种，但有时法律特别规定不负物之瑕疵担保责任（“强制执行法”第六十九条参照），且不以登记为所有权移转之生效要件（“民法”第七百五十九条参照）。

“行政院”金融重建基金依“行政院金融重建基金设置及管理条例”之相关规定，将其所承受经营不善金融机构之资产（不良债权）予以标售、拍卖，其性质为公卖或私卖？按重建基金，系依公法设置，且其基金来源系源自“政府”预算，故该基金所承受经营不善金融机构之资产（不良债权）予以标售、拍卖，性质上解为公卖较妥。至于其有无瑕疵担保责任？本质上与银行将不良债权出售于AMC同，买卖契约双方均明知该标的有瑕疵，故应无瑕疵担保责任。

（二）私卖

所谓私卖，系指民法、证券交易法、消保法、动产担保交易法、企业并购法等私人间之买卖。又银行将不良债权出售于资产管理公司时，虽为私卖，但无上述物之瑕疵担保责任免除规定之适用，惟既系不良债权，故买受人明知权利瑕疵之存在，依“民法”第三百五十一条之规定，出卖人不负权利瑕疵责任。

五、即时买卖与非即时买卖

依债务履行之时期，买卖可分为即时买卖与非即时买卖：

（一）即时买卖

所谓即时买卖，又称为现实买卖，系指买卖成立时同时给付及履行之买卖，英美法称为executed contract，通常商店买卖属之。通说认为此系债权行为与物权行为并存。[24]

（二）非即时买卖

非即时买卖，系指买卖成立之同时尚未履行给付之买卖，英美法称为executory contract，一般买卖属之。

六、一时买卖与继续性买卖

依买卖是否一次给付而完结，可分为一时买卖与继续性买卖：

（一）一时买卖

所谓一时买卖，系指因一次给付而完结之买卖，一般买卖属之。惟须注意延展给付及分期给付，于概念上亦属于一次给付，仅系约定或允许延展或分期给付而已，性质上并非给付本质属继续性，故与后述之继

24 史尚宽，前揭书，同注1，第七页。郑玉波，前揭书，同注1，第十五页。蔡章麟，民法债编各论（上），作者自刊，1959年，第四十页。邱聪智，前揭书，同注1，第七四页。

续性买卖不同。

（二）继续性买卖

继续性买卖系指非因一此给付而完结之买卖，继续性供给契约属之，例如订阅报纸、杂志、牛羊奶、水电、天然气、年度采购或供需契约（demand and supply contract）。其特性在于一旦履行给付，仅生终止之问题，除当事人有约定外，不生解除契约之问题。继续性给付契约之出卖人有先为给付之义务，不得主张“民法”第二百六十四条之同时履行抗辩权，但如买受人未依约支付此期价金后，出卖人即得拒绝履行下期约定，俗称为变态同时履行抗辩权。

七、预约买卖与买卖预约

依买卖是否成立，买卖可分为预约买卖与买卖预约：

（一）预约买卖

所谓预约买卖，系指买卖已成立，且价金已付，仅标的物尚未交付或财产权尚未移转之买卖，例如新书、新产品或影展入场券之预购。

（二）买卖预约

所谓买卖预约，即一般所称之买卖预约，本约之买卖尚未成立，有待当事人进一步订定。[25] 英美法称为 agreement to agree on sales。

八、民法上之买卖与特别法上之买卖

依买卖所由规定之法律，买卖可分为民法上之买卖与特别法上之买卖：

（一）民法上之买卖

民法上之买卖，例如买回、试验买卖、货样买卖、分期付价买卖、拍卖及互易等是。

（二）特别法上之买卖

特别法上之买卖，例如依证券交易法进行之证券买卖、依期货交易法进行之期货买卖、依消保法进行之邮购买卖与访问买卖、依动产担保交易法进行之附条件买卖、依企业并购法进行之股份买卖等是。

25 “最高法院”1972年度台上字第964号判例：“契约有预约与本约之分，两者异其性质及效力，预约权利人仅得请求对方履行订立本约之义务，不得径依预定之本约内容请求履行，又买卖预约，非不得就标的物及价金之范围先为拟定，作为将来订立本约之张本，但不能因此即认买卖本约业已成立。”

九、买空卖空

另实务上有所谓买空卖空，系指买卖之权利义务之存在及其范围，系于将来偶然事故之发生[26]，俗称射幸契约（wager contract）。基本上，此类契约违背公序良俗，依“民法”第七十二条之规定，原则上应属无效，但法律有特别规定者，例如证券交易法、期货交易法、保险法、民法债编各种之债终身定期金一节与“公益彩券发行条例”等，从其规定而为有效。

肆、买卖与其他概念

一、买卖与互易

买卖以有财产权的移转与价金之支付为要素，但如双方当事人均为物之所有权移转，则为互易（“民法”第三百九十八条参照），例如甲以手表和乙之篮球交换，此互易契约虽非买卖，惟性质上仍为有偿契约，故可准用买卖之规定[27]（“民法”第三百四十七条参照）。如系将美金、日币等兑换为新台币者，系将外币当作物品，性质上仍属买卖，即俗称之外币买卖。

二、买卖与承揽

买卖为财产契约，承揽为劳务契约。买卖标的在于移转财产权，承揽标的在于一定工作之完成，惟工作结果如为有形物者，承揽即有移转财产权之问题，其中又以不规则承揽或制造物供给契约为著例（详承揽一节之说明）。惟查买卖以移转财产权为惟一目的，承揽之目的为工作之

---

26 大理院 1914 年度上字第 646 号判例：“凡以买空卖空为标的之契约，无效。”（同院 1919 年度上字第 783 号判例、最高法院 22 年度上字第 3213 号判决）
最高法院 1929 年度上字第 818 号判例：“买空卖空之成立，须当事人于订约之初，即有仅凭市价差额计算输赢之意思，而当事人订约之初，是否即有此意思，不能仅凭至期有无授受实货之事实以为臆测。倘其买卖，原约明以至期授受实货为目的，而嗣后因违约不能履行或其他原因仅依市价差额以定盈亏者，不能即与买空卖空同论。”

27 “最高法院”1977 年度台上字第 1752 号判例：“互易准用关于买卖之规定，土地所有权之移转为绝卖者，其增值税向出卖人征收之，‘民法’第三百九十八条及‘土地法’第一百八十二条分别定有明文，又土地因买卖而移转，买受人逾期不申请登记，经查明令其申请者，其应征收之土地增值税应由买受人代为缴纳，复为‘实施都市平均地权条例’第四十四条所明定，两造间既系互易土地所有权，如无土地增值税应由上诉人负担之特约，上诉人于代缴后，请求被上诉人附加法定迟延利息返还，殊难谓为无据。”

完成，至于移转财产权仅为其从属之义务。[28] 又实务上有所谓买卖与承揽之混合契约[29]，同时兼具买卖与承揽之性质。

---

28 “最高法院”1993年度台上字第1439号判决：“依‘土地登记规则’第七十条规定以观，申请建物所有权第一次登记者，以使用执照所载起造人为原则，故出卖人以将来制作完成之建筑物出卖于买受人者，非不得以买受人为起造人，使买受人原始取得建筑物之所有权，并非必须由出卖人原始取得建筑物所有权，于办理第一次登记后，办理移转登记于买受人而后可。盖物之出卖人负有使买受人取得该物所有权之义务，惟如何使其取得该物之所有权，别无限制。此与承揽之目的在工作物之完成，属于劳务契约之性质，至于工作物所有权之移转为其从属的义务，二者之区别在此，自难以契约当事人之一方如何使他方取得契约标的物之所有权，为辨别买卖契约，抑或承揽契约之方法。”

29 “最高法院”1970年台上字第1590号判例：“买卖乃法律行为，基于买卖取得不动产之所有权，非经登记不生效力，与承揽之定作人原始取得工作物所有权之情形不同。至所谓工作物供给契约，即工作物全部材料由承揽人供给者，如当事人之意思重在工作物财产权之移转时，仍不失为买卖之一种。”

“最高法院”1999年度台上字第156号判决：“按具有承揽与买卖混合契约性质之‘不动产买卖承揽’（即不动产制造物供给契约），就不动产财产权之移转而言，不啻与‘民法’第一百二十七条第七款所定‘技师、承揽人之报酬及其垫款’为一般单纯之承揽有间，更与同条第八款所称‘商人、制造人、手工业人所供给之商品’系专指‘动产’者不相侔，故此类不动产买卖承揽之价金或报酬请求权，应无上开条款二年短期消灭时效期间规定之适用。”

同院1997年度台上字第1019号判决：“两造所订立之合建契约，其性质属承揽与买卖之混合契约，即由被上诉人承揽完成一定工作而以上诉人应给予之报酬充作建筑商买受由其分得部分基地之价款，并由地主及建商各就其分得之房屋以自己名义取得建筑执照，已如前述，则就地主部分而言，依‘建筑法’第七十条第一项前段规定，建筑工程完成后，应由起造人会同承造人及监造人声请使用执照。又依‘土地登记规则’第七十条第一项规定，申请建物第一次所有权登记应提出使用执照，故如无特别情事，建造执照上所载之起造人恒为该建物所有权第一次登记之申请人亦即原始建筑人。是地主如以自己名义领取建筑执照而由建筑商建筑，自为该建物所有权第一次登记之申请人即原始建筑人，应认该房屋之原始所有人为地主。”

同院1993年度台上字第290号判决：“地主提供土地，由建主出资合作房屋，双方按约定之比例分配房屋之契约，如契约当事人言明，须俟房屋建竣后，始将应分归地主之房屋与分归建主之基地互易所有权，固属互易契约。惟如约定建主向地主承揽完成一定工作，而以地主应给予之报酬，充作建主买受分归其取得房屋部分基地之价款，则属买卖与承揽之混合契约。至若契约约定地主、建主各就分得之房屋以自己名义领取建筑执照，就地主部分而言，应认该房屋之原始所有人为地主，地主与建主就此部分之关系则为承揽契约。”

同院1989年度台上字第2547号判决：“依两造所订合建契约，系约定被上诉人提供土地，上诉人兴建房屋，按约定比例分配所建房屋（包括房屋基地及公共设施），两造就其分得之房屋，各以自己或指定之人之名义，申请建造执照等情以观，足认两造订约之真意，系上诉人承揽兴建被上诉人分得之房屋，而被上诉人则将其应给付之报酬，充作上诉人买受分归其所有之房屋基地之价金，性质上应属承揽与买卖之混合契约。”

同院1987年度台上字第2499号判决：“查土地所有人提供土地，由建筑商出资合作建屋，双方按土地价款、房屋建筑费比例，以分配房屋之约定，其契约之性质如何？应依其契约之内容并探求当事人之意思而决定之，非可一概而论。如契约当事人于订约时言明，

三、买卖与赠与

买卖系以财产权之移转与价金之支付为对价要素，故为有偿契约。

(接上页) 须俟房屋建竣后，始将应分归地主之房屋与分归建筑商之基地互易所有权者，固属互易契约。如契约约定建筑商向地主承揽完成一定工作，而将地主应给与之报酬，充作建筑商买受分归建筑商之房屋部分基地之价款，则属买卖与承揽之混合契约。至若契约言明各就分得房屋以自己名义领取建造执照，就地主分得部分而言，认该房屋之原始所有人为地主，地主与建筑商就此部分之关系则为承揽契约。本件两造于 1973 年 10 月 27 日订立之委托建筑合约书仅于第一条约：甲方（即上诉人）提供大寮乡翁公园段三〇三四地号田七则面积〇·二六五一公顷（八〇一坪九二八）与乙方（即被上诉人）兴建别墅二层楼房，建筑材料概由乙方负担。第二条约定楼房分配方法，依照另表配置图兴建十八栋，甲方分得五栋，乙方分得十三栋，双方同意依照比率抽签取得之。惟依卷附建造执照申请书影本记载，上诉人分得之房屋，似系以其自己名义为起造人申请建造，既非十八栋房屋均由被上诉人申请建造，而于房屋建竣后，始将分归上诉人之五栋房屋所有权与分归被上诉人之基地所有权互相移转（被上诉人并未就上开房屋办理第一次所有权登记），则本件合约性质，能否谓为单纯互易，尚非无审酌之余地。”同院 1985 年度台上字第 882 号判决：“本件江某与高某间合建契约，被上诉人虽主张为互易，惟已为上诉人所否认。而依卷附合建契约影本所示就房屋部分系约定双方各自取得百分之五十，并以自己或订户名义申请建筑执照；就基地部分系约定于二楼板完成时江某应将高某取得部分办理所有权移转登记手续。并无就江某分得之房屋由高某办理所有权第一次登记后移转登记与江某之内容。上诉人复主张高某于建筑江某分得部分房屋之初，即以自己不取得所有权，由江某原始取得所有权之意思建造。如属可取，再参诸前述契约之内容，高某系向江某承揽其房屋之建造工程，而将江某应给付之报酬充作买受分归其取得部分房屋基地之价金，并性质似系买卖与承揽之混合契约。”

同院 1983 年度台上字第 3796 号判决：“土地所有人提供土地由建筑商出资合作建屋，双方按土地价款与房屋建筑费用之比例，以分配房地之约定，其契约之性质如何，应依其契约之内容而定，不能一概而论。如契约当事人于订约时言明，须俟房屋建竣后，始将应分归地主之房屋与分归建筑商之基地，互易所有权者，固属互易契约。惟如契约言明，建筑商向地主承揽完成一定之工作，而将地主应给与之报酬，充作买受分归建筑商之房屋部分基地之价款，则系属买卖与承揽之混合契约。”

同院 1982 年度台上字第 1678 号判决：“承揽关系重在劳务之给付，非如买卖关系之重在财产权之移转，系争委建房屋合约所规定者全属财产权之移转问题，而无任何有关劳务给付之约定，从而该委建合约充其量，仅能认定系工作物供给契约，因契约当事人之意思重在工作物财产权之移转，仍不失为买卖之一种（参照“最高法院”1970 年台上字第一五九〇号判例），自不能认系买卖与承揽之混合契约而主张有承揽关系之存在。”

同院 1980 年度台上字第 3644 号判决：“法院就原告所主张起诉原因之事实判断其法律上之效果，不受其所述法律见解之拘束，林×等虽主张两造之合建契约书为互易性质，亦即林×等将分与廖×和等之土地，与廖×和等将所建成应分与林×等之房屋互相移转，为价值之互易，惟依卷附建筑执照及使用执照，所应分与林×等之建成二层住宅楼房五栋乃三层店铺楼房二栋，均以之为起造人，并非由廖×和等为起造人再为移转，似与互易之情形有间，倘系由林×等委由廖×和等代为建造（仍以林×等为起造人）而以土地价款作为承揽之报酬，则为土地买卖与房屋承揽之混合契约，其法律效果与互易不同，如仅有财产权之移转而无价金给付之对价者，即属赠与。买卖契约原则上出卖人须负瑕疵担保责任；赠与契约除附负担赠与（“民法”第四百十四条）外，原则上赠与人不负瑕疵担保责任（“民法”第四百十一条参照）。

第三节　买卖之成立

壹、一般买卖

“民法”第三百四十五条第二项规定：“当事人就标的物及其价金互相同意时，买卖契约即为成立。”故买卖契约之成立并不以出卖人对标的[30]有物之存在、有所有权、有处分权为必要。[31]当出卖人及买受人互相同意价金及标的物（出卖物），买卖契约即为成立（英美法上之 agreement）。例如甲向车商乙买 TOYOTA 汽车一台，甲同意买纯白色某型汽车后，乙亦同意甲杀价后的价格，此买卖契约依法即有效成立。

依“民法”第三百四十五条第二项之规定，买卖双方对标的物及其价金互相同意时，买卖契约即为成立，则有无“民法”第一百五十三条第二项规定‘推定其契约为成立’之适用？肯定说认为此二条项均

（接上页）究竟实情如何，应先调查明晰。”同院 1979 年度台上字第 750 号判决：“两造所订房屋合建契约，为买卖与承揽之混合契约，目前社会上合建房屋，系营造业在地主土地上建屋，分归地主之房屋，系营造业者以地主所有之意思为地主兴建，分归营造业者之房屋，营造业者为原始取得人取得房屋之所有权。”

同院 1973 年度台上字第 568 号判决：“建材行之与营造厂往来，乃凭营造厂本身之信用，上诉人既亦自承为符合其与定作人工程契约，容转包人赖×鑫以其营造厂名义行使其承揽契约之一切权义关系，包括使用上诉人名义与被上诉人成立买卖契约在内，而被上诉人又将该营造厂所购建材送往其工地，由工地负责人签收，则原判决认上诉人纵已将该工程转包与第三人赖×鑫，对于被上诉人亦应负授权人之责任，自无不当。”

30　按买卖之客体，既不限于物，而应兼括权利如债权等，则本项规定实不宜仅限于标的物，故宜修正为“标的”或“客体”。

31　“最高法院”1983 年度台上字第 679 号判决：“买卖契约之成立，非以出卖人对于标的物有所有权为要件，设共有人未得他共有人之同意，擅自出卖共有物，其买卖契约并非无效，仅对于他共有人不生效力而已，且得因他共有人之事后承认而溯及既往发生效力。”

在减缓意思表示合致之严格要求，故二者间并无优先适用与否之问题[32]，实务见解有采之。[33] 否定说则认为“民法”第三百四十五条第二项为“民法”第一百五十三条第二项之特别规定，应优先适用，故此时无“民法”第一百五十三条第二项规定之适用[34]，实务见解亦有采之。[35] 本书认为宜以否定说为当，但要注意本条之适用，系指非必要之点未经表示，方有“民法”第一百五十三条第二项推定规定发生是否适用问题，如非必要之点已表示而不一致者，则依“民法”第一百五十三条第一项规定，该买卖契约仍未成立。

如上所述，非必要之点未经表示，方有“民法”第一百五十三条第二项推定规定之适用。依“民法”第一百五十三条规定：“当事人互相表示意思一致者，无论其为明示或默示，契约即为成立。当事人对于必要之点，意思一致，而对于非必要之点，未经表示意思者，推定其契约为成立，关于该非必要之点，当事人意思不一致时，法院应依其事件之性质定之。”故买卖契约之成立，以当事人互相表示意思一致为其成立要件，此互相表示意思一致之方式，包括口头、书面、甚至电子签章[36] 均无不可。虽“民法”第三百四十五条第二项定有明文，惟买卖契约可能涉及其他因素，例如上例中甲、乙虽就汽车及价金互相同意，但双方对于赠品、保险、交车时间、付款方式、保固期间等等，均尚未表示意见，此时买卖契约是否成立？依照“民法”第一百五十三条第二项前段规定：“当事人对于必要之点，意思一致，而对于非必要之点，未经表示意思者，推定其契约为成立。”此所谓“必要之点”，于买卖契约系指标的物财产权与价金；非必要之点，系指赠品、保险等等。如双方必要之点已

32 邱聪智，前揭书，同注 1，第六八页。黄茂荣，买卖法，增订版，植根法学丛书，1989 年，第一二四页。

33 “最高法院”1988 年度台上字第 2479 号判决：“定金收据业已表明买受人为被上诉人，并表明买卖之标的物及总价金，对于买卖必要之点（要素）既意思表示一致，依‘民法’第一百五十三条第二项，第三百四十五条第二项规定，两造间该房地之买卖契约自属已有效成立。至其他非必要之点如付款方式、过户程序、税金负担等两造既无特别约定自应依法律规定为之，不能因此而谓买卖尚未成立。”

34 郑玉波，前揭书，同注 1，第二一页。

35 “最高法院”1966 年度台上字第 1645 号判例：“两造就买卖之标的物已互相同意，至于价金，政府对公产有一定价额，则依‘民法’第三百四十六条第一项，应属依其情形可得而定，即视为定有价金，故纵认本件两造就价金未具体约定，亦应认就价金已互相同意，依同法第三百四十五条第二项，本件买卖契约即为成立。”

36 请参见“电子签章法”及“政府采购法”第九十三条之一第一项规定：“机关办理采购，得以电子化方式为之，其电子化资料并视同正式文件，得免另备书面文件。”

表示意思一致，对非必要之点未经表示者，依“民法”第一百五十三条第二项之规定“推定”其买卖契约为成立。[37] 如当事人认为非必要之点非常重要（例如买受人认为如果没有ABS防煞车锁死系统者即不愿意购买）者，买受人即可举证推翻，使买卖契约不成立。[38] 另“民法”第一百五十三条第二项前段规定，仅适用于“必要之点，意思一致，非必要之点，未经表示意思者”之情形，如必要之点意思不一致，或必要之点意思一致，非必要之点有表示但意思不一致者，依同条文第一项规定，买卖契约尚未成立，均无此条项规定之适用。

如甲向乙表示愿意出售西瓜一颗，乙允诺之，虽当事人并未具体约定西瓜之价金，但依“民法”第三百四十六条第一项规定：“价金虽未具体约定，而依情形可得而定者，视为定有价金。”此时依情形（市价）可得而定价金，视为定有价金[39]，故其买卖业已成立，双方均应受该价金约定之拘束。[40] 如甲、乙当事人约定按市价者，依“民法”第三百四十六条第二项规定，视为标的物清偿时、清偿地之市价，以避免无谓之争议。但契约另有订定者，不在此限。

37 “最高法院”1951年度台上字第1482号判例：“当事人缔结不动产买卖之债权契约，固非要式行为，惟对于契约必要之点意思必须一致，买卖契约以价金及标的物为其要素，价全及标的物，自属买卖契约必要之点，苟当事人对此两者意思未能一致，其契约即难谓已成立。”

38 邱聪智，前揭书，同注1，第六八页。

39 “最高法院”1958年度台上字第1665号判例：“上诉人就系争房屋与被上诉人订立之杜尽根绝卖契，其价金旧台币之下虽未载明确数若干，但契末既批明‘即日全部业价已将上诉人前所积欠债务以旧台币借据相杀清楚’等字，则按其情形，显系约定以欠债额为卖价额，依民法第三百四十六条第一项规定，即应视为定有价金。”

同院1994年度台上字第762号判决：“买卖契约必须当事人就标的物及其价金互相表示意思一致者，其契约始成立，此观‘民法’第一百五十三条、第三百四十五条规定自明。又民法第三百四十六条第一项规定：价金虽未具体约定，而依情形可得而定者，视为定有价金。据此可知，当事人就价金虽未具体约定其数额，但亦须互相同意依某种得据以确定之事实而定者，始得谓之定有价金。”

40 “最高法院”1958年度台上字第1549号判例：“‘民法’第三百四十六条第一、二两项之规定，系以价金未具体约定或约定依市价者，始有其适用。若业经具体约定价金之额数，则以后市价纵有升降，双方当事人亦应受其拘束，不容任意变更。”

同院2001年度台上字第987号判决：“‘民法’第三百四十五条第二项规定，当事人就标的物及其价金互相同意时，买卖契约即为成立。同法第三百四十六条第一项并规定，价金虽未具体约定，而依情形可得而定者，视为定有价金。当事人就价金虽未具体约定，如依情形可得而定者，自应认就价金已互相同意，买卖契约即为成立。”

贰、不动产买卖

一般而言，除当事人另有约定外，买卖契约于成立时同时生效。但值得注意者，“民法债编”于1999年4月21日修正而目前尚未施行之第一百六十六条之一规定：“契约以负担不动产物权之移转、设定或变更之义务为标的者，应由公证人作成公证书。未依前项规定公证之契约，如当事人已合意为不动产物权之移转，设定或变更而完成登记者，仍为有效。”[41] 准此，买卖不动产时，因为牵涉到不动产物权之移转，买卖契约在新法施行后，必须依公证法相关规定办理公证，作成公证书，未作成公证书者，买卖不动产契约无效，买受人请求移转不动产所有权，出卖人可以拒绝；相反地，出卖人请求支付价金，买受人亦可拒绝。惟出卖人与买受人仍然合意依约办理所有权移转登记（俗称过户）者，虽买卖不动产契约未经公证，但于办妥过户登记后，法律上溯及地认为买卖不动产契约仍然有效。[42]

叁、政府采购法财物采购契约之成立

政府采购法所称采购，指工程之定作、财物之买受、定制、承租及

41 1999.4.21民法债编本条增订理由：“一、本条新增。二、不动产物权具有高度经济价值，订立契约约定负担移转、设定或变更不动产物权之义务者，不宜轻率。为求当事人缔约时能审慎衡酌，辨明权义关系，其契约应由公证人作成公证书，以杜事后之争议，而达成保障私权及预防诉讼之目的；爰参考德国民法第三百十三条第一项及瑞士债务法第二百十六条第一项之立法例，而增订第一项之规定。三、当事人间合意订立以负担不动产物权之移转、设定或变更之义务为标的之契约（债权契约），虽未经公证，惟当事人间如已有变动物权之合意，并已向地政机关完成物权变动之登记者，则已生物权变动之效力，自不宜因其债权契约未具备第一项规定之公证要件，而否认该项债权契约之效力，俾免理论上滋生不当得利之疑义；爰参考前开德国民法第二项而增订第二项规定。此际，地政机关不得以当事人间之债权契约未依前项规定公证，而拒绝受理登记之申请。至对此项申请应如何办理登记，宜由地政机关本其职权处理，并此叙明。”

“民法债编施行法”第三十六条第二项规定：“‘民法债编’修正条文及本施行法修正条文自2000年5月5日施行。但‘民法’第一百六十六条之一施行日期，由‘行政院’会同‘司法院’另定之。”依此规定，“民法”第一百六十六条之一之规定尚未开始施行。

42 关于本条规定之适用问题，请参见拙著，民法债编不动产债权契约公证与特殊侵权行为实例研究，收录于台湾本土法学杂志，第七期，2000年2月，第一〇六页。

劳务之委任或雇佣等（该法第二条参照）。所谓财物，指各种物品（生鲜农渔产品除外）、材料、设备、机具与其他动产、不动产、权利及其他经主管机关认定之财物（该法第七条第二项参照）。“政府”财物采购须经过招标、投标、审标、开标、决标、签约等要式行为。

第四节 买卖之效力

买卖契约性质上为债权契约，仅发生买受人与出卖人间之债权债务关系，且出卖人不以标的物所有权人为限，已如上述。故出卖人将同一标的物同时或先后出卖于二个买受人时（一物二卖），此二买卖契约均属合法有效，效力相同，但出卖人仅得移转标的物（物权行为）于其中一买受人，此买受人始能取得标的物之所有权，对此买受人而言，出卖人已履行契约，但对于另一买受人而言，出卖人已无法再将约定之标的物移转给他，此时出卖人即陷于给付不能（即社会通念上之不能），且此给付不能系可归责于出卖人，故出卖人须依“民法”第二百二十六条之规定负损害赔偿责任。

如出卖人甲将房地同时出卖给乙、丙二人，将不动产交付（俗称交屋）于买受人乙后，再将同一不动产移转登记于丙，此时依“民法”第七百五十八条、第七百六十条之规定，丙取得不动产所有权，乙仅取得不动产之占有，基于物权优于债权之原则，丙可基于所有权人的地位，依“民法”第七百六十七条规定请求乙返还所有物，乙不得以其与甲之间之债权契约对抗丙。乙返还所有物于丙后，再基于其与甲间之买卖契约向甲依“民法”第二百二十六条债务不履行规定请求前述给付不能之损害赔偿，或依“民法”第二百五十六条规定解除契约，并依“民法”第二百六十条、第二百二十六条请求损害赔偿，但乙不得向甲请求为移转该物所有权之行为[43]，亦不得向甲主张权利瑕疵担保责任，因甲出卖于乙时，甲之权利并无瑕疵，与权利瑕疵担保责任要求“买卖契约成立时”需有瑕疵之构成要件不符。

43 最高法院1941年度上字第1253号判例（同注15）。

壹、对出卖人之效力

- 对出卖人
  - 移转财产权之义务
    - 物之出卖
      - 交付义务
      - 所有权移转
    - 权利之出卖
      - 权利移转
      - 交付义务
  - 瑕疵担保责任
    - 意义
    - 理论基础——双务契约之对价平衡性
    - 性质——法定无过失责任
    - 种类
      - 权利瑕疵（又称为追夺担保）
      - 物之瑕疵

一、移转财产权之义务

（一）物之出卖

"民法"第三百四十八条第一项规定："物之出卖人，负交付其物于买受人，并使其取得该物所有权之义务。"故不论买卖标的物为动产或不动产，出卖人均负有"交付"及"移转所有权"之义务。[44] 兹分述如下：

1. 物之交付：所谓物之交付系指占有之移转。动产之交付不但为出卖人移转占有之义务，且为买受人取得所有权之方式，故现实交付及观念交付（简易交付、占有改定与指示交付）均有适用（"民法"第七百六十一条参照）。至于不动产交付（俗称点交），当然适用现实交付，但是否适用观念交付？依"民法"第七百六十一条之规定，系指动产物权之让与方法，不动产未明文规定，但"民法"第九百四十六条第一项规定："占有之移转，因占有物之交付，而生效力。"本条系对占有之一般规定，对于动产与不动产均有其适用，不动产出卖人既有移转占有之义务，且"民法"第九百四十六条第二项规定准用"民法"第七百六十一条规定，故多数学者[45] 与

44 "最高法院"1952 年度台上字第 811 号判例："被上诉人为讼争土地之出卖人，依'民法'第三百四十八条第一项之规定，应负交付出卖物于买受人即上诉人之义务，就令被上诉人并非讼争土地之现在占有人，而除有给付不能特别情事外，仍不得以此而为免除交付义务之理由。"

45 郑玉波，前揭书，同注 1，第二六页。史尚宽，前揭书，同注 1，第十页。反对说：邱聪智，前揭书，同注 1，第八六页。黄茂荣，前揭书，同注 32，第二四二页。

实务见解[46]均肯认之。本书认为应有观念交付规定之适用。又主物之交付，效力及于从物，但从物之交付不及于主物（“民法”第六十六条第二项参照）。

2. 移转所有权：买卖契约性质上为“债权契约”，亦即买卖契约双方间成立债权债务关系，物之出卖人除须交付买卖标的物外，尚必须移转所有权（要素债务[47]）。动产所有权之移转仅需移转占有（“民法”第七百六十一条）即可，不动产所有权之移转，必须订定书面[48]（“民法”第七百六十条）及办理所有权移转登记[49]（所有权之移转，“民法”第七百五十八条）。买卖契约成立生效后，买受人可以请求出卖人移转财产权，并不表示买卖契约成立生效后，买受人随即取得财产权，必须透过出卖人移转财产权之行为（物权行为），买受人始取得财产权。[50]例如消费者向建商购买房屋及土地，双方在接待中心签下不动产买卖契约后，除非

46 最高法院1943年度上字第5605号判例：“被上诉人某甲系讼争房地之出卖人，对于买受人即上诉人本有交付买卖标的物之义务，无论其与某乙所定之租赁期限是否尚未届满，苟非将其对于某乙之返请求权已让与于上诉人，仍不得免其交付买卖标的物之义务。”（同院1943年度上字第5455号、1951年度台上字第1200号、1952年度台上字第1564号判例同旨）
同院1958年度台上字第511号判例：“物之出卖人负交付其物于买受人，并使其取得该物所有权之义务，‘民法’第三百四十八条第一项定有明文。所谓交付其物于买受人，即移转其物之占有于买受人之谓，依‘民法’第九百四十六条第二项准用第七百六十一条之规定，如买卖标的物由第三人占有时，出卖人固得以对于第三人之返还请求权让与买受人以代交付。该上诉人与买受人某甲缔结买卖契约，当时既订有应由上诉人收回出卖标的物亦即系争工厂及土地后，再行交付与买受人某甲，并在交付前扣留上诉人一部价金之特约，则依此项特约之内容，上诉人就系争工厂及土地，仍应负向占有之被上诉人收回交付买受人某甲之义务。在依约履行之前，其义务并不因已为所有权移转之登记而消灭。”

47 要素债务与附随债务之判断标准有二：自法律行为之本质观之如“价金之交付”与“所有权之移转”，此二债务即为买卖契约之要素债务。（自当事人之意思观之即当事人如将常素或偶素特别表明非履行此债务，契约目的即无法达成者，此债务即为要素债务。例如会勘疆界本非买卖行为之要素，但约明非于期限内会勘不可者，此际，会勘之债务，即从通常附随债务转成要素债务，不履行会勘之债务时，自可构成解除契约之理由。

48 最高法院1933年上字第21号判例：“不动产物权之移转，未以书面为之者，固不生效力，惟当事人间约定一方以其不动产之物权移转于他方，他方支付价金之买卖契约已成立者，出卖人即负有成立移转物权之书面，使买受人取得该不动产物权之义务。”

49 “最高法院”1986年度台上字第404号判例：“单独所有土地之特定部分买受人，除出卖人有不能将该部分分割后移转登记与买受人之情形外，不得请求出卖人移转登记按该部分计算之土地应有部分，而与原所有人共有该土地。”

50 最高法院1949年度台上字第111号判例：“买卖契约不过一种以移转物权为目的之债权契约，尚难谓即为移转物权之物权契约。惟经双方合意之债权契约已经成立，上诉人基于买卖契约，请求被上诉人履行物权移转必要程序之义务，如非另有其他情事，尚非无据。”

双方有特别约定，原则上买卖契约即成立生效（但“民法”第一百六十六条之一施行以后，必须办理公证始生效力），但须经过书面（“民法”第七百六十条）及所有权移转登记（“民法”第七百五十八条）之物权行为后，消费者始能取得房屋所有权。

（二）权利出卖

“民法”第三百四十八条第二项规定：“权利之出卖人，负使买受人取得其权利之义务，如因其权利而得占有一定之物者，并负交付其物之义务。”故权利之出卖人负有下述二义务：

1. 移转权利：权利之移转，依权利之种类而有所不同，兹分述如下：

（1）债权

债权之移转，应依“民法”第二百九十四条至第二百九十七条关于债权让与之规定为之。

（2）债权证券

①票据：记名票据以背书及交付为之；无记名票据得仅以交付转让（“票据法”第三十条、第一百二十四条及第一百四十四条参照）。

②指示证券：以背书为之（“民法”第七百十六条参照），且须交付。

③无记名证券：让与方式民法并未规定，通说认为以“合意＋交付”为之即可。[51]

④仓单：以背书并经仓库营业人签名方式为之（“民法”第六百十八条参照）。

⑤提单：以背书之方式为之（“民法”第六百二十八条参照）。

⑥股票：记名股票以背书方式为之，无记名股票得以交付方式转让（“公司法”第一百六十四条参照）。[52]

（3）所有权以外之物权

所有权以外之物权之移转，不动产之用益物权（包括地上权、地役权、永佃权、典权、耕作权）须以书面（“民法”第七百六十条）及登记（“民法”第七百五十八条）为之。担保物权（包括抵押权、动产抵押权与质权）须随所担保之债权或一定关系一并让与。[53]

51 史尚宽，前揭书，同注 1，第七八二页。郑玉波，民法债编各论，下册，三民书局，1991 年 10 月十四版，第七六六页。

52 “证券交易法”第四十三条第二项规定：“证券集中保管事业保管之有价证券，其买卖之交割，得以账簿划拨方式为之；其作业办法，由主管机关定之。”

53 最高限额抵押权之让与须与一定关系为之，请参阅拙著，前揭文，同注 6，第一一〇页。

（4）准物权

准物权包括水权、矿业权及渔业权等：

①水权：水权之让与，非经登记不生效力（“水利法”第二十七条）。

②矿业权：矿业权之让与，矿区所在地在“直辖市”者，应申请“直辖市”主管机关转“经济部”核准后，由“直辖市”主管机关登记；在县（市）者，应申请“经济部”核准登记（“矿业法”第十七条）须经登记核准。

③渔业权：渔业权之让与，除强制执行外，非经主管机关核准，不得让与（“渔业法”第二十五条第一项后段规定），且非经登记不生效力（“渔业法”第二十一条第一项参照）。

（5）无体财产权

无体财产权包括著作权、专利权、商标权、积体电路电路布局权及营业秘密等：

①著作权：著作财产权得以准物权之方式将全部或部分让与他人或与他人共有（“著作权法”第三十六条第一项参照）[54]；著作人格权专属于著作人本身，不得让与或继承（“著作权法”第二十一条参照）。

②专利权：专利权之让与应由各当事人署名，附具证明文件，向“经济部智慧财产局”申请换发证书（“专利法”第六十三条、第一百零五条、第一百二十二条参照），且非经登记，不得对抗第三人（“专利法”第五十九条、第一百零五条）。新式样专利权人得就所指定施予之物品，以其新式样专利权让与、信托或授权他人实施，非经向专利专责机关登记，不得对抗第三人（“专利法”第一百十九条本文参照）。

54 “最高法院”1997年度台上字第1039号判决：“著作财产权之转让，系著作财产权主体变更的准物权契约，为处分行为之一种，著作权让与契约，应与其原因行为之债权契约相区别。上诉人又未能提出任何证据证明许×骈在1981年10月1日之后确有履行其对于上诉人之给付义务，以准物权行为将著作权移转予上诉人，则上诉人主张伊已取得系争著作权，尚非可采。被上诉人主张如附表编号一至十九之系争著作财产权，系其自1981年10月23日起至1990年11月19日陆续受让自许×骈，所立之契约书均于第一条载明：‘本契约签订后，本著作物之著作权及其他一切权利永为让受人所有’，第二条载明：‘本契约签订后，让受人对于本著作物得自由处置。’，足证上开著作权因契约之签订而移转与受让人，受让人即被上诉人因订约而即时取得著作权。著作权既由被上诉人受让取得，许×骈自不能再履行对于上诉人之给付义务，惟此仅为许×骈依该第三人利益契约是否应对于郝×侠或上诉人负债务不履行责任之问题，并不影响被上诉人所取得之著作财产权。至‘内政部’著作人或著作财产权人登记仅系行政管理之规定，并无推定所有权之效力，此观上诉人提出之‘内政部’著作权登记簿誊本下方均注明：‘本项登记悉依申请人之申报，如有权利争执，自应负举证责任。’即可证明。”

③商标权：商标专用权之移转，应向商标主管机关申请登记，未经登记者，不得对抗第三人（“商标法”第二十八条第一项规定）。受让商标注册之申请所生之权利之权利者，非经请准更换原申请人之名义，不得对抗第三人（“商标法”第三十八条第一项规定）。

④积体电路电路布局权：让与电路布局权者，应由各当事人署名，检附契约或证明文件，向电路布局专责机关申请登记，非经登记，不得对抗善意第三人（“积体电路电路布局保护法”第二十二条第一项第一款参照）

⑤营业秘密：营业秘密得以准物权之方式将全部或部分让与他人或与他人共有（“营业秘密法”第六条参照）。

权利之买卖，因主权利之处分，效力及于从权利，故主权利之移转者，从权利亦须移转，但从权利之处分效力则不及于主权利（“民法”第二百九十五条第一项规定参照）。法律对于从权利多设有限制，不得独立买卖，如担保物权是。再者，权利移转时，权利作用之权能，如撤销权、终止权等，亦随之移转。

2. 交付占有物：“民法”第三百四十八条第二项后段规定，权利（指所有权以外之权利，例如租赁权、永佃权、地上权、典权等）之出卖人，如因其权利而得占有一定之物者，并负交付其物之义务。例如甲将地上权让与给乙，除须以书面为之，并办理过户之外，亦须将土地占有交付给乙。

（三）不履行之效果

“民法”第三百五十三条规定：“出卖人不履行第三百四十八条至第三百五十一条所定之义务者，买受人得依关于债务不履行之规定，行使其权利。”[55] 故因可归责于出卖人之事由而不履行“民法”第三百四十八条之义务者，应负权利瑕疵担保责任，买受人得依关于债务不履行之规定，行使其权利。[56] 至其如何行使权利，则视债务不履行之性质而定：

1. 请求损害赔偿：包括给付不能[57]（“民法”第二百二十六条）、给付

55 有学者认为本条中“第三百四十八条”应为“第三百四十九条”之笔误，请参见郑玉波，前揭书，同注1，第三六页。邱聪智，前揭书，同注1，第一〇五页。

56 如同时成立债务不履行责任者，则有请求权竞合问题。请参见郑玉波，前揭书，同注1，第三八页。邱聪智，前揭书，同注1，第一〇四页。关于请求权竞合论，请参见王泽鉴，契约责任与侵权责任之竞合，收录于氏著民法学说与判例研究，第一册，作者自刊，1993年9月十四版，第四〇一页以下。

57 最高法院1950年度台上字第411号判例：“物之出卖人应负交付其物于买受人并使其取得该物所有权之义务，固为‘民法’第三百四十八条第一项所明定。惟债之给付不能时，除系因可归责于债务人之事由所致者，债权人得依同法第二百二十六条第一项规定，请求损害赔偿外，不仍请求履行契约。”

迟延（“民法”第二百三十一条）或不完全给付（“民法”第二百二十七条）。通说认为一般买受人得依给付不能之规定主张权利。[58]

2. 解除契约：包括给付不能（“民法”第二百五十六条）、给付迟延（“民法”第二百五十四条及第二百五十五条）或不完全给付（“民法”第二百二十七条）。

3. 请求违约金：当事人如有违约金之约定时，尚可请求之。

买卖既为双务契约，如出卖人无先为给付之义务，自有同时履行抗辩[59]与不安抗辩之问题，适用时应注意之。

二、瑕疵担保责任（warranties）

（一）问题探讨：

下列情形为物之瑕疵或权利之瑕疵或为其他问题：

1. 约定以一千万元购买面积一百坪之土地，结果移转登记面积仅九十坪。

2. 约定买面积一百坪土地，每坪十万元，结果移转登记面积仅九十坪。

3. 约定以一千万元购买面积一百坪之土地，结果移转登记九十坪，另外十坪属第三人所有。

4. 约定买卖土地，交付后未办理移转登记前被政府依法征收。

5. 约定买卖土地，交付前被归划为公园用地。

6. 约定买卖土地，交付前被政府禁建。

7. 约定买卖房屋，交付后发现系违章建筑。

8. 约定买卖房屋，订约时即知所买之屋为违章建筑。

58 史尚宽，前揭书，同注1，第一七页。郑玉波，前揭书，同注1，第三七页。梅仲协，民法要义，作者自刊，1963年修订八版，第二五〇页。邱聪智，前揭书，同注1，第一〇八页。孙森焱，新版民法债编总论，下册，作者自刊，2000年11月修订版，第五一一页。

59 “最高法院”2002年度台上字第909号判决：“因契约互负债务者，于他方当事人未为对待给付前，得拒绝自己之给付。但自己有先为给付之义务者，不在此限，‘民法’第二百六十四条第一项定有明文。又买卖为双务契约，而物之出卖人负有交付其物于买受人，并使取得该物所有权之义务，‘民法’第三百四十八条第一项，亦有规定。故土地出卖人之所有权移转及点交土地之义务，自与买受人之价金给付义务具有对待给付之关系。系争土地于1998年8月11日办妥所有权移转登记，1998年8月18日拆除地上物完毕，亲×公司于1998年8月21日始以存证信函寄达部分尾款，则简×谦在亲×公司未付清前述尾款前，对地上物之拆除义务主张同时履行抗辩，以阻却迟延责任，似非全然无据。”

（二）瑕疵担保责任之意义与性质

瑕疵担保责任，系指出卖人就买卖标的之权利或物之瑕疵应负之法定无过失责任，包括权利瑕疵责任与物之瑕疵责任。所谓瑕疵者，通说指买卖之权利或物有所欠缺。[60] 狭义之瑕疵，仅指物之瑕疵，权利之瑕疵别称为追夺担保。兹须说明者，乃台湾民法关于买卖之规定，多处参考德国民法而定，而台湾民法债编经修正并自 2000 年 5 月 5 日起适用新法，惟此次仍有些参考德国民法未修正前之相关规定、学说及实务见解而修正，讵德国现代债法则又于 2001 年 10 月 11 日经立法修正，并于 2002 年 1 月 1 日施行新法，其中关于买卖之瑕疵担保责任规定亦有很大变革，故在台湾现行新法之下，既已建构本土化规定，台湾民法之解释与适用，除非有很大不适应之处外，自不能随便以德国新法之规定而论断台湾民法之是非，谨此叙明。

所谓法定责任者，乃此责任非当事人意思表示之结果，而系法律所特别规定之责任。[61] 惟瑕疵担保责任虽为法定责任，但非为强行规定，当事人仍得以特约免除或限制出卖人关于权利或物之瑕疵担保责任，仅于出卖人故意不告知瑕疵时，其特约方无效（“民法”第三百六十六条规定参照）。只要权利或物有瑕疵，出卖人即须负责，故为法定之无过失责任。

瑕疵担保责任系出卖人之责任，买受人无瑕疵担保责任可言。[62] 所谓无过失者，只要买受人证明权利或物有瑕疵之事实，出卖人即须负担瑕疵担保责任，不待买受人造成瑕疵有故意或过失等违反义务之问题。[63]

---

60 “最高法院”1983 年度台上字第 4265 号判决：“所谓标的物权利瑕疵担保责任，系指出卖人应担保第三人就买卖之标的物，对于买受人不得主张任何权利所负之责任而言。至买卖不动产之面积短少，与权利瑕疵无涉，应属民法第三百五十四条所定物之瑕疵之范围。”

61 “最高法院”1982 年度台上字第 2395 号判决：“出卖人所负之权利或物的瑕疵担保责任，系属一种法定责任，依‘民法’第三百五十一条及第三百五十五条规定之反面解释，显不以出卖人对于瑕疵之发生，有故意或过失为必要。”

62 最高法院 1931 年度上字第 233 号判例：“金钱债务不容有不能之观念，即有不可抗力等危险，亦应由其负担，决不能藉口损失及人欠未收以冀减免责任。”
同院 1933 年度上字第 3180 号判例：“民法上所谓给付不能，系指依社会观念其给付已属不能者而言，买受人无支付价金之资力，按诸社会观念，不得谓为给付不能。”
同院 1942 年度上字第 2736 号判例：“被上诉人主张上诉人借其港币五百元，订明应还港币，上诉人并不争执，只辩称港币现时不通行，并非谓港币现已客观的失其存在，即非给付不能，自难免给付义务。”

63 郑玉波，前揭书，同注 1，第三十页。邱聪智，前揭书，同注 1，第九三页。黄茂荣，前揭书，同注 32，第三五四页。

至于瑕疵担保责任与错误（“民法”第八十六条）间之关联，本书以为以竞合说为当[64]，即有买受人自行选择主张瑕疵担保责任，或是行使撤销权。

（三）瑕疵担保之理论基础

瑕疵担保责任之理论基础，向有下述诸说[65]：

1. 默示担保契约说：此说认为瑕疵担保责任为出卖人以契约默示担保买卖标的物无瑕疵而来，故称为默示担保契约说。惟查瑕疵担保责任既为法定责任，即不论当事人之默示合意，故本说不足采。

2. 权利供与义务不履行说：此说认为权利具有瑕疵为出卖人义务之不履行。惟瑕疵不限于权利，尚包括物之瑕疵；瑕疵虽可能同时构成不完全给付[66]，但此项责任并非因不履行义务而来，乃法律所规定之责任。又债务不履行责任须考虑债务人是否有可归责事由，与瑕疵担保责任系无过失责任不同，故此说亦不足采。

3. 瑕疵告知义务不履行说：此说认为瑕疵担保责任系出卖人违反其告知瑕疵义务所应负之责任。惟查此说对明显瑕疵尚可，但不能即知之瑕疵，出卖人亦不一定知道，则似无法命其负违反告知瑕疵义务之责任。又本说认为告知为出卖人之义务，则违反告知义务尚必须论及出卖人是否具可归责事由以决定其责任，又与瑕疵担保责任为法定无过失责任性质不符，故此说不足采。

4. 保护买受人期待之特殊责任说：此说认为瑕疵担保责任系保护买受人之期待而特别规定之出卖人责任。惟查期待之保护，并不限于买卖

---

64 拙著，瑕疵担保责任与错误，收录于民法理论与问题研究，作者自刊，1991年7月初版，第九二页以下。

65 郑玉波，前揭书，同注1，第三十页。邱聪智，前揭书，同注1，第九六页。

66 “最高法院”1988年度第7次民事庭会议决议：“出卖人就其交付之买卖标的物有应负担保责任之瑕疵，而其瑕疵系于契约成立后始发生，且因可归责于出卖人之事由所致者，则出卖人除负物之瑕疵担保责任外，同时构成不完全给付之债务不履行责任。买受人如主张：一、出卖人应负物之瑕疵担保责任，依‘民法’第三百六十条规定请求不履行之损害赔偿；或依同法第三百六十四条规定请求另行交付无瑕疵之物，则在出卖人为各该给付以前，买受人非不得行使同时履行抗辩权。二、出卖人应负不完全给付之债务不履行责任者，买受人得类推适用‘民法’第二百二十六条第二项规定请求损害赔偿；或类推适用给付迟延之法则，请求补正或赔偿损害，并有‘民法’第二百六十四条规定之适用。又种类之债在特定时，即存有瑕疵者，出卖人除应负物之瑕疵担保责任外，并应负不完全给付之债务不履行责任。并此说明。”关于本决议之研究，请参阅王泽鉴，物之瑕疵担保责任、不完全给付与同时履行抗辩——“最高法院”1988年4月19日第七次民事庭会议决议之检讨，收录于氏著民法学说与判例研究，第六册，作者自刊，1994年8月八版，第一一五页以下。

之情形，居间之情形亦有之（“民法”第五百六十八条参照），甚至民法总则亦有规定（“民法”第一百条），故此说亦不足采。

5. 维持有偿契约之交易安全说：此说认为瑕疵担保责任之理论依据，在于双务、有偿契约相互代价之平衡，以保交易安全。“民法”第三百四十七条规定，买卖一节之规定，除性质不同外，于其他有偿契约准用之，最重要的即为瑕疵担保责任与危险负担。故此说为通说[67]，本书赞同之。

（四）权利瑕疵担保责任（title warranty）

1. 权利瑕疵担保责任之意义：所谓权利瑕疵担保责任，系指出卖人就买卖标的物之权利有瑕疵，应负担保责任之谓。如出卖伪造之有价证券，虽有学者主张此时应为物之瑕疵[68]，惟有价证券所表彰者为其价值，故仍应认为系权利瑕疵。又“民法”第三百五十二条规定：“债权之出卖人，对于债务人之支付能力，除契约另有订定外，不负担保责任，出卖人就债务人之支付能力，负担保责任者，推定其担保债权移转时债务人之支付能力。”依此规定，债权之出卖人对于债务人之支付能力，除契约另有约定外，不负担保责任。例如有价证券既非伪造亦未经宣告无效，仅支付能力之欠缺者（例如指示证券之被指示人不为承兑），乃支付能力之问题，除契约另有约定外，无主张权利瑕疵之余地。[69] 但出卖人就债务人之支付能力，契约约定令出卖人负担保责任者，推定其担保债权移转时债务人之支付能力。[70] 既言推定，故可举证推翻，例如有特约债务应清偿时之支付能力，而非债权移转时之支付能力。

2. 权利瑕疵担保责任之类型：

依台湾地区民法之规定，权利瑕疵担保可分为：

（1）权利无缺之担保

“民法”第三百四十九条规定：“出卖人应担保第三人就买卖之标的物，对于买受人不得主张任何权利。”所谓权利无缺担保，系指权利存在

67 郑玉波，前揭书，同注 1，第三一页。蔡章麟，前揭书，同注 24，第四四页。邱聪智，前揭书，同注 1，第九七页。

68 邱聪智，前揭书，同注 1，第九九页。

69 “最高法院”1954 年度台上字第 122 号判例：“讼争甘薯之给付请求权，既经上诉人合意受让于前，复由让与之被上诉人通知债务人某某于后，即生移转之效力，是上诉人提起请求给付此项甘薯之诉，仅得对于该债务人为之，纵令该债务人因无支付能力延不履行，而依‘民法’第三百五十二条之规定，除其让与契约另有订定外，被上诉人仍不负担保责任。”

70 最高法院 1943 年度上字第 5839 号判例：“债权之出卖人就债务人之支付能力，有民法第三百五十二条所称之担保责任时，惟于债务人无支付能力之际，应赔偿买受人之损害，不负代为履行之责任。则无此项担保责任时，买受人不得请求出卖人履行债务，尤不待言。”

但有欠缺，又称追夺担保，其情形可分为：

①权利全部属于第三人之权利瑕疵担保：例如无权处分他人寄托之物（“民法”第一百十八条），或乙以自己名义将甲寄托之车出售并交付予恶意之丙，而甲不承认其交付并主张该车之所有权，请求丙返还汽车，此时乙应向丙担保其有所有权之存在，故乙应对丙负“民法”第三百五十三条之债务不履行责任。[71]

②权利一部属于第三人之权利瑕疵担保：例如未经他共有人全体同意处分共有物（“民法”第八百十九条第二项）。

③权利受第三人权利限制之权利瑕疵担保：例如出卖人移转有抵押权负担之房地予买受人，但相邻关系不在此限。[72]

（2）权利存在之担保

所谓权利存在之担保，为权利本体有无存在之问题，权利存在之担保，仅于权利买卖时始有适用，不适用于物之买卖。盖物权采现物主义，有物即有物权，不生物权存在与否问题。所谓存在，不仅须权利有效成立，且须于买卖成立时尚未消灭，始能谓其权利存在。权利存在之担保又可分为：

71 “最高法院”2002 年度台上字第 1029 号判决：“土地于他人有通行地役权之情形仍以之为建地出卖，以供人建筑房屋者，即具有权利之瑕疵。查证人即台中县“政府”工务局建管课长林×镇证称：系争土地系第三人建筑基地之保留地，为专设巷道等公共设施之用，且因有私设巷道，不符建筑基地法定空地分割办法第三条第三款之规定，不能分割为另一建筑基地之用等情。足见本件系争土地他人既具有空地通行权，上诉人以之为建筑用地出卖，所为之给付即具有权利之瑕疵。兹上诉人迄未排除前述权利瑕疵，被上诉人通知上诉人解除契约，洵属有据。又因权利瑕疵所生之契约解除权，并无除斥期间规定之适用，被上诉人于 1995 年 12 月 22 日所为解除契约之意思表示，于法有效。”

同院 2002 年度台上字第 1984 号判决：“按‘民法’第三百四十九条规定出卖人之担保责任，并不以被追夺之瑕疵存在于买卖标的物之本身者为限（例如以土地所有权为标的之买卖，其土地上有地上权、永佃权或抵押权者为是），亦不问出卖人有无过失。苟买卖契约成立后，第三人对于买受人主张权利，而非可归责于买受人之事由所致者，除当事人间有特约或为买受人于买卖契约成立当时所知悉者外，出卖人均应负担保责任。出卖人不履行‘民法’第三百四十九条所定之义务者，买受人非不得依关于债务不履行之规定，行使其权利。如依同法第二百五十四条规定，已定相当期限催告其履行，于期限内不履行时，则解除契约即应认为合法。”

72 “最高法院”2001 年度台上字第 2093 号判决：“‘民法’第三百四十九条规定：出卖人应担保第三人就买卖之标的物，对于买受人不得主张任何权利。所谓不得主张任何权利，例如不得主张不动产所有权上之地役权、地上权、典权、抵押权，动产所有权上之质权、留置权等是。至于法律因土地相邻关系对于土地所有人所加之限制（例如邻地所有人之袋地通行权），则不在出卖人担保之范围。”

①债权及其他一般权利存在之担保："民法"第三百五十条前段规定："债权或其他权利之出卖人，应担保其权利确系存在。"或例如甲将其对于乙已被撤销之债权让与丙是；又如著作权、商标权、专利权之出卖，应由出卖人担保其确有该等无体财产权利。[73]

②有价证券未经宣告无效之担保："民法"第三百五十条后段规定："有价证券之出卖人，并应担保其证券，未因公示催告，而宣告为无效。"有价证券常有因遗失或被盗，其持有人依民事诉讼法声请法院公示催告后，再依法声请除权判决，以取代原有价证券之效力。故有价证券之出卖人，除应担保有价证券所表彰之权利存在外，"并"应担保其证券未因公示催告而宣告为无效。例如甲遗失股票，已依公示催告程序，经法院宣示该股票无效，却由乙拾得出卖予丙，此时乙对丙负有权利瑕疵担保责任。

（3）特殊问题

买卖之权利附有担保物权负担或解除权、撤销权、抵销权、终止权者，是否有权利无缺之担保？此问题应自买卖契约之双务性与有偿性来探讨：

①附有担保物权负担之所有权：因有受实行担保物权而受拍卖之危险，应解为其权利有欠缺。

②附有解除权或撤销权：此等权能固须经债权人行使，始有影响到价金之代偿性，但仍具相当危险性，故应解为权利有欠缺。

③附有抵销权：按抵销仍有相对合于抵销适状之债务存在，始足论之，故不宜解为权利有欠缺。

④附有终止权：按终止权之行使仅向后发生契约消灭之效力，终止前之契约关系仍有其价值存在，故不宜解为其权利有欠缺。

股票买卖之利益分配请求权，有无权利欠缺之问题？依前述说明，买卖股票固有生权利存在或欠缺之问题，但利益分配请求权应不生欠缺问题，盖有无利益分配请求权，须视一定事实结果始能定之，性质上属

73 "最高法院"2002年度台上字第2076号判决："契约，除法律另有规定或当事人另有约定外，一经当事人意思表示一致即为成立，非以订立书面为必要。又以不能之给付为契约标的者，其契约为无效，'民法'第二百四十六条第一项前段固定有明文。惟鉴于买卖契约之有偿性，并为保护善意之买受人，同法第三百五十条特设权利瑕疵担保之规定。是以不存在之债权或其他权利为买卖标的物者，出卖人应负瑕疵担保责任，买受人得依同法第三百五十三条规定行使权利，其买卖契约并非无效。其次，主张法律关系存在之当事人，须就该法律关系发生所须具备之特别要件，负举证之责任。而此特别要件之具备，苟能证明间接事实，且该间接事实与要件事实间，依经验法则已足推认其因果关系存在者，亦无不可，非以直接证明要件事实为必要。"

分配能力问题，出卖人断无担保股东股利、股息或红利受配能力之理。

最后，买卖契约当事人约定购买特定地号土地××坪，总价金××元，此时买受人所重视者系该特定地号之地，故面积经计算后虽有短少数坪，此性质上并非权利瑕疵担保责任问题，而应为物之瑕疵担保责任[74]，至于每坪多少、价金多少，仅供参考而已；反之，如约定买每坪五千元，坪数五百坪，总价金为二百五十万元者，此对买受人所重视者系坪数与效用，故面积经计算后有缺少坪数者，性质上不但为权利瑕疵，且为物之瑕疵。

3. 权利瑕疵担保责任之要件：

瑕疵担保责任为法定无过失责任，不以出卖人有故意或过失为其要件。[75] 兹就权利瑕疵担保责任之要件分述如下：

（1）须权利之瑕疵于买卖成立时存在

权利之瑕疵是否须于买卖成立时存在，台湾地区民法并无明文规定。但瑞士债务法第一百九十二条第一项有明文规定，德国民法规定并不明确，我国学界通说认为德、法学者之解释，均从瑞士债务法规定，权利之瑕疵应于买卖成立时存在，始生担保责任，否则仅生债务不履行或危

74 “最高法院”2001年度台上字第915号判决：“所谓物之瑕疵系指存在于物之缺点而言。凡依通常交易观念，或依当事人之决定，认为物应具备之价值、效用或品质而不具备者即为物有瑕疵。若出卖之特定物所含数量短少，足使物之价值、效用或品质有欠缺者，亦属之。买受人因重大过失而不知有上开瑕疵者，出卖人如未保证其无瑕疵时，固可不负担保之责，惟出卖人故意不告知其瑕疵者，不在此限，此观‘民法’第三百五十四条、第三百五十五条之规定自明。”

同院2002年度台上字第660号判决：“所谓物之瑕疵系指存在于物之缺点而言。凡依通常交易观念，或依当事人之决定，认为物应具备之价值、效用或品质而不具备者即为物有瑕疵。若出卖之特定物所含数量短少，足使物之价值、效用或品质有欠缺者，亦属之。买受人因重大过失而不知有上开瑕疵者，出卖人如未保证其无瑕疵时，固可不负担保之责，惟出卖人故意不告知其瑕疵者，不在此限，此观‘民法’第三百五十四条、第三百五十五条之规定自明。系争土地受有建筑管制要点之限制，需面积达一千平方公尺以上，方可申请单独建筑，且受有高度不得超过四层楼之限制，系争土地坐落台北市松山第五期重划区，依通常交易观念，于此相类土地上兴建建物，似以能建筑超过四层楼以上之高度为通常效用，则买受后因受有上述之限制，能否谓无效用或品质短少之瑕疵即滋疑义？原审竟以系争土地买卖系以不悖‘交易登记之地目，都市计划说明’为其通常合理之效用，虽有建筑之高度限制，但非不能建筑云云，而为上诉人不利之判决，已嫌速断。”

75 “最高法院”1981年度台上字第422号判决：“出卖人所负关于瑕疵担保责任，系属一种法定责任，不以出卖人对于瑕疵之发生，有故意或过失为必要。果本件系争房地所在，于两造订立买卖契约时，已列入堤防预定地，则依‘民法’第三百四十九条，第三百六十八条第一项规定，上诉人尚非不得拒绝给付尾款。”

险负担问题[76]，实务见解亦同。[77]

查台湾地区民法就此问题虽未明文规定，权利瑕疵担保责任亦无与物之瑕疵担保责任有“民法”第三百五十四条第一项之明文规定，但“民法”第三百五十一条有“买受人‘于契约成立时’，知有权利之瑕疵者，出卖人不负担保之责。”以及参酌“民法”第二百四十六条第一项前段之规定：“不能之给付为契约标的者，其契约为无效。”综合观之，若不作瑞士债务法之解释者，权利瑕疵担保责任几无成立之可能，且于权利有不存在之瑕疵者，势必均有“民法”第二百四十六条之适用，买卖契约因自始给付不能而无效，殊非法律创设权利瑕疵担保之意旨。故本书采肯定说。依上述见解，须注意者有：

①权利瑕疵与嗣后不能有别，如权利瑕疵于契约成立之时并未存在，而于契约成立后发生者，为债务不履行（嗣后不能），非权利瑕疵担保。

②如于契约履行时权利瑕疵已不存在者，买受人不得主张权利瑕疵担保。

③如于契约成立时即有瑕疵，且于履行期时瑕疵仍存在者，债权人可就权利瑕疵担保责任及债务不履行责任，择一行使。

（2）须买受人为善意

依“民法”第三百五十一条规定：“买受人于契约成立时，知有权利之瑕疵者，出卖人不负担保之责。但契约另有订定者，不在此限。”所谓“知”，系指明知之情况，过失不在此限，且限于“契约成立时”知之者。如买受人嗣后始知者，除系隐藏之瑕疵无法于买卖契约成立时知悉外，出卖人仍须负权利瑕疵担保责任。此系因买卖标的之状况应以买卖成立当时买受人所了解状态为准，故买受人明知有瑕疵存在仍故意买受者，自应认其默示抛弃主张权利瑕疵担保之权利[78]，此须由出卖人举证证明买受人非善意，始得免责。[79]

---

76 史尚宽，前揭书，同注1，第一九页。郑玉波，前揭书，同注1，第三五页。邱聪智，前揭书，同注1，第九七页。

77 “最高法院”1982年度台上字第4114号判决：“权利之瑕疵，出卖人对之负担保责任者，以买卖契约成立时业已存在者为限，若于契约成立当时权利并无瑕疵，而嗣后权利始有欠缺，则仅生债务不履行或危险负担之问题，与权利瑕疵担保责任无关。”

78 邱聪智，前揭书，同注1，第一〇〇页。

79 邱聪智，前揭书，同注1，第一〇一页。并请参见“最高法院”1976年度台上字第119号判例：“权利出卖人，应担保该权利无瑕疵，如出卖人主张买受人于契约成立时知权利有瑕疵，出卖人可不负担保之责时，应由出卖人就买受人之知情负举证责任。”

（3）须瑕疵于买卖成立后不能除去

权利瑕疵虽于契约成立之时存在，惟如于契约履行时已除去不存在者，因其对债之关系不生影响，自不得再行主张权利瑕疵担保责任。所谓除去，应包括出卖人自行除去及依法律规定除去，前者如出卖人因赠与而已取得权利；后者如继承取得、善意即时取得[80]（“民法”第八百零一条及第九百四十八条）。

（4）须当事人未特约免责

依“民法”第三百六十六条规定：“以特约免除或限制出卖人关于权利或物之瑕疵担保义务者，如出卖人故意不告知其瑕疵，其特约为无效。”故当事人仍得以特约免除或限制出卖人关于权利瑕疵担保责任，但于出卖人故意不告知瑕疵时，其特约方为无效，盖故意无予保护之必要。

4. 权利瑕疵担保责任之特约：瑕疵担保虽为法定责任，但非为强行规定，已如前述。故当事人如有免除或加重之特约者，依其特约。关于权利瑕疵担保之特约，有下列两种情形：

（1）减免责任之特约

当事人得约定减轻或免除出卖人之权利瑕疵担保责任，惟出卖人故意不告知瑕疵者，其特约无效（“民法”第三百六十六条规定）。

（2）加重责任之特约

当事人得约定买受人虽知有权利瑕疵存在，出卖人仍须负责（“民法”第三百五十一条但书），又当事人亦得特约约定出卖人须对债务人之

80 “最高法院”1988年度台上字第2422号判决：“出卖人依‘民法’第三百四十九条规定，就买卖之标的物固应负权利瑕疵担保责任，然仍以权利之瑕疵于买卖成立后未能除去为前提。倘因法律规定买受人于受买卖标的物之交付后，已取得标的物之所有权，可得对抗第三人时，则其权利已无瑕疵，即不得再使出卖人负瑕疵担保之责。买卖标的物之买受人依‘民法’第八百零一条、第九百四十八条规定，已取得标的物之所有权者，即属适例。于此种情形，标的物如为盗赃者，被害人未依同法第九百四十九条、第九百五十条规定，自被盗时起二年以内，向买受标的物之占有人，为回复其物之请求前，该买受人之所有权并不消灭。倘逾二年之期间，被害人未为回复之请求者，该买受人并即确定的取得标的物之所有权。且在‘民法’第九百五十条之情形，盗赃之被害人非偿还买受人支出之价金不得请求回复其物。此乃因买受其物之占有人系由拍卖或公共市场或由贩卖与其物同种之物之商人善意买得其物，对其物之来源有正当信赖之情形存在，须特别加以保护之故。是以，被害人之偿还价金乃回复其物之要件。倘其物系经警察机关发还被害人者，于被害人未偿还价金以前，该占有人之所有权亦不消灭。又被害人上述之价金负担，乃是衡量被害人与买受其物之占有人间之相对利益而设。因之，有无上述买得其物之特殊情形，应以占有人本身决之，至占有人辗转买卖之前手，有无该特殊情形存在，则非所问。准此以观，买受人于上述已取得买卖标的物所有权而未消灭之情形，出卖人均不负瑕疵担保之责。”

支付能力负责（“民法”第三百五十二条规定）。

（五）物之瑕疵担保责任（defect warranty）

1. 物之瑕疵担保责任之意义：所谓物之瑕疵担保，乃物之出卖人就其物本身有所欠缺（defects）所应负之担保责任。所谓物之欠缺，依“民法”第三百五十四条规定：“物之出卖人，对于买受人应担保其物依第三百七十三条之规定，危险移转于买受人时，无灭失或减少其价值之瑕疵，亦无灭失或减少其通常效用，或契约预定效用之瑕疵。但减少之程度，无关重要者，不得视为瑕疵。出卖人并应担保其物于危险移转时，具有其所保证之品质。”凡依通常交易观念，或依当事人之约定，认为物应具备之价值、效用或品质而不具备者，均属物有瑕疵[81]，且不以物质上应具备者为限。若出卖之特定物所含数量不足，足使物之价值、效用或品质有欠缺（例如面积短少）者，亦属之。[82] 因此，出卖人交付买受人不知情之凶杀或自杀处所之房屋，可否构成物之瑕疵，依交易观念，值得探讨。又物之瑕疵担保责任之主体，原则上仅限于物之出卖人，不包括权利之出卖人，惟如因权利之出卖，而须占有一定之物，亦有可能发生物之瑕疵担保责任，例如顶让租赁权、地役权、地上权等是。

2. 物之瑕疵担保责任之类型：依民法第三百五十四条之规定，物之瑕疵担保可分为：

(1) 价值之瑕疵担保

所谓价值之瑕疵担保，系指无灭失或减少买卖标的物之交换价值，英美法称为 marketability。

(2) 效用之瑕疵担保

所谓效用之瑕疵担保，系指无灭失或减少买卖标的物之使用价值，

81 “最高法院”2001 年度台上字第 1460 号判决：“买卖因物有瑕疵，而出卖人依‘民法’第三百五十四条至第三百五十八条之规定应负担保之责者，为保护买受人之利益，买受人固得退还原物而解除买卖契约，亦得受领其物而请求减少价金。惟依买卖之情形，解除契约显失公平者，为兼顾出卖人之利益，买受人仅得请求减少价金，以免出卖人因此受有重大损失。所谓物之瑕疵，系指存在于物之缺点而言。凡依通常交易观念，或依当事人之约定，认为物应具备之价值、效用或品质而不具备者即为有瑕疵。其以公寓大厦之部分为买卖标的者，其缺点不问存在于专有部分或共用部分，倘其应具备之价值、效用或品质因而不具备者均难谓无瑕疵。”

82 “最高法院”1984 年度台上字第 1173 号判例：“所谓物之瑕疵系指存在于物之缺点而言。凡依通常交易观念，或依当事人之决定，认为物应具备之价值、效用或品质而不具备者，即为物有瑕疵，且不以物质上应具备者为限。若出卖之特定物所含数量缺少，足使物之价值、效用或品质有欠缺者，亦属之。”

英美法称为 serviceability。效用之瑕疵担保内容包括：

①无灭失或减少买卖标的物之通常效用[83]：所谓通常效用，指物之本身依物之使用方式应具有之效用，例如冷气机之放送冷气。

②无灭失或减少买卖标的物之契约预定效用：如买卖之型录、规格等，均为契约预定之效用，例如特别约定冷气机具备除湿、杀菌之功能。

（3）保证品质之担保

“民法”第三百五十四条第二项规定：“出卖人并应担保其物于危险移转时，具有其所保证之品质。”故限于契约中明示保证品质者，始有本条及“民法”第三百六十条前段规定之适用（详后述），与前二者为法律明文规定当然负担者不同。[84]

3. 物之瑕疵担保责任之成立要件：

（1）须有物之瑕疵

物之瑕疵担保责任之成立要件，首推物之瑕疵存在，至于瑕疵之意义，已如上述。

（2）须物之瑕疵于危险移转时存在

“民法”第三百五十四条第一项有“依第三百七十三条之规定，危险移转于买受人时”之文字，故物之瑕疵须于危险移转时存在，出卖人始负瑕疵担保责任。[85] 按“民法”第三百七十三条规定：“买卖标的物之利益及危险，自交付时起，均由买受人承受负担，但契约另有订定者，不

---

83 “最高法院”1960 年度台上字第 376 号判例：“上诉人出卖与被上诉人之土地，登记之地目既为建筑用地，依‘民法’第三百五十四条第一项之规定，自负有担保其物依第三百七十三条危险移转于买受人时，无灭失或减少其价值之瑕疵，或减少通常效用或契约预定效用之瑕疵。兹系争建地在交付前既属于运河码头用地，依照都市计划不得为任何建筑，则不惟其通常效用有所减少，抑且减低经济上之价值，从而被上诉人以此项瑕疵为原因，对上诉人解除买卖契约而请求返还定金及附加之利息，自为‘民法’第三百五十九条、第二百五十九条第一款第二款之所许。”

84 史尚宽，前揭书，同注 1，第二五页。郑玉波，前揭书，同注 1，第五七页。邱聪智，前揭书，同注 1，第一一〇页。

85 最高法院 1940 年度上字第 826 号判例：“（一）民法上关于出卖人应负物之瑕疵担保责任之规定，系为补充当事人之意思表示而设，除当事人有免除担保责任之特约外，出卖人当然有此责任，不得谓当事人未订有出卖人应负担保责任之特约，出卖人即无此种责任。（二）民法第三百五十四条第一项规定，物之出卖人对于买受人，应担保其物依第三百七十三条之规定危险移转于买受人时，无灭失或减少其价值之瑕疵，亦无灭失或减少其通常效用或契约预定效用之瑕疵。是依第三百七十三条之规定，危险移转于买受人之时，有第三百五十四条第一项所称之瑕疵者，虽在契约成立时此项瑕疵尚未存在，出卖人对于买受人，亦应负担保之责。”

在此限。”可见此条系采交付主义，故危险移转于当事人未约定时，以交付时为准，但当事人如另行约定者，依其约定。但须注意者，乃买卖既为负担之债权行为，物之瑕疵担保责任与，买卖契约成立时买卖标的物是否存在并无关连。[86]

此瑕疵之存在虽为物之瑕疵担保之要件，且买卖并无类似承揽人之瑕疵担保责任负有修补义务（补正）之规定，故买受人之解除权，为特殊的法定解除权，无待于催告出卖人先行修补瑕疵，即得行使。[87] 但一般而言，买卖标的物瑕疵如能补正者，且出卖人确实补正者，买受人即无瑕疵担保请求权。反之，如该瑕疵已确定不能除去（补正），出卖人应负

86 “最高法院”1987年度台上字第247号判决：“查出卖人之物的瑕疵担保责任，无论系因法律规定或特别约定而生，均系指物之出卖人对于买受人担保其物依‘民法’第三百七十三条之规定危险移转于买受人时，无瑕疵或具有其保证之品质而言（同法第三百五十四条参照），故与买卖契约成立时，买卖标的物已否存在，并无关连，原审对于两造买卖契约第四条约定之意义何在不予查明，徒以订约时系争房屋尚未存在，遂谓非保证买卖标的物品质之特别约定，自非允当。”

87 “最高法院”1996年度台上字第486号判决：“买卖因物有瑕疵，而出卖人依‘民法’第三百五十四条至第三百五十八条之规定，应负担保责任者，买受人得解除其契约，或请求减少其价金，为同法第三百五十九条前段所明定。买受人依该条解除契约，原无待于催告出卖人先行修补瑕疵，其解除契约之意思表示是否发生效力，应以系争买卖标的物是否有应由出卖人负担保责任之瑕疵，以及就该项瑕疵而解除契约，是否显失公平（同条后段规定）为断。如买受人先定相当期限通知出卖人协商解决有关物之瑕疵问题，并以出卖人如不于期限内出面解决，则于所附之催告条件成就时即解除契约，对于出卖人既无不利，自为法之所许。”

同院1997年度台上字第1303号判决：“按买卖因物有瑕疵，而出卖人应负担保之责者，买受人得解除契约，‘民法’第三百五十九条规定甚明。买受人此项解除权，为特殊的法定解除权，无待于催告出卖人先行修补瑕疵，即得行使。又有关瑕疵担保之规定，原则上于危险移转后，始有适用，但在危险移转前，买受人已发觉其物有瑕疵，倘出卖人无法提出无瑕疵物，或担保除去该瑕疵后给付，则买受人亦有拒绝受领瑕疵物之权利，并解除契约。”

同院2000年度台上字第1710号判决：“‘公寓大厦管理条例’第十一条第一项规定，公寓大厦共用部分固得依区分所有权人会议决议予以拆除、修缮及改良，然此仅在规范区分所有权人彼此间之权利义务关系，并不影响房屋出卖人对买受人间依买卖契约应负之无过失担保责任。换言之，纵买卖契约订定后交付房屋之前，因区分所有权人之会议决议变更属于买卖契约范围内之共有设施部分，若无法达成契约预定之效用，房屋之出卖人仍无从解免其对买受人之瑕疵担保责任。另按买卖因物有瑕疵，而出卖人应负担保之责者，买受人得解除买卖契约，‘民法’第三百五十九条前段规定甚明。买受人此项解除权，为特殊的法定解除权，无待于催告出卖人先行修补瑕疵，即得行使。又有关瑕疵担保之规定，原则上于危险移转后，始有适用，但在危险移转前，买受人已发觉其物有瑕疵，倘出卖人无法提出无瑕疵物，或担保除去该瑕疵后给付，则买受人亦有拒绝受领瑕疵物之权利，并解除契约。又契约解除时，当事人之一方受理之给付为金钱者，依‘民法’第二百五十九条第二款之规定，应附加自受领时起之利息偿还他方。”

担保之责。[88]

再者，如危险移转前瑕疵已经存在者，买受人得否于危险移转前主张瑕疵担保责任？早期实务采否定见解[89]，但学界通说均采肯定见解[90]，本书亦持肯定见解，除可避免损害扩大外，亦避免买受人早已明知有瑕疵却仍必须等到危险移转时始得主张物之瑕疵担保责任之奇特现象。嗣后法院实务见解已修正认为买受人得解除契约。[91]

88 “最高法院”2000 年度台上字第 587 号判决：“按所谓物之瑕疵，系指存在于物之缺点而言，凡依通常交易观念，或依当事人之约定，认为物应具备之价值、效用或品质而不具备者，即为物有瑕疵。买卖标的物于交付前已有瑕疵存在，而该瑕疵已确定不能除去，出卖人应负担保之责，除有显失公平之情形外，买受人尚非不得依‘民法’第三百五十九条前段规定解除其契约。倘系争房屋依约应具备可供上诉人施作夹层之品质、效用而不具备，且属不能补正，应由被上诉人负担保责任，复无显失公平之情形，则上诉人是否不得解除系争契约，请求被上诉人返还价金，亦待研求。”

89 最高法院 1940 年度上字第 826 号判例（同注 85）。
同院 1988 年度台上字第 1260 号判决：“‘民法’第三百五十四条第一项规定，物之出卖人对于买受人，应担保其物依第三百七十三条之规定，危险移转于买受人时，无灭失或减少其价值之瑕疵，亦无灭失或减少其通常效用或契约预定效用之瑕疵。是依同法第三百七十三条规定，危险移转于买受人时，有上述瑕疵者，出卖人对于买受人，始应负担保之责。易言之，标的物之危险如未移转于买受人时，买受人即无主张出卖人应负物之瑕疵担保责任之可言。”

90 史尚宽，前揭书，同注 1，第二七页。郑玉波，前揭书，同注 1，第六一页。邱聪智，前揭书，同注 1，第一一四页。王泽鉴，前揭文，同注 66，第一二四页。詹森林，危险负担移转前，出卖人物之瑕疵担保责任及买受人拒绝受领标的物之权利，台大法学论丛，第二十二卷第一期，1992 年 12 月，第四三八页。

91 “最高法院”1995 年度台上字第 2785 号判决：“物之出卖人，对于买受人应担保其物依‘民法’第三百七十三条之规定危险移转于买受人时，无灭失或减少其价值之瑕疵。但在危险移转前，买受人已发觉其物有瑕疵，倘出卖人并无不负担保责任之特约，而又确定的拒绝担保，尚难谓买受人不得对之解除契约。又出卖人如有故意不告知其瑕疵之情形时，买受人纵系因重大过失而不知买卖标的物有瑕疵存在，出卖人仍应负物之瑕疵担保责任，观之‘民法’第三百五十四条第一项、第三百五十五条第二项但书之规定甚明。”
同院 1996 年度台上字第 878 号判决：“买受人在危险移转前如已发觉物有瑕疵、而其瑕疵之除去，于危险移转时已属不能，或出卖人确定的拒绝担保时，买受人非不得主张出卖人应负担保之责而对之解除契约。”
同院 2000 年度台上字第 1085 号判决：“（一）‘民法’第三百五十四条有关物之瑕疵担保规定，原则上固于危险移转后始有适用，但出卖人既有给付无瑕疵物之义务，买受人亦有拒绝受领瑕疵物之权利，则在特定物之买卖，依法律规范之目的，物之瑕疵不能修补，或虽能修补而出卖人表示不愿为之者，应认为在危险移转前买受人即得行使担保请求权，并得拒绝给付相当之价金，以免往后之法律关系趋于复杂，损及买受人之权益。（二）物之出卖人固有使买受人取得该物所有权之义务，惟买卖契约成立后，出卖人为二重买卖，并已将该物所有权移转于后之买受人者，理论上，出卖人虽得向后之买受人洽商买回，惟其能否买回，取决于后之买受人愿否出卖之不确定情况，因此，出卖人移转该物所有权于原买受人之义务，即应认属不能给付。”
同院 2000 年度台上字第 1710 号判决（同注 87）。

又“民法”第三百七十三条除适用于动产外，是否以不动产为买卖标的物之瑕疵亦适用交付之规定？本书认为应分下列方式认定[92]：

①先交付后移转登记：以交付时为准。

②先移转登记后交付：以交付时为准。[93]

③先移转登记尚未交付：此时不动产仍为出卖人占有管领中，其情形与利益承受及危险负担情况不同，此时仍应由买受人负担。[94]

兹就物之瑕疵存在情形以表列说明如下：

时间	契约成立时	危险移转时	危险移转后	瑕疵担保责任
物之瑕疵	瑕疵不存在	瑕疵不存在	瑕疵不存在	不负
	瑕疵不存在	瑕疵不存在	瑕疵存在	不负
	瑕疵不存在	瑕疵存在	瑕疵不存在（除去）	不负
	瑕疵不存在	瑕疵存在	瑕疵存在	负（同时构成不完全给付之债务不履行）
	瑕疵存在	瑕疵不存在	瑕疵不存在	不负
	瑕疵存在	瑕疵不存在	瑕疵存在	不负
	瑕疵存在	瑕疵存在	瑕疵不存在（除去）	不负
	瑕疵存在	瑕疵存在	瑕疵存在	负

92　反对见解，郑玉波教授认为基于“天灾归所有人负担”原则，故交付后移转登记者，以交付为准；移转登记后交付者，以移转为准，请参见郑玉波，前揭书，同注1，第七三页。

93　最高法院1944年度上字第604号判例：“不动产买卖契约成立后，其收益权属于何方，依民法第三百七十三条之规定，应以标的物已否交付为断。所有权虽已移转，而标的物未交付者，买受人仍无收益权。所有权虽未移转，而标的物已交付者，买受人亦有收益权。”

同院1958年度台上字第1655号判例：“‘民法’第三百七十三条所称之危险负担，除契约另有订定外，概自标的物交付时起，移转于买受人，至买受人已否取得物之所有权，在所不问。”

同院1996年度台上字第350号判决：“不动产之拍卖因拍定而成立买卖契约，原则仍适用民法关于买卖之规定，而不动产买卖契约成立后，其收益权属于何方，依‘民法’第三百七十三条规定，应以标的物已否交付为断，与何时取得所有权无关，是所有权虽已移转，而标的物未交付者，买受人尚无收益权。”

同院1997年度台上字第2869号判决：“行使土地之收益权，依我‘民法’第三百七十三条规定，以先经交付为前提，故所有权虽已移转，而标的物未交付者，买受人仍无收益权，是上诉人于陈×或其继承人交付系争土地前，仍无收益权。而被上诉人系继受其父即原出卖人陈×而占用系争土地，并非交付后再行占用，自不能谓系无权占有。”

同院1997年度台上字第3400号判决：以权利为买卖之标的，如出卖人因其权利而得占有一定之物者，依‘民法’第三百七十七条准用同法第三百七十三条规定，该物之收益权属于何方，应以其已否交付为断，如尚未交付，买受人既无收益权，自无利益受损害之可言。”

同院2000年度台上字第586号判决：“不动产买卖契约成立后，其收益权属于何方，依‘民法’第三百七十三条之规定，应以标的物已否交付为断；如尚未交付，买受人即无收益权，其擅自占用出卖人所有之不动产，自属侵害出卖人之不动产所有权，出卖人自非不得请求赔偿相当于租金之损害金。”

94　郑玉波，前揭书，同注1，第七三页。邱聪智，前揭书，同注1，第一一六页。

（3）须买受人善意并无重大过失[95]

①善意（不知）：依“民法”第三百五十五条第一项规定：“买受人于契约成立时，知其物有前条第一项所称之瑕疵者，出卖人不负担保之责。”由此观之，物之瑕疵担保与权利瑕疵担保相同，均须以买卖契约成立时买受人之善意为要件。故如买受人于契约成立时不知，嗣后知之者，出卖人仍不能免除物之瑕疵担保责任。

②非重大过失而不知：物之瑕疵担保，“民法”第三百五十五条第二项规定：“买受人因重大过失，而不知有前条第一项所称之瑕疵者，出卖人如未保证其无瑕疵时，不负担保之责。但故意不告知其瑕疵者，不在此限。”所谓重大过失，系指显然欠缺普通人之注意[96]，例如购买苹果一百个一百元，稍加注意即可知苹果或有腐烂，而竟怠于注意者，即有重大过失，出卖人不负瑕疵担保之责。[97]但出卖人如特别保证其无瑕疵，或纵未为保证而出卖人故意不告知瑕疵者，买受人有重大过失而不知时，出卖人仍须负责。

（4）须买受人为检查之通知

①通知义务之意义：“民法”第三百五十六条第一项规定：“买受人应按物之性质，依通常程序从速检查其所受领之物。如发现有应由出卖人负担保责任之瑕疵时，应即通知出卖人。”是为买受人之通知义务，台湾詹森林教授称之为“对己义务”。所谓通知，系以将受领物有瑕疵之事实，具体指明瑕疵所在通知于出卖人为已足，其方法以口头或

95 “最高法院”1983年度台上字第3538号判决：“买卖标的物之瑕疵，经特别列入买卖契约，应由出卖人负责补正者，不论其瑕疵大小，或买受人是否知有瑕疵，出卖人均应负瑕疵担保责任，而无‘民法’第三百五十四条第一项但书、第三百五十五条第一项之适用。”

96 “最高法院”1953年度台上字第865号判例：“因过失不法侵害他人致死者，固应负‘民法’第一百九十二条、第一百九十四条所定之损害赔偿责任，惟过失为注意之欠缺，‘民法’上所谓过失，以其欠缺注意之程度为标准，可分为抽象的过失、具体的过失，及重大过失三种。应尽善良管理人之注意（即依交易上一般观念，认为有相当知识经验及诚意之人应尽之注意）而欠缺者，为抽象的过失，应与处理自己事务为同一注意而欠缺者，为具体的过失，显然欠缺普通人之注意者，为重大过失。故过失之有无，抽象的过失，则以是否欠缺应尽善良管理人之注意定之，具体的过失，则以是否欠缺应与处理自己事务为同一之注意定之，重大过失，则以是否显然欠缺普通人之注意定之，苟非欠缺其注意，即不得谓之有过失。”

97 “最高法院”1960年度台上字第2544号判例：“上诉人向被上诉人购买房屋时，已知该屋有一部分在必须拆除之列，不向市政府预为查询明确，难谓无重大过失，而两造所订买卖契约，又未有出卖人保证该房屋绝无拆除危险之记载，依‘民法’第三百五十五条第二项规定，被上诉人自不负担保责任，即无赔偿义务可言。”

书面均无不可，无须特别方式，其性质应为观念通知[98]，并非意思表示。又货物有无瑕疵，出卖人应否负损害赔偿之责，与瑕疵之通知，原为二事，不能以合约约定货物有瑕疵，出卖人即应负损害赔偿而免除买受人瑕疵通知之义务。[99]

②怠于通知之效力：买受人怠于检查通知者，除依通常检查不能发现之瑕疵（不能即知之瑕疵、隐藏之瑕疵）外，视为承认其所受领之物（“民法”第三百五十六条第二项）。买受人有无践行检查程序及有无将瑕疵通知出卖人，仅在认定买受人可否行使物之瑕疵担保责任，至未践行此检查通知程序，若所给付之物确有瑕疵，应不影响买受人主张债务人未依债之本旨为给付物而出卖人应负之债务不履行责任，盖后者乃过失责任之当然结果，与法定无过失之瑕疵担保责任不同。但詹森林教授认为买受人未尽检查瑕疵与通知瑕疵之义务者，不但丧失瑕疵担保请求权，亦不得再主张不完全给付之权利，究其见解，似认为其“对己义务”为真正义务，而非“不真正义务”使然。[100]

③不能即知之瑕疵：不能即知之瑕疵至日后发现者，应即通知出卖人，怠于为通知者，视为承认其所受领之物（“民法”第三百五十六条第三项）。所谓“日后发现”有无期间之限制？有认为因“民法”第三百六十五条对因物有瑕疵而得解除契约或请求减少价金者，其行使期间已限制为自物交付后六个月，本条之瑕疵发现期间，自不得逾六个月。惟权利行使期间[101]与瑕疵发现期间有别，前者系以成立瑕疵担保为前提，而后者为发现瑕疵所需之时间。故后者须受前者期间之限制之见解是否合理？不无疑问！目前“民法”第三百六十五条第一项权利行使期间修正为“买受人依第三百五十六条规定为通知后六个月间不行使或自物之交付时起经过五年”。至于何谓“视为承认其所受领之物”？按本条乃要对物之瑕疵所为之规定，就法目的性言，应指买受人怠于检

98　郑玉波，前揭书，同注1，第四八页。邱聪智，前揭书，同注1，第一一八页。

99　“最高法院”1989年度台上字第1352号判决：“货物有无瑕疵，出卖人应否负损害赔偿之责，与瑕疵之通知，原为二事，不能以合约约定货物有瑕疵，出卖人即应负损害赔偿责任。而免除买受人瑕疵通知之义务。”德国新旧民法对于买受人之检查通知之对己义务，并未有明文规定，请参见詹森林，不完全给付——最高法院决议与判决之发展，台湾本土法学杂志，2002年5月，第三十四期，第四六至四七页。

100　詹森林，前揭文，同注99，第四九页。

101　史尚宽，前揭书，同注1，第三二页。郑玉波，前揭书，同注1，第四九页。戴修瓒，民法债编各论，三民书局股份有限公司，1994年，第三四页。邱聪智，前揭书，同注1，第一一九页。

查通知者，仅为不备瑕疵担保责任构成要件，而丧失主张物之瑕疵担保责任之权利，倘其物之瑕疵经发现确系因出卖人之事由所致者，但仍在债务不履行损害赔偿请求权之消灭时效期间内，实无不许买受人另行主张债务不履行之理。[102]

④通知义务之免除："民法"第三百五十七条规定："前条情形，于出卖人故意不告知瑕疵于买受人者，不适用之。"故买受人就其所受领之物虽有检查通知之义务，但出卖人故意不告知瑕疵者，不论买受人是否为检查通知，出卖人均应负物之瑕疵担保责任。

⑤通知义务之适用前提："民法"第三百五十六条之规定，系于物之瑕疵担保责任之前提下，始有其适用，如买受人主张不完全给付之债务不履行责任时，无本条规定之适用。[103]

（5）须当事人无特约免除担保责任

"民法"第三百六十六条规定："以特约免除或限制出卖人关于权利或物之瑕疵担保义务者，如出卖人故意不告知其瑕疵，其特约为无效。"故当事人得以特约免除或限制出卖人关于物之瑕疵担保责任，但出卖人故意不告知瑕疵时，其特约无效，出卖人仍须负责（详见权利瑕疵担保之说明，兹不赘述）。

（6）须非强制执行法之拍卖

请参见下述强制执行之特别规定。

4. 买受人之保管、变卖与通知义务（买受人之附随义务）

（1）保管义务

"民法"第三百五十八条第一、二项规定："买受人对于由他地送到

102 "最高法院"1995年度台上字第2143号判决："按出卖人就其交付之买卖标的物有应负担保责任之瑕疵，而其瑕疵系于契约成立后始发生，且因可归责于出卖人之事由所致者，则出卖人除负物之瑕疵担保责任外，同时构成不完全给付之债务不履行责任。买受人如主张：一、出卖人应负物之瑕疵担保责任，依'民法'第三百六十条规定，请求不履行之损害赔偿，或依同法第三百六十四条规定请求另行交付无瑕疵之物。则在出卖人为各该给付以前，买受人非不得行使同时履行抗辩权。二、出卖人应负不完全给付之债务不履行责任者，买受人得类推适用'民法'第二百二十六条第二项规定请求损害赔偿，或类推适用给付迟延之法则，请求补正或赔偿损害，并有'民法'第二百六十四条规定之适用。"（同院1988年度第7次民事庭会议决议同旨。）

103 "最高法院"1998年度台上字第2668号判决："因可归责于出卖人之事由，致买卖标的之不动产有面积短少足使其价值、效用减少之瑕疵时，出卖人除负物之瑕疵担保责任外，同时应负不完全给付之债务不履行责任。而物之瑕疵担保责任与不完全给付之债务不履行责任，其法律性质、构成要件及规范功能各不相同。故买受人如主张出卖人应负不完全给付之债务不履行责任，而请求其赔偿损害时，自无'民法'第三百五十六条规定之适用。"

之物，主张有瑕疵，不愿受领者，如出卖人于受领地无代理人，买受人有暂为保管之责。前项情形，如买受人不即依相当方法证明其瑕疵之存在者，推定于受领时为无瑕疵。”在买卖非现场交易时，买受人对于由他地送到之物，主张有瑕疵，不愿受领者，本应立即退还，但如出卖人于受领地无代理人者，本条第一项规定买受人有暂为保管之义务。[104] 至于同条第二项所谓相当方法，例如由商会或鉴定人、检验所或公证人证明者。如买受人不即依相当方法证明其瑕疵之存在者，推定于其受领时为无瑕疵，此推定自得举证推翻之。又本项仅推定于受领时为无瑕疵，如受领后果发现确有瑕疵存在，解释上应与“民法”第三百五十六条第三项“视为承认其所受领之物”之规定，同样法理并不限制买受人得另行主张债务不履行责任。

（2）变卖权利与义务

“民法”第三百五十八条第三项规定：“送到之物易于败坏者，买受人经依相当方法之证明，得照市价变卖之。如为出卖人之利益，有必要时，并有变卖之义务。”[105] 易于败坏之物买受人经依相当方法之证明（例如由商会或鉴定人、检验所或公证人证明），且为兼顾出卖人与买受人双方权益，买受人得照市价变卖。如为出卖人之利益有必要时（例如鱼肉于夏季易腐，倘不变卖，出卖人必将受损害），并有变卖之义务。由是观之，变卖既为买受人之权利，亦为买受人之义务。

（3）通知义务

“民法”第三百五十八条第四项规定：“买受人依前项规定为变卖者，应即通知出卖人，如怠于通知，应负损害赔偿之责。”此通知系变卖后之通知，而非变卖之前提要件。如买受人怠于通知，应负损害赔偿责任。

（4）问题探讨

买受人违反本条有关暂为保管、变卖及通知之义务时，其责任为何？

104　买受人依法虽有暂为保管、变卖等义务，但买受人依何基础向出卖人请求返还其保管费用？依无因管理？或依不当得利？两者较之，以不当得利较妥，因民法既规定有此义务，自与无因管理之要件不合。

105　1999.4.21民法债编本条项修正理由：“易于败坏之物，若须经物之所在地之有关机关之许可，始得变卖，恐在时间上难以济急，爰将‘经物之所在地官署、商会、或公证人之许可’修正为‘经依相当方法之证明’，仅须由买受人经依相当方法证明物之易于腐败，即可变卖。又为兼顾出卖人及买受人双方权益，变卖宜依市价为之，爰修正第三项。”

本条仅对于违反通知义务，有买受人应负损害赔偿之规定，对于违反暂为保管及变卖之义务，则未见有损害赔偿之规定，殊不知是立法疏漏，抑或该二义务之违反另有法理可循（如无因管理或法定委任）。本书以为：

①依“民法”第二百三十五条规定，出卖人（债务人）不依债之本旨实行提出给付者，本不生提出之效力，买受人得不为受领，是买受人对于由他地送到之物有瑕疵者，亦本得不为受领，但法律考量如出卖人于受领地无代理人者，为保护出卖人特别课与暂为保管、变卖及通知之义务，殊属法定特别义务，其性质属附随义务。

②暂为保管、变卖及通知既为买受人之义务，则其违反义务，必论其有无故意或过失，故意违反当受制裁赔偿固无争议，但过失致出卖人生损害者，就以何种过失为准？本书以为暂为保管、变卖及通知本非买受人之对价给付义务，纯属法定附随义务，理应依无因管理法理处理，但因法律特别规定其义务而与无因管理要件不符，准此以论，依“民法”第二百二十条第二项有关过失责任之酌定，在非对价给付义务违反之情形，宜采具体轻过失责任，亦即买受人应对出卖人异地送达之物尽与处理自己事务之同一注意是。

③本条仅于第四项设有违反通知义务，买受人应负损害赔偿之责，对于违反暂为保管及变卖之义务而造成出卖人损害时，则未特别予以规定。本书以为同性质义务之违反，宜作同一法理处理，而负损害赔偿之责。

④买受人所违反者，既系非对价给付之法定附随义务，其过失责任自不能依对价给付义务违反之一般损害赔偿法理处理，其造成出卖人异地送达物之损害，应限于该买卖标的物之积极损害，不包含所失利益之消极损害，方符公平原则，否则买受人大可受领瑕疵物，反无须负担损害赔偿。由是以观，出卖人之履行利益损失不在赔偿范围内，则其积极信赖之利益损害自亦不得大于履行利益之赔偿范围。

5. 强制执行法之特别规定

按拍卖性质有继受取得说（私法买卖说）[106]、原始取得说（公法买卖说）与折衷说（拍卖为公法上之处分，同时具有民法买卖之性质）[107]，与

106 谢在全，民法物权论，下册，作者自刊，1995 年 9 月修订版，第九六页。

107 张登科，强制执行法，作者自刊，1997 年 2 月修订版，第二七二至二七三页。

实务见解[108]均采继受取得说，认为拍卖为私法买卖，如此解释，则出卖人应负权利瑕疵担保责任与物之瑕疵担保责任。反之，采原始取得说者，买受人既原始取得拍卖物，当然不负物之瑕疵担保责任与权利瑕疵担保责任。

查“强制执行法”第六十九条之规定：“拍卖物买受人就物之瑕疵无担保请求权。”此为“民法债编”各论买卖一节瑕疵担保责任之特别规定[109]，本条规定似与继受取得说出卖人须负物之瑕疵担保责任互相矛盾，亦与原始取得说出卖人不须负权利瑕疵保责任有所不同。又“强制执行法”于1996年修正时，增订第七十条第六项规定：“债务人不得应买。”[110]明白采取继受取得说。惟“强制执行法”第六十九条规

108 “最高法院”1960年度台上字第2385号判例：“耕地出租人出卖耕地时，如不依‘耕地三七五减租条例’第十五条第一、二项所定出卖条件，以书面通知承租人优先承买，而与第三人订立契约者，依同条第三项之规定，其契约不得对抗承租人。所谓不得以其契约对抗承租人，固系指该项以买卖为原因而成立之移转物权行为，对于承租人不生效力而言。惟优先承买权亦为权利之一种，原则上因抛弃而消灭，承租人就其优先承买权倘曾向出租人为抛弃之意思表示，自后即不得再行主张及行使。而依强制执行法所为之拍卖，仍属买卖性质，拍定人为买受人，执行法院仅代表债务人立于出卖人地位，故拍卖前承租人向出租人所为先买权之抛弃，于拍卖时仍有效力。”

同院1971年度台上字第4615号判例：“抵押人于抵押权设定后，与第三人订立租约，致影响于抵押权者，对于抵押权人虽不生效，但执行法院倘不依声请或依职权认为有除去该影响抵押权之租赁关系之必要，而为有租赁关系存在之不动产拍卖，并于拍卖公告载明有租赁关系之事实，则该租赁关系非但未被除去，且已成为买卖（拍卖）契约内容之一部。无论应买人投标买得或由债权人承受，依继受取得之法理，其租赁关系对应买人或承受人当然继续存在。”

同院1991年度台抗字第143号判例：“不动产之拍卖，债务人得否参与应买，与拍卖之性质有关。查依强制执行法所为之拍卖，通说系解释为买卖之一种，即债务人为出卖人，拍定人为买受人，而以拍卖机关代替债务人立于出卖人之地位（‘最高法院’1958年台上字第一五二号及1960年台抗字第八三号判例参照），故债务人若于其不动产被拍卖时再参加投标，则同时兼具出卖人与买受人之地位，与买卖须有出卖人与买受人两个主体，因双方意思表示一致而成立买卖契约之性质有违，自应解为债务人不得参与应买。”

109 “最高法院”1997年度台抗字第296号裁定：“拍卖执行程序一经终结，依前揭说明，已不容再声明异议，请求撤销拍卖执行程序。又依‘强制执行法’第一百十三条准用第六十九条规定，拍卖不动产之买受人就物之瑕疵无担保请求权。相对人所称：法院拍卖公告内未记载上开二笔土地系何种分区用地，嗣经伊查询，发现一五〇之二〇地号土地竟编列为‘道路用地’云云，即令属实，亦仅属物之瑕疵担保之问题，惟拍卖不动产，其买受人既就物之瑕疵无担保请求权，相对人执此理由声请或声明异议，自难谓合。”

110 本条项增订理由：“五、依学者通说及实务见解，强制执行法上之拍卖，为买卖之一种，并以债务人为出卖人。债务人自不得同时又为买受人。惟仍间有不同意见。爰增订第六项，明定‘债务人不得应买’以杜争议。”

范理由乃系于拍卖前，应买人得阅览拍卖公告知悉受执行标的物所在处，并预为查询明确，已有机会发现拍卖物之瑕疵，法律为确保拍卖结果之安定性，故排除物之瑕疵担保责任，使应买人自行负担瑕疵存在之危险，是“强制执行法”第六十九条之适用，并不因债权人有否具实陈报受执行标的物之品质而有异，其理由与“民法”第三百五十五条买受人明知或因重大过失而不知瑕疵者，出卖人得免除物之瑕疵担保责任相同。

6. 危险移转前拒绝受领瑕疵之买卖标的物

上述物之瑕疵担保责任之规定，原则上物之瑕疵固于危险移转后始有适用，惟出卖人既有给付无瑕疵物之义务，且债务人非依债务本旨实行提出给付，不生提出之效力（“民法”第二百三十五条规定参照），故在危险移转前，买受人亦自有拒绝受领瑕疵物之权利。[111]

兹有疑问者，乃买卖标的物尚未交付，依“民法”第三百七十三条之规定不生危险移转之问题，如此时发现瑕疵，而该瑕疵又显为不能补正者，则买受人是否仅得主张债务不履行之损害赔偿，抑或可否同时主张瑕疵担保责任？殊值探讨。本书以为，“民法”第三百五十四条规定所

111 “最高法院”1962年度台上字第931号判决：“物之出卖人对于买受人所负瑕疵担保责任，固以其物依民法第三百七十三条之规定，危险移转于买受人时，有瑕疵存在为要件，但在危险移转前，买受人已发觉其物有瑕疵，倘出卖人并无不负担保责任之特约，则其约定的拒绝担保，尚难谓买受人不得对之解除契约。”

同院1982年度台上字第1553号判决：“有关瑕疵担保之规定，原则上于危险移转前，买受人亦有拒绝受领瑕疵物之权利。因物有瑕疵而被拒绝受领，致发生给付迟延时，出卖人尚不能以有瑕疵担保之规定而免迟延责任。”

同院1989年度台上字第1345号判决：“有关买卖瑕疵担保之规定，原则上固于危险移转后始有适用，惟出卖人有给付无瑕疵物之义务，因而在危险移转前，买受人自有拒绝受领瑕疵物之权利。”

同院1992年度台上字第1134号判决：“按‘民法’第三百五十四条有关物之瑕疵担保规定，原则上于危险移转后始有适用，惟出卖人既有给付无瑕疵物之义务，故在危险移转前，买受人亦有拒绝受领瑕疵物之权利，故在危险移转前，买受人已发觉其物有瑕疵者，倘出卖人并未确定的拒绝担保，买受人尚不得依‘民法’第三百五十九条之规定解除契约，以期买卖双方当事人权益之平衡。”

同院1993年度台上字第291号判决：“按‘民法’第三百五十四条有关物之瑕疵担保规定，原则上固于危险移转后始有适用。但出卖人既有给付无瑕疵物之义务，买受人亦有拒绝受领瑕疵物之权利。在特定物之买卖，该为买卖标的之特定物于危险移转前，倘已有明显之瑕疵，如经买受人催告出卖人补正，而出卖人仍不为补正，应解为买受人得拒绝给付相当之价金，以免往后之法律关系趋于复杂，损及买受人之权益。”（同院1994年度台上字第635号判决、1995年度台上字第169号判决、1995年度台上字第1760号判决。）

谓“依第三百七十三条之规定危险移转于买受人时”，此“时”一字究指“危险实际移转于买受人之时”，或指“危险应移转于买受人之时”，容有解释之余地。兹分述如下：

（1）指“危险实际移转于买受人之时”

此时出卖人既尚未交付，即尚未依“民法”第三百七十三条之规定移转，买受人不得请求出卖人负物之瑕疵担保责任，仅能主张债务不履行之损害赔偿责任。

（2）指“危险应移转于买受人之时”

此时买受人应为交付之时或特约应移转危险之时，依债之本旨本应交付而未交付，或本应移转而未移转。解释上，应交付之时或特约应移转危险之时届至，已符合“民法”第三百五十四条“依第三百七十三条之规定危险移转于买受人时”之规定，自得于买受人请求出卖人负债务不履行责任时，同时竞合请求出卖人负物之瑕疵担保责任。[112]

（3）本书见解

既然应交付之时或特约应移转危险之时买卖标的物已存在有物之瑕疵，自不能剥夺买受人瑕疵担保责任之主张，方为合理。盖一则瑕疵担保责任为法定无过失责任，买受人主张之条件较宽，反而其得行使之权利受到限制（就减少价金、解除契约、另行交付无瑕疵物及损害赔偿者选择其一），尤仅许买受人主张条件较严之过失责任，而得行使权利较大的债务不履行之理；二则出卖人尽可不交付而使买受人无法主张瑕疵担保责任，殊非正当法理。基此二点理由，本书以为以（2）指“危险应移转于买受人之时”为当。[113]

112 “最高法院”2002年度台上字第666号判决：“按出卖人就其交付之买卖标的物有应负担保责任之瑕疵，而其瑕疵系于契约成立后始发生，且因可归责于出卖人之事由所致者，则出卖人除应负物之瑕疵担保责任外，同时构成不完全给付之债务不履行责任。买受人如主张出卖人应负物之瑕疵担保责任，依‘民法’第三百六十条规定请求不履行之损害赔偿；或依同法第三百六十四条规定请求另行交付无瑕疵之物，则在出卖人为各该给付以前，买受人非不得行使同时履行抗辩权；出卖人应负不完全给付之债务不履行责任，买受人得类推适用‘民法’第二百二十六条第二项规定请求损害赔偿，或类推适用给付迟延之法则，请求补正或赔偿损害，并有‘民法’第二百六十四条之适用。”

113 詹森林，前揭文，同注90，第四三八页以下。

（六）瑕疵担保责任之效力

- 效力
  - 权利瑕疵——依关于债务不履行规定
    - 权利无缺
    - 权利存在
      - 第三人权利确定
        - 民§226
        - 民§256+§260
        - 民§254、§255+§259+§260
      - 第三人权利不确定
        - 民§368
        - 告知诉讼
        - 参加诉讼
  - 物之瑕疵
    - 一般效力
      - 解除契约
      - 减少价金
    - 特别效力
      - 另行交付无瑕疵物
      - 损害赔偿
    - 四者选择其一

1. 权利瑕疵担保之效力：“民法”第三百五十三条规定：“出卖人不履行第三百四十八条至第三百五十一条所定之义务者，买受人得依关于债务不履行之规定，行使其权利。”故出卖人须负权利瑕疵担保责任者，买受人得依关于债务不履行之规定，行使其权利。此时究系依债务不履行之要件与效果之规定？抑或是仅依债务不履行之效果之规定即可，而不须依债务不履行之要件？本书以为，权利瑕疵担保之要件与债务不履行之要件并非相同，前者为法定无过失责任，后者基本上为过失责任，故本条所谓“关于债务不履行之规定”，应解为仅适用其“效力”规定即足[114]，不以具备债务不履行之要件为必要。兹就权利无缺之担保与权利存在之担保责任之效力分述如下：

（1）权利无缺之担保：

①第三人确定拥有权利者：此时债权人得向权利之出卖人（债务人）请求损害赔偿（“民法”第二百二十六条参照）。债权人亦得依“民法”第二百五十六条之规定解除买卖契约，此解除权之行使，不妨碍债权人损害赔偿之请求（“民法”第二百六十条参照），亦无除斥期间规定之适用。[115] 如有违约金之约定者，亦得请求违约金（“民法”第二百五十条参照）。又有迟延之情形，买受人亦得视情形，依“民法”第二百五十四条或第二百五十五条解除契约，主张第二百五十九条回复原状，并依第二百六十条规定同时请求损害赔偿。

②第三人不确定拥有权利者：此时第三人尚未向权利之买受人主张

114 郑玉波，前揭书，同注1，第三八页。

115 “最高法院”2002年度台上字第1029号判决（同注71）。

权利，或虽主张而其权利尚未确定之情形，买受人即有正当理由，恐第三人主张权利，致失其因买卖契约所得权利之全部或一部者，得拒绝支付价金之全部或一部，但仅得按权利瑕疵危险程度为之，亦即拒绝支付之价金应与权利瑕疵危险之程度相当，始符公平之原则。[116] 但出卖人已提出相当担保者，不在此限。惟出卖人虽未提供相当担保，依法理亦得请求买受人提存价金（“民法”第三百六十八条参照）。此外，在民事诉讼程序中，仍可向该第三人为告知诉讼（“民事诉讼法”第六十五条参照），或由该第三人为参加诉讼（“民事诉讼法”第五十八条参照）。再者，本条有关价金给付拒绝权，性质为暂时抗辩权，故如出卖人已提出相当担保者，买受人即不得再拒绝支付价金，而所谓相当担保，不问人保（保证）或物保，只要足以担保价金之损失危险即可。最后，本条并不以出卖物业已交付为必要，尚未交付而有正当理由恐第三人主张权利，致买受人丧失其因买卖所得权利之权不或一部者，即有本条之适用。[117]

（2）权利存在之担保

买卖契约成立前并无权利存在者，本属自始给付不能，是否应依“民法”第二百四十六条之规定，认其契约无效？可从不同角度解说。否定说认为基于买卖契约有偿性，民法特设权利瑕疵存在担保之规定，使出卖人负瑕疵担保责任，买受人得依关于债务不履行（给付不能）之规定请求损害赔偿，或解除契约并请求损害赔偿[118]；肯定说主张此时仍有“民法”第二百四十六条之适用，应认为其买卖契约自始、当然、确定、绝对无效。本书以为，法理上债权契约属负担行为，权利于买卖契约成立之时是否存在，尚难决定债权行为有效与否，否则势必影响买卖为经济活动之灵魂；再者，就不可随便限制契约无效之观点言之，宜解为使出卖人负瑕疵担保责任为当，否则经济活动必无法进行，故以否定说为当。

---

116 “最高法院”1996年度台上字第163号判决：“买受人有正当理由，恐第三人主张权利，致失其因买卖契约所得权利之全部或一部者，得拒绝支付价金之全部或一部，固为‘民法’第三百六十八条第一项前段所明定。惟依上开规定，买受人恐第三人主张权利，致失其因买卖契约所得权利而拒绝支付价金者，仅得按权利瑕疵危险程度为之，亦即拒绝支付之价金应与权利瑕疵危险之程度相当，始符公平之原则。”

117 “最高法院”1970年度台上字第4368号判例：“‘民法’第三百六十八条所定‘买受人有正当理由，恐第三人主张权利，致失其因买卖契约所得权利之全部或一部者，得拒绝支付价金之全部或一部’，并不以出卖物业已交付，排除其适用。”

118 梅仲协，前揭书，同注58，第二五〇页。史尚宽，前揭书，同注1，第一七页。郑玉波，前揭书，同注1，第三七页。邱聪智，前揭书，同注1，第一〇八页。孙森焱，前揭书，同注58，第五一一页。

2. 物之瑕疵担保之效力：

（1）解除契约（“民法”第三百五十九条）：

①解除权行使之要件：“民法”第三百五十九条规定：“买卖因物有瑕疵，而出卖人依前五条之规定，应负担保之责者，买受人得解除其契约或请求减少其价金。但依情形，解除契约显失公平者，买受人仅得请求减少价金。”买卖因物有瑕疵而出卖人应负担保责任者，买受人得解除契约，或请求减少价金，此即为法定选择之债，买受人得择一行使。惟依本条但书之规定，依其情形，解除契约显失公平者，买受人仅得请求减少价金。所谓显失公平，系指瑕疵对于买受人所生之损害与解除对于出卖人所生之损害，有失平衡而言。[119] 例如购买高级车，虽椅座确有瑕疵，如解除契约，对出卖人可能造成转售利益很大损害。应注意者，乃此项法定解除权系法律对物之瑕疵担保责任所为之特别规定，只要符合

---

119 “最高法院”1999年度台上字第711号判决：“买卖因物有瑕疵，出卖人应负担保之责，如依其情形，解除契约显失公平者，买受人即不得解除契约，此观民法第三百五十九条规定即明；所谓显失公平，系指瑕疵对于买受人所生之损害与解除对于出卖人所生之损害，有失平衡而言。”

同院2001年度台上字第564号判决：“按‘民法’第三百五十九条但书所谓买受人解除契约显失公平，系指瑕疵对买受人所生之损害，与解除对出卖人所生之损害，有失平衡之情形而言，因系争房屋之瑕疵并非重大，大部分均属能修缮或补正者，至于储藏室变更为停车空间则建物所有权人随时提出申请即可获准，故对上诉人所造成之损害极为轻微。反观被上诉人被解除契约，须负担房屋土地销售中介佣金、土地及营建成本之利息、房地二次过户所发生之税费、管理费用及重新出售之中介佣金、不动产跌价之价差损失，上诉人所受之损害与被上诉人所受之损害，显有失平衡之情形，应认符合‘民法’第三百五十九条但书规定所称买受人解除契约显失公平而不得解约。从而上诉人谓该瑕疵显有足以减少买卖标的物之价值及效用之重大瑕疵，因而主张解除契约云云，应无可采。”

同院2002年度台上字第1211号判决：“查被上诉人于1998年4月22日尚委任律师以存证信函通知上诉人称：被上诉人对于汉×学府公共设施定于1998年4月29日抛弃占有；台北市土木技师公会复至1999年元月29日始提出汉×学府新建工程施工瑕疵修复鉴定报告书，又于1999年4月27日经高雄市政府消费者保护官召开协调会协议：请台北市土木技师公会就消防局及承购户所提意见重新考量是否更正鉴定报告书，将处理结果送达消保官。则原审认定上诉人于1997年5月26日视为已完成交屋，是否允当，已非无疑。此攸关被上诉人得否请求给付价金之认定，及上诉人所为被上诉人应给付违约金，并与被上诉人所请求价金债权抵销之抗辩有无理由之认定，原审未予详查究明，自嫌率断。又‘民法’第三百五十九条但书所谓依其情形解除契约显失公平者，系指该物之瑕疵对于买受人所生之损害，与解除买卖契约对于出卖人所生之损害，有失衡平而言。原审未就所认定瑕疵对于上诉人所受之损害，与解除契约对于被上诉人所受损害，各为如何？加以调查审认，说明其依据，遽认定上诉人仅得请求减少价金，不得解除契约，亦嫌疏略。”

物之瑕疵担保责任之构成要件即是，原无待于催告出卖人先行修补瑕疵[120]，惟若出卖人愿意而自动为修补，且又无害于买受人者，依“民法”第一百四十八条之诚信原则，买受人实不宜坚持其修补而不强加解除契约，但仍无解出卖人给付迟延之责，实务见解似已有采此见解之意旨。[121]

②损害赔偿请求之限制：买受人于解除契约后，可否主张解除权之行使，不妨碍损害赔偿之请求（“民法”第二百六十条参照）？一般认为买受人仅得请求回复原状，不得再行主张损害赔偿[122]，盖“民法”第二百六十条所规定者，为债务不履行，且系可归责于债务人事由所生损害赔偿请求权（过失责任），与瑕疵担保之无过失责任性质不同，不宜同样处理，否则本条本文规定解除契约与请求减少价金之法定选择之债即失其意义。且解除契约与减少价金二者均有代价关系，故不宜使买受人于解除契约后再行使“民法”第二百六十条之损害赔偿请求权。本书以为买受人主张出卖人应负物之瑕疵担保责任时，如请求损害赔偿者，须符合“民法”第三百六十条之要件（例如不解除契约），始得请求“不履行之损害赔偿”，否则失去该条之立法意旨，故买受人不得解除契约之同时仍请求损害赔偿。

③解除权行使效力之范围：“民法”第三百六十二条规定：“因主物有瑕疵而解除契约者，其效力及于从物。从物有瑕疵者，买受人仅得就从物之部分为解除。”例如因汽车有瑕疵而解除契约者，其效力自应及于备胎；但因备胎有瑕疵而解除契约者，仅得就备胎之契约部分解除，不得解除汽车之买卖契约或使解除备胎买卖契约之效力及于汽车。此为主物与从物间之主从关系使然，自不待言。

④数物买卖契约之解除：“民法”第三百六十三条规定：“为买卖标的之数物中，一物有瑕疵者，买受人仅得就有瑕疵之物为解除，其以总价金将数物同时卖出者，买受人并得请求减少与瑕疵物相当之价额。前项情形，当事人之任何一方，如因有瑕疵之物，与他物分离而显受损害

120 “最高法院”1996年度台上字第486号判决、同院1997年度台上字第1303号判决、同院2000年度台上字第1710号判决（同注87）。

121 “最高法院”1997年度台上字第1689号判决：“物之出卖人，对于买受人所负瑕疵担保之责任，系以其物依‘民法’第三百七十三条之规定危险移转于买受人时有瑕疵存在为要件。在危险移转前，买受人虽已发觉其物有瑕疵，如出卖人未确定的拒绝担保，买受人尚不得依‘民法’第三百五十九条之规定解除契约。本件买卖标的物尚未交付，为两造所不争，虽其物有瑕疵存在，但被上诉人既已表示愿负担保责任，以补足不足之坪数或予以改善，依上开说明，上诉人即不得主张解除契约，请求返还已付价金及费用。”

122 史尚宽，前揭书，同注1，第三八页。邱聪智，前揭书，同注1，第一二三八页。

者，得解除全部契约。”例如购买普通沙发一套五张共新台币五万元，其中一张有瑕疵，买受人仅得解除该张有瑕疵沙发，并得向出卖人请求减少与瑕疵物相当之价额一万元，不得解除买卖契约之全部。[123] 惟如沙发系某名牌进口货，买受人以该瑕疵为由解除该瑕疵沙发之买卖契约，则买受人购买此一进口沙发之价值显然大减，出卖人亦难另行出售有瑕疵之一张，故本条赋予契约双方当事人均有解除全部契约之权。本条第二项不以出卖人无可归责事由为要件，故即使出卖人有可归责之事由者，出卖人亦得解除买卖契约，但此时应注意本条规定赋予出卖人解除权之目的，在于避免出卖人因买受人解除契约而遭受其他损害，故如买受人不主张解除契约者，出卖人仍不得解除契约，必须买受人主张一部解除之情形下，出卖人方可依本项规定主张全部解除。

⑤解除权之丧失：买受人主张物有瑕疵者，出卖人得定相当期限催告买受人于其期限内，是否解除契约，以早日除去此一不确定状态。买受人如于期限内不解除契约者，丧失其解除权（“民法”第三百六十一条）。适用时宜注意“消保法施行细则”第十七条规定，消费者因检查之必要或因不可归责于自己之事由，致其收受之商品有毁损、灭失或变更者，其解除权不消灭。

⑥解除权行使之期间：新修正“民法”第三百六十五条（以下简称新法）规定：“买受人因物有瑕疵，而得解除契约或请求减少价金者，其解除权或请求权，于买受人依第三百五十六条规定为通知后六个月间不行使或自物之交付时起经过五年而消灭。前项关于六个月期间之规定，于出卖人故意不告知瑕疵者，不适用之。”[124] 按解除权为形成权[125]，故本

123 最高法院1930年度上字第1223号判例：“买卖之标的物有瑕疵者，买主固得请求解除契约，然其性质可分离者，究不能以一部之瑕疵而解除全部契约。”

124 1999.4.21民法债编本条修正理由：“一、由于现代科技发达，有许多建筑物、土地上之工作物或工业产品之瑕疵，不易于短期间内发现。原条文规定因物之瑕疵而生之契约解除权或减少价金请求权，于物之交付后六个月间，不行使而消灭，似嫌过短，且无法与第三百五十六条之规定配合。为更周密保障买受人权益，本条解除权或请求权发生消灭效果之期间之起算点，宜由买受人依‘民法’第三百五十六条规定为通知时起算六个月，始为允当。又为使权利状态早日安定，爰参考瑞士债务法第二百十九条第三项，增列‘解除权或请求权自物之交付时起经过五年不行使而消灭’，第一项修正如上。二、出卖人故意背于交易之诚实及信用，而不告知物之瑕疵时，买受人应受保护，其解除权或请求权，不受前项关于通知后六个月期间之限制。惟如自物交付时起经过五年而未行使，仍为消灭。爰修正第二项。”

125 “最高法院”1999年度台上字第2589号判决：“解除权为形成权，契约解除权之行使，仅需有解除权之一方以意思表示向他方为之，于意思表示到达他方时，即生效力。契约一经合法解除，契约关系即告消灭，自无另一次解约生效之问题。”

条所规定之期间[126]，性质上为除斥期间[127]，不生中断或不完成之问题，亦不得延长或缩短[128]，且法院应一职权调查之。[129] 解除权行使期间之起算点有二，即“依第三百五十六条规定为通知后六个月”与“自物之交付时起经过五年”。买受人依“民法”第三百五十六条之规定发现瑕疵而通知出卖人后，未于六个月内解除契约者，其解除权归于消灭（发现瑕疵而不通知者，依该条之规定买受人即视为承认所受领之物，不得主张瑕疵担保责任）；买受人自物之交付时起经过五年未发现瑕疵者，亦同。

⑦出卖人故意不告知瑕疵之效力：旧“民法”第三百六十五条第二项规定：“前项规定，于出卖人故意不告知瑕疵者，不适用之。”[130] 故出卖

126 关于期间之规定，须注意下列之特别情形：①一条文有二期间，惟仅有一性质者，例如“民法”第九十三条之一年及十年除斥期间（撤销权）。②一条文中只有一种期间，但具有二种性质者，例如“民法”第一百九十七条之二年除斥期间及十年消灭时效期间（损害赔偿请求权）。③一条文中之期间相同，但规定二种不同之权利者，例如“民法”第三百六十五条之六个月或五年（解除权、价金减少请求权）、“民法”第五百十四条之一年（瑕疵修补请求权、修补费用偿还请求权、减少报酬请求权、损害赔偿请求权或契约解除权）。

127 最高法院 1933 年度上字第 716 号判例：“（一）民法所定之消灭时效，仅以请求权为其客体，故就形成权所定之存续期间，并无时效之性质。契约解除权为形成权之一种，民法第三百六十五条第一项所定六个月之解除权存续期间，自属无时效性质之法定期间。（二）民法债篇所定契约解除权之存续期间，依债编施行第三条准用第二条之规定，虽对其期间之起算溯及于施行之前，但其期间在施行前已届满者，仍得于施行后一年内行使解除权，即使自期间届满后至施行时已逾债编所定期间二分之一，依第二条第一项但书之准用，亦仅不得于施行后行使解除权，非谓施行之前其解除权即已不得行使，故在债编施行前已行使解除权，而于债编施行后就其解除有效与否之争执为裁判时，无论其期间届满后至债编施行已时逾若干时期，要不能以债编所定期间早已届满为理由，认其解除为无效。”

128 “最高法院”1982 年度台上字第 67 号判决：“‘民法’第三百六十五条所定六个月期间，乃权利本身存续之终始期间，不得予延长或缩短。”

129 “最高法院”1998 年度台上字第 2872 号判决：“‘民法’第三百六十五条第一项规定：买受人因物有瑕疵，而得请求减少价金者，其请求权，于物之交付后六个月间，不行使而消灭。此项期间系属无时效性质之法定期间，买受人之减少价金请求权已否因该期间之经过而消灭，法院无待当事人之主张或抗辩，亦应依职权予以调查审认，以为判断之依据。”

130 “最高法院”2001 年度台上字第 1404 号判决：“按买卖因物有瑕疵，而出卖人依同法第三百五十四条至第三百五十八条之规定，应负担保之责者，同法第三百五十九条前段规定，买受人得请求减少其价金。又广告乃企业经营者为招徕买主，尤其建筑商之广告海报载明各楼层之面积、使用建材及周围环境，一般房屋买卖商场上交易习惯，以之与顾客洽谈买卖事宜，自应确保广告内容之真实，虽双方未将广告列为契约内容，惟应视为买卖契约之一部，为符合公平正义原则，企业经营者所负之义务不得低于广告之内容，此为必要之解释。次按买受人因物有瑕疵，而得请求减少价金者，其请求权于物之交付后六个月间，不行使而消灭；前项规定，于出卖人故意不告知瑕疵者，不适用之，‘民法’第三百六十五条定有明文。所谓出卖人故意不告知瑕疵，系指物交付时，买受人不知瑕疵，出卖人明知瑕疵仍不为告知。此乃因出卖人故意背于交易之诚实及信用，而不告知物之瑕疵时，买受人应受保护，其价金减少请求权不受前关于通知后六个月期间之限制；故倘买受人明知物之瑕疵，出卖人未再为告知，已非所谓故意不告知瑕疵，仍应受六个月期间之限制。”

人故意不告知瑕疵者，买受人之解除权无除斥期间之适用，买受人得解除契约，并无任何时间之限制。为使权利状态早日安定，新法规定出卖人故意不告知瑕疵，显然背于交易之诚实及信用，此时买受人应受保护，其解除权不受前项关于通知后六个月期间之限制。惟如自物之交付时起经过五年而未行使，纵使出卖人故意不告知瑕疵，买受人之解除权仍应归于消灭。

⑧新、旧法规定之适用问题[131]：旧"民法"第三百六十五条规定："买受人因物有瑕疵，而得解除契约或请求减少价金者，其解除权或请求权，于物之交付后六个月间，不行使而消灭。前项规定，于出卖人故意不告知瑕疵者，不适用之。"由此可见，解除权行使之起算点与期间仅为"物之交付后六个月"，与新法有"依第三百五十六条规定为通知后六个月"与"自物之交付时起经过五年"二种方式不同。又出卖人故意不告知瑕疵时买受人之解除权是否受物之交付时起五年期间之限制，新、旧法亦有不同之规定，已如前述。"民法债编施行法"并未就本条之修正订定溯及条款，故本条适用上无溯及效力。乃发生新旧法之适用时点之认定，究应以买卖契约成立生效时点为判断标准？抑或以物之交付（"民法"第三百七十三条）之时点为判断标准，目前尚乏学说与实务见解之讨论。本书以为，物之瑕疵担保责任既以物之交付为认定责任之要件，故应以物之交付时点为认定适用新旧法之标准，不考虑买卖契约之成立生效时点，亦即于2000年5月5日后交付买卖标的物者，应适用新法；反之，于2000年5月4日前交付买卖标的物者，纵使买卖契约于2000年5月4日前成立生效者，仍应适用旧法之规定。兹以下图说明之：

"民法"第365条（除斥期间）
- 旧法
  - 非故意不告知瑕疵——自物之交付后六个月间
  - 故意不告知瑕疵——法无规定（学界通说：十五年）
- 新法
  - 非故意不告知瑕疵
    - 买受人依"民法"第356条通知后六个月
    - 自物之交付时起经过五年
  - 故意不告知瑕疵——自物之交付时起经过五年

⑨"民法债编施行法"第三条规定之准用问题：本条之适用，宜注意"民法债编施行法"第三条规定："'民法债编'修正施行前之法定消

131 拙著，瑕疵担保责任解除权与减少价金请求权除斥期间之新、旧法适用问题，台湾本土法学，第三十九期，2002年10月，第一三九页以下。

灭时效已完成者，其时效为完成。'民法债编'修正施行前之法定消灭时效，其期间较'民法债编'修正施行后所定为长者，适用修正施行前之规定。但其残余期间自'民法债编'修正施行日起算，较'民法债编'修正施行后所定期间为长者，应自施行日起，适用民法债编修正施行后之规定。"[132]"民法债编施行法"第四条规定："前二条之规定，于民法债编所定，无时效性质之法定期间，准用之。"因而"民法"第三百六十五条之规定准用于此等过渡期间之规定，须区分为下列二种情形：

❶"民法"第三百六十五条第一项之规定：此时六个月之期间未予修正，仅系起算点由"物之交付后"改为"于买受人依第三百五十六条规定为通知后"而已，实未缩短期间，故此部分不准用"民法债编施行法"第三条第二项之规定。[133] 又此次修正增订"自物之交付时起经过五年"之期间，此期间较旧法所规定自物之交付时起经过之六个月为长，与"民法债编施行法"第三条第二项本文"'民法债编'修正施行前之法定消灭时效，其期间较'民法债编'修正施行后所定为长者"之规定相反，故亦无准用该条规定之余地。

❷"民法"第三百六十五条第二项之规定：如前所述，出卖人故意不告知瑕疵者，旧法买受人之解除权无除斥期间规定之适用，虽然条文并无任何时间之限制，但学界通说认为除解除权得因"民法"第三百六十一条之规定丧失外，解释上可准用一般消灭时效十五年之规定（"民法"第一百二十五条参照）。[134] 新法则规定买受人之解除权自物之交付时起经过五年未行使而消灭。显然新法将此期间缩短至五年，依"民法债编施行法"第四条准用同法第三条第二项之规定，"民法债编"修正施行前之除斥期间（不论是永久或是十五年），其期间较"民法债编"修正施行后所定（五年）为长者，适用修正施行前之规定（不论是永久或是十五年）。但其残余期间自民法债编修正施行日起算，较"民法债编"修正

132 本条新增理由："一、本条新增。二、依法律不溯及既往原则，民法债编之修正不应影响已完成之时效，爰于第一项明定斯旨。三、民法债编修正前法律规定之消灭时效，其期间较'民法债编'修正后所定为长者，例如第五百十四条、第六百二十三条、第六百六十六条之规定，应适用修正前较长之规定。但自'民法债编'修正施行日起算其残余期间，尚较民法债编修正后所定期间为长者，则应自施行日起，适用修正后之规定，爰增订第二项。四、本条系参照'民法总则施行法'第十八条之体例而规定。"

133 按解除权为形成权，故本条期间为除斥期间，法学方法上必须依"民法债编施行法"第四条准用同法第三条之规定。

134 史尚宽，前揭书，同注 1，第四四页。郑玉波，前揭书，同注 1，第五四页。邱聪智，前揭书，同注 1，第一三七页。

施行后所定期间（五年）为长者，应自2000年5月5日施行日起，适用"民法债编"修正施行后"自物之交付时起经过五年不行使而消灭"之规定。反之，其残余期间自"民法债编"修正施行日起算，较"民法债编"修正施行后所定期间为短者，依"民法债编"施行法第四条准用同法第三条第二项但书之反面解释，解除权于原定残余期间届满而归于消灭。兹举一例如下，A、B于1999年1月1日签订汽车买卖契约，同年7月1日交车，出卖人A故意不告知该车有隐藏之瑕疵，买受人B于交车时未能及时发现瑕疵，此时因A、B交车时间为"民法债编"修正施行前，故应适用旧法第三百六十五条第二项之规定，买受人B基于瑕疵担保责任所生之解除权，不受同条第一项除斥期间之时间限制，故其除斥期间之残余期间依学界通说仍为十五年，本应适用旧法之十五年期间，但此十五年自1999年7月1日起算至2004年6月30日，但从2000年5月5日起算，其残余期间尚余约十四年又二个月，较新法规定之五年为长，故应自2000年5月5日起，适用新法，其除斥期间缩短为五年（即算至2004年5月4日止）。本书谨以下表说明之[135]：

	契约生效日	标的物交付日	适用新、旧法	民法债编施行法第三、四条	除斥期间截止日
非故意不告知瑕疵	1984.7.1	1984.7.30	旧法(六个月)	第三条第一项	1985.1.31
故意不告知瑕疵	1984.7.1	1984.7.30	旧法(十五年)	第三条第一项	1999.7.30
非故意不告知瑕疵	1985.7.1	1985.7.30	旧法(六个月)	第三条第一项	1987.1.31
故意不告知瑕疵	1985.7.1	1985.7.30	旧法(十五年)	第三条第二项但书反面解释	2001.7.30
非故意不告知瑕疵	1999.4.21	1999.4.30	旧法	第三条第一项	1999.10.31
非故意不告知瑕疵	2000.4.21	2000.5.30	新法	无	2005.5.30
故意不告知瑕疵	1999.4.21	1999.4.30	旧法	第三条第二项但书	2005.5.4
故意不告知瑕疵	2000.4.21	2000.5.30	新法	无	2005.5.30

（2）请求减少价金（"民法"第三百五十九条）

①请求减少价金之情形：一、解除契约与减少价金择一行使（"民法"第三百五十九条本文）。二、依情形解除契约显失公平者，买受人仅得请求减少价金（"民法"第三百五十九条但书）。三、以总价金将数物同时卖出者，买受人并得请求减少与瑕疵物相当之价额（"民法"第三百六十三条第一项）。

135 本表不包括买受人依"民法"第三百五十六条通知后六个月之规定。

②价金减少请求权之性质：价金减少请求权之性质究系请求权或解除权？采请求权说者，认为本条明白规定请求减少价金，当然为请求权，故本条所规定之期间为消灭时效期间，有中断与不完成之问题。采形成权说，认为减少价金请求权之行使，仅须由买受人向出卖人以意思表示为之为已足，不以出卖人承诺为必要，买受人一行使价金减少请求权时，即生减少之效果，故为形成权。因此本条所规定之期间为除斥期间，无中断与不完成之问题[136]，实务见解亦采形成权说。[137] 至于价金应减少多少？实务见解认为，本条之立法意旨在兼顾买卖双方之利益与损失，是买受人请求减少之价金数额，自应依同品质物品之市场价值与系争瑕疵物之买卖价金并其减少后之实际价格相比较，以为计算之基准。[138]

③价金减少请求权行使之期间：此部分与解除同，请参见解除权行使之说明。

---

136 史尚宽，前揭书，同注 1，第三五页。郑玉波，前揭书，同注 1，第五三页。邱聪智，前揭书，同注 1，第一二一页。

137 “最高法院”1998 年台简上字第 10 号判例：“买受人依‘民法’第三百五十九条规定所得主张之价金减少请求权，一经买受人以意思表示行使，出卖人所得请求之价金，即于应减少之范围内缩减之。换言之，出卖人于其减少之范围内，即无该价金之请求权存在。”
同院 1983 年度台上字第 4694 号判决：“‘民法’第三百六十五条第一项规定之请求减少价金，实系主张减少价金，不以出卖人承诺为必要，与同法条项规定解除契约之性质同属形成权，该条项于二者所规定之六个月行使期间，皆为无时效性质之法定期间，不发生中断问题，惟买受人于该六个月内行使后所生之效果权利，即可于普通时效期间内继续存在。”
同院 1984 年度台上字第 4354 号判决：“‘民法’第三百六十五条第一项规定之请求减少价金，实系主张减少价金，不以出卖人承诺为必要，与同条项规定解除契约之性质，同属形成权，该条项于二者所规定之六个月行使期间，皆为无时效性质之法定期间，苟买受人于该六个月内曾为减少价金之主张，其后所生之效果权利，则可于普通时效期间内继续存在。”
同院 1997 年度台上字第 2659 号判决：“‘民法’第三百五十九条规定买受人因买卖标的物有瑕疵，得请求减少其价金，此项减少价金请求权之行使，仅须由买受人向出卖人以意思表示为之为已足，无庸以诉之方式向法院请求准许其减少价金。本件上诉人既系主张伊向被上诉人买受之系争房地有物之瑕疵，被上诉人应负担保之责，而依上开规定请求减少买卖价金，乃竟起诉求为形成之判决，于法即有未合，不应准许。”

138 “最高法院”1997 年度台上字第 1615 号判决：“按‘民法’第三百五十九条规定：‘买卖因物有瑕疵，而出卖人依前五条之规定，应负担保之责者，买受人得解除其契约，或请求减少其价金。’旨在兼顾买卖双方之利益与损失。是买受人请求减少之价金数额，自应依同品质物品之市场价值与系争瑕疵物之买卖价金并其减少后之实际价格相比较，以为计算之基准。倘买卖当时之价金与市价相当，固应以市价扣除瑕疵物品之实际价值，为买受人所得主张减损价值损失之数额。倘买卖价金较市价为低时，不问出卖人是否有将瑕疵物品减损之价值扣除之意，如仍以市价扣除实际价值以为计算其减少之价值损失数额，则失诸公平。是以法院于计算买受人得请求之减少价金数额时，自应先调查买卖当时之市价与买卖价金是否相当，方能为适当之裁量。”

④出卖人故意不告知瑕疵之效力：此部分与解除同，请参见解除权行使之说明。

⑤新、旧法规定之适用问题：此部分与解除同，请参见解除权行使之说明。

⑥“民法债编施行法”第三条规定之适用问题：此部分与解除同，请参见解除权行使之说明。

(3) 另行交付无瑕疵物（“民法”第三百六十四条）

“民法”第三百六十四条规定：“买卖之物，仅指定种类者，如其物有瑕疵，买受人得不解除契约或请求减少价金，而即时请求另行交付无瑕疵之物。出卖人就前项另行交付之物，仍负担保责任。”此为物之瑕疵担保责任特别效力，其基础源于诚信原则，盖出卖人须依债之本旨交付无瑕疵之物。兹分述如下：

①限种类之债：依“民法”第二百条规定：“给付物仅以种类指示者，依法律行为之性质或当事人之意思不能定其品质时，债务人应给以中等品质之物。前项情形，债务人交付其物之必要行为完结后，或经债权人之同意指定其应交付之物时，其物即为特定给付物。”故种类之债于交付时即为特定物之债，债权人不得再请求债务人给付其他之物。但依“民法”第三百六十四条之特别规定，买卖之物，仅指定种类者，如其物有瑕疵，买受人得不解除契约或请求减少价金，而即时请求另行交付无瑕疵之物。买受人选择此一请求权后，丧失其他瑕疵担保请求权。[139]

②出卖人就所另行交付之物，仍应负担保责任（“民法”第三百六十四条第二项）：为确保买受人利益，本条项之适用应为无次数之限制。

③买受人不得拒绝受领另行交付无瑕疵之物：依诚信原则，如出卖人愿给付无瑕疵之物予买受人者，买受人应不得拒绝，否则即为权利滥用，有违诚信原则（“民法”第一百四十八条参照）。

④无同时履行抗辩权之适用：买受人请求另行交付无瑕疵物，于出卖人交付前，买受人可否以自己价金之给付求权与出卖人之另行交付无

139 “最高法院”1998年度台上字第125号判决：“按买卖之物，仅指定种类者，如其物有瑕疵，买受人得不解除契约或请求减少价金，而即时请求另行交付无瑕疵之物。‘民法’第三百六十四条第一项定有明文。是种类之债在特定时，即存有瑕疵者，出卖人除应负物之瑕疵担保责任外，并应负不完全给付之债务不履行责任。此际，出卖人应负之责任系属并存，买受人得选择行使。给付物品质上有瑕疵，如买受人已受领者，得返还有瑕疵之物而请求更换。惟出卖人因买受人之请求同意另交付无瑕疵之物时，买受人之选择因已确定不得撤回，而同时丧失其他瑕疵担保请求权。”

瑕疵物之债务间具有对待给付关系，而主张“民法”第二百六十四条之同时履行抗辩权？实务见解采之[140]，有学者亦采肯定见解。[141] 惟本书以为“民法”第三百六十四条赋予买受人请求另行交付无瑕疵物之前提要件，必出卖人已提出交付，而买受人拒绝受领，此时因同时履行抗辩之条件已失，盖出卖人已为给付，从而法律使买受人得请求另行交付无瑕疵物，无再许以同时履行抗辩之理。但如交付时买受人发现有瑕疵而以其不符债之本质不为受领，并请求履行交付无瑕疵物之给付义务者，实务见解认为应可援用同时履行抗辩权。[142]

⑤因“民法”第三百六十五条之适用仅限于解除权与价金减少请求权，不包括本条项规定之无瑕疵物另行交付请求权，故买受人无瑕疵物另行交付请求权，其时效期间仍应适用“民法”第一百二十五条十五年长期时效之规定。[143]

(4) 损害赔偿（“民法”第三百六十条）

“民法”第三百六十条规定：“买卖之物，缺少出卖人所保证之品质者，买受人得不解除契约或请求减少价金，而请求不履行之损害赔偿；出卖人故意不告知物之瑕疵者亦同。”此亦为物之瑕疵担保之特别效力，其适用限于下列情形：

①买卖之物缺少出卖人所保证之品质者[144]：所谓保证，应指有明示担保之意思，仅指规格、图式、图说者，尚未构成保证。但不以有“保证”之字样为限，只要依契约之内容、立约当时事实与其他一切证据资料判断，具有保证之意思者即是。[145] 又本条之适用解释上应包括货样买卖，盖“民法”第三百八十八条规定：“按照货样约定买卖者，视为出卖

140 “最高法院”1988 年度第 7 次民事庭会议决议（一）参照（注 66）。

141 王泽鉴，前揭文，同注 66，第一二六页。

142 “最高法院”2002 年度台上字第 666 号判决（同注 112）。

143 反对见解有认为此为形成权，请参见邱聪智，前揭书，同注 1，第一二四页。

144 “最高法院”1997 年度台上字第 1777 号判决：“物之瑕疵，然买受人得否另依同法第三百六十条规定请求损害赔偿，则以有买卖之物，缺少出卖人所保证之品质或出卖人故意不告知物之瑕疵情形为限。”

145 “最高法院”1994 年度台上字第 1707 号判决：“查‘民法’第三百六十条系就约定物之瑕疵担保责任所为之特别规定，固须出卖人就买卖标的物曾与买受人约定，保证有芋种品质，而其物又欠缺其所保证品质时，买受人始得依该条规定向出卖人请求不履行之损害赔偿。但出卖人与买受人间有无此项保证品质之特约，应以契约内容及当事人立约当时之事实及其他一切证据资料为其判断之标准。至于约定之方式，不问系由出卖人主动提出保证，或由买受人要求其品质，而出卖人予以同意，均无不可。”

人担保其交付之标的物与货样有同一之品质。”

②出卖人故意不告知瑕疵者。

符合上开情形之一者，买受人得不解除契约或请求减少价金，而请求不履行之损害赔偿（不完全给付[146] 之损害赔偿[147]）。故买受人得择一行使，如买受人解除契约，仍应依回复原状之规定，不得请求“不履行”之损害；买受人减少价金者，即发生减少价金之效果，亦不得请求“不履行”之损害。反之，如买受人决定请求“不履行”之损害者，即不得解除契约或请求减少价金，盖买受人请求不履行之损害赔偿，系代契约之解除或价金之减少也。[148]

本条所称“请求不履行之损害赔偿”，解释上自仍有“民法”第二百十六条之适用，买受人得请求所受损害及所失利益之赔偿，当不待言。

须注意的是，出卖人就其交付之买卖标的物有应负担保责任之瑕疵，而其瑕疵系于契约成立后始发生，且应可归责于出卖人之事由所致者，则出卖人除负物之瑕疵担保责任外，同时构成不完全给付之债务不履行责任。[149] 依詹森林教授之见解，“民法”第三百六十条系袭自德国旧民法第四百六十三条，为解决该条之不合理规定，学说与实务乃将该条之损害区分为瑕疵损害与瑕疵结果损害（本书称为加害给付，英美法称之为

146 詹森林，前揭文，同注 99，第二三页以下。此论文对于不完全给付有深刻之论述，除多处引用 2001 年 10 月 11 日立法修正公布，自 2002 年 1 月 1 日施行之德国民法相关规定外，并针对台湾“最高法院”实务见解应该如何因应台湾地区“民法债编”之修正，做出明确建议方向，颇值一读。惟相关德国法律与台湾地区现行“民法”尚有差异，仍不可一概援用。

147 史尚宽，前揭书，同注 1，第四〇页。王泽鉴，前揭文，同注 66，第一三四页。邱聪智，前揭书，同注 1，第一二五页。并请参见“最高法院”2000 年度台上字第 30 号判决：“买受人因买卖标的存有物之瑕疵而请求减少价金者，其本质亦为不完全给付损害赔偿之一种，此观“民法”第三百六十条规定自明。原审未详加调查审认两造间产权移转登记及受领房屋之情形，徒以被上诉人表示不愿受领该非依债之本旨所为之给付，及其请求减少价金，系因上诉人之给付有价值减少之瑕疵，非基于损害赔偿所为之请求，与上诉人是否多给付公共设施无涉，即认无损益相抵原则之适用，而为上诉人不利之判决，自属可议。”

148 “最高法院”1984 年度台上字第 3082 号判决：“买卖之物缺少出卖人所保证之品质者，买受人请求不履行之损害赔偿，系代契约之解除，倘其契约业经解除，即不得再为此项请求，此观‘民法’第三百六十条自明，原审以上诉人缺少出卖人保证之品质，被诉人于解除买卖契约后尚得请求上诉人赔偿因不履行之损害，亦有可议。”

149 “最高法院”1998 年度台上字第 575 号判决：“买卖之物，缺少出卖人所保证之品质者，买受人得不解除契约或请求减少价金，而请求不履行之损害赔偿：出卖人故意不告知物之瑕疵者亦同，‘民法’第三百六十条定有明文。又出卖人就其交付之买卖标的物有应负担保责任之瑕疵，而其瑕疵系于契约成立后始发生，且应可归责于出卖人之事由所致者，则出卖人除负物之瑕疵担保责任外，同时构成不完全给付之债务不履行责任。”

Consequential damage)，前者指买卖标的物本身造成之损害，后者指买卖标的物以外权利造成之损害，例如瑕疵物造成买受人中毒伤害，属于积极侵害契约之损害。本书认为此损害系在对价等价利益外之损害，应属于侵害行为损害，盖任何人（含出卖人）均负有不可侵害他人权利之义务，不因其与买受人有契约关系而有不同。2002 年德国新民法则不再区分瑕疵损害与瑕疵结果损害，于第四百四十条规定，买受人得依债编通则关于“违反义务”之规定，请求损害赔偿。[150]

最后，因“民法”第三百六十五条之适用仅限于解除权与价金减少请求权，不包括本条所规定之损害赔偿请求权，故买受人瑕疵担保损害赔偿请求权，其时效期间仍应适用“民法”第一百二十五条十五年长期时效之规定，不适用民法第三百六十五条之规定。[151]

贰、对买受人之效力

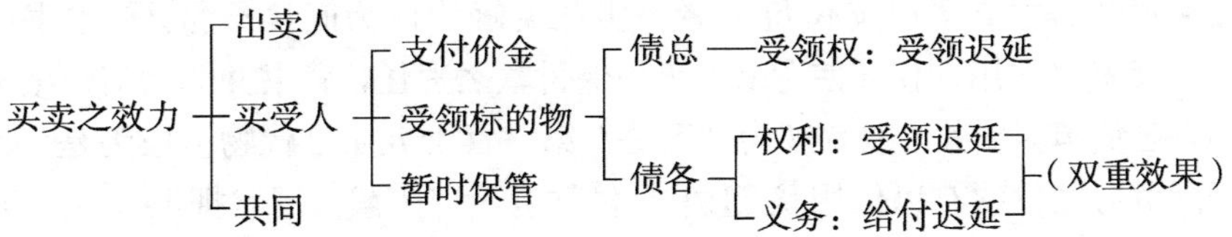

一、支付价金义务

“民法”第三百六十七条规定：“买受人对出卖人，有交付约定价金及受领标的物之义务。”故价金之交付为买卖标的物财产权之移转代价。[152] 兹分述如下：

（一）价金之计算

“民法”第三百四十六条规定：“价金虽未具体约定，而依情形可得而

150 詹森林，前揭文，同注 99，第四七至四八页。

151 “最高法院”1987 年度台上字第 1449 号判决：“被上诉人系依‘民法’第三百六十条规定，上诉人缺乏所保证之品质请求损害赔偿，非依同法第三百六十五条规定请求减少价金，无该第三百六十五条所定法定期间之适用。”

152 最高法院 1943 年度上字第 2055 号判例：“不动产之买受人虽未支付价金，而依物权法之规定，出卖人移转所有权于买受人之法律行为已生效力者，自不能因买受人尚未交付价金，即谓其所有权未曾取得。”

同院 1952 年度台上字第 1560 号判例：“买卖契约成立后，买受人应负交付约定价金于出卖人之义务，既为‘民法’第三百六十七条所明定，则买受人对于出卖人所交付之价金，在买卖契约未失其效力之前，自无返还请求权。”

定者，视为定有价金。价金约定依市价者，视为标的物清偿时、清偿地之市价。但契约另有订定者，不在此限。”准此，价金原则上应依契约定之，价金虽未具体约定，而依情形可得而定者，视为定有价金。故当事人如有具体约定者，依其约定。实务上有按总价金、件数或重量计算，后二者以国际贸易为最常见，例如 FOB US＄100/pc 或 CIF US＄100/k 是；如价金系依物之重量计算者，应除去其包皮之重量（“民法”第三百七十二条本文），但契约另有订定或另有习惯者，从其订定或习惯。[153] 在国际贸易上除去其包皮之重量者俗称为净重（N. W.），不去包皮之称为毛重（G. W.）。故上述实际适用顺序应为：当事人之约定[154]、习惯，若无约定或习惯者，依“民法”第三百七十二条之规定。另国际贸易上常见有 FOB、FOA、CIF、C&F、FOR、EX WORKS 等价格条款，适用时应注意之。

（二）价金之支付

价金一般均以现金支付，买受人如签发票据以支付价金者，宜解为“民法”第三百二十条之间接给付（新债清偿）；如买受人系经自己背书而交付转得之支票以支付价金者，实务见解均认为间接给付。[155] 本书以为，背书之作用，仅在使背书人负担保付款之责任，背书并非为清偿债务而自己负担新债务，故宜解为“民法”第三百十九条之代物清偿为是。另国际贸易之付款有以信用状（L/C）付款者，宜注意信用状押汇（negotia-

153 依“民法”第一条规定：“民事，法律无规定者，依习惯，无习惯者，依法理。”故有云判断顺序之第一顺位为法律，第二为习惯，再次为法理，其见解似不无问题，盖依私法自治之原则，除当事人之约定有违强行性规定外，当事人间之约定，自应最优先适用是。

154 “最高法院”1998年度台上字第2671号判决：“买卖契约如以国际间定型化之交易条件为内容者，固发生适用国际贸易惯例之效力，惟买卖双方于订约时非不得以明文约定排斥国际贸易惯例之适用。”

155 “最高法院”1957年度台上字第2018号判例：“上诉人以诉外人某甲所签发之支票二纸交与被上诉人，为其清偿租金之方法，并非该诉外人与债权人或债务人间，有何订立承担债务之契约，上开支票既不能兑现，则其租金债务自难谓已消灭。”

同院1959年度台上字第1208号判例：“上诉将第三人所签发之支票依背书交付与被上诉人，并未将被上诉人持有之借据收回或涂销，显系以负担票据债务为使被上诉人受清偿之方法，票据债务既未因履行而消灭，则两造间原有之消费借贷债务，自属存在。”

同院1991年度台上字第2691号判决：“因清偿债务而对于债权人负担新债务者，除当事人另有意思表示外，若新债务不履行时，其旧债务仍不消灭，‘民法’第三百二十条定有明文。本件上诉人丁×雄向被上诉人之被继承人杨×借款时，借用证上均记载丁×雄所收客票之支票付款人及票据号码，连同该支票交付杨×，为原审确定之事实，而支票似均经丁政雄背书（见一审卷三三、三五、五四、五七页，原审卷一一〇、一六三、一七二、一七六、二〇五页已兑现支票之影本），是丁×雄是否为清偿其对杨×之借款债务，而负担票据债务？即有推求之余地。”

tion）之性质台湾地区采授信垫款说，不采买卖说；另又须注意国际商会（ICC）所颁行之UCP或E-UCP（电子化信用状统一惯例与实务）之规定。

（三）价金之支付时期

“民法”第三百六十九条规定：“买卖标的物与其价金之支付，除法律另有规定或契约另有订定或另有习惯外，应同时为之。”故原则上，价金之支付时期，须视当事人之约定，于无习惯或法律无规定时，方适用“民法”第三百六十九条之规定。本条所谓法律另有规定者，如拍卖之买受人，应于拍卖成立时或拍卖公告内所定之时，以现金支付买价（“民法”第三百九十六条）。所谓另有习惯者，如国际贸易习惯之D/A（承兑交单）或D/P（付款交单）付款条款，常各有其支付之不同时间，现今则以信用状（letter of credit，L/C）支付之方式较为常见。

关于支付标的物及价金之期限，依“民法”第三百七十条规定：“标的物交付定有期限者，其期限，推定其为价金交付之期限。”如标的物定有交付之期限，而价金之交付期限未约定者，推定该标的物交付之期限为价金交付之期限，惟当事人得举证推翻之。反之，若价金之交付定有期限，而标的物之交付期限无约定者，得否以价金之交付期限推定为标的物之交付期限？本书采否定说，盖先交付再支付价金为一般交易之常态，且民法并无推定之规定，不得作相同解释。[156]

最后，如标的物及价金均未约定交付时期者，依“民法”第三百十五条之规定，债权人得随时请求清偿，债务人亦得随时为清偿。[157]

（四）价金之交付处所

“民法”第三百七十一条之规定：“标的物与价金应同时交付者，其价金应于标的物之交付处所交付之。”如价金与标的物同时交付者，其价金应于标的物之交付处所交付之。反之，如价金与标的物并非同时交付者，价金之交付处所，应依“民法”第三百十四条有关清偿地之规定。

---

156 郑玉波，前揭书，同注1，第六四页。戴修瓒，前揭书，同注101，第四三页。

157 邱聪智，前揭书，同注1，第一五二页。并请参见“最高法院”1991年度台上字第2372号判决：“价金之交付时期，法律另有规定或当事人订有确定期限或交付地另有习惯者，则或从其规定，或从其订定，或从习惯；如无上述之情形，则交付价金，应与交付标的物同时为之。又当事人间仅就交付价的物定有期限，而未定交付价金之期限者，则该交付标的物之期限即推定为交付价金之期限，此观‘民法’第三百六十九条及第三百七十条之规定自明。至当事人间未定交付价金之期限，亦未定交付标的物之期限，又无其他法律规定或习惯可资依据者，依‘民法’第三百十五条之规定，出卖人得随时请求买受人交付价金，买受人亦得随时交付价金。”

（五）买受人之价金支付拒绝权

“民法”第三百六十八条规定：“买受人有正当理由，恐第三人主张权利，致失其因买卖契约所得权利之全部或一部者，得拒绝支付价金之全部或一部。但出卖人已提出相当担保者，不在此限。前项情形，出卖人得请求买受人提存价金。”是为买受人之价金支付拒绝权，性质为暂时抗辩权，买受人行使此抗辩权时，其迟延责任因此涤除，买受人不负迟延责任。所谓恐第三人主张权利，并不以出卖物业已交付者为限。[158] 又买卖标的物遭出卖人之债权人声请法院强制执行者，已有第三人取得权利之可能，买受人自有价金支付拒绝权。[159] 从而买卖成立时，买卖标的土地已列入堤防、公园或工业用地者，亦应作同一解释。[160] 至于价金拒绝支付之程度如何，依诚信原则，自应按其被第三人主张权利之程度认定之。[161]

二、受领标的物之权利与义务

（一）受领权利

依“民法”第二百三十四条至第二百四十一条之相关规定，一般债务，债权人不行使受领权者，仅生受领迟延之效果，属权利不行使之问题，非债务不履行之问题，其效果为：

1. 减轻债务人之责任：债权人迟延中，债务人仅就故意或重大过失，负其责任（“民法”第二百三十七条），故受领迟延仅系减轻债务人之责

158 “最高法院”1970年度台上字第2029号判决：“‘民法’第三百六十八条所为：‘买受人有正当理由，恐第三人主张权利，致失其因买卖契约所得权利之全部或一部，得拒绝支付价金之全部或一部’之规定，并不以出卖物业已交付即得排除其适用，盖物之出卖人，除负交付其物于买受人之义务外，并负使买受人取得该物所有权之义务。”

159 “最高法院”1981年度台上字第1837号判决：“系争房屋既因上诉人之债权人吴金×声请法院假扣押查封在案，且迄未撤销假扣押，自有遭强制执行拍卖而由第三人取得权利之可能，则被上诉人林×芬主张‘民法’第三百六十八条第一项之抗辩权，拒绝其余尾款之对待给付，尚难谓为违约。因出卖人之债权人已声请法院扣押查封又未撤销假扣押，而遭强制执行拍卖者，因已有第三人取得权利之可能，自亦有价金支付拒绝权。”

160 “最高法院”1981年度台上字第422号判决：“出卖人所负关于瑕疵担保责任，系属一种法定责任，不以出卖人对于瑕疵之发生，有故意或过失为必要。果本件系争房地所在，于两造订立买卖契约时，已列入提防预定地，则依‘民法’第三百四十九条，第三百六十八条第一项规定，上诉人尚非不得拒绝给付尾款。”

161 “最高法院”1983年度台上字第955号判决：“查买受人恐第三人主张权利，致失其因买卖契约所得权利，而拒绝支付价金，仅得按其危险之程度为之，此观‘民法’第三百六十八条第一项规定自明。本件被上诉人（陈×全等四人除外）所买房屋既只一部分有被拆除之虞，则仅得于其范围拒付尾款。原审未查明该被上诉人所买房屋有被拆除之虞之范围，遽认其得拒付如原判决附表所列尾款，尚嫌速断。”

任，并非免除债务人之债务。

2. 受领迟延利息支付之停止：在债权人迟延中，债务人无须支付利息（“民法”第二百三十八条）。

3. 孳息返还范围之缩小：债务人应返还由标的物所生之孳息或偿还其价金者，在债权人迟延中，以已收取之孳息为限，负返还责任（“民法”第二百三十九条）。

4. 费用赔偿之请求：债权人迟延者，债务人得请求其赔偿提出及保管给付物之必要费用（“民法”第二百四十条）。

5. 不动产占有之抛弃：有交付不动产义务之债务人，于债权人迟延后，得抛弃其占有。前项抛弃，应预先通知债权人。但不能通知者，不在此限（“民法”第二百四十一条）。

6. 动产占有之提存：债权人受领迟延，清偿人得将其给付物，为债权人提存之（“民法”第三百二十六条）。

（二）受领义务

“民法”第三百六十七条规定：“买受人对于出卖人，有交付约定价金及受领标的物之义务。”受领标的物之义务，在不动产之买卖，应包括协同办理所有权移转登记之义务在内。[162] 受领不但为买受人之权利，亦系买受人之义务，且性质上为主给付义务。[163] 故买受人不为受领者，非但陷于受领迟延，同时陷于给付迟延[164]，是为买受人受领迟延之双重效力也。

162 “最高法院”1987 年度台上字第 651 号判决：“买受人对于出卖人除应交付约定价金外，尚有受领标的物之义务，此观‘民法’第三百六十七条规定自明，所谓受领标的物之义务，在不动产之买卖，应包括协同办理所有权移转登记之义务在内（‘土地法’第七十三条第一项参照）。”

163 关于主给付义务，请参见王泽鉴，债之关系的结构分析，收录于氏著民法学说与判例研究，第四册，1993 年 9 月八版，作者自刊，第九〇页。

164 “最高法院”1975 年度台上字第 2367 号判例：“买受人对于出卖人有受领标的物之义务，为‘民法’第三百六十七条所明定，故出卖人已有给付之合法提出而买受人不履行其受领义务时，买受人非但陷于受领迟延，并陷于给付迟延，出卖人非不得依‘民法’第二百五十四条规定据以解除契约。”

同院 1997 年度台上字第 805 号判决：“买受人除有交付约定价金之义务外，尚有受领标的物之义务，此观‘民法’第三百六十七条之规定自明。是买受人如对出卖人依债务本旨提出之给付拒绝受领，因而拒绝给付价金，不仅构成受领迟延，并应负给付迟延责任。”

同院 2002 年度台上字第 1179 号判决：“按买受人对于出卖人有受领标的物之义务，为‘民法’第三百六十七条所明定。合约当事人之一方迟延给付者，他方当事人得定相当期限催告其履行，如于期限内不履行时，得解除其合约，‘民法’第二百三十五条、第二百五十四条分别定有明文。故出卖人已有合法给付而买受人不履行其受领义务时，买受人非但陷于受领迟延，并陷于给付迟延，依‘民法’第二百五十四条规定，出卖人自得解除合但买受人受领标的物迟延后，复表示受领之意思时，则受领迟延之状态，即因涤除而终了，出卖人不得解除契约。[165]

以买受人违反受领义务而主张其应负给付迟延责任者，应以出卖人依债之本旨提出给付为必要。盖出卖人虽提出给付，苟其给付未依债之本旨提出，买受人自得拒绝受领给付（“民法”第二百三十五条）。又虽双方约定价金之给付以买受人所签发之票据为之，于法并不排除买受人以现金支付，作为其支付价金亦物之履行。[166]

三、暂时保管、通知、变卖之义务

关于买受人之暂时保管、变卖与通知等义务，请参见本节壹、二、（五）、4之说明，于兹不再赘述。

叁、对买卖双方之共同效力

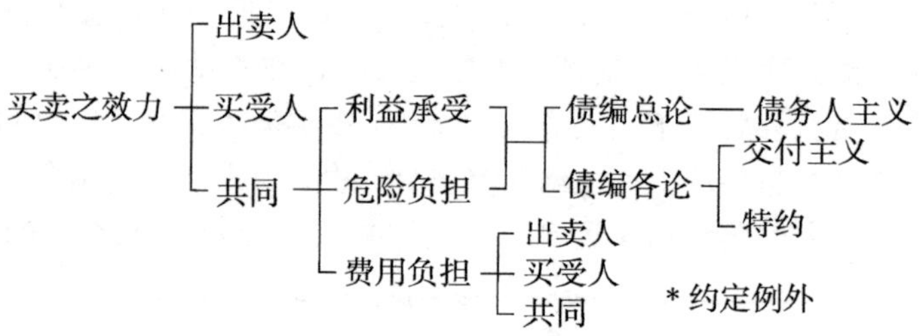

（接上页）约。本件依两造订立之采购合约，被上诉人有交付孟斐斯系列之卫浴产品之义务，上诉人有受领之义务。上诉人于1997年11月5日通知被上诉人终止买卖合约，被上诉人于同年月21日、1998年5月1日先后催告上诉人于七日内依约指示交货及受领，足信上诉人已预示拒绝受领之意思，而被上诉人则已将准备给付之事情通知上诉人，自发生提出给付及催告上诉人履行义务之效力。上诉人未于期限内履行其义务，即陷于给付迟延，被上诉人于1998年6月19日向上诉人为解除合约之意思表示，自非无据，两造合约应已解除。复按债务人迟延者，债权人得请求其赔偿因迟延而生之损害，‘民法’第二百三十一条第一项定有明文。又‘民法’第二百六十条规定解除权之行使，不妨碍损害赔偿之请求。被上诉人既已解除两造合约，自得向上诉人请求解除合约前已经发生之损害赔偿。”

165 “最高法院”1984年度台上字第1926号判决：“买受人受领标的物迟延后，复表示受领之意思时，则受领迟延之状态，即因涤除而终了，出卖人殊无从更以受领迟延为原因声明解除契约。”

166 “最高法院”1993年度台上字第2934号判决：“有关价金交付之义务，虽经双方约定以上诉人返还其持有被上诉人所签发之票据为之，但此项约定，于法并不排除上诉人得以现金之支付，作为其交付价金义务之履行。故上诉人纵未持有被上诉人所签发之系争本票，得以该本票之返还充作价金之支付，仍不得因此即谓上诉人就其价金义务之履行，已陷于给付不能。”

一、利益承受及危险负担

(一) 原则

"民法"第三百七十三条规定："买卖标的物之利益及危险，自交付时起，均由买受人承受负担。但契约另有订定者，不在此限。"[167] 本条之规定，系为杜绝买卖当事人之间所生危险负担之争论而立法，并非为买受人与第三人间之纠纷而定。[168] 兹就利益承受与危险分担分述如下：

1. 利益承受：除另有特约外，利益承受自标的物交付时起由买受人承受，未交付前，利益由出卖人承受。[169] 本条所称利益，系指物之收益而言，并不包含买卖标的物之代替利益（损害赔偿或补偿费[170]）。兹举一例

167 "最高法院"1955年度台上字第266号判例："土地所有权移转登记与土地之交付系属两事，前者为所有权生效要件，后者为收益权行使要件。行使土地之收益权，以先经交付为前提，并不限于有偿之买卖契约，即无偿之赠与契约，亦包括在内。"

168 "最高法院"1998年度台上字第1987号判决："'民法'第三百七十三条之所以规定，除契约另有订定外，买卖标的物之利益及危险，自交付时起均由买受人负担，系为杜绝买卖当事人之间所生危险负担之争论而立法，并非为买受人与第三人间之纠纷而为。被上诉人既依'强制执行法'第九十八条，于领得权利移转证书之日起取得拍定不动产之所有权，自不因尚未受领点交而否认其对于系争房地之所有权，其自得依该所有权之法律关系对于侵害其所有权之第二人（即上诉人）请求赔偿。"

169 "最高法院"1951年度台上字第1200号判例："不动产买卖契约成立后，其收益权属于何方，依'民法'第三百七十三条之规定，应以标的物已否交付为断，与移转登记已未成无关。而'民法'第三百四十八条所谓交付，即移转其物之占有之谓，如买卖标的物由第三人占有时，依'民法'第九百四十六条第二项，准用第七百六十一条之规定，出卖人得以对于第三人之返还请求权让于买受人以代交付，且承租人如对前业主欠租，除原出租人于让与前已抛弃其契约终止权，或于让与后已免除承租人之交租义务外，受让人得定期催告承租人向原出租人交租，如承租人逾期不交，亦得由受让人行使其契约终止权，故受让人以承租人欠租为原因而行使租约终止权时，并不以移转登记后之欠租额为准据，倘前后欠租与'土地法'第一百条第三款相符，又无其他特别情事，则以定期催告无效而声明终止租约，即非无据。"

同院1957年度台上字第64号判例："系争房屋于两造订立买卖契约之前，既由被上诉人本于租赁关系而占有，则依'民法'第九百四十六条准用同法第七百六十一条第一项但书之规定，被上诉人就系争房屋自买卖契约成立之日起，即已接受上诉人之交付，依同法第三百七十三条，该屋之利益由此当然归属被上诉人。乃上诉人犹谓原有租赁关系并未消灭，基于出租人地位请求被上诉人支付租金，显非正当。"

170 "最高法院"1992年度台上字第1972号判决："按'民法'第三百七十三条所指之利益，系指物之收益而言，并不包括买卖标的物灭失或被征收之代替利益（损害赔偿或补偿费），且上诉人自始并未取得系争土地之所有权，被上诉人在办毕所有权移转登记前，仍为土地所有人，在权利归属上，其补偿费本应归由被上诉人取得，故被上诉人本于土地所有人之地位领取地价补偿金，自不成立不当得利。"

如下：B向A购买一怀孕之母猪，于交付后一个月，该母猪生了十头小猪，因其利益已为B所承受，且依“民法”第七十条规定B为有收取天然孳息权利人，故A不得向B要回小猪。又出卖人对该猪之怀孕并无误认，故无错误之问题。再“民法”第三百七十三条所称之利益，是否包括“代替利益”？兹举一例如下：土地出卖人出售交付予买受人但未移转所有权登记以前，被政府征收发放补偿费，此项土地征收补偿费，是否为“民法”第三百七十三条所称之利益？如采肯定见解，则应由买受人承受领取；反之，则应由出卖人领取，此时双方权利义务关系应如何解决？买受人应如何主张？

（1）实务见解

实务见解认为征收补偿费并非“民法”第三百七十三条所规定之利益，无该条规定之适用，故征收机关仍应将征收补偿费发给土地登记所有权人即出卖人。出卖人既有领取权利，即有法律上之原因，不构成不当得利。此时双方买卖契约仍属有效，故买受人仅得依“民法”第二百二十五条第二项之法理行使代偿请求权，请求出卖人交付其所受领之地价补偿金。[171]

（2）学者见解

王泽鉴教授认为：

①台湾“民法”第三百七十三条基本上系仿德国民法第四百四十六条第一项规定，即不动产自交付时起，标的物之收益（Nutzungen）归属于买受人，其所称“收益”，依德国民法第一百条规定，系指物或权利之孳息，及因物或权利之使用而赋予之利益。台湾“民法”第三百七十三条所称之“利益”，原则上应与德国民法第一百条所称之“利益”，做同一之解释。

②给付标的物灭失（或被征收时），其代替利益（例如损害赔偿或补偿费）应归属于谁，原则上应依物权关系决定之。不动产于交付后尚未办理所有权移转登记前因第三人毁灭而灭失者，买受人得否向出卖人请求让与其对侵权行为人之损害赔偿请求权或交付其所领之损害赔偿，系

171 “最高法院”1991年度第4次民事庭会议决议（一）：“买受人向出卖人买受之某笔土地，在未办妥所有权移转登记前，经政府依法征收，其地价补偿金由出卖人领取完毕，纵该土地早已交付，惟‘民法’第三百七十三条所指之利益，系指物之收益而言，并不包括买卖标的物灭失或被征收之代替利益（损害赔偿或补偿费），且买受人自始并未取得所有权，而出卖人在办毕所有权移转登记前，仍为土地所有人，在权利归属上，其补偿费本应归由出卖人取得，故出卖人本于土地所有人之地位领取地价补偿金，尚不成立不当得利。买受人只能依‘民法’第二百二十五条第二项之法理行使代偿请求权，请求出卖人交付其所受领之地价补偿金。”

属“民法”第二百二十五条第二项之规定范畴，不必绕道“民法”第三百七十三条之规定，而去特别解释其所称“利益”系指代替利益，包括损害赔偿或补偿费在内。故“民法”第二百二十五条之适用，与“民法”第三百七十三条之规定，并无任何体系或逻辑上之关连。[172]

采此见解者，征收补偿费亦非“民法”第三百七十三条所规定之利益，无该条规定之适用，故征收机关仍应将征收补偿费发给土地登记所有权人即出卖人。出卖人既有领取权利，即有法律上之原因，且与买受人受有损害间并无直接因果关系，不构成不当得利，亦不因出卖人是否应负债务不履行而受影响。[173] 此时双方买卖契约仍属有效，故买受人直接适用“民法”第二百二十五条第二项之规定行使代偿请求权，请求出卖人交付其所受领之征收补偿费。

(3) 本书见解

①依“土地法”第二百二十八条、第二百三十三条、第二百三十五条之规定，征收土地地价补偿系发给土地所有权人。故土地交付后尚未移转所有权登记前土地被征收，征收补偿费仍应发放给土地所有权人（出卖人）。

②征收补偿费之性质是利益或损害赔偿？如认为系利益，亦仅为“代替利益”，不能适用“民法”第三百七十三条之规定，应直接适用“民法”第二百二十五条第二项代偿请求权之规定。但若非损害赔偿性，而王教授又认为“民法”第三百七十三条与第二百二十五条无任何体系或逻辑上之关连，则宜认为乃法律上之漏洞，以类推适用“民法”第二百二十五条代偿请求权为当。

172　王泽鉴，出售之土地被征收时之危险负担、不当得利及代偿请求权，收录于氏著民法学说与判例研究，第六册，作者自刊，1994 年 8 月八版，第一〇四页至第一〇五页。

173　反对见解，“最高法院”1987 年度台上字第 1241 号判决：“‘民法’第三百七十三条前段规定买卖标的物之利益及危险，自交付时起，均由买受人承受负担，系指买卖标的物交付后，买受人对之有收益权；其因事变致标的物罹于灭失或毁损发生之不利益亦由买受人负担。此与标的物所有权之移转系属两事。本件被上诉人向上诉人买受系争三五九之之十四号土地，尚未经上诉人办理所有权移转登记，即于 1985 年 12 月 4 日经台北市政府办理征收，将补偿地价发给上诉人，然该笔土地早于 1970 年 9 月 1 日即已交付被上诉人使用等情，为原审合法确定之事实，则上开土地之利益及危险，虽自 1970 年 9 月 1 日起即由被上诉人承受负担，但被上诉人自始未曾取得所有权，而上诉人所负移转所有权之债务已给付不能，亦仅发生被上诉人如何依债务不履行之规定，主张其权利之问题。上诉人不履行债务时，其债务并不能因此免除，自无利益可得，尚难谓被上诉人因上诉人之受利益致受损害。抑有进者，上诉人系本于所有权而领补偿地价，要非无法律上之原因可比，被上诉人依不当得利之法则请求上诉人将受领之补偿地价返还，殊非有理。”

2. 危险负担：所谓危险负担，系指因不可归责于债权人及债务人之事由，而发生毁损、灭失者，该项损失之负担而言。所谓不可归责之事由，又称为事变，有普通事变与特别事变之别。“民法”第二百六十六条规定：“因不可归责于双方当事人之事由，致一方给付全部不能者，他方免为对待给付之义务，如仅一部不能者，应按其比例，减少对待给付。”可见台湾“民法债编”总论关于危险负担系采债务人负担主义，但台湾“民法债编”各论买卖规定，除特约外，原则上采交付主义[174]，且此交付亦包括现实交付与观念交付。[175] 兹有疑问者，乃买受人受领迟延时，因尚未交付，买卖标的物之危险及利益，究应自何时由买受人负担及承受？台湾民法买卖一节未规定，但依“民法”第二百三十七条规定，债权人受领迟延中，债务人仅就故意或重大过失负其责任；而第二百三十九条亦规定，在债权人迟延中，债务人已收取之孳息为限，负返还责任。德国民法2002年1月1日修正施行，于第四百四十六条第一项增订“买受人迟延受领者，视为已交付”，从而危险及利益均自受领迟延时起，由买受人负担及承受，似与台湾民法作不同处理。又出卖人甲以其所有房屋双重买卖，将标的物交付于买受人乙，而将所有权移转登记于买受人丙，其危险负担应由乙负担，盖买卖标的物之利益及危险，自交付时起，均由买受人承受负担，并不因买受人已否取得所有权，而有所不同。

（1）买卖标的物为动产

买卖标的物为动产者，以交付为所有权移转之方式，故标的物交付后，危险应由买受人负担，殆无疑义。

（2）买卖标的物为不动产

买卖标的物为不动产者，其交付之效力如何？则有不同处理：

①先办妥移转所有权登记而尚未交付者：实务见解仍以交付时为准[176]，有学者认为买受人既享受所有权之利益，须负担其危险，即所谓

174 “最高法院”1960年度台上字第1246号判例：“上诉人出卖与被上诉人之土地，在交付前被征收为都市计划用地之部分，已属给付不能，此项危险应由上诉人自行负担，而其余可能部分，又因上诉人另行出卖与第三人，并已交割完毕，亦已成为给付不能，则被上诉人援引‘民法’第二百四十九条第四款之规定，求命上诉人返还其所受领之定金，自非不应准许。”

175 “最高法院”1955年度台上字第828号判例：“买卖标的物之利益及危险，自交付时起，由买受人负担，固为民法第三百七十三条所明定。但该条所谓交付，并非以现实交付为限，亦可准照同法第九百四十六条第二项、第七百六十一条第三项规定，让与返还请求权以代交付。”

176 最高法院1944年度上字第604号判例、同院1958年度台上字第1655号判例（同注93）。

"利之所在，损之所归"，故应以买受人承担此危险为当。[177] 德国旧民法第四百四十六条第二项原规定，土地自登记时起危险移转及利益承受，但2002年1月1日新修正民法已于第四百四十六条删除第二项规定，但同条第一项增订"买受人延迟受领者，视为已交付"之规定，似较切实际，但仍无法解决以登记而未交付时，台湾地区有关于合法占有人推定其有合法行使权利（如收取孳息之权利）之问题，台湾地区民法修正时即已对此问题有所考虑，故不敢贸然如德国民法修正之。

②先交付后办妥移转所有权登记者：依法条本身文义解释之当然结果，应以交付时为准，自不待言。[178]

（二）例外

1. 契约另有订定：依"民法"第三百七十三条但书之规定，标的物之危险负担，并非强行规定，当事人自得以契约另订之。

2. 送往清偿地以外标的物之危险负担："民法"第三百七十四条规定："买受人请求将标的物送交清偿地以外之处所者，自出卖人交付其标的物于为运送之人或承揽运送人时起，标的物之危险，由买受人负担。"[179] 送交清偿地以外，系经买受人之请求，故其危险自应由其承担。兹以关系图表示如下：

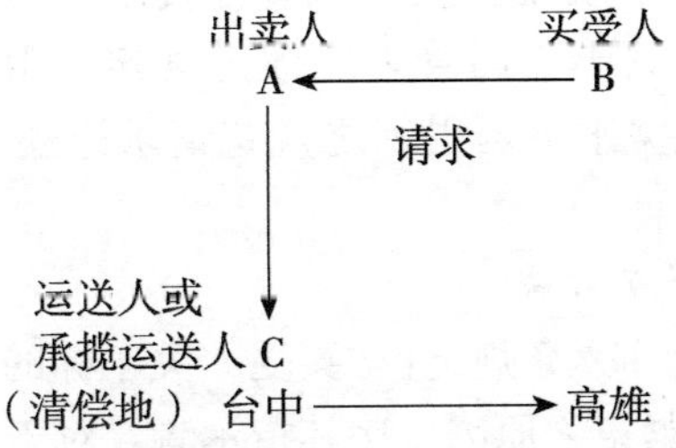

"民法"第三百七十四条之规定难谓合理，盖本条未言明运送人或

177 史尚宽，前揭书，同注1，第六二页。郑玉波，前揭书，同注1，第七二页。邱聪智，前揭书，同注1，第一六六页。梅仲协，前揭书，同注58，第二四八页。戴修瓒，前揭书，同注101，第二〇页。蔡章麟，前揭书，同注24，第四三页。

178 "民法债编修正案"中曾有拟议将"民法"第三百七十三条但书采郑玉波教授之见解，修正为"但标的物为不动产，于交付前已为所有权之移转登记者，其利益及危险，自登记时起，均由买受人承受负担。"但第三稿定案时，认仍有许多实务上无法克服之问题，例如孳息收取人问题，故仍维持现行法。

179 1999.4.21民法债编本条修正理由："原条文'运送承揽人'解释上不以承揽运送人为限，举凡运送人、其他选定运送之人或运送机构，均包括在内，为求明确，爰将'运送承揽人'修正为'运送之人或承揽运送人'。"

承揽运送人究为何人所雇请，因如C为A之代理人，则交付由C运送时，依“民法”第二百二十四条之规定，C为A交付之履行辅助人，于C将该物送至高雄时，方可认为交付而危险业已移转于B。反之，如C为B所雇请者，C即为B之代理人，A将标的物交付C时，即可认危险负担移转。最后，买受人B要求出卖人将原约定清偿地台中改为高雄，经A同意者，解释上应为清偿地之更改，此时A自仍应有交付到高雄新清偿地之义务，当无本条之适用。

（三）交付前负担危险之买受人之费用返还义务

1. 必要费用之返还：“民法”第三百七十五条第一项规定：“标的物之危险，于交付前已应由买受人负担者，出卖人于危险移转后，标的物之交付前，所支出之费用，买受人应依关于委任之规定，负偿还责任。”所谓交付前已应由买受人负担者，例如特约不以交付时为准是，于“出卖人于危险移转后，标的物之交付前”此段期间，买受人既应负担危险，故此段期间之必要费用，买受人亦应负担，而其偿还责任，则依关于委任之效力规定返还之，例如“民法”第五百四十五条关于必要费用之预付是。

2. 非必要费用之返还：“民法”第三百七十五条第二项规定：“前项情形，出卖人所支出之费用，如非必要者，买受人应依关于无因管理之规定，负偿还责任。”例如有益费用或奢侈费用，非属必要，不能令买受人完全负担，仅得依关于无因管理之效力规定，由买受人负偿还责任，但不得强令买受人依关于不当得利之规定请求返还，盖此等费用非必对买受人有经济利益可言。

（四）标的物之送交方法

“民法”第三百七十六条规定：“买受人关于标的物之送交方法，有特别指示，而出卖人无紧急之原因，违其指示者，对于买受人因此所受之损害，应负赔偿责任。”买受人对标的物之送交方法若有特别指示者，如出卖人无紧急之原因，自不得违背其指示，倘出卖人无紧急之原因，而违背买受人之指示者，对于买受人因此所受之损害，自应负赔偿责任。所谓紧急之原因，例如冷冻车运送，但因车祸，为保持鲜度，临时以冰块散装车运送。

（五）权利买卖

1. 无须占有一定之物：如单纯债权之买卖，不附有物权之担保者，其利益之承受与危险之负担，应以权利移转之时为准。

2. 须占有一定之物：“民法”第三百七十七条规定：“以权利为买卖之标的，如出卖人因其权利而得占有一定之物者，准用前四条之规定。”故权利买卖而出卖人因其权利得占有一定之物者，准用“民法”第三百七十三条至第三百七十六条之规定办理。[180]

(六) 强制执行拍卖物之危险负担移转

关于强制执行拍卖物之危险负担移转，台湾地区强制执行法未设规定，除拍卖条件另有规定外，不动产宜解为自拍定人取得权利移转证书之日起，由买受人负担危险；动产则自交付日起移转于买受人。[181]

二、费用之负担

"民法"第三百七十八条规定："买卖费用之负担，除法律另有规定或契约另有订定或另有习惯外，依左列之规定。一、买卖契约之费用，由当事人双方平均负担。二、移转权利之费用，运送标的物至清偿地之费用及交付之费用，由出卖人负担。三、受领标的物之费用，登记之费用及送交清偿地以外处所之费用，由买受人负担。"兹分别说明本条适用之顺序如下：

(一) 法律另有规定

法律另有规定者，依其规定。例如买回之费用，由买回人负担（"民法"第三百八十一条第一、二项）。

(二) 契约另有订定

契约另有订定者，依其约定。

(三) 另有习惯

另有习惯者，依习惯，例如房地买卖之中介费，有按一定比率分由出卖人及买受人负担是。

(四)"民法"第三百七十八条各款

如法律并无另行规定、当事人契约并无订定且无习惯者，此时买卖契约费用之负担，依"民法"第三百七十八条各款之规定：

1. 买卖契约之费用：由当事人双方平均负担。例如代书费、公证费、鉴定费。

2. 移转权利之费用、运送标的物至清偿地之费用及交付之费用：由出卖人负担，例如不动产移转登记规费、交通费、邮费或快递费用。至于法院依债权人声请拍卖债务人之土地，其土地之移转虽非出于债务人

180 "最高法院"1997年度台上字第3400号判决："以权利为买卖之标的，如出卖人因其权利而得占有一定之物者，依'民法'第三百七十七条准用同法第三百七十三条规定，该物之收益权属于何方，应以其已否交付为断，如尚未交付，买受人既无收益权，自无利益受损害之可言。"

181 张登科，前揭书，同注107。第三六九页。陈世荣，强制执行法诠解，1988年修订版，第三一八页。

之意思，拍卖既采私法行为以债务人为出卖人之见解，其土地增值税自应向债务人征收。[182]

3. 受领标的物之费用、登记之费用及送交清偿地以外处所之费用：由买受人负担。

第五节　特种买卖

壹、买回

一、案例提示

A因极需款项周转，将土地一百坪以一千万元及机器一台以五十万元于1991年1月1日卖予B，契约中约明自买卖成立生效满六年后，A得买回其土地。至第三年时（1994年1月1日），A因急需该机器，因此向B表示“现急需机器，欲买回该机器”。试问：

（一）A可否买回该机器？

（二）自第五年（即1996年1月1日）起，A可否买回，如何买回？

二、买回之意义

买回于民法编制中非属特种买卖，而系附于买卖契约中之特约，但学者多认为买回具有再买卖之性质而列为特种买卖之范围。

（一）买回之意义

1. 依“民法”第三百七十九条第一、二项规定：“出卖人于买卖契约保留买回之权利者，得返还其所受领之价金，而买回其标的物。前项买回之价金，另有特约者，从其特约。”[183] 故所谓买回，系指出卖人于买卖

182 “司法院”院解字第3037号解释：“法院依债权人之声请拍卖债务人之土地时，其土地之移转虽非出于债务人之意思，仍应认债务人为出卖人，其土地增值税自应向债务人征收。”

183 最高法院1942年度上字第2939号判例：如果两造于1926年订立之复约确系买卖契约，其所谓二十年内准许赎取，即属民法第三百七十九条所谓保留买回之权利，则依民法债编施行法第十二条之规定应自民法债编施行日起，适用民法第三百八十条之规定，将其残余期限缩短为五年。被上诉人如未于1930年5月5日民法债编施行时起五年内，向上诉人行使买回权，即不得再行买回。”

契约保留买回之权利者，得返还其所受领之价金，而买回其标的物之特约（债权契约[184]）。但当事人约定买回之价金并非当时所受领之价金，而为增减者，基于契约自由原则，依其约定。上例中A与B之机器买卖契约即附有买回条款，符合约定要件者，于出卖人要求买回时，买受人应依约定卖回之。反之，如未附有买回之条款，出卖人于买卖标的物交付后要求买回，买受人则不受拘束，上例中A与B之土地买卖契约假如未附有买回条款者，则出卖人A要求买回之意思表示，性质属于另一买卖要约，若B不为同意时，因无承诺之意思表示，自不成立另一买卖契约。

2. 买回系法定抵销之契约："民法"第三百七十九条第三项规定："原价金之利息，与买受人就标的物所得之利益，视为互相抵销。"[185] 故买回人原则上仅须返还其所受领之价金，即可取回买卖标的物，此时原价金之利息，与买受人就标的物所得之利益，视为互相抵销，不得举证推翻。此抵销为法定抵销，无须为意思表示，与"民法"第三百三十四条意定抵销不同。故买回契约仍为双务、有偿契约。

（二）买回之认定

买回之性质属意思表示，故当事人之真意是否为买回，应探求当事人之真意，不得拘泥于所用之辞句（"民法"第九十八条参照）。兹分述如下：

1. 当事人之真意，系在基于买卖契约让与永佃权，而其买卖契约订明出卖人得返还其受领之价金，买回永佃权者，虽误用出典之名称，亦应认为出卖人于买卖契约保留买回之权利。[186]

---

184 最高法院1941年度上字第2328号判例："保留买回权利之买卖契约，或将已买受之标的物，卖与原所有人之再买卖契约，或其再买卖之预约，均属债权契约，一经当事人互相表示意思一致，即为成立，纵令当事人约定须经原代笔人批注老契，亦于此项约定方式完成时成立，并无民法第三条之适用。"

185 "最高法院"1991年度台上字第2565号判决："'民法'第三百七十九条第三项规定，原价金之利息与买受人就标的物所得之利益视为互相抵销。此项规定并未禁止当事人间就利息或标的物之利益另为约定。"

186 最高法院1939年度上字第996号判例："（一）永佃权，在民法上有得为抵押权标的物之明文，而无得为典权标的物之规定，永佃权人就其永佃权设定典权自属无效。惟当事人之真意，系在基于买卖契约让与永佃权，而其买卖契约订明出卖人得返还其受领之价金，买回永佃权者，虽误用出典之名称，亦应认为出卖人于买卖契约保留买回之权利。（二）永佃权在民法上有得为抵押权标的物之明文，而无得为典权标的物之规定，永佃权人就其永佃权设定典权自属无效。惟当事人之真意，系在基于买卖契约让与永佃权，而其买卖契约订明出卖人得返还其所受领之价金买回其永佃权者，虽误用出典之名称，亦应认为出卖人于买卖契约保留买回之权利。"

2. 当事人仅保留所有权之约定，尚欠明确，仍不得谓有买回之特约。

3. 当事人以所负债额作为不动产买卖，与债权人订立买卖契约，移转所有权登记，不移转占有，但约明于一定期限内，备买回赎，此种契约名为买卖，实系就原有债务设定抵押权，而以回赎之期间，为其清偿之期间，与买回仍有不同。[187]

4. 习惯上有所谓“绝卖”与“活卖”，前者乃在买卖中表示永久让与之意思，凡未注明作绝卖字样或与作拒绝有同一效力之字样，应以活卖论，而得回赎。于今日习惯言之，宜解为凡买卖中未注明回赎活卖者，应以绝卖论为宜。

5. 时下投资公司常以购买现金增资股方式，于投资合作契约中载明：“××公司未于五年内股票上市、上柜，或每年营业获利率未达百分之××者，应以每股××元（或以原认购股票金额加计相当于年利率百分之××之金额）为价金买回其原卖与买方之全部股数。……”，此之“买回”，并非台湾“民法”第三百七十九条所称之“买回”，盖前者系附上“买回义务”之再买卖，后者系附上“买回权”之再买卖。亦即在前者情况下，一经投资人在约定事实发生时，经其要约请求买回，相对人有为买回承诺之义务；而在后者情况下，附于原买卖之再买卖早已成立，买回权之行使系再买卖之停止条件，是二者在实务运作上不可不辨。

（三）买回之约定需与原买卖契约同时为之

买回既为买卖之特约，故买回之约定须于原买卖契约中，与原买卖契约同时为之。所谓同时为之，并非有不可分离之关系，苟足以表示其保留买回权者，无论于买卖契约内为之，或各别为之，均无不可[188]，但无论如何，必须系原买卖之附约款，方足论之，否则应为另一买卖契约。

三、买回之性质

（一）买卖说

1. 解除条件说：此说认为附买回权为一解除条件，如出卖人行使买

187 “司法院”院字第1832号解释：“债务人依当地习惯，以所负债额，作为不动产卖价，与债权人订立买卖契约，既不移转占有，并约明于一定期限内备价回赎，则此种契约，名为买卖，实系就原有债务设定抵押权，而以回赎之期间为其清偿之期间，此与附期限之买卖有别，自应受‘民法’第八七三条第二项之限制，纵令届期不赎，亦不发生所有权移转之效力。”

188 最高法院1933年度上字第1165号判决：“买回虽为买卖契约之从契约，然并非有不可分离之关系，故如足以表示其保留买回之权利者，无论于买卖契约内为之，或各别为之，均无不可。”

回权，因解除条件成就，原买卖契约消灭，原买卖当事人即互负有即返还标的物及价金之义务。

2. 解除权说：此说认为附买回权系附一解除权，如出卖人行使买回权，买卖契约即因解除权之行使而溯及无效，故原买受人有返还原买卖契约之标的物，而原出卖人有返还价金之义务。

（二）再买卖说

1. 附停止条件说：此说认为原买卖契约业已履行完毕，仅因原契约中已成立之再买卖附有买回权行使之停止条件，故出卖人行使买回权，因停止条件成就，再买卖之买回即生效力。学界通说采此说。[189]

2. 预约说：此说认为买回之预约于原契约中已成立，出卖人行使买回权，原买卖当事人即须另订再买卖之本约。

（三）实务见解

实务见解有采再买卖说之附停止条件说[190]，亦有实务见解认为买回之期限仅具债权之性质，买回系买卖之从契约。

（四）本书见解

本书认为，原买卖契约不因出卖人行使买回权而消灭，故不采买卖说之见解。又买回系属另一买卖契约，具有本约之性质，并非预约。故本书认为买回之性质，应以再买卖契约之附停止条件说为可采。从而，亦与附停止条件之买卖不同。

四、买回之种类

（一）民法之买回

民法之买回，即“民法”第三百七十九条所规定之买回。

（二）“土地法”、“土地征收条例”、“奖励民间参与交通建设条例”及“促进民间参与公共建设法”之买回

“土地法”第二百十九条、“土地征收条例”第九条、“奖励民间参与交通建设条例”第十六条及促进民间参与公共建设法第二十条所规定之买回，系指土地所有权遭“国家”以公权力征收后，“国家”未依相关规

189 史尚宽，前揭书，同注 1，第七二页。郑玉波，前揭书，同注 1，第七九页。戴修瓒，前揭书，同注 101，第五二页。邱聪智，前揭书，同注 1，第一七七页。

190 “最高法院”1964 年度台上字第 3009 号判决：“称买回者，系指出卖人于买卖契约保留买回之权利，得返还其所受领之价金而买回其标的物之契约，此观‘民法’第三百七十九条第一项之规定至明。是买回人未返还其所受领之价金，尚难谓买卖契约所附之停止条件已经成就，而生买回之效力。”

定处理征收土地时，原土地所有权人于法定期间内得向该管“直辖市”或县（市）主管机关申请照原征收补偿价额收回（买回）其土地，与民法所规定之买回权相当。[191]

191 “司法院”院字第2704号解释：“需用土地人，不依‘土地法’第三百六十八条第一项规定于公告完毕后十五日内，将应补偿地价及其他补偿费额，缴交主管地政机关发给完竣者，法律上既无强制需用土地人缴交之规定，实际上又未便使征收土地核准案久悬不决，寻绎立法本旨，征收土地核准案，自应解为从此失其效力，土地所有人如因此而受损害者，得向需用土地人请求赔偿。”

“司法院大法官会议”释字第110号解释：“一、需用土地人及土地所有人对于被征收土地之应补偿费额，均未表示异议者，主管地政机关不得援用‘土地法’第二百四十七条径自废弃原公告之估定地价，而提交标准地价评议委员会评定之。二、需用土地人不于公告完毕后十五日内将应补偿地价及其他补偿费额缴交主管地政机关发给完竣者，依照本院院字第二七〇四号解释，其征收土地核准案固应从此失其效力。但于上开期间内，因对补偿之估定有异议，而由该管市县地政机关依法提交标准地价评议委员会评定，或经土地所有人同意延期缴交有案者，不在此限。三、征收土地补偿费额经标准地价评议委员会评定后，应由主管地政机关即行通知需用土地人，并限期缴交转发土地所有人，其限期酌量实际情形定之，但不得超过‘土地法’第二百三十三条所规定十五日之期限。”

前“行政法院”1984年度判字第1270号判决：“按‘征收私有土地后，不依核准计划使用，或于征收完毕一年后不实行使用者，其原土地所有权人得照原征收价额收回其土地。’固为‘土地法’第二百十九条所规定。惟需地机关是否已于征收完毕一年及实行使用之认定，应以该项征收土地之整体为准，而不能仍按征收前之各别原所有权之各个地区以为认定已否实行使用之准据；征收土地如依原核准计划所定之使用期限内使用，则其法定要件即已具备，纵令此后对于该项土地另有使用或处分，系属于土地所有权之行使范畴，不发生原土地所有权人照原征收价格收回其土地之问题。查系争土地原由台肥公司兴建南港厂，层奉‘行政院’核准征收，并经台北县‘政府’1954.01.19（43）北府达地二字第〇二三七号公告征收，为原告所不争之事实，依照‘土地法’第二百三十五条前段规定‘被征收之土地所有权人，对于其土地之权利义务，于应受之补偿发给完竣时终止。’易言之，此际该土地之所有权，均属需用土地机关所有。而‘土地法’第二百十九条规定，原土地所有权人得照原征收价额收回其土地之权利，其性质与‘民法’第三百八十条之买回权相当，而土地法为民法之特别法，特别法无规定者，应适用普通法之规定，前述所有权人收回土地之权利，当有期间之限制。土地法就此既无规定，自应适用‘民法’第三百八十条买回之规定，其权利经过五年不行使而消灭，且纵令将此项收回土地权利，解为请求权之一种，依‘民法’第一百二十五条规定，一般请求权因十五年间不行使而消灭。本案土地既在1954年间征收完毕，至原告等于1982年4月26日联名陈情收回时，亦早逾十五年之消灭时效期间，而‘司法院大法官’会议释字第一〇七号解释，系以登记不动产所有人之回复请求权为对象，本案系争土地，既经合法征收完毕，其非买卖而系征收，又为原告诉状所是认，其所有权已移转登记于需用土地之台×公司，非属原告等所有，即无上开解释之适用。”

同院1985年度判字第761号判决：“按‘土地法’第二百十九条规定：征收私有土地后，不依核准计划使用或于征收完毕一年后不实行使用者，其原土地所有权人固得照原此收回权并非特约，而系依法律规定，故为法定买回，性质上应属形成权，与买回权相当。又收回权之法定期间，究为存续期间之限制或消灭时效期间之限制？解为前者，有"民法"第三百八十条买回权之行使不得超过最高五年之限制；解为后者，有"民法"第一百二十五条十五年间不行使请求而消灭（此时，收回权应被解为请求权）。本书以为，收回既有民法买回规定之准用，而买回权又解为形成权，故法定期间应解为除斥期间。

（三）"证券交易法"、"企业并购法"、"公司法"、"金融控股公司法"及"金融机构合并法"

"证券交易法"第二十八条之二、上市上柜公司买回本公司股份办法；"企业并购法"第十一条、第十三条及第二十二条；"公司法"第一

（接上页）征收价额收回其土地，准此项收回权之行使，应有存续期间之限制，否则，因征收而生之权利义务关系，将长久陷于不确定状态，当非立法之本意，是故本院近年一贯见解皆认其应类推适用'民法'第三百八十条：'买回之期限不得超过五年'之规定，如土地被征收后，已逾五年者，即不得再依首揭法条规定请求照原征收价额收回其土地。本件系争土地于 1947 年 8 月 16 日公告征收，迄今已三十余年，揆诸前开说明，原告请求收回土地之权利，已因期限届满而消灭。原告主张本件被告机关之征收系争土地，不仅未依'土地法'第二百二十三条等规定，呈报当时所属台湾省政府核准（无核准文号及年月日），又无公告征收之文号，原告亦迄未接获其征收公告及地价补偿通知，该土地迄今仍由原告使用，地价税亦由原告缴纳至 1982 年下期止，其征收未依法定方式自属无效，且依'土地法'第二百三十三条规定补偿地价之发给，应于公告期满后十五日内为之，否则依司法院 1944 年院字第二七〇四号及大法官会议释字第一一〇号解释，其征收核准案即失其效力。被告机关谓于 1947 年 8 月 16 日公告征收，而依其向法院办理提存之提存书所载，系迟至 1949 年始公告通知土地所有权人领取地价，自其公告期满至通知领取地价时，已逾二年，其征收亦已失效，因当时被告机关未将办理征收之事实通知原告，原告自无由得知，且土地仍登记为原告所有，照常使用，亦无需申请收回，至七十一年间被告机关突予办理移转登记，原告于 1983 年始发现被告机关办理登记之事实，即申请收回，于法并无不合云云。查本件系争土地系 1947 年 8 月 16 日公告征收，其应领地价补偿费经当时台北市'政府'以 1949.11.24 结戌回北市地字第二六〇三七号及 1949.12.12 结亥文北市地字第一九五三一号两度公告通知，限于 1949 年 12 月底以前依限具领（有该公告稿附原处分卷可稽），其通知对象依'土地法施行法'第五十六条规定，应为土地登记簿所载之土地所有权人，原告等既非被征收土地之原所有权人，自无通知原告之理。次查本件地价补偿费并非需用土地人延不缴交，而系原土地所有人未依限受领，依本院 1968 年判字第四七六号判例亦不容援引'司法院'院字第二七〇四号及释字第一一〇号解释，而主张征收失效。又系争土地，既于 1950 年间将补偿费依法提存，其征收程序业已完成，该土地所有权即已归属台北市'政府'，依'民法'第七百五十九条规定因公用征收而取得之所有权，系原始取得，不以登记为生效要件，被告机关虽迟至 1982 年始移转登记为市有，亦无不合，原告申请收回土地之权利，其存续期间，自 1949 年征收完成时起算，早逾五年，自不得再行主张，原处分否准其请求，并无违误。"

百五十八条、第一百六十七条之一、第一百八十六条、第三百十六条之二及第三百十七条；“金融控股公司法”第二十四条、第二十六条及第三十二条；“金融机构合并法”第十三条及第十六条等规定所称之买回，并非民法所定之买回。该等规定系本不得购买自己股份之公司，于法律特别规定之情况下得以收买自己股份（即俗称之“库藏股”），公司本身并非该等股份之所有人，与民法所定之买回之前提必须出卖人依买卖契约出售标的物于买受人后，出卖人向买受人买回之契约，有所不同。

（四）附买回条件之买卖

附买回条件之买卖，系指以不确定事实之发生作为买回之条件[192]，例如甲向董事长乙购买A公司股份，约定A公司必须于二年内上市或上柜，否则乙必须加计利息向甲买回股份。基于契约自由原则，此等特约自属有效，故如条件成就者，乙即负有“买回义务”，与“民法”第三百七十九条所定之“买回权”不同。

五、买回之期限

“民法”第三百八十条规定：“买回之期限，不得超过五年。如约定之期限较长者，缩短为五年。”兹分述如下：

（一）五年为买回权行使期限

实务见解认为此五年期限乃买回权行使之期限，亦即系买回权之存续期限，故出卖人须于五年内行使买回权，如超过期限者，买回权消灭。[193] 当事人未约定期限者，买回期限适用“民法”第三百八十条前段五

192 “最高法院”1982年度台上字第2906号判决：“上诉人系依前开第二十一条后段之约定，诉请被上诉人履行契约买回该摊位。原审不就上诉人对被上诉人有无此项请求权存在为审认，徒以上诉人系买受人，无保留买回之权利可言，及第二十一条后段亦非附停止条件之买卖等语，而为上诉人败诉之判决，不无就当事人请求之事项未为裁判，而就当事人未主张之事项为裁判之违背法令情形。”
同院1964年度台上字第3009号判决（同注190）。

193 最高法院1941年度上字第606号判例：“民法第三百八十条所谓约定之期限，系指买回权之存续期限而言。即买回权仅得于约定之期限内行使之，一逾此项期限，买回权即归消灭，此与民法第九百十二条所谓典权约定期限，为回赎权停止行使之期限者不同。当事人间定有四年满后始得买回之特约者，为买回权停止行使之期限，为回赎权停止行使之期限，固非民法第三百八十条所谓约定之期限，惟同条前段之规定，于当事人未约定买回权之存续期间者，亦适用之，观民法债编施行法第十二条（作者注：本条已移列至第二十二条，内容并无修正）后段之规定自明。故当事人约定四年满后始得买回，而未约定买回权之存续期间者，仍应受法定五年期间之限制，买回人于四年满后为买回时，如自买卖契约成立时起，已逾五年，自不能不认其买回权为已消灭。”

年之规定。本条为强行规定[194]，当事人之约定超过五年者，须缩短为五年，但当事人之约定未超过五年者，依其约定（“民法”第三百八十条后段反面解释)。故本条所规定之期限，性质上为终期，而非始期。

（二）当事人约定期限之种类

1. 当事人未约定期限：买回期限适用“民法”第三百八十条前段五年之规定。

2. 当事人约定买回权行使之终期为七年：依“民法”第三百八十条后段之规定，缩短为五年。

3. 当事人约定买回权行使之始期为七年：有认为此时买回约定违反“民法”第三百八十条之规定而无效，亦有认为为尊重当事人之利益考虑，此等约定应解为买回与原买卖均属无效。本书认为依契约尽量解释有效原则，当事人买回之意思表示业已成立，但未生效，仅因约定期限超过法定限制期限而无效，应适用“民法”第三百八十条之法定五年之期限为当。[195]

4. 当事人约定买回之终期为三年：依其特约出卖人仅能于三年内买回。

5. 当事人约定买回之始期为三年：如当事人仅约定买回权行使之始期，并未约定终期者，仍应适用民法第三百八十条前段五年之规定。故如当事人约定三年满后始得买回，而未约定买回权之存续期间者，仍应受法定五年期间之限制，买回人于三年满后为买回时，如自买卖契约成立时起，已逾五年，自不能不认其买回权为已消灭。[196]

6. 当事人约定买回之终期为五年：符合“民法”第三百八十条之规定，出卖人仅能于三年内买回。

7. 当事人约定买回之始期为五年：所约定之五年为始期者，出卖人无法不得为买回权之行使，基于上述理由，其买回期限约定无效。

六、买回权之性质

买回权为形成权，故其行使为单独行为，应以意思表示向相对人为之，是为有相对人之单独行为，一行使即发生买回之效力。须注意的是，附买回权之特约与买回权之性质及买回权之行使均不同。附买回权之特约为附停止条件之再买卖契约；买回权之性质为形成权；买回权之行使为单独行为。

194 最高法院 1944 年度上字第 1579 号判例：“民法第三百八十条及民法债编施行法第十二条所定买回之期限，不得因当事人间有特殊关系，而认相反之特约为有效。”

195 郑玉波，前揭书，同注 1，第八七页。

196 最高法院 1941 年度上字第 606 号判例（注 192）。

七、买回权之行使方式

买回权之行使，原则上应以意思表示（单独行为）为之。又行使买回权时应同时提出原价金（“民法”第三百七十九条参照），故具有要物行为之性质。[197] 因此，买回人未返还其所受领之价金，尚难谓买卖契约所附之停止条件已经成就，而生买回之效力。

依“民法”第三百八十一条第一项规定：“买卖费用由买受人支出者，买回人应与买回价金连同偿还之。”本条项仅规定买回人须负连同偿还费用之债务，并非买回权行使之要件，故费用是否偿还并不影响买回权之行使。

八、买回之效力

（一）买卖规定之适用

买回之性质，既采再买卖说，除民法对买回设有性质上之特别规定外，自应“适用”一般买卖之规定，而非“准用”一般买卖之规定。兹分述如下：

1. 买回出卖人之义务：买回之出卖人，即原买卖之买受人，有交付标的物及移转财产权之义务（“民法”第三百六十七条）。“民法”第三百八十三条第一项特别规定：“买受人对于买回人，负交付标的物及其附属物之义务。”

2. 买回买受人之义务：买回之买受人，即原买卖之出卖人，有受领标的物之义务，但支付原价金为买回契约之要物（“民法”第三百七十九条参照），并非买回买受人之义务。

3. 利益承受与危险负担：买回标的物之利益承受及危险负担（“民法”第三百七十三条）、送往清偿地以外标的物之危险负担（“民法”第三百七十四条）之规定，买回均得适用之。

4. 瑕疵担保责任：有学者认为不可准用。[198] 本书以为，考虑标的物可能于买回期限内有所毁损及权利欠缺，而此欠缺于买回标的物交付时

197 “最高法院”1990年度台上字第2231号判例：“买回契约效力之发生，以出卖人即买回人于买回期限内，提出买回价金，向买受人表示买回为要件，此观‘民法’第三百七十九条第一项之规定自明。上诉人仅于买回期限内，向被上诉人表示买回其原出卖之系争不动产，并未将约定之买回价金提出，则买回契约尚未发生效力。”（本则判例于2002年10月15日经“最高法院”2002年度第十三次民事庭会议决议修正判例文字并公告之。决议：（一）维持原判例。（二）本则判例最后一句“则买回契约既尚未发生效力。”之“既”删除。）

198 史尚宽，前揭书，同注1，第四三页。郑玉波，前揭书，同注1，第八三页。

存在者，故应可适用买卖关于瑕疵担保责任之规定。[199]

（二）买卖费用之偿还与买回费用之负担

买卖费用由买受人支出者，买回人应与买回价金连同偿还之（“民法”第三百八十一条第一项参照），买回之费用，由买回人负担（“民法”第三百八十一条第二项参照）。其他费用，应适用“民法”第三百七十八条规定分担。

（三）有益费用之偿还

买受人为改良标的物所支出之费用及其他有益费用，而增加价值者，买回人应偿还之，但以现存之增价额为限（“民法”第三百八十二条）。

1. 费用可分为：

（1）必要费用

必要费用系为维持标的物之功能、效用所必要之费用，例如纳税、修缮是。

（2）有益费用

有益费用包括改良费用，因改良可增加标的物之价值，但非不可或缺之费用，例如一般装潢、更换新胎、加装卫星导航是。

（3）奢侈费用

奢侈费用系指依一般社会通念不必要而增加之费用，例如高级品之装潢者。

（4）管理费用

管理费用包括改良费用及有益费用。

2. 有益费用偿还之限额：所谓以现存之增价额为限，系指须以返还之时，改良之差异费用仍尚存在之增加价值为限，买回人始负返还之义务。例如更换新轮胎，于返还时已磨成旧胎，无尚存之增加价值可言，买回人无返还费用之义务。

3. 如买受人所支出者为奢侈费用者，有认可依无因管理或不当得利请求返还该费用。本书以为法律不能强人所不欲，故除特约或出卖人事先同意外，应视为买受人默示同意任由出卖人处理奢侈物。

（四）原买受人之义务与责任

1. 交付义务：“民法”第三百八十三条第一项规定：“买受人对于买回人，负交付标的物及其附属物之义务。”所谓附属物系指从物而言，且解释上买受人对于买回人除法文所称之交付义务外，亦应包括移转所有

199　同旨，邱聡智，前揭书，同注1，第一八七页。

权之义务。

2. 损害赔偿责任："民法"第三百八十三条第二项规定："买受人因可归责于自己之事由，致不能交付标的物或标的物显有变更者，应赔偿因此所生之损害。"按买卖与买回均属债权契约，买受人依法取得买卖标的物所有权后，对于买卖标的物于法令限制内，有完全使用、收益及处分权。[200]

纵使当事人有明示禁止处分买回标的物之特约，违反者亦仅生"民法"第三百八十三条第二项应赔偿损害之问题，其处分仍属有效。如买受人因可归责于自己之事由，致不能交付标的物（如买受人将买卖标的物让与第三人而无法收回），或标的物显有变更（如房屋已因买受人之过失而烧毁）者，买受人应赔偿因此所生之损害。

贰、试验买卖

一、案例提示

B欲向汽车经销商S购买VW之Jetta车一部，经S表示该车型通常均外加P牌冷暖气机、音响，其价金各为二万元、一万元后，B表示愿一并购买。而于契约中约定B须每月付车款一万元，四年付清，交车后不满意者可换车。但冷暖气机须一次付清，音响试听三天后，满意即付清。交车三天后，B对该车颇为满意，然对冷暖气机仅有冷气而无暖气、音响仅有二声道不满意。试问：此案例中究为何种买卖？当事人间之法律关系为何？此案例可能有一般买卖、试验买卖、分期付价买卖、分期付款买卖之结合契约。欲解答此案例，必先对此等不同类型之买卖有所认识。

二、试验买卖之意义

按试验买卖，过去多不受重视，实则交易型态多元化后，在避险、避税之功能下，现已渐为商界所采用。例如甲向乙订购一套系统设备，并为之按装运转，甲、乙间即存有相互疑虑之风险，买受人甲担心其所购买设备按装试车后无法顺利运转，但价金已付；出卖人乙担心则发票已开，届时甲退货又须退货退税等会计处理，而且担心万一甲之货款遭退票，而所有权却已移转，殊为不利。因此现代交易常经由试验买卖而

200 "最高法院"1967年度台上字第1781号判决："保留买回权之买卖，在买回前法律并无禁止买受人不得处分其物之明文。"

加以避险避税，或与融资租赁搭配使用，是试验买卖之法律关系如何？诚有加以重视之必要。

依“民法”第三百八十四条规定：“试验买卖，为以买受人之承认标的物为停止条件而订立之契约。”兹分述此一特种买卖契约如下：

（一）试验买卖系以买受人承认标的物为停止条件之契约

试验买卖既以买受人承认标的物为停止条件之契约，故试验买卖于双方意思表示合致时，即为成立，但因附有停止条件，须待停止条件成就时始生效力（“民法”第九十九条第一项）。

本条所谓“承认”，系指买受人将对买卖标的物为满意之事实（停止条件），告知于出卖人，性质上应属观念通知，为准法律行为[201]（其法律效果系依法律规定），但须注意法律拟制承认（“民法”第三百八十七条）。又此承认为纯粹随意条件，当事人无须为不适意之理由说明。试验买卖经买受人承认标的物之停止条件成就而生效力，经买受人拒绝标的物者，此时停止条件不成就，买卖契约确定不生效力。至于拒绝，乃一种意思通知，亦属准法律行为。

（二）试验买卖仅限于物之买卖

依条文之意旨，试验买卖似仅限于物之买卖（包括动产或不动产）。如权利买卖亦有占有标的物之情形，且约定试验条件者，应解释得类推适用有关试验买卖之规定。但以试验之方法达成契约之目的者，并不限于买卖，尚有试验雇佣、试验租赁等，依“民法”第三百四十七条之规定，此时应准用试验买卖之规定。

三、试验买卖与其他类似概念

（一）试验买卖与保留调换之买卖

保留调换之买卖并非试验买卖，其买卖契约早已成立、生效，仅附有可以换货之约款。又因仅能换货至买受人满意为止，故不得解除契约，等同于当事人间有默示抛弃解除契约之权利。

（二）试验买卖与附条件买卖

试验买卖属于特种买卖之一种，与一般买卖之效果差别虽不大，但衡诸常情，双方必就试验买卖之内容详为约定，载明于契约，以利履行。

---

201 史尚宽教授认为，承认之对象不限于标的物，且并承认其已成立之买卖契约，即以契约效力之发生为表示之内容，实为法律行为，且有权利形成之性质。请参见史尚宽，前揭书，同注1，第八三页。

倘探求当事人之真意（“民法”第九十八条），仅为保留所有权之附条件买卖，尚难谓为已成立试验买卖，而应认为系一般买卖已有效成立。[202]

四、试验之方法

有关于试验之方法，条文中并未规定。故当事人如有约定者，依其约定，当事人若无约定者，按标的物之性质依诚信原则为之。

五、停止条件之成就

- 试验
  - 表示
    - 承认－条件成就
    - 拒绝－条件不成就
  - 未表示
    - 未交付－视为拒绝
      - 逾约定期限
      - 逾相当期限
    - 已交付－视为承认
      - 不交还
      - 逾约定期限或相当期限不相当
      - 已支付价金
      - 为非试验必要行为
      - （已支付价金、为非试验必要行为）有认为非必限于已交付

（一）承认标的物

1. 意定承认：试验买卖经买受人承认标的物之停止条件成就而生效力，买受人必须支付价金。此一承认，如前所述，性质上为观念通知，为准法律行为之一种。此项承认，依“民法”第一百十五条规定，溯及自为法律行为时发生效力。

2. 法定承认：

(1) 依“民法”第三百八十七条第一项规定：“标的物因试验已交付于买受人，而买受人不交还其物，或于约定期限或出卖人所定之相当期限内，不为拒绝之表示者，视为承认。”有此等情形者，此时标的物因试验已交付于买受人，其于占有中而不表示拒绝或不交还标的物者，为确

202 “最高法院”1986 年度台上字第 508 号判决：“试验买卖系以买受人承认标的物为停止条件而订立之契约（参看‘民法’第三百八十四条规定），属于特种买卖之一种，与一般买卖之效果，差别极大。本件买卖苟属试验买卖，衡诸常情，双方必会就试验买卖之内容详为约定，载明于契约，以利遵守。但本件买卖，并无类此内容之约定，业经原审依据两造所不争之送货单上同意事项之记载，探明本件两造立约之真意，为保留所有权之附条件买卖，而非属试验买卖，自无待上诉人对买卖标的物为承认之表示，而已有效成立。”（评论：本判决认“试验买卖与一般买卖之效果差别极大”一语，本书不表同意。）

定法律关系，纵买受人故意沉默[203]，本条项亦拟制其承认，买卖契约成立生效，买受人必需支付价金，且不得举证推翻。

(2)“民法”第三百八十七条第二项规定：“买受人已支付价金之全部或一部，或就标的物为非试验所必要之行为者，视为承认。”兹有疑问者，乃本项既规定于“民法”第三百八十七条第一项之后，是否本项亦必须就已交付标的物之情形来认定，本书认为，自该条文之文义观之，应亦可适用于未交付标的物之情形。

（二）拒绝标的物

1. 意定拒绝：买受人拒绝标的物者，此时停止条件不成就，不问标的物交付与否，买卖契约确定不生效力。此之拒绝乃一种意思通知，性质上为准法律行为。此项拒绝，依“民法”第一百十五条规定，亦有溯及法律行为时不发生效力，故以交付标的物者，买受人应返还该标的物。

2. 法定拒绝：依“民法”第三百八十六条规定：“标的物经试验而未交付者，买受人于约定期限内，未就标的物为承认之表示，视为拒绝，其无约定期限，而于出卖人所定之相当期限内，未为承认之表示者，亦同。”有此等情形者，此时标的物因试验而未交付于买受人，标的物仍在出卖人占有中，故买受人不表示承认者，为确定法律关系，法律拟制其拒绝，买卖契约不生效力，出卖人即不受契约拘束，得再将标的物出售他人，此拟制拒绝亦不得举证推翻。

六、试验买卖之效力

（一）一般买卖之效力

试验买卖因承认标的物之停止条件成就而生效时，须适用买卖之规定，自有一般买卖之效力。兹有疑问者，乃试验买卖既经买受人之试验，是否即不能适用瑕疵担保之规定？本书以为，有些瑕疵非必于试验买卖时能即时发现（“民法”第三百五十六条参照），原则上仍应有瑕疵担保规定之适用较妥，但当事人有约定承认标的物即丧失瑕疵担保责任者，自应从其约定。[204]

203　最高法院1932年度上字第1598号判例：“默示之承诺，必依要约受领人之举动，或其他情事足以间接推知其有承诺之意思者，始得认之，若单纯之沉默，则除依交易上之惯例或特定人间之特别情事，足认为承诺者外，不得认为承诺。”
同院1940年度上字第762号判例：“所谓默示之意思表示，系指依表意人之举动或其他情事，足以间接推知其效果意思者而言，若单纯之沉默，则除有特别情事，依社会观念可认为一定意思表示者外，不得谓为默示之意思表示。”

204　史尚宽，前揭书，同注1，第八五页。

（二）试验买卖之特别效力

依“民法”第三百八十五条规定：“试验买卖之出卖人，有许买受人试验其标的物之义务。”此为出卖人之特别义务，性质属法定附随义务，盖买卖在承认前尚未生效，但出卖人可否不交付标的物予买受人试验？本书认为虽试验买卖为附停止条件之契约，惟当事人仍得协议或经买受人之抛弃试验，使之依一般买卖之规定处理。[205] 又法律既规定出卖人有许买受人试验其标的物之义务存在，故买受人得解除契约[206]，此时出卖人自应负债务不履行之损害赔偿责任。然而，试验买卖之条件未成就以前，难谓有债权债务关系存在，应无所谓债务不履行之损害赔偿。故本书以为宜类推适用“民法”第一百条有关条件成就前期待利益被侵害之规定，较为妥当。[207]

（三）危险负担与利益承受

试验买卖与一般买卖不同者，仅在于其买卖之生效不同，其余与一般买卖无异，故其危险负担及利益承受，仍有“民法”第三百七十三条规定之适用，但其承认标的物之停止条件之成就与否，因须视试验有无交付标的物之不同而有异，故其危险负担与利益承受须视已否交付标的物情况而定，兹为易于了解，图示如下：

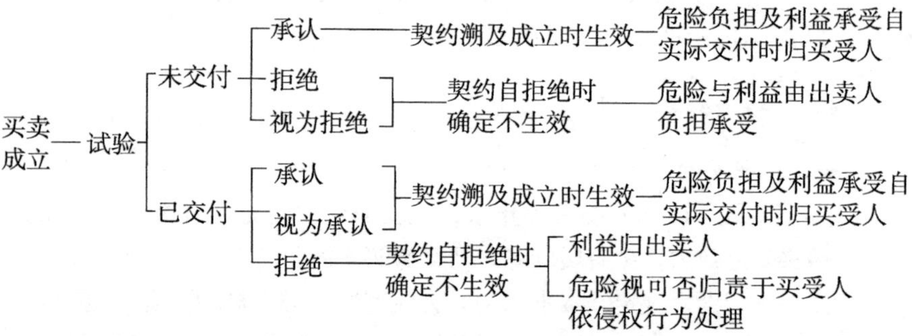

205 邱聪智，前揭书，同注1，第一八八页。

206 史尚宽，前揭书，同注1，第八三页。郑玉波，前揭书，同注1，第九四页。

207 “最高法院”1980年度台上字第3986号判例：“附条件之法律行为当事人于条件成否未定前，若有损害相对人因条件成就所应得利益之行为者，负损害赔偿责任，‘民法’第一百条固定有明文。然此种期待权之侵害，其赔偿责任亦须俟条件成就时，方始发生。盖附条件之法律行为，原须俟条件成就时始得主张其法律上之效果，在条件成否未定之前，无从预为确定以后因条件成就时之利益，如其条件以后确定不成就，即根本无所谓因条件成就之利益。”

叁、货样买卖

一、货样买卖之意义

所谓"货样"，并不限于实体，通说认为应包括样品（samples）、图样（drawings）、模型（models）、规格（specifications）等。所谓货样买卖，民法并无定义之规定，依其文义，应系指依货样而定标的物之买卖契约。当事人须将"以货样定买卖标的物"列入契约条款之中，如仅于买卖契约前之展示样品者，应解为要约之引诱，而非货样买卖。

二、货样买卖之效力

货样买卖性质上为特种买卖之一种，故其效力与一般买卖相同，仍适用一般买卖之规定，如交付与移转所有权之义务、给付价金之义务、利益承受、危险负担、瑕疵担保责任、费用负担等均属之。

此外，货样买卖上有其特殊效力，依"民法"第三百八十八条规定："按照货样约定买卖者，视为出卖人担保其交付之标的物与货样有同一之品质。"，此一法律拟制不得举证推翻，故货样买卖之出卖人所交付标的物之品质与样品不符者，买受人得依"民法"第三百六十条之规定请求不履行之损害赔偿。[208] 但若出卖人所提出之标的物不符合货样，而经买受人明知而受领者，此时乃出卖人以他种给付代替原定给付，如经买受人受领，应视为"民法"第三百十九条规定之代物清偿，因其为有偿契约，

208 "最高法院"1983年度台上字第942号判决："按货样买卖，视为出卖人担保其交付之标的物与货样同一之品质，应适用'民法'第三百八十八条，第三百五十四条第二项及其他有关瑕疵担保之规定。如标的物不具备货样之品质时，买受人得拒绝受领。于危险移转后，买受人并得依'民法'第三百五十九条，第三百六十条之规定，行使其权利。"同院2002年度台上字第1953号判决："按货样约定买卖者，视为出卖人担保其交付之标的物与货样有同一之品质，为'民法'第三百八十八条所明定。货样买卖适用第三百五十四条第二项及其他有关瑕疵担保之规定。如标的物不具备货样之品质时，买受人固得依'民法'第三百六十条之规定，行使其权利，惟若交付之标的物品质符合货样之品质，纵令与一般期待品质有落差，亦不能谓品质有瑕疵。查两造订定之买卖合约备注栏第一项系注明：'出口产品必与所提供样品完全相同及符合日本进口条件'字样，依此文义，似指上诉人担保其交付之买卖标的物与其提供样品（货样）有同一之品质，并且符合日本进口条件之货样，而非上诉人保证交付之货品具有所交付之制造流程表之品质。果尔，可否因上诉人应被上诉人之要求编制系争珍珠圆之制造流程表，并随货品送交被上诉人之日商客户先行送请检验，即认上诉人保证交付之货品具有制造流程表之品质？非无疑义。"

依“民法”第三百四十七条规定准用买卖之规定，仍有“民法”第三百五十五条瑕疵担保责任免除规定之适用。最后，货样买卖于国际贸易出现特多，适用时应注意之。

肆、分期付价买卖

一、分期付价买卖之意义

分期付价买卖，“民法”第三百八十九条并无定义规定，通说认为，所谓分期付价买卖系指附有分期支付价金约款之特种买卖，其与一般买卖之差别，仅止于价金支付方式之不同。既谓分期，其价金自应至少分二期以上，惟法律并未限定每期金额均须相等，得由当事人任意约定。买卖价金之支付如未约定分期者，不得谓为分期付价买卖，应属一般买卖。

分期付价买卖之标的，台湾民法并无限制，故动产、不动产或权利均得为之。又依付款方式之不同，买卖通常可分为现金买卖、前金买卖与赊欠买卖，分期付价买卖应属赊欠买卖之一种。

二、分期付价买卖之效力

（一）一般买卖之效力

分期付价买卖性质上为特种买卖之一种，故其效力除与一般买卖相同，仍适用一般买卖之规定，如交付与移转所有权义务、给付价金义务、利益承受、危险负担、瑕疵担保责任、费用负担等均属之。

（二）期限利益丧失约款

“民法”第三百八十九条规定：“分期付价之买卖，如约定买受人有迟延时，出卖人得即请求支付全部价金者，除买受人迟付之价额已达全部价金五分之一外，出卖人仍不得请求支付全部价金。”[209] 兹分述本条适用之要件如下：

1. 须当事人有约定：须当事人有“买受人有迟延时，出卖人得即请求支付全部价金”之约定，无约定者，无本条之适用。

---

209 1999.4.21民法债编修正本条理由：“原条文规定须‘连续两期给付之迟延’，取巧者可隔一期，迟延给付一期，毫无限制，且既以迟付之价额达全部价金五分之一为另一要件，参之‘民法’第四百四十条第二项、‘土地法’第一百条第三款及第一百十四条第七款等规定之技术，原规定‘买受人有连续两期给付之迟延’为丧失期限利益之要件，实无意义，为简明计，爰将上开要件删除。”

2. 须迟付价额已达全部价金五分之一：本条规定乃为保护双方当事人而设，故“五分之一”为法定之最低数，最高数为何，法律并未限制，自得由当事人自由约定，盖其有利于买受人也。

3. 须为可归责于债务人之事由而迟延：依“民法”第二百三十条规定，因不可归责于债务人之事由，致未为给付者，债务人不负迟延责任。故适用“民法”第三百八十九条之规定时，仍须以可归责于债务人之事由而迟延为要件。

兹应注意者，乃“动产担保交易法”第三章附条件买卖之规定中，未如“民法”第三百八十九条规定期限利益丧失约款之限制，但该法第二十七条第六款规定：“附条件买卖契约应载明买受人不履行契约时，出卖人行使物权及债权之方法。”故如买卖契约中载明如一期不履行时，即丧失期限利益，应即全部付款者，既已依该款约定载明出卖人行使债权之方法，因此，买受人迟延给付时，按动产担保交易法为民法之特别法，自得依“动产担保交易法”第二十七条第六款之特别规定而优先适用，不受“民法”第三百八十九条规定之限制。

（三）解约扣价约款

“民法”第三百九十条规定：“分期付价之买卖，如约定出卖人于解除契约时，得扣留其所受领价金者，其扣留之数额，不得超过标的物使用之代价，及标的物受有损害时之赔偿额。”兹分述适用本条之要件如下：

1. 须当事人有约定：须当事人有“出卖人于解除契约时，得扣留其所受领价金者”之约定，无约定者，无本条之适用，此点与期限利益丧失约款同。

2. 须出卖人解除契约：解释上本条所谓“解除契约”，应包括法定解除与约定解除，但不包括解除权条件之成就。又买受人解除契约者，无本条之适用。

3. 须扣留数额不得超过标的物使用之代价及标的物受有损害时之赔偿额：所谓“使用之代价”，系指能用一般租赁之租金来处理而言。所谓“损害赔偿额”，不包括不当得利及无因管理之情形。依“民法”第二百五十九条规定，契约解除之后，当事人应回复原状，惟当事人间如有此类解约扣价之约款者，应优先适用。

兹应注意者，即违约金与解约扣价约款有何不同？按违约金系当事人约定契约不履行者，债务人应支付之惩罚性违约金或损害赔偿额之预定，以确保债务之履行为目的[210]”。至“民法”第三百九十条所定分期付

210 拙著，损害赔偿总额预定违约金之损害举证问题，台湾本土法学杂志，第三十六期，2002年7月，第一六九页以下。

价买卖解约扣价约款之限制，则在保护出卖人已先将买卖标的物交付买受人使用，而未现实收受价金所负之风险，并兼顾买受人之利益。二者无论其要件、法律效果及目的均不相同，不得混为一谈，比附援用，且违约金如属损害赔偿额预定之违约金，并无须证明其所受损害之情形。[211]

（四）所有权保留约款

所谓“所有权保留约款”，系指当事人约定出卖人于全部价金受清偿前，保留其标的物所有权之特约。民法对此并未规定，但此为一般交易上常见惯行，故依契约自由原则，如当事人对此有特约者，依其约定。惟所有权保留约款因无公示方法，故仅生债之效力，无法对抗善意第三人。例如A出卖一动产予B，约定“分廿四期分期付价，在未清偿全部价金前A保留其标的物所有权”，如A实际上已将占有移转予B，B于第十二期时将标的物出卖交付予C时，C是否取得所有权？此时，B为无权处分标的物，但依善意受让之规定（“民法”第八百零一条、第九百四十八条参照），C取得标的物所有权，而A则得对B主张债务不履行。如不涉及第三买受人C者，可否解为A、B间为附有以全部价金为所有权移转之停止条件？本书以为，就动产之移转占有通常亦为移转所有权之情形，且为保护交易安全，不宜作如是解释。

（五）时效问题

按分期付价买卖系将一次发生债权之清偿期予以分期，并非因时间之经过债权才渐次发生，故与“民法”第一百二十六条之“不及一年之定期给付债权”不同，故不适用“民法”第一百二十六条短期时效规定。[212] 惟如商人所供给之商品及产物之代价之分期付价买卖，则适用“民法”第一百二十七条第八款短期两年消灭时效之规定。反之，买受人向出卖人请求交付货物之请求权时效，仍应适用“民法”第一百二十五条

211 “最高法院”1993年度台上字第78号判决：“违约金系当事人约定契约不履行时，债务人应支付之惩罚金或损害赔偿额之预定，以确保债务之履行为目的。至‘民法’第三百九十条所定分期付价买卖解约扣价约款之限制，则在保护出卖人已先将买卖标的物交付买受人使用而并未现实收受价金所负之风险并兼顾买受人之利益。二者无论其要件、法律效果及目的均不相同，不得混为一谈，比附援用。且违约金如属损害赔偿预定之性质者，只债务人一有违约情事，债权人即得请求约定之违约金，并无须证明其所受损害之情形。”

212 最高法院1939年度上字第605号判例：“（一）民法第一百二十六条所谓一年或不及一年之定期给付债权，系指基于一定法律关系，因每次一年以下期间之经过顺次发生之债权而言，其清偿期在一年以内之债权，系一时发生且因一次之给付即消灭者，不包含在内。（二）请求权定有清偿期者，自期限届满时起即可行使，依民法第一百二十八条之规定，其消灭时效应自期限届满时起算。”

十五年之规定。[213]

三、分期付价买卖与分期付款买卖之区别

（一）动产担保交易法之附条件买卖（分期付款买卖）

如当事人确系以保留所有权为特别要件者，则属动产担保交易法所规定之附条件买卖，为与分期付价买卖作区别，特称之为“分期付款买卖”。所谓附条件买卖者，系指买受人先占有动产之标的物，约定至支付一部或全部价金，或完成特定条件时，始取得标的物所有权之交易（“动产担保交易法”第二十六条）。当事人究指分期付价买卖或附条件买卖中之分期付款买卖，须视当事人之意思而定，不可拘泥于所使用之辞句（“民法”第九十八条）。盖动产担保交易法中所规定之附条件买卖，虽须以书面为之并经登记，惟登记仅为对抗要件（“动产担保交易法”第五条），故与分期付价买卖有时难以区别。

（二）消费者保护法（以下简称“消保法”）之分期付款买卖

1. 意义：所谓分期付款，系指买卖契约约定消费者支付头期款，余款分期支付，而企业经营者于收受头期款时，交付标的物予消费者之交易型态（“消保法”第二条第一项第十二款参照）。

2. 适用对象：本条之适用对象，究仅指动产担保交易法中之“分期付款买卖”或兼指民法所定之“分期付价买卖”？本书以为，本法既旨在保护消费者权益，促进国民消费生活安全，提升国民消费生活品质，而一般消费者又不熟悉法律规定，殊难令其分辨“分期付款买卖”与“分期付价买卖”之不同，故应本条适用应包括分期付款买卖与分期付价买卖。[214]

3. 成立要件：“消保法”第二十一条第一项规定：“企业经营者与消费者分期付款买卖契约应以书面为之。”故分期付款买卖必须以书面为之[215]，违反者，分期付款买卖契约无效（“民法”第七十三条参照），无

---

213 “最高法院”1973年度台上字第1381号判例：“‘民法’第一百二十七条第八款规定之商品代价请求权，系指商人自己供给商品之代价之请求权而言。上诉人因清偿被上诉人垫付之货款所签付之支票，既未能兑现，被上诉人遂仍请求上诉人偿还伊所垫付之货款，即与商人请求其自己供给商品之代价不同，被上诉人之请求权自应适用‘民法’第一百二十五条所规定之长期时效。”

214 同说，詹森林、冯震宇、林明珠合著，认识消费者保护法，“行政院消费者保护委员会”编印，1995年2月，第一〇七页。

215 “消保法施行细则”第二十一条规定：“企业经营者应依契约当事人之人数，将本法第二十一条第一项之契约书作成一式数份，由当事人各持一份。有保证人者，并应交付一份于保证人。”

同条第三项规定之适用。

4. 内容："消保法"第二十一条第二项规定："前项契约书应载明下列事项：一、头期款。二、各期价款与其他附加费用合计之总价款与现金交易价格之差额。三、利率。"[216] 本条项规定分期付款买卖契约必须记载事项，如有违反，本应无效（"民法"第七十三条参照），但同条第三、四项有特别规定，应优先适用。如分期付款买卖契约未记载头期款或各期价款与其他附加费用合计之总价款与现金交易价格之差额者，依同条第四项之规定："企业经营者违反第二项第一款、第二款之规定者，消费者不负现金交易价格以外价款之给付义务。"此时分期付款买卖契约仍属有效，仅系消费者不负现金交易价格以外价款之给付义务。如分期付款买卖契约未记载利率者，依同条第三项规定："企业经营者未依规定记载利率者，其利率按现金交易价格周年利率百分之五计算之。"本条项即系"民法"第二百零三条所称"亦无法律可据者"之反面解释；且限于当事人对于利率有约定，但是未载明于契约时，始有本条项之适用，但如分期付款买卖契约之利率当事人约定低于百分之五，而未载明于契约时，本书认为为保障消费者之权益，依契约自由原则，应认为该约定有效。

5. 效力：依"消保法"第一条第二项规定："有关消费者之保护，依本法之规定，本法未规定者，适用其他法律。"故分期付款买卖契约于"消费者保护法"第二十一条未规定之事项，仍可适用民法、动产担保交易法附条件买卖或消保法定型化契约之相关规定。[217]

（三）二者之区别

1. 意义不同：分期付价买卖系指附有分期支付价金约款之特种买卖；分期付款买卖则系买受人先占有标的物，但约定已支付一部或全部价金或完成特定条件时，始取得标的物所有权之交易。

2. 标的物范围不同：分期付价买卖之标的物不受限制，动产、不动产、权利均可；分期付款买卖则仅限于动产，且须为行政院命令所规定之动产（"动产担保交易法"第四条）。

3. 成立方式不同：分期付价买卖为不要式行为；分期付款买卖为要式

216 "消保法施行细则"第二十二条规定："本法第二十一条第二项第二款所称各期价款，指含利息之各期价款。分期付款买卖契约书所载利率，应载明其计算方法及依此计算方法而得之利息数额。分期付款买卖之附加费用，不得并入各期价款计算利息。其经企业经营者同意延期清偿或分期给付者，亦同。"

217 詹森林、冯震宇、林明珠合著，前揭书，同注 214，第一〇八页。

行为，以书面为成立要件，登记为对抗要件（“动产担保交易法”第五条）。

4. 内容不同：分期付价买卖之价金须分期支付；分期付款买卖则除价金分期外，可能有以特定条件之完成为取得标的物所有权之要件，该条件并不限于分期。

5. 效力不同：分期付价买卖之所有权保留约款仅具债之效力，不具公示性，故不能对抗善意第三人；分期付款买卖如经登记，得对抗善意第三人（“动产担保交易法”第五条）。

6. 刑罚规定不同：分期付价买卖之债务人将标的物迁移、出卖、出质、移转、抵押或为其他处分时，除有诈欺、伪造文书等其他刑事问题外，本身违约并无刑罚；分期付款买卖之债务人将标的物迁移、出卖、出质、移转、抵押或为其他处分时，有刑罚之规定。

7. 法律关系不同：试以下例说明其法律关系之不同：

A ———— B 买受人
出卖人　　↓ 交付
　　　　　C 第三人

(1) 分期付价买卖或未登记之分期付款买卖

A、B间为分期付价买卖或未登记之分期付款买卖者，于B违约将标的物交付C时，B所为之处分为无权处分，如C为善意者，依善意受让之规定，C仍取得标的物所有权，但B对A构成债务不履行，应对A负损害赔偿责任；反之，B未交付标的物于C时，因A、B间所有权保留约款仅具债之效力，不得对抗善意第三人，A、B间如系附条件买卖（分期付款买卖）但未登记者，亦同。准此，如B受扣押或破产宣告者，A不得提第三人异议之诉（“强制执行法”第十五条）或行使取回权（“破产法”第一百十条）。最后，A、C间并无任何法律关系，故A对C无权利可言。

(2) 分期付款买卖（已登记）

A、B间为附条件买卖（分期付款买卖），且办妥登记者，标的物虽由B占有，但A仍为所有权人，其所有权得对抗善意第三人C。B将标的物占有移转于C者，纵使C为善意，仍无法取得标的物所有权（无权占有），A得依“民法”第七百六十七条之规定请求C返还所有物，C再依其与B间之法律关系向B请求损害赔偿或权利瑕疵担保（“民法”第三百四十九条参照）。如B受扣押或破产宣告时，A得提第三人异议之诉（“强制执行法”第十五条）或行使取回权（“破产法”第一百十条）。

伍、拍卖

- 拍卖
  - 公拍卖
  - 私拍卖
    - 自行拍卖——出卖人兼拍卖人
    - 委托拍卖
      - 出卖人
      - 拍卖人

一、案例提示

试问下列各例之法律关系如何？

（一）A以卡车设质于B，向B借五十万元，到期无法返还，B向法院声请拍卖。

（二）A将其卡车与所有存货委托C拍卖，D分别以六十万元拍得卡车，一百万元拍得存货，D支付六十万元取得卡车，但拒绝支付一百万元，存货再行拍卖后，以八十五万元拍定之，第一次拍卖费用为二万元，第二次拍卖费用为三万元。

（三）A自行将家具卖给E，得廿万元；A又拾得机车一部，一并拍卖而为F所拍得，则机车所有人G可否向F取回该机车？

二、拍卖之意义

所谓拍卖，系指由多数应买人于公开出价中，择其最高者与之订立契约之一种竞争买卖。拍卖与一般买卖之不同，仅在于契约成立及付款之方式。兹分述其意义如下：

（一）拍卖系由多数应买人公开出价而依拍卖达成之买卖契约

拍卖系由多数应买人公开出价而依拍卖之一定程序达成之买卖契约。

（二）拍卖系择其出价最高者与之订约之契约

拍卖系择其出价最高者与之订约之契约，一般产生最高价之方法有二：

1. 由应买人竞相出价，以最后出价者为最高价，应买人之出价为即为要约。

2. 由拍卖人先行要价，依序落价至有人应买为止，故拍卖人之要价即为要约。

三、拍卖与标卖之区别

(一) 出价之方式不同

拍卖系以公开竞争出价或叫价之方式为之,故每一应买人均可知悉竞争对手出价之内容及条件[218];标卖系以投标之方式秘密进行,投标者不知竞争者之投标内容及条件。

(二) 交易条件不同

拍卖之场合,原则上须拍归最高价者;标卖则并不一定与最高价者订立契约,因其尚须考虑其他条件(如押标金之交付或投标资格之限制),并不全以价格决定。

(三) 出标之性质不同

拍卖之场合,拍卖之表示为要约之引诱("民法"第三百九十一条),应买人之出价为要约,拍定则为承诺;或拍卖人之要价为要约,而应买为承诺。标卖之场合,标卖之表示通常无以之为要约之意思,应解为要约之引诱,但标卖表示与出价最高之投标人订约者,除别有约定外,应视为要约。在前者,出标有要约性质,而招标人之定标有承诺性质;在后者,标卖为要约,出标(投标)则为承诺。[219]

(四) 成立方式不同

拍卖后通常不再订立书面契约;标卖后通常于定标后另定书面契约,适用时应注意此一约定书面契约是否有"民法"第一百六十六条约定要式不履行之适用问题。

四、拍卖之种类

(一) 公拍卖与私拍卖

依拍卖程序可分为公拍卖与私拍卖,兹分述如下:

218 最高法院1943年度永上字第378号判例:"拍卖与标卖,虽皆为使竞买人各自提出条件,择其最有利者而出卖之方法。惟拍卖时,各应买人均得知悉他人之条件而有再行提出条件之机会,标卖时,各投标人均不知悉他人之条件而无再行提出条件之机会,此为其不同之点。拍卖之表示为要约之引诱,而非要约,民法第三百九十一条以下定有明文,而标卖之表示,究为要约之引诱抑为要约,法律既无明文规定,自应解释标卖人之意思定之。依普通情形而论,标卖人无以之为要约之意思,应解为要约之引诱,且投标非见他投标人之条件而为之,杂有出价较高之投标,而其他之投标亦不失其拘束力,故开标后标卖人或不与全体投标人订约,或竟与出价较低之投标人订约,均无不可。但标卖之表示明示与出价最高之投标人订约者,除别有保留外,则应视为要约,出价最高之投标即为承诺,买卖契约因之成立,标卖人自负有出卖人之义务。"

219 同上注。

1. 公拍卖（强制拍卖）：公拍卖系指由“国家”机关，依“强制执行法”、“行政执行法”及“行政院金融重建基金设置及管理条例”等法律所定之程序而为之拍卖，出卖人不负物之瑕疵担保责任（“强制执行法”第六十九条参照），且不以登记为所有权移转之生效要件（“民法”第七百五十九条参照）。公拍卖之性质有下列不同见解：

（1）公法行为说（非买卖说）

此说以强制执行为公法处分行为，并非私法买卖契约，故采此说者，出卖人为拍卖机关，拍定人取得拍卖物属原始取得，拍卖机关不负瑕疵担保责任。此说显有违强制执行取偿之立法本旨。

（2）私法行为说（买卖说）

此说认为拍卖属私法行为，采此说者，拍定人系继受取得拍卖标的物，故出卖人仍应负瑕疵担保责任。此说并以出卖人之不同又可分为债权人出卖说、债务人出卖说与执行机关出卖说。[220] 台湾“强制执行法”第七十条第六项[221] 及实务见解[222] 均采私法行为说中之债务人出卖说。

2. 私拍卖：所谓私拍卖，系指由私人所进行之拍卖，此规定于“民法”第三百九十一条至第三百九十七条中。

（二）法定拍卖与意定拍卖

依拍卖之原因而为区别有：

1. 法定拍卖：所谓法定拍卖，系指依法律规定原因进行之拍卖，例如“民法”第三百三十一条拍卖给付物价金之提存、第五百八十五条行纪人拍卖依委任人指示所买之物、第六百二十一条拒绝或不能移去寄托物之处理、第六百五十条运送人对于运送物之寄存拍卖、第六百五十六

220 张登科，前揭书，同注107，第二七二至二七三页。谢在全，前揭书，同注106，第九六页。

221 本条项增订理由，请参见注110。

222 “最高法院”1975年度台上字第2200号判例：“强制执行程序中之拍卖，为买卖方法之一种，关于出卖人所为允为出卖之意思表示（拍定），应由执行法院为之，如执行法院于拍卖时就应买之出价未为拍定之表示，双方之意思表示自未合致，即不能认以拍卖为原因之买卖关系业已成立。”（同院1958年度台上字第152号判例、1960年度台抗字第83号判例、1960年度台上字第2385号判例同旨。）

同院1992年度台抗字第229号裁定：“按强制执行程序中之拍卖，为买卖方法之一种，关于出卖人所为允为出卖之意思表示（拍定）应由执行法院为之，如执行法院于拍卖时就应买之出价未为拍定之表示，双方之意思表示自未合致，即不能认以拍卖为原因之买卖关系业已成立，依此意旨推之，执行法院标卖不动产，若经决定应买人之投标为得标时，买卖关系即告成立。除该标卖程序有瑕疵，得依‘强制执行法’第十二条第一项规定对之声明异议外，不得遽予撤销该拍卖程序。”

条旅客运送人之行李拍卖、第八百零六条易于腐败宜失误之拍卖、第八百七十三条抵押权之实行、第八百九十三条质权之实行、第九百三十六条第二项留置权之实行之规定。此外，依“强制执行法”、“行政执行法”与“行政院金融重建基金设置及管理条例”所为之拍卖亦同。公的拍卖一定为法定拍卖，但法定拍卖不一定为公的拍卖。

2. 意定拍卖：意定拍卖，系指基于当事人之意思而为之拍卖。意定拍卖一定为私的拍卖，但私的拍卖不一定为意定拍卖，有时可能为法定拍卖。

五、拍卖之成立

(一) 应买人之出价

1. 出价之效力：按拍卖之出价及应买性质为要约，属对话之意思表示（“民法”第九十四条参照），应买之表示既为要约，故要约不即为承诺者，要约即失其效力（“民法”第一百五十六条参照）。惟此时应优先适用“民法”第三百九十五条规定：“应买人所为应买之表示，自有出价较高之应买或拍卖物经撤回时，失其拘束力。”因应买表示为对话之意思表示，故一经为应买之表示即生效，要约人因要约而受拘束（“民法”第一百五十四条参照），解释上无应买表示之撤回之问题。

2. 拍卖人应买之禁止：“民法”第三百九十二条规定：“拍卖人对于其所经管之拍卖，不得应卖，亦不得使他人为其应买。”本条规定系认为委托拍卖之拍卖人涉及利害关系，为避免发生自己代理之问题，故明文禁止。[223] 拍卖人如自行应买或使他人为其应卖，则主张拍卖无效有法律上利益者，得以诉讼确认其无效[224]，至于自行拍卖则无自行应买之实益存在。本条之适用包括私拍卖与公拍卖，盖“强制执行法”第七十条第六项之规定采私法行为之买卖说，当有本条之适用。

(二) 卖定（拍定）

“民法”第三百九十一条规定：“拍卖，因拍卖人拍板或依其他惯用

---

223 “司法院”院字第2568号解释：“‘民法’第三百九十二条之规定，于强制执行法上之拍卖亦适用之，‘强制执行法’第六十一条、第八十三条之执行推事、书记官及执达员为‘民法’第三百九十二条所称之拍卖人，如自行应买或使他人为其应买，则主张拍卖无效有法律上利益者，自得以诉主张无效。至执行法院之院长及其他职员，均非‘民法’第三百九十二条之拍卖人，纵令司法行政区督长官曾有禁止应买之命令，其应买亦仅发生应否惩戒之问题，仍不得谓拍卖为无效。”

224 但有认为得因委托出卖人之承认而生效力，请参见史尚宽，前揭书，同注1，第九七页。邱聪智，前揭书，同注1，第二一六页。

之方法为卖定之表示而成立。”所谓卖定，又称为拍定，依正常拍卖程序，拍定属承诺之性质。卖定之认定，系以拍卖人以拍板或依其他惯用之方法为表示。拍卖人得否撤回其物，须区分下列二种情形：

1. 委托拍卖：“民法”第三百九十三条规定：“拍卖人除拍卖之委任人有反对之意思表示外，得将拍卖物拍归出价最高之应买人。”拍卖人基于委任关系，原则上应受委托人之指示，故委托人如有反对表示者，拍卖人不可将拍卖物拍定。

2. 自行拍买：“民法”第三百九十四条之规定：“拍卖人对于应买人所出最高之价，认为不足者，得不为卖定之表示而撤回其物。”本条适用上不限于自行拍卖，尚包括委任他人拍卖，不论何种情形，如拍卖人认为应买人之出价不足（例如未达底价）者，拍卖人既未为承诺，当可撤回拍卖物，此撤回性质属默示的要约之拒绝。

（三）拍卖人要价

如拍卖系由拍卖人要价者，因拍卖人之要价性质属要约，故落价至有应买人之应价时，因应买人之应价性质为承诺，其拍卖因要价与应价合意而成立。

六、拍卖之效力

拍卖属特种买卖，故具有一般买卖之效力，但适用上须注意下列各种特殊效力：

（一）出卖人之义务

1. 出卖人有交付标的物及移转财产权之义务：

（1）私拍卖

私拍卖与一般买卖同，出卖人有交付标的物及移转财产权之义务（“民法”第三百四十八条）。

（2）公拍卖

公拍卖之标的物系由法院点交，至于拍卖不动产之所有权，于买受人领得执行法院所发给权利移转证书之日起取得所有权（“强制执行法”第九十八条第一项参照），但非经登记不得处分（“民法”第七百五十九条参照）。

2. 瑕疵担保责任：

（1）私拍卖

私拍卖与一般买卖同，均有权利及物之瑕疵担保责任存在。

（2）公拍卖

“强制执行法”第六十九条规定：“拍卖物买受人就物之瑕疵无担保

请求权。”故买受人仅有权利瑕疵担保请求权（“民法”第三百四十九条至第三百五十三条参照），无物之瑕疵担保请求权。[225]

（二）买受人之义务

1. 支付价金义务：“民法”第三百九十六条规定：“拍卖之买受人，应于拍卖成立时或拍卖公告内所定之时，以现金支付买价。”故拍卖与一般买卖的价金支付方式，与一般买卖之支付价金，原则上应与受领标的物同时为之者不同（“民法”第三百六十九条参照）。

2. 受领标的物义务：此与一般买卖同，不拟重复。

（三）盗赃遗失物回复请求权之限制

盗赃或遗失物，如占有人由拍卖或公共市场，或由贩卖与其物同种之物之商人，以善意买得者，非偿还其支出之价金，不得回复其物（“民法”第九百五十条规定参照）。

七、拍卖之解除与再行拍卖

“民法”第三百九十七条规定：“拍卖之买受人，如不按时支付价金者，拍卖人得解除契约，将其物再为拍卖。再行拍卖所得之价金，如少于原拍卖之价金及再行拍卖之费用者，原买受人应负赔偿其差额之责任。”[226] 兹分述如下：

（一）买受人不按时支付价金

拍卖之买受人，如不按时支付价金者，始有本条之适用。

225　“最高法院”1997年度台抗字第296号裁定：“拍卖执行程序一经终结，依前揭说明，已不容再声明异议，请求撤销拍卖执行程序。又依‘强制执行法’第一百十三条准用第六十九条规定，拍卖不动产之买受人就物之瑕疵无担保请求权。相对人所称：法院拍卖公告内未记载上开二笔土地系何种分区用地，嗣经伊查询，发现一五〇之二〇地号土地竟编列为‘道路用地’云云，即令属实，亦仅属物之瑕疵担保之问题，惟拍卖不动产，其买受人既就物之瑕疵无担保请求权，相对人执此理由声请或声明异议，自难谓合。”

226　1999.4.21“民法债编”本条修正理由：“一、第一项未修正。二、第二项所谓‘所得之利益’，概念欠明了，有指再行拍卖所得之价金扣除再行拍卖之费用后实际所得，有谓再行拍卖所得之价金扣除原拍卖及再行拍卖之费用后实际所得者，解说不一，易滋疑义。如依原规定之计算结果，则两次拍卖费用均由原买受人负担，亦甚不公平，盖无论拍卖次数如何，第一次之拍卖费用当由出卖人负担，始合乎情理。为示公平并避免疑义，爰将‘利益’修正为‘价金’，‘费用’修正为‘再行拍卖之费用’，以期公平而明确。例如原拍卖之价金为新台币（以下同）一百万元，原拍卖之费用为十万元，再行拍卖之价金为八十万元，再行拍卖之费用为五万元，则原买受人应负赔偿之差额为一百万元加五万元减八十万元等于二十五万元。”

（二）解除契约

拍卖人须先解除契约后，始得再行拍卖，否则即属违约。

（三）催告之免除

本条为“民法”第二百五十四条之特别规定，此解除契约无须催告，即得为之。

（四）差额之意义

所谓再行拍卖，实务见解认为应指原来拍卖标的物之价值与品质无变更之情况，如若有变更者，属可归责于拍定人之给付迟延所致，因此所生损害自应由债务人赔偿。如拍卖之标的物之价值、品质已有所变更者，不得再行请求本条之差额，应依民法债编总论相关规定请求因迟延所生之损害赔偿。故实务见解认为本条所规定之“差额”，系限于拍卖物之品质、价值未变动而再行拍卖之情形，始有其适用。[227]

（五）请求差额之赔偿

再行拍卖所得之价金，如少于原拍卖之价金及再行拍卖之费用者，原买受人应负赔偿其差额之责任。兹以公式说明如下：

差额＝原拍卖之价金＋再行拍卖之费用－再行拍卖之价金

（六）强制执行法之特别规定

1.“强制执行法”第六十八条之二第一项规定：“拍定人未缴足价金者，执行法院应再拍卖。再拍卖时原拍定人不得应买。如再拍卖之价金低于原拍卖价金及因再拍卖所生之费用者，原拍定人应负担其差额。”与“民法”第三百九十七条规定相同，为特别规定，适用上应注意。

2.“强制执行法”第七十条第四项规定：“应买人所出之最高价，如低于底价，或虽未定底价而债权人或债务人对于应买人所出之最高价，认为不足而为反对之表示时，执行拍卖人应不为拍定，由执行法院定期再行拍卖。但债权人愿依所定底价承受者，执行法院应交债权人承受。”

3.“强制执行法”第九十一条规定：“拍卖之不动产无人应买或应买人所出之最高价未达拍卖最低价额，而到场之债权人于拍卖期日终结前声明愿承受者，执行法院应依该次拍卖所定之最低价额，将不动产交债

227 “最高法院”1980年度台上字第1279号判决：“‘民法’第三百九十七条所定：‘拍卖之买受人，如不按时支付价金者，拍卖人得解除契约，将其物再行拍卖。再行拍卖店所得之利益，如少于原拍卖之价金及费用者，原买受人应负赔偿其差额之责任’，系指先后拍卖之标的物，其品质、数量并无灭少或变更之一般情形而言，系争货轮于上诉人第二次标售时，已受海浪冲击而有一部分断沉海底，先后标卖时标的物之重量及价值均不相同，自无许上诉人擅用该条规定请求被上诉人赔偿两次标售价金差额损害之余地。”

权人承受，并发给权利移转证书。其无人承受或依法不得承受者，由执行法院定期再行拍卖。依前项规定再行拍卖时，执行法院应酌减拍卖最低价额；酌减数额不得逾百分之二十。”

（七）优先承买权之问题

假设优先承买权人依法表示愿意承买拍定物后，未依期限缴纳价金时，应如何处理？是否发生得再行拍卖之情形？

1. 按优先承买权属形成权，因优先承买权人一方表示愿依同样条件为优先承买之意思，买卖契约即为成立。如其行使优先承买权后，未依期限交付价金，依“民法”第二百二十九条第一项规定，即陷于给付迟延，拍卖人即得依同法第二百五十四条规定，为限期给付之催告，逾期仍未给付者，即代委托人向优先承买权人为解除契约之意思表示。

2. 在上述情形下，原拍卖如何处理？就一般拍卖而言，除拍定时有特别表示其拍定系以优先承买权之行使为解除条件外，原拍卖既已生效，而又发生优先承买权人已为优先承买之意思表示，但却不依期限支付价金，原拍定人之地位，应当然回复，不生再行拍卖之问题；反之，如有附解除条件之情形，则因优先承买权已行使，解除条件既已成就，原拍卖已失其效力，则原拍定人之地位，并不因而当然回复，拍卖人应定期再行拍卖，如再行拍卖所得之价金，少于原拍卖之价金及再行拍卖之费用者，应由优先承买权人依“民法”第三百九十七条第二项规定，负赔偿其差额之责任，盖优先承买权人须在原拍定同样条件下，且附丽于拍卖程序中行使，其地位应解为类似原拍定人，始符公平原则。

3. 如本案系执行法院所为之执行拍卖，结果是否不同？按实务情形，通常会在优先承买权行使之通知上载明逾期不缴清价金，视为放弃行使优先承买权，从而其不于期限内缴清价金者，执行法院应认其抛弃优先承买权，原拍定之效力仍属存在，执行法院可通知原拍定人缴纳，不生再行拍卖问题。

陆、邮购买卖及访问买卖

一、邮购买卖及访问买卖之意义

由于社会生活环境与条件之变迁，业者雇用人力不易，消费者时间有限，社会交易型态不断翻新，目前台湾社会已普遍流行出现者，有邮购买卖及访问买卖。然此二种买卖方式对传统要约与承诺形成买卖之方式，就契约成立过程与其效力，均有不同。基于保护消费者权益，“消费者保护法”（以下简称“消保法”）第十八条至第二十一条订有条文规范。

（一）邮购买卖

依“消保法”第二条第十款规定：“邮购买卖：指企业经营者以广播、电视、电话、传真、型录、报纸、杂志、网际网路、传单或其他类似之方法，使消费者未能检视商品而与企业经营者所为之买卖。”兹分述如下：

1. 邮购买卖之适用对象仅限于商品，不及于服务（services）：所谓商品，依“消保法施行细则”第四条规定：“本法第七条所称商品，指交易客体之不动产或动产，包括最终产品、半成品、原料或零组件。”按中文“商品”一语，英文为“Commodities”，系指商业上有形而得为买卖或交易之产品。[228] 本书以为，消保法既在保护消费者权益，故消保法所称之商品应指商业上之消费性产品，且限于企业经营者与消费者间交易之消费性产品，例如米、油、汽机车……等。

2. 邮购买卖为要式行为：邮购买卖须以广播、电视、电话、传真、型录、报纸、杂志、网际网路、传单或其他类似之方法为之，故为要式行为。所谓其他类似之方法，例如交由民间经营之快递公司递送之交易型态。

3. 交易型态：邮购买卖之交易型态，指企业经营者广播、电视、电话、传真、型录、报纸、杂志、网际网路、传单或其他类似之方法为之，使消费者未能检视商品而与企业经营者所为之买卖。

（二）访问买卖

“消保法”第二条第十一款规定：“访问买卖：指企业经营者未经邀约而在消费者之住居所或其他场所从事销售，所为之买卖。”兹分述如下：

1. 须未经消费者邀约：如经消费者先邀约者，无访问买卖规定之适用。有疑问者，乃此之“邀约”与要约是否相同？“消保法”第二十条虽规定“未经消费者‘要约’而对之邮寄或投递之商品”，但本书以为，此邀约应解为“邀请”，即英美法之“at the request of”或“at the demand of”，非要约之意义。本书认为访问买卖之成立，仍应依一般契约成立之法则处理。[229] 但此访问不一定有随带商品，纵有之亦仅能解为要约之引诱。但同法“施行细则”第三条则规定为要约，如认为仅系要约之引诱，势必影响到“消保法”第十九条解除契约之问题，故本书以为在未修正之前，

228 Steven H·Gifts 教授著英美法之 Law Dictionary（法律字典）。

229 例如消费者为不完全行为能力人所为契约之效力问题。

直接认为要约比较妥当，俾消费者得于收受商品后七日内解除契约。

2. 其他场所：所谓其他场所，应指有访问行动而在受访者同意之场所，例如到消费者办公处所、学校、饮食店等。如在大街小道沿街叫卖之情形，应属一般买卖，非访问买卖。

二、邮购买卖及访问买卖之效力

（一）一般效力

邮购买卖及访问买卖，本质上为买卖，仍属债权契约，消保法无特别规定下，仍应适用民法关于买卖之规定，详见一般买卖之说明，兹不赘述。

（二）特别效力

1. 告知义务："消保法"第十八条规定："企业经营者为邮购买卖或访问买卖时，应将其买卖之条件、出卖之姓名、名称、负责人、事务所或住居所告知买受之消费者。"[230] 是为企业经营者之告知义务。[231] 违反本条之规定，其效力如何？本条并未规定。如解为效力规定，则企业经营者违反规定，买卖契约无效，反而对消费者不利，与消保法立法意旨不符；如解为训示规定，亦无意义；如解为取缔规定，但消保法并无行政处罚规定。本书以为似可解为在训示消费者于成立买卖时有权要求出卖人为本条之记载。

2. 契约解除权："消保法"第十九条规定："邮购或访问买卖之消费者，对所收受之商品不愿买受时，得于收受商品后七日内，退回商品或以书面通知企业经营者解除买卖契约，无须说明理由及负担任何费用或价款。邮购或访问买卖违反前项规定所为之约定无效。契约经解除者，企业经营者与消费者间关于回复原状之约定，对于消费者较"民法"第二百五十九条之规定不利者，无效。"由本条规定可知，邮购买卖之邮购递送方式为现物要约，而访问买卖之访问（随带或未随带商品）为要约之引诱，仍须有承诺方能成立买卖契约，故消费者对所收受之商品愿意买受后反悔，自应许其于收受商品后一定期间（七日）内，无须说明理由及负担任何费用或价款，即可退回商品或以书面通知企业经营者（使

230 "消保法施行细则"第十六条规定："企业经营者应于订立邮购或访问买卖契约时，告知消费者本法第十八条所定事项及第十九条第一项之解除权，并取得消费者声明已受告知之证明文件。"

231 台湾台北地方法院 1998 年度简上字第 91 号判决认为企业经营者违反此告知义务，须负缔约上过失责任，应对消费者负损害赔偿责任，但消费者欲不说明任何理由解除契约者，仍须符合"消保法"第十九条之规定。

出卖人取回其商品）。本条立法用意甚佳，但商品如为杂志或具时效资讯性商品者，消费者将之影印或为其他表示愿买受之行为者，例如签章或使用者，应否视同"民法"第一百六十一条规定买卖契约因意思实现而成立，或如同"民法"第三百八十七条第二项规定视为承认（试验买卖），值得立法者来日修法时再加思考斟酌。

3. 保管义务之排除："消保法"第二十条规定："未经消费者要约而对之邮寄或投递之商品，消费者不负保管义务。前项物品之寄送人，经消费者定相当期限通知取回而逾期未取回或无法通知者，视为抛弃其寄投之商品。虽未经通知，但在寄送后逾一个月未经消费者表示承诺，而仍不取回其商品，亦同。[232] 消费者得请求偿还因寄送物所受之损害，及处理寄送物所支出之必要费用。"本项如解为要约，则相对言之，消费者方面必为承诺问题，依一般契约法理论，承诺人仅具有承诺资格，其承诺与否，悉听自由，无承诺义务可言，对现物要约之商品，当然无保管义务，亦无退货义务，此乃契约法之明理。第二项无例外情形之规定，适用上易生争议。例如在通知期限或法定期限（一个月）内，买受人已满足其需要者（如已阅毕杂志），是否仍有本项之适用？第三项之规定，看似有意义，实则无意义，盖买受人既无保管义务，如确有保管之必要，例如易于腐烂商品，则可因无义务亦未受委任，按民法第一百七十二条至第一百七十八条有关无因管理之规定处理。反之，买受人虽无保管之义务，但亦无加以破坏侵害之权利，故在期限内，仍不得随意加以侵害或为任意处分，否则有可能构成侵权行为责任。

（三）消保法适用之特别限制

商人与商人间非基于消费目的所为之交易，应无消保法之适用[233]，

232 盖任何人均无强迫他人接受之权利，即英美法所谓 No body can force the other person to do anything against his own free will。

233 "最高法院"2001年度台上字第2011号判决："所谓消费者，依'消费者保护法'第二条之立法解释，指以消费为目的而为交易、使用商品或接受服务者而言。银行或其他金融机构与连带保证人间所订立之保证契约，乃保证人担保借款人对金融机构债务之清偿责任，金融机构对保证人并未提供任何商品或服务，保证人并未因有保证契约而自银行获得报偿，尚非属消费者保护法所规定有关消费之法律关系，自无该法之适用。"
同院2002年度台上字第1001号判决："租用商品，如其目的主要供执行业务或投入生产使用，并非单纯供最终消费使用者，核与'消费者保护法'第二条有关消费者及消费关系之定义未合，尚无消费者保护法之适用。本件上诉人所租用之系争二条T3电路系作商业用途，其目的在传输符号、信号、文字、影像、声音等讯息，供上诉人执行业务及营业之用，为上诉人所自陈，则上诉人租用电路，系以供执行业务及投入生产使用为目的而交易，显非以消费为目的而交易，并无适用消费者保护法之余地。"

此时且无“民法”第一百二十七条二年短期消灭时效之适用。

三、邮购服务或访问服务

2003 年 1 月 22 日修正施行之“消保法”认为，以邮购买卖或访问买卖方式所为之服务交易，已成普遍行为，故特于“消保法”第十九条之一增订：“前二条规定，于以邮购买卖或访问买卖方式所为之服务交易，准用之。”

柒、继续性供给契约

一、案例提示

A 因承包“中央”联合办公大楼打蜡工作，工作期间为一年，每天需用蜡十桶，乃与 B 签订定契约，由 B 每天供应“中兴牌”五加仑装蜡十桶，期间一年，每次交货时以每桶五百元计算。A 并以每月一千元代价向 C 承租打蜡机一年，因经营不善，第七个月起 A 无法支付价金及租金，此时法律关系应如何处理?

二、继续性供给契约之意义

所谓继续性供给契约，系指当事人约定，一方于一定或不定之期限内，向他方供给一定种类、品质、定量或不定量之物品或物质（例如水电、煤气、订阅报刊杂志、牛羊奶……），由他方按一定之标准支付价金之买卖契约。[234] 关于价金之支付，并非为先一次给付价金，亦非最后一次给付价金，而是各个给付与价金之支付处于个别对立之状态。虽然各个给付及价金之支付有时间上之划分，但性质上乃属一个契约，并非为多数契约之集合。

继续性供给契约属继续性契约之一种，但二者观念不尽相同。盖继续性供给契约为买卖之一种，须移转财产权，如不为移转所有权之约定者，可能为租赁、承揽或雇佣如案例打蜡机之租赁，性质上虽为继续性契约，但非继续性供给契约，故继续性契约不限于继续性供给契约。

继续性供给契约通常为种类物之买卖，故有另行交付无瑕疵物之

234　郑玉波，前揭书，同注 1，第一二二页。邱聪智，前揭书，同注 1，第二二二页。

问题。

三、继续性供给契约之效力

（一）一般效力

继续性供给契约亦属买卖之一种，故亦有买卖（尤其是双务契约之部分）规定之适用。

（二）特殊效力

1. 出卖人有先为给付之义务：继续性供给契约之出卖人有先为给付之义务，故原则上无同时履行抗辩权之适用（“民法”第二百六十四条）。反之，买受人有一期之价金未支付者，出卖人始得拒绝下期之给付，故又称为变态的同时履行抗辩权。

2. 终止权之行使：继续性供给契约与一般继续性契约同，通常仅发生终止契约[235]，不发生解除契约之问题。惟本书认为如继续性契约第一期即有一方违约者，他方仍可解除契约。

3. 情事变更原则：继续性供给契约既具有继续性契约之性质，故有情事变更原则规定之适用（“民法”第二百二十七条之二参照）。[236]

4. 国际贸易：国际贸易习惯所签订之全年度采购契约（annual procurement），即属继续性供给契约之性质。因支付全年度采购所开立之循环信用状（revolving L/C）为支付价金之方法者，应比照继续性供给契约之买卖性质等相关规定及信用状统一惯例与实务（UCP）之国际惯例办理之。通常此类年度采购契约，均先有基本契约（basic agreement）之签订，再依此基本契约为个别契约之（individual contract）之签订，习惯上常以订购单（order）为之。

5. 英美法上有所谓“demand and supply contract”，依台湾民法规定观之，亦应属继续性供给契约之性质。按英美法院之判例见解，认为此类“需求与供应”契约，因需求者与供给者，依此约定均不得未经他方

235 “最高法院”2000年度台上字第1904号判决：“按契约除当事人为合致之意思表示外，须经债务人继续之履行始能实现者，属继续性供给契约，而该契约倘于中途发生当事人给付迟延或给付不能时，民法虽无明文得为终止契约之规定，但为使过去之给付保持效力，避免法律关系趋于复杂，应类推适用‘民法’第二百五十四条至第二百五十六条之规定，许其终止将来之契约关系，依同法第二百六十三条准用第二百五十八条规定，向他方当事人以意思表示为之。”

236 拙著，情事变更原则之再探讨，台湾本土法学杂志，第十二期，2000年7月，第五七页以下。

同意，向第三人购买或出售于第三人，互有对价之约因（consideration）存在，故其契约仍有拘束力。

第六节　国际贸易契约

壹、绪说

一、基本流程

国际商品买卖，自商品之促销或促买活动，以迄买卖契约之履行或不履行止，其间流程，固因商品性质及业界习惯而有差异，但仍可整理出如下述基本流程：

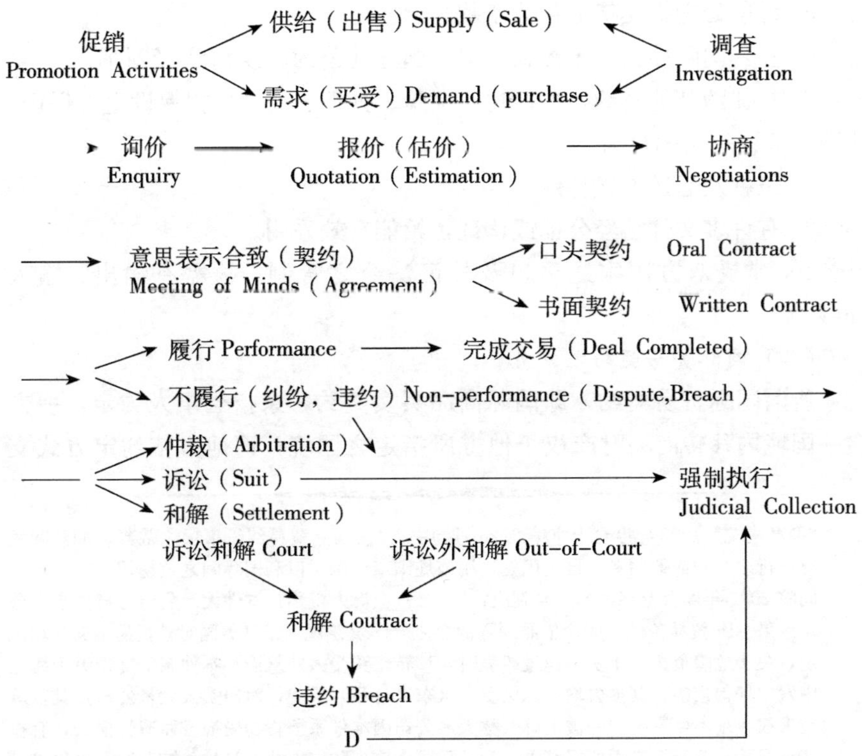

二、基本概念

（一）贸易契约之意义

买卖契约，就其买卖标的内容言，可分为权利之买卖与物之买卖契约。物之买卖契约中，以商品为买卖标的物者，称为商品买卖契约。商品买卖契约就其商品移动之区域言，又可分为国内商品买卖契约（domestic sale and purchase contract）与国际商品买卖契约（international sale and purchase contract），故贸易契约（trade contract）为买卖契约（sale and purchase contract）。

国际商品买卖契约具有下述特点：

1. 契约用语特殊专业。

2. 记载内容较详细。

3. 契约履行时间较长。

4. 常有准据法及诉讼管辖条款。

5. 纷争处理常先依据仲裁条款。

6. 甚具国际性，常于约款中引用国际性公约、规则[237] 及习惯。

7. 常伴随其他契约，如运送、保险、押汇、托收、担保设定、保证、认证、签证等法律行为。

8. 付款及运送方式特殊。

9. 有许多文件须经公证或认证，始能有效采用。

10. 常受双方国家进出口及外汇法令之管制，故需有输出、输入许可。

（二）国际贸易契约之意义

所谓国际贸易契约，即国际商品买卖契约，系指当事人约定，一方自一国境内移转商品财产权于他方所指定之国境，而他方依约定方式支

237 “最高法院”1992 年度台上字第 2926 号判决：“按国际贸易纠纷事项之裁判，如国际间有通行之规则或惯例者，自应优先适用该规则或惯例，以利国际间之贸易。”
同院 2002 年度台上字第 891 号判决：“（二）上诉人辩称，本件大×公司与日方东×公司系采 CIF 贸易条件，无论依照国际商会之‘国贸条规’或‘美国对外贸易定义’均规定，关于危险负担，于货物越过船桅时，移转于买受人。从而，本件系争货物纵于海运中发生任何损害，其损失均应由买受人（东×公司）承担，对出卖人大×公司及其货款请求权，毫不生影响。是被上诉人称大×公司因本件系争货物受损害而遭受损失，有权请求保险金云云，实无所据等语，为其重要之攻击防御方法，且攸关被上诉人之请求是否允当，原审恝置未论，已属可议。”

付价金之契约也。兹分述如下：

1. 国际贸易契约系法律行为：国际贸易契约与一般契约无异，须由要约（offer）与承诺（acceptance）相对立合致而成立。要约与承诺均为意思表示，故国际贸易契约，系法律行为之一种。

2. 国际贸易契约为债权契约：国际贸易契约系以发生国际贸易债权债务关系为目的之契约，故属债权契约。

3. 国际贸易契约系以商品为买卖标的物之契约：因国际贸易契约标的物之不同，可区分为有形国际贸易与无形国际贸易，前者以商品为标的物，后者为无体财产权及劳务性之交易，台湾“贸易法”第二条规定：“本法所称贸易，系指货品之输出入行为及有关事项。前项货品，包括附属其上之商标专用权、专利权、著作权及其他已立法保护之智慧财产权。”故贸易法之标的物兼指商品所附无体财产权在内。因此，广义之国际贸易标的物不限于商品，尚包括权利、劳务、不动产，但权利多发生于国际租赁或商标专利权之买卖；劳务则多在于国际聘雇；而不动产则因一国主权限制，多有限制，故国际贸易可说多以商品为标的物。

4. 国际贸易契约系以移转商品财产权于他方或其指定之国境为目的：按移转商品财产权与支付价金，互为对价关系。其在国际贸易上之特征，乃此商品系自一国境至另一国境，故产生与国内贸易契约不同的移转及运送交付方式，诸如以提单（B/L、Air Waybill）移转所有权，海运、空运、陆运或海、陆、空联合运送方式。

5. 国际贸易契约系依约定方式支付价金：按一般国内贸易契约，甚少对价金之支付方式特约，充其量亦仅约定现金或票据支付。反之，国际贸易因系于不同国境内进行交易，涉及不同国家（地区）货币[238]之汇兑问题，复关系到支付信用程度，常对价金支付方式作特别约定，诸

238 “最高法院”1999年度台上字第3459号判决：“按以外国通用货币定给付额者，固仅债务人得以台湾通用货币给付之，为‘民法’第二百零二条前段所明定，债权人不得请求债务人以台湾通用货币给付，惟契约自由乃私法上之六原则，该法条乃任意规定，非强制规定。国际贸易中，如契约当事人约定债之给付应以外国通用货币为之，债权人亦得请求债务人折付新台币者，不能认系违反强制规定而无效，契约当事人应同受拘束。”

如 T/T[239]、L/C[240]、D/A、D/P、check 或 draft 等。

6. 国际贸易契约系法律行为之一种：国际贸易契约与一般契约无异，须由要约（offer）与承诺（acceptance）相对立合致而成立。邀约与承诺均为意思表示，故国际贸易契约，系法律行为之一种。

（三）国际契约贸易书之意义

在国际交易行为，其契约之成立，并不以立有契约书为必要，例如到厂、到店或在展览会场当面所成交之样品买卖或试订（trial order），

239 "最高法院"2002年度台上字第1508号判决："（一）依密×兰银行1981年7月7日之汇款电报等内容观之，系密×兰银行将款汇至被上诉人银行，并指示被上诉人核对该三名受款人之签名及护照号码后，将汇款拨入该三名受款人共同账户，未用完之余额需退还密×兰银行云云，足认该汇款契约，系密×兰银行委托被上诉人处理审查及交付汇款与受款人，再将未用完余额退还等事务，并非属于指示该三名受款人有对被上诉人直接请求之权利而经被上诉人允诺之契约，其性质应属民法上之委任契约关系。非密×兰银行将其对被上诉人因委任契约所生之债权（审查受款人之证件后付汇款及将余额退回）约由受款人享有之结果，（受款人本身仅取得一种得'受付款之资格'而已。）此与第三人利益契约之应由第三人享有债权人对债务人因契约所生之债权之情形不同。（二）被上诉人与密×兰银行间就系争汇款行为所成立之委任关系，密×兰银行固得随时撤销汇款之委任，惟国际电汇首重迅速，以达国际贸易或异地付款一日千金之需求，即受托银行并无确定'实质'或'真正'受款人之义务，而仅须根据委托银行之指示，作'书面形式'之审查后将汇款给付予'形式'资格符合之人即可。被上诉人既已依密×兰银行之指示审查三受款人之资格而于1981年7月30日将系争汇款解汇付款，完成委任事务之处理，则被上诉人与密×兰银行间之委任关系已因委任事务执行完毕而告消灭，系争汇款于解汇付款后已转为被上诉人与联名账户存款人间之金钱寄托法律关系，亦无由密×兰银行对该电汇款再为请求或变更指示之余地。"

240 "最高法院"1974年度台上字第206号判例："国际贸易，出口商通常皆待收到信用状后，始办理货物装运手续，可见信用状之交付，应先于货品之交付。"
同院2002年度台上字第1214号判决："信用状开状银行依买受人之请求而开发以出卖人为受益人之信用状，其目的在补强远在异国买受人之信用，出卖人为诚实信用之人为该制度存在之前提，开状银行始允诺出卖人依诚信原则完成一定之条件后，对其所开之汇票将予承兑或付款。苟出卖人违反诚信原则之行为明确（如国际贸易诈欺行为），纵使系属不可撤销信用状，开状银行亦不负付款义务。上诉人以空保丽龙盒及扬声器搪塞冒充之汽车音响零件，并持商业发票、载货证券、包装单之货物种类栏皆记载'汽车音响零件'等押汇单据，向指定银行办理押汇取款等手续，显系蓄意诈欺买受人廉×公司与其订立买卖契约并使其开立信用状，廉×公司发现受诈欺，被上诉人自得拒绝上诉人付款之请求。按信用状交易，依国际惯例采单据交易，概以单据本身为依据，故信用状之受益人提出形式上合于信用状记载之商业单据，开状银行应予付款，固分别为'信用状统一惯例'第三条、第十五条所揭示。第按行使权利，履行义务应依诚实及信用方法，为'民法'第一百四十八条第二项所明定。本件原审以被上诉人受通知上诉人诈欺，上诉人实际交运之货物与载货证券上之记载不符，认上诉人付款之请求于诚实信用方法难认无违，而为上诉人败诉之判决，经核于法并无违误。"

通常均以口头契约（oral contract）行之；但在正式订货场合，因其数量大、金额多、交货期限长，而双方当事人又居于不同国境内，为避免日后发生疑义纠纷，一般非长期性采购，则以 FAX（传真）、E-mail 或正式面对面签订一基本契约（basic contract），再依此基本契约进行个别契约（individual contract），常以订单（order）方式为之。此种以电传交换基本契约、个别契约及订单而记载当事人间国际贸易债权债务关系之文件，即为国际贸易契约书，其于国贸业界所盛行之印制契约格式（printed contract form）或标准契约书（standard form contract），经双方当事人签署者，自属国际贸易契约书。

（四）特别概念之介绍

1. 要约（offer）：要约者，谓以缔结契约为目前所为之意思表示，其要点如下：

（1）要约须由特定人为之

要约人因要约而受拘束，故必由特定人为之。

（2）要约须向相对人为之

受领要约人虽不必为特定人，但必为相对人，盖非相对人承诺之意思表示，无以成立相对立之意思表示。

（3）要约内容须足以决定契约之内容

要约内容必须确定（firm，certain），俾据以为承诺。

以上所述，乃一般要约之法律概念。但国际贸易之进行方式及过程较为特殊，如何情形下始构成要约，不得不小心。一般言之，询价（inquiry），仅系一种要约之引诱（invitation to offer），并非为要约。至于对询价所为之报价（quotation），则视其内容详简而定其为要约之引诱或要约。凡报价内容已将买卖标的物、价金及交货日期详为订定者，视为要约，否则仅为要约之引诱。又英美法实务言，凡先前协商（preliminary negotiation），均为要约之引诱，不具要约之性质。通常报价者，为避免商品价格涨落及汇兑损失，均订有报价有效存续期限（validity period），但恐有失去期限过后之订单，故较有利之报价方式，多于报价单 terms and conditions 项下加一条 order subject to seller's final confirmation。此类报价性质，通说认为相当于台湾“民法”第一百五十四条第一项“要约预先声明不受拘束”之规定，此为国际贸易实务上不可不注意之要点。

2. 承诺（acceptance）：承诺系指谓受领要约之相对人，以与要约人订立契约为目的所为之意思表示。其要点如下：

（1）须向要约人为之

凡非向要约人所为之意思表示，虽名为承诺，其法律性质，实际上仅具一般要约之效力。又虽有要约，但承诺系向要约人以外之人为之者，因在法律上无以拘束要约人，故要约人非契约之当事人，无以成立契约。

（2）须由要约相对人为之

此项要求，乃因不知要约内容，无以成立契约之原则所致。虽我民法承认交错要约（cross offers）可以成立契约，但英美法不予承认，是国际贸易上不可不注意。

（3）须在要约有效期限内为之

迟到之承诺，因要约已失其效力，纵有承诺，亦无以成立契约，故法律上视此迟到之承诺为新要约（new offer）（“民法”第一百六十条第一项参照）。

（4）须承诺内容与要约内容完全一致

此称之为无条件承诺（unconditional acceptance），英美普通法（common law）与大陆法均同样规定，凡将要约内容变更、缩小或扩张，均视为拒绝要约，而为一新要约。但美国统一商法典（UCC）第二条有关买卖法之规定，依该条规定，凡承诺对要约内容为 additional terms 者，所增加部分视为一种 proposal，内容相同一致部分仍然有效，而该 proposal 部分经要约人 confirmed 者，该增加部分即自动成为整体契约之一部，而具有契约拘束力。又订单之 confirmation 或 acknowledgement copy，其性质亦属承诺方式之一种。

3. 要约与承诺之传达（communication）：按要约与承诺既为意思表示，意思表示必须传达对方始能发生效力。就国际贸易言，对话为意思表示甚少发生；非对话意思表示之生效，大陆法系采到达主义，英美法系则采发信主义，因两法系制度上之不同，于国际贸易为承诺时，宜于文中载明生效日期或以邮戳日期为准，以杜争议。又实务运作时，应特别注意现实盛行借由电磁方法，透过电脑之画面所缔结之契约，俗称为电子契约，由于其（1）非面对面缔约、（2）多为定型化契约、（3）具即时性、（4）无纸化及（5）跨国性等等特点所引发之法律问题，目前联合国虽订有模范电子契约法则，并台湾已有电子签章法，但各种法律效果迄未有统一定论，尤其对书面定义、意思表示及契约之成立生效始点，仍有待研究确定，是目前最好在契约中载明电子传输之生效时点。

4. 约因（consideration）：约因制度为英美契约法所特有之制度，对于契约效力之执行具有非常重要之功能，凡未具有约因所成立之契约，将来发生违约或纠纷时，无法请求法院予以救济，称之为 unenforceable contract。约因对于要约之存续，亦具有与大陆法系很大不同的功能。依英美普通法，凡未具约因之契约，纵订有要约有效存续期间，要约人亦得随时在承诺前，撤回其要约；反之，附有约因之要约，如付少数价金用以拘束要约者，要约人不得于要约期限内撤回其要约，颇类似于台湾民法之定金制度，我国民法无此项要求之规定。所谓约因，相当于台湾民法上所称之代价。不过，美国统一商法典 UCC 为配合实务需要，现已规定商品买卖契约之要约，只有要约人以书面并签名，即可充足约因之要求。

5. 意愿书（letter of intent）：英美贸易业界如 kmart、Sears、GE...等公司，其采购均按年度计划进行，不但采购品名多杂，金额、数量又大。一般在正式采购下年度产品前，均先与各供应商（supplier）先为各种协商（negotiations），作成备忘录（memorandum）及议事录（minutes of meeting），最后签署一纸简易书，有称为意愿书（letter of intent），以确认双方当事人已达成某种程度之合意，以便将来双方当事人在一定条件下正式签订契约书之意愿。论其法律性质，类似预约（agreement to agree），但其效力不及台湾民法之预约书，盖意愿书（letter of intent）必须在一定条件下，始有正式签约之义务，不若预约亦系契约之一种。

贰、作成契约书之重要性

如前所述，契约书虽非国际贸易契约成立生效之必要条件，但就下列几点来看，仍具有极重要之意义：

一、发挥私法自治

私法自治乃民法上之一基本原则，亦即私人间之法律契约关系，原则上由当事人自由约定。国际贸易契约之成立，固不以书面为必要，口头约亦可，但口头契约除事后举证困难外，亦不易将私人所欲发生之权义关系及其范围，作明确表达；反之，若作成书面契约，只要不违反法律强制禁止规定或公序良俗者，均可由双方当事人详为订定，实具有高度发挥私法自治之功能，此所以英美法常喻契约书为一部商人法（merchant law）。例如 L/C 关系，可约定适用国际商会（ICC）1993 年所修正之 UCP 500 规则。

二、避免误解与纠纷

国际贸易因各国人种、语言、宗教、传统、习惯与法律制度之不同，常发生交易上之误解与纷争。如能于契约书上将此等因素所可能发生之误解详加载明双方之一致见解，纷争必可减至最低程度。

三、解释依据

正式契约书通常设有定义条款（definition clause），作为解释契约各条款所用语词之一定含义与范围，以避免适用上之争议。又因契约书中通常载明特殊或专业用语，解释上亦较易把握特殊或专业用语真义所指。

四、确定权利义务范围

贸易契约不论买卖、代理、经销、技术合作生产、联合投资或其他相关之运送保险契约，自契约成立至履行之间须有一段相当期间，其内容又相当复杂，非订立契约书，其履行上必有相当困难，且如条件不明确，权利义务内容不清，当事人无所适从，固以书面确立权利义务范围为宜。

五、解决纷争

因契约书载明当事人间之权利义务及其范围，且对于解决纷争及标准亦经事先载明，故当争议或违约发生时，当事人即可按其约定方式及标准予以迅速解决，以节省人力、物力与财力。

六、举证责任之强化

虽民事诉讼之审理基本原则，采自由心证主义，但国际贸易进行之过程特殊，尤其高金额交易，常在协商中有口头承诺（oral promise），TELEX来往，FAX互换，以及其他备忘录（memorandum），最后正式签订契约书，在法律上，因受口头证据法则（parol evidence rule）之限制，契约书（written contract）才是当事人间之终局及绝对契约依据（final and exclusive conclusion）。如能订立契约书，则于仲裁或诉讼时，该契约书不失为相当有力之证据，例如契约书常有仲裁前置程序遵守之特约是。

叁、基本契约与个别契约

一、概念区别

国际买卖契约，依其约定内容，可分为基本契约（basic contract）与个别契约（individual contract）。基本契约者，乃为反复、继续进行交易，而将各个买卖基本共通事项作约定之契约。依据基本契约，买卖双方间之具体权利义务尚未发生，必于双方应依据该基本契约订立个别契约时，买卖之具体权利义务始发生。易言之，买卖基本契约仅止于全需要量供给契约（requirement contract）而已。广义言之，经销契约（distributorship contract）及代理契约（agencyship contract）亦属于此类基本契约。买方与卖方订立基本契约之目的，在于确立长期安定之契约关系，对各个交易共通事项作约定，从而可反复继续而使交易简单化，迅速化为目的。至于个别契约者，乃为交易而依据基本契约对个个买卖之交易条件作约定之契约也。依据个别契约之订立，买卖双方间有关商品之具体移转义务及价金之支付义务乃告发生。

二、内容

（一）基本契约约定之主要内容为：

1. 契约期间
2. 契约价格之决定方式
3. 契约数量之决定方法
4. 付款条件
5. 移转条件
6. 品质保证
7. 个别契约之缔结义务
8. 纷争之处理
9. 准据法
10. 其他各个买卖之基本共通事项

（二）个别契约约定之主要内容为：

1. 买卖价金
2. 交货数量
3. 交货日期

4. 其他特别条件

个别契约之内容通常简单，一般共同事项适用基本契约之约定。因此通常会在个别契约载明与基本契约之关系。为此，各公司行号均以印好契约格式（printed contract form，如出售单 sale note 或订购单 purchase note）为之。

三、不一致之解释

当个别契约条款与基本契约条款不一致时，须决定优先适用问题，其决定通常依据买卖双方之意思解释。一般言之，其解释顺序为：

（一）个别契约之表面条款（special terms & conditions）

（二）基本契约之约定条款

（三）个别契约之里（背）面约款（general terms & conditions）

肆、签订国际贸易契约书应注意之要领

国际贸易契约之成立，尤以签订契约书为最，应注意下列基本要领：

一、人

契约当事人为何？由谁代理或代理签名？其是否有权限签名？当事人是否具资格？又能力如何？有无保证人？有无抵押人？是否尚有其他契约关系人？如仲裁机关、政府机关、商业团体、受让人、继受人、见证人、公证人……等是。

二、时

契约何时订定？何时生效？契约有效期限有多长？何时履行？何时检验？何时付款？何时赔偿？何时仲裁？此包括时点及期限。

三、地

何地订立契约？何地交货？何地付款？何地检验？何地仲裁？何地管辖？适用何地法律？契约权益适用地域为何？此包括地点、处所、地域或国家。

四、事

为何事签约？签约内容如何？权义责任范围如何？何种条件下契约

得更新？延展？续约？解除？终止？

五、物

契约标的物为何？物之规格如何？品质如何？种类如何？如何制造？所用材料为何？如何包装？包装材料如何？如何运送？如何交付？付款货币如何？汇率如何？

六、明了对方意思

应先将对方之订约目的及用语真意，先加以研究获得完全了解，始能订立契约，否则易生误解与纠纷。

七、注意法律效果

此须考量两方国家（地区）有关民刑行政法令、习惯、惯例、司法程序、仲裁程序、外汇制度、国际私法、进出口规章、国际规则、协定、条约，以及区域性经贸组织法规。

八、相关契约之签订

尤须注意运送、保险、押汇、托收等有关国际贸易之契约，务必使其与基本贸易契约之内容相一致，不发生抵触或矛盾。

九、用语要正确适当

除有特殊作用外，用语应尽量避免使用不明确或不适当之字眼。

十、观前顾后明现时

观前要检讨签约前来往文件及过去交易诚信如何？顾后要考虑将来履行所可能发生之各种情况；明现时要了解彼此现时之各种能力，以作来日各项应付准备。

最后，提出一法院判决要旨，说明实务对于国际贸易不甚了解而引起之误解："最高法院"1974 年度台上字第 206 号判例："国际贸易，出口商通常皆待收到信用状后，始办理货物装运手续，可见信用状之交付，应先于货品之交付。""最高法院"此一见解，仅指出"出货"与"开发信用状"两者间之法律关系，并未说明"开发信用状"与国际买卖契约间之法律关系。按坊间论著有谓二者为"解除条件"（condition precedent)，有谓为"停止条件"（condition subsequent)，不论何者，显有误解英文原著之意，均非正确译词，致有律师引译而为法院据以裁判。其误判之深，非法官之罪，乃他方当事人之律师未能提出有力反译，依民事诉讼法当事人进行主义，其输何怨也。按英美法上开二词，需视上下文及其所指何事而定其真正译词。如用于契约 contract 是否成立生效或已生效而失效，则 condition precedent 可译为解除条件。若国际买卖契约已成立生效，而“开发信用状”，仅是作为卖方生产或出货之条件者，断不可将 condition precedent 译成停止条件，而应译成“先决条件”，亦即买方不开来信用状，卖方可拒绝生产或出货，对买卖契约早已生效有拘束力毫无影响，反之，构成买方违约债务不履行。深盼当事人之律师及法院今后对此类案件之裁判能有所导正。

第二章

互　易

【案例提示】

A与B为好友，A住台北，而B住高雄，二人因调职关系，乃协议A将台北房屋一间及电冰箱、电视机、洗衣机，与B在高雄之房屋一间及电冰箱、电视机、洗衣机互易，但协议由B补给A房价廿万元。惟A至高雄时，方发现洗衣机不能洗，电视机看不清，冰箱不结冰。试问：

一、当事人间之法律关系如何？

二、A、B协议互调职务，其协议之法律性质如何？

第一节　互易之意义、性质与种类

壹、互易之意义

依"民法"第三百九十八条规定："当事人双方约定互相移转金钱以外之财产权者，准用关于买卖之规定。"是为互易契约，英美法称之为barter。兹分述如下：

一、互易之标的物须为金钱以外之财产权

查买卖系一方移转财产权，他方支付价金；赠与系一方移转财产权，他方无偿允受；雇佣为一方提供劳务，他方给付报酬，均非互易。互易必须为相互移转金钱以外之财产权，始足称之。惟如一方给付特

殊金钱如古董钱，而他方移转财产权者，因古董钱之性质既为古董而非流通货币，仍属互易。又债权、物权、准物权或无体财产权均得为互易之标的，例如A以其对B之债权与C对D之债权互易，盖债权亦为财产权。

案例中A、B互调职务之协议，因不符合财产权之要件，不宜论为互易，充其量仅能类推适用互易之规定，但就互调职务性质言，实系附有主管单位核可之停止条件的无名契约。

二、互易之财产权不以性质相同为必要

互易仅须以金钱以外之财产权为契约标的即可，互易财产权之性质非须相同，故不论物权、债权、准物权或无体财产权，亦不论动产或不动产，均得为互易标的。惟如A向B购买机车一部，嗣因A无现金而以其古董三轮车一部为给付者，则非互易，性质上为"民法"第三百十九条之代物清偿，盖其原有给付价金义务，已因A以他物代替原定给付，经债权人受领而消灭，故应为代物清偿。

三、须以移转财产权为必要

互易必须移转所有权，故"民法"第三百九十八条规定互易准用买卖之规定。因此，如约定互换土地使用，并未移转所有权者，则属相互租赁[1]，租金相互抵销。至于度假村会员以其分时度假权与他会员之分时度假权相互交换使用度假村设施，本书以为会员权乃资格权，与互易须移转财产权不同，故充其量，乃一种无名契约，而类推适用互易之相关规定。

1 "最高法院"1981年度台上字第929号判决："互换土地使用系一方以自己所有或有使用权之土地换与他方使用为对价，而使用他方换来之土地，亦即使用他人土地付有相当之对价，其性质与租赁无殊，系争交换使用之土地，地目为田，既旨在作双方耕作之目的使用，虽被上诉人将其中一部分，铺设水泥，作为晒谷场兼庭院及建厕所，亦系因耕作之目的所为必要之措施，则被上诉人与林×淇就系争土地所成立之租赁契约，应有'耕地三七五减租条例'之适用，上诉人既无同条例第十七条所定事由，任意终止租约即不生终止租约效力。"

同院1986年度台上字第1594号判决："两造互换土地使用，彼此有对价关系，均非无偿，其性质属互为租赁，并非无偿使用借贷。被上诉人承租系争土地作为房屋基地，非有法定原因，出租人不得终止租赁契约收回土地。"

同院1999年度台上字第2805号判决："交换土地使用，系一方以自己所有或有权使用之土地换与他方使用为对价，而使用向他方换来之土地，其性质属于互为租赁关系。"

贰、互易之性质

一、有名契约

互易规定于“民法”债编各论第二节，故为一有名契约。

二、债权契约

按互易为债权契约，故互易契约订立时，不生物之所有权移转之效果，须由互易契约当事人为移转所有权之物权行为，始发生所有权变动效果。[2] 故互易契约之解除，并不影响互易契约当事人已取得之所有权[3]，而应依“民法”第二百五十九条之规定，互负回复原状之义务。

互易契约既为债权契约，故不以互易契约当事人有所有权或处分权为必要。兹举例如下：A 将 C 所有之土地与 B 之土地互易，完成点交，但尚未办理移转所有权登记，此时 A、B 之互易契约因准用买卖规定，故 A、B 互易契约属债权契约之性质，并不以 A 具有处分权、所有权为必要，亦不以物已存在为必要。B 取得 C 土地之占有系无权占有，C 得向 B 主张无权占有，依“民法”第七百六十七条规定请求 B 返还。但 A、B 之互易契约仍属有效，故 B 得对 A 主张债务不履行及权利瑕疵担保责任。

兹再举一例如下：A 向 C 买一块土地，B 向 D 买一块土地，均尚未办理所有权移转登记前，A、B 各对其买卖契约反悔，A、B 乃约定各以

2 此与日本民法有别，盖日本民法物权系采意思主义，当事人于互易之意思表示一致时，即发生物权移转之效力。
“最高法院”1969 年度台上字第 443 号判决：“不动产物权依法律行为而取得者，非经登记不生效力。如非依法律行为而取得者，虽不以登记为取得所有权之要件，但其取得所有权之原因，必须有相当之证明，否则即无从认为有所有权之存在，而得据以排除强制执行。本件被上诉人既主张系基于互易而取得系争房屋，能否谓非属基于法律行为而取得，不应以登记为取得所有权之要件，即尚非无审究之余地。”

3 “最高法院”1992 年度台上字第 271 号判决：“按‘民法’第三百九十八条所规定之互易，系指当事人双方约定互相移转金钱以外之财产权，准用关于买卖规定之债权契约，而所谓原始建造，乃所有人建造房屋自始取得所有权之事实行为，两者之成立要件及法律效果各不相同。当事人双方所订互易契约纵依法解除，亦不能使原始建造系争房屋之事实行为有所变更。被上诉人与江×凯订立互易契约后，既由江×凯自行合并设计规划，建造系争房屋，似应认江×凯自行建造系争房屋而原始取得其所有权，纵令嗣后被上诉人解除其与江×凯订立之互易契约，要于江×凯原始取得系争房屋之所有权不生影响。”

向C、D所买之土地互易，契约中载明“D之土地直接过户予A，C之土地直接过户予B”，以减少税金。D依约直接过户予A，C未依约而系过户予A后，再由A过户予B，B可否因A未依债之本旨给付而解除契约？本书以为A、B间之互易契约仍属有效之债权契约[4]，A、B须履行交付及相互移转所有权等要素债务。案例之当事人虽于契约中为直接过户之约定，惟此约定对契约之目的并无影响，虽A构成附随义务之不履行，但B仍最终取得所有权，故B不得解除契约，仅得请求因增加税金所生之赔偿。

三、双务契约

互易当事人均负有交付与移转金钱以外财产权于对方之义务，二者间互为对价，自为双务契约，故有“民法”第二百六十四条同时履行抗辩权规定之适用。

四、有偿契约

互易当事人均应为交付与移转金钱以外财产权于对方之给付，二者间互为对待给付，属有偿契约，得准用买卖之规定（“民法”第三百四十七条、第三百九十八条）。

五、不要物契约（诺成契约）

互易契约不以移转所有权为成立或生效要件，故为不要物契约、诺成契约。[5]

六、不要式契约

互易契约不以书面为成立要件，故为不要式契约。

4 “最高法院”1980年度台上字第3882号判决：“两造调解成立之内容系土地之交换，属于互易，依‘民法’第三百九十八条准用买卖之规定，当事人对于互易之标的物，不以有处分权为必要，是该和解契约并不因被上诉人对于互易之土地无处分权而罹于无效，上诉人主张其为自始无效，尚非有据。”

5 邱聪智，新订债法各论，上册，2002年10月初版第一刷，作者自刊，第二三一页。并请参见“最高法院”1990年度台上字第2402号判决：“互易为当事人双方约定互相移转金钱以外之财产权之契约，依‘民法’第三百九十八条规定准用关于买卖之规定。故互易为诺成契约，关于出卖人之义务，于互易均有准用。互易契约成立时，互易所约定之财产权，固未必已存在，若契约之一方负有移转定作物所有权于他方之义务者，不妨于建筑之初，使他方原始取得所有权，以履行移转所有权之目的。”

叁、互易之种类

一、单纯互易

所谓单纯互易，系指完全注重财产权之移转而不注重对价关系之互易，一般之互易多属此类。

二、价值互易

所谓价值互易，系指注重对价而不注重财产权移转之互易。通说认为此种情形，实际上为二个买卖契约，仅为价金互相抵销而已，此因难以证明，故视为互易，较切合实际，但仍应探求当事人之真意以定之（“民法”第九十八条）。

三、附补足金互易

依“民法”第三百九十九条规定：“当事人之一方，约定移转前条所定之财产权，并应交付金钱者，其金钱部分，准用关于买卖价金之规定。”案例中 A 与 B 房屋互易，协议由 B 补给 A 房价廿万元，即为附补足金互易。

附补足金互易与买卖与互易之混合契约之区别，应视是否以该金钱之补足为主而定。如以附补足金为主者，为买卖与互易之混合契约；反之，若以附补足金为从者，为互易契约，但有时仍难加以区别，应探求当事人之真意定之。

四、合建一特殊互易

（一）合建之意义

所谓合建，系指建商与地主约定，由地主提供土地，建商提供资金、技术、劳力合作建筑房屋，并于房屋建成后按约定比例分配取得房屋及基地所有权之契约。[6]

（二）合建之性质与效力

上述合建，仅系就其外观大致为描述，当事人之权利义务关系，仍必须视其约定之内容而定，亦即应以当事人之约定内容及真意所在，判断其属下述何种合建之类型[7]，且具有何种性质与效力：

6 曾隆兴，现代非典型化契约论，作者自刊，1996 年 11 月修订七版，第一六七页。

7 曾隆兴，同注 6，第一六七页至第一六八页。

1. 地主提供土地，建商建筑房屋，双方就其预定分配房屋，各自以自己名义请领建造执照，分别自行预售，地主于房屋完工或房屋建筑工程进行到某一程度时（各自原始取得房屋所有权），将基地分割并移转登记于建商或其指定之人。此为最常见之合建类型，此系以建商完成一定工作（建筑房屋），地主于房屋完成或工程进行到某一程度时，以土地为报酬，将建商所得分配之基地所有权分割并移转于建商或其指定之人，具有“承揽”之性质。[8]

2. 地主提供土地并请领全部房屋建造执照，于房屋建筑完成后（地主原始取得房屋所有权），由地主将约定建商所得分配之房屋与基地一并

8 “最高法院”1987年度台上字第1273号判决：“按土地所有人提供土地由建筑商出资合作建屋，双方按土地价额与房屋建筑费用之比例，以分配房、地之约定，其契约之性质如何，固不能一概而论，惟契约若订明地主与建筑商各就自己分得之房屋以自己名义领取建造执照者，因依‘建筑法’第七十条第一项前段规定，建筑工程完竣后，应由起造人会同承造人及监造人申请使用执照；又依‘土地登记规则’第七十条第一项规定，申请建物所有权第一次登记，应提出使用执照，故如无特别情事，建造执照上所载之起造人，恒为该建物所有权第一次登记之申请人亦即原始建筑人。是地主如以自己之名义领取建造执照，而由建筑商为其建筑，自为该建物所有权第一次登记之申请人即原始建筑人，而建筑商为地主建造房屋所分得之土地，即为其报酬。从而，地主与建筑商订立此项性质之合建契约，自属承揽契约。”同院1987年度台上字第2499号判决：查土地所有人提供土地，由建筑商出资合作建屋，双方按土地价款、房屋建筑费比例，以分配房屋之约定，其契约之性质如何？应依其契约之内容并探求当事人之意思而决定之，非可一概而论。如契约当事人于订约时言明，须俟房屋建竣后，始将应分归地主之房屋与分归建筑商之基地互易所有权者，固属互易契约。如契约约定建筑商向地主承揽完成一定工作，而将地主应给与之报酬，充作建筑商买受分归建筑商之房屋部分基地之价款，则属买卖与承揽之混合契约。至若契约言明各就分得房屋以自己名义领取建造执照，就地主分得部分而言，认该房屋之原始所有人为地主，地主兴建筑商就此部分之关系则为承揽契约。本件两造于1973年10月27日订立之委托建筑合约书仅于第一条约：甲方（即上诉人）提供大寮乡翁公园段三〇三四地号田七则面积〇. 二六五一公顷（八〇一坪九二八）与乙方（即被上诉人）兴建别墅二层楼房，建筑材料概由乙方负担。第二条约定楼房分配方法，依照另表配置图兴建十八栋，甲方分得五栋，乙方分得十三栋，双方同意依照比率抽签取得之。惟依卷附建造执照申请书影本记载，上诉人分得之房屋，似系以其自己名义为起造人申请建造，既非十八栋房屋均由被上诉人申请建造，而于房屋建竣后，始将分归上诉人之五栋房屋所有权与分归被上诉人之基地所有权互相移转（被上诉人并未就上开房屋办理第一次所有权登记），则本件合约性质，能否谓为单纯互易，尚非无审酌之余地。同院1993年度台上字第290号判决：“地主提供土地，由建主出资合作房屋，双方按约定之比例分配房屋之契约，如契约当事人言明，须俟房屋建竣后，始将应分归地主之房屋与分归建主之基地互易所有权，固属互易契约。惟如约定建主向地主承揽完成一定工作，而以地主应给予之报酬，充作建主买受分归其取得房屋部分基地之价款，则属买卖与承揽之混合契约。至若契约约定地主、建主各就分得之房屋以自己名义领取建筑执照，就地主部分而言，应认该房屋之原始所有人为地主，地主与建主就此部分之关系则为承揽契约。”

移转于建商或其指定之人。此种类型之合建，地主原始取得房屋之所有权，惟建商完成一定之工作，其报酬即为房屋与基地之所有权，故亦具有“承揽”之性质。[9]

3. 地主提供土地，建商请领全部房屋建造执照并建筑房屋，完工后（建商原始取得房屋所有权）将地主所得分配之房屋所有权移转于地主，由地主将建商所得分配之基地所有权移转于建商。此种合建具有“互易”性质，即建商以其所有房屋与地主所有之基地互易。

4. 地主提供土地，以地主与建商为共同起造人名义请领建造执照，并约定分配房屋之比例（未确定楼层、位置），于完工后再按约定比例分配（各自原始取得房屋所有权），并由地主将建商所得分配之基地分割并移转于建商，故此类合建亦具“承揽”性质。

5. 地主提供土地，建商请领建造执照，完工后（建商原始取得房屋所有权）将房屋基地出售，双方依约定比例分配售屋价金，此为双方互约出资经营共同事业，具有“合伙”之性质。

查合建契约之性质可能系合伙、互易或承揽[10]，实务见解有认为应探求订约当事人意思表示及目的决定[11]，惟有认系承揽与买卖混合

9 “最高法院”1983年度台上字第4883号判决：“合建契约分归地主部分之房屋，其建照执照以地主名义领取者，应解为承揽性质，房屋为地主原始取得，至地主移转与建筑商之土地，则属承揽之报酬。”

同院1989年度台上字第58号判决：“被上诉人应分得之房屋二栋，两造既约定以提供基地之被上诉人为起造人申领建造执照而由被上诉人原始取得其所有权，迨建造完成后，被上诉人始将上诉人分得部分基地所有权移转登记为上诉人所有，以作为完成建筑该二栋房屋之报酬，此与约由房屋建筑人先原始取得房屋所有权后，再将部分房屋所有权移转与基地所有人，而基地所有人则将部分基地所有权移转登记与房屋建筑人，以相互易之情形回异，原审因而认两造之合建契约就被上诉人取得二栋房屋部分而言应属承揽性质，认事用法，均无不当，上诉人指为互易而谓有‘民法’第三百六十五条所规定减少价金请求权短期时效（六个月）之适用，非无误会。”

10 “最高法院”1959年度台上字第1874号判例：“上诉人为被上诉人完成一建筑物之工作，约定以被上诉人所有之基地一处，移转登记与上诉人所有，自系一种因承揽关系所生之债权，该基地既属给付不能。则上诉人请求确认对于其工作物所附之定作人之不动产上有抵押权，要难谓与民法第五百十三条之规定有所不符。”

11 “最高法院”1982年度台上字第2736号判决：“土地所有人提供其土地由他人建筑房屋，双方按土地价款与房屋建筑费用之比例，以分配房地之约定，系属何种性质之契约，应依具体情事决定之。如建筑之房屋由建筑人原始的取得所有权，于建造完成后部分移转于土地所有人，土地所有人则将部分土地移转于房屋建筑人，以互相交换，固难谓非互易，但若建筑之房屋，建筑人自己不取得所有权，由土地所有人原始的取得所有权，于建造完成后，将部分房地移转于房屋建筑人，以作为完成房屋之报酬，则应属承揽。”

同院1983年度台上字第3796号判决：“土地所有人提供土地由建筑商出资合作建屋，双

契约。[12]

（接上页）方按土地价款与房屋建筑费用之比例，以分配房地之约定，其契约之性质如何，应依其契约之内容而定，不能一概而论。如契约当事人于订约时言明，须俟房屋建竣后，始将应分归地主之房屋与分归建筑商之基地，互易所有权者，固属互易契约。惟如契约言明，建筑商向地主承揽完成一定之工作，而将地主应给与之报酬，充作买受分归建筑商之房屋部分基地之价款，则系属买卖与承揽之混合契约。”

同院1983年度台上字第4281号判决：“地主出地，建商出资合建房屋，其行为究为合伙、承揽、互易，或其他契约，应探求订约当事人之意思表示及目的决定之。如其契约重在双方约定出资（一出土地，一出建筑资金），以经营共同事业，自属合伙。倘契约著重在建筑商为地主完成一定之建屋工作后，接受报酬，则为承揽。如契约之目的，在于财产权之交换（即以地易屋）则为互易。”

同院1985年度台上字第376号判决：“土地所有权人，提供其土地与建筑商建筑房屋，约定按土地价值与房屋建筑费用之比例，以分配房、地，系属何种性质之契约，应依具体情事决定之。如土地所有人就依约应分得之房屋，由其原始的取得所有权，而将部分土地移转于建筑商，以作为完成该房屋之报酬，固为承揽；然若该房屋，系由建筑商原始的取得所有权，土地所有人与之约定以部分土地与该房屋互为移转者，则属互易。又建筑物原始所有权，属于原始建筑人；申请建筑执照之起造人，通常并系原始建筑人。且第一次所有权登记（即保存登记）亦系登记为起造人所有。以此，虽非不得推定申请建筑执照之起造人，即为原始建筑人，亦即原始所有权人。然如申请建筑执照之起造人，实际并非原始建筑人，不过由于其与原始建筑人有以土地与房屋所有权互为移转之约定，故使用其名义申请建筑执照，则不得因而变更原始建筑人原始取得所有权之事实，而认该申请建筑执照名义上之起造人系为原始所有权人。”（同院1997年度台上字第1019号判决同旨。）

12 “最高法院”1979年度台上字第750号判决：“两造所订房屋合建契约，为买卖与承揽之混合契约，目前社会上合建房屋，系营造业在地主土地上建屋，分归地主之房屋，系营造业者以地主所有之意思为地主兴建，分归营造业者之房屋，营造业者为原始取得人取得房屋之所有权。”

同院1980年度台上字第3644号判决：“法院就原告所主张起诉原因之事实判断其法律上之效果，不受其所述法律见解之拘束，林×等虽主张两造之合建契约书为互易性质，亦即林×等将分与廖×和等之土地，与廖×和等将所建成应分与林×等之房屋互相移转，为价值之互易，惟依卷附建筑执照及使用执照，所应分与林×等之建成二层住宅楼房五栋乃三层店铺楼房二栋，均以之为起造人，并非由廖×和等为起造人再为移转，似与互易之情形有间，倘系由林×等委由廖×和等代为建造（仍以林×等为起造人）而以土地价款作为承揽之报酬，则为土地买卖与房屋承揽之混合契约，其法律效果与互易不同，究竟实情如何，应先调查明晰。”

同院1985年度台上字第882号判决：“本件江某与高某间合建契约，被上诉人虽主张为互易，惟已为上诉人所否认。而依卷附合建契约影本所示就房屋部分系约定双方各自取得百分之五十，并以自己或订户名义申请建筑执照；就基地部分系约定于二楼板完成时江某应将高某取得部分办理所有权移转登记手续。并无就江某分得之房屋由高某办理所有权第一次登记后移转登记与江某之内容。上诉人复主张高某于建筑江某分得部分房屋之初，即以自己不取得所有权，由江某原始取得所有权之意思建造。如属可取，再参诸前述契约之内容，高某系向江某承揽其房屋之建造工程，而将江某应给付之报酬充作买受分归其取得部分房屋基地之价金，并性质似系买卖与承揽之混合契约。”

第二节　互易之成立

按互易为诺成契约与不要式契约，故仅须当事人之意思表示一致，即可成立。关于不动产所有权之移转，仍须让与合意、书面（“民法”第七百六十条）与登记（“民法”第七百五十八条），但其仅系互易之物权履行行为，并非互易契约。

须注意的是，是否成立互易契约，应探求当事人之真意。假设A赠与B一部汽车，条件是B亦须赠与A一幅名画者，此时如认为契约为附负担之赠与，则与互易无法区别。本书以为，应探求当事人之真意，不应拘泥于当事人所用之辞句，此例中A、B重视移转汽车与名画所有权，且二者间有对价关系，故以互易契约说为妥，如解为二个独立赠与契约，则当A发现B所给付之名画为临摹品者，即无法主张瑕疵担保责任，可见赠与契约说并不符合当事人之真意。

上例中如A赠与B一部汽车，条件是B亦须赠与C一幅名画，此时并非当事人A、B间互相移转财产权，故应认为系附负担之赠与，而非互易。此时B履行负担须向第三人C为之，有第三人利益契约之问题。

最后，上例中A赠与B一部汽车，条件是B须受A聘任为经理者，此性质上系以劳务为条件，不具财产权性质，故应认为系附负担之赠与，或赠与与委任之联立契约，盖二契约互为依存条件。但如依当事人真意而视为整体契约，则以附负担之赠与说为当。

第三节　互易之效力

依“民法”第三百九十八条，互易准用买卖之规定。所谓“准用”，系因互易与买卖性质不同，故依性质能准用者，仅买卖有关财产权[13]规

13 “最高法院”1977年台上字第1752号判例：“互易准用关于买卖之规定，土地所有权之移转为绝卖者，其增值税向出卖人征收之，‘民法’第三百九十八条及‘土地法’第一百八十二条分别定有明文，又土地因买卖而移转，买受人逾期不申请登记，经查明令其申请者，其应征收之土地增值税应由买受人代为缴纳，复为‘实施都市平均地权条例’第四十四条所明定，两造间既系互易土地所有权，如无土地增值税应由上诉人负担之特约，上诉人于代缴后，请求被上诉人附加法定迟延利息返还，殊难谓为无据。”

定（如移转义务、受领义务、瑕疵担保责任、利益承受危险负担移转时点及费用负担等[14]）者，而不及价金支付之部分。兹分述如下：

壹、互易契约当事人之义务

一、互负移转财产权及交付标的物之义务

依“民法”第三百九十八条准用“民法”第三百四十八条之规定，互易契约当事人一方负交付其物于他方，并使其取得该物所有权之义务。

二、互负瑕疵担保之责任

（一）权利瑕疵担保

依“民法”第三百九十八条准用“民法”第三百四十九条之规定，互易契约当事人一方应担保第三人就买卖之标的物，对于他方不得主张任何权利。依“民法”第三百九十八条准用“民法”第三百五十条规定，债权或其他权利之互易契约当事人一方，应担保其权利确系存在。互易契约标的物为有价证券者，互易契约当事人一方并应担保其证券未因公示催告而宣示无效。

（二）物之瑕疵担保

依“民法”第三百九十八条准用“民法”第三百五十四条之规定，互易契约当事人一方对于他方，应担保其物依第三百七十三条之规定危险移转于他方时无灭失或减少其价值之瑕疵，亦无灭失或减少其通常效用或契约预定效用之瑕疵。但减少之程度，无关重要者，不得视为瑕疵。互易契约当事人一方并应担保其物于危险移转时，具有其所保证之品质。

（三）瑕疵担保责任之效果

关于瑕疵担保责任之效果，篇幅颇多，请详见买卖一节之说明。[15]

三、互负标的物之受领义务

依“民法”第三百九十八条准用“民法”第三百六十七条之规定，

14 邱聪智，前揭书，同注5，第二三四页。

15 “最高法院”1980年度台上字第982号判决：“上诉人提供土地，由被上诉人出资兴建房屋，然后分屋于上诉人，论其性质，实为互易，应适用买卖之法律关系，而依‘民法’第三百五十六条规定，买受人应按物之性质，依通常程序，从速检查其所受领之物，如发现有应由出卖人负担保责任之瑕疵时，应即通知出卖人。买受人怠于通知者，除依通常之检查不能发现之瑕疵外，视为承认其受领之物。”

互易契约当事人一方对于他方有受领标的物之义务。如一方拒不受领者，非但陷于受领迟延，亦陷于给付迟延，他方可依“民法”第二百五十四条之规定，解除契约。[16]

四、依法缴纳税赋之义务

以上所述为私法上之义务，公法上之义务即为完纳税捐义务。以互易之方式移转之不动产是否课征土地增值税与契税？

（一）土地增值税

按“土地税法”第五条第一项第一款规定：“土地增值税之纳税义务人如左：一、土地为有偿移转者，为原所有权人。”同条第二项规定：“前项所称有偿移转，指买卖、交换、‘政府’照价收买或征收等方式之移转。”查土地增值税为移转税，有土地移转，即应课税之原则，土地税法称为“交换”，其义与互易相同，故互易土地自应由原所有权人各自缴纳土地增值税。

（二）契税

“契税条例”第二条规定：“不动产之买卖、承典、交换、赠与、分割或因占有而取得所有权者，均应申报缴纳契税。但在开征土地增值税区域之土地，免征契税。”同条例第三条第三款规定：“契税税率如下：三、交换契税为其契价百分之二。”同条例第六条规定：“交换契税，应由交换人估价立契，各就承受部分申报纳税。前项交换有给付差额价款者，其差额价款，应依买卖契税税率课征。”故互易房屋之部分，应由互易契约当事人各就承受部分申报缴纳契税，交换有给付差额价款（即附补足金互易）者，其差额价款，既准用关于买卖价金之规定，故依买卖契税税率（百分之六）课征买卖契税。

贰、利益承受与危险负担

依“民法”第三百九十八条准用“民法”第三百七十三条之规定，互易标的物之利益及危险，自交付时起，均由互易契约当事人他方承受

16 “最高法院”1975 年台上字第 2367 号判例：“买受人对于出卖人有受领标的物之义务，为‘民法’第三百六十七条所明定，故出卖人已有给付之合法提出而买受人不履行其受领义务时，买受人非但陷于受领迟延，并陷于给付迟延，出卖人非不得依‘民法’第二百五十四条规定据以解除契约。”

负担，但契约另有订定者，不在此限。

叁、补足金互易价金之支付

依“民法”第三百九十九条准用第三百六十七条之规定，互易契约当事人一方对于他方有交付约定价金之义务。

第四节　互易之消灭

壹、契约履行

按互易契约履行后，当事人各自取得互易之财产权，狭义之互易契约即属消灭，但广义之互易契约（例如瑕疵担保责任）尚未消灭。

贰、解除契约

如上所述，互易准用买卖之规定，故如互易之标的物有给付不能、给付迟延、不完全给付或发现瑕疵等等，符合各规定之情形下，互易当事人依法解除契约时，互易契约消灭，且发生回复原状或损害赔偿问题。

第三章

交互计算

【案例提示】

进出口商A与制造商B约定，B生产所需材料由A进口供应，而A出口所需产品，由B生产供应，A、B间有关购售所生之价金债务，每六个月计算一次，由应给付之一方向他方支付差额。第三个月时，A将其对B之价金债权让与C。问当事人间之法律关系如何？

第一节　交互计算之意义、性质与种类

壹、交互计算之意义

依"民法"第四百条规定："称交互计算者，谓当事人约定以其相互间之交易所生之债权、债务为定期计算，互相抵销，而仅支付其差额之契约。"交互计算之性质，有信用开始契约、支付延期契约、抵销预约及独立契约等说，依本条之规定，台湾民法显采独立债权契约说。[1] 兹就交互计算之定义析之如次：

1　史尚宽，债法各论，作者自刊，1986年11月台北六刷，第一〇五页。郑玉波，民法债编各论，上册，作者自刊，1992年10月十五版，第一三一页。邱聪智，新订债法各论，上册，2002年10月初版第一刷，作者自刊，第二三八页。

一、交互计算为以其相互间之交易所生之债权、债务为定期计算之契约

（一）交互计算之标的须为金钱之债

因交互计算之结果须支付差额，而能支付差额者仅限于金钱债权、债务。而非金钱之债务仍须依约履行，不得列入交互计算。

（二）交互计算之标的必须为双方相互间交易所生之债权、债务

交互计算之标的必须为双方相互间交易所生之债权、债务，故不得以第三人之债权、债务列为交互计算。

（三）交互计算之标的须为因交易所生之债权、债务

交互计算之标的如非因交易所生，而系由其他原因所生之债权债务，不得列入计算，如无因管理、不当得利、侵权行为或法律特别规定之金钱债务。但相互交易，则不限于商行为。

（四）必须定期计算

交互计算必须定期计算，计算期，基于契约自由原则，得由当事人自由约定。未约定者，依“民法”第四百零二条规定：“交互计算之计算期，如无特别订定，每六个月计算一次。”

二、交互计算为以其定期计算之结果相互抵销之契约

因相互抵销为交互计算之内容，故为当然抵销、法定抵销，无须为行使抵销权之意思表示，即生抵销效果。

三、交互计算为抵销后仅支付差额之契约

交互计算之结果当事人于抵销后仅须支付差额即可，以收经济之效，而能支付差额者仅限于金钱债权、债务，已如前述。

贰、交互计算之性质

一、有名契约

交互计算，于“民法”债编各论第二节定有明文，故为有名契约。但其当事人，外国法例虽有采商人主义，台湾民法则不限于商人。

二、债权契约

交互计算为债编各论第二节所规定之契约，故为债权契约，不因签

订交互契约即生物权之效力。又交互计算契约具有法定抵销之效果，具有使债之关系消灭之效力，不涉及物权效力之问题。

三、片务契约

当事人虽互负计算及支付差额之义务，但此等义务间并无对价关系，故为片务契约。[2]

四、有偿契约

当事人因计算互相抵销而消灭自己之债务，故为有偿契约。[3]

五、不要式契约

交互计算因当事人之合意而成立（“民法”第一百五十三条参照），无须特别方式，故为不要式契约。又交互计算虽为不要式契约，纵其列入计算之基础契约为要式契约，仍不影响交互计算本身为不要式契约之性质。

六、诺成契约

交互计算不以物之交付为要件，性质上为诺成契约，故有学者称为“外套契约”[4]。

叁、交互计算之种类

交互计算于现今实务常见者有：

（一）票据交换之结算

（二）万国邮件之结算

（三）国际电话之结算

（四）联合信用卡之结算

（五）国际通汇银行间汇兑之结算

（六）银行间同业拆放款

2 有学者认为交互计算当事人间无实质利益之交换，故双务、单务；有偿、无偿于交互计算似无实益。请参见邱聪智，前揭书，同注1，第二四三页。

3 双务契约固为有偿契约，但有偿契约非必为双务契约，亦可为片务契约，例如附有利息约定之金钱消费借贷或金钱消费寄托。

4 史尚宽，前揭书，同注1，第一〇五页。郑玉波，前揭书，同注1，第一三一页。邱聪智，前揭书，同注1，第二四四页。

第二节 交互计算之效力

壹、定期计算

一、项目之记入（消极效力）

所谓项目之记入，其方式台湾民法并未特别规定，可比照会计学上的簿记（booking）之列账（entry）为之。又项目记入后之效果，则指一经记入之债权、债务，各该债权、债务暂时于一定期间内停止发生作用，称之为消极效力。兹分述记入项目之作用如下：

（一）债权人不得请求履行债务

因记入项目后，须待交互计算契约所定之计算期届至，双方结算抵销后，当事人仅支付差额，故在计算期尚未届至前，法律上之请有障碍存在，债权人不得请求履行债务，自不发生消灭时效进行之问题（“民法”第一百二十八条参照）。又债权人既不得请求履行债务，故债务人亦不负给付迟延责任。

（二）债务人亦不得履行债务

债务人亦不得履行债务，故债权人亦不负受领迟延责任。惟若债务人履行而债权人不为拒绝而受领者，有学者认为此时之受领，有违定期计算之本质，其受领应为无效。[5] 本文以为基于契约自由原则，宜认为系双方有同意除去该项目之默示，其受领应为有效，但脱离交互计算契约之范围。但有学者主张成立不当得利[6]，本书认为此时仍有法律上之原因，应不致成立不当得利。

（三）交互计算债权人不得为债权让与

1. 交互计算标的之债权不得让与：依“民法”第二百九十四条第一项第二款规定：“债权人得将债权让与于第三人。但左列债权，不在此限：二、依当事人之特约，不得让与者。”同条第二项规定：“前项第二款不得让与之特约，不得以之对抗善意第三人。”查交互计算契约中所发生之债权，本应至计算期结算后支付差额，故属特约不得让与之债权，原则上债权人不得将该债权让于第三人，否则即失交互计算之目的。

5 郑玉波，前揭书，同注1，第一三三页。

6 邱聪智，前揭书，同注1，第二四七页。

2. 交互计算债权让与之效力：如债权人违反交互计算契约仍为债权让与者，其效力为何？有学者认为无效[7]，但亦有学者认为其让与有效，惟不得对抗善意第三人。本书以为，因民法对于交互计算契约既有定期计算之效用存在，故交互计算之债权系特约禁止让与之债权，但其不得让与之特约，不得以之对抗善意第三人。且债权让与性质上为准物权行为，一经让与即生债权让与之效力。但该债务人仍得以计算期未届至为由拒绝期前清偿，以对抗债权受让人（“民法”第二百九十九条第一项参照），且于计算期届至时，债务人得以依交互计算契约内对让与人之债权，对于受让人主张抵销（“民法”第二百九十九条第二项参照）。

（四）交互计算债权人不得将债权设定质权

1. 交互计算标的之债权不得设定质权：“民法”第九百零二条规定：“权利质权之设定，除本节有规定外，应依关于其权利让与之规定为之。”故依“民法”第二百九十四条第一项第二款及第二项之规定，交互计算契约中所发生之债权，亦属特约不得设定质权之债权，原则上债权人不得将该债权设质于第三人，否则即失交互计算之目的。

2. 交互计算债权设定质权之效力：如债权人违反交互计算契约仍为质权设定者，其效力为何？有学者认为无效，但亦有学者认为其质权设定有效，惟不得对抗善意第三人。[8] 本书以为，因民法对于交互计算契约既有定期计算之效用存在，故交互计算之债权系特约禁止让与之债权，亦不得设定质权（民法第九百条参照），但其不得让与（设定）之特约，不得以之对抗善意第三人。且质权设定性质上为物权行为，一经设定即生质权担保之效力。但交互计算契约之债权，仍须视其清偿期与质权所担保债权之清偿期之先后，再适用“民法”第九百零五条或第九百零六条之规定，交互计算之债务人仍得以计算期未届至为由拒绝期前清偿，以对抗质权人（“民法”第二百九十九条第一项参照）。

（五）双方当事人不得个别抵销债务

交互计算之债权债务，不得提前清偿，须待计算期届至并经结算，将额度相同之债权债务予以抵销后仅支付差额，故计算期未届至者，清偿期即未届至，双方当事人不得个别抵销债务，违者其抵销不生效力。[9] 惟双

7　郑玉波，前揭书，同注1，第一三三页。

8　郑玉波，前揭书，同注1，第一三四页。邱聪智，前揭书，同注1，第二四八页。

9　郑玉波，前揭书，同注1，第一三四页。邱聪智，前揭书，同注1，第二四八页。戴修瓒，民法债编各论，三民书局，1964年，第七九页。

方当事人如同意将该项除去，基于契约自由原则，双方当事人既认为交互计算契约应剔除，则无计算期为清偿期之限制，该等债务个别抵销仍属有效。

（六）第三人原则上得就记入交互计算之债权为扣押

有学者认为第三人不得就记入交互计算之债权为扣押[10]，如扣押者其查封无效，但计算后所生差额债权解释上可得为查封。[11] 本书认为，如以被扣押之债权原则上不能被抵销者，则又如何于定期结算当然抵销后执行？又结算后亦可能无剩余债权可供执行，此时扣押则又失其意义。反之，定期交互计算亦失其立法原意，殊为两难。为避免通谋虚伪意思表示而脱产，就交易安全言，除无通谋虚伪交互计算外，以得扣押为当。

（七）交互计算契约之不可分性

各债权之担保或利息仍存在，不因交互计算而受影响。

（八）利息之计算

"民法"第四百零四条第一项规定："记入交互计算之项目，得约定自记入之时起，附加利息。"故交互计算之债权附有利息者，其利息仍继续发生；原未附利息者，得约定自计入之日起，附加利息。

二、项目之除去（除去效力）

原则上，一经记入之项目即不得除去，惟有下列例外：

（一）经双方同意将该项除去者

基于契约自由原则，经双方同意将该项除去者，记入之项目仍得除去。

（二）汇票、本票、支票及其他流通证券

"民法"第四百零一条规定："汇票、本票、支票及其他流通证券，记入交互计算者，如证券之债务人不为清偿时，当事人得将该记入之项目除去之。"本条系指金钱债务以汇票、本票、支票表彰者，但其记入之项目，在账项上仍列为金钱。通常以应收款项（account receivable）及应付款项（account payable）列计，如该证券债务人届期不为清偿者，当事人应将之除去，否则无法计算。

三、届期之计算（积极效力）

依"民法"第四百零二条规定，交互计算之计算期，如无特别订定，

10 郑玉波，前揭书，同注1，第一三四页。

11 史尚宽，前揭书，同注1，第一〇六页。郑玉波，前揭书，同注1，第一三四页。邱聪智，前揭书，同注1，第二四八页。

每六个月计算一次。

（一）计算之方法

1. 由双方当事人会同计算：无他方承认之问题。

2. 双方当事人各自独立计算：双方当事人各自独立计算者，须各自向他方送达计算书，征得他方承认，俗称“会账”。

3. 由一方当事人单独计算：由一方当事人单独计算者，须向他方送达计算书，征得他方承认。

（二）计算与承认之性质

1. 会同计算：会同计算旨在求计算额之一致，不具对立性，故性质上属共同行为。

2. 各自计算：各自计算与会同计算相同，仅系无共同计算而已，双方各自计算后互相交由他方同意，性质系共同行为。

3. 单方计算：计算如仅一方为之，性质上应属单独行为。

4. 计算之承认：此承认系指一方承认他方计算结果之事实，性质上属观念通知，而类似于形成权之行使。[12]

（三）计算书之内容

法律上无规定，一般采簿记（booking）之原则。

（四）计算之错误及遗漏

“民法”第四百零五条规定：“记入交互计算之项目，自计算后，经过一年，不得请求除去或改正。”故记入交互计算之项目，如有错误或遗漏，得于自计算后一年内，请求除去或改正，期间经过后即不得为之。本书认为此一年为除斥期间，逾期者，请求除去或更正之权利消灭。[13]

贰、相互抵销

一、抵销之性质

交互计算之抵销性质为当然抵销，无须当事人另为抵销之意思表示。[14] 惟

12 盖不如此解释，无法发生后述差额债权债务确定之效力。

13 郑玉波，前揭书，同注1，第一三七页。邱聪智，前揭书，同注1，第二五二页。

14 “最高法院”1961年度台上字第1852号判例：“抵销除法定抵销之外，尚有约定抵销，此项抵销契约之成立及其效力，除法律另有规定（如民法第四百条以下交互计算之抵销）外，无须受‘民法’第三百三十四条所定抵销要件之限制，即给付种类纵不相同或主张抵销之主动债权已届清偿期，而被抵销之被动债权虽未届满清偿期，惟债务人就其所负担之债务有期前清偿之权利者，亦得于期前主张抵销之。”

相互抵销后之差额，应经承认，始生确定效力。

二、抵销之方法

抵销之方法有二，虽其计算后之差额均相同，惟法律上之意义不同。兹分述如下：

（一）总额抵销法

采总额抵销法[15]者，系以债权总额减除债务总额之差额以外之金额为抵销。以此方法计算后，不产生是否尚有利息或担保存在之问题。例如总额计算后，有五十万元之担保，而差额债权为一百万元者，仅于五十万元之范围内有担保存在；如差额债权为三十万元时，仅于三十万元之范围内有担保存在。本书采此说。

（二）个别抵销法

采个别抵销法者，按列计项次序，逐项个别抵销。此时附有利息项与他无利息项抵销后，该项消灭后即无利息之问题。又有担保项与他无担保项抵销后，该项担保即消灭。此说对于债权人殊为不力，亦有阻碍采行交交互计算之虞。

叁、支付差额（积极效力）

一、差额债权债务之确定

计算后所得之差额，经双方当事人承认后归于确定[16]，即发生差额债权与差额债务。如当事人不将之列入下期计算者，即有差额支付债权请求权存在，故计算之结果，同时发生新债权债务之确定效力。此承认之性质，通说认为系法律行为[17]，且解释上具有确定力及创设力。[18]

---

15 史尚宽，前揭书，同注1，第一〇七页。郑玉波，前揭书，同注1，第一三七页。戴修瓒，前揭书，同注9，第一三四页。邱聪智，前揭书，同注1，第二五四页。蔡章麟，民法债编各论（上），作者自刊，1959年，第二四八页。

16 郑玉波，前揭书，同注1，第一三七页。梅仲协，民法要义，作者自刊，1963年修订八版，第二六三页。邱聪智，前揭书，同注1，第二五四页。

17 史尚宽，前揭书，同注1，第一一〇页。郑玉波，前揭书，同注1，第一三八页。戴修瓒，前揭书，同注9，第八一页。邱聪智，前揭书，同注1，第二五五页。

18 史尚宽，前揭书，同注1，第一〇九页。郑玉波，前揭书，同注1，第一三八页。

二、时效开始计算

计算完毕后产生差额债权与债务，已如上述，故债权人得请求债务人支付差额，依“民法”第一百二十八条之规定，时效开始进行。各该债权债务暂时在一定期间内停止发生作用效果，已因结算而告消灭。

三、利息之支付

“民法”第四百零四条第二项规定：“由计算而生之差额，得请求自计算时起，支付利息。”故由计算而生之差额，债务人负有给付之义务，债权人得请求自计算时起，支付利息。

四、不履行之时效与责任问题

交互计算仅于因当事人以其相互间之交易所生之金钱债权债务，为定期计算，相互抵销，故当事人间各个交易之交付及移转财产权债务，仍须依各个交易之基本契约履行，其不履行者所生之时效及责任，均应依一般债之法则处理。

第三节　交互计算之消灭

壹、期间届满

交互计算定有期间者，因期间届满而消灭。

贰、契约终止

“民法”第四百零三条规定：“当事人之一方，得随时终止交互计算契约，而为计算。但契约另有订定者，不在此限。”交互计算当事人之一方，除契约另有订定外，得随时终止交互计算契约，而为计算，乃属当然。

第四章

赠与

【案例提示】

一、A生病时，自觉来日不多，乃请律师撰写赠与契约，其中载明：

（一）送长子B中山北路某地号房地一笔，但B负担所有赠与税。

（二）送次子C支票一百万元一张及钓鱼池一座。

（三）送长女D汽车一部。

（四）送次女E，现住房屋内一切用具及存货五十万元。

（五）送十五岁之幼子F存折一本，建造中之货轮一艘。

（六）送十岁之幼女G股票一千股。

（七）送好友H手表一支，并免除债务十万元。

（八）送佣人I卡车一部。

当场除H之外，其他人均允受赠与，惟H接受手表，但不要免除债务。A死后，发现遗嘱中规定每人所拿者均须减十万元，将之捐赠予孤儿院。并且载明长子B须拿五十万元送给A之私生子S，后又发现A尚有一遗腹子。试问：前开案例之法律关系如何？

二、B欠A三十万元，C向A清偿三十万元，A以为C系代B清偿三十万元，即将三十万元收下，经十数年后，C发现其并未欠A钱，于是欲向A要回，而A向C称："三十万元可以还你，但我对B之消灭时效已完成。"问C是否有理由向A要回？

三、甲自觉来日不多，故将其价值新台币三百万元之A公司股票赠与独子乙，约定所产生赠与税须由乙负担；且甲将其价值新台币二百万元之车子赠与其兄丙，讵丙于驾车之际因煞车失灵而出车祸，导致严重骨折，致支出医药费三十万元，试问：

（一）税捐机关向甲追征赠与税时，甲得否主张应由乙负担税捐？

（二）丙得否向甲主张瑕疵担保责任？

第一节　赠与之意义、性质与类似概念

壹、赠与之意义

“民法”第四百零六条规定：“称赠与者，谓当事人约定，一方以自己之财产无偿给与他方，他方允受之契约。”[1] 英美法称之为 gift，兹分述其意义如下：

一、赠与系当事人一方以自己之财产无偿给与他方之契约

（一）财产

1. 财产：赠与之标的物必须具备财产价值，债权、物权、准物权与无体财产权均可。如 B 因感觉邻居 A 之环境很差，于割草时顺便将 A 庭院杂草割除之行为，此等施惠行为并不具财产价值，故非赠与。须注意者，以无偿的债权让与方式，使债权债务产生混同而消灭者，因债权让与为准物权行为，生处分行为之效果，一让与即生效力，若其基础关系为无偿行为，并经双方同意者，仍属赠与。

2. 融通性：赠与物必须具融通性，如赠与物不得移转者，受赠人即无法取得赠与标的物。例如不可转让之债权（“民法”第二百九十四条第一项但书）、非财产上损害赔偿请求权（“民法”第一百九十五条、第九百七十七条、第九百七十九条、第九百九十九条、第一千零五十六条、“电脑处理个人资料保护法”第二十七条第二项、第二十八条第二项参照）。

3. 自己之财产：所谓“自己之财产”，民法并未规定其内容与种类，故不论为动产、不动产、债权、股票、占有[2] 等均得为赠与契约之标的

1　1999.4.21 民法债编本条修正理由：“原条文‘经他方允受而生效力’一语，易使人产生究为赠与之成立要件抑生效要件之疑义，为免争议，爰仿各种之债各节首揭条文例如第三百四十五条、第五百二十八条等之体例，作文字上之修正。”

2　史尚宽，债法各论，作者自刊，1986 年 11 月台北六刷，第一一四页。郑玉波，民法债编各论，上册，作者自刊，1992 年 10 月十五版，第一四四页。惟邱聪智教授认为占有不属之，请参见邱聪智，新订债法各论，上册，2002 年 10 月初版第一刷，作者自刊，第二六二页。

物。又赠与为债权契约，仅生负担行为之效果，不以具处分权为必要，故自己之财产并不以赠与契约成立之时已属于赠与人为必要[3]，即将来可取得之财产，亦得为赠与契约之标的物。

（二）无偿给与他方

所谓无偿给与他方，乃指赠与人之财产减少，而受赠人之财产因而增加也。而所谓增加，包括积极的增加与消极的增加。前开案例之免除H之债务，即为消极的增加，故亦得为赠与之标的。又虽赠与人之财产减少，而受赠人之财产因而增加，惟因有法律上之原因，故不生不当得利之问题。

所谓无偿，乃指无对价关系而为之给付。民法虽规定有附负担之赠与，惟通说认为附负担之赠与并不影响赠与契约之无偿性。[4] 但本书以为，所谓附负担之赠与，实应承认其有偿性为当，盖由“民法”第四百十二条至第四百十四条之规定观之，实际上已表现其有偿性。

赠与契约虽具无偿性，惟现“遗产及赠与税法”[5] 则规定有“以赠与论”之情形，惟此系为防止逃漏税或避税之目的而特别立法，于民法上仍须依“民法”第四百零六条之规定，方能成立赠与契约。换言之，于民法上构成赠与者，一定为赠与及遗产税法上之赠与，但税法所谓“以赠与论”，则非必为民法上所称之赠与。再者，债权人免除债务人之利息债务或保证人、背书人因代偿而免除对主债务人之债务，依赠与税法之规定，均以赠与论，依法须缴纳赠与税，惟仍非民法上所称之赠与。

赠与为生前行为，并非处分遗产行为，故不受民法继承编关于特留分规定之限制。[6]

3 最高法院1937年度渝上字第1241号判例：“民法第四百零六条所谓自己之财产，不以现在属于自己之财产为限，将来可属自己财产，亦包含在内。”

4 邱聪智，前揭书，同注2，第二六四页。史尚宽教授似认为附负担赠与仍为无偿契约，但其却又认为附负担之赠与，仍于负担之限度，与赠与人之给付立于对价关系，前后并不一致。请参见史尚宽，前揭书，同注2，第一一三、一一四页。

5 遗产及赠与税法第五条：“财产之移动，具有左列各款情形之一者，以赠与论，依本法规定，课征赠与税：一、在请求权时效内无偿免除或承担债务者，其免除或承担之债务。二、以显著不相当之代价，让与财产、免除或承担债务者，其差额部分。三、以自己之资金，无偿为他人购置财产者，其资金。四、因显著不相当之代价，出资为他人购置财产者，其出资与代价之差额部分。五、限制行为能力人或无行为能力人所购置之财产，视为法定代理人或监护人之赠与。但能证明支付之款项属于购买人所有者，不在此限。六、配偶间及三亲等以内亲属间财产之买卖。但能提出支付价款之确实证明者，不在此限。”

6 最高法院1933年度上字第1595号判例：“父在生前以其所有财产分给诸子，系属赠与性质，诸子间受赠财产之多寡，父得自由定之。此与继承开始后，诸子按其应继分继承遗产者不同，故赠与诸子财产之数量，纵有不均，受赠较少之子亦不得请求其父均分。”

二、赠与系经他方允受之契约

（一）他方允受

赠与为契约行为，须以双方意思表示合致，始生效力，故赠与不得强制接受，未经他方同意之恩惠，不得称为赠与，此即“恩惠不得强制接受”。允受为意思表示，明示、默示均可。

（二）“他人”可否为胎儿

“民法”第七条规定：“胎儿以将来非死产者为限，关于其个人利益之保护，视为既已出生。”此规定使视为既已出生之胎儿可以母为其法定代理人而允受赠与，但有违背“原则之例外须法律有特别规定”之原则，且易被利用以破坏交易安全。

贰、赠与之性质

一、有名契约

民法债编各论第四节对于赠与定有专节，自属一有名契约。

二、债权契约

赠与为债权契约，不以赠与人对赠与物有所有权为必要。

三、不要式契约

赠与因赠与人与受赠人为赠与意思表示合致，即可成立，不以书面为成立要件，故为不要式契约。“民法”第四百十二条至第四百十四条中虽有附负担之赠与之规定，但附负担之行为系为赠与债务之履行问题，非为赠与契约之成立要件，故不影响其诺成契约之性质。[7]

四、赠与为不要物契约

赠与不以物之交付为要件，故为不要物契约。赠与物之交付，系为赠与债务履行问题，并非赠与之成立要件。

---

7 “民法”债编修正后，已删去同法第四百零七条有关不动产赠与登记之规定，同时“最高法院”1952 年度台上字第 175 号判例已不再援用，适用时宜注意之。

五、赠与为片务契约

赠与人单方负有移转及交付赠与物之债务，虽“民法”第四百十二条至第四百十四条定有附负担赠与之规定，仍不影响赠与契约为单务契约之性质。此种附负担为单纯负担，与赠与物并无对价关系，故仍非双务契约。此见解当否、已见前述。

六、无偿契约

赠与既无对价关系存在，故为无偿契约，但因须为无偿给与他人，故与无偿提供劳务（如委任）非为赠与，仍有不同。通说认为，虽有“民法”第四百十二条至第四百十四条附负担赠与之规定，仍不影响其无偿之性质。[8]

叁、赠与之类似概念

一、赠与及遗赠

赠与为契约行为、不要式行为；遗赠则为单独行为、要式（遗嘱方式）行为（“民法”第一千二百条）。

二、赠与及捐助行为

赠与系契约行为、不要式行为。所谓捐助，系指以设立财团法人为目的，无偿提供一定财产之行为，一般系以生前行为为之（亦可以遗嘱为之），性质上为无相对人之单独行为[9]，且与捐助章程系属二事，故其非要式行为。[10]

捐助行为成立财团法人后，他人对该财团再为捐助之行为，应解为赠与，盖此时之捐助行为，已是二个权利主体间之契约行为，性质上非为成立财团法人。财团法人未解散前，其董事将财产之全部或一部捐赠他财团，则其捐赠行为是否有效？未解散前，其董事将财产之全部赠与他财团者，因其成立之基础已失，捐赠行为应为无效，盖有违财团法人

8 郑玉波，前揭书，同注2，第一六五页。

9 拙著，民法总则讲义，下册，瑞兴图书股份有限公司，1995年元月初版，第五三页。

10 遗嘱捐助依“民法”第一千一百八十九条之规定为要式行为。

法定清算程式之履行也。

若为一部捐赠（捐助财产之处分），应无不许之理。[11]

三、赠与及恩惠行为

赠与须有赠与之意思存在，如无赠与之意思，则非“民法”第四百零六条之赠与，故表示“请吃饭”非为赠与，仅可谓恩惠行为。

四、赠与及免除债务

赠与为契约行为，免除债务为有相对人之单独行为。依“民法”第三百四十三条规定：“债权人向债务人表示免除其债务之意思者，债之关系消灭。”此情形是否为赠与？按免除系有相对人之单独行为，仅须债权人为免除之意思表示即生效力，无须经债务人之同意。如债务人允受免除债务者，宜认为系赠与契约。盖免除债务仅为债之消灭的问题，赠与契约是否能构成免除债务之效力，系属另一问题，二者并不冲突。如债权人免除债务人之债务，而债务人不为接受者，此时因免除为单独行为，故免除仍为有效，惟不成立赠与契约。又此时因已无债权存在，更不生自然债务之问题。

五、赠与及抛弃继承

赠与为契约行为、不要式行为。抛弃继承为有相对人之单独行为、要式行为。抛弃继承仅为一种资格、权能之抛弃而已，并非赠与。

六、赠与及赠品、赠奖

所谓赠品，系指买受人在交易（商品或服务）或参加活动时，事业随商品或服务赠与买受人之物，只要买受人确实有交易行为，即可获得该项赠品。例如加油满一百元送面纸、满一千元送五十元油票（即折价券）、香烟随条附赠打火机一只、牛奶买大送小或买二送一等。所谓赠奖，系指买受人在交易或参加活动时，即获得事业赠与买受人之物之不确定机会，须透过条件成就（例如抽奖、对奖、摸彩等射幸行为）而使赠与契约生效后，事业始赠与买受人之物。故须买受人先有交易行为，该赠与契约或悬赏广告虽成立，但必须条件成就后买受人始可获得该项

11　拙著，论捐助行为之撤销及捐助财产之处分，本土法学杂志，第十三期，2000年8月，第一六七页。

赠奖。例如购买饮料集二个截角寄回公司参加抽奖，奖品有夏威夷五日游、汽车、电视机等多项大奖等。

因赠奖较赠品多不确定性，故一般而言，赠品之价值不超过商品或服务之价值，而赠奖之价值即可超过商品或服务之价值。惟不论如何，其于民法属赠与契约或悬赏广告，本为竞争市场之正常商业活动，不需多加限制，由契约自由定之即可。但在经济法方面，如果赠与或赠奖之价值超过合理时，将有被认定系以利诱之方式使竞争者之交易相对人与自己交易[12]，即有可能构成“公平交易法”第十九条第三款规定：“有左列各款行为之一，而有限制竞争或妨碍公平竞争之虞者，事业不得为之：三、以胁迫、利诱或其他不正当方法，使竞争者之交易相对人与自己交易之行为。”而有违法之虞，即得适用“公平交易法”第三十六条规定：“违反第十九条规定，经‘中央’主管机关依第四十一条规定限期命其停止、改正其行为或采取必要更正措施，而逾期未停止、改正其行为或未采取必要更正措施，或停止后再为相同或类似违反行为者，处行为人二年以下有期徒刑、拘役或科或并科新台币五千万元以下罚金。”

为防范事业以赠品赠奖方式遂行不公平竞争，“行政院公平交易委员会”（以下简称“公平会”）已研订“行政院公平交易委员会处理赠品赠奖促销额度案件原则”（以下简称“本原则”），对于违反规定之赠品赠奖案件，公平会将以违反“公平交易法”第十九条第三款规定论处。其中：

（一）本原则第二点规定：“事业销售商品附送赠品，其赠品价值上限如左：（一）商品价值在新台币一百元以上者，为商品价值之二分之一。（二）商品价值在新台币一百元以下者，为新台币五十元。”

（二）本原则第三点规定：“事业办理赠奖，其全年赠奖总额之上限如左：（一）上一会计年度之销售金额在新台币十亿元以上者，为新台币二亿元。（二）上一会计年度之销售金额超过新台币二亿五千万元，未满新台币十亿元者，为销售金额的五分之一。（三）上一会计年度之销售金

12 “行政院公平交易委员会”1992年8月6日公研释字第035号函说明二：本案经提本会第四十二次委员会议讨论，获致结论如次：公平交易法原则下并不禁止提供赠品之促销行为，惟如赠品内容已达到‘利诱’之程度而有妨碍公平竞争之虞，则涉嫌违反“公平交易法”第十九条第三款‘以胁迫、利诱或其他不正当之方法，使竞争者之交易相对人与己交易之行为。’之规定。所谓‘利诱’，前经本会1992年4月29日第二十八次委员会议决议：系指事业不以品质、价格及服务争取顾客，而利用顾客之射幸、暴利心理，以利益影响顾客对商品或服务为正常之选择，从而诱使顾客与自己交易行为。另事业亦不得以促销抽奖活动为名而从事不当之搭售行为，暨发行彩券行为，致有妨碍公平竞争。”

额在新台币二亿五千万元以下者，为新台币五千万元。"

（三）本原则第四点规定："事业办理赠奖，其最大奖项之金额，不得超过'行政院劳工委员会'公布之每月基本工资之一百二十倍。"

事业办理附送赠品及赠奖如违反本原则第二点[13]、第三点或第四点之规定者，依本原则第五条之规定，构成"公平交易法"第十九条第三款之违反。

第二节 赠与之成立

赠与因赠与人与受赠人为赠与意思表示合致，不论明示或默示，赠与契约均属成立（"民法"第四百零六条、第一百五十三条[14]）。赠与可否依意思实现（"民法"第一百六十一条参照）而成立？本书以为如认可因意思实现而成立赠与契约，甚难与停止条件区别，故赠与应不宜依意思实现而成立。

旧"民法"第四百零七条规定："以非经登记不得移转之财产为赠与

13 "行政院公平交易委员会"1992年7月9日公研释字第020号函说明二："本案经提报本会第三十七次委员会议讨论，获致结论如次：……（二）公平交易法并未禁止提供赠品之促销方式，故小包装米亦可为赠品促销活动。惟赠品内容如已达到利诱程度及妨碍公平竞争之虞，则涉嫌违反'公平交易法'第十九条第三款规定，而所谓利诱系指事业不以品质、价格及服务争取顾客，而利用顾客之射幸、暴利心理，以利益影响顾客对商品或服务为正常之选择，从而诱使顾客与自己为交易行为。（三）赠品方式可贴于包装上，惟依'公平交易法'第二十一条规定不得有虚伪不实或引人错误之情形。（四）来函所谓赠品采积点方式究何所指并未言明，尚难据以判断。惟如系提供折价点券作为赠品，可认为系数量折扣的价格竞争行为，并不违反公平交易法。……"

14 "最高法院"2002年度台上字第1520号判决："按当事人缔结赠与契约，对于契约必要之点，即赠与标的物之意思表示必须一致，否则，即难谓赠与契约业已成立。又遗产性质上系属公同共有，非经公同共有人全体表示赠与之意思，自属不生效力。是以继承人以遗产为赠与之标的时，须继承人全体向受赠人表示赠与特定遗产之意思，而经受赠人允受者，始得谓赠与契约业已有效成立。双方虽就捐赠遗产一事达成合意，但并未决定捐赠之细目，为原审认定之事实。果尔，则两造就赠与契约必要之点，即赠与标的物之内容为何，似尚未达成意思合致。而上诉人经多次讨论捐赠事宜，李陈×菊虽均在场而未为反对之意思表示，但是否得凭以径行认定其已同意赠与，尚非无疑。况李陈×菊纵已有赠与之合意，亦仅系其与其他上诉人间取得欲将系争遗产赠与被上诉人之合意，并非上诉人与被上诉人间就系争遗产之赠与已取得意思合致。从而李陈×菊交付三十份印鉴证明，概括授权陈×声办理继承及捐赠事项，应属上诉人间内部事务处理之授权，两造间仍不能因此而成立系争赠与契约。

者，在未为移转登记前，其赠与不生效力。”[15] 此规定已于1999年4月21日删除，2000年5月5日起失效。[16]

“民法”第一百六十六条之一第一项规定：“契约以负担不动产物权之移转、设定或变更之义务为标的者，应由公证人作成公证书。”[17] 故如以不动产为赠与物者，必须由公证人作成公证书，赠与契约始生效力，此时不动产赠与契约为要式契约。如未公证而赠与契约当事人已合意为不动产物权之移转而完成登记者仍为有效（“民法”第一百六十六条之一第二项参照）。须注意的是，“民法债编施行法”第三十六条第二项但书规定：“‘民法’第一百六十六条之一施行日期，由‘行政院’会同‘司法院’另定之。”故此部分尚未施行。

15 1999.4.21民法债编本条删除理由：“赠与为债权契约，于依第一百五十三条规定成立时，即生效力。惟依条文规定，以非经登记不得移转之财产权为赠与者，须经移转登记始生效力，致不动产物权移转之生效要件与债权契约之生效要件相同，而使赠与契约之履行与生效混为一事。为免疑义，爰删除本条。”

16 “最高法院”1951年度台上字第1496号判例：“赠与契约之成立，以当事人以自己之财产，为无偿给与于他方之意思表示，经他方允受为要件。此项成立要件，不因其赠与标的之为动产或不动产而有差异。惟以动产为赠与标的者，其成立要件具备时，即生效力。以不动产为赠与标的者，除成立要件具备外，并须登记始生效力。此就‘民法’第四百零六条，与第四百零七条之各规定对照观之甚明。故‘民法’第四百零七条关于登记之规定，属于不动产赠与之特别生效要件，而非成立要件，其赠与契约，苟具备上开成立要件时，除其一般生效要件尚有欠缺外，赠与人应即受其契约之拘束，就赠与之不动产，负为补正移转物权登记之义务，受赠人自有此项请求权。”（本则判例于2001年4月17日经“最高法院”2001年度第四次民事庭会议决议删除；移植民法债编后作附录。）
同院1952年度台上字第175号判例：“以非经登记不得移转之财产为赠与者，在未为移转登记前，其赠与不生效力，固为‘民法’第四百零七条所明定。惟当事人间对于无偿给与不动产之约定，如已互相表示意思一致，依同法第一百五十三条第一项之规定，其契约即为成立，纵未具备赠与契约特别生效之要件，要难谓其一般契约之效力亦未发生，债务人自应受此契约之拘束，负有移转登记使生赠与效力之义务。”（本则判例于2001年4月17日经“最高法院”2001年度第四次民事庭会议决议删除）
同院1955年度台上字第1287号判例：“上诉人所称被继承人某甲之分产行为，如系赠与性质，虽不动产之赠与非经登记不生效力，但某甲以讼争不动产无偿给与其四子，双方意思表示既经互相一致，依‘民法’第一百五十三条第一项之规定，其一般契约之效力究已发生，某甲即应受其拘束，负有依约履行使生赠与效力之义务。此项义务因某甲之死亡，应由其继承人包括继承，被上诉人为继承人之一，自不能违反此契约，而请求确认其就讼争不动产仍有应继分，并命上诉人协同办理继承登记。”（本则判例于2001年4月17日经“最高法院”2001年度第四次民事庭会议决议删除。）

17 1999.4.21民法债编本条项增订理由：“不动产物权具有高度经济价值，订立契约约定负担移转、设定或变更不动产物权之义务者，不宜轻率。为求当事人缔约时能审慎衡酌，辨明权义关系，其契约应由公证人作成公证书，以杜事后之争议，而达成保障私权及预防诉讼之目的；爰参考德国民法第三百十三条第一项及瑞士债务法第二百十六条第一项之立法例，而增订第一项之规定。”

第三节 赠与之效力

壹、对赠与人之效力

一、赠与人之给付义务

"民法"第一百九十九条第一项规定："债权人基于债之关系，得向债务人请求给付。"故受赠人基于已成立生效之赠与契约，得向赠与人请求给付赠与物，但法律考虑到给付之无偿性及人之情感冲动，民法乃赋予赠与人任意撤销权（"民法"第四百零八条参照，详后述）。

二、赠与人之责任

（一）债务不履行责任

1. 一般赠与：一般赠与赠与人如有给付不能、给付迟延或不完全给付等情事发生，本应负债务不履行责任，但基于赠与契约之无偿性，一般赠与人无须负债务不履行责任。又在给付迟延之情形下，赠与物尚未移转，只要赠与人撤销赠与契约，赠与契约又视为自始无效（"民法"第一百十四条参照），赠与人更不负债务不履行责任。

2. 经公证之赠与或为履行道德上义务而为赠与："民法"第四百零九条规定："赠与人就前条第二项所定之赠与给付迟延时，受赠人得请求交付赠与物；其因可归责于自己之事由致给付不能时，受赠人得请求赔偿赠与物之价额。前项情形，受赠人不得请求迟延利息或其他不履行之损害赔偿。"[18] 兹分

18 1999.4.21民法债编本条修正理由："一、原条文语意不明，从文字上观之，赠与人不履行赠与时，受赠人得选择请求交付赠与物或请求给付赠与物之价金，初不问赠与标的物之履行是否可能，亦不问赠与人之意思如何，如此解释，颇为不当。为避免误解及减轻赠与人之责任，爰予修正。明定赠与人因给付迟延时，受赠人得请求交付赠与物。赠与人因可归责于自己之事由致给付不能时，受赠人始可请求赔偿其价额。又赠与不同于买卖，并无'价金'可言，爰将'价金'修正为'价额'。二、原条文但书'利息'究何所指？易滋疑义。学者通说认为应指'迟延利息'。为明确计，爰仿德国民法第五百二十二条，将'利息'二字修正为'迟延利息'，以符实际。而所谓'其他不履行之损害赔偿'，依上文可知系指迟延利息及价额以外之损害而言。爰予修正并移列为第二项。"此次德国民法典债法修改，第五百二十二条未修改。

述如下：

（1）限于经公证之赠与或为履行道德上义务而为赠与

本条既有"前条第二项"之规定，故必须限于"民法"第四百零八条第二项"经公证之赠与或为履行道德上义务而为赠与"，始有本条之适用。

（2）给付迟延

依"民法"第四百零九条第一项前段规定，赠与人就"民法"第四百零八条第二项所定之赠与给付迟延时，受赠人得请求交付赠与物，不得请求迟延利息或其他不履行之损害赔偿（"民法"第四百零九条第二项规定参照），此乃赠与契约无偿性之当然解释。又此时如赠与物仍存在者，殊不问是否可归责于赠与人致给付迟延，依禁反言原则（promissory estoppel），自仍应允许受赠人请求交付赠与物，但不得请求迟延利息或其他不履行之损害赔偿，方为公允。

（3）给付不能

依"民法"第四百零九条第一项后段规定，赠与人就"民法"第四百零八条第二项所定之赠与，其因可归责于自己之事由致给付不能时，受赠人得请求赔偿赠与物之价额，不得请求迟延利息或其他不履行之损害赔偿（"民法"第四百零九条第二项规定参照），此亦为赠与契约无偿性之当然解释。至于可归责于赠与人自己之事由究何所指，详见（5）注意义务程度之说明。又既已给付不能，法律自仅得给付受赠人得请求赠与物之价额（value），非为价值（worth）或价金（purchase price）。反之，如赠与人无可归责者，赠与人得免给付意义，但如赠与人获有利益者，受赠人得类推适用"民法"第二百二十五条第二项规定行使代偿请求权，请求赠与人给付。[19]

（4）不完全给付

关于不完全给付，赠与一节并无规定，故依"民法"第二百二十七条第一项规定："因可归责于债务人之事由，致为不完全给付者，债权人得依关于给付迟延或给付不能之规定行使其权利。"如赠与人所给付之赠与物有不完全给付之情事者，受赠人得依关于给付迟延或给付不能之规定（"民法"第四百零九条、第四百十条参照）行使其权利。准此，赠与

19 "最高法院"2001 年度台上字第 1570 号判决："赠与土地在未办妥所有权移转登记前，经政府依法征收，系因不可归责于赠与人之事由，致给付不能，赠与人固可免给付义务；惟受赠人对于赠与人因赠与土地被征收而获配之其他土地，仍可类推适用'民法'第二百二十五条第二项规定行使代偿请求权，请求赠与人给付。此际，赠与人如将该获配土地出卖他人，致给付不能，受赠人自得依修正前'民法'第四百零九条规定，请求交付其价金。"

人之不完全给付部分，仍应受“民法”第四百零九条及第四百十条规定之限制，方符法理。

（5）注意义务程度

依“民法”第四百十条规定：“赠与人仅就其故意或重大过失，对于受赠人负给付不能之责任。”[20] 由此观之，基于赠与之无偿性，衡诸“民法”第二百二十条及民法第四百十条之规定，赠与人仅在故意或重大过失之情况下，方须向受赠人负赔偿赠与物价额之义务。至于给付迟延之情形，不论是否可归责于赠与人之事由，除赠与人行使撤销权外，受赠人均得请求交付赠与物，故无“民法”第四百十条规定之适用。

兹为明了“民法”第四百零九条与第四百十条规定之适用，特图示如下：

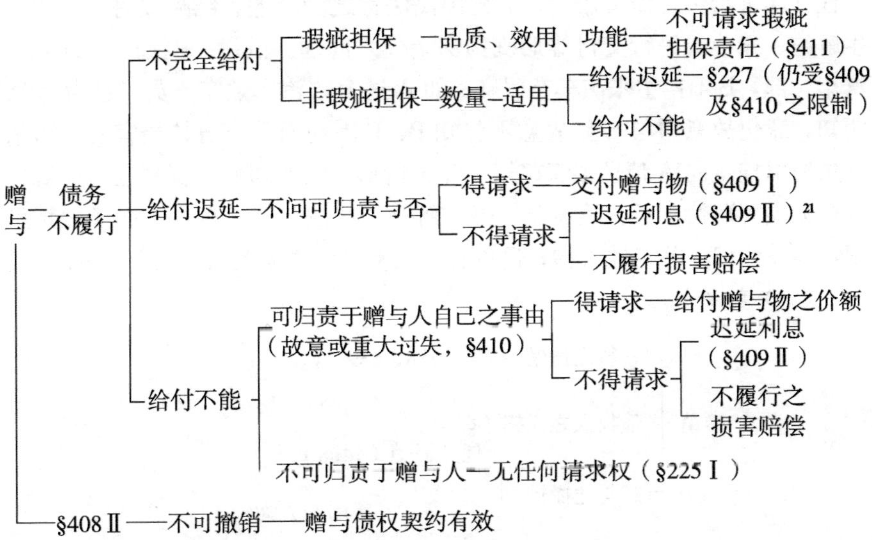

（二）瑕疵担保责任

“民法”第四百十一条规定：“赠与之物或权利如有瑕疵，赠与人不负担保责任。但赠与人故意不告知其瑕疵或保证其无瑕疵者，对于受赠

20　1999.4.21民法债编本条修正理由：“修正条文第四百零九条规定，赠与人仅于因可归责于自己之事由致给付不能时，受赠人始得请求赔偿赠与物之价额。而赠与属无偿行为，依第二百二十条之原则，对于赠与人之责任，应从轻规定。故本条条原规定之‘其’字，应系指上揭修正条文‘因可归责致给付不能’之情形，爰予明示，将‘其’字修正为‘给付不能’，以期明确。”

21　“民法”第四百零九条有关不得请求利息或其他不履行之损害赔偿之规定，系属“民法”第二百三十条至第二百三十二条及第二百三十五条之例外规定。

人因瑕疵所生之损害，负赔偿之义务。”兹分述如下：

1. 原则：赠与之物或权利如有瑕疵，赠与人不负担保责任。此系因赠与专因受赠人之利益而为之，故应减轻赠与人之责任。再按瑕疵担保为有偿契约之特色，赠与既系为无偿契约，自无瑕疵担保责任可言。

2. 例外（加害给付）：赠与人故意不告知其瑕疵或保证其无瑕疵者，对于受赠人因瑕疵所生之损害，负赔偿之义务（责任），一般均认为本条但书规定系指赠与人不负瑕疵担保责任之例外情形。按瑕疵担保责任系指债务人对于物或权利本身之瑕疵是否须负担之问题，但本条但书仅称对于受赠人“因瑕疵”所生之损害，而不谓“因物或权利之瑕疵”所生之损害，故此损害实指赠与人仅对受赠人因瑕疵所生之损害始负损害赔偿责任（加害给付之损害赔偿，旧德国民法称之为“瑕疵结果损害”），故不生解约、减价或另行交付等瑕疵担保责任之问题。试举一例如下：A送B汽车一部，B不得主张该车有瑕疵；如A送B之汽车煞车不灵，且为A所明知，竟仍故意赠与B且故意不告知B，B因此而受有身体损害者，得依本条但书规定向A请求损害赔偿。此种情形，断非瑕疵担保责任，应属侵权行为损害赔偿责任。故本条但书宜解为“民法”第一百八十四条之特别规定，盖任何人赠与他人物，仍负有一般不可侵害他人权利之义务也。

（三）撤销权

撤销
- 一般之撤销（§74、§88、§89、§92）
- 债权人之撤销（§244）
- 赠与之撤销
  - 任意撤销（§408）
  - 法定撤销
    - 赠与人撤销（§416）
    - 继承人撤销（§417）

1. 任意撤销

（1）原则

依“民法”第四百零八条第一项规定：“赠与物之权利未移转前，赠与人得撤销其赠与。其一部已移转者，得就其未移转之部分撤销之。”[22] 此种

22 1999.4.21民法债编本条项修正理由：“一、赠与契约于具备成立要件时，即生效力。惟赠与为无偿行为，应许赠与人于赠与物之权利未移转前有任意撤销赠与之权。原条文规定以赠与物未交付前，赠与人始得行使撤销权，适用范围太过狭隘，爰将第一项‘交付’修正为‘权利移转’，以期周延。”

撤销，系指赠与人无须具备法定原因，即得任意撤销赠与契约。惟此种任意撤销必须于赠与物之权利未移转前，赠与人始得撤销赠与；如已移转一部者，赠与人尚得就未移转之部分撤销。但赠与物之权利已全部移转者，赠与人即不得撤销赠与。

（2）例外

依“民法”第四百零八条第二项规定：“前项规定，于经公证之赠与，或为履行道德上义务而为赠与者，不适用之。”[23] 此时赠与人不得任意撤销赠与契约。[24]

①经公证之赠与：经公证之赠与，赠与人不得任意撤销赠与契约，但符合法定撤销事由时仍得依法撤销。如当事人约定以公证为赠与契约成立之方式者，依“民法”第一百六十六条之规定，在公证程序未完成前，推定赠与契约不成立。但“民法”第四百零八条第二项规定系指已公证者言，此公证如非当事人约定方式者，不生契约成立之问题，仅系是否产生撤销权，二者须加以区别。易言之，如当事人有特约一定之方式而不具备者，应适用“民法”第一百六十六条之规定，不得径依“民法”第四百零八条之规定，而以赠与物尚未移转权利而撤销其赠与契约，盖其尚未成立生效，自不生撤销问题。综上所述，赠与契约不因“民法”第四百零八条之规定，而由不要物契约变为要物契约。

②履行道德义务之赠与：履行道德上义务而为赠与者，赠与人不得任意撤销赠与契约。所谓履行道德上之义务，其概念不易确定，愚认为凡非为法定上之义务者，只要不违背公序良俗，而有益于社会利益者，即为道德上之义务。[25] 本项所指之履行道德上之义务，与“民法”第一百八十条第一款之给付系履行道德上之义务者，不得请求返还不当得利之情形，有所不同：“民法”第一百八十条须先有不当得利存在，始有发生履行道德上之义务不得请求返还之情形，本条项并无不当得利之问题发生；“民法”第一百八十条为事实问题，本条项赠与为契约之法律问题；“民法”第一百八十条乃发生于已给付之情形，本条项尚未发生给付；最

23　1999.4.21 民法债编本条项修正理由：“二、立有字据之赠与，间有非基于自由意思或因一时情感因素而欠于考虑时，如不许赠与人任意撤销，有失事理之平。为避免争议并求慎重，明定凡经过公证之赠与，始不适用前项撤销之规定，爰修正第二项。”

24　史尚宽，前揭书，同注 2，第一一八页。郑玉波，前揭书，同注 2，第一五二页。邱聪智，前揭书，同注 2，第二九〇页。

25　例如非顺位之扶养义务人所为之扶养、生父对非婚生子女所为扶养费之约束、为公益或慈善所为之施舍等是。并请参见史尚宽，前揭书，同注 2，第一一九页。

后，此种未经公证或非为履行道德上义务之赠与，固得于赠与物之权利移转前撤销，是否性质为自然债务？本书以为，所谓自然债务，系指不得以诉讼强制履行者而言，但依“民法”第四百零八条之规定，赠与契约未撤销前既已有债务存在，当非自然债务，且本条依契约之效力，本即可请求履行之债务，只不过依本条之规定，法律赋予赠与人一撤销权而已。故于赠与尚未撤销之前，受赠人仍得请求赠与人履行赠与义务。况民法债编已将立有字据之赠与修改为经公证之赠与，更无须讨论此一争议问题。[26]

（3）特殊问题——公证与“民法”第四百零八条间适用之问题

按“民法”第四百零八条于此次修正时，将公证列为赠与人行使撤销权之消极要件，如赠与契约经过公证者则赠与人不得任意撤销赠与契约。惟“民法”第一百六十六条之一与第四百零八条适用上将发生疑义：不动产赠与契约经公证时，依“民法”第一百六十六条之一第一项之规定，该不动产赠与契约成立生效，且依“民法”第四百零八条第二项之规定，赠与人不得任意撤销该不动产赠与契约。反之，不动产赠与契约未经公证，且赠与物之权利未移转时，纯就条文文字以观，该不动产赠与契约不生效力，则生“尚未生效之契约如何撤销”之问题。有认为“不动产赠与契约未经公证，因未成立，根本不包括于第四百零八条第一项规定之内，而完全与第四百零八条第一项规定无关；反之，不动产赠与契约经公证者并已成立及生效者，虽包含于第四百零八条第一项之情形，但嗣已为同条第二项所排除，故仍不得撤销。”[27] 除其对“民法”第一百六十六条之一之公证采成立要件说外，其余之见解本文采相同意见，以符合“有效之法律行为始有撤销”之通念。惟因“民法”第一百六十六条之一尚未施行，故目前仅适用“民法”第四百零八条即可。

2. 法定撤销

所谓法定撤销，即具备法定原因时，由有撤销权之人撤销赠与契约。凡有错误、误传、被诈欺、被胁迫、暴利行为或诈害债权等法定原因而

26 “最高法院”1994年度台上字第1613号判例：“‘民法’第四百零八条第一项前段规定赠与物未交付前，赠与人得撤销其赠与。同条第二项则规定前项规定，于立有字据之赠与，或为履行道德上之义务而为赠与者，不适用之。此二项规定，不问于动产或不动产之赠与，均有适用。”（本则判例于2001年9月20日经“最高法院”2002年度第九次民事庭会议决议不再援用。）

27 戴森雄、曾桂钗合著，民法债编修正后不动产物权之移转等之债权契约须经公证有关问题之阐释，收录于1999年第五十二届律师节特刊，“律师公会全国联合会”，第四九页。

得撤销者，于赠与情形均得为之，乃当然之理。兹谨就赠与一节之特别规定，说明如下：

(1) 撤销之原因

依撤销权成立之要件及其撤销权之所属，而有所不同：

①赠与人撤销之原因："民法"第四百十六条规定："受赠人对于赠与人，有左列情事之一者，赠与人得撤销其赠与：一、对于赠与人、其配偶、直系血亲、三亲等内旁系血亲或二亲等内姻亲，有故意侵害之行为，依刑法有处罚之明文者。二、对于赠与人有扶养义务而不履行者。前项撤销权，自赠与人知有撤销原因之时起，一年内不行使而消灭。赠与人对于受赠人已为宥恕之表示者，亦同。"[28] 本条之适用，不受"民法"第四百零八条第二项之限制。[29] 兹分述如下：

❶忘恩行为：所谓忘恩行为，系指受赠人对于赠与人、其配偶、直系血亲、三亲等内旁系血亲或二亲等内姻亲，有故意侵害之行为，依刑法有处罚之明文者。此忘恩行为并不以赠与人被害为限，其配偶、直系血亲、三亲等内旁系血亲或二亲等内姻亲亦得包含在内。但受赠人须有故意侵害之行为，且其故意侵害行为须为刑法（含刑事特别法）有处罚明文规定者，不问其宣告刑如何，仅须有法定刑即可。又此忘恩行为解释上不包括对财产之侵害。[30]

28 1999.4.21民法债编本条修正理由："一、赠与人与其配偶之关系不亚于赠与人与其最近亲属之关系，甚至更为密切。惟配偶是否为亲属，最近亲属之范围如何，解释上均有争论。为杜争议，本条第一项第一款爰予增列'配偶'。又原规定'最近亲属'范围不明，原参照'刑事诉讼法'第二百三十四条第四项、第五项所定告诉人之范围，将'最近亲属'修正为'直系血亲、三亲等内旁系血亲或二亲等内姻亲'，以期明确。二、第二项未修正。"

29 "最高法院"1998年度台上字第886号判决："二、'民法'第四百十六条第一项之赠与人之撤销权，系基于法定原因而为之，与同法第四百零八条第一项赠与人于赠与物未交付前，得任意撤销其赠与之规定，迥不相同。即同法第四百零八条第二项之规定，于同法第四百十六条第一项之撤销，并不适用之。本件上诉人辩称，渠已委请律师依'民法'第四百十六条（第一项）之规定，撤销上开赠与行为等语，原审竟认本件赠与系立有字据之赠与，依'民法'第四百零八条（第二项）之规定，自不得撤销云云，所持之法律见解，自有未洽。"

30 "最高法院"1984年度台上字第3737号判决："赠与人依'民法'第四百十六条第一项第一款规定得撤销其赠与者，以受赠人对于赠与人或其最近亲属，有故意侵害之行为，依刑法有处罚之明文者为限。并不包括受赠人单纯对于赠与人之财产，有故意之侵害行为在内。本件土地纵系被上诉人赠与上诉人，然查被上诉人似系主张上诉人对其财产有侵害之行为，如其侵害行为尚不涉及对于被上诉人人格权之侵害，要难认被上诉人得撤销其赠与。"（同院2002年度台上字第1928号同旨。）

❷背义行为：所谓背义行为，系指受赠人对于赠与人有扶养义务而不履行者。通说认为包括法定与约定扶养义务[31]，本书认为此之扶养义务，解释上应仅限于法定扶养义务（“民法”第一千一百十四条至第一千一百十六条之二参照），不包括约定扶养义务。盖如果包括约定扶养义务，则赠与人不履行其对受赠人之约定债务人时，受赠人不能撤销其约定；反之，受赠人不履行约定扶养义务时，赠与人却可撤销其赠与，显有失衡之嫌。况约定扶养义务因有债权契约存在，故于不履行时应依债务不履行请求履行；如以约定扶养义务为赠与之负担者，则有“民法”第四百十二条附负担之赠与之适用（详后述）。

②继承人撤销之原因：依“民法”第四百十七条规定：“受赠人因故意不法之行为，致赠与人死亡或妨碍其为赠与之撤销者，赠与人之继承人，得撤销其赠与。但其撤销权自知有撤销原因之时起，六个月间不行使而消灭。”关于赠与人之继承人之撤销权，须受赠人因故意不法之行为致赠与人死亡，或以各种手段妨碍赠与人之撤销，而赠与人其后死亡者，赠与人之继承人即得撤销赠与契约。但过失情形不包括在内。赠与人之继承人，其撤销权乃基于继承人身份地位依本条独立取得，并非继承其被继承人即赠与人之撤销权而来，适用上不可不注意。

（2）法定撤销之先决条件

关于法定撤销之规定，其先决条件为“权利已移转”或“民法”第四百零八条第二项等不得任意撤销之情形，盖如赠与物尚未移转权利或非“民法”第四百零八条第二项之情形者，赠与人自得任意撤销赠与契约，无依法定撤销规定撤销赠与之必要。故受赠人对于赠与人有忘恩行为，碍于立有公证，不能依“民法”第四百零八条第二款规定为任意撤销，自可依“民法”第四百十六条第一项第一款规定撤销赠与契约。

（3）行使撤销权之方法

“民法”第四百十九条第一项规定：“赠与之撤销，应向受赠人以意思表示为之。”故赠与之撤销为有相对人之单独行为，属形成权之一种。本条纵无规定，本应作如是解释，盖撤销权为形成权，其行使自应以意思表示为之。赠与契约当事人之一方有数人者，撤销赠与之意思表示，应由其全体或向其全体为之（类推适用“民法”第二百五十

31 史尚宽，前揭书，同注2，第一二五页。郑玉波，前揭书，同注2，第一五八页。邱聪智，前揭书，同注2，第二八二页。

八条第二项之规定）。[32]

（4）撤销之效力

①赠与契约之消灭：赠与契约经撤销后，赠与契约视为自始无效（“民法”第一百十四条第一项参照），故赠与契约溯及消灭。

②不当得利之发生：“民法”第四百十九条第二项规定：“赠与撤销后，赠与人得依关于不当得利之规定，请求返还赠与物。”[33] 赠与物之权利尚未移转者，不生不当得利之问题。如基于法定撤销原因，在赠与物之权利已移转后撤销者，赠与人与受赠人间或受赠人与继承人间，即因赠与契约之撤销而生不当得利之问题。赠与撤销后，赠与人得依关于不当得利之规定[34]，请求返还赠与物。但如符合“民法”第一百八十条第一款“给付系履行道德上之义务者，不得请求返还”之规定者，纵有不当得利之情形，亦不得请求返还赠与物。[35]

（5）撤销权之让与及继承

撤销权之是否具让与性、继承性，本书认为应视其是否依特殊关系而产生或涉及公益而定：

①基于暴利行为、被诈欺、被胁迫、错误或误传而产生之撤销权：此种撤销权均无专属性，故得随本权（如债权）而让与或由继承人继承。

②“民法”第二百四十四条所规定诈害债权之撤销权，因无专属性，故亦得随本权让与或由继承人继承。

③“民法”第四百零八条（未移转前赠与人之任意撤销）及“民法”第四百十二条（不履行负担时之撤销）之撤销权，均无专属性，故亦得随本权让与或由继承人继承。

32 “最高法院”1983年度台上字第3666号判决：“依‘民法’第四百十九条第一项规定，赠与之撤销，应向受赠人以意思表示为之。此与‘民法’第二百五十八条第一项规定，解除权之行使，应向他方当事人以意思表示为之者，具有同一之法律理由，自应类推适用‘民法’第二百五十八条第二项之规定。故赠与契约当事人之一方有数人者，撤销赠与之意思表示，亦应由其全体或向其全体为之。”

33 “最高法院”1983年度台上字第802号判决：“赠与撤销后，赠与人得依关于不当得利之规定，请求返还赠与物。‘民法’第四百十九条第二项定有明文。原审谓上诉人仅得请求涂销登记而不得请求被上诉人为返还赠与物之所有权移转登记，其适用法律亦有违误。”

34 本条第二项规定“依关于不当得力之规定”，显似多余规定，盖撤销依“民法”第一百十四条第一项规定，视为自始无效，其被撤销之债权行为既因无效而失去法律上之原因，物权行为仍属有效，自当构成“民法”第一百七十九条之不当得利，无再依关于不当得利规定之必要，充其量，本条项可解为训示规定。

35 王泽鉴，民法债编总论，第二册，不当得利，作者自刊，1994年10月出版，第九九页。

④“民法”第四百十六条与第四百十七条之法定撤销：如受赠人先具备“民法”第四百十六条撤销之原因，而于一年内赠与人死亡者，则赠与人之继承人不得撤销，盖此时与“民法”第四百十七条之继承人因其独立身份而取得之撤销权不同。如赠与人死亡，其继承人不得继承“民法”第四百十六条所规定之撤销权，因忘恩背义之行为，系为受赠人与赠与人之特别关系，无让与性，故不得继承。又“民法”第四百十七条之法定撤销权系继承人基于其独立之身份而取得撤销权，具有专属性，不得随本权让与，亦不得继承。

（6）撤销权之预先抛弃

撤销权一般均得事后抛弃，但是否得预先抛弃，多与公序良俗有关：

①“民法”第七十四条所规定之撤销权不得预先抛弃，因其牵涉公序良俗。

②依被诈欺、被胁迫、错误或误传而生之撤销权，本书以为被诈欺、被胁迫之撤销，应不许其预先抛弃，方不违反公序良俗。（叶：错误或误传就可预先抛弃?）

③“民法”第二百四十四条之诈害债权之撤销权，本书认为为避免鼓励诈害债权，应不得预先抛弃较妥。

④“民法”第四百零八条与“民法”第四百十二条所规定之撤销权，因其与公序良俗无关，故应得预先抛弃。

⑤“民法”第四百十六条及“民法”第四百十七条之撤销权，因与公序良俗有关，故不得预先抛弃。

（7）撤销权之消灭

①除斥期间届满：赠与人之撤销权，自赠与人知有撤销原因之时起，一年内不行使而消灭（“民法”第四百十六条第二项前段）。而赠与人之继承人之撤销权，则自知有撤销原因之时起，六个月间不行使而消灭（“民法”第四百十七条后段）。其他情形之撤销，依各有关规定之除斥期间行使之。但附负担之赠与，赠与人已为给付而受赠人不履行其负担时，赠与人撤销赠与之情形，无此除斥期间规定之适用。[36]

②赠与人之宥恕：赠与人对于受赠人已为宥恕之表示者（准法律行

36 “最高法院”1980年度台上字第245号判决：“此项赠与附有上诉人应给付被上诉人按年五千台斤蓬莱稻谷之负担，既未据上诉人履行，被上诉人据而撤销赠与，请求返还被上诉人已交付之赠与土地，核于‘民法’第四百十二条第一项，第四百十九条第二项规定并无不合，又本件既非依第四百十六条第一项规定所为之撤销赠与，自不受该第四百十六条第二项规定一年除斥期间之限制。”

为），其撤销权亦消灭（“民法”第四百十六条第二项后段），此限于背恩忘义之情形，不包括其他情形。又赠与人已为宥恕之表示后，赠与人之继承人亦应解为不得撤销，方尊重赠与人之本意。

③受赠人之死亡：“民法”第四百二十条规定：“赠与之撤销权，因受赠人之死亡而消灭。”撤销之原因既存于受赠人，受赠人死亡时，自不得再向其继承人为撤销。本书以为此情形宜采限缩解释，仅于“民法”第四百十六条及“民法”第四百十七条始有其适用，其他情形之撤销权不及之。故赠与物之权利未移转前，受赠人死亡，如无“民法”第四百十六条及民法第四百十七条之情形者，赠与人不得撤回。

（四）赠与履行之拒绝

“民法”第四百十八条之规定：“赠与人于赠与约定后，其经济状况显有变更，如因赠与致其生计有重大之影响，或妨碍其扶养义务之履行者，得拒绝赠与之履行。”所谓赠与履行之拒绝，系指赠与人因情事变更，对于受赠人之请求履行赠与契约加以拒绝者。本条所规定者，即为赠与人之“穷困抗辩”性质，乃一时、不安之抗辩，为情事变更原则之具体化条文。[37] 其要件为：

1. 须于赠与约定后，亦即须为约定之时系当事人所无法预料之情事。
2. 须赠与人之经济状况于约定后显有变更者。
3. 须对于生计有重大影响或妨碍扶养义务之履行者。[38]
4. 须赠与物尚未交付。[39]

所谓扶养义务，法条虽未明文限制，惟为避免赠与人刻意借约定扶养义务拒绝履行，应仅限于法定扶养义务，而不包括约定之扶养义务。又赠与履行之拒绝，因属一时之抗辩，故于将来赠与人之经济状况好转时，仍须履行该赠与契约，并无永久抗辩之效力，自不待言。[40] 例如赠与

37 史尚宽，前揭书，同注 2，第一二五页。郑玉波，前揭书，同注 2，第一五八页。邱聪智，前揭书，同注 2，第二八二页。

38 “最高法院”1998 年度台上字第 869 号判决：“‘民法’第四百十八条规定得拒绝赠与之履行，系以赠与约定后，经济状况发生显著变化，因其赠与致对生计发生重大影响或妨碍其扶养义务之履行而言，上诉人上开抗辩纵为属实，亦属公司营运问题，与个人生计及履行扶养义务无涉，且无证据证明与本件赠与有关，上诉人无从持为得拒绝赠与履行之理由。”

39 “最高法院”1998 年度台上字第 1549 号判决：“一、‘民法’第四百十八条固明定：赠与人于赠与约定后，其经济状况显有变更，如因赠与致其生计有重大之影响，或妨碍其扶养义务之履行者，得拒绝赠与之履行。然行使此项抗辩权，须于赠与约定后，标的物未交付前为之，若标的物业已交付，则赠与人即无此项抗辩权。”

40 史尚宽，前揭书，同注 2，第一二八页。郑玉波，前揭书，同注 2，第一六四页。邱聪智，前揭书，同注 2，第二八九页。

人又忽中乐透彩头奖是。另如有不符本条之要件，但符合“民法”新增订第二百二十七条之二情事变更原则之规定者，愚以为各该条之情事变更均有其特殊构成要件，只要符合者，就有其立法目的，应无不得适用之理。[41]

贰、对受赠人之效力

一、受赠人之赠与物给付请求权

赠与契约成立生效后，除经赠与人撤销赠与契约外，受赠人得向赠与人请求给付赠与物。

二、受赠人之赠与物价额损害赔偿请求权

赠与人就“民法”第四百零八条第二项所定之赠与，其因可归责于自己之事由致给付不能时，受赠人得请求赔偿赠与物之价额（“民法”第四百零九条第一项后段）。

三、受赠人之侵权行为损害赔偿请求权

赠与人故意不告知其赠与之物或权利瑕疵或保证其无瑕疵者，对于受赠人因瑕疵所生之损害，负赔偿之义务（“民法”第四百十一条规定），此时受赠人得向赠与人请求侵权行为损害赔偿。

第四节　特种赠与

壹、附负担赠与

一、附负担赠与之意义

所谓附负担赠与，系指受赠人负一定给付义务附约款之赠与，民法

41　拙著，情事变更原则之再探讨，台湾本土法学杂志，第十二期，2000年7月，第五七页至第七六页。

规定于“民法”第四百十二条至第四百十四条之中。如前所述，有认为此种赠与之赠与及负担仅有主从牵连关系，而无对价关系，仅为限制赠与效力之附约款，非互由给付而取得利益，故仍为片务、无偿契约。[42] 本书则认为系双务契约。

二、附负担赠与之效力

(一) 请求履行负担及其撤销

依“民法”第四百十二条规定：“赠与附有负担者，如赠与人已为给付而受赠人不履行其负担时，赠与人得请求受赠人履行其负担，或撤销赠与。负担以公益为目的者，于赠与人死亡后，主管机关或检察官得请求受赠人履行其负担。”[43] 附负担赠与如赠与人已给付赠与物而受赠人不履行其负担者，赠与人得请求受赠人履行其负担，或撤销赠与[44] 并请求返还赠与物。[45] 负担以公益为目的者，于赠与人死亡后，主管机关或检察

42 郑玉波，前揭书，同注 2，第一六五页。

43 1999.4.21 民法债编本条修正理由：“一、第一项未修正。二、为配合民法总则之修正，爰将第二项内‘官署’一词，修正为‘机关’。又主管机关得‘命’受赠人履行其负担之‘命’字究指何意义？学者间意见不一，有主张系指行政命令者，有主张仅系私法上之请求权者。鉴于民法乃以私法自治为最高原则，赠与属私权之范围，似不宜由行政机关过干干预，参考德国民法第五百二十五条第二项规定，爰将‘命’字修正为‘请求’，以期明确。又负担既以公益为目的，于赠与人死亡后，为维护公益，爰增列‘检察官’亦得请求受赠人履行其负担。”

44 “最高法院”1999 年度台上字第 538 号判决：“附有负担之赠与，须受赠人对于负担之履行陷于给付迟延时，赠与人始得撤销赠与。”

45 最高法院 1943 年度上字第 2575 号判例：“所谓附有负担之赠与，系指赠与契约附有约款，使受赠人负担应为一定给付之债务者而言。必其赠与契约附有此项约款，而受赠与人，于赠与人已为付后不履行其负担时，赠与人始得依民法第四百十二条第一项之规定撤销赠与。”同院 1944 年度上字第 6694 号判例：“被上诉人为上诉人之直系血亲卑亲属，因上诉人依民法第四百十二条第一项将其赠与撤销，致被上诉人衣食无著，上诉人对之应否负担扶养之义务，系另一问题，不能因此即谓上诉人不得撤销赠与。”

同院 1982 年度台上字第 4506 号判决：“（一）按赠与附有负担者，如赠与人已为给付而受赠人不履行其负担时，赠与人得撤销赠与，‘民法’第四百十二条第一项定有明文，此种附有负担之赠与与同法第四百零八条第二项所定单纯赠与中之立有字据之赠与，在赠与物未交付前不得撤销者不同，自无‘民法’第四百零八条第二项规定之适用。（二）按以非经登记不得移转之财产为赠与者，在未为移转登记前，其赠与不生效力，固为‘民法’第四百零七条所明定，惟本件上诉人与被上诉人刘再复间对于无偿赠与不动产之约定，既已互相表示意思一致，依同法第一百五十三条第一项之规定，其契约即为成立，纵未具备赠与契约特别生效之要件，但其一般契约之效力，既已发生，则被上诉人刘×复依民法第四百十二条第一项规定撤销此项赠与契约，自为法之所许。”（此判决第二段因“民法”第四百零七条已删除而无适用余地。）

官得请求受赠人履行其负担。但负担并非以公益为目的者，主管机关或检察官不得介入私权争执，无“民法”第四百十二条第二项规定之适用。

如赠与人已为给付，而受赠人不履行公益之负担时，纵具备“民法”第四百十七条规定之要件，赠与人之继承人仍不得行使撤销权，亦即“民法”第四百十二条限制赠与人之继承人撤销权之行使。

（二）受赠人履行负担之限度

依“民法”第四百十三条之规定，附有负担之赠与，其赠与不足偿其负担者，受赠人仅于赠与之价值限度内，有履行其负担之责任。故受赠人仅负有限责任。须注意者，本条系规定于赠与之“价值”（worth）而非价额（value）限度内，有履行其负担之责任。

（三）瑕疵担保责任

一般赠与原则上不负赠与物瑕疵担保责任（“民法”第四百十一条参照），惟依“民法”第四百十四条规定：“附有负担之赠与，其赠与之物或权利如有瑕疵，赠与人于受赠人负担之限度内，负与出卖人同一之担保责任。”是为附负担赠与人之物或权利之瑕疵担保。附负担赠与之赠与物或权利有瑕疵者，赠与人于受赠人负担之限度内，负与出卖人同一之担保责任，显见附负担赠与已具双方对价关系，而为有偿双务契约。此与“民法”第四百十一条之瑕疵担保责任不同，盖“民法”第四百十一条非指赠与物之瑕疵担保，而系因赠与物瑕疵致侵害受赠人权利之特别侵权行为责任。

贰、定期给付之赠与

定期给付之赠与，系定期继续的为财产给付之赠与，非如一般赠与系一次给付完毕。定期给付之赠与，因系继续性的法律关系，自有情事变更原则（“民法”第二百二十七条之二参照）之适用。定期给付之赠与，依“民法”第四百十五条规定：“定期给付之赠与，因赠与人或受赠人之死亡，失其效力。但赠与人有反对之意思表示者，不在此限。”所谓定期，例如每月或每半年，故与终身定期金契约以人之生存期内定期为金钱给付有所不同（“民法”第七百二十九条参照）。定期赠与中以赠与之部分虽无法撤销，但尚未给付的部分，赠与人仍可任意撤销。

此外，须注意定期给付之赠与与短期消灭时效（“民法”第一百二十六条参照）之关系。

叁、附条件或附期限之赠与

附条件或附期限之赠与与一般赠与之差异，仅在于生效或失效之问题。民法对于赠与并无禁止附条件或期限之规定，故附停止条件或始期之赠与，在条件未成就或始期未届至前，虽已成立，仍未生效（“民法”第九十九条至第一百零二条参照）。[46]

肆、死因赠与

死因赠与系以死亡为赠与契约生效之停止条件之契约，一般赠与并不以死亡为赠与契约生效之停止条件。

伍、现实赠与

所谓现实赠与，赠与契约与赠与物之交付同时为之者，为现实赠与。现实赠与于赠与契约成立生效时即为给付，故无“民法”第四百零八条第一项关于任意撤销规定之适用。

陆、混合赠与

混合赠与，即赠与与买卖之混合契约，系指受赠人亦为一部分对待给付之赠与（如半买半送，或点套餐加二十元即赠送甜点等），此时仅有一契约存在。混合赠与有分离说与单一说，前者认为此法律行为必须区分为有偿及无偿二部分，适用典型契约之规定。后者认为混合赠与系各种不同类型之典型契约融合成单一契约，除为保持公平结果、基于经济目的及当事人利益必须排除外，应分别就其赠与及有偿行为部分，适用或类推适用关于各该典型契约之规定。[47] 本书以为应采单一说而不采分离说。此类半买半送契约，实际上半送部分仍以半买部分为其基础，半送

46 “最高法院”1961 年度台上字第 2178 号判决：“赠与契约附有始期及附有负担者，受赠人未履行负担，该赠与契约尚未生效，则受赠人尚未取得赠与物而为使用收益，纵赠与人有出租收益情事，亦非受赠人所得以之代替其负担之给付。”

47 史尚宽，前揭书，同注 2，第一三〇页。

部分应含在半买之价金内，故认其为买卖较妥，否则半送部分，即不得主张瑕疵担保责任，易使出卖人以过时品为花招而欺罔客户，实有违公益与交易安全。

柒、聘礼

一、聘礼之意义与性质

所谓聘礼，系指因订定婚约所为之赠与，例如聘金、订婚戒指、喜饼等。依“民法”第九百七十九条之一规定：“因订定婚约而为赠与者，婚约无效、解除或撤销时，当事人之一方，得请求他方返还赠与物。”[48]“民法”第九百七十九条之二规定：“第九百七十七条至第九百七十九条之一所规定之请求权，因二年间不行使而消灭。”关于聘礼之性质，学说上有不同之见解：

（一）附停止条件之赠与

此说认为聘礼为附有将来结婚之停止条件之赠与。采此说者，聘礼虽已取得，惟条件因尚未成就，契约尚未生效，故当事人对聘礼并无所有权可言，此与当事人之意思不符，故此说不足采。

（二）附解除条件之赠与

此说认为聘礼为附有解除条件之赠与，如将来不结婚者，解除条件成就，赠与之聘礼失其效力。采此说者，当事人为交付聘礼时，多无附解除条件之意思存在，此见解纯属对当事人意思之拟制[49]，且与生活实际及社会通念不符，故此说亦不足采。

（三）附负担之赠与

此说认为聘礼系附有结婚负担之赠与，如撤销赠与后，聘礼成为不当得利。采此说者，赠与人如不结婚时，受赠人不得请求履行结婚；受

48 “最高法院”1983年度台上字第3661号判决：“查本件订定婚约之当事人，为被上诉人蔡女与上诉人。至被上诉人蔡某、蔡妇，不过因蔡女于订婚时尚未成年，曾行使其法定代理人之同意权，其本身与上诉人间不发生婚约关系。蔡女与上诉人相互解除婚约，无论何方为有理，上诉人均无从本于婚约关系对被上诉人蔡某、蔡妇为任何赔偿之请求。次查婚约之聘金，系属赠与，上诉人因订立婚约而付与被上诉人之聘金，并非由于婚约解除致生之损害，应不得依同法第九百七十七条规定请求赔偿所谓之聘金损害。至于能否依赠与关系为返还赠与物（即聘金）之请求，要属另一问题。”

49 王泽鉴，前揭书，同注35，第六一页。

赠人不结婚时，赠与人亦不得请求履行结婚，却得撤销赠与，显有失公允。且结婚在法律上性质原非可认为系财产上之给付，且不得强制执行，故以结婚为赠与之负担，与婚姻之本质，显有不合。[50] 但如前所述，实务上曾有采此见解。

（四）类似证约之定金

此说认为聘金（聘礼）为证明婚姻成立之定金。就传统观念言，聘金并非证明婚约之成立，聘金存在之主要作用，系在报答女方父母养育之恩，殊无法适用定金之规定，故此说仍不足采。

（五）从属于婚约之从契约

此说认为婚约为主契约，而聘礼为从契约，其为一从属于婚约之赠与契约。此说显与聘礼之性质不符，且如认其从属于婚约者，当婚约解除时，聘礼金之效力又如何？故此说仍不可采。

（六）单纯赠与说

此说认为聘礼之性质与一般之赠与无异。但此说与“民法”第九百七十九条之一规定不符，不足采。

（七）不当得利说

此说以为聘礼乃在期待成立婚姻，婚姻不能成立时，赠与聘礼之目的不达，受赠人受领给付，无法律上之原因，应成立不当得利。[51]

（八）实务见解

关于聘礼之性质，实务见解有认为系附负担之赠与[52]，有认为系附解

50　王泽鉴，前揭书，同注 35，第六一页。

51　同上注。

52　“最高法院”1958 年度台上字第 1469 号判例：“婚约之聘金，系附有负担之赠与，上诉人既不愿履行婚约，则依‘民法’第四百十二条第一项，第四百十九条第二项，被上诉人自得撤销赠与，请求返还原赠与财物，纵解除婚约之过失责任系在被上诉人，亦仅生赔偿之问题，不能为拒绝返还之论据。”（本则判例于 1996 年 10 月 8 日经“最高法院”第十五次民事庭会议决议不再援用。）

同院 1954 年度台上字第 158 号判例：“上诉人主张因被上诉人恶意遗弃，经第一审判决离婚确定在案，其所收受之聘金饰物及支付之酒水费二百元，依不当得利之规定，被上诉人应负返还之义务。按因离婚而消灭婚姻之关系，并无溯及既往之效力，在离婚前之婚姻关系既已成立，自不发生不当得利问题，上诉人所为不当得利之主张，殊难谓为有据。”（评论：本判例显对聘金采附负担赠与说，故离婚前之婚姻关系，系因受赠人已履行结婚负担之结果，从而，离婚后之夫妻关系属另一问题，自不生不当得利之问题。）

除条件之赠与[53]，并无定论，嗣“最高法院民刑庭总会”五十五年度第二次会议决议二判例并存[54]，但“最高法院”1996 年 10 月 8 日第十五次民事庭会议决议此二判例均不再援用。

（九）本书见解

“民法”第九百七十九条之一虽已修正规定赠与物返还请求权，但未明文其法律性质及其请求返还之基础何在？本书以为如依“最高法院”1958 年度台上字第一四六九号判例采附负担之赠与说，则依“民法”第四百十九条规定观之，可解为“民法”第九百七十九条之一规定之请求权基础，系在于不当得利。

53 “最高法院”1958 年度台上字第 917 号判例：“凡订立婚约而授受聘金礼物，固为一种赠与，惟此种赠与，并非单纯以无偿移转财物为目的，实系预想他日婚约之履行，而以婚约解除或违反为解除条件之赠与，嗣后婚约经解除或违反时，当然失其效力，受赠人依‘民法’第一百七十九条，自应将其所受利益返还于赠与人。”（本则判例于 1996 年 10 月 8 日经“最高法院”第十五次民事庭会议决议不再援用）

同院 1961 年度台上字第 351 号判例：“聘金乃一种赠与，除附有解除条件之赠与，于条件成就时失其效力，赠与人得依‘民法’第一百七十九条之规定，请求受赠人返还其所受之利益外，要不得以此为因判决离婚所受之损害，而依‘民法’第一千零五十六条第一项请求赔偿。”

同院 1992 年度台上字第 2568 号判决：“按聘金礼物乃预想他日婚约之履行，而以婚约之解除或违反为解除条件之赠与。并不以订婚时所给与者为限，即在婚约存续中以上开目的所为赠与，亦应包括在内。”

54 “最高法院民刑庭总会”1966 年度第二次会议决议：本院 1958 年台上字第一四六九号与同年台上字第九一七号两判例并存。

第五章

租　　赁

【案例提示】

一、甲向乙承租现为丙所承租之店面一间，月租金十万元，押租金一百万元，租期自乙丙间之租期届满起算二年。嗣乙将其对丙之返还请求权让与甲，虽履经甲向丙请求交付店面，丙均置之不理。半年后，乙将其店面出售并移转登记与丁，丙见状，始将店面点交甲，甲于店前设置广告牌，再经半年后，店面外墙有修缮之必要，经甲向丁催告修缮，在未修缮前，广告牌及墙板掉落伤及甲、甲之妻、甲之客人、小偷。问当事人间之法律关系如何？

二、甲将其房子出租于乙，约定租期一年，租金每月新台币二万五千元，每月五日交付，押租金于契约生效时交付两个月份，甲、乙双方并至台湾台北地方法院公证处就租赁契约办理公证，试问：

（一）如甲于租赁期间将房屋出售予丙时，乙得否主张“买卖不破租赁”原则？

（二）如乙于租期届至后仍继续居住于该屋，且甲亦仍收取租金，此时该租赁契约之效力为何？

（三）如乙于第五个月后即未再支付租金，则甲是否得就押租金抵偿？

第一节 租赁之意义、性质与种类

壹、租赁之意义

依“民法”第四百二十一条规定：“称租赁者，谓当事人约定，一方以物租与他方使用、收益，他方支付租金之契约。前项租金，得以金钱或租赁物之孳息充之。”英美法称之为 lease 或 tenancy，兹分述租赁之意义[1] 如下：

一、租赁系一方以物租与他方使用收益之契约

（一）当事人

租赁之当事人为出租人与承租人，其为自然人或法人，法无限制。

（二）标的物

租赁之标的物不问种类，包括动产或不动产，有体物与权利均可（“民法”第四百六十三条之一参照）。兹分述租赁标的物之要点如下：

1. 动产与不动产：

（1）动产

租赁之标的物须属于非消费物、特定物，如为消费物且以消费方法使用者，应属消费借贷，适用消费借贷之规定。但以非消费方法而使用者，例如租 XO 酒陈列展示，亦可成立租赁。时下购买煤气罐，实则乃煤气之买卖与煤气罐之租赁混合契约，但罐之费用，则另外收取押金，以担保日后返还义务之履行。

（2）不动产

租赁之标的物为不动产时，除须注意特别法之有关规定外[2]，以公有不动产为租赁标的物者，须注意有关公有物及“国有财产法”之规定。公

1 史尚宽，债法各论，1986年11月台北六刷，作者自刊，第一三七页。郑玉波，民法债编各论，上册，三民书局股份有限公司，1992年10月十五版，第一七四页。邱聪智，新订债法各论，上册，2002年10月初版第一刷，作者自刊，第三〇三页。

2 例如“土地法”、“平均地权条例”、“耕地三七五减租条例”、“农业发展条例”、“民用航空法”、“海商法”、“船舶法”。

有之房地并非不得租赁，应依其性质及目的，于不违反特别法规定[3]时，得为租赁之标的物。

2. 一部租赁：租赁物非必为全物，亦得将物之一部分为租赁之标的物，如将房屋分租或共有土地之特定停车位之出租，俗称“物之特定部分出租”。

3. 将来之物：将来之物得为租赁标的物，故租赁得附条件、期限及预约。

4. 他人之物：租赁为债权契约，仅生负担行为之效果，故得以他人之物得为租赁之标的物[4]，例如转租。

5. 权利租赁：如约定以权利供他人使用收益，特别法有规定者，依其规定（如“营业秘密法”第七条、“矿业法”第十三条）。如无特别法者，依“民法”第四百六十三条之一之规定准用租赁之规定，例如共有人约定将其应有部分出租于他共有人者，性质上系该共有人约定将其按应有部分对于共有物之使用收益权，供由承租人享有，虽非物之租赁，实务上称为共有权之租赁，但依“民法”第四百六十三条之一规定准用租赁之规定。又台湾“著作权法”第二十九条规定，著作人专有出租其著作之权利，又合法著作重制物之所有人，得出租该重制物（“著作权法”第六十条）（详后述）。

（三）使用收益

租赁契约依其功能与作用，可分为使用租赁、收益租赁及使用收益租赁三种，通常租赁系指使用收益租赁。[5] 所谓使用，系指依物之用法，不变更其性质或毁损其形体，而加以利用之谓。所谓收益，系指收取标

3 例如“国有财产法”、“直辖市”、县（市）之“县（市）有财产管理自治条例”等。

4 最高法院 1944 年度上字第 84 号判例：“租赁，就出租人无所有权之物，亦得成立。”
同院 1961 年度台上字第 284 号判例：“租赁非如消费借贷，系移转物之所有权于相对人之契约，不过使承租人就其物而为使用收益。故出租人对其物有所有权或其他权利与否，全非租赁之成立要件。至于耕地承领人于承领后将承领耕地出租，亦仅构成由政府收回耕地没入地价之原因，并非使当事人间之租约当然无效。”
同院 1975 年度台上字第 424 号判例：“租赁契约，系以当事人约定，一方以物租与他方使用收益，他方支付租金而成立，并不以出租人对于租赁物有所有权为要件。”

5 “最高法院”1958 年度台上字第 1889 号判例：“上诉人以其所有之房屋，提供为被上诉人之营业场所，既仅按日收取一定之金额而不负担合伙损益之分配，所谓出资之系争房屋，又不属于合伙财产，仍由上诉人保有所有权，有与合伙契约之性质不相符合，实为一种租赁关系。”

的物之天然孳息或法定孳息是。[6]

社会上常见约定“互换土地”使用收益之性质，或可解为互相无偿使用借贷，但实务见解认为系互为租赁，适用租赁之规定，仅租金相互抵销[7]，本书赞同之。盖不作如斯解释，万一契约当事人之一方将其土地转让于第三人时，另一方契约当事人无法主张“民法”第四百二十五条买卖不破租赁原则而对抗该受让土地之第三人。[8] 但此租赁契约究为单一契约或联立契约？本书认为应解为联立契约，使二个租赁契约互为条件依存关系，较符合当事人原意。

二、租赁系他方支付租金之契约

所谓租金，依“民法”第四百二十一条第二项之规定，得以金钱或租赁物之孳息充之，不以金钱为限，又其名称如何，并非所问，例如稻谷[9]、青苗等农作物。租金之多寡除必须受特别法（如“土地法”第九十

6 最高法院1940年度上字第403号判例：“民法第七十条第一项规定，有收取天然孳息权利之人，其权利存续期间内取得与原物分离之孳息，是无收取天然孳息权利之人，虽与原物分离之孳息为其所培养，亦不能取得之，耕作地之承租人依民法第四百二十一条第一项之规定，固得行使出租人之收益权，而有收取天然孳息之权利，惟出租人无收益权时，承租人如非民法第九百五十二条所称之善意占有人，虽于该耕作地培养孳息，亦无收取之权利。”

7 “最高法院”1981年度台上字第929号判决：“互换土地使用系一方以自己所有或有使用权之土地换与他方使用为对价，而使用他方换来之土地，亦即使用他人土地付有相当之对价，其性质与租赁无殊，系争交换使用之土地，地目为田，既旨在作双方耕作之目的使用，虽被上诉人将其中一部分，铺设水泥，作为晒谷场兼庭院及建厕所，亦系因耕作之目的所为必要之措施，则被上诉人与林×淇就系争土地所成立之租赁契约，应有‘耕地三七五减租条例’之适用，上诉人既无同条例第十七条所定事由，任意终止租约即不生终止租约效力。”

同院1986年度台上字第1594号判决：“两造互换土地使用，彼此有对价关系，均非无偿，其性质属互为租赁，并非无偿使用借贷。被上诉人承租系争土地作为房屋基地，非有法定原因，出租人不得终止租赁契约收回土地。”

同院1999年度台上字第2805号判决：“交换土地使用，系一方以自己所有或有权使用之土地换与他方使用为对价，而使用向他方换来之土地，其性质属于互为租赁关系。”

8 “最高法院”1970年度台上字第2490号判例：“使用借贷，非如租赁之有‘民法’第四百二十五条之规定，纵令上诉人之前手将房屋及空地，概括允许被上诉人等使用，被上诉人等要不得以上诉人之前手，与其订有使用借贷契约，主张对现在之房地所有人即上诉人有使用该房地之权利。”

9 “最高法院”1957年度台上字第519号判例：“因使用租赁物而支付之对价，即为租金，其约定之称如何，原非所问。上诉人使用系争房屋，依调解结果，按月应给付被上诉人稻谷一百五十台斤，不得谓非使用房屋之对价，应不因其名为补贴而谓非属租金性质。”

六条、第九十七条及“耕地三七五减租条例”第二条）规定限制外，基于契约自由原则，得由当事人自行约定[10]与变更。[11]至于以物无偿交付他人供其使用者，为使用借贷（“民法”第四百六十四条），其与租赁之主要不同在于前者为无偿使用，后者为有偿使用收益。宜注意者，乃实务见解认为，房屋津贴并非受配给房屋之对价[12]；又实施单一薪俸给制之机关，扣收宿舍使用费，亦非使用物租赁之对价[13]；再约定代为缴纳税捐，亦非以之为使用土地之代价，仍属无偿而附负担之使用借贷。[14]凡此适用时，宜注意之。

贰、租赁之性质

一、有名契约

民法债编各论订有租赁专节，故租赁为有名契约。

二、债权契约

租赁契约为债权契约，出租人仅负有负担行为之效果[15]，不以有所有

10 最高法院 1928 年度上字第 1165 号判例：“租金之金额，除有特别规定，或当事人间有特约，或该处有特别习惯不得增减者外，应以当事人双方意思之合致定之。”

11 “最高法院”1999 年度台上字第 3083 号判决：“约定租金之种类，虽不得由出租人或承租人片面为变更，惟其变更，倘经双方意思表示合致，本诸契约自由原则，非法所不许。苟出租人与承租人就租金之种类合意变更，而出租人依‘民法’第四百四十二条之规定请求增加租金时，仅能就变更后之租金种类为之，不得就变更前之租金种类请求增加，并不得请求承租人以变更前之租金种类给付租金。”

12 “最高法院”1990 年度台上字第 2179 号判例：“房租津贴为受雇人或受任人待遇（报酬）之一部分，获准配住房屋者，当然不得再支领房租津贴，始符待遇平等之原则，即不得以不支领之房租津贴，认系受配住房屋之对价，而谓与任职机关间发生租赁关系。”

13 “最高法院”1993 年度台上字第 2361 号判决：“按实施单一薪给制之机关，已将员工之房屋津贴包涵于薪给中，故配住宿舍员工应依规定从其薪给中，扣收宿舍使用费，以求公平，此非使用租赁物之对价。上诉人谓此系伊使用系争房屋之对价，不无误会。”

14 “最高法院”1995 年度台上字第 2627 号判决：“租赁与使用借贷，均系将物交付他人使用，其区别主要在于使用人是否支付代价予交付人，故如土地所有人将土地交付他人使用，仅由使用人负担于收受税单后代为缴纳税捐，并非以之为使用土地之代价者，乃属无偿之使用借贷，即所谓附负担之使用借贷。”

15 邱聪智，前揭书，同注 1，第三一二页。并请参见最高法院 1934 年度台上字第 2107 号判例：“租赁本属债之关系，于前之租赁继续有效中另就同一标的与第三人订立租约者，在法律上并非无效。”
同院 1961 年度台上字第 284 号判例（同注 4）。

权或处分权为必要[16]，出租人对于承租人仅负有移转占有租赁物，及维持租赁物使用收益之状态之义务。纵租赁物系属于他人所有，亦不妨碍租赁契约之成立，其他则依另外法律关系决定[17]，例如转租或无权出租他人之物之情形。

出租人于未交付租赁物于承租人前，将租赁物再出租于第三人并交付之者，租赁契约仍为有效，第一承租人仅得对出租人请求不履行损害赔偿外，对第二承租人并无对抗效力。

三、双务契约

出租人有使承租人为租赁物使用收益之债务，而承租人则负有支付租金之债务，此二债务互为对价，故租赁为双务契约。

四、有偿契约

出租人对承租人为租赁物使用收益之给付，与承租人对出租人为价金之支付，二者间有对价关系，故租赁为有偿契约。

五、不要式契约

租赁契约之成立，并不以履行一定方式为必要[18]，除有特别规定外，原则上为不要式契约。兹分述如下：

---

16 邱聪智，前揭书，同注 1，第三一三页。并请参见“最高法院”1959 年度台上字第 1258 号判例：“租赁，乃特定当事人间所缔之契约，出租人既不以所有人为限，则在租赁关系存续中，关于租赁上权利之行使，例如欠租之催告，终止之表示等项，概应由缔结契约之名义人行之。始能生效。”

17 “最高法院”1951 年度台上字第 499 号判例：“租赁契约成立后，依‘民法’第四百二十三条之规定，出租人固负交付租赁物于承租人之义务，惟此仅为出租人与承租人间债之关系，出租人违反此项义务，而将租赁物租与他人，并经交付时，则其交付租赁物之义务，即已不能履行，承租人对于出租人，只能依‘民法’第二百二十六条第一项请求赔偿损害，不得再行请求交付租赁物。”
同院 1996 年度台上字第 1216 号判决：“租赁系特定当事人间所定之契约，出租人并不以所有人为限，倘当事人间就租赁物及租金意思表示一致，其契约即为成立，纵非由所有人出租，仍不影响当事人间契约之效力，仅就租赁物无管理权限者所为之出租行为，对有是项权利之人是否发生效力之问题。”

18 最高法院 1948 年度上字第 6762 号判例：“租赁契约在法律上并无必须订立字据之规定，自不容上诉人以未经订立字据，主张未与被上诉人发生租赁关系，不负给付租谷之义务。”
同院 1951 年度台上字第 304 号判例：“（一）债权人基于民法第二百四十二条规定，行使债务人之权利时，第三人之对于债权人与对于债务人同，故第三人得以对于债务人之一切抗辩，对抗债权人。”

（一）不动产之租赁

“民法”第四百二十二条规定：“不动产之租赁契约，其期限逾一年者，应以字据订立之，未以字据订立者，视为不定期限之租赁。”违反本条规定者，依“民法”第七十一条但书及“民法”第七十三条但书，租赁契约并非无效，仅视为不定期限租赁，即所谓法定转换。又本条之适用须注意：

1. 当事人未约定租赁期限者，本为不定期限租赁，故无本条之适用。

2. 当事人有“民法”第四百五十一条默示更新租赁之情形者，法律既已规定视为以不定期限继续契约，自亦无本条规定之适用。

3. 当事人依“民法”第四百四十九条第二项规定更新租赁契约，其更新之期限如仍逾一年者，仍有本条规定之适用。

（二）耕地租赁

“耕地三七五减租条例”第六条规定：“本条例施行后，耕地租约应一律以书面为之；租约之订立、变更、终止或换订，应由出租人会同承租人申请登记。前项登记办法，由省（市）‘政府’拟订，报请‘行政院’核定之。”故耕地租赁必须书面为之并申请“登记”，但实务见解认为违反此等规定耕地租赁契约并非无效或不成立，仅以此等规定为证据性之规定，并非生效要件规定，以保障佃农之权益。[19]

19 关于本条之规定，须注意为保护佃农，实务上对于本条所谓之“书面”有其特别解释，依“最高法院”1962年度台上字第2629号判例、同院1980年度台上字第1024号判决可知，其认为“耕地三七五减租条例”第六条第一项之规定，系为保护佃农及谋举证上便利而设，非谓凡租约之订立、变更、终止或换订，须经登记，始能生效。

“最高法院”1962年台上字第2629号判例：“‘耕地三七五减租条例’第六条第一项载‘本条例施行后耕地租约应一律以书面为之，租约之订立、变更、终止或换订，应由出租人会同承租人申请登记’云云，系为保护佃农及谋举证上便利而设，非谓凡租约之订立、变更、终止或换订，须经登记，始能生效。”

同院1980年度台上字第712号判决：“（一）系争土地，原地目为十三则田，已如前达，嗣因洪水流失，而改变为原，现既经被上诉人复耕，已适于种植麻竹及稻作多年，并据北屯区调解委员勘查‘已可作良田使用’且经原审现场勘验属实。是系争地已非原野，其地目自应依实际状况变更为田，而有‘耕地三七五减租条例’之适用。（二）按‘耕地三七五减租条例’规定耕地租约应一律以书面为之者，旨在防止当事人间事后生争议，而以作成书面为证明之方法而已，并非以作成书面为租约之成立或生效要件。”

同院1980年度台上字第1024号判决：“‘耕地三七五减租条例’第六条虽有耕地租约须作成书面之规定，但此之书面仅为契约内容之证明，尚非耕地租约之成立或生效要件。”

同院1981年度台上字第1217号判决：“租赁为诺成契约，耕地租赁由当事人约定一方以田地租与他方使用，他方支付租金而生效力，至‘耕地三七五减租条例’第六条第一项规定，系为保护佃农及为举证上之便利而设，非谓凡租约之订立、变更、终止或续订，须经登记始生效力。兹系争土地，既仍由被上诉人继续耕作，并按期缴清应缴之租额，

（三）航空器租赁

“民用航空法”第二十条规定：“航空器所有权移转、抵押权设定及其租赁，非经登记不得对抗第三人。”故航空器租赁采登记对抗主义，而非登记生效主义。

“民用航空法”第八十九条规定：“航空器失事致人死伤，或毁损他人财物时，不论故意或过失，航空器所有人应负损害赔偿责任；其因不可抗力所生之损害，亦应负责。自航空器上落下或投下物品，致生损害时，亦同。”同法第九十条规定：“航空器依租赁、附条件买卖或借贷而使用者，关于前条所生之损害，由所有人与承租人、附条件买卖买受人或借用人负连带赔偿责任。但附条件买卖、租赁已登记，除所有人有过失外，由承租人、附条件买卖买受人单独负责。”如航空器之租赁未办理登记者，一旦发生空难，航空器所有人与承租人须负连带赔偿责任；反之，如航空器租赁已办妥登记者，则由承租人单独对空难之损害负赔偿责任。

（四）船舶租赁

佣船契约（Charter）[20] 与船舶租赁契约不同，前者谓船舶所有人约定

（接上页）即与上诉人之间，已有租赁关系之存在。被上诉人请求订立书面契约，即非无据。”

同院1973年度第2次民庭庭长会议决议：“耕地三七五减租条例”第六条第一项规定，系为保护佃农及谋举证上便利而设，非谓凡租约之订立、变更、终止或换订，须经登记始能生效（参照本院1962年台上字第二六二九号判例）。又同条例第十五条第一项前段规定：耕地出卖或出典时，承租人有优先承受之权，并未限制依同条例第六条申请登记之承租人，始有此项优先承买权。且强制执行法上之拍卖，依通说解为买卖之一种，并认债务人为出卖人，承租人之优先承买权，殊不因出租人之自由处分出卖或执行法院之强制执行拍卖而有所差异。耕地租约，如果确属存在，纵未经登记，承租人亦非不得对于拍定人主张优先承买权。”

20 “最高法院”1984年度台上字第4153号判决：“佣船契约与租船契约不同，前者谓船舶所有人约定以船舶之全部或一部供他人于特定期间或为特定航行之使用而受报酬之契约，为承揽之一种，以完成运送为目的，因之佣船人不占有船舶，仅支付运费而不负担航行费用，对于海员亦无何等关系；后者谓船舶所有人约定以船舶之占有及管理移交于承租人，供其于一定期间或不定期间为特定目的之支配及利用，而由承租人支付租金之契约，为租赁之一种，以船舶之使用、收益为目的，因之承租人须占有船舶，除支付租金外并应负担航行费用，海员亦由其雇用或由出租人将海员随同船舶移交承租人。”

同院1968年度台上字第3238号判决：“船舶登记法第四条规定船舶应行登记之事项，非经登记不得对抗第三人，系指租赁权利之保存、设定、移转、变更、限制处分、或消灭各事项而言，此观同法第三条第一项第三款规定自明，并不因未登记而可根本否认租赁之事实。”

以船舶之全部或一部供他人于特定期间或为特定航行之使用而受报酬之契约，为承揽之一种，以完成运送为目的，因之佣船人不占有船舶，仅支付运费而不负担航行费用，对于海员亦无何等关系；后者谓船舶所有人约定以船舶之占有及管理移交于承租人，供其于一定期间或不定期间为特定目的之支配及利用，而由承租人支付租金之契约，为租赁之一种，以船舶之使用、收益为目的，因之承租人须占有船舶，除支付租金外并应负担航行费用，海员亦由其雇用或由出租人将海员随同船舶移交承租人。[21] 亦即关于船舶之利用，对于第三人而言系与船舶所有人有同一之权义[22]，故经营海上运送之船舶承租人就海上运送应与类推适用海商法关于船舶所有人之相关规定。[23]

如船舶租赁权经依法办理登记者，即取得对抗效力，对于其后取得船舶所有权之人，亦生效力（“船舶登记法”第三条、第四条参照）。[24]

（五）公有物租赁

“国有财产法”第四十二条第三项规定：“非公用财产类之不动产出租，应以书面为之；未以书面为之者，不生效力。”故此项书面要求，系采生效要件主义。

（六）权利租赁

1. 著作权：著作权之租赁（即授权使用），著作权法无任何要式之明文规定，故为不要式契约。

2. 专利权：专利权之租赁（即授权他人实施），依“专利法”第五十九条规定：“发明专利权人以其发明专利权让与、信托或授权他人实施，非经向专利专责机关登记，不得对抗第三人。”同法第一百十九条

21 最高法院 1932 年度上字第 257 号判例：“船舶之出租人选任之船员，于船舶出租后，受承租人之雇用而为船员者，如因执行职务不法侵害他人之权利，仅承租人应依‘民法’第一百八十八条之规定负损害赔偿责任，其出租人既已失其雇用人之资格，即不得本于其最初之选任，使负赔偿责任。”

同院 1995 年度台上字第 1641 号判决：“定期佣船契约，系船舶所有人于一定期间，将船舶连同船长及海员一并包租予定期佣船者，船长及海员并须听从定期佣船者之指示。在此期间，船舶所有人对于船长并无指挥监督权，并非船长、海员之实质雇用人，自不负‘海商法’第一百零六条、第一百零七条之注意义务。”

22 “最高法院”1980 年度台上字第 412 号判决：“船舶租赁契约与佣船契约不同，前者以船舶移归承租人占有为用益，承租人关于船舶之利用，对于第三人与船舶所有人有同一之权义。”

23 杨仁寿，最新海商法论，作者自刊，1999 年 10 月印刷，第九一页。

24 “最高法院”1968 年度台上字第 3238 号判决（同注 20）。

规定："新式样专利权人得就所指定施予之物品，以其新式样专利权让与、信托或授权他人实施，非经向专利专责机关登记，不得对抗第三人。但联合新式样专利权不得单独让与、信托或授权。"均采登记对抗主义。

3. 商标权：商标权之租赁（即授权他人使用），依"商标法"第二十六条第一、二项规定："商标专用权人得就其所注册之商品之全部或一部授权他人使用其商标。前项授权应向商标主管机关登记；未经登记者不得对抗第三人。授权使用人经商标专用权人同意，再授权他人使用者，亦同。"亦采登记对抗主义。

4. 营业秘密：营业秘密之租赁（即授权他人使用），依"营业秘密法"第七条第一项规定："营业秘密所有人得授权他人使用其营业秘密。其授权使用之地域、时间、内容、使用方法或其他事项，依当事人之约定。"盖营业秘密具秘密性，无登记之公示规定，故不采登记对抗主义。

5. 电路布局权：电路布局权之租赁（即授权他人使用），依"积体电路电路布局保护法"第二十二条第一项第二款规定："电路布局权有左列各款情事之一者，应由各当事人署名，检附契约或证明文件，向电路布局专责机关申请登记，非经登记，不得对抗善意第三人：二、授权。"亦采登记对抗主义。

6. "国营"矿业权："矿业法"第五十二条第一项规定："'国营'矿业权出租时，其承租条件由经济部与承租人以契约定之。"依"民法"第四百六十三条之一准用民法关于租赁之规定，于意思表示合致即成立生效。但如特别法须经核准并载明约定后，始生租赁（授权使用）效力者，则以书面为要件。

六、诺成契约

租赁不以租赁物及租金之交付为成立要件，一经当事人合意，即为成立[25]，故为诺成契约。

25 最高法院1930年度上字第343号判例："使用租赁为诺成契约，一造约明以某物租与相对人使用，其相对人约明支付租金，即生效力。"

同院1944年度上字第637号判例："使用租赁为诺成契约，当事人约定一方以物租与他方使用，他方支付租金，即生效力，不以押金之交付为成立要件。"

同院1967年度台上字第672号判例："租金为租赁契约之重要条件，出租人固有将此条件通知优先承租权人之义务，如优先承租权人未表示依此条件承租时，出租人向不负与优先承租权人订立租约之义务，双方之租赁关系，尤无从认已合法成立。"

七、继续性契约

承租人负有维持租赁物合于约定使用收益状态之义务，而承租人亦有按约定时间继续支付租金之义务，并非一次交付租赁物及一次支付租金，租赁关系即行消灭，故租赁为继续性契约。继续性契约，重当事人间之信任关系（人格性、不可让与性），常因违背信用，例如不法转租，即构成终止契约之理由；又继续性契约，常有情事变更原则之适用，前已述明。

叁、租赁之种类

一、动产租赁与不动产租赁

租赁可分为动产租赁与不动产租赁，前者系以动产为租赁标的物，后者系以不动产为租赁标的物，不动产租赁尚可区分为房屋租赁、基地租赁与耕地租赁，适用上须注意特别规定（如“民法”第四百二十六条之一、第四百二十六条之二、第四百四十条第三项、第四百四十九条第二项、第四百五十七条至第四百六十三条参照）与特别法如“土地法”及“耕地三七五减租条例”等规定。

动产租赁与不动产租赁之区别实益如下：

（一）时效期间

不动产租赁之租金请求权，其时效期间为五年（“民法”第一百二十六条参照），但动产租赁必须区别为营业租赁或非营业租赁，如系动产营业租赁者，其时效期间为二年（“民法”第一百二十七条第三款参照）；如为动产非营业租赁者，其时效期间仍依“民法”第一百二十六条规定为五年。

（二）视为不定期限租赁

“民法”第四百二十二条规定：“不动产之租赁契约，其期限逾一年者，应以字据订立之，未以字据订立者，视为不定期限之租赁。”本条规定限于不动产租赁，动产租赁无本条规定之适用。

（三）买卖不破租赁原则与例外

“民法”第四百二十五条规定：“出租人于租赁物交付后，承租人占有中，纵将其所有权让与第三人，其租赁契约，对于受让人仍继续存在。前项规定，于未经公证之不动产租赁契约，其期限逾五年或未定期限者，不适用之。”动产租赁仅有本条第一项规定之适用，但不动产租赁尚须符合本条第二项之特别规定（此系就法条本文解释，本书有不同之见解，详后述）。

（四）法定租赁权

“民法”第四百二十五条之一规定：“土地及其土地上之房屋同属一人所有，而仅将土地或仅将房屋所有权让与他人，或将土地及房屋同时或先后让与相异之人时，土地受让人或房屋受让人与让与人间或房屋受让人与土地受让人间，推定在房屋得使用期限内，有租赁关系。其期限不受第四百四十九条第一项规定之限制。前项情形，其租金数额当事人不能协议时，得请求法院定之。”本条规定仅限于不动产租赁，动产租赁不适用之。

（五）情事变更原则

民法第四百四十二条规定：“租赁物为不动产者，因其价值之升降，当事人得声请法院增减其租金。但其租赁定有期限者，不在此限。”本条适用上仅限于不动产，至于动产租赁，尚得适用“民法”第二百二十七条之二之情事变更原则。[26]

（六）特别留置权

民法第四百四十五条规定：“不动产之出租人，就租赁契约所生之债权，对于承租人之物置于该不动产者，有留置权。但禁止扣押之物，不在此限。前项情形，仅于已得请求之损害赔偿及本期与以前未交之租金之限度内，得就留置物取偿。”同法第四百四十七条规定：“出租人有提出异议权者，得不声请法院，径行阻止承租人取去其留置物；如承租人离去租赁之不动产者，并得占有其物。承租人乘出租人之不知或不顾出租人提出异议而取去其物者，出租人得终止契约。”此二条之特别留置权仅限于不动产租赁始有适用，动产租赁则不与焉。

（七）终止租赁契约之通知

“民法”第四百五十条规定：“租赁定有期限者，其租赁关系，于期限届满时消灭。未定期限者，各当事人得随时终止契约。但有利于承租人之习惯者，从其习惯。前项终止契约，应依习惯先期通知。但不动产之租金，以星期、半个月或一个月定其支付之期限者，出租人应以历定星期、半个月或一个月之末日为契约终止期，并应至少于一

26 拙著，情事变更原则之再探讨，台湾本土法学杂志，第十二期，2000年7月，第五七页至第七六页。

星期、半个月或一个月前通知之。”不论动产租赁或不动产租赁，均有本条第一、二项规定之适用，但不动产租赁尚有本条第三项之特别规定，适用上应予注意。

（八）特别委任

“民法”第五百三十四条第一、二款规定：“受任人受概括委任者，得为委任人为一切行为。但为左列行为，须有特别之授权：一、不动产之出卖或设定负担。二、不动产之租赁其期限逾二年者。”本条二款之规定均限于不动产租赁，不包括动产。

二、有体物租赁与权利租赁

以租赁标的物之型态，可区分为有体物租赁与权利租赁，前者乃一般租赁均属之（但须注意特别法如“民用航空法”、“海商法”及“船舶法”等），后者则系以权利为租赁标的物，包括著作权、商标权、专利权、营业秘密、电路布局权及矿业权等，依“民法”第四百六十三条之一规定：“本节规定，于权利之租赁准用之。”[27]，适用上应注意之。

三、非营业租赁与营业租赁

以租赁是否以营业为目的可区分为非营业租赁与营业租赁，前者如一般不动产之租赁，后者如租机汽车、漫画小说、办公大楼等。营业租赁如系以动产为标的物者，其时效期间为二年（“民法”第一百二十七条第三款参照）；如系以不动产为标的物者，其时效期间仍依“民法”第一百二十六条规定为五年。又营业租赁如有消费关系，似可适用消费者保护法之规定[28]，但最

27　1999.4.21民法债编本条增订理由：“一、本条新增。二、关于权利之租赁，事所常见，例如著作权与‘国营’矿业权之出租等是。特别法虽设有规定（例如‘著作权法’第二十九条及‘矿业法’第五十二条第一项），惟皆属行政或训示事项；对于出租人与承租人间之权利义务并未规范。故增订本条使权利租赁得准用一般租赁，必因应经济发展暨实务上之需要。”

28　“司法院”1996年6月第二十五期司法业务研究会：“讨论意见：消费者保护法，文字上并未出现对商品之出租人出借人等之规范规定，从比较法上之解释上，可分二说：甲说（否定说）：就商品制造人责任之本质言，产品责任系产品因制造、设计、生产或流通而对危险具有创出或维持之作用，而为归责的基础与方法而言。商品之出租等，并非居于制造与行销之环节中，从另一角度看，商品之出租人出借人等亦可认为处消费者之地位，本无可认为责任主体之理由，法律上既无明文，自不必为肯定之解释。再者，若为肯定见解，必将解释为‘消费者保护法’第二条第二款、第八条第二项所谓从事经销之企业经营者之一，但就理论上言，经销业者，对于商品是否具有安全上或卫生上之危险，多不具有检查或补正之义务与可能性，所以，在立法法例，有持消极之态度者，如德国法、

近实务见解则采否定说。[29]

四、固有租赁与融资租赁

以租赁目的是否具融资性，可区分为固有租赁与融资租赁，前者指一般租赁，后者（Finance Lease）系指租赁公司应承租人之要求购入租赁标的物，以融资方式出租予承租人使用（实务上有时以动产担保交易法之附条件买卖为之）者而言。一般而言，融资性租赁，系指租赁公司应承租人要求，购入租赁标的物，以融资方式出租予承租者使用而言，换言之，即指需要机械设备之企业，在机械设备供给者即制造商或经销商之处，看中机械设备，不愿筹凑资金购买或无资金又无法筹凑资金购买，乃申请租赁公司出资向供给者买下，再出租予需用该机械设备者，而由该承租者按期给付租金，以保租赁公司收回购买该机械设备之本金、利息、利润及其他费用之经济活动。因出租人仅居于融资人之地位，并未拥有库存之机器、设备，亦不了解机器、设备，在全部租赁交易活动中，只负提供资金购买机器、设备供承租人使用之义务。故凡属于所有权者之义务，例如保管、修缮、税捐、危险责任等，皆由承租人负担。又融资性租赁契约，虽无法依固有法律之规定加以规范，有认为系消费

（接上页）日本法是，故应采严格之解释。乙说（肯定说）：（一）消费者保护法所称‘经销’，文义上似仅限于销售，不包括出租或其他行为，但从目前市场经济行为看，商回之出租、融资租赁、企业团体附带提供商回之出借活络，既消费者保护法将经销业者列为责任之主体，解释上，应将商回之出租人、出借人等，解为亦属经销业者，再者，从立法例上看，美国统一商品制造人责任法第一〇二条，明文将经销业者列为责任主体，许多州之判例亦将出租人纳入请求之对象，德国产品责任法第四条第三款虽对销售业者之责任持消极的态度，但同条第二款明文规定‘以销售、出租或租售或其他以营利为目的之经营形态而输入商品’者，亦为责任主体，更可见采肯定见解之必要性。（二）从消费者保护法之目的看，第八条之规定，旨在给予消费者更周到之保护。而第九条对于输入商回之企业经营者，亦规定为责任主体，由于条文并未限制输入之目的，故解释上除以销售、租售为目的者外，当亦包括以出租为目的之输入在内，为使被害人便于寻求法律救济，就整体法规范言，将‘经销’解释上包括出租、出借等之从宽态度，由于有‘消费者保护法’第八条第一项但之调和规定，并无不当之处，故应以肯定说为妥。研讨结论：采肯定说。”

29 “最高法院”2002年度台上字第1001号判决：“租用商品，如其目的主要供执行业务或投入生产使用，并非单纯供最终消费使用者，核与‘消费者保护法’第二条有关消费者及消费关系之定义未合，尚无消费者保护法之适用。本件上诉人所租用之系争二条T3电路系作商业用途，其目的在传输符号、信号、文字、影像、声音等讯息，供上诉人执行业务及营业之用，为上诉人所自陈，则上诉人租用电路，系以供执行业务及投入生产使用为目的而交易，显非以消费为目的而交易，并无适用消费者保护法之余地。”

借贷[30]，惟本书以为依其主要特征，宜解为类似于租赁之无名契约（混合契约），于其性质与固有租赁相同者，适用民法有关之租赁规定，否则依法理解决（类推适用）[31]，但要注意此类契约基本上为一个契约，并非联立契约或结合契约。

供应商（supplier）
买卖 ↓
租赁公司 ⟶ 承租人（user）
（financing company）租赁

以上乃原始型之融资租赁，现今大型设备动辄耗资数亿元，故为避险、节税计，国际融资公司已进化至采用资本型融资租赁买卖（Capitalized finance lease），此类契约基本上亦仅系一个契约，由相关当事人共同订立。兹考量篇幅受限，特图示如下：

---

30 “最高法院”2001年度台上字第1841号判决：“按所谓融资性租赁，系指租赁公司应承租人要求，购入租赁标的物，以融资方式出租予承租者使用而言，换言之，即指需要机械设备之企业，在机械设备供给者即制造商或经销商之处，看中机械设备，不愿筹凑资金购买或无资金又无法筹凑资金购买，乃申请租赁公司出资向供给者买下，再出租予需用该机械设备者，而由该承租者按期给付租金，以保租赁公司收回购买该机械设备之本金、利息、利润及其他费用之经济活动。因出租人仅居于融资人之地位，并未拥有库存之机器、设备，亦不了解机器、设备，在全部租赁交易活动中，只负提供资金购买机器、设备供承租人使用之义务。故凡属于所有权者之义务，例如保管、修缮、税捐、危险责任等，皆由承租人负担。系争机器固系大×发公司自行出资向鸿×公司购买，嗣将系争机器连同其他标价机等设备转售被上诉人，同时以承租方式继续使用，而与传统融资性租赁契约由需用机器之企业（承租人），于机器供给者处选中机器，再由租赁公司（出租人）出资向机器供给者购买，转而出租予该需用机器之企业，承租人分期给付租金之交易流程不同。惟其差异仅在缩短租赁公司（即被上诉人）向机器供应者购买之流程，径由大×发公司向鸿×公司购买系争机器，再与被上诉人成立买卖及租赁契约，将传统融资性租赁契约分由被上诉人与鸿×公司订立之买卖契约、与大×发公司订立之租赁契约，均并同与大×发公司订立之，其融通资金之目的与传统融资性租赁契约并无不同，可谓传统融资性租赁之变形。然自融资性租赁之特性观之，出租人所追求者，为融资之利益，从出租人融通‘买卖机器设备资金’之金融行为观之，实与金钱消费借贷无异，因此，在解释融资性租赁契约之法律性质时，学说上有采消费借贷说者。而被上诉人与大×发公司间之租赁契约，乃传统融资性租赁之变形，除交易流程外，仍保有融资性租赁之特性，已如前述，纵认被上诉人确曾自认系争租赁契约之租金系担保借贷本金收回等语，亦仅系对其与大×发公司间租赁契约之法律性质为阐述，尚不得谓彼等间之买卖及租赁契约均系通谋虚伪意思表示，隐藏借贷之法律行为。”

31 关于融资性租赁契约，请参见曾隆兴，现代非典型契约论，作者自刊，1996年11月修订七版，第一〇三页以下。

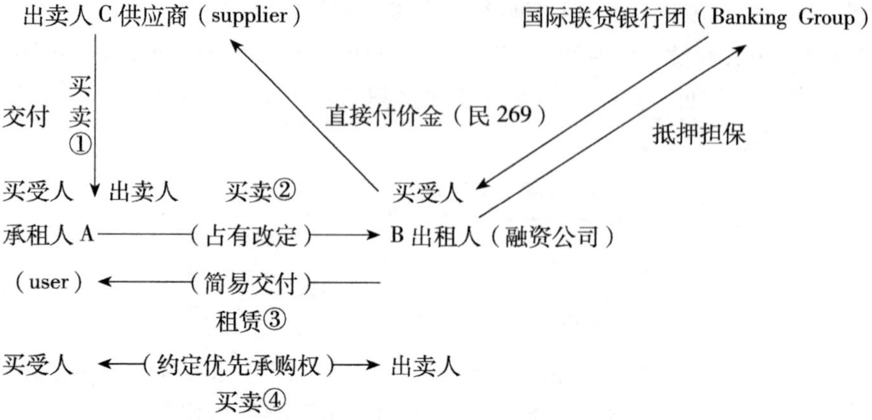

五、定期限租赁与未定期限租赁

租赁契约是否定有存续期限，依契约自由原则，悉由当事人任意约定。其定有期限者，称为定期限租赁；未约定期限者，称为未定期限租赁，俗称为不定期限租赁。兹分述如下：

（一）定期限租赁

“民法”第四百四十九条规定：“租赁契约之期限，不得逾二十年。逾二十年者，缩短为二十年。前项期限，当事人得更新之。租用基地建筑房屋者，不适用第一项之规定。”定期限租赁，包括不确定期限租赁（即定有期限，但期限之到来不确定者），依“民法”第四百四十九条第一项规定，为避免荒废租赁物之用益，而碍经济发展，特规定租赁契约之期限不得逾二十年，逾二十年者，缩短为二十年，是为租赁最长期限之限制规定。此项期限，依同条第二项规定，当事人得更新[32]之，惟更新次数法无限制，是为约定更新或明示更新。更新之期限，仍应受最长租赁期限规定之限制。又依“民法”第四百四十九条第三项规定，基地租赁不受此二十年期间之限制。[33]最

32 “最高法院”1996年度台上字第1222号判决：“‘民法’第四百四十九条第二项规定，租赁期限届满二十年后当事人得更新之，系指当事人于租赁期限届满后，得以合意更新租赁契约，发生新租赁关系而言，其本质仍属契约行为，非谓当事人之一方得以其单方之行为，使发生新租赁关系。”

33 1999.4.21民法债编本条项修正理由：“租用基地建筑房屋者，鉴于现代建筑技术发达，房屋之使用期限一般超过二十年。如出租人与承租人于租赁契约满二十年时未达更新契约之合致，契约即行消灭，对承租人之保障欠周，且有碍社会经济利益，为去除此弊端，并配合第四百二十五条之一之增订，爰增订第三项，使租用基地建筑房屋者，不适用二十年租赁期限。”

后，“民法”第四百二十二条及“民法”第四百五十一条规定视为不定期限租赁契约者，无“民法”第四百四十九条第一项之适用[34]，自亦无“民法”第四百二十二条要求立字据规定之适用。

“民法”第四百四十九条仅有租赁最长期限之限制规定，并无租赁最短期限之限制规定。惟特别法常有特殊目的性考虑而限制规定租赁最短期限者，例如“耕地三七五减租条例”第五条规定：“耕地租佃期间不得少于六年，其原约定租期超过六年者，依其原约定。”惟本条例并无耕地最长期限之限制规定，依特别法无特别规定仍应适用普通法之原则，耕地租赁固无不定期限租赁（因纵无约定期限，仍应依法定六年期限），但其最长期限，仍应受“民法”第四百四十九条二十年最长期限之限制。

（二）未定期限租赁

未定期限租赁，不受本条租赁最长期限之限制。惟早期实务见解[35]认为以承租人自行建筑房屋而使用之为其目的者，非有相当之期限不能达其目的，故当事人虽未明定租赁之期限，依契约之目的探求当事人之真意，亦应解为定有租至房屋不堪使用时为止之期限，仍有本条租赁最长期限之限制。现因“民法”第四百四十九条增订第三项规定，故此时应认为承租人得继续租至房屋不堪使用时为止之期限，不受本条二十年规定之限制。[36]须注意者，即实务见解常将未定期限租赁与不定期限租赁同视，似值斟酌，盖未定期限者，根本没定期限，而不定期限者，系指定有数个期限，但以何一期限为准尚未确定，二者应有所区别才是。

（三）区别实益

1. 随时终止租约：租赁定有期限者，其租赁关系，于期限届满时消火（“民法”第四百五十条第一项参照）。未定期限者，各当事人得随时终止契约。

34 “最高法院”1976年度台上字第2722号判例：“‘民法’第四百四十九条第一项之规定，不适用于不定期租赁，此观之该条项所定‘逾二十年者缩短为二十年’，可以了然。”

35 最高法院1941年度渝上字第311号判例：“土地之租赁契约，以承租人自行建筑房屋而使用之为其目的者，非有相当之期限不能达其目的，故当事人虽未明定租赁之期限，依契约之目的探求当事人之真意，亦应解为定有租至房屋不堪使用时为止之期限，惟应受民法第四百四十九条第一项之限制而已。至民法第四百二十二条固规定不动产之租赁契约，其期限逾一年者，应以字据订立之，未以字据订立者，视为不定期限之租赁，然以字据订立之土地租赁契约，依字据所载契约之目的解为定有一年以上之租赁期限，仍无背于该条规定之本旨。”（本则判例于2001年4月17日经“最高法院”2001年度第四次民事庭会议决议不再援用。）

36 “最高法院”1996年度台上字第790号判决：“租用基地建筑房屋契约，既以承租人有特定之房屋而使用其基地为目的，则纵属不定期限之基地租赁，依契约之目的，探求当事人之真意，亦应解为租赁关系至该特定房屋不堪使用时消灭。”

但有利于承租人之习惯者，从其习惯（“民法”第四百五十条第二项参照)。

2. 特别法之规定：“土地法”第一百条出租人收回房屋之规定，于定期或不定期之租赁，均适用之。[37] 但“土地法”第一百零三条关于基地租赁收回基地之规定，除第一款“契约年限届满时”仅限于定期限租赁始有使用外，其余第二款至第五款之规定不问契约是否定有期限均有适用。[38]“土地法”第一百十四条虽明白规定：“依不定期限租用耕地之契约，仅得于有左列情形之一时终止之：一、承租人死亡而无继承人时。二、承租人放弃其耕作权利时。三、出租人收回自耕时。四、耕地依法变更其使用时。五、违反‘民法’第四百三十二条及第四百六十二条第二项之规定时。六、违反第一百零八条之规定时。七、地租积欠达二年之总额时。”应仅限于不定期限租用耕地之契约，但“土地法施行法”第二十七条却规定：“‘土地法’第一百十四条第一、第二、第六、第七各款之规定，于定期租用耕地之契约准用之。”又如前所述，耕地租赁并无不定期限租赁（因纵无约定期限，仍应依法定六年期限），且“耕地三七五减租条例”第十九条第一项有特别规定：“耕地租约期满时，有左列情形之一者，出租人不得收回自耕：一、出租人不能自任耕作者。二、出租人所有收益足以维持一家生活者。三、出租人因收回耕地，致承租人失其家庭生活依据者。出租人为扩大家庭农场经营规模，得收回与其自耕地同一或邻近地段内之耕地自耕，不受前项第二款规定之限制。”明白规定为定期耕地租赁，应优先适用。

3. 情事变更原则：“民法”第四百四十二条规定：“租赁物为不动产者，因其价值之升降，当事人得声请法院增减其租金。但其租赁定有期限者，不在此限。”故情事变更之租金增减请求权，于定订有期限租赁不适用之。但本书以为纵定有期限者，仍应有“民法”第二百二十七条之二情事变更原则之适用，盖此条乃法院依职权斟酌之权限。

4. 买卖不破租赁原则：“民法”第四百二十五条规定：“出租人于租赁物交付后，承租人占有中，纵将其所有权让与第三人，其租赁契约，对于受让人仍继续存在。前项规定，于未经公证之不动产租赁契约，其期限逾五年或未定期限者，不适用之。”故未定期限之不动产租赁契约，无“民法”第四百二十五条第一项买卖不破租赁原则之适用。

37 “司法院”院解字第 3238 号解释：“‘土地法’第一百条之规定，于定期或不定期之租赁，均适用之。”

38 “司法院”院解字第 4075 号解释：“‘土地法’第一百零三条第一款之规定，固仅于契约定有期限者始适用之，若同条第二款至第五款之规定，则不问契约是否定有期限均有适用。”

第二节 租赁之成立

租赁既为不要式契约及诺成契约，除有特别规定外，依“民法”第一百五十三条之规定，于当事人对于租赁物之使用收益与支付租金之意思表示合致，租赁契约即成立[39]，如无其他生效要件（停止条件）或始期等特约，通常亦同时生效。

第三节 租赁之效力

- 效力
  - 租赁权物权化
  - 对出租人之效力
    - 交付合于约定使用收益租赁物之义务
    - 保持租赁物合于约定使用收益状态之义务
    - 修缮之义务
    - 瑕疵担保责任
      - 权利瑕疵
      - 物之瑕疵
    - 负担税捐之义务
    - 费用偿还之义务
  - 对承租人之效力
    - 使用收益租赁物
    - 支付租金之义务
    - 保管租赁物之义务
    - 返还租赁物之义务
    - 不违反转租之义务
    - 租赁债权之担保
  - 对第三人之效力 —— 买卖不破租赁原则之适用

壹、租赁权之性质

一、债权与物权之关系

（一）物权债权化

于资本主义经济体制下，所有权之功能渐渐式微，或仅供担保以取

39 “最高法院”2000年度台上字第676号判决：“租赁，乃特定当事人间所缔结之债权契约，对于契约必要之点，即租金与标的物之意思表示必须一致，否则其契约即难谓已成立。”

得资金之用，或仅供使用对价之请求权。故所有权渐成为虚有权之性质，仅具类似债权之形态及性质，此谓之物权债权化。

（二）债权物权化

物权债权化之结果，债权不仅逐渐代替所有权之内容，并使所有权虚有化，似有使债权取代所有权之趋势存在，而营其债权对于物之直接支配作用，是为债权物权化。

二、租赁权之性质[40]

承租人依租赁契约所取得之权利为租赁权，其内容在于租赁物之使用、收益，但其性质则有不同之见解：

（一）形成权说

此说认为租赁权具形成权之性质，但租赁权本身系一种权利，并非为权利之作用（权能），故此说不可采。

（二）债权说

此说认为租赁权得为使用、收益，并非直接支配租赁物之独立权利，而系从属于租赁权之权能，故租赁权性质上应为债权。台湾“民法”债编施行前即采此说。[41] 惟此见解于债权物权化之理论下，将妨碍租赁权之安定性，且对承租人之保护有所欠缺。

（三）物权说

此说认为租赁权系依占有租赁物而为使用、收益之权利，其性质不外乎对租赁物之直接支配，支配权实际上应为租赁权之本质，而与请求他人为一定行为或不行为之债权有所不同，故性质应为物权。此说将使用、收益之权利误为租赁权之本身，故不可采。

（四）债权物权化说

此说系综合上述债权说与物权说，基本上认为租赁权为债权，惟为求租赁权之安定性，故法律上特别强化其效力，使之具有物权化之对抗作用。

40 蔡章麟，民法债编各论（上），作者自刊，1959年，第一二五页至第一二六页：“（一）罗马法采债权说，故买卖破租赁。（二）普鲁士民法采物权说，故确立买卖不破租赁原则。（三）德意志民法、瑞士债务法、法国民法均采债权物权化说。（四）奥国民法、日本民法则采债权说，但有登记者，有对抗不动产物权取得人之效力。”

41 最高法院1933年度上字第3433号判例：“民法债编施行前所定之租赁契约，于施行后其效力虽依民法债编之规定，而出租人于施行前将租赁物之所有权让与第三人者，其让与时租赁契约既无民法第四百二十五条所定之效力，对于受让人即不继续存在。”

（五）本书见解

本书以为租赁权之性质应为债权物权化，盖由下述规定探讨我国民法，应可承认租赁权物权化之存在：

1. 民法规定租赁权具有对抗之效力：原则上租赁权既为债权，属相对权，仅于当事人间具有效力。惟依“民法”第四百二十五条至民法第四百二十六条之一之规定，租赁权于一定条件下具有对抗第三人之效力。而对抗第三人之效力又为物权之特征，故可证明台湾民法承认租赁权物权化之存在。

2. 对于第三人侵害租赁物有所救济：承租人为使用、收益租赁物，自须占有租赁物。故于租赁关系存续中，租赁物为第三人所侵占时，承租人得依“民法”第九百六十二条之规定行使占有物返还请求权。此时承租人之租赁权本身亦有受第三人之侵害，承租人自得依“民法”第一百八十四条第一项后段侵害租赁权（债权）或同条第二项侵害占有等规定请求损害赔偿。

3. 租赁权不具处分性：租赁权是否可让与，台湾民法并未特别规定，因租赁权性质上为债权，依“民法”第二百九十四条规定，除性质或特约不得让与者外，自得让与。惟查除经出租人同意或以房屋为一部分之转租外，其他租赁物未得出租人之同意，均不得转租。未得出租人之同意既不许转租，更不许租赁权之让与或租赁契约之移转，否则“民法”第四百四十三条之规定不啻成为具文。故性质上租赁权应属不得让与之债权，实务见解亦采相同见解。[42]

4. 租赁权之永续性：依“民法”第四百四十九条规定，租赁期限最长虽有廿年之限制，惟承认当事人得更新之。此外，依“民法”第四百五十一条之法定更新及“民法”第四百五十三条之规定观之，均足以说明租赁权之永续性，而永续性为物权特性之一。

5. 特别法之规定亦可显示租赁权之物权化：“耕地三七五减租条例”第十七条及“土地法”第一百条等不得任意终止租赁关系之规定。

42 最高法院 1948 年度上字第 6886 号判例：“租赁关系之成立与存续，系基于当事人间之信任，故租赁权通常为不得让与之债权，如房屋之承租人未得出租人之同意，擅将租赁权让与第三人时，其情形有甚于全部转租，出租人自得终止租约。”

贰、对出租人之效力

一、交付、保持合于所约定使用收益租赁物之义务

“民法”第四百二十三条规定：“出租人应以合于所约定使用收益之租赁物，交付承租人，并应于租赁关系存续中，保持其合于约定使用、收益之状态。”由是观之，出租人依本条提供、保持合于约定使用收益状态之租赁物者，即属依债之本旨履行契约。[43] 兹分述如下：

（一）交付合于所约定使用收益租赁物之义务

所谓交付租赁物，系指移转占有租赁标的物。盖占有为使用收益之基础，故出租人有交付租赁物之义务。此时易生“一物二租”之问题，兹举一例如下：A将房屋租予B后，又将该屋出租并交付占有予C时，其法律关系为何？

1. B不得向C为任何之主张，因C之取得占有系有法律上之原因（对A之承租权）。此时A既已将租赁物交付占有予C，B又不得对C为任何主张，故A对B已构成“民法”第二百二十六条之给付不能，B自可主张因可归责于A之事由致给付不能向A请求损害赔偿。

2. 依上例，如A租予B后尚未交付前，为C所无权占有者，在“民法”第二百四十四条未增订第三项前，因特定物之债权，无须债务人陷于无资力，B可依“民法”第二百四十二条、“民法”第二百四十三条代位A向C行使“民法”第七百六十七条所有物返还请求权。如B并未代位受领者，B不得向C请求径向自己为给付。如由A直接向C为请求返还时，A可依指示交付之规定使B取得占有。但民法第二百四十四条既已增订第三项规定，仅有害于以给付特定物为标的之债权者，不得撤销[44]，则因B尚未占有，仅得由A向C请求返还再交于B，或依指示交付之方式使B取得占有而使用收益租赁物。

3. 依上例，如A租予B，于交付后为C所无权占有者，此时A可对C

43 “最高法院”2002年度台上字第1010号判决：“查任意之债，债务人有代替权时，倘债务人已提出代替物以行使其代替权者，债权人只能受领代替物，而不得请求原定之给付。又出租人依‘民法’第四百二十三条规定以合于所约定使用、收益之租赁物，交付承租人，及于租赁关系存续中保持其合于约定使用、收益之状态，即合于债之本旨。”

44 拙著，债权人不得行使撤销权之情形，月旦法学教室，2003年3月，第五期，第十二页至第十三页。

主张“民法”第七百六十七条所有物返还请求权，B可对C主张“民法”第九百六十二条占有物返还请求权。此外，依“民法”第四百三十二条规定，承租人亦须以善良管理人之注意义务以保管租赁物[45]，故B仅可依“民法”第九百六十二条之占有物返还请求权之规定向C请求，不得向A请求另行交付租赁物。惟依“民法”第九百六十三条之规定，占有物返还请求权，自侵夺或妨害占有，或危险发生后，一年间不行使而消灭。故占有物返还请求权若罹于时效后（亦有主张为除斥期间者），承租人仍可代位行使所有物返还请求权，因已登记之不动产之返还请求权并无消灭时效之适用。[46]

4. 如出租人因可归责于自己之事由，致迟延交付租赁物或致不能交付者，依“民法”第二百二十九条或“民法”第二百二十六条规定，承租人得请求损害赔偿或解除契约。按租赁为继续性契约，本不生解除只生终止之问题，但通说认为继续性契约尚未开始履行时即给付不能者，无不许当事人解除契约之理。

（二）保持租赁物合于约定使用、收益状态之义务

出租人应于租赁关系存续中保持其合于约定使用、收益之状态（“民法”第四百二十三条后段参照）。故出租人不但消极地不得妨碍租赁物之使用、收益，并且须积极地保持于租赁关系存续中，租赁物合于约定之使用、收益状态。如于交付租赁物后为他人无权占有租赁物时，出租人负有除去妨碍及防止危害之义务存在。[47]

（三）违反之效果

出租人既负有交付、保持租赁物合于契约使用、收益状态之义务，

45 “最高法院”1969年度台上字第2506号判决：“租赁关系以承租人使用收益租赁物为内容（‘民法’第四二一条第一项），故出租人如未将租赁物交付承租人使用收益者，承租人仅得请求出租人履行交付租赁物之义务（‘民法’第四二三条前段），在未受交付前，承租人对于租赁物并无何等权利。又出租人如果已将租赁物交付承租人使用收益，于租赁关系存续中，其租赁物被他人侵夺而丧失占有者，承租人无请求出租人再度交付租赁物之权利，仅得请求侵夺占有人返还占有物（‘民法’第四三二条第一项、第九六二条）。”

46 “司法院大法官会议”释字第107号解释：“已登记不动产所有人之回复请求权，无‘民法’第一百二十五条消灭时效规定之适用。”

47 “最高法院”1955年度台上字第188号判例：“以土地租赁权被不法侵害为原因，提起请求损害赔偿之诉，须先就其主张之土地租赁权存在之事实，负举证之责任，如不能证明有此项权利存在时，即不发生侵权行为之问题，自无损害赔偿请求权之可言。”
同院1958年度台上字第1815号判例：“出租人有以合于所约定使用收益之租赁物交付承租人之义务，苟租赁物为第三人不法占有时，并应向第三人行使其返还请求权，以备交付，其怠于行使此项权利者，承租人因保全自己债权得代位行使之，此观‘民法’第四百二十三条及第二百四十二条之规定自明。”

如有违背，将发生以下之效果：

1. 出租人负瑕疵担保责任：租赁为有偿契约（“民法”第三百四十七条准用参照），故出租人所交付之租赁物有瑕疵者，应负无过失之瑕疵担保责任（详后述）。租赁契约为双务、有偿契约，依“民法”第三百四十七条规定，本得准用买卖有关瑕疵担保责任之规定，但因租赁契约为继续性契约，与买卖为一时性契约性质有别，故民法于租赁一节，对于租赁标的物之瑕疵担保责任之构成要件及其效力，已另立特别规定（如“民法”第四百二十四条、第四百三十条等），必在无特别规定下，始有准用买卖之规定（详后述）。

2. 同时履行抗辩权：以合于所约定使用收益之租赁物交付承租人为出租人之主要义务，与承租人租金之支付义务互有对价关系，出租人如违反此义务者，承租人自得行使其同时履行抗辩权，拒付租金[48]（“民法”第二百六十四条）。

3. 减少租金请求权：租赁关系存续中，因不可归责于承租人之事由，致租赁物之一部灭失者，承租人得按灭失之部分，请求减少租金（“民法”第四百三十五条第一项参照）。

4. 终止契约：前项情形，承租人就其存余部分不能达租赁之目的者，得终止契约（“民法”第四百三十五条第二项参照）。

须注意者，一般学者说明债务不履行与侵权行为可否发生并存之情形，多以就广义之侵权行为而言，债务不履行亦属于侵权行为之态样，当可并存。惟实务见解认为，如履行债务而发生侵权行为，因民法对于债务不履行有特别规定其要件，故应适用债务不履行之规定，而不再适用侵权行为。惟若侵权行为与债务履行无关时，二者自非不得并存而发生请求权竞合问题，例如“民法”第四百三十四条所定承租人之失火责任是。[49]

48 王泽鉴，同时履行抗辩：“民法”第二六四条规定之适用、准用与类推适用，收录于氏著民法学说与判例研究，第六册，作者自刊，1994年8月八版，第一五三页。并请参见“最高法院”1980年度台上字第1798号判决：“出租人应以合于所约定使用收益之租赁物交付承租人，‘民法’第四百二十三条定有明文，此乃出租人之主要义务，而与承租人租金之支付义务互有对价关系，出租人如不尽此义务，承租人自得行使其同时履行抗辩权。”

49 最高法院1933年度上字第1311号判例：“租赁物因承租人失火而毁损灭失者，以承租人有重大过失为限，始对出租人负损害赔偿责任，‘民法’第四百三十四条已有特别规定，承租人之失火仅为轻过失时，出租人自不得以侵权行为为理由，依‘民法’第一百八十四条第一项之规定，请求损害赔偿。”

二、修缮义务

“民法”第四百二十九条规定：“租赁物之修缮，除契约另有订定或另有习惯外，由出租人负担。出租人为保存租赁物所为之必要行为，承租人不得拒绝。”由是观之：

（一）修缮义务之构成要件

修缮系为保存租赁物之必要行为，属出租人之义务与权利。兹就修缮义务之构成要件如下：

1. 限于租赁物本身：出租人仅对租赁物本身之瑕疵始有依对价关系负修缮义务，乃属当然，故承租人所增添于租赁物之瑕疵，出租人自无给予修缮之理。[50]

2. 修缮之必要：须使用收益上有修缮之必要，否则不负修缮义务。[51]至于超过租赁范围之部分，出租人不负修缮义务。

3. 修缮之可能：如无修缮之可能者，依“民法”第四百三十五条规定，视情形终止契约或减少租金。盖由“民法”第四百三十五条之规定观之，租金之支付与租赁物之使用、收益间有对价关系存在，故出租人与承租人间可能发生终止契约[52] 或减少租金或损害赔偿之问题。如修缮

50 “最高法院”1974 年度台上字第 99 号判例：“出租人之修缮义务，在使承租人就租赁物能为约定之使用收益，如承租人就租赁物以外有所增设时，该增设物即不在出租人修缮义务范围。”

51 “最高法院”1993 年度台上字第 15 号判决：“‘民法’第八百二十条关于共有物管理之规定，其第一项系就管理行为所为之概括规定，其第二项、第三项系就管理行为中之简易修缮及其他保存行为，改良行为所为之特别规定。依该法条规定尚难谓管理费用不包括修缮费用在内，原审依该法条第一项、第二项规定，认为大楼管理费不包括电梯管理费，即欠允洽。又‘民法’第四百二十九条规定出租人之修缮义务，在使承租人就租赁物能为约定之使用收益。因之，须租赁物在使用上有修缮之必要，出租人始负担其必要费用。”

52 “最高法院”2000 年度台上字第 752 号判决：“租赁关系存续中，因不可归责于承租人之事由，致租赁物之一部灭失者，承租人仅得按灭失之部分请求减少租金，租赁关系并不当然消灭，此观‘民法’第四百三十五条第一项规定甚明。查两造所不争执之高雄市政府消防局火灾原因调查报告书记载：‘延烧情形图说：火源由本市苓雅区自强三路东侧舞台中间附近起火后，因舞台东侧为 RC 造墙壁，西侧为木质舞池及座位区，火势遂向西及向七楼扩大延烧，致造成舞台及舞池被烧毁较严重’，而系争租赁标的仅系六楼及七楼房屋，并不包括承租后大世纪舞厅自行在屋内之特别装修及设置之生财器具等物，因之能否认定上诉人所出租之六、七楼房屋业已全部灭失而致租赁关系消灭，尚非无疑。原审见未及此，遽认租赁物因火灾而灭失，租赁关系即归消灭，被上诉人得请求返还上开全部押租金，而为上诉人不利之判断，自有可议。”

须费过巨，解释上亦属修缮不能。[53]

4. 毁损之原因不须限于非可归责于承租人之事由所致：有学者认为，毁损之原因须非可归责于承租人者，出租人方有修缮义务可言。[54] 但另有学者认为既然“民法”第四百三十二条规定承租人应以善良管理人之注意义务保管租赁物，其未尽善良管理人之注意而造成租赁物毁损者，虽发生承租人须负债务不履行或侵权行为之损害赔偿责任，但与出租人之修缮义务应属二事。[55] 亦即是否未尽善良管理人之注意义务而应负损害赔偿责任，与出租人应提供合于约定之使用收益状态与换取租金系为二事，不得相提并论。本书以为，如考虑为维持国民住之安定与承租人系为经济上之弱者，自应以后说为是。综而言之，关于归责事由与修缮义务之有无，其关系可归纳如下：

（1）事变

不可归责于出租人与承租人之事由而纯属事变者，有认为此时出租人并无修缮之必要，而仅能发生“民法”第四百三十五条终止契约之问题。惟本书认为不论是否因可归责于承租人之事由，出租人均有修缮义务存在，已如前述。

（2）可归责于出租人之事由

出租人当然有修缮义务存在。

（3）可归责于承租人之事由

本书认为出租人仍须负修缮义务，已如前述。

符合上开要件，出租人即应负修缮义务。

（二）不履行修缮义务之效果

1. 交付前租赁物即不合乎使用、收益之状态：此时出租人须负修缮义务，若出租人不为修缮者，所给付者即有瑕疵（不完全给付），出租人即可依“民法”第二百二十七条规定请求损害赔偿，又因尚未开始使用收益租赁物，本书以为可依“民法”第二百五十四条及第二百六十条规定解除契约，请求损害赔偿，并主张“民法”第二百六十四

53 史尚宽，前揭书，同注1，第一五八页至第一五九页。郑玉波，前揭书，同注1，第一九〇页。邱聪智，前揭书，同注1，第三二二页。

54 史尚宽，前揭书，同注1，第一五八页。郑玉波，前揭书，同注1，第一九一页。邱聪智，前揭书，同注1，第三二三页。

55 蔡章麟，前揭书，同注40，第八八页。戴修瓒，民法债编各论，三民书局股份有限公司，1964年，第一〇五页。

条同时履行抗辩权。[56] 但如租赁关系已消灭者，出租人已无修缮义务，承租人当亦无此抗辩权。[57]

2. 交付后（移转占有后）发生修缮之必要："民法"第四百三十条规定："租赁关系存续中，租赁物如有修缮之必要，应由出租人负担者，承租人得定相当期限，催告出租人修缮，如出租人于其期限内不为修缮者，承租人得终止契约或自行修缮而请求出租人偿还其费用或于租金中扣除之。"故承租人为修缮请求而出租人不为修缮时，承租人可采取：

（1）定相当期限催告出租人修缮

承租人得定相当期限催告出租人修缮。

（2）终止契约

如出租人于其期限内不为修缮者，承租人得终止租赁契约。

（3）自行修缮

如出租人于其期限内不为修缮者，承租人不愿终止租赁契约者，承租人得自行修缮，而请求出租人偿还其费用，或于租金中扣除之。此项扣除权之行为，无需得出租人之同意，故应属形成权之行使，性质上与继承归扣权相同。

（4）拒付租金

租赁有对价关系，故承租人自得行使同时履行抗辩权，在出租人修缮完成前，拒付租金。[58] 惟实务判决有相反见解，认为仅得依"民法"第

56 "最高法院"1997年度台上字第1675号判决："出租人除应以合于所约定使用、收益之租赁物交付承租人外，并应于租赁关系存续中保持其合于约定使用、收益之状态，此观'民法'第四百二十三条规定自明。此项出租人之租赁物保持义务与承租人之给付租金义务，具有对价关系。是如出租人未于租赁关系存续中保持其合于约定使用、收益之状态，承租人非不得行使同时履行抗辩权而拒绝租金之给付。又承租人如因此受有损害，亦非不得以出租人债务不履行而请求损害赔偿。复按同法第四百三十条所定承租人自行修缮租赁物、终止契约、偿还费用或于租金扣除等，系承租人之权利，而非其义务。是承租人于出租人不履行其保持义务或修缮义务时，自得不行使同法第四百三十条所定租赁物自行修缮、租金扣除等权利，而行使其同时履行抗辩权及债务不履行之损害赔偿请求权。"

57 "最高法院"1999年度台简上字第59号判决："因双务契约而发生，且立于互为对待给付之债权债务关系，双方当事人固得行使其同时履行之抗辩权，惟享有同时履行抗辩权之当事人，在他方当事人应为对待给付之义务消灭前，未行使是项权利，其后因已无同时履行之问题，即无再行使该抗辩权之余地。出租人修缮之义务与承租人租金之支付，在租赁关系存续中，纵认系立于互为对待给付之关系，而得行使同时履行抗辩权，惟在租赁关系存续中，承租人未行使该项权利，于租赁关系消灭后，出租人已无修缮之义务，当无行使同时履行抗辩权之可言。"

58 史尚宽，前揭书，同注1，第一六〇页。郑玉波，前揭书，同注1，第一九二页。邱聪智，前揭书，同注1，第三二五页。

四百三十条之规定，自行修缮而请求偿还其费用或于租金中扣除而已，不得据为拒绝付租之理由。[59] 此项判决，显与最高法院1941年度渝上字第三四五号判例意旨相反，按该判例揭示，租赁物因不可归责于双方当事人之事由而毁损，在修缮完毕以前，出租人依“民法”第二百二十五条第一项规定免提供该物租与承租人使用收益之义务，承租人依“民法”第二百二十六条第一项规定亦免其支付租金之义务，故本书以该判例见解为妥。

（三）修缮不能

如租赁物因非可归责于双方当事人之事由而全部不能为约定之使用、收益，因租赁物已不能修缮者，双方均免除给付义务，故租赁关系消灭。[60] 但如非为修缮不能，而系不为修缮，则租赁关系仍存在，仅系得否终止契约之问题。

三、瑕疵担保责任

租赁为双务、有偿契约，故原则上得准用关于买卖瑕疵担保之规定（“民法”第三百四十七条）。由是分析：

59 “最高法院”1980年度台上字第1423号判决：“被上诉人纵曾允予修缮而不履行，上诉人亦仅得依民法第四百三十条之规定，自行修缮而请求被上诉人偿还其费用或于租金中扣除而已，不得据为拒绝付租之理由。”

同院1985年度台上字第1447号判决：“（一）‘民法’第九百二十八条所定留置权，以债权之发生，与债权人占有属于债务人之动产间有牵连关系，为其成立要件之一。本件上诉人系因租赁而占有属于被上诉人之讼争机器设备，而上诉人对被上诉人所主张之二千八百十八万一千三百五十九元债权，乃由上诉人为被上诉人承担台湾银行之原棉贷款债务而发生，两者之间尚难谓有牵连关系。上诉人即不得在被上诉人未清偿此项债务前留置该机器设备。‘民法’第四百三十条仅规定，出租人不履行租赁物修缮义务，经承租人限期催告而仍不履行时，承租人得终止租约或自行修缮，而请求偿还其费用，或于租金中扣除之，并未规定承租人不限期催告，出租人即可免除同法第四百二十三条所定保持租赁物合于约定状态之义务。故出租人不履行修缮义务，致承租人不能为租赁物之使用收益时，纵使未限期催告，承租人仍得按比例请求减少租金，即租赁关系消灭后按原租金计算之损害金，亦应减少。”

60 最高法院1941年度渝上字第345号判例：“租赁物因不可归责于双方当事人之事由而毁损，致全部不能为约定之使用收益者，当事人间之法律关系，因其租赁物是否尚能修缮而异。其租赁物已不能修缮者，依民法第二百二十五条第一项、第二百六十六条第一项之规定，出租人免其以该物租与承租人使用收益之义务，承租人亦免其支付租金之义务，租赁关系即当然从此消灭。其租赁物尚能修缮者，依民法第二百二十五条第一项、第二百六十六条第一项之规定，在修缮完毕以前，出租人免其以该物租与承租人使用收益之义务，承租人亦免其支付租金之义务，惟其租赁关系，依民法第四百三十条之规定不当然消灭，必承租人定相当期限催告负担修缮义务之出租人修缮，而出租人于其期限内不为修缮者，承租人始得终止契约，更须承租人为终止契约之意思表示，其租赁关系始归消灭。”

（一）权利瑕疵担保责任

1. 出租人应担保第三人就租赁之标的物对于承租人不得主张任何权利，但第三人所主张之权利须妨害承租人之使用收益权，方有权利瑕疵可言（“民法”第三百四十九条准用参照）。兹分述如下：

（1）第三人主张所有权

第三人对承租人主张所有权时，承租人得否对出租人主张瑕疵担保？本书以为应视第三人主张权利是否影响承租人对租赁之使用、收益，例如交付租赁物后出租人让与租赁物之所有权予第三人，依“民法”第四百二十五条买卖不破租赁原则之规定，既不影响承租人之使用收益，自不生权利瑕疵担保责任。

（2）第三人主张用益物权

第三人主张用益物权时，当然妨碍承租人之使用、收益之状态，故承租人可主张瑕疵担保责任。

（3）第三人主张抵押权

第三人主张抵押权时，一般见解认为承租人不得主张瑕疵担保。且第三人实行抵押权而进入拍卖程序时，因强制执行程序之拍卖系继受取得，故如有“民法”第四百二十五条买卖不破租赁原则之适用，并不妨碍承租人之使用收益之状态，此时承租人自不得主张权利瑕疵担保。但如租赁契约发生于设定抵押权之后，并对抵押权有影响，经执行法院除去后拍卖者（“强制执行法”第九十八条第二项但书参照），承租人应得对出租人主张瑕疵担保责任。

（4）第三人之权利须于租赁物交付前发生

第三人之权利须于租赁物交付前发生[61]，如于租赁物交付后才发生者，纵为所有权或其他权利，承租人得依“民法”第四百二十五条及第四百二十六条主张买卖不破租赁原则，即无权利瑕疵担保责任之问题。

（5）承租人之明知

承租人于契约成立时知有瑕疵之存在者，出租人自不负权利瑕疵担保责任（“民法”第三百五十一条准用参照）。

（6）出租人故意不告知瑕疵

出租人故意不告知瑕疵者，即使有特约免除瑕疵担保者，其特约亦属无效（“民法”第三百六十六条准用参照）。

61　史尚宽，前揭书，同注1，第一六一页。郑玉波，前揭书，同注1，第一九三页。邱聪智，前揭书，同注1，第三二六页。

2. 权利瑕疵担保之效果

“民法”第四百三十六条规定：“前条规定，于承租人因第三人就租赁物主张权利，致不能为约定之使用、收益者准用之。”故依“民法”第四百三十六条准用“民法”第四百三十五条之规定，承租人得视其妨害使用、收益之状态如何，而请求减少租金或终止契约，不准用“民法”第三百五十三条依关于债务不履行之规定行使权利之规定，盖“民法”第四百三十六条既因租赁性质与买卖有所不同所作之特别规定，即无准用买卖规定之余地。

（二）物之瑕疵担保责任

租赁物如有瑕疵时，出租人应负物之瑕疵担保责任。原则上，租赁物之瑕疵担保亦准用买卖一节关于物之瑕疵担保责任之规定，惟有下列二点须注意：

1. 瑕疵发生之时间限制不同：按买卖非属继续性法律关系，租赁为继续性法律关系，“民法”第四百三十五条规定：“租赁关系存续中，因不可归责于承租人之事由，致租赁物之一部灭失者，承租人得按灭失之部分，请求减少租金。前项情形，承租人就其存余部分不能达租赁之目的者，得终止契约。”故承租人仅须于租赁关系存续发生物之瑕疵，均可请求出租人负物之瑕疵担保责任。因此，“民法”第四百三十五条系以“租赁关系存续中”为物之瑕疵担保责任认定之“时段”，与“民法”第三百五十四条、“民法”第三百七十三条系以“交付时”为物之瑕疵担保责任认定之“时点”不同。

2. 救济方式不同：买卖物之瑕疵担保，其救济方式为（1）解除契约、（2）减少价金、（3）另行交付无瑕疵物[62]，或（4）请求损害赔偿，四者选择其一。租赁物之瑕疵担保，于租赁物交付后，仅生终止契约或减少租金之效果（“民法”第四百三十五条参照），承租人不得请求出租人另行交付无瑕疵之租赁物，但有时得请求解除契约（交付前）或终止契约（交付后）。

3. 承租人明知或因重大过失而不知：承租人于租赁契约成立时，知其物有瑕疵者，出租人不负担保之责。承租人因重大过失，而不知租赁物有瑕疵者，出租人如未保证其无瑕疵时，不负担保之责。但故意不告知其瑕疵者，不在此限（“民法”第三百五十五条准用参照）。惟依“民法”第四百二十四条规定：“租赁物为房屋或其他供居住之处所者，如

62 但租赁物为代替物之案例较少，故本条准用情况亦较少。

有瑕疵，危及承租人或其同居人之安全或健康时，承租人虽于订约时已知有瑕疵，或已抛弃其终止契约之权利，仍得终止契约。”故租赁物为房屋或其他供居住之处所者，而有危及承租人或其同居人之安全或健康之瑕疵者（如海砂屋、辐射屋），纵使承租人订约时明知有瑕疵，或已抛弃其终止契约之权利，承租人仍得终止租赁契约，排除“民法”第三百五十五条之准用。

四、负担税捐义务

“民法”第四百二十七条规定：“就租赁物应纳之一切税捐，由出租人负担。”兹分述如下：

（一）要件

本条适用上必须与租赁物有关之税捐，如租赁不动产之房屋税与地价税、租赁汽车之牌照税与燃料税等，始由出租人负担。

（二）效力

查本条并非强行规定，得由当事人另行约定[63]，但此约定仅生私法效力，不生公法效力。故不动产租赁契约中约定房屋税、地价税等均由承租人负担者，承租人不为缴纳，税捐机关仍系以出租人纳税义务人而通知出租人缴纳，因税捐机关系依法行使公权力，且当事人间之特约仅有私法上之效力，并无公法上之效力。当事人间之特约无法对抗税捐机关之租税债权，出租人仍应缴纳税捐。如出租人代为缴纳税捐，出租人所能向承租人请求者，系依债务不履行或无因管理或为不当得利之规定？台湾“最高法院”似无判例明示三者得并为主张，惟似乎倾向于若有契约关系而不履行时，则适用债务不履行之规定，而不再适用无因管理[64]与不当得利（似采法规竞合说）。然依法理言，该三者均得主张，其中以不当得利较为顺理。盖承租人无法律上之原因享受出租人缴税之利益，而致出租人缴税之损害。至于主张无因管理，则不易证明有为他人管理事务之意思。至于债务不履行，因税既已缴纳，充其量仅能请求债务不履行之损害赔偿，而债务不履行又须证明债务人有故意或过失之可归责事由，

63 “司法院”院字第1141号解释：“‘民法’第四二七条之规定，并非强行法规，自得由当事人另订相反之特约。但行政命令，不得与现行法律相抵触，倘有与该条相异之命令，自难认为有效。”“最高法院”1976年度台上字第1119号判例：“‘民法’第四百二十七条所谓就租赁物应纳之税捐由出租人负担并非强制规定，当事人不妨为相反之约定。”

64 邱聪智，前揭书，同注1，第三三一页。

其证明亦属不易，且失原缴税义务之意义。

五、费用偿还义务

（一）必要费用

所谓必要费用，系指维持租赁物使用、收益所不可或缺之费用。“民法”第四百二十九条第一项规定：“租赁物之修缮，除契约另有订定或另有习惯外，由出租人负担。”“民法”第四百二十八条规定：“租赁物为动物者，其饲养费由承租人负担。”

（二）有益费用

所谓有益费用，系指虽非维持租赁物使用、收益所不可或缺之费用，但支出时可增加物之价值之费用。依“民法”第四百三十一条第一项规定：“承租人就租赁物支出有益费用，因有增加该物之价值者，如出租人知其情事而不为反对之表示，于租赁关系终止时，应偿还其费用。但以其现存之增价额为限。”适用本条项时须注意：

1. 须为有益费用，通常指改良费用。

2. 须因此而增加租赁物之价值。

3. 须出租人知其情事而不为反对之表示：须足以表明有反对支出有益费用之意思，始为反对[65]，否则实务认为系默示同意，不为反对。[66]

4. 须租赁关系终止时方可请求。[67]

5. 返还时必须以现存之增价额为限。所谓现存之增价额，系指租赁关系终止时，现存增加之价额而言。[68] 如无现存之增价额者，当然无须返

65 邱聪智，前揭书，同注1，第三三三页。

66 “司法院”院字第635号解释：“商号向房东承租后，始创设有码头顶项之权利，或由后之承租人继承前租户而取得该权利者，苟非经房东明示或默示之承认，则该商号对于其后之租户，虽得主张此权利，究不得对抗房东，但如果因所设之码头顶项权利确可增加该房屋之价值者，苟房东知而不为反对表示，则于租赁关系终止时，应就其现存之增加价额偿还其费用于租户（参照‘民法’第四百三十一条第一项）。”

67 最高法院1929年度上字第1697号判例：“租赁房屋由承租人出费修理后仍继续使用，虽其价格已因修理而增加，然所增加之利益仍归自己享受，则欲求偿有益费用尚非其时。”

68 最高法院1943年度上字第734号判例：“‘民法’第四百三十一条第一项但书所称现存之增价额，系指租赁关系终止时，现存增加之价额而言。”
“司法院”院字第377号解释：“承租人出资将租赁房屋改造，出租人知其情事而不为反对之表示，如租赁契约未定期限，出租人自可随时终止契约，但其改造费用苟无特约，出租人于租赁关系终止时，应依该房屋现存之增价额偿还（参照‘民法’债编第四百三十一条）。至租赁契约未定期限者，依‘民法’债编第四百五十条第二项之规定，若当地习惯于出租人之解约有所限制，而有利于承租人者，应从其习惯。”

还。但如增加价额大于返还费用时则以返还费用为限；增加价额少于返还费用者，以增加价额为限。[69]

6. 本条项并非强行规定，当事人间如有相反之特约，自应依其特约办理。[70] 当事人间如约定出租人不得于二年内终止契约或增加租金，承租人须负担有益费用者，依私法自治之原则，当事人间之约定仍为有效，如无特别意思表示，不得谓承租人之费用返还请求权即因此特约而当然消灭。[71]

7. 偿还有益费用与承租人之返还租赁物间，并无对价关系存在。盖有益费用并非因使用、收益而生，与返还租赁物间并无对价关系，故租赁关系终止后，承租人有返还租赁物之义务[72]，无"民法"第二百六十四条同时履行抗辩之适用。

（三）短期消灭时效

依"民法"第四百五十六条规定，承租人之偿还费用请求权及工作物取回权，均自租赁关系终止时起二年间不行使而消灭。[73]

69 最高法院 1930 年度上字第 60 号判例："（一）承租人就租赁物支出有益费，因而增加该物之价值者，出租人虽应偿还其费用，但以现存之增价额为限。其现存之增价额，多于所支出之费用或与之相等者，固应偿还其费用之全部，若其现存之增价额，少于所支出之费用者，则只须偿还其现存之增价额。"

同院 1941 年度上字第 193 号判例："'民法'第四百三十一条第一项所称出租人应偿还之费用，系指承租人就租赁物支出之有益费用而言，惟以承租人支出之费用额多于现存之增价额时，不应责令出租人偿还费用之全额，故于其但书规定出租人偿还费用之义务，以现存之增价额为其限度，非谓承租人支出之费用额少于现存之增价额时，出租人即应偿还现存之增价额。"

70 最高法院 1940 年度上字第 1542 号判例："民法第四百三十一条第一项之规定并非强制之规定，当事人间如有相反之特约，自应依其特约办理。"

71 最高法院 1933 年度上字第 499 号判例："因房屋之承租人就房屋支出有益费用，约定在一定期间内，出租人不得终止契约，增加租金者，如无特别意思表示，不得谓承租人之费用偿还请求权即因此约定而当然消灭。"

72 最高法院 1944 年度上字第 2326 号判例："承租人所有民法第四百三十一条第一项之费用偿还请求权，与其在租赁关系终止后所负返还租赁物之义务，非有互为对价之关系，不得藉口其支付之有益费用未受清偿，即拒绝租赁物之返还。"

73 "最高法院"1999 年度台上字第 181 号判决："'民法'第四百三十一条有关租赁关系终止后，承租人得请求出租人偿还有益费用之规定，系基于不当得利之理由而设，为'民法'第一百七十九条之特别规定，依特别法优于普通法之原则，应优先适用。'民法'第四百五十六条第一项既明定有益费用偿还请求权之消灭时效期间为二年，自无再依'民法'第一百七十九条、第一百二十五条规定，适用十五年之消灭时效期间。"

叁、对承租人之效力

一、使用、收益租赁物权利

（一）约定方法

承租人租赁权之主要内容在于使用、收益租赁物，依“民法”第四百三十八条规定：“承租人应依约定方法，为租赁物之使用、收益；无约定方法者，应以依租赁物之性质而定之方法为之。承租人违反前项之规定为租赁物之使用、收益，经出租人阻止而仍继续为之者，出租人得终止契约。”虽出租人须交付合于约定使用、收益状态之租赁物，但承租人亦须依约定之方法使用、收益租赁物。如无约定方法者，须依物之性质而定之方法为之，例如乳牛用于生产牛乳而非耕作，住宅用于居住而非营业。承租人如违反租赁物之使用收益、方法者，除有特约外，出租人不得径行终止租赁契约，必须经出租人阻止而承租人仍继续违反时，出租人始得终止契约，适用上应特别注意。[74] 又如因承租人违反使用、收益租赁物之方法致租赁物毁损灭失者，承租人应依“民法”第二百二十七条之规定之规定负损害赔偿责任；因承租人之同居人，或因承租人允许为租赁物之使用收益之第三人违反上开使用收益租赁物之方法，致租赁物毁损灭失者，依“民法”第四百三十三条之规定，承租人亦应负损害赔偿责任（详后述）。

（二）法定方法

如房屋租赁或基地租赁之租赁物使用违反法令者，依“土地法”第一百条第四款规定：“出租人非因左列情形之一，不得收回房屋：承租人以房屋供违反法令之使用时。”同法第一百零三条第二款规定：“租用建筑房屋之基地，非因左列情形之一，不得收回：承租人以基地供违反法

74 “最高法院”1975年度台上字第1122号判例：“（一）‘民法’第四百三十八条所谓违反约定使用方法，系指不依约定方法使用，并积极的为约定以外方法之使用者而言，如仅消极的不为使用，应不在违反约定使用方法之列。原审以上诉人不再经营瓦窑，已弃置不用（按租约所定使用方法为经营砖瓦窑之用），为违反约定使用方法，所持法律上之见解，不无违误。”

同院1996年度台上字第693号判决：“基地租赁，如双方当事人就租赁物之使用方法有所约定，而承租人违反约定之使用方法，经出租人阻止而仍继续为之者，依‘土地法’第一百零三条第五款并参照‘民法’第四百三十八条规定，出租人非不得终止租约，请求收回其土地。”

令之使用时。”出租人得终止租赁，收回租赁物。[75]

二、支付租金义务

（一）租金之意义与内容

所谓租金，系指承租人使用、收益租赁物之对价。租金之名称与给付之种类，台湾民法并无明文之限制。依“民法”第四百二十一条第二项规定：“前项租金，得以金钱或租赁物之孳息充之。”“土地法”第一百十一条规定：“耕地地租，承租人得依习惯以农作物代缴。”

（二）租金之数额

租金之数额，基于契约自由原则，原则上得由当事人自由约定[76]，惟有例外之规定，适用上应注意之：

1. 房屋租赁：“土地法”第九十七条规定：“城市地方房屋之租金，以不超过土地及其建筑物申报总价年息百分之十为限。约定房屋租金，超过前项规定者，该管直辖市或县（市）政府得依前项所定标准强制减定之。”

2. 耕地租赁：“耕地三七五减租条例”第二条规定：“耕地地租租额，不得超过主要作物正产品全年收获总量千分之三百七十五；原约定地租超过千分之三百七十五者，减为千分之三百七十五；不及千分之三百七十五者，不得增加。前项所称主要作物，系指依当地农业习惯种植最为普遍之作物，或实际轮植之作物；所称正产品，系指农作物之主要产品而为种植之目的者。”

租金之数额既经约定，承租人应依约定支付约定数额，并无一部清偿之权利（“民法”第三百十八条第一项前段参照）。但“耕地三七五减租条例”第一百十三条规定：“承租人不能按期支付应交地租之全部，而以一部支付时，出租人不得拒绝收受，承租人亦不得因其收受而推定为减租之承诺。”适用上须注意之。

（三）租金支付义务

承租人负有支付租金之义务，此为承租人之主给付义务，如有违反，

75 “最高法院”1970年度台上字第4423号判例：“一般基地租赁，承租人欲建筑何种房屋，固非出租人所得过问，惟如双方当事人就租赁物之使用方法有所约定，而承租人违反约定之使用方法，经出租人阻止而仍继续为之者，依照‘土地法’第一百零三条第五款规定，并参照‘民法’第四百三十八条规定，出租人非不得终止租约，请求收回其土地。”

76 最高法院1928年度上字第1165号判例（同注10）。

因租金为金钱或租赁物之孳息，性质上为种类之债，故无给付不能之问题，承租人应负给付迟延之责任。

数人共租一物时，如契约中约定连带支付租金者，为连带之债（“民法”第二百七十二条参照）。如无约定时，应视为可分之债，盖对于租赁民法并未如关于数人共借一物定有共同借用人之法定连带责任（“民法”第四百七十一条参照），自不得作类推适用而令共租一物之数承租人负连带责任。

（四）租金支付时期

“民法”第四百三十九条规定：“承租人应依约定日期，支付租金；无约定者，依习惯，无约定亦无习惯者，应于租赁期满时支付之。如租金分期支付者，于每期届满时支付之。如租赁物之收益有季节者，于收益季节终了时支付之。”关于租金支付之时期，基于契约自由原则，应由当事人间约定之（例如一次支付或分期支付），如无约定者，因租赁契约具继续性，除另有习惯外，原则上采后付原则，且“土地法”与“耕地三七五减租条例”等特别法更明文规定不得预收租金。[77] 此租金应支付时期为租金支付请求权五年或二年短期消灭时效（“民法”第一百二十六条、第一百二十七条第三款参照）之起算日（“民法”第一百二十八条参照）。

（五）租金支付之方式

租金支付之方式，台湾民法亦未特别规定，可以现金、租赁物之孳息或票据等方式支付，基于契约自由原则，应由租赁契约当事人自行约定之。如承租人以票据支付者，则属间接给付，有“民法”第三百二十条规定之适用，在支票未兑现前，其租金债务仍存在。

（六）迟付租金之效果

“民法”第四百四十条规定：“承租人租金支付有迟延者，出租人得定相当期限，催告承租人支付租金，如承租人于其期限内不为支付，出租人得终止契约。租赁物为房屋者，迟付租金之总额，非达二个月之租额，不得依前项之规定，终止契约。其租金约定于每期开始时支付者，

77 “民法”第四百五十七条之一：“耕作地之出租人不得预收租金。承租人不能按期支付应交租金之全部，而以一部支付时，出租人不得拒绝收受。”

“土地法”第一百十二条规定：“耕地出租人不得预收地租，但因习惯以现金为耕地租用之担保者，其金额不得超过一年应缴租额四分之一。前项担保金之利息，应视为地租之一部，其利率应按当地一般利率计算之。”

“耕地三七五减租条例”第十四条规定：“出租人不得预收地租及收取押租。”

并应于迟延给付逾二个月时，始得终止契约。租用建筑房屋之基地，迟付租金之总额，达二年之租额时，适用前项之规定。”[78] 兹就本条适用之要件分述如下：

1. 须有迟延之事实：如承租人并未迟付租金者，出租人不得依本条规定催告、终止租约。[79]

2. 须有可归责于承租人之事由：租金支付既为承租人之主给付义务，故迟延给付租金者应负给付迟延之债务不履行责任，但应以可归责于承租人之事由所致给付迟延，始有本条之适用。如非可归责于承租人之事由，依“民法”第二百三十条规定，承租人不负迟延责任，此时出租人不得终止租约。

3. 须出租人定相当期限催告承租人：本条第一项所规定“支付租金之催告”，性质上属意思通知，方式并无限制，书面或口头均可[80]，其效力之发生准用民法关于意思表示之规定[81]，但仅限于欠租范围内始有效

78 1999.4.21 民法债编本条修正理由：“一、第一项未修正。二、原条文‘两期之租额’，其所谓‘期’，究系指计算租金之时间单位，抑系约定支付租金之时期，适用上易滋疑义，且依约定有以一周为一期者，有以一月为一期者，亦有以一季或一年为一期者，其两期之租额，多寡悬殊。若一律以两期租额为准，亦显不公平，按房屋租赁，其租金通常按月支付，爰将‘两期’修正为‘二个月’。如约定支付期间非一个月，亦可换算。又承租人每有预付者，则承租人于每期开始应支付租金而未支付者，即应负迟延责任，如约定以二个月以上之时期为一期，则承租人负迟延责任之同时，其迟付租金总额即已达二个月之租额，出租人即得终止契约，对承租人未免过苛，爰规定此际于迟付租金总额须达二个月之租额外，并应于其迟延逾二个月时，始得终止契约。三、租用建筑房屋之基地，承租人之迟付租金，应达如何之程度，出租人始得终止契约，现行法并无明文规定。为期周延，爰参照‘土地法’第一百零三条第四款规定，增订本条第三项。”

最高法院 1930 年度上字第 3062 号判例：“租赁物为房屋，若其迟付租金之总额达于两期之租额，经出租人定期催告，承租人仍不支付者，出租人自得终止契约。”（本则判例于 2002 年 9 月 20 日经“最高法院”2002 年度第九次民事庭会议决议不再援用。）

79 “最高法院”1998 年度台上字第 1100 号判决：“承租人租金支付有迟延者，出租人得定相当期限，催告承租人支付租金，如承租人于其期限内不为支付，出租人得终止契约，‘民法’第四百四十条第一项定有明文。是以必承租人租金支付有迟延时，出租人始得限期催告承租人给付并因其逾期不为支付而终止契约。若承租人就租金之支付并无迟延情事，则出租人自不得以承租人经催告逾期不付为由终止契约。”

80 “最高法院”1950 年度台上字第 554 号判例：“房屋出租人定期催告承租人支付租金之方式未有一定，亦非限于诉讼外为之，苟于诉讼上已有书状或言词，向他造表示意思者，即应认为已有催告。”

81 最高法院 1934 年度上字第 3867 号判例：“（一）依民法第四百四十条得终止契约之出租人，于诉状表示其终止之意思者，依民法第二百六十三条、第二百五十八条第一项、第九十五条规定，自其诉状送达于承租人时，契约即为终止，并非至其所受胜诉判决确定

力。催告未定期限者不生催告之效力[82]，但如催告定有期限而期限不相当，于相当期间之经过可为补正，仍生催告效力。至于何谓“相当”？依客观情事定之。[83]催告无须声明期限内欠租将发生何后果。[84] 又支付租金之催告，应向承租人为之，如承租人有数人时，应向承租人全体为之，否则对于未受催告知承租人，不发生催告之效力[85]，盖数人共租一物，除有特约外，并不生连带债务。再出租人催告租金额超过承租人应付之金额时，例如出租人无理由提高租金，仅超过部分不发生效力，并非该催告

（接上页）之时，始生终止之效力。（二）承租人惟于租赁关系存续中负支付租金之义务，若租赁关系已经终止，承租人虽负返还租赁物之迟延责任，出租人亦仅得请求赔偿因此而生之损害，不得请求支付租金。”

同院1952年度台上字第490号判例：“‘民法’第四百四十条第一项所谓支付租金之催告，属于意思通知之性质，其效力之发生，应准用同法关于意思表示之规定，如催告人非因有自己之过失不知相对人之居所者，仅得准用同法第九十七条，依民事诉讼法公示送达之规定，向该管法院声请以公示送达为催告之通知，始生催告之效力。被上诉人定期催告承租人某商号支付租金，仅将催告启事标贴已被查封无人居住之某商号门首，自无催告效力之可言。”

同院1965年度台上字第952号判例：“‘民法’第四百四十条第一项所谓支付租金之催告，属于意思通知之性质，其效力之发生，应准用同法关于意思表示之规定（见1952年台上字第四九〇号判例），而‘民法’第九十五条第一项规定：‘非对话而为意思表示者，其意思表示以通知达到相对人时发生效力’，所谓达到，系仅使相对人已居可了解之地位即为已足，并非须使相对人取得占有，故通知已送达于相对人之居住所或营业所者，即为达到，不必交付相对人本人或其代理人，亦不问相对人之阅读与否，该通知即可发生为意思表示之效力。”

82 “最高法院”1956年度台上字第205号判例：“‘民法’第四百四十条第一项载，承租人租金支付有迟延者，出租人得定相当期限催告承租人支付，如承租人于其期限内不为支付者，出租人得终止契约。此项规定，于出租人依‘耕地三七五减租条例’第十七条第三款终止契约时亦适用之。上诉人就系争耕地对被上诉人之欠租两年，虽曾派员面催克速清缴，但所谓克速清缴一语，仍与未定相当期限之情形并无二致，故其催告，依法尚难谓为有效。”

83 “最高法院”1960年度台上字第1094号判例：“出租人依‘民法’第四百四十条第一项所定催告承租人支付租金之期限，是否相当，应依一般观念为衡量之标准，不得仅据承租人个人之情事决之，出租人所定之期限在承租人个人虽嫌不足，但若以一般观念衡之，其期限尚非过短者，仍应认为相当。”

84 “最高法院”1955年度台上字第1098号判例：“‘民法’第四百四十条第一项仅定出租人应定相当期限，催告承租人支付欠租，无须叙明不于期限内支付欠租，将发生若何效果。上诉人之催告书如其所定期限系属相当，纵未记载苟不依限支付欠租即行终止契约，亦不能谓其不发生催告之效力。”

85 “最高法院”1959年度台上字第1382号判例：“支付租金之催告，系意思通知之一种，其通知应向承租人为之，如承租人有数人者，应向承租人全体为之，否则对于未受催告之承租人，不发生催告之效力。”（同院1998年度台上字第1679号判决同旨。）

全不发生效力。[86] 但如未叙明承租人欠租数额者，在承租人应付之租额范围内，解释上仍发生催告效力。[87]

4. 承租人不于该期限内支付：此出租人所定相当期限实际上并非最后期限，可延长至终止租约之意思表示到达承租人前。又承租人持付租金时，出租人固得依法终止契约，但并非于催告期限届满时，即当然发生终止效力，出租人如欲终止契约者，仍须为终止之声明始生效力。[88] 故出租人向承租人催告且所定相当期限经过后，终止租约之意思表示到达承租人前，承租人已为租金之支付者，不生终止之效力。[89] 于往取债务，并须于催告期满，至承租人之住所收取，承租人仍不为支付，出租人始得终止租约。[90]

5. 租赁物为房屋者，迟付租金之总额须达二个月租额：租赁物为房屋者，迟付租金之总额，非达二个月之租额者，出租人不得依本条第一

86 "最高法院"1954年度台上字第1143号判例："出租人基于'土地法'第一百条第三款承租人欠租之事由，并依'民法'第四百四十条第一项规定，对于支付租金迟延之承租人，定相当期限催告其支付，承租人于其期限内不为支付者，固得终止契约，惟承租人曾于出租人所定之期限内，依债务本旨提出支付之租金，而因出租人或其他有代为受领权限之人拒绝受领，致未能如期完成时，尚难谓与上开条项所定情形相当。依'民法'第二百十九条关于行使债权，应依诚实及信用方法之规定，出租人自不得执是为终止契约之理由。"

同院1977年度台上字第124号判例："出租人限期催告承租人支付欠租，其催告租金额超过承租人应付之金额时，仅超过部分不发生效力，并非该催告全不发生效力。"

87 "最高法院"1996年度台上字第2356号判决："'民法'第四百四十条第一项规定，承租人租金支付有迟延者，出租人得定相当期限，催告承租人支付租金，如承租人于其期限内不为支付，出租人得终止契约。是苟出租人催告承租人支付欠租，其所定催告之期限相当，纵未叙明承租人欠租数额，但在承租人应付之租额范围内，似难谓不发生催告效力。"

88 "最高法院"1963年台上字第1289号判例："承租人租金支付有迟延者，经出租人定相当期限催告后，承租人于期限内不为支付，出租人固得终止契约，非于催告期限届满时，即当然终止，出租人如欲终止者，仍须为终止之声明。若承租人于终止租约之声明到达前已为租金之支付者，出租人不得以租约已经终止为理由，请求交还租赁物。"

89 "最高法院"1955年度台上字第239号判例："承租人租金支付有迟延者，出租人得定相当期限催告承租人支付租金，如承租人于其期限内不为支付者，出租人固得终止契约，惟承租人如于其终止租约之声明到达前，已为租金之支付者，出租纵有声明，亦不生终止之效力。"（同院1963年度台上字第1289号判例同旨。）

90 "最高法院"1997年台上字第3324号判例："一、债权人纵有受领迟延之情形，债务人之债务并不因而消灭，自有给付之义务。二、耕地出租人以承租人积欠地租达两年之总额为原因终止租约，应依'民法'第四百四十条第一项规定，定相当期限催告承租人支付，于往取债务，并须于催告期满，至承租人之住所收取，承租人仍不为支付，出租人始得终止租约。"

项规定终止契约（“民法”第四百四十条第二项前段参照）。[91] 其租金约定于每期开始时支付（即预付）者，承租人于每期开始应支付租金而未支付时，即应负迟延责任，则承租人负迟延责任同时，其迟付租金总额即已达二个月之租额，故本条第二项后段乃规定此时应于承租人迟延给付逾二个月时，出租人始得终止契约。依“土地法”第一百条第三款规定：“出租人非因左列情形之一，不得收回房屋：承租人积欠租金额，除以担保金抵偿外，达二个月以上时。”故必须扣除担保金（押租金）后，欠租达二个月以上者，房屋出租人始得收回房屋，但仍应依“民法”第四百四十条第一项为相当期限催告后，承租人仍不为支付者，出租人始可终止租约[92]，适用上须特别注意此特别法之规定。

---

91 “最高法院”1969年度台再字第8号判例：“再审原告交付与前业主之保证金拾万元，依契约第三条规定系以保证金所生之利息抵冲租金，并非预付租金，前业主既未将此项保证金移转与再审被告，再审被告亦未承担该保证金债务，自无从就该保证金之利息取得租金，再审被告以再审原告迟付租金二个月以上，经定期催告交付仍不履行，据以终止租约，请求收回房屋，自属正当。”

92 “司法院”院解字第3489号解释：“（一）‘土地法’第一百条之规定于施行前未终止契约之不定期租赁亦适用之，至定期租赁契约无论其订约系在施行前抑在施行后均无同条之适用，院解字第三二三八号解释应予变更。（二）收回出租之房屋，以供自己营业之使用，亦属土地法第一百条第一款所谓收回自住。（三）出租人基于‘土地法’第一百条第三款承租人欠租之事由收回房屋，应依‘民法’第四百四十条第一项规定，对于支付租金迟延之承租人定相当期限催告其支付，承租人于其期限内不为支付者，其租赁契约始得终止，至租赁契约成立后因情事变更租金额增为若干者，同条第三款抵偿租金之担保金系契约成立时支付者，亦应依同一比例增加之。（四）‘土地法’第一百条之规定非禁止房屋租赁契约之附有解除条件或定有租赁期限，亦不排除民法所定解除条件成就或租赁期届满之效果，出租人某甲与承租人某乙约定如第三人某丙需用租赁之房屋时，租赁契约当然终止者，应解为附有解除条件，条件成就时某甲自得收回房屋，至约定承租人某乙死亡时租赁契约当然终止者，应解为以某乙死亡时为其租赁期限届满之时，期限届满时某甲亦得收回房屋。”

“最高法院”1953年度台上字第1186号判例：“不定期之房屋租赁，承租人积欠租金除担保金抵偿外达二个月以上时，依‘土地法’第一百条第三款之规定，出租人固得收回房屋。惟该条款所谓因承租人积欠租金之事由收回房屋，应仍依‘民法’第四百四十条第一项规定，对于支付租金迟延之承租人，定相当期限催告其支付，承租人于其期限内不为支付者，始得终止租赁契约。在租赁契约得为终止前，尚难谓出租人有收回房屋请求权存在。”

同院1979年度台上字第777号判例：“建筑房屋基地之出租人，以承租人积欠租金额达二年以上为原因，终止租赁契约，仍应依‘民法’第四百四十条第一项规定，定相当期限催告承租人支付租金，必承租人于其期限内不为支付者，始得终止租赁契约，非谓一有承租人欠租达二年以上之事实，出租人即得随时终止租赁契约，对于地上权人之保护，不宜较土地承租人为薄，故土地所有人以地上权人积欠地租达二年之总额为原因，依‘民法’第八百三十六条第一项规定，撤销其地上权，仍应类推适用‘民法’第四百四十条第一项之规定，践行定期催告程序。”

6. 租赁物为基地者，迟付租金之总额须达二年租额：租用建筑房屋之基地，承租人迟付租金之总额，达二年之租额时，基地出租人始得依“民法”第四百四十条第一、二项规定终止契约（“民法”第四百四十条增订第三项参照）。依“土地法”第一百零三条第四款规定：“租用建筑房屋之基地，非因左列情形之一，不得收回：承租人积欠租金额，除以担保现金抵偿外，达二年以上时。”故亦须扣除担保金（押租金）后，欠租达二年以上者，基地出租人始得收回基地，但仍应依民法第四百四十条第一项为相当期限催告后，承租人仍不为支付者，出租人始可终止租约[93]，适用上须特别注意此特别法之规定。

7. 租赁物为耕地者，迟付租金之总额须达二年租额：“民法”第四百五十八条第四款规定：“耕作地租赁于租期届满前，有左列情形之一时，出租人得终止契约：租金积欠达两年之总额者。”“土地法”第一百十四条第七款规定：“依不定期限租用耕地之契约，仅得于有左列情形之一时终止之：地租积欠达二年之总额时。”“土地法施行法”第二十七条规定：“土地法第一百十四条第一、第二、第六、第七各款之规定，于定期租用耕地之契约准用之。”故耕地租赁之承租人地租积欠达二年之总额时，耕地出租人得终止耕地租赁契约。又特别法“耕地三七五减租条例”第十七条第一项第三款规定：“耕地租约在租佃期限未届满前，非有左列情形之一不得终止：地租积欠达两年之总额时。”其结果并无不同。惟查同条例第十四条规定：“出租人不得预收地租及收取押租。”故耕地租赁不若房屋租赁与基地租赁必须先扣除担保金（押租金）后，始计算欠租之二年期间，惟不论如何，耕地出租人仍应依“民法”第四百四十条第一项为相当期限催告后，承租人仍不为支付者，始可终止租约。[94]

8. 终止租约：出租人符合上述规定且定期催告后，承租人仍拒不给

93 “最高法院”1997年度台上字第131号判决：“建筑房屋基地之出租人，以承租人积欠租金额达二年以上为原因，终止租赁契约，仍应依‘民法’第四百四十条第一项规定，定相当期限催告承租人支付租金，必承租人于其期限内不为支付者，始得终止租赁契约，非谓一有承租人欠租达二年以上之事实，出租人即得随时终止租赁契约。对于地上权人之保护，不宜较土地承租人为薄，故土地所有人以地上权人积欠地租达二年之总额为原因，依‘民法’第八百三十六条第一项规定，撤销其地上权，仍应类推适用‘民法’第四百四十条第一项之规定，践行定期催告之程序。”

94 “最高法院”1996年度台上字第299号判决：“‘民法’第四百四十条第一项载，承租人租金支付有迟延者，出租人得定相当期限催告承租人支付，如承租人于其期限内不为支付者，出租人得终止契约。此项规定，于出租人依‘耕地三七五减租条例’第十七条第一项第三款终止契约时，亦适用之。”

付租金者，出租人得依“民法”第二百六十三条规定终止租约[95]，因终止权行使系对将来发生效力，故终止前租约仍有效力。[96]

9. 是否得以特约排除之：实务见解有认为本条为任意规定，得以特约排除之[97]，如采此见解者，尚须注意附合契约（“民法”第二百四十七条之一）与定型化契约条款（“消保法”第十一条至第十七条参照）关于特约之效力问题。目前学界并未对此表示意见。按“民法”第四百四十条与土地法关于收回租赁物之规定（如第一百条、第一百零三条等），均系在保障弱势承租人，必须在符合本条之规定情形下，出租人始得终止租约，收回租赁物，故本书认为“民法”第四百四十条系强制规定，不得以特约排除。

（七）租金之变动

当事人所约定之租金，基于契约严守原则，原则上不得任意变动。[98] 惟于下列情形，例外许其变动：

1. 因情事变更关系之增减：所谓情事变更原则，系指当事人为法律行为（契约行为）当时，并不知情事将有所变更，而于法律行为（契约行为）生效后至给付之前，发生法律行为（契约行为）成立当时所不可预见之情事，法律上所给予之救济方式。亦即法律行为成立后至履行完毕前，为法律效果发生原因之法律要件之基础或环境变更，因不可归责于当事人之事由，致发生非当事人所预期之结果，如仍使发生原有效力，显然背于诚实信用原则，应认为其法律行为有相当变更之规范，可见情事变更原则之理论系基于诚实信用原则之公平理念而来。[99] 依“民法”第四百四十二条规定：“租赁物为不动产者，因其价值之升降，当事人得声请法院增减其租金。但其租赁定有期限者，不在此限。”是为租赁契约当事人之租金调整请求权，解释上系情事变更原则之具体化规定。[100] 适用本

95 最高法院1934年度上字第3867号判例（同注81）。

96 “最高法院”1953年台上字第1186号判例（同注92）。

97 “最高法院”1997年度台上字第3303号判决：“承租人支付租金有迟延者，出租人得定相当期限催告承租人支付租金，如承租人于其期限内不为支付，出租人得终止契约，‘民法’第四百四十条第一项固定有明文。惟查此一规定系属任意规定，当事人非不得以契约排除之，如就欠租之金额为若干始为违约或欠租后之法律效果等为排除上开规定之特别约定是。”

98 “最高法院”1971年度台上字第385号判例：“上诉人催告支付之租金，为其自行调整之租额，既未经法院判决确定，则被上诉人依原定租额提存，尚难谓其非依债务之本旨而为给付，上诉人自不能以欠租为由终止租约。”

99 拙著，前揭文，同注26，第五七页。

100 史尚宽，前揭书，同注1，第一八七页。郑玉波，前揭书，同注1，第二〇七页。邱聪智，前揭书，同注1，第三五〇页。

条要件为：

(1) 租赁物须为不动产

本条适用上以不动产租赁为限，故同以不动产为标的之地上权之地租与永佃权之佃租，均可类推适用本条之规定。[101] 如租赁物为动产者，不论其系定期限或不定期限，均不适用本条规定，应依“民法”第二百二十七条之二有关情事变更原则之规定。

(2) 租赁物之价值须有升降

此系指租赁物本身价值之涨落，与一般物价之涨落并无绝对必然之关系[102]，但物价之涨落则属于如何证明之问题，至于决定增减之标准，自仍以租赁物本身之价值为准，此价值系指交易价值为准，并非当事人自行申报之价值，故增减之多寡，应以土地繁荣程度、邻地之租金比较等等为准[103]，并非必须增至法定最高额。至于租金不敷纳税，并非法定增租之原因[104]，但租赁物如增加设备者，则该租赁物价值必因此而增加，

101 “司法院”院字第 986 号解释：“按地上权之地租与租赁契约之租金，固属不同，然就其‘因使用土地而支付金钱为对价’之点言之，则二者实相类似，故关于‘民法’第四百四十二条之规定，于地上权地租之增加，亦应类推适用。”
同院院字第 2267 号解释：“‘民法’第四百四十二条之规定，于永佃权佃租之增减，亦应类推适用。”（最高法院 1934 年度上字第 489 号判例、1944 年度上字第 470 号判例同旨。）

102 最高法院 1937 年度沪上字第 4 号判例：“民法第四百四十二条所谓价值之升降，系指租赁物本身之价值，于租赁契约成立后有升降者而言。”（同院 1996 年度上字第 170 号判决同旨。）

103 最高法院 20 年度上字第 283 号判例：“租赁物为不动产者，其价值如有升涨，出租人依法本得为增租之请求，至所加租额之多寡，应以土地繁荣之程度及邻地租金之比较等情形为标准。”（同院 1980 年度台上字第 747 号判决、1980 年度台上字第 3073 号判决、1987 年度台上字第 2159 号判决同旨。）

104 “最高法院”1980 年度台上字第 1343 号判决：“未定期限之不动产租赁，于其价值升高时，出租人始得声请增加租金。至于租金不敷纳税，尚非法定增租之原因。”
同院 1981 年度台上字第 264 号判决：“未定期限之不动产租赁，因其价值升高时，出租人始得声请增加其租金，至于租金不敷纳税，则非法定增租之原因（见‘民法’第四百四十二条），而地价税之采累进税率，乃基于平均地权之立法原则，上诉人罗德福因另有土地多笔，而被累进课征地价税，致租金不敷纳税，尚难执为调整租金之依据。又系争地上建物，系作为商店及住宅使用，其经营商业之型态，自 1975 年以来迄未改变，纵土地价值已提高为两倍，但其使用利益，究未见随同土地价值之升高而增加。至邻地租金有高达百分之八或百分之七点五者，系出诸承租人之意愿，或由于承租对人于租赁物之需要及其使用所受利益不同之故，尚难援用于本件。”（同院 1980 年度台上字第 4079 号判决、1994 年度台上字第 319 号判决同旨）反对见解，“最高法院”1959 年度第 6 次民、刑庭总会会议决议（一）：“未定租赁期限之不动产，如遇税额增加致所收租金不敷纳税时，如税额之增加与不动产价值之腾涨有关系者，可以请求增加租金。”

即可成为请求增加租金之理由。[105]

（3）须为不定期限租赁[106]

- 期限
  - 定期限
    - 确定期限
    - 不确定期限
  - 未定期限（不定期限）（无确定期限，“民法”第229条）

本条所谓不定期限租赁，有三种情形：

①租赁契约订立时，未约定期限。

②不动产之租赁契约，其期限逾一年者，应以字据订立之，未以字据订立者，视为不定期限之租赁（“民法”第四百二十二条）。

③租赁期限届满，承租人仍为租赁物之使用收益，而出租人不即表示反对之意思者，视为以不定期限继续契约（“民法”第四百五十一条）。[107]

租赁契约如定有期限，可认为于期限内有不变更租金金额之意思，故无本条规定之适用。[108] 本条适用上必限于不定期租赁，始有其适用，故定

105 郑玉波，前揭书，同注1，第二〇八页。

106 不确定期限于法律上之作用，除于“民法”第四百四十二条之外，于债总解除契约之给付迟延之情况，亦可见不确定期限之作用。至于解除契约是否须为催告，则视其是否为定期或不定期行为而定。至定期或不定期行为之判断基础，则视给付期不给付时，是否对于契约之目的之达成有影响，若是，则定期行为毋须催告，即可解除契约，若不是，则纵定有期限，仍须经催告，始得解除契约（“民法”第二百五十四条、第二百五十五条）。定期限者非必为定期行为，尚须视其至给付期而不给付时，是否对于契约之目的之达成有影响者，方能决定其是否为定期行为。

107 “最高法院”1975年度台上字第1579号判例：“租赁契约依‘民法’第四百五十一条规定更新后，仅发生期限变更之效果，其余内容（如租金及其他条件）并未随同变更。不动产租赁契约就增减租金所为之约定，并不因‘民法’第四百四十二条已有得声请法院增减租金之规定而失其效力，或认于定期租赁不能有此约定，果有合于增减租金约定之情事发生时，当事人即得直接依该约定方法增减租金，殊无待双方当事人之另行协议。”

108 “司法院”院字第2624号解释：“未定期限之房屋租赁，因房屋价值之升高，出租人得声请法院增加其租金，此在‘民法’第四百四十二条本有明文规定，定有期限之房屋租赁，其租金不敷缴纳土地税及房捐者，业经行政院定有补救原则四项，陈奉‘国防最高委员会’第九十次常务会议决议，准予备案，出租人自得依以请求增加租金。”

同院院字第2272号解释：“‘土地法’第一百七十七条第一项所载，不及千分之三百七十五者，从其约定一语，不过宣示其约定之为有效，并非限制‘民法’第四百四十二条之适用，‘土地法施行法’第五十二条第三项之规定，亦仅于其所约定情形排除‘民法’第四百四十二条所定之限制，俾定有期限之租赁，亦得请求增加租金，非谓耕地增加租金之原因，以该条项所定情形为限，耕地之出租人，自得于不超过耕地正产物收获总额千分之三百七十五范围内，依‘民法’第四百四十二条之规定，声请法院增加租金。”

期租赁当事人不得依本条规定向法院声请增减租金，惟通说均认为此时当事人仍得依“民法”第二百二十七条之二情事变更原则之规定，请求增减租金。[109] 须注意的是，于定期租赁虽可依情事变更原则之一般规定请求增减租金，但仍必须符合情事变更原则之构成要件，例如租约当事人已约定每年按百分之五调整租金，或租金随“政府”公告地价及租率最高额乘以租用坪数计算调整[110] 时，应认为当事人间就租金变动之客观环境已有预料，且为特别之约定，其特约有效[111]，惟此时仍无情事变更原则之适用。[112]

(接上页) 同院院解字第 4032 号解释：“房屋租赁条例第十条系规定，租约所定期限在一年以上，而该地经济状况显有变动当事人得请求酌量增减其租金，其租约未定期限者，亦同非谓自订约后须经过一年以上始得为增减租金之请求，故租约所定期限在一年以上或租约未定期限者，如在订约后一年内该地经济状况显有变动，当事人非不得于订约后一年内请求酌量增减其租金。”

“最高法院”1959 年度台上字第 1536 号判例：“当事人就不动产所订之租金，于租赁关系存续中，因租赁物价值之升降，固得声请法院增减其数额，惟此项声请，以租约未定期限者为限，倘定有期限，则不在准许之列，此观‘民法’第四百四十二条之规定自明。至约定之租金额数，因法律变更致超过法定限度以外者（例如房屋租金超过‘土地法’第九十七条之规定，土地租金超过‘实施都市平均地权条例’第四十二条规定），关于超过部分，亦仅生请求权是否存在之问题，其与租赁物价值发生升降之情形既非相同，自亦不得援用该条规定而为增减之声请。”（同院 1981 年度台上字第 3122 号判决、1983 年度台上字第 1101 号判决同旨。）

109 郑玉波，前揭书，同注 1，第二〇七页。邱聪智，前揭书，同注 1，第三五二页。

110 “最高法院”1997 年度台上字第 3634 号判决：“未定期限之不动产租赁，如契约当事人就租金之给付已约定按不动产价值之固定比率计算，则该不动产之价值倘有升降之情事发生，当事人即得直接依是项约定增减租金，自无依‘民法’第四百四十二条规定诉请法院调整之必要。”同院 1999 年度台上字第 287 号判决：“未定期限之不动产租赁，如契约当事人约定租金系按租赁标的不动产之固定比率计算者，则所约定之租金系随不动产价值之升降而机动调整，契约当事人即无再依‘民法’第四百四十二条规定声请法院调整租金之必要，不得请求法院增减其租金。查关于两造间原有租金之核计，被上诉人于原审已一再主张：系争土地租金，系依‘政府’公告地价及租率最高额乘以租用坪数计算之，‘政府’公告地价调整时，依‘政府’重新调整最高额重新计算，于调整公告施行时，随其调整云云，并提出其宗亲会定式不动产基地租赁附强制执行契约书为凭，则上诉人抗辩：系争土地租金既按租赁标的不动产价值之固定比率计算，被上诉人自不得提起请求调整租金之诉云云，即非全然无据，原审未详调查审认，遽为其不利之判决，自嫌疏略。”

111 “最高法院”1975 年度台上字第 1579 号判例（同注 107）。

112 “最高法院”1991 年度台上字第 524 号判决：“‘民事诉讼法’第三百九十七条第一项所谓因情事变更，法院应为增减给付或变更其他原有效果之判决者，以法律行为成立后，因不可归责于当事人之事由，致情事变更，非当时所得预料，而依其原有效果显失公平为要件。如于法律行为成立时，即预见情事将有变更，双方对之应如何调整给付，有所约定者，自无该条项规定之适用。”（同院 1993 年度台上字第 2154 号判决、1994 年度台上字第 1734 号判决、1995 年度台上字第 760 号判决、1997 年度台上字第 1364 号判决同旨。）

（4）须声请法院为增减之给付

具备上述三个要件后，因本条租金调整必须以诉为之[113]，故当事人即可声请法院增减其租金，此项声请权本质为形成权，无须得对方之承诺，由法院斟酌客观情事自行调整后，即可为增减租金之判决（形成判决）。至于增减后之租金之起算点，以法院判决内所确定之时为准，并不以起诉日为限，且可溯及起诉前之租金。如起诉前之租金并未按原约定租额付清，则法院准许增加之判决，得自出租人调整租金之意思表示时起算。[114] 此时法院仅得为租金增减之调整，不得变更租金之种类。[115] 但在未声请法院增减其租金以前，原定租金仍得拘束双方当事人。[116]

再"民法"第四百四十二条之规定非为强行规定，故当事人得另定特约增减原因或加以排除其适用。且本条之适用因受"民法"第四百五十条未定期限租赁得随时终止契约之限制，故适用之机会不多，惟由于"土地法"第一百条及第一百十四条不得随意终止契约之规定，则本条适用之机会又复活不少。

2. 因使用收益关系之减免：租金之支付既为使用收益之对价，故使用收益发生变动时，自影响租金之支付。兹分述如下：

（1）可归责于承租人之事由

"民法"第四百四十一条规定："承租人因自己之事由，致不能为租赁物全部或一部之使用、收益者，不得免其支付租金之义务。"此时不能为使用收益之事由既由承租人自己之所致，自不应使出租人受不当之损失。

113 "最高法院"1980年度台上字第2901号判决："不定期限之不动产租赁，因其价值之升降，当事人固得依'民法'第四百四十二条规定增减租金，惟必须声请法院为之，换言之，欲增减其租金之当事人，应诉求法院为增减租金之形成判决而后可，非谓当事人径向相对人为增减之意思表示，即生增减租金之效力，如非经法院为形成判决者，其租金自仍按原约定而为给付。"

114 "最高法院"1959年度台上字第521号判例："房屋或土地出租人，依'民法'第四百四十二条提起请求增加租金之诉，如起诉前之租金并未按原约定租额付清，则法院准许增加之判决，得自出租人调整租金之意思表示时起算。故起诉前未为此项意思表示者，即不得溯及请求调整。"（同院1980年度台上字第1344号判决、1980年度台上字第3602号判决、1981年度台上字第115号判决、1997年度台上字第1364号判决同旨。）

115 "最高法院"1986年度台上字第2126号判例："租赁物为不动产者，因其价值之升降，当事人固得依'民法'第四百四十二条规定，声请法院增减其租金。惟调整租金之诉，只能增减租金之数额，不得将原约定之租金种类变更。"（同院1980年度台上字第1369号判决、1980年度台上字第3289号判决、1982年度台上字第4021号判决、1992年度台上字第2682号判决、1992年度台上字第3129号判决、1993年度台上字第2264号判决同旨。）

116 "最高法院"1958年度台上字第1152号判例："租赁物为不动产者，因其价值之升降，当事人固得依'民法'第四百四十二条声请法院增减其租金，但在未声请法院增减其租金以前，原约定之租金额，并不因租赁不动产价值之升降，而失其拘束双方当事人之效力。"

（2）不可归责于承租人之事由

"民法"第四百三十五条第一项规定："租赁关系存续中，因不可归责于承租人之事由，致租赁物之一部灭失者，承租人得按灭失之部分，请求减少租金。"此一租金减少请求权，亦为形成权，惟不须以诉为之。[117] 又应减免而承租人已给付者，得依不当得利请求返还。但在承租人未为减租之请求（行使形成权）前，出租人仍有全部租金请求权，如承租人已按原定租额全部履行，自属有法律上之原因，不得依不当得利之规定请求返还。[118]

（八）租金给付请求权之时效期间

1. 一般租赁："民法"第一百二十六条规定："利息、红利、租金、赡养费、退职金及其他一年或不及一年之定期给付债权，其各期给付请求权，因五年间不行使而消灭。"一般租金之时效期间为五年。[119]

2. 动产营业租赁："民法"第一百二十七条第三款规定："左列各款请求权，因二年间不行使而消灭：三、以租赁动产为营业者之租价。"本条款仅限于以租赁"动产"为"营业"者之租价。[120]

三、保管租赁物义务

（一）承租人之保管义务

1. 原则："民法"第四百三十二条规定："承租人应以善良管理人之注意，保管租赁物。租赁物有生产力者，并应保持其生产力。承租人违反前项义务，致租赁物毁损、灭失者，负损害赔偿责任。但依约定之方法或依物之性质而定之方法为使用、收益，致有变更或毁损者，不在此限。"按租赁契约为有偿契约，故本条第一项规定承租人应负抽象轻过失

117 邱聪智，前揭书，同注1，第三五七页。

118 "最高法院"1996年度台上字第808号判决："'民法'第四百三十五条第一项规定：'租赁关系存续中，因不可归责于承租人之事由，致租赁物之一部灭失者，承租人得按灭失之部分，请求减少租金。'既明定以承租人之请求为减租效力发生之要件，则在承租人未为减租之请求前，出租人仍有全部租金请求权，如承租人已按原定租额全部履行，不得依不当得利之规定请求返还。"

119 "最高法院"1960年度台上字第1730号判例："租金之请求权因五年间不行使而消灭，既为'民法'第一百二十六条所明定，至于终止租约后之赔偿与其他无租赁契约关系之赔偿，名称虽与租金异，然实质上仍为使用土地之代价，债权人应同样按时收取，不因其契约终止或未成立而谓其时效之计算应有不同。"

120 "最高法院"1968年度台上字第2946号判决："'民法'第一百二十七条第三款规定：以租赁动产为营业者之租价请求权，因二年间不行使而消灭。所谓以租赁动产为营业者，系以动产租与他人使用收益，收取租金为业之人，故如以租赁不动产为营业，或租赁动产而不以之为营业者，其租价即不能适用二年之短期时效。"

责任，即须以善良管理人之注意保管租赁物。如承租人违反保管义务，致租赁物毁损、灭失者，依本条第二项本文之规定，负损害赔偿责任。实务见解认为（1）承租人变更占有状态[121]与（2）将租赁物让与他人[122]均适用本条项本文之规定。又租赁物有生产力者（例如机器、牛羊、稻田），承租人应以善良管理人之注意，保持其生产力，违者应负损害赔偿责任。再者，承租人依约定方法或依物之性质而定之方法为使用、收益，致有毁损或变更者，乃自然消耗，为使用收益之当然结果，承租人自不负赔偿责任。例如租车使用时车辆之轮胎耗损，租牛耕地时牛只老迈或死亡是。本条规定性质上为债务不履行责任，故承租人之代理人或使用人关于租赁物之保管（债之履行）有故意或过失[123]（可归责之事由）时，承租人应与自己之故意或过失负同一责任（“民法”第二百二十四条参照）。如承租人未善尽保管责任致租赁物灭失者，似与“民法”第四百五十六条所规定之“出租人受租赁物之返还者，就租赁物所受损害”之要件不符，故此项请求权实务见解认为无“民法”第四百五十六条二年短期时效之适用。[124]按承

121 “司法院”院字第2049号解释：“承租人将其承租之耕地一部变更原状，占为已有者，出租人之所有权虽不因之而丧失，但既使出租人失其间接占有人之地位，土地所有权即已失其从来之圆满状态，不得谓承租人非违反‘民法’第四百三十二条之规定，出租人自得依土地法第一百八十条第五款终止契约。”

“最高法院”1952年度台上字第223号判例：“承租人将其承租之耕地一部变更原状占为已有者，对于该部分，系使出租人失其间接占有人之地位，致其土地所有权失其从来之圆满状态，不得谓承租人非违反‘民法’第四百三十二条之规定，出租人自得依‘土地法’第一百十四条第五款，终止租用耕地契约。”

122 最高法院1943年度上字第283号判例：“上诉人某甲将其承租被上诉人之耕地让与所有权于他人，系变更被上诉人间接占有人之地位，使其土地所有权失其从来之圆满状态，不得谓非违反民法第四百三十二条之规定，被上诉人自得依土地法第一百八十条第五款，终止租用耕地契约。”

123 最高法院1929年度上字第1074号判例：“租赁存续中，租赁物因不应由承租人负责之事由而灭失时，承租人不负损害赔偿责任。所谓应由承租人负责之事由，除法有特别规定或该地方有特别习惯或当事人间有特别约定，承租人于事变亦应负责外，以承租人之故意或过失为限。”

124 “最高法院”1991年度台上字第1257号判决：“按承租人应以善良管理人之注意保管租赁物，租赁物有生产力者，并应保持其生产力。承租人违反前项义务，致租赁物灭失者，负损害赔偿责任。又承租人于租赁关系终止后应返还租赁物。租赁物有生产力者，并应保持其生产状态返还出租人。‘民法’第四百三十二条第一、二项、第四百五十五条分别定有明文。是承租人因违反保管义务，致租赁物灭失，于租赁契约终止后不能返还出租人时，对出租人所负损害赔偿责任，属一种债务不履行之损害赔偿责任。此与出租人受租赁物之返还者，就租赁物所受损害，对于承租人之赔偿请求权不同，自无‘民法’第四百五十六条所定二年短期时效之适用。”

租人未善尽保管责任致租赁物毁损（未达灭失之程度）者，出租人于受租赁物之返还者，就租赁物所受损害对承租人所为之请求权，文义解释上有“民法”第四百五十六条二年短期时效之适用。如果因租赁物已达“灭失”之程度即不适用“民法”第四百五十六条二年短期时效之规定者，则与租赁物“毁损”轻重比例失衡，故本书认为上揭实务见解之例应类推适用“民法”第四百五十六条二年短期时效之规定。

2. 例外：“民法”第四百三十四条规定：“租赁物因承租人之重大过失致失火而毁损、灭失者，承租人对于出租人负损害赔偿责任。”通常承租人无故意使租赁物失火而冒自己生命财产危险之理，故本条立法目的在于保护承租人之利益，乃大幅减轻承租人之责任，使承租人之失火责任限于“重大过失”，于债务履行上则系违反普通人之注意义务。[125] 故如承租人违反善良管理人之注意，而尚未违反普通人之注意义务者，即无须负失火责任。[126] 出租人非租赁物所有人，而经所有人同意出租者，亦以承租人有重大过失为限，始对所有人负损害赔偿责任[127]，至于重大过失之存在由出租人负举证责任。[128] 如租赁契约当事人以契约排除上开规定之适用，而约定承租人对于失火责任须负轻过失责任者，基于契约自由原则，从其约定。[129] 但依“民法”第二百二十二条之规定，承租人之重大

125　最高法院 1941 年度上字第 721 号判例：“承租人应以善良管理人之注意保管租赁物，如违反此项义务，致租赁物毁损灭失者，应负损害赔偿责任，固为民法第四百三十二条所明定。惟租赁物因承租人失火而毁损灭失者，同法第四百三十四条既已减轻承租人之注意义务，而以承租人有重大过失为其赔偿责任发生之要件，出租人即不得仍依承租人应如何保管租赁物之一般规定，向承租人为损害赔偿之请求。”

同院 1988 年度台上字第 636 号判决：“承租人就烧毁租赁物之起火原因，虽无重大过失，但就火势之延烧致租赁物毁损灭失有重大过失时，对于出租人仍难免其损害赔偿责任。”

126　最高法院 1933 年度上字第 2558 号判例：“民法第四百三十四条所谓重大过失，系指显然欠缺普通人应尽之注意而言，承租人之失火，纵因欠缺善良管理人之注意所致，而于普通人应尽之注意无欠缺者，不得谓有重大过失。”

127　“最高法院”1987 年度台上字第 1960 号判例：“租赁物因承租人失火而毁损、灭夫者，以承租人有重大过失为限，始对出租人负损害赔偿责任，‘民法’第四百三十四条定有明文。如出租人非租赁物所有人，而经所有人同意出租者，亦以承租人有重大过失为限，始对所有人负损害赔偿责任。”

128　最高法院 1937 年鄂上字第 460 号判例：“上诉人承租人被上诉人之房屋，因上诉人店内失火焚毁其一部，虽为不争之事实，然被上诉人请求上诉人赔偿其损害，尚须证明上诉人系因重大过失而失火。”

129　“最高法院”1994 年度台上字第 151 号判决：“按租赁物因承租人失火而毁损、灭失者，以承租人有重大过失为限，始对于出租人负损害赔偿责任，‘民法’第四百三十四条固定有明文。惟当事人如以特约约定承租人就轻过失之失火亦应负责，其特约仍属有效。”

过失，不可预先免除。最后，承租人对于失火责任，于租赁契约中仅负重大过失责任，此一减轻承租人之规定，于侵权行为责任是否有其适用？学说[130] 与实务见解[131] 采肯定说，本书从之，亦即采请求权相互影响说，以符民法保护承租人之同一立场。

（二）承租人就第三人行为之责任

1. 原则：“民法”第四百三十三条规定：“因承租人之同居人或因承租人允许为租赁物之使用、收益之第三人，应负责之事由，致租赁物毁损、灭失者，承租人负损害赔偿责任。”本条所谓同居人，系指配偶、亲属等，甚至有认为包括事实上夫妻、同居情侣等[132]，符合社会实情，本书赞同之。至所谓第三人，若为借用人时，系包括于“因承租人允许为租赁物之使用收益之第三人”之范围内。如为次承租人时，不论合法转租或非法转租，概念上均不属于“民法”第四百三十三条之第三人，而应直接适用“民法”第四百四十四条第二项规定“因次承租人应负责任之事由所生之损害，承租人负赔偿责任。”（详后述）。本条命承租人须负损害赔偿责任，其理论基础显采无过失责任。故因承租人之同居人或因承租人允许为租赁物之使用、收益之第三人违反上开使用收益租赁物之方法，致租赁物毁损、灭失者，即属有应负责之事由，承租人即须负责，不问承租人本身有无故意、过失，承租人均应负损害

（接上页）同院2000年度台上字第1416号判决：“‘民法’第四百三十四条之排除同法第四百三十二条规定之适用，固仅在保护承租人之利益，以减轻其赔偿责任而设，惟该失火责任之特别规定，无关于公序良俗，倘当事人约定承租人就轻过失之失火仍应负责，以加重承租人之注意义务者，其特约自难谓为无效。”

130 史尚宽，前揭书，同注1，第一八二页。郑玉波，前揭书，同注1，第二一七页。邱聪智，前揭书，同注1，第三六三页。拙著，承租人失火责任，月旦法学杂志，第八八期，2002年9月，第十四页至第十五页。

131 最高法院1933年度上字第1311号判例（同注49）。
同院1967年度第3次民、刑庭总会会议决议（一）：“提案：院长交议：承租人因轻过失烧毁承租之房屋，对于出租人应否负侵权行为之损害赔偿责任？下列两说，以何说为当？讨论意见：甲说：租赁物因承租人失火而毁损灭失者，以承租人有重大过失为限，始对出租人负损害赔偿责任，‘民法’第四百三十四条已有特别规定，兹承租人既系轻过失，而烧毁承租房屋，自不负侵权行为之损害赔偿责任。（参看本院1933年上字第一三一一号判例）乙说：因失火烧毁他人之房屋，除‘民法’第四百三十四条所定情形外，纵为轻过失，仍应依‘民法’第一百八十四条负侵权行为之损害赔偿责任。失火有重大过失时，始负侵权行为之立法例，为我民法所不采。（参看本院1937年鄂上字第三号判例）决议：甲说系指承租人失火毁损租赁物之情形而言，乙说则指承租人以外之人失火毁损他人房屋之情形而言，两说并无抵触，可以并存。”

132 邱聪智，前揭书，同注1，第三六〇页。

赔偿责任。最后，本条既有特别规定，则无“民法”第二百二十四条债务履行辅助人规定之适用。

2. 例外：承租人仅因重大过失方负租赁物失火责任，已如前述。承租人之同居人或因承租人允许为租赁物之使用、收益之第三人因失火而应负责任者，承租人应如何负损害赔偿责任？法无明文，如对于同居人所造成之失火，承租人反须负无过失责任，则发生责任不平衡问题。故解释上，第三人之责任依其他规定如侵权行为法则定之，承租人应负责之责任，仍以“民法”第四百三十四条规定为依据，故承租人应仅于同居人或其他第三人有重大过失时，始负“民法”第四百三十四条规定失火责任[133]；如同居人或其他第三人对于失火仅有轻过失者，虽其应负侵权行为责任，但承租人即不负责。[134] 须注意者，“民法”第四百三十四条并非强行规定，租赁契约当事人亦得以特约排除之。惟须注意是否有附合契约之适用（“民法”第二百四十七条之一参照）。

3. 兹举一例分析如下：A 出租一房屋予 B，而 C 为 B 之同居人，如 C 失火致该屋毁损者，此时法律关系为：

（1）出租人 A 本得依“民法”第四百三十三条之规定，向承租人 B 请求无过失之损害赔偿。但因租赁物毁损系因失火而致，故承租人 B 因其同居人 C 之失火而毁损租赁物者，须同居人 C 有重大过失时，始得向承租人 B 请求损害赔偿。

（2）A 对于 C 主张“民法”第一百八十四条第一项前段侵权行为损害赔偿责任时，仅须 C 具有抽象轻过失[135] 即可，并不以 C 具有重大过失为必要。

（3）B 对 A 之债务不履行责任与 C 对 A 之侵权行为责任，二者为不真正连带债务，其内部无分担求偿权存在，C 应为终局负责人（侵权行为人为终局负责人），故 A 向 C 求偿后，B 不得向 C 请求偿还；但如 A 先向 C 请求者，C 不得依“民法”第二百十六条之一请求 A 让与其对 B 之损害赔偿请求权。

（三）保管义务之从属义务

以下所述之从属义务，并非承租人之从义务，而系承租人之附随义

133 拙著，前揭文，同注 130，第十五页。
134 邱聪智，前揭书，同注 1，第三六五页。
135 史尚宽，前揭书，同注 1，第一八二页。郑玉波，前揭书，同注 1，第二一七页。邱聪智，前揭书，同注 1，第三六四页。

务，又称为契约履行附随义务。

1. 通知义务："民法"第四百三十七条规定："租赁关系存续中，租赁物如有修缮之必要，应由出租人负担者，或因防止危害有设备之必要，或第三人就租赁物主张权利者，承租人应即通知出租人。但为出租人所已知者，不在此限。承租人怠于为前项通知，致出租人不能及时救济者，应赔偿出租人因此所生之损害。"本条为承租人之从属义务，兹分述其成立要件如下：

（1）须发生应通知之事项

本条规定承租人应通知之事项有三种情形：

①租赁物如有修缮之必要，应由出租人负担者：此部分请参见前述说明，于兹不拟重复。

②因防止危害有设备之必要者：例如"民法"第四百二十四条租赁物有瑕疵而危及承租人或其同居人之生命安全或健康时，而必须更换老旧瓦斯设备是。

③第三人就租赁物主张权利者：本条所称之权利，应限于使用收益之权利，故包括所有权、地上权或租赁权等，不含担保物权，盖实行担保物权致租赁物被拍定者，承租人已有买卖不破租赁原则之适用，对其使用收益并不生影响。至第三人就租赁物主张权利者，不论其权利是否合法有效，承租人均应通知出租人。

（2）须为出租人未知悉之事项

如出租人已知悉该事项，纵承租人未通知出租人者，亦不负损害赔偿责任。惟出租人知悉与否，须由承租人负举证责任。

承租人怠于为此通知义务，而致出租人不能及时救济者，例如丧失参加诉讼之机会，应赔偿出租人因此所生之损害（"民法"第四百三十七条第二项参照）。

2. 容忍修缮义务："民法"第四百二十九条第二项规定："出租人为保存租赁物所为之必要行为，承租人不得拒绝。"是为承租人之容忍修缮义务。从出租人言，即其修缮权利，故承租人拒绝时，同时发生受领迟延之效果。

四、返还租赁物义务

"民法"第四百五十五条规定："承租人于租赁关系终止后，应返还租赁物。租赁物有生产力者，并应保持其生产状态，返还出租人。"是为承租人之返还租赁物义务。租赁关系终止后，除因承租人积欠租金而出租人以押租金扣抵殆尽外，出租人负有返还押租金义务，二者间有同时履行抗辩之关系[136]（类推适用“民法”第二百六十四条参照）。

五、工作物取回权

承租人于租赁关系消灭时，对于出租人有费用偿还请求权用，已如前述。如其不愿请求偿还费用者，承租人得请求取回工作物，但应回复租赁物之原状（“民法”第四百三十一条第二项参照），未回复原状者，出租人得阻止其取回，二者间可类推适用“民法”第二百六十四条同时履行抗辩权之规定。

六、不违反转租义务

“民法”第四百四十三条规定：“承租人非经出租人承诺，不得将租赁物转租于他人。但租赁物为房屋者，除有反对之约定外，承租人得将其一部分转租于他人。承租人违反前项规定，将租赁物转租于他人者，出租人得终止契约。”由是观之，转租[137]可依二种情形言之：

- 转租
  - 合法转租
    - 得出租人之承诺
    - 无反对约定之房屋一部转租
  - 非法转租
    - 未得出租人之承诺
    - 有反对约定之房屋一部转租
    - 得出租人之承诺但依法明确禁止不得转租之耕地转租

英美法之转租，称为 sublet，而租赁权之让与，则称为 assignment

---

136 “最高法院”1989 年度台上字第 1645 号判决：“同时履行抗辩权，原则上固适用于具有对价关系之双方债务间。然而，虽非基于具有对价关系之双务契约而生之债务，其两债务之对立，在实质上有牵连性者，基于法律公平原则，亦非不许其准用或类推适用关于同时履行抗辩之规定。押租金契约虽系附随于租赁契约之别一契约，但二者在经济上具有关连之同一关系，故押租金之返还义务与租赁物之返还义务实具有牵连性，应认得类推适用‘民法’第二百六十四条规定主张同时履行抗辩。”

但有认为承租人必须先返还租赁物，始得请求出租人返还押租金。请参见“最高法院”1980 年度台上字第 3985 号判决：“（一）承租人交付押租金与出租人，在于担保其租赁债务之履行，诸如租金之给付，租赁关系终了后，租赁物之返还以及迟延返还租赁物所生之损害赔偿债务均是。故在租赁关系终了后，承租人于租赁物返还前，尚不得请求出租人返还押租金，自亦无从主张其租赁物之返还应与出租人押租金之返还同时履行。”

137 “最高法院”1981 年度台上字第 1580 号判决：“‘民法’第四百四十三条所谓转租系指承租人与出租人间继续其租赁关系而将租赁物租与次承租人使用收益，次承租人支付租金与原承租人（即转租人）之情形而言，故如承租人无偿将租赁物交付他人使用收益，并未收取租金者，即与转租之意义有间。”

of lease。依民法规定观之，所谓转租，系指转租人（原承租人）与次承租人成立新租赁关系，与租赁权之让与不同。前者系转租人与出租人间租赁关系仍存在，次承租人与出租人间并无直接租赁关系之可言；后者系性质属于租赁债权之让与（“民法”第二百九十四条参照），租赁权一经让与，原承租人地位即脱离，而受让人成为承租人，但因台湾民法关于合法转租之条件较严，如许为租赁权之让与，则“民法”第四百四十四条有关合法转租之规定，不啻成为具文，而破坏当事人间之信任关系，故实务认为租赁权依其性质为“民法”第二百九十四条所称性质不得让与之债权（最高法院1948年度上字第6886号判例）。

（一）合法转租

1. 意义：所谓合法转租，系指承租人得出租人承诺或无特别约定下房屋一部之转租。

（1）得出租人之承诺

得出租人之承诺者，不论租赁物为何（耕地除外，详后述），包括动产、房屋或基地，承租人均得全部或一部转租于他人。所谓承诺，以意思表示为之，不以订立书据为必要。其由出租人或其授权代理人口头承诺者，亦包含在内。[138] 出租人承诺者，仅承租人与次承租人间成立租赁契约，出租人与次承租人之间不因此成立租赁契约。[139]

（2）无反对约定之房屋一部转租

除有反对之约定外，为保护经济上弱者之承租人，本条允许在未得出租人之同意情形下，承租人得将房屋之一部分转租于他人。但如将房产全部转租于他人，则非经出租人承诺，不得为之。

2. 效力：“民法”第四百四十四条规定：“承租人依前条之规定，将租赁物转租于他人者，其与出租人间之租赁关系，仍为继续。因次承租人应负责之事由所生之损害，承租人负赔偿责任。”合法转租时，原租赁契约承租人与出租人间之租赁关系，仍为继续，与租赁权（债权）之让与不同，原出租人与次承租人间无租赁关系。原租赁契约与转租契约间

138 最高法院1943年度上第5859号判例：“承租人非经出租人承诺，固不得将承租之房屋全部转租于他人，但此项为承诺之意思表示，则不以订立书据为必要。其由出租人或经其授权之代理人口头承诺者，出租人即不得更依民法第四百四十三条之规定终止租约。”

139 “最高法院”1999年度台上字第2155号判决：“出租人是否同意承租人转租，依‘民法’第四百四十三条及‘土地法’第一百条第二款规定，应仅生出租人可否以承租人转租为由单方面终止租赁契约问题。殊不因其同意转租，自可使次承租人与原出租人间成立租赁关系。”

为二债权契约，出租人不得向次承租人请求给付租金，于租赁期间届至前不得向次承租人请求返还。[140] 原则上转租契约之期限应不得约定较原租赁契约为长[141]，以避免原租赁期限以届满而转租契约期限尚未届至所衍生无占有权源之问题。又转租他人之租金如较其承租之租金为高者，因转租人有收取租金之权利，具有法律上之原因，且无损益变动关系，不生不当得利。最后，次承租人应负责之事由所生之损害，转租人对于出租人须负债务不履行之损害赔偿责任。[142]

（二）非法转租

1. 意义：所谓非法转租，系指承租人未得出租人承诺，或有特别禁止之约定下仍将房屋一部或全部之转租，以及依法明确禁止不得转租之耕地转租。原租赁契约与转租契约间为二债权契约，原则上转租契约之期限应不得约定较原租赁契约为长，以避免原租赁期限以届满而转租契约期限尚未届至所衍生无占有权源之问题。又转租他人之租金如较其承租之租金为高者，因无直接损益变动关系，不生不当得利。[143]

（1）未得出租人之承诺

未得出租人之承诺，除有“民法”第四百四十三条第一项但书之房屋一部转租外，承租人不得将租赁物一部或全部转租于他人。[144]

---

140 “最高法院”1979 年度台上字第 3691 号判例：“按转租系转租人与次承租人成立新租赁关系，与租赁权之让与不同。转租人与出租人间之租赁关系仍然存在，惟次承租人与原出租人并无直接租赁关系之可言。本件被上诉人将系争房屋出租与共同被告王某等人，租赁期限固已届满，但王某等既将之转租，被上诉人不得依出租人之地位，对次承租人之上诉人请求返还租赁物。”

141 “最高法院”1994 年度台上字第 1328 号判决：“按租赁契约乃特定当事人间所缔结之契约，其债权债务关系，亦仅存在于该特定当事人间，而转租系转租人与次承租人成立新租赁关系，纵令出租人同意转租，次承租人与出租人间亦无直接之租赁关系可言。又次承租人之使用租赁物，乃因承租人转租之结果，其权利自不得大于承租人，故定期租赁契约之承租人与第三人订立不定期转租契约者，苟出租人与承租人间于租期届满后未另定新约，自不能认次承租人尚得合法不定期继续使用租赁物。”

142 “最高法院”1951 年度台上字第 1480 号判决：“承租人依‘民法’第四百四十三条之规定将租赁物转租于他人者，其与出租人间之租赁关系仍为继续，其因次承租人应负责之事由所生之损害，并应由承租人负赔偿责任。”

143 王泽鉴，民法债编总论，第二册，不当得利，作者自刊，1994 年 10 月出版，第一五〇页。王泽鉴，“出租他人之物、转租与不当得利”，收录于氏著民法学说与判例研究，第四册，作者自刊，1993 年 9 月八版，第二〇七页。

144 最高法院 1948 年度上字第 7633 号判例：“（一）租赁房屋之契约，并无反对转租之约定者，依民法第四百四十三条第一项之规定，承租人虽得将房屋一部转租他人，然如将房屋全部转租他人，则虽无此约定，亦非经出租人承诺，不得为之。”

（2）有反对约定之房屋一部转租

房屋租赁契约如有反对之约定者，承租人自不得将房屋之一部转租于他人。

（3）得出租人之承诺但依法明确禁止不得转租之耕地转租

承租人纵经出租人承诺，仍不得将耕地全部或一部转租于他人（“土地法”第一百零八条参照）。承租人应自任耕作[145]，不得将耕地全部或一部转租于他人（“耕地三七五减租条例”第十六条第一项参照），违者原订租约无效，出租人得收回自行耕种或另行出租（同条第二项），又耕地转租契约当然无效，其基于无效之转租契约而占有租赁物，即非有正当权源。[146]

2. 效力：非法转租，除耕地转租法律特别规定原订租约无效外，

145 “最高法院”1967年度台上字第1520号判例：“耕地之承租人应自任耕作，并不得将耕地全部或一部转租他人，否则原订租约应属无效，此观‘耕地三七五减租条例’第十六条第一项第二项之规定至明。所谓不自任耕作，兼指转租及将耕地借与他人使用在内。”
同院1974年度台上字第599号判例：“承租人应自任耕作，并不得将耕地全部或一部转租与他人，承租人违反此规定时，原定租约无效，得由出租人收回自行耕作，或另行出租，‘耕地三七五减租条例’第十六条第一项及第二项前段规定甚明。所谓‘不自任耕作’，兼指转租及将耕地借与他人使用，交换耕作，即未自任耕作其承租之耕地，亦与转租无异。”
同院1995年度台上字第755号判决：“承租人应自任耕作，并不得将耕地全部或一部转租于他人，为‘耕地三七五减租条例’第十六条第一项所明定。所谓耕作，系指就作物为种植、采收、浇水、施肥、除草、喷药及管理等农事，而为耕作之主体而言。”
同院2000年度台上字第1265号判决：“（一）租赁物交付后，出租人于租赁关系存续中，应保持其合于约定使用、收益之状态，此观‘民法’第四百二十三条规定自明。故租赁物于交付后遭第三人不法占有，致承租人之使用、收益租赁物受有妨害，出租人即负有除去妨害之义务，应向第三人行使其返还请求权，以交付承租人。（二）‘耕地三七五减租条例’第十六条第一项及第二项所谓不自任耕作，系指承租人将耕地供非耕作之用或转租或借与他人使用而言。倘承租人仅消极不为耕作，他人未经承租人同意，乘机占用耕地，纵承租人未自行本于占有人之地位请求返还，或请求出租人排除侵害交付耕地，自不能认系上开条项所称不自任耕作。”

146 “最高法院”1954年度台上字第868号判例：“承租人非经出租人承诺，不得将租赁物转租于他人。如系租用耕地，则承租人纵经出租人承诺，仍不得将耕地全部或一部转租于他人。又承租人应自任耕作，并不得将耕地全部或一部转租于他人，承租人违反前项规定时，原定租约无效。此在‘民法’第四百四十三条第一项前段、‘土地法’第一百零八条、‘耕地三七五减租条例’第十六条分别设有规定，违反此项禁止规定所订立之转租契约当然无效，其基于无效之转租契约而占有租赁物，即非有正当权源。”（本则判例于2002年11月19日经“最高法院”2002年度第十五次民事庭会议决议：“一、维持原判例。二、本则判例列于‘土地法’第一百零八条及‘耕地三七五减租条例’第十六条其判例内容所提及之三条文中间各以‘、’区分。”）

其承租人非法转租之行为并不使原订租赁契约当然无效，仅系构成出租人终止租赁契约之事由（“民法”第四百四十三条第二项、“土地法”第一百条第二款及第一百零三条第三款），在未终止契约前，原承租人之占有为合法，故次承租人之占有亦属合法，不能径向次承租人请求返还，必于终止原租赁契约后，始得为之。[147] 又非法转租契约除耕地转租契约无效外，其转租契约并非无效，仅系其不得对抗原订契约之出租人，如出租人对转租契约承租人主张“民法”第七百六十七条所有物返还请求权者，转租契约承租人并无正当占有权源，应负返还责任，再依其转租契约向转租人请求损害赔偿或主张权利瑕疵担保责任。最后，非法转租是否有“民法”第四百四十四条第二项损害赔偿规定之适用？有肯否二说：

（1）否定说

此说以为，依法律条文体例，“民法”第四百四十四条第一项既规定“承租人依‘前条’之规定”，故“民法”第四百四十四条第二项之规定，其适用上应与“民法”第四百四十三条相同，属于合法转租，故非法转租不得适用“民法”第四百四十四条第二项之规定，仅得适用“民法”第四百三十三条之规定：“因承租人之同居人或因承租人允许为租赁物之使用、收益之第三人应负责之事由，致租赁物毁损、灭失者，承租人负损害赔偿责任。”此一承租人无过失责任，只须同居人或允许使用之第三人有此事由，承租人即应负责，已如前述。

（2）肯定说

此说以为不论合法转租或非法转租，均应有“民法”第四百四十四条第二项规定之适用[148]，且无“民法”第二百二十四条履行辅助人规定之适用。盖不论合法转租或非法转租，次承租人均系承租人允许为租赁物之使用、收益之第三人，仅系在合法转租时依“民法”第四百四十四

147 “最高法院”1955年度台上字第906号判决：“上诉人某甲占有系争房屋之原因，既系基于为被上诉人之受雇人关系，则上诉人与被上诉人间之雇佣关系业经终止，上诉人之占有系争房屋显已失所依据，从而其以系争房屋一部转租于上诉人某乙，要难谓有正当权源。”同院1990年度台上字第2592号判决：“出租人固不以所有人为限，然被上诉人之将系争房屋转租黄邱×美，乃本于租赁契约之承租人地位，依‘民法’第四百二十一条第一项规定，对租赁物有使用收益权而来，如被上诉人与系争房屋原出租人间之租约，已经合法终止，则其使用收益权自不复存在。倘所有人本于所有权主张，黄邱×美为无权占有，收回租赁物，依‘民法’第三百四十七条准用第三百四十九条、第三百五十三条规定，黄邱×美对被上诉人即非不得依债务不履行之规定，行使权利。”

148 邱聪智，前揭书，同注1，第四三〇页。

条第二项之特别规定即可，无须适用“民法”第四百三十三条之规定。

（3）本书见解

按承租人因合法转租之次承租人应负责任之事由所生之损害应负赔偿责任，依举轻明重原则，承租人因违法转租之次承租人应负责任之事由所生之损害，更应负赔偿责任，故应以肯定说为当，有“民法”第四百四十四条第二项规定之适用。又“民法”第四百四十四条第二项与“民法”第四百三十三条后段，一般者多认其属“民法”第二百二十四条之“履行辅助人之故意过失”。惟此情形并非如同“民法”第二百二十四条之将他人之故意过失转化为自己之故意过失，而系就他人之行为负责任，故应属无过失责任，且为“民法”第二百二十四条之特别规定。

又“民法”第四百四十四条第二项与“民法”第四百三十三条后段之规定，究为侵权行为责任或债务不履行之规定？如前所述，有不同之见解，一般认其为债务不履行之规定，亦有采请求权规范竞合说，故二者兼之。本书以为其为“民法”第一百八十四条侵权行为之特别规定，盖不如此解释，势必造成被害出租人以抽象轻过失向第三人或次承租人主张侵权行为，要较以无过失责任向第三人或次承租人主张债务不履行责任宽，而且容易，二者责任轻重显失衡平。

（三）租赁权之让与

租赁关系之成立与存续，系基于当事人间之信任，故租赁权通常为不得让与之债权（“民法”第二百九十四条第一项第二款），如房屋之承租人未得出租人之同意，擅将租赁权让与第三人时，其情形有甚于全部转租，出租人自得终止租约。[149]

肆、租赁债务之担保

租赁债务之担保，除一般债务之人保与物保外，尚有法定留置权及习惯押租金之担保。

一、特殊留置权

（一）特殊留置权之意义

留置权之发生均为法定，不得由当事人自行设定。但留置权可分为

149 最高法院1948年度上字第6886号判例（同注42）。

一般留置权与特殊留置权两种。前者即“民法”第九百二十八条以下规定之留置权，其客体须为动产，且留置物与债权须有牵连关系，如丧失留置物之占有者，留置权即消灭；后者系法律特别规定，债权人不一定须占有留置物，且无须有牵连关系，惟须具备一定之要件。“民法”第四百四十五条规定：“不动产之出租人，就租赁契约所生之债权，对于承租人之物置于该不动产者，有留置权。但禁止扣押之物，不在此限。前项情形，仅于已得请求之损害赔偿，及本期与以前未交之租金之限度内，得就留置物取偿。”是为出租人之特殊留置权，不以占有留置物为要件。[150] 兹分述本条要件如下：

1. 须为租赁契约所生之债权：此包括租金给付债权与损害赔偿债权等。

2. 须为承租人之物：此应指动产而言[151]，否则无法置于不动产。就“承租人之物”之文义解释，不包括承租人之同居人或因承租人允许为租赁物之使用、收益之第三人之物。

3. 须为该承租人之物置于该不动产。

4. 须非禁止扣押之物。

（二）特殊留置权之范围

符合上开要件者，出租人仅于已发生且得请求之损害赔偿，及本期与以前未交之租金之限度（不含未到期之租金）内，得就留置物取偿。

（三）特殊留置权之效力

1. 留置标的物：出租人既有特殊留置权，自得留置标的物。惟“民法”第四百四十六条规定：“承租人将前条留置物取去者，出租人之留置权消灭。但其取去系乘出租人之不知，或出租人曾提出异议者，不在此限。承租人如因执行业务取去其物，或其取去适于通常之生活关系，或所留之物足以担保租金之支付者，出租人不得提出异议。”承租人如将留置物取去者，出租人之留置权消灭，如承租人取去系乘出租人之不知，或出租人曾提出异议者，留置权并不消灭。但如有本条第二项所列情事

150 最高法院 1939 年度上字第 687 号判例：“民法第四百四十五条第一项所称之留置权，不以该留置物为不动产之出租人所占有，为其发生要件，此通观同条至第四百四十七条之规定，极为明显。”

151 郑玉波，前揭书，同注 1，第二二〇页。戴修瓒，前揭书，同注 55，第五九页。邱聪智，前揭书，同注 1，第三六八页。并请参见最高法院 1935 年度上字第 2316 号判决：“不动产之出租人，就租赁契约所生之债权，对于承租人之物，置于该不动产者有留置权。所称承租人之物，当然认为指动产而言。”

者，出租人不得提出异议，即该物须任由承租人取走，但本书以为此时留置权应不消灭。盖依“民法”第四百四十七条规定：“出租人有提出异议权者，得不声请法院，径行阻止承租人取去其留置物。如承租人离去租赁之不动产者，并得占有其物。承租人乘出租人之不知或不顾出租人提出异议，而取去其物者，出租人得终止契约。”由上观之，依反面解释，如出租人无异议权，而欲阻止承租人取去其留置物者，出租人须向法院声请方能阻止或占有留置物；反之，如出租人不声请法院阻止，亦离开留置物者，留置权消灭。

2. 就留置物取偿：所谓取偿，系指就留置物卖得之价金，充偿该债权是。至其取偿之方法，应适用“民法”物权编有关一般留置权之规定。

（四）特殊留置权之消灭

1. 留置物之取去：特殊留置权虽不以占有留置物为要件，惟依“民法”第四百四十六条第一项之规定，承租人将留置物取去者，出租人之留置权消灭。又如承租人将留置物出卖予第三人时，留置权是否消灭？此时承租人之行为虽为有权处分，惟留置权仍应认为存在，盖出卖人之权利受有限制时，买受人之权利自亦受限制，此所谓瑕疵之继受。但买受人应得对出卖人主张权利瑕疵担保（“民法”第三百四十九条）。又如承租人将该留置物设定质权于第三人时，质权与特殊留置权何者优先受偿？又一般留置权与特殊留置权何者优先受偿？本书以为因质权与一般留置权均以占有为公示方法，为保交易安全，应认为质权与一般留置权均优先于法定留置权受偿。

2. 担保之提出：“民法”第四百四十八条规定：“承租人得提出担保，以免出租人行使留置权，并得提出与各个留置物价值相当之担保，以消灭对于该物之留置权。”依本条规定，如出租人对承租人有新台币五十万元租赁关系所生之债权，留置物各为A、B、C（A十万元、B廿万元、C卅万元），设承租人提供五十万元之担保时，A、B、C之留置权均消灭，固无疑问。惟承租人如仅提供四十万元之担保者，何一留置权消灭？即有疑问，对此民法并无规定，解释上应依诚信原则，可认为A、C之留置权消灭。

（五）留置权规定之排除

“土地法”第一百十八条规定：“出租人对于承租人耕作上必需之农具牲畜肥料及农产物，不得行使‘民法’第四百四十五条规定之留置权。”

二、押租金

- 押租金
  - 意义——物的担保
  - 性质
    - 要物契约
    - 从契约
  - 成立——任意约定
    - 土地法限制
    - 耕地三七五减租之限制
  - 效力
    - 担保范围
      - 租金
      - 损害赔偿
      - 迟延利息
    - 抵充
      - 租赁关系存续中
      - 租赁关系终了后
    - 请求权之发生
    - 返还
      - 应返还之数额
        - 原数返还
        - 约有利息
      - 与所有权移转之关系
        - 先前解释—保护承租人———不要物契约
        - 后之解释—保护受让人（现采）—要物契约

（一）押租金之意义

所谓押租金，俗称押租或押金，亦有称为担保金，系指租赁契约成立时，以担保承租人之租金债务或损害赔偿责任[152]为目的，由承租人或第三人交付于出租人之金钱或其他代替物之物的担保契约。

关于押租金之规定，台湾民法并未明文规定，但多见于特别法或社会习惯中，例如“耕地三七五减租条例”第十四条规定：“出租人不得预收地租及收取押租。”“土地法”第九十九条规定：“前条担保之金额，不得超过二个月房屋租金之总额。已交付之担保金，超过前项限度者，承租人得以超过之部分抵付房租。”

租约当事人约定，以押租金之利息抵租金者，此称为“押租契约”，应如何处理？此应视押金之真正性质而定。若依当事人真意，确为担保性之押租金性质，则应解为约定以押租金视为预付租金，承租人自得对

---

152 “最高法院”1934年度上字第3078号判例：“当事人间关于租金数额之约定，仅于租赁关系存续中受其拘束，租赁期限届满时，除有民法第四百五十一条之情形外，其租赁关系即行消灭。如承租人于租赁物之返还应负迟延责任，出租人自得按时值之租金，请求损害赔偿。”
同院1934年度上字第3867号判例（同注81）。
同院1955年度台上字第1029号判例：“两造间于三十五年成立之租赁关系，既因判决确定其不存在，上诉人又不能证明其与被上诉人间有新租赁关系之成立，则以租赁关系成立为前提之租金请求权，自无从发生。”

抗受让人。如当事人之真意不明，实务见解认为一般社会通念当事人真意系在金钱消费借贷与租赁之联立契约关系[153]，仅系以借贷利息与租金互抵，例如以借贷五千万元为租赁之条件，此时，当租赁物出让时，此二契约解释上言，应已分离，其关系应为[154]：

$5 000万（非担保性押租金）

出租人　A ←———————— B　承租人

↓　　租赁

受让人　C

1. A、B ⟶ 金钱消费借贷
2. B、C ⟶ 租赁
3. 租赁关系消灭时，B依借贷关系向A请求返还五千万元，不能向C请求返还，盖此五千万元，并非担保性之押租金。

（二）押租金之性质

押租金为物之担保之一种，性质为从契约，因其以现实交付为必要，故为要物契约[155]，如未交付，押租金契约并未生效。[156]

153 “最高法院”1975年度台上字第2400号判例：“所谓土地押租契约，一般指出租人将土地出租与承租人，承租人另借款与出租人，双方约定以借款利息抵付土地租金，俟租赁关系终了时互相返还土地借款之联立契约，其有关法律关系应分别适用民法租赁、借贷之规定。”

154 “最高法院”1956年度台上字第590号判例：“承租人以金钱贷与前业主，约定将息抵租，是债之关系显仅发生于承租人与前业主间，故在租赁关系存续中，前业主纵将租赁物让与第三人，但除有‘民法’第三百条所定之债务承担情形外，原约定对该第三人并非继续有效，此与一般依租赁契约所为租金之预付，得以对抗受让人之情形，初非相同。”

155 “司法院”院字第1909号解释：“‘民法’第四百二十五条所谓对于受让人继续存在之租赁契约，系指民法第四百二十一条第一项所定意义之契约而言，若因担保承租人之债务而授受押金，则为别一契约，并不包含在内，此项押金，虽因其所担保之债权，业已移转，应随同移转于受让人，但押金契约，为要物契约，以金钱之交付，为其成立要件，押金权之移转，自亦须交付金钱，始生效力，此与债权移转时，为其担保之动产质权，非移转物之占有，不生移转效力者无异，出租人未将押金交付受让人时，受让人既未受押金权之移转，对于承租人自不负返还押金之义务。惟承租人依租赁契约所为租金之预付，得以之对抗受让人，故租赁契约，如订明承租人得于押金已敷抵充租金之时期内，不再支付租金，而将押金视为预付之租金者，虽受让人未受押金之交付，亦得以之对抗受让人，此为本会议最近之见解，所有以前关于此问题之解释，应予变更。”

“最高法院”1976年度台上字第156号判例：“‘民法’第四百二十五条所谓对于受让人继续存在之租赁契约，系指‘民法’第四百二十一条第一项所定意义之契约而言，若因担保承租人之债务而接受押租金，则为别一契约，并不包括在内，此项押租金契约为要物契约，以金钱之交付为其成立要件，押租金债权之移转，自亦须交付金钱，始生效力，出租人未将押租金交付受让人时，受让人既未受押租金债权之移转，对于承租人自不负返还押租金之义务。”

156 “最高法院”1954年度台上字第114号判决：“‘民法’第四百二十五条所为对于受让人

押租金之法律性质有以下之学说：

1. 抵销预约说

2. 附停止条件之债权说

3. 附解除条件之消费寄托说

4. 债权质说

5. 信托的所有权让与说（让与担保说）[157]

（三）押租金之成立

押租金虽为从契约，惟得于原租赁契约中订定，有此约定时，交付押租金乃原租赁契约中之债务，必待押租金交付后，押租金契约之要物性始具备，才能发生效力。

（四）押租金担保之范围

押租金担保之范围是否以租金债务为限？本书以为凡租赁契约所生之债务均在押租金担保之范围，故租金及依租赁契约而产生之损害赔偿[158]、租金之迟延利息等均应在押租金担保之范围内，以符社会事实。

（五）押租金之抵充

1. 抵充之意义

所谓押租金之抵充，系指承租人积欠租金时，因租金债权已届清偿期，出租人径行将承租人所交付之押租金用以清偿租金之行为，有“民法”债编总论第三百二十一条至第三百二十三条规定之适用。

2. 抵充之时期

(1) 租赁关系存续中

租赁关系存续中，押租金并不当然抵充欠租，盖是否以押租金抵充欠租，系取决于出租人之决定，故须经出租人为抵充之意思表示。但押租金额上大于，租赁债务金额甚少，如出租人不允许抵充者，则为权利滥用（“民法”第一百四十八条参照）。[159]

（接上页）继续存在之租赁契约，系指同法第四百二十一条第一项所定意义之契约而言。若因担保承租人之债务而授受押租金，则为另一契约，并不包含在租赁契约以内，此项押租金之移转，应以交付押租金为其生效要件。”

157 史尚宽，前揭书，同注 1，第二〇二页。郑玉波，前揭书，同注 1，第二二四页。邱聪智，前揭书，同注 1，第三八〇页。

158 史尚宽，前揭书，同注 1，第二〇三页。邱聪智，前揭书，同注 1，第三七四页。

159 史尚宽，前揭书，同注 1，第二〇三页。郑玉波，前揭书，同注 1，第二二六页。邱聪智，前揭书，同注 1，第三八二页。

（2）租赁关系消灭后

租赁关系消灭后，不问租赁契约消灭之原因为何，如有欠租之情事，均生当然抵充之效果。[160]

（六）押租金之返还

租赁契约消灭时，如无上开抵充问题者，出租人应将押租金返还于承租人，原则上返还原数额，但依私法自治、契约自由原则，当事人得约定加计利息返还之。

如当事人间无约定利息者，出租人是否须附加利息返还？如不附加利息返还者，是否会发生不当得利之问题？例如约定押租金为一千万元，每月租金一万元，租赁期间为十年者，愚以为不生不当得利，因出租人可利用押租金之利息，通常与租金多寡成消长。依“土地法”第九十八条规定：“以现金为租赁之担保者，其现金利息视为租金之一部。前项利率之计算，应与租金所由算定之利率相等。”此时押租金之利息亦被视为租金之一部[161]，出租人受领自属有法律上之原因，不构成不当得利，故依具体事实、常理及社会通念判断，一般将来偿还押租金时，除非当事人有特别约定，否则应无须附加利息返还押租金。

（七）押租金之返还与租赁物之返还

租赁关系消灭时，承租人有返还租赁物之义务，出租人则有返还押租金之义务，二者间究竟何者为先？亦即何人始得主张同时履行抗辩权？有认为二者均得行使[162]，但亦有认为必须押租金扣除不履行债务后之余额，承租人始发生返还请求权，并非仅以返还租赁物之时为押租发生返还请求权为限。[163] 本书以后说为当。

（八）买卖不破租赁与押租金之关系

依“民法”第四百二十五条第一项规定：“出租人于租赁物交付后，承租人占有中，纵将其所有权让与第三人，其租赁契约，对于受让人仍

160 “最高法院”1998年度台上字第1631号判决：“押租金之主要目的在于担保承租人履行租赁债务，故租赁关系消灭后，承租人如有欠租或其他债务不履行时，其所交付之押租金，发生当然抵充之效力。而于抵充后，犹有余额，始生返还押租金之问题。”

161 “最高法院”1974年第1次民庭庭推总会议决议：“乙承租甲之房屋，除约定租金外，并给付保证金（未约明保证金之利息亦作为租金之一部）其后甲将房屋之所有权移转于丙，但保证金并未移转，依‘土地法’第九十八条之立法意旨，新出租人丙所得请求承租人乙支付之租金额，除原定租金额外，更得将保证金之利息额一并计算在内。”

162 郑玉波，前揭书，同注1，第二二七页。

163 史尚宽，前揭书，同注1，第二〇七页。

继续存在。”此时押租金之关系为何？押租金契约是否对于受让人继续存在？抑或不当然存在？实务上曾有不同之见解，早期实务见解采不要物契约说，认为押租金契约随同租赁契约移转于受让人，故承租人日后自得向受让人请求返还押租金。[164] 嗣后实务见解有变更，认为押租金契约为要物契约，须交付后使生效力，故出租人如未交付押租金于受让人者，受让人对于承租人自不负返还押金之义务[165]，押租金自不当然存在于受

164 “司法院”院字第1266号解释：“依‘民法’第四百二十五条规定，应继续存在之租赁契约，其让与人对于承租人契约上之权利义务，即皆移转于受让人，承租人当日所交之押租金，系原约内容之一部，自得向受让人请求返还。承租人终止租约时，得向受让人请求返还押租金，已如前述。如受让人主张有不应返还押租金之理由，或承租人在押租金未返还以前不愿交出租赁物，均系另依诉讼始能解决之事项，不得径为执行。”（先前解释）

同院院字第1421号解释：“承租人所交之押租金，除原租赁契约对于受让人仍继续存在，得向受让人请求返还外（参照院字第一二六六号解释），不得对于原债务人（即原出租人）主张优先受偿。”（先前解释）

同院院字第1580号解释：“租赁物拍卖时，依‘民法’第四二五条规定，其租约对于受让人既仍继续存在，则承租人原交顶首之款，即系原约内容之一部，自亦应移转为对于受让人之债权，惟租约尚未因拍卖而终止，则出租人或其受让人，均不必遽行付还顶款，更不生优先与否问题（参照院字第一二六六号解释）。”（先前解释）

同院院字第1533号解释：“债权人甲对于债务人乙之房屋声请执行，经发给移转权利证书后，承租该屋之丙，依‘民法’第四百二十五条，其租赁契约对于受让人仍继续存在，则其关于返还押租、腾交房屋，乃属于租约应否终止问题，不问已未另案起诉，均不在执行范围。”（先前解释）

同院院字第1807号解释：“承租不动产所交之押租，依院字第一二六六号解释，系属租赁契约内容之一部，该不动产如因出租人之破产而被拍卖，在拍买人既得于买价内扣存押租，以俟租约终止时返还于承租人，则承租人自不发生加入破产程序而受清偿之问题。”（先前解释）

同院院字第1843号解释：“甲将出租于乙之不动产抵押于丙后，复因丙行使抵押权，致将该不动产拍卖于丁，倘该不动产已由甲交付于乙，乙并已付有押金，除当事人间关于终止租约返还押金，另有特约外，则不问丁于受让时，是否知甲受有乙之押金，及曾否由卖价内扣除，依‘民法’第四百二十五条之规定，乙自得向丁为返还之请求。至丁所还之押金，如事前未于卖价内扣除，其得向甲求偿，自不待言。”（先前解释）

165 “最高法院”1962年度台上字第2858号判例：“依‘司法院’院字第一九零九号解释，出租人未将押租金交付于受让人时，受让人对于承租人虽不负返还押租金之义务，惟受让人承受之租赁关系，系依其让予契约内容，如为无押租金之租赁，当不得向承租人请求押租金之交付，如为有押租金之租赁，则除承租人尚未履行交付押租金者，得依原约请求交付外，若承租人已依原约将押租金交付于原出租人时，则其既已依约履行，受让人如欲取得押租金以供租金之担保，亦属是否可向原出租人请求转付之问题，其仍向承租人请求履行之交付押租金义务，于法即属不合。”

司法院院字第1909号解释（后之解释）、“最高法院”1976年度台上字第156号判例（同注155）。

让人与承租人间，须视受让人是否受押租金之移转而定。

目前实务见解显在保护租赁物之受让人，不若早期解释在保护承租人。故有押租金约定而未交付押租金者，受让人既依“民法”第四百二十五条承受原租赁契约，押租金之交付义务，对受让人当然仍存在，受让人自得依原约定向承租人请求交付。如承租人已依约交付给出租人（即让与人），但未交付于受让人者，因押租金为要物契约，对受让人自不生效力，则租赁关系消灭时，承租人仅得对原出租人请求返还，不得向受让人请求返还。让与人已将承租人交付之押租金交付受让人者，要物性已具备，自对受让人生效，租赁关系消灭时，承租人应向受让人请求返还。从而，原租约订明将押租金视为预付租金者，依实务见解，亦得对抗受让人，即得向受让人请求返还。

伍、对第三人之效力—买卖不破租赁原则

一、意义

“民法”第四百二十五条规定：“出租人于租赁物交付后，承租人占有中，纵将其所有权让与第三人，其租赁契约，对于受让人仍继续存在。前项规定，于未经公证之不动产租赁契约，其期限逾五年或未定期限者，不适用之。”适用本条之要件如下：

（一）须出租人将租赁物[166]之所有权让与第三人

出租人须将租赁物之所有权让与第三人，亦即出租人本身是租赁物之所有人[167]（第三人得出租人同意者，亦同[168]），而将租赁物所有权让与

166 “最高法院”1956年度台上字第841号判例：“典权存续中，典权人将典物出租他人，其租赁之期限不得逾原典权之期限，既为‘民法’第九百十五条第二项所明定，则典物经出典人回赎后，该他人与典权人所订之租约，对于出典人，自无援用同法第四百二十五条规定，主张继续存在之余地。”

同院1970年度台上字第2490号判例（同注8）。

167 “最高法院”1953年度台上字第1305号判例：“系争房屋既为被上诉人自始向日人所买受，而与公产无关，纵经某市‘政府’误认为公产以之出租于上诉人，亦属无正当权源，对于被上诉人不生效力，上诉人自不得依‘民法’第四百二十五条之规定，主张其租赁关系对于被上诉人仍继续存在。”

168 “最高法院”1995年台上字第163号判例：“‘民法’第四百二十五条规定之适用，固以让与租赁物之所有人为出租人为其要件，然第三人如得所有人同意而为出租时，仍得类推适用该条之规定。”（同院1997年度台上字第3514号判决同旨。）

第三人，始有买卖不破租赁原则之适用。如出租人将其租赁物让与第三人，仅成立债权契约，纵该债权契约已生效，但尚未完成所有权移转者，仍无本条之适用。[169] 又此所谓让与系指所有权之移转，其原因如何，在所不问，因强制执行程序[170] 或破产程序[171] 实行抵押权之拍卖，亦属买卖之一种（继受取得），故出租人之所有权因抵押权人实行抵押权而拍卖，致第三人拍定而取得所有权者，亦属本条所有权让与之情形，惟其适用本条之前提有二：①抵押权设定必须后于租赁契约成立生效时，始有“民法”第四百二十五条规定之适用；如其设定先于租赁契约者，依“民法”第八百六十六条之规定，抵押权不受租赁权之影响，故如租赁权影响抵押权之实行者，执行法院得除去租赁权而为拍卖（“强制执行法”第九十八条第二项但书参照）。[172] 但如执行法院不依声请或依职权认为有除去影响抵押权之租赁关系之必要，而为有租赁关系存在之不动产拍卖者，该租赁关系非但未被除去，且已成为买卖（拍卖）契约内容之一部，依继受取得之原理，仍有“民法”第四

169 “最高法院”1980年度台上第720号判例：“‘民法’第四百二十五条所定所有权让与不破租赁之原则，应以所有权移转业已生效为其要件。不动产所有权依法律行为移转者，非经登记，不生效力，原审既认定系争房屋未为保存登记，纵令属于郭某所有，于出租后赠与被上诉人，无从办理所有权移转登记，自难认被上诉人已取得系争房屋之所有权，应无‘民法’第四百二十五条规定之适用。”

170 “司法院”院字第1580号解释（同注164）。
“最高法院”1963年第2次民庭总会会议决议：“甲向乙借用款项，约定甲以自己所有耕地交乙耕种，互不支付利息及地租，为期两年，期满未偿还借款，乙亦未交还耕地，在乙续租中，甲因欠债，经债权人声请查封拍卖该地，由丙得标承买，取得不动产权利移转证明书为凭。此种情形，如当事人真意系以利息折付租金之意思，其性质应认为耕地租赁契约，与消费借贷契约之职立，关于耕地租赁契约，一经成立，即有‘耕地三七五减租条例’第五条所定租期不得少于六年之适用，故纵消费借贷之期限届满，或债之关系已因清偿而消灭，但原所成立之租赁关系，究仍继续存在，虽甲、乙间之金钱借贷关系，对于继续耕地所有权之丙，不能主张继续有效，而其另一租赁关系，则应适用‘民法’第四百二十五条规定，认为继续存在。（同丑说）”

171 “司法院”院字第1807号解释（同注164）。

172 “司法院大法官会议”释字第119号解释：“所有人于其不动产上设定抵押权后，复就同一不动产上与第三人设定典权，抵押权自不因此而受影响。抵押权人届期未受清偿，实行抵押权拍卖抵押物时，因有典权之存在，无人应买，或出价不足清偿抵押债权，执行法院得除去典权负担，重行估价拍卖。拍卖之结果，清偿抵押债权有余时，典权人之典价，对于登记在后之权利人，享有优先受偿权。执行法院于发给权利移转证书时，依职权通知地政机关涂销其典权之登记。”

百二十五条规定之适用。[173] ②抵押权系不动产物权，故该租赁契约必须符合“民法”第四百二十五条第二项规定（详后述）。兹举一例如下：A将其所有房屋租予B，B合法转租予C，A将其所有房屋出售与D，B对D固有“民法”第四百二十五条买卖不破租赁原则之适用，但C对D则无此规定之适用，盖C之出租人为B，但B并非租赁物之所有人。但本书以为就租赁之使用、收益性而言，C之占有仍应视为B之占有（占有之连续），王泽鉴教授称之为“多阶层之间接占有”[174]，如为合法转租，应有买卖不破租赁原则之适用，但如为非法转租，殊无予保护之必要，当亦无买卖不破租赁原则之适用，但C亦应可依“民法”第二百四十二条代位B向D主张买卖不破租赁原则。

至于违章建筑之让与，虽因不能为移转登记，而不能为不动产所有权之让与，但应认为让与人已将该违章建筑之事实上处分权让与受让人[175]，除当事人有特约为反对表示外，应推定出租人于立约时，即已同意租赁权得随建筑物而移转于他人，故出租人将违章建筑事实上处分权让与第三人，应认为其对于承租人间仍有租赁关系存在。

如第三人原始取得租赁物之所有权时，是否有买卖不破租赁之适用？有认为凡原始取得[176]者，均无“民法”第四百二十五条买卖不破租赁原则之适用，亦有学者认为须视其原始取得所有权是否以占有为前提而分别情形论之。[177] 如原始取得系以占有为前提者，例如基于善意取得或取得时效取得所有权者，无“民法”第四百二十五条规定之适用。反之，原始取得非以占有为前提者，除法律有特别目的（如公用征收）外，例如

173 “最高法院”1971年度台上第4615号判例：“抵押人于抵押权设定后，与第三人订立租约，致影响于抵押权者，对于抵押权人虽不生效，但执行法院倘不依声请或依职权认为有除去该影响抵押权之租赁关系之必要，而为有租赁关系存在之不动产拍卖，并于拍卖公告载明有租赁关系之事实，则该租赁关系非但未被除去，且已成为买卖（拍卖）契约内容之一部。无论应买人投标买得或由债权人承受，依继受取得之法理，其租赁关系对应买人或承受人当然继续存在。”

174 王泽鉴，民法物权，第二册，占有，作者自刊，1995年5月出版，第四六页。

175 “最高法院”1997年度台上字第2272号判决：“违章建筑之让与，虽因不能为移转登记而不能为不动产所有权之让与，但受让人与让与人间如无相反之约定，应认为让与人已将该违章建筑之事实上处分权让与受让人。又房屋之拆除为一种事实上之处分行为，须有事实上之处分权者，始有拆除之权限。”

176 例如国库原始取得、第三人因时效取得、公用征收、没收及依“土地重划办法”第二十条第一项规定承受重划土地等。

177 史尚宽，前揭书，同注1，第二一〇页。郑玉波，前揭书，同注1，第二三五页。邱聪智，前揭书，同注1，第三九八页。

(1) 因不动产所有人抛弃而取得、(2) 信赖登记及 (3) 没收、没入等，均有“民法”第四百二十五条规定之适用。

A出租人与C第三人间之买卖契约经解除时，是否有“民法”第四百二十五条之适用？须视所有权是否移转而定：所有权尚未移转时，契约即经解除者，溯及订约时失其效力，与自始未订契约同，其因契约所生之债权债务关系，均溯及当初全归消灭，原租赁契约不受影响，自不生“民法”第四百二十五条买卖不破租赁之问题。[178] 反之，所有权已移转时，因买卖契约虽已解除，但买受人所取得之所有权并不当然回复于出卖人所有，因契约之解除，仅具有债之效力，依“民法”第二百五十九条规定，双方当事人互负回复原状之义务，买受人必须移转其已取得之所有权，故其移转仍属让与取得，应有“民法”第四百二十五条之适用。兹图示如下：

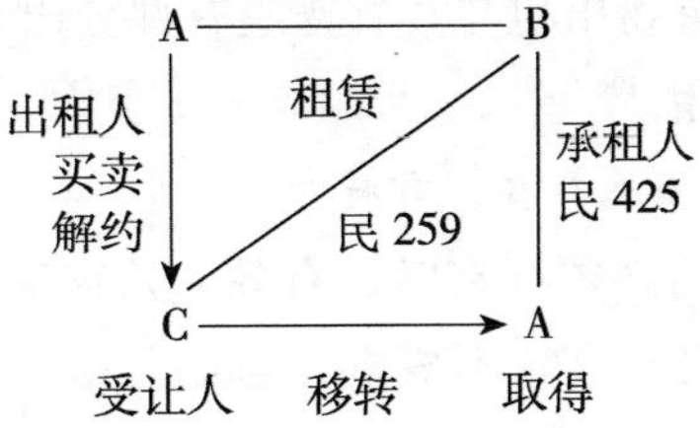

（二）须其让与在租赁物交付于承租人之后且于承租人占有中

租赁权之存在，并无公示方法，惟以承租人之占有租赁物为事实，第三人始可据以得知有租赁关系存在，而不至遭受无法预测之损害。故本条适用上，必须出租人在租赁物交付予承租人占有后，始让与第三人其租赁物之所有权。如果租赁契约订定在先，而出租人尚未交付租赁物予承租人之前，出租人即将租赁物所有权移转予第三人时，则租赁关系并不能对受让人继续存在，受让人得依“民法”第七百六十七条之规定请求承租人返还所有物，承租人只得向出租人主张债务不履行（“民法”第二百二十六条参照）与权利瑕疵担保责任（“民法”第三百四十九条参照），不得主张其租赁关系对受让人继续存在。

承租人对租赁物之占有，具有公示作用，此次“民法”债编修正第四百二十五条第一项时，增加“承租人占有中”一语，其目的系为求明确，使买卖不破租赁之规定，仅适用于出租人于租赁物交付后，承租人

178 “最高法院”1962年度台上字第1125号判决：“契约经解除者，溯及订约时失其效力，与自始未订契约同，故因契约所生之债权债务关系，均溯及当初全归消灭，当事人应负依法律规定回复原状之义务，由他方所受领之给付物，亦应予以返还。”

占有中之情形，以保障第三人之权益。[179] 按法条所注重者，既指承租人之占有事实，故于现时交付情形，固无问题，但观念交付是否亦有本条之适用，宜视何种观念交付而作不同解释。占有改定，因租赁物仍在出租人占有中，无法使受让人信其有租赁契约存在，其无本条之适用甚明；简易交付，因租赁物本在承租人占有中，如出卖人又自买受人承租买卖标的物，其有本条之适用亦甚明。但指示交付，如出租人将其对第三人之返还请求权让与承租人，自交付言，虽已完成交付之义务，但承租人不一定已自第三人取得占有，此时，则视取得占有与否而分别论断，已取得占有者，仍有本条之适用，否则将对受让人造成不测之损害。故为贯彻此一立法目的，解释上言，所谓“占有中”不宜包括指示交付及占有改定二种情形。

又共有人中一人将共有物之一特定部分租与他人，嗣后将其应有部分赠与第三人，因共有物出租与共有物应有部分出租不同，并无“民法”第四百二十五条之适用。[180]

（三）须租赁契约原属存在、有效

承租人之租赁契约必须存在[181]、有效，始得对于受让人主张租赁契约继续存在，如租赁契约自始不成立、自始无效、被撤销或被解除而视

179 司法院1946年院解字第3073号解释：“租赁物经出租人交付承租人后，即为承租人所占有，出租人如将其所有权让与第三人，第三人可就承租人之占有，知有租赁契约之存在，不致因租赁契约于受让后继续存在，而受不测之损害，‘民法’第四百二十五条，系基于承租人受交付后，必占有租赁物之普遍情形而为规定，若出租人于承租人终止租赁物之占有后，将其所有权让与第三人，则第三人无从知有租赁契约之存在。绝无使其租赁契约对于受让人继续存在之理。同条之规定，自应解为不能适用。出租人乙将其房屋所有权让与第三人既在承租人甲中止其占有之后，则甲乙间之租赁契约纵未终止，对于受让人丙亦不继续存在。”（后之解释）

180 “最高法院”1986年度台上字第2240号判决：“共有人对于共有物之应有部分与共有物之一部，为截然两事。王甲前与被上诉人成立之租赁契约，其标的物果为上开共有土地内特定之一部，即非可与出租共有物之应有部分同视。以是王甲嗣后虽将对于该土地之应有部分赠与王乙，倘难适用‘民法’第四百二十五条之规定而谓上开租赁王甲之出租人地位，已由王乙承受，认其不复再为出租人。若然，王甲死亡后，关于上开租赁之出租人地位即当然由为继承人之上诉人继承，而与被上诉人间发生租赁关系，殊不因其未与被上诉人另订租赁契约而受影响。”

反对见解，“最高法院”1998年度台上字第711号判决：“共有人出租分管土地后，将其应有部分让与第三人，嗣共有物分割，受让人取得该分管土地之单独所有权，原租赁关系类推适用‘民法’第四百二十五条规定，对于受让人自仍继续存在。”

181 “最高法院”2001年度台上字第1417号判决：“被上诉人之前手纵令曾同意上诉人之前手使用系争土地建屋，倘两者之间就系争土地并无租赁关系存在，自无‘民法’第四百二十五条之适用。”

为自始无效者等等，承租人对于出租人已不得主张租赁关系，又如何对受让人主张买卖不破租赁原则？

（四）须系不动产租赁契约者且符合第二项规定

本买卖不破租赁原则适用之前提，是否必须租赁契约系以不动产为租赁标的物？

关于此问题，如仅从“民法”第四百二十五条第一项规定条文观之，似不限于不动产租赁才有适用，亦未见学界及法院实务判决对之有所表示意见，个人就法理分析结果，认为买卖不破租赁原则仅得适用于不动产租赁，动产租赁则不与焉。兹说明法理如下：

1. 本条明文要求须租赁物交付后承租人占有中，而动产所有权之移转又以交付为必要，二者应无可能同时存在之理，此其一。

2. 或可谓让与人得以指示交付方式为之，但细究之下，亦无可能。例如对 B 之租赁关系消灭后，将其对 B 之返还请求权让与后租之承租人 C，以代交付，但 C 仍不一定占有该租赁物，不符本条“承租人占有中”之要件，必待 C 自前租赁契约之承租人取回占有后，始有可能在“占有中”，惟在受让该动产租赁物时，第三人 D 固可由出卖人 A 以指示交付之方式取得所有权，但其时 C 并非在占有中，自亦不符合本条“占有中”之要件，此其二。

兹为明白计，特图示如下：

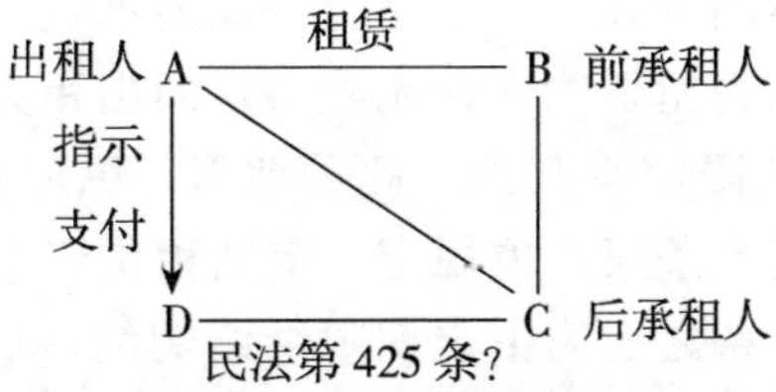

因本书认为不动产租赁契约始得适用买卖不破租赁原则，故此时不动产租赁契约除须符合上开所有要件之外，尚须符合“民法”第四百二十五条第二项之规定，始可适用买卖不破租赁原则。依该条项之规定：“前项规定，于未经公证之不动产租赁契约，其期限逾五年或未定期限者，不适用之。”[182] 因此：

182　2000. 4. 21“民法”债编本条修正理由：“本条第一项规定买卖不破租赁，具有债权物权化之效力，在长期或未定期限之租赁契约，期于当事人间之权亦关系影响甚巨，宜付公证，以求其权利义务内容合法明确，且可防免实务上常见之弊端，即债务人于受强制执行时，与第三人虚伪订立长期或不定期限之租赁契约，以防债权人之强制执行（目前因有‘土地法’第一百条及第一百零三条之规定，‘民法’第四百五十条第二项于出租人几无适用之余地），俾杜争议而减讼源。故明定未经公证之不动产租赁契约，其期限于五年或未定期限者，排除买卖不破租赁原则，而不适用第一项之规定，爰增订第二项。”

1. 不动产租赁契约“经公证”者：不问该不动产租赁契约是否定有期限，如定有期限则其期限为何，只要该不动产租赁契约经公证者，即得认定该租赁契约有效存在，自有买卖不破租赁原则之适用。

2. 不动产租赁契约“未经公证”者：此时须区分该不动产租赁契约之是否定有期限：

（1）定有期限者

依“民法”第四百二十五条第二项之规定，如不动产租赁契约之期限在五年以上（含五年）者，无买卖不破租赁原则之适用；反之，期限在五年以下者，则仍有买卖不破租赁原则之适用。

（2）未定期限者

依“民法”第四百二十五条第二项之规定，如不动产租赁契约未定期限者，无买卖不破租赁原则之适用。而未定期限租赁有三种情形：

①未约定租赁期限：此租赁契约双方当事人并未约定租赁期间，而“未定期间”（不定期限）一词，一般而言，并不包括“不确定期间”在内（即有约定期间但其期间并不明确约定之情形），但解释上言，“民法”第四百二十五条第二项之规定应包括之，否则即有挂一漏万之情形。

②依“民法”第四百二十二条之规定视为不定期限之租赁：不动产之租赁契约，其期限逾一年，而未以字据订立之，视为不定期限之租赁。

③依“民法”第四百五十一条之规定视为不定期限之租赁：租赁期限届满后，承租人仍为租赁物之使用收益，而出租人不即表示反对之意思者，视为以不定期限继续契约。此种情形，纵原租赁契约经公证者，依“民法”第四百五十条第一项规定，定期租赁于期限届满时消灭，该公证之效力已失，本条之视为不定期限继续契约，自仍应受“民法”第四百二十五条第二项公证之限制。

二、性质

（一）成立要件说

此说以为公证系不动产租赁契约之成立要件，如契约当事人未为公证者，则该不动产租赁契约并非不生效力，而是根本不成立。采此说者，不动产租赁契约承租人无法请求出租人依约交付合于所约定使用、收益之租赁物；出租人亦无法请求承租人依约按期支付租金。既然不动产租赁契约不成立，因此并无发生信赖利益赔偿问题之余地。

（二）生效要件说

此说以为不动产租赁契约之公证系生效要件，如契约当事人未为公证者，则该不动产租赁契约不生效力。采此说者，不动产租赁契约承租人无法请求出租人依约交付合于所约定使用、收益之租赁物；出租人亦无法请求承租人依约按期支付租金。但因为契约已经成立，因此即必须考虑信赖利益赔偿之问题。

（三）对抗要件说

此说以为不动产租赁契约之公证系对抗要件，如契约当事人未为公证者，则该不动产租赁契约仍然成立且生效，只是不得对抗第三人。

（四）本书见解

本书认为公证系不动产租赁契约之对抗要件，理由分述如下：

1. 立法目的：按买卖不破租赁原则之目的，在保障承租人不会在租赁关系承租人占有租赁物时，因为租赁物所有权人将租赁物出卖与第三人，而使承租人被受让人依“民法”第七百六十七条请求返还所有物时而受到损害，故有“民法”第四百二十五条第一项之规定。而“民法”债编修正增订第四百二十五条第二项，其目的则在于防免实务上债务人于受强制执行时，与第三人虚伪订立长期或不定期限之租赁契约，以防债权人强制执行之弊端而订定，亦即“民法”第四百二十五条第一项之目的，反而是在保障租赁物之受让人（包括拍定人），不因承租人与第三人虚伪订定长期或不定期限之租赁契约，享得买卖不破租赁原则之果实，导致受让人无法使用、收益所有物，或强制执行无结果之情形。

2. 效果：“民法”在未增订第四百二十五条第二项之前，该条并无分项，而原“民法”第四百二十五条所规定即为对抗要件。盖未符合该条之规定者，其租赁契约并不因此而不成立或不生效力，只是不得对抗所有物之受让人而已。因此，在该条修改而增订第二项之规定时，其于不动产租赁契约所增加之限制，亦为该租赁契约得否对抗受让人而使该租赁契约对受让人继续存在之要件，故公证当然是不动产租赁契约之对抗要件，但依规定仅限于该契约之期限逾五年或未定期限之情形而已。

3. 条文解释：该契约未经公证者，则在该契约之期限未逾五年时，该契约仍然存在，且仍有买卖不破租赁原则之适用。因此，如将公证认为系不动产租赁契约之成立要件或生效要件者，于此时将不符合“民法”第四百二十五条规定。

因此，本书以为公证系不动产租赁契约之对抗要件，如经公证，则不论不动产租赁契约所约定之期限为多久，甚至超过五年或未定期限（含不定期限），该契约均得对抗受让人；且因该契约之真实性已毋庸置疑，故出卖人之债权人仍得将该所有物予以强制执行，拍卖于第三人，而使该租赁契约继续存在于拍定人与承租人间。

反之，该契约未经公证者，则在该契约之期限未逾五年时，该契约仍然存在，且仍有买卖不破租赁原则之适用，已如上述。如该契约期限逾五年或未定期限者，依“民法”第四百二十五条第二项之规定，不适用同条第一项买卖不破租赁之规定。

三、效力

（一）符合“民法”第四百二十五条规定之要件者，租赁契约对于受让人仍继续存在，故原租赁契约当事人由原出租人与承租人间移至受让人与承租人间[183]，受让人当然继受出租人之地位，享有出租人之权利，亦负担出租人之义务；而原承租人亦对该受让人，享有承租人之权利，亦负担承租人之义务。[184]

（二）从而自受让人取得所有权后，依“民法”第七十条规定，即属

183 梅仲协，民法要义，作者自刊，1963年修订八版，第二七八页。史尚宽，前揭书，同注1，第二一一页。郑玉波，前揭书，同注1，第二三三页。邱聪智，前揭书，同注1，第四二三页。

184 最高法院1934年度上字第3092号判例：“出租人于租赁物交付后，将其所有权让与第三人时，其租赁契约既对于受让人继续存在，则在承租人与受让人间，自无须另立租赁契约，于受让之时当然发生租赁关系。”

同院1952年度台上字第1100号判例：“出租人于租赁物交付后，将其所有权让与第三人时，依‘民法’第四百二十五条之规定，其租赁契约既对于受让人继续存在，受让人即当然继承出租人地位，而行使或负担租赁契约所生之权利或义务，原出租人自不得更行终止租约，请求承租人返还租赁物。”

同院1955年度台上字第30号判例：“依‘民法’第四百二十五条之规定，系争房屋租赁契约既对于受让房屋所有权之被上诉人继续存在，被上诉人当然继承出租人行使或负担由租赁契约所生之权利或义务。”

同院1954年民庭总会会议决议：“出租人于租赁契约成立后，将其出租房地之所有权，移转于第三人，不得仍以出租人名义，向承租人请求返还房地。”

同院1947年民刑事庭会议决议：“房屋承租人经出租人之承诺，将租赁权让与他人时，依‘民法’第四百二十五条之类推适用，合法之次承租人得主张与承租人所订租赁契约对于受让租赁权之他人，仍继续存在。”

同院1971年第2次民庭总会会议决议：“甲向乙承租耕地，嗣该耕地因实施土地重划后分配与丙所有，丙以甲无权占有，诉求交还土地。按‘民法’第四百二十五条所谓所有权不破租赁之原则，系指承租人于受租赁物之交付后，不论租赁物所有权移转于何人之手，原租赁契约对于受让人继续存在言，显著眼于租赁随物移转之特性，然‘土地重划办法’第二十条第一项既明定因重划重行分配于土地所有权之土地，视为其原有之土地，则租赁惟有随出租人移转于新受分配之土地上，甲无权再使用讼争土地，应予交还。（同乙说）”

同院1986年度台上字第2240号判决（同注180）。

有权向承租人收取法定孳息（租金）之权利人，原出租人即无权再向承租人收取现金，倘承租人在出租人让与其租赁物之所有权前已预付租金者，原出租人所预收之租金，即属无法律上之原因而取得之不当得利，自应依“民法”第一百七十九条返还于受让租赁物所有权之承租人。

（三）所谓对受让人继续存在之租赁契约，系指原来所订立之租赁契约，然该租赁契约既因出租人将租赁物之所有权让与第三人，而依本条规定对于受让人继续存在，则在承租人与受让人间，自无需另立租赁契约，于受让时当然发生租赁关系。

（四）至于押租金部分，依前所述，可视情形说明如下：

1. 让与时尚未交付于让与人即出租人押租金者，因租赁契约对于受让人既继续存在，承租人自仍有义务依原租赁契约约定支付押租金给受让人。

2. 让与时已交付于让与人即出租人押租金者，固对出租人已发生效力，但其是否对受让人发生效力，依前所述，因押租金为要物契约，自仍应视出租人是否已转交给受让人而定，转交者，对受让人发生效力，则租赁关系消灭时，承租人自得向受让人请求返还；反之则否，仍应向让与人请求返还押租金。

四、租赁物物权设定之准用

“民法”第四百二十六条规定：“出租人就租赁物设定物权，致妨碍承租人之使用收益者，准用第四百二十五条之规定。”[185] 例如在租赁之不动产上设定地上权，因地上权人于其土地上有建筑物或其他工作物之设置，致妨碍承租人之使用收益者，此种物权之设定，与以租赁物之所有权让与同，故准用前条所有权让与之规定，使租赁契约，对于权利取得人仍继续存在，以保护承租人之利益，此本条所由设也。由是观之，凡设定用益物权者，因势必妨碍承租人之使用收益，均得准用“民法”第四百二十五条之规定，租赁契约仍继续存在。至于设定抵押权，因不影响承租人之使用收益权，自无本条之适用，纵实行抵押权拍卖抵押物且拍定时，如前所述，因已有“民法”第四百二十五条之适用，自不在适用“民法”第四百二十六条之准用规定。

185 1999.4.21 民法债编本条修正理由：“配合第四百二十五条之一之增订，原条文‘前条’二字，爰配合修正为‘第四百二十五条’。”

五、法定租赁权

A拥有甲土地及其上之乙房屋，A于1999年1月1日将甲地出卖于B，于2000年10月1日将乙屋出卖于C，B于2000年12月1日将甲地再出卖于D，C则于2001年1月1日将乙屋赠与其子E，均办妥移转登记。请问A和B、B和C、C和D及D和E间法律关系为何[186]？

案例中因A系以私人买卖之方式移转所有权，而导致土地及其上之房屋所有权人不同一之结果，故无“民法”第八百七十六条法定地上权规定之适用，但案例情形之社会经济情况与“民法”第八百七十六条之情形相类似，二者差异仅系一为私法买卖行为，一为法院拍卖行为而已。按土地与房屋为各别之不动产，各得单独为交易之标的，且房屋性质上不能与土地使用权分离而存在，亦即使用房屋必须使用该房屋之基地，乃有相关实务见解之所由生与“民法”第四百二十五条之一规定[187]之增订。兹以图表说明之：

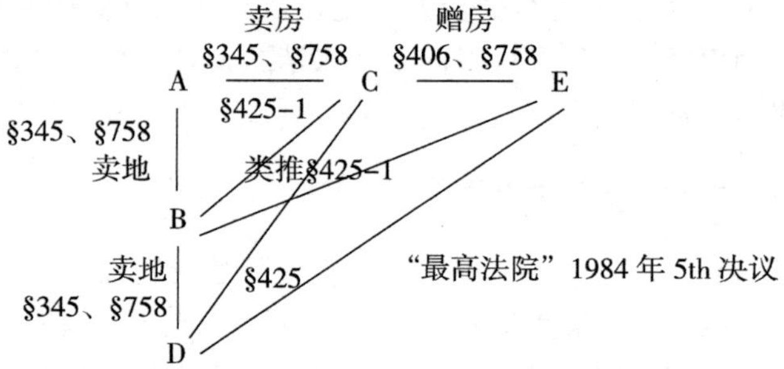

（一）A、B之间法律关系

查A于1999年1月1日将甲地出卖于B，并完成移转登记，此时A与B间除买卖契约之法律关系外，A有乙屋所有权，B有甲地所有权，二者之间依“最高法院”1959年度台上字第一四五七号判例[188]及其

186 拙著，法律推定租赁关系，月旦法学，2002年2月，第八十一期，第十页至第十一页。

187 “民法”第四百二十五条之一仅“推定”其间有租赁关系，“民法”第八百七十六条第一项则“视为”地上权之设定，二者效力显有差别。

188 “最高法院”1959年度台上字第1457号判例：“土地与房屋为各别之不动产，各得单独为交易之标的，且房屋性质上不能与土地使用权分离而存在，亦即使用房屋必须使用该房屋之地基，故土地及房屋同属一人，而将土地及房屋分开同时或先后出卖，其间虽无地上权设定，然除有特别情事，可解释为当事人之真意，限于卖屋而无基地之使用外，均应推断土地承买人默许房屋承买人继续使用土地。”（同院1998年度台上字第1742号、1999年度台上字第249号、1999年度台上字第1034号判决同旨。）

他实务见解[189]，A对于未出卖之乙屋自得行使权利，且如买卖契约无特别约定者，或是除有特别情事可解释为当事人A、B之真意，限于卖屋而无基地之使用外，应“推断”默许A有权继续使用乙屋之地基即甲地。

上开实务见解仅说明除有特别约定或情事外，A可继续使用甲地，并未明白说明A使用甲地之权源为何？亦即A与B间之法律关系究为租赁或使用借贷，并无明确答案。直至1984年5月8日“最高法院”1984年度第五次民事庭会议决议始明白表示：“参照该判例（即‘最高法院’1959年度台上字第一四五七号判例）之原判决全部裁判意旨，系认为使用土地之房屋所有人对土地所有人应支付相当之代价，则其法律关系之性质，当属租赁。”是实务见解首次明白表示A与B之间关系为租赁，实际上“最高法院”1959年度台上字第一四五七号判例、同院1959年度台上字第一四五七号判例及同院1975年度台上字第一一〇号判例之判例要旨均未有“房屋所有人对土地所有人应支付相当之代价”之文字，故早期判例要旨并未明白表示房屋所有人与土地所有人间之法律关系为租赁，“最高法院”1984年度第五次民事庭会议决议始将“最高法院”1959年度台上字第一四五七号判例之要旨予以阐述。但租金数额为何？上揭实务见解均未明白说明，仅称使用土地之房屋所有人对土地所有人“应支付相当之代价”，解释上应指一般情形下该土地出租所可得租金之数额，似有委由私法自治或司法裁判之意涵，故“最高法院”1984年度第五次民事庭会议决议谓：“至其租金数额，如当事人间不能协议决定，当可诉请法院裁判。”

“民法”第四百二十五条之一自2000年5月5日起始有适用，并无溯及效力，故A与B间于2000年5月4日前，并无“民法”第四百二十五条之一规定之适用，至2000年5月5日起始适用“民法”第四百二十五条之一之规定。

（二）B、C之间法律关系

“民法”第四百二十五条之一规定：“土地及其土地上之房屋同属一人所有，而仅将土地或仅将房屋所有权让与他人，或将土地及房屋同时或先后让与相异之人时，土地受让人或房屋受让人与让与人间或房屋受

189　“最高法院”1954年度台上字第639号判例、同院1959年度台上字第1457号判例及同院1975年度台上字第110号判例，此三则判例于2001年4月17日经“最高法院”2001年度第四次民事庭会议决议将其增列至“民法”第四百二十五条之一后。

让人与土地受让人间，推定在房屋得使用期限内，有租赁关系。其期限不受第四百四十九条第一项规定之限制。前项情形，其租金数额当事人不能协议时，得请求法院定之。”[190] 本条适用仍以土地及房屋同属一人所有为前提[191]，且此新法规定不限于判例所示之买卖[192] 情形，系包括所有让与行为均属之（例如赠与），且明确“推定”土地受让人或房屋受让人与让与人间或房屋受让人与土地受让人间为租赁关系，欲否认其租赁关系者，须负举证责任（例如特别约定无偿使用、或是因房屋本身已破旧而约定五年内拆除改建等等）。至于其租赁关系之期限，亦“推定”为“在房屋得使用期限内”，不受“民法”第四百四十九条第一项租赁期限最长不得超过二十年规定之限制，故为一由法律拟制之不确定期限之租赁关系。所谓“在房屋得使用期限内”，应指该房屋之通常耐用年限，视房屋结构性质而不同（即土造、砖造、混凝土、铁皮、钢骨造等等），因此是一种有法定期限，但不堪使用之事实不确定何时到来之不确定期限，此须注意者，即此耐用年限之适用，应有其限制，即必属于自然耗损原则，不得有增强及改建等延长期限之情形，始足论之。关于租金之部分，则应本于契约自由原则而由当事人协议定之。如不

190 1999.4.21民法债编本条增订理由：一、本条新增。二、土地及房屋为各别之不动产，各得单独为交易之标的。惟房屋性质上不能与土地分离而存在。故土地及其土地上之房屋同属一人所有，而仅将土地或仅将房屋所有权让与他人，或将土地及房屋同时或先后让与相异之人时，实务上见解（“最高法院”1959年台上字第一四五七号判例、1984年5月8日1984年度第五次民事庭会议决议参照）认为除有特别约定外，应推断土地受让人默许房屋受让人继续使用土地，但应支付相当代价，故其法律关系之性质，当属租赁。为杜争议并期明确，爰将其明文化。又为兼顾房屋受让人及社会经济利益，明定当事人间在房屋得使用期限内，除有反证外，推定有租赁关系，其期限不受第四百四十九条第一项二十年之限制。爰增订第一项。三、前项情形，其租金数额本于契约自由原则，宜由当事人协议定之，如不能协议时，始得请求法院裁判之。爰增设第二项。

191 “最高法院”2001年度台上字第1366号判决：查“最高法院”1959年台上字第一四五七号判例所谓应推断土地承买人默许房屋承买人继续使用土地，系指：土地及房屋同属一人，而将土地及房屋分开同时或先后出卖之情形而言，倘土地及房屋并非同属一人所有，并无上开判例之适用。本件上诉人之系争房屋系购自姜×方，而被上诉人对基地之所有权则购自庄×有之继承人，系争土地及房屋，从未同属一人所有，上诉人引上开判例为利己之抗辩，自非有理。

192 “最高法院”1998年度台上字第305号判决：本院1959年台上字第一四五七号判例所谓应推断土地承买人默许房屋承买人继续使用土地，及本院1984年第五次民事庭会议决议所谓房屋所有人须支付土地所有人相当之代价，其法律关系当属租赁，系指房屋及土地之继受人均因买卖而有偿取得者而言。

能协议时，本条第二项则规定得请求法院裁判之，其立法技术与“民法”第八百七十六条第一项后段同。

查B于1999年1月1日取得甲地所有权，其与A间为租赁关系，已如前述。当A于2000年10月1日将乙屋出卖于C，并完成移转登记者，房屋受让人C与土地受让人B间，“推定”在房屋得使用期限内，有租赁关系。B、C应本于契约自由原则协议租金之金额，如不能协议时，得请求法院裁判之。

（三）C、D之间法律关系

查C于1999年10月1日起取得乙屋所有权，其与B间有租赁关系，租赁标的物为B所有之土地，B于2000年12月1日将甲地再出卖于D，且办妥移转登记，此时系B将租赁标的物所有权移转于D，故非“民法”第四二五条之一规定之适用问题，而应适用“民法”第四百二十五条之规定（“最高法院”1984年度第五次民事庭会议决议参照）。“民法”第四百二十五条于1999年4月21日修正时增订第二项之规定，未经公证之不动产租赁契约，其期限逾五年或未定期限者，不适用第一项买卖不破租赁原则，而依“民法”第四百二十五条之一所成立之租赁契约，却是未订期限之租赁契约，此时是否因适用“民法”第四二五条第二项之规定，导致房屋所有人与土地受让人间不发生租赁关系？本书以为，虽然依“民法”第四百二十五条之一所生之租赁关系为未定期限，但“民法”第四百二十五条第二项之增订理由，目的是在“求其权利义务内容合法明确”以及“防免实务上债务人与第三人虚伪订立不定期限之租赁契约”，而依“民法”第四百二十五条之一所发生之未定期限租赁关系，系根据法律所推定出之“未定期限租赁关系”之法律效果，且解释上双方当事人不会对此法律效果办理公证，房屋及土地等不动产所有权之移转亦均依“民法”第七百五十八条、第七百六十条及土地登记规则等相关规定完成登记，不致发生虚伪之未定期限租赁关系。故于此种情形下，应对“民法”第四百二十五条第二项关于“未定期限”之规定，作目的性限缩解释，于“民法”第四百二十五条之一之情形下，不适用“民法”第四百二十五条第二项之规定，使房屋所有人与土地受让人间仍因买卖不破租赁原则而发生租赁关系，必也如此解释，方与当事人间之原有真意相符合，亦符合判例贯彻保护当事人利益之意旨。

本书以为，B将甲地移转登记于D时，租赁标的物是在承租人C占有中，故上开法定不确定期限之租赁契约，对于土地受让人D应仍继续存在，C与D间仍为不确定期限之租赁关系，必待该房屋耐用年限届满即不得使用时，其租赁关系始行消灭。

（四）D、E之间法律关系

“民法”第四百二十五条之一第一项之规定，仅限于（1）土地受让人与让与人间，（2）房屋受让人与让与人间，及（3）房屋受让人与土地受让人间等三种情形，始有“推定”未定期限之租赁关系。而（3）“房屋受让人与土地受让人间”，依法文及立法理由上下文义，解释上似仅指自房屋及土地所有权同一之所有人受让所有权之人，而不及于再受让土地或房屋所有权之人。但社会经济多元化及价值观改变后，社会生活秩序仍应维护，不应有所差别，故法学方法上言，本书认为仍应援引“最高法院”1984年度第五次民事庭会议决议意旨，或类推适用“民法”第四百二十五条之一之规定，不问其后为转让土地或转让房屋，其土地所有权之承受人对房屋所有人或房屋所有权之承受人对土地所有人，均继续其原来之法律关系。

D于2000年12月1日取得甲地所有权，C则于2001年1月1日将乙屋赠与其子E，均办妥移转登记。D、E间虽无“民法”第四百二十五条之一规定之适用，但依“最高法院”1984年度第五次民事庭会议决议之见解，D、E仍然继续C、D原来之未定期限租赁关系。

（五）“民法”第四百二十五条之一不定期租赁之权利义务关系

综上所述，A和B、B和C、C和D及D和E间之法律关系均为不定期限租赁关系，且租赁标的物为土地所有权，故本书以为在法无明文及性质相符之情形下，应类推适用民法及土地法关于基地租赁之规定。兹分述如下：

1. 不得类推适用之规定

(1)“土地法”第一百零二条、“民法”第四百二十二条之一之地上权登记请求权按“民法”第四百二十五条之一所规定之情形，法文已明白推定为不确定期限租赁关系，如租赁契约当事人愿意另订确定期限契约或为地上权之设定，基于契约自由原则，其法律行为自有效力，但于“民法”第四百二十五条之一所规定之情形下，应不必赋予承租人对出租人有为地上权之登记请求权。

(2)“民法”第四百四十九条第三项排除租赁期限最长二十年之限制

“民法”第四百四十九条第三项规定将基地租赁排除同条第一项二十年期限规定之适用，但“民法”第四百二十五条之一既已明白规定排除“民法”第四百四十九条第一项规定之适用，即无类推适用“民法”第四百四十九条第三项规定之必要。

(3)“民法”第四百二十六条之一

“民法”第四百二十五条之一既已明订房屋受让人与土地所有人间为不确定期限租赁关系，就法学方法言，并不生法律漏洞，亦无须类推适用“民法”第四百二十六条之一之规定。

(4)“土地法”第九十九条押租金上限及其抵付

在“民法”第四百二十五条之一之情形下，房屋所有人与土地所有人间为不确定期限租赁关系，此法律关系并非当事人为租赁契约之意思表示而来，而系“民法”第四百二十五条之一所推定之效果，故此时应无押租金之约定，解释上即无类推适用“土地法”第一百零五条准用第九十九条规定之余地。

(5)“土地法”第一百零三条第一款定有期限租赁物之收回

“土地法”第一百零三条第一款“契约年限届满时”，系限于定有期限之租赁关系始有适用[193]，与“民法”第四百二十五条之一所定之不确定期限租赁关系性质相同，只是一则确定期限，一则为不确定期限（即定有期限，只是期限不确定，并非不定期限或未定期限），故于房屋得使用期限（即耐用年限）届满时，出租人即得收回，自不生类推适用之问题。

2. 得类推适用之规定

(1)“土地法”第一百零四条、“民法”第四百二十六条之二优先承买权

“土地法”第一百零四条、“民法”第四百二十六条之二明订出租人与承租人之优先承买权，旨在使基地与基地上之房屋合归一人所有，以尽经济上之效用，并杜纷争[194]，则于“民法”第四百二十五条之一之情形下，亦有相同经济效用之需求[195]，故应得类推适用“土地法”第一百零四条及“民法”第四百二十六条之二之规定。

193　“司法院”院解字第4075号解释（同注38）。

194　“最高法院”1976年度台上字第530号判例：“‘土地法’第一百零四条系规定租用基地建筑房屋之承租人，于出租人之基地出卖时，有优先承买权，其出租人于承租人之房屋出卖时，有优先购买权，旨在使基地与基地上之房屋合归一人所有，以尽经济上之效用，并杜纷争，如基地承租人于基地上根本未为房屋之建筑者，当无该条规定之适用。”

195　“最高法院”1964年度台抗字第570号判例：“‘土地法’第一百零四条第一项后段所谓房屋出卖时，若基地所有权人有依同样条件优先购买之权。系指出租人于承租人之房屋出卖时，有依同样条件优先购买之权，若基地房屋系属一人所有，先后分别出卖与二人者，即无该条项之适用。”（本则判例于2001年1月29日经“最高法院”2002年度第一次民事庭会议决议不再援用。）

此见解认为基地房屋系属一人所有，先后分别出卖与二人者，无“土地法”第一〇四条规定之适用。本文认为新法既推定其间为租赁关系，应可类推适用优先承买权之规定。

（2）“民法”第四百四十条第三项迟付租金终止租约

在“民法”第四百二十五条之一之情形下，房屋所有人与土地所有人间既为不确定期限租赁关系，则房屋所有人必须支付租金，如有迟付之情形下，自应类推适用“民法”第四百四十条第三项之规定，必须承租人迟付租金之总额达二年之租额时，出租人始得定相当期限，催告承租人支付租金，如承租人于其期限内不为支付，出租人始得终止契约，并请求承租人拆屋还地。

（3）“土地法”第一百零三条第二至五款出租人收回基地之事由

在“民法”第四百二十五条之一之情形下，房屋所有人与土地所有人间为不确定期限租赁关系，故于符合“土地法”第一百零三条第二至五款出租人收回基地事由之情形下，出租人应得类推适用该规定而收回基地，请求承租人拆屋还地。依“司法院”1948 年院解字第四〇七五号解释，此四款不问契约是否定有期限均有适用，但第四款中关于“除以担保金抵偿外”一语，在“民法”第四百二十五条之一之情形下，并无担保金之约定，应不在类推适用之列，乃当然之解释。

（4）“土地法”第九十七条租金上限

在“民法”第四百二十五条之一之情形下，房屋所有人与土地所有人间为不确定期限租赁关系，其租金数额须由双方定之，如不能协议时，得请求法院定之，此时可类推适用“土地法”第一百零五条准用第九十七条之规定，以不超过土地申报总价年息百分之十为限，并由法院斟酌基地之位置，工商业繁荣之程度，承租人利用基地之经济价值及所受利益等项，并与邻地租金相比较，以为决定。[196]

（5）“土地法”第一百零一条调处程序

“民法”第四百二十五条之一所定之不定期限租赁关系，如有争执，自得类推适用“土地法”第一百零五条准用第一百零一条之规定，得由该管“直辖市”或县（市）地政机关予以调处，不服调处者，得向司法机关诉请处理。

六、基地承租人移转地上建物之效力

“民法”第四百二十六条之一规定：“租用基地建筑房屋，承租人房屋

---

196 “最高法院”1979 年度台上字第 3071 号判例：“基地租金之数额，除以基地申报地价为基础外，尚须斟酌基地之位置，工商业繁荣之程度，承租人利用基地之经济价值及所受利益等项，并与邻地租金相比较，以为决定，并非必达申报总地价年息百分之十最高额。”

所有权移转时，其基地租赁契约，对于房屋受让人，仍继续存在。”[197] 租用基地建筑房屋，于房屋所有权移转时，房屋受让人如无基地租赁权，基地出租人将可请求拆屋还地，殊有害社会之经济。[198] 早期实务见解认为，房屋所有权移转时，除当事人有禁止转让房屋之特约外，应“推定”基地出租人于立约时，即已同意租赁权得随建筑物而移转于他人，此推定得以举证推翻。“民法”债编修正时，为促进土地利用，并安定社会经济，仿“民法”第四百二十五条之例，规定房屋所有权移转时，其基地租赁契约，对于房屋受让人继续存在，无庸再推定。

七、优先承买权

“民法”第四百二十六条之二规定：“租用基地建筑房屋，出租人出卖基地时，承租人有依同样条件优先承买之权。承租人出卖房屋时，基地所有人有依同样条件优先承买之权。前项情形，出卖人应将出卖条件以书面通知优先承买权人。优先承买权人于通知达到后十日内未以书面表示承买者，视为放弃。出卖人未以书面通知优先承买权人而为所有权之移转登记者，不得对抗优先承买权人。”[199] 建筑基地之出租人将基地出卖于第三人时，承租人之租赁权虽继续存在，然其使用与所有仍不能合一。承租人在

197　1999. 4. 21 民法债编本条增订理由：一、本条新增。二、租用基地建筑房屋，于房屋所有权移转时，房屋受让人如无基地租赁权，基地出租人将可请求拆屋收回基地，殊有害社会之经济。为促进土地利用，并安定社会经济，实务上认为于此情形，认为其房屋所有权移转时，除当事人有禁止转让房屋之特约外，应推定基地出租人于立约时，即已同意租赁权得随建筑物而移转于他人；房屋受让人与基地所有人间，仍有租赁关系存在（“最高法院”1954 年台上字第四七九号、1959 年台上字第二二七号及 1963 年台上字第二〇四七号等判例参照）。爰参酌上开判例意旨，增设本条，并明定其租赁契约继续存在，无庸推定，以杜纷争。

198　“最高法院”1954 年度台上字第 454 号判例：“（一）被上诉人租用系争基地建筑房屋，就令如上诉人所称未依‘土地法’第一百零二条规定为地上权之登记，亦不过不生地上权之效力而已，究不得以此为影响于租赁契约之成立。（二）系争基地之房屋，被上诉人与原所有人某甲间之租赁关系，虽因其租赁物即房屋全部，因不可归责于双方当事人之事由，灭失而消灭，然某甲于被上诉人在系争基地重新建筑房屋，不惟并无反对之表示，且受领其地租有年，是双方既有租用基地建筑房屋合致之意思实现，自难谓其租赁契约未经成立，依‘民法’第四百二十五条之规定，此项租赁契约，对于向某甲受让其基地所有权之上诉人仍继续存在。”

199　1999. 4. 21 民法债编本条增订理由：“一、本条新增。二、建筑基地之出租人将基地出卖于第三人时，承租人之租赁权虽继续存在，然其使用与所有仍不能合一。承租人在承租基地上设置之建筑物出卖于第三人时，亦然。为达到使用与所有合一之目的，促进物之利用并减少纠纷，爰参照‘土地法’第一百零四条，增订本条。”

承租基地上设置之建筑物出卖于第三人时，亦然。为达到使用与所有合一之目的，促进物之利用并减少纠纷，“民法”债编修正时乃参照“土地法”第一百零四条规定，增设本条规定。但须注意的是，“民法”第四百二十六条之二规定之通知，须以书面为之，否则不生通知效力（“民法”第七十三条参照），但“土地法”第一百零四条第二项所规定之通知，并不以书面为要件，而“土地法”为特别法，优先于“民法”第四百二十六条之二规定之适用。

陆、特殊问题—出租他人（含共有人）之物

一、案例

甲、乙、丙共有一笔房地，持分各为三分之一，甲在未得乙、丙之同意时，于1991年1月1日私自以自己名义将房地全部出租于丁，每月租金二万元，押租金二个月，租期为一年，一年租期期满后，甲、丁并未续约，但丁仍继续使用房地，且扣除押租金后早已超过二个月租金并未支付，2001年6月乙、丙忍无可忍。请问：

（一）甲对丁之请求权为何？时效期间为何？

（二）乙、丙对丁之请求权为何？时效期间为何？

（三）乙、丙对甲之请求权为何？时效期间为何？

二、案例解析

（一）甲对丁之请求权时效期间

1. 所有物返还请求权：甲于未得共有人乙、丙之同意时，自将房地全部出租于丁，每月租金二万元，租期为一年，一年租期期满后，甲、丁并未续约，但丁仍继续使用房地，依“民法”第四百五十一条之规定，视为不定期限继续租赁契约。但扣除押租金后尚有三个月租金丁并未支付，甲得依“土地法”第一百条第三款及“民法”第四百四十条第一、二项之规定终止租赁契约。租赁契约终止后，丁无使用、收益租赁物之权利，即属无权占有，甲得依“民法”第七百六十七条、第八百二十一条之规定请求丁返还所有物于共有人全体[200]，此所有物返还请求权并无

200 最高法院1948年度上字第6703号判例：“各共有人对于无权占有或侵夺共有物者，请求返还共有物之诉，依民法第八百二十一条但书之规定，应求为命被告向共有人全体返还共有物之判决，其请求仅向自己返还者，应将其诉驳回。”

消灭时效期间规定之适用。[201]

2. 租赁物返还请求权：如上所述，甲既已终止租赁契约，自得依“民法”第四百五十五条之规定请求丁返还租赁物，此一请求权为债权请求权，并无上开释字第一〇七号及第一六四号解释之适用，故依“民法”第一百二十五条之规定，其时效期间为十五年。

3. 租金给付请求权：按租赁契约之终止仅向后生效力，故丁已积欠之租金债务，不因租赁契约终止而消灭，甲仍得请求丁给付积欠租金。依“民法”第一百二十六条规定此租金给付请求权之时效期间为五年。因此，甲仅得请求租赁契约终止前、且在 2001 年 6 月以前五年内之租金。

4. 不当得利请求权：租赁契约终止后，丁已无使用、收益租赁物之权利，故丁于租赁关系消灭后使用、收益租赁物，显然受有利益（即“物之使用本身”），致所有人受有损害，二者间有直接因果关系，依“民法”第一百七十九条之规定，丁应按应有部分返还所受利益于各共有人，不适用“民法”第八百二十一条。[202] 但此项利益性质不能返还，故应返还

(接上页) 同院 1998 年度台上字第 235 号判决：“各共有人按其应有部分，对于共有物之全部虽有使用收益之权，惟共有人对共有物之特定部分使用收益，仍须征得他共有人全体之同意，非谓共有人对共有物之全部或任何一部有自由使用收益之权利。如共有人不顾他共有人之利益，而就共有物之全部或一部任意使用收益，即属侵害他共有人之权利（本院 1973 年台上字第一八〇三号判例）。于此情形，共有人得就共有物全部，而为所有权之请求（本院 1928 年上字第二一七号判例）。系争屋顶突出物登记为全体共有人所共有，则任何共有人，不论其应有部分多少，如未经他共有人全体之同意，即不得任意加以占有独自使用，上诉人对系争屋顶突出物独自占有使用，而未征得被上诉人之同意，依上开判例意旨，即属侵害被上诉人共有之权利，被上诉人据以起诉请求上诉人返还，于法自无不合。又各共有人对于侵夺共有物者，请求返还共有物之诉，应求为命被告向共有人全体返还共有物之判决（参照本院 1948 年上字第六七〇三号判例）。被上诉人请求上诉人将系争屋顶突出物返还共有人全体，自无不当。”

201 “司法院大法官会议”释字第 107 号解释（同注 46）。
“司法院大法官会议”释字第 164 号解释：“已登记不动产所有人之除去妨害请求权，不在本院释字第一〇七号解释范围之内，但依其性质，亦无‘民法’第一百二十五条消灭时效规定之适用。”

202 “最高法院”1996 年度台上字第 2391 号判决：“‘民法’第八百二十一条规定，各共有人对于第三人，得就共有物之全部，为本于所有权之请求。所谓本于所有权之请求，系指‘民法’第七百六十七条所规定之物权的请求权而言，至债权的请求权，则不在‘民法’第八百二十一条规定之列，仅于共有物被侵害，请求损害赔偿，而其给付不可分者，依‘民法’第二百九十三条之规定，各共有人方得为共有人全体请求向其全体为给付（‘司法院’院字第一九五〇号解释参照）。本件上诉人诉请被上诉人给付不当得利部分，核属可分之金钱债权，各该上诉人仅得按其应有部分，请求被上诉人返还所受利益，尚不得依‘民法’第八百二十一条规定为全体共有人诉请被上诉人向上诉人及其他共有人为给付。”。

其价额（“民法”第一百八十一条），应依对此租赁物之使用通常所需支付之对价（相当于租金）计算之。[203] 不当得利请求权时效期间，法无明文规定，故应依民法第一百二十五条之规定为十五年[204]，但实务见解认为此不当得利请求权性质上为使用租赁物之代价，如该他人之返还利益请求权已逾租金短期消灭时效之期间，债务人并为时效之抗辩者，其对于该相当于租金之利益，不得依不当得利之法则，请求返还。[205] 故其时效期间仍应适用“民法”第一百二十六条规定为五年。[206] 因此，甲仅得请求租赁契约终止后、2001年6月以前五年内之相当于租金之利益。

（二）乙、丙对丁之请求权时效期间

1. 所有物返还请求权：按出租并非处分行为，而系管理行为，属债权行为性质，不以具有处分权为必要，故共有物之出租虽应经共有人之同意，始得为之（“民法”第八百二十条），如未得全体共有人之同意而出租者，此租赁契约仍为有效，仅不得对抗共有人乙、丙，承租人仅得对私自出租人甲主张权利瑕疵担保责任或损害赔偿等。案例之租赁契约

203 王泽鉴，前揭书，同注143，第二〇七页。

204 最高法院1940年度上字第1615号判例：“民法第一百九十七条第二项之不当得利返还请求权，依同法第一百二十五条之规定，因十五年间不行使而消灭。”。

205 “最高法院”1996年度台上字第2059号判决：“（一）‘民法’第八百十八条所定各共有人按其应有部分，对于共有物之全部，有使用收益之权，系指各共有人就共有物之全部，于无害他共有人之权利限度内，得按其应有部分行使用收益权而言。故共有人如逾越其应有部分之范围而为使用收益时，其就超越其权利范围而为使用收益所受之利益，要难谓非不当得利。（二）租金之请求权因五年间不行使而消灭，‘民法’第一百二十六条定有明文。又无法律上之原因而获相当于租金之利益，致他人受损害时，如该他人之返还利益请求权已逾租金短期消灭时效之期间，对于相当于已罹消灭时效之利益，不得依不当得利之法则，请求返还。”

同院1996年度台上字第711号判决：“租金之请求权因五年间不行使而消灭，既为民法第一百二十六条所明定，则凡无法律上之原因而获得相当于租金之利益，致他人受损害时，如该他人之返还利益请求权已逾租金短期消灭时效之期间，债务人并为时效之抗辩者，其对于该相当于租金之利益，不得依不当得利之法则，请求返还。”

同院1994年度台上字第2806号判决：“查租金之请求权因五年间不行使而消灭，既为‘民法’第一百二十六条所明定，至于终止租约后之赔偿与其他无租赁契约关系之赔偿，名称虽与租金异，然实质上仍为使用土地之代价，债权人应同样按时收取，不因其契约终止或未成立而谓其时效之计算应有不同。”

同院1994年度台上字第2525号判决：“按租金之请求权因五年间不行使而消灭，既为‘民法’第一百二十六条所明定，至于终止租约后之赔偿与其他无租赁契约关系之赔偿，名称虽与租金异，然实质上仍为使用土地之代价，债权人应同样按时收取，不因租约终止或未成立而谓其时效之计算应有不同。”

206 “最高法院”1960年度台上字第1730号判例（同注119）。

既未得乙、丙之同意，故丁不得对抗乙、丙，乙、丙得以丁无权占有，依“民法”第七百六十七条、第八百二十一条之规定请求返还所有物于共有人全体。此所有物返还请求权并无消灭时效期间规定之适用，已如前述。

2. 不当得利请求权：此部分于甲同，请参见上述说明。

3. 侵权行为请求权：丁之无权占有、使用、收益所有物，已侵害乙、丙之占有、使用、收益，乙、丙得依“民法”第一百八十四条第一项后段、第二项之规定请求丁负损害赔偿责任。此侵权行为请求权自请求权人知债务人与损害时起算二年，或损害发生时起十年。故乙、丙如于明知丁侵害之行为时至2001年6月止已逾二年者，丁即得以时效抗辩之。

（三）乙、丙对甲之请求权时效期间

1. 不当得利请求权：甲未得共有人乙、丙之同意擅自以自己名义出租租赁物于丁，其逾越应有部分所取得之租金，即属受有利益[207]，致共有人乙、丙受有损害，二者间有直接因果关系（损益变动关系），故乙、丙对甲有不当得利请求权。[208] 此不当得利请求权系甲违反共有物使用、收益之规定（“民法”第八百十九条）所致，并非租金之替代，故时效期间仍为十五年[209]，无类推适用“民法”第一百二十六条之余地。故自1991年1月1日计算至2001年6月，尚未超过十五年，甲不得以时效为抗辩。

2. 侵权行为请求权：各共有人按其应有部分对于共有物之全部虽有使用收益之权。惟共有人对共有物之特定部分使用收益仍须征得共有人全体同意，非谓共有人得对共有物全部或任何一部有自由使用收益权。如共有人不顾他人利益就共有物全部或一部任意使用收益即属侵害他共

207 “最高法院”1995年度台上字第2808号判决：“各共有人按其应有部分，对于共有物之全部虽有使用收益之权，惟共有人对于共有物之特定部分为使用收益，仍须征得他共有人全体之同意，非谓共有人得对共有物之全部或任何一部有自由使用收益之权利。如共有人不顾他共有人之利益，而就共有物之全部或一部任意为使用收益，即属侵害他共有人之权利，其逾越应有部分为使用收益，所受超过之利益，即为不当得利。被上诉人就系争土地之应有部分仅有十分之一，其未征得他共有人全体之同意，而占用第一三二七号土地一九三平方公尺中之二九平方公尺建屋，即应就其占用范围（即二九平方公尺），按其逾越应有部分比例（即十分之九）计算其所得之。”

208 王泽鉴，前揭书，同注143，第一四九页。

209 “最高法院”1952年度台上字第871号判例：“因侵权行为受利益致被害人受损害时，依法被害人固有损害赔偿请求权，与不当得利返还请求权，其损害赔偿请求权虽因时效而消灭，而其不当得利返还请求权，在同法第一百二十五条之消灭时效完成前，仍得行使之。”

有人之权利。[210] 此侵权行为请求权自请求权人知有损害及赔偿义务人时起算二年，自有侵权行为时起，逾十年者亦同（“民法”第一百九十七条）。故乙、丙如于明知甲侵害之行为时至2001年6月止已逾二年者，甲即得以时效抗辩之。

第四节　租赁之变更

壹、租赁主体之变更

一、出租人之变更

出租人之变更，系指于租赁关系存续中，出租人有所更动之情形。其原因有继承与租赁物让与二种情形。

（一）继承

因继承而发生出租人变更之情形，所在多有，出租人死亡者，尤其法定继承人继承出租人之地位，即常因多数继承人而具有多数主体之债之性质，致生终止权不可分原则之适用（例如“民法”第二百六十三条准用第二百五十八条）。

（二）让与

出租人与承租人均可能因此原因而变更，惟出租人让与其所有租赁

210 “最高法院”1973年度台上字第1803号判例：“各共有人按其应有部分，对于共有物之全部虽有使用收益之权。惟共有人对共有物之特定部分使用收益，仍须征得他共人有全体之同意，非谓共有人得对共有物之全部或任何一部有自由使用收益之权利。如共有人不顾他共有人之利益，而就共有物之全部或一部任意使用收益，即属侵害他共有人之权利。”
同院1962年度台上字第3495号判例：“共有，乃数人共同享受一所有权，故各共有人本其所有权之作用，对于共有物之全部均有使用收益权。惟其使用收益权应按其应有部分而行使，不得损及他共有人之利益，若有侵害，则与侵害他人之所有权同。被侵害之他共有人，自得依侵权行为之规定，而行使其损害赔偿请求权。”
同院1998年度台上字第2043号判决：“分别共有之各共有人，依其应有部分对于共有物之全部有使用收益权，所谓应有部分，系指分别共有人得行使权利之比例，而非指共有物之特定部分，因此分别共有之各共有人，得依其应有部分之比例，对共有物之全部行使权利（‘最高法院’1968年台上字第二三八七号判例参照）。但共有人对共有物之特定部分使用收益，仍须征得他共有人全体同意，非谓共有人得对共有物全部或任何一部有自由使用收益之权利。如共有人不顾他共有人之利益，而就共有物之全部或一部任意使用收益，自属侵害他共有人之权利（‘最高法院’1973年度台上字第一八〇三号判例参照）。”

物会发生“民法”第四百二十五条之问题。故此部分可区分为租赁物所有权之让与（“民法”第四百二十五条）、土地及其上房屋因移转所有权而导致所有权人不同一（“民法”第四百二十五条之一）及租赁物物权之设定（“民法”第四百二十六条）等情形（均详前述）。[211]

在上开情形下，受让人对承租人租金债权之承受，应通知承租人，依“民法”第二百九十七条规定，在未通知前，承租人对原出租人所为之清偿，仍为有效。[212]

二、承租人之变更

（一）租赁权之继承

租赁权为财产权之一种，并无专属性，故当然得为继承。虽承租人之法定继承人[213]得继承租赁契约，但如继承人不愿继续租赁契约者，不应使其受拘束[214]，故“民法”第四百五十二条规定：“承租人死亡者，租赁契约虽定有期限，其继承人仍得终止契约。但应依第四百五十条第三项之规定，先期通知。”

“耕地三七五减租条例”第十七条第一款规定：“耕地租约在租佃期限未届满前，非有左列情形之一不得终止：一、承租人死亡而无继承人时。”故承租人死亡时如有继承人者，耕地租赁契约仍由承租人之继承人共同继承而继续耕作[215]，如承租人死亡而无继承人者，出租人始得提前

211 基地承租人移转地上建物（“民法”第四百二十六条之一）系承租人之变更，故不列于此讨论。

212 “最高法院”1987年度台上字第2423号判决：“依‘民法’第四百二十五条规定，出租人于租赁物交付后，将租赁物所有权让与第三人，其租赁契约对受让人虽仍继续存在，但受让人对承租人租金债权之承受，应通知承租人，在未通知前承租人对原出租人所为之清偿，应为有效。”

213 史尚宽，前揭书，同注1，第二二二页。

214 “最高法院”1992年度台上字第676号判决：“承租人死亡者，定有期限之租赁契约并非当然失效，仅其继承人得终止该租约而已，本件被上诉人于田×寿死亡后，似未表示终止租约，此由田×荣等在七十七年八月九日，尚以田×寿继承人之身份，向台糖公司屏东总厂申请继续承租原田×寿承租之土地，并获同意等情，不难明白。”

215 “最高法院”1983年度台上字第4611号判决：“耕地租赁为财产权之一种，承租人死亡后，应由全体继承人共同继承，法律尚无不能自耕者不得继承之限制规定（农地所有权之继承亦然，此见‘土地法’第三十条之一第二项规定即明）。”

同院1965年度台上字第2510号判决：“承租权系可继承之权利，某甲等为某乙之继承人，某乙死亡后，系争土地之承租权既应由某甲等继承，该某甲等对系争土地自仍有承租权存在。”

终止耕地租赁契约。

（二）租赁权之让与

所谓租赁权之让与，英美法称为 assignment，系指承租人将其租赁权让与第三人，退出租赁关系者[216]，属债权移转之一种。但租赁权可否让与？法无明文，有不同学说：

1. 肯定说：此说认为如无当事人特约时，应解释为租赁权除因而生不利之变更于出租人外，其性质并非不得让与。[217]

2. 否定说：此说认为租赁关系因以人格的信用为前提，故台湾民法虽无明文禁止，仍以采否定说为妥，通说[218] 及实务见解亦同。[219]

3. 本书见解：本书以否定说为当，否则“民法”第四百四十三条对转租之限制规定，形同具文。

未约定租赁权得为让与而契约当事人让与者，其效力为何？有认为违反强行规定应属无效[220]，实务见解亦同。[221] 邱聪智教授认为此时应为效力未定，待相对人承认后，始生效力。[222] 本书则以否定说为是，盖若不将租赁权解为“民法”第二百九十四条所称性质上不得让与之债权，似将使“民法”第四百四十三条对租赁物转租之限制成为具文，承租人尽可用租赁权之让与而规避合法转租之限制。

（三）租赁物之转租

所谓转租，英美法称为 sublet，与租赁权之让与不同，系指承租人不脱离租赁关系，而将同一租赁物转租于次承租人也。至于基地租赁后

216 “最高法院”1994 年度台上字第 2652 号判决：“按转租系指租赁关系存续中，承租人将租赁物出租予第三人，原租赁关系仍存在于出租人与原承租人之间，亦即同时存在二个不同之租赁关系；而承租权之让与，则系原承租人，得出租人之同意，将租赁权让与他人，由受让人成为承租人，原承租人则脱离租赁关系，两者尚有不同。”

217 史尚宽，前揭书，同注 1，第一七二页。

218 郑玉波，前揭书，同注 1，第二四四页。蔡章麟，前揭书，同注 40，第一〇〇页。戴修瓒，前揭书，同注 55，第一二五页。邱聪智，前揭书，同注 1，第四一八页。

219 最高法院 1948 年度上字第 6886 号判例（同注 42）。
同院 1984 年度台上字第 1804 号判决：“承租人之租赁权能否转让，于出租人有重大利害关系，缘租赁关系系以承租人之人格信用为前提，因此除当事人订有得自由转让之特约外，以不得转让为原则。”

220 郑玉波，前揭书，同注 1，第二四五页。

221 “最高法院”1961 年度台上字第 539 号判例：“违反禁止债权让与契约所为之让与，依‘民法’第二百九十四条第一项第二款之规定固属无效，惟此项不得让与之特约，不得以之对抗善意第三人，为同法条第二项所明定，若第三人不知有此特约其让与应为有效。”

222 邱聪智，前揭书，同注 1，第四二一页。

兴建房屋将房屋出租于第三人者，并非此所谓之转租[223]，而系基地承租人（房屋所有人）将基地借予房屋承租人使用。[224] 其情形有：

1. 合法转租：

（1）意义与要件

依“民法”第四百四十三条之规定，承租人非经出租人承诺，不得将租赁物转租于他人。但租赁物为房屋者，除有反对之约定外，承租人得将其一部分转租于他人。按租赁契约，系出租人信任承租人而订立之契约，若出租人不信任其人，自不能强使其出租，故原则上不许转租，而以许可转租为例外。许可转租之情形有：

①经出租人承诺者：所谓承诺，系指授与承租人转租权之一种同意行为，应以意思表示为之，可为明示或默示。[225] 但耕地租赁禁止转租，纵使有出租人承诺亦同（“土地法”第一百八十八条、“耕地三七五减租条例”第十六条第一项参照）。违者原订租约无效，出租人得收回自行耕种或另行出租（同条例第十六条第二项），又耕地转租契约当然无效，其基于无效之转租契约而占有租赁物，即非有正当权源。

②合乎法定要件者：租赁物为房屋者，依民间习惯，多许转租，故民法规定除当事人有反对之特约外，承租人得将其一部转租于他人。

（2）合法转租之效力

合法转租之情形下，有二独立之租赁契约存在，其间法律关系兹分述如下：

①转租人与次承租人之关系：转租与原租赁契约，虽为各别独立之法律关系，但转租之期间，除经出租人之承诺外，应解释为不得超过原租赁之期间。违者效力如何？次承租人依“民法”第四百三十六条准用“民法”第四百三十五条第二项规定，得终止契约。

②出租人与承租人（转租人）之关系：“民法”第四百四十四条规定：“承租人依前条之规定，将租赁物转租于他人者，其与出租人间之租赁关系仍为存续。因次承租人应负责之事由所生之损害，承租人负赔偿责任。”此时出租人自不得以转租为由，终止租赁契约。因次承租人应负责任之事由所生之损害，承租人应负赔偿责任。

---

223 “最高法院”1954 年度台上字第 479 号判例：“租地建筑房屋除当事人间有禁止转让房屋之特约外，应推定出租人于立约时，即已同意租赁权得随建筑物而移转于他人。”

224 郑玉波，前揭书，同注 1，第二八三页。邱聪智，前揭书，同注 1，第四二六页。

225 最高法院 32 年度上字第 5859 号判例（同注 138）。

③出租人与次承租人之关系：租赁契约为债权契约，仅具相对性，故出租人与次承租人间并无租赁契约存在，出租人不得对次承租人请求租金。[226] 惟出租人得经由代位权之行使（“民法”第二百四十二条参照），向次承租人请求代位受领租金，但于原租赁契约终止后，出租人不得本于出租人地位请求次承租人返还租赁物[227]，仅得以所有权人或其他权利，直接向次承租人（现占有人）请求返还租赁物，不待代位权之行使。

2. 非法转租：

所谓非法转租，系指承租人未得出租人承诺，或有特别禁止之约定下仍将房屋一部[228] 或全部之转租，以及依法明确禁止不得转租之耕地转租。其效力为：

（1）转租人与次承租人之关系

转租既为债权契约，而出租他人之物之租赁契约仍为有效，故转租人与次承租人间之转租仍为有效，转租人自应负有使次承租人就租赁物为使用、收益之义务。如因出租人拒绝承诺且终止契约者，转租人对次承租人应负债务不履行之责任或权利瑕疵担保责任，次承租人除得依“民法”第四百三十六条准用“民法”第四百三十五条终止租约外，并得请求债务不履行之损害赔偿（“民法”第二百二十六条）。最后，耕地租赁如有转租情事，原订耕地租赁契约与转租契约属均属无效[229]（详前述）。

（2）出租人与承租人（转租人）之关系

依“民法”第四百四十三条第二项之规定：“承租人违反前项规定，将租赁物转租于他人者，出租人得终止契约。”本条规定出租人系

226 “最高法院”1969年度台上字第1068号判例：“‘民法’债编施行前所定之租赁契约，于施行后其效力依民法债编之规定，‘民法债编施行法’第十三条第一项已有明定，则自台湾省光复时起，依我‘民法’第四百四十四条规定，承租人将租赁物转租于他人者，其与出租人间之租赁关系仍为继续，因次承租人应负责之事由，所生之损害，承租人负赔偿责任，即次承租人对出租人并不直接负担任何义务。上诉人只得请求承租人清偿租金，并向承租人定期催告给付租金，逾期后进而为终止租约之意思表示，其竟向次承租人之被上诉人请求清偿租金，并表示止约，显有未合。

227 “最高法院”1979年度台上字第3691号判例（同注140）。

228 最高法院1931年度上字第213号判例：“租赁物为房屋者，承租人固得将其一部分转租他人，但以无反对之约定为限。”

同院1931年度上字第1196号判例：“租赁物为房屋，承租人固得将其一部分转租于他人，但如有反对之约定而仍行转租者，出租人自得终止契约。”

229 “最高法院”1954年度台上字第868号判例（同注146）。

得终止契约[230]，故出租人不为终止时，亦得承诺该转租契约，使其转为合法转租。又原出租人未终止契约前，因承租人本有权占有而得对租赁物为使用收益，出租人不能径向次承租人请求返还租赁物[231]，必须待终止租赁契约后，次承租人之占有权原始消灭，出租人方得请求返还租赁物所有权。

按承租人因合法转租之次承租人应负责任之事由所生之损害应负赔偿责任，依举轻明重原则，承租人因违法转租之次承租人应负责任之事由所生之损害，更应负赔偿责任[232]，故应得适用"民法"第四百四十四条第二项规定："因次承租人应负责之事由所生之损害，承租人负赔偿责任。"[233]

（3）出租人与次承租人之关系

非法转租系转租人与次承租人间之关系，故次承租人不得对原出租人主张任何租赁权。

贰、租赁内容之变更

一、租金之变更

基于契约自由原则，租赁契约存续中如双方同意，自得对租金之数额加以变更增减。此外，如因情事之变更，依"民法"第四百四十二条之规定，租赁物为不动产者，因其价值之升降，当事人得声请法院增减

230 最高法院 1931 年度上字第 3253 号判例："民事法律所未规定者方依习惯，承租人未得出租人承诺，将租赁物全部转租于他人者，出租人得终止契约，法律既有明文规定，当事人自无主张应依相反习惯之余地。"
同院 1948 年度上字第 7633 号判例（同注 144）。

231 "最高法院" 1955 年民庭总会会议决议："承租人未得出租人承诺，擅将其所租出租人所有之基地，转租于第三人，现该基地系由该第三人占有使用，出租人在未终止租赁契约以前，不能径向第三人请求返还。"
同院 1979 年度台上字第 3691 号判例（同注 140）。

232 邱聪智，前揭书，同注 1，第四三〇页。

233 "最高法院" 1960 年度台上字第 1537 号判例：上诉人向被上诉人承租渔船一艘，依其契约书第八条所载，为有关违法使用所生损害应负赔偿责任之规定，第九条则为合法使用因不可抗力所生损害得免赔偿之规定，上诉人既系将系争渔船转租与人，从事走私潜驶香港，不能谓非违法，从而纵使回航途中，系因台风漂至大陆控制海面被扣拆毁，亦与第八条规定相当，而无依第九条免除赔偿责任之余地。
同院 1969 年台上字第 1068 号判例（同注 226）。

其租金。但其租赁定有期限者，不在此限（但可适用“民法”第二百二十七条之二之规定，详前述）。

二、租期之变更

租期可因当事人之协议而延展或更新之。至于租期之缩短，除“耕地三七五减租条例”第五条有不得少于六年之规定外，当事人得自由协议缩短之。又不定期租赁变为定期租赁，或定期租赁变成不定期租赁，均为租赁内容之变更，其原因或因法律特别规定，或由当事人约定所致，均无不可。

再者，租赁之延展（postpone）、更新（renew）与续订（continue）不同。延展者，原租赁契约内容均不变，仅就租期延长而已；更新者，契约内容不变，但租期更新一次；续订者，契约内容及租期均可能重新协议。依“耕地三七五减租条例”第二十条规定，耕地租约于租期届满时，如承租人愿继续承租者，应续订租约。

最后，耕地租赁有“民法”第四百五十一条之适用，早期实务见解认为视为不定期限租赁[234]，最近则认为应解为以六年期限继续租约。[235] 本书认为应分别论之，如系适用“耕地三七五减租条例”之耕地租赁契约者，其系以六年为期间，则应以后者为当。如系适用新修正之“农业发展条例”之耕地租赁契约者（详后述），则以前者为当。

234 “最高法院”1958年台上字第1568号判例：“被上诉人于租期届满后仍为租赁耕地之耕作收益，而上诉人不即表示反对之意思，依‘耕地三七五减租条例’第一条适用‘民法’第四百五十一条之规定，视为以不定期限继续契约，虽其租佃期间可由两造续订，但依同条例第五条规定不得少于六年，两造租赁关系既在存续中，则上诉人纵能自任耕作，要不能谓有收回耕地之原因。”（同院1997年度台上字第3420号判决同旨。）

235 “最高法院”2002年度台上字第1108号判决：“按租赁期限届满后，承租人仍为租赁物之使用收益，而出租人不即表示反对之意思者，视为以不定期限继续契约，‘民法’第四百五十一条定有明文。此项规定，依‘耕地三七五减租条例’第一条，于租佃争议事件亦有适用。惟该条例第五条既定耕地租赁期间不得少于六年，则租赁期限届满后，承租人仍为租赁物之使用收益，而出租人不即表示反对之意思者，应解为以六年期限继续租约。又‘耕地三七五减租条例’第十七条第一项第五款规定耕地租约在租佃期限未届满前，经依法编或变更为非耕地使用时，出租人得终止租约，系该条例于1983年12月23日修正时所增订，旨在配合‘奖励投资条例’第六十五条及‘平均地权条例’第七十六条、第七十七条之规定，以促进土地之利用。”

第五节 租赁之消灭

壹、租赁消灭之原因

一、租期届满

“民法”第四百五十条第一项规定：“租赁定有期限者，其租赁关系于期限届满时消灭。”惟“民法”第四百五十一条规定，租赁期限届满后，承租人仍为租赁物之使用收益，而出租人不即表示反对之意思者，视为以不定期限继续契约，此乃定期租赁因法定更新而成为不定期租赁之问题，即所谓默示租赁期间之继续。故租赁期限届满时，如无“民法”第四百五十一条情形（视为不定期限租赁），依“民法”第四百五十条第一项之规定，其租赁关系即为消灭，出租人得向承租人请求返还租赁物。[236] 但何谓不即表示反对之意思？依实务见解，不即表示反对之意思，指一般交易观念所认为相当时间内，不表示反对之意思而言，不论明示或默示（如坐视承租人继续缴纳租金并收受租金）均可[237]，亦不以事后表示为限，于租期行将届满之际，向之预以书函表示不愿继续租约者，仍不失为反对之表示。又于订约时即注明期满后绝不继续租约或续租应另定租约者，仍难

236 最高法院1948年度上字第5994号判例：“上诉人当买受系争房屋之前，被上诉人与原所有人之租赁关系，果依民法第四百五十条第一项规定，已因期限届满而消灭，则被上诉人之继续使用系争房屋，除有民法第四百五十一条之情形外，系属无权占有，上诉人于取得系争房屋所有权后，自可以系争房屋所有权人之地位，本物上返还请求权，对被上诉人诉请返还系争房屋。”

237 最高法院1948年度上字第8288号判例：“民法第四百五十一条所谓不即表示反对之意思，系指一般交易观念所认为相当之时期内，不表示反对之意思而言，此项意思表示亦不必以明示之方法为之。”
同院1953年度台上字第122号判例：“‘民法’第四百五十一条所谓出租人不即表示反对之意思，系指依一般交易观念，出租人于可能表示意思时而不表示者而言，上诉人之办公处所与被上诉人之营业所既系设在同一街道，而上诉人之管理员复在系争房屋楼上居住，均为两造所不争执，则被上诉人于租赁期限届满后，仍为租赁物之使用，揆诸一般交易观念，上诉人显非不能即时表示反对之意思，乃竟沉默不言，迟至月余始表示异议，自难谓非与上开法条规定之事由相当。”

谓不发生阻止续约之效力。[238] 于租约期满后十日内表示反对续约者，应系在相当时间内表示反对续约之意思[239]，又反对续约之表示，亦得由租赁物之受让人在相当时间内表示之，不过所谓相当时间含前后主合并计算。[240]

二、终止契约

适用时，应注意特别法之规定（详见特种租赁一节）。此所述者，为台湾民法上之一般规定：

（一）双方当事人之终止

1. 未定期限租赁："民法"第四百五十条第二、三项规定："未定期限者，各当事人得随时终止契约。但有利于承租人之习惯者，从其习惯。前项终止契约，应依习惯先期通知。但不动产之租金，以星期、半个月或一个月定其支付之期限者，出租人应以历定星期、半个月或一个月之末日为契约终止期，并应至少于一星期、半个月或一个月前通知之。"[241] 租赁

238 "最高法院"1966年度台上字第276号判例："'民法'第四百五十一条所定出租人于租期届满后须即表示反对之意思，始生阻止续租之效力。意在防止出租人于租期届满后，明知承租人就租赁物继续使用收益而无反对之表示，过后忽又主张租赁关系消灭，使承租人陷于窘境而设，并非含有必须于租期届满时，始得表示反对之意义存在。故于订约之际，订明期满后绝不续租，或续租应另订契约者，仍难谓不发生阻止续约之效力。"（同院2002年度台上字第1011号判决同旨。）

同院1998年度台上字第1348号判决：本院1966年台上字第二七六号判例固谓"于订约之际订明期满后绝不续租，或续租应另订契约者，仍难谓不发生阻止续租之效力"。惟此判例并无凡有该判例所指情形者，均无"民法"第四百五十一条规定之适用之意。倘客观情事符合"民法"第四百五十一条之规定，甚至更有利于承租人者，纵租赁契约有期满后绝不续租，或续租应另订契约之约定，自难谓无"民法"第四百五十一条规定之适用。"

239 "最高法院"1954年度台上字第367号判例："'民法'第四百五十一条所谓出租人不即表示反对之意思，系指依一般观念，出租人于租期届满后，相当时期内，能表示反对意思而不表示者而言。本件被上诉人表示反对续租之意思与租期届满之日相距仅有十日，在一般观念上，自难指为非于相当时期内表示反对之意思。"

240 史尚宽，前揭书，同注1，第二一六至二一七页。

241 "司法院"院解字第3150号解释："（一）租赁定有期限，而其期限在还都时未届满者，如期内无终止契约之原因，或虽有之而未为终止之意思表示，则承租人在还都后仍有租赁权。（二）租赁定有期限，在还都前已届满者，承租人之租赁权于期限届满时即已消灭，在还都后自无租赁权。（三）租赁未定期限者，承租人于战事发生后迁避后方，如何认其有不再使用房屋之意思，即为终止契约之默示意思表示，以出租人可了解时发生效力，租赁契约既经终止，承租人在还都后即无租赁权。"

"最高法院"1978年度台上字第2293号判例："'民法'第四百五十条第三项所定之出租人应以历定星期，半个月或一个月之末日为契约终止期，并应至少于一星期、半个月或一个月前通知，系列举之规定，非谓不动产之租金以一年或半年定其支付之期限者，亦得类推适用该条项之规定。"

未定期限者，各当事人得随时终止契约，但有利于当事人之习惯者，从其习惯。[242] 依本条项规定，未定期限之租赁，无论出租人或承租人均得随时终止契约，而无须有任何理由。所谓有利于承租人之习惯[243] 者，如依习惯只许承租人随时终止契约是。惟若当事人已有特约时，自无习惯适用之余地。此终止契约，应依习惯先期通知。但不动产之租金，以星期、半个月或一个月定其支付之期限者，出租人应以历定星期、半个月或一个月之末日为契约终止期，并应至少于一星期、半个月或一个月前通知之。[244] 未定期限租赁，实际适用时，应注意“土地法”第一百条对房屋租赁非有法定原因不得收回之限制。[245]

242 “司法院”院字第 377 号解释（同注 68）。
同院院字第 2479 号解释：“租赁房屋未定期限者，不问承租人支付租金有无迟延，出租人皆得依‘民法’第四百五十条第二项之规定随时终止契约，但有利于承租人之习惯者，除有反于习惯之特约外，出租人须依‘民法’第四百四十条或其他之规定有契约终止权时，始得终止契约。至房屋租赁契约之字据所载租清任住字样，意义如何，应依具体情事解释当事人意思定之，如解为以该房屋存在之时期为其租赁期限，自非无效，但自租赁时起该房屋存在逾二十年者，依‘民法’第四百四十九条第一项、第四百五十条第一项之规定，其租赁关系于二十年届满时消灭，如二十年届满后已依‘民法’第四百五十一条视为以不定期限继续契约者，出租人亦得随时终止契约。又出租人得随时收回房屋之特约，现行法上尚无禁止规定，不得谓有‘民法’第七十一条所举无效原因，惟适用‘土地法’第一百六十六条时，出租人不得本于此项特约收回房屋，‘土地法’第一百六十六条之规定，如在‘土地法’第一百六十二条第一款之房屋标准租金施行期间，自应先于民法而适用之。”
最高法院 1949 年度穗上字第 45 号判例：“承租基地仅作晒酱之用，并非建筑房屋，自与土地法第一百零三条所载租用建筑房屋之基地不符，其租赁标的又只有基地而无房屋，亦无同法第一百条之适用。此项未定期限之租赁，依民法第四百五十条第二项之规定，除有利于承租人之习惯外，各当事人自得随时终止契约。”
同院 1955 年度台上字第 133 号判例：“某甲承租之土地既约明放置物件不得建筑房屋，自非租用建筑房屋之基地，其租约又未订有租期，显系未定期限之租赁，不惟无‘土地法’第一百零三条之适用，且依‘民法’第四百五十条第二项前段之规定，出租人得随时终止租约。”

243 “最高法院”1998 年度台上字第 580 号判决：“‘民法’第四百五十条第三项规定：终止租赁契约，应依习惯先期通知；但不动产之租金，以星期、半个月或一个月定其支付之期限者，‘出租人’应以历定星期、半个月或一个月之末日为契约终止期，并应至少于一星期、半个月或一个月前通知之。该条项但书之规定，立法理由主要在于保护承租人，课出租人应预留契约终止之期间，以免承租人措手不及，在由承租人终止契约之情形，并无是项限制，仍以按本文规定，依习惯先期通知为已足。”

244 “最高法院”1951 年度台上字第 229 号判例：“契约上附有法定条件者，为假装条件；即与无条件同，故租约内所载，如屋主有取回之日，预早一个月通知等字样，即与‘民法’第四百五十条第三项之法定条件无异，殊难认为附有解除条件之特约。”（本则判例于 2002 年 10 月 1 日经“最高法院”2002 年度第十二次民事庭会议决议废止。）

245 “司法院”院解字第 3489 号解释（四）（同注 92）。

2. 定有期限租赁：定有期限之租赁，如无法定理由，自不得任意终止契约，但特别约定得随时终止租赁契约时，自非法所不许。惟依“民法”第四百五十三条规定：“定有期限之租赁契约，如约定当事人之一方于期限届满前，得终止契约者，其终止契约，应依第四百五十条第三项之规定，先期通知。”[246]

（二）出租人基于法定事由终止

1. 承租人非法为租赁物之使用收益，经阻止而仍继续时（“民法”第四百三十八条）。

2. 承租人支付租金迟延，经催告而不依限支付时（“民法”第四百四十条）。

3. 非法转租时（“民法”第四百四十三条）。

4. 承租人乘出租人不知或不顾异议，取去留置物时（“民法”第四百三十七条第二项）。

以上终止事由，并不限于定期租赁，即不定期限租赁亦有适用。

（三）承租人基于法定事由终止

1. 供居住处所之租赁，租赁物有瑕疵危及安全健康时（“民法”第四百二十四条）。

2. 出租人有修缮义务，经催告而仍不修缮时（“民法”第四百三十条）。

3. 租赁物存余部分，不能达租赁之目的时（“民法”第四百三十五条第二项）。

4. 因第三人主张权利，致不能为使用收益时（“民法”第四百三十六条）。

5. 承租人死亡者，租赁契约虽定有期限，其继承人仍得终止契约。但应依第四百五十条第三项之规定，先期通知（“民法”第四百五十二条）。

---

246 “司法院”院解字第 3605 号解释：“租赁定有期限者，无‘土地法’第一百条之适用，已见院解字第三四八九号解释，故租赁期限届满时，如无‘民法’第四百五十一条情形，依同法第四百五十条第一项之规定，其租赁关系即为消灭，出租人自得向承租人请求返还租赁物。”

“司法院”院解字第 3489 号解释（一）（同注 92）。

最高法院 1948 年上字第 7729 号判例：“租赁契约届满后，如非有民法第四百五十一条所定，视为以不定期限继续契约之情形，则其租赁关系应依同法第四百五十条第一项规定，于租期届满时消灭，不受土地法第一百条所定各款之限制，业经司法院院解字第三四八九号解释有案。虽原判决成立于该解释发表以前，而系以司法院院解字第三二三八号解释为依据，但第三四八九号解释已将第三二三八号解释所持之见解变更，则土地法第一百条规定，实应解为不包含定有期限之租赁契约在内。原审乃以两造所订有期限之租赁契约，应与未定期限之租赁契约，同受土地法第一百条规定之限制，不问其有无民法第四百五十一条规定之情形，不容以期限届满而主张租赁关系消灭收回房屋，自嫌未合。”

以上终止事由，并不限于定期租赁，即不定期限租赁亦有适用。

三、解除租赁契约

实务见解认为租赁契约无解除之问题[247]，本书以为租赁契约，在租赁契约成立生效后，双方尚未履行租赁契约前，既对双方当事人并未造成任何损害，毋宁许其得为解除契约。

四、租赁物灭失

租赁物之灭失，有一部灭失与全部灭失之别。前者如符合“民法”第四百三十五条之规定，则构成承租人终止契约之理由；后者则因租赁权之客体消灭，故租赁关系当然消灭。[248]

贰、租赁消灭之效果

一、返还租赁物

“民法”第四百五十五条规定：“承租人于租赁关系终止后，应返还租赁物。租赁物有生产力者，并应保持其生产状态，返还出租人。”[249] 按出租人不以租赁物所有权为要件，故此行使租赁物返还请求权人不以所有人为要件，若出租人为租赁物之所有人时，并得本于所有权之作用，

247 “最高法院”1962年度台上字第2829号判例：“（一）解除契约，系指当事人之一方，行使其本于法律或契约所定之解除权，使契约自始归于消灭之一方的意思表示而言。租赁契约一经合法成立，除有终止之原因外，不能以解除之意思表示使之消灭。”

248 “最高法院”1941年渝上字第345号判例（同注60）。

249 “最高法院”1955年度台上字第1101号判例：“被上诉人向诉外人某甲买受系争房屋后，虽未完成其所有权移转登记，但其行使之租赁物返还请求权，系基于租赁关系即债之关系所发生，被上诉人既已向原出租人之某甲一并受让其权利，并将此项事由通知上诉人，则其对上诉人行使出租人之权利，自不因系争房屋之未完成所有权移转登记而受影响。”

同院1957年度台上字第1780号判例：“上诉人于租期届满后，仍未依约履行还屋之义务，致被上诉人因而受相当于租金额之损害，固属违背‘民法’第四百五十五条之规定，难免于赔偿之责，顾此种因迟延返还租赁物所生之损害赔偿之债，揆与因故意侵权行为而负担之债并非相同，故上诉人以所支出之修理费互相抵销，即不在同法第三百三十九条规定不得抵销之列。”同院1980年台上字第4001号判例：“租赁定有期限者，其租赁关系于期限届满时消灭，‘民法’第四百五十条第一项定有明文，如无同法第四百五十一条所定视为以不定期限继续契约情事，依同法第四百五十五条规定，承租人应于租期届满时返还租赁物，否则，即应负给付迟延责任。”

依无权占有之法律关系请求返还租赁物。[250]

二、偿还有益费用

“民法”第四百三十一条第一项规定：“承租人就租赁物支出有益费用，因有增加该物之价值者，如出租人知其情事而不为反对之表示，于租赁关系终止时，应偿还其费用。但以其现存之增价额为限。”此项费用返还请求权与租赁物返还义务，并无互为对价之关系，承租人自不得主张“民法”第二百六十四条之同时履行抗辩权。[251]

三、取回工作物

“民法”第四百三十一条第二项规定：“承租人就租赁物所增设之工作物，亦得取回之，但应回复租赁物之原状。”[252]

四、返还预收租金及押租金

租赁因终止契约而消灭者，多有预收租金之问题，依“民法”第四百五十四条规定：“租赁契约，依前二条之规定终止时，如终止后始到期之租金，出租人已预先受领者，应返还之。”租赁契约依“民法”第四百五十二条、第四百五十三条之规定终止时，如终止后始到期之租金，出租人已预先受领者，应返还之。惟此等返还义务，于所有租赁关系消灭时，除承租人有积欠租金或对出租人应负损害赔偿责任得以押租金抵销外，出租人均应负责返还，不限于依“民法”第四百五十二条、第四百五十三条之规定终止时。

---

250 最高法院1944年度上字第3061号判例：被上诉人承租上诉人之铺屋既因火灾致全部灭失，其租赁关系即因之而消灭，该铺屋之基地显为租赁物之一部，然除别有订定外，被上诉人仅得因使用铺屋而使用之，本无独立使用之权。租赁关系因铺屋灭失而消灭后，被上诉人仍占有使用，如别无合法原因，即不能谓上诉人无返还请求权，虽该项地基曾经上诉人于1941年3月间立契出卖于诉外人某甲，其所有权已移转于该诉外人，然依民法第三百四十八条第一项之规定，上诉人负有交付出卖标的物于买受人之义务，而民法第四百五十五条之租赁物返还请求权，又不以出租人就租赁物有所有权为要件，则原判决以该地基所有权已移转于他人为理由，认上诉人无返还请求权，于法显有未合。
同院1986年台上字第801号判例：“租约终止后，出租人除得本于租赁物返还请求权，请求返还租赁物外，倘出租人为租赁物之所有人时，并得本于所有权之作用，依无权占有之法律关系，请求返还租赁物。”

251 最高法院1944年度上字第2326号判例（同注72）。

252 最高法院1932年度上字第1692号判例：“承租人就租赁物所增设之工作物，依民法第四百三十一条第二项之规定，承租人得取回之，出租人自不得于终止契约时，主张无偿留用。”

五、消灭时效

"民法"第四百五十六条规定："出租人就租赁物所受损害对于承租人之赔偿请求权，承租人之偿还费用请求权及工作物取回权，均因二年间不行使而消灭。前项期间，于出租人自受租赁物返还时起算；于承租人，自租赁关系终止时起算。"

一般租金之消灭时效，应适用"民法"第一百二十六条五年之短期时效期间，但以租赁动产为营业之租价，如电力公司之电表租价或电信局之电话插拨租费，则适用"民法"第一百二十七条第三款二年短期时效期间。

第六节　特种租赁

本节仅就耕地租赁、基地租赁、房屋租赁与权利租赁四者述之，其他特种租赁如船舶、航空器、林地、"国有"财产……等租赁，请详见特别法之规定。

壹、耕地租赁

一、耕地租赁之意义

关于耕地租赁之定义，"耕地三七五减租条例"（以下简称"减租条例"）并未规定。"土地法"第一百零六条则规定："以自任耕作为目的，约定支付地租，使用他人之农地者，为耕地租用。前项所称耕作，包括渔牧。"而"农业发展条例"第三条第十一款规定："耕地：指依区域计划法划定为特定农业区、一般农业区、山坡地保育区及森林区之农牧用地。"各法律对耕地租赁之定义有宽窄之情形，但原则上耕地租赁系以耕地为租赁物之租赁。[253]

"农业发展条例"第三条第一项第十四款称之为"农业用地租赁"，指土地所有权人将其自有"农业用地"之部分或全部出租与他人经营农业使用者。因农业发展条例于 2003 年 2 月 7 日修正时，将"耕地租赁"修正为

253　各法律对于耕地之定义差异，请参见陈立夫，耕地租赁之法律适用，月旦法学教室，第八十六期，2002 年 7 月，第二八页。

"农业用地租赁"，故其规定租赁契约之范围有所变动，应改适用"农业发展条例"第三条第十款之农业用地之规定："一〇、农业用地：指非都市土地或都市土地农业区、保护区范围内，依法供下列使用之土地：（一）供农作、森林、养殖、畜牧及保育使用者。（二）供与农业经营不可分离之农舍、畜禽舍、仓储设备、晒场、集货场、农路、灌溉、排水及其他农用之土地。（三）农民团体与合作农场所有直接供农业使用之仓库、冷冻（藏）库、农机中心、蚕种制造（繁殖）场、集货场、检验场等用地。"

依现行法规，可区分为适用减租条例之耕地租赁与适用"农发条例"之耕地租赁二种。兹就适用"减租条例"之耕地租赁说明如下，最末再就农发条例之耕地租赁作补充说明。

二、耕地租赁之成立

一般租赁契约为不要式契约，民法中之耕地租赁契约亦无一定方式之规定。惟"民法"第四百六十二条第一项规定："耕作地之租赁，附有农具、牲畜或其他附属物者，当事人应于订约时，评定其价值，并缮具清单，由双方签名，各执一份。"此外，耕地租赁既为不动产之租赁，如其期限逾一年者，自有"民法"第四百二十二条之适用，应以字据订立之，未以字据订立者，视为不定期限租赁。

"减租条例"第六条规定："本条例施行后，耕地租约应一律以书面为之；租约之订立、变更、终止或换订，应由出租人会同承租人申请登记。前项登记办法，由省（市）政府拟订，报请'行政院'核定之。"故耕地租赁必须书面为之并申请"登记"[254]，但实务见解认为违反此等规定

254 "最高法院"1973年度台上字第1647号判例："本件土地之地目虽仍编为林，然事实上系被上诉人承租种茶，自应认为耕地租用，而有'耕地三七五减租条例'之适用。依该条例第六条第一项规定，耕地租约应一律以书面为之。上诉人不履行其义务，被上诉人自得对之为订立书面租约之请求。"（本则判例业经"最高法院"1999年台上字第1号判例变更。）
同院1974年度台上字第1529号判例："耕地租用，除渔牧外，系指租耕他人之农地（田地，旱地）或虽非农地，而其租用目的系种植稻、麦、甘蔗、蕃薯、茶、桑等一般农作物之土地而言。倘为林地，其使用目的又为造林者，自无主张'耕地三七五减租条例'第十五条所定承租人优先承受权之余地。"（本则判例业经"最高法院"1999年台上字第1号判例变更。）
同院1999年台上字第1号判例："按耕地租用，系指以自任耕作为目的，约定支付地租使用他人之农地者而言，'土地法'第一百零六条第一项定有明文，所称农地参照同条第二项之立法精神应包括渔地及牧地在内。承租他人之非农、渔、牧地供耕作之用者，既非耕地租用，自无'耕地三七五减租条例'规定之适用。本院1973年台上字第一六四七号及1974年台上字第一五二九号判例业经变更，不得再予援用，为本院最新之见解。"

耕地租赁契约并非无效或不成立，仅以此等规定为证据性之规定，并非生效要件规定，以保障佃农之权益。[255]

三、耕地租赁之效力

有关耕地租赁之效力，除民法中之规定外，须注意特别法中之规定：

（一）期限

“减租条例”第五条规定：“耕地租佃期间不得少于六年，其原约定租期超过六年者，依其原约定。”惟本条例并无耕地最长期限之限制规定，依特别法无特别规定仍应适用普通法之原则，耕地租赁固无不定期限租赁（因纵无约定期限，仍应依法定六年期限）[256]，但其最长期限，仍应受“民法”第四百四十九条二十年最长期限之限制。

（二）地租之限制

1. 租额之限制：“土地法”第一百十条第一项规定：“地租不得超过地价百分之八，约定地租或习惯地租超过地价百分之八者，应比照地价百分之八减定之，不及地价百分之八者，依其约定或习惯。前项地价指法定地价，未经依规定地价之地方，指最近三年之平均地价。”“减租条例”第二条一项规定：“耕地地租租额，不得超过主要作物正产品全年收获总量千分之三百七十五；原约定地租超过千分之三百七十五者，减为千分之三百七十五，不及千分之三百七十五者，不得增加。”又“民法”新增第四百五十七条之一规定：“耕作地之出租人不得预收租金。承租人不能按期支付应交租金之全部，而以一部支付时，出租人不得拒绝收受。”[257] 同条例第十四条规定耕作地出租人不得预收租金；“土地法”第一

255 同注19。

256 “最高法院”1988年第14次民事庭会议决议：“提案：院长交议：耕地租赁有无不定期限者，有甲、乙二说：讨论：甲说：耕地租赁于租期届满后，承租人仍为耕地之耕作收益，而出租人不即表示反对之意思，依‘耕地三七五减租条例’第一条适用‘民法’第四百五十一条之规定，视为以不定期限继续契约。乙说：耕地租赁依‘耕地三七五减租条例’第五条、第六条之规定观之，必为定期租赁而无不定期租赁，其于原约期满后因出租人未收回耕地而继续租赁者亦同。以上二说，应以何说为当，请公决。决议：全体一致通过如左之决议：本院1958年台字第一五六八号判例要旨，就其全文观察，本案甲、乙两说并无抵触。”

257 1999.4.21民法债编本条增订理由：“一、本条新增。二、为加强耕作地承租人之保护。爰参照‘耕地三七五减租条例’第十四条第一项增设第一项。三、耕作地之承租人不能按期支付全部租金者，许其得为一部之支付，而出租人不得拒绝收受，以保障承租人之利益，爰参照‘土地法’第一百十三条增设第二项。”（作者注：减租条例于2002年5月15日修正时删除原条文第二、三项之规定，故现行条例已未分项。）

百十三条规定承租人不能按期支付应交租金之全部而以一部支付时，出租人不得拒收。此规定均在保护经济弱者。

2. 地租之标的："土地法"第一百十一条规定："耕地地租，承租人得依习惯以农作物代缴。""减租条例"第七条规定："地租之数额、种类、成色标准、缴付日期与地点及其他有关事项，应于租约内订明；其以实物缴付需由承租人运送者，应计程给费，由出租人负担之。"

3. 地租之减免："民法"第四百五十七条规定："耕作地之承租人，因不可抗力，致其收益减少或全无者，得请求减少或免除租金。前项租金减免请求权，不得预先抛弃。"[258] "土地法"第一百二十三条复规定："遇有荒歉，市县'政府'得按照当年收获实况为减租或免租之决定，但应经民意机关之同意。""耕地三七五减租条例"第十一条规定："耕地因灾害或其他不可抗力致农作物歉收时，承租人得请求乡（镇、市、区）公所耕地租佃委员会查勘歉收成数，议定减租办法，乡（镇、市、区）公所耕地租佃委员会应于三日内办理；必要时得报请'直辖市'或县（市）'政府'耕地租佃委员会复勘决定之。地方如普遍发生前项农作物歉收情事，乡（镇、市、区）公所耕地租佃委员会应即勘定受灾地区歉收成数，报请'直辖市'或县（市）'政府'耕地租佃委员会议定减租办法。耕地因灾歉致收获量不及三成时，应予免租。"

（三）债务担保之限制

1. 留置权之限制："土地法"第一百十八条对于"民法"第四百四十五条之规定设有限制，依该条之规定："出租人对于承租人耕作上必需之农具牲畜肥料及农产物，不得行使'民法'第四百四十五条规定之留置权。"

2. 押租金之禁止与限制："土地法"第一百十二条但书规定："但因习惯以现金为耕地租用之担保者，其金额不得超过一年应缴租额四分之

258 "司法院"院字第737号解释："典权为占有他人不动产而为使用及收益之权，基于典权所获之收益与利息不同，不得适用关于利息之规定，出典人于出典后向典权人承租典物，乃另发生之租赁关系，应适用关于租赁之规定，其租赁物若为耕作地，果因不可抗力致其收益减少或全无，依民法第四百五十七条之规定，得请求减少或免除租金。"最高法院1944年度上字第1702号判例："土地法第一百七十七条规定，地租不得超过耕地正产物收获总额千分之三百七十五，约定地租超周千分之三百七十五者，应减为千分之三百七十五。所谓正产物收获总额，系指通常可收获之总额而言，故约定地租如未超过正产物通常可收获之总额千分之三百七十五，而因不可抗力致其收益减少时，仅得依民法第四百五十七条第一项之规定，请求减少地租，自无适用土地法第一百七十七条减租之余地。"

一。前项担保金之利息，应视为地租之一部，其利率应按当地一般利率计算之。”“减租条例”第十四条则更进一步规定：“出租人不得预收地租及收取押租。”此为保障耕地租赁之经济弱者（承租人）。

3. 优先承买、承典及承租权：“民法”第四百六十条之一规定：“耕作地出租人出卖或出典耕作地时，承租人有依同样条件优先承买或承典之权。第四百二十六条之二第二项及第三项之规定，于前项承买或承典准用之。”[259] 出租人出卖或出典耕地时，承租人依“土地法”第一百零七条第一项之规定，承租人有依同样条件（实际成交价[260]）优先承买或承典之权。且因第一百零七条第二项准用第一百零四条第二项之结果，优先购买权人于接到出卖通知后十日内不表示者，其优先权视为放弃[261]（但不能事先抛弃[262]）。出卖人未通知优先购买权人而与第三人订立买卖契约者，其契约不得对抗优先购买权人，故该优先权具有物权之优先效力。[263]“耕地

259　1999.4.21民法债编本条增订理由：“一、本条新增。二、耕作地出租人将耕作地出卖或出典于第三人时，承租人之租赁权虽继续存在，然使用与所有仍不能合一。为促进物之利用并减少纠纷，爰参照‘土地法’第一百零七条增设本条。”

260　“最高法院”2002年度台上字第833号判决：“按耕地出租人出卖耕地时，承租人有优先承买权，出租人固应将买卖条件以书面通知承租人，惟其出卖之价格自应以实际成交之价格为准。倘上诉人业于法定期限十五日内表明承购之意，仅以买受价格究否为每坪一万五千元或一万二千七百八十九元，及依此计算之总价数额及增值税究否由买受人负担有怀疑，希姜×鉴能就买卖条件提出证据澄清，则前开存证信函所表明之意思，可否认为上诉人未依同一条件承买，视为已放弃优先承买权，即非无疑。”

261　“最高法院”1960年度台上字第2385号判例：“耕地出租人出卖耕地时，如不依‘耕地三七五减租条例’第十五条第一、二项所定出卖条件，以书面通知承租人优先承买，而与第三人订立契约者，依同条第三项之规定，其契约不得对抗承租人。所谓不得以其契约对抗承租人，固系指该项以买卖为原因而成立之移转物权行为，对于承租人不生效力而言。惟优先承买权亦为权利之一种，原则上因抛弃而消灭，承租人就其优先承买权倘曾向出租人为抛弃之意思表示，自后即不得再行主张及行使。而依强制执行法所为之拍卖，仍属买卖性质，拍定人为买受人，执行法院仅代表债务人立于出卖人地位，故拍卖前承租人向出租人所为先买权之抛弃，于拍卖时仍有效力。”

262　“司法院”大法官会议释字第124号解释：“依‘耕地三七五减租条例’第十五条第一项之规定，承租人于耕地出卖或出典时，有优先承受之权。必须出租人将卖典条件以书面通知承租人后，始有表示承受或放弃承受之可言。此项规定，自不因承租人事先有抛弃优先承受权之意思表示而排除其适用。”

263　“最高法院”1957年度台上字第1860号判例：“旧‘土地法’第一百七十三条所定承租人之优先承买权，仅为出租人与承租人间之权利义务关系，并无对抗第三人之效力。如出租人违反先卖于承租人之义务，而将其耕地所有权让与于他人时，未经就优先承买权为预告登记之承租人，仅得向出租人请求赔偿损害，不得主张他人受让耕地所有权契约为无效。与‘耕地三七五减租条例’第十五条，所谓出租人未将卖典条件以书面通知承租人，而与第三人订立契约者，其契约不得对抗承租人之规定不同。”

三七五减租条例”第十五条亦规定：“耕地出卖或出典时，承租人有优先承受之权，出租人应将卖典条件以书面通知承租人，承租人在十五日内未以书面表示承受者，视为放弃。出租人因无人承买或受典而再行贬价出卖或出典时，仍应照前项规定办理。出租人违反前二项规定而与第三人订立契约者，其契约不得对抗承租人。”此外，为保护承租人，“土地法”第一百十七条规定：“收回自耕之耕地再出租时，原承租人有优先承租之权。自收回自耕之日起未满一年而再出租时，原承租人得以原租用条件承租。”

4. 耕地附属物之处置：“民法”第四百六十二条第一项规定：“耕作地之租赁，附有农具、牲畜或其他附属物者，当事人应于订约时，评定其价值，并缮具清单，由双方签名，各执一份。清单所载之附属物，如因可归责于承租人之事由而灭失者，由承租人负补充之责任。附属物如因不可归责于承租人之事由而灭失者，由出租人负补充之责任。”

5. 承租人之耕地特别改良权：“土地法”第一百十九条规定：“于保持耕地原有性质及效能外，以增加劳力资本之结果，致增加耕地生产力或耕作便利者，为耕地特别改良。前项特别改良，承租人得自由为之。但特别改良费之数额，应即通知出租人。”又“耕地三七五减租条例”第十三条前段规定，承租人对承租耕地之特别改良，得自由为之。

（四）优先承买承典权

1. 依据：“民法”第四百六十条之一规定：“耕作地出租人出卖或出典耕作地时，承租人有依同样条件优先承买或承典之权。第四百二十六条之二第二项及第三项之规定，于前项承买或承典准用之。”[264]“民法”第四百二十六条之二第二、三项规定：“前项情形，出卖人应将出卖条件以书面通知优先承买权人。优先承买权人于通知达到后十日内未以书面表示承买者，视为放弃。出卖人未以书面通知优先承买权人而为所有权之

（接上页）同院1958年度台上字第151号判例：“耕地出卖时承租人有优先承买之权，出卖人应将买卖条件以面通知承租人，如违反是项规定而与第三人订立契约者，其契约不得对抗承租人，为‘耕地三七五减租条例’第十五条第一、三项所明定。所谓不得对抗承租人者，即出租人（即出卖人）与承买人不得主张基于买卖而承租人之优先承买权为之消灭之意。故承租人如未接获出卖条件之书面通知，仍非不得请求确认其就耕地有优先承买权之存在。”

同院1960年度台上字第2385号判例（同注261）。

264 1999.4.21民法债编本条增订理由：“一、本条新增。二、耕作地出租人将耕作地出卖或出典于第三人时，承租人之租赁权虽继续存在，然使用与所有仍不能合一。为促进物之利用并减少纠纷，爰参照‘土地法’第一百零七条增设本条。”

移转登记者，不得对抗优先承买权人。”“土地法”第一百零七条规定：“出租人出卖或出典耕地时，承租人有依同样条件优先承买或承典之权。第一百零四条第二项之规定，于前项承买承典准用之。”“土地法”第一百零四条第二项规定：“前项优先购买权人，于接到出卖通知后十日内不表示者，其优先权视为放弃。出卖人未通知优先购买权人而与第三人订立买卖契约者，其契约不得对抗优先购买权人。”又“减租条例”第十五条规定：“耕地出卖或出典时，承租人有优先承受之权，出租人应将卖典条件以书面通知承租人，承租人在十五日内未以书面表示承受者，视为放弃。出租人因无人承买或受典而再行贬价出卖或出典时，仍应照前项规定办理。出租人违反前二项规定而与第三人订立契约者，其契约不得对抗承租人。”是为承租人之优先承买承典权。

2. 适用依特别法优于普通法原则，承租人之优先承买承典权，应优先适用“减租条例”，故承租人在十五日内未以书面表示承受者，始视为放弃，不适用民法及土地法“十日”之规定。又不论依何规定，承租人此一优先承买承典权，具有准物权之效力，与“土地法”第三十四条之一共有人之优先承买权仅具债权效力，有所不同。如出租人违反此等规定而与第三人订定契约者，其契约不得对抗承租人，纵使出租人已将耕地移转或设定典权登记于第三人者，承租人仍得起诉请求法院涂销该移转或设定登记，回复为出租人所有或无负担登记，并行使优先承买承典权。再者，强制执行程序拍卖亦属买卖之一种，故法院拍卖耕地时，即应践行书面通知程序，如承租人未以书面表示承受者，视为放弃优先权。最后，如承租人之优先承买承典权与共有人之优先承买权相竞合时，依物权优先债权原则，应以承租人之优先权最为优先。[265]

（五）优先承租权

“土地法”第一百十七条规定：“收回自耕之耕地再出租时，原承租人有优先承租之权。自收回自耕之日起未满一年而再出租时，原承租人得以原租用条件承租。”是为承租人之优先承租权。

（六）买卖（设定典权）不破租赁原则

“耕地三七五减租条例”第二十五条规定：“在耕地租期届满前，出租人纵将其所有权让典与第三人，其租佃契约对于受让受典人仍继续有

265　反对见解，王泽鉴教授认为共有人优先权最为优先者，始得达到“地尽其利”之原则，请参见王泽鉴，共有人优先承购权与基地承租人优先购买权之竞合，收录于氏著民法学说与判例研究，第三册，作者自刊，1993年9月十一版，第三二三页。

效，受让受典人应会同原承租人申请为租约变更之登记。”本条适用包括出卖与出典，故适用范围较“民法”第四百二十五条规定为大，尚包括“民法”第四百二十六条之设定典权之部分[266]，其法律关系请参见“民法”第四百二十五条之相关说明。

四、耕地租赁之变更

（一）转租

虽“民法”第四百五十八条第三款规定：“耕作地租赁于租期届满前，有左列情形之一时，出租人得终止契约：三、承租人将耕作地全部或一部转租于他人者。”同法第四百五十九条规定：“未定期限之耕作地租赁，出租人除收回自耕外，仅于有前条各款之情形或承租人违反第四百三十二条或第四百六十二条第二项之规定时，得终止契约。”[267] 此二规定仅将转租列为出租人终止耕地租赁契约之事由。但“土地法”第一百零八条特别规定：“承租人纵经出租人承诺，仍不得将耕地全部或一部转租于他人。”“减租条例”第十六条更规定：“承租人应自任耕作，并不得将耕地全部或一部转租于他人。承租人违反前项规定时，原订租约无效，得由出租人收回自行耕种或另行出租。但承租人因服兵役致耕作劳力减少而将承租耕地全部或一部托人代耕者，不视为转租。”[268] 此特别法直接规定转租使原订耕地租赁契约无效，转租契约亦无效，转借亦同。[269]

（二）继承及转让

“土地法”第一百十四条第一项及“减租条例”第十七条规定，承租

266 “最高法院”1953年度台上字第1158号判例：“讼争房屋上诉人果于台湾光复前向日人合法取得其所有权，则日产处理机关虽曾误认为日产予以接收，要难遽谓其就该房屋有权出租，被上诉人即不得以其日产处理机关所订租约，对于上诉人主张继续存在。”
同院1954年度台上字第250号判例：“被上诉人与某甲就讼争土地订立租赁契约时，如未由某甲将该土地交付被上诉人耕作，则上诉人受让该土地既无从知被上诉人与某甲间租赁契约之存在，依‘民法’第四百二十五条及‘耕地三七五减租条例’第二十五条规定之本旨推之，被上诉人与某甲间之租赁契约，即不能对于受让该土地之上诉人主张继续有效。”

267 1999.4.21民法债编本条修正理由：“原条文是否仅适用于未定有期限之租赁，尚有疑义。为期明确，爰参照‘土地法’第一百十四条，修正为未定期限耕作地租赁终止契约之限制规定。”

268 “最高法院”1954年度台上字第868号判例（同注146）。

269 郑玉波，前揭书，同注1，第二七二页。邱聪智，前揭书，同注1，第四五八页。

人死亡时，耕地租赁关系亦可继承，但必无继承人时，出租人始得终止契约。至于耕地承租权之让与，“土地法”及“减租条例”均无禁止之明文，故如得出租人之承诺，耕地之承租人亦得将其租赁权转让与他人[270]，此与“民法”第四百四十三条第一项后段对于房屋转租设有限制规定而解为其租赁权为“民法”第二百九十四条第一项第一款属于性质不得让与之债权，并不相同。出租人若于租赁关系存续中将其耕地之所有权让与他人时，承租人除依“土地法”第一百零七条及减租条例第十五条规定有优先承买权外，“减租条例”第二十五条复规定：“在耕地租期届满前，出租人纵将其所有权让典与第三人，其租佃契约对于受让受典人仍继续有效，受让受典人应会同原承租人申请为租约变更之登记。”是为“民法”第四百二十五条之特别规定。

五、耕地租赁之消灭

（一）消灭原因

1. 租期届满：定有期限租期届满者，耕地租赁契约本应消灭。但“土地法”第一百零九条规定：“依定有期限之契约租用耕地者，于契约届满时，除出租人收回自耕外，如承租人继续耕作，视为不定期限继续契约。”为“民法”第四百五十一条之特别规定。但“减租条例”第二十条规定：“耕地租约于租期届满时，除出租人依本条例收回自耕外，如承租人愿继续承租者，应续订租约。”此为最优先规定，如出租人拒续订约者，将有刑事责任。

2. 租约终止：

（1）定期耕地租赁契约

“民法”第四百五十八条规定：“耕作地租赁于租期届满前，有左列情形之一时，出租人得终止契约：一、承租人死亡而无继承人或继承人无耕作能力者。二、承租人非因不可抗力不为耕作继续一年以上者。三、承租人将耕作地全部或一部转租于他人者。四、租金积欠达两年之总额者。五、耕作地依法编定或变更为非耕作地使用者。”[271]

270　史尚宽，前揭书，同注1，第二三一页。郑玉波，前揭书，同注1，第二七二页。邱聪智，前揭书，同注1，第四五八页。

271　1999.4.21民法债编本条修正理由：“原规定究适用于定期租赁抑未定期限之租赁，尚有疑义。‘司法院’院字第八五二号解释认为仅适用于未定期限之租赁，惟耕作地之定期租赁，出租人得终止契约如仅限于第四百四十条之欠租及第四百四十三条之转租，对出租人未免过苛，为兼顾出租人与承租人双方利益之平衡，爰参照‘平均地权条例’第

“土地法”第一百十四条规定：“依不定期限租用耕地之契约，仅得于有左列情形之一时终止之：一、承租人死亡而无继承人时。二、承租人放弃其耕作权利时。三、出租人收回自耕时。四、耕地依法变更其使用时。五、违反‘民法’第四百三十二条[272]及第四百六十二条第二项之规定时。六、违反第一百零八条之规定时。七、地租积欠达二年之总额时。”

“土地法施行法”第二十七条规定：“‘土地法’第一百十四条第一、第二、第六、第七各款之规定，于定期租用耕地之契约准用之。”“土地法”第一百十四条第一、二、六、七各款规定，系指一、承租人死亡而无继承人时。二、承租人放弃其耕作权利时。六、违反第一百零八条之规定时。七、地租积欠达二年之总额时。”

“耕地三七五减租条例”第十七条规定：“耕地租约在租佃期限未届满前，非有左列情形之一不得终止：一、承租人死亡而无继承人时。二、承租人放弃耕作权时。三、地租积欠达两年之总额时。四、非因不可抗力继续一年不为耕作时。五、经依法编定或变更为非耕地使用时。依前项第五款规定，终止租约时，除法律另有规定外，出租人应给予承租人左列补偿：一、承租人改良土地所支付之费用。但以未失效能部分之价值为限。二、尚未收获农作物之价额。三、终止租约当期之公告土地现值，减除土地增值税后余额三分之一。”

不论适用何法规，如以地租积欠达两年之总额为终止租约之事由者，出租人仍须践行“民法”第四百四十条之通知程序，始得终止租约。又因耕地租赁不得收取押租金，故此时计算积欠地租时，无须扣除担保金

（接上页）七十六条、‘耕地三七五减租条例’第十七条、‘土地法’第一百十四条及‘土地法施行法’第二十七条等规定，修正本条如上。俾定其适用于定有期限之耕地租赁。”

最高法院 1941 年度上字第 305 号判例：“民法第四百五十八条之规定，于租赁定有期限者不适用之，业经院字第八五二号明白解释。其所谓期限，固指期限届满时租赁关系当然消灭者而言，惟当事人所定期限之意义，系于期限届满后始得终止，租赁契约并非于期限届满时，租赁关系当然消灭者，在其期限届满前，自亦不得以收回自耕为终止契约之原因。”（本则判例于 2002 年 9 月 20 日经“最高法院”2002 年度第九次民事庭会议决议不再援用。）

同院 1933 年度上字第 2029 号判例：“耕作地之出租人如收回自己耕作，依民法第四百五十八条之规定，固得终止契约，但永佃权设定契约，并非租赁契约，不在适用同条规定之列。故有永佃权之土地，其所有人，不得因欲收回自己耕作即行撤佃。”（本则判例于 2002 年 9 月 20 日经“最高法院”2002 年度第九次民事庭会议决议不再援用。）

272 “最高法院”1952 年度台上字第 223 号判例（同注 121）。

（押租金）。

（2）不定期耕地租赁契约

“民法”第四百五十九条规定：“未定期限之耕作地租赁，出租人除收回自耕外，仅于有前条各款之情形或承租人违反第四百三十二条或第四百六十二条第二项之规定时，得终止契约。”

“土地法”第一百十四条规定“依不定期限租用耕地之契约，仅得于有左列情形之一时终止之：一、承租人死亡而无继承人时。二、承租人放弃其耕作权利时。三、出租人收回自耕时。四、耕地依法变更其使用时。五、违反“民法”第四百三十二条及第四百六十二条第二项之规定时。六、违反第一百零八条之规定时。七、地租积欠达二年之总额时。”

因“耕地三七五减租条例”仅有定期耕地租赁，自无庸讨论不定期限耕地租赁之终止。

（3）特殊规定

1. 季节限制：“民法”第四百六十条规定：“耕作地之出租人终止契约者，应以收益季节后，次期作业开始前之时日，为契约之终止期。”“耕地三七五减租条例”第十八条规定：“耕地租约之终止，应于收益季节后次期作业开始前为之。但当地有特殊习惯者，依其习惯。”盖所以尽地利也。

2. 耕地依法编为建筑用地而出租人为收回自行建筑或出售作为建筑使用时：“平均地权条例”第七十六条规定：“出租耕地经依法编为建筑用地者，出租人为收回自行建筑或出售作为建筑使用时，得终止租约。依前项规定终止租约，实际收回耕地届满一年后，不依照使用计划建筑使用者，‘直辖市’或县（市）‘政府’得照价收买之。”同条例第七十七条规定：“耕地出租人依前条规定终止租约收回耕地时，除应补偿承租人为改良土地所支付之费用及尚未收获之农作改良物外，应就申请终止租约当期之公告土地现值，预计土地增值税，并按该公告土地现值减除预计土地增值税后余额三分之一给予补偿。前项改良土地所支付之费用，以承租人已依‘耕地三七五减租条例’第十三条规定以书面通知出租人者为限。公有出租耕地终止租约时，应依照第一项规定补偿耕地承租人。”同条例第七十八条规定：“依第七十六条规定终止耕地租约时，应由土地所有权人以书面向‘直辖市’或县（市）‘政府’提出申请，经审核其已与承租人协议成立者，应准终止耕地租约；其经审核尚未与承租人达成协议者，应即邀集双方协调。承租人拒不接受协调或对补偿金额有争议时，由‘直辖市’或县（市）‘政府’，依前条规定准计算承租人应领之补偿，并通知领取，其经领取或依法提存者，准予终止耕地租约。耕地租约终止后，承租人拒不返还耕地时，由‘直辖市’或县（市）‘政府’移送法院裁定后，强制执行之，不受‘耕地三七五减租条例’关于租佃争议调解调处程序之限制。”

3. 出租耕地因实施重划致标示变更或不能达到原租赁之目的者：“农地重划条例”第二十九条规定：“出租耕地因实施重划致标示变更或不能达到原租赁之目的者，应依据公告确定结果，径为变更或注销其租约，并通知当事人。依前项规定注销租约者，承租人得依左列规定请求或领取补偿：一、因出租耕地畸零狭小，而合并于其他耕地者，承租人得向出租人请求相当一年租金之补偿。二、因出租耕地畸零狭小而未受分配土地者，所应领受之补偿地价，由土地所有权人领取其三分之二，承租人领取其三分之一。”

4. 工业区内公私有出租耕地，于开发工业区时：促进“产业升级条例”第二十七条规定：“工业区内公私有出租耕地，于开发工业区时，终止租约，除补偿承租人为改良土地所支付之费用及尚未收获之农作改良物外，并应以补偿地价总额之三分之一，补偿原耕地承租人。工业区内公有放领耕地，于开发工业区时，由‘直辖市’或县（市）地政机关通知承领人，限期提前缴清地价，取得所有权后，依第二十五条规定办理；逾期未缴清者，由‘直辖市’或县（市）地政机关代为缴清，所代缴之地价，在应得之补偿地价内径为扣抵。”

（二）消灭之效果

耕地租赁契约消灭，除一般民法规定之效果外，尚有下列特殊效果：

1. 特别改良费用之偿还：所谓特别改良费用，依“民法”第四百六十一条之一规定：“耕作地承租人于保持耕作地之原有性质及效能外，得为增加耕作地生产力或耕作便利之改良。但应将改良事项及费用数额，以书面通知出租人。前项费用，承租人返还耕作地时，得请求出租人返还。但以其未失效能部分之价额为限。”[273] “土地法”第一百十九条规定：“于保持耕地原有性质及效能外，以增加劳力资本之结果，致增加耕地生产力或耕作便利者，为耕地特别改良。前项特别改良，承租人得自由为之。但特别改良费之数额，应即通知出租人。”又“减租条例”第十三条

273 1999.4.21民法债编本条增订理由：“一、本条新增。二、耕作地之特别改良，可促进土地之利用及生产之增加，爰参照‘土地法’第一百十九条、第一百二十条及‘耕地三七五减租条例’第十三条增设本条。”

规定："承租人对于承租耕地之特别改良得自由为之，其特别改良事项及用费数额，应以书面通知出租人，并于租佃契约终止返还耕地时，由出租人偿还之。但以未失效能部分之价值为限。前项所称之耕地特别改良，系指于保持耕地原有性质及效能外，以增加劳力资本之结果，致增加耕地生产力或耕作便利者。"耕地改良费用之返还，依"土地法"第一百二十条第一项规定："因第一百十四条第二、第三、第五、第六各款契约终止返还耕地时，承租人得向出租人要求偿还其所支出前条第二项耕地特别改良费。但以其未失效能部分之价值为限。"故耕地租赁契约因承租人放弃其耕作权利时、出租人收回自耕时、违反"民法"第四百三十二条及第四百六十二条第二项之规定时或违反第一百零八条之规定而终止耕地租赁契约返还耕地时，承租人得向出租人要求偿还其所支出之耕地特别改良费。

2. 耕作费用之偿还："民法"第四百六十一条规定："耕作地之承租人，因租赁关系终止时未及收获之孳息，所支出之耕作费用，得请求出租人偿还之。但其请求额不得超过孳息之价额。"

3. 附属物之返还："民法"第四百六十三条规定："耕作地之承租人依清单所受领之附属物，应于租赁关系终止时，返还于出租人。如不能返还者，应赔偿其依清单所定之价值。但因使用所生之通常折耗，应扣除之。"

六、农业发展条例之耕地租赁

"农业发展条例"（以下简称"农发条例"）于2000年1月26日修正公布全文，并自公布日施行（该条例第七十七条参照）。嗣于2003年2月7日再修正相关条文，其中关于耕地租赁规定系将"耕地租赁"修正为"农业用地租赁"，此部分除变动"耕地"与"农业用地"之差异外（详前述），实质法律之规定并未变动。兹说明如下：

（一）以2000年1月28日为分水岭订适用法律之日期

因"农发条例"修正公布施行日为2000年1月28日，而非2000年1月4日，而下列法条均明定"修正施行后"，依"中央法规标准法"第十三条之规定，应以2000年1月28日为准（以下称为"基准日"，后叙均同）。

1. 基准日以后订立之农业用地租赁契约适用农发条例："农发条例"第二十条第一项规定：本条例2000年1月4日修正施行后所订立之农业用地租赁契约，应依本条例之规定，不适用'耕地三七五减租条例'之规定。本条例未规定者，适用‘土地法’、‘民法’及其他有关法律之规定。”（以下简称“新耕地租赁契约”或“农业用地租赁”）故新耕地租赁契约完全排除“耕地三七五减租条例”之适用。

2. 基准日以前订立之耕地租赁契约原则适用“耕地三七五减租条例”：“农发条例”第二十条第二项规定：本条例2000年1月4日修正施行前已依“耕地三七五减租条例”，或已依土地法及其他法律之规定订定租约者，除出租人及承租人另有约定者外，其权利义务关系、租约之续约、修正及终止，悉依该法律之规定。（以下简称“旧耕地租赁契约”）

（二）旧耕地租赁契约

按租赁契约为继续性契约，如因新法修正而发生是否溯及适用法律或割裂适用（例如“民法债编施行法”第二十九条关于旅游契约规定之适用）之情形，恐产生争议。为维持法之安定性，“农发条例”第二十条第二项明文规定旧耕地租赁契约适用“耕地三七五减租条例”与土地法等规定，其内容参照上开“耕地租赁”之说明。但出租人及承租人另有约定者（例如双方约定适用“农发条例”）外，基于私法自治、契约自由原则，应适用“农发条例”之规定。[274] 再者，“农发条例”第二十条第一项所规定者为：本条例2000年1月4日修正施行后所“订立”之农业用地租赁契约……。依文义解释，此“订立”应不包括“租期届满更新”，故旧耕地租赁契约如因六年期满而更新，且其更新日后于2000年1月28日者，仍应适用“耕地三七五减租条例”。

（三）新耕地租赁契约（农业用地租赁）

“农发条例”第二十一条规定：本条例2000年1月4日修正施行后所订立之农业用地租赁契约之租期、租金及支付方式，由出租人与承租人约定之，不受“土地法”第一百十条及第一百十二条之限制。租期逾一年未订立书面契约者，不适用“民法”第四百二十二条之规定。前项农业用地租赁约定有期限者，其租赁关系于期限届满时消灭，不适用“民法”第四百五十一条及“土地法”第一百零九条、第一百十四条之规定；当事人另有约定于期限届满前得终止租约者，租赁关系于终止时消灭，其终止应于六个月前通知他方当事人；约定期限未达六个月者，应于十五日前通知。农业用地租赁未定期限者，双方得随时终止租约。但应于六个月前通知对方。同条例第二十二条规定：本条例2000年1月4

274 陈立夫，前揭文，同注253，第二九页。

日修正施行后所订立之农业用地租赁契约，其租赁关系终止，由出租人收回其农业用地时，不适用“平均地权条例”第十一条、第六十三条、第七十七条、“农地重划条例”第二十九条及“促进产业升级条例”第二十七条有关由出租人给付承租人补偿金之规定。兹分述如下：

1. 租期：由出租人与承租人约定之（“农发条例”第二十一条第一项前段参照），定期、不定期或未定期均可。解释上不受最短期限六年之限制，但依“农发条例”第二十条第一项后段之规定“农发条例”未规定之部分仍适用民法之规定，故本书认为仍有“民法”第四百四十九条最长期限二十年之限制（当然亦得更新）。

2. 租金及其支付方式：由出租人与承租人约定之，解释上不受主要作物正产品全年收获总量千分之三百七十五之限制，且不受“土地法”第一百十条（地租上限为地价百分之八）及第一百十二条（不得预收租金）之限制（“农发条例”第二十一条第一项前段参照）。

3. 租赁契约之成立：农业用地租赁契约之成立，不以书面为要件（旧耕地租赁契约实务上亦不以书面为要件，已如前述），双方意思表示合致时，除有特别约定外，契约即成立生效。

4. 租期逾一年不需订立书面契约：此时排除“民法”第四百二十二条视为不定期限租赁规定之适用（“农发条例”第二十一条第一项后段参照），故租期逾一年，纵无订立书面契约，亦生租赁效力，且租期依其约定。

5. 定有期限之农业用地租赁租期届满：此时租赁关系消灭，不适用“民法”第四百五十一条及“土地法”第一百零九条等关于法定更新之规定（“农发条例”第二十一条第二项前段参照），至于“土地法”第一百十四条之规定系规定“不定期限租用耕地之契约”，定有期限之农业用地租赁本不适用之，何以于此特别规定排除？纵使依“土地法施行法”第二十七条规定：“‘土地法’第一百十四条第一、第二、第六、第七各款之规定，于定期租用耕地之契约准用之。”亦仅限于此四款之规定始有排除适用之情形，故本条项前段法文之制订显有缺失。

6. 定有期限农业用地租赁之提前终止：当事人另有约定于期限届满前得终止租约者，租赁关系于终止时消灭，其终止应于六个月前通知他方当事人；约定期限未达六个月者，应于十五日前通知（“农发条例”第二十一条第二项后段参照），此所谓之终止系任意终止，与依法终止之情形不同。再者，此规定优先适用，解释上排除“民法”第四百五十三条适用“民法”第四百五十条第三项通知期间之适用。

7. 未定期限农业用地租赁之终止：农业用地租赁未定期限者，双方得随时终止租约。但应于六个月前通知对方（“农发条例”第二十一条第三项参照）。此规定优先适用，解释上排除“民法”第四百五十条第三项通知期间之适用。

8. 收回耕地：不论上揭定期、不定期或未定期之农业用地租赁契约，其租赁关系终止，由出租人收回其农业用地时，不适用“平均地权条例”第十一条、第六十三条、第七十七条、“农地重划条例”第二十九条及“促进产业升级条例”第二十七条有关由出租人给付承租人补偿金之规定（“农发条例”第二十二条参照）。

9. 争议解决：农业用地租赁如生争议，“农发条例”并未明文规定处理方式，又因农业用地租赁不适用“耕地三七五减租条例”，故如发生争议，农业用地租赁契约当事人仅得依“土地法”第一百二十二条规定向“直辖市”、县（市）“政府”不动产纠纷调处委员会申请调处。耕地租佃委员会不得受理调处或调解之申请；且无非经调解、调处，不得起诉之限制（“耕地三七五减租条例”第二十六条第二项前段参照），亦无免收裁判费用（“耕地三七五减租条例”第二十六条第一项后段参照）与执行费用之优惠（“耕地三七五减租条例”第二十七条参照）。

贰、基地租赁

一、基地租赁之意义

所谓基地租赁，即以建筑房屋为目的而租赁他人之建筑用地。[275] 台湾民法对于基地租赁并无定义性之规定，“土地法”第三章及实施都市平均地权条例就基地租用设有规定。

二、基地租赁之成立

基地租赁为不动产租赁，故其成立，应得适用“民法”第四百二十二条规定：“不动产之租赁契约，其期限逾一年者，应以字据订立之，未以字据订立者，视为不定期限之租赁。”

275 “最高法院”1985年度台上字第2562号判例：“土地法有关租地建屋之规定，系因城市地方人口集中，其建筑房屋基地之需求殷切，为防止土地投机，并保护基地承租人之利益而设。因此，城市地方，以在他人土地上有房屋为目的而租用基地者，无论租地后自建房屋，或承受前手之房屋后始租用该基地，皆应解为租地建屋契约，方符立法意旨。”

三、基地租赁之效力

有关基地租赁之效力，除民法中之规定外，须注意特别法中之规定：

（一）请求地上权登记

1. 依据："民法"第四百二十二条之一规定："租用基地建筑房屋者，承租人于契约成立后，得请求出租人为地上权之登记。"[276] "土地法"第一百零二条规定："租用基地建筑房屋，应由出租人与承租人于契约成立后二个月内，声请该管市县地'政府'机关为地上权之登记。"是为基地承租人地上权登记请求权。

2. 期间问题：虽"民法"债编增订第四百二十二条之一之规定，已删除"二个月"之规定，但基于特别法优先于普通法之规定，适用上仍

---

276 1999.4.21 民法债编本条增订理由："一、本条新增。二、'土地法'第一百零二条所定协同办理地上权设定登记之请求权，有'二个月'之期间限制。惟实务上见解以为该期间为训示规定，纵令经过二个月期间，不生失权效果，承租人仍得请求出租人为地上权之登记（参考"最高法院"1978 年台上字第一〇一四号、1979 年台上字第一六二七号判例）。为保护租用基地建筑房屋之承租人，并期规定之明确，爰将'土地法'前述特别规定移列于本法，并作适度之修正。"

"最高法院"1952 年度台上字第 117 号判例："租用基地建筑房屋经向该管市县地政机关声请为地上权之登记，即不得谓非地上权之设定，此项登记依'土地法'第一百零二条，既明定应由出租人与承租人共同为之，除有相反之约定外，实负与承租人同为声请登记之义务。"

同院 1954 年度台上字第 454 号判例（同注 198）。

同院 1955 年度台上字第 1646 号判例："房屋与基地不同属一所有权人，对该房屋办理所有权总登记时，依照台湾省'政府'颁发，台湾省各县市办理土地登记有关建筑改良物登记补充要点规定，须由房屋所有人会同土地所有人，依照'土地法'第一百零二条规定先为地上权之登记后，再为房屋所有权登记，有某某市'政府'地政科致第一审之复函足据。是讼争房屋虽系租用基地建筑，其房屋与基地不同属一所有权人，但非不能登记，已如前述。上诉人主张依'民法物权编施行法'第三条第二项，不适用民法物权编关于登记之规定，自属不合，且该屋与违章建筑不许登记之情形迥殊，上诉人援引本院关于违章建筑之决议与判决亦难谓合。"

同院 1973 年度台上字第 3012 号判例："被上诉人依'土地法'第一百零二条之规定，请求上诉人协同为地上权设定登记，此项请求权，仍有'民法'第一百二十五条消灭时效规定之适用。"

同院 1978 年度台上字第 1014 号判例："依'土地法'第一百零二条规定，只须当事人双方订有租地建屋之租赁契约，承租人即有随时请求出租人就租用土地为地上权设定之权利。"

同院 1979 年度台上字第 1627 号判例："'土地法'第一百零二条所定请求协同办理地上权设定登记之请求权，有'民法'第一百二十五条所定消灭时效之适用，其请求权时效应自基地租赁契约成立时起算。"

（以上五判例于 2000 年 9 月 20 日均经"最高法院"2002 年度第九次民事庭会议决议于"民法"第四百二十二条之一增列。）

以“土地法”第一百零二条为优先。惟不论适用何法规，此“二个月”均被认为系训示规定[277]，纵使期间经过，承租人仍得请求。故出租人未于此二个月协同承租人办理登记者，仅生迟延履行问题，承租人在租赁关系存续中[278]，仍可随时诉请承租人协同办理地上权设立登记。此一协同办理地上权设定登记请求权，虽无上开二个月之限制，但不能毫无时间限制，故通说认为应有“民法”第一百二十五条十五年长期时效期间规定之适用[279]，且自基地租赁契约成立时起算。

3. 效力：“民法”第七百五十八条规定：“不动产物权，依法律行为而取得、设定、丧失及变更者，非经登记，不生效力。”故租用基地建筑房屋之承租人，虽得与出租人声请该管市县地政机关为地上权之登记，但在未登

277 “最高法院”1999年度台上字第70号判决：“基地承租人依‘土地法’第一百零二条规定，请求出租人协同办理地上权设定登记之请求权，有‘民法’第一百二十五条十五年消灭时效规定之适用，其消灭时效自基地租赁契约成立时起算，是该条所定二个月声请登记之期间，仅属行政上对于出租人履行此项登记义务所加之强制而已，非就承租人登记请求权所定消灭时效期间之规定，上诉人抗辩，被上诉人非租用后自建房屋，亦未于基地租赁契约成立后二个月内声请登记，自不得为请求云云，自无足取。”

278 “最高法院”1980年度台再字第79号判决：“（二）因时效而取得地上权者，必须以行使地上权之意思占有他人之土地，始为相当，本件再审原告自始即主张伊就讼争土地有租赁关系存在，足证再审原告系以租赁之意思占用讼争土地，并非以行使地上权之意思，占有他人之土地，自无从依时效而取得地上权。至依‘土地法’第一百零二条所定地上权登记，其要件必须以两造间确有基地租赁关系存在为前提，本件再审原告并未证明两造间就讼争土地确有基地租赁关系存在，自亦不得本该条规定求为地上权设定登记。”

同院1983年度台上字第595号判决：“将物出租，属于管理行为，故对某物有管理权者，即有出租其物之权限。至租地建屋，出租人依‘土地法’第一百零二条之规定，虽应与承租人声请为地上权设定登记，究其不过欲加强基地承租人之地位，仍未脱出租赁之性质，不能因此而谓基地管理人就该基地无出租与他人建筑房屋之权限。”

279 “最高法院”1973年度台上字第3012号判例、同院1979年度台上字第1627号判例（同注274）。

同院1980年度台上字第694号判决：“上诉人建筑房屋之上开土地，系分别向被上诉人所承租，已为两造所不争执，其租赁关系之存在，复经终局判决审认确定，是上诉人使用上开土地，既系本于承租该土地之意思而占有，即无从依民法关于时效之规定而取得该土地之地上权，并不发生请求权竞合问题，上诉人依‘土地法’第一百零二条之规定，虽得于契约成立后二个月内，声请该管市县地政机关为地上权之登记，但其声请地上权登记之请求权，仍有‘民法’第一百二十五条消灭时效规定之适用，且此消灭时效之期间应自基间应自基地租赁契约成立时起算。兹上诉人自认伊等自日据代起，即已承租上开土地，迄今均已逾十五年，则其地上权登记请求权，亦已罹于时效而灭。”

同院1974年第三次民庭庭推总会议决议：“基地承租人依‘土地法’第一百零二条规定，请求出租人协同办理地上权设定登记之请求权，有‘民法’第一百二十五条十五年消灭时效规定之适用，其消灭时效自基地租赁契约成立时起算。”

记前，并非承租人当然取得地上权。又此地上权因期间届满而消灭，并无“民法”第四百五十一条是为不定期限规定之适用、准用或类推适用。[280]

4. 地上权与基地租赁之关系：“土地法”第一百零二条之规定，仅存在使承租人取得请求出租人协同办理地上权登记，并非谓一经地上权登记，原基地租赁契约即行消灭。故除地上权外，双方当事人仍应受原租赁契约之拘束，二者并存。如订立设定地上权契约建筑房屋约定支付地租及定有存续期限，但未办理登记，至期限届满，土地所有权人据以诉求拆屋还地，此时应认为仅不发生设定地上权之效力，而其租赁契约，并不因未经登记而受影响，仍应适用同法第一百零三条之规定[281]，且租赁契约之部分如有“民法”第四百五十一条之情形者，亦应视为不定期限租赁。[282] 如已完成地上权登记者，并有“民法”第八百四十条之适用。最后，“土地法”第一百零二条所定有登记期限，原无逾期不得登记之效果，但如原约定地上权存续期间业已届满，究不得更请求登记。

（二）租金之限制

依“土地法”第一百零五条准用第九十七条之结果，以不超过土地及建筑物申报总价额（即申报地价）年息百分之十为限。[283] 又“土地法”

280 “最高法院”1981年台上字第3678号判例：“法律关系定有存续期间者，于期间届满时消灭，期满后，除法律有更新规定外，并不当然发生更新之效果，地上权并无如‘民法’第四百五十一条之规定，其期限届满后自不生当然变更为不定期限之效果，因而应解为定有存续期间之地上权于期限届满时，地上权当然消灭。”（同院2002年度台上字第1466号判决同旨。）

281 “最高法院”1951年度民庭庭长会议决议（三）：“租用基地建筑房屋，未依‘土地法’第一百零二条为地上权之登记，仅不发生设定地上权之效力，而其租赁契约，并不因未经登记而受影响，仍应适用同法第一百零三条之规定。”

282 “最高法院”2002年度台上字第1831号判决：“查承租人向土地所有人租地建屋，定有租赁期限，嗣复设定地上权登记，不过加强租赁关系而已，两者自可并存。土地所有人于地上权消灭后，诉请承租人返还土地时，承租人仍可本于原有租赁契约主张权利，自有‘民法’第四百五十一条之适用。倘承租人于租期届满后仍为租赁物之使用收益，而土地所有人不即表示反对之意思，即应视为以不定期限继续租约。”

283 “最高法院”1980年度台上字第2461号判决：“（一）系争土地在实施都市平均权区域内，其租金之计算原应优先适用‘实施都市平均地权条例’之规定，惟该条例业于1977年2月2日修正为‘平均地权条例’，而原条例第五十七条有关租金最高额之规定亦经条正而不存在，有关租金限制自应回复适用土地法第一〇五条、第九十七条之规定，被上诉人依约定径予更正，并减依百分之七计租即无不当。（二）被上诉人系依约定之方法计算租金，并非调整租金，自不违反‘民法’第四百四十二条但书之规定。”同院1986年度台上字第378号判决：“建筑房屋之基地租金，依‘土地法’第一百零五条准用同法第九十七条规定，以不超过该土地申报价额年息百分之十为限，而该条所谓土地价额，依‘土地法施行法’第二十五条规定，系指法定地价而言。又法定地价，依

第九十七条及第一百零一条之规定，于租用基地建筑房屋均准用之。

（三）期限

“民法”第四百四十九条规定：“租赁契约之期限，不得逾二十年。逾二十年者，缩短为二十年。前项期限，当事人得更新之。租用基地建筑房屋者，不适用第一项之规定。”故基地租赁，如未定期限者，应得解为定有租至房屋不堪使用时为止之期限，不再受“民法”第四百四十九条第一项二十年之限制。

（四）优先购买权

1. 依据：“民法”第四百二十六条之二：“租用基地建筑房屋[284]，出租人出卖基地时，承租人有依同样条件优先承买之权。承租人出卖房屋时，基地所有人有依同样条件优先承买之权。前项情形，出卖人应将出卖条件以书面通知优先承买权人。优先承买权人于通知达到后十日内未以书面表示承买者，视为放弃。出卖人未以书面通知优先承买权人而为所有权之移转登记者，不得对抗优先承买权人。”“土地法”第一百零四条规定：“基地出卖时，地上权人、典权人或承租人有依同样条件优先购买之权。房屋出卖时，基地所有权人有依同样条件优先购买之权。其顺序以登记之先后定之。前项优先购买权人，于接到出卖通知后十日内不表示者，其优先权视为放弃。出卖人未通知优先购买权人而与第三人订

（接上页）‘土地法’第一百四十八条规定，系指土地所有权人依土地法所申报之地价，在平均地权条例施行区域，当系指土地所有权人于地政机关举办规定地价或重新规定地价之时，于公告申报地价期间内自行申报之地价而言，未于该期间内申报者，则应以公告地价为其申报之地价（参看该条例第十六条）。”

同院1986年度台上字第489号判决：“‘土地法’第一百零五条、第九十七条所定基地租金之最高限额，系按申报地价年息百分之十计算，并非按公告现值年息百分之十计算。”

同院1987年度台上字第2712号判决：“本院1958年台上字第一八二七号判例虽谓：‘实施都市平均地权条例实行后，固有公告地价与自行申报地价之分，但法院斟酌实情，认公告地价较诸自行报价为准确，爰在‘土地法’第一百零五条准用同法第九十七条所定年息百分之十限度内，为调整租金与命为给付之判决，仍非租约当事人所得任意争多论寡’，惟此系指自行申报地价确有故意提高，以致不准确之情形（按依1958年当时有效之‘实施都市平均地权条例’第八条规定，都市土地所有人自行申报地价，并未如现行‘平均地权条例’第十六条第二项规定，受有限制），倘据自行报价为调整租金之标准，即有失公平者，始有其适用（参照上开判例原文裁判理由）。系争土地之申报地价各若干，以及被上诉人有无故意提高报价，以致不准确，而不足作为调整租金依据之情形，原审并未予调查审认，遽依公告地价命为调整租金并给付，自属不合。”

284 “最高法院”1988年度台上字第1243号判决：“‘土地法’第一百零四条第一项所定基地出卖时，承租人有依同样条件优先购买之权，其承租人须为以建筑房屋为目的，而承租该基地者，始足当之。”

立买卖契约者，其契约不得对抗优先购买权人。”[285] 是为基地租赁出租人与承租人之优先购买权。[286] 基于特别法优先于普通法之规定，适用上仍以“土地法”第一百零四条为优先。须注意的是，第一，前提必须有基地租赁关系存在[287]；第二，必须已兴建房屋后始有本条之适用[288]；第三，如同时将房屋与基地一并出租者，无本条规定之适用。[289]

285 “最高法院”1971年度台上第2438号判决：“优先承买权之主要内容，乃赋与先买权人以附有条件的形成权，因先买权人附有条件的形成权之行使，使权利人与义务人之间成立义务人与第三人所订立同样条件之买卖。被上诉人与第三人就系争房屋所有权如先有买卖契约之存在，而上诉人并以此项买卖为其主张先买权之条件时，则两造间因上诉人形成权之行使而成立之买卖，即不能谓无价金之约定，或以未另定价金，而认两造间并未成立买卖关系。”

286 “司法院”院解字第3324号解释：“‘土地法’第一〇二条之地上权人，第一〇四条之基地承租人，第一〇七条之耕地承租人或第一二四条之永佃权人，依同法第一〇四条、第一〇七条之规定，于基地或耕地出卖时，有依同样条件优先购买之权。至地上权人、永佃权人或承租人因其地上权、永佃权或承租权消灭时，土地所有人向他人设定地上权、永佃权或与他人订立租赁契约者，除有如同法第一〇七条之特别规定外，并无依同样条件受优先设定或优先承租之权。”

287 “最高法院”1981年度台上字第698号判决：“‘土地法’第一百零四条第一项所谓房屋出卖时，基地所有权人有依同样条件优先购买之权，系指出租人于承租人之房屋出卖时，有依同样条件优先购买之权，申言之，必须房屋与其坐落之基地间有租赁关系为其前提要件，上诉人之被继承人万×沧生前将系争土地与诉外人邓鹏权订立合建契约，约定分得合建房屋，性质上系互易契约，并非租赁关系，上诉人既非系争房屋之基地出租人，自无优先承买权之可言。”同院1988年度台上字第842号判决：“优先承买权以土地所有人与承租人间有租赁关系存在为前提。”

288 “最高法院”1976年度台上字第530号判例（同注194）（同院1981年度台上字第4312号判决同旨）。

289 “司法院”院解字第3763号解释：“‘土地法’第一百零二条至第一百零五条均就租用基地建筑房屋之当事人间关系而为规定，其中第一百零四条系于此种当事人间规定，承租人于出租人之基地出卖时，有优先购买权，出租人于承租人之房屋出卖时有优先购买权，若租用房屋及基地之承租人于出租人之基地或房屋出卖时，自不得援用同条之规定，主张优先购买权。”“最高法院”1982年度台上字第2401号判决：“‘土地法’第一百零二条至第一百零五条均系就租用基地建筑房屋当事人间之关系所为之规定，其中第一百零四条系于此种当事人间规定承租人于出租人之基地出卖有优先购买权。出租人于承租人之房屋出卖时有优先购买权，经‘司法院’以卅六年院解字第三七六三号解释在案，是‘土地法’第一百零四条第一项后段所谓房屋出卖时基地所有权人有依同样条件优先购买之权，系指基地出租之情形而言，亦经‘最高法院’以1960年台上字第一五四六号著有判例，上诉人以其为讼争房屋基地之共有人认依‘土地法’第一百零四条第一项后段之规定，就系争房屋有优先购买权并引‘内政部’1979年2月3日台内地字第八二八一四九号函谓：房屋出卖时，以基地所有权人为享有先买权之惟一对象，不因房屋所有权人未在基地上设有地上权、典权或租赁关系而生剥夺基地所有权人之先买权云云，容有误会。且该函仅属行政命令之性质，自不能变更前开‘司法院’就法律条文之不备或疑义所为与法律有同一效力之解释。”

2. 性质：物权之先买权[290]，与“土地法”第三十四条之一之优先权属债权不同。[291]

3. 效力：不论依何规定，出租人或承租人此一优先购买权，具有准物权之效力，与“土地法”第三十四条之一共有人之优先承买权仅具债权效力，有所不同。如出租人违反此等规定而与第三人订定契约者，其契约不得对抗承租人，纵使出卖人已将基地或房屋移转登记于第三人者，优先权人仍得起诉请求法院涂销该移转登记，回复原状后

290 “最高法院”1978年度台上字第479号判例：“‘土地法’第一百零四条第一项规定：承租人于基地出卖时，有依同样条件优先购买之权，在1975年7月24日该条文修正前，仅为承租人与基地所有人间之权利义务关系，即只发生债之效力。如出租基地之所有人违反此项义务，将其基地之所有权出卖与第三人，并已办理所有权移转登记时，承租人仅得向出租基地之所有人请求赔偿损害，不得主张第三人承买基地之契约为无效（参看1958年台上字第一五二号判例）。现行法该条文第二项所定出卖人未通知优先购买权人，而与第三人订立买卖契约者，其契约不得对抗优先购买权人，为1975年7月24日修正时所新增，自是厥后该项优先购买权始具物权之效力。本件被上诉人间就系争建地为出卖并办毕所有权移转登记行为，时在1974年3月25日旧法尚未修改之际，虽未通知上诉人优先购买，然依法律不溯既往之原则，并无上开修正条文之适用。”
同院1979年度台上字第3141号判决：“共有人出卖其应有部分时，依‘土地法’第三十四条之一第四项规定，他共有人固得以同一价格优先承购。惟此仅有债权效力，非如承租土地建筑房屋之人，对于出租人出卖其土地时之优先购买权，具有相对的物权之效力。”
同院1978年第五次民事庭庭推总会议决议：“‘土地法’第一百零四条所定之优先购买权，为物权之先买权。先买权人于该不动产出卖于第三人时，有权向不动产所有人以意思表示，使其负有移转其不动产于自己，而自己负有支付所有人原与第三人所约定代价之义务，故亦为形成权之一种。此形成权之行使，须以行使时所有人与第三人间有买卖契约之存在为要件。”

291 “最高法院”1976年度台上字第853号判例：“‘土地法’第三十四条之一第四项仅规定共有人出卖共有土地或建筑改良物之应有部分时，他共有人得以同一价格共同或单独先承购，并未如同法第一百零四条第二项后段设有出卖人未通知优先购买权人而与第三人订立买卖契约者，其契约不得对抗优先购买权人之明文。故该条项规定之优先承购权系指他共有人于共有人出卖共有土地或建筑改良物时，对于该共有人有请求以同样条件订立买卖契约之权而言，倘共有人违反法律规定将应有部分卖与他人已依法取得所有权时，他共有人不得主张该买卖为无效而涂销其依法所为之登记。”
同院1977年度台上字第1530号判例：“‘土地法’第三十四条之一第四项之优先购买权，系属债权性质，此由该条项用语，与同法第一百零四条第二项及‘耕地三七五减租条例’第十五条第三项用语不同，可以知之。被上诉人相互间就系争土地应有部分之买卖，既经办毕所有权移转登记，则上诉人本于‘土地法’第三十四条之一第四项规定之优先承购权，请求涂销被上诉人间之所有权移转登记及将该应有部分出卖并移转登记于伊，即无可准许。”
同院1982年度台上字第4943号判决：“‘土地法’第一百零四条第二项，系就基地租赁，其地上权人、典权人、承租人及基地所有人之优先承买权而为规定，于同法第三十四条之一第四项所定共有人之优先承购权，无其适用。”

并行使优先购买权，以成立买卖契约。[292] 再者，强制执行程序拍卖亦属买卖之一种，故法院拍卖基地时，即应践行书面通知程序，如承租人未以书面表示承受者，视为放弃优先权。如本条承租人之优先购买权与共有人之优先承买权相竞合时（即已出租基地之共有人将其应有部分出卖），依物权优先债权原则，应以承租人之优先权最为优先。[293] 最后，在优先权人依法行使优先权时，实务见解有认为其即有占有权源，不生无权占有之问题。[294]

（五）买卖不破租赁

"民法"第四百二十六条之一规定："租用基地建筑房屋，承租人房屋所有权移转时，其基地租赁契约，对于房屋受让人，仍继续存在。"[295] 本条

292 "最高法院"1977 年度台上字第 3681 号判例："依行使优先承买权所成立之契约，与当事人任意所成立之契约，性质并无不同，若该契约有解除原因，非不得将其解除。"

293 "最高法院"1987 年度台上字第 2803 号判决："租赁非如消费借贷移转物之所有权于相对人之契约，仅使承租人就其物而为使用收益。故出租人对出租物有无所有权或其他权利，全非租赁之成立要件（本院 1961 年台上字第二八四号判例参照）。因之共有人中有将共有物之特定部分出租他人者，无论是否已得其他共有人之同意，租赁契约于该当事人间仍系有效成立。倘该租赁契约未经他共有人否定或排除，于出租共有物之共有人出售其应有部分时，为贯彻'土地法'第一百零四条规定承租人有优先购买基地之权，在使承租人取得基地所有权，以维护建筑物之经济价值，并简化法律关系之立法意旨，该承租人自有依同样条件优先购买之权。"

294 "最高法院"2002 年度台上字第 1033 号判决："按基地出卖时，地上权人、典权人或承租人有依同样条件优先购买之权，'土地法'第一百零四条第一项前段定有明文。此所谓'优先购买权'，系指成立买卖契约之形成权而言，亦即学说上所称之'先买权'或'先买特权'，依同条第二项后段'出卖人未通知优先购买权人而与第三人订立买卖契约者，其契约不得对抗优先购买权人'之规定，该优先购买权，具有物权之效力。果黄××妃确有前述具物权效力之优先购买权，且未经其放弃或有何丧失之原因，并表明愿以王×村与被上诉人间买卖土地同样条件购买系争土地，则依此形成权行使之结果，被上诉人能否主张上诉人为无权占有系争土地，而诉请上诉人拆屋还地、给付相当租金之损害金或迁离系争房地，即非无疑。乃原审未详加研酌，遽以优先购买权人仅得诉请确认其优先权存在，涂销已为之土地所有权移转登记，与优先购买权人补订买卖契约，协同办理土地所有权移转登记，在该诉讼获胜诉判决确定，取得土地所有权之前，非当然对房屋之基地有合法使用之权源等词，而为上诉人不利之判决，于法自欠允洽。"

295 最高法院 1929 年度上字第 2957 号判例："于他人土地有建筑房屋之租赁权或其他之权利，在其权利存续间，房屋与基地固归属各别之所有人，但其权利消灭时，房屋所有人既无使用基地之权，则除基地所有人自愿留买该房屋或法律上别有规定外，房屋所有人当然有回复原状，交还基地之义务。"（本书认为本判例与新"民法"第四百二十六条已有未合，应不再援用。）

同院 1959 年度台上字第 227 号判例："租地建屋之契约如无相反之特约，自可推定出租人于立约时即已同意租赁权得随房屋而为移转，故承租人将房屋所有权让与第三人时，应认其对于基地出租人仍有租赁关系之存在，所谓相反之特约，系指禁止转让基地上所

规定与“民法”第四百二十五条规定相同，通说认为为法定的契约承担，惟本书对此持保留态度。[296]

四、基地租赁之变更

除“土地法”第一百零四条有优先承买权之规定外，基地租赁之变更（包括继承与让与），土地法并无特别规定，自应适用民法之一般规定，详如前述，于兹不再重复。

五、基地租赁之消灭

（一）租期届满

租赁期间届满，基地租赁契约当然消灭，故为其消灭原因之一。

（二）终止契约

“土地法”第一百零三条规定：“租用建筑房屋之基地[297]，非因左列

（接上页）建房之特约而言。”（本则判例于2002年10月15日经“最高法院”2002年度第十三次民事庭会议决议不再援用。）

同院1963年度台上字第2047号判例：“租用基地建筑房屋，如当事人间无禁止转让房屋之特约，固应推定出租人于立约时，即已同意租赁权得随建筑物而移转于他人，但租赁权亦属债权之一种，其让与非经让与人或受让人通知出租人，对于出租人不生效力，此就民法第二百九十七条之规定推之而自明。”（本则判例于2002年10月15日经“最高法院”2002年度第十三次民事庭会议决议不再援用。）

同院1953年度民、刑庭总会会议决议：“租地建屋之契约，如无相反之特约，自可推定出租人于立约时即已同意租赁权得随房屋而为移转。故承租人将房屋所有权让与第三人，应认其对于出租人，有租赁关系之存在。（同丑说）”

296 拙著，建筑物所有权与基地利用权之一体化——以基地租赁权之利用型态为中心，收录于商事法暨财经法论文集——王仁宏教授六十岁生日祝贺论文集，月旦出版有限公司，1999年8月初版，第三一页以下。

297 “最高法院”1955年度台上字第133号判例（同注242）。

同院1957年度台上字第878号判例：“上诉人以不定期限向被上诉人承租土地，于租约内载明租作汽车置场之用，而‘汽车置场’一语，望文生义，自系指放置汽车之场所而言，不应解作‘建筑汽车修理工厂之场所’，故此项单纯租地以充放置汽车而非建筑房屋之契约，其终止与否，应依‘民法’第四百五十条第二、三项之规定办理，并无‘土地法’第一百零三条规定之适用。”

同院1957年度台上字第1168号判例：“系争土地之地目虽经编列为建筑物基地，然两造间之租赁契约既经订明以堆置木材并敷设轻便铁轨之需，显与‘土地法’第一百零三条所谓租用建筑房屋之基土地有别，其契约之终止，自不受该法条所定要件之限制。”

同院1959年度台上字第1920号判例：“单纯租地以充堆炭及牛圈之用，与租地建屋之性质并非相同，故‘土地法’第一百零三条之规定，于此项契约无其适用，倘其契约为不定期限者，依‘民法’第四百五十条第二项前段规定，出租人尚得随时终止租约。”

情形之一，不得收回[298]：一、契约年限届满时。[299] 二、承租人以基地供违反法令之使用[300] 时。三、承租人转租基地于他人时。[301] 四、承租人积欠

(接上页) 同院 1960 年度台上字第 148 号判例："走廊乃房屋之一部，上诉人于走廊内所隔之板屋，既系以被上诉人之二楼为屋顶，而以其屋柱为墙壁，则本件租赁即与'土地法'第一百零三条所谓租用建筑房屋之基地有别，而属同法第一百条规定适用之范围。"

同院 1981 年度台上字第 1293 号判决："上诉人既非就房屋全部承租，以并及于附属之骑楼，而仅系就骑楼部分之土地承租设摊，自非房屋及基地之租赁可比，应无'土地法'第一百条及第一百零三条规定之适用，依'民法'第四百五十条第二项规定当事人得随时终止租约。"

同院 1959 年度第 4 次民庭总会会议决议："甲将基地租与乙，约明堆置材料，并许乙搭盖竹棚遮蔽，甲收回土地时，不受'土地法'第一百零三条之限制。"

298 "最高法院" 1962 年度台上字第 2987 号判例："租用建筑房屋之基地，非有'土地法'第一百零三条所列各款情形之一，出租人不得收回，纵该地上所建之房屋因故灭失，而租用基地之契约要未失其存在，承租人仍得申重建，且其申请重建之屋，除契约别有约定者从其约定外，不问是否与原状相符，出租人均负有同意重建之义务。"

同院 1962 年度第 2 次民、刑庭总会会议决议："租用建筑房屋之基地非有'土地法'第一百零三条所列各款情形之一，出租人不得收回，乙向甲租地所建之房屋，虽告灭失，而租用基地之契约，要未失其存在，且其申请重建之屋，不问是否与原状相符，甲均负有同意重建之义务，但契约别有约定者，从其约定。"

同院 2002 年度台上字第 1876 号判决："原审以两造间就系争土地之不定期租地建屋契约既仍有效存在，且被上诉人在其上之原建物，系因彰化县'政府'为拓宽道路之故，而自行拆除，亦非因建物不堪使用而灭失，则依本院 1962 年台上字第二九八七号判例及 1996 年度台上字第七九〇号判决，被上诉人自得申请重建，上诉人亦负有同意重建之义务。惟按本院 1962 年台上字第二九八七号判例意旨所谓房屋因故灭失，系指房屋因火灾焚毁等意外事故而致灭失者而言。查被上诉人在系争土地上之原建物，原审既认定系渠等因彰化县'政府'拓宽道路而自行拆除，则被上诉人自行将原建物全部拆除而不存在，能否认系前揭判例所谓之因故灭失，即非无疑。乃原审就此未详予调查审认澄清，即依该判例所示意旨，而为上诉人不利之判决，自属可议。"

299 "最高法院" 1985 年度台上字第 161 号判决："'民法'第四百五十一条规定所谓租赁或租赁物，并无房屋租赁或基地租赁之分，本院 1953 年台上字第一二二号判例及 1980 年台上字第二二八五号判决，系就该条规定之出租人不即表示反对之意思而为阐释，又'土地法'第一百零三条第一款规定，亦不排除'民法'第四百五十一条之适用，是确定判决引用上开判例或判决所为不利于上诉人之判决，尚难谓有适用法规显有错误之情形。"

300 "最高法院" 1952 年度台上字第 95 号判例："'土地法'第一百零三条第二款，所谓承租人以基地供违反法令之使用时，系指以基地或基地一之房屋供违反法令之使用者而言，租用基地建筑房屋未依建筑法领得建筑执照，仅属私有建筑违反许可之规定，并非以基地或基地上舻房屋供违反法令之使用，自难认为与该条款所定之情形相符。"

301 "最高法院" 1963 年度台上字第 680 号判例："'土地法'第一百零三条第三款所谓转租基地于他人，不以全部转租为限，即对于一部转租亦得就全部租赁关系予以终止。"

同院 1990 年度台上字第 2678 号判例："房屋所有人与基地所有人间就基地有租赁关系，如其订立租约当初无特别反对之约定，房屋所有人将其房屋一部分供与他人使用，是为所有人对于地上房屋使用收益权之行使，无论该他人为其亲属或向其租借之人，均与单纯之基地转租有别，尚难构成终止基地租约之原因。"

租金额，除以担保现金抵偿外，达二年以上时。五、承租人违反租赁契约[302]时。”[303]本条第一款仅适用定期租赁，同条第二至五款不问是否定有期限，均有适用。[304]盖房屋造价甚巨，存在年限亦久，故纵为不定期契约，出租人亦不得任意终止租约收回租地，以保承租人之权益。又出租人如以本条第四款地租积欠达两年之总额为终止租约之事由者，出租人仍须践行“民法”第四百四十条之通知程序，始得终止租约。[305]因基地租赁允许出租人收取押租金，故此时计算积欠地租时，应扣除担保金（押租金）。

302 “最高法院”1980年度台上字第660号判决：“查‘土地法’第一百零三条第五款之规定，并不排除‘民法’第四百三十八条第二项之适用。承租人纵有违反约定方法而为租赁物之使用收益，如未经出租人阻止而仍继续为之者，出租人仍不得终止租约。”

同院1982年度台上字第110号判决：“承租人既未将系争基地上房屋不供作宿舍之用，而改作其他用途，现仍供作宿舍之用，虽受配该宿舍之使用人，即被上诉人庄杨×兰、何×飞加盖猪舍养猪，乃系就宿舍空地为便宜之经济利用。况彼等亦非从事大规模养猪事业，不过利用公余，饲养少数猪只，藉以增加收益，尚难以此认系违反租赁契约约定之使用目的。”

303 “最高法院”1951年度台上字第1636号判例：“‘土地法’第一百零三条之规定，并非禁止租用基地建筑房屋之契约附有解除条件，亦不排除民法所定解除条件成就之效果，上诉人与某甲所订如业主需要随时可拆还基地之特约，自应解为附有解除条件。”

304 “司法院”院解字第4075号解释（同注38）。

“最高法院”1953年度台上字第1094号判例：“‘土地法’第一百零三条各款并未设有出租人因收回自用，亦得收回出租建筑房屋之基地之规定，其第一款所谓契约限届满时，系指契约定有租用期限者而言，故惟于契约定有期限者始适用之，复经司法院院解字第四零七五号解释在案，则上诉人所称因收回自用，曾以认证书限被上诉人于三个月内拆屋交地云云，纵属非虚，亦为上开条款所不许。”

305 “最高法院”1980年度台上字第2625号判决：“基地承租人积欠地租达二年以上者，出租人得定相当期限催告承租人支付，如于期限内不为支付者，出租人虽得终止租约，但承租人如于其终止租约之声明到达前已为地租之支付（包括提存）者，出租人纵有声明，亦不生终止之效力。”

同院1983年度台上字第4249号判决：“基地出租人以承租人积欠租金达二年以上而收回该基地时，仍应依‘民法’第四百四十条第一项规定，对于支付租金迟延之承租人定相当期限催告其支付，承租人于期限内不为支付者，始得终止租约、收回土地。在租赁契约得为终止前，尚难谓出租人有收回基地请求权存在。”

同院1966年度第四次民庭总会会议决议：“基地租赁契约之两造约定，如承租人欠租达半年以上时，出租人得不催告径行终止租约。此项约定违背‘土地法’第一百零三条第四款之强制规定，依‘民法’第七十一条规定，应为无效。（同乙说）”

叁、房屋租赁

一、房屋租赁之意义

所谓房屋租赁，系指以使用收益为目的而租赁他人之房屋。我民法对于房屋租赁设有规定，“土地法”第三编第三章亦有房屋租赁之规定。

二、房屋租赁之成立

房屋租赁为不动产租赁，故其成立，应得适用“民法”第四百二十二条规定：“不动产之租赁契约，其期限逾一年者，应以字据订立之，未以字据订立者，视为不定期限之租赁。”

三、房屋租赁之效力

有关房屋租赁之效力，除民法中之规定外，须注意特别法中之规定：

(一) 租金之限制

1. “政府”出租：“土地法”第九十四条规定：“城市地方，应由‘政府’建筑相当数量之准备房屋，供人民承租自住之用。前项房屋之租金，不得超过土地及其建筑物价额年息百分之八。”

2. 私人出租：“土地法”第九十七条规定：“城市地方房屋之租金，以不超过土地及建筑物申报总价额年息百分之十为限。约定房屋租金超过前项规定者，该管市县政府得依前项所定标准强制减定之。”此规定实务上常用以认定无权占有他人房屋所生损害赔偿计算之参考[306]，但非惟一之依据。[307]

(二) 担保金之限制

1. 利息计算之限制：“土地法”第九十八条规定：“以现金为租赁之担保者，其现金利息视为租金之一部。前项利率之计算，应与租金所由算定之利率相等。”

2. 担保金金额之限制：“土地法”第九十九条规定：“前条担保之金额，不得超过二个月房屋租金之总额。已交付之担保金，超过前项限度者，承租人得以超过之部分抵付房租。”

306 “最高法院”1960年度台上字第1230号判例：“‘土地法’第九十七条及实施都市平均地权条例第四十二条、第四十三条，关于房屋及基地计收租金之规定，于损害赔偿事件虽非当然一体适用，然亦未尝不可据为计算赔偿之标准。”

307 “最高法院”1979年度台上字第3071号判例（同注196）。

四、房屋租赁之变更

房屋租赁之继承与让与，土地法中并无特别之规定，自应适用民法之一般规定，详如前述。

五、房屋租赁之消灭

（一）租期届满

（二）租约终止

“土地法”第一百条规定：“出租人非有下列情形之一，不得收回房屋：一、出租人收回自住[308]或重新建筑[309]时。二、承租人违反民法第四百四十三条第一项之规定转租于他人时。三、承租人积欠租金额，除以担保金抵偿外，达二个月以上时。四、承租人以房屋供违反法令之使用时。五、承租人违反租赁契约时。六、承租人损坏出租人之房屋或附着财物，而不为相当之赔偿时。”本条适用不包括定期租赁契约。[310]

308 “最高法院”1983年度台上字第1057号判决：“房屋租赁，出租人有收回自住之正当理由及必要情形时，得终止之。而所谓收回自住，并不限于收回以供出租人本人自住，兼包括收回供共同生活之家属自住者在内。且所谓共同生活之家属，亦不限于其为未成年人者。”同院1999年度台上字第2291号判决：“‘土地法’第一百条第一款所谓自住，固包括收回出租之房屋，以供自己营业之使用者在内，惟仍以有收回供自己营业使用之正当理由及必要，且能为相当之证明者为限。”

309 “最高法院”1971年度台上字第3027号判例：“‘土地法’第一百条第一款所谓收回重建之必要，不得仅以物理上坚固与否为准，如建物之价值与土地之利用价值显不相当，为配合都市之繁荣发展，亦应在斟酌之列。”
同院1975年度台上字第1387号判例：“‘土地法’第一百条第一款之收回重新建筑，不以房屋濒于倒塌为限，其因建造年久，使用逾龄，有碍都市发展，或与土地利用价值显不相当者，亦属之。”
同院1981年度台上字第1401号判例：“‘土地法’第一百条第一款所谓出租人收回重新建筑，系以充分利用土地为目的，故只须租赁物在客观上有重建之必要者，出租人即得依该款规定终止租约。至出租人收回房屋系由自己重新建筑，抑或与他人合建，甚至供由他人重建，均非所问。”
同院1982年度台上字第22号判决：“上诉人系拟在该房屋之旁空地上扩建，而非拆除该房屋，重新建筑，此与‘土地法’第一百条第一款之规定不符。”

310 “司法院”院解字第3489号解释（同注92）。
“司法院”院解字第3810号解释：“（三）租赁契约期限逾二十年者，依‘民法’第四百四十九条第一项之规定缩短为二十年，二十年届满后除有‘民法’第四百五十一条情形外，依‘民法’第四百五十条之规定，其租赁关系即于期限届满时消灭，自无‘土地法’第一百条之适用（参照院解字第三四八九号解释）。（四）租赁房屋约定按年年度交租或按年分春、夏、秋、冬四季终平均交租者，如系应适用第四百四十条第二项之租赁，仍应依该项办理，不适用‘土地法’第一百条第三款之规定。”

出租人如以本条第三款租金积欠达二个月之总额为终止租约之事由者，出租人仍须践行民法第四百四十条之通知程序，始得终止租约。[311] 因房屋租赁允许出租人收取押租金，故此时计算积欠租金时，应扣除担保金（押租金）。

肆、权利租赁

“民法”第四百六十三条之一：“本节规定，于权利之租赁准用之。”立法理由乃明文规定著作权与“国营”矿业权二种，此外尚有专利权、商标权、营业秘密与电路布局权之租赁。兹分述如下：

一、著作权租赁

（一）意义

著作权租赁，系指当事人约定，一方以“著作权”租与他方使用、收益，他方支付租金（使用费、授权金或权利金）之契约。著作权法称之为著作权之授权他人利用，因其具有偿性，当属租赁，得准用民法租赁之规定（“民法”第四百六十三条之一参照）。

须注意的是，“著作权法”第二十九条规定：“著作人专有出租其著作之权利。但表演不适用之。”此规定实际上系指将“著作物”出租之权利，与“著作权法”第三十七条第一项系将“著作权”授权他人利用，有所不同。至于“著作权法”第六十条第一项规定：“合法著作重制物之所有人，得出租该重制物。但录音及电脑程式著作之重制物，不适用之。”则与同法第二十九条之出租类似，仅系其租赁标的物为“著作重制物”，而非“著作物”原件，社会上录影带、VCD、DVD、小说、漫画、杂志等之出租均属之。

（二）成立

著作权之租赁（即授权使用），依“著作权法”第三十七条第一项规

311 “最高法院”1983 年度台上字第 283 号判决：“市场摊位租赁为房屋租赁之一种，而房屋租赁如约定承租人欠租时，出租人得径行终止租约，与‘土地法’第一百条第三款之强制规定有违，依‘民法’第七十一条规定，此项约定应属无效。”
同院 1998 年度台上字第 1922 号判决：“按不定期房屋租赁，出租人有收回自住之必要时，固得依‘土地法’第一百条第一款之规定随时收回该房屋。惟该条款之规定仅系限制出租人收回房屋之特别原因而已。如出租人依该条款以收回自住为由请求返还房屋者，自仍应依‘民法’第四百五十条第三项但书之规定向承租人先期通知并经合法终止后，始有收回该房屋请求权存在。”

定："著作财产权人得授权他人利用著作，其授权利用之地域、时间、内容、利用方法或其他事项，依当事人之约定；其约定不明之部分，推定为未授权。"著作权法并无任何要式之明文规定，故为不要式契约。

（三）效力

"著作权法"第三十七条第三、四项规定："非专属授权之被授权人非经著作财产权人同意，不得将其被授与之权利再授权第三人利用。专属授权之被授权人在被授权范围内，得以著作财产权人之地位行使权利。著作财产权人在专属授权范围内，不得行使权利。"故著作权之授权利用，有专属授权与非专属授权之分。非专属授权，著作财产权得授权多人，不受限制；专属授权，则系独占之许诺，著作财产权人不得再就同一权利更授权第三人使用，甚至授权人自己亦不得使用该权利。但注意著作人格权即姓名表示权可否出租？愚以为因其具有专属性，仅得为名义贷与之客体，但可随其著作财产权而供他人使用，否则无以保护著作权本身。

除著作权法有特别规定或授权利用（著作权租赁）契约（"著作权法"第三十七条第一项参照）约定外，准用民法关于租赁之规定。

二、国营矿业权租赁

（一）意义

"矿业法"第十三条规定："国营矿业权以外之矿业权，不得为租赁标的。但采矿权经核准租赁者不在此限，其核准办法，由'行政院'定之。"故原则上"国营"矿业权以外之矿业权，除经核准外，不得作为租赁标的。"矿业法施行细则"第六十九条规定："'国营'矿业权无探矿权、采矿权之分，其经营依左列之方式：一、经济部经营。二、委托其他中央机关经营。三、出租。"故"经济部"得将"国营"矿业权出租于第三人。

（二）成立

依"民法"第四百六十三条之一准用民法关于租赁之规定，于意思表示合致即成立生效，但如特别法须经核准并载明约定后，始生租赁（授权使用）效力者，则以书面为要件。

（三）效力

1. 内容："矿业法"第五十二条规定："'国营'矿业权出租时，其承租条件由经济部与承租人以契约定之。前项租约应载明承租期限及每年租金，并应斟酌该矿实地情形，定明每年最低产额及每年最低投资额。"

"矿业法施行细则"第七十一条规定："国营矿业权出租时，其出租之面积以本法第七条规定为准，并由'经济部'与承租人订立租赁契约，其契约标准另订之。"此等规定并未将"国营"矿业权租赁之内容明文规定，而系委由"经济部"与承租人以契约定之。

2. 租期："矿业法"第五十五条规定："'国营'矿业权之租期以二十年为限，期满后'国家'如不收回自营，承租人有继续租赁之优先权。""矿业法施行细则"第七十九条规定："已出租之国营矿业权，如租期届满，须收回自营时，'经济部'应于期满六个月前通知承租人。""矿业法施行细则"第八十条规定："'国营'矿业权租赁契约租期届满或经撤销，由'经济部'自营时，关于维护矿场安全之财产及设备，须留供'经济部'依法收购，原承租人不得拆废。"

3. 矿税之负担："矿业法"第七十七条规定："矿税分左列二种，由矿业权者分别缴纳。一、矿区税。二、矿产税。国营矿业权出租时，前项矿税由承租人缴纳之。"

4. 登记："矿业法施行细则"第七十五条规定："'国营'矿业之委托、出租及其变更事项，矿区所在地在'直辖市'者，'经济部'应通知直辖市主管机关登记；在县（市）者，'经济部'应予登记。""经济部"有制订矿业登记规则，俾供办理登记。

（四）矿业权租赁之变更

"矿业法"第九十七条规定："将矿业权典质或未经核准私将矿业权让与、抵押或租赁者，科七千元以下罚金，其契约无效。"此规定将刑事责任与民事责任同时规定在同一条文内，立法体例较为不妥。其中矿业权之典质或未经核准私将矿业权让与、抵押或租赁，其典质、让与、抵押或租赁之契约无效，解释上原租赁契约并非无效，仅"经济部"得终止"国营"矿业权租赁契约。

三、专利权租赁

（一）内容

专利权租赁，系指当事人约定，一方以"专利权"租与他方使用、收益，他方支付租金（权利金）之契约。专利法称之为专利权之授权他人实施，因其具有偿性，当属租赁，得准用民法租赁之规定（"民法"第四百六十三条之一参照）。

（二）成立

专利权之租赁（即授权他人实施），依"专利法"第五十九条规定：

"发明专利权人以其发明专利权让与、信托或授权他人实施，非经向专利专责机关登记，不得对抗第三人。"同法第一百十九条规定："新式样专利权人得就所指定施予之物品，以其新式样专利权让与、信托或授权他人实施，非经向专利专责机关登记，不得对抗第三人。但联合新式样专利权不得单独让与、信托或授权。"均采登记对抗主义。

（三）效力

"专利法"第六十条规定："发明专利权之让与或授权，契约约定有下列情事之一致生不公平竞争者，其约定无效：一、禁止或限制受让人使用某项物品或非出让人、授权人所供给之方法者。二、要求受让人向出让人购取未受专利保障之出品或原料者。"是为专利法之附合契约禁止规定。

除专利法有特别规定或授权实施（专利权租赁）契约约定外，准用民法关于租赁之规定。

四、商标权租赁

（一）内容

商标权租赁，系指当事人约定，一方以"商标权"租与他方使用、收益，他方支付租金（权利金）之契约。商标法称之为商标权之授权他人使用，因其具有偿性，当属租赁，得准用民法租赁之规定（"民法"第四百六十三条之一参照）。

依"商标法"第七十五条规定："证明标章或团体标章专用权不得移转、授权他人使用，或作为质权标的物。但其移转或授权他人使用，无损害消费者利益及违反公平竞争之虞，经商标主管机关核准者，不在此限。"证明标章或团体标章专用权不得授权他人使用，故原则上不得作为租赁标的物。

（二）成立

商标权之租赁（即授权他人使用），依"商标法"第二十六条第一、二项规定："商标专用权人得就其所注册之商品之全部或一部授权他人使用其商标。前项授权应向商标主管机关登记；未经登记者不得对抗第三人。授权使用人经商标专用权人同意，再授权他人使用者，亦同。"是采登记对抗主义。

（三）效力

除商标法有特别规定或授权利用（商标权租赁）契约约定外，准用民法关于租赁之规定。

五、营业秘密租赁

(一) 内容

营业秘密租赁，系指当事人约定，一方以“营业秘密”租与他方使用、收益，他方支付租金（权利金）之契约。营业秘密法称之为营业秘密之授权他人使用，因其具有偿性，当属租赁，得准用民法租赁之规定（“民法”第四百六十三条之一参照)。

(二) 成立

营业秘密之租赁（即授权他人使用)，依“营业秘密法”第七条第一项规定：“营业秘密所有人得授权他人使用其营业秘密。其授权使用之地域、时间、内容、使用方法或其他事项，依当事人之约定。”盖营业秘密具秘密性，无登记之公示规定，故不采登记对抗主义。

(三) 效力

除营业秘密法有特别规定或授权利用（营业秘密租赁）契约约定（尤其是保密义务外)，准用民法关于租赁之规定。

六、电路布局权租赁

(一) 内容

电路布局权租赁，系指当事人约定，一方以“电路布局权”租与他方使用、收益，他方支付租金（权利金）之契约。积体电路电路布局保护法称之为电路布局权之授权，因其具有偿性，当属租赁，得准用民法租赁之规定（“民法”第四百六十三条之一参照)。

(二) 成立

电路布局权之租赁（即授权他人使用)，依“积体电路电路布局保护法”第二十二条第一项第二款规定：“电路布局权有左列各款情事之一者，应由各当事人署名，检附契约或证明文件，向电路布局专责机关申请登记，非经登记，不得对抗善意第三人：二、授权。”亦采登记对抗主义。

(三) 效力

除积体电路电路布局保护法有特别规定或授权利用（电路布局租赁）契约约定，准用民法关于租赁之规定。

第六章

借　贷

【案例提示】

一、甲为了带女友乙去垦丁度假，向室友丙借一台TOYOTA，在旅途中甲不慎与丁所驾驶的货车擦撞，车子受有损害，交通警察调查后发现车祸是因为甲闯红灯所造成的。试问：

（一）丙得否向甲请求三天使用汽车的代价？

（二）甲对于该车应如何使用？其保管之注意义务为何？

（三）一般而言，甲应该于什么时候将汽车归还给丙？

（四）因为车子毁损，丙得向甲主张何种权利？

二、甲偷乙之物借予丙，是否成立借贷契约？

三、甲向乙借车一部后，若乙将该车：（一）出租；（二）贷与；（三）出卖，此时法律关系为何？

四、甲向建商乙购买房屋，因资金不够而向丙银行贷款三百万，贷款期间为二十年，而且以其所购买的房屋设定第一顺位抵押权于丙，以供贷款的担保。五年后甲因经商失败，无力再缴付贷款。试问：

（一）甲丙间的契约为何？

（二）甲丙贷款的利息是否受有限制？利息应于何时支付？

（三）甲未依约缴款，丙得如何行使其权利？

五、银行之汇款、邮局之划拨是否具有要物性？

六、甲店欠乙店三十万元，因甲店经营不善，经年余仍无法清偿其债务，甲乃以口头告知乙：“从此以后该欠款所生之利息，滚入原本。”并愿意月付二分之利息。若经乙之同意后，此约定是否有效？属何性质？

七、下列情形是否成立消费借贷？

（一）甲向乙借空白支票乙张。

（二）甲向乙借十万元，乙开十万元之支票予甲。

（三）甲向乙借十万元，约定由乙交由甲之债权人丙。

（四）甲向乙借十万元，乙无现金，但表示“我现开的车拿去当十万元借给您”。

第一节 总说

壹、借贷之意义

谨就借贷关系整理如下：

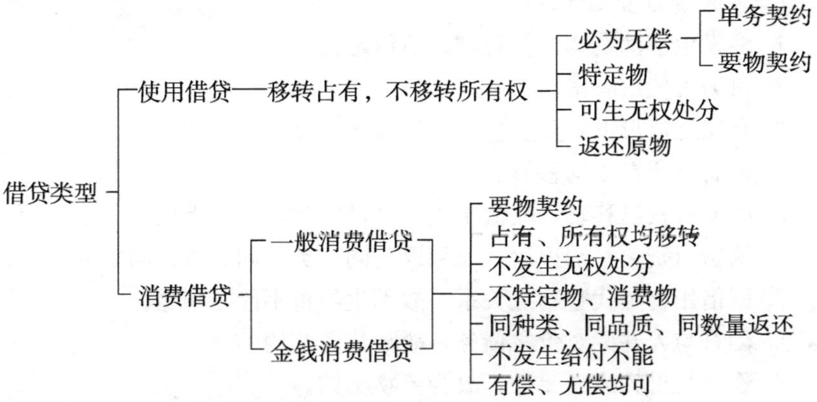

所谓借贷，英美法称之 loan，乃借用他人之物之契约，故借贷须由贷与人、借用人及借用物之关系所组成。

贰、借贷之立法例

就立法例而言，借贷属于债权契约。编制上，有些国家将之分列为使用借贷与消费借贷二者，而不用“借贷”之总称。台湾地区民法则冠以“借贷”之总称，其下再分为使用借贷与消费借贷二款。[1] 了解使用借贷与

1 史尚宽，债法各论，作者自刊，1986 年 11 月台北六刷，第二四五页。郑玉波，民法债编各论，上册，作者自刊，1992 年 10 月十五版，第三〇〇页。邱聪智，新订债法各论，上册，2002 年 10 月初版第一刷，作者自刊，第四八五页，

消费借贷之特征，则对借贷之基本关系，未见其条文规定，亦知其大要：

（一）使用借贷之特征：

1. 使用借贷为无偿，若有报酬，则为租赁。

2. 仅移转占有，不移转所有权。

3. 使用借贷关系消灭后，须返还原物。

4. 发生于特定物、不代替物、非消费物。

5. 因无报酬，故基本上无瑕疵担保责任。

6. 性质为继续性契约，仅生终止契约之问题。

7. 物之交付为成立要件，故为要物契约。

8. 贷与人须容忍借用人使用借用物，但无对价，故为片务契约。

9. 因不移转所有权，故如擅自处分，可产生无权处分之问题。

10. 因借用物为特定物、不代替物之关系，可能发生给付不能之问题。

（二）消费借贷之特征：

1. 多发生于消费物、代替物、不特定物。

2. 可为无偿或有偿。

3. 有偿之情形下，可发生瑕疵担保之问题。

4. 占有与所有权均移转。

5. 因所有权已移转，故借用人处分借用物，不生无权处分之问题。

6. 消费借贷关系消灭后，仅须返还同种类、同品质、同数量之物。

7. 因借用物为代替物之关系，故不生给付不能之问题。

8. 因贷与人并无对价之债务，故为片务契约。

9. 物之交付为成立要件，故为要物契约。

兹就使用借贷与消费借贷相同点及相异点整理如下：

<table>
<tr><th>类　　型</th><th>使用借贷</th><th>消费借贷</th></tr>
<tr><td>要物契约</td><td colspan="2">物之交付为成立要件，故为要物契约</td></tr>
<tr><td>继续性契约</td><td colspan="2">仅生终止契约之问题</td></tr>
<tr><td>片务契约</td><td colspan="2">贷与人须容忍借用人之使用借用物，但无对价，故为片务契约</td></tr>
<tr><td>所有权</td><td colspan="2">不以贷与人有所有权为要件</td></tr>
<tr><td>性质</td><td>无偿契约，若有报酬者，则为租赁</td><td>可为无偿或有偿</td></tr>
<tr><td>标的物</td><td>发生于特定物、不代替物、非消费物</td><td>发生于消费物、代替物、不特定物</td></tr>
<tr><td>移转效力</td><td>仅移转占有，不移转所有权</td><td>占有与所有权均移转</td></tr>
</table>

续前表

类　　型	使用借贷	消费借贷
瑕疵担保	无报酬，基本上无瑕疵担保责任	有偿之情形下，可发生瑕疵担保之问题
给付不能	可能发生给付不能之问题	不生给付不能之问题
无权处分	可发生无权处分之问题	不发生无权处分之问题
借贷消灭后之返还	须返还原物	须返还同种类、同品质、同数量之物

第二节　使用借贷

壹、使用借贷之意义与性质

一、使用借贷之意义

“民法”第四百六十四条规定：“谓当事人一方以物交付他方，而约定他方于无偿使用后返还其物之契约。”[2] 兹就使用借贷意义分述如下：

（一）使用借贷系一方以物无偿贷与他方使用之契约

使用借贷之使用为无偿，故虽使用借贷之名称而约定报酬者，性质上为租赁（租金）而非使用借贷[3]，例如互换土地使用或耕作[4]，但亦有

2　1999.4.21民法债编修正本条理由：“民法规定之使用借贷，通说认系要物契约，于当事人合意外，更须交付借用物始能成立。惟依原条文及第四百六十五条合并观察，易使人误认为使用借贷为诺成契约，而以物之交付为其生效要件。为免疑义，爰予修正。”

3　“最高法院”1957年度台上字第519号判例：“因使用租赁物而支付之对价，即为租金，其约定之称如何，原非所问。上诉人使用系争房屋，依调解结果，按月应给付被上诉人稻谷一百五十台斤，不得谓非使用房屋之对价，应不因其名为补贴而谓非属租金性质。”
同院1983年度台上字第835号判决：“查使用借贷与租赁，虽同为当事人约定一方以物交他方使用，但二者性质迥不相同。在使用借贷，应为无偿。如系有偿，不论其名称如何，以及契约所用之文字如何，均不得谓非租赁。”（同院1991年度台上字第78号判决同旨。）

4　“最高法院”1978年度台上字第2488号判例：“使用借贷必系无偿，有偿则非使用借贷。换耕田地，互有对价关系，自非无偿。”
同院1986年度台上字第1594号判决：“两造互换土地使用，彼此有对价关系，均非无偿，其性质属互为租赁，并非无偿使用借贷。被上诉人承租系争土地作为房屋基地，非有法定原因，出租人不得终止租赁契约收回土地。”

可能发生寄托（保管费）之情形。虽于使用关系存续中，贷与人有容忍借用人使用借用物之义务，但此容忍义务并非双务契约之对价，且使用借贷系无偿契约，故多数学者认为使用借贷乃属片务契约（单务契约），亦有学者称使用借贷为“非真正双务契约”或“不完全双务契约”[5]。此外，使用借贷仅限于使用，则若借用人以之为收益，即构成不当得利。本条仅云“物”，故其标的物为动产或不动产均可，惟以动产为常。

使用借贷契约的目的是“使用”[6]标的物，与消费借贷契约的目的是“消费”标的物不同，故使用时不可以消费之方法为之。例如借用汽车驾驶兜风，借用音响播放音乐；纵使借用消费物亦不可以消费之方法为之，例如借用洋酒不能饮用，仅能摆饰陈列，如果饮用，即为消费，非使用借贷。

（二）使用借贷仅为交付物之契约

使用借贷借用物之交付，不以现实交付为限[7]，故除现实交付外，尚可包括观念交付、简易交付（例如先租后借）、指示交付（例如先租与他人后，再借与第三人，而让与返还请求权），但不包括占有改定，因无实益可言。

（三）使用借贷为并未移转所有权之契约

使用借贷并未移转所有权，为性质所使然，故使用借贷与买卖、赠与及消费借贷均不同。又因使用借贷并未移转所有权，故常有借用物无

（接上页）同院1988年度台上字第410号判决：“约定交互使用土地，并非无偿，不能认为使用借贷；又未约定移转土地所有权，亦不能认为互易，衡其性质应属互为租赁。”
同院1994年度台上字第2544号判决：“使用他人之物，如为无偿，即系借贷；如为有偿，则属租赁，此乃二者区别之所在。互相交换土地使用契约，系一方以土地交付他方使用为对价，而使用向他方换来之土地，既属有偿，性质上即与租赁无殊。租赁契约，依‘民法’第四百二十五条规定，对于受让租赁物之第三人仍继续存在。又共有物之分管契约虽属债权契约性质，但对于契约成立后以恶意受让应有部分之第三人，仍有拘束力（‘司法院大法官会议’释字第三四九号解释参照）。”

5 史尚宽，前揭书，同注1，第二四六页。郑玉波，前揭书，同注1，第三〇二页。

6 “最高法院”1997年度台上字第2710号判决：“‘民法’第四百六十四条规定称使用借贷者，谓当事人约定，一方以物无偿贷与他方使用，他方于使用后，返还其物之契约，可见使用借贷契约之‘通常目的’即在使借用人得以使用借用物，此与同法第四百七十条第一项所谓‘依借贷之目的’而定其使用期限者，乃专指借用人为‘特定目的’而借用借用物之情形，未尽相同。是故当事人于订立使用借贷契约时，对使用方法与使用范围为约定，于借用人而言，应仅系通常使用目的所为之限制而已，尚难因之即谓该使用借贷有‘民法’第四百七十条第一项‘依借贷之目的’定其使用期限规定之适用。”

7 邱聪智，前揭书，同注1，第四九四页。

权处分之问题发生。

（四）使用借贷系借用人于使用后返还原物之契约

使用借贷于借用人使用完毕后，借用人应该返还原物，而不同于消费借贷系标的物消费后，应该返还同品质、种类、数量之物，例如借车兜风，借完后应将原车返还贷与人（使用借贷）；借一瓶米酒做菜用完，返还之米酒即非原瓶米酒（消费借贷）。故于使用借贷，如因为可归责于借用人之事由，导致借用物灭失者，借用人应负损害赔偿责任（“民法”第四百六十八条参照）。

二、使用借贷之性质

（一）有名契约

使用借贷规定于“民法”债编各论第六节，故为一有名契约。

（二）债权契约

使用借贷为债权契约，非物权契约，纵无所有权亦得本于贷与人之地位，请求借用人返还其借用物，故与出卖人、出租人同，贷与人并不以具有所有权为必要。[8]

（三）无偿契约

“民法”第四百六十四条已明文规定使用借贷之使用为无偿，故使用借贷性质为无偿契约。[9]

（四）片务契约

使用借贷仅借用人负返还义务，而交付借用物为使用借贷之成立要件，并非贷与人之义务，使用关系存续中，贷与人固有容忍借用人使用借用物之消极义务，但此容忍义务并非双务契约之对价，故贷与人并未

8 “最高法院”1961年度台抗字第166号判例：“使用借贷，乃债权契约，非物权契约，贷与人对借用物纵无所有权，亦可本于贷与人地位请求借用人返还，亦即使用借贷之成立与所有权之有无，并无牵连关系，不生‘民事诉讼法’第一百八十二条所定中止诉讼程序之问题。”

9 “最高法院”1954年度台上字第61号判例：“使用借贷原属无偿契约，并不能因停止收取费用，作为借贷关系消灭之论据。”

同院1995年度台上字第2627号判决：“租赁与使用借贷，均系将物交付他人使用，其区别主要在于使用人是否支付代价予交付人，故如土地所有人将土地交付他人使用，仅由使用人负担于收受税单后代为缴纳税捐，并非以之为使用土地之代价者，乃属无偿之使用借贷，即所谓附负担之使用借贷。”

同院1998年度台上字第495号判决：“租赁契约与使用借贷契约均系以使用他人之物为要件，所不同者，在于契约中如有支付对价之约定，即属租赁，而未按约定支付对价，则属积欠租金之问题，与使用借贷契约应为无偿，性质上迥不相同。”

负有任何对待义务，故如前所述，多数学者认为使用借贷乃属片务契约（单务契约），亦有学者称使用借贷为“不完全双务契约”[10]。

（五）要物契约

“民法”第四百六十四条规定谓当事人一方以物“交付”他方，可知使用借贷为要物契约，至于交付之方法，不以现实交付为限。[11]

使用借贷系以物之交付为成立要件，而非生效要件。如采生效要件者，于双方为使用借贷之合意后，未依约为物之交付者，有信赖利益赔偿之问题；如采成立要件者，未依约为物之交付时，契约尚不成立，除有“民法”第二百四十五条之一所定缔约过失情形外，不生信赖利益赔偿之问题。

（六）不要式契约

使用借贷契约不以书面为成立要件，故为不要式契约。

（七）继续性契约

依“民法”第四百七十条规定，使用借贷契约可分为定有期限与未定期限，故使用借贷为继续性契约。

贰、使用借贷之成立

一、意思表示合致

使用借贷为债权契约，以双方意思表示合致为契约成立要件。[12]

二、以借用标的物之交付为成立要件

使用借贷契约当事人约定借用标的物时，契约除应依双方意思表示合致而成立外，使用借贷以物之交付为成立要件，故属要物契约，如未交付借用标的物者，使用借贷即尚未成立。“民法”债编修正时将第四百

10 郑玉波，前揭书，同注1，第三〇二页。

11 “最高法院”1970年度台上字第2401号判例：“使用借贷，固因借用物之交付而生效力，但交付之方法，不以现实交付为限。贷与人将其出租于他人之物出借时，得将对该他人之返还请求权，让与于借用人，由借用人直接向该他人请求返还，以代现实之交付。”（本则判例于2001年4月17日经“最高法院”2001年度第四次民事庭会议决议删除。）

12 “最高法院”1996年度台上字第3034号判决：“使用借贷为债权契约之一种，仍须当事人就一方无偿以物贷与他方使用，他方允于使用后返还其物等契约必要之点，互有合致之意思表示，该项契约始能成立，此观‘民法’第一百五十三条、第四百六十四条之规定自明。”

六十五条规定予以删除，目的即在防止日后有将物之交付误认为是使用借贷之生效要件。[13]

三、使用借贷契约之预约

为缓和使用借贷之要物性，"民法"第四百六十五条之一规定："使用借贷预约成立后，预约贷与人得撤销其约定。但预约借用人已请求履行预约而预约贷与人未即时撤销者，不在此限。"[14] 因此，"民法"债编修正后承认使用借贷的预约。所谓使用借贷的预约，系以将来成立使用借贷本契约为标的之一种预约。此时借用物须尚未交付，如已经交付者，使用借贷契约已成立，直接适用使用借贷之规定即可，何必适用预约之规定呢？使用借贷之预约成立后，预约借用人可以依照使用借贷预约向预约贷与人请求订定本约（即交付借用物），此时预约贷与人尚得反悔，于被请求时即时撤销预约，预约撤销后，视为自始不存在（"民法"第一百十四条第一项参照）。如未即时撤销预约者，预约贷与人嗣后不得撤销预约，须履行本约将借用物交付借用人。但何谓"未即时"？愚以为可以一般交易观念所认为之相当时期定之[15]（"民法"第四百五十一条关于默示更新规定参照）。

"民法债编施行法"第二十五条规定："修正之'民法'第四百六十五条之一之规定，于'民法'债编修正施行前成立之使用借贷预约，亦适用之。"[16] 故使用借贷预约之规定有溯及力。

13　旧"民法"第四百六十五条规定："使用借贷，因借用物之交付，而生效力。"1999.4.21 民法债编各论删除本条理由："原条文之规定，易使人误为借用物之交付为使用借贷之生效要件。为配合第四百六十四条之修正，爰删除本条。"

14　1999.4.21 民法债编增订本条理由："一、本条新增。二、使用借贷为要物契约，常先有预约之订立，惟其亦为无偿契约，故于预约成立后，预约贷与人如不欲受预约之拘束，法律应许其撤销预约，始为合理。但预约借用人已请求履行预约而预约贷与人未即时撤销者，应限制其复任意撤销其预约。爰参照第四百零八条第一项、第二百六十九条第二项规定，增订本条。"

15　最高法院 1948 年度上字第 8288 号判例："'民法'第四百五十一条所谓不即表示反对之意思，系指一般交易观念所认为相当之时期内，不表示反对之意思而言，此项意思表示亦不必以明示之方法为之。"

16　1999.4.21 民法债编本条增订理由："一、本条新增。二、'民法'修正第四百六十五条之一增订有关撤销使用借贷预约之规定，该规定可厘清有关撤销使用借贷预约之争议，对预约之双方当事人亦称公允，是宜于修正前后成立之使用借贷预约一并使用，爰增设本条规定。"

叁、使用借贷之效力

一、对借用人之效力

（一）使用权

使用权为一权能，并非直接对于借用物支配之独立权利，故与租赁权不同。[17]

（二）借用物使用之限制

1. 使用方法之限制："民法"第四百六十七条第一项规定："借用人应依约定方法，使用借用物；无约定方法者，应以依借用物之性质而定之方法使用之。"借用人违反约定或依物之性质而定之方法使用借用物者，依"民法"第四百七十二条第二款前段之规定，贷与人得终止契约。因违反使用方法之终止事由，使用借贷与租赁契约有所不同。前者得径行终止契约；后者须依"民法"第四百三十八条之规定，出租人须先加阻止，如不听从而仍继续为之时，出租人始得终止契约。

2. 使用人之限制：使用借贷因具有浓厚的信任关系，故"民法"第四百六十七条第二项规定，借用人非经贷与人之同意，不得允许第三人使用借用物。如借用人未经贷与人同意而允许第三人使用借用物者，贷与人亦得终止契约（"民法"第四百七十二条第二款后段）。[18] 此所谓第三人，应排除使用人之辅助人及性质上当然默示允许使用者如帮手或家属等同居人[19]，除此之外，凡以使用权让与等方式处分借用物者，均包括在内。

（三）保管义务

使用借贷虽为无偿，惟因系借用人之一方受利益，故依"民法"第四百六十八条第一项之规定，借用人应以善良管理人之注意，保管借用物。若借用人违反此项义务，致借用物毁损、灭失者，则须负损害赔偿责

17 郑玉波教授认为，借用人之使用权乃"得为权"而非"能为权"。请参见郑玉波，前揭书，同注1，第三〇五页。

18 "最高法院"1960年度台上字第381号判例："使用借贷为无偿契约，原属贷与人与使用人之特定关系，除当事人另有特约外，自无移转其权利于第三人之可言。倘借用人未经贷与人同意，擅将借用物转让第三人使用者，贷与人自得终止契约。"

19 "最高法院"2002年度台上字第1388号判决："查借用人未经贷与人同意，允许第三人使用者，贷与人得终止契约，为'民法'第四百七十二条第二款所明定，该所谓'允许第三人使用'者，除第三人系受借用人之指示而占有借用物之占有辅助人或借用人伦理上之同居人外，凡以使用权让与等方式处分借用物者，均包括在内。"

任。但依约定之方法或依物之性质而定之方法使用借用物，致有变更或毁损者，不负责任（“民法”第四百六十八条第二项），因其为自然损耗也。

（四）费用之负担

1. 通常保管费用之负担：依“民法”第四百六十九条第一项规定：“借用物之通常保管费用，由借用人负担。借用物为动物者，其饲养费亦同。”所谓保管费，系指为维持借用物之性质所必要之费用，应由借用人负担。

2. 有益费用之负担：依“民法”新增第四百六十九条第二项规定：“借用人就借用物支出有益费用，因而增加该物之价值者，准用第四百三十一条第一项之规定。”[20] 又“民法”第四百三十一条第一项规定：“承租人就租赁物支出有益费用，因有增加该物之价值者，如出租人知其情事而不为反对之表示，于租赁关系终止时，应偿还其费用。但以其现存之增价额为限。”故借用人就借用物支出有益费用，因而增加该物之价值者，准用“民法”第四百三十一条第一项之规定，如贷与人知其情事而不为反对之表示，于使用借贷关系终止时，贷与人应偿还“现存之增价额”，其理论系基于不当得利而来。又“民法”第四百六十九条第三项已明白规定工作物取回权，故无须准用“民法”第四百三十一条第二项之规定。再者，借用人依“民法”第四百六十九条所定有益费用偿还请求权，自借贷关系终止时起算，因六个月间不行使而消灭（“民法”第四白七十三条规定参照）。

（五）工作物取回权

依“民法”第四百六十九条第三项规定：“借用人就借用物所增加之工作物，得取回之。但应回复借用物之原状。”借用人就借用物所增加之工作物，借用人得取回之。借用人不取回时，并不能向贷与人请求返还其价额，且贷与人得请求借用人回复原状。借用人之工作物取回权，自借贷关系终止时起算，因六个月间不行使而消灭（“民法”第四百七十三条规定参照）。

（六）返还借用物之义务

1. 返还时期：“民法”第四百七十条规定：“借用人应于契约所定期限届满时，返还借用物；未定期限者，应于依借贷之目的使用完毕时返还之。但经过相当时期，可推定借用人已使用完毕者，贷与人亦得为返还之请求。借贷未定期限，亦不能依借贷之目的，而定其期限者，贷与

20 1999.4.21 民法债编修正本条项理由：“原条文就借用人支出有益之费用，于借贷关系终止时，并无得请求偿还之明文。查外国立法例借用人就借用物支出之有益费用，大都由贷与人负责偿还，爰仿外国立法例，增订本条第二项，以杜争议。”

人得随时请求返还借用物。”依此规定，可知[21]：

（1）终止契约：借用人应于终止契约时负返还义务。

（2）定有期限：期限届满时返还。

（3）未定期限：应于依借贷之目的使用完毕时返还。[22] 但经过相当时期，可推定借用人已使用完毕者，则贷与人得随时请求返还。惟概念上应有一客观之标准，即须有一相当之期间经过。此一相当期间，应就借用目的、经过期间即借用人之经济状况，目前有无再使用该借用物之必要等一切情状，加以审酌，以定期使用目的是否已完毕，不能一概认必须俟借用物不堪使用，始谓借贷目的已使用完毕。[23] 例如借用上课笔记以

21 “最高法院”1958年度台上字第101号判例：“物之所有人本于所有权之效用，对于无权占有其所有物者请求返还所有物，与物之贷与人，基于使用借贷关系，对于借用其物者请求返还借用物之诉，两者之法律关系亦即诉讼标的并非同一，不得谓为同一之诉。”

22 “最高法院”1987年度台上字第159号判决：“‘民法’第四百七十条第一项规定未定期限之使用借贷，其借用人应于依借贷之目的使用完毕时，返还借用物与贷与人，此系使用借贷终了之当然原因之一，与具有同法第四百七十二条所列各款事由，须待贷与人为终止之意思表示，始生合法终止使用借贷之情形迥异。”

同院1986年度台上字第2374号判决：“使用借贷未定期限者，借用人应于依借贷之目的使用完毕时返还借用物，此观‘民法’第四百七十条第一项之规定自明，此际，于依借贷之目的使用完毕之时，使用借贷关系终了，斯时起，使用借贷关系归于消灭，此与借用人是否已受返还之请求无关，盖此种情形，与同条第一项但书以及同条第二项所定情形，需经贷与人请求返还时，借贷关系始行终了者不同。故借用人于依借贷之目的使用完毕时，倘未返还借用物，仍继续占用时，即属无法律原因而受有利益，贷与人如因此受有损害者，非不得请求返还其利益。”

23 “最高法院”1996年度台上字第1952号判决：“使用借贷未定期限者，应依借贷之目的使用完毕时返还之，‘民法’第四百七十条第一项定有明文。所谓‘依借贷之目的使用完毕时’，系指借用人因达成某目的而向出借人借用其物，嗣后其目的已因而达成，无须再继续使用者而言。如借用人之目的有继续性，借用物一经返还，即妨害借用人目的之继续时，即难谓借贷目的已经完毕。”

同院1997年度台上字第2552号判决：“使用借贷未定有期限而定有使用之目的者，应于其借贷目的使用完毕时返还之，但经过相当时期，可推定借用人已使用完毕者，贷与人亦得为返还之请求，‘民法’第四百七十条第一项后段规定甚明。准此，借用房屋供居住之用，法院应就借用目的、经过期间及借用人之经济状况、目前有无再使用该房屋之必要等一切情状加以审酌，以定其使用目的是否已完毕，不能一概认必须俟房屋不堪使用，始谓依借贷目的已使用完毕。”

同院2002年度台上字第899号判决：“按使用借贷未定有期限而定有使用之目的者，应于其借贷目的使用完毕时返还之，但经过相当时期，可推定借用人已使用完毕者，贷与人亦得为返还之请求，‘民法’第四百七十条第一项后段定有明文。上诉人主张，本件借贷未定期限，但其借贷目的乃为让叶蔡×老有所终，故于1974年叶蔡×仙逝时，该借贷目的已使用完毕。又系争建物已近七十年，其屋顶全部梁脊已自然毁损，如被上诉人未加以翻修，则系争建物已破损不堪使用，其使用目的亦已完毕。两造就系争土地约定之借

应付考试，虽未定返还时间，今考试既已举行完毕，当可推定解用人已使用完毕。又如公务员因任职关系而分配房舍之法律性质，实务上认为属无偿契约，适用使用借贷契约[24]，当公务员退休或调职时，原则上应视为使用业已完毕[25]，依“民法”第四百七十条第一项前段之规定，借用人

（接上页）贷目的既有争执，则该借贷之目的究竟为何？依该借贷之目的，得否认为被上诉人已使用完毕？原审疏未审认澄清，并说明上诉人前开主张不足采取之意见，遽以前揭情词即为上诉人不利之判决，自欠允洽。”反对见解，“最高法院”1998年度台上字第2095号判决：“契约未定期限者，借用人应于依借贷之目的使用完毕时返还之，此观‘民法’第四百七十条规定自明。两造间就系争房屋所坐落之系争土地有未定期限之使用借贷关系，而被上诉人借用系争土地之目的，既为继续使用被上诉人或其先人前所建造之房屋居住为目的，自以被上诉人使用系争土地之目的完毕，即其无继续居住系争房屋或该房屋不堪使用时，返还期限始届至。上诉人虽又主张，若两造间有使用借贷关系，亦因伊已对被上诉人为终止借贷关系之意思表示，被上诉人亦应返还系争土地云云。然上诉人既未能证明被上诉人已不使用系争房屋以供居住或系争房屋已不堪住用，纵两造间未订立借用之期限，上诉人亦不得任意终止两造间之借贷关系，其所为终止契约之意思表示，不能认为有效。”

24 “最高法院”1955年度台上字第802号判例：“因任职关系获准配住系争房屋，固属使用借贷之性质，然其既经离职，依借贷之目的，当然应视为使用业已完毕，按诸‘民法’第四百七十条之规定，被上诉人自得据以请求交还系争房屋。”（同院1968年度台上字第3263号判决、1995年度台上字第749号判决、1998年度台上字第1116号判决、1999年度台上字第997号判决、同旨。）

同院1999年度台上字第482号判决：“公务员因任职关系获准配住宿舍，其性质为使用借贷，借用人若已离职，依借贷之目的，当然视为使用业已完毕，贷与人得为返还之请求。若借用人于在职中死亡，则实际上已无占用宿舍之情形，且其公务员之职位又已丧失，此较之借用人已离职而不应续住宿舍之情形，更形明显，依举轻明重之法理，当无不许贷与人请求返还宿舍之理。于此情形，借用人及其眷属或其继承人之继续占有使用宿舍，均属无权占有。”

25 “司法院大法官会议”释字第557号解释：“行政机关、公立学校或公营事业机构，为安定现职人员生活，提供宿舍予其所属人员任职期间居住，本属其依组织法规管理财物之权限内行为；至因退休、调职等原因离职之人员，原应随即归还其所使用之宿舍，惟为兼顾此等人员生活，非不得于必要时酌情准其暂时续住以为权宜措施。‘行政院’基于最高行政机关之职责，盱衡‘国家’有限资源之分配，依公教人员、公营事业机构服务人员任用法规、俸给结构之不同，自得发布相关规定为必要合理之规范，以供遵循。‘行政院’于1960年12月1日以台四十九人字第六七一九号令，准许已退休人员得暂时续住现住宿舍，俟退休人员居住房屋问题处理办法公布后再行处理。继于1967年10月12日以台1967人字第八〇五三号令，将上开令文所称退休人员限于依法任用并依公务人员退休法办理退休之公务人员为其适用范围。又于1985年5月18日以台七十四人政肆字第一四九二七号函称：对于事务管理规则修正前配住宿舍，而于该规则修正后退休之人员准于续住至宿舍处理时为止等语，并未改变前述函令关于退休人员适用范围之涵义。台湾省烟酒公卖局为公营事业机构，其职员之任用非依公务人员任用法，其退休亦非依公务人员退休法办理，自非‘行政院’台1960人字第六七一九号令及台1985人政肆字第一四九二七号函适用之对象。”

即应将宿舍返还。[26]

2. 返还原物：借用人之返还借用物，以原物为原则。若原物产生孳息者，则因使用借贷之性质仅为使用而无收益权，故孳息应一并返还贷与人。但如无法返还原物者，应返还其价额。[27] 此请求权仅借用人得主张，不具借用人身份之所有人不得为之。[28]

3. 数人共借一物之返还："民法"第四百七十一条规定："数人共借一物者，对于贷与人，连带负责。"此为法定之连带债务（"民法"第二百七十二条参照）。民法于消费借贷并无此规定，故除当事人约定负连带责任外，消费借贷为可分之债。

4. 借用物返还请求权与所有物返还请求权之竞合：使用借贷契约终止或消灭后，贷与人除得本于借用物返还请求权，请求借用人返还借用物外，如贷与人为借用物所有人者，于借用人拒绝返还时，贷与人并得本于所有权之作用，依"民法"第七百六十七条之规定，本于无权占有之法律关系，请求返还借用物。[29]

26 "最高法院"1993年度台上字第2814号判决："按因任职关系，获准配住宿舍，属使用借贷之性质，上诉人既经退休离职，依借贷之目的，应视为使用业已完毕，依'民法'第四百七十条第一项前段之规定，上诉人即应将系争借用宿舍返还。"

同院1999年度台上字第524号判决："被上诉人既已将系争土地借予物资处使用，且迄未终止借贷关系，则物资处仍系系争土地之合法占有人，纵上诉人自物资处受配系争土地上之宿舍居住后，因调职而与物资处之使用借贷关系消灭，被上诉人仍不得直接诉请上诉人拆除地上物交还土地。"

27 "最高法院"1980年度台上字第688号判决："按上开输美纺织品配额既额既有权利之内容，自得为使用借贷之标的，因配额之交付而生效力。上诉人原应返还同样数目之配额与被上诉人，惟因上诉人之过失未于六十五年底以前，依照规定申报由私人转让，致自1977年1月1日起，应依纺织品配额公开转让作业细则之规定，在纺拓会配额公开市场进行转让，成为私人转让给付不能（见'国贸局'复该院公函）。返还配额既已给付不能，则被上诉人诉请上诉人返还上开输纺织品配额，即属不应准计，而应以该配额之价格给付之。"

28 "最高法院"1980年度台上字第2620号判决："上诉人同意乃子张×铭于出租厂房与被上诉人时，提供系争土地与被上诉人使用，缔结系争土地使用借贷契约之当事人显为张×铭与被上诉人，上诉人虽为系争土地之所有权人，但并非使用借贷契约之当事人，其依'民法'第四百七十条第二项规定，诉请被上诉人清除地上物，返还借用物（系争土地），自属无理由。"

29 "最高法院"1992年度台上字第922号判决："两造间乃以代为看管系争房屋为目的，而成立不定期限之使用借贷关系。今牛×皇死亡，被上诉人自美返台，能自行看管房屋，使用借贷之目的业已完成，依'民法'第四百七十条第一项规定，上诉人应返还借用物，上诉人拒绝返还，即为无权占有，被上诉人本于所有权之作用，请求上诉人自如第一审判决附图所示甲部分外之房屋迁出，应予准许。"

5. 返还请求权之时效期间起算点：如为定有期限之借贷者，自期限届满起算十五年，如为未定期限借贷，应自借贷目的达成之翌日起算十五年，如未定期限之借贷并不能依其目的定其期限者，应自借贷契约成立时开始起算十五年。[30]

二、对贷与人之效力

（一）借用物返还请求权

使用借贷关系消灭后，借用人负有依约定时间返还借用物之义务。

（二）容许使用借用物之义务

此容许义务与出租人之容许义务有所不同，因使用借贷为无偿契约，故贷与人不负有积极地使借用物合于使用状态之义务。

（三）损害赔偿请求权

“民法”第四百六十八条规定：“借用人应以善良管理人之注意，保管借用物。借用人违反前项义务，致借用物毁损、灭失者，负损害赔偿责任。但依约定之方法或依物之性质而定之方法使用借用物，致有变更或毁损者，不负责任。”借用人怠于注意，违反保管义务致借用物毁损、灭失者，除贷与人得依“民法”第四百七十二条第三款之规定终止使用借贷契约外，贷与人得对于借用物所受损害，向借用人请求损害赔偿。但依约定之方法或依物之性质而定之方法使用借用物，致有变更或毁损者，不负责任。例如借用车辆，使用该车时轮胎因使用而磨损，此为依物之性质使用，故借用人就此无须负损害赔偿责任。又贷与人就借用物所受损害，对于借用人之赔偿请求权，自受借用物返还时起算，因六个月间不行使而消灭（“民法”第四百七十三条参照）。

（四）瑕疵担保损害赔偿请求权（加害给付）

使用借贷为片务、无偿契约，本无借用物瑕疵担保责任可言，但“民法”第四百六十六条规定：“贷与人故意不告知借用物之瑕疵，致借用人受损害者，负赔偿责任。”本条之规定与“民法”第四百十一条规定相似，严格言之，此二条文性质上均非瑕疵担保责任，而系侵权行为之损害赔偿，为“民法”第一百八十四条之特别规定，盖瑕疵担

30 “最高法院”2000年度台上字第193号判决：“借贷未定期限，亦不能依借贷之目的而定其期限者，贷与人无庸终止契约，即得依‘民法’第四百七十条第二项规定，随时请求返还借用物，其请求权之消灭时效，应自借贷契约成立时开始进行。”

保责任之结果为解除契约、减少价金、另交无瑕疵之物或损害赔偿，本条仅有损害赔偿而已。借用人依第四百六十六条所定之赔偿请求权，自借贷关系终止时起算，因六个月间不行使而消灭（“民法”第四百七十三条规定参照）。

三、对第三人之效力

使用借贷系为无偿契约，无保护借用人之必要，故关于使用借贷，并无如租赁关系之有第四百二十五条之特别规定，因此贷与人于使用借贷关系借用人占有中，将其贷与物之所有权让与第三人者，借用人不得对于受让人主张其使用借贷契约仍继续存在，自无类推适用“民法”第四百二十五条买卖不破租赁原则之适用。[31] 且除当事人有特约外，贷与人之地位亦不得移转。[32]

借用物为第三人所侵夺时，若贷与人为所有权人时，自得主张“民法”第七百六十七条所有物返还请求权；而借用人须依“民法”第九百

31 “最高法院”1970年度台上字第2490号判例：“使用借贷，非如租赁之有‘民法’第四百二十五条之规定，纵令上诉人之前手将房屋及空地，概括允许被上诉人等使用，被上诉人等要不得以上诉人之前手，与其订有使用借贷契约，主张对现在之房地所有人即上诉人有使用该房地之权利。”（同院1984年度台上字第2914号判决、1994年度台上字第2544号判决、2002年度台上字第1435号判决同旨。）

同院1980年度台上字第4120号判决：“使用借贷与租赁不同，在借用土地建筑房屋之情形，不能认为使用借贷关系，随房屋之转让而继续存在，本件张（贵与上诉人间之使用借贷契约既告终止确定，上诉人又否认同意被上诉人使用伊所有之系争土地，依举证分配原则即应由被上诉人就其主张之利己事实，负举证责任。”

同院1985年度台上字第536号判决：“忠×新村管理委员会借用系争土地系为安顿三十八、三十九年间自大陆来台之义胞，俾其不致流离失所为目的。该接受安顿之义胞谢某等九人，已因另谋发展迁离其所有之房屋，显见已无接受扶助之必要，堪认依借贷之目的，业已使用完毕。是与忠×新村管理委员会之间发生之使用借贷关系，即归于消灭。上诉人邬某以次十五人虽辗转自谢某等九人受让地上房屋，第就该房屋基地尚难认为与忠×新村管理委员会之间，另发生使用借贷关系。被上诉人指上诉人邬某以次十五人为无权占有，本于所有权，请求返还土地，自非无据。”

反对见解，“最高法院”1980年度台上字第2912号判决：“讼争房屋原由前所有人张×英出借与参加人陈×龄及其家属使用，被上诉人买受讼争房屋后，虽承受原有之使用借贷关系，但原使用借贷既未定期限，亦不能依借贷之目的定其期限，则被上诉人终止使用借贷关系，请求返还讼争房地，自属正当。”

32 “最高法院”1982年度台上字第4206号判决：“曾×梅买受土地后仍供连德兴公司使用，属于使用借贷关系性质，上诉人既系由连×兴公司改组变更名称，其实仍为同一主体，就系争土地而言与曾×梅间仍为使用借贷关系。惟使用借贷契约，除当事人有特约外，无移转其权利义务与第三人之可言。被上诉人即无承受曾×梅贷与人地位之余地。”

六十二条占有物返还请求权之规定，主张其权利。[33]

肆、使用借贷之消灭

一、期限届满

使用借贷定有期限者，期限届满，使用借贷当然消灭。

二、终止契约

“民法”第四百七十二条规定：“有左列各款情形之一者，贷与人得终止契约：一、贷与人因不可预知之情事，自己需用借用物者。二、借用人违反约定或依物之性质而定之方法使用借用物，或未经贷与人同意允许第三人使用者。三、因借用人怠于注意，致借用物毁损或有毁损之虞者。四、借用人死亡者。”故有下列各款情形之一者，贷与人得终止使用借贷契约：

（一）贷与人因不可预知之情事，自己需用借用物

本条款之适用，不问使用借贷是否定有期限，均包括在内。[34] 所谓不可预知之情事，指在订立使用借贷契约以后所发生之情事，而非订立契约时所能预见者而言。所谓自己需用借用物，只须贷与人有自己需用借用物之原因事实为已足，其是否因正当事由而有收回之必要，则非所问。[35]

33 “最高法院”1981年度台上字第1147号判决：“债权人行使位权应以有保全自己债权之必要，因债务人陷于迟延，而又怠于行使其权利为要件，原判决既认定被上诉人就讼争二笔土地已与管理机关台湾省‘政府’民政厅发生使用借贷关系，依‘民法’第四百六十五条之规定，贷与人之台湾省政府民政厅自己将借用物交付而生使用借贷之效力。嗣后贷与人仅负容许借用人使用借用物之消极义务而已，故借用物由第三人侵夺或加以妨害时，借用人仅得依自己占有诉权请求返还或排除妨害，贷与人不负协助之义务，原判决竟谓台湾省政府民政厅仍负有交付借用土地与被上诉人之义务，进而认定被上诉人得代位向上诉人行使所有物返还请求权，所持见解，自有违误。”

34 “最高法院”1981年度台上字第3299号判决：“贷与人因不可预知之情事，自己需用借用物者，得终止契约，为‘民法’第四百七十二条第一款所明定。此款规定之适用，不问使用借贷是否定有期限，均包括在内。”（同院1996年度台上字第122号判决同旨。）

35 “最高法院”1969年度台上字第788号判例：“贷与人因不可预知之情事自己需用借用物者，得终止契约，为‘民法’第四百七十二条第一款所明定。本条之适用，不问使用借贷是否定有期限，均包括在内。所谓不可预知之情事，指在订立使用借贷契约以后所发生之情事，而非订立契约时所能预见者而言。而所谓自己需用借用物，只须贷与人有自己需用借用物之原因事实为已足，其是否因正当事由而有收回之必要，不必深究。被上诉人有自己需用系争土地以供建屋之事实，而为出借系争土地时所不能预知，在原判决

（二）借用人违反约定或依物之性质而定之方法使用借用物，或未经贷与人同意允许第三人使用

按“民法”第四百六十七条第一项规定：“借用人应依约定方法，使用借用物；无约定方法者，应以依借用物之性质而定之方法使用之。”故借用人违反约定或依物之性质而定之方法使用借用物者，贷与人得终止契约。

使用借贷为无偿契约，系基于贷与人与使用人之特定信任关系而来，除当事人另有特约外，自无移转其权利于第三人可言。[36] 如借用人未经贷与人同意，擅将借用物转让第三人使用者，贷与人自得终止契约。[37] 惟在借贷契约未经终止前，该第三人之使用借用物，尚难认系无权占有。[38]

（三）因借用人怠于注意，致借用物毁损或有毁损之虞

借用人怠于注意，致借用物毁损或有毁损之虞者，贷与人得终止使用借贷契约，例如甲向乙借车外出办事，但却在马路上怠于注意而发生车祸，致车辆毁损，或是甲常超速有使车辆毁损之虞者，乙均得终止使用借贷契约。

（四）借用人死亡

借用人死亡者，贷与人得终止借贷契约，否则契约并不消灭。[39] 如贷

（接上页）既已详为阐明，则被上诉人所为终止借贷关系之意思表示，于法自非无据。”（同院1981年度台上字第182号判决、1993年度台上字第143号判决、1998年度台上字第84号判决、1998年度台上字第1543号判决同旨。）

36 “最高法院”1983年度台上字第4277号判决：“使用借贷系属贷与人与使用人间之特定关系，依‘民法’第二百六十三条准用第二百五十八条第一项规定，终止权之行使，应向他方当事人以意思表示为之。本件原审既认定第一审判决附表第三项所载之房屋，原系新庄镇公所借与陆军装甲兵部队使用，则纵认被上诉人因继受房屋之管理权而继受贷与人之地位，其终止借贷契约之意思表示，即应向借用人陆军装甲兵部队为之原审未调查陆军装甲兵部队现在是否依然存在，抑其继受之机关何在，以及被上诉人有无向其终止借贷关系？遽以被上诉人向上诉人洪某等终止借贷关系，为无不合，已嫌矛盾。如果被上诉人与陆军装甲兵部队间之借贷契约，犹继续有效，则纵借用人将借用物交由第三人使用，亦属贷与人可否依‘民法’第四百七十二条第二款规定终止契约之问题。借用人与第三人间似无成立使用借贷契约之可言。”

37 “最高法院”1960年度台上字第381号判例：“使用借贷为无偿契约，原属贷与人与使用人之特定关系，除当事人另有特约外，自无移转其权利于第三人之可言。倘借用人未经贷与人同意，擅将借用物转让第三人使用者，贷与人自得终止契约。”

38 “最高法院”1986年度台上字第2379号判决：“借用人未经贷与人同意，擅将借用物转让第三人使用者，贷与人固得终止契约（‘民法’第四百七十二条第二款参照），然在借贷契约未经终止前，该第三人之使用借用物，尚难认系无权占有。”

39 “最高法院”1981年度台上字第4395号判决：“因任职关系配住宿舍，系属使用借贷之性质，而在使用借贷，借用人死亡者，贷与人虽得终止契约（见‘民法’第四百七十二条第四款），但使用借贷关系并不因借用人之死亡当然消灭。”（同院2000年度台上字第512号判决同旨。）

与人不为终止，积极表示借用人之继承人得继续其契约时，贷与人不得更以原借用人死亡为由，向其已继续借贷契约之继承人，为借贷契约之终止。[40] 反之，除非契约当事人将贷与人死亡列为使用借贷之消灭事由，原则上贷与人死亡并非使用借贷消灭之原因。[41]

第三节 消费借贷

壹、消费借贷之意义、性质与种类

一、消费借贷之意义

“民法”第四百七十四条规定：“称消费借贷者，谓当事人一方移转金钱或其他代替物之所有权于他方，而约定他方以种类、品质、数量相同之物返还之契约。当事人之一方对他方负金钱或其他代替物之给付义务而约定以之作为消费借贷之标的者，亦成立消费借贷。”[42] 由此可知，消费借贷为[43]：

（一）消费借贷系一方移转金钱或其他代替物之所有权于他方之契约

本条标的物限于“金钱或其他代替物”之所有权[44]，故不包括不动产

---

40 “最高法院”1980年度台上854号判决：“借用人死亡者，贷与人得终止借贷契约，如贷与人不为终止，而积极表示借用人之继承人得继续其契约时，此后，贷与人即不得更以原借用人死亡为由，向其已继续借贷契约之继承人，为借贷契约之终止。”

41 “最高法院”1981年度台上字第1607号判决：“被上诉人既系林×西之继承人，林×西之权利义务本应由被上诉人包括的继承。林×西生前果有允许上诉人使用系争楼房之事，则双方显已成立使用借贷契约。因此契约所生之权利义务，既应由被上诉人继承，在此契约未经合法终止或因其他事由而失其效力前，上诉人即有使用系争楼房之合法权源，殊难遽指为无权占有。”

42 1999.4.21民法债编修正本条项理由：“消费借贷，通说认系要物契约，惟依原条文及第四百七十五条合并观察，易使人误为消费借贷为诺成契约，而以物之交付为其生效要件。为免疑义，爰予修正。”

43 “最高法院”1975年度台上字第2400号判例：“所谓土地押租契约，一般指出租人将土地出租与承租人，承租人另借款与出租人，双方约定以借款利息抵付土地租金，俟租赁关系终了时互相返还土地借款之联立契约，其有关法律关系应分别适用民法租赁、借贷之规定。”

44 “最高法院”1983年度台上字第372号判决：“支票为有价证券、金钱证券及流通证券，如因消费借贷而交付，即生消费借贷之效力。”

与其他不代替物。消费借贷可分为金钱消费借贷与一般消费借贷。基于金钱之特殊性，故民法对于金钱消费借贷特别规定。消费借贷必须移转所有权，为性质所使然，故通常不生无权处分之问题。消费借贷契约之目的是“消费”标的物，故使用时系以消费之方法为之。至于消费借贷之目的与动机为何，与借贷之成立无关。[45]

消费借贷不但移转占有，且移转所有权，故不生无权处分之问题，自亦无善意即时取得规定之适用。

（二）消费借贷之交付

消费借贷借用物之交付，不以现实交付为限。[46] 故除现实交付外，尚可包括观念交付、简易交付（例如先租后借）、指示交付（例如先租与他人后，再借与第三人，而让与返还请求权），但不包括占有改定，因无实益可言。

（三）消费借贷系借用人以种类、品质、数量相同之物返还之契约

消费借贷系标的物消费后，应该返还同品质、种类、数量之物，借一瓶米酒做菜用完，返还之米酒即非原瓶米酒，而是同品质、种类、数量之米酒。

---

45 最高法院1932年度上字第114号判例：“借用人向贷与人所述借用金钱之缘由，是否属实，借用人就其所借得之金钱作何用途，均与消费借贷契约之成立无关。”

46 “最高法院”1986年度台上字第1588号判决：“‘民法’第四百七十五条固规定消费借贷因金钱或其他代替物之交付而生效力，然所谓交付，并不限于亲手授受，若借用人与贷与人间另有合意，由贷款人将借款存入借款人之活期存款户，并已存入时，即发生交付效力。”

同院2001年度台上字第2037号判决：“消费借贷因金钱或其他代替物之交付而生效力，固为修正前‘民法’第四百七十五条所明定（修正后已删除该条规定），但所谓‘交付’，原不以现实交付为限，倘贷与人已依转账方式，将贷款拨入借用人之银行账户内以代交付者，自仍发生与现实交付同等之效力。查被上诉人蒙×铥以被上诉人蒙筱萍为连带保证人，书立借据及约定书，向上诉人借款一百五十万元，该款已拨入蒙×铥于上诉人处所开设之活存账户内，为原审所认定之事实，果尔，观之该款拨入后蒙×铥仍执有其活期存款存折，及其自进而亲自签名、盖章填具系争取款凭条以取款云云，能否谓蒙×铥对于该拨入款项并无实际上之管领力，贷与标的物仍未完成交付？即非无疑。原审未详研求，遽谓系争借贷契约因未交付金钱而不生效力，而为不利于上诉人之判决，自嫌速断。”

同院2002年度台上字第1041号判决：“按消费借贷之金钱，不以直接交付借用人本人为必要，其依借用人之指示交付第三人，亦发生交付之效力。再依借据之约定，本件借款系依借款人即上诉人另外具结之‘拨款申请书’或‘拨款及委托代偿声明书’指示拨付，而此二项文书所记载之日期及金额均相同，其中标题载为‘拨款及委托代偿声明书’者，其内容在于说明所借款项之用途及拨款方式，又甚为明确。则上诉人既在此文书上亲自签名盖章，就此文书之意义，应已知悉，其主张并未同意将所借得之款项拨付予坚×公司云云，即难采信。查系争房地经由法院强制执行而拍卖后已移转登记与第三人，上诉人与汇×银行间之抵押权设定登记亦经涂销，为原审合法认定之事实，则该抵押权设定登记既已不存在，自无从再予变更抵押债务人名义之登记。”

二、消费借贷之性质

（一）有名契约

消费借贷规定于“民法”债编各论第六节，故为一有名契约。

（二）债权契约

消费借贷为债权契约，而非物权契约，纵无所有权亦得本于贷与人之地位，请求借用人返还同品质、种类、数量之物。故与出卖人、出租人同，贷与人并不以具有所有权为必要。例如A偷B钱而借予C或支付价金于C，此时理论上钱之所有权仍属B，但基于金钱具有消费性，且为保护交易安全，应认为借贷关系仍合法有效存在。至于A与B间之侵权行为损害赔偿或不当得利之返还责任，则属另事。

相对地，债权债务之主体以缔结契约之当事人为准，故凡以自己名义结约为债务之负担者，无论其实际享用债权金额之人为何人，当然应由缔结契约之当事人负归偿之责。[47]

（三）有偿或无偿契约

消费借贷可分为有偿与无偿两种，以给付之观点判断，如借用人有给付利息者，为有偿消费借贷。[48] 反之，如借用人未约定给付利息者，为无偿消费借贷。有偿消费借贷即受有利息之债（“民法”第二百零三条至第二百零八条）规定之限制。[49]

47　最高法院1929年度上字第1422号判例：“（一）债权债务之主体以缔结契约之当事人为准，故凡以自己名义结约为债务之负担者，无论其实际享用债权金额之人为何人，当然应由缔结契约之当事人负归偿之责。（二）金钱之借贷本可仅凭个人信用，并不以有保证人及抵押品为契约成立要件。”

48　最高法院1944年度上字第1598号判例：“金钱借贷而以耕地收获之粮食纳息者，应以粮食折算为金钱之价额为约定利息之数额，除其折算价额应受民法第二百零五条之限制外，不能以当事人未另约定利息之金钱数额，遂谓该契约之性质非金钱借贷。”

49　“最高法院”1974年度第6次民庭庭推总会议决议：“提案：院长交议：利息先扣之消费借贷，其贷与之本金额究应以利息预扣后实际支付借用人之金额为准，抑以约定借用人于到期后应偿还之金额为准？有甲、乙两说：讨论：甲说：本院1940年上字第一三〇六号判例所示见解，自贷与金额中预扣利息，该部分既未实际交付借用人，不能认为贷与之本金额之一部。（该判例虽系就折扣交付贷与金额而言，但不问为折扣交付或预扣利息，均属‘民法’第二百零六条所谓之巧取利益，见该条立法理由）依学者主张，利息先扣之消费借贷，如约定偿还之数额未超过实支数额及依实支数额按法定最高限额利率计算利息之总和，固尚非法所不许（参看史尚宽氏著债法总论）但其据以计算利息之本金，亦系以实支数为准而非以虚数（即约定之偿还额）为准，故利息先扣之消费借贷，其贷与之本金额应以利息预扣后实际交付借用人之金额为准。至于银行业之贴现，乃受让未到期之票据债权而于价金中扣除期前利息（中间利息）与此之利息先扣之消费借贷，

（四）片务契约（单务契约）

消费借贷虽可分为有偿与无偿两种，但均为片务契约。盖有偿契约并不一定为双务契约，有偿契约乃由给付之观点判断，双务契约系由债务之观点判断。例如上述有偿消费借贷，借用人有给付利息，但贷与人并无任何义务，盖“移转金钱或其他代替物所有权”为消费借贷之成立要件，而非义务，故此有偿消费借贷契约仍属片务契约。

（五）要物契约

“民法”第四百七十四条第一项规定谓当事人一方“移转”金钱或其他代替物之所有权于他方，而金钱或其他代替物所有权之移转，系以移转占有之方式为之（“民法”第七百六十一条参照），故消费借贷为要物契约。[50]

（接上页）性质根本不同。乙说：先扣利息之借贷，非但法无禁止明文，且为银行法所明认，各公私银行经营之票据贴现业务，即其适例。又先扣利息之约定，与按若干折扣给付原本之情形（1940上字第一三〇六号判例）不同，银行法公布施行在民法债编之后，民法第二百零六条原立法理由中所谓预扣利息为巧取利益之说，在今日已不存在。借用人既经同意依总额付利息，其借用之金额（即贷与之原本额）自应以未预扣利息前之原额即约定偿还之金额为准。依日本判例，将超过利息限制法之利息，作为预扣利息，加入于原本者，其超过部分不成立消费借贷（大审院昭和六年（1931年）（才）五九九号，同年12月3日民四判）则未超过部分之预扣利息，自可加入于原本成立消费借贷，足供参考。以上何说为可采？请公决。决议：采甲说。”

50 “最高法院”1980年度台上字第3546号判例：“金钱借贷契约，固属要物契约，应由贷与人就交付金钱之事实负举证之责，但若贷与人提出之借用证内，经载明借款额，当日亲收足讫无讹者，要应解为贷与人就要物性之具备，已尽举证责任。”

同院1980年度台上字第1184号判决：“支票固为无因证券，票据债务人不得以自己与发票人或执票人前手间所存抗辩事由对抗执票人，然发票人要非不得以自己与执票人间所存抗辩事由对抗执票人，此观‘票据法’第十三条上段规定自明。上诉人主张，系争支票系被上诉人因借款而直接签交上诉人，但被上诉人否认有收到借款，而消费借贷，因金钱或其他代替物之交付，而生效力，‘民法’第四百七十五条定有明文，上诉人就交付借款之事实，既不能举证，支票复不足为业已交付金钱之证明，上诉人请求被上诉人连带给付票款，被上诉人非不得以此直接抗辩事由，对抗上诉人。”

同院1983年度台上字第3804号判决：“消费借贷为要物契约，因金钱或其他代替物交付而生效力，借用人对于交付之事实，如有争执，应由主张已为交付之贷与人负举证责任。”

同院1987年度台上字第15号判决：“票据执票人自认其执有票据之原因为消费借贷时，对其已交付借款事实，应负举证责任。本件上诉人主张系争本票七张之债权（借款）不实在，提起本件诉讼，请求确认被上诉人之系争本票债权下存在，被上诉人既自认系争本票系上诉人向伊借款所签发，自应就借款已交付之利己事实负举证责任。”

同院1987年度台上字第2789号判决：“消费借贷，因金钱或其他代替物之交付，而生效力。‘民法’第四百七十五条定有明文。本件上诉人既否认收受被上诉人之二百万元。则就交付二百万元之有利于己事实，应由被上诉负举证责任。”

消费借贷，为要物契约，须以金钱或其他代替物之交付为构成要件，如对于交付之事实有争执，自应由主张已交付之贷与人负举证责任。[51]

消费借贷亦系以物之交付为成立要件，而非生效要件。如采生效要件者，于双方为使用借贷之合意后，未依约为物之交付者，有信赖利益赔偿之问题；如采成立要件者，未依约为物之交付时，契约尚不成立，除有“民法”第二百四十五条之一所定缔约过失情形外，不生信赖利益赔偿之问题。

（六）不要式契约

消费借贷契约不以书面为成立要件，故为不要式契约。[52]

（七）继续性契约

依“民法”第四百七十八条规定，使用借贷契约可分为定有期限与未定期限，故使用借贷为继续性契约。

三、消费借贷之种类

消费借贷可分为一般消费借贷与金钱消费借贷：

（一）一般消费借贷

一般消费借贷，系以金钱以外之代替物为消费借贷之标的物。

（二）金钱消费借贷

金钱消费借贷，顾名思义，系以金钱为消费借贷之标的物。

（三）区别实益

一般消费借贷虽适用消费借贷一节之规定，但“民法”第四百八十条与第四百八丨一条之规定，专属金钱消费借贷之规定，一般消费借贷无法适用之。

---

51 “最高法院”1990年度台上字第2722号判决：“消费借贷，为要物契约，须以金钱或其他代替物之交付为构成要件，如对于交付之事实有争执，自应由主张已交付之贷与人负举证责任，此观‘民法’第四百七十四条之规定自明。”
同院1998年度台上字第1611号判决：“消费借贷契约属要物契约，因借用物之交付而生效力。借用人出具之借据（借用证），倘未表明已收到借款，致不足证明有交付借款之事实，且其对之又有争执者，贷与人自仍须就交付借款之事实负举证责任。至借据是否表明交付借款之事实，固不排斥依其文义所作‘推知’之认定，惟该‘足以推知’之得心证理由，如不记明于判决，即难谓无‘民事诉讼法’第四百六十九条第六款所定判决不备理由之违法。”

52 最高法院1938年度上字第3240号判例：“消费借贷契约之订立，法律上并无应以书面为之之规定，民法第三条第一项所谓依法律之规定有使用文字之必要者，即不包含消费借贷契约之订立在内。”

贰、消费借贷之成立

一、以借用标的物的交付为成立要件

消费借贷契约当事人约定借用标的物时，契约除应依双方意思表示合致而成立[53]外，消费借贷以物的交付为成立要件，故消费借贷契约是要物契约，如未移转借用标的物所有权者，消费借贷契约即尚未成立。“民法”债编修正时将第四百七十五条规定予以删除，目的即在防止日后有将物之交付误认为是消费借贷之生效要件。[54]

二、准消费借贷

“民法”第四百七十四条第二项规定：“当事人之一方对他方负金钱或其他代替物之给付义务而约定以之作为消费借贷之标的者，亦成立消费借贷。”[55]本条项系为避免当事人反复交付而后始能成立消费借贷，与社会生活之实情不符，乃特别规定当事人之一方对他方负金钱或其他代替物之给付义务而约定以之作为消费借贷之标的者，亦成立消费借贷。就法理言，以所负之金钱债务作为金钱借贷所应交付之金钱，并无简易交付可言，因自始贷与人并未交付金钱给借用人，与要物性不符，但鉴于实务惯行，日本民法特规定此种情形所成立之金钱借贷别

53 “最高法院”1992年度台上字第2372号判决：“当事人主张有金钱借贷关系存在，须就其发生所须具备之特别要件即金钱之交付及借贷意思表示互相一致负举证之责任，若仅证明有金钱之交付，未证明借贷意思表示互相一致者，尚不能认为有金钱借贷关系存在。”

54 旧“民法”第四百六十五条规定：“消费借贷，因金钱或其他代替物之交付而生效力。”1999.4.21民法债编各论删除本条理由：“本条之规定，易使人误会金钱或其他代替物之交付为消费借贷之生效要件。为配合第四百七十四条之修正，爰删除本条。”

“最高法院”1972年台上字第2177号判例：“金钱借贷契约，固属要物契约，但如因买卖或其他原因，借用人以其对于贷与人所负之金钱债务，作为金钱借贷所应交付之金钱，而合意成立消费借贷，亦应解为已具要物性。”（本则判例于2001年4月17日经“最高法院”2001年度第四次民事庭会议决议删除。）

同院1980年台上字第3546号判例：“金钱借贷契约，固属要物契约，应由贷与人就交付金钱之事实负举证之责，但若贷与人提出之借用证内，经载明借款额，当日亲收足讫无讹者，要应解为贷与人就要物性之具备，已尽举证责任。”（本则判例于2001年4月17日经“最高法院”2001年度第四次民事庭会议决议删除。）

55 1999.4.21民法债编本条项增订理由：“当事人之一方对他方负金钱或其他代替物之给付义务而约定以之作为消费借贷之标的者，亦应成立消费借贷契约，否则，必令当事人反复交付而后始能成立消费借贷，非仅不便，且与社会生活之实情不符。增订第二项。”

称为“准消费借贷”[56]。早期实务亦采相同见解[57]，认为消费借贷契约可以简易交付代现实交付，本书认为其实此可解为债之更改（“民法”第三百二十条参照）。

三、消费借贷契约之预约

为缓和消费借贷之要物性，“民法”第四百七十五条之一规定：“消费借贷之预约，其约定之消费借贷有利息或其他报偿，当事人之一方于预约成立后，成为无支付能力者，预约贷与人得撤销其预约。消费借贷之预约，其约定之消费借贷为无报偿者，准用第四百六十五条之一之规定。”[58] 因此，民法债编修正后承认消费借贷的预约。所谓消费借贷的预约，系以将来成立消费借贷本契约为标的之一种预约。消费借贷预约可分为有偿消费借贷之预约与无偿消费借贷之预约。

（一）无偿消费借贷之预约

此时借用物须尚未移转所有权，如已经移转所有权者，消费借贷契约已成立，直接适用消费借贷之规定即可，何必适用预约之规定呢？消费借贷之预约成立后，预约借用人可依照消费借贷预约向预约贷与人请求订定本约（即移转借用物所有权），此时预约贷与人尚得反悔，于被请求时即时撤销预约（“民法”第四百七十五条之一准用“民法”第四百六十五条之一），预约撤销后，视为自始不存在（“民法”第一百十四条第一项参照）。如未即时撤销预约者，预约贷与人嗣后不得撤销预约，须履行本约将借用物交付借用人。此之“未即时撤销”，应与“民法”第四百六十五条之一有关使用借贷预约之撤销，作同一解释，兹不赘述。

（二）有偿消费借贷之预约

有偿消费借贷之预约，借用物亦须尚未移转所有权，始得适用预约之规定。又当事人之一方于预约成立后，成为无支付能力者，为免危及

56　日本民法第五百八十八条规定：“非因消费借贷而负给付金钱或其他物之义务者，如当事人相约以该金钱或物为消费借贷标的，消费借贷视为成立。”

57　“最高法院”1972年度台上字第2177号判例：“金钱借贷契约，固属要物契约，但如因买卖或其他原因，借用人以其对于贷与人所负之金钱债务，作为金钱借贷所应交付之金钱，而合意成立消费借贷，亦应解为已具要物性。”

58　1999.4.21民法债编增订本条理由：“一、本条新增。二、消费借贷如为有偿契约，预约借用人于预约成立后，成为无支付能力者，为免危及预约贷与人日后之返还请求权，自宜赋予预约贷与人撤销预约之权，方符消费借贷预约之旨趣，以及诚信之原则。爰增订第一项。三、消费借贷之预约，其约定为无报偿者，不应令预约贷与人负过苛之责任，方为平允，爰增订第二项。”

预约贷与人日后之返还请求权，“民法”第四百七十五条之一第一项乃规定预约贷与人得撤销其预约。

“民法债编施行法”第二十六条规定：“修正之民法第四百七十五条之一之规定，于‘民法’债编修正施行前成立之消费借贷预约，亦适用之。”[59] 故消费借贷预约之规定有溯及力。

叁、消费借贷之效力

一、对借用人之效力

（一）取得所有权

消费借贷以借用人取得借用物所有权为要件，故借用人取得所有权后，拥有标的物之一切权能（使用、收益与处分等）。

（二）返还借用物

1. 返还标的

（1）与借用物种类、品质、数量相同之物

依“民法”第四百七十四条第一项“约定他方以种类、品质、数量相同之物返还”及“民法”第四百七十八条前段“返还与借用物种类、品质、数量相同之物”等规定，可见返还标的为与借用物种类、品质、数量相同之物。

（2）偿还金钱

“民法”第四百七十九条规定：“借用人不能以种类、品质、数量相同之物返还者，应以其物在返还时、返还地所应有之价值偿还之。返还时或返还地未约定者，以其物在订约时或订约地之价值偿还之。”[60] 本条

59 1999.4.21民法债编本条增订理由：“一、本条新增。二、‘民法’修正第四百七十五条之一增订有关撤销消费借贷预约之规定，该规定可厘清有关撤销消费借贷预约之争议，对预约之双方当事人亦称公允，是宜于修正前后成立之使用借贷预约一并使用，爰增设本条规定。”

60 最高法院1943年度上字第2150号判例：“民法第四百七十九条第一项所谓不能以种类、品质、数量相同之物返还，系指依社会观念其返还种类、品质、数量相同之物已属不能者而言。若依社会观念其返还种类、品质、数量相同之物，并非不能，自无同条项之适用。”
同院1993年度台上字第570号判决：“‘民法’第四百七十八条前段规定借用人应于约定期限内返还与借用物种类、品质、数量相同之物。原审既认定两造系成立消费借贷关系，借用之钢瓶为代替物，则除非此种类之物，于市场上消失，否则不发生给付不能问题（参照本院1943年上字第四七五七号、1948年上字第七一四〇号判例意旨）。如债务人无此种类之物可供给付，则依司法院1941年院字第二一〇九号解释，执行法院得以债务人之费用命第三人代为采买交付，此项费用由执行法院斟酌该代替物现时价格及其他情事定其数额，命债务人预行支付。”

第一项规定适用上须依社会观念其返还种类、品质、数量相同之物已属不能者而言。若依社会观念其返还种类、品质、数量相同之物，并非不能，即无本条第一项规定之适用。在此种特殊情形下，借用人无须返还与借用物种类、品质、数量相同之物，仅须就借用物在返还时、返还地所应有之价值以金钱偿还之。[61]

（3）返还金钱

"民法"第四百八十条规定："金钱借贷之返还，除契约另有订定外，应依左列之规定：一、以通用货币为借贷者，如于返还时已失其通用效力，应以返还时有通用效力之货币偿还之。二、金钱借贷，约定折合通用货币计算者，不问借用人所受领货币价格之增减，均应以返还时有通用效力之货币偿还之。三、金钱借贷，约定以特种货币为计算者，应以该特种货币，或按返还时、返还地之市价，以通用货币偿还之。"本条适用上限于金钱消费借贷，不包括一般消费借贷。[62]

61 "司法院"院字第1875号解释："代替物之借贷，依'民法'第四百七十八条规定，本应由借用人返还与该物种类、品质、数量相同之物，无论返还时物价如何高涨，其所涨之价既非利息，即不生利息过本之问题。至同法第四百七十九条，关于偿还物价之规定，系专为借用人在约定返还时，不能以物返还者而设，如因返还逾期，物价高涨，并非不能以物返还，即不得适用该条，即使折价偿还，亦应以实行返还时之物价为准。"

同院院字第2128号解释："自统制收兑金类以后，生金借贷之借用人，既不能以生金返还，依'民法'第四百七十九条之规定，应按返还时（即清偿期）'国家'银行公定之牌价，折合法币偿还之，返还时未约定者，应以订约时之价值偿还之。至典价为生金者，出典人回赎典物，应按回赎时'国家'银行公定之牌价，折合法币返还典价。"

最高法院1933年度上字第1154号判例："银行兑换券原为现金之代用品，故以兑换券为消费借贷之标的物，而其实际可兑得之金额较券面所定为少者，除经特别约定，日后无论实际可兑得之金额多少，均照借贷数量之券面额返还者，从其约定外，自应认为以该兑换券在借贷时实际可兑得之金额为借贷之金额，始合于当事人之真意，至返还时该兑换券实际可兑得之金额更减少者，借用人即应按该兑换券在借贷时实际可兑得之金额，以现金返还之，如以该项兑换券返还，亦应补足其差额。"

同院1958年度台上字第793号判例："水泥系属代替物之一种，而代替物之借贷，原则上应返还种类、品质、数量相同之物，例外如借用人不能以此返还时，始得以时价折还现款，此观'民法'第四百七十四条、第四百七十九条第一项规定自明。原判就系争水泥径命借用人即上诉人折付现金与被上诉人，显非适法。"

62 "司法院"院字第2534号解释："以钢洋定给付额，并约定按给付期之比价折合银币或法币给付者，如给付期在钢洋禁止行使以前，应按给付期之比价折合银币或法币，依其折合之数额以法币给付之，其仅以钢洋定给付额而无特别约定者，仍应以钢洋禁止行使时之比价，折合法币给付之。"

同院院字第2502号解释："出租人应返还之押租，以旧有制钱定其数额者，应依1942年12月间财政部所定制钱一千枚折合法币一元之标准，以法币返还之。至铜元折合法币，依同月财政部所定标准，旧有各种铜元不分别其面额，概以一百枚折合法币一元。"

又“民法”第四百八十一条之规定：“以货物或有价证券折算金钱而为借贷者，纵有反对之约定，仍应以该货物或有价证券按照交付时交付地之市价所应有之价值，为其借贷金额。”[63] 此规定之适用仍以金钱消费借贷为限，仅系以货物或有价证券折算而已，其借贷之标的物仍为金钱，故借用人返还时仍应返还金钱，且纵使有反对之约定，仍应以该货物或有价证券按照交付时、交付地之市价所应有之价值，为其借贷金额，借用人须依此借贷金额负返还责任，而不论该货物或有价证券于借贷期间之价格波动。

2. 返还期限

“民法”第四百七十八条规定：“借用人应于约定期限内，返还与借用物种类、品质、数量相同之物，未定返还期限者，借用人得随时返还，贷与人亦得定一个月以上之相当期限，催告返还。”

借用人迟延本条之返还期限者，其迟延责任应由何时起算？依实务之见解[64]，该催告所定期间届满翌日，其消灭时效始开始进行，即：

（接上页）同院院字第2360号解释：“当十铜元一枚，当旧有制钱十文，以旧有制钱定给付额者，其折合法币应按给付时财政部所定铜元兑换法币之价计算，常德府票之折合法币，亦应就当事人以之定给付额时可兑换之制钱额或铜元额，依上述标准计算之。”

同院院字第2359号解释：“当时铜元一枚，当旧有制钱十文，借贷制钱而于失其通用效力后以法币偿还者，不问其借贷系于何时为之，均应按偿还时财政部所定铜元兑换法币之价计算。”

同院院字第1982号解释：金钱借贷约定以铜币为计算，而无必须返还铜币之特约者，如以法币折合铜币偿还，依‘民法’第四百八十条第三款之规定，应按返还时财政部所定兑价计算，至其他以铜币定给付额，而未订明应以铜币为给付者，依同法第二百零二条之法意推之，债务人如以法币折合铜币给付，亦应按给付时财政部所定兑价计算。”

63 1999.4.21民法债编修正本条理由：“原条文‘货物’是否包括有价证券在内，易滋疑义，为明确计，增列‘有价证券’亦在本条适用之列，以符实际，并杜争议。”

64 “最高法院”1966年度第7次民、刑庭总会会议决议（二）：“某甲由某乙为连带保证人，向某丙借贷新台币数万元，未定返还期限，某丙未向某甲催告，径向某乙诉请返还本金及利息，按某乙为连带保证人，即属‘民法’第二百七十三条所称之连带债务人，某丙自得直接对之为返还之请求，且某丙既已对其起诉，亦应认其起诉为催告，且截至第二审言词辩论之日止为时又逾一月以上，是其请求核与‘民法’第四百七十八条之规定，并无不合。（同乙说）”

同院1981年度台上字第2011号判例：“被上诉人既已对上诉人起诉，起诉状缮本又于1979年8月9日送达上诉人，自可认被上诉人已对上诉人为催告，且截至第二审更审言词辩论之日止，为时逾一个月以上，纵本件借贷未定有返还期限，亦可认被上诉人之请求与‘民法’第四百七十八条规定相符。”

同院1984年度台抗字第413号判例：“‘民法’第四百七十八条规定：消费借贷未定返还期限者，借用人得随时返还，贷与人亦得定一个月以上之相当期限催告返还。所谓贷与人得定一个月以上之相当期限催告返还，非谓贷与人之催告必须定有期限，只须贷与人有催告之事实，而催告后已逾一个月以上相当期限者，即认借用人有返还借用物之义务。”

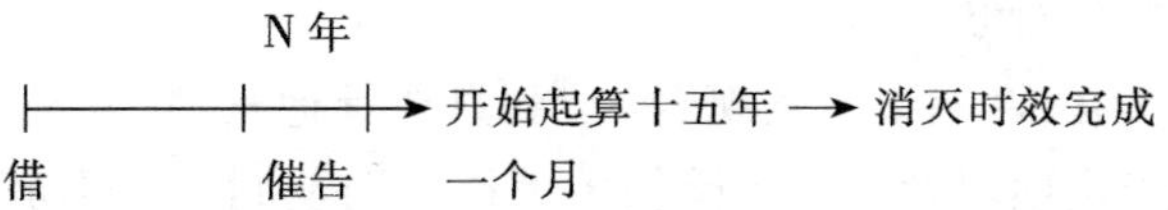

如不催告，则千百年后，贷与人均可再催告，无异消灭时效永不进行，故本书认为借用人之迟延责任应自消费借贷契约成立后一个月起算，如此方能兼顾“民法”第三百十五条与“民法”第四百七十八条之规定[65]，即：

3. 返还处所

关于返还处所，“民法”债编各论消费借贷并未明文规定。但“民法”第三百十四条规定：“清偿地，除法律另有规定或契约另有订定，或另有习惯，或得依债之性质或其他情形决定者外，应依左列各款之规定：一、以给付特定物为标的者，于订约时，其物所在地为之。二、其他之债，于债权人之住所地为之。”

4. 支付报偿

消费借贷为有偿时，借用人有支付报偿（利息）之义务。

(1) 支付之数额

因利率管理条例已废止，故关于利率之问题，应适用“民法”第二百零五条规定：“约定利率，超过周年百分之二十者，债权人对于超过部分之利息，无请求权。”

（接上页）同院2002年度台上字第1208号判决：“按消费借贷未定返还期限者，借用人得随时返还，贷与人亦得定一个月以上之相当期限，催告返还，‘民法’第四百七十八条后段定有明文。所谓贷与人得定一个月以上之相当期限催告返还，只须贷与人有催告之事实，而催告后已逾一个月以上相当期限者，即认借用人有返还借用物之义务。贷与人如已对借用人起诉，起诉状缮本送达借用人，且截至第二审言词辩论之日止，已逾一个月以上，亦可认贷与人之请求与‘民法’第四百七十八条规定相符（本院1981年台上字第二〇一一号、1984年台抗字第四一三号判例参照）。本件原审以上诉人所主张之系争十笔款项借款部分纵认属实，因该借贷未定返还期限，上诉人又仅于第一审审理中之1999年9月27日具状请求被上诉人返还，而未定一个月以上之相当期限返还，不得径行请求被上诉人返还该借贷款，因而为不利于上诉人之判决，自有可议。”

65 “最高法院”2000年度台上字第193号判决：“借贷未定期限，亦不能依借贷之目的而定其期限者，贷与人无庸终止契约，即得依‘民法’第四百七十条第二项规定，随时请求返还借用物，其请求权之消灭时效，应自借贷契约成立时开始进行。”（此见解虽为使用借贷之判决，但法理与消费借贷相同。）

（2）支付之时期

“民法”第四百七十七条规定：“利息或其他报偿，应于契约所定期限支付之；未定期限者，应于借贷关系终止时支付之。但其借贷期限逾一年者，应于每年终支付之。”故借用人支付报偿之时期有二：

①定有期限：应于契约所定期限支付之。

②未定期限：应于借贷关系终止时支付之。但其借贷期限逾一年者，应于每年终支付之。

二、对贷与人之效力

（一）借用物返还请求权

消费借贷关系消灭后，借用人负有依约定时间返还同种类、品质、数量之物之义务。

（二）瑕疵担保损害赔偿请求权

“民法”第四百七十六条规定：“消费借贷，约定有利息或其他报偿者，如借用物有瑕疵时，贷与人应另易以无瑕疵之物。但借用人仍得请求损害赔偿。消费借贷为无报偿者，如借用物有瑕疵时，借用人得照有瑕疵原物之价值，返还贷与人。前项情形，贷与人如故意不告知其瑕疵者，借用人得请求损害赔偿。”消费借贷贷与人之瑕疵担保责任，应视其是否为有偿而有所不同：

1. 有偿消费借贷：贷与人应另易以无瑕疵之物，但借用人仍得请求损害赔偿。例如借用食米十公斤，约定返还十一公斤，食用后发现食米有发霉现象。贷与人应另行交付借用人无发霉之食米十公斤，且对于借用人因使用后造成身体不适之损害负赔偿责任。

2. 无偿消费借贷：消费借贷契约为无偿时，借用人无须支付代价，故法律不令贷与人负另易以无瑕疵之物之义务，仅规定借用人得照有瑕疵原物之价值，返还贷与人。但若贷与人如故意不告知其瑕疵者，借用人得请求损害赔偿。条文中规定为“得”，故借用人可以无瑕疵之物返还，亦得以金钱返还，即学理上所称法定任意之债。

肆、消费借贷之消灭

一、期限届满

消费借贷定有期限者，期限届满，消费借贷当然消灭。

二、终止契约

消费借贷既为财产契约，自应允许当事人在不违反契约之性质下终止契约。例如“民法”第四百七十七条“未定期限者，应于借贷关系终止时支付之。”“民法”第四百七十八条“未定返还期限者，借用人得随时返还，贷与人亦得定一个月以上之相当期限，催告返还。”此均为借用人或贷与人终止权之行使。

（一）定有期限

“民法”第三百十六条规定：“定有清偿期者，债权人不得于期前请求清偿，如无反对之意思表示时，债务人得于期前为清偿。”查消费借贷定有期限者，借用人即享有期限利益。

1. 有偿消费借贷：如借用人均依“民法”第四百七十七条之规定支付报偿，并无拖延者，贷与人不得提前终止契约。反之，依“民法”第二百零四条规定：“约定利率逾周年百分之十二者，经一年后，债务人得随时清偿原本。但须于一个月前预告债权人。前项清偿之权利，不得以契约除去或限制之。”故借用人有提前清偿、终止契约之权。

2. 无偿消费借贷下，贷与人不得于期限届满前提前终止契约。

（二）未定期限

“民法”第四百七十八条规定：“借用人应于约定期限内，返还与借用物种类、品质、数量相同之物，未定返还期限者，借用人得随时返还，贷与人亦得定一个月以上之相当期限，催告返还。”又“民法”第三百十五条规定：“清偿期，除法律另有规定或契约另有订定，或得依债之性质或其他情形决定者外，债权人得随时请求清偿，债务人亦得随时为清偿。”故不论有偿或无偿消费借贷，贷与人得随时请求清偿，但须定一个月以上之相当期限，催告返还，如前所述。反之，借用人则得随时为清偿。

伍、金钱消费借贷关系之特殊问题

一、信用状申请人与开状银行间法律关系

（一）信用状之意义

“银行法”第十六条规定：“本法称信用状，谓银行受客户之委任，通知并授权指定受益人，在其履行约定条件后，得依照一定款式，开发一定金额以内之汇票或其他凭证，由该行或其指定之代理银行负责承兑

或付款之文书。”“财政部”于 1975 年 12 月 16 日以台财钱字第 22957 号函表示：“各银行处理信用状实务时，准予采行国际商会所订信用状统一惯例之规定办理，复请查照。”故适用上必须注意国际商会所定之信用状统一惯例。

信用状之开状银行须在单据完全符合信用状条款之情形下才能付款[66]，且具有无因性[67]，不受原因关系有无之影响，藉以维持交易安全。

---

66 “最高法院”1997 年度台上字第 958 号判决：“信用状统一惯例第十五条规定：‘银行须以相当之注意审查一切单据，藉以确定该单据就表面所示与信用状之条款相符合，各该单据如在表面上显示彼此歧异者，视为表面所示与信用状之条款不符’，第十六条（b）项规定：‘开状银行收到单据，如认为其表面所示与信用状之条款不符，则该银行须仅以单据为本，决定是否接受单据，抑或拒绝单据而主张该等单据就表面所示与信用状之条款不符，即应拒绝接受单据’。亦即开状银行必须在单据完全符合信用状条款之情形下才能付款。原审既认定信用状之申请人与开状银行间属委任之法律关系，而依‘民法’第五百三十五条规定，受任人处理委任事务，应依委任人之指示，原审竟谓开状银行有自由裁量权，不受开状申请人依委任契约所做之拘束，已有未合。”

同院 1999 年度台上字第 922 号判决：“信用状之签发为国际贸易支付款项之工具，本质上与买卖合约或其他合约为分立各别之交易行为。是信用状并非买卖契约，乃为受益人于完成信用状所定条件时，得请求该国外代理银行支付一定金额之凭证而已。又依信用状统一惯例与实务第三十二条 a 款规定，除非信用状另有规定外，商业发票（Commercial Invoice）应以信用状申请人为抬头人。查上诉人于原审主张：本件预估发票之由 DCG 发出，乃因伊与嘉×公司成立买卖契约后，指定伊设在德国之关系企业 DCG 从德国购货，出货来台给嘉×公司，以为交付，嘉×公司则以信用状指定 DCG 为受益人，作为价金之付款方法，属国贸性质，故形式上须由信用状受益人 DCG 开出发票，况此预估发票，亦仅属报价性质，并非契约云云。乃原审并未说明上诉人此项攻击方法因何不足采之理由，及究明审认该预估发票性质为何？遽依上开预估发票及信用状之记载，即认系争电脑中央处理器之买卖契约系成立于 DCG 公司与嘉×公司间，自嫌速断。”

67 “最高法院”1981 年度台上字第 3066 号判决：“依银行法第十六条规定所谓信用状系指银行受客户之委任，通知并授权指定受益人，在其履行约定条件后，得依照一定款式开发一定金额以内之汇票或其他凭证，由该行或其指定之代理银行负责兑或付款之文书。信用状于国际贸易中虽辄由买卖双方利用之，以为支付价金之方法，惟依 1974 年修正信用状统一惯例总则之规定，信用状之开发，与委任人及受益人间之买卖契约或其他契约无关，由于信用状之此项无因性质，故可转之信用状经第一受益人让与第二受益人时，其与委任人间之关系如何，仍应由各该当事人就其基础关系定之。”

同院 1982 年度台上字第 2444 号判决：“依‘银行法’第十六条规定，所谓信用状系指银行受客户之委任，通知并授权指定受益人，在其履行约定条件后，得依照一定款式开发一定金额以内之汇票或其他凭证，由该行或其指定之代理银行，负责承兑或付款之文书。于国际贸易中，辄由买卖双方利用为交付价金之方法，依 1974 年修正信用状统一惯例总则之规定，信用状之开发，与委任人及受益人间之买卖契约或其他契约无关。由于信用状之此项无因性质，故可转让之信用状经第一受益人让与第二受益人时，其与委任人间之关系如何？仍应由各该当事人就其基础关系定之，殊不得因信用状之转让，概认第一受益人与第二受益人必构成并存之债务承担。”

（二）信用状申请人（进口商）与开状银行间法律关系

"银行法"第三十一条规定："银行开发信用状或担任商业汇票之承兑，其与客户间之权利、义务关系，以契约定之。银行办理前项业务，如需由客户提供担保者，其担保依第十二条所列各款之规定。"故信用状申请人与开状银行间法律关系，应依其契约定之，实务上则系以国际商会（ICC）之信用状统一惯例（UCP）为其内容[68]，但实务见解多认为其间法律关系并非消费借贷，而系委任。[69] 本书则认为系委任与金钱消费借贷之混合契约。[70]

二、人保（含最高限额保证）与物保（含最高限额抵押权）

人保与物保，社会交易多用来做为金钱消费借贷之从契约，藉以保障债务人依约给付利息并返还借款。

68 "最高法院"1992年度台上字第1277号判决："信用状申请人对开状银行所负偿还义务，上开信用状统一惯例既已设有明文，原审径依'民法'第五百四十四条第一项、第五百四十六条第一项规定，判断上诉人不得向轩×公司请求偿还垫款，是否无误，非无疑义。"

69 "最高法院"1985年度台上字第1193号判决："依国际贸易惯例，进口商委请银行（开状银行）开发信用状，开状银行并不因而当然应给付款项与国外出口商即受益人，必须出口商即受益人按照信用状所载条件，备具各项单据，及以开状银行为付款人签发汇票，由该银行或其指定之代理银行，审查一切单据，藉以确定该等单据符合信用状所规定条件时，始得予以承兑及付款，开状银行然后凭海运单据向进口商收款，进口商与开状银行间之法律关系似属有偿委任，原审仅凭上述上诉人之开发信用申请书、切结书及信用状结汇暨垫款承诺书上有所谓'借垫''垫贷''垫款'字样（经查上述文件似均无'借垫'一语），即认定上诉人文×公司与被上诉人间之法律关系为消费借贷，而未就此项国际贸易行为及上述切结书等所载内容，审究其法律性质为何，已嫌速断。"

同院1984年度台上字第1059号判决："被上诉人委任上诉人开发信用状，上诉人接受委任后，因本身未办理外汇业务，乃转委托第一商业银行台南分行开发信用状之事实。合于'民法'第五百三十七条有不得已之事由使第三人代为处理之情形。已成立有权之复委任关系。即将履行移由第三人第一商业银行台南分行独立处理，关于信用状有关单据之审核补正单据之接受与否及应否为付款，均为次受任人即开状银行第一商业银行台南分行处理之范围。纵其处理有所欠当，依同法第五百三十八条第二项之规定，上诉人仅就该第三人之选任及其对于第三人所为之指示，负其责任。"

70 "最高法院"1985年度台上字第2802号判决："被上诉人永×公司向上诉人申请开发信用状，并为偿付费用向上诉人借款，在双方间系成立委任与金钱借贷两种关系。纵上诉人或其国外代理行在审查信用状受益人提出之单据时有疏失，本应拒绝付款，而予以付款，致被上诉人永×公司受损害，被上诉人永×公司亦仅能依委任关系请求上诉人赔偿，并不得据此拒绝偿还借款。"

三、信用卡、现金卡预借现金借款

现今社会多以信用卡或现金卡设定预借现金功能，提供消费者小额融资（定有借款上限）之功能，于信用卡或现金卡约款中明订借款方式、额度、利率等，再由消费者依其需要（1）以卡片插入自动化服务机器（如ATM)、输入密码取得（或转账）借款；或（2）以电话、网路银行转账；或（3）以卡片刷卡转账消费，此时始完成交付，故性质上为金钱消费借贷。消费者一般须支付利息与账务管理费，且其利率较一般消费借贷利率为高（最高为年利率百分之二十）。此种金钱消费借贷适用上，须注意消费者保护法之相关规定。

21世纪法学研究生参考书系列

林诚二◎著

民法债编各论

（中）

中国人民大学出版社

序　言

民法各种之债，浩瀚深奥，实非个人能力所及，但见此次民法债编全盘修正以来，坊间仍欠缺一套完整债编各论教材，同学需求甚殷，乃不自量力，将多年来教授讲义重新充实整编，先后出版民法债编各论上、中、下三册，不敢言说学术价值，但求尽点心力，让有志于研习民法各种之债者，能有所参用。作者自知才疏学浅，书中论点难免谬误丛生，尚盼先进专家不吝指正，以为切当，使台湾民法债编各论之学说与实务更加进步。

本书之成，蒙贤棣叶张基君帮忙搜集资料、汇整编辑与缮打，并承东吴大学研究生刘玄颢、杨文山、张进钰及林达峰等同学校对，谨此致谢。

林诚二
序于东吴大学法学院研究室
2002年3月15日

目　　录

第七章

雇　佣

【案例提示】

一、甲拟于阳明山餐馆打工，餐馆原估计花季将至，游客如织，故乃雇甲帮忙，约定一小时工资为一百元，一天工作八小时，午餐由餐馆供应，孰料因细雨绵绵，游客稀少，故十一点即叫甲回家，甲不答应，而欲留于餐馆吃饭。试问：

（一）餐馆老板可否主张“民法”第四百八十九条之重大事由？

（二）甲是否须补服劳务？

（三）甲所可主张之报酬为何？

（四）若甲回家后至他处打工所得之工资，是否须扣除？

二、丙店因丁貌似忠厚老实，故与其订立雇佣契约，其中约明试用一个月，报酬为两万元，工作十五日后，丙发现丁偷窃而当场斥骂之，丁因认其受侮辱，而于隔日终止契约，并请求十五日之报酬，丁是否有理由？又丙得否主张“民法”第四百八十九条之重大事由？

第一节　雇佣之意义、性质、种类与其他类似概念

壹、雇佣之意义

“民法”第四百八十二条规定：“称雇佣者，为当事人约定，一方于

一定或不定之期限内为他方服劳务，他方给付报酬之契约。”[1] 兹分述雇佣之意义如下：

一、雇佣为债权契约

雇佣既系当事人约定，一方于一定或不定之期限内为他方服劳务，而由他方给付报酬，其为一种债权契约，仅生负担行为之效果，乃属当然，是雇佣之当事人为雇用人及受雇人。[2] 前者俗称雇主，自然人、法人均得充之；后者即服劳务之人，性质上应以自然人为限，法人不得为受雇人，法人之提供劳务，充其量仅得为由自然人之劳务为手段以达一定目的，诸如处理事物之委任、完成一定工作之承揽或为运送货物或旅客之运送耳。至于何谓报酬？民法并无规定，原则上依契约自由原则，由当事人自由约定，或为金钱、利得、小费、分成、食宿或其他物品均可。亦不问按件、按量、按时、日、星期、月、年计酬均可。

二、雇佣契约为劳务契约

（一）雇佣为典型之劳务契约

雇佣（employment）乃典型之劳务契约，惟有学者认为委任方系典型

1 “最高法院”1956 年度台上字第 1619 号判例：“雇佣契约依‘民法’第四百八十二条之规定，系以约定受雇人于一定或不定之期限内，为雇用人服劳务，雇用人给与报酬为其成立要件。就此项成立要件言之，雇佣契约在受雇人一方，仅止于约定为雇用人供给一定之劳务，即除供给一定劳务之外，并无其他目的，在雇用人一方，亦仅约定对于受雇人一定劳务之供给而与以报酬，纵使受雇人供给之劳务不生预期之结果，仍应负给与报酬之义务，此为其所有之特征。”同院 1991 年度台上字第 1673 号判决：“青果社系社团法人，其聘雇职员而给付报酬，应属雇佣性质。又其任免职员，悉依合作社有关之章程、人事管理规则与乎‘内政部’令颁之上开改进办法各规定办理，故该章程、人事管理规则以及改进办法等规定，均为雇佣契约内容之一部，雇用人及受雇人均应受其拘束。”
同院 1993 年度台上字第 965 号判决：“被上诉人固为公立学校，但上诉人并不具备公务员身份，为两告不争之事实，则被上诉人雇用上诉人担任警卫工作，似纯属私经济关系之雇佣关系。原审谓两造间具有特别权力关系，被上诉人召开考绩委员会将上诉人免职，系属行政处分，不问是否不当或违法，在该处分未撤销前，法院不能否认其效力，因认两造间之雇佣关系已不存在，既云两造间有雇佣关系存在，又云被上诉人系依特别权力关系对上诉人为人事行政处分，不无矛盾。”

2 “最高法院”1967 年度台上字第 1612 号判例：“雇佣契约当事人间，故以约定一方于一定或不定之期限内为他方服劳务，他方给付报酬为其成立之要件，然其与第三人间之关系，受雇人既系以听从雇用人之指示而作为，倘受雇人确系因服劳务而生侵害第三人权利之情事时，雇用人即不能藉口曾与受雇人有何约定，而诿卸其对第三人之责任。”（盖雇佣乃内部关系，侵权行为则为对外关系，“民法”第一百八十八条参照。）

之劳务契约，其实不然，因委任乃系以劳务为手段而处理事务，而雇佣则系纯粹以供给劳务本身为契约之目的。"民法"第四百八十二条之规定，雇佣契约系以约定受雇人于一定或不定之期限内，为雇用人服劳务，雇用人给付报酬为其成立要件。就此项成立要件言之，雇佣契约在受雇人之一方，仅止于约定为雇用人供给一定之劳务，除此之外，并无其他目的；在雇用人一方，亦仅约定对于受雇人一定劳务之供给而给予报酬，纵使受雇人供给之劳务不生预期之结果，雇用人仍应负给予报酬之义务，此为其主要特征。[3]

（二）劳务契约之特征

民法上之劳务契约很多，诸如：承揽、出版、委任、经理人、代办商、居间、行纪、寄托、仓库、运送等等，均为适例，其特征为：

1. 注重信任关系，故破坏信任关系往往是造成终止契约之原因。

2. 请求权类多具有专属性，未经他方同意，不得让与他人（如"民法"第四百八十四条参照）。

3. 多属继续性契约，不因一次劳务给付，雇佣之目的即达成，而系于一定或不定之期间内继续地给付劳务。

4. 常发生情势变更之问题（"民法"第二百二十七条之二、"民事诉讼法"第三百九十七条参照），此乃继续性契约须长时间给付所使然。

5. 原则上仅生终止契约，不生解除契约之问题（承揽除外）。

6. 常有"如依情形，非受报酬即不服劳务者，视为允与报酬"之规定，是为拟制承诺（如"民法"第四百八十三条第一项、第五百六十六条第一项）。

7. 多采报酬后付原则，如"民法"第四百八十六条规定："报酬应依约定之期限内给付之。无约定者依习惯。无约定，亦无习惯者，依左列之规定：一、报酬分期计算者，应于每期届满时给付之。二、报酬非分期给付者，应于劳务完毕时给付之。"

8. 原则上无补服劳务之义务（如"民法"第四百八十七条）。

9. 无同时履行抗辩权，盖既采报酬后付原则，除当事人另有约定外，原则上不生同时履行抗辩之问题。

3 "最高法院"1987年度台上字第790号判决："雇佣乃以服劳务目的之契约，契约如以委托处理事务为目的，则其为委任而非雇佣，此关'民法'第四百八十二条及第五百二十八条规定自明。农会总干事系由理事会聘任，并秉承理事会决议执行任务，'农会法'第二十五条第一项及第三十一条定有明文。依此项规定，农会理事会聘任总干事，系以委托其处理事务为目的，属于委任契约，并非以服劳务为目的之雇佣契约。本件上诉人以被上诉人理事会解聘伊之总干事职务，系终止雇佣契约，并已被上诉人理事会之解聘系脱法行为应属无效为由，诉请确认其为被上诉人农会总干事之雇佣关系存在，显非有据。"

10. 除承揽因有工作物而兼具劳务性及财产性契约之性质外，原则上仅生不完全给付之问题，不生瑕疵担保责任之问题。

（三）特别劳务规定之优先适用

雇佣虽属劳务契约，但民法债编各种之债有特别规定其特种劳务契约名称者，应先依其特别规定予以适用，如委任、居间、行纪、寄托承揽、运送等是。

三、雇佣为对于劳务供给给付报酬之有偿契约

雇佣之报酬与供给劳务互有对价关系。给付报酬之意思表示得为明示，亦得为默示。依“民法”第四百八十三条规定：“如依情形，非受报酬即不服劳务者，视为允与报酬。未定报酬额者，按照价目表所定给付之，无价目表者，按照习惯给付。”可知雇佣契约必为有偿，亦即报酬如未约定者，应依“民法”第四百八十三条之规定[4]，按照价目表所定或习惯给付之。但如约定提供劳务却无报酬给付者，可能适用无偿委任或出版之规定。

四、相关问题之探讨

（一）雇佣之劳务究何所指？

雇佣之劳务究何所指？“民法”第四百八十二条未予限制，有学者认为，不论物质的（煮饭）、精神的（看护）、事实的（搬迁）、法律的（法务助理），亦不问高级劳务或低级劳务，均属之。[5]但愚以为违背公共秩序或善良风俗之劳务，不得为雇佣目的之劳务，如猥亵劳务是。

（二）学徒契约之性质如何？

学徒契约又称为徒弟契约（apprenticeship），通说认为老板为雇用人，学徒为受雇人，亦即以劳务换取技术。英国有认学徒为雇佣契约，但老板有指挥监督权。学者薛祀光先生认为，不给工资，仅供食宿者，虽非纯粹雇佣，但含有雇佣成分。史尚宽先生则认为，应依契约内容，按当事人意思定之，如难以判断不妨互为雇用人与受雇人。依台湾“劳

4 “最高法院”1956年度台上字第1619号判例：“雇佣契约依‘民法’第四百八十二条之规定，系以约定受雇人于一定或不定之期限内，为雇用人服劳务，雇用人给予报酬为其成立要件。就此项成立要件言之，雇佣契约在受雇人一方，仅止于约定为雇用人供给一定之劳务，即除供给一定劳务之外，并无其他目的，在雇用人之一方亦仅约定对于受雇人一定劳务之供给而予以报酬，纵使受雇人供给之劳务不生预期之结果，仍应负给与报酬之义务，此为其所有之特征。”

5 史尚宽，债法各论，1986年11月台北六刷，作者自刊，第二七五页。

动基准法”第八章规定，俗称之学徒，别称为技术生，而其与雇主之契约，又别称为训练契约。

（三）无偿劳务契约

若甲乙约定，甲替乙服劳务而无须给付报酬者，是否亦为雇佣契约？此契约非属赠与契约至明，盖赠与契约系一方移转财产权于他方，故不属之。惟此契约亦不属雇佣契约，因雇佣契约为有偿契约也。愚意以为，若纯粹提供劳务而无其他目的存在者，论以无名契约，可类推适用雇佣之规定；若有其他目的者，可以直接论以无偿委任；设亦无契约约定，则论以无因管理。

（四）互为劳务提供

互为劳务之提供者，非为互易，盖互易必须以“财产权”为标的。互为劳务提供之契约可认为系属二个雇佣契约，其报酬互抵，互为联立契约。然而亦有学者尊重当事人整体合意而认其为无名契约，类推适用雇佣之规定，有如当事人相互同意越界建筑，直接论以无名契约而类推适用租赁之规定。

（五）终身雇佣契约

约定以终身为期之雇佣契约，多数学者认为近于奴工契约，应为无效。但本书以为应仅认其约定之期限无效，而视为未定期限，可随时终止契约，盖若认为契约无效，则对受雇人反而不利[6]，学者郑玉波先生亦采此说。[7]

贰、雇佣之性质

一、有名契约

民法债编各论就雇佣设有专节，自为一有名契约。

二、双务契约

依“民法”第四百八十二条规定，雇佣之报酬与供给劳务，二者之间互有对价关系，故为双务契约。雇佣虽为双务契约，惟因劳务契约系采报酬后付原则（“民法”第四百八十六条参照），故基本上无同时履行抗辩权之适用（“民法”第二百六十四条参照）。

6　郑玉波，民法债编各论，上册，1992年10月十五版，作者自刊，第四五五页。

7　史尚宽，前揭书，同注5，第三五五页。

三、有偿契约

雇佣既系当事人约定，一方于一定或不定之期限内为他方服劳务，他方给付报酬之契约（“民法”第四百八十二条参照），可知其为有偿契约。雇佣既系有偿契约，本得准用买卖之瑕疵担保规定（“民法”第三百四十七条参照），惟所谓准用，须性质相同者方能准用。雇佣契约因属劳务契约，其性质与买卖迥异，故不得准用瑕疵担保之规定。但劳务契约中之承揽契约，因其兼具劳务性契约及财产权契约之性质，故其有瑕疵担保之问题。

四、诺成契约

雇佣仅因双方当事人意思表示相互合致，即得成立，故为诺成契约。

五、不要式契约

雇佣之成立，不须履行一定方式，故为不要式契约。但特别法另有规定者，依其规定。例如“劳动基准法”第六十五条规定，雇主招收技术生时须与技术生签订书面训练契约一式三份（俗称为学徒契约），即为适例。

叁、雇佣之种类

一、定期雇佣、不定期雇佣

定期雇佣于期限届满之时，雇佣关系当然消灭，惟须注意劳基法之特别规定；不定期雇佣原则上各当事人均得随时终止契约。

二、一般雇佣、特殊雇佣

一般雇佣系指民法所定之雇佣；特殊雇佣乃指特别法上所定之雇佣，例如劳基法之劳动契约、船员法之海员雇佣契约、聘用人员聘用条例之聘用契约、教育人员任用条例之聘任契约。

肆、雇佣与其他类似法律概念

一、雇佣与承揽

（一）意义

承揽者，乃当事人约定一方为他方完成一定之工作，他方俟工作完成，给付报酬之契约（“民法”第四百九十条参照）。雇佣之目的在于服劳务，而承揽之目的在于工作之完成，虽然完成工作亦需承揽人服劳务，但雇佣之标的即为劳务之本身，承揽之标的为劳务之结果，至于服劳务仅为一种手段。[8]

雇佣与承揽相同点在于二者均为有名、债权、双务、有偿、诺成、不要式及继续性契约，报酬采后付原则，原则上无同时履行抗辩权之适用，且均有视为允与报酬之规定，二者均可能发生授权代理之情形。

（二）报酬请求权

承揽与雇佣虽均为有偿契约，但受雇人只要有服劳务，不论有无完成一定工作，均能获得报酬；承揽人必须完成一定之工作，否则不得请求报酬。[9]

（三）服劳务之态样

按受雇人提供劳务，须听从雇用人之指挥监督，其雇佣关系具有从属性。承揽重视工作之完成，故其进行工作（服劳务）具有独立性，不受雇用人之指挥监督。因此，受雇人因执行职务不法侵害他人权利者，雇用人依“民法”第一百八十八条之规定负连带赔偿责任。承揽人因执行承揽事务，侵害他人权利者，依“民法”第一百八十九条之规定，定作人原则上不负责任。

（四）第三人代服劳务

承揽重视工作之完成，不以承揽人亲自为之为必要，得以次承揽为之；雇佣注重服劳务之过程，且重视当事人间之专属关系，原则上受雇人须亲自为之，不得再使第三人代服劳务（“民法”第四百八十四条参照）。兹表列区别如下：

8 “最高法院”1992年度台上字第2686号判决：“按承揽与雇佣同属于供给劳务之契约，惟前者仍以发生结果（工作之完成）为目的之契约，供给劳务不过为其手段而已；后者则以供给劳务本身为目的之契约，亦即除供给劳务外，并无其他目的。此为二者区别之所在。‘民法’第一百八十八条第一项所谓受雇人，并非仅限于雇佣契约所称之受雇人，凡客观上被他人使用为之服劳务而受其监督者，均系受雇人（本院五十七年（1968年）台上字第一六六三号判例参照）。此所谓监督，系指对劳务之实施方式、时间及地点加以指示或安排之一般的监督而言。”

9 “最高法院”1993年度台上字第2158号判决：“按承揽人之报酬，依‘民法’第五百零五条，并未强制规定计酬之方式，则承包吊载原木工作者直接按支数或估算吊运时间所投入之成本及利润，按件或按时计酬均无不可；而雇佣之报酬，依‘民法’第四百八十六条，并未规定应按时或按件计酬；法亦无明文按时或按件计酬者，即属雇佣。”

	相异点	雇　佣	承　揽
1	契约目的	雇佣以给付劳务为契约本身之目的。	承揽系以完成工作为其契约之目的，给付劳务仅为其完成工作之手段。
2	有形无形之区别	雇佣无有形雇佣或无形雇佣之区分。	承揽有有形承揽与无形承揽（如算命）之区别。
3	终止与解除	雇佣纯属劳务性契约，故仅有终止契约，而无解除契约（除尚未给付劳务有解除之可能外）之情形	有形承揽则兼具劳务性与财产性契约，有终止契约与解除契约之适用。
4	瑕疵担保	无瑕疵担保之问题。	有瑕疵担保问题。
5	危险负担	无危险负担问题。	有危险负担问题。
6	受领迟延	劳务受领迟延时，受雇人无补服劳务之义务。	承揽依一般民法债编总论受领迟延之规定处理。
7	专属性	雇佣重劳务专属性，故原则上劳务请求权无让与性，劳务给付亦无可代替性（“民法”第四百八十四条参照），故无所谓次雇佣。	承揽虽重技术性，但有次承揽之问题。
8	受雇人限制	受雇人解释上限于自然人。	承揽人无限制，自然人、法人皆可。
9	侵权行为责任	雇用人依“民法”第一百八十八条之规定负其责任。	定作人原则上不负责任，例外依“民法”第一百八十九条但书之规定负责。
10	劳基法之规范	雇佣可能属于劳动契约，因有一定之雇主及从属关系，故可能受劳基法之规范。	承揽则因重在以劳务之完成一定之结果为目的，故非劳动契约，并不受劳基法之规范。

二、雇佣与委任

雇佣与委任，均属劳务契约，均为有名、债权、诺成、不要式、继续性契约；无同时履行抗辩权、瑕疵担保之问题；仅生终止契约，无解除契约之问题；二者均可能发生授权代理之问题。惟二者仍有其相异之处：

（一）契约目的

雇佣契约系以给付劳务本身为其目的；委任契约给付劳务仅为其手段而已，其契约之目的为处理事务。

（二）裁量权

雇佣契约之受雇人服劳务时须服从雇用人之指示，自己不能作任何决定，无独立裁量权；委任契约之受任人处理事务，固亦须依委任人之指示（“民法”第五百三十五条参照），但有时有其独立裁量权。[10]（“民法”第五百三十六条参照。）

（三）有偿性

雇佣契约必为有偿；委任契约原则上为无偿，例外为有偿。

（四）受雇人资格

受雇人之资格限于自然人；受任人之资格则无限制，自然人、法人皆可。

（五）专属性

雇佣之劳务请求权与劳务给付原则上具专属性，不得让与或由第三人代替；委任虽重信任关系，但因重在完成事务，故有委任与复委任之分。

（六）服务范围

雇佣无一般雇佣与特别雇佣之分；委任则有概括委任与特别委任之分（“民法”第五百三十三条、第五百三十四条参照）。

（七）注意义务

受雇人应以善良管理人之注意服其劳务；有偿委任受任人应以善良管理人之注意处理事务，无偿委任受任人应以与处理自己事务同一之注意而处理事务（“民法”第五百三十五条）。

（八）附随义务内容

受雇人绝对服从指示服其劳务，且有忠实服务、保守秘密及不为竞业之义务；受任人有自行裁量服从指示以处理事务，报告处理事务之颠末及交付移转财物之权利与义务。

（九）占有地位

就占有地位而言，受雇人仅为占有辅助人之地位（“民法”第九百四十二条），无“民法”第一百九十条动物占有人侵权责任之适用，应适用“民法”第一百八十八条之规定；受任人以委任人名义而依委任人之指示占有者，解释上亦应属占有辅助人，若以受任人名义处理事务而占有者，应解为直接占有人，必于交付移转后，委任人始取得直接占有人之地位，方有“民法”第一百九十条之适用。

（十）当事人死亡

受雇人因死亡而消灭雇佣关系，事理至明，雇用人死亡则否，盖需

10　史尚宽，前揭书，同注5，第三六五页。

视事实上提供劳务之需要，并所以保护受雇人；委任关系因当事人之一方死亡、破产或丧失行为能力而消灭，但民法另有受任人继续处理事务及视为存续之特别规定（“民法”第五百五十一条、第五百五十二条），雇佣则无此特别规定，应特别注意。

（十一）终止权之行使

雇佣未定期限，亦不能依劳务之性质或目的定其期限时，各当事人始得随时终止契约（“民法”第四百八十八条第二项）；委任之当事人任何一方均得随时终止契约（“民法”第五百四十九条第一项）。

（十二）与劳动法之关系

雇佣若有一定雇主及职业上从属关系，可能为劳动契约，受劳动基准法之规范；委任人与受任人间不一定有报酬，且无职业上从属关系，故非劳动契约，不受劳基法之规范。

三、雇佣与劳动契约

（一）劳动契约之意义

劳动契约者，依“劳基法”第二条第六款之用词定义，为约定雇佣关系之契约。但依已公布尚未施行之劳动契约法（现拟修正中）第一条之规定，指当事人之一方（劳工）对于他方（雇主），在从属之关系，提供其职业之劳动力，而由他方给付报酬之契约。依此定义分析如次：

1. 劳动契约乃一有名之债权契约，史尚宽教授称为“特种之雇佣契约”。

2. 劳动契约之当事人称为“雇主”与“劳工”，不称为“受雇人”与“雇用人”。

3. 劳工所提供之给付，系职业上之劳动力。所谓职业上之劳动力，系指劳工以提供某种劳动力为职业，并以该种劳动力之提供为条件[11]，与雇主签订契约，为劳基法所称之劳动契约。此项劳动力，可为精神的或体力的，亦可为工业的、农业的或商业的，均可成立劳动契约，但非职业的劳动力之提供，虽可成立雇佣，但非劳动契约，例如经理人契约。

4. 劳动契约，以劳工有其一定之雇主并依从属关系提供劳务为其特征。故律师受任委为诉讼案件、会计师受任处理会计事务、医师受任医疗疾病等关系，因受任人与委任人间并无高度指示监督之从属地位关系[12]，而受任人亦无一定（非特定之意）之雇主，故其关系非属劳动关系。

11 黄剑青，劳动基准法详解，增订三版，第九六页。

12 史尚宽，前揭书，同注5，第三六六页。

（二）劳动契约之性质

1. 有名契约：劳动基准法明定劳动条件等关于劳动契约当事人之权利义务关系，自属有名契约。

2. 双务契约：劳工提供劳动力与雇主给付报酬间互为对待给付，故为双务契约。

3. 有偿契约：劳动契约，乃一有偿契约，必以雇主对劳工之劳动力提供给付报酬，使与委任之得为有偿与无偿情形不同。

4. 不要式契约：除“劳动基准法”第六十五条明定技术生之书面训练契约外，一般劳动契约并无以书面为其成立生效要件，故为不要式契约。

5. 不要物契约：劳动契约不以物之交付为其契约之成立生效要件，自属不要物契约。

6. 继续性契约：劳动契约以提供劳动力为劳工之主给付义务，复订有定期契约及不定期契约之规定，可见劳动契约为继续性契约。

7. 劳务契约：劳动契约既以劳工提供劳动力为其给付义务，自属劳务契约。劳动契约不限于雇佣契约，任何种类之劳务给付，即使具有委任或承揽契约性质，只要当事人间具有使用从属及指挥监督关系，均属劳动契约。[13]

13 “最高法院”2000年度台上字第1301号判决：“（一）‘劳工：谓受雇主雇用从事工作获致工资者。’‘工资：谓劳工因工作而获得之报酬。’‘劳动契约：谓约定劳雇关系之契约。’‘劳动基准法’第二条第一款、第三款、第六款定有明文。是劳动契约之劳工与雇主间具有使用从属及指挥监督之关系，劳动契约非仅限于雇佣契约，关于劳务给付之契约，其具有从属性劳动性质者，纵兼有承揽、委任等性质，自应属劳动契约。（二）劳动契约为具有身份性质之契约，其劳务给付之义务，原则上系专属于受雇劳工之义务，但经雇主同意，或习惯上允许他人代为劳动，或依劳动之性质，由他人代为劳动并无差异者，受雇劳工得使第三人代服劳务。”

同院1999年度台上字第1864号判决：“第按所谓‘劳动契约’，就形式上言，参照‘劳动基准法’第二条第六款规定，自系约定‘劳雇关系’之契约，而其契约之内容，依‘劳动基准法施行细则’第七条规定，应就工作场所及从事之工作有关事项、工作开始及终止之时间、休息时间及休假、请假有关事项、工资之议定、调整及给付之日期与方法、退休金、劳工福利及安全卫生等项为约定；就其内涵言，劳工与雇主间应有从属性，即一般学理上亦认劳动契约当事人之劳工，具有下列特征：（一）人格从属性，即受雇人在雇主企业组织内，服从雇主权威，并有接受惩戒或制裁之义务。（二）亲自履行，不得使用代理人。（三）经济上从属性，即受雇人并不是为自己之营业劳动而是从属于他人，为该他人之目的而劳动。（四）纳入雇方生产组织体系，并与同僚间居于分工合作状态。劳动契约之特征，即在此从属性（‘最高法院’八十三年（1994年）度台上字第三四七号判决参照），换言之，劳动基准法所规定之劳动契约，系指当事人之一方，在从属于他方之关系下，提供职业上之劳动力，而由他方给付报酬之契约，与委任契约之受委任人，以处理一定目的之事务，具有独立之裁量权者有别（‘最高法院’八十三年（1994年）度台上字第七二号判决参照）。”

（三）雇佣契约与劳动契约之异同

由上述观之，雇佣与劳动契约均以给付劳务为契约之目的，且均为债权、有偿、双务及继续性契约，原则上为诺成及不要式契约，惟仍有下列相异点：

	相异点	一般雇佣	劳动契约
1	契约属性	不一定属劳动契约。	属特种劳务契约。
2	职业上之从属关系	无。	有。
3	给付内容	单纯之服劳务。	限于职业上之劳动力。
4	雇主是否专一	受雇人虽有特定之雇用人，但无一定之雇用人，故可同时有数雇用人（除契约另有约定外），亦即不专为一人服劳务。	劳工通常有其一定之雇主，专为一雇主服务（近来承认无一定雇主之劳工）。
5	受劳动基准法规范	不受“劳基法”规范，但仍应受其他民事特别法之规范。	受“劳基法”之规范，必“劳基法”未规定者，始适用一般民法规定（例如“劳基法”有关契约成立方式、行为能力、性别、年龄、工时、工资、休假、保险、资遣退休、安全保障等特别规范）。
	刑法及行政罚	雇佣人违反劳动“基准法”，不受刑罚及行政罚之处罚。	雇主违反“劳动基准法”及其相关规定，常受刑罚及行政罚之处罚。

第二节　雇佣之成立

按雇佣之成立，不须履行一定方式，依“民法”第一百五十三条规定，双方意思表示合致，雇佣契约即已成立。至于民间常有人事保证之约定，但人事保证仍非雇佣之成立要件，故为诺成的不要式契约。

第三节　雇佣之效力

壹、对于受雇人之效力

一、受雇人之义务

（一）服劳务之义务

1. 意义：所谓服劳务之义务，系指为雇用人供给一定之劳务，性质上为受雇人之主给付义务。至于受雇人供给劳务之目的为何？在所不问；相对而言，雇用人须于受雇人提供一定劳务后即应给予报酬，纵使受雇人供给之劳务不生预期之结果，仍不得免除给予报酬之义务[14]，盖雇佣仅单纯以提供劳务为目的，与以劳务为手段而处理一定事务之委任，或完成一定工作之承揽不同。

2. 专属性："民法"第四百八十四条规定："雇用人非经受雇人之同意，不得将其劳务请求权让与第三人。受雇人非经雇用人之同意，不得使第三人代服劳务。当事人之一方违反前项之规定，他方得终止契约。"由本条规定可知，雇佣固重信用关系，劳务请求权与服劳务之义务均具有专属性，不得未经他方同意让与他人或由第三人代替。但此项专属性之适用，应排除履行辅助人之辅助性行为（如受雇人之助手行为）。又雇用人或受雇人违反本条规定者，本条规定他方当事人得终止契约。若他方当事人不终止契约者，在雇用人违反时，宜解为"民法"第三百十条向第三人为清偿；在受雇人违反时，宜解为"民法"第三百十一条由第三人为清偿。

3. 特种技能之保证：受雇人虽不以具有特殊技能为必要，然受雇人明示或默示保证其有特种技能时，如无此种技能时，雇用人得终止契约（"民法"第四百八十五条）。惟若订立雇佣契约时，受雇人根本无特殊技能者，究系"民法"第二百四十六条之给付不能？抑或应适用"民法"

14 "最高法院"1995年度台上字第2201号判决："雇佣契约，依'民法'第四百八十二条之规定，系以受雇人于一定或不定期限内为雇用人服劳务，而雇用人给与报酬为其成立要件。故契约当事人之义务，在受雇人方面，仅止于为雇用人供给一定之劳务，至其供给劳务之目的为何？在所不问；在雇用人方面，亦于受雇人供一定劳务后即应给予报酬，纵使受雇人供给之劳务不生预期之结果，仍不得免除给予报酬之义务。"

第四百八十五条之规定？愚意以为“有无特殊技能”仅系不为而非不能为，凡经学习后多能具备该技能。因此，此种不能为宜解为主观之不能，既为主观不能，契约仍应有效，仅发生“民法”第四百八十五条终止契约之问题。另一方面，从雇佣之目的观之，雇佣仅系单纯劳务之提供，劳务提供至何程度？结果如何？均在所不问，故应认该雇佣契约仍为有效，而仅生终止契约之问题较妥。此所谓“明示或默示之保证”，与“民法”债编各论第二十四节之保证不同，前者系就自己债务之保证；后者则系独立之债权契约约定，仅在对他人之债务保证其履行。

4. 试验雇佣：关于试验雇佣之问题，因民法中并无关于试验雇佣之规定，有学者主张应类推适用试验买卖之规定，而认为试验雇佣，系以雇佣人之承认受雇人之服劳务为停止条件而订之契约。愚意以为，雇佣既仅以服劳务为契约本身之目的，而雇佣又属诺成、不要式契约，劳务成果如何非但不问，且不宜约定为契约之停止条件，否则与雇佣之本质不符。故若有试验雇佣之约定者，宜依“民法”第九十八条规定，探求当事人真意，解为附终止事由约款较妥。依此见解，受雇人之工作年资之计算应自到厂服务起算，亦即依约到厂之后，即与厂方发生实际雇佣服务关系，并不因有无试验而有所差别。[15]

5. 服劳务之方法及注意义务：受雇人应如何服劳务，“民法”债编各论并无特别规定，故应依“民法”第三百零九条及第一百四十八条之规定，须依债之本旨及诚信原则服其劳务。若受雇人不服劳务，或为不完全之劳务，或因可归责于受雇人之事由致不能服劳务者，应适用民法债编通则关于债务不履行之规定。至于受雇人服劳务注意义务之程度，本节并未特别规定，依“民法”第二百二十条之规定，受雇人基于雇佣契约之有偿性，自应以善良管理人之注意服劳务。

（二）附随义务

雇佣契约若属劳动契约者，有关受雇人（劳工）给付劳动力，应注意劳基法及其相关法规之强行规定。一般雇佣契约，通常均有如下附随义务之约款：

1. 雇用人预防危险义务（保护义务）：1999年4月21日增订、2000年5月5日施行之“民法”第四百八十三条之一规定：“受雇人服劳务，其生命、身体、健康有受危害之虞者，雇用人应按其情形为必

15 “劳动基准法施行细则”第六条关于试用期间第三项之规定，已于1997年6月12日删除。

要之预防。”[16] 是为雇用人预防危险义务（保护义务），性质上为雇用人之附随义务[17]，如雇用人未为预防措施以改善受雇人之工作环境者，应负债务不履行责任。如受雇人因雇用人未为预防危险致生损害者，亦可同时构成“民法”第一百八十四条第二项违反法律保护他人之规定而应负不作为之侵权行为损害赔偿责任，此外，亦构成“民法”第四百八十七条之一之无过失赔偿责任；倘受雇人又属劳工，则雇主依“劳基法”第五十九条规定，应负无过失之职业灾害之补偿，但要注意该法条之抵充规定。

2. 忠实服务义务（草拟中之“劳动契约法”参考）。

3. 保密义务（“营业秘密法”参考）。

4. 遵守工作规则义务。

5. 竞业禁止义务。[18]

6. 人事保证约款（“民法”第七百五十六条之一至第七百五十六条之九）。

7. 违约金约款（“民法”第二百五十条）。

8. 智慧财产权归属约款（“著作权法”第十一、十二条；“专利法”第七至九条；“营业秘密法”第三、四条）。

9. 自愿抛弃约款（如红利分配请求权）。

16 本条增订理由：“一、本条新增。二、基于社会政策之理由，德国及瑞士各国（参考德国民法第六百十八条、瑞士债务法第三百三十九条）多设有使雇用人对于受雇人负保护义务之规定。而在民生主义立法政策下之‘我国’民法，独付阙如。为予受雇人周全之保障，尤有增订必要，爰增设本条规定。本条所谓‘服劳务’，除指劳务本身外，尚包括工作场所、设备、工具等有使受雇人受危害之虞之情形。”

17 关于附随义务，请参阅拙著，论附随债务之不履行与契约之解除，收录于拙著民法理论与问题研究，瑞兴图书股份有限公司，1991 年 7 月初版，第四一一页。王泽鉴，民法债编总论，第一册，基本理论债之发生，作者自刊，1994 年 10 月出版，第二九页。王泽鉴，债之关系的结构分析，收录于氏著民法学说与判例研究，第四册，作者自刊，1993 年 9 月八版，第九四页。有学者认为此为从给付义务，请参阅林信和，民法债编修正原则与修正要点之检讨，律师杂志，第二四一期，第四七页。

18 “最高法院”1986 年度台上字第 2446 号判决：“‘宪法’第十五条规定，人民之生存权、工作权及财产权应予保障，乃‘国家’对人民而言。又人民之工作权并非一种绝对之权利，此观诸‘宪法’第二十三条之规定而自明，上诉人惟恐其员工离职后泄漏其工商业上，制造技术之秘密，乃于其员工进入公司任职之初，要求员工书立切结书，约定于离职日起二年间不得从事与公司同类之厂商工作或提供资料，如有违反应负损害赔偿责任。该项竞业禁止之约定，附有二年间不得从事工作种类上之限制，既出于被上诉人之同意，与‘宪法’保障人民工作权之精神并不违背，亦未违反其他强制规定，且与公共秩序无关，其约定似非无效。”

10. 许诺任意调职或更换工作环境约款：关于劳工工作之调动，以“调动五原则”[19]为其依据，如符合“调动五原则”者，雇主之调动并不违反诚信原则[20]，劳工应不得拒绝雇主所为之调动指示。[21]反之，如未符合“调动五原则”者，即属违反诚信原则，劳工即得拒绝调动。

11. 任意终止契约约款。

以上特别约款，若有违反特别法规，尤其是劳动法规，依其特别法或民法第七十一条规定，应为无效。

（三）特殊问题之探讨——智慧财产权之归属问题

1. 著作权

“著作权法”第十一条规定：“受雇人于职务上完成之著作，以该受雇人为著作人。但契约约定以雇用人为著作人者，从其约定。依前项规定，以受雇人为著作人者，其著作财产权归雇用人享有。但契约约定其著作财产权归受雇人享有者，从其约定。前二项所称受雇人，包括公务员。”故于雇佣契约中受雇人于职务上完成之著作，除契约另有约定外，以该受雇人为著作人（著作人格权——即姓名表示权），此时著作财产权除契约另有约定外，由雇用人享有。

2. 专利权

关于专利权之归属应区分受雇人于职务上所完成之专利与受雇人非

19 “内政部”1985年9月5日（74）台内劳字第328433号函：“‘劳动基准法施行细则’第七条第一款规定，工作场所及应从事之工作有关事项应于劳动契约中由劳资双方自行约定，故其变更亦应由双方自行商议决定。如雇主确有调动劳工工作必要，应依下列原则办理：（一）基于企业经营上所必需；（二）不得违反劳动契约；（三）对劳工薪资及其他劳动条件，未作不利之变更；（四）调动后工作与原有工作性质为其体能及技术所可胜任；（五）调动工作地点过远，雇主应予以必要之协助。”

20 “最高法院”1988年度台上字第1868号判决：“查工作场所及从事之工作有关事项，应于劳动契约内订定之（看‘劳动基准法施行细则’第七条第一款规定）。嗣后资方如因业务需要而变动劳方之工作场所及工作有关事项时，除劳动契约已有约定，应从其约定外，资方应依诚信原则为之，否则，应得劳方之同意始得为之。本件上诉人调动被上诉人至高雄厂服务，仅记载‘头份厂徐×基至高雄厂服务（上项自七十四年（1985年）四月一日起生效）’，而未载明被上诉人至高雄厂担任何项职务工作，使被上诉人无法知悉新工作职务，内容是否与原工作职务内容相同，为原审合法认定之事实，从而上诉人之调动被上诉人自与诚信原则有背。原审以该调动未获被上诉人同意，认被上诉人拒绝接受该调动并无不合，理由虽非全基于前揭说明，但结果委无不合。”

21 “内政部”1985年7月10日（74）台内劳字第331013号函：“关于台中县丰原市山湖碳铁公司调动劳工工作，如确系基于企业经营上所必需；在同一工作地区；新工作为劳工技术、体能所能胜任；对劳工薪资及其他劳动条件未作不利之变更，应未违反劳动契约之本旨，为维护事业单位营运、管理及本劳资合作精神，劳工应不得拒绝。”

于职务上所完成之专利二种：

（1）关于受雇人于职务上所完成之专利：依“专利法”第七条第一项规定：“受雇人于职务上所完成之发明、新型或新式样，其专利申请权及专利权属于雇用人，雇用人应支付受雇人适当之报酬。但契约另有订定者，从其约定。”同条第四项规定：“依第一项、第三项之规定，专利申请权及专利权归属于雇用人或出资人者，发明人或创作人享有姓名表示权。”本法采取与“著作权法”第十一条相反之立法例，明定专利申请权与专利权，除契约另有订定外，归属雇用人所有，惟雇用人应支付受雇人适当之报酬，且发明人或创作人享有姓名表示权（人格权）。

（2）关于受雇人非于职务上所完成之专利：依同法第八条：“受雇人于非职务上所完成之发明、新型或新式样，其专利申请权及专利权属于受雇人。但其发明、新型或新式样系利用雇用人资源或经验者，雇用人得于支付合理报酬后，于该事业实施其发明、新型或新式样。受雇人完成非职务上之说明、新型或新式样，应即以书面通知雇用人，如有必要并应告知创作之过程。雇用人于前项书面通知到达后六个月内，未向受雇人为反对之表示者，不得主张该发明、新型或新式样为职务上发明、新型或新式样。第一项报酬有争议时，由专利专责机关协调之。”故此时专利申请权及专利权均属于受雇人，且无容受雇人与雇用人另行约定专利权归属之余地，仅于发明、新型或新式样系利用雇用人资源或经验之情形下，赋予雇用人得于支付合理报酬后，于该事业实施其发明、新型或新式样之权利。

受雇人非于职务上所完成之专利，既无容受雇人与雇用人另行约定专利权归属之余地，故同法第九条规定：“前条雇用人与受雇人间所订契约，使受雇人不得享受其发明、新型或新式样之权益者无效。”

3. 营业秘密

“营业秘密法”第三条规定：“受雇人于职务上研究或开发之营业秘密，归雇用人所有。但契约另有约定者，从其约定。受雇人于非职务上研究或开发之营业秘密，归受雇人所有。但其营业秘密系利用雇用人之资源或经验者，雇用人得于支付合理报酬后，于该事业使用其营业秘密。”本条规定立法技术与专利法同，其适用上与专利法之论述相同，于兹不赘（但“营业秘密法”无类似“专利法”第九条之规定）。

二、受雇人之报酬请求权

（一）非专属性

受雇人之报酬请求权不具专属性，故得让与及继承。

（二）后付原则

依“民法”第四百八十六条规定，劳务报酬原则上采后付原则，故受雇人不得主张同时履行抗辩权。

（三）雇用人受领劳务迟延

“民法”第四百八十七条规定：“雇用人受领劳务迟延者，受雇人无补服劳务之义务，仍得请求报酬。但受雇人因不服劳务所减省之费用，或转向他处服劳务所取得或故意怠于取得之利益，雇用人得由报酬额内扣除之。”[22] 按“民法”债编通则规定之受领迟延，除“民法”第二百四十一条不动产抛弃占有或“民法”第三百二十六条动产提存外，仅系减轻债务人之责任，依“民法”第二百三十七条之规定，其债务仍存在。至于雇佣中雇用人之受领迟延者，即生受雇人债务免除之效力，受雇人并无补服劳务之义务，盖劳务给付有其特性，第一日不为劳动，第二日自无为双倍之劳动之义务也。故雇用人受领劳务迟延时，受雇人仍有报酬请求权。依“劳动基准法”第十四条第一项第

22 “最高法院”1992年度台上字第2329号判决：“雇用人受领劳务迟延者，受雇人无补服劳务之义务，仍得请求报酬。但受雇人因不服劳务，转向他处服劳务所取得之利益，雇用人得由报酬额内扣除之，为‘民法’第四百八十七条所明定。被上诉人既谓上诉人离职后，即在家种植生姜十余甲迄今云云（见一审卷七八页），所称倘非虚妄，其因服劳务所得利益，即非不得自应得报酬中扣除。”

“最高法院”1992年度台上字第682号判决：“倘被上诉人于七十八年（1989年）十月七日以上诉人已遭解雇为由拒绝上诉人之劳务给付，揆诸两造间之雇佣关系仍然存在（此部分经原审为被上诉人败诉判决，已告确定）自属被上诉人受领劳务迟延，则上诉人之未继续给付劳务，为非可归责之事由所致，依法并无补服劳务之义务。且自七十八年（1989年）一月起至十月七日以前上诉人已为劳务给付，其是否不得依被上诉人该年度核发年终奖金通案，请求被上诉人给付年终奖金，亦非无斟酌余地。”

“最高法院”1993年度台上字第38号判决：“雇用人受领劳务迟延者，受雇人无补服劳务之义务，仍得请求报酬，‘民法’第四百八十七条前段定有明文。果上诉人因停刊或延展发行而未能提供被上诉人充分之工作，系属上诉人受领劳务给付迟延，被上诉人无补服劳务之义务，仍得请求报酬，则两造间之劳动契约，并不因而终止。”

“最高法院”1998年度台上字第1432号判决：“‘雇用人受领劳务迟延者，受雇人无补服劳务之义务，仍得请求报酬。但受雇人因不服劳务所减省之费用，或转向他处服劳务所取得或故意怠于取得之利益，雇用人得由报酬额内扣除之。’‘民法’第四百八十七条定有明文。又依同法第二百六十三条准用第二百五十八条第一项之规定，终止权之行使，应向他方当事人以意思表示为之。原审既认定两造间原有雇佣关系存在，而对于该项雇佣关系究于何时终止，未遑详查，遽谓：被上诉人之碾米厂既于六十年（1971年）间即早已拆除招牌，不再营业，而上诉人自此以后亦不再为被上诉人提供劳务，则就雇佣契约之精神而言，两造间之雇佣关系即生当然终止之效力云云，进而为不利上诉人之判断，于法殊有未合。”

六款之规定，如雇主拒绝劳工提供劳务者，劳工得预告终止劳动契约。[23] 同样地，雇用人受领劳务迟延时，亦仅负给付报酬之义务，无受领劳务给付之义务，受雇人不得强制其受领给付。[24] 至于劳工对于雇主有无就劳请求权？亦即当雇主对于劳工准备给付劳务时，不给予工作者，劳工可否请求给予工作？此问题在于关厂时尤见之。愚以为应视雇主是否可归责于自己之事由致受领迟延而定，若可归责，依本条劳工无补服劳务之义务规定观之，应解为有就劳请求权为当。[25]

至于本条但书之规定，即损益相抵规定之具体化（“民法”第二百十六条之一参照）。所谓“故意怠于取得之利益”，系指已向他处服劳务而应有所取得报酬，但却故意不取得而言。如系以单纯不作为而不于他处服务，应不得认为系故意怠于取得利益。例如受雇人甲一早至

23 “最高法院”1991年度台上字第1186号判决：“被上诉人要求入厂工作，自属有据，而上诉人拒绝其请求，并于收受被上诉人之存证信函后，仍继续不准其入厂工作，则上诉人之所为，自系违反劳动契约，且符合‘劳动基准法’第十四条第一项第六款之规定，是被上诉人于存证信函所为终止劳动契约之意思表示，自于上诉人收受该函后之第四日即七十八年（1989年）十月二十九日生效，两造劳动契约即于是日起终止，上诉人自有依‘劳动基准法’第十七条给付被上诉人资遣费之义务。”

24 “最高法院”2000年度台上字第2267号判决：“按债权人有受领给付之权利，除法律有如‘民法’第三百六十七条、第五百十二条第二项等特别规定，契约有特别订定外，不附受领给付之义务。故债权人对于已提出之给付拒绝受领者，通常只负迟延责任，债务人不得强制其受领给付（本院二十九年上字第九六五号判例参照）。雇佣契约依‘民法’第四百八十二条之规定，系以约定受雇人于一定或不定之期限内为雇用人服劳务，雇用人给付报酬为其成立要件，就此项成立要件言之，雇佣契约在受雇人一方，仅止于约定为雇用人供给一定之劳务，即除供给一定劳务之外，并无其他目的，在雇用人一方，亦仅约定对于受雇人一定劳务之供给而与以报酬，纵使受雇人供给之劳务不生预期之结果，仍负给与报酬之义务；同法第四百八十七条亦规定，雇用人受领劳务迟延者，受雇人无不补服劳务之义务，仍得请求报酬；是雇用人仅负给付报酬之义务，并无受领劳务给付之义务。”

25 林更盛，就劳请求权——“最高法院”2000年度台上字第二二六七号判决评释，本土法学杂志，第二十七期，2001年10月，第五六页。反对见解，“最高法院”2000年度台上字第2267号判决：“按债权人有受领给付之权利，除法律有如‘民法’第三百六十七条、第五百十二条第二项等特别规定，契约有特别订定外，不负受领给付之义务。故债权人对于已提出之给付拒绝受领者，通常只负迟延责任，债务人不得强制其受领给付（本院1940年上字第九六五号判例参照）。雇佣契约依‘民法’第四百八十二条之规定，系以约定受雇人于一定或不定之期限内为雇用人服劳务，雇用人给与报酬为其成立要件。就此项成立要件言之，雇佣契约在受雇人一方，仅止于约定为雇用人供给一定之劳务，即除供给一定劳务之外，并无其他目的，在雇用人一方，亦仅约定对于受雇人一定劳务之供给而与以报酬，纵使受雇人供给之劳务不生预期之结果，仍应负给与报酬之义务；同法第四百八十七条亦规定，雇用人受领劳务迟延者，受雇人无补服劳务之义务，仍得请求报酬，是雇用人仅负给付报酬之义务，并无受领劳务给付之义务。”

其所服务之洗车厂准备洗车，但雇用人乙因临时有事决定当日不营业，而乙之左邻丙亦经营洗车厂，当天因为人手不足，乃要求甲帮忙一天，甲则为丙工作一天，但却故意不愿向丙请求报酬，此时甲本可取得之报酬即系故意怠于取得之利益，而应于其向乙所请求之报酬额内扣除之。反之，如甲不愿帮丙工作，仅为单纯不作为，应无本条但书规定之适用。

（四）报酬之优先权

依“劳动基准法”第二十八条规定：“雇主因歇业、清算或宣告破产，本于劳动契约所积欠之工资未满六个月部分，有最优先受清偿之权。”[26] 惟此最优先受清偿之权，其受偿顺位实务见解均认为应次于抵押权，而优先于其他一切债权受偿。[27]

26 “最高法院”1967年度台上字第2043号判决：“第按一般民事法规定之优先权，有物权优先权与债权优先权两种，前者如‘民法’第八六五条所定者是，后者如‘海商法’第二十四条，‘矿场法’第十五条及‘奖励投资条例’第三十一条所定者是，债权优先权，虽亦如担保物权，目的在以债务人之总财产或特定财产依法律之规定先于其他债权受偿，但两者之效力，则仍有差异，一般担保物权，因其具有对世效力，故原则上仍应以物权之效力为优，惟法律另有规定者则不在此限，‘矿场法’第十五条或‘奖励投资条例’第三十一条仅规定，‘应尽先清偿所欠矿工工资’或‘优先受偿’而未如‘海商法’第二十四条第二项明定其效力在抵押权之前，则其效力即应解为仍在担保物权之后，矧担保债务之成立，并不一定损害于劳工。反之，担保债务之成立，恒使濒于困境矿场之财产有所增加，因而有利于该矿场之劳工。若认工资优先于担保物权，谁复愿意扶持濒于困境之矿场，而提供资金？而调节金融任务之银行因不能预知矿业者何时可能破产或歇业，势将不敢从事对于矿业者之贷放业务，于是‘全国’矿业者将多因周转不灵而停闭，其影响之巨，可想而知。”

1985年3月8日司法院（74）厅民二字第0156号函复台高院：“法律问题：‘劳动基准法’第二十八条第一项规定：雇主因歇业、清算或宣告破产本于劳动契约所积欠之工资未满六个月部分，有最优先受清偿之权，所谓最优先受清偿之权，其受偿顺位如何？是否优先于土地增值税及有担保债权？讨论意见：甲说：条文既称：‘最’优先受清偿，应优先于一切债权，包括土地增值税及有担保债权而受清偿。乙说：所谓最优先受清偿之权，仅指优先于普通债权及无担保之优先债权，至于土地增值税及有担保之债权，仍优先于本条积欠工资而受清偿（按‘行政院’原草案第二十八条系采优先于抵押权受偿，惟经‘立法院’修正通过如现行条文，其目的即在删除优先抵押权受偿）。结论：采乙说。‘司法院’第一厅研究意见：研讨结果采乙说，并无不合。”（1984年11月9日“台湾高等法院”暨所属法院1984年度法律座谈会同旨。）

27 反对见解，王泽鉴，矿工工资优先受偿权，收录于氏著民法学说与判例研究，第一册，作者自刊，1993年9月十四版，第五〇九页。王泽鉴，税捐、工资与抵押权，收录于氏著民法学说与判例研究，第四册，作者自刊，1993年9月八版，第三三六页。杨与龄，矿工工资优先问题，法令月刊，第二十卷，第六期，第五页。

贰、对于雇用人之效力

一、报酬给付义务

（一）报酬之意义

雇佣为有偿、双务契约，故雇用人须给付报酬。所谓报酬，系指受领劳务之对价，而加班费、红利等，应认为属报酬之性质。依“劳动基准法”第二条第三款之规定，所谓工资，系指劳工因工作而获得之报酬，包括工资、薪金及按计时、计日、计月、计件以现金或实物等方式给付之奖金、津贴及其他任何名义之经常性给与均属之。但非经常性给付，则不与之，例如误餐费。是否为报酬，会发生退休或资遣平均工资之计算基础多少，实务上常生争议。

（二）报酬之种类

报酬之种类为何？民法本节并无明文，依契约自由原则，报酬种类得依当事人之约定或习惯定之，通常可分为金钱报酬与实物报酬，雇佣报酬得以实物以代金钱之支付，惟如特别法明定以支付通用货币为限者，依其规定（例如“劳动基准法”第二十二条第一项规定参照）。

（三）报酬之数额

民法对报酬之数额并无规定，应依契约自由原则由雇佣契约当事人约定。惟“劳动基准法”第二十一条明文规定：“工资由劳雇双方议定之，但不得低于基本工资。基本工资由‘中央’主管机关拟定后，报请‘行政院’核定之。”[28] 用以保障劳工生活。

（四）报酬之给付时期

“民法”第四百八十六条规定：“报酬应依约定之期限给付之。无约定者依习惯。无约定，亦无习惯者，依左列之规定：一、报酬分期计算者，应于每期届满时给付之。二、报酬非分期计算者，应于劳务完毕时给付之。”基于契约自由原则，报酬应依约定之期限给付之。当事人无约定者依习惯。无约定亦无习惯者，台湾民法规定采报酬后付原则）：

1. 报酬分期计算者，应于每期届满时给付之。

28 1936年国民政府公布最低工资法，但未施行，1968年3月10日“行政院”发布“基本工资暂行办法”，迭经修正，最后于1985年2月28日核定发布“基本工资审议办法”。

2. 报酬非分期计算者，应于劳务完毕时给付之。于雇佣契约系约定计时报酬与计件报酬者[29]，除契约另有约定或另有习惯外，应于劳务完毕时给付之。

“劳动基准法”第二十三条第一项之规定，工资之给付，除当事人有特别约定或按月预付者外，每月至少定期发给二次，按件计酬者亦同。

（五）报酬之给付地

关于报酬之给付地，民法债编雇佣一节及劳动基准法均无规定，应适用“民法”第三百十四条。现今实务多以划拨或汇拨受雇人指定账户为之，甚少发生纠纷。

二、劳务请求权

“民法”第四百八十四条规定：“雇用人非经受雇人同意，不得将其劳务请求权让与第三人。受雇人非经雇用人同意，不得使第三人代服劳务。当事人之一方违反前项规定时，他方得终止契约。”按雇用人与受雇人相互间之权利义务，具有专属性质（“民法”第二百九十四条第一项第一款参照）。故雇用人非经受雇人同意，不得将其劳务请求权让与第三人，受雇人亦非经雇用人同意，不得使第三人代服劳务。若雇用人之一方，未得受雇人同意，竟将劳务请求权让与第三人；或受雇人之一方，未得雇用人同意，竟使第三人代服劳务者，此时应使受雇人或雇用人之他方，有终止契约之权。

劳务请求权不得让与、扣押或设定质权，但不妨碍继承，故雇用人死亡后，雇佣契约得由其继承人继承之。又雇用人之劳务请求权，与受雇人或劳工之就劳请求权不同，应注意之。

三、保护义务（兼论劳工）

按劳动契约，系指当事人之一方对于他方在从属关系提供其职业上之劳动力，由他方给付报酬之契约。劳动契约具有特别信赖关系，同时具有人格上之特性，劳动者人格之尊严及合理生存条件应受尊重与保护。因此，此等特性即构成劳动契约上附随义务之理论基础。

29 “最高法院”1993年度台上字第2158号判决：“按承揽人之报酬，依‘民法’第五百零五条，并未强制规定计酬之方式，则承包吊载原木工作者直接按支数或估算吊运时间所投入之成本及利润，按件或按时计酬均无不可；而雇佣之报酬，依‘民法’第四百八十六条，并未规定应按时或按件计酬；法亦无明文按时或按件计酬者，即属雇佣。”

（一）债务不履行责任

保障受雇人（劳工）工作环境安全与卫生及预防危险义务，均系雇主之附随义务，如因雇主未善尽此义务，致劳工执行职务时发生损害者，雇主应依“民法”第二百二十七条不完全给付之规定，负债务不履行责任。

1. 受雇人（劳工）有损害时：“民法”第四百八十七条之一规定：“受雇人服劳务，因非可归责于自己之事由，致受损害者，得向雇用人请求赔偿。前项损害之发生，如别有应负责任之人时，雇用人对于该应负责者，有求偿权。”[30] 是为雇用人之“无过失赔偿义务”。本条规定损害之发生以非可归责于受雇人之事由为限，亦即以受雇人自己无过失为其要件，此限制显然过于严苛，对受雇人保护不周，故本书以为受雇人非全系因可归责自己之事由所受之损害者，仍得向雇用人请求赔偿，仅系应适用与有过失之规定而已[31]，较符保障弱者之旨。

相对而言，此赔偿义务对于雇用人方面，为一无过失责任，不以雇用人之故意或过失为其要件。[32] 受雇人所受损害，纵系因天灾等等不可抗力之事由所造成，雇用人亦应负责；如非因天灾等等不可抗力之事由，而系另有加害人（此加害人可能系另一受雇人）者，雇用人亦须负责，但并不表示加害人之责任得予以免除，盖本条项系为保护受雇人所设之规定。因此，为平衡雇用人与受雇人间之权益，且基于造成损害者应负最后责任之法理，雇用人赔偿受雇人之损害后，得依本条第二项之规定向加害人求偿（全额求偿）。

按“损害赔偿，除法律另有规定或契约另有订定外，应以填补债权人所受损害及所失利益为限。依通常情形或依已定之计划、设备或其他特别情事，可得预期之利益，视为所失利益。”“民法”第二百十六条定有明文，故雇用人应负财产上及非财产上之损害赔偿责任。依“民法”第二百二十七条之一之规定：“债务人因债务不履行，致债权人之人格权受侵害者，准用第一百九十二条至第一百九十五条及第一百九十七条之

30 本条立法理由：“一、本条新增。二、雇佣契约与委任契约同属劳务契约，受任人于处理委任事务，因非可归责于自己之事由，致受损害者，尚且得向委任人请求赔偿；受雇人于服劳务，因非可归责于自己之事由，致受损害者，自亦宜使其得向雇用人请求赔偿，始能充分保护受雇人之权益，爰仿第五百四十六条第三项规定，增订第一项。三、基于造成损害者，应负最后责任之法理。爰仿第一百九十条第二项、第一百九十一条第二项规定，增订第二项。”

31 林信和，前揭文，同注17，第五〇页。

32 郑玉波，前揭书，同注6，第四四六页。史尚宽，前揭书，同注5，第三八二页。

规定，负损害赔偿责任。”[33] 如受雇人死亡者，雇用人应依“民法”第一百九十二条及第一百九十四条负侵害生命权之损害赔偿责任；如受雇人并未死亡者，雇用人则应依“民法”第一百九十三条及第一百九十五条负侵害身体与健康之损害赔偿责任。[34]

2. 受雇人（劳工）未有损害时：“民法”第四百八十三条之一的规定，雇用人于受雇人“服劳务，其生命、身体、健康有受危害之虞”时，即有“按其情形为必要之预防”之保护义务，此义务为雇主之附随义务，而非受雇人（劳工）之服劳务之对待给付义务，理论上无“民法”第二百六十四条同时履行抗辩权之适用，但为保障劳工之安全，愚意以为此二债务实质上有牵连性[35]，应类推适用同时履行抗辩权之规定，使受雇人（劳工）于雇主善尽其保护义务之前，得拒绝服劳务。[36]

（二）侵权行为损害赔偿请求权

1. “民法”第一百八十四条第一项前段；“民法”第一百八十四条第一项前段规定：“因故意或过失，不法侵害他人之权利者，负损害赔偿责任。”受雇人之生命、身体、健康等权利是“民法”第一百八十四条第一项前段所保护之客体，雇用人未善尽维护工作环境之安全卫生，致受雇人（劳工）发生损害者，显有过失，应负本条项前段之侵权行为责任。

2. “民法”第一百八十四条第二项；“民法”第一百八十四条第二项规定：“违反保护他人之法律，致生损害于他人者，负赔偿责任。但能证

33 本条增订理由：“一、本条新增。二、债权人因债务不履行致财产权受侵害者，固得依规定求偿。如同时侵害债权人之人格权致受非财产上之损害者，仅得依据侵权行为之规定求偿。同一事件所发生之损害分别适用不同之规定，理论上尚有未妥，且因侵权行为之要件较之债务不履行规定严苛，如故意、过失等要件举证困难，对债权人之保护亦嫌未周。为免法律割裂适用，并充分保障债权人之权益，爰增订本条。”

34 “民法”第二百二十七条之一并无溯及力，故于2002年5月5日前受损害之受雇人仅得依侵权行为法之规定请求雇用人负上揭责任。

35 “最高法院”1985年度台上字第355号判决：“（一）同时履行抗辩权，原则上固适用于具有对价关系之双方债务间。然而，虽非具有对价关系之双务契约而生之债务，其两债务之对立，在实质上有牵连性者，基于法律公平原则，亦非不许其准用或类推适用关于同时履行之抗辩。（二）探求契约当事人之真意，本应通观契约全文，依诚信原则，从契约之主要目的及经济价值等作全般之观察。”（“最高法院”1989年度台上字第1645号判决、1994年度台上字第1710号判决同旨。）

36 林信和，前揭文，同注17，第四七页。孙森焱，民法债编总论，作者自刊，1990年10月修订九版，第五七二页。邱聪智，民法债编通则，作者自刊，1993年8月修订六版，第三八五页。王泽鉴，同时履行抗辩：民法第二六四条规定之适用、准用及类推适用，收录于氏著民法学说与判例研究，第六册，作者自刊，1994年8月八版，第一七九页。

明其行为无过失者，不在此限。”[37] 依本条项修正理由以观，本条项系朝“独立侵权行为类型”之方向修正。[38] 据此，雇用人违反下列保护他人（受雇人、劳工）之法律，致生损害于他人，应负侵权行为责任：

（1）“民法”第四百八十三条之一；本条规定内容已如前述，不另重复。本条解释上即属保护受雇人之法律。如因违反本条之规定造成劳工损害者，自有本条项之适用。

（2）“劳工安全卫生法”；“劳工安全卫生法”之目的，即在防止职业灾害之发生，保障劳工安全而制定，故亦为保护他人之法律。[39]

（3）“工厂法”；“工厂法”第八章“工厂安全与卫生设备”之目的，亦在防止职业灾害之发生，保护在工厂工作劳工之安全而制定，故亦为保护他人之法律。[40]

3. 效果：依“民法”第一百八十四条第一项前段及第二项之规定，雇用人应依“民法”第一百九十二条至第一百九十五条、第一百九十七条及第二百十六条之规定负担损害赔偿责任，与债务不履行责任相同。兹有问题者，即“民法”第一百八十四条第二项之侵权责任，系采推定过失责任，

37 本条项修正理由：“原条文第二项就为举证责任之规定，亦为独立之侵权行为类型？尚有争议，为明确计，爰将其修正为独立之侵权行为类型，凡违反保护他人之法律，致生损害于他人者，即应负赔偿责任。惟为避免对行为人课以过重之责任，仍维持原规定之精神，如行为人虽违反保护他人之法律而能证明其行为无过失者，不负赔偿责任，爰设但书规定。”

38 多数说认为“民法”第一百八十四条第二项规定系“独立侵权行为类型”，请参阅梅仲协，民法要义，第一四一页。戴修瓒，民法债编总论，第一五三页。郑玉波，民法债编总论，作者自刊，1993年10月，第一五四页。王泽鉴，违反保护他人法律之侵权责任，收录于氏著民法学说与判例研究，第二册，作者自刊，1996年10月出版，第一八五页。孙森焱，民法债编总论，上册，作者自刊，1999年10月修订新版，第二四三页。但亦有学者认为本条项原规定谨为举证责任倒置之规定而已，系保护被害人立法技术之运用，并非独立侵权行为类型，请参阅王伯琦，民法债编总论，第七五页。邱聪智，前揭书，同注36，第一二五页。拙著，民法债编总论讲义，上册，瑞兴图书股份有限公司，1991年10月初版，第八六页。

39 “最高法院”1988年度台上字第839号判决：“‘劳工安全卫生法’系保护他人之法律，王锦秀等既违反该法，依‘民法’第一百八十四条第二项规定，推定其有过失。”
同院1980年度台上字第2927号判决：“查违反保护他人之法律者，依‘民法’第一百八十四条第二项规定，不过得推定其为有过失而已。兹被上诉人王×华既获有证据足以证明其为无过失，已见前述，即得推翻上开法律上之推定，自己不能按该条项规定令负侵权行为责任。”

40 王泽鉴，前揭文，同注38，第一九七页。王泽鉴，雇主未为受雇人办理加入劳工保险之民事责任，收录于氏著民法学说与判例研究，第二册，作者自刊，1996年10月出版，第二四六页。孙森焱，前揭书，同注38，第二四四页。邱聪智，前揭书，同注36，第一二三页。

而第四百八十七条之一之债务不履行责任、“劳基法”第五十九条之职业灾害系采无过失责任，适用上宜特别注意其请求权基础，并举证责任之不同。

（三）雇主之使用人（受雇人）之介入

受雇人之损害，除因雇主未预防危险义务之责任外，有时亦因雇主之使用人（受雇人）（fellow-worker）之疏忽所致，此时其法律关系应有究明之必要。

1. 加害之受雇人与被害之受雇人间之法律关系：按加害之受雇人与被害之受雇人间并未有任何契约存在，故加害人之疏忽，导致受害人生命、身体之损害者（例如操作机器不当压伤受雇人之右手），依“民法”第一百八十四条第一项前段之规定，应对受害之受雇人负侵权行为损害赔偿责任。[41] 但受害之受雇人如与有过失者，加害之受雇人仍得主张“民法”第二百十七条减轻或免除其损害赔偿责任。

2. 雇主与受害之受雇人间之法律关系

（1）债务不履行责任

“民法”第二百二十四条规定：“债务人之代理人或使用人，关于债之履行有故意或过失时，债务人应与自己之故意或过失，负同一责任。但当事人另有订定者，不在此限。”雇用人对于其保护受雇人安全之附随义务，应就其使用人履行债务之故意过失负同一责任。故加害之受雇人执行职务时对于受害之受雇人所为之侵害行为，雇用人仍应负债务不履行责任。

“民法”第四百八十七条之一之规定，已如前述。此损害之发生，须非可归责于受雇人之事由始可，即以受雇人自己无过失为其要件。此限制显然过于严苛，对受雇人保护不周，故本书以为受雇人非全系因可归责自己之事由所受之损害者，仍得向雇用人请求赔偿，仅系应适用与有过失之规定而已。相对而言，此赔偿义务对于雇用人方面为一无过失责任，不以雇用人之故意或过失为其要件。受雇人所受之损害，如系另一受雇人所为者，依本条之规定，雇用人仍应负责。

（2）侵权行为责任

①雇用人侵权行为责任：依“民法”第一百八十四条第一项前段及第二项之规定，雇用人未以善良管理人之注意义务保护受雇人之安全者，即应负侵权行为责任，已如上述。

41 “最高法院”1981年度台上字第3582号判决：“‘民法’第二百二十四条前段系规定，债务人之代理人或使用人之故意或过失，债务人应与自己之故意或过失负同一责任，并非规定该有故意或过失之代理人或使用人，得不负侵权行为责任。”

②雇用人连带赔偿责任：依“民法”第一百八十八条第一项规定：“受雇人因执行职务，不法侵害他人之权利者，由雇用人与行为人连带负损害赔偿责任。但选任受雇人及监督其职务之执行已尽相当之注意或纵加以相当之注意而仍不免发生损害者，雇用人不负赔偿责任。”本条规定之受雇人，并非仅限于雇佣契约所称之受雇人，凡客观上被他人使用为之服劳务而受其监督者均系受雇人。[42] 为保障受害之受雇人权益，此受雇人执行职务不法侵害他人权利之行为，不以受雇人执行职务范围内之行为为限[43]，并包括与执行职务相牵连或职务上予以机会之行为在内，在客观上足认为与其执行职务有关，而不法侵害他人之权利者，就令其为自己利益所为，亦应包括在内，而有本条项之适用。[44] 故雇用人就加害受雇人执行职务之行为应负连带赔偿责任。

③共同侵权行为连带责任：“民法”第一百八十五条第一项前段规定：“数人共同不法侵害他人之权利者，连带负损害赔偿责任。”按加害之受雇人本身对受害之受雇人，负有侵权行为损害赔偿责任，而雇用人依“民法”第一百八十四条第一项前段及第二项之规定，对受害之受雇人负损害赔偿责任。加害受雇人之疏忽行为与雇用人之侵权行为虽无意思联络，但二行为均造成受雇人之损害，具有客观“行为关连共同”之特性，依“民法”第一百八十五条第一项前段之规定[45]，加害之受雇人与

42 “最高法院”1968年度台上字第1663号判例：“‘民法’第一百八十八条第一项所谓受雇人，并非仅限于雇佣契约所称之受雇人，凡客观上被他人使用为之服务劳务而受其监督者均系受雇人。”

43 “最高法院”1990年度台上字第2136号判决：“受雇人执行职务不法侵害他人权利之行为，不以受雇人执行职务范围内之行为为限，并包括与执行职务相牵连或职务上予以机会之行为在内。”

44 “最高法院”1953年度台上字第1224号判例：“‘民法’第一百八十八条第一项所谓受雇人因执行职务不法侵害他人之权利，不仅指受雇人因执行其所受命令，或委托之职务自体，或执行该职务所必要之行为，而不法侵害他人之权利者而言，即受雇人之行为，在客观上足认为与其执行职务有关，而不法侵害他人之权利者，就令其为自己利益所为亦应包括在内。”

45 “最高法院”1977年度台上字第2115号判例：“数人因共同过失不法侵害他人之权利者，依法应负连带赔偿责任，苟各行为人之过失均为其所生损害之共同原因，即所谓行为关连共同，亦足成立共同侵权行为。本件加害人某甲之过失责任，纵较加害人某乙为轻，然对于被害人之赔偿，则应与某乙负连带责任，原判决仅按十分之三给付，尚有未合。”同院1978年度台上字第1737号判例：“民事上之共同侵权行为（狭义的共同侵权行为，即加害行为）与刑事上之共同正犯，其构成要件并不完全相同，共同侵权行为人间不以有意思联络为必要，数人因过失不法侵害他人之权利，苟各行为人之过失行为，均为其所生损害共同原因，即所谓行为关连共同，亦足成立共同侵权行为，依‘民法’第一百八十五条第一项前段之规定，各过失行为人对于被害人应负全部损害之连带赔偿责任。”

雇用人应负共同侵权行为责任。

（四）雇用人与加害之受雇人间之法律关系

1. 债务不履行损害赔偿请求权：加害之受雇人于工作时，违反善良管理人之注意义务，其疏忽导致另一受雇人之损害，且使雇用人必须对受害之受雇人负损害赔偿责任，故加害之受雇人应对其雇用人负不完全给付之债务不履行责任。

2. 雇用人之求偿权："民法"第一百八十八条第三项规定："雇用人赔偿损害时，对于为侵权行为之受雇人，有求偿权。"雇用人就加害之受雇人之侵权行为，必须依"民法"第一百八十八条第一项前段之规定负连带赔偿责任，或系依同条第二项负衡平责任者，依同条第三项之规定，对为侵权行为之受雇人有求偿权。此求偿权依上开规定，雇用人得全额求偿，但有学者认为理论上可类推适用"民法"第二百十七条与有过失之规定，主张雇用人仅得为一部求偿。[46]"民法"第二百八十条本文规定："连带债务人相互间，除法律另有规定或契约另有订定外，应平均分担义务。"按雇用人与加害之受雇人间构成"民法"第一百八十五条第一项前段共同侵权行为，故雇用人亦得依"民法"第二百八十条本文之规定，由其与加害受雇人按比例分担赔偿责任。

第四节　雇佣之消灭

壹、消灭原因

一、期限届满

"民法"第四百八十八条第一项规定："雇佣定有期限者，其雇佣关系于期限届满时消灭。"按雇佣定有期限者，其雇佣关系于期限届

46 詹森林，雇用人行使求偿权时与有过失原则之类推适用——"最高法院"1982年台上字第七四号判决之检讨，收录于氏著民事法理与判决研究，作者自刊，1998年11月出版，第三二三页。

满时消灭。[47] 惟“劳动基准法”第九条第二项规定，定期契约届满后，劳工继续工作而雇主不即表示反对之意思者，视为不定期契约。又定期劳动契约届满后，虽经另订新约，惟其前后劳动契约之工作期间超过九十日，前后契约间断期间未超过三十日者，亦视为不定期契约。

二、劳务之完了

所谓劳务之完了，例如约定以完成一定数量外销衣件之加工绣花，则于完成加工时，雇佣或劳动关系即消灭。又如雇请特别护士看护，但病人已康复或死亡，因劳务完了而消灭雇佣关系。

三、契约之终止

（一）随时终止

“民法”第四百八十八条第二项规定：“雇佣未定期限，亦不能依劳务之性质或目的定其期限者，各当事人得随时终止契约。但有利于受雇人之习惯者，从其习惯。”按雇佣未定期限，亦不能依劳务之性质或目的定其期限者，各当事人得随时终止契约。但有利于受雇人之习惯者，从其习惯。此时应注意“劳动基准法”第十一条至第二十条关于终止劳动契约之规定，例如预告终止契约之义务与免除（第十一、十二、十四至十六条），以及于同法第五十条停止工作期间或第五十九条之医疗期间，雇主不得终止契约等规定（第十三条）。

（二）遇有重大事由之终止

依“民法”第四百八十九条第一项之规定，雇佣契约当事人之一方，

47 “最高法院”1981年度台上字第2811号判决：“民法规定，雇佣未定期限者，当事人得随时终止契约，‘工厂法’第二十七条虽规定应有预告期间，然未依此规定即时终止契约者，依同法第二十九条规定，亦仅应按照该条所定预告期间给付工资而已，非谓其终止契约无效。”同院1988年度台上字第1517号判决：“学校与教师之聘任关系，在法律上属雇佣关系。依‘民法’第四百八十八条第一项规定：雇佣定有期限者，其雇佣关系于期限届满时消灭。”同院1991年度台上字第1648号判决：“上诉人系主张因营业亏损，为精简人力，紧缩业务而将绩效不佳之被上诉人资遣，并非主张因被上诉人行使设立工会权利之行为，违反诚信原则而予资遣，且上诉人董事会于七十七年（1988年）八月九日决定精简裁撤计划，责由北一区业务部将精简人事之范围定在该部现有人数五分之一至七分之一。有上诉人董事会议事录为凭，则被上诉人是否在受资遣之列，当以被上诉人与其他北一区业务部员工之绩效比较，是否在上开精简人事范围以为断，乃原审竟认被上诉人曾×忠等被资遣，未经董事会核定，且系以不正当方法阻挠工会之运作，应不合法云云，自欠允当。”（同院1991年度台上字第1649号判决同旨。）

遇有重大事由（例如公然侮辱对方），其雇佣契约，纵定有期限，仍得于期限届满前终止之。所谓重大事由，应就各个具体情形客观加以认定。如重大事由系因当事人一方之过失而生者（例如因背信、侵占、窃盗、窃取营业秘密等），依同条第二项规定，他方得向其请求损害赔偿。

又虽“劳动基准法”第十二条及第十四条定有不经预告径行终止劳动契约之规定，但必须符合该二条规定之条件始得径行终止契约。惟愚意以为，“民法”第四百八十九条第一项之规定于不抵触劳动基准法特别规定之情形下，仍应有其适用之余地。例如劳工因重病或征召入伍，其劳动契约纵定有期限，仍得于期限届满前终止之。

四、其他得依法终止之原因

（一）违反劳务之专属性（“民法”第四百八十四条）。

（二）未具特种技能（“民法”第四百八十五条）。

（三）预告终止劳动契约或径行终止劳动契约（“劳动基准法”第十一条至第二十条）。

（四）预告终止雇佣契约或径行终止雇佣契约（“船员法”第十九条至第二十二条）。

（五）公营事业移转民营从业人员不愿随同移转（“公营事业移转民营条例”第八条）。

五、受雇人死亡（劳动者死亡）

按雇用人死亡并非雇佣关系消灭之原因，其继承人得继承雇佣契约而请求受雇人服劳务。但受雇人死亡时，已无服劳务或提供劳动力之可能，其雇佣关系当然消灭。

六、退休或依法资遣

“劳动基准法”第十七条规定：“雇主依前条终止劳动契约者，应依左列规定发给劳工资遣费：一、在同一雇主之事业单位继续工作，每满一年发给相当于一个月平均工资之资遣费。二、依前款计算之剩余月数，或工作未满一年者，以比例计给之。未满一个月者以一个月计。”同法第五十三条规定：“劳工有左列情形之一者，得自请退休：一、工作十五年以上年满五十五岁者。二、工作二十五年以上者。”同法第五十四条第一项规定：“劳工非有左列情形之一者，雇主不得强制其退休：一、年满六十岁者。二、心神丧失或身体残废不堪胜任工作者。”此等为劳动基准法关于退休及资遣之规定，均为民法之特别法。又此等特别规定，常因环境变迁及其他社会政策因素而修正或解释，适用上须加以注意。另退休申请权，性质上应属形成权，只要符合退休条件者，一经申请，应即生退休之效力。[48] 至于退休金之计算及其数额之多寡，与退休金请求权之行使无关，如有争议，则依诉讼判决定之。

七、当事人合意终止

依契约自由原则，于不违反法令规定（例如劳动基准法、被诈欺或胁迫、违反附合契约等等）之情形下，得由契约当事人合意终止契约。

贰、雇佣消灭后之效力

按雇佣关系消灭后，除有“民法”第四百八十九条无过失之一方得向有过失之一方请求损害赔偿之关系外，别无规定。惟于劳动契约关系消灭后，依劳动契约法及劳动基准法之规定，雇主与劳工尚有下述关系之存在：

一、雇主之义务

（一）应给予劳工另行求职之请假时间，且请假期间之工资应照给（“劳动基准法”第十六条第二项）。

（二）发给服务证明书，雇主不得拒绝（“劳动基准法”第十九条）。

（三）依法发给资遣费（“劳动基准法”第十四条第四项、第十七条）。

（四）应按年资及法定标准发给退休金（“劳动基准法”第五十五条）。

（五）依法给付抚恤金或补偿金（“劳动基准法”第五十九条）。

（六）应即结清工资给付（“劳动基准法施行细则”第十六条）。

以上仍请注意“企业并购法”第十五条至第十七条之特别规定及各实务上之工作规则规定。

48 “最高法院”1999年度台上字第68号判决：“劳工工作十五年以上年满五十五岁者，或工作二十五年以上者，得自请退休，‘劳动基准法’第五十三条固有明文，惟该条之立法精神，无非基于劳工之立场，为防止雇主不愿核准已达一定年资、年龄之劳工自请退休之弊端，而赋予劳工得自请退休之权利，使符合该条规定要件之劳工于行使自请退休之权利时，即发生终止劳动契约之效力，而无须得相对人即雇主之同意。故劳工依该法自请退休时，劳雇双方之劳动契约即可终止，劳工自请退休之权利为契约终止权之一种，而终止权又属形成权之一种，形成权于权利人行使时，即发生形成之效力，不必得相对人之同意。本件原判决认为劳工自请退休，须经雇主核准或雇主得不予准许，其所持见解自有可议。”

二、劳工之义务（或一般受雇人之义务）

（一）职务移交义务

职务移交义务，解释上应属劳工或一般受雇人之附随义务，若雇主依“劳动基准法”第七十条之规定所颁布工作规则有明定职务移交义务者，自属受雇人或劳工之附随义务，若无工作规则或工作规则未订定，仍应解为其当然之附随义务。劳工如有违反此项义务致生损害于雇主者，应负损害赔偿责任。

（二）竞业禁止义务

按竞业禁止义务涉及宪法保障工作权之问题，无论雇佣契约或劳动契约是否有特约，应就禁止竞业之性质、个案具体客观认定。例如某甲为某外商在台独家总经销之业务员，其雇佣契约中通常有离职后几年内，不得与原有客户为同类经销产品之业务之约定。或高科技公司与其研发工程师为禁止离职后一定期间内，至竞争对手公司担任相同或相类似产品研发之约定。至于禁止竞业期限多长方为客观、合理，实务见解有认为二年为妥。[49]

（三）保守营业秘密之义务

受雇人如违反保密义务，依“营业秘密法”第十一条至第十三条之规定，须负民事侵权责任（“民法”第一百八十四条）或刑事泄密罪责（“刑法”第三百十七条、第三百十八条参照）。

第五节　雇佣之法律适用情形

壹、基本认识——特别法之适用

时至今日，由于受劳工保护运动之影响，因此“民法”债编各论中

49 “最高法院”1986 年度台上字第 2446 号判决：“‘宪法’第十五条规定，人民之生存权、工作权及财产权应予保障，乃‘国家’对人民而言。又人民之工作权并非一种绝对之权利，此观诸‘宪法’第二十三条之规定而自明，上诉人惟恐其员工离职后泄露其工商业上，制造技术之秘密，乃于其员工进入公司任职之初，要求员工书立切结书，约定于离职日起二年间不得从事与公司同类之厂商工作或提供资料，如有违反应负损害赔偿责任。该项竞业禁止之约定，附有二年间不得从事工作种类上之限制，既出于被上诉人之同意，与‘宪法’保障人民工作权之精神并不违背，亦未违反其他强制规定，且与公共秩序无关，其约定似非无效。”

雇佣之规定，在适用时有许多须受特别法之限制，如劳动基准法即为适例。此外，其他不在劳基法适用之范围内者，尚有其他特别法规定，如工厂法、工会法、矿场法、团体协约法、劳动契约法、船舶法、船员法、民用航空法、企业并购法等等，适用时须特别注意。

基于特别法优于普通法之原则（“中央法规标准法”第十六条参照），如特别法有规定时，则必须适用特别法之规定。既然须优先适用，则因特别法之概念与民法不尽相同，适用时尤应注意其概念之差异。

特别法上可能有许多规定为民法所无者，如预告期间工资、资遣费、退休金等等福利措施及其他特殊规定等等，适用时应加注意。

贰、劳动法之概述

一、劳动法之意义

劳动法者（史尚宽先生称之为劳工法），乃规范有关劳动关系及附随于劳动关系之一切关系之法规。准此，劳动法所规范之对象，可图示如下：

- 劳动法
  - 劳动关系
    - 雇主、劳工 —— 以给付劳动为目的之关系 —— 劳动契约关系
      - 劳动基准法
      - 劳动契约法
  - 附随于劳动关系之一切关系
    - 团体协约关系 —— 团体协约法
    - 工会关系 —— 工会法
    - 劳动保护关系
      - 劳工安全卫生法
      - 两性工作平等法（91.3.8 施行）
      - 职业灾害劳工保护法（91.4.28 施行）
      - 劳工保险条例

由上观之，劳动法所规范之劳动关系，非仅单纯的私法上雇用人与受雇人之债之关系，更及于整体社会公益关系，因此公法上强行规定（强制规定及禁止规定）之色彩特别浓厚。

二、台湾劳动法之基本架构

（1）基本法源
- 国际方面：各种国际劳工公约（多数经“政府”批准且采为立法依据）
- 台湾方面：“宪法”

（2）基本架构：（以下仅系就大架构绘之）

- 劳动法规
  - 形式意义劳动法规
    - 法律
      - “劳动基准法”——劳动法规之根本大法
      - “劳动契约法”——1936.12.25公布，迄未施行
      - “工会法”
      - “工厂法”
      - “团体协约法”
      - “劳资争议处理法”
      - “职工福利金条例”
      - “劳工保险条例”
      - “职业训练法”
      - “就业服务法”
      - “劳动检查法”
      - “劳工安全卫生法”
      - “职业灾害劳工保护法”
      - “两性工作平等法”
    - 规范性行政命令
      - “劳动基准法施行细则”
      - “工会法施行细则”
      - “工厂法施行细则”
      - “劳工请假规则”
      - “基本工资审议办法”
      - “劳工退休准备金提拨及管理办法”
      - “积欠工资垫偿基金提拨及垫偿办法”
      - “职工福利金条例施行细则”
      - “厂矿工人受雇解雇办法”
      - “就业服务法施行细则”
  - 实质意义劳动法规
    - 解释
      - 司法解释
      - 行政解释
    - 判例
    - 习惯
    - 法理
    - 学说

三、劳动法规之特色

综观台湾现行各种劳动法规，可胪列其特色如下：

（一）公、私法混合性

不但包含民事、刑事、行政事件等实体法，且包含民事诉讼、刑事诉讼及行政救济等程序法。

（二）公法强行性特强。

（三）特别法优于普通法。

私法性规定常属民法之特别规定，应优先适用。而公法性规定常属普通刑法之特别规定，应优先适用。

（四）处罚之规定常兼具刑罚及行政罚。

（五）常有最低标准规定。

如“劳动基准法”第一条第二项规定：“雇主与劳工所定劳动条件，不得低于本法所定之最低标准。”

（六）常有时间性规定。

（七）常对主管机关有明确之规定。

（八）常有核定、核备、报备、备查、公告等规定。

（九）常有委托协力之规定。

（十）常有训练、资格、发证等规定。

（十一）常有雇主、劳工代表及各团体代表协商之规定。

（十二）常有工作场所、作业场所等特殊用语规定。

以上特色，适用者可循上述劳动法规之基本架构，依据法条检视而得，兹因本书篇幅所限，无法一一列证，敬请见谅。

四、劳动基准法之地位

“劳动基准法”第一条第一项后段规定：“本法未规定者，适用其他法律之规定。”“劳基法”在台湾法律体系下，其法之位阶，系在“宪法”下规范有关雇主与劳工间劳动关系之根本大法。易言之，一切劳动关系，均需适用劳基法，必于劳基法未为规定者，始适用其他法律规定。据此以观，民法上有关雇佣之规定，在涉及劳动关系之部分，尤以雇主与劳工间所约定之劳动契约，更应先受“劳基法”第二章之规范。又劳基法中有许多强行的强制或禁止规定，若当事人违反该规定而加以约定者，依“民法”第七十一条之规定，原则上应为无效，但其约定并不以之为无效者，不在此限（“民法”第七十一条但书参照）。例如雇佣依“民法”第四百八十八条规定，当事人得自由约定为定有期限或未定期限二种，但依“劳基法”第九条第一项规定，劳动契约固亦可分为定期契约及不定期契约，又临时性、短期性、季节性及特定性工作得为定期契约，但有继续性工作者，则“应”为不定期契约。因此，若当事人（雇主与劳工）订有继续性工作之劳动契约者，则不能约定为定期契约，否则即违反强制规定而应属无效。又依“民法”第四百八十八条规定，雇佣未定期限，亦不能依劳务之性质或目的定其期限者，各当事人得随时终止契约；但依“劳基法”第十一条则有雇主不得随时预告劳工终止劳动契约之禁止规定，违反此项禁止规定之约定者，同样地原则上亦为无效。例如劳资双方所签订之自愿抛弃退休金、资遣费请求权条款者，其约定无效（“内政部”1985年台内劳字第283853函）。

再者，吾人所应注意的是，台湾“劳动基准法”系公布于1984年7月30日，依“中央法规标准法”第十三条规定，应至同年8月1日起生效适用，许多行业系日后由主管机关指定适用“劳基法”。台湾自1929年起即先后制订许多有关劳动关系之单行法规，例如“工厂法”、“矿场法”、“劳动契约法”、“劳工安全卫生法”、“工会法”，“团体协约法”等等，其中，有公布尚未命令施行（例如“劳动契约法”）者；亦有早已施行者，但其中又有许多相关规定，已纳入劳基法规定者；亦有未纳入规定者，然已施行者几均未经“政府”命令废止适用。因此，在“劳动基准法”此一根本大法下，要适用各劳动关系之相关法规时，除非对劳工法令有相当之认识外，想要运用自如，诚非易事。基本上，应把握①后法优于前法，②全部法优于一部法，③法律优位及④特别法优于普通法等诸原则。例如原以口头方式订立劳动契约，但其劳工之解雇，自“劳基法”公布施行后，即应依劳基法之规定办理（“内政部”1985台内劳字第256896号函参照）。

最后，本书以为，“政府”之所以未命令废止一些在“劳基法”施行前已公布施行或尚未施行之劳工法令，乃考虑“劳基法”仅系一劳动关系之根本大法，循此根本大法，容有订定其他法令而详加规定之必要，其关系有如宪法与依“宪法”而制订之其他法律间之关系。主管机关“行政院劳工委员会”多年来之辛苦耕耘，已依据“劳基法”，先后将“劳基法”施行前已施行或已制订而尚未施行之劳动法令，做配合地修正，并制订新法令，使台湾劳动法令构成一部完整之法律体系及制度，诚值吾人加以鼓励赞美矣！劳资双方应本互蒙其利之精神，为台湾开创一劳资关系之新纪元，则社会之幸矣！

第八章

承　揽

【案例提示】

甲建设公司向坐落于某台北市郊区所有地主收购完整土地，并向乙银行贷款新台币十亿元后，推出高级住宅预售屋案，交由丙营造公司承揽兴建，约定总工程款为新台币五亿元，随即开始对外销售，已有A1至A100位消费者签订预售屋买卖契约，并交付定金且陆续支付工程款予甲。讵兴建途中，因金融风暴导致甲公司负债累累，无法继续支付工程款予丙，甲、丙双方遂而同意办理停工。试问：

一、甲丙间权利义务关系为何？

二、丙应负何瑕疵担保责任？

三、丙是否享有法定抵押权？

四、法定抵押权与设定抵押权之效力何者为优？

第一节　承揽之意义、性质、种类与其他类似概念

壹、承揽之意义

"民法"第四百九十条第一项规定："称承揽者，谓当事人约定，一方为他方完成一定之工作，他方俟工作完成，给付报酬之契约。"兹分述承揽之意义如下：

一、承揽系一种债权契约

承揽系债权契约之一种，契约当事人为承揽人及定作人，双方约定前者完成一定之工作，后者则给付报酬。

二、承揽系一方为他方完成一定工作之契约

承揽系以承揽人为定作人完成一定之工作为契约标的。所谓完成一定之工作，系指施以劳务造成之一定结果。[1] 工作之种类，除不得有背公序良俗外，法律上并无限制，故一定工作之完成，其结果不论有形的（有形承揽）[2]、无形的（无形承揽）[3]，有财产价格的（如工作物），无财产价格的（如算命、导游），均无不可。但要注意一般工程之监工本为业主之事务，业主将之委请他人监工，并非完成一定工作，性质上应属委任契约关系。

三、承揽系他方俟工作完成给付报酬之契约

承揽人完成一定工作后，定作人必须给付报酬。报酬与工作间即为对价，故承揽为双务、有偿契约。至于报酬给付之时期，必须俟工作完成后承揽人始得请求，即所谓“后付原则”，故承揽人有先为给付之义务，不得主张“民法”第二百六十四条同时履行抗辩权（详后述）。再者，承揽人虽然为劳务之提供，但如未能完成工作，亦即未能发生预期之结果者，定作人不必给付报酬。

---

1 史尚宽，债法各论，1986年11月版，作者自刊，第三〇一页。郑玉波，民法债编各论，上册，1992年10月十五版，作者自刊，第三四七页。并请参见“最高法院”1995年度台上字第2249号判决：“承揽系以‘工作’之‘完成’为目的之契约，于未依当事人之‘约定’，发生预期之‘结果’（非只‘效果’）前，自难谓承揽之工作业已‘完成’。故承揽人之工作是否完成，应就契约之内容观察，非可因承揽人应负品质保证及瑕疵修补之担保责任（见：‘民法’第四百九十二条、第四百九十三条）即无视契约之约定，而将除‘工作外在形式’外之部分，均委之于承揽人担保责任之范畴。”

2 例如土木建筑、搬家、公共工程、刻印、翻译、修车、拖吊等等。“最高法院”1961年度台上字第2705号判例：“承揽人完成之工作，依工作之性质，有须交付者，有不须交付者，大凡工作之为有形的结果者，原则上承揽人于完成工作后，更须将完成物交付于定作人，且承揽人此项交付完成物之义务，与定作人给付报酬之义务，并非当然同时履行，承揽人非得于定作人未为给付报酬前，遽行拒绝交付完成物。”

3 例如鉴定、设计、算命、向导、看护等等。

贰、承揽之性质

一、有名契约

承揽契约，于民法债编各论设有专节，自为有名契约。

二、双务契约

承揽人依约有完成工作之义务，定作人有给付报酬之义务，二者彼此互负对价性债务，故性质为双务契约。

三、有偿契约

承揽人为一定工作之给付，与定作人报酬之给付间，双方均为对价性之给付，故又为有偿契约。若双方约定仅完成一定工作，而不给付报酬者，则非属承揽，充其量可能成立无偿委任之关系。

“民法”第四百九十一条规定：“如依情形，非受报酬即不为完成其工作者，视为允与报酬。未定报酬额者，按照价目表所定给付之；无价目表者，按照习惯给付。”[4] 故报酬之给付应依双方之约定，虽未约定，如依情形，非受报酬，即不为完成其工作者，视为允与报酬。例如算命虽未言明报酬，仍应给付报酬。至于报酬之数额，仍应由当事人约定，未约定报酬额者，按照价目表所定给付之；无价目表者按照习惯给付。本条规定，于公法人之私经济行为，亦应适用之。又报酬之种类，法并无限制，金钱或金钱以外物之给付、物之使用、劳务之供给均可。“民法”第四百九十条第二项规定：“约定由承揽人供给材料者，其材料之价额，推定为报酬之一部。”[5] 本条项规定由承揽人供给材料之制造物供给契约，其材料之价额推定为报酬之一部，其目的系明确规定报酬的范围，但允许当事人以特约方式约定其报酬范围，如有特别约定者，自得举证推翻之。例如在统包（Turn-Key）之工程承揽契约

4 “最高法院”1991 年度台上字第 625 号判决：“公法人之私经济行为，自应受私法之适用，不因其内部稽查程序而有所影响。按承揽如依情形非受报酬，即不为完成其工作者，视为允与报酬，而未定报酬额者，按照价目表所定给付之，无价目表者，按照习惯给付，‘民法’第四百九十一条定有明文。”

5 本条项增订理由：“承揽契约约定由承揽人供给材料之情形，其材料之价额，在无反证时，宜计入为报酬之一部。如有反证时，可另外计算，爰增订第二项。”

中，对某特定之项目双方当事人因顾及风险过大而特约为一式计价时，则该特约项目如大型开挖机器，即属代买供使用之特约，至于使用完毕该机器所有权之归属如何，则依契约之约定定之，此时就该机器之部分，可能构成混合契约。

四、不要式契约

承揽契约之成立生效，无须任何方式，故为不要式契约。[6] 但要特别注意大型工程契约招标须知中常有约定要式之特别规定，此时“民法”第一百六十六条有关推定成立之规定，即有适用之情形。

五、不要物契约（诺成契约）

承揽契约之成立生效，不以现实给付为必要，故为不要物契约（诺成契约）。

六、劳务契约

承揽人为定作人完成一定之工作，必以提供劳务为手段，故承揽契约性质上属于劳务契约之一种。

6 “最高法院”1995年度台上字第848号判决：“系争工程投标须知第十一条规定：‘得标厂商须自决标日起十日内完成各项订约手续，逾期无故不办理签约者，本学院即视为不承揽，没收其押标金。’是决标后上诉人与得标厂商所成立者系招标契约，得标厂商仅取得者与上诉人订立工程承揽契约之权利，必上诉人与得标厂商另行签订工程承揽契约，其承揽关系始行发生。”

同院1997年度台上字第442号判决：“承揽契约因当事人互相表示意思一致者无论其为明示或默示，即为成立（‘民法’第一百五十三条第一项）。即双方对于一定之工作及报酬两者，一经同意，承揽契约即为成立，既不须有何方式，更无须为现实履行。又所谓默示之意思表示，系指表意人之举动或其他情事，足以间接推知其效果意思者而言。本件被上诉人委托上诉人加工染料达三年之久，双方基于长期承揽契约关系，被上诉人每次购进一批染料即全部交付上诉人加工，其加工之时间、数量，再由被上诉人按需要分次指示处理，有被上诉人提出两造间加工往来表为证（台上字第三〇八九号卷第十六页）。被上诉人于八十一年（1992年）二月十二日以传真方式对上诉人下达工作命令单，并于翌日送系争染料到上诉人公司仓库，由上诉人受领，基于两造历来之交易行为，均由被上诉人对上诉人下达工作命令单后，上诉人即为加工行为。而上诉人于八十一年（1992年）二月十二日，在被上诉人下达工作命令单后，迨至系争染料于同年月十五日凌晨零时被窃以前，均未表示不愿加工，且已收受该工作命令单并受领系争染料，应认上诉人已为默示之承诺意思表示，两造之承揽契约业已成立。”

叁、承揽之种类

一、一般承揽（general contractor）

所谓一般承揽，系指单纯由承揽人完成一定之工作，而由定作人给付报酬者。须注意者，乃承揽契约以外之追加工程，究何性质？依“最高法院”1979年度台上字第一六一七号裁判要旨，系属另一承揽契约行为，主张追加工程款者，须就该另一承揽契约之存在，负举证责任。愚以为宜先探求当事人之原意是否有原承揽契约之附加条款而定，必在无附加条款下，始属另一承揽契约行为。

二、特殊承揽

所谓特殊承揽，系指不单纯由承揽人完成一定之工作，而具有特殊之情形。兹分述如下：

（一）次承揽（sub-contractor）

所谓次承揽（sub-contractor），又称为再承揽，系指承揽人复使他人承揽其工作之全部或一部之谓，以工程之转包为其著例。原承揽人所为之承揽契约称为原承揽契约，以别于次承揽契约。民法就此并未明文规定禁止[7]，仅于“政府采购法”第四章履约管理分别规定转包与分包之定义及其效果，该法第六十五条规定：“得标厂商应自行履行工程、劳务契约，不得转包。前项所称转包，指将原契约中应自行履行之全部或其主要部分[8]，由其他厂商代为履行。厂商履行财物契约，其需经一定履约过程，非以现成财物供应者，准用前二项规定。”[9] 如有违反，依同法第六十六条规定：“得标厂商违反前条第一项规定，将工程转包其他厂商时，机

7 “最高法院”1973年度台上字第568号判决：“建材行之与营造厂往来，乃凭营造厂本身之信用，上诉人既亦自承为符合其与定作人工程契约，容转包人赖×鑫以其营造厂名义行使其承揽契约之一切权义关系，包括使用上诉人名义与被上诉人成立买卖契约在内，而被上诉人又将该营造厂所购建材送往其工地，由工地负责人签收，则原判决认上诉人纵已将该工程转包与第三人赖×鑫，对于被上诉人亦应负授权人之责任，自无不当。”

8 同法施行细则第八十七条规定：“本法第六十五条第二项所称主要部分，指招标文件标示为主要部分或应由得标厂商自行履行之部分。”

9 同法施行细则第八十八条规定：“机关办理财物或劳务采购，应于招标文件中明定厂商履行财物或劳务契约违反本法第六十五条不得转包之规定者，机关得解除契约、终止契约或没收保证金，并得要求损害赔偿。”

关得解除契约、终止契约或没收保证金，并得要求损害赔偿。前项转包厂商与得标厂商对机关负连带履行及赔偿责任。再转包者，亦同。”同法第六十七条复规定：“得标厂商得将采购分包于其他厂商。称分包者，谓非转包而将契约之部分由其他厂商代为履行。分包契约报备于采购机关，并经得标厂商就分包部分设定权利质权予分包厂商者，‘民法’第五百十三条之抵押权及第八百十六条因添附而生之请求权，及于得标厂商对于机关之价金或报酬请求权。前项情形，分包厂商就其分包部分，与得标厂商连带负瑕疵担保责任。”

依上述规定，可见“政府采购法”禁止转包，而承认分包之法律地位，惟此仅限于适用该法公共工程定作之采购，一般民间工程或一般承揽契约，并无上开法令之适用。是否得为次承揽，须以原承揽契约有无禁止之特约为断。如原承揽契约加以禁止者，承揽人应自己完成其工作，不得成立次承揽契约，否则定作人得解除契约、终止契约或没收保证金，并得要求损害赔偿，但次承揽契约并非因此无效。反之，如原承揽契约并未禁止时，除该工作有专属性外，应可成立次承揽契约。

次承揽契约与原承揽契约系个别独立之契约，故其中一契约无效，不影响另一契约之效力。基于债权契约相对性之性质，次承揽人与原定作人间并不生任何权利义务关系（例外如“政府采购法”第六十六条、第六十七条），亦不得主张“民法”第五百十三条法定抵押权，惟原承揽人应就次承揽人之行为，依“民法”第二百二十四条有关履行辅助人之规定负责。

（二）制造物供给契约

所谓制造物供给契约，又称为工作物供给契约，系指承揽人当事人之一方以自己之材料，制造物品，供给他方，而他方给付报酬之契约[10]，例如裁缝师提供布料并量身定作西装一套即为是例。此种契约是否仍属承揽？学说上仍有争议。按一般承揽，不以材料为必要，纵需材料亦多由定作人供给（或由承揽人供给一部分），而此“制造物供给契约”则系由承揽人供给全部材料，性质上已有买卖之特性。惟“制造物供给契约”之性质究为买卖？抑或承揽？民法就此亦未规定，有学者认为原则上应

10 “最高法院”1999年度台上字第156号判决：“按具有承揽与买卖混合契约性质之‘不动产买卖承揽’（即不动产制造物供给契约），就不动产财产权之移转而言，不啻与‘民法’第一百二十七条第七款所定‘技师、承揽人之报酬及其垫款’为一般单纯之承揽有间，更与同条第八款所称‘商人、制造人、手工业人所供给之商品’系专指‘动产’者不相侔，故此类不动产买卖承揽之价金或报酬请求权，应无上开条款二年短期消灭时效期间规定之适用。”

探求当事人之意思，以资决定。若意思不明，则应解为承揽与买卖之混合契约，分别类推适用买卖与承揽之规定。亦即当事人之意思，重在工作物财产权之移转，认为买卖[11]；重在工作物之完成时，认为承揽。若无所偏重，或轻重不分明，则认为承揽与买卖之混合契约。关于工作物之完成，类推适用承揽之规定；关于工作物财产权之移转，则类推适用买卖之规定也。[12]

（三）不规则承揽

所谓不规则承揽，系指由定作人供给材料，约明承揽人得以同种类、品质、数量之材料代替为一定工作之完成。例如以面粉交糕饼店制作蛋糕，约明糕饼店得以同种类、品质、数量之面粉代替者，糕饼店不必用定作人所交付之面粉制造，只要使用同种类、品质、数量之面粉制造蛋糕即可。

按一般承揽，材料系由定作人供给，故“民法”第五百零八条第二项规定：“定作人所供给之材料，因不可抗力而毁损、灭失者，承揽人不负其责。”但在不规则承揽之情形下，定作人所交付之材料，所有权原则上移转于承揽人（例外亦有不移转所有权之情形，详后述），故材料之危险依“民法”第三百四十七条准用第三百七十三条之规定，应自所有权移转时起归承揽人负担。惟其所有权何时移转，学者见解不一：有认为自承揽人受领材料之初（材料交付时），其所有权即归属于承揽人者；有认为自承揽人处分其材料或以其他同种类、品质、数量之材料代替时，其所有权移转于承揽人。本书认为动产所有权之移转既以交付为准，不规则承揽材料之危险，自应从所有权移转于承揽人时归承揽人负担，故以前说为当。

不规则承揽之性质，有认为系纯粹承揽，亦有认为系承揽与互易之混合契约，就完成工作之部分属于承揽，就材料代替部分则为互易。不规则

11　“最高法院”1982年度台上字第1678号判决：“承揽关系重在劳务之给付，非如买卖关系之重在财产权之移转，系争委建房屋合约所规定者全属财产权之移转问题，而无任何有关劳务给付之约定，从而该委建合约充其量，仅能认定系工作物供给契约，因契约当事人之意思重在工作物财产权之移转，仍不失为买卖之一种（参照“最高法院”1970年台上字第一五九〇号判例），自不能认系买卖与承揽之混合契约而主张有承揽关系之存在。”

12　戴修瓒，民法债编各论上册，三民书局股份有限公司，1964年，第一六三页，郑玉波，前揭书，同注1，第三五〇页。“最高法院”1970年度台上字第1590号判例：“买卖乃法律行为，基于买卖取得不动产之所有权，非经登记不生效力，其与定作人原始取得工作物所有权之形不同。且有所谓工作物供给契约，即工作全部材料由承揽人供给，而当事人之意思复重在工作物财产权之移转时，仍不失为买卖之一种。”

承揽契约重在工作之完成，仍应认为系纯粹承揽，故本书以前说可采。[13]

（四）合建

所谓合建，系指建商与地主约定，由地主提供土地，建商提供资金、技术、劳力合作建筑房屋，并于房屋建成后按约定比例分配取得房屋及基地所有权之契约。[14]

上述合建，仅系就其外观大致为描述，当事人之权利义务关系，仍必须视其约定之内容而定，亦即应以当事人之约定内容及真意所在，判断其属下述何种合建之类型[15]，且具有何种性质与效力：

1. 地主提供土地，建商建筑房屋，双方就其预定分配房屋，各自以自己名义请领建造执照，分别自行预售，地主于房屋完工或房屋建筑工程进行到某一程度时（各自原始取得房屋所有权），将基地分割并移转登记于建商或其指定之人。此为最常见之合建类型，此系以建商完成一定工作（建筑房屋），地主于房屋完成或工程进行到某一程度时，以土地为报酬，将建商所得分配之基地所有权分割并移转于建商或其指定之人，具有承揽之性质。[16]

13 戴修瓒，前揭书，同注12，第一六五页。郑玉波，前揭书，同注1，第三五一页。

14 曾隆兴，现代非典型化契约论，作者自刊，1996年11月修订七版，第一六七页。

15 曾隆兴，同注14，第一六七页至第一六八页。

16 “最高法院”1987年度台上字第1273号判决：“按土地所有人提供土地由建筑商出资合作建屋，双方按土地价额与房屋建筑费用之比例，以分配房、地之约定，其契约之性质如何，固不能一概而论，惟契约若订明地主与建筑商各就自己分得之房屋以自己名义领取建造执照者，因依‘建筑法’第七十条第一项前段规定，建筑工程完竣后，应由起造人会同承造人及监造人申请使用执照；又依‘土地登记规则’第七十条第一项规定，申请建物所有权第一次登记，应提出使用执照，故如无特别情事，建造执照上所载之起造人，恒为该建物所有权第一次登记之申请人亦即原始建筑人。是地主如以自己之名义领取建造执照，而由建筑商为其建筑，自为该建物所有权第一次登记之申请人即原始建筑人，而建筑商为地主建造房屋所分得之土地，即为其报酬。从而，地主与建筑商订立此项性质之合建契约，自属承揽契约。”

同院1987年度台上字第2499号判决：“查土地所有人提供土地，由建筑商出资合作建屋，双方按土地价款、房屋建筑费比例，以分配房屋之约定，其契约之性质如何？应依其契约之内容并探求当事人之意思而决定之，非可一概而论。如契约当事人于订约时言明，须俟房屋建竣后，始将应分归地主之房屋与分归建筑商之基地互易所有权者，固属互易契约。如契约约定建筑商向地主承揽完成一定工作，而将地主应给与之报酬，充作建筑商买受分归建筑商之房屋部分基地之价款，则属买卖与承揽之混合契约。至若契约言明各就分得房屋以自己名义领取建造执照，就地主分得部分而言，认该房屋之原始所有人为地主，地主与建筑商就此部分之关系则为承揽契约。本件两造于六十二年（1973年）十月二十七日订立之委托建筑合约书仅于第一条约：甲方（即上诉人）提供大寮乡翁公园段三〇三四地号田七则面积〇·二六五一公顷（八〇一坪九二八）与乙方（即被上诉人）兴建别墅

2. 地主提供土地并请领全部房屋建造执照，于房屋建筑完成后（地主原始取得房屋所有权），由地主将约定建商所得分配之房屋与基地一并移转于建商或其指定之人。此种类型之合建，地主原始取得房屋之所有权，惟建商完成一定之工作，其报酬即为房屋与基地之所有权，故亦具有承揽之性质。[17]

3. 地主提供土地，建商请领全部房屋建造执照并建筑房屋，完工后（建商原始取得房屋所有权）将地主所得分配之房屋所有权移转于地主，由地主将建商所得分配之基地所有权移转于建商。此种合建具有互易性质，即建商以其所有房屋与地主所有之基地互易。

4. 地主提供土地，以地主与建商为共同起造人名义请领建造执照，并约定分配房屋之比例（未确定楼层、位置），于完工后再按约定比例分配（各自原始取得房屋所有权），并由地主将建商所得分配之基地分割并移转于建商，故此类合建亦具承揽性质。

5. 地主提供土地，建商请领建造执照，完工后（建商原始取得房屋所有权）将房屋基地出售，双方依约定比例分配售屋价金，此为双方互

（接上页）二层楼房，建筑材料概由乙方负担。第二条约定楼房分配方法，依照另表配置图兴建十八栋，甲方分得五栋，乙方分得十三栋，双方同意依照比率抽签取得之。惟依卷附建造执照申请书影本记载，上诉人分得之房屋，似系以其自己名义为起造人申请建造，既非十八栋房屋均由被上诉人申请建造，而于房屋建竣后，始将分归上诉人之五栋房屋所有权与分归被上诉人之基地所有权互相移转（被上诉人并未就上开房屋办理第一次所有权登记），则本件合约性质，能否谓为单纯互易，尚非无审酌之余地。”

同院1993年度台上字第290号判决：“地主提供土地，由建主出资合作房屋，双方按约定之比例分配房屋之契约，如契约当事人言明，须俟房屋建竣后，始将应分归地主之房屋与分归建主之基地互易所有权，固属互易契约。惟如约定建主向地主承揽完成一定工作，而以地主应给予之报酬，充作建主买受分归其取得房屋部分基地之价款，则属买卖与承揽之混合契约。至若契约约定地主、建主各就分得之房屋以自己名义领取建筑执照，就地主部分而言，应认该房屋之原始所有人为地主，地主与建王就此部分之关系则为承揽契约。”

17 “最高法院”1983年度台上字第4883号判决：“合建契约分归地主部分之房屋，其建照执照以地主名义领取者，应解为承揽性质，房屋为地主原始取得，至地主移转与建筑商之土地，则属承揽之报酬。”

同院1989年度台上字第58号判决：“被上诉人应分得之房屋二栋，两造既约定以提供基地之被上诉人为起造人申领建造执照而由被上诉人原始取得其所有权，迨建造完成后，被上诉人始将上诉人分得部分基地所有权移转登记为上诉人所有，以作为完成建筑该二栋房屋之报酬，此与约由房屋建筑人先原始取得房屋所有权后，再将部分房屋所有权移转与基地所有人，而基地所有人则将部分基地所有权移转登记与房屋建筑人，以相互易之情形迥异，原审因而认两造之合建契约就被上诉人取得二栋房屋部分而言应属承揽性质，认事用法，均无不当，上诉人指为互易而谓有‘民法’第三百六十五条所规定减少价金请求权短期时效（六个月）之适用，非无误会。”

约出资经营共同事业，具有合伙之性质。

查合建契约之性质可能系合伙、互易或承揽[18]，实务见解有认为应探求订约当事人意思表示及目的决定[19]，惟有认系承揽与买卖混合契约。[20] 有

18 “最高法院”1959 年度台上字第 1874 号判例：“上诉人为被上诉人完成一建筑物之工作，约定以被上诉人所有之基地一处，移转登记与上诉人所有，自系一种因承揽关系所生之债权，该基地既属给付不能。则上诉人请求确认对于其工作物所附之定作人之不动产上有抵押权，要难谓与‘民法’第五百十三条之规定有所不符。”

19 “最高法院”1982 年度台上字第 2736 号判决：“土地所有人提供其土地由他人建筑房屋，双方按土地价款与房屋建筑费用之比例，以分配房地之约定，系属何种性质之契约，应依具体情事决定之。如建筑之房屋由建筑人原始的取得所有权，于建造完成后部分移转于土地所有人，土地所有人则将部分土地移转于房屋建筑人，以互相交换，固难谓非互易，但若建筑之房屋，建筑人自己不取得所有权，由土地所有人原始的取得所有权，于建造完成后，将部分房地移转于房屋建筑人，以作为完成房屋之报酬，则应属承揽。”

同院 1983 年度台上字第 3796 号判决：“土地所有人提供土地由建筑商出资合作建屋，双方按土地价款与房屋建筑费用之比例，以分配房地之约定，其契约之性质如何，应依其契约之内容而定，不能一概而论。如契约当事人于订约时言明，须俟房屋建竣后，始将应分归地主之房屋与分归建筑商之基地，互易所有权者，固属互易契约。惟如契约言明，建筑商向地主承揽完成一定之工作，而将地主应给与之报酬，充作买受分归建筑商之房屋部分基地之价款，则系属买卖与承揽之混合契约。”

同院 1983 年度台上字第 4281 号判决：“地主出地，建商出资合建房屋，其行为究为合伙、承揽、互易，或其他契约，应探求订约当事人之意思表示及目的决定之。如其契约重在双方约定出资（一出土地，一出建筑资金），以经营共同事业，自属合伙。倘契约着重在建筑商为地主完成一定之建屋工作后，接受报酬，则为承揽。如契约之目的，在于财产权之交换（即以地易屋）则为互易。”

同院 1985 年度台上字第 376 号判决：“土地所有权人，提供其土地与建筑商建筑房屋，约定按土地价值与房屋建筑费用之比例，以分配房、地，系属何种性质之契约，应依具体情事决定之。如土地所有人就依约应分得之房屋，由其原始的取得所有权，而将部分土地移转于建筑商，以作为完成该房屋之报酬，固为承揽；然若该房屋，系由建筑商原始的取得所有权，土地所有人与之约定以部分土地与该房屋互为移转者，则属互易。又建筑物原始所有权，属于原始建筑人；申请建筑执照之起造人，通常并系原始建筑人。且第一次所有权登记（即保存登记）亦系登记为起造人所有。以此，虽非不得推定申请建筑执照之起造人，即为原始建筑人，亦即原始所有权人。然如申请建筑执照之起造人，实际并非原始建筑人，不过由于其与原始建筑人有以土地与房屋所有权互为移转之约定，故使用其名义申请建筑执照，则不得因而变更原始建筑人原始取得所有权之事实，而认该申请建筑执照名义上之起造人系为原始所有权人。”（同院 1997 年度台上字第 1019 号判决同旨）

20 “最高法院”1979 年度台上字第 750 号判决：“两造所订房屋合建契约，为买卖与承揽之混合契约，目前社会上合建房屋，系营造业在地主土地上建屋，分归地主之房屋，系营造业者以地主所有之意思为地主兴建，分归营造业者之房屋，营造业者为原始取得人取得房屋之所有权。”

同院 1980 年度台上字第 3644 号判决：“法院就原告所主张起诉原因之事实判断其法律上之效果，不受其所述法律见解之拘束，林×等虽主张两造之合建契约书为互易性质，亦即林×等将分与廖×和等之土地，与廖×和等将所建成应分与林×等之房屋互相移转，

学者认为实务见解对于某些合建类型采承揽与买卖混合说者，将使合建之法律关系复杂化，例如标的物发生瑕疵者，究应适用买卖一节瑕疵担保责任之规定？抑或适用承揽一节瑕疵担保责任之规定？攸关地主是否有瑕疵修补请求权，以及其契约解除权、减少价金（报酬）请求权除斥期间之长短等等规定适用上之疑义，将造成严重困扰，而认为应为单纯之承揽关系。[21] 本文认为如采此见解者，其法律适用上即必须优先适用承揽之规定，承揽一节未规定者，始基于承揽之有偿性质而依“民法”第三百四十七条规定，于承揽契约性质所允许之范围内，准用关于买卖一节之规定。因此，关于物之瑕疵担保责任依承揽之规定即可，不必亦不能准用买卖之规定；如系权利瑕疵者，可准用“民法”第三百四十九条至第三百五十三条之规定。此时法律之适用并无不妥，且对此种类型之合建契约当事人权利义务关系亦较为明确，故本书持赞同见解。

（五）统包（turn-key）

依“政府采购法”第二十四条规定：“机关基于效率及品质之要求，得以统包办理招标。其属查核金额以上者，应报请上级机关核准后办理。前项所称统包，指将工程或财物采购中之设计、施工、供应、安装或一定期间之维修等并于同一采购契约办理招标。统包实施办法，由主管机关定之。”所谓“统包”，依“政府采购法”第二十四条第二项之规定，系指将工程或财物采购中之设计、施工、供应、安装或一定期间之维修等并于同一采购契约办理招标。故“统包”包括：规划、设计、施工（营造）、供应、安装或一定期间之维修，而不包括监工，盖监工本为定作人（业主）之事务也。至于“行政院公共工程委员会”依“政府采购法”第

（接上页）为价值之互易，惟依卷附建筑执照及使用执照，所应分与林×等之建成二层住宅楼房五栋乃三层店铺楼房二栋，均以之为起造人，并非由廖×和等为起造人再为移转，似与互易之情形有间，倘系由林×等委由廖×和等代为建造（仍以林×等为起造人）而以土地价款作为承揽之报酬，则为土地买卖与房屋承揽之混合契约，其法律效果与互易不同，究竟实情如何，应先调查明晰。”

同院 1985 年度台上字第 882 号判决：“本件江某与高某间合建契约，被上诉人虽主张为互易，惟已为上诉人所否认。而依卷附合建契约影本所示就房屋部分系约定双方各自取得百分之五十，并以自己或订户名义申请建筑执照；就基地部分系约定于二楼板完成时江某应将高某取得部分办理所有权移转登记手续。并无就江某分得之房屋由高某办理所有权第一次登记后移转登记与江某之内容。上诉人复主张高某于建筑江某分得部分房屋之初，即以自己不取得所有权，由江某原始取得所有权之意思建造。如属可取，再参诸前述契约之内容，高某系向江某承揽其房屋之建造工程，而将江某应给付之报酬充作买受分归其取得部分房屋基地之价金，并性质似系买卖与承揽之混合契约。”

21 曾隆兴，前揭书，同注 14，第一七二页。

二十四条第三项规定订定统包实施办法，有详尽之规定，兹不赘述。

肆、承揽与其他类似概念

一、承揽与雇佣

承揽与雇佣二者均为劳务契约，但仍有如下之差异：

（一）意义

按雇佣之目的在于服劳务，而承揽之目的在于工作之完成，虽然完成工作亦需承揽人服劳务，但雇佣之标的即为劳务之本身，承揽之标的为劳务之结果，至于服劳务仅为一种手段。

（二）报酬请求权

承揽与雇佣虽均为有偿契约，但雇佣只要受雇人有服劳务，不论有无完成一定工作，均能获得报酬，但承揽人则必须完成一定之工作，否则不得请求报酬。[22]

（三）服劳务之态样

按受雇人提供劳务，须听从雇用人之指挥监督，其雇佣关系具有从属性。承揽重视工作之完成，故其进行工作（服劳务）具有独立性，不受雇用人之指挥监督。因此，受雇人因执行职务不法侵害他人权利者，雇用人依“民法”第一百八十八条之规定负连带赔偿责任；承揽人因执行承揽事项，侵害他人权利者，依“民法”第一百八十九条之规定，定作人原则上不负责任。[23]

（四）第三人代服劳务

承揽重视工作之完成，不以承揽人亲自为之为必要，得以次承揽为之；

22 “最高法院”1993年度台上字第2158号判决：“按承揽人之报酬，依民法第五百零五条，并未强制规定计酬之方式，则承包吊载原木工作者直接按支数或估算吊运时间所投入之成本及利润，按件或按时计酬均无不可；而雇佣之报酬，依‘民法’第四百八十六条，并未规定应按时或按件计酬；法亦无明文按时或按件计酬者，即属雇佣。”

23 “最高法院”1992年度台上字第2686号判决：“按承揽与雇佣同属于供给劳务之契约，惟前者仍以发生结果（工作之完成）为目的之契约，供给劳务不过为其手段而已；后者则以供给劳务本身为目的之契约，亦即除供给劳务外，并无其他目的。此为二者区别之所在。‘民法’第一百八十八条第一项所谓受雇人，并非仅限于雇佣契约所称之受雇人，凡客观上被他人使用为之服劳务而受其监督者，均系受雇人（本院五十七年（1968年）台上字第一六六三号判例参照）。此所谓监督，系指对劳务之实施方式、时间及地点加以指示或安排之一般的监督而言。”

雇佣注重服劳务之过程，且重视当事人间之专属关系，故原则上受雇人须亲自为之，不得再使第三人代服劳务（“民法”第四百八十四条参照）。

二、承揽与委任

关于承揽与委任此二劳务契约之差异，分述如下：

（一）意义

承揽系以工作之完成为要件，亦即以一定结果为必要；委任则只需要处理事务即可，是否完成一定之结果，则非所问。

（二）第三人代服劳务

承揽重视工作之完成，不以承揽人亲自为之为必要，得以次承揽为之；委任注重事务处理之过程，且重视当事人间之信任关系，故原则上受任人须亲自为之，不得再委任他人处理事务（“民法”第五百三十七条参照）。

（三）报酬请求权

承揽为有偿契约，且其重视结果，无结果即无报酬；委任如为有偿者，因非可归责于受任人之事由，于事务处理未完毕前已终止者，受任人得就其已处理之部分，请求报酬（“民法”第五百四十八条第二项参照），不以结果为必要。

三、承揽与买卖

买卖为财产契约，承揽为劳务契约。买卖标的在于移转财产权，承揽标的在于一定工作之完成，惟工作结果如为有形物者，承揽即有移转财产权之问题，其中又以不规则承揽或制造物供给契约为著例，已如前述。惟查买卖以移转财产权为惟一目的，承揽之目的为工作之完成，至于移转财产权仅为其从属之义务。[24]

四、承揽与悬赏广告

按承揽目的在于一定工作之完成，悬赏广告目的在于一定行为之完

24 “最高法院”1993年度台上字第1439号判决：“依‘土地登记规则’第七十条规定以观，申请建物所有权第一次登记者，以使用执照所载起造人为原则，故出卖人以将来制作完成之建筑物出卖于买受人者，非不得以买受人为起造人，使买受人原始取得建筑物之所有权，并非必须由出卖人原始取得建筑物所有权，于办理第一次登记后，办理移转登记于买受人而后可。盖物之出卖人负有使买受人取得该物所有权之义务，惟如何使其取得该物之所有权，别无限制。此与承揽之目的在工作物之完成，属于劳务契约之性质，至于工作物所有权之移转为其从属的义务，二者之区别在此，自难以契约当事人之一方如何使他方取得契约标的物之所有权，为辨别买卖契约，抑或承揽契约之方法。”

成[25]，二者均须发生一定结果始得请求报酬。惟二者仍有下列差异：

（一）成立要件

悬赏广告契约[26]之要约，必须以广告方法向不特定人为之，其承诺必须完成一定行为，故悬赏广告契约为要式契约、要物契约。与承揽为不要式契约、诺成契约，有所不同。

（二）债务之对价性

按悬赏广告契约仅广告人负给付报酬之义务，行为人并不负任何义务，故为片务契约[27]，至于承揽契约则因给付报酬与完成一定工作具有对价关系，故性质为双务契约。

五、承揽与民间参与公共建设（例如BOT等）

按承揽系一债权契约，着重于工作之完成与交付，而民间参与公共建设时，并不仅限于工作之完成与交付，尚包括建物所有权之取得、地上权之设定、特取经营权之赋予、公共建设之营运、融资及租税优惠、权利金之分配、相关土地开发之利益或公共建设所有权移转于政府等等特色，二者不可同日而语。目前台湾法制有“促进民间参与公共建设法”与“奖励民间参与交通建设条例”足供参照。本书仅简单说明关于促进民间参与公共建设之态样如后（参见“促进民间参与公共建设法”第八条）。

（一）BOT（Build-Operate-Transfer）

BOT（Build-Operate-Transfer）即“兴建、营运、移转”。此方式系指将工程之兴办及营运视为一整个计划，交由民间投资者施作、经营，并依照民间投资者所成立之特许营运公司与政府所达成之特许营运契约（兴建营运契约）内容，于营运一段时间后，最后将工程移转于政府所有的一种兴办工程模式。[28]

（二）BOO（Build-Own-Operate）

BOO（Build-Own-Operate）即“兴建、拥有、营运”，系由民间依

25 关于悬赏广告，请参阅王泽鉴，民法债编总论，第一册，基本理论债之发生，作者自刊，1994年10月出版，第一八四页。孙森焱，民法债编总论，上册，作者自刊，1999年10月修订新版，第六九页，邱聪智，民法债编通则，作者自刊，1993年8月修订六版，第四二页。

26 新法第一百六十四条采契约说，惟该条第四项规定单独行为准用之。

27 孙森焱，前揭书，同注25，第八〇页。

28 顾立雄、林发立，BOT兴建营运合约之履约保证问题，月旦法学杂志，第三十三期，第四七页。

据“政府”规划，自行购置土地兴建公共建设，并拥有所有权，经由“政府”以特许经营方式准许民间企业营运一段期间，作为投资报偿。在经营期后，民间企业不须将公共设施交还给“政府”，而可自行继续经营或于资本市场中出售股份，寻求其他投资人的参与投资。[29]

（三）BTO（Build-Transfer-Operate）

BTO（Build-Transfer-Operate）即“兴建、移转、营运”，公共建设由民间机构投资兴建完成后，由“政府”取得所有权（包括无偿取得与有偿取得），并将该公共建设委由民间经营，俟营运期间届满后，营运权始还给“政府”。

（四）BT（Build and Transfer）

BT（Build and Transfer）即“兴建、移转”，系由民间自备资金兴建“政府”核定之建设计划，完工后将设施移转给“政府”，“政府”于完工后，逐年编列预算偿还建设经费及利息，或于施工期阶段性付款，部分款项于完工后再分年偿还。

（五）OT（Operate and Transfer）

OT（Operate and Transfer）即“营运、移转”，系由“政府”将已兴建完成之建设，委托民间机构投资营运其一部或全部者，由“政府”藉助民间营运能力及资源作为有效率之营运。

OT 与公营事业民营化最大之不同，在公营事业民营化是包括人员及设备与业务经营整个移转民营；而 OT 仅就建设之一部分，例如某个设施进行民营化而已，不包括人员、设备及业务经营之移转民营。

（六）ROT（Rchabilitatc Opcratc-Transfcr）

ROT（Rehabilitate-Operate-Transfer）即“扩建（整建）、营运、移转”，系透过合约关系，由民间机构投资扩建、整建公共建设，并因而取得一定期间的营运权，待营运期满后，再将公共建设营运权交还给政府。

（七）BOOT（Build-Own-Operate-Transfer）

BOOT（Build-Own-Operate-Transfer）即“兴建、拥有、营运、移转”。一般而言，BOOT 包括两种，一种是厂商拥有公共建设产权，在特许期满后，厂商将该公共建设，以有偿之方式移转给政府；一种是政府在特许中授与某些物业，例如南北高速铁路计划中包括许多投资开发特许权，而该特许权之存续，系以高铁特许之存续为依据。

---

29 从高速铁路及国际金融大楼两案之经验检讨“我国”BOT 制度之设计，“行政院研究发展考核委员会”编印，2000 年 5 月，第十八页。

（八）BLT（Build-Lease-Transfer）

BLT（Build-Lease-Transfer）即“兴建、租赁、移转”，系由民间机构投资兴建公共建筑，待完工后，将该建筑租给政府使用，租约期满，一并将该建筑的资产移转给政府，租期与租金必需保障民间投资能完全回收。[30]

（九）其他经主管机关核定之方式

为保持民间参与公共建设之弹性，“促进民间参与公共建设法”第八条第七款乃规定其他方式经主管机关“行政院公共工程委员会”核定后，亦得适用“促进民间参与公共建设法”之规定。

第二节　承揽之成立

壹、一般民间工程承揽契约之成立

民间一般工程承揽契约之成立生效之程序，不若政府采购法有上级机关等节制，如系一般小型工程之承揽，即无招标、开标、决邀及签约等繁复之程序，基于承揽契约性质上为不要式契约，其契约仅以双方意思表示合致为成立[31]，如无其他特约情形，如附停止条件，通常即同时生效；如系大型工程而以招标、开标、决邀及签约等程序为之者，虽无政府采购法规定之适用，但原则上其程序及性质大致相符，胥以招标文件及民法债编各论承揽一节之相关规定为依归，基于私法自治及契约自由原则，双方意思表示合致，此时该承揽契约经双方签订正式承揽合约书时，契约即为成立生效。实务上有所谓“first priority candiate”与“first right of refusal”之特约，前者即一般所称“优先议约权”，后者称

30　刘忆如、王文宇、黄玉霖合著，BOT三赢策略，商鼎财经顾问股份有限公司，2000年1月初版，第四页。

31　“最高法院”1973年度台上字第787号判例：“查投标单载明‘投标人今愿承包贵府工程，估计总价为七十六万七千元’等语，此为被上诉人要约之表示，上诉人如欲承诺（决标）自须照被上诉人之要约为之，其将要约变更而为承诺者，视为拒绝原要约而为新要约（‘民法’第一百六十条第二项）。被上诉人另所出具之包商估价单，既非其要约之表示，上诉人于开标后宣布，估价单之总价低于投标单时，以估价单为准，系变更被上诉人之要约而为新要约，被上诉人未为承诺之表示，契约即不成立。”

为“优先订约权”，投标结果，取得优先议约权者，仅取得与定作人优先议约之权利而已，如议约不成，定作人不受拘束，仍有权与其他厂商议约，例如欧铁联盟仅取得高速铁路之议约权，最后议不成，转由台湾高铁议约成立契约是。反之，取得优先订约权，亦仅取得优先订约而已，如得标人抛弃，定作人亦得与其他厂商订约。以上在实务运作，不得不加注意二者之区别。

如上所述，承揽契约为不要式、不要物契约，只要定作人与承揽人间意思表示合致，依“民法”第一百五十三条之规定，契约即为成立。易言之，双方对于一定之工作及报酬一经合意，承揽契约即为成立，惟实务上工程承揽多订有书面，以昭慎重，且避免举证困难，以杜日后争议。[32]

贰、“政府采购法”承揽契约之成立过程

一、招标

“政府采购法”第十八条规定：“采购之招标方式，分为公开招标、选择性招标及限制性招标。本法所称公开招标，指以公告方式邀请不特定厂商投标。本法所称选择性招标，指以公告方式预先依一定资格条件办理厂商资格审查后，再行邀请符合资格之厂商投标。本法所称限制性招标，指不经公告程序，邀请二家以上厂商比价或仅邀请一家厂商议价。”

招标行为，性质上属要式行为，机关办理公开招标或选择性招标，应将招标公告或办理资格审查之公告刊登于“政府采购公报”并公开于资讯网路。公告之内容修正时，亦同（“政府采购法”第二十七条第一项参照）。机关办理公开招标或选择性招标，其自公告日或邀标日起至截止投标日止之等标期，应订定十四日以上之合理期限，并于等标期内持续于机关门首公告（同法第二十八条第一项参照）。公开招标之招标文件及选择性招标之预先办理资格审查文件，应自公告日起至截止投标日或收件日止，公开发给、发售及邮递方式办理。发给、发售或邮递时，不得登记领标厂商之名称（同法第二十九条第一项参照）。选择性招标之文件

32 “最高法院”1993年度台上字第1810号判决：“上诉人既亲自参与开标，并签名于开标纪录，同意以其投标单所载总价七百九十四万六千元得标，被上诉人亦接受其投标之要约，则其与被上诉人之承揽契约于决标时业已成立，虽未订定书面契约，惟该投标须知既为契约条件之一，被上诉人主张上诉人得标后拒不履行契约，依该须知第十五条约定没收其押标金，即属有据。”

应公开载明限制投标厂商资格之理由及其必要性（同法第二十九条第二项参照）。机关办理招标，应于招标文件中规定投标厂商须缴纳押标金，除有特别规定外，得标厂商原则上须缴纳保证金或提供或并提供其他担保（同法第三十条第一项参照）。

二、投标

“政府采购法”第三十三条规定：“厂商之投标文件，应以书面密封，于投标截止期限前，以邮递或专人送达招标机关或其指定之场所。前项投标文件，厂商得以电子资料传输方式递送。但以招标文件已有订明者为限，并应于规定期限前递送正式文件。机关得于招标文件中规定允许厂商于开标前补正非契约必要之点之文件。”厂商投标为非对话之意思表示，有“民法”第九十五条规定之适用。此投标具有要式性，须符合招标文件之规定，如有违者，除得于开标前补正非契约必要之点之文件外，其投标依“民法”第七十三条之规定为无效，如有“政府采购法”第三十一条第二项之情事者（例如以伪造、变造之文件投标、投标厂商另行借用他人名义或证件投标、冒用他人名义或证件投标、在报价有效期间内撤回其报价、开标后应得标者不接受决标或拒不签约或得标后未于规定期限内缴足保证金或提供担保），投标厂商所缴纳之押标金，不予发还，其已发还者，并予追缴。“政府采购法”第五十条复规定：“投标厂商有下列情形之一，经机关于开标前发现者，其所投之标应不予开标；于开标后发现者，应不决标予该厂商。一、未依招标文件之规定投标。二、投标文件内容不符合招标文件之规定。三、借用或冒用他人名义或证件，或以伪造、变造之文件投标。四、伪造或变造投标文件。五、影响采购公正之违反法令行为。六、第一百零三条第一项不得参加投标或作为决标对象之情形。决标或签约后发现得标厂商于决标前有前项情形者，应撤销决标、终止契约或解除契约，并得追偿损失。但撤销决标、终止契约或解除契约反不符公共利益，并经上级机关核准者，不在此限。第一项不予开标或不予决标，致采购程序无法继续进行者，机关得宣布废标。”

三、审标

“政府采购法”第五十一条规定：“机关应依招标文件规定之条件，审查厂商投标文件，对其内容有疑义时，得通知投标厂商提出说明。前项审查结果应通知投标厂商，对不合格之厂商，并应叙明其原因。”

四、开标

"政府采购法"第四十五条规定："公开招标及选择性招标之开标，除法令另有规定外，应依招标文件公告之时间及地点公开为之。"同法第四十二条规定："机关办理公开招标或选择性招标，得就资格、规格与价格采取分段开标。机关办理分段开标，除第一阶段应公告外，后续阶段之邀标，得免予公告。"机关办理查核金额以上采购之开标时，应于规定期限内，检送相关文件报请上级机关派员监办（同法第十二条第一项参照）。机关办理公告金额以上采购之开标、比价、议价、决标及验收，应由其主（会）计及有关单位会同监办（同法第十三条第一项参照）。

五、决标

"政府采购法"第五十二条规定："机关办理采购之决标，应依下列原则之一办理，并应载明于招标文件中：一、订有底价之采购，以合于招标文件规定，且在底价以内之最低标为得标厂商。二、未订底价之采购，以合于招标文件规定，标价合理，且在预算数额以内之最低标为得标厂商。三、以台于招标文件规定之最有利标为得标厂商。四、采用复数决标之方式：机关得于招标文件中公告保留采购项目或数量选择之组合权利，但应合于最低价格或最有利标之竞标精神。机关采前项第三款决标者，以异质之工程、财物或劳务采购而不宜以前项第一款或第二款办理者为限。决标时得不通知投标厂商到场，其结果应通知各投标厂商。"同法六十一条规定："机关办理公告金额以上采购之招标，除有特殊情形者外，应于决标后一定期间内，将决标结果之公告刊登于政府采购公报，并以书面通知各投标厂商。无法决标者，亦同。"机关依"政府采购法"规定办理招标，除有同法第四十八条第一项各款情形之一不予开标决标外，有三家以上合格厂商投标，即应依招标文件所定时间开标决标。决标之性质并非机关之承诺，而系决定众多厂商投标之要约何者有权与机关成立采购契约。

"政府采购法"第五十条规定："投标厂商有下列情形之一，经机关于开标前发现者，其所投之标应不予开标；于开标后发现者，应不决标予该厂商。一、未依招标文件之规定投标。二、投标文件内容不符合招标文件之规定。三、借用或冒用他人名义或证件，或以伪造、变造之文件投标。四、伪造或变造投标文件。五、影响采购公正之违反法令行为。六、第一百零三条第一项不得参加投标或作为决标对象之情形。决标或签约后发现得标厂商于决标前有前项情形者，应撤销决标、终止契约或解除契约，并得追偿损失。但撤销决标、终止契约或解除契约反不符公共利益，并经上级机关核准者，不在此限。第一项不予开标或不予决标，致采购程序无法继续进行者，机关得宣布废标。”

六、签约

得标厂商与机关签订正式采购合约，性质上为意思表示之合致，双方意思表示合致，契约即为成立，如无其他特约情形，如附停止条件，通常亦同时生效。

七、契约之成立生效

（一）最有利标

“政府”采购如采最有利标（“政府采购法”第五十二条第一项第三款、第五十六条第一项、最有利标评选办法参照）者，招标之性质即为要约之引诱，目的在吸引厂商投标[33]，厂商投标之性质仅为要约，决标仅系得标厂商取得与机关订立工程承揽契约之权利，必机关与得标厂商另行签订采购契约，其承揽关系始行发生[34]，契约于决标时尚未成立生效，须待双方签订正式合约时意思表示始为合致。

（二）最低标

“政府”采购如采最低标，明白表示应与最低价格之厂商签订采购契约者，此招标性质即为要约，厂商投标性质即为承诺，契约于决标

33 最高法院1943年度永上字第378号判例：“拍卖与标卖，虽皆为使竞买人各自提出条件，择其最有利者而出卖之方法。惟拍卖时，各应买人均得知悉他人之条件而有再行提出条件之机会，标卖时，各投标人均不知悉他人之条件而无再行提出条件之机会，此为其不同之点。拍卖之表示为要约之引诱，而非要约，‘民法’第三百九十一条以下定有明文，而标卖之表示，究为要约之引诱抑为要约，法律既无明文规定，自应解释标卖人之意思定之。依普通情形而论，标卖人无以之为要约之意思，应解为要约之引诱，且投标非见他投标人之条件而为之，杂有出价较高之投标，而其他之投标亦不失其拘束力，故开标后标卖人或不与全体投标人订约，或竟与出价较低之投标人订约，均无不可。但标卖之表示明示与出价最高之投标人订约者，除别有保留外，则应视为要约，出价最高之投标即为承诺，买卖契约因之成立，标卖人自负有出卖人之义务。”

34 “最高法院”1995年度台上字第848号判决：“系争工程投标须知第十一条规定：‘得标厂商须自决标日起十日内完成各项订约手续，逾期无故不办理签约者，本学院即视为不承揽，没收其押标金’。是决标后上诉人与得标厂商所成立者系招标契约，得标厂商仅取得者与上诉人订立工程承揽契约之权利，必上诉人与得标厂商另行签订工程承揽契约，其承揽关系始行发生。”

时成立[35]，正式采购契约仅为书面之补充而已。

至于决标后迄签订正式采购契约期间，如有发生不能签订契约之情事者，其效果则依“政府采购法”及招标文件之规定为之。例如开标后应得标者不接受决标或拒不签约者，双方尚未签订正式契约，故此时机关得依“政府采购法”第三十一条第二项第五款及招标文件之规定，将厂商所缴纳之押标金，不予发还，其已发还者，并予追缴。

第三节　承揽之效力

壹、对于承揽人之效力

一、工作完成之义务

按承揽之目的在于一定工作之完成，此为承揽人之主给付义务，且必须以善良管理人之注意为之。承揽工作之进行，承揽人必须提供劳务，惟无须承揽人亲自为之，得使用他人为之，例如以次承揽之方式为之，或使用“民法”第二百二十四条债务履行辅助人。如以次承揽之方式为之者，必须原承揽契约并未禁止次承揽，否则定作人得终止原承揽契约。当事人如特别约定必须承揽人亲自工作，或承揽之工作系以承揽人个人之技能为契约之要素者，承揽人自不得使他人工作，但解释上言，单纯债务履行辅助人不涉及专门技术者，应不在禁止之列，方为合理，例如承揽人之受雇工人是。[36]

承揽之工作如需要材料及工具者，应由何人供给，依契约自由原则，应由当事人自行约定，一般多由定作人提供材料，而由承揽人自备工具，此在重大工程契约中，尤应约明，否则争议难免。

35　“最高法院”2001 年度台上字第 1262 号判决：“按公开招标，若系采取‘最低标’或‘最高标’之方式决标者，招标单位所为招标之意思表示应属‘要约’，投标者为最低标或最高标之表示即系‘承诺’，于决标时意思表示合致，契约因而成立。本件被上诉人于招标须知中载明投标金额最高者得标，则上诉人得标时，双方意思表示即达成合致。”

36　“最高法院”1976 年度台上字第 1974 号判例：“承揽除当事人间有特约外，非必须承揽人自服其劳务，其使用他人，完成工作，亦无不可。”

二、工作交付之义务

有形结果之工作完成后，承揽人必须交付于定作人，例如工作系土木建筑工程者，承揽人必须交付工作物于定作人。无形结果之工作完成后，一般情形无须交付，例如算命解说，惟亦有必须交付者，例如鉴定、设计、研究、规划，一经工作完成，其义务已尽，但其必须交付完成之报告，以表彰其无形结果工作之内容，此时承揽人有交付之义务。承揽人此项交付工作完成物之义务，对于定作人给付报酬之义务而言，有先为给付之义务，故不得主张同时履行抗辩权而拒绝交付完成物。[37]

须注意者，如承揽之工作为完成一定之著作、专利或营业秘密者，该著作权、专利权或营业秘密之归属，“著作权法”第十二条规定：“出资聘请他人完成之著作，除前条之情形外，以该受聘人为著作人。但契约约定以出资人为著作人者，从其约定。依前项规定，以受聘人为著作人者，其著作财产权依契约约定归受聘人或出资人享有。未约定著作财产权之归属者，其著作财产权归受聘人享有。依前项规定著作财产权归受聘人享有，出资人得利用该著作。”“专利法”第七条第三项规定：“一方出资聘请他人从事研究开发者，其专利申请权及专利权之归属依双方契约约定；契约未订定者，属于发明人或创作人。但出资人得实施其发明、新型或新式样。”“营业秘密法”第四条规定：“出资聘请他人从事研究或开发之营业秘密，其营业秘密之归属依契约之约定；契约未约定者，归受聘人所有。但出资人得于业务上使用其营业秘密。”因此，如出资人与受聘人间为承揽关系者，除契约另有约定外，著作财产权、专利权或营业秘密应归承揽人（受聘人）原始取得，定作人虽依承揽契约及“著作权法”第十二条第三项之规定得利用著作、实施发明、新型或新式样或于业务上使用其营业秘密，但其仍无著作财产权、专利权或营业秘密，并此说明。

三、权利移转之义务

承揽人提供材料制成新物，新物所有权之归属，是否须视材料供给者为何人，或制作物为动产或不动产而有所不同？兹分述如下：

---

37 “最高法院”1961年度台上字第2705号判例：“承揽人完成之工作，依工作之性质，有须交付者，有不须交付者，大凡工作之为有形的结果者，原则上承揽人于完成工作后，更须将完成物交付于定作人，且承揽人此项交付完成物之义务，与定作人给付报酬之义务，并非当然同时履行，承揽人非得于定作人未为给付报酬前，遽行拒绝交付完成物。”

（一）定作人供给材料

1. 制作物为动产：例如供给小麦，加工为面粉；或供给黄金或旧首饰，制成或重新加工、熔铸新首饰。此时系由定作人供给材料制作新物（动产），惟制作物所有权之原始取得，尚分下列两种情形：

（1）定作人供给材料但未移转材料所有权予承揽人

当定作人供给材料但未移转材料所有权予承揽人者，此时定作人仅移转材料之占有，并不移转材料之所有权。因此，制作物所有权当由定作人原始取得，承揽人完成工作后仅负交付工作之义务，无须移转制作物之所有权。

未查定作人供给材料但未移转材料所有权予承揽人者，而承揽人为一定工作之完成制作新物，理论上是否适用“民法”第八百十四条加工之规定而决定所有权之归属？通说认为定作人系基于承揽人依承揽契约履行一定工作而原始取得新物所有权，双方应依承揽契约决定其权利义务关系，不适用加工之规定，故应采否定说[38]，实务见解亦同。[39]

（2）不规则承揽

定作人供给材料，约明承揽人得以同种类、品质、数量之材料代替为一定工作之完成，此即前述之不规则承揽。此种情形尚可区分下列二种情形：

①约明得代替，但不将材料所有权移转于承揽人者：此时制作物所有权仍归属定作人原始取得，与上述（1）之情形同。[40]

②约明得代替，且将材料之所有权移转于承揽人者：此时承揽人取得材料所有权，并完成一定之工作后，制作物所有权由承揽人原始取得，再由承揽人移转于定作人（继受取得）。又定作人供给材料，但将材料作价归于承揽人者亦同。

2. 制作物为不动产：例如定作人供给材料由承揽人建筑房屋，此时系由定作人供给材料制作新物（不动产），惟制作物所有权之原始取得，亦分两种情形如下：

（1）定作人供给材料而由承揽人完成建筑

38　史尚宽，前揭书，同注1，第三一〇页。郑玉波，前揭书，同注1，第三五六页。

39　“最高法院”1965年度台上字第321号判例：“因承揽契约而完成之动产，如该动产系由定作人供给材料，而承揽人仅负有工作之义务时，则除有特约外，承揽人为履行承揽之工作，无论其为既成品之加工或为新品之制作，其所有权均归属于供给材料之定作人。”

40　史尚宽，前揭书，同注1，第三一〇页。

当定作人供给材料而由承揽人完成建筑者，建筑物所有权无须经承揽人之移转，当然归定作人原始取得（得为保存登记）。惟定作人何时原始取得建筑物所有权？通说认为建筑物全部完成时，始取得其所有权[41]，少数见解则认为按建筑物完成程度逐渐取得所有权。愚以为台湾物权既采现物主义，应以少数说为当。

（2）承揽人供给材料但由定作人提供购买材料之资金

承揽人供给材料但由定作人提供购买材料之资金者，建筑物所有权于竣工之同时，归属于定作人原始取得，与上述由定作人供给材料之情形相同。[42]

（3）不规则承揽

定作人供给材料，而由承揽人建筑，并约明得以承揽人自己之同种材料代替者，此种情形与前述不规则承揽同，兹不赘述。

（二）承揽人供给材料

1. 制作物为动产：承揽人供给材料，而制作物为动产者，尚分下列两种情形：

（1）定作人提供工作基底

所谓工作基底，系指工作所附之基础而言，例如汽车重大修缮，待修之汽车即为工作基底，修车厂供给材料修缮。此时定作人所提供之基底如为动产，而由承揽人施以工作，该工作物所有权之归属，应依“民法”第八百十二条动产附合于动产之规定定之，基底之动产视为主物，由主物所有人（定作人）原始取得合成物所有权，不必由承揽人为所有权之移转行为。[43] 愚以为凡有承揽契约之情形，新法既将材料之价额推定为报酬之一部，提供材料本即承揽人之义务，故承揽人承揽完成之时，该工作物之所有权当然依契约关系为定作人原始取得，而无适用“民法”第八百十二条之余地。

（2）定作人未提供工作基底

如定作人并未提供工作基底，仅由承揽人以自己之材料制成动产者，此兼有买卖契约之性质（制造物供给契约），故制作物所有权自先归承揽人原始取得后，再依买卖之规定移转所有权（交付）予定作人。

2. 制作物为不动产：承揽人供给材料制作物为不动产者，亦分下列两种情形：

41 史尚宽，前揭书，同注1，第三一二页。郑玉波，前揭书，同注1，第三五七页。

42 郑玉波，前揭书，同注1，第三五七页。

43 郑玉波，前揭书，同注1，第三五八页。

(1) 定作人提供工作基底

定作人提供工作基底之不动产，由承揽人以自己之材料施工，此时动产（材料）附合于不动产（基底），依“民法”第八百十一条之规定，于工作完成时由定作人原始取得，无须承揽人为移转所有权之行为。[44] 如前所述之理由，愚以为依承揽契约之关系，工作物之所有权当然由定作人原始取得，无适用“民法”第八百十一条之余地。

定作人提供基地，由承揽人以自己材料为定作人建筑时，该建筑物所有权应由承揽人原始取得后再移转登记于定作人，此时承揽人依“民法”第五百十三条之规定取得法定抵押权。[45]

(2) 定作人未提供工作基底

定作人未提供工作基底（不动产）之承揽契约，承揽人以自己之材料，并在自己之土地上（即自己供给基地）建筑房屋，此亦为具有承揽性质之制作物供给契约（不代替物供给契约），与建商单纯建筑公寓后出卖之情形纯属买卖不同。此时建筑物所有权应先由承揽人原始取得，办理保存登记后再将基地一并移转所有权登记于定作人。

(三) 定作人及承揽人供给材料

材料由定作人及承揽人共同供给时，制作物所有权之归属可分下列三种情形：

1. 材料之主要部分由定作人供给：制作物（包括动产、不动产）之所有权归属定作人取得，原则上与前述材料全由定作人供给之情形相同。

2. 材料之主要部分由承揽人供给：制作物（包括动产、不动产）之所有权应先归承揽人原始取得，再移转所有权于定作人，原则上与前述材料全由承揽人供给之情形相同。[46]

3. 材料由定作人及承揽人供给而不能区别主要部分：此时，除当事人另有订定外，制成物所有权之原始取得，有认为应依“民法”第八百十一条、第八百十二条附合之规定决之；有认为应依“民法”第八百十四条加工之规定决之。[47] 应以后说为当，盖以材料与材料经加工而成为另

44 史尚宽，前揭书，同注1，第三一二页。

45 郑玉波，前揭书，同注1，第三五九页。反对见解，史尚宽，前揭书，同注1，第三一五页。

46 “承揽人供给建筑材料之主要部分，而为建筑物之建造时，除另有订定外，让建筑物之所有权由承揽人取得，而后依交付移归定作人。然定作人供给其主要部分时，除另有订定外，其建筑物之所有权，当然原始的归属于定作人。”（日本大判昭和七年（1933年）5月9日，民集一一卷，第八二四页。）

47 郑玉波，前揭书，同注1，第三六〇页。

一制成物，显已失其材料之原有个性，与附合之情形下被附合之物仍维持其原有个性不同，自不宜以附合论之。

四、工作完成之迟延

按一般债务债务人迟延时，债权人得采取下列手段：①得请求赔偿因迟延而生之损害（“民法”第二百三十一条第一项）；②迟延后之给付，于债权人无利益者，债权人得拒绝其给付，并得请求赔偿因不履行所生之损害（替补赔偿）（“民法”第二百三十二条）；③得解除契约并得请求损害赔偿。惟契约之解除，在定期行为固无须催告，在非定期行为尚须经过催告始可（“民法”第二百五十四条、第二百五十五条及第二百六十条）。

承揽人工作完成迟延时，依此次修正之“民法”第五百零二条规定：“因可归责于承揽人之事由，致工作逾约定期限始完成，或未定期限而逾相当时期始完成者，定作人得请求减少报酬或请求赔偿因迟延而生之损害。前项情形，如以工作于特定期限完成或交付为契约之要素者，定作人得解除契约，并得请求赔偿因不履行而生之损害。”[48] 是为承揽人给付迟延之规定，与一般债务迟延并不相同，盖承揽契约于工作未完成前，依“民法”第五百十一条规定，定作人得随时终止契约，但除有“民法”第四百九十四条、第五百零二条第二项、第五百零三条所定情形或契约另有订定外，如许定作人依一般债务迟延之法则解除契约，承揽人所耗劳力、时间与巨额资金，均无法求偿，对承揽人非常不利，且不符公平原则，故除有上开规定之情形之一者外，定作人不得解除契约。[49] 兹分述如下：

---

48 本条修正理由：“一、第一项是否仅适用于工作完成之情形，现行条文文义不明，易滋疑义，为明确计，爰修正为仅适用于‘工作完成’之情形。又定作人于本项情形，是否仅得请求减少报酬，而不得请求损害赔偿，学说上不无争议，为期明确，爰修正为定作人得请求减少报酬或请求赔偿因迟延而生之损害，使定作人在无法举证证明其损害之情形时，可径行请求赔偿因迟延而生之损害（‘民法’第二百三十一条参照）。二、第一项既经修正，为免使人误解定作人于第二项之情形，仅得解除契约而不得请求损害赔偿，爰予修正，明定并得请求赔偿因不履行而生之损害（‘民法’第二百三十一条参照）。”

49 “最高法院”1988年度台上字第1961号判决：“承揽契约，承揽人迟延完工，其所负责任，与一般债务，债务人给付迟延应负之责任，尚有不同。除有‘民法’第五百零二条第二项或第五百零三条所定情形之一者外，定作人不得解除契约。”

“最高法院”1993年度台上字第2603号判决：“承揽契约，在工作未完成前，依‘民法’第五百十一条规定，定作人固得随时终止契约，但除有‘民法’第四百九十四条、第五百零二条第二项、第五百零三条所定情形或契约另有订定外，倘许定作人依一般债务迟延之法则解除契约，则承揽人已耗劳力、时间与巨额资金，无法求偿，对承揽人甚为不利亦欠公平。”

（一）不以工作于特定时期完成或交付为契约之要素者，得选择请求减少报酬或赔偿因迟延而生之损害

“民法”第五百零二条第一项规定：“因可归责于承揽人之事由，致工作逾约定期限始完成，或未定期限而逾相当时期始完成者，定作人得请求减少报酬或请求赔偿因迟延而生之损害。”所谓减少报酬请求权，其性质为形成权而非请求权[50]，有“民法”第五百十四条第一项一年除斥期间规定之适用。[51] 定作人本条项规定请求减少报酬，法院应依工作不能于约定期限完成，或未定期限经过相当时期而未完成工作，致定作人所受损害情形，以为酌定减少报酬数额之标准。至于尚未完成之工作，因承揽契约未经解除或终止，承揽人仍负履行责任，定作人将该未完成之工作另行交由他人施工完成所支付之费用，并非因承揽人迟延完成工作所生损害，无本条项所称“请求赔偿因迟延而生之损害”之适用。[52]

本条第一项之规定是否排除“民法”第二百三十一条关于迟延损害赔偿规定之适用？早期学界有肯定说与否定说之见解，肯定说认为定作人仅得请求减少报酬，不得请求迟延赔偿。盖定作人请求承揽人赔偿迟延损害时，定作人仍须全部履行给付义务，不得减少。当定作人请求减少报酬（自己之给付）时，解释上不得再请求他方赔偿迟延损害，以免不公平。[53] 否定说则认为本条规定并不排除损害赔偿之请求。[54] 新法则采否定说之见解，增订“或请求赔偿因迟延而生之损害”一句，明确采否定说之见解[55]，是此二项请求，显为法定选择之债。

50 史尚宽，前揭书，同注 1，第三〇七页。

51 “最高法院”1982 年度台上字第 2996 号判例：“‘民法’第五百十四条第一项所定定作人之减少报酬请求权，一经行使，即生减少报酬之效果，应属形成权之性质，该条项就定作人减少报酬请求权所定之一年期间为除斥期间。”

52 “最高法院”1998 年度台上字第 899 号判决：“定作人依‘民法’第五百零二条第一项请求减少报酬，法院应依工作不能于约定期限完成，或未定期限经过相当时期而未完成工作，致定作人所受损害情形，以为酌定减少报酬数额之标准。至于尚未完成之工作，因承揽契约未经解除或终止，承揽人仍负履行之责，定作人将该未完成之工作另行交由他人施工完成所支付之费用，并非因承揽人迟延完成工作所生损害。‘民法’第五百零二条第一项所定定作人之减少报酬请求权为形成权，一经行使，即生减少报酬之效果，承揽人就该减少之报酬，其债权即不存在。”

53 郑玉波，前揭书，同注 1，第三六二页。

54 史尚宽，前揭书，同注 1，第三〇七页，陈瑾昆，民法通义债编各论，北平朝阳学院，1931 年，第一六九页。

55 陈聪富，工程承揽契约之成立、解除与终止，本土法学杂志，第三期，1999 年 8 月，第一七五页。

基上以论，因可归责于承揽人之事由，致工作逾约定期限始完成，或未定期限而逾相当时期始完成者，因承揽人此时多已耗费劳力时间及费用，如允定作人行使解除权者，对承揽人非常不利。故依本条第一项之规定，定作人仅能请求减少报酬或请求赔偿因迟延而生之损害，不得解除契约。

（二）以工作于特定时期完成或交付为契约之要素者，得解除契约并请求赔偿因不履行而生之损害

以工作于特定时期完成或交付为契约之要素者，因可归责于承揽人之事由，致工作逾约定期限始完成，定作人无须为催告即可解除契约，并得请求赔偿因不履行而生之损害。所谓“为契约之要素”，系指当事人就须于一定期限完成或交付之点，于契约中加以特别订定是。[56]

本条第二项之规定，解释上定作人无须为催告即可解除契约[57]，故理论上排除“民法”第二百五十四条必须催告规定之适用[58]，且优先于“民法”第二百五十五条规定适用。[59]

56 “最高法院”1998年度台上字第893号判决：“‘民法’第五百零二条第二项规定，因可归责于承揽人之事由，致工作不能于约定期限完成，如有以工作于特定期限完成或交付为契约之要素者，定作人得解除契约。所谓以工作于特定期限完成或交付为契约之要素，系指依契约之性质或当事人之意思表示，非于一定期限为给付，不能达契约之目的者而言。”

57 史尚宽，前揭书，同注1，第三〇七页。郑玉波，前揭书，同注1，第三六二页。

58 “最高法院”1985年度台再字第114号判决：“（一）承揽契约，并无‘民法’第二百五十四条规定之适用，此观同法第五百零二条规定自明。（二）解释意思表示，原属事实审法院之职权，第三审法院仅就事实审法院所确定之事实，为法律上之判断。本件原确定判决以前诉讼程序第二审认再审原告与再审被告陈某等间所订契约，系属承揽性质为无不合，亦不生适用法规显有错误之问题。”

同院1995年度台上字第2755号判决：“本件工作系建造铁架屋，其法律关系为承揽，为原审认定之事实。而关于可归责于承揽人之事由，致工作不能于约定期限完成者，除以工作于特定期限完成或交付为契约之要素者外，依‘民法’第五百零二条第二项之反面解释，定作人不得解除契约，此种情形，并无同法第二百五十四条之适用。”

同院1998年度台上字第1779号判决：“按‘民法’第五百零二条第一项有关承揽人不能于约定期限完成工作，定作人仅得请求减少报酬，而不得解除契约之规定，系同法第二百五十四条一般契约解除之特别规定。是承揽之工作因可归责于承揽人之事由，致不能于约定期限完成，或未定期限经过相当时期而未完成时，除有同条第二项规定以工作于特定期限完成或交付为契约之要素者外，定作人即应受‘民法’第五百零二条第一项规定之限制而不得任意解除契约，初无再适用同法第二百五十四条规定之余地。”

59 “最高法院”1988年度台上字第1470号判决：“因可归责于承揽人之事由，致工作未能于约定期限内完成时，如有以工作于特定期限完成或交付为契约之要素者，定作人得解除契约。观‘民法’第五百零二条之规定即明。此所谓以工作于特定期限完成或交付为要素，与同法第二百五十五条规定之旨趣大致相同。迟延后之给付于定作人已无利益者，亦应解为包括在内。”（同院1993年度台上字第302号判决同旨。）

本条第二项之规定是否排除“民法”第二百三十二条关于不履行之损害赔偿规定之适用？早期学界亦有肯定说与否定说之见解，肯定说认为定作人仅得请求减少报酬，而不能拒绝给付并请求不履行之损害赔偿。[60] 否定说则认为迟延后之给付于定作人无利益者，定作人与一般债权人同，亦得拒绝承揽人给付而请求赔偿因不履行所生之损害。[61] 此次“民法”债编修正认为，第一项既经修正，为免使人误解定作人于第二项之情形，仅得解除契约而不得请求损害赔偿，爰予明定“并得请求赔偿因不履行而生之损害”。

（三）期前迟延之预防

“民法”第五百零三条规定：“因可归责于承揽人之事由，迟延工作，显可预见其不能于限期内完成而其迟延可为工作完成后解除契约之原因者，定作人得依前条第二项之规定解除契约，并请求损害赔偿。”[62] 若在完成期限之前，因可归责于承揽人之事由，迟延工作，显可预见其不能于期限内完成者，定作人得解除契约，以求事前之救济，但本条适用上，以其迟延可为工作完成后解除契约之原因者为限，亦即限于“民法”第五百零二条第二项所定工作完成后可以承揽人迟延为由解除契约之情形，如系“民法”第五百零二条第一项之情形者，定作人于承揽人工作完成后尚不得因迟延而解除契约者，则在完成前自亦不得因预防迟延而解除契约，此乃事理之平。

（四）承揽人免责要件

“民法”第五百零四条规定：“工作迟延后，定作人受领工作时，不为保留者，承揽人对于迟延之结果，不负责任。”所谓不为保留者，系指定作人于受领工作当时，对于迟延之结果并无异议。按工作完成迟延者，承揽人应负上述迟延责任。当工作迟延后，定作人欲行使减少报酬请求权、契约解除权或损害赔偿请求权者，必须于受领工作时声明保留，如不为保留，法律上认为定作人已无追究责任之意，定作人所得主张上开权利，因受领而推定其为抛弃其权利，承揽人对于迟延之结果，不必负责任。[63]

60 戴修瓒，前揭书，同注 12，第一六七页。

61 史尚宽，前揭书，同注 1，第三〇七页，郑玉波，前揭书，同注 1，第三六二页。

62 本条修正理由：“本条规定于有前条第二项之情形时，始得适用。为配合前条第二项之修正，本条爰予修正，以期一致并避免误会。”

63 “最高法院”1989 年度台上字第 2204 号判决：“‘民法’第五百零二条、第五百零三条及第五百零四条规定，因可归责于承揽人之事由迟延工作，定作人得于期前解除契约，亦得因逾期完成而请求减少报酬，其以特定期限完成或交付为契约要素者，定作人亦得解除契约。但定作人行使此种权利，必须于受领工作时声明保留，如不为保留，则定作人所得主张之减少报酬请求权及契约解除权，即因受领而推定其为抛弃其权利，承揽人对于迟延之结果，不必负责任。”

五、工作完成之不能

所谓工作完成之不能，系指承揽人对于完成工作已陷于给付不能，除涉及危险负担外（详后述），尚包括债务不履行与瑕疵担保责任，当于另段说明之。

六、瑕疵担保责任

（一）意义

按承揽人瑕疵担保责任，系指承揽人对于完成之工作，应担保其无瑕疵之法定无过失责任。承揽契约性质为有偿契约，虽属劳务契约，但本质上仍兼具财产契约之性质。“民法”第三百四十七条规定：“本节规定于买卖契约以外之有偿契约准用之；但为其契约性质所不许者，不在此限。”故承揽在本节无特别规定下，得准用买卖中关于瑕疵担保之规定。

买卖一节所规定之瑕疵担保包括权利瑕疵担保与物之瑕疵担保二种。关于权利瑕疵担保承揽一节虽未规定，惟承揽人有时负有移转工作物所有权之义务，即有权利瑕疵担保之问题，依“民法”第三百四十七条之规定准用买卖一节即“民法”第三百四十九条、第三百五十一条及第三百五十三条等规定。至于物之瑕疵担保责任，因承揽工作物之瑕疵，可能因材料之瑕疵而生，亦可能因工作方法及过程之瑕疵而生，与买卖纯为财产契约性质有间，故民法对于承揽人物之瑕疵担保责任乃订有明文，应优先适用，未规定者始能准用买卖之规定。承揽人物之瑕疵担保责任，与出卖人物之瑕疵担保责任相同，性质上均为法定无过失责任[64]，不以承揽人有过失为必要。惟因可归责于承揽人之事由致工作物发生瑕疵者，同时构成不完全给付。[65]

64 “最高法院”1998年度台上字第172号判决：“承揽人依‘民法’第四百九十二条规定所负之瑕疵担保责任系无过失责任，不以有可归责承揽人之事由存在为必要。”

65 “最高法院”1988年度台上字第2399号判决：“承揽人完成之工作不合规格，亦属不完全给付之一种，而承揽人之工作瑕疵担保责任与不完全给付，原则上得为并存，因此承揽人完成之工作如有瑕疵，定作人除得请求承揽人负瑕疵担保责任外，并得以不完全给付为理由，依债务不履行原则，请求承揽人损害赔偿。”

同院1994年度台上字第900号判决：“承揽人完成之工作，应使其具备约定之品质，及无减少或灭失其价值，或不适于通常或约定使用之瑕疵，‘民法’第四百九十二条定有明文。此项承揽人之瑕疵担保责任系无过失责任，不以承揽人具有过失为必要，亦不因定作人另委有监工之人，而得减轻或免除其责任。若因可归责于承揽人之事由，致工作发生瑕疵，则亦发生不完全给付之问题，此时定作人除得请求修补或解除契约或请求减少

（二）内容

“民法”第四百九十二条规定：“承揽人完成工作，应使其具备约定之品质，及无减少，或灭失价值或不适于通常或约定使用之瑕疵。”[66] 兹就承揽人瑕疵担保责任之内容，分述如下：

1. 品质瑕疵之担保：承揽人完成工作应具备约定之品质。例如定作人提供基地，由承揽人建筑房屋，承揽人所建筑之房屋不得使用辐射钢筋或海砂等不良建材，以保障该屋之品质。

2. 价值瑕疵之担保：承揽人完成工作，应使其无减少或灭失价值之瑕疵。所谓价值，与买卖之瑕疵担保同，均指交换价值（“民法”第三百五十四条参照）。例如定作人提供基地，由承揽人建筑房屋，承揽人所建筑之房屋即必须无马桶不通、屋顶漏水等使该屋价值减少甚至灭失之瑕疵。

3. 效用瑕疵之担保：承揽人完成工作，应使其无不适于通常或约定使用之瑕疵。所谓使用即指效用（使用价值）而言。例如房屋漏水，屋主雇工“抓漏”，承揽人必须完成抓漏，且于工作完毕后之下雨天该屋不再漏水时，使其无不适于通常使用之瑕疵是。

上述品质、价值、效用并非可以明显区隔，例如上述承揽人使用辐射钢筋或海砂等不良建材建筑房屋者，即同时构成品质、价值及效用上之瑕疵，殊值注意。另依“民法”第四百九十二条规定观之，承揽之瑕疵担保责任，仅于承揽人完成工作后，始有适用之余地，盖“民法”另于第四百九十七条复设有工作进行中之瑕疵预防请求权存在，以为补救之规定，使承揽人得于完工前治疗工作进行中之瑕疵，此在适用上常被误解为工作进行中亦得主张瑕疵担保责任。

（三）效力

承揽人瑕疵担保责任成立后，定作人即生瑕疵修补请求权、报酬减少请求权、契约解除权及损害赔偿请求权，兹分述如下：

1. 瑕疵修补请求权：“民法”第四百九十三条规定：“工作有瑕疵者，

（接上页）报酬外，并得请求损害赔偿（‘民法’第四百九十五条），且不以承揽契约经解除为要件（本院 1981 年台上字第二六九九号判例参照）。”

同院 1998 年度台上字第 261 号判决：“承揽人之瑕疵担保责任固系无过失责任，不以承揽人具有过失为必要。若因可归责于承揽人之事由，致工作发生瑕疵，则同时发生不完全给付之问题，此时定作人除得请求修补或解除约或请求减少报酬外，并得请求损害赔偿（‘民法’第四百九十五条）。是工作有瑕疵，定作人对承揽人行使债务不履行损害赔偿请求权，系以瑕疵之发生系可归责于承揽人之事由为要件，与瑕疵担保责任不同。”

66 “最高法院”1995 年度台上字第 2249 号判决（参见注 1）。

定作人得定相当期限，请求承揽人修补之。承揽人不于前项期限内修补者，定作人得自行修补，并得向承揽人请求偿还修补必要之费用。如修补所需费用过巨者，承揽人得拒绝修补。前项规定，不适用之。”是为定作人之瑕疵修补请求权及承揽人之瑕疵修补义务。例如上述定作人提供基地由承揽人建筑房屋之例，如发生屋顶漏水等瑕疵者，定作人得定相当期限请求承揽人修补之。如承揽人不于定作人所定相当期限内修补者（包括怠于修补或拒绝修补），定作人得自行修补，并得向承揽人请求偿还修补必要之费用，此即为定作人修补费用偿还请求权[67]（立法技术上与“民法”第四百三十条承租人自行修缮之规定相仿）。所谓自行修补，包括定作人自己修补及雇工修补，均无不可，得由定作人依具体情形决定，且必须以定作人已自行修补而支出费用为其前提要件。[68] 定作人行使修补费用偿还请求权被拒后，仅得行使解除权或请求减少报酬，而不得径行拒绝给付全部报酬。[69] 原则上定作人定期请求修补时，承揽人应予修补，不得拒绝，惟如修补所需费用过巨者，承揽人得拒绝修补，不适用本条第二项之规定，定作人不得自行修补而请求费用之偿还。所谓修补所需费用过巨者，例如建筑物完全改建或裙短改长等是，至于所需费用是否过巨，应就其费用对于全部工作之价值，及比较修补所需之费用与因修

67 “最高法院”1997年度台上字第2298号判决：“‘民法’第四百九十三条规定：‘工作有瑕疵者，定作人得定相当之期限，请求承揽人修补之。承揽人不于前项期限内修补者，定作人得自行修补，并得向承揽人请求偿还修补必要之费用。如修补所需费用过巨者承揽人得拒绝修补。前项规定，不适用之。’所谓定作人得自行修补，系以承揽人不于定作人所定之期间内修补，或拒绝修补为其要件。良以定作人既愿订定承揽契约而将其工作委由承揽人承制，显见对于工作瑕疵之补完，亦以承揽人有较强之修缮能力，能够以较低廉之成本完成修补，定作人倘未先行定期催告承揽人是否修补瑕疵，自不容其径自决定雇工修补；此不独就契约系缔约双方以最低成本获取最大收益之经济目的所必然获致之结论，且就避免使承揽人负担不必要之高额费用之公平原则而言，自乃不可违背之法则。”

68 “最高法院”1991年度台上字第465号判决：“按定作人因承揽之工作物有瑕疵，依‘民法’第四百九十三条第二项规定向承揽人请求偿还修补之必要费用，以定作人已自行修补而支出费用为其前提要件。”

同院1991年度台上字第799号判决：“定作人依‘民法’第四百九十三条规定请求承揽人偿还自行条补必要之费用，以其已支出自行修补瑕疵必要费用为前提。如尚未支出，即不得依该条规定而为请求。”

69 “最高法院”1987年度台上字第1079号判决：“两造间之委托加工性质为承揽。承揽人之工作有瑕疵时，定作人得定相当期限请求承揽人修补之，承揽人不于所定期限内修补瑕疵者，定作人得解除契约，或请求减少价金，‘民法’第四百九十三条第一项，第四百九十四条本文定有明文。是上诉人如认被上诉人之工作有瑕疵，仅得于定期催告修补被拒后，行使解除权或请求减少报酬，而不得径行拒绝给付全部报酬。”

补所生之利益定之。修补所需费用过巨之事实，系承揽人行使修补拒绝权之要件，故应由承揽人负举证责任。最后，修补所需费用过巨时，承揽人虽得拒绝修补以避免过重损失，但仍不能免责，定作人仍可解除契约、请求减少报酬或损害赔偿（详后述）。

未查承揽契约之对待给付关系，于定作人为约定报酬之给付，于承揽人为一定工作之完成，且承揽人有先为给付之义务（报酬后付原则）。故定作人就工作物之瑕疵对承揽人有请求修补之权利，性质上属于履行请求权，承揽人交付之工作有瑕疵，定作人得援引“民法”第二百六十四条同时履行抗辩权，主张承揽人于修补瑕疵前，拒绝给付报酬。[70] 反之，承揽人因有先为给付之义务，则不得援用同时履行抗辩权，主张定作人先为给付报酬前，拒绝修补瑕疵。

2. 契约解除权与减少报酬请求权：“民法”第四百九十四条规定：“承揽人不于前条第一项所定期限内修补瑕疵，或依前条第三项之规定，拒绝修补或其瑕疵不能修补者，定作人得解除契约或请求减少报酬。但瑕疵非重要，或所承揽之工作为建筑物或其他土地上之工作物者，定作人不得解除契约。”按承揽人①不于“民法”第四百九十三条第一项承揽人所定之相当期限内修补者，或②依第四百九十三条第三项之规定拒绝修补，或③工作之瑕疵不能修补者，定作人即得行使契约解除权[71] 或减

70 王泽鉴，同时履行抗辩：“民法”第二六四条规定之适用、准用与类推适用，收录于氏著民法学说与判例研究，第六册，作者自刊，1994 年 8 月八版，第一六二页。并请参阅“最高法院”1983 年度台上字第 4538 号判决：“本件原审认定上诉人与元×公司约定：由上诉人祭祀公业施某提供土地，元×公司出资兴建房屋，于建造完成以后，由祭祀公业施某与元×公司分配房屋及土地，则上诉人主张同时履行抗辩权，当系指应分配与上诉人祭祀公业施某之房屋，尚未建造完成。原审虽援引第一审勘验笔录之记载，谓上诉人之此项抗辩权尚非可取。惟查该笔录所载勘验之结果，无非就被上诉人请求给付之房屋，认已装修完成，对于应分配与上诉人之部分，则未有记载。矧原审就空屋已认定工作有瑕疵，即与不完全给付相当。何以上诉人仍不得行使同时履行抗辩权？原判决语焉不详，自嫌疏略。”反对见解，“最高法院”1984 年度台上字第 4790 号判决：“承揽人因工作物有瑕疵，对定作人所负修补义务，与定作人给付报酬之义务并无对价关系。承揽人之工作物如为房屋，所完成之房屋，果其骑楼使用第三人之土地，就令因此对定作人负有将骑楼所使用之土地为移转登记义务，然究难谓系原承揽契约所由生，亦与定作人给付报酬之义务无对价关系。”

71 “最高法院”1991 年度台上字第 1768 号判决：“原审认定两造订立之台建协议书为买卖与承揽之混合契约性质，其根据何在？原审并未加说明，已嫌判决理由不备。且‘民法’第四百九十四条系关于承揽人对于工作瑕疵担保，第三百五十九条系关于出卖人对出卖物瑕疵担保效力之规定，与本件系被上诉人合建中途停工，并不相关，原审执上开二法条规定，论断上诉人不得解除两造间之合建协议书，亦有未合。”

少报酬请求权[72]，不得拒绝给付全部报酬。[73] 此二权利定作人虽可择一行使，但契约解除权之行使受有限制，亦即该工作物之瑕疵并非重要，或所承揽之工作为建筑物或其他土地上之工作物者，定作人不得解除契约。[74] 兹分述如下：

（1）瑕疵并非重要

瑕疵有关重要者（例如鉴定报告计算严重错误），有非关重要者（例如鉴定报告书面份数短少），前者定作人可择一行使契约解除权或减少报酬请求权，后者定作人仅得请求减少报酬，不得解除契约，盖瑕疵既为轻微，使定作人得请求减少报酬，已足以保护其权利，否则对于承揽人过于不利。

（2）承揽之工作为建筑物或其他土地上之工作物

法条文字以建筑物为土地上之工作物之例示，其他工作物如桥梁、隧道等等，均包括在内。此种工作物修建之承揽，非仅轻微瑕疵，定作人不得解除契约[75]，即使系重要瑕疵，定作人仍不得解除契约，仅能请求减少报酬而已。盖定作人一解除契约，承揽人必须拆毁该工作物，不仅造成承揽人严重损失，对于社会经济亦有不利。不论承揽人未遵期修补

72 “最高法院”1984 年度台上字第 2814 号判决：“工作之完成与工作有无瑕疵，系属两事，此就‘民法’第四百九十条及第四百九十四条参照观之，不难索解。是定作人于承揽人完成工作时，虽其工作有瑕疵，仍无解于应给付报酬之义务，仅定作人得定相当期限请求承揽人修补，如承揽人不于所定期限内修补瑕疵，或拒绝修补，或其瑕疵不能修补者，定作人得依‘民法’第四百九十四条之规定请求减少报酬而已。”

同院 1992 年度台上字第 2736 号判决：“承揽工作之完成与工作有无瑕疵固属二事，定作人于承揽人完成工作时，纵其工作有瑕疵，仍无解于应给付报酬之义务，然定作人得定相当期限请求承揽人修补，如承揽人不于所定期限内修补瑕疵，或拒绝修补或其瑕疵不能修补者，定作人非不得依‘民法’第四百九十四条之规定请求减少报酬。”

73 “最高法院”1987 年度台上字第 1079 号判决：“两造间之委托加工性质为承揽。承揽人之工作有瑕疵时，定作人得定相当期限请求承揽人修补之，承揽人不于所定期限内修补瑕疵者，定作人得解除契约，或请求减少价金，‘民法’第四百九十三条第一项，第四百九十四条本文定有明文。是上诉人如认被上诉人之工作有瑕疵，仅得于定期催告修补被拒后，行使解除权或请求减少报酬，而不得径行拒绝给付全部报酬。”

74 “最高法院”1993 年度台上字第 2603 号判决：“承揽契约，在工作未完成前，依‘民法’第五百十一条规定，定作人固得随时终止契约，但除有‘民法’第四百九十四条、第五百零二条第二项、第五百零三条所定情形或契约另有订定外，倘许定作人依一般债务迟延之法则解除契约，则承揽人已耗劳力、时间与巨额资金，无法求偿，对承揽人甚为不利亦欠公平。”

75 “最高法院”1997 年度台上字第 2976 号判决：“本件系属建筑物之承揽，依‘民法’第四百九十四条规定，其瑕疵倘不影响建筑物之结构或安全，并达须拆除重建之程度，被上诉人不得解除契约。”

（“民法”第四百九十三条第一项）、拒绝修补（同条第三项），甚至修补不能之情形，定作人均不得解除契约，仅得请求减少报酬。

3. 损害赔偿请求权：“民法”第四百九十五条规定：“因可归责于承揽人之事由，致工作发生瑕疵者，定作人除依前二条之规定，请求修补或解除契约，或请求减少报酬外，并得请求损害赔偿。前项情形，所承揽之工作为建筑物或其他土地上之工作物，而其瑕疵重大致不能达使用之目的者，定作人得解除契约。”[76] 按承揽人之瑕疵担保责任，性质上为无过失责任，故承揽人对于工作之瑕疵，纵无过失，定作人亦得请求修补、解除契约或减少报酬，但如工作之瑕疵系因可归责于承揽人之事由所致者，与一般债务不履行（不完全给付）之情形相同，故本条乃规定定作人并得请求损害赔偿，而与修补、解除契约或减少报酬一并行使。[77] 兹分述如下：

（1）修补与损害赔偿

定作人一面请求修补，一面请求损害赔偿。此所谓损害，系指因修补导致工作完成迟延所生之损害，属迟延赔偿之性质（“民法”第二百三十一条）。但如修补不能者，定作人除解除契约外，亦得请求代替修补不能之损害赔偿。[78]

---

76 本条第二项增订理由：“依第四百九十四条但书之规定，承揽之工作为建筑物或其他土地上之工作物者，纵因可归责于承揽人之事由，致有瑕疵时，定作人仍不得解除契约。在瑕疵重大致不能达使用之目的时，此项规定对定作人即有失公平，且有碍社会公益。为兼顾定作人之权益及维护社会公益，爰增订第二项规定，此时定作人得解除契约。”

77 “最高法院”1987年度台上字第1954号判决：“因可归责于承揽人之事由，致工作发生瑕疵者，定作人除依‘民法’第四百九十三条或第四百九十四条之规定，请求修补，或解除契约，或请求减少报酬外，并得请求损害赔偿，‘民法’第四百九十五条定有明文。准此规定，只须因可归责于承揽人之事由，致工作发生瑕疵，定作人除得依‘民法’第四百九十三条或第四百九十四条规定，请求修补或解除契约或请求减少报酬外，并得舍此径行请求损害赔偿，或与修补、解约、减酬并行请求，为此损害赔偿之请求时，原无须践行‘民法’第四百九十三条第一项所定定期请求修补之程序，此观该条项所定工作有瑕疵不以承揽人有过失为要件，而‘民法’第四百九十五条限于因可归责于承揽人之事由致工作发生瑕疵者，始有其适用之法意自明，且依‘民法’第四百九十五条所定‘并得请求损害赔偿’之文义观之，亦应为相同之解释。”

78 “最高法院”1992年度台上字第2966号判决：“‘民法’第四百九十五条规定，因可归责于承揽人之事由，致工作发生瑕疵者，定作人依同法第四百九十三条及第四百九十四条规定请求修补或解除契约，或请求减少报酬外，并得请求损害赔偿。准此，定作人一方面请求修补，一方面请求赔偿之损害，系指因修补致工作完成迟延所生之损害而言，性质上属因迟延给付所生之损害（‘民法’第二百三十一条）。定作人因工作瑕疵而解除契约者，得请求赔偿之损害，为因解除契约所生之损害（看本院1952年台上字第一〇四号判例）。”

（2）解除契约与损害赔偿

定作人因工作发生瑕疵而解除契约者，亦得请求损害赔偿。此所谓赔偿之性质，应属“民法”第二百六十条判例所指解除前所生之债务不履行之损害赔偿，而非因解除契约后所生之损害赔偿。[79] 故此处之解除契约，解释上言，应仍有“民法”第二百六十条规定契约之解除不妨损还赔偿（债务不履行之损害赔偿）之适用，否则本条之解释，势必发生“解除”加“履行利益赔偿”，再加“信赖利益赔偿”之不合理。必也如此解释，“最高法院”1981 年度台上字第二六九九号判例所指，定作人依“民法”第四百九十五条规定请求损害赔偿，并不以承揽契约解除为要件，方有其意义。

（3）减少报酬与损害赔偿

定作人因工作有瑕疵而请求减少报酬者，如另有损害并得请求赔偿。

上述损害赔偿请求权，均以工作瑕疵之发生可归责于承揽人之事由为要件，如非因本条所定之原因而生之损害，自无本条规定之适用。[80] 定作人行使此项损害赔偿请求权时，理论上应就此一要件负举证责任，惟查此种损害赔偿系债务不履行之性质，故承揽人如主张免责时，仍应先就不可归责于其自己之事实负举证责任。[81] 至于工作之瑕疵及损害之发生，应由定作人负举证责任。

因可归责于承揽人之事由，致工作发生瑕疵，而承揽之工作为建筑物或其他土地上之工作物，且其瑕疵重大致不能达使用之目的者，依第

79 郑玉波，前揭书，同注 1，第三六九页。“最高法院”1952 年台上字第 104 号判例：“上诉人与被上诉人订约承揽之橡皮水管，其工作之完成既有与原约定品质不符及不适于使用之各重要瑕疵，而又拒绝被上诉人之催告修补，依‘民法’第四百九十四条之规定，被上诉人本有法律所认之契约解除权存在，自得向上诉人为解除契约之意思表示，从而其以此项契约已经合法解除为原因，请求返还已交付之酬金与附加利息，并赔偿因解除契约所生之损害，自为‘民法’第四百九十五条第二百五十九条第一款第二款之所许。”（同院 1992 年度台上字第 2966 号判决同旨。）

同院 1981 年度台上字第 2699 号判例：“定作人依‘民法’第四百九十五条规定请求损害赔偿，并不以承揽契约经解除为要件。”（同院 1994 年度台上字第 900 号判决同旨。）

80 “最高法院”1988 年度台上字第 1991 号判决：“‘民法’第四百九十五条规定，因可归责于承揽人之事由，致工作发生瑕疵者，定作人除依前二条之规定请求修补或解除契约，或请求减少报酬外，并得请求损害赔偿。该条所称之损害赔偿，系指因承揽人所完成之工作发生瑕疵，致定作人之权益受有损害，定作人得请求承揽人赔偿者而言。如定作人所受之损害，非因承揽人所完成之工作发生瑕疵所致，而系因其他原因所致，则定作人不得依该条规定请求损害赔偿。”

81 郑玉波，前揭书，同注 1，第三七〇页。

四百九十四条但书之规定，如定作人仍不得解除契约，此时对定作人即有失公平，且有碍社会公益，为兼顾定作人之权益及维护社会公益，故“民法”第四百九十五条增订第二项之规定，允许定作人得解除契约。[82] 依“民法债编施行法”第二十七条之规定：“修正之‘民法’第四百九十五条第二项之规定，于民法债编修正施行前成立之承揽契约，亦适用之。”[83] 是有回溯适用之效力。

4. 瑕疵担保责任之减免：瑕疵担保责任之减免，可分法定免除与约定免除或减轻。

(1) 法定免除

“民法”第四百九十六条规定：“工作之瑕疵，因定作人所供给材料之性质，或依定作人之指示而生者，定作人无前三条所规定之权利。但承揽人明知其材料之性质，或指示不适当，而不告知定作人者，不在此限。”承揽人工作之瑕疵，可能因材料性质不良或工作方法不当所致，但材料原则上系由定作人供给，而工作方法则委诸承揽人独立决定，故承揽人均须负法定担保责任。惟如工作发生瑕疵之材料系定作人供给者，或工作方法系因定作人不当指示而发生瑕疵者，因不得令承揽人负责，此时承揽人得免除其瑕疵担保责任。惟定作人对于材料性质不良或指示方法不当如不清楚，但承揽人明知而不告知定作人者，显然悖于诚信原则，法律无加以保护之必要，故明定承揽人不能免责。本条但书规定之

82 “最高法院”1994年度台上字第3265号判例：“‘民法’第四百九十四条但书规定，所承揽之工作为建筑物或其他土地上之工作物者，定作人不得解除契约，系指承揽人所承揽之建筑物，其瑕疵程度，尚不致影响建筑物之结构安全，毋庸拆除重建者而言。倘瑕疵程序，已达建筑物有濒临倒塌之危险，犹谓定作人仍须承受此项危险，而不得解除契约，要非立法本意所在。”惟詹森林教授认为“民法”第四百九十五条第二项规定虽有溯及适用之效力，但本判例不因法律修正而失其继续规范功能，详细说明，请参见詹森林，建筑物或其他土地上工作物承揽契约之解除，本土法学杂志，2000年5月，第二十二期，第九四页。

同院1996年度台上字第2596号判决：“‘民法’第四百九十四条但书规定，所承揽之工作为建筑物或其他土地上之工作物者，定作人不得解除契约，系指承揽人所承揽之建筑物或土地上之工作物，其瑕疵程度尚不致影响建筑物或土地上工作物之结构或安全，毋庸拆除重建者而言。倘瑕疵已达必须拆除重建之程度者，定作人得解除契约，不受上开条文规定之限制。”

83 本条增订理由：“一、本条新增。二、修正之‘民法’第四百九十五条第二项增订有关承揽之建筑物或其他土地上之工作物，因可归责于承揽人之事由致有重大瑕疵而不能达到使用之目的时，定作人得解除契约之规定。此项规定可适度保护定作人，并维护社会公益，宜于修正前后成立之承揽契约一并适用，爰增设本条规定。”

适用，以承揽人明知者为限，是若因过失而不知者，基于承揽人对于定作人供给材料及指示方法并无注意义务之原因，承揽人自不负责。至于承揽人明知之事实，应由定作人负举证责任。[84]

（2）约定免减

“民法”第五百零一条之一规定：“以特约免除或限制承揽人关于工作之瑕疵担保义务者，如承揽人故意不告知其瑕疵，其特约为无效。”[85] 按承揽人瑕疵担保责任之规定，并非全属强行规定，依私法自治原则，当事人得以特约免除或减轻之，此种特约除违反强行规定（如“民法”第五百零一条但书禁止减短“民法”第四百九十八条及第四百九十九条期限之规定）之部分外，自应认为有效，但承揽人明知工作有瑕疵而故意不告知者，其特约为无效。

5. 瑕疵预防请求权：“民法”第四百九十七条规定：“工作进行中，因承揽人之过失，显可预见工作有瑕疵，或有其他违反契约之情事者，定作人得定相当期限，请求承揽人改善其工作或依约履行。承揽人不于前项期限内，依照改善或履行者，定作人得使第三人改善或继续其工作，其危险及费用，均由承揽人负担。”是为瑕疵预防请求权，适用本条须具备下列要件：

（1）须工作有瑕疵或其他违反契约之情事

当工作有瑕疵或其他类似工作瑕疵性质之违反契约情事（例如不依原设计之图样施工）时，始有本条适用，故承揽人迟延工作，虽可归于违反契约之情事，则应适用“民法”第五百零三条之规定，而不适用本条规定。

（2）须于工作进行中显可预见

按工作有瑕疵或其他违反契约情事，如于工作完成或交付后一定时期内发现者，定作人得依法请求承揽人负瑕疵担保责任，属于事后救济；反之，工作有瑕疵或其他违反契约情事必须于工作进行中显可预见，始有本条之适用，属于事前预防。

84 “最高法院”1989年度台上字第1219号判决：“工作之瑕疵，因依定作人之指示而生者，除承揽人明知其指示不适当，而不告知定作人外，定作人无瑕疵担保请求权。‘民法’第四百九十六条定有明文。本件承揽人华×公司依上诉人之指示施工，上诉人不能证明华×公司明知该指示不适当而不告知上诉人，上诉人自不得主张瑕疵担保请求权。”

85 本条增订理由：“一、本条新增。二、承揽人故意不告知瑕疵时，纵当事人间有不负瑕疵担保责任之特约，仍不许免其担保责任。……民法债编承揽一节虽无类似规定，惟学者通说则认应准用‘民法’第三百六十六条之规定而为同一解释。为杜疑义，爰增订本条。”

（3）须因承揽人之过失

所谓过失，因承揽为有偿契约，故承揽人如有抽象轻过失者，甚至故意，均应负责。

具备上述要件者，定作人得定有相当期限，请求承揽人改善其工作或依约履行，此即定作人之改善工作请求权或依约履行请求权。承揽人不于定作人所定期限内改善或履行者，定作人得使第三人改善或继续其工作。其危险及费用，包括因此所增加之费用及偶然之损失（如天灾），均归由承揽人负担。此时，承揽人依本条规定所负偿还费用属原债务之转换，为承揽人依承揽契约所负有对价关系之对待给付，理论上应得适用"民法"第二百六十五条不安抗辩权之规定。[86]

6. 瑕疵担保责任之存续：承揽人瑕疵担保责任之存续期间有两种，即瑕疵发现期间与权利行使期间。[87] 兹分述如下：

（1）瑕疵发现期间

所谓瑕疵发现期间，即定作人如未于此期间内发现工作瑕疵者，即不得主张权利之期间，可分为一般期间与特别期间：

①一般期间："民法"第四百九十八条规定："第四百九十三条至第四百九十五条所规定定作人之权利，如其瑕疵自工作交付后，经过一年始发现者，不得主张。工作依其性质无须交付者，前项一年之期间，自工作完成时起算。"一般工作之承揽，定作人之瑕疵发现期间为一年，其起算点须视工作性质是否交付为断，如性质上无须交付者，则自"工作完成"时起算一年；如性质上必须交付者，则自"工作交付"时起算一年。

②特别期间："民法"第四百九十九条规定："工作为建筑物或其他土地上之工作物或为此等工作物之重大修缮者，前条所定之期限，延为

86 "最高法院"1992年度台上字第363号判决："'民法'第四百九十七条规定，工作进行中，因承揽人之过失，显可预见工作有瑕疵或有其他违反契约之情事者，定作人得定相当期限，请求承揽人改善其工作或依约履行。承揽人不于前项期限内依照改善或履行者，定作人得使第三人改善或继续其工作，其危险及费用均由承揽人负担。承揽人因此所负偿还费用及因给付迟延而生之损害赔偿债务，均属原债务之转换，为承揽人依承揽契约所负有对价关系之对待给付。即非无'民法'第二百六十五条规定之适用。"

87 "最高法院"1997年度台上字第2903号判决："定作人请求承揽人负瑕疵担保责任之期间，分为瑕疵发现期间及权利行使期间。前者谓定作人非于其期间内发现瑕疵，不得主张其有瑕疵担保权利之期间，'民法'第四百九十八条至第五百零一条之规定属之。后者指担保责任发生后，定作人之权利应于一定期间内行使，否则归于消灭之期间，'民法'第五百十四条之规定属之。"

五年。”因建筑物或其他土上地之工作物，其瑕疵不易发现，而又事关重大，故法律乃明定较长之五年期间，其起算点之计算与“民法”第四百九十八条之规定相同（自交付时起算）。

“民法”第五百条规定：“承揽人故意不告知其工作之瑕疵者，第四百九十八条所定之期限延为五年，第四百九十九条所定之期限延为十年。”此时定作人之期间应酌为延长，以求公允。复依“民法”第五百零一条规定：“第四百九十八条及第四百九十九条所定之期限，得以契约加长。但不得减短。”至于加长期限是否有所限制，郑玉波教授认为，民法并无规定，解释上得参酌消灭时效之规定，不得超过十五年。[88] 愚以为，此处宜注意者，乃本条规定并不包含“民法”第五百条“瑕疵发现期间之法定延长”之情形，解释上言，承揽人故意时，法条明文延长五年（“民法”第四百九十八条）及十年（“民法”第四百九十九条），而“民法”第五百零一条又未列举“民法”第五百条之情形，则于非故意之情形，无论如何，得以契约延长之者，自应受“民法”第五百条之限制，否则第五百条失其立法意义，至于不得以契约减短之规定，当然亦适用“民法”第五百条之法定延长情形，准此以观，郑玉波教授之见解，尚值斟酌。至于法条所以不许以契约缩短，盖为维持公益计也，此种许以契约加长而不得缩短之规定，称之为瑕疵发现期间之半强制性也。最后，此等期限之性质，理论上应为除斥期间。[89]

（2）权利行使期间

定作人于瑕疵“发现”期间内发现工作瑕疵时，应即时行使瑕疵担保之各项请求权或契约解除权，否则定作人不得再行使各项请求权或契约解除权，以免法律关系之久悬不决。[90]“民法”第五百十四条第一项规定：“定作人之瑕疵修补请求权、修补费用偿还请求权、减少报酬请求权、损害赔偿请求权或契约解除权，均因瑕疵发现后一年间，不行使而

88 郑玉波，前揭书，同注1，第三七三页。

89 史尚宽，前揭书，同注1，第五二五页。郑玉波，前揭书，同注1，第三七三页。

90 “最高法院”1980年度台上字第2230号判决：“上诉人委托被上诉人为工程之规划及设计，核系承揽性质，依‘民法’第五百十四条第一项规定，定作人之减少报酬请求权，因瑕疵发现后一年间不行使而消灭，查本件工程早于1975年11月30日经上诉人验收完毕，建筑执照亦由上诉人于1976年1月初领得，为上诉人所不争执（见同上卷二〇六页），虽上诉人主张被上诉人未设计地下室及消防设备，伊于1975年底委请简嘉宪追加设计等语，纵属实情，然上诉人既未于瑕疵发现后一年内请求减少报酬，延至本件诉讼中始行提出主张（本院按：上诉人于1977年3月14日始行提起本件诉讼）依法应丧失其请求减少报酬之权利。”

消灭。”[91] 本条项之适用仅限于因瑕疵所生之请求权或形成权，其他请求权并无本条短期消灭时效或除斥期间规定。[92] 再如瑕疵所造成之损害基于请求权竞合理论而同时主张不完全给付者，此债务不履行损害赔偿请求权，除其成立要件与瑕疵担保责任并不相同外，实务见解认为其时效无本条项规定之适用，而应适用“民法”第一百二十五条十五年时效期间之规定。[93] 又第五百十四条所定一年期间之性质，有认为系消灭时效期间[94]，有认为契约解除权之性质为破坏性权利，应使其早日消灭，其他请求权虽名为请求权，但实际上或多或少对于原契约具有破坏性，故亦应使其早日消灭，而认为系除斥期间[95]，如采除斥期间，则“瑕疵修补请求权”、“修补费用偿还请求权”及“减少报酬请求权”性质上即属形成权，而非请求权。但本书以为此次修法于第五百十四条第一项增订定作人

91 本条项修正理由：“第四百九十五条第一项定作人之损害赔偿请求权，原条文无适用短期时效之规定，易滋疑义，为期明确，爰于第一项增列定作人之损害赔偿请求权亦因瑕疵发现后一年间不行使而消灭。”

92 “最高法院”1995 年度台上字第 95 号判决：“烟酒公卖局系依两造间订立之保固切结书，请求赔偿防霉漆脱落之损害，该切结书性质上乃一种赔偿责任之特约，请求权之基础既系本于两造之特约，自无‘民法’第五百十四条第一项规定之适用。”

93 “最高法院”1998 年度台上字第 1289 号判决：“一、依‘民法’第四百九十五条规定，因可归责于承揽人之事由，致工作发生瑕疵者，定作人除依同法第四百九十三条及第四百九十四条规定请求修补或解除契约，或请求减少报酬外，并得请求损害赔偿。此之损害赔偿请求权，系指本于承揽瑕疵担保责任所生之请求权，与因债务之不完全给付而生之损害赔偿请求权，系不同之诉讼标的。本件上诉人依承揽瑕疵担保责任及不完全给付，请求被上诉人赔偿损害，系请求权之竞合，各有其时效之规定。不完全给付损害赔偿请求权应适用‘民法’第一百二十五条一般请求权十五年时效之规定，承揽人之瑕疵担保责任，依‘民法’第四百九十八条至第五百零一条、第五百十四条之规定，有瑕疵发现期间及权利行使期间。原判决竟认为上诉人主张损害赔偿请求权，不论系依承揽关系抑依债务不履行，均应优先适用‘民法’第四百九十九条之时效规定，其法律上之见解，自有可议。二、定作人依‘民法’第四百九十五条规定请求损害赔偿，以瑕疵因可归责于承揽人之事由而生者为限，此系承揽人对定作人之瑕疵担保责任内容之一。而瑕疵担保责任乃法定责任，不以承揽人有故意或过失为必要，亦即承揽人应负无过失责任。又债务人原有给付之责任，仅于有特别情事，始得免责，乃债法之大原则。民法系以不可归责于债务人之事由为免给付之原因，此观‘民法’第二百三十条、第二百二十五条第一项之规定自明，故债务人欲免为给付者，应就归责事由之不存在即无故意或过失负举证责任。”（同院 1998 年度台上字第 1480 号判决同旨。）

94 戴修瓒，前揭书，同注 12，第一七九页。

95 史尚宽，前揭书，同注 1，第三二四页。郑玉波，前揭书，同注 1，第三七四页。并请参见“最高法院”1982 年度台上字第 2996 号判例：“‘民法’第五百十四条第一项所定定作人之减少报酬请求权，一经行使，即生减少报酬之效果，应属形成权之性质，该条项就定作人减少报酬请求权所定之一年期间为除斥期间。”

"损害赔偿请求权"之后，本条项似同时具有消灭时效与除斥期间之性质，盖损害赔偿请求权绝无解释为形成权之可能，是修法后显采期间双轨制，就"瑕疵修补请求权"、"减少报酬请求权"（与买卖瑕疵之价金减少请求权、租金增减请求权同）及"契约解除权"等应解为形成权，而"修补费用偿还请求权"及"损害赔偿请求权"等则应解为请求权性质，从而前者等适用一年之除斥期间，而后者等则适用一年之效灭时效期间，乃为妥当之见解。准上而论，本条之适用，宜注意"民法债编施行法"第三条规定："'民法'债编修正施行前之法定消灭时效已完成者，其时效为完成。民法债编修正施行前之法定消灭时效，其期间较民法债编修正施行后所定为长者，适用修正施行前之规定。但其残余期间自民法债编修正施行日起算，较民法债编修正施行后所定期间为长者，应自施行日起，适用民法债编修正施行后之规定。"故定作人基于瑕疵担保责任所生之损害赔偿请求权于 2000 年 5 月 5 日前已罹消灭时效者，承揽人得拒绝赔偿；如其时效之残余期间自 2000 年 5 月 5 日起算，尚长于一年者，自 2000 年 5 月 5 日起，其时效缩为一年；反之，如其时效之残余期间自 2000 年 5 月 5 日起算，不足一年者，无"民法债编施行法"第三条第二项但书规定之适用，其时效时间仍适用该条之规定，均因瑕疵发现后一年间，不行使而消灭。

民法设有"瑕疵发现期间"与"权利行使期间"，二者均有其作用，并不重复，盖前者系对于瑕疵发现之限制（自工作交付或完成时起算），后者乃对于发现后行使权利之限制（自瑕疵发现时起算）。于前者期间内发现瑕疵，始得在后者之期间内行使权利。例如建筑物之瑕疵发现期间为五年，设定作人于工作交付后二年半发现者，则定作人仅能于第三年半（即发现后一年内）以前行使权利。于前者期间内发现瑕疵后，即以后者之期间为准，定其行使权利之期限，不再论瑕疵发现期间。如一般承揽之瑕疵发现期限为一年，定作人于工作交付后第九个月发现者，定作人仍可于瑕疵发现后一年内行使权利。又查本条所称之契约解除权，以因工作瑕疵所生者（"民法"第四百九十三条）为限，非因工作瑕疵而生之契约解除权（例如"民法"第五百零二条第二项、第五百零三条及第五百零六条），不受本条期间之限制。最后，上述非因工作瑕疵而生之契约解除权是否有行使期间之限制？"民法"第五百零二条第二项与第五百零三条之契约解除权，依"民法"第五百零四条规定："工作迟延后，定作人受领工作时，不为保留者，承揽人对于迟延之结果，不负责任。”[96] 至于“民法”第五百零六条之契约解除权，解释上以于工作进行中行使为原则。[97]

七、法定抵押权

所谓法定抵押权，修法前系指为担保特定债权，依法律规定而当然发生之抵押权，此种抵押权并无须当事人之设定为其要件，故其生效不以登记为必要，且依“民法”第八百八十三条规定，准用“民法”物权编抵押权（意定抵押权）章之规定。台湾法制上有明文规定法定抵押权者有三：（一）为“民法”第五百十三条，（二）为“国民住宅条例”第十七、二十七条，（三）为“私立学校法”第六十一条第二项（详后述）。本文仅就承揽人之法定抵押权为如下之说明，并就该条修正前后之效力分别论述。

（一）旧法规定

1. 意义：旧“民法”第五百十三条规定：“承揽之工作为建筑物或其他土地上之工作物，或为此等物之重大修缮者，承揽人就承揽关系所生之债权，对于其工作所附之定作人之不动产有抵押权。”[98] 兹分述其要件如下：

（1）须承揽之工作为建筑物或其他土地上工作物之新造或重大修缮

承揽之工作必须为建筑物或其他土地上工作物之新造或重大修缮，此为法定抵押权发生之基础。[99] 所谓土地上之工作物，本条以建筑物为例示，与此相类之桥梁、隧道、牌楼等等均属之。本条适用上包括新造与重大修缮，所谓新造系指原始建造，所谓修缮系就既成工作物加以修理，

96 “最高法院”1989 年度台上字第 2204 号判决：“‘民法’第五百零二条、第五百零三条及第五百零四条规定，因可归责于承揽人之事由迟延工作，定作人得于期前解除契约，亦得因逾期完成而请求减少报酬，其以特定期限完成或交付为契约要素者，定作人亦得解除契约。但定作人行使此种权利，必须于受领工作时声明保留，如不为保留，则定作人所得主张之减少报酬请求权及契约解除权，即因受领而推定其为抛弃其权利，承揽人对于迟延之结果，不必负责任。”

97 史尚宽，前揭书，同注 1，第三二五页。郑玉波，前揭书，同注 1，第三七四页。

98 “最高法院”1993 年度台上字第 2083 号判决：“承揽之工作物为建筑物者，承揽人就承揽关系所生之债权，对于其工作所附之定作人之不动产，有抵押权。”

99 “最高法院”1986 年度台上字第 1906 号判决：“‘民法’第五百十三条所谓承揽人就承揽关系所生之债权，对于其工作所附之定作人之不动产有抵押权者，系指承揽之工作为建筑物，或其他土地上之工作物，或为此等工作物之重大修缮者而言。上诉人既仅承揽叶某所新建之名门大楼水电卫生及瓦斯管路部分之工程即建筑物设备，而非建筑该大楼或为重大修缮，自不属该条所定之承揽工作范围。”

且修缮程度必须重大，始有本条之适用，小修缮则不与焉。

（2）须承揽人因承揽关系所生之债权

按法定抵押权之性质与意定抵押权同，仍属从权利，故必有其所担保之债权，且必须以因承揽关系所生者为限，始为法定抵押权担保范围之内。[100] 此等债权主要有承揽人报酬请求权（“民法”第五百零五条）、损害赔偿请求权（“民法”第五百零六条第三项、第五百零七条第二项、第五百零九条）、垫款偿还请求权（“民法”第五百零九条）与因定作人迟延给付所生之债权[101]，但不包括其他请求权。[102] 又报酬请求权不以金钱为标的者为限，即以金钱以外之物为标的者，并无碍于法定抵押权之成立。[103]

（3）法定抵押权之标的须为工作所附之定作人之不动产

法定抵押权之标的必须为承揽人工作所附之定作人之不动产。亦即法定抵押权：

100 “最高法院”1972年度台上字第1326号判例：“‘民法’第五百十三条之法定抵押权，系指承揽人就承揽关系所生之债权，对于其工件所附之定作人之不动产，有就其卖得价金优先受偿之权，倘无承揽人与定作人之关系，不能依双方之约定而成立法定抵押权。”

同院1995年度台上字第1806号判决：“按承揽之工作为建筑物或其他土地上之工作物，或为此等工作物之重大修缮者，承揽人就承揽关系所生之债权，对于其工作所附之定作人之不动产，有抵押权。‘民法’第五百十三条定有明文。则法定抵押权，系指承揽人就承揽关系所生之债权，对于其工作物所附之定作人之不动产有就其卖得价金优先受偿之权，若非就承揽关系所生之债权，不在法定抵押权之范围内。”

同院1997年度台上字第3142号判决：“‘民法’第五百十三条之法定抵押权，系指承揽人就承揽关系所生之债权，对于其工作所附之定作人之不动产，有就其卖得价金优先受偿之权，倘无承揽人与定作人之关系，不能依双方之约定而成立法定抵押权。”

101 “最高法院”1990年度台上字第2767号判决：“‘民法’第五百十三条所谓承揽人就承揽关系所生之债权，并不以承揽人之报酬请求权、损害赔偿请求权及垫款偿还请求权为限，尚包括因定作人迟延给付所生之债权在内。”

102 “最高法院”1982年度台上字第1211号判决：“定作人因承揽人之同意收回一部分工作自己完成，性质上为承揽契约之一部合意解除，承揽人因此取得定作人之补贴款，不得认为‘民法’第五百十三条所谓就承揽关系所生之债权，对于其他因承揽关系所完成之工作物，应无抵押权。”

同院1984年度台上字第4324号判决：“‘民法’第五百十三条所谓：‘承揽人就承揽关系所生之债权’，系指报酬请求权，及‘民法’第五百零六条第三项之损害赔偿请求权，与同法第五百零九条之垫款偿还请求权而言。邻屋损害之修复费及现住人灾害赔偿款，似系因侵权行为不法侵害他人所发生之损害，能否包括于‘承揽人就承揽关系所生之债权’范围之内，尚有待澄清。”

103 “最高法院”1959年度台上字第1874号判例：“上诉人为被上诉人完成一建筑物之工作，约定以被上诉人所有之基地一处，移转登记与上诉人所有，自系一种因承揽关系所生之债权，该基地既属给付不能。则上诉人请求确认对于其工作物所附之定作人之不动产上有抵押权，要难谓与‘民法’第五百十三条之规定有所不符。”

①须为不动产：法定抵押权必为不动产抵押权，不及于动产抵押权（动产担保交易法）。

②须为定作人所有之不动产：若承揽标的物为第三人所有者，非法定抵押权之标的物。[104] 例如承揽人为承租人其所承租之房屋为重大修缮，因房屋系出租人所有，承揽人对非定作人之出租人所有之不动产并无法定抵押权。惟如成立法定抵押权后，定作人始移转法定抵押权所附不动产所有权于他人者，承揽人仍得对该他人实行法定抵押权（抵押权之追及性，"民法"第八百八十三条准用第八百六十七条）。

③须为工作所附之不动产：该不动产须为工作所附之不动产，例如于定作人所有土地上"新建房屋"者，学者多数认为，应包括新建房屋与基地均包括在内[105]，此系因工作附于土地之上（实务见解则不及于土地[106]）。惟如承揽人为房屋之重大修缮者，法定抵押权之标的物仅限于该房屋而不包括基地，盖民法定著物与土地乃系各自独立不动产。[107] 在不动产制造物供给契约之情形下，承揽人于自己基地上以自己之材料，为定作人新建房屋者，承揽人是否发生法定抵押权？民法并无明文规定，有认为此时该等不动产均属于承揽人自己工作物，无成立法定抵押权之余

104 "最高法院"1980年度台上字第253号判决："定作人既非被上诉人，而系争房屋又非定作人玉×公司所有，则上诉人以被上诉人为对象为本件请求，核与'民法'第五百十三条之要件不合，即属不应准许。"

同院1997年度台上字第2116号判决："'民法'第五百十三条所定法定抵押物以属于定作人所有之不动产为限。系争建物倘为上诉人之夫庄×平原始取得，庄×平与被上诉人间并无承揽关系，被上诉人对该建物即无从主张法定抵押权，则纵该建物变动赠与上诉人，被上诉人仍不得对之主张有法定抵押权。"

105 史尚宽，前揭书，同注1，第三三六页。郑玉波，前揭书，同注1，第三七六页。

106 "最高法院"1987年度台上字第2113号判决："依'民法'第五百十三条规定，承揽人之法定抵押权，其抵押物为工作所附定作人之不动产。上诉人主张其因承建房屋而取得法定抵押权，其抵押权之客体，应为前述工作所附定作人之不动产，亦即上诉人承建之房屋而不及土地。"

同院1998.3.10 1998年度第二次民事庭会议："院长提议：'民法'第五百十三条规定，承揽之工作为建筑物或其他土地上之工作物，或为此等工作物之重大修缮者，承揽人就承揽关系所生之债权，对于其工人所附之定作人之不动产，有抵押权。此之所谓'定作人之不动产'，如承揽人承揽之工作为房屋建筑，除房屋外，是否亦包括该房屋之基地在内？有左列二说：甲说：承揽人承揽之工作既为房屋建筑，其就承揽关系所生之债权，仅对'房屋'部分始有法定抵押权。至房屋之基地，因非属承揽之工作物，自不包括在内。乙说：承揽人承揽定作人之工作虽为房屋建筑，但房屋系附着于土地，如房屋之基地为定作人所有时，承揽人因承揽关系所生之债权，对于该基地亦有法定抵押权。以上二说，应以何说为当，提请公决。决议：采甲说。"

107 史尚宽，前揭书，同注1，第三三六页。郑玉波，前揭书，同注1，第三七六页。

地，且承揽人自己既为建筑物所有人，已足资保护，故无适用法定抵押权规定之必要。[108] 亦有认为此时新建房屋及基地未移转其所有权于定作人之前，固无成立法定抵押权之必要，但如一旦交付工作物并移转其所有权于定作人之后，在报酬尚未经定作人给付前，自仍应承认承揽人在该定作人所有之不动产上享有法定抵押权，对于承揽人之保护较为周延。[109] 愚以采前说为是，保护承揽人固属重要，但保护消费者更重要，盖所以防止承揽人与定作人串通故为所有权之移转，而行诈财之实，此在建设公司与营造公司同属关系企业时，尤见其弊。

2. 效力：具备上开要件后，承揽人法定抵押权即为成立，当其所担保之债权届期不获清偿时，“民法”第八百八十三条准用第八百七十三条之规定，承揽人得声请法院拍卖抵押物，就其卖得偿金而受清偿。惟有下列之问题：

（1）确认诉讼之提起

一般抵押权依法非经登记不生效力（“民法”第七百五十八条），故于登记同时将所担保之债权一并登记，登记机关所作成之登记文件，足以证明抵押权及其所担保债权之存在，如债务人就抵押关系有所争执者，应由债务人提起确认诉讼（消极确认之诉），债权人并无起诉必要。法定抵押权因未登记，故承揽人是否有债权，该债权是否为法定抵押权所担保，无从断定。就债权与抵押权之存在有所争执时，应由承揽人（债权人）提起确认之诉（积极确认之诉），定作人（债务人）无起诉之必要。此为法定抵押权与一般抵押权之实行程序之差异。[110]

（2）数抵押权共同担保

承揽人所新建或重大修缮之建筑物如为公寓大厦等具有多数独立所

108 史尚宽，前揭书，同注1，第三一六、三三五页。

109 郑玉波，前揭书，同注1，第三七六页。

110 “最高法院”1966年度台抗字第616号判例：“承揽人就承揽关系所生之债权，对于其工作所附之定作人之不动产有抵押权，承揽人果有因承揽关系取得对定作人之债权，在未受偿前，自得声请法院拍卖定作人之不动产。惟承揽人有无因承揽关系取得对定作人之债权，非如设有抵押权登记之被担保债权，得径依国家机关作成之登记文件证明确有债权，则定作人有无债务自无从遽行断定，从而如定作人就债权之发生或存在有争执时，仍应由承揽人提起确认之诉，以保护定作人之利益，此与实行经登记之抵押权时，债务人就抵押关系有争执者，应由债务人提起确认之诉，不能作同一解释。”（同院1983年度台抗字第334号裁定、同院1987年度台抗字第143号裁定、同院1987年度台抗字第313号裁定、同院1995年度台抗字第614号裁定、同院1998年度台抗字第309号裁定同旨。）

有权之不动产性质者，理论上应就各该独立之不动产因承揽关系所生之债权，分别发生“民法”第五百十三条所定之法定抵押权。[111] 承揽人并得准用“民法”第八百七十五条共同抵押之规定，就此项报酬债权全部，仅对受让其中一区分所有物之该他人行使法定抵押权。[112]

（3）法定抵押权与一般抵押权竞合次序

“民法”第八百六十五条规定：“不动产所有人，因担保数债权，就同一不动产，设定数抵押权者，其次序依登记之先后定之。”一般抵押权如就同一标的物上有多数抵押权存在，其次序依登记之先后定之，抵押物拍卖所得偿金，依“民法”第八百七十四条之规定，按各抵押权人次序分配之。惟法定抵押权既未登记，如与一般抵押权（意定抵押权）竞合时，其次序如何？兹分述如下：

①法定抵押权优先：此说认为如主张以设定抵押权优先于法定抵押权者，定作人可能意图使法定抵押权落空，而于法定抵押权之后多设定抵押权，对承揽人保障并不周延。且在承揽工作为建筑物之重大修缮时，抵押物之价值因承揽人之修缮工作始得保全，若使其法定抵押权列于已设定之抵押权之后，对于承揽人保障不周，故认为法定抵押权应优先于设定抵押权。

②一般抵押权优先：此说以为法定抵押权既未登记，并无公示作用，如认为其优先于设定抵押权，即有妨害交易安全，故主张法定抵押权次序后于一般抵押权，以保护交易之安全。

③依成立之先后决定次序：此说即为折衷说，认为不论法定抵押权或一般抵押权，均应以其成立时间之先后决定其次序，成立在前者次序优先。承揽工作如由定作人提供基地，承揽人为建筑物之新造工作时，对于土地之法定抵押权可能较该土地之一般抵押权成立在先，亦有可能

111 “最高法院”1990 年度台上字第 978 号判决：“一建筑物区分为数部分，而各得独立为所有权之客体者，则各该独立之区分建筑物为独立之不动产。因此承揽人工作之建筑物倘可区分为数个独立之不动产者，应就各该独立之不动产因承揽关系所生之债权，分别发生‘民法’第五百十三条所定之法定抵押权。”（同院 1990 年度台上字第 1461 号判决同旨。）

112 “最高法院”1992 年度台上字第 1227 号判决：“承揽人承建定作人所定作之房屋，为集合房屋大楼之全部，其本此承揽关系所生之报酬债权，依‘民法’第八百七十五条所定：‘为同一债权之担保，于数不动产上设定抵押权，而又未限定各个不动产所负担之金额者，抵押权人得就各个不动产卖得之价金，受债权全部或一部之清偿’之同一法理，自得就此项报酬债权全部，依‘民法’第五百十三条规定，仅对受让其中一区分所有物之该他人行使法定抵押权。”（同院 1990.10.16 1990 年度第五次民事庭会议同旨。）

在后。对于建筑物之部分法定抵押权多成立在先，但在承揽工作为建筑物之重大修缮者则不尽然，对于建筑物之法定抵押权可能较该土地之一般抵押权成立在先，亦有可能在后（先设定抵押权，后因抵押物有损毁，而为重大修缮）。

通说认为以折衷说为当，实务见解亦同[113]，本书从之。惟须说明的是，法定抵押权之成立不以登记为要件，一般抵押权则以登记为要件，故二者比较次序先后，应以法定抵押权成立时点与一般抵押权登记时点决定次序。至于法定抵押权成立时点应如何判断？解释上应以工作完成或交付时点为准，而不论工作完成或交付后定作人是否未给付报酬或应负损害赔偿时，始决定法定抵押权是否发生。

（二）新法规定

1. 意义：按新“民法”第五百十三条第一项规定：“承揽之工作为建筑物或其他土地上之工作物，或为此等工作物之重大修缮者，承揽人得就承揽关系报酬额，对于其工作所附之定作人之不动产，请求定作人为抵押权之登记；或对于将来完成之定作人之不动产，请求预为抵押权之登记。”[114] 查旧民法之规定，法定抵押权并不以登记为其成立或生效要件，故对于承揽契约当事人以外之第三人而言，无法依物权登记之公示原则判断是否有法定抵押权之存在，导致定作人之债权人之意定抵押权效力劣于法定抵押权而生不测损害，故新法明定承揽人得就“承揽关系报酬

113 “最高法院”1974年度台上字第1240号判例：“参照‘民法’第八百六十五条规定，就同一不动产设定数抵押权者，其次序依登记（即抵押权生效）之先后定之之法意，被上诉人之法定抵押权，虽无须登记，但既成立生效在先，其受偿顺序自应优先于上诉人嗣后成立生效之设定抵押权。”

同院1988年度台上字第2584号判决：“按承揽之工作为建筑物或其他土地上之工作物或为此等工作物之重大修缮者，承揽人就承揽关系所生之债权对于其工作所附之定作人之不动产，有抵押权。又不动产所有人设定抵押权后，得将不动产让与他人，但其抵押权不因此而受影响，‘民法’第五百十三条、第八百六十七条分别定有明文。而法定抵押权虽无须登记，但既成立生效在先，其受偿顺序自应优先于嗣后成立生效之设定抵押权。”

同院1974.6.14.1974年度第一次民事庭庭长会议决议（二）：“同一动产上设定有抵押权，又有‘民法’第五百十三条所定之法定抵押权存在时，其顺位应以各抵押权成立生效之先后为次序（法定抵押权于其所担保之债权发生时即同时成立生效）。”

114 本条项修正理由：“一、法定抵押权之发生，实务上易致与定作人有授信往来之债权人，因不明该不动产有法定抵押权之存在而受不测之损害，修正第一项为得由承揽人请求定作人会同为抵押权登记，并兼采‘预为抵押权登记’制度，因原条文抵押权范围为‘承揽人就承揽关系所生之债权’，其债权额于登记时尚不确定，故修正为以订定契约时已确定之‘约定报酬额’为限。”

额”请求定作人会同为抵押权登记，其抵押权登记范围仅限于订定契约时已确定之“约定报酬额”（即兼采“预为抵押权登记”制度），与旧法法定抵押权之范围为承揽人就“承揽关系所生之债权”并不相同，而与最高限额抵押权之上限颇为类似。此时登记完成后，因承揽人尚未为工作之完成，理论上尚无报酬请求权、损害赔偿请求权等权利，故法定抵押权所担保之债权数额仍为“零”，但法定抵押权仍存在。

2. 预先请求：为确保承揽人之利益，新“民法”第五百十三条第二项规定：“前项请求，承揽人于开始工作前亦得为之。”[115] 故承揽人于开始工作前亦得请求定作人会同为抵押权登记。按物权系采现物主义，物不存在，即无物权可言，故新法兼采预为法定抵押权登记，即手续先办，待法定抵押权之标的物存在时同时发生，但法定抵押权之行使，则仍须具备构成要件时，即担保债权时存在时，始足为之，此颇类似最高限额抵押权之预为登记，以符合抵押权为从权利之理论也。

3. 单独申请登记：新“民法”第五百十三条第三项规定：“前二项之抵押权登记，如承揽契约已经公证者，承揽人得单独申请之。”[116] 法定抵押权之登记，本应由双方当事人会同办理，惟如承揽契约内容业经公证人作成公证书者，双方法律关系已可确认，且足认定作人已有会同前往申办登记抵押权之意思表示，承揽人即得单独声请办理抵押权登记，不须再向定作人请求会同办理登记。

4. 优先权：新“民法”第五百十三条第四项规定：“第一项及第二项就修缮报酬所登记之抵押权，于工作物因修缮所增加之价值限度内，优先于成立在先之抵押权。”[117] 在建筑物或其他土地上之工作物之重大修缮情形下（装潢是否为重大修缮，法律上并无确定内容，应依个案审查其内容是否为重大修缮而定——“台湾高等法院”暨所属法院 1995 年度法律座谈会民事类第 4 号），该等不动产因修缮而增加价值，故于修缮所增加之价值限度内，因修缮报酬所设定之法定抵押权，乃优先于成立在先

115　本条项修正理由：“二、为确保承揽人之利益，爰增订第二项，规定前项请求，承揽人于开始工作前亦得为之。”

116　本条项修正理由：“三、承揽契约内容业经公证人作成公证书者，双方当事人之法律关系自可确认，且亦足认定作人已有会同前往申办登记抵押权之意，承揽人无庸更向定作人请求，爰增订第三项。”

117　本条项修正理由：“四、建筑物或其他土地上之工作物，因修缮而增加其价值，则就因修缮所增加之价值限度内，因修缮报酬所设定之抵押权，当优先于成立在先之抵押权，始为合理，爰增订第四项。”

之意定抵押权。可见在此种情形下，对于法定抵押权与意定抵押权效力问题，新法采取前述第一说，认为法定抵押权之效力优先于意定抵押权。兹举例如下：甲承揽乙所有价值新台币（下同）一千万元，且已设定抵押权于丙，用以担保对丙之八百万债务之建筑物的重大修缮工作，甲、乙双方约定承揽报酬额为三百万元并办妥法定抵押权之登记，修缮完成后该建筑物价值仅增加二百万元而已。如依旧法规定，甲对于其三百万元报酬给付请求权就乙所有建筑物之全部有法定抵押权足以担保，惟其成立时点后于丙之意定抵押权，如对于乙之建筑物为抵押权之实施者，拍卖所得之八百五十万元价金应由丙优先受偿八百万元，所余五十万元之价金始得分配于甲。新法则区分二部分，在建筑物新增价值之二百万元范围内，纵使甲之法定抵押权登记后于丙之意定抵押权，甲之法定抵押权之效力仍优先于丙之意定抵押权，故甲可先受偿二百万元，其余一百万元之债权等因登记时点后于丙之意定抵押权，故剩余之六百五十万元价金归丙取得，此时丙所余一百五十万元债权及甲所余之一百万元债权均无法受偿，必须另行向乙请求或起诉。

此须注意的是，不论法定抵押权之登记究系成立生效要件或对抗要件（详后述），适用本条第四项优先权之规定，必以法定抵押权已办理登记为其要件，此观本条项有“第一项及第二项就修缮报酬所登记之抵押权”之文字即可得知。如未办理法定抵押权之登记者，采成立生效要件说者，法定抵押权并未成立生效；采对抗要件说者，法定抵押权因未登记，故不得对抗意定抵押权，均无本条项之适用。

5. 登记程序：关于单独申请抵押权或预为抵押权登记之程序所应提出之证明文件及应通知定作人等详细内容，就立法体例而言，宜由登记机关在登记规则内妥为规定，故“民法”第五百十三条并未就此加以规定，仅于修正理由请登记机关注意而已。[118] 嗣于2001年9月14日“内政部”修正公布、2001年11月1日施行之“土地登记规则”第二十七条第十四款之规定：“下列登记由权利人或登记名义人单独申请之：一四、依“民法”第五百十三条第三项规定法定抵押权之登记。”已明确规定其登记程序。

（三）新法评析

1. 法定抵押权是否以登记为其成立生效要件？此有肯否二说：

118 本条项修正理由：“五、单独申请抵押权或预为抵押权登记之程序，应提出之证明文件及应通知定作人等详细内容，宜由登记机关在登记规则内妥为规定。”

（1）肯定说

此说认为本条规定与“土地法”第一百零二条立法体例相符，故新法施行后，法定抵押权必须办理登记，始生效力，对于定作人之债权人较能保障其权益。采此说者，如承揽人未办理登记者，尚未取得法定抵押权，纵使其对定作人有报酬给付之债权，仅为无法定抵押权担保之债权，其工作所附不动产之抵押权人之抵押债权效力当然优先于承揽人。反之，如承揽人已办理法定抵押权之登记者，除符合“民法”第五百十三条第四项之特别规定而有优先权外，以其登记时点与意定抵押权之登记时点决定其优先顺序（“民法”第八百六十五条参照）。

（2）否定说

此说认为法定抵押权之登记，并非法定抵押权之成立或生效要件，仅为法定抵押权之对抗要件而已，故非经登记，应不得对抗善意第三人。盖如以登记为其成立或生效要件者，尽失其“法定”抵押权之意义，而与意定抵押权并无差异。再者，依新“民法”第五百十三条第一项之修正理由，亦以定作人有授信往来之债权人因不明该不动产有法定抵押权之存在而受不测之损害，故修正该条项为得由承揽人请求定作人会同为抵押权登记，使其具备物权公示之外观，以利定作人之债权人判断而避免受到不测之损害而已，并不是以登记为其成立或生效要件。如采对抗要件说者，承揽人因未办理法定抵押权之登记，仅定作人之债权人无法自土地登记簿上判断是否有法定抵押权，为保障定作人之债权人，故承揽人之法定抵押权不得对抗定作人之债权人之意定抵押权，此时不论法定抵押权之成立是否先于意定抵押权，意定抵押权均具有优先性。当承揽人行使法定抵押权时而承揽工作所附之不动产上并无任何意定抵押权者，承揽人法定抵押权对于定作人仍有效力。反之，如承揽人已办理法定抵押权之登记者，除符合“民法”第五百十三条第四项之特别规定而有优先权外，以其登记时点与意定抵押权之登记时点决定其优先顺序（“民法”第八百六十五条参照）。

（3）本书见解

本书基于①较符合法律修正之目的；②不变动法定抵押权之要件，对于法之安定性较有助益；③兼顾法定抵押权人与意定抵押权人之利益；④促使承揽人办理登记，防止意定抵押权人受不测损害等四大理由，认为对抗要件说为可采。

此外，新法施行后承揽人所为工作，与新法施行前并无二致。自新、旧法适用问题而言，2000 年 5 月 5 日后所成立之法定抵押权其承揽人得请求定作人办理登记，2000年5月5日前已成立生效之法定抵押权仍不以登记为其要件，且承揽人于新法施行后，理论上虽得依修正后之“民法”第五百十三条之规定请求定作人办理抵押权登记，但仍不因其欠缺登记而被认为其不成立或不生效。反之，如认为新法施行后之法定抵押权以登记为成立或生效要件者，法律之保障对承揽人权利之处遇相差太大，况且“内政部”迟至2001年9月14日始修正公布“土地登记规则”第二十七条第十四款之规定，且于2001年11月1日施行，距“民法”债编修正条文施行日期已逾一年半，在“土地登记规则”尚未依“民法”第五百十三条修正理由作相对应之修正前，承揽人岂能基于国家对于法定抵押权登记程序之法令规定尚未齐备之理由，即被认为其法定抵押权不成立或不生效？虽新法立法体例与土地法第一百零二条相同，但“土地法”第一百零二条之登记程序规定，土地登记规则早有明文。惟“民法”第五百十三条修正通过并施行后，“土地登记规则”就此部分并未为详细确实之修正规定，如何能令原本有法定抵押权之承揽人，仅因“土地登记规则”尚未修正通过，致无法办理法定抵押权之登记而不能取得法定抵押权？故本书以为法定抵押权之登记应为对抗要件说为妥。

2. 法定抵押权之担保范围究系仅止于“约定报酬额”？或尚包括“承揽关系所生之债权”？

（1）限于约定报酬额

新“民法”第五百十三条第一项明文规定，承揽人得就“承揽关系报酬额”，对于其工作所附之定作人之不动产，请求定作人为抵押权之登记。故法定抵押权之担保范围应仅止于“约定报酬额”，不包括其他请求权。

（2）包括“承揽关系所生之债权”

按旧法所担保之债权，主要有承揽人报酬请求权、损害赔偿请求权、垫款偿还请求权与因定作人迟延给付所生之债权（即此所称“承揽关系所生之债权”），已如上述。新法虽规定承揽人得就“承揽关系报酬额”，对于其工作所附之定作人之不动产，请求定作人为抵押权之登记。惟此规定仅系抵押权登记时登记债权数额时，以约定报酬额为登记之“上限”，该登记之约定报酬额并非法定抵押权担保之对象，亦即承揽人之报酬请求权、损害赔偿请求权、垫款偿还请求权与因定作人迟延给付所生之债权等请求权，仍为法定抵押权所担保之对象，于承揽人行使法定抵押权时，仅于登记之约定报酬额为其担保数额上限，就上述请求权受偿，如此等请求权之数额高于登记之约定报酬额者，超过部分并非法定抵押权担保效力所及，仅为普通债权而已。

(3) 本书见解

"民法"第五百十三条第一项修正理由明白指出，旧法之法定抵押权担保范围为"承揽人就承揽关系所生之债权"，因其债权额于登记时尚不确定，故修正为以订定契约时已确定之"约定报酬额"为限度，并非改以约定报酬额为其担保对象。故本书认为以应以后说为当。

3. 第四项之规定，是否修缮报酬所登记之抵押权，于工作物因修缮所增加之价值限度以外，仍有优先于成立在先之抵押权？或是相反？

按新法规定容许在符合本条项之特殊情形下，不问法定抵押权之登记是否先于意定抵押权，均赋予法定抵押权优先之效力。于不符合本条项之情形下，并非不生法定抵押权，仅系不生优先效力而已。因此，上例甲之三百万债权，仅有二百万元具有优先效力，得优先于丙之意定抵押权而受偿，就甲所余一百万元债权，在乙之建筑物因修缮所增加之价值限度以外（即该建筑物为修缮前之价值），即无优先效力，仍应依法定抵押权登记时点与意定抵押权登记时点为判断其效力先后之依据。

4. 承揽之工作为建筑物或其他土地上之工作物之情形时，是否有"民法"第五百十三条第四项规定之适用？

本书以为，"民法"第五百十三条第四项之规定，应仅限建筑物或其他土地上之工作物之重大修缮之情形，始有其适用。于承揽之工作为建筑物或其他土地上之工作物新建之情形（平地起高楼），并无本条之适用，故于后者情形仍应采取折衷见解，其效力以法定抵押权之登记时点与意定抵押权之设定时点为断。

5. 特别法关于法定抵押权规定于"民法"第五百十三条修正后应如何适用？

(1)"国民住宅条例"第十七条、第二十七条规定

"国民住宅条例"第十七条规定："'政府'出售国民住宅及其基地，于买卖契约签订后，应即将所有权移转与承购人。其因贷款所生之债权，自契约签订之日起，债权人对该住宅及其基地，享有第一顺位之法定抵押权，优先受偿。"同条例第二十七条规定："申请贷款自建之国民住宅，其因贷款所生之债权，自签订契约之日起，贷款机关对该住宅及其基地，享有第一顺位之法定抵押权，优先受偿。"此二条之规定对于其法定抵押权之成立要件、担保标的物及其担保范围，均有详细且明确之规定，且其并非因承揽关系所称生之抵押权，故此二规定并不因"民法"第五百十三条之修正而受影响。

至于“民法”第五百十三条第一项抵押权登记之部分，依“国民住宅条例施行细则”第二十六条第三项规定：“本条例第十七条规定之第一顺位法定抵押权，应由国民住宅主管机关列册嘱托地政机关办理登记，免发他项权利证明书。于全部贷款本息清偿后，由国民住宅主管机关嘱托地政机关办理涂销登记，或由所有权人凭债务清偿证明书向地政机关申办涂销登记。”[119] 故关于登记之问题，目前为止，国民住宅主管机关均直接适用“国民住宅条例施行细则”第二十六条第三项之规定及“土地登记规则”第三十条之规定嘱托地政机关办理登记，不必援引“民法”第五百十三条第一项本文之规定办理登记，且国民住宅之法定抵押权，均系国民住宅已完工并移转住宅及其基地所有权于承购人时产生，理论上并无请求预为抵押权登记之余地，故亦无“民法”第五百十三条第一项但书之适用，此其一也。此外，债权人或贷款机关亦无所谓“开始工作前”之问题，故亦无“民法”第五百十三条第二项规定之适用，此其二也。又国民住宅主管机关既依上揭法令办理法定抵押权之嘱托登记，亦无须由债权人或贷款机关视其契约是否公证而决定可否单独申请为抵押权之登记办理，显无法适用“民法”第五百十三条第三项之规定，此其三也。最后，“国民住宅条例”第十七条及第二十七条均明白规定其有“第一顺位”法定抵押权之效力，故因国宅贷款所生之债权，贷款机关即使不嘱托地政机关办理第一顺位法定抵押权登记，自签订贷款契约之日起，其受偿顺序自应优先于嗣后成立生效之意定抵押权，故建物法定抵押权之设定日期后于意定抵押权之设定日期部分，只要意定抵押权成立生效于国宅贷款契约签订日之后，国宅贷款仍有优先受偿权。况此二条规定与“修缮”完全无关，显然无“民法”第五百十三条第四项优先权规定之适用，此其四也。

（2）“私立学校法”第六十一条

“私立学校法”第六十一条规定：“私立学校就不动产之处分或设定负担，应经董事会依第二十九条第二项但书之决议，并报请主管教育行政机关核准后办理。前项不动产之处分或设定负担，应符合左列规定：一、不动产之处分，以不妨碍学校发展、校务进行为限。二、不动产以与教学无直接关系或经核定废置之校地、建筑物为限，始得设定负担。

119　本条规定仅为“国民住宅条例”第十七条之法定抵押权之登记规定，“国民住宅条例施行细则”并未对该条例第二十七条之法定抵押权之登记设有明文规定，解释上应得类推适用同细则第二十六条之规定。

依其他法律之规定，于私立学校之不动产具有法定抵押权者，依其规定。”本条第三项规定并非创设法定抵押权之法源依据，仅系规定如有法定抵押权者，应依其他法律规定办理。例如关于私立学校校舍之重大修缮，经招标后由承商承揽，承商对于该不动产即有法定抵押权，此时其法定抵押权之依据仍为“民法”第五百十三条，而非“私立学校法”第六十一条第三项，故“民法”第五百十三条既经修正，关于私立学校不动产法定抵押权之成立要件、担保标的物、担保范围、登记与公证问题，以及优先权之问题，均以“民法”第五百十三条之规定为准。

6. 法定抵押权是否有消灭时效之适用?

不论新旧法，依“民法”第八百八十三条、第八百六十条及第一百四十五条等规定，法定抵押权所担保之债权（如工程类债权），其请求权如已因时效消灭，且于时效完成后已逾五年者，其法定抵押权即因五年除斥期间经过而消灭。是此五年为除斥期间，而非消灭时效期间。

7. 小包就其工作所附之房屋可否享有法定抵押权?

关于此问题，有主张否定说者，认为建筑公司与小包之间，系承揽人与次承揽人关系，小包就该建筑房屋当无法定抵押权可言；有主张肯定说者，认为小包仍不失有次承揽人地位，如仍谓其对建筑房屋亦无法定抵押权，则对小包之保护未免欠周，有失公平原则，似应使其得主张法定抵押权。愚以为为交易安全，避免承揽人与小包通谋诈取房屋购买人之权益，应采否定说为是。但如合建之承揽人取得房屋之所有权者，因其已居于定作人之地位，此际所谓小包自属承揽人地位而得对之主张法定抵押权，乃属当然之论。

8. 法定抵押权得否事先约定抛弃?

按现行建筑融资实务，银行常要求建筑公司或营造公司于向银行为建筑融资贷款时，要求其为抛弃法定抵押权之约定或约定书，此不论在新旧法之下，依其约定性质，应仅具债权约定之效力，盖依“土地登记规则”第四条第一项第六款规定，抵押权消灭，应依土地登记规则办理登记，故如仅约定抛弃法定抵押权，则尚未发生抛弃之效力，充其量仅可谓之法定抵押权抛弃约定书，亦即抛弃人有依该约定书遂行消灭法定抵押权之债务存在，如抛弃人不为法定抵押权消灭之登记，则债权人自可依该抛契约定书起诉请求履行抛弃之义务，而债权人亦得以该确定判决取得执行名义，而声请法院依意思表示之执行方法，单独为消灭法定抵押权之登记。但宜注意者，乃将来“民法”新增第一百六十六条之一规定施行后，此项法定抵押权抛弃约定书仍须经公证，应注意也。

贰、对于定作人之效力

一、给付报酬义务

（一）给付报酬权利之发生

按承揽为有偿契约，定作人对于承揽人有给付报酬义务，承揽报酬之给付，民法系采“后付主义”（“民法”第四百九十条）。但报酬债权是否于承揽契约成立之同时发生？有肯定说与否定说之别：

1. 肯定说：此说以为报酬之给付虽在工作完成之后，但报酬债权之发生，却在工作完成前，与承揽契约成立之同时发生。因此，工作完成前，该报酬债权即得为让与，第三人（承揽人之债权人）亦得对于该报酬债权请求扣押或命令移转，此说为通说。[120]

2. 否定说：此说以为工作无须交付者，应于工作完成时给付报酬；工作须交付者，应于交付之同时给付报酬，故仅工作之交付与报酬给付处于同时履行之关系；以交付为前提之工作，其完成与报酬给付并无同时履行之关系。承揽人就工作之完成有先为给付义务，故定作人以工作不能如期完成为理由解除契约者，不以提出报酬为必要。可见报酬给付义务应系于工作完成时发生，于此之前，应解为不得对报酬债权请求扣押或命令移转。

（二）报酬给付之时期

1. 工作无须交付者：工作无须交付者，报酬应于工作完成时给付之（“民法”第五百零五条第一项后段）。承揽人有先为完成工作之义务，定作人无先为给付报酬之义务；承揽人不得以报酬之未给付而拒绝工作之着手与进行，故承揽人不得行使同时履行抗辩权。

2. 工作须交付者：工作须交付者，须分两种情形：

（1）一次全部交付者

工作一次全部交付者，报酬应于工作交付给付之（“民法”第五百零五条第一项前段）。[121] 此时工作之交付与报酬之给付，处于同时履行之关

---

120 史尚宽，前揭书，同注1，第三二八页；郑玉波，前揭书，同注1，第三八二页。

121 “最高法院”1993年度台上字第1440号判决：“承揽报酬应于工作交付时给付之，‘民法’第五百零五条第一项前段定有明文。定作人于支付报酬前，固得检查工作物是否合于契约之约定，以决定应否支付报酬，倘定作人于受领工作物后，经过相当时间未表示异议者，承揽人既经交付工作物，定作人即有支付报酬之义务。纵嗣后发现工作物有瑕疵，亦仅后于‘民法’第四百九十八条所定法定期间内请求修补，或解除契约，或请求减少报酬或赔偿损害，而不得拒付报酬。”

系，承揽人得主张同时履行抗辩权[122]，惟实务见解采否定见解，认为承揽人仍不得主张同时履行抗辩权。[123]

（2）工作分部交付者

如工作系分部交付，且报酬系就各部分定之者，应于每部分交付时，给付该部分之报酬（“民法”第五百零五条第二项）。此时各部分工作之交付与各部分报酬之给付，有同时履行之关系（实务见解采非当然有同时履行[124]）。而工作虽分部交付，但报酬并非就各部分定之者，无本条项规定之适用。

上述报酬给付时期之规定并非强行规定，容许当事人特约约定[125]，例如约定报酬前付（一部前付或全部前付—即俗称之预付款约定），或约定报酬于工作交付后若干日再付，依契约自由原则，从其特约。如约定报酬先付而定作人不按约定日期给付者，承揽人有同时履行抗辩权，即得拒绝工作之着手或进行。但须注意者，乃一般重大工程契约中常有特约“按工程进度付款”，通常渐次按工程进度估验付款，由少额至多额，并约定有一定比率之保留额，此种性质之估验款并非与工程之完工程度成报酬比例，故性质类似分期付款，必待整体工程完工，办理结算之后，方知报酬应付负全额是否给付完毕，而得否行使法定抵押权。从而可知，其报酬债务乃一次发生，并非因一定时间之经过而渐次发生，故无“民法”第一百二十六条五年短期消灭时效之适用。

（三）报酬概数之估价

1. 意义：“民法”第五百零六条规定：“订立契约时，仅估计报酬之概数者，如其报酬，因非可归责于定作人之事由，超过概数甚巨者，定作人得于工作进行中或完成后，解除契约。前项情形，工作如为建筑物，或其

122 史尚宽，前揭书，同注1，第三二八页；郑玉波，前揭书，同注1，第三八二页。

123 “最高法院”1961年度台上字第2705号判例：“承揽人完成之工作，依工作之性质，有须交付者，有不须交付者，大凡工作之为有形的结果者，原则上承揽人于完成工作后，更须将完成物交付于定作人，且承揽人此项交付完成物之义务，与定作人给付报酬之义务，并非当然同时履行，承揽人非得于定作人未为给付报酬前，遽行拒绝交付完成物。”

124 “最高法院”1987年度台上字第1207号判决：“承揽之工作系分部交付，而报酬系就各部分定之者，定作人应于每部分交付时，给付该部分之报酬。‘民法’第五百零五条第二项定有明文。本件两造定之承揽工作为胚布染整，上诉人系分批交布与被上诉人染整，有其提出之送货单可稽。依上开规定，上诉人自应就被上诉人已完成而交付之工作给付报酬。上诉人以工作尚未全部完成为抗辩。殊非可采。”

125 “最高法院”1994年度台上字第927号判决：“一般承揽契约约定分期支付工程款者，其先数期之工程款多含有未完成部分之工程款在内。”

他土地上之工作物，或为此等工作物之重大修缮者，定作人仅得请求相当减少报酬，如工作物尚未完成者，定作人得通知承揽人停止工作，并得解除契约。定作人依前二项之规定解除契约时，对于承揽人，应赔偿相当之损害。”承揽契约成立时报酬数额应当确定，但因承揽工作之性质、种类、材料等等于订约时可能无法明确计算其数额，而未能确保其敷用额，至工作进行以后，须加巨额之报酬始能完成其工作者，将影响承揽人报酬之数额，故一般多估计概数，日后再予精算，如精算后发现当初概估数额与实际数额有些微误差者，即无问题，惟如误差甚大者，超过概数甚巨者，应依“民法”第五百零六条第一、二项规定处理。兹分述其要件如下：

（1）须订立契约时仅估计报酬之概数

契约订立时如已确定报酬之数额，除有“民法”第七十四条暴利行为所定之情形外，当事人应严守契约，法律不必予以何种救济。故本条之适用，以仅估计报酬概数为限。此与追加工程系属另一承揽契约不同，亦与因变更设计而另行议价之变更承揽契约有所不同。

（2）须报酬超过概数甚巨

估计报酬之概数，须精算后实际报酬额超过概数过巨，始有本条之适用。所谓超过甚巨者，系指超过差额占估计概数之比率甚大而言。

（3）须因非可归责于定作人之事由

报酬虽超过估计概数甚巨，但如系因可归责于定作人之事由者（例如定作人不断地追加工作，致增加报酬；或定作人迟延供给材料，致承揽人未能及时开工，日后工资上涨—即俗称之“待工、待机或待料之报成损失”），即无本条规定之适用，定作人不得主张解除契约或减少报酬。至于承揽人是否有过失，在所不问。

2. 效力：具备上述要件者，视承揽之工作是否为土地上之工作物，而异其效果：

（1）承揽之工作非为建筑物或其他土地上之工作物或为此等物之重大修缮者

依“民法”第五百零六条第一项之规定，定作人得于工作进行中或完成后解除契约。

（2）承揽之工作为建筑物或其他土地上之工作物或为此等物之重大修缮者

承揽之工作如为建筑物或其他土地上之工作物者，依“民法”第五百零六条第二项之规定，不论其为新建抑为重大修缮，应为如下之处理：

①工作已完成者：定作人仅得请求相当减少报酬，不得解除契约。

如允许定作人解除契约，承揽人不得不拆毁工作物，对于个人损失甚大，对社会经济亦有不利。法文明定定作人仅得请求相当减少报酬（应为请求减少相当报酬）。本条项报酬减少请求权与“民法”第四百九十四条第一项所定报酬减少请求权（指瑕疵担保之效果）并不相同，无“民法”第五百十四条第一项除斥期间规定之适用。惟如超过概数过巨，而定作人无异议全部给付者，应认为默示的抛弃此权利，不得再行主张。又此项请求权，宜解释为形成权性质。

②工作未完成者：此时定作人得采取之手段有二：（一）得通知承揽人停止工作，并不解除契约，亦即仅停止继续工作而已，不必全部完成，亦不必解除契约。此种办法如工作可分段为之者，刚好于告一段落时停止之，以免全部完成，报酬甚巨，定作人不胜负荷，实为允当作法。（二）得通知承揽人停止工作，并得解除契约。即一面停止工作，一面解除契约，或径行解除契约亦无不可。

综上所述，估计报酬超过甚巨者，定作人得解除契约。惟定作人解除契约并非基于承揽人之债务不履行，其解除理由为何？有认为系基于重大事由，与“民法”第四百八十九条规定情形相当。[126] 有认为因意外事情，报酬超过甚巨，本非定作人预料所及，应使得解除契约，以资救济。[127] 有认为此系情事变更原则之表现[128]，愚采之。本条所规定之解除契约权，系以不可归责于定作人为要件，至于承揽人是否有过失，在所不问，亦即不以可归责于承揽人为要件。故“民法”第五百零六条第三项乃明定定作人依“民法”第五百零六条第一项或第二项之规定解除契约者，对于承揽人应赔偿相当之损害。此定作人之损害赔偿责任性质上为无过失责任，但于承揽人有过失时，定作人即得主张“民法”第二百十七条与有过失。最后，承揽人对于定作人之损害赔偿请求权，依“民法”第五百十四条第二项之规定，因其原因发生后一年间不行使而消灭。此一年之期间，应属短期消灭时效。[129]

（四）给付报酬请求权之消灭时效

依“民法”第一百二十七条第七款规定，承揽人之报酬请求因二年间不行使而消灭，姑不论此一短期消灭时效是否合理？是否宜限制于一

126　史尚宽，前揭书，同注 1，第三三〇页。

127　戴修瓒，前揭书，同注 12，第一八一页。

128　郑玉波，前揭书，同注 1，第三八六页。

129　郑玉波，前揭书，同注 1，第三八六页。史尚宽教授则认为系除斥期间。请参见史尚宽，前揭书，同注 1，第二三二页。

般消费性承揽（因有尽速履行之性质—民律草案立法意旨）？承揽给付报酬请求权之消灭时效，究应自何时起算？按“民法”第一百二十八条规定，消灭时效自请求权可行使时起算，准此，依“民法”第五百零五条规定，承揽报酬请求权，应于（1）工作须交付者，自交付时；（2）工作无须交付者，自工作完成时；（3）工作系分部交付者，自每部分交付时，起算消灭时效。兹有问题者，即重大工程契约常有报酬按进度估验款给付之特约时，因尚待工程完工结算后始行付款，则其消灭时效究应自何时起算？此可能之说法有（1）约定给付时，（2）工作完成时，（3）验收时，（4）验收合格，及（5）结算时等见解。愚以为就承揽劳务契约采报酬后付原则，而承揽人完成一定工作又与报酬给付有对价关系之牵连关系，为保护定作人与承揽人间之对偿关系，应解为自完工时起开始起算消灭时效，较为合理。至于约定给付时之工进估验款，其目的仅在给承揽人之工程资金运用方便，并非定期发生债权之性质，否则反适用“民法”第一百二十六条较长五年时效，显非合理；至于验收时、验收合格时或结算时，因其仅涉及工作瑕疵或报酬金额之确定而已，为避免定作人故意不办理验收或争议承揽报酬额，愚以采（2）工作完成时为当。至于因变更契约而追加工程或减除工程之报酬增减请求权，因具有破坏性之形成权性质，必待形成后（如经法院判决或仲裁判断确定时起），其应增减报酬请求权始开始起算消灭时效。

关于承揽人之报酬请求权，虽“民法”第一百二十七条第七款规定二年短期消灭时效，但本条款之承揽，应仅限于一般性、生活性之承揽，不包括不动产等之重大工程案件，否则该等工程之工期往往超过二年期间，则会发生工期尚未完成但消灭时效以完成之窘境，自非本条款立法之原意。实务见解有认为“不动产买卖承揽”不适用“民法”第一百二十七条第七款二年短期时效之规定[130]，惟一般不动产之承揽，本书认为无该条款之适用。

二、工作之协力及受领

（一）工作之协力

“民法”第五百零七条规定：“工作需定作人之行为始能完成者，而定作人不为其行为时，承揽人得定相当期限，催告定作人为之。定作人不于前项期限内为其行为者，承揽人得解除契约，并得请求赔偿因契约

130 “最高法院”1999年度台上字第156号判决（参见注10）。

解除而生之损害。”[131] 适用本条解除契约应具备之要件如下：

1. 工作需定作人之行为始能完成：承揽工作有不需定作人之行为即能完成者（例如刻印、修车者）；有需定作人之行为始能完成者（例如制作物供给契约提供工作基底、订做西服配合测量身材以供裁制者），本条适用以后者为限。所谓定作人之行为，包括积极的作为（提供工作基底）与消极的不作为（如配合测量身材），均属于定作人协力。此协力之性质，有认为系定作人之义务[132]，有认为此协力并非定作人之义务，仅为定作人（债权人）之行为，如不协力，仅为受领迟延，故不以定作人有过失为必要。[133] 亦有认为定作人之协力行为系特别规定，而非其义务，盖此一协力之违反，并不以定作人过失为要件，与民法债务不履行之体系下义务之违反并不相同，故定作人之协力行为，并非其义务，则定作人如不协力，仅生受领迟延之效果而已，于一般情形并非解除契约之理由，惟本条乃规定承揽人得解除契约，显非单纯受领迟延，故解为特殊规定。[134]

2. 须定作人不为其行为：定作人如已为协力行为者，无本条规定之适用；如未为协力行为者（例如画像而定作人不到场），始有本条规定之适用。

3. 须承揽人定相当期限催告而定作人仍不为之：定作人不为协力行为者，承揽人不得径行解除契约，必需定相当期限催告定作人为之，如定作人不于所定期限内为协力行为者，承揽人始得解除契约[135]；反之，

131 本条修正理由：“一、第一项未修正。二、承揽人依本条第二项之规定解除契约后，是否尚得请求损害赔偿，现行法并无规定，学者兼有认为应适用债编通则之规定者（郑玉波著民法债编各论上册第三八八页，薛祀光著民法债编各论第一五八页参照）；有认为应参照第五百零六条第三项及第五百零九条，以为解释者（史尚宽著债编各论第三三三页参照）。为免疑义，爰参考德国民法第六百四十二条第一项、‘民法’第五百十一条但书，明定承揽人除得解除契约外，并得请求赔偿因契约解除而生之损害。”

132 戴修瓒，前揭书，同注 12，第一八一页。

133 史尚宽，前揭书，同注 1，第二三二页。

134 郑玉波，前揭书，同注 1，第三八七页。

135 “最高法院”1990 年度台上字第 1443 号判决：按“工作需定作人之行为始能完成者，而定作人不为其行为时，承揽人得定相当期限，催告定作人为之，定作人不于前项期限内为其行为者，承揽人得解除契约”；又“契约当事人之一方迟延给付者，他方当事人得定相当期限催告其履行，如于期限内不履行时，得解除其契约”。“民法”第五百零七条及第二百五十四条分别定有明文。查两造于 1988 年 11 月 15 日所成立之协调结论，既约定有关变更设计图及材料，被上诉人应于 1988 年 11 月 30 日前交由上诉人办理施工，被上诉人如未按期交付，上诉人仍须依“民法”第二百五十四条之规定，定相当期限催告被上诉人履行，于被上诉人逾期不履行时，始得解除契约。兹上诉人自承被上诉人未于 1988 年 11 月 30 日依约交付水泥及变更设计图，即对被上诉人表示解除契约，而未另为定期催告履行，按诸“民法”第二百五十四条规定，自难认已发生解除契约之效力。

如承揽人未另为定期催告履行，依“民法”第五百零七条及第二百五十四条规定，自难认已发生解除契约之效力。

具备上述要件者，承揽人得解除契约，亦得不解除契约。而解除契约之方法及契约解除后之效果，应适用债编通则解除契约之规定。早期实务见解认为承揽人不得依“民法”第二百六十七条之规定，主张系属可归责于债权人之事由，致给付不能，请求约定之报酬。[136] 惟学说认为应得适用，否则定作人将利用协力义务之不履行，达到随意终止契约之效果，以规避“民法”第五百十一条所示定之损害赔偿责任，殊不足保障承揽人。[137] 为此，新法乃于本条第二项后段明定承揽人得请求赔偿因契约解除而生之损害。此契约解除权有一年短期除斥期间规定（“民法”第五百十四条第二项参照）之适用。[138]

如承揽工作契约之内容，包括数个可独立施作之工作项目，而其中有一部分需定作人之协力行为始能完成时，苟该非经定作人协力不能完成（施工）部分，并不影响其他部分工作之进行及完成，且其他工作之进行及完成，亦可达成契约之一部分目的，理论上应解为承揽人仅得对该不能施作部分之契约为解除。承揽人不得以契约中一小部分需经定作人协力而未为协力，致该部分不能施作，即就无需定作人为协力仍可完成达到该部分契约目的之工作予以解除契约，对定作人较为保障。[139] 于此，值得探讨者，乃重大工程契约常有“开工通知”之特约，此项开工通知之性质，宜解为亦系定作人之协力，否则定作人于承揽契约订定后，故不为开工通知时，将使承揽人无法进行工作，致生待工、待机、待料等损失。另依一般工程惯例及一般约定，所谓开工，系指整件工程之正

136 “最高法院”1983年度台上字第1579号判决：“定作人不为协力，仅生民法第五百零七条之承揽人得否解除契约问题，要无同法第二百六十七条之适用。”

137 黄茂荣，论承揽（四），植根杂志，第十二卷，第四期，第一二七页。陈聪富，前揭文，同注55，第一七四页。

138 “最高法院”1989年度台上字第779号判决：“按定作人依法终止承揽契约后，承揽人就已完成工作部分之报酬，应包括在‘民法’第五百十一条但书所定损害赔偿范围内。是项损害赔偿请求权，依‘民法’第五百十四条第二项规定，自其原因发生后一年间不行使而消灭。”

139 “最高法院”1997年度台上字第2350号判决：“‘民法’第五百零七条就‘定作人之协力及不为协力之效果’所为之规定，倘于承揽契约之内容系包括数个可独立施作之工作项目，而其中有一部分需定作人之协力行为始能完成时，苟该非经定作人协力不能完成（施工）部分，并不影响其他部分工作之进行及完成，且其他工作之进行及完成，亦可达成契约之一部分目的，即应解为承揽人仅得对该不能施作部分之契约为解除。殊不容承揽人任意以契约中之一小部分需经定作人协力而未为协力致该部分不能施作，率尔并就无需定作人为协力仍可完成达到该部分契约目的之工作，并予以解除契约。”

式开工言，至于一旦开工后之分段施工仍有需定作人之协力，例如定作人分段交付工地供承揽人施工，此一分段交付土地虽非分段开工，但应仍解为系定作人之协力，方为合理。再者，开工后一切天灾、抗争等不可抗力原因致承揽人无法施工者，宜解为情事变更，而应适用“民法”第二百二十七条之二有关情势变更原则之规定，倘特约定作人一概不负责任，而应由承揽人自行承担者，应有“民法”新增第二百四十七条之一有关附合契约规定之适用，认为按其情形显失公平，该部分约定无效。

（二）工作之受领

“民法”第五百十二条第二项规定：“承揽之工作，以承揽人个人之技能为契约为要素者，如承揽人死亡，或非因其过失致不能完成而约定之工作时，其契约为终止。工作已完成之部分，于定作人为有用者，定作人有受领及给付相当报酬之义务。”除“民法”第三百六十七条及“民法”第五百十二条之规定外，一般债权人对于债务人之给付并无受领之义务，在一般承揽契约之情形下，定作人对于承揽人交付之工作未受领者，仅构成受领迟延，得依受领迟延之规定处理（“民法”第二百三十四条以下参照），定作人并不负给付迟延责任。惟定作人于特殊情形下即有受领工作之义务，违者陷于给付迟延。[140] 兹分述如下：

1. 于技能承揽有受领义务：依“民法”第五百十二条之规定，承揽之工作，以承揽人个人之技能为要素之契约，如因承揽人死亡或非因其过失致不能完成其约定之工作而致其契约终止时，对于其已完成之部分，于定作人为有用者，定作人有受领之义务。[141]

2. 于制造物供给契约有受领义务：制造物供给契约，原则上既解为承揽与买卖之混合契约，故其制造物交付之部分，自应适用买卖规定（“民法”第三百六十七条），定作人即有受领义务。

三、危险负担

“民法”第五百零八条规定：“工作毁损、灭失之危险，于定作人受领前，由承揽人负担。如定作人受领迟延者，其危险由定作人负担。定

140 最高法院1940年度上字第965号判例：“债权人有受领给付之权利，除法律有如民法第三百六十七条、第五百十二条第二项等特别规定，契约有特别订定外，不负受领给付之义务。故债权人对于已提出之给付拒绝受领者，通常只负迟延责任，债务人不得强制其受领给付。”

141 郑玉波，前揭书，同注1，第三八八页。

作人所供给之材料，因不可抗力而毁损、灭失者，承揽人不负其责。”承揽之工作，因不可归责于双方当事人之事由，致毁损或灭失者，其损失（包括劳务及材料之损失）应归何方负担，是为危险负担之问题。按危险负担，“民法”第二百六十六条与第三百七十三条定有明文，“民法”承揽节更定有第五百零八条之具体规定，兹分述如下：

（一）材料由承揽人供给者

“民法”第五百零八条第一项规定：“工作毁损灭失之危险，于定作人受领前，由承揽人负担，如定作人受领迟延者，其危险由定作人负担。”所谓工作毁损灭失之危险，即指材料与劳务之损失而言，此项损失之负担分下列两种情形。

1. 于定作人受领前：于定作人受领前，其危险由承揽人负担，受领后则由定作人负担。易言之，定作人受领前工作毁损灭失者，其危险暨由承揽人负担，承揽人不得请求报酬[142]（承揽人即损失报酬，包括材料及劳务之损失）。反之，于定作人受领后工作毁损灭失者，其危险由定作人负担，定作人仍应给付报酬。

2. 定作人受领延迟者：定作人受领延迟者，其危险由定作人负担。盖定作人如及时受领者，受领后之危险本应由定作人负担，因定作人受领迟延者，其危险仍应由定作人负担，避免延长承揽人负担危险之期间。

（二）材料由定作人供给者

材料由定作人供给者，则材料与劳务之危险，即应分别以观。关于劳务之危险，依“民法”第五百零八条第一项之规定，于受领前由承揽人负担，承揽人不得请求报酬；于受领后或受领迟延后，由定作人负担，定作人仍应给付报酬。但关于材料之危险，依“民法”第五百零八条第二项之规定，定作人所供给之材料，因不可抗力而毁损灭失者，承揽人不负其责，亦即危险归定作人负担，此为天灾归物权人负担原则

142 “最高法院”1991年度台上字第594号判决：工作毁损、灭失之危险，于定作人受领前，由承揽人负担，如定作人受领迟延者，其危险由定作人负担，“民法”第五百零八条第一项定有明文。本件上诉人向被上诉人承揽并已陈报竣工之前开工程，于1989年7月27日遭受水灾而毁损、灭失之事实，为两造所不争执。而该项工程依约应经被上诉人验收，而依两造所订工程契约第十九条规定：“乙方（上诉人）于工程完成时，应即会同甲方（被上诉人）监工人员以书面通知甲方：（一）甲方接获乙方前项通知时，甲方应于十五日内初验……。验收时如有局部不合格时，乙方应即在限期内修缮完成后，再行申请甲方复验。”被上诉人系于1989年7月17日收到上诉人出具之竣工报告书，则其应于同年八月一日以前初验。系争工程在初验期限届满前已告毁损、灭失，自不能指被上诉人有受领迟延之情事。

之表现。[143] 因此，不规则承揽虽亦由定作人供给材料，但该材料之所有权如已移转于承揽人者，其危险仍应由承揽人负担。

上述危险负担均系指损害系因不可归责于双方当事人之事由所致者而言，若定作人于受领工作前，因其所供给材料之瑕疵或其指示不适当，致工作毁损灭失或不能完成者，自不能再命承揽人负担损失。故“民法”第五百零九条规定：“于定作人受领工作前因其所供给材料之瑕疵，或其指示不适当，致工作毁损、灭失，或不能完成者，承揽人如及时将材料之瑕疵，或指示不适当之情事，通知定作人时，得请求其已服劳务之报酬及垫款之偿还。定作人有过失者，并得请求损害赔偿。”此项损害赔偿请求权，亦有一年除斥期间规定（“民法”第五百十四条第二项）之适用。[144]

（三）无须交付工作者其危险负担之界限

依“民法”第五百十条规定：“前二条所定之受领，如依工作之性质，无须交付者，以工作完成时视为受领。”此即明定无须交付工作者其危险负担之界限。此外，于定作人受领前工作毁损、灭失者，承揽人除依上述负担危险外，是否须负重作义务？此应分两种情形：

1. 重作不能者：例如承揽建筑于将完成之际基地下陷，属于给付不能之问题，承揽人免除重作义务，不得请求报酬给付，丧失其报酬请求权。

2. 重作可能者：例如工作虽毁损灭失，但交付期届至前，尚可能重新作成，依诚信原则，承揽人即有重作之义务（此种情形若材料系由定作人所供给者，定作人仍应重行供给材料，否则承揽人无重作义务），定作人对于重作之工作，仍应给付报酬。如重作于承揽人有利者，依诚信原则，解释上定作人不得拒绝重作。

叁、承揽契约之担保——押标金与保证金

一、押标金与保证金之意义

“政府采购法”第三十条规定：“机关办理招标，应于招标文件中规定

143 郑玉波，前揭书，同注 1，第三九〇页。

144 “最高法院”1986 年度台上字第 397 号判决：“（一）定作人受领工作前，因其指示不适当，致工作不能完成者，承揽人如及时将指示不适当之情事，通知定作人时，得请求已服劳务之报酬，及垫款之偿还。定作人有过失者，并得请求损害赔偿，固为‘民法’第五百零九条所明定，然承揽人所得请求者为 1. 已服劳务之报酬，2. 垫款之偿还及 3. 定作人有过失之损害赔偿等三项，各有其范围。（二）债务人迟延者，债权人得请求其赔偿因迟延而生之损害。前项债务人，在迟延中对于因不可抗力而生之损害，亦应负责。”

投标厂商须缴纳押标金；得标厂商须缴纳保证金或提供或并提供其他担保。但有下列情形之一者，不在此限：一、劳务采购，得免收押标金或保证金。二、未达公告金额十分之一之工程、财物采购，得免收押标金、保证金。三、以议价方式办理之采购，得免收押标金。押标金及保证金应由厂商以现金、银行本行本票或支票、保付支票、无记名政府公债、设定质权之银行定期存款单、银行开发或保兑之不可撤销担保信用状缴纳，或取具银行之书面连带保证、保险公司之连带保证保险单为之。押标金、保证金及其他担保之种类、额度及缴纳、退还、终止方式，由主管机关定之。”

“行政院公共工程委员会”据此订定“押标金保证金暨其他担保作业办法”，以资遵循。该办法第三条第一项即规定：“机关办理采购，除得免收押标金、保证金外，应于招标文件中规定厂商应缴纳押标金、保证金或其他担保之种类、额度、缴纳、退还及终止方式。”同办法第四条规定：“押标金及保证金应以投标厂商或得标厂商名义缴纳。”同办法第六条第一、二项规定：“招标文件规定厂商须缴纳押标金者，应一并载明厂商应于截止投标期限前缴纳至指定之收受处所或金融机构账号。除现金外，厂商并得将其押标金附于投标文件内递送。招标文件规定厂商须缴纳保证金或其他担保者，应一并载明缴纳期限及收受处所或金融机构账号。”同办法第九条规定：“押标金之额度，得为一定金额或标价之一定比率，由机关于招标文件中择定之。前项一定金额，以不逾预算金额或预估采购总额之百分之十为原则；一定比率，以不逾标价之百分之十为原则。采单价决标之采购，押标金应为一定金额。”同办法第十一条规定：“厂商得将缴纳押标金之单据附于下列投标文件检送。但现金应缴纳至指定之收受处所或金融机构账号。一、公开招标附于投标文件。属分段开标者，附于第一阶段开标之投标文件。二、选择性招标附于资格审查后之下一阶段投标文件。三、限制性招标附于议价或比价文件。比价采分段开标者，附于第一阶段开标之投标文件。”是为押标金缴纳之相关程序规定。

同法第三十一条规定：“机关对于厂商所缴纳之押标金，应于决标后无息发还未得标之厂商。废标时，亦同。机关得于招标文件中规定，厂商有下列情形之一者，其所缴纳之押标金，不予发还，其已发还者，并予追缴：一以伪造、变造之文件投标。二、投标厂商另行借用他人名义或证件投标。三、冒用他人名义或证件投标。四、在报价有效期间内撤回其报价。五、开标后应得标者不接受决标或拒不签约。六、得标后未于规定期限内，缴足保证金或提供担保。七、押标金转换为保证金。八、其他经主管机关认定有影响采购公正之违反法令行为者。”同法第三十二条规定："机关应于招标文件中规定，得不发还得标厂商所缴纳之保证金及其孳息，或担保者应履行其担保责任之事由，并叙明该项事由所涉及之违约责任、保证金之抵充范围及担保者之担保责任。"

工程投标者所缴付之押标金，乃投标厂商为担保其践行投标程序时愿遵守投标须知而向招标单位所缴交之保证金，必须于投标以前支付，旨在督促投标人于得标后，必然履行契约外，兼有防范投标人围标或妨碍标售程序之作用。[145] 得标厂商之押标金即得依"政府采购法"第三十一条第二项第七款之规定转为保证金，其余未得标厂商，除有投违反投标须知等文件之规定，机关即得没收押标金[146] 者外，机关应依"押标金保证金暨其他担保作业办法"第十二条规定，无息发还押标金。

二、各种保证金

"押标金保证金暨其他担保作业办法"第八条规定："保证金之种类如下：一、履约保证金：保证厂商依契约规定履约之用。二、预付款还

145 "最高法院"1970年度台上字第1663号判例："押标金除督促投标人于得标后，必然履行契约外，兼有防范投标人故将标价低于业经公开之底价，以达围标或妨碍标售程序之作用，被上诉人既经公告标价低于底价者没收押标金，原不以是否有实际损害为要件，上诉人以被上诉人未受损害，不得没收押标金，自非可取。"
同院1992年度台上字第2963号判决：工程投标者所缴付之押标金，乃投标厂商为担保其践行投标程序时愿遵守投标须知而向招标单位所缴交之保证金，必须于投标以前支付，旨在督促投标人于得标后，必然履行契约外，兼有防范投标人围标或妨碍标售程序之作用。与违约金系当事人约定债务人不履行债务时，应支付之金钱或其他给付，必待债务不履行时始有支付之义务，旨在确保债务之履行有所不同，投标厂商所缴交之押标金应如何退还，悉依投标须知有关规定办理，既非于债务不履行时始行支付，而系在履行契约以前，已经交付，即非属违约金之性质，自无从依'民法'第二百五十二条规定由法院予以核减。"
同院1992年度台上字第396号判决："押标金之作用兼有督促得标者履行契约及防止围标之目的，上开投标须知第十九条第一项第十七款及第二项所载，显然旨在防止围标及防止投标者以投机取巧之不正方法获得合理标之作用，尚难认有违背诚信原则。"

146 "最高法院"1992年度台上字第1646号判决："按押标金，除督促投标人于得标后，必然履行契约外，兼有防范投标人故将标价低于业经公开之底价，以达围标或妨碍标售程序之作用。故依投标须知没收押标金者，原不以是否有实际损害为要件。上诉人自陈因内部作业估算错误，致先后投递标单二封，显系违反投标须知第十九条第一项第十七款规定。被上诉人依同条第二项规定，没入上诉人押标金，自属有据。"
同院1992年度台上字第856号判决："法律行为无效，应负回复原状之责任者，以于行为当时，知其无效或可得而知之当事人为限，此观'民法'第一百十三条之规定自明。本件工程之投标须知既明定同一厂商投递同一工程有标封二封以上者，其所投之标无效，所缴之押标金不予退还。上诉人竟对该工程投递标封二封，被上诉人以其违反上开须知规定，认定其投标无效，不予发还两标之押标金一百二十万元，核无违背法律禁止规定，公序良俗或诚实信用原则之可言。"

款保证：保证厂商返还预先支领而尚未扣抵之预付款之用。三、保固保证金：保证厂商履行保固责任之用。四、差额保证金：保证厂商标价偏低不会有降低品质、不能诚信履约或其他特殊情形之用。五、其他经主管机关认定者。”故保证金有下列数种，兹分述如下：

（一）履约保证金

保证厂商依契约规定履约之用，其性质实务上有认为系定金[147]，亦有认为并非定金[148]，本书认为履约保证金既从押标金所转换而来，其目的既在担保履约，既非于债务不履行时始行支付，而系在履行契约以前已经交付，非属违约金之性质，无从依“民法”第二百五十二条规定，由法院予以核减。惟不论如何，其并不具独立性，而系附随于主契约，有“民法”第二百九十五条规定之适用。[149] 履约保证金如以银行保证书代之者（即履约保证金保证书），其主要义务在付款而非履约，故银行所出具之保证书实为付款之承诺，与民法上之保证并不相同，履约保证系依保证银行出具之保证文件之内容独立认定（独立性、无因性），与民法保证不同，不得径行援引其他契约关系为抗辩而免除其付款之义务。[150]

147 “最高法院”1988年度台上字第767号判决：“契约当事人之一方，以确保契约之履行为目的，而交付他方之金钱或其他代替物，无论其使用之名称如何，均为定金。惟因作用之不同，尚可分类。其作为不履行契约之损害赔偿者，称之为违约定金。因此原审就被上诉人于订约时所交付之履约保证金，解为违约定金，不为违法。”

148 “最高法院”1991年度台上字第834号判决：“履约保证金之性质，与‘民法’第二百四十九条第二款之定金有别，况被上诉人已履行部分契约，该契约并无不能履行情形，上诉人自不得依‘民法’第二百四十九条第二款规定没收。”

149 “最高法院”1986年度台上字第2282号判决：“合建契约中，约定由承建之一方提供工程保证金，用资担保承建之一方履行建筑义务或充为不履约之损害赔偿者，核该工程保证金之性质，应认为从属于合建契约而存在，除别有约定外，不宜单独任意转让其保证金权利与第三人，致影响其上揭担保之功能与目的。”

150 “最高法院”2001年度台上字第972号判决：“查履约保证金及保留款保证金于订约时即应给付，并非于违约发生损害时始得请求，乃系顾及得标厂商于订约时，有无法提出巨款缴纳履约保证金之困难，得以经定作人认可之金融机构出具保证书以代替现金给付，保证书之性质仍为履约之保证，并非违约时所发生损害赔偿之保证。履约保证金保证书或保留款保证金保证书之主要义务在付款而非履约，是银行所出具之保证书实为付款之承诺，与民法上之保证并不相同，履约保证或保留款保证，系依保证银行出具之保证文件之内容独立认定，不得径行援引其他契约关系为抗辩而免除其付款之义务。又依系争履约保证金及保留款保证金保证书第二条记载之内容观之，显见其契约之独立性，被上诉人仅须于证明承揽人有上开第二条所载情事，并书面通知上诉人后，即可依约请求上诉人给付保证金额，无须先向承揽人嘉×公司起诉。另履约保证金契约及保留款保证金契约，其目的系以保证书代现金之给付或保留款扣留，保证书复约定上诉人一经接获通知，即日将上述履约保证金九百万元，如数给付被上诉人，已使此保证在性质上具有无因性，而与民法保证契约不相同。”

"押标金保证金暨其他担保作业办法"第十五条规定："履约保证金之额度，得为一定金额或契约金额之一定比率，由机关于招标文件中择定之。前项一定金额，以不逾预算金额或预估采购总额之百分之十五为原则；一定比率，以不逾契约金额之百分之十五为原则。采单价决标之采购，履约保证金应为一定金额。"契约金额于履约期间有增减者，履约保证金之金额得依增减比率调整之（同办法第十六条规定）。厂商以银行开发或保兑之不可撤销担保信用状、银行之书面连带保证或保险公司之保证保险单缴纳履约保证金者，除招标文件另有规定外，其有效期应较契约规定之最后施工、供应或安装期限长九十日。厂商未能依契约规定期限履约或因可归责于厂商之事由致无法于前项有效期内完成验收者，履约保证金之有效期应按迟延期间延长之（同办法第十七条规定）。履约保证金之缴纳期限，由机关视案件性质及实际需要，于招标文件中合理订定之（同办法第十八条规定）。履约保证金之发还，得以履约进度、验收、维修或保固期间等条件，一次或分次发还，由机关视案件性质及实际需要，于招标文件中订明。履约保证金，除契约另有规定或有得不予发还之情形者外，于符合发还条件且无待解决事项后发还。其因不可归责于厂商之事由，致终止或解除契约或暂停履约者，得提前发还之。但属暂停履约者，于暂停原因消灭后应重新缴纳履约保证金。依本法第五十二条第一项第四款采用复数决标之采购，厂商依其得标项目合并缴纳履约保证金者，依前二项规定分别发还之（同办法第十九条规定）。履约保证金及其孳息得不予发还之情形，由机关视案件性质及实际需要，于招标文件中订明。机关得于招标文件中规定，厂商有下列情形之一者，其所缴纳之履约保证金及其孳息得不予发还：一、有本法第五十条第二项前段追偿损失之情形者，与追偿金额相等之保证金。二、违反本法第六十五条规定转包者。三、擅自减省工料情节重大者。四、伪造、变造契约或履约相关文件，经查明属实者。五、无正当理由而不履行契约者。六、因可归责于厂商之事由，致终止或解除契约者。七、查验或验收不合格，且未于通知期限内依规定办理者。八、未依契约规定期限或机关同意之延长期限履行契约之一部或全部者。九、因可归责于厂商之事由，致延误履约期限，情节重大者。一〇、有破产或其他重大情事，致无法继续履约者。一一、未依契约规定延长保证金之有效期者。一二、招标文件中规定之其他情形。前项第八款，属一部未履行者，机关得视其情形不发还履约保证金及其孳息之一部（同办法第二十条规定）。得标厂商以其原缴纳之押标金转为履约保证金者，押标金金额如超出招标文件规定之履约保证金金额，超出之部分应发还得标厂商（同办法第十四条第一项规定）。

（二）预付款还款保证金

预付款还款保证金，乃保证厂商返还预先支领而尚未扣抵之预付款之用。

机关得视案件性质及实际需要，于招标文件中规定得标厂商得支领预付款及其金额，并订明厂商支领预付款前应先提供同额预付款还款保证。机关必要时得通知厂商就支领预付款后之使用情形提出说明（同办法第二十一条规定）。预付款还款保证，得依厂商已履约部分所占进度或契约金额之比率递减，或于验收合格后一次发还，由机关视案件性质及实际需要，于招标文件中订明。厂商未依契约规定履约或契约经终止或解除者，机关得就预付款还款保证尚未递减之部分加计利息随时要求返还或折抵机关尚待支付厂商之价金。前项利息之计算方式及机关得要求返还之条件，应于招标文件中订明，并记载于预付款还款保证内（同办法第二十二条规定）。厂商以银行开发或保兑之不可撤销担保信用状、银行之书面连带保证或保险公司之保证保险单缴纳预付款还款保证者，除招标文件另有规定外，其有效期应较契约规定之最后施工、供应或安装期限长九十日。厂商未能依契约规定期限履约或因可归责于厂商之事由致无法于前项有效期内完成验收者，预付款还款保证之有效期应按迟延期间延长之（同办法第二十三条规定）。

（三）保固保证金

保固保证金乃保证厂商履行保固责任之用。

机关得视案件性质及实际需要，于招标文件中规定得标厂商于履约标的完成验收付款前应缴纳保固保证金。其属分段起算保固期者，并得分段缴纳。前项保固保证金，得以相当额度之履约保证金或应付契约价金代之（同办法第二十四条规定）。保固保证金之额度，得为一定金额或契约金额之一定比率，由机关于招标文件中择定之。前项一定金额，以不逾预算金额或预估采购总额之百分之五为原则；一定比率，以不逾契约金额之百分之五为原则（同办法第二十五条规定）。厂商以银行开发或保兑之不可撤销担保信用状、银行之书面连带保证或保险公司之保证保险单缴纳保固保证金者，除招标文件另有规定外，其有效期应较契约规定之保固期长九十日（同办法第二十六条规定）。保固保证金之发还，得以保固期间内完成保固事项或阶段为条件，一次或分次发还，由机关视案件性质及实际需要，于招标文件中订明（同办法第二十七条规定）。保固保证金及其孳息得不予发还之情形，由机关视案件性质及实际需要，于招标文件中订明。保固保证金及其孳息得不予发还之情形，准用第二十条第二项第二款至第十二款之规定。保固保证金，除有不予发还之情形者外，于保固期限届满且无待解决事项后发还之（同办法第二十八条规定）。

（四）差额保证金

差额保证金乃保证厂商标价偏低不会有降低品质、不能诚信履约或其他特殊情形之用。[151] 厂商以差额保证金作为本法第五十八条规定之担保者，依下列规定办理：一、总标价偏低者，担保金额为总标价与底价之百分之八十之差额，或为总标价与本法第五十四条评审委员会建议金额之百分之八十之差额。二、厂商应自机关通知之日起五日内提出差额保证金作为担保。未提出者不决标予该厂商。差额保证金之有效期、内容、发还及不发还等事项，准用履约保证金之规定（同办法第三十条规定）。厂商依本法第七十二条第一项通知厂商限期改善或换货，其须将已付款之标的运出机关场所者，得规定厂商缴纳与标的等值之保证金。保固期间内有将标的运出机关场所改善或换货之情形者，亦同。前项保证金，准用履约保证金之有关规定（同办法第三十一条规定）。机关提供财物供厂商加工，其须将标的运出机关场所者，得规定厂商缴纳与标的等值之保证金。前项保证金，准用履约保证金之有关规定（同办法第三十二条规定）。

第四节 承揽之消灭

壹、契约解除

承揽契约一经解除，承揽关系即归消灭。民法关于承揽契约解除规

151 "最高法院"1990年度台上字第1810号判决："经查被上诉人所缴纳履约保证金五百四十一万元系依上诉人所订补充投标须知第八条规定按决标金额百分之十计算缴纳，差额保证金一千零九十一万元，则依投标须知第九条规定按所定底价与得标总价（未达核定底价百分之八十五者）之差额缴交。嗣工程缩减，工程款由五千四百零七万四千七百七十五元减为一千五百万元，其减缩额度高达百分之七十弱。依两造合约，虽无应依减缩之工程总价比例核减保证金，并将溢收保证金退还之约定，第参诸前述缴交保证金系依工程总价之比例计算，上诉人自应按减缩工程款之额度发还保证金与承包人，方合乎诚信原则。"

定如下：

一、定作人得解除者

定作人得解除者，包括“民法”第四百九十四条、第五百零二条第二项、第五百零三条及第五百零六条等规定。

二、承揽人得解除者

承揽人得解除者，指“民法”第五百零七条，依一般原则定作人给付报酬迟延者，承揽人得解除契约（“民法”第二百五十四条）。

贰、契约终止

契约终止包括意定终止及法定终止：

一、意定终止

所谓意定终止，系指依当事人之意思而终止契约。“民法”第五百十一条规定：“工作未完成前，定作人得随时终止契约。但应赔偿承揽人因契约终止而生之损害。”当工作尚未完成，而定作人之利益如因情事变更或依定作人之意思认为工作完成已无利益时，法律许其于未完成前，终止契约，以免继续其无益之工作。惟应考量承揽人之损害，乃规定定作人应赔偿承揽人因契约终止而生之损害。[152] 此项损害赔偿之范围如何？因契约终止并无溯及效力，故承揽人于契约终止前已完成部分之工作，仍得向定作人请求报酬，故此所谓之损害，当然不包括

152 “最高法院”1978年度台上字第2938号判例：“‘民法’第五百十一条系规定‘工作未完成前，定作人得随时终止契约，但应赔偿承揽人因契约终止而生之损害’。可知终止契约与赔偿损害各为一事，原审解为须定作人对承揽人赔偿损害后始得终止契约，自非的论。”

同院1980年度台上字第2229号判决：“按定作人依‘民法’第五百零三条规定解除契约，以因可归责于承揽人之事由，迟延工作，显可预见其不能于限期内完成者为其要件，而依‘民法’第五百十一条规定，只须在工作完成前，定作人得随时终止契约，不受任何限制。但定作人应赔偿承揽人因契约终止而生之损害。申言之，在工作完成前，定作人固得随时终止契约，同时承揽人亦取得请求定作人赔偿其因终止契约所受损害之权利，承揽人之此项损害赔偿请求权，系因定作人之终止契约而发生，是故定作人之终止契约，不仅使契约向将来失其效力，并使承揽人取得请求损害赔偿之权利。”

已完成部分之报酬在内[153]（该项报酬定作人应另行给付）（此在重大工程契约时，尤应注意之，盖已完成部分之给付，乃报酬给付，其消灭时效之进行，应适用"民法"第一百二十七条之二年短期消灭时效），仅得就未完成部分所生之损害请求赔偿，此损害包括因定作人随时终止契约而生之积极损害及消极损害，其中消极损害系指承揽人就未完成之工作所应得之报酬扣除因免为给付所得之利益[154]，即属契约终止所失利益。此项损害数额，应由承揽人负举证责任，解释上数额以不超过该未完成部分如完成时原定之报酬为限。最后，承揽人此项损害赔偿请求权，因其原因发生后一年间不行使而归于消灭[155]（"民法"第五百十四条第二项）。

定作人在承揽契约有效期间内，因承揽人所为工作致受利益，是否构成不当得利？早期实务见解认为承揽人就其承揽工作之全部支出费用，因定作人终止契约而受有损害，并使定作人受有利益，此项利益即与承揽人所受损害之间有相当因果关系（损益变动关系），符合"民法"第一百七十九条后段所定："虽有法律上之原因而其后已不存在者"之规定，承揽人即得

153 "最高法院"1981年度台上字第1328号判决："终止契约，乃使现存继续的契约关系，向将来消灭之行为，故终止契约，仅使契约自终止时起，嗣后失其效力，与解除契约系溯及订约时失其效力之情形不同。又定作人于工作未完成前，固得随时终止契约，但应赔偿承揽人因契约终止所生之损害，其于承揽人之给付内容为可分时，已完成部分于定作人及承揽人均有利益者，定作人对于完成部分，则应无终止契约而主张承揽关系溯及的不存在之余地。"

"最高法院"1985年度台上字第1769号判决："（一）契约之终止，仅使契约自终止之时起，嗣后归于消灭。承揽契约在终止以前，承揽人业已完成之工作，苟已具备一定之经济上效用，可达订约意旨所欲达成之目的者，定作人就其受领之工作，有给付相当报酬之义务。（二）'民法'第一百七十九条规定所谓'法律上之原因'，并非专指债之关系而言，倘受益人系因他人之给付行为而受利益，则所谓'法律上之原因'，系指该他人与受益人所欲达成之经济上目的。"

154 郑玉波，前揭书，同注1，第三九二页。王泽鉴，不当得利制度与衡平原则：定作人依"民法"第五一一条规定终止契约时，承揽人就承揽工作之全部支出费用得主张不当得利返还请求权？收录于氏著民法学说与判例研究，第五册，1993年9月八版，作者自刊，第一八七页。王泽鉴，民法债编总论，第二册，不当得利，1994年10月出版，作者自刊，第五六页。

155 "最高法院"1989年度台上字第779号判决："按定作人依法终止承揽契约后，承揽人就已完成工作部分之报酬，应包括在'民法'第五百十一条但书所定损害赔偿范围内。是项损害赔偿请求权，依'民法'第五百十四条第二项规定，自其原因发生后一年间不行使而消灭。"

请求定作人返还不当得利。[156] 惟本文以为所谓“虽有法律上之原因而其后已不存在者”，于本件应指承揽契约被解除之情形，始有其适用[157]，于此因终止契约并无溯及效力，故定作人所受利益系本于终止前有效之承揽契约而来，并非无法律上之原因，亦不因契约终止后即有“有法律上之原因而其后已不存在者”之情形，不符不当得利之要件，应无不当得利规定之适用。[158] 最后，

156 “最高法院”1983 年度台上字第 247 号判决：“（一）契约之终止，仅使契约自终止之时起，嗣后消灭，并无溯及效力，使契约自始归于消灭。故在终止以前之契约关系，尚不发生回复原状之问题。（二）查承揽人依‘民法’第五百十一条规定，得请求定作人赔偿之损害，系包括因定作人随时终止契约而生之积极损害及消极损害而言。故承揽人就未完成之工作所应得之报酬扣除因免为给付所得之利益，是为契约终止所失利益，固应于‘民法’第五百十四条第二项所定一年期间内请求赔偿，兹上诉人所请求者为被上诉人之土地因上诉人之施工而增加之利益，应予返还。二请求权之成立要件，各基于之原因事实，保护之法益，亦相互参差。被上诉人纵得依‘民法’第五百十四条第二项规定主张时效利益而拒绝赔偿上诉人所受损害，就其所受利益言，则因契约之终止，原有法律上之原因，其后已不存在，依‘民法’第一百七十九条后段之规定，仍属不当得利。原判决谓上诉人于逾越‘民法’第五百十四条第二项所定一年期间后，又依不当得利之规定，请求被上诉人返还所受之利益为不合，就被上诉人是否受有利益，未予详查，据为上诉人不利之认定，自有可议。”

同院 1993 年度台上字第 315 号判决：“工作未完成前，定作人得随时终止契约，但应赔偿承揽人因契约终止而生之损害，为‘民法’第五百十一条所明定，故被上诉人终止契约所附理由，纵非事实，亦于契约终止之效力不生影响，因之上诉人溢收之工程款即失其法律上之原因，从而被上诉人以不当得利之法律关系请求上诉人返还溢收之工程款三十九万四千一百五十一元及法定迟延利息，自应准许。”

同院 1984 年度台上字第 4477 号判决：“承揽契约之定作人，于承揽人完成部分工作后，依‘民法’第五百十一条规定终止契约，以致承揽人受有损害，承揽人得依同条但书规定请求定作人赔偿其损害。在被上诉人终止契约后，两造间之契约关系应向将来失其效力。如上诉人就其承揽工作之全部支出费用，因被上诉人终止契约而受有损害，并使被上诉人受有利益，此项利益与上诉人所受损害之间有相当因果关系，即与‘民法’第一百七十九条后段所定：‘虽有法律上之原因而其后已不存在者’之情形相当，上诉人似非不得据以请求被上诉人返还不当得利。”

157 王泽鉴，前揭书，同注 154，第四六页。并请参见“最高法院”1970 年度台上字第 4297 号判例：“契约之解除，出于双方当事人之合意时，无论有无可归责于一方之事由，除经约定应依民法关于契约解除之规定外，并不当然适用‘民法’第二百五十九条之规定，倘契约已为全部或一部之履行者，仅得依不当得利之规定请求返还其利益。”

158 王泽鉴，前揭文，同注 154，第一八七页。陈聪富，前揭文，同注 55，第一七八页。并请参见“最高法院”1988 年度台上字第 69 号判决：“终止契约，仅使契约自终止之时起向将来消灭，并无溯及之效力，使契约自始归于消灭。故定作人在承揽契约有效期间内，因承揽人所为工作致受利益，乃本于终止前有效之承揽契约而来，并非无法律上之原因，与不当得利之要件不符。故终止契约后，不论被上诉人有无受利益，上诉人如受有损害，仅得依‘民法’第五百十一条但书之规定，请求损害赔偿，不生返还不当得利请求权相与竞合而得选择行使之问题。”

本条规定仅定作人得随时终止契约，承揽人则不得为之。

二、法定终止

“民法”第五百十二条第一项规定：“承揽之工作，以承揽人个人之技能为契约之要素者，如承揽人死亡，或非因其过失致不能完成其约定之工作时，其契约为终止。”适用本条必须①须不能完成其约定之工作；②须因承揽人之死亡，或非因其过失（例如承揽人虽未死亡，但因双手挫断，无法继续工作），而不能完成其工作；③须承揽之工作以承揽人个人之技能为契约之要素（例如承揽人擅长壁画，而承揽契约约定由承揽人亲自为之），否则应得由承揽人之继承人继续完成，无须终止契约。

具备上述要件者，承揽契约当然终止，无须当事人为意思表示。符合本条法定终止之情形，承揽人尚未着手者，契约终止后不得请求报酬（“民法”第二百二十五条、第二百六十六条）。如完成一部分工作者，依“民法”第五百十二条第二项规定：“工作已完成部分，于定作人为有用者，定作人有受领及给付相当报酬之义务。”故定作人虽不必给付全部报酬，但应给与相当于完成部分之报酬。

三、破产

（一）定作人破产

外国法例上如日本民法第六百四十二条以定作人受破产宣告，为承揽契约解除（终止）之理由者，台湾地区民法对此并未明文规定，解释上不当然成为承揽契约解除（终止）之理由。

（二）承揽人破产

承揽人受破产宣告，台湾地区民法亦未规定为承揽契约解除（终止）之理由。依“海商法”第十条规定：“船舶建造中，承揽人破产，而破产管理人不为完成建造者，船舶定作人得将船舶及业经交付或预定之材料照估价扣除已付定金给偿收取之；并得自行出资在原处完成建造，但使用船厂应给与报偿。”可知承揽人之破产，亦不当然成为终止契约之理由，必须其破产管理人不为继续工作，定作人得给偿收取后，自行完成工作，始得终止承揽契约。

第八章之一

旅　　游

【案例提示】

甲乙父子参加由丙旅行社举办之千禧年欧洲之旅八日游，于旅途中第三天因导游丁之疏忽遗失快速电车之车票，导致行程必须变更，导游丁则安排团员在维也纳市区之精品店购物，乙买了一条BOSS领带。第四天因当地所雇之游览车司机戊打瞌睡而发生游览车翻覆之事件，导致甲严重骨折。试问：

一、甲乙与丙间之契约为何？

二、甲乙因行程变更得向丙主张何种权利？

三、乙回台湾后发现所买之领带竟然是“Made in Taiwan”，乙得向丙主张何种权利？

四、丙就戊之过失造成甲之伤害，是否应该负责？

五、如丙于旅游契约上记载，对旅游当地之运送、膳宿等等所造成之损害均不负责，其约定是否有效？

六、车祸发生后，丙是否应将甲送往当地之医院？甲得否终止旅游契约，请求损害赔偿？

七、甲乙终止契约后，是否得请求丙将其送回台湾？此等费用何人应该负担？

第一节 旅游之意义与性质

壹、旅游之意义

一、旅游营业人之意义

“民法”第五百十四条之一规定：“称旅游营业人者，谓以提供旅客旅游服务为营业而收取旅游费用之人。前项旅游服务，系指安排旅程及提供交通、膳宿、导游或其他有关之服务。”[1] 所谓旅游营业者，系指“以提供旅客旅游服务为营业而收取旅游费用之营业”，而旅游营业人，则系以提供旅客旅游服务为营业之人，如非以此为营业者，纵使有以提供旅客旅游服务为其契约之标的，亦非旅游营业人。民法债编各论所欲规范者，系“旅游契约”，即“旅游营业人以提供旅客旅游服务为目的，而与旅客成立之契约”，故在研究旅游契约时，必须先将“旅游契约”及“旅游营业人”之概念予以厘清。兹分述如下：

（一）旅游营业人以提供旅客旅游服务为营业

旅游营业人必须以提供旅客旅游服务为营业，其经营型态必须以公司之方式为之（“发展观光条例”第二十六条参照），且必须符合旅行业管理规则之相关规定。新修正“发展观光条例”第二条第十款则规定：“旅行业：指经‘中央’主管机关核准，为旅客设计安排旅程、食宿、领队人员、导游人员、代购代售交通客票、代办‘出国’签证手续等有关服务而收取报酬之营利事业。”

（二）旅游营业人系提供旅客旅游服务之人

旅游营业人提供旅游服务之对象，解释上为自然人，而不及于法人。

（三）旅游营业人为收取旅游费用之人

旅游营业人既以提供旅客旅游服务为营业，故必受有报酬，此旅游

1 本条立法理由：“一、本条新增。二、第一项规定旅游营业人之意义。三、旅游营业人所提供之旅游服务至少应包括二个以上同等重要之给付，其中安排旅程为必要之给付，另外尚须安排旅程为必要之交通、膳宿、导游或其他有关之服务，始得称为‘旅游服务’。爰参考一九七〇年布鲁塞尔旅行契约国际公约第一条（1）至（3）、德国民法第六百五十一条a，增设本条规定。”

费用是旅游营业人所负责任之对价，故旅游营业人提供旅游服务必须收受旅游费用，如提供旅游服务而不收受旅游费用者，除得解释为恩惠行为或无偿委任外，非民法本节之旅游契约。

二、旅游契约之意义

如前所述，民法债编各论所欲规范者，为“旅游契约”，而非“旅游营业”，故此次民法债编增订本节节名为旅游。[2] 关于旅游契约之意义，民法虽未明文规定，但就本节各法条之内容而言，即可推论出其意义如下：“称旅游者，谓当事人约定，由旅游营业人为旅客提供旅游服务，而由旅客给付旅游费用之契约。”兹分述如下：

（一）旅游契约之当事人为旅游营业人及旅客

旅游营业人须以提供旅客旅游服务为营业，已如前述，因此，旅游契约当事人为旅游营业人及旅客。旅游营业人之资格，依“旅行业管理规则”第三条之规定，旅行业必须专业经营，以公司组织为限，且必须在公司名称上标明旅行社字样。

（二）旅游营业人须为旅客提供旅游服务

旅游营业人须提供旅客旅游服务，此所谓旅游服务，依“民法”第五百十四条之一第二项之规定，包括“安排旅程及提供交通、膳宿、导游或其他有关之服务”，旅游营业人所提供之旅游服务，至少应包括二个以上给付，且其中“安排旅程”为必要服务，不可或缺，至于另一给付，或为提供交通服务、或为提供膳宿、导游服务、代办签证、护照、举办行前说明会等等，或是同时具有二个以上给付。不符上述要件者，即非台湾民法所规定之旅游契约，例如仅代订机票、住宿券而无安排旅程之自助旅行，或仅代办出、入国境及签证手续等旅行代办契约，均非台湾民法上之旅游契约，而应认为委任契约。[3] 另外，与他旅游营业人订约接待该旅游营业人招揽之旅客并安排其旅游、膳宿及导游，因与旅客间并

2 本节立法理由：“一、本条新增。二、近年来，由于交通便利、通讯发达，国民生活水准大幅提高，因而重视休闲生活。旅游遂蔚为风气。旅游纠纷时有所闻，惟现行民法并无专节或专条规定，法院仅得依混合契约法理就个案而为处理。为使旅游营业人与旅客间之权利义务关系明确，有明文规范之必要，爰增设本节规定，节名定为‘旅游’，俾与‘发展观光条例’用语一致。”

3 叶赛莺，旅游契约有关立法例之研究，收录于“中华法学”，1994年9月，第四期，第九三页。许惠祐，旅行契约之研究，政治大学法律学研究所博士论文，第五至九页。

未订定旅游契约，其间并不发生契约关系[4]，但可认为其系该旅游营业人之履行辅助人（使用人）（“民法”第二百二十四条参照）。[5]

（三）旅客须支付报酬

旅游营业人以提供旅客旅游服务为营业，故旅游契约必须受有报酬，特称为旅游费用，此费用包括代办交通、膳宿、导游等必要费用（如代办“出国”手续费、交通运输费、餐饮费、住宿费、游览费用、接送费及行李费[6]）以及税捐、旅游营业人应收之报酬以及合理之利润。[7]

贰、旅游之性质

一、有名契约

在台湾民法未增订旅游契约一节前，旅游契约为无名契约，因旅游营业人所需提供之给付包括交通、住宿、餐饮、导游或参观节目等等，故旅游契约之性质众说纷纭，有买卖契约说、居间契约说、委任契约说、行纪契约说、雇佣契约说、承揽契约说及混合契约说，学界通说以为可将旅游契约定性为类型结合之混合契约，分别类推适用有关承揽、委任及居间等规定，而采混合契约说。[8]

台湾“民法”债编各论于此次修法增订第八节之一，旅游契约自 2000 年 5 月 5 日施行后即为一有名契约，虽然其具有承揽、委任及居间等性质，

4 孙森焱，旅游契约之研究，收录于“中华法学”，1994 年 9 月，第四期，第六四页。

5 王泽鉴，定型化旅行契约的司法控制，收录于氏著民法学说与判例研究，第七册，作者自刊，1994 年 8 月四版，第五六页。“最高法院”1991 年度台上字第 792 号判决：“旅行契约系指旅行业者提供有关旅行给付之全部于旅客，而由旅客支付报酬之契约。故旅行中食宿及交通之提供，若由旅行业者洽由他人给付者，除旅客已直接与该他人发生契约行为外，该他人即为旅行业者之履行辅助人，如有故意或过失不法侵害旅客之行为，旅行业者应负损害赔偿责任。纵旅行业者印就之定型化旅行契约附有旅行业者就其代理人或使用人之故意或过失不负责任之条款，但因旅客就旅行中之食宿交通工具之种类、内容、场所、品质等项，并无选择之权，此项条款殊与公共秩序有违，应不认其效力。”

6 参见“交通部观光局”2000. 1. 15 观业 2000 字第五二三号函发布“国外旅游定型化契约书范本”第八条之规定。

7 林瑞珠，旅游契约暨定型化之研究，中兴大学法律学研究所硕士论文，1995 年 6 月，第十一页。

8 王泽鉴，前揭文，同注 5，第六四页。孙森焱，前揭文，同注 4，第六一页。曾隆兴，现代非典型契约论，1996 年 11 月修订七版，第二六四页。刘孔中，旅行契约——兼介德国旅行契约法，收录于军法专刊，第三一卷，第九页。

惟民法既已明文另定一契约类型，自应认其为独立之有名契约。

二、不要式契约

“民法”第五百十四条之二规定：“旅游营业人因旅客之请求，应以书面记载左列事项，交付旅客：一、旅游营业人之名称及地址。二、旅客名单。三、旅游地区及旅程。四、旅游营业人提供之交通、膳宿、导游或其他有关服务及其品质。五、旅游保险之种类及其金额。六、其他有关事项。七、填发之年月日。”[9] 在“民法”债编各论增订旅游一节之前，依2001年11月14日修正前“发展观光条例”第二十四条之规定：“旅行业办理团体观光旅客出国旅游时，应发行由其负责人签名或盖有公司印章之旅游文件；未发行旅游文件者，不得招揽旅客组团出国观光。”第二项规定：“前项旅游文件经旅客同意签章后，其契约成立。”“旅游业管理规则”第二十三条规定：“旅行业办理团体观光旅客‘出国’旅游或‘国内’旅游，应与旅客签订书面之旅游契约。”在“民法”债编各论未增订旅游一节前，学者认为旅游契约为要式契约，如未具书面方式者，旅游契约不能成立。[10]“民法”债编各论增订旅游之规定后，此等条文如何适用，攸关旅游契约要式性与否。愚意以为，旅游契约应为不要式契约，依“民法”第一百五十三条之规定，因当事人意思合致而成立，所持理由有四，兹分述之：

（一）依文义解释而言

按本条规定必须因旅客之请求，旅游营业人始须以书面记载有关旅游之事项并交付旅客，依文义解释，如旅客未请求者，则旅游营业人不负此文件提供之义务。

（二）自立法理由而言

依本条之立法理由之说明亦明言“该书面并非旅游契约之要式文件”，可见“民法”第五百十四条之二之书面仅为证明文件，而非成立要件。

（三）自国际法而言

1970年布鲁塞尔旅行契约国际公约[11] 第七条之规定，旅游文件为旅

9 本条立法理由：“一、本条新增。二、为使旅客明悉与旅游有关之事项，爰明定旅游营业人于旅客请求时，应以书面记载旅游相关资料，交付旅客。为该书面并非旅游契约之要式文件，并予叙明。”

10 曾隆兴，前揭书，同注8，第二六五页。许惠祐，旅行契约之研究（二），收录于法学评论，第五十二卷，第二期，第七页。

11 台湾于1971年12月30日加入签署该公约，1972年依“宪法”第六十三条规定经“立法院”议决通过后，同年6月14日经总统核发批准书，并于同年8月16日正式向比利时政府存放批准书。

游契约之表面证据（prima facie evidence），其书面仅在使旅客得有充分知悉与旅游有关之详细讯息，而于事后发生争议时，可避免举证上之困难。[12]

（四）自保护旅客之观点而言

如认为旅游契约为要式契约者，当旅游契约欠缺上开书面文件而无效时（“民法”第七十三条参照），已缴交旅游费用且参加旅游之旅客即无法受到民法旅游规定之保护，势将衍生旅游契约不成立及不当得利等等繁杂之问题，反而无法保障旅客权利，显非立法之目的，亦非国人过去委办旅游之习性。

基于上述四项理由，本书以为，“发展观光条例”第二十四条第一、二项及“旅行业管理规则”第二十三条之规定，应解为“旅游契约于经旅客签章后即足以证明其已成立，并不排除旅游营业人与旅客相互间意思表示一致而成立旅游契约之方式”[13]，是该书面文件仅为证明文件，供日后举证之便利而已（目的性解释）。如果单纯地依照特别法优于普通法原则而适用发展观光条例之规定者，即丧失“民法”债编各论增订旅游一节之目的。

依2001年11月14日公布之“发展观光条例”第二十九条规定：“旅行业办理团体旅游或个别旅客旅游时，应与旅客订定书面契约。前项契约之格式、应记载及不得记载事项，由‘中央’主管机关定之。旅行业将‘中央’主管机关订定之契约书格式公开并印制于收据凭证交付旅客者，除另有约定外，视为已依第一项规定与旅客订约。”此次修正仍规定旅游契约为要式契约，但第三项之规定以旅客缴纳旅游费用并取得载有定型化格式契约之条款之收据凭证（要物行为）之方式“拟制”为契约成立之方式，采取较为放宽之观念。

三、不要物契约（诺成契约）

旅游契约之成立，无待现实履行，提供旅游服务与支付旅游费用仅系债务履行之问题，故为诺成契约，而非要物契约。

四、双务契约

旅游契约成立后，旅游营业人有提供旅游服务义务，旅客有支付旅游费用义务，二者互为对价之义务，故为双务契约。

12　林瑞珠，前揭论文，同注7，第一八〇页。

13　请参考本人于“法务部民法研究修正委员会”第1029次会议发言要旨。

五、有偿契约

旅游营业人提供旅游服务之给付与旅客支付旅游费用之给付，互为对价，故旅游契约为有偿契约。

六、继续性契约

旅游服务并非一次给付即可完成，故旅游契约为继续性契约，毋庸置疑。因此，旅游一节之规定均以“终止”契约言之，而非以“解除”契约言之，例如“民法”第五百十四条之三第二、三项、第五百十四条之五第三、四项、第五百十四条之七、第五百十四条之九第一项均是。

第二节　旅游之成立

如上所述，旅游契约为不要式、不要物契约，只要旅游营业人与旅客间意思表示合致，依“民法”第一百五十三条之规定，契约即为成立。

第三节　旅游之效力

壹、对旅客之效力

一、旅客之义务

（一）旅游费用给付义务

关于旅游费用之种类、数额及支付时期，均由当事人自由约定。一般而言，除旅游契约双方当事人另有约定外，此费用应包括代办交通、膳宿、导游等必要费用（如代办出国手续费、交通运输费、餐饮费、住宿费、游览费用、接送费及行李费）以及税捐、旅游营业人应收之报酬以及合理之利润，已如前述。

（二）协力义务

“民法”第五百十四条之三第一项规定：“旅游需旅客之行为始能完

成，而旅客不为其行为者，旅游营业人得定相当期限，催告旅客为之。”[14] 是为旅客之协力义务，性质上为旅客之从给付义务。[15] 所谓旅游需旅客之行为始能完成者，例如需旅客提供个人资料如身份证明等等，始得申办旅游有关手续如护照、签证等是，若旅客不为其行为者，旅游营业人得定相当期限，催告旅客为之。此催告不以书面为必要，口头亦可，但必须符合“民法”第九十四、九十五条有关意思表示生效之规定。旅客违反其协力义务者，因旅游契约为继续性契约[16]，故同条第二项乃规定旅客不于旅游营业人所催告所定期限内为其应为协力之行为者，旅游营业人得终止契约，并得请求赔偿因契约终止而生之损害，但此损害并非指原先约定之旅游费用，而系指不于此时终止，旅游营业人即可不受该项损害而言，故其范围与“民法”第五百四十九条第二项所规定委任终止之损害相同，性质上属信赖利益赔偿。[17]

旅游开始后，旅游营业人依同条第二项规定终止契约时，纵使系旅客违反其协力义务，民法为免旅客身处异地陷于困境，并保障旅客之安全及其他权益，同条第三项规定旅客得请求旅游营业人垫付费用将其送回原出发地。相对地，为平衡双方权利义务，同条项复规定于到达后，由旅客附加利息偿还之。

二、旅客之权利

（一）变更权

“民法”第五百十四条之四规定：“旅游开始前，旅客得变更由第三人参加旅游。旅游营业人非有正当理由，不得拒绝。第三人依前项规定

14 本条项立法理由：“二、本条规定旅客之协力义务。旅游须旅客之行为始得完成者，例如须旅客提供资料始得申办旅游有关手续等是，旅客不为其行为，即无从完成旅游。为保障旅游营业人之利益，爰明定其得订相当期间，催告旅客为协力。”

15 有关从给付义务之观念，请参照王泽鉴，民法债编总论，第一册，基本理论债之发生，作者自刊，1994 年 10 月出版，第二六页。

16 王泽鉴，前揭书，同注 15，第一〇八页。

17 “最高法院”1973 年台上字第 1536 号判例：“委任契约依‘民法’第五百四十九条第一项规定，不论有无报酬，或有无正当理由，均得随时终止。上诉人等之被继承人对被上诉人终止委任契约，无论于何时为之，均不能谓被上诉人原可获得若干之报酬，因终止契约致未能获得系受损害。同法条第二项规定：‘于不利于他方之时期终止契约者，应负损害赔偿责任’，其所谓损害，系指不于此时终止，他方即可不受该项损害而言，非指当事人间原先约定之报酬。”关于信赖利益赔偿之说明，请参阅拙著，信赖利益赔偿之研究，收录于民事理论与问题研究，作者自刊，1991 年 7 月初版，第二六九页。

为旅客时，如因而增加费用，旅游营业人得请求其给付。如减少费用，旅客不得请求退还。”[18] 是为旅客之变更权，此一权利之行使有其时间上之限制，必须限于缔约后旅游开始前，始得为之，否则旅游营业人得拒绝之。法文虽然并未明文必须要有变更之事由始得变更之规定，但立法理由中有旅客“因故”不能参加旅游之字样，故在解释上旅客仍然必须有事由始得变更，不可任意为之，否则即有权利滥用之问题（“民法”第一百四十八条第二项规定参照），但事由是否正当，则非所问。相反地，旅游营业人非有正当理由，例如所变更之第三人已因欠税或通缉而被限制出境、或因身体某种疾病不适于该次旅行之性质、或是有法定传染病而会被预定前往国所拒绝等等情形者外，旅游营业人不得拒绝旅客行使变更权。由于旅客有任意变更权，为保障旅游营业人之商业利益，原旅客行使变更权而使第三人参加旅游成为新旅客后，如因而增加费用，旅游营业人得请求其给付：惟如第三人参加因而减少费用，旅客则不得请求退还，以避免影响旅游营业人原有之契约利益。

旅客变更权之行使，其效果究系旅游契约由第三人承担，原旅客退出旅游契约？抑或是原旅客仍为旅游契约之当事人，而新旅客只是受旅游服务给付之人而已？此争议将影响契约之当事人为何，以及旅游营业人应向何人请求变更所增加之费用等问题之结论，愚意以为，鉴于变更权必须限于缔约后旅游开始前，始得为之，故其权利义务关系尚未复杂化，复依本条第二项所规定请求权人之文义以观，旅游契约应存在于第三人（新旅客）与旅游营业人间，是为一种债权让与，但亦可解为主体变更之债之更改，视当事人具体意思而定，故旅游营业人应向新旅客请求因变更所增加之费用。最后，此一增加费用请求权，依“民法”第五百十四条之十二之规定[19]，自旅游终了或应终了时起，一年间不行使而消灭。

（二）任意终止权

“民法”第五百十四条之九规定：“旅游未完成前，旅客得随时终止

18 本条立法理由：“一、本条新增。二、本条规定旅客之变更权。旅客于缔约后旅游开始前因故不能参加旅游，宜赋予变更权。旅游营业人非有正当理由，例如第三人参加旅游，不符法令规定、不适于旅游等情形，不得拒绝，爰参考德国民法第六百五十一条b第一项，为第一项规定。三、因第三人依前项规定参加旅游而为旅客，如因而增加费用，宜许旅游营业人请求给付；惟如第三人参加因而减少费用，旅客则不得请求退还，俾免影响旅游营业人原有之契约利益，爰设第二项规定。”

19 本条立法理由：“一、本条新增。二、本条规定本节所定各项权利行使之期间。鉴于旅游行为时间短暂，为期早日确定法律关系，本节规定之权利以从速行使为宜，爰明定为自旅游终了或应终了时起，一年间不行使而消灭。”

契约。但应赔偿旅游营业人因契约终止而生之损害。第五百十四条之五第四项之规定，于前项情形准用之。”[20] 旅游契约性质上有一部分与委任契约相同，故“民法”仿第五百四十九条之规定增订第五百十四条之九之规定，赋予旅客任意终止权。此一任意终止权之行使，并非如“民法”第五百十四条之七所规定因法定事由而终止，有时间上之限制，必须在旅游未完成前始得为之，且仅旅客有此权利，旅游营业人则不与焉。旅客终止契约后，对于旅游营业人应负损害赔偿责任，而此损害赔偿之范围与“民法”第五百四十九条第二项、第五百十四条之三第二项所规定之损害均相同[21]，性质上为不于此时终止即不生之信赖利益赔偿，而非为契约之履行利益赔偿。旅客任意终止契约时，为免身处异地陷于困境，故本条第二项准用第五百十四条之五第四项之规定，亦许其得请求旅游营业人垫付费用将其送回原出发地，惟于到达后，旅客应附加利息偿还于旅游营业人，以求双方利益之平衡。此一损害赔偿请求权，依“民法”第五百十四条之十二之规定，自旅游终了或应终了时起，一年间不行使而消灭。

贰、对旅游营业人之效力

一、旅游营业人之权利

（一）旅游费用请求权

旅客负有旅游费用给付义务，旅游营业人当然即有旅游费用请求权。

（二）旅游内容变更权

“民法”第五百十四条之五第一项规定：“旅游营业人非有不得已之事由，不得变更旅游内容。”[22] 是为旅游营业人旅游内容变更权。此一权利之行使，旅游营业人必须有不得已之事由，始得为之，否则无法保障旅客之权益。此所谓之不得已事由，系指缔约后始发生之不可归责于旅

20 本条立法理由：“一、本条新增。二、本条规定旅客之终止权。旅游未完成前，旅客无论何时，得终止契约。但为兼顾旅游营业人之利益，应令旅客赔偿因契约终止而生之损害。三、旅客依前项规定终止契约时，为免身处异地陷于困境，应准用第五百十四条之五第四项之规定，亦许其得请求旅游营业人垫付费用将其送回原出发地。惟于到达后，旅客应附加利息偿还于旅游营业人，爰于第二项明文规定。”

21 “最高法院”1973 年台上字第 1536 号判例，同注 17。

22 本条项立法理由：“一、本条新增。二、为保障旅客之权益，旅游营业人对其所提供之旅游内容，不得任意变更。但有不得已之事由，宜允许变更，方为合理，爰为第一项规定。”

游营业人之事由，导致原有契约内容之履行困难而言，例如预定之旅途中某一动物园因爆发口蹄疫而临时关闭，或是某一小岛、国家发生暴动、政变、战争或天灾等等情形，如不变更则旅游契约难以进行，甚至会有殃及旅客生命、身体或财产之安全等情形，此时如依“民法”第二百二十五条第一项规定，旅游营业人即得免为给付义务，但于旅游进行中不能因特定旅游项目之履行困难，而使旅游营业人免责，致旅客权益受损，故依“民法”第五百十四条之五第一项之规定，旅游营业人即得变更旅游内容，或者此时更应认为旅游营业人有变更之义务。旅游营业人变更旅游内容，势必将造成旅游费用之增减，该费用应如何负担，即成一问题，为此，同条第二项明文规定旅游营业人依第一项规定变更旅游内容时，其因此所减少之费用，应退还于旅客；所增加之费用，不得向旅客收取，以杜日后争议。又旅游营业人依第一项规定变更旅程时，因为涉及旅游行程之变更，将影响旅客旅游之目的，故宜考虑旅客之意愿，如旅客不同意时，同条第三项规定赋予旅客终止权。再旅客因此而终止契约时，为避免其身处异地而陷于困境，同条第四项又明文规定旅客得请求旅游营业人垫付费用将其送回原出发地，而于到达后，由旅客附加利息偿还之。此等退还费用请求权及垫付费用偿还请求权，依“民法”第五百十四条之十二之规定，自旅游终了或应终了时起，一年间不行使而消灭。

二、旅游营业人之义务

（一）旅游服务提供义务

旅游服务提供义务为旅游营业人之主给付义务，系旅客支付旅游费用之对待给付义务，如有给付不能、给付迟延或不完全给付之情形，且系可归责于旅游营业人之事由所致者，旅游营业人即应负损害赔偿责任（但须注意“民法”第五百十四条之五之旅游内容变更权之规定参照）；如系不可归责于旅游营业人之事由所致者，仍有瑕疵担保责任之问题（“民法”第五百十四条之六暨之七规定参照）。此给付义务之范围，依“民法”第五百十四条之一第二项之规定，应包括安排旅程及提供交通、膳宿、导游或其他有关之服务如代办签证、护照、举办行前说明会等等，但依契约自由原则，旅游服务提供范围另有约定者，从其约定。旅游服务之提供既为旅游营业人之义务，且旅游契约性质上为有偿契约，故其履行义务应以善良管理人之注意为之，且旅游营业人之代理人或使用人关于旅游契约之履行有故意过失时，旅游营业人应与自己之故意或过失，负同一责任[23]，但当事人另有约定者，从其约定（“民法”第二百二十四条参照）。惟此约定不得违反强制禁止规定，亦不得以定型化契约预先排除旅游营业人之责任（详后述）。

“民法”第五百十四条之八规定：“因可归责于旅游营业人之事由，致旅游未依约定之旅程进行者，旅客就其时间之浪费，得按日请求赔偿相当之金额。但其每日赔偿金额，不得超过旅游营业人所收旅游费用总额每日平均之数额。”[24] 按旅游服务提供义务既为旅游营业人之主给付义务，如系可归责于旅游营业人之事由，致旅游未依约定之旅程进行者，属债务不履行，旅游营业人应负损害赔偿责任。例如旅程约定以飞机方式前往下一个定点，但因导游之疏忽迟误飞机起飞时间，而必须改搭下一班飞机；或以其他交通方式如巴士、电车、船舶前往下一个定点，导致迟延而浪费时间是。如系因团中某位旅客迟到导致无法赶上飞机者，非可归责旅游营业人之事由，旅游营业人自不必负责。此项损害赔偿额之计算，本条规定应解为系“民法”第二百十六条之特别规定，应优先适用。本条所谓“按日请求”，系以“日”为计算赔偿金额之单位，但不以浪费之时间达一日以上者为限，例如一日之中浪费三个小时，旅客即得请求一日之损害。至于其赔偿金额，不得超过旅游营业人所收旅游费用总额每日平均之数额，对旅游契约双方当事人之权益，较为公平。如当事人对于赔偿金额有争议，由法院在此范围，按实际上所浪费时间之长短及其他具体情事，斟酌决定之。

23 “最高法院”1996年度台上字第1787号判决：“上诉人未经被上诉人同意，将该旅行业务转让予联×旅行社，则联×旅行社所为，仅立于辅助上诉人履行债务之地位，契约当事人仍系上诉人。联欧旅行社于收取团费后，未交付大陆接待之旅行社，且经大陆业者表示不予接待时，仍未及时交付团费，致旅客因未获接待而自力救济返台，上诉人就契约义务之履行，乃属因可归责于上诉人之事由，致完全给付不能，被上诉人依据‘民法’第二百二十六条第一项规定，请求上诉人为债务不履行之损害赔偿，洵属正当。”

24 本条立法理由：“一、本条新增。二、本条规定旅游时间浪费之损害赔偿。现代社会重视旅游休闲活动，旅游时间之浪费，当认其为非财产上之损害，爰参考德国民法第六百五十一条f第二项，于本条明定得请求赔偿相当之金额。所谓‘按日请求’，系以‘日’为计算赔偿金额之单位，但不以浪费之时间达一日以上者为限。至其赔偿金额，应有最高数额之限制，始为平允，爰设但书规定。如当事人对于赔偿金额有争议，由法院在此范围，按实际上所浪费时间之长短及其他具体情事，斟酌决定之。”关于德国民法第六百五十一条f第二项、该国相关判例（BGH NJW 1956，1234；BGHZ 63，88；BGHZ 28，212）以及英国法Jarvis v. Swan's Tours Ltd. 判决等，请参见王泽鉴，时间浪费与非财产上损害之金钱赔偿，收录于氏著民法学说与判例研究，第七册，作者自刊，1994年8月四版，第一五五五页。

"民法"第五百十四条之八所规定之损害，系指时间上光阴之浪费（loss of opportunity），但其性质究为财产上之损害？抑或为非财产上之损害？德国早期实务见解采取假期商业化理论，指凡于交易上得以支付金钱方式"购得"之利益（例如享受愉快、舒适、方便），依据交易观念，此种利益即具有财产价值，从而对其侵害而造成之损害，应属财产上损害，被害人得请求金钱赔偿，以回复原状。该国民法增订第六百五十一条f之规定，则已不采取商业化理论，而将假期视为一种财产价值，系该国民法第二百五十三条所谓"虽非财产上损害，亦得请求赔偿相当金额"之特别规定[25]，故该国民法认为时间上光阴之浪费，系财产上之损害。台湾实务见解[26]认为系非财产上之损害，学界通说[27]与立法理由亦同，愚采之。最后，旅客之损害赔偿请求权，依"民法"第五百十四条之十二之规定，自旅游终了或应终了时起，一年间不行使而消灭。

（二）相关文件提供义务

依"民法"第五百十四条之二之规定，旅游营业人因旅客之请求，应以书面记载有关旅游之事项，交付旅客，俾旅客有所自知安排。故旅客请求交付有关旅游之书面时，旅游营业人应提供之，是为旅游营业人之相关文件提供义务；反之，旅客未为请求者，旅游营业人非当然有提供之义务，其情形有如"民法"第六百二十五条规定，运送人因托运人之请求应填发提单是。

（三）变更旅游内容义务

"民法"第五百十四条之五第一项规定系旅游营业人之旅游内容变更权，性质上同时亦为其变更义务，已如上所述，于兹不赘。

25 引自王泽鉴，前揭文，同注24，第一五二页。

26 "司法院"业务研究第一期研讨结论："问题：民法有关条文所定'虽非财产上损害，亦得请求赔偿相当之金额'与'慰抚金'，两者有何不同？甲说：民法中关于'虽非财产上损害，亦得请求赔偿相当之金额'之规定有第一百九十四条、第一百九十五条第一项、第九百七十九条、第九百九十九条第二项、第一千零五十六条第二项；关于'慰抚金'之规定有第十八条第二项。二者之不同，乃前者所得请求赔偿之范围较后者为广，前者包括后者，而后者不能包括前者，故除慰抚金外，当事人间如尚有其他非财产上损害时，亦可请求赔偿。例如被杀受伤，住院治疗时，则除财产上（医药费等）、精神上（慰抚金）损害外，即时间上光阴之浪费亦属非财产上损害亦得请求赔偿。乙说：二者含义相同。研讨结论采甲说。'司法院'第一条研究意见：同意研讨结论。"引自陈至刚等主编，六法审判实务，民法Ⅰ，"民法"第十八条第六页。

27 王泽鉴，前揭文，同注24，第一四三页。曾世雄，非财产上之损害赔偿，作者自刊，1993年7月初版再刷，第四页。

（四）协助处理义务

旅游营业人之协助处理义务有二，兹分述之：

1. "民法"第五百十四条之十规定："旅客在旅游中发生身体或财产上之事故时，旅游营业人应为必要之协助及处理。前项之事故，系因非可归责于旅游营业人之事由所致者，其所生之费用，由旅客负担。"[28] 旅客在旅游中发生身体或财产上之事故，例如生病、遭抢、被窃、遗失证件财物等等时，因旅游营业人在旅游当地之处理能力通常较旅客为佳，故不问是可归责于旅客或旅游营业人（包括因"民法"第二百二十四条所规定应负责之情形），甚至是因为天灾等不可抗力之事由所致者，旅游营业人均应为必要之协助及处理。但如因非可归责于旅游营业人之事由所致者，其所生之费用如医疗费、代办证件费用或信用卡挂失费用等等，则由旅客负担。反之，因可归责于旅游营业人之事由，造成旅客在旅游中发生身体或财产上之事故时，旅游营业人除应负担所生之费用外，亦应负债务不履行责任。此项协助处理义务亦为旅游营业人之附随义务，如旅游营业人未能及时或怠于为必要之协助或处理者，亦应损害赔偿责任。

2. "民法"第五百十四条之十一规定："旅游营业人安排旅客在特定场所购物，其所购物品有瑕疵者，旅客得于受领所购物品后一个月内，请求旅游营业人协助其处理。"[29] 盖旅游营业人对于旅游地之语言、法令及习惯等均较旅客熟稔，为顾及旅客之权益，若所购之物品有瑕疵时，本条规定旅客得于受领所购物品后一个月内，请求旅游营业人协助其处理。此所谓协助处理义务，前提必须是旅游营业人"安排"旅客在"特定场所"购物时，始有其适用，如令旅游营业人就旅客自行于旅游当地购物亦须负协助处理该物瑕疵之义务者，对旅游营业人之负担过重，显失公平。至于此义务之内容为何？立法理由并未说明，似有赋予法官造法之空间。本书以为，旅游营业人应于旅客请求后，协助旅客行使瑕疵

28 本条立法理由："一、本条新增。二、旅游营业人系以提供旅客旅游服务为营业之人，则旅客在旅游途中，因天灾、地变或旅客之过失等非可归责于旅游营业人之事由，致身体或财产受有伤亡损害时，旅游营业人应对旅客为必要之协助及处理。惟因此所生之费用，既非因可归责于旅游营业人之事由所致，当由旅客自行负担。"

29 本条立法理由："一、本条新增。二、旅客在旅游地点购物之场所如系旅游营业人所安排，因旅游营业人对于旅游地之语言、法令及习惯等均较旅客熟稔，为顾及旅客之权益，若所购之物品有瑕疵时，旅游营业人理当于一定期间内协助旅客行使瑕疵担保请求权，其期间以一个月为相当，爰设本条规定。三、本条及前条，均为旅游营业人之附随义务，如有违反，应负债务不履行之责任，并予叙明。"

担保请求权，包括代旅客通知该商店瑕疵之存在、解除契约或请求损害赔偿等等，但并不包括旅游营业人代该商店（出卖人）负瑕疵担保责任，否则即有超过法文文义，并非妥当。又旅游营业人协助旅客行使瑕疵担保请求权，仍应以善良管理人之注意为之，否则亦应负债务不履行责任，此乃法条文义之当然解释。

以上二协助处理义务，性质上为附随义务，违者应负债务不履行责任，立法理由均有明言。此二条文不若“民法”第五百十四条之八有特别规定其违反之具体效果，故违反所生债务不履行责任损害赔偿额之计算，应回归至“民法”债编总论之规定。依“民法”第二百十六条第一项规定：“损害赔偿，除法律上另有规定或契约另有订定外，应以填补债权人所受损害及所失利益为限。”可见此损害赔偿数额之计算，于实务上难以有一客观之标准，只得由法院依具体事件斟酌判断之。至于此等损害赔偿请求权，亦自旅游终了或应终了时起，一年间不行使而消灭（“民法”第五百十四条之十二之规定参照）。

（五）瑕疵担保责任

1. 瑕疵担保责任之定义与性质：旅游一节仿“民法”第四百九十二条承揽人瑕疵担保责任之规定[30]，于“民法”第五百十四条之六规定：“旅游营业人提供旅游服务，应使其具备通常之价值及约定之品质。”[31] 旅游营业人所提供之旅游服务，包括交通、膳宿、导游或其他有关之服务等等，应使旅游服务具备通常之价值及约定之品质。此所谓通常之价值，系指相较于旅客所支付之旅游费用具有相对之交换价值及使用价值而言。至于约定之品质，解释上包括明示与默示约定，如不能依默示定其品质者，则依交易习惯定之，至少须担保中等品质（类推适用“民法”第二百条第一项）。[32] 本条瑕疵担保责任，与买卖、赠与（指“民法”第四百十四条之附负担赠与，非指第四百十一条但书之加害给付）、承揽各节所规定之瑕疵担保责任相同，性质亦为无过失责任，与旅游营业人债务不履行责任系过失责任，并不相同。又旅游一节明文规定旅游营业人之担保责任，已间接肯定旅游契约如同承揽一般具有财产契约性质，而非纯

30 在旅游规定尚未公布生效前，通说认为旅游为混合契约，分别适用有关承揽、委任及居间等规定，故在旅游一节未施行前，旅游营业人之瑕疵担保责任应适用承揽之规定。

31 本条立法理由：“一、本条新增。二、本条规定旅游营业人对其提供之旅游服务之价值及品质，负瑕疵担保责任。”

32 邱聪智，债法各论，中册，作者自刊，1996年10月二刷，第七六页。

粹劳务性契约。

2. 旅客之权利：旅游服务有瑕疵而旅游营业人应负责任者，旅客得主张下列权利，兹分述如下：

（1）瑕疵改善请求权

瑕疵改善，系旅游服务瑕疵担保责任之主要法律手段，“民法”第五百十四条之七第一项前段规定：“旅游服务不具备前条之价值或品质者，旅客得请求旅游营业人改善之。”[33] 是为旅客之瑕疵改善请求权，与“民法”第四百九十三条所规定定作人之瑕疵修补请求权性质相同，故旅游营业人对于旅游服务之瑕疵，负有先为改善之义务。旅客之瑕疵改善请求权与定作人之瑕疵修补请求权，二者之差异在于后者定作人得定相当期限请求承揽人修补，而因旅游期间较承揽之完成工作期间更为短暂，故前者旅客不必定相当期限，可以直接请求旅游营业人改善。再者，承揽人不于定作人所定期限内修补瑕疵者，定作人得自行修补，并得向承揽人请求偿还修补必要之费用（“民法”第四百九十三条第二项），而旅客对于旅游服务之瑕疵，并无自行改善之能力，故本条并未设有自行改善之规定，以符实际。此外，旅游服务瑕疵改善请求权，依法条文义观之，显然限于旅游进行中，而承揽修补请求权，依法条文义观之，则限于已完成之工作，故旅游瑕疵改善请求权较类似于“民法”第四百九十七条之定作人之瑕疵预防请求权。

（2）减少费用请求权

旅游服务有瑕疵而旅游营业人不为改善或不能改善时，旅客得请求减少费用，是为旅客减少费用请求权，“民法”第五百十四条之七第一项后段规定：“旅游营业人不为改善或不能改善时，旅客得请求减少费用，其有难于达预期目的之情形者，并得终止契约。”买卖与承揽均有相似之规定（“民法”第三百五十九条暨第四百九十四条参照），故其性质解释上应为形成权[34]，但于买卖契约买受人得直接先行请求解约、减价或损害赔偿，请求顺序并无限制（“民法”第三百五十九条参照）；至于承揽契

33　本条项立法理由：“一、本条新增。二、本条规定旅游营业人瑕疵担保责任之效果。旅游服务不具备前条之价值或品质者，旅游营业人于旅客请求改善时，有改善之义务。如不为改善或不能改善时，旅客得请求减少费用。如其有难于达预期目的之情形，旅客不欲继续其旅游者，并得终止契约。”

34　“最高法院”1982年度台上字第2996号判例：“‘民法’第五百十四条第一项所定定作人之减少报酬请求权，经行使，即生减少报酬之效果，应属形成权之性质，该条项就定作人减少报酬请求权所定之一年期间为除斥期间。”

约定作人必须先请求修补瑕疵而承揽人不于期限内修补、拒绝修补或瑕疵不能修补者，定作人始得解除契约或请求减少价金（第四百九十四条参照）。旅游契约旅客必须先请求改善瑕疵而旅游营业人不为改善或不能改善时，旅客始得请求减少费用，不可直接请求减少费用，故与承揽契约相似，而异于买卖契约。至于此等减少费用请求权，自旅游终了或应终了时起，一年间不行使而消灭（“民法”第五百十四条之十二之规定参照），且此期间性质上为除斥期间。

（3）契约终止权

旅游营业人对于瑕疵不为改善或无法改善，而有难于达预期目的之情形，在旅客不欲继续其旅游者，旅客除得请求减少费用外，并得终止契约。此所谓“有难于达预期目的之情形”，解释上必须系重要之瑕疵，且因该瑕疵未经改善或不能改善，致无法达成签订旅游契约之预期目的（如参加埃及之旅而因交通延误致无法参观金字塔）者，旅客参加该旅游之目的已失，如旅客不欲继续其旅游者，没有必要强制旅客继续参加旅游，故本条项赋予旅客终止权（旅游契约具有继续性）。此项终止权，类似“民法”第四百九十七条定作人之瑕疵预防请求权。

（4）损害赔偿请求权

“民法”第五百十四条之七第二项规定：“因可归责于旅游营业人之事由致旅游服务不具备前条之价值或品质者，旅客除请求减少费用或终止契约外，并得请求损害赔偿。”[35] 按瑕疵担保责任为无过失责任，故不论瑕疵是否可归责于旅游营业人之事由所致，旅客均得主张上开三项权利，惟如该瑕疵系可归责于旅游营业人之事由所致者，旅客除请求减少费用或终止契约外，并得请求损害赔偿，以填补其损害。因此，本条为债务不履行之不完全给付责任，性质上属过失责任之一，适用上可参考“民法”第四百九十五条之规定，而有契约利益损害赔偿之倾向[36]，且并

35 本条项立法理由：“三、如旅游服务不具备前条之价值或品质，系因可归责于旅游营业人之事由所致者，旅客除请求减少费用并终止契约外，并得请求损害赔偿，以填补其所受损害，爰为第二项规定。”

36 郑玉波，民法债编各论，上册，作者自刊，1992年10月十五版，第三七〇页。邱聪智，前揭书，同注32，第八七页。并请参阅“最高法院”1952年度台上字第104号判例：“上诉人与被上诉人订约承揽之水管，其工作之完成，既有与原约定品质不符及不适用于使用之各重要瑕疵，而又拒绝被上诉人之催告修补，依‘民法’第四百九十四条之规定，被上诉人本有法律所认之契约解除权存在，自得向上诉人为解除契约之意思表示，从而其以此项契约已经合法解除为原因，请求返还以交付之酬金与附加利息，并赔偿因解除契约所生之损害，自为同法第四百九十五条、第二百五十九条第一项第二款之所许。”

不以旅游契约经终止为要件。[37]

3. 终止契约之效果："民法"第五百十四条之七第三项规定："旅客依前二项规定终止契约时，旅游营业人应将旅客送回原出发地。其所生之费用，由旅游营业人负担。"[38] 本条适用上须以旅客已依前二项之规定终止契约为其要件，如旅客请求改善而旅游营业人已改善、或旅游营业人不为改善或不能改善，则旅客仅请求减少费用而未终止契约者，旅游契约既仍存在，自无本条项之适用。惟旅客依法终止契约后，旅游契约业已消灭，旅游营业人不再负有提供旅游服务之义务，民法为免旅客身处异地陷于困境，故令旅游营业人将旅客送回原出发地。至于送回原出发地之费用，不论系第一项之无过失责任或第二项之过失责任，结论上均应由旅游营业人负担费用，以保障旅客之权益。此项送回之附随义务，从法目的性言，应属强制性规定，不得以特约排除之。

（六）旅游营业人之代负责任

除瑕疵担保责任外，以上所述均为债务不履行责任（过失责任），虽然旅游契约系旅客与旅游营业人所签订，但鉴于旅游营业人经营型态必须以公司之方式为之，故旅游服务提供义务履行之良窳，必系于旅游营业人旅游契约之履行辅助人，关于债务不履行责任之部分，乃有探讨履行辅助人于旅游契约履行之地位及效果。兹分述如下：

1. "民法"第二百二十四条规定："债务人之代理人或使用人，关于债务履行有故意或过失时，债务人应与自己之故意或过失，负同一责任。但当事人另有订定者，不在此限。"本条规定在旅游契约当然有其适用。[39] 旅游服务如不具备"民法"第五百十四条之六所定之价值或品质，且系因旅游营业人之履行辅助人故意或过失所致者，旅游营业人应与自己之故意或过失，负同一责任。故"民法"第五百十四条之七第二项所规定"可归责于旅游营业人之事由"，应包括上述因旅游营业人之履行辅

37 "最高法院"1981 年度台上字第 2699 号判例："定作人依'民法'第四百九十五条规定请求损害赔偿，并不以承揽契约经解除为要件。"

38 本条项立法理由："四、因旅游服务不具备应有之价值或品质致旅客依前二项规定终止契约时，为免旅客身处异地陷于困境，应令旅游营业人将旅客送回原出发地，且因系其属可归责于旅游营业人之事由，应由其负担费用以保障旅客之权益，爰为第三项规定。"

39 "最高法院"1989 年度台上字第 2377 号判决："旅行契约系指旅行业者提供有关旅行给付全体于旅客，而由旅客支付价金之契约，除别有约定外，食宿及交通之提供均包括在内，若该食宿、交通由旅行业者洽由他人给付者，该他人为旅行业者之履行辅助人，该辅助人之故意或过失不法侵害旅客之行为，旅行业者应负损害赔偿责任。"并请参见注 5 所引之"最高法院"1991 年度台上字第 792 号判决。

助人故意或过失所致之情形在内。

2. 此所谓履行辅助人，包括旅游营业人所指派随团服务之专人如导游、领队、司机，及旅游营业人委任提供当地旅游服务之第三人如地陪、司机等等，此等人于旅游契约之履行有故意或过失者，旅游营业人应与自己之故意或过失，负同一责任。例如旅游营业人于旅游当地指派司机驾驶游览车，因司机之过失（如驾车时打瞌睡）或车辆老旧失修致生车祸时，旅游营业人即应负责。至于旅游营业人代旅客订位之大众交通工具如飞机、船舶、铁路、公路或捷运等等，解释上系旅客与大众交通工具之运送人之间直接成立运送契约，故其并非旅游营业人之履行辅助人，如发生空难、船难或电车出轨等等事故者，均系不可归责于旅游营业人之事由，旅游营业人并不负损害赔偿责任（“民法”第五百十四条之七第二项参照），但依“民法”第五百十四条之七第一项及第三项之规定，因为此等事故系不能改善之瑕疵，旅客自得请求减少费用，至其系非常严重事故者，即为有难于达预期目的之情形，旅客并得终止契约，并由旅游营业人负担费用将旅客送回原出发地。

3. 虽然“民法”第二百二十四条后段允许当事人自行约定排除该条规定之适用，惟旅游营业人如以定型化契约之方式排除者，“最高法院”1991年度台上字第七九二号判决援引“民法”第七十二条之规定认为该条款无效，嗣后新修订之“消费者保护法”第十二条第一项及第二项第三款、“民法”第二百四十七条之一规定亦采相同之见解（详后述）。

第四节　旅游契约之特别法源及其适用之问题

壹、1970年布鲁塞尔旅行契约国际公约

布鲁塞尔旅行契约国际公约（International Convention on Travel Contracts）第三十六条规定：“本公约应自存放第五国批准或加入书之日起三个月后生效。于第五国批准或加入书存放后而批准或加入本公约之每一个国家，本公约应自该国存放或其批准或加入书之日起三个月后生效。”该公约于1976年2月24日对台湾地区、比利时、达荷美、喀麦隆及多国五国（地区）生效，对阿根廷、意大利则分别在1977年2月25

日及 1979 年 10 月 4 日生效[40]，惟台湾地区于批准该公约前后，与有关之缔约国断交，此等断交是否会影响该公约对台湾地区之效力？学说[41] 及实务见解[42] 认为断交只是撤销国家间彼此之承认，对台湾地区仍为国际法主体之地位，并无影响，且就履行公约之义务及享受公约之权利，台湾地区均无任何问题，显见该公约对台湾地区人民之效力亦不因断交而受到影响[43]，故台湾地区于 1971 年 12 月 30 日加入签署该公约，1972 年依“宪法”第六十三条规定经“立法院”议决通过后，同年 6 月 14 日经“总统”核发批准书，并于同年 8 月 16 日正式向比利时政府存放批准书，显然符合“外交部条约”及“协定处理准则”第十一条所规定之程序[44] 暨“司法院大法官会议”释字第三二九号将本公约送“立法院”审议解释之要求[45]，复依上揭本公约第三十六条规定，本公约于 1976 年 2 月 24 日即对台湾地区生效（国际法上之效力）。

惟布鲁塞尔旅行契约国际公约对台湾地区之效力（“国内法”上之效

40 旅游契约相关问题之研究，“交通部观光局”委托台湾大学法律学研究所，1992 年 9 月，第五八页。

41 许惠祐，前揭论文，同注 3，第二之十七页。丘宏达编译，现代国际法基本文件，第四七三页。

42 “最高法院”1990 年度台上字第 3247 号判决：1946 年 1 月 4 日我国与美国所签订之中美友好通商航海条约第九条规定，赋与中、美两国国民、法人及团体相同且互惠之商标权，并明定此项互惠权利应以民事诉讼予以有效之保护。此种条约，于 1979 年 3 月 24 日美国制定之台湾关系法第四条 A 项，复承认其继续有效适用。（“最高法院”1984 年台非字第 25 号判决、1984 年台非字第 69 号判决均倾向于条约（协定）具有特别法性质，其效力应优于“国内法”。）“行政法院”1986 年度判字第 767 号、1987 年度判字第 1055 号及 1987 年度判字第 1531 号等判决对于中美友好通商航海条约均认为该条约既未经缔约国终止，自应继续有效而直接适用。

43 又如美国之台湾关系法第四条第三款规定：“国会认可美国与一九七九年一月一日以前被承认为中华民国之台湾统治当局所签订，并迄至一九七八年十二月三十日一直有效之各项条约，及包括多边协定在内之其他国家协定，继续有效，除非并直至依法终止为止。”转引自许惠祐，前揭论文，同注 3，第二之十八页。

44 “外交部”1994 年 3 月 11 日修正之条约及协定处理准则第十一条：“定有批准条款之条约案，经‘立法院’审议通过，咨请‘总统’批准时，主办机关应即送‘外交部’报请‘行政院’转呈‘总统’颁发批准书，完成批准手续。条约完成批准手续并互换或存放批准书生效后，由‘总统’公布施行。”

45 “司法院大法官”会议释字第 329 号解释“宪法”所称之条约系指台湾地区与其他国家或国际组织所缔约之国际书面协定，包括用条约或公约之名称，或用协定等名称而其内容直接涉及“国家”重要事项或人民之权利义务且具有法律上效力者而言。其中名称为条约或公约或用协定等名称而附有批准条款者，当然应送“立法院”审议，其余国际书面协定，除经法律授权或事先经“立法院”同意签订，或其内容与台湾地区法律相同者外，亦应送“立法院”审议。

力），究系直接生效[46]？抑或必须经“国内法”采纳或将其编入，始对台湾地区居民发生效力？按该公约虽具有公约之名，但实质上仅系单纯地规范私人间之权利义务关系，亦即所谓“披着国际公法外衣的民事统一法”，故有认为该公约不能直接或依其本身效力而为台湾地区法院所适用，除非该公约经“国内法”采纳或将其编入之程序，才会使公约对台湾地区居民发生效力。[47]在未依上述经“国内法”采纳或将其编入之程序前，该公约应于涉外案件以准据法之地位而被适用，且适用前提必须所牵涉之外国亦为该公约之缔约国时，台湾地区法院始得引用该公约为准据法来规范旅游契约当事人间之权利义务关系。反之，如系内国案件则与该公约无涉，但在台湾地区法未规定，亦无习惯可适用时，法院得以

46 “最高法院”1983年度台上字第1412号判决“台湾与美利坚合众国友好通商航海条约，于1946年11月4日签订，经“立法院”议决批准公布，并于1948年11月30日互换，同日生效，依“宪法”第一百四十一条所定“尊重条约”及同法第六十三条所定条约定须经立法院议决之规定以观，该友好通商航海条约，实已具有“国内法”之同等效力，法院自应予适用。

同院1934年度上字第1074号判例：国际协定之效力优于国内法。（同院1934年度上字第1813号判例同旨）以上实务见解虽非就1970年布鲁塞尔旅行契约国际公约所为之见解，惟足以表明实务见解之态度，认为该公约直接对台湾地区生效，不须经过“国内法”立法采纳。

“法务部”1983年2月21日（72）法律字第1813号函：一、按“条约”是普通国际协定的名辞，但并非所有的国际协定都以条约称之，名非条约而实为条约的国际协定很多，如公约、宪章、盟约、议定书、协定、协约等是。又学者间大都认为缔结条约的作用并非纯粹的执行行为而含有立法性质，有些条约固然只拘束缔约当事国（地区）“政府”，而与人民的权利较无直接关系，但有些国际条约往往直接设人民的权利义务，故此等条约的缔结不能单视为行政行为，亦应视为一种立法行为，因此“宪法”第六十三条规定，“立法院”有议决条约案之权。再从实务上而言，1965年8月31日签订之‘在华美军地位协定’虽名为协定，仍由“行政院”函请“立法院”审议，经“立法院”于1966年1月11日通过批准，同年4月12日正式换文生效。二、条约在“宪法”及有关法律中均未明文规定其具有国内法的效力，但“立法院”审查条约案时，与审查法律案的程序完全相同，条约亦和其他“立法院”通过的法律一样，均刊登在“立法院”公报及立法专刊中，是条约在台湾地区应具有“国内法”之效力。复从“宪法”第一百四十一条精神以观，条约与“国内法”抵触时，似宜优先适用条约。三、按条约内容，如与人民的权利义务有关，则其缔结不仅对国家有极大影响，而于人民亦有休戚相关的关系，此种条约（包括协定）似应经“立法院”审议批准。本案关于中赖投资促进与保护协定，其中多处有关人民权利义务之规定，如第二条投资之促进与保护、第三条最惠国待遇、第四条损害赔偿、第六条投资之汇回等，并非属技术性之协定，似不宜免除批准手续，而使其成为一‘行政协定’。盖本协定如不经“立法院”审议而免除批准手续，倘因本协定之规定与“国内法”之规定相抵触时，要使台湾地区执法人员执行本协定排除“国内法”之适用，似尚乏强有力之法律依据。（“法务部”（1990）法律字第10900号函同旨。）

47 旅游契约相关问题之研究，同注40，第一一三页。林瑞珠，前揭论文，同注7，第五七页。

该公约为“民法”第一条规定之“法理”而适用之。

基于“宪法”尊重条约之精神及条约案批准公布之程序以观，本书以为本公约应得直接适用于台湾地区，无须再经过“国内法”立法采纳，台湾地区法院即得适用，又如涉外因素之外国人所属国家亦系本公约缔约国者，则台湾地区法院更必须适用本公约。[48] 因此，“民法”债编各论旅游契约之规定，既系仿该公约而订定（参见“民法”第五百十四条之一立法理由说明三），故自 2000 年 5 月 5 日生效后，内国案件则直接适用台湾地区民法有关旅游规定，涉外案件则依台湾地区涉外民事法律适用法或当事人之意思决定准据法[49]，而定如何适用法律即可，如涉外因素之外国人所属国家亦系本公约缔约国者，适用本公约，排除国际私法之适用。以上乃法理运用之结果，若依国际旅游秩序言，在涉外案件则必须适用该公约，否则势必引起缔约国之抵制，反而不利台湾地区国民之旅游权益，其情形有如台湾地区虽非国际货币基金（IMF）与世界贸易组织（WTO）之会员（入会前），但在国际汇兑及国际贸易案件中，台湾地区法院实务上亦常引用 IMF 及 WTO 之规定而加以裁判。

贰、“发展观光条例”

“发展观光条例”第一条开宗明义规定：“为发展观光产业，宏扬中华文化，永续经营台湾特有之自然生态与人文景观资源，敦睦国际友谊，增进国民身心健康，加速‘国内’经济繁荣，制定本条例；本条例未规定者，适用其他法律之规定。”可见“发展观光条例”系“政府”为发展台湾观光所规定之特别法，观光主管机关在“中央”为“交通部”；在“直辖市”为“直辖市政府”；在县（市）为县（市）“政府”（同条例第三条）。本条例性质上属行政法规，并不涉及旅游契约当事人间私法关系包括契约之成立方式、效力等等，纵使旅行业（民法称为旅游营业人）违反其规定，亦仅生行政法之违反而负行政责任之效果而已，并不会影响旅游契约之效力。例如旧“发展观光条例”第二十四条规定：“旅行业办理团体观光旅客出国旅游时，应发行由其负责人签名或盖有公司印章之旅游文件；未发行旅游文件者，不得招揽旅客组团出国观光（第一项）。前项旅游文件经旅客同意签章后，其契约成立（第二项）。旅行业

48 有关本公约之条文内容，限于篇幅，请参阅许惠祐，前揭论文，同注 3，附录二。

49 本公约亦得由当事人合意指定为准据法加以适用。

因违约对旅客所生之损害，应负赔偿责任（第三项）。旅游文件格式及其必须记载之事项，由‘交通部’定之（第四项）。”其中第二、三项实系私法规定，故将其规定于该条例时有体例不合之问题，至2001年11月14日取消原第二十四条之规定，改于第二十九条规定：“旅行业办理团体旅游或个别旅客旅游时，应与旅客订定书面契约。前项契约之格式、应记载及不得记载事项，由‘中央’主管机关定之。旅行业将‘中央’主管机关订定之契约书格式公开并印制于收据凭证交付旅客者，除另有约定外，视为已依第一项规定与旅客订约。”已如前述。

叁、“旅行业管理规则”

“旅行业管理规则”，系依“发展观光条例”第六十六条规定订定之授权命令。该“规则”第三条规定：“旅行业应专业经营，以公司组织为限；并应于公司名称上标明旅行社字样。”必须准备相关文件，申请“交通部观光局”核准筹设（同规则第四条）。旅行业经核准筹设后，应于二个月内依法办妥公司设立登记，备具相关文件，并缴纳旅行业保证金、注册费向“交通部观光局”申请注册，经核准并发给旅行业执照赋予注册编号后，始得营业（同规则第五条），此为旅游营业人所必须符合之资格，以确保旅行业之品质，达到发展观光之目的。

肆、“消费者保护法”

“消费者保护法”（以下简称“消保法”）于1994年1月11日公布，同年月13日施行。在旅游契约中，旅客以消费为目的，而为接受服务，即为“消保法”第二条第一款所规定之消费者，旅游营业人系以提供服务为营业者，依“消保法”第二条第二款规定为企业经营者[50]，二者间发生消费关系，有消保法之适用。

旅游营业人与旅客所约定之旅游契约，如系由旅游营业人以定型化契约之方式为之者，有“消保法”第二章第二节定型化契约规定之适用，例如“消保法”第十一条之规定：“企业经营者在定型化契约中所用之条款，应本于平等互惠之原则。定型化契约条款如有疑义者，应为有利于

50　关于消费者及企业经营者之概念，请参阅詹森林、冯震宇、林明珠合著，认识消费者保护法，“行政院消费者保护委员会”编印，1995年2月，第十页。

消费者之解释。”第十二条：“定型化契约中之条款违反诚信原则，对消费者显失公平者，无效。定型化契约中之条款有下列情形之一者，推定其显失公平：一、违反平等互惠原则者。二、条款与其所排除不予适用之任意规定之立法意旨显相矛盾者。三、契约之主要权利或义务，因受条款之限制，致契约之目的难以达成者。”按“民法”第二百二十四条规定：“债务人之代理人或使用人，关于债之履行有故意或过失时，债务人应与自己之故意或过失，负同一责任。但当事人另有订定者，不在此限。”本条但书允许当事人自行约定排除债务人对债务履行辅助人行为负责规定之适用，惟旅游营业人如以定型化契约之方式排除者，在“消保法”未公布施行前，“最高法院”1991年度台上字第七九二号判决援引“民法”第七十二条之规定认为该条款违反公序良俗而无效。“消费者保护法”公布施行后，旅游营业人以定型化契约之方式排除契约上之基本义务，对契约之危险作不当之分配[51]，归由旅客负担并不合理，显然违背诚信原则，且该条款剥夺旅客之救济机会，旅游安全毫无保障，显然难以达成订立旅游契约之目的，依该法第十二条第一项及第二项第一、三款之规定系违反诚信原则，并推定其显失公平而无效。又如定型化契约约定，旅客在旅游开始前得缴交证照费用后解除契约，但应赔偿旅游营业人所受损害，其赔偿标准应依照解除契约时距旅游开始前期间之长短而递增，如约定于旅游开始日或开始后解除契约，或未通知不参加者，均应赔偿旅游费用百分之一百者，依“消保法”第十二条第一项、第二项第一款及“消保法施行细则”第十四条第三款之规定亦属无效。在“民法”债编各论增订旅游一节并公布施行后，如何判断旅游营业人所拟之定型化契约是否违反诚信原则，除仍须依“消保法”相关规定为之外，应据旅游一节之规定以验证其约定条款是否符合“消保法”第十二条第一项及第二项各款、“消保法施行细则”第十四条各款之规定而定。

“民法”第二百四十七条之一规定：“依照当事人一方预定用于同类契约之条款而订定之契约，为左列各款之约定，按其情形显失公平者，该部分约定无效：一、免除或减轻预定契约条款之当事人之责任者。二、

51　“消费者保护法施行细则”第十四条规定：“定型化契约条款，有下列情事之一者，为违反平等互惠原则：一、当事人间之给付与对待给付显不相当者。二、消费者应负担非其所能控制之危险者。三、消费者违约时，应负担显不相当之赔偿责任者。四、其他显有不利于消费者之情形者。”

加重他方当事人之责任者。三、使他方当事人抛弃权利或限制其行使权利者。四、其他于他方当事人有重大不利益者。”亦采相同之见解。本条在民法修正草案时即予列入，其时尚未有消费者保护法之立法，但因卫尔康大火案而使“消保法”快速地在1994年初完成立法，反观“民法”债编迟至1999年4月21日修正公布，2000年5月5日始施行，故“民法”第二百四十七条之一与“消保法”有关定型化契约之规定用语上即有些许差异。惟适用上“民法”第二百四十七条之一的范围较消保法所规定之定型化契约为广，盖其不必限于消费关系之契约，只要是当事人一方预定用于同类契约之条款而订定之契约，均有其适用。惟如属消费关系之定型化契约者，依特别法优于普通法原则，应先适用“消保法”之规定，而无“民法”第二百四十七条之一之适用。[52] 再者，“消保法”自1994年1月11日公布，同年1月13日施行；而“民法债编施行法”第十七条规定：“修正之‘民法’第二百四十七条之一之规定，于‘民法’债编修正施行前订定之契约，亦适用之。”故本条适用上有溯及力。

“消保法”第十七条第一、二项规定：“‘中央’主管机关得选择特定行业，公告规定其定型化契约应记载事项或不得记载之事项。违反前项公告之定型化契约之一般条款无效。该定型化契约之效力依前条规定定之。”“消保法施行细则”第十五条规定：“定型化契约记载于‘中央’主管机关公告应记载之事项者，仍有本法关于定型化契约规定之适用。‘中央’主管机关公告应记载之事项，未经记载于定型化契约者，仍构成契约之内容。”“交通部”于1999年5月18日公告发布台湾与国外旅游定型化契约应记载或不得记载事项（如附件），若旅游营业人所定之定型化契约未规定上开应记载事项公告之规定者，该公告之应记载事项仍构成契约之内容；反之，旅游营业人所定之定型化契约规定上开不得记载事项公告之规定者，其所约定之一般条款无效，此时除去该一般条款之部分后定型化契约亦可成立者，该契约之其他部分，仍为有效。但对当事人之一方显失公平者，该契约全部无效（“消保法”第十七条第二项适用第十六条）。最后，“交通部观光局”于2000年1月15日以观业八十九字第五二三号函发布“国外旅游定型化契约书范本”与“国内旅游定型化契约书范本”。

52 朱柏松，民法定型化契约规范之适用与解释，收录于月旦法学杂志，第五十四期，元照出版有限公司，第六〇页以下。

伍、"民法债编施行法"

"民法债编施行法"第二十九条规定："民法债编修正前，成立之旅游，其未终了部分自修正之日起，适用修正后之民法债编关于旅游之规定。"[53]"民法"债编旅游一节之规定，依"民法债编施行法"第二十九条之规定，并无溯及之效力，只有未终了部分自修正之日起，适用修正后之"民法"债编关于旅游之规定。而依同"施行法""行政院"版第三十六条第二项规定："民法债编修正条文及本施行法修正条文自公布日施行。"但经"立法院"以冲击太大宜规定过渡时期为理由而修正为："'民法'债编修正条文及本施行法修正条文自2000年5月5日施行。"故适用上可分为三种情形：

一、旅游在2000年5月5日前全部完成

此时旅游契约必先于民法债编修正前而成立，如其旅游在2000年5月5日前全部完成，此部分即无修正后之"民法"债编关于旅游之规定之适用。惟依"民法"第五百十四条之十一所规定，旅客得于受领其在旅游营业人安排之特定场所购之瑕疵物品后一个月内，请求旅游营业人协助其处理。此时如旅客受领有瑕疵物品之日在2000年4月4日前者，自无新法规定之适用；反之，如系在旅客受领有瑕疵物品之日在2000年4月4日后者，该规定所定之一个月期间，将越过2000年5月5日，此时是否属于"民法债编施行法"第二十九条所规定之"其未终了部分"？本书以为，"民法债编施行法"第二十九条所规定之"其未终了部分"，在"民法"第五百十四条之十一之适用上，应以购买瑕疵物品之时点为准，故只要旅客所购买瑕疵物品之日系在2000年5月5日之前者，均无旅游一节规定之适用，旅客不得请求旅游营业人协助瑕疵物品之处理。

二、旅游契约于2000年5月5日后签订

旅游契约既在2000年5月5日后签订，旅游一节规定已施行，故该旅游契约自应适用修正后之"民法"债编关于旅游之规定。

53 本条立法理由："一、本条新增。二、在民法债编修正前成立，而于'民法'债编修正施行时尚未终了之旅游，旅客与旅游营业人间之权义关系，其未终了部分宜自修正之日起，适用修正后新增关于旅游之规定，爰设本条规定。"

三、旅游期间跨越 2000 年 5 月 5 日前后

此种情形即系“民法债编施行法”第二十九条所规定之情形，当旅游期间跨越 2000 年 5 月 5 日前后时，2000 年 5 月 5 日前已终了部分，无修正后之“民法”债编关于旅游之规定；未终了部分自修正之日起，适用修正后之民法债编关于旅游之规定。不论是增加、减少或退还费用、损害赔偿、垫付费用偿还，或是双方权利义务等等均依此原则适用法规，但并不表示在 2000 年 5 月 5 日前已终了部分即无法律根据，当事人仍可援引旅游契约、消费者保护法及委任、承揽或居间等规定（旅游契约在未适用新法前仍为混合契约）以定其法律关系。例如依“民法”第五百十四条之十二所规定之一年消灭时效（或除斥期间），在未新法施行前，得类推适用“民法”第四百九十八条之规定是。

附　件

台湾地区旅游定型化契约应记载或不得记载事项

1999 年 5 月 18 日交路八十八（一）字第〇四一六四号公告发布

壹、记载事项：

（一）当事人之姓名、名称、电话及居住所（营业所）

旅客：

　　姓名：

　　电话：

　　住居所：

旅行业：

　　公司名称：

　　负责人姓名：

　　电话：

　　营业所：

（二）签约地点及日期

签约地点：

签约日期：

如未记载签约地点，则以消费者住所地为签约地点；

如未记载签约日期，则以交付定金日为签约日期。

（三）旅游地区、城市或观光点、行程、启程、回程终止之地点及日期。

如未记载前项内容，则以刊登广告、宣传文件、行程表或说明会之说明等为准。

（四）行程中之交通、旅馆、餐饮、游览及其所附随之服务。

说明如未记载前项内容，则以刊登广告、宣传文件、行程表或说明会之说明等为准。

（五）旅游之费用及其包含、不包含之项目

旅游之全部费用：新台币　　　　元。

旅游费用包含及不包含之项目如下：

1. 包含项目：代办证件之手续费或规费，交通运输费、餐饮费、住宿费、游览费用、接送费、服务费、保险费。

2. 不包含项目：旅客之个人费用、宜赠与导游、司机、随团服务人员之小费、个人另行投保之保险费、旅游契约中明列为自费行程之费用、其他非旅游契约所列行程之一切费用。

前项费用，当事人有特别约定者，从其约定。

（六）旅游活动无法成行时旅行业者之通知义务及赔偿责任因可归责旅行业之事由，致旅游活动无法成行者，旅行业于知悉无法成行时，应即通知旅客并说明其事由；怠于通知者，应赔偿旅客依旅游费用之全部计算之违约金；其已为通知者，则按通知到达旅客时，距出发日期时间之长短，依左列规定计算其应赔偿旅客之违约金。

1. 通知于出发日前第三十一日以前到达者，赔偿旅游费用百分之十。

2. 通知于出发日前第二十一日至第三十日以内到达者，赔偿旅游费用百分之二十。

3. 通知于出发日前第二日至第二十日以内到达者，赔偿旅游费用百分之三十。

4. 通知于出发日前一日到达者，赔偿旅游费用百分之五十。

5. 通知于出发当日以后到达者，赔偿旅游费用百分之一百。

因不可抗力或不可归责于旅行业之事由，致旅游活动无法成行者，旅行业于知悉旅游活动无法成行时应即通知旅客并说明其事由；其怠于通知，致旅客受有损害者，应负赔偿责任。

（七）集合及出发地

旅客应于　　年　月　日　时　分在　　　准时集合出发，旅客未准时到约定地点集合致未能出发，亦未能中途加入旅游者，视为旅客解除契约，旅行业得向旅客请求损害赔偿。

（八）出发前旅客任意解除契约及其责任

旅客于旅游活动开始前得解除契约，但应缴交行政规费，并依下列标准赔偿：

1. 旅游开始前第三十一日以前解除契约者，赔偿旅游费用百分之十。

2. 旅游开始前第二十一日至第三十日以内解除契约者，赔偿旅游费用百分之二十。

3. 旅游开始前第二日至第二十日期间内解除契约者，赔偿旅游费用百分之三十。

4. 旅游开始前一日解除契约者，赔偿旅游费用百分之五十。

5. 旅客于旅游开始日或开始后解除契约或未通知不参加者，赔偿旅游费用百分之一百。

前二项规定作为损害赔偿计算基准之旅游费用，应先扣除行政规费后计算之。

（九）证照之保管

旅行业代理旅客处理旅游所需之手续，应妥慎保管旅客之各项证件，如有遗失或毁损，应即主动补办。如因致旅客受损害时，应赔偿旅客之损失。

（十）旅行业务之转让

旅行业于出发前未经旅客书面同意，将本契约转让其他旅行业者，旅客得解除契约，其有损害者，并得请求赔偿。

旅客于出发后始发觉或被告知本契约已转让其他旅行业，旅行业应赔偿旅客全部团费百分之五之违约金，其受有损害者，并得请求赔偿。

（十一）旅游内容之变更

旅游中因不可抗力或不可归责于旅行业之事由，致无法依预定之旅程、交通、食宿或游览项目等履行时，为维护旅游团体之安全及利益，旅行业得依实际需要，于征得旅客过三分之二同意后，变更旅程、游览项目或更换食宿、旅程，如因此超过原定费用时，应由旅客负担。但因变更致节省支出经费，应将节省部分退还旅客。

除前项情形外，旅行业不得以任何名义或理由变更旅游内容，旅行业未依旅游契约所定与等级办理旅程、交通、食宿或游览项目等事宜时，旅客得请求旅行业赔偿差额二倍之违约金。

（十二）过失致行程延误

因可归责于旅行业之事由，致延误行程时，旅行业应即征得旅客之书面同意，继续安排未完成之旅游活动或安排旅客返回。旅行业怠于安排时，旅客并得以旅行业之费用，搭乘相当等级之交通工具，自行返回出发地。

前项延误行程期间，旅客所支出之食宿或其他必要费用，应由旅行业负担。旅客并得请求依全部旅费除以全部旅游日数乘以延误行程日数计算之违约金。但延误行程之总日数，以不超过全部旅游日数为限。延误行程时数在二小时以上未满一日者，以一日计算。

依第一项约定，安排旅客返回时，另应按实计算赔偿旅客未完成旅程之费用及由出发地点到第一旅游地。与最后旅游地返回之交通费用。

（十三）故意或重大过失弃置旅客

旅行业于旅游途中，因故意或重大过失弃置旅客不顾时，除应负担弃置期间旅客支出之食宿及其他必要费用，及按实计算退还旅客未完成旅程之费用，及由出发地至第一旅游地与最后旅游地返回之交通费用外，并应赔偿依全部旅游费用除以全部旅游日数乘以弃置日数后相同金额二倍之违约金。但弃置日数之计算，以不超过全部旅游日数为限。

（十四）旅行业应依主管机关之规定为旅客办理责任保险及履约保险，并应载明投保金额及责任金额，如未载明，则依主管机关之规定。

如未依前项规定投保者，于发生旅游事故或不能履约之情形，以主管机关规定最低投保金额计算其应理赔金额之三倍作为赔偿金额。

（十五）旅客于旅游活动开始后，中途离队退出旅游活动时，不得要求旅行业退还旅游费用。但旅行业因旅客退出旅游活动后，应可节省或无须支出之费用，应退还旅客。旅行业并应为旅客安排脱队后返回出发地之住宿及交通。

旅客于旅游活动开始后，未能及时参加排定之旅游项目或未能及时搭乘飞机、车、船交通工具时，视为自愿放弃其权力，不得向旅行业要求退费或任何补偿。第一项住宿、交通费用以及旅行业为旅客安排之费用，由旅客负担。

（十六）当事人签订之旅游契约条款如较本应记载事项规定标准而对消费者更为有利者，从其约定。

贰、不得记载事项

（一）旅游之行程、服务、住宿、交通、价格、餐饮等内容不得记载“仅供参考”或使用其他不确定用语之文字。

（二）旅行业对旅客所负义务排除原刊登之广告内容。

（三）排除旅客之任意解约、终止权利及逾越主管机关规定或核备旅客之最高赔偿标准。

（四）当事人一方得为片面变更之约定。

（五）旅行业除收取约定之旅游费用外，以其他方式变相或额外加价。

（六）除契约另有约定或经旅客同意外，旅行业临时安排购物行程。

（七）免除或减轻旅行业管理规则及旅游契约所载应履行之义务者。

（八）记载其他违反诚信原则、平等互惠原则等不利旅客之约定。

（九）排除对旅行业履行辅助人所生责任之约定。

附　　件

“国外旅游定型化契约应记载及不得记载事项”

1999年5月18日交路八十八（一）字第〇四一六四号公告发布

壹、应记载事项：

（一）当事人之姓名、名称、电话及居住所（营业所）

旅客：

姓名：

电话：

住居所：

旅行业：

公司名称：

负责人姓名：

电话：

营业所：

（二）签约地点及日期

签约地点：

签约日期：

如未记载签约地点，则以消费者住所地为签约地点；如未记载签约日期，则以交付定金日为签约日期。

（三）旅游地区、城市或观光点、行程、启程、回程终止之地点及日期。

如未记载前项内容，则以刊登广告、宣传文件、行程表或说明会之说明等为准。

（四）行程中之交通、旅馆、餐饮、游览及其所附随之服务说明如未记载前项内容，则以刊登广告、宣传文件、行程表或说明会之说明为准。

（五）旅游之费用及其包含、不包含之项目

旅游之全部费用：新台币　　　元。

旅游费用包含及不包含之项目如下：

1. 包含项目：代办证件之手续费或规费，交通运输费、餐饮费、住宿费、游览费用、接送费、服务费、保险费。

2. 不包含项目：旅客之个人费用、宜赠与导游、司机、随团服务人员之小费、个人另行投保之保险费、旅游契约中明列为自费行程之费用、其他非旅游契约所列行程之一切费用。

前项费用，当事人有特别约定者，从其约定。

（六）旅游活动无法成行时旅行业者之通知义务及赔偿责任

因可归责旅行业之事由，致旅游活动无法成行者，旅行业于知悉无法成行时，应即通知旅客并说明其事由；怠于通知者，应赔偿旅客依旅游费用之全部计算之违约金；其已为通知者，则按通知到达旅客时，距出发日期时间之长短，依左列规定计算其应赔偿旅客之违约金。

1. 通知于出发日前第三十一日以前到达者，赔偿旅游费用百分之十。

2. 通知于出发日前第二十一日至第三十日以内到达者，赔偿旅游费用百分之二十。

3. 通知于出发日前第二日至第二十日以内到达者，赔偿旅游费用百分之三十。

4. 通知于出发日前一日到达者，赔偿旅游费用百分之五十。

5. 通知于出发当日以后到达者，赔偿旅游费用百分之一百。

因不可抗力或不可归责于旅行业之事由，致旅游活动无法成行者，旅行业于知悉旅游活动无法成行实应即通知旅客并说明其事由；其怠于通知，致旅客受有损害者，应负赔偿责任。

（七）集合及出发地

旅客应于　　年　月　日　时　分在　　　准时集合出发，旅客未准时到约定地点集合致未能出发，亦未能中途加入旅游者，视为旅客解除契约，旅行业得向旅客请求损害赔偿。

（八）出发前旅客任意解除契约及其责任

旅客于旅游活动开始前得缴交证照费用后解除契约，但应赔偿旅行业之损失，其赔偿标准如下：

1. 旅游开始前第三十一日以前解除契约者，赔偿旅游费用百分之十。

2. 旅游开始前第二十一日至第三十日以内解除契约者，赔偿旅游费用百分之二十。

3. 旅游开始前第二日至第二十日期间内解除契约者，赔偿旅游费用百分之三十。

4. 旅游开始前一日解除契约者，赔偿旅游费用百分之五十。

5. 旅客于旅游开始日或开始后解除契约或未通知不参加者，赔偿旅游费用百分之一百。

前二项规定作为损害赔偿计算基准之旅游费用，应先扣除签证费用后计算之。

（九）出发后无法完成旅游契约所定旅游行程之责任

旅行团出发后，因可归责于旅行业之事由，致旅客因签证、机票或其他问题无法完成其中之部分旅游者，旅行业应以自己之费用安排旅客至次一旅游地，与其他团员会合；无法完成旅游之情形，对全部团员均属存在时，并应依相当之条件安排其他旅游活动代之；如无次一旅游地时，应安排旅客返台湾。

前项情形旅行业未安排代替旅游时，旅行业应退还旅客未旅游地部分之费用，并赔偿同额之违约金。因可归责于旅行业之事由，致旅客遭当地政府逮捕羁押或留置时，旅行业应赔偿旅客以每日新台币二万元整计算之违约金，并应负责迅速接洽营救事宜，将旅客安排返台湾，其所需一切费用，由旅行业负担。

（十）领队

旅行业应指派领有领队执业证之领队。

旅客因旅行业违反前项规定，致遭受损害者，得请求旅行业赔偿。

领队应带领旅客出境旅游，并为旅客办理出入境手续、交通、食宿、游览及其他完成旅游所须之往返全程随团服务。

（十一）证照之保管及返还

旅行业代理旅客办理出境签证或旅游手续时，应妥慎保管旅客之各项证照，及申请该证照而持有旅客之印章、身份证等，旅行业如有遗失或毁损者，应行补办，其致旅客受损害者，并应赔偿旅客之损失。旅客于旅游期间，应自行保管其自有旅游证件，但基于办理通关过境等手续之必要，或经旅行业同意者，得交由旅行业保管。

前项旅游证件，旅行业及其受雇人应以善良管理人注意保管之，但旅客得随时取回，旅行业及其受雇人不得拒绝。

（十二）旅行业务之转让

旅行业于出发前未经旅客书面同意，将本契约转让其他旅行业者，旅客得解除契约，其有损害者，并得请求赔偿。

旅客于出发后始发觉或被告知本契约已转让其他旅行业，旅行业应赔偿旅客全部团费百分之五之违约金，其受有损害者，并得请求赔偿。

（十三）旅游内容之变更

旅游中因不可抗力或不可归责于旅行业之事由，致无法依预定之旅程、交通、食宿或游览项目等履行时，为维护旅游团体之安全及利益，旅行业得依实际需要，于征得旅客过三分之二同意后，变更旅程、游览项目或更换食宿、旅程，如因此超过原定费用时，应由旅客负担。但因变更致节省支出经费，应将节省部分退还旅客。

除前项情形外，旅行业不得以任何名义或理由变更旅游内容，旅行业未依旅游契约所定与等级办理旅程、交通、食宿或游览项目等事宜时，旅客得请求旅行业赔偿差额二倍之违约金。

（十四）过失致旅客留滞国外

因可归责于旅行业之事由，致旅客留滞国外时，旅客于留滞期间所支出之食宿或其他必要费用，应由旅行业全额负担，旅行业并应尽速依预定旅程安排旅游活动，或安排旅客返国，并赔偿旅客依旅游费用总额除以全部旅游日数乘以留滞日数计算之违约金。

（十五）恶意弃置或留滞旅客

旅行业于旅游活动开始后，因故意或重大过失，将旅客弃置或留滞国外不顾时，应负担旅客被弃置或留滞期间所支出与旅游契约所订同等级之食宿、返国交通费用或其他必要费用，并赔偿旅客全部旅游费用五倍之违约金。

（十六）旅行业应依主管机关之规定为旅客办理责任保险及履约保险，并应载明投保金额及责任金额，如未载明，则依主管机关之规定。

如未依前项规定投保者，于发生旅游事故或不能履约之情形时，以主管机关规定最低投保金额计算其应理赔金额之三倍作为赔偿金额。

（十七）旅客于旅游活动开始后，中途离队退出旅游活动时，不得要求旅行业退还旅游费用。但旅行业因旅客退出旅游活动后，应可节省或无须支出之费用，应退还旅客；旅行业并应为旅客安排脱队后返回出发地之住宿及交通。

旅客于旅游活动开始后，未能及时参加排定之旅游项目或未能及时搭乘飞机、车、船等交通工具时，视为自愿放弃其权利，不得向旅行业要求退费或任何补偿。

第一项住宿、交通费用以及旅行业为旅客安排之费用，由旅客负担。

（十八）当事人签订之旅游契约条款如较本应记载事项规定标准而对消费者更为有利者，从其约定。

贰、不得记载事项

（一）旅游之行程、服务、住宿、交通、价格、餐饮等内容不得记载“仅供参考”或“以外国旅游业提供者为准”或使用其他不确定用语之文字。

（二）旅行业对旅客所负义务排除原刊登之广告内容。

（三）排除旅客之任意解约、终止权利及逾越主管机关规定或核备旅客之最高赔偿标准。

（四）当事人一方得为片面变更之约定。

（五）旅行业除收取约定之旅游费用外，以其他方式变相或额外加价。

（六）除契约另有约定或经旅客同意外，旅行业临时安排购物行程。

（七）旅行业委由旅客代为携带物品返台湾之约定。

（八）免除或减轻旅行业管理规则及旅游契约所载应履行之义务者。

（九）记载其他违反诚信原则、平等互惠原则等不利于旅客之约定。

（十）排除对旅行业履行辅助人所生责任之约定。

第九章

出　　版

【案例研究】

甲教授将其所著之“民法专题研究”委由乙出版社代为出版，约定稿酬为利润之百分之十，惟著作财产权并不移转于乙。试问：

一、如未特别约定者，乙得代甲出版几次?

二、乙是否得行使著作财产权人之权利?

三、乙得否就甲之著作代为增减或变更?

四、甲所交付之电脑磁片因大火肆虐乙办公室而灭失时，甲、乙应如何处理?

第一节　出版之意义及性质

壹、出版之意义

“民法”第五百十五条第一项规定：“称出版者，谓当事人约定，一方以文学、科学、艺术或其他之著作，为出版而交付于他方，他方担任印刷或以其他方法重制及发行之契约。”[1] 兹分述其意义如下：

1　本条项修正理由：“一、原条文将可供出版之著作，以列举之方式。惟现代之精神与文化生活复杂广泛，所定可供出版之著作，不宜列举，以例示为妥。又出版事业进步，著作除以印刷方式出版外，尚有以其他方法重制者。本条爰参照‘著作权法’第三条第一项第一款、第五款修正。”

一、出版权授与人将著作为出版目的交付出版人之契约

出版契约系由出版权授与人以出版著作为目的，而将著作交付出版人之契约。所谓著作，民法并无明文规定，解释上凡系精神劳动所得之作品均得为之，因现代之精神及文化生活复杂广泛，加上出版事业日新月异，可供出版之著作繁多，例如语文、音乐、戏剧、舞蹈、美术、摄影、图形、视听、录音、建筑、电脑程式等等（“著作权法”第五条第一项）。故本条所定可供出版之著作，以文学、科学、艺术为其例示规定。至于交付，应依“民法”第七百六十一条之规定为之。

出版契约之当事人有二，一方称为“出版权授与人”，“民法”第五百十五条之一称为“著作人或其权利继受人”，亦即交付著作之人，此人固常为著作人，但著作人之继承人或受让人亦得为之，惟其必须要有出版权始可。另一方则称为“出版人”，即担任印刷发行者，乃出版人因出版契约之成立，负有出版之义务，并应以自己之计算（即盈亏归于出版人）出版，同时更取得出版权，此出版权不仅为出版契约对出版权授与人请求允许出版之一种债权，且具有排斥第三人行使之一种物权性的权利。

“著作权法”第三十六条明定著作财产权之让与性，民法本节对于出版权之让与，则无明文。除依契约自由原则外，出版权既得授与，当可转让或设质[2]，且不以登记为对抗要件。[3] 例外情形如出版权授与时约定禁止让与者，依“民法”第二百九十四条第一项第二款规定不得让与，但此特约不得以之对抗善意第三人（“民法”第二百九十四条第二项参照）。

二、出版人担任印刷或其他方法重制及发行之契约

出版事业进步，著作除以印刷方式出版外，尚有以其他方法重制之

2 “最高法院”1965年度台抗字第529号判例：“出版权为无体财产权之一，亦得为设质之标的，且其设质应以当事人合意为已足，其未经声请登记或注册，不过不得以之对抗第三人而已，与设质无涉。”因著作权之让与已不以登记为对抗要件，出版权之让与亦无此等规定，故本判例关于以登记为对抗要件之部分，应不再援用。

3 史尚宽，债法各论，作者自刊，1986年11月台北六刷，第三四六页。郑玉波，民法债编各论，下册，三民书局股份有限公司，1991年10月十四版，第四〇二页。邱聪智，债法各论，中册，作者自刊，1996年11月二刷，第一五〇页。“著作权法”第三十九条规定：“以著作财产权为质权之标的物者，除设定时另有约定外，著作财产权人得行使其著作财产权。”

情形[4]，本条明定以“印刷或其他方法重制及发行”为出版[5]，较为完整。至于重制[6]，依“著作权法”第三条第一项第五款之规定，系指以印刷、复印、录音、录影、摄影、笔录或其他方法有形之重复制作，于剧本、音乐著作或其他类似著作演出或播送时予以录音或录影[7]属之。

至于其出版权究于何时授与出版人，“民法”第五百十五条之一规定：“出版权于著作人或其权利继受人依出版契约将著作交付于出版人时，授与出版人。依前项规定授与出版人之出版权，于出版契约终了时消灭。”[8] 本条明定出版契约当事人一方包括著作人及其权利之继受人外，并明文规定出版权之开始（交付时）与消灭（出版契约终了时）之时点。

贰、出版之性质

一、有名契约

出版明定于“民法”债编各论第九节，自为一有名契约。

二、不要式契约

出版契约，民法并未规定以书面为限，故为不要式契约，当事人间意思表示合致，依“民法”第 百五十三条之规定，出版契约即为成立。

4 例如“有声书”或“电子书”。

5 “最高法院”1996 年度台上字第 1167 号判决：“视听著作系著作权法规定之著作之一，视听著作中所需之音乐、歌曲，如得音乐著作、录音著作著作权人之同意，即得加以利用而成该视听著作内容之一部分，整体视听著作之著作权即归其著作人所享有，原音乐著作或录音著作之著作权人即不得就该视听著作中音乐、歌曲、声音部分主张著作权。除有反对之约定外，视听著作之著作权人就整体视听著作之重制，亦得为之。”

6 “最高法院”1995 年度台上字第 780 号判决：“著作权所保护之对象，系表达构想之形态及其原创性，而所谓‘重制’指以印刷、复印、录音、录影、摄影、笔录及其他方法有形之重要复制作，又美术著作依性质仅专有重制、公开展示、改作权利而不及于依该著作图形所制成之成品，至依图形所成之成品系实施权，图形所蕴含之原理、原则功能、技术应系专利权之范畴。被告生产之钥匙圈，系以机械制造之‘制成品’，该‘制成品’既非著作，自非著作权保护之对象。”

7 “著作权法”第三条第一项第五款中关于“依建筑设计图或建筑模型建造建筑物”，其性质上应非本节出版之重制方法。

8 本条增订理由“一、本条新增。二、出版权，于出版权授与人依出版契约将著作交付于出版人时，授与出版人，为期明确并避免疑义，于本条第一项增订出版人出版权之授与时期。三、又仿前开外国立法例，于第二项规定出版人依第一项规定取得之出版权，于契约终了时消灭。”

三、不要物契约

出版契约并不以著作之交付为其成立或生效要件，故为不要物契约，依“民法”第一百五十三条之规定，出版契约即为成立。[9]

四、双务契约

出版权授与人依出版契约之约定负有交付著作物之义务，同时出版人负有出版之义务，此二义务具有对价性，故出版契约为双务契约。惟一般双务契约当事人间之利益相反，而出版契约当事人双方则均有出版之共同目的，双方利益均为一致。[10]

通常情形下，出版权授与人应先将著作物交付于出版人，出版人方得将其出版，故出版权授与人有先为履行之义务，不得主张同时履行抗辩权（“民法”第二百六十四条第一项但书参照）。

五、有偿契约

出版契约为双务契约，以交付著作物与印刷发行互为对价，已如前述，故不问有无报酬，均为有偿契约。是纵未有报酬，仍有其对价关系存在，仍属有偿契约。[11]

第二节　出版之成立

出版契约为不要式、不要物契约，当事人间意思表示合致，依“民法”第一百五十三条之规定，出版契约即为成立，已如前述。

按人民有言论自由，加上社会风气开放，报禁解除，近来投稿者日众，学术期刊、杂志、报纸等发行量亦逐年增高，在供需的市场中，读者投书、文学奖等优等悬赏广告、学术论文发表所在多有。如出版权授

9　有认为应以交付著作物为契约之公示方法，请参阅史尚宽，前揭书，同注3，第三四三页。

10　史尚宽，前揭书，同注3，第三四三页。

11　郑玉波，前揭书，同注3，第三九九页。邱聪智，前揭书，同注3，第一四三页。反对见解认为出版契约可为有偿或无偿，此系因著作人对于著作之公开有名誉上之利益，并不以物质上之报酬为限。史尚宽，前揭书，同注3，第三四三页。

与人及出版人间并未为出版契约之意思表示，而出版权授与人将著作投稿者，双方法律关系为何？“民法”第五百十五条第二项规定：“投稿于新闻纸或杂志经刊登者，推定成立出版契约。”[12] 按该投稿可能有赠与、买卖、使用借贷、租赁等各种不同性质，如契约内容未约定为何种契约，宜推定成立出版契约[13]，当事人仍得以反证推翻该项推定。若当事人之契约内容约定为赠与、买卖等其他契约者，从其约定，俾使其有所依据。

至于新闻纸、杂志或期刊等出版品上出版人注明如稿件或刊登者其日后著作权之归属、稿酬之计算等等，该记载是否能成为契约之内容，或有疑问。愚意以为出版品为上述记载者，应属“优等悬赏广告”（“民法”第一百六十五条之一至第一百六十五条之四参照），且具有为附合契约之性质，应有“民法”第二百四十七条之一之适用。如出版品记载投稿一经采用即永久让与著作权者，应认为构成“民法”第二百四十七条之一第三款“使他方当事人抛弃权利或限制其行使权利者”及第四款“其他于他方当事人有重大不利益者”之情形，显失公平而属无效。反之，如仅约定出版人有刊登一次或于适当时期集结成册出版者，应认为无“民法”第二百四十七条之一之适用，而认为其有效。

第三节　出版之效力

壹、对出版权授与人之效力

一、著作之交付及权利之授与

出版契约为不要物之契约，其成立虽不以交付著作为必要，但事后因履行契约，出版权授与人自应将著作交付于出版人，以便出版。惟为尊重著作人之人格，原则上未公开发表之著作原件及其著作财产权，除作为买卖之标的或经本人允诺者外，不得作为强制执行之标的（“著作权

12　本条项增订理由：“二、投稿可能有各种不同性质。如契约内容未约定为何种契约，宜推定成立出版契约，惟当事人仍得以反证推翻该项推定，爰增订第二项。”

13　“著作权法”第四十一条之规定：“著作财产权人投稿于新闻纸、杂志或授权公开播送著作者，除另有约定外，推定仅授与刊载或公开播送一次之权利，对著作财产权人之其他权利不生影响。”

法”第二十条、“强制执行法”第五十三条第一项第六款参照），仅得解除契约而请求损害赔偿。

交付著作之同时应授与出版权，“民法”第五百十六条第一项规定：“著作财产权人之权利，于合法授权实行之必要范围内，由出版人行使之。”[14] 按著作权内容具有积极权能及消极权能，前者包括出版、演奏、上映、播送、改作等等；后者则是禁止他人侵害之权能。[15] 至于“合法授权实行之必要范围”以外之权利，仍由著作人行使之。

二、权利之担保及告知义务

（一）权利之担保

“民法”第五百十六条第二项规定：“出版权授与人，应担保其于契约成立时，有出版授与之权利，如著作受法律上之保护者，并应担保该著作有著作权。”[16] 故出版权授与人应担保者有二：

1. 担保其有出版授与之权利：出版人取得出版权，须出版权授与人有出版授与之权利（处分权）始可，否则出版人不能取得出版权，故出版权授与人应担保于契约成立时，自己有出版授与之权利。如出版权授与人无此权利者，其出版契约并非无效，此时出版权授与人所为授与行为，性质上应属无权处分，须真正拥有出版权人之承认，始生授与之效力，“民法”第一百十八条第一项定有明文，如真正出版权人不承认者，该出版权之授与即为无权处分，此时出版权授与人应对出版人负给付不能之债务不履行责任（“民法”第二百二十六条参照）与权利瑕疵担保责任（“民法”第三百四十七条准用第三百四十九条至第三百五十三条参照）。[17]

2. 担保其有著作权：所谓“著作受法律上之保护”者，应依著作权法之规定以为判断之标准。“著作权法”第十条规定：“著作人于著作完成时享有

14 本条项修正理由：“一、原条文第一项所谓‘著作人之权利’系指‘著作财产权人之权利’，为期明确，爰予修正。又‘移转’一词，易使人误解著作人于其权利移转后，无从回复。为避免疑义，爰予修正。”

15 司法院1937年院字第1648号解释：“民法第五百一十六条所指著作人之权利，其对于侵害人提起诉讼之权，应解为系在其必要范围内。又著作权法第二十三条所称权利人，亦包括享有出版权之出版人在内，故无论出版契约就此有无订定，出版人均得依前述规定，对于侵害人提起诉讼。”

16 本条项修正理由：“二、为期与著作权法第三条第一项第一款之用语一致，爰将第二项之‘著作物’修正为‘著作’。并将末句之‘其’字修正为‘该著作’。”

17 如认为出版契约或为无偿契约者，则于出版契约为无偿契约时，应类推适用“民法”第四百十四条关于附负担赠与权利瑕疵之规定，请参阅史尚宽，前揭书，同注3，第三四七页。

著作权。但本法另有规定者，从其规定。”将著作权之成立已从注册主义改采创作主义，著作人系以实际创作著作之人为准。因此，所有符合“著作权法”第五条之规定之著作均受著作权法之保护，如受侵害，应依“著作权法”第八十四条、第八十五条请求救济[18]，故均应包括于“民法”第五百十六条第二项“著作受法律上之保护”之范围内，出版权授与人均应担保其有所有权。

（二）告知义务

出版权授与人之告知义务，“民法”第五百十六条第三项规定：“出版权授与人，已将著作之全部或一部，交付第三人出版，或经第三人公开发表，为其所明知者，应于契约成立前将其情事告知出版人。”兹分述如下：

1. 告知义务人：告知义务人旧民法规定为“出版物授与人”，乃立法笔误[19]，盖出版契约中并无“出版物授与人”之语，故新法将其修正为“出版权授与人”。

2. 告知事项：出版权授与人之告知事项包括：

（1）已将著作之全部或一部交付第三人出版

（2）业经第三人公开发表

例如论文于学术期刊上发表，待论文篇数足以集结成册后而出版时，应告知出版人其曾发表之情事是；或是教授将上课时由学校所印成之讲义发给学生亦同。此等告知义务之成立，有其限制，必须为出版权人对第三人之公开发表所明知者始可，否则不得令其负此义务。

3. 告知期间：告知期间须在出版契约成立之前。按契约成立之前，当事人尚未发生法律关系，彼此间本无权利义务可言，其出版权授与人须负告知义务，实乃诚实信用原则[20]之适用，此与“民法”第六百三十

18 萧雄淋，新著作权法逐条释义（一），作者自刊，1993 年 9 月初版，第二六页。并请参照“最高法院”1990 年度台上字第 2674 号判决：“发行固为著作权之权能之一，但发行权系由著作权衍生之另一种权利，并非著作权本身，如著作权人不自己发行，而系授权他人发行者，其发行权人即非著作权人。是以，侵害发行权，并非当然侵害著作权。司法院廿六、三、廿五院字第一六四八号解释，谓著作权法第二十三条所称权利人，亦包括享有出版权之出版人在内云云，系专就旧著作权法第二十三条所定：‘著作权经注册后，其权利人得对于他人翻印，仿制或以其他方法侵害利益，提起诉讼’而为解释，此项旧法条规定内容既未经现行著作权法保留而为规定，则上开解释即无援用之余地。”

19 本条项修正理由：“三、第三项所称‘出版物授与人’实为‘出版权授与人’之误，爰予更正。又为期与著作权法之用语一致，爰将‘著作物’修正为‘著作’，‘公表’修正为‘公开发表’。”

20 关于诚实信用原则，请参阅拙著，再论诚实信用原则及权利滥用禁止原则之机能，本土法学杂志，2001 年 5 月，第二十二期，第三六页。

一条（托运人告知义务）及“保险法”第六十四条（要保人据实说明义务）旨趣相同。告知义务使出版人得以斟酌情形，再决定是否订约。出版权授与人如违反此告知义务者，于出版权已为第三人所取得时，即属“民法”第五百十六条第二项所定之权利瑕疵，应依“民法”第三百四十七条准用第三百四十九条之规定，负权利瑕疵担保责任；若仅属于已由第三人公开发表，而出版人尚能取得出版权，仅为减少出版物价值之一种物的瑕疵，应依“民法”第三百四十七条准用第三百五十四条以下规定负物之瑕疵担保责任。

三、不竞争义务

“民法”第五百十七条规定：“出版权授与人于出版人得重制发行之出版物未卖完时，不得就其著作之全部或一部，为不利于出版人之处分。但契约另有订定者，不在此限。”[21] 盖出版物之重制发行，贵在独占，如果同时印行，必造成竞争而妨害出版人之利益，故有本条之设。所谓不利出版人之处分，例如再委托第三人出版或自行出版是，违者应负债务不履行损害赔偿责任。

四、订正修改权

“民法”第五百二十条规定：“著作人于不妨害出版人出版之利益，或增加其责任之范围内，得订正或修改著作。但对于出版人因此所生不可预见之费用，应负赔偿责任。出版人于重制新版前，应予著作人以订正或修改著作之机会。”[22] 是为著作人之订正修改权。著作人行使订正修改权者，须受二种限制：

（一）须不妨害出版人出版之利益

所谓不妨害出版人出版之利益，例如将著作内容删除过多，致其卖价减少；或增加不必要之内容，致销路减低等等。

（二）须不增加出版人之责任

所谓不增加出版人之责任，例如对著作物插入图画、增加注解过多，致

21 本条修正理由：“为配合第五百十五条之修正，爰将‘印行’修正为‘重制发行’，‘著作物’修正为‘著作’。又出版契约之当事人间如另有相反之约定时，基于私法自治之契约自由原则，宜从其约定，爰增订但书规定。”

22 本条修正理由：“为期与‘著作权法’第三条第一项第一款、第五款之用语一致，爰将第一项‘著作物’修正为‘著作’、第二项‘印刷’修正为‘重制’。”

出版人须另行购买该图画之著作权等是。本条所称之“责任”，应包括民、刑事责任。[23] 如未符合上述限制者，著作人不得行使订正修改权；反之，符合上述限制者，著作人虽得订正或修改著作，惟因此所生之费用，应由著作人负赔偿之责。本条仅限于出版权授与人与著作人系同一人之情形始有其适用余地，此观本条第一项规定之“著作人”即可得知。此等订正修改权，不仅在初版时有之，重制新版时亦有之。出版人如违反此项规定，未予以订正或修改之机会，致著作人发生损害时，出版人应负赔偿责任。

须注意的是，著作人虽有订正修改权，是否亦有订正修改义务？民法并未明文，故除契约本身另有约定外（如约定于再版时须订正上次版本之错误是），仅得依“民法”第一百四十八条诚实信用原则之规定，认为有必要时，著作人始负此义务。[24] 例如六法全书因法令增修甚多、“宪法”教科书因“国民大会”“修宪”而必须加以订正修改，否则必影响销路，复依“民法”第五百十九条第一项之规定，出版人对于著作不得增减或变更，故解释上著作人应有订正修改义务，如竟拒绝修改，应认其有悖于诚实信用原则，理论上得类推适用“民法”第五百二十七条第二项之规定，由出版人于可能且公平之情形下，声请法院判令第三人为修改。[25]

贰、对出版人之效力

一、出版权与出版义务

（一）出版权

所谓出版权，系依“民法”第五百十六条第一项之规定，著作财产权人之权利，于合法授权实行之必要范围内，由出版人行使之。此时出版人得以印刷以其他方法重制）及发行，并排除第三人侵害之权利，惟订正修改权（“民法”第五百二十条）及翻译权[26]（“民法”第五百二十二条）则不包括在内。

（二）出版义务

出版人有出版权之同时亦负有出版义务，“民法”第五百十八条规

23 史尚宽，前揭书，同注 3，第三四八页。郑玉波，前揭书，同注 3，第四〇六页。

24 史尚宽，前揭书，同注 3，第三四八页。

25 史尚宽，前揭书，同注 3，第三四八页。

26 本条删除理由：“按出版权系指得将著作出版之权利，本不包括翻译之改作权在内，且出版权授与人未必均享有翻译之改作权，为免滋生疑义，爰予删除。”

定："版数未约定者，出版人仅得出一版。出版人依约得出数版或永远出版者，如于前版之出版物卖完后，怠于新版之重制时，出版权授与人得声请法院令出版人于一定期限内，再出新版。逾期不遵行者，丧失其出版权。"[27] 版权得由当事人约定，未约定者，出版人仅得出一版；如有约定，尚有二种情形：约定出数版或约定永远出版，均有"民法"第五百十八条第二项之适用，以防止其著作绝版。出版人如因故意或过失而不出新版，自属违背出版义务，依"民法"第二百二十六条而应对出版权授与人负损害赔偿义务。

为尊重著作人之人格，"民法"第五百十九条规定："出版人对于著作，不得增减或变更。出版人应以适当之格式重制著作，并应为必要之广告及用通常之方法推销出版物。出版物之卖价，由出版人定之。但不得过高，致碍出版物之销行。"[28] 本条规定不论增删变更是否有利，均不得为之。但如投稿报章出版品事先声明或预定报社、杂志社有删修权，不在此限。[29] 出版义务除版数以外，尚有重制与发行之问题。就重制而言，出版人应以适当之格式重制著作，例如文字之排列方式、图画表册位置配列适当、甚至目录、大纲、索引、注释等皆应予适当方式为之。就发行而言，出版人应为必要之广告及用通常之方法推销出版物。至于出版物之卖价，则由出版人定之。但不得过高，致碍出版物之销行，否则出版权授与人有权请求减低。[30]

"民法"第五百二十一条规定："同一著作人之数著作，为各别出版而交付于出版人者，出版人不得将其数著作，并合出版。出版权授与人就同一著作人或数著作人之数著作为并合出版，而交付于出版人者，出版人不得将著作，各别出版。"[31] 本条明白规定，如著作人要求并合出版或各别出版者，应尊重著作人之意思，出版人不得加以变更。

最后，不论著作人与出版权授与人是否属同一人，出版人均应尊重

27 本条修正理由："为期与'著作权法'第三条第一项第五款之用语一致，爰将第二项'印刷'修正为'重制'。"

28 本条修正理由："为配合第五百十五条之修正，'著作物'修正为'著作'，'印刷'修正为'重制'，以期与著作权法第三条之用语一致。"

29 邱聪智，前揭书，同注3，第一六四页。

30 史尚宽，前揭书，同注3，第三五二页。

31 本条修正理由："一、为期与'著作权法'第三条第一项第一款之用语一致，爰将第一项及第二项之'著作物'修正为'著作'。二、依出版契约，有义务交付著作予出版人者，为'出版权授与人'，原条文第二项仅表明'著作人'，尚无法完全涵盖其范围，爰予修正。"

著作人之著作人格权（即著作人姓名表示权），不得将之除去，否则可能构成侵害著作人格权。

二、报酬给付义务

（一）报酬之给付

“民法”第五百二十三条第一项之规定：“如依情形非受报酬，即不为著作之交付者，视为允受报酬。”[32] 例如出版权授与人系以写作为生之作家，自非受报酬，即不为著作物之交付。此种情形，纵未约明报酬，法律上亦视为出版人当然允与报酬。如系“民法”第五百十五条第二项“推定成立出版契约”之情形，更应有本条项之适用。反之，如该投稿已约明为赠与者，无本条项规定之适用。

（二）报酬之数额

关于报酬之数额，依私法自治原则，应由当事人约定之，但出版人有出数版之权者，依“民法”第五百二十三条第二项之规定，其次版之报酬，及其他出版之条件，推定与前版相同。因此若主张其不相同者，应负举证责任。而其报酬计算之方式（字数、销售情形等等），亦由当事人约定之，未约定者，依“民法”第一条规定，从出版界习惯定之。

（三）报酬之给付时期

“民法”第五百二十四条规定：“著作物全部出版者，于其全部重制完毕时，分别出版者，于其各部分重制完毕时应给付报酬。报酬之全部或一部，依行销之多寡而定者，出版人应依习惯计算，支付报酬，并应提出销行之证明。”[33] 是为报酬给付时期之规定。所谓依习惯计算而支付报酬，系指依出版界之习惯而言，例如半年计算一次、或再版时再计算等等。因出版人须提出销行之证明，故此种报酬之给付时期，应在销行之后，而非重制完毕之时。

叁、危险负担

出版契约之危险负担，“民法”出版一节设有特别规定，应优先于买

32 本条修正理由：“为期与‘著作权法’第三条第一项第一款之用语一致，爰将第一项之‘著作物’修正为‘著作’。”

33 本条修正理由：“为期与‘著作权法’第三条第一项第一款、第五款之用语一致，爰将第一项‘著作物’修正为‘著作’、‘印刷’修正为‘重制’。”

卖一节及债编通则中危险负担之规定而适用。兹分述如下：

一、著作交付后之危险负担

“民法”第五百二十五条第一项规定：“著作交付出版人后，因不可抗力致灭失者，出版人仍负给付报酬之义务。”著作交付出版人后，因不可抗力致灭失者，依上开规定，出版人仍负给付报酬之义务，故著作之危险归由出版人负担。惟出版契约之标的并非稿件之物体本身，而系稿件之内容（无体财产权），故与一般危险负担有所不同。因此，“民法”第五百二十五条第二、三项特别规定：“灭失之著作，如出版权授与人另存有稿本者，有将该稿本交付于出版人之义务。无稿本时，如出版权授与人系著作人，且不多费劳力，即可重作者，应重作之。前项情形，出版权授与人得请求相当之赔偿。”[34] 严格而言，如著作人另存稿本时，应不得称为著作物之灭失，因出版契约之标的系稿件之内容，当事人约定将其著作物为出版而交付于他方时，契约已成立（“民法”第一百五十三条），著作人自应依约定交付其著作，其交付之稿本灭失，应仅为稿件物体之灭失，而非著作之灭失。反之，如著作人亦无稿本时，该无体财产权始因无所附丽而消灭，此时始得认为系著作之灭失，此时亦始有重作之问题。至于著作人另有稿本之情形，则应另规定之，始符法理，惟本条并不予以严格之划分，皆规定在一起，似有未合。另本条所谓稿本，解释上言，应包含电子化稿件，如磁片或其他软体稿件是。

二、著作交付前之危险负担

“民法”第五百二十五条之规定系指著作已交付于出版人之危险负担，如系未交付前因不可抗力而灭失者，依“民法”第二百六十六条之规定，其危险负担自应由出版权授与人负担，不得请求报酬。

三、出版物印毕后之危险负担

“民法”第五百二十六条规定：“重制完毕之出版物，于发行前，因不可抗力，致全部或一部灭失者，出版人得以自己费用，就灭失之出版物，

34 本条修正理由：“一、为期与‘著作权法’第三条第一项第一款之用语一致，爰将第一项之‘著作物’修正为‘著作’。二、依出版契约，有义务交付著作予出版人者，为‘出版权授与人’，原条文第二项仅表明‘著作人’，尚无法完全涵盖其范围，爰予修正。”

补行出版，对于出版权授与人，无须补给报酬。”[35] 此时结果危险由出版人负担。出版人如补行出版者，对于出版权授与人，就补行出版之部分，无须补给报酬；对于原来之报酬，则仍然应给付之，不因此而免除。

第四节　出版之消灭

出版因下列事由而消灭：

壹、出版完毕

约定出一版或版数未约定，于一版出版物卖完时，其出版关系消灭。约定得出数版者，于最后一版之出版物卖完时，出版关系消灭。

贰、出版权之丧失

出版人依约得出数版或永远出版者，如于前版之出版物卖完后，怠于新版之重制时，出版权授与人得声请法院，令出版人于一定期限内，再出新版，逾期不遵行者，丧失其出版权（“民法”第五百十八条第二项参照）。

叁、著作之灭失

著作于交付出版人后，因不可抗力而灭失，而著作人无另存稿本，又不能重作者，则出版关系归于消灭（“民法”第五百二十五条参照）。若出版物于印刷完毕后发行前，因不可抗力致全部灭失，而出版人如不欲补行出版者（无行出版之义务），其出版关系亦归于消灭（“民法”第五百二十六条参照）。但尚未出足约定之版数，而得续印新版者，则另当别论。

35　本条修正理由：“为期与‘著作权法’第三条第一项第五款之用语一致，爰将‘印刷’修正为‘重制’。”

肆、著作完成不能

“民法”第五百二十七条规定：“著作未完成前，如著作人死亡，或丧失能力，或非因其过失致不能完成其著作者，其出版契约关系消灭。前项情形，如出版契约关系之全部或一部之继续，为可能且公平者，法院得许其继续，并命为必要之处置。”[36] 著作未完成前，如著作人死亡，或丧失能力（丧失著作能力），或非因其过失，致不能完成其著作者，此系因非可归责于著作人之事由而给付不能，依“民法”第二百二十五条之法理，其出版关系因此而消灭，故有本条第一项之规定。此系原则之规定，若出版契约关系之全部或一部之继续为可能且公平者，法院得许其继续，并命为必要之处置（“民法”第五百二十七条第二项参照），是为例外。

出版人为自然人而著作未完成前，如出版人死亡或丧失能力者，并无不能完成其著作之问题，故出版关系并不当然消灭，应由其继承人承受。如其无继承人者，始得认为出版关系消灭。出版人为法人者，如其法人消灭者，应认为出版关系消灭。如法人系因合并而消灭者，应由存续法人承受出版契约关系，无出版关系消灭之问题。

36 本条修正理由：“为期与‘著作权法’第三条第一项第一款之用语一致，爰将第一项之‘著作物’修正为‘著作’。”

第十章

委　　任

【案例提示】

甲股份有限公司之董事长乙，欲购买坐落于台北市郊区之别墅一栋，惟其因公司业务之需要，必须出国洽商，无法亲自与该屋之所有人丙交涉购屋事宜，乃委托其友人丁代为一切购屋事宜，问：

一、甲股份有限公司与其董事长乙之间，其法律关系为何？

二、乙与丁间其法律关系为何？

三、丁以乙之名义购屋，与以丁自己之名义购屋，其效力是否不同？

四、乙出国后，丁突因车祸去世，则其法律关系应如何解决？

第一节　委任之意义、种类、性质及其他类似概念

壹、委任之意义

一、委任系一方委托他方处理事务之契约

“民法”第五百二十八条规定：“称委任者，为当事人约定，一方委托他方处理事务，他方允为处理之契约。”按委任系以他人事务之处理为标的之契约，兹就委任契约当事人及事务二概念分述之：

（一）当事人

委任契约之当事人有二：一为委任人，即委托他方处理事务之人，委任人之资格并无限制，不论自然人、法人均可，行为能力之具备与否，亦

非所问。惟限制行为能力人未得法定代理人之允许所为之委任契约，效力未定，须经其法定代理人之事后承认，始生效力（“民法”第七十九条参照）。若为无行为能力人者，委任契约之订立，应由其法定代理人代为之（“民法”第七十六条参照）；委任契约另一当事人为受任人，即受委托而处理事务之人。处理之事务包含事实行为及法律行为，且委任契约系典型之劳务契约，须亲自为之，故受任人以自然人为限[1]（愚采反对见解），且须具有行为能力，若无行为能力者，即不能为受任人。此有一争议问题，即限制行为能力人得否为受任人？如依上述，受任人限于有行为能力人，则限制行为能力人应不得成为受任人，惟“民法”第一百零四条规定既承认限制行为能力人得为意定代理人，而委任常与代理相伴而生（容后述），因此有学者认为，限制行为能力人亦得为受任人也[2]，愚赞同之，但此委任契约之订定，仍有“民法”第七十七条至第七十九条之适用。

（二）事务

事务为委任契约之标的，包含事实行为与法律行为。[3] 前者如会计师之查账、报税，医生之诊察、治疗；后者如律师出庭所为之诉讼行为、保证人之保证行为[4] 等是。此事务之内容，依契约自由及私法自治之原则，由当事人约定，亦不问是精神的（如看护、陪伴）或物质的（如扶养、供奉），惟事务之内容仍须受下列之限制：

1. 须不违反公共秩序或善良风俗（“民法”第七十二条参照）。

2. 性质上须得由他人为之或处分者，故须亲自为之者，例如结婚、离婚等纯身份行为等，则不得为委任之标的。

二、委任系受任人允为为委任人处理事务之契约

所谓“允为”，系接受委任人之委托之意，即委任契约之“承诺”，为委任契约之要素。[5] 受任人依委任之本旨给付劳务，而处分管理其受委

1 惟此见解于社会服务业发展迅速之情形下，似已不符合潮流。请参阅邱聪智，债法各论，中册，作者自刊，1996年10月二刷，第一八一页。

2 郑玉波，民法债编各论，下册，1992年10月十五版，作者自刊，第四一三页。反对见解，史尚宽，债法各论，1986年11月六刷，作者自刊，第三六二页。

3 “民法”第五百三十四条修正理由：“受概括委任之受任人，不仅可为法律行为，事实行为亦得为之。为明确计，爰将‘法律’二字删除。”

4 郑玉波，前揭书，同注2，第八二〇页。

5 王泽鉴，民法债编总论，第一册，基本理论债之发生，1994年10月出版，作者自刊，第一四〇页。

托之事务，此时其劳务之给付仅为其手段而已，事务之处理始为其目的。事务之处理，虽不限于以委任人之名义为之，但原则上必须受任人亲自为之，此乃因委任契约系基于信任关系也。

贰、委任之性质

一、有名契约

委任契约规定在民法债编各论第十节，故为一有名契约。

二、劳务契约

受任人之处理事务，须以劳务为手段，而委任契约又为劳务契约之典型，故“民法”第五百二十九条规定：“关于劳务给付之契约，不属于法律所定其他契约之种类者，适用关于委任之规定。”例如一般法人之董事与法人间之关系，或法人指派自然人代表行使董事或监察人之职务[6]，均可适用委任之规定。[7] 此外，民法某些劳务给付契约，其无规定之事项，而法律明文规定其适用委任之规定，例如“民法”第五百七十七条有关行纪之规定，“民法”第六百八十条有关合伙之规定等均是。再者，除契约外，无因管理亦有准用委任之规定（“民法”第一百七十三条第二项参照），故委任之适用范围非常广泛。

三、有偿或无偿契约

此二者之区别及其实益，已如前述。但应注意报酬与费用之区别，所谓报酬，系受任人给付劳务之对价，此二者互为对待给付，而费用乃为完成处理事务之所需，并非劳务之对价。易言之，委任契约是否有偿，端视受任人是否因处理事务受有报酬而定，与费用无关。

6 “公司法”第一百九十二条第四项系规定股份有限公司与其董事间法律关系之规定。

7 合会会首之关于招标、投标等事务之处理部分，在“民法”债编各种之债第十九节之一修正之前，为无名的劳务契约。但在 1999 年 4 月 21 日修正公布、2000 年 5 月 5 日施行后，即为有名契约，无“民法”第五百二十九条之适用。请参阅拙著，论合会（上），本土法学杂志，第十六期，2000 年 11 月出版，第三八页。陈玫瑰，民间合会法律关系之研究——兼评民法债编各种之债第十九节之一修正草案，私立东吴大学法律学研究所硕士论文，1997 年 6 月，第五五页。

四、双务或片务契约

委任契约为无偿时，则属于片务契约[8]；有偿时则为双务契约，无偿有偿契约与片务双务契约之关连性，可以以下图示之：

有偿
- 双务（买卖、租赁等通常之双务契约）
- 片务（如消费借贷契约，借贷物之交付为成立要件，并非义务。）

无偿 —— 片务（如购与契约）

五、不要式契约

委任契约之成立，民法并无特别规定，故于当事人意思表示合致时，契约即为成立，不以履行一定方式为必要（“民法”第一百五十三条参照）。惟依“民法”第五百三十一条之规定：“为委任事务之处理，须为法律行为，而该法律行为，依法应以文字为之者，其处理权之授与，亦应以文字为之。其授与代理权者，代理权之授与亦同。”此时，其处理权之授与虽须为书面，但委任仍为不要式契约。但特别法如有特别规定委任契约之要式性者[9]，从其规定。此外，某些委任契约虽为不要式契约，但为日后举证问题，故当事人常要求以书面为之，甚至某些法律规定，于对外主张处理事务时，须提出一定之书面者[10]，此时委任性质上仍为不要式契约，仅系表面证据（prima facie evidence）而已。兹为明确起见，特图示如下[11]：

8 但有学者认为无偿委任为不完全双务契约（双方各负债务，但其债务并不居于给付与对待给付之关系），请参阅王泽鉴，前揭书，同注4，第一〇一页。

9 例如证券承销契约（“证券交易法”第七十六条第一项）、证券投资顾问契约（“证券投资顾问事业管理规则”第十一条）。

10 例如诉讼代理人须提出委任书（“民事诉讼法”第六十九条本文）、辩护人选任须提出委任书状（“刑事诉讼法”第三十条第一项）、土地登记代理人应附具委托书（“土地登记规则”第三十七条）。

11 通常在委任书中会将内部之委任事务与处理权及外部之代理权一并述明，故此时如处理事务为需文字者，即以委任书先推定处理权之授与及代理权之授与均具备“民法”第五百三十一条之文字要件。

- 委任（不要式（内部关系））— 处理事务
  - 事实行为之事务 — 处理权授与不要式(非民§531) — 不生代理问题 — 仅有内部关系
  - 法律行为之事务
    - 对外以受任人名义为之 — 不生代理问题 — 处理权授与
      - 该法律行为不须以文字为之者 — 非民§531 (不要式)
      - 该法律行为须以文字为之者 — 民§531 (要式)
    - 对外以委任人名义为之 — 生代理问题 — 处理权授与(内部关系)
      - 该法律行为不须以文字为之者 — 非民§531 (不要式) — 代理权之授与(不要式)
      - 该法律行为须以文字为之者 — 民§531 (要式) — 代理权之授与(要式)(外部关系)(民§167之例外)

叁、委任之种类

一、无偿委任及有偿委任

此系以受任人有无报酬而区分，究为有偿或无偿，亦由当事人约定。此区分实益在于受任人处理事务时，应尽注意义务程度有所不同。“民法”第五百三十五条规定：“受任人处理事务，应依委任人之指示，并与处理自己事务为同一之注意。其受有报酬者，应以善良管理人之注意为之。”此规定之立法基础，在于“民法”第二百二十条之规定，但旧“民法”第五百四十四条第二项有相异之规定，虽然该条项于1999年4月21日“民法”债编修正时已遭删除[12]，但其仍具有解释之重要性，容后再述。

二、特别委任及概括委任

此系以受任人权限之范围为标准而分，其以一项或数项事务个别委

12　本条项删除理由：“委任为无偿时，依照第五百三十五条规定，受任人应与处理自己事务为同一之注意。原条文第二项规定，有使人误解为无偿之受任人，仅就重大过失负责，对于具体之轻过失，可不负责任，显与上述条文之规定相抵触。为免疑义，爰将第二项删除。”

任者，为特别委任，例如委任某律师代为诉讼上之和解；以一切事务总括委任者，为概括委任，例如将营业上一切事务皆委托处理是。此二者区分之实益，在于受任人得为之行为有所不同，“民法”第五百三十三条、第五百三十四条有详细规定（容后述）。

肆、委任与其他类似概念

一、委任与代理

所谓代理，系指代理人于代理权限内，以本人之名义所为之意思表示或受意思表示，直接对本人发生效力之制度（“民法”第一百零三条参照）。代理与委任，皆系为他人服务，故此二者有其类似之处，惟自德法儒 Jhering 以降，并经由法学者 Laband 所发扬之观念[13]，吾人已知此二法律上之制度并非有一定之结合关系，易言之，代理权之授与及其基础关系并非为一体，代理权之授与，就其发生、范围及存续期间，实在可以从构成其基础之事务执行关系中脱离出来。代理权之授与，并不因其基本的法律关系而受影响，系一独立之法律制度，而非委任等基本关系之外部效力。[14] 因此，吾人可知二者之分别如下：

（一）是否以法律行为为限

代理人所为者以法律行为为限（代为意思表示或受意思表示）；委任契约之受任人所为者，包含事实行为及法律行为。

（二）对内或对外关系

代理属于对外之关系，但并非基础关系之外部效力，而系一独立之制度；委任契约则属于对内关系，其关系仅存于委任人与受任人之间。

（三）性质不同

代理权之授与，性质上为单独行为（“民法”第一百六十七条参照），不须代理人之同意，亦生授与之效力[15]；委任则属于契约之一种（“民法”第五百二十八条参照），二者性质有所不同，故此二者为不同之法律制

13 拙著，民法总则讲义，下册，瑞兴图书股份有限公司，1995年元月出版，第二三一页。王泽鉴，前揭书，同注5，第二〇九页。王泽鉴，法学上之发现，收录于氏著民法学说与判例研究，第四册，作者自刊，1994年10月版，第一页。施启扬，民法总则，作者自刊，1999年9月增订八版，第二九七页。

14 王泽鉴，民法总则，作者自刊，1992年9月十一版，第三六〇页。

15 但代理并非债之发生原因，故不生债之效力。请参阅注13所引书目。

度，不可混为一谈。

委任与代理虽为不同之法律制度，但二者之关系非常密切，二者虽无绝对相伴而存在之必要，但其通常相伴而生，亦为事实，此时委任关系对于代理而言，即“民法”第一百零八条所谓“代理权所授与之法律关系”是。此种法律关系，即为前述之基础关系。此时学说上因代理权授与是否因基础关系无效或被撤销而受影响，而有无因说及有因说之争，学界通说则采有因说[16]，其系依据“民法”第一百零八条第一项之规定：“代理权之消灭，依其所由授与之法律关系定之。”惟依上述二者为个别之法律制度之见解，本书以无因说为当[17]，故“民法”第一百零八条之适用，解释上仅限于所授与法律关系本身有效成立而其后因委任事务处理完毕之情形。[18]

二、委任与雇佣

委任与雇佣，皆为他人处理事务，故均属劳务契约。惟二者仍有其相异之处：

（一）契约目的不同

雇佣契约系以给付劳务本身为其目的；而委任契约给付劳务仅为其手段而已，其契约之目的为处理事务。

（二）服劳务时是否有独立裁量权

雇佣契约之受雇人，其服劳务时须服从雇用人之指示，自己不能作任何决定，并无独立裁量权；委任契约之受任人，其处理事务虽亦须依委任人之指示（“民法”第五百三十五条参照），但有时有独立裁量权[19]（“民法”第五百三十六条参照）。

（三）有偿性不同

雇佣契约必为有偿；委任契约原则上为无偿，例外为有偿。

三、委任与承揽

委任与承揽二者亦为劳务契约，但亦有如下之差异：

16 胡长青，中国民法总论，第三四八页。洪逊欣，中国民法总则，第四五四页。史尚宽，民法总论，第四七八页。郑玉波，民法总则，第三〇三页。

17 梅仲协，民法要义，作者自刊，1963年修订八版，第一〇四页。王泽鉴，前揭书，同注14，第三六一页。拙著，前揭书，同注13，第二三一页。施启扬，前揭书，同注13，第二九七页。

18 王泽鉴，前揭书，同注14，第三六一页。

19 史尚宽，前揭书，同注2，第三六五页。

（一）要件不同

承揽系以工作之完成为要件，需一定结果之完成；委任仅需处理事务即可，是否完成一定之结果，则非所问。

（二）专属性不同

承揽重视工作之完成，故不以承揽人亲自为之为必要，得以次承揽为之；委任则注重事务处理之过程，且重视当事人间之信任关系，故原则上受任人须亲自为之，不得再委任他人处理事务。“民法”第五百三十七条规定：“受任人应自己处理委任事务。但经委任人之同意或另有习惯，或有不得已之事由者，得使第三人代为处理。”惟此规定并不限制受任人得以其受雇人为其委任契约之债务履行辅助人，举例而言，贸易商甲委任会计师乙代为其税务之稽查及申报，乙原则上不得再委任另一会计师处理甲之事务，但乙可以命其雇佣之会计助理丙代为收集资料、计算税额等等。此时乙仍为委任契约之当事人，且乙、丙间并非复委任之情形[20]，而是雇佣关系，故不受“民法”第五百三十七条之限制。

（三）有偿性不同

承揽必为有偿契约，且其重视结果，无结果即无报酬（“民法”第四百九十条参照）。但委任契约为有偿时，因非可归责于受任人之事由，于事务处理未完毕前已终止者，受任人得就其已处理之部分，请求报酬（“民法”第五百四十八条第二项参照），不以结果为必要。

四、委托经营契约之介绍

国际经济自由化后，企业经营方式随之多元化，创投企业亦随之兴起。通常创投公司会将其所投资之公司企业，委由某专业公司来经营，此种委托经营契约，英文称之为Management Agreement，论其性质，应属委任契约。但有一问题，即受任人之资格是否仍应限于自然人？传统见解采限于自然人，此在社会服务业快速进展多元化下，尤其进入WTO后，GATE之规制下，显已不符合世界企业潮流，故愚赞同邱聪智教授之见解，受任人之资格应无限制之必要，不论自然人或法人均可。况典型劳务契约应为雇佣而非委任之概念下，更应为是才对。时下资产管理

20 坊间六法多称此为“复”委任，而郑玉波教授以其深厚之国学素养，认为应称之为“复”委任才是，依上所述，郑教授之见解甚为有理，愚亦采之。郑教授之见解，请参阅氏著，前揭书，同注2，第四三四页。同说，邱聪智，前揭书，同注1，第二一八页。

公司（Assets Management Company，AMC）之被广泛采用，并给予法治化，此种观念更有建立之必要。

第二节　委任之成立

委任之成立方式，台湾民法并无特别规定，故依“民法”第一百五十三条之规定，只要当事人意思表示一致，即可成立，是委任为不要式契约与诺成契约。惟台湾民法就特殊之情形，订定特别之规定，兹分述如下：

壹、拟制的承诺

要约与承诺由当事人意思自由为之，如不承诺，亦不须通知，此为一般之情形。但民法于委任一节中却有拟制承诺之规定，“民法”第五百三十条规定：“有承受处理一定事务之公然表示者，如对该事务之委托，不即为拒绝之通知时，视为允受委任。”所谓“有承受处理一定事务之公然表示者”，包括所有公开以受托处理事务为业务之专门职业人士，例如律师、会计师、医师、建筑师、民间公证人等之挂牌[21]，或银行牌示接受开发信用状（L/C）是，因为此等职业或行业咸具有公益性、社会性，非一般事务之处理所能相比，故其若对该事务之委托，不即为拒绝之通知者，为保护委托人之便利，谋求交易之灵活，依上述规定，视为允受委任。[22] 因此，此等有公然表示之人，如不欲承诺时，则非为拒绝之通知不可。

21　如认为受任人不以自然人为限者，则企业顾问公司、工程顾问公司皆应有本条之适用。

22　郑玉波教授于论述“民法”第五百三十条规定之立法意旨时，认为上述专门职业技术人员之挂牌，“属于一种要约之引诱，既系公然表示，自属广泛招徕，而有‘来者不拒’之意，因此如对于该事务之委托（要约），不即为拒绝之通知时，法律上即视为允受委托（承诺），于是契约成立。”愚不以为然，因其挂牌既为一要约之引诱，相对人如对之为要约之意思表示者，其仍有决定是否承诺之自由，不受相对人要约之限制，此为要约之引诱之意义。故“民法”第五百三十条之“视为允受委托”之效果，其理由绝非因其挂牌为一要约之引诱，而系因其职务具有公益性、社会性及专业性使然。郑教授之见解，请参阅氏著，前揭书，同注 2，第四二二页。

贰、委任书之交付

委任契约为不要式契约，但于实务上，为避免日后举证之困难，以及便利受任人资格之证明，委任人多会交付委任书（Power of Attorney，POA）于受任人，此并不表示委任书之交付为委任契约之成立要件。但“民法”第五百三十一条却特别规定：“为委任事务之处理，须为法律行为，而该法律行为，应以文字为之者，其处理权之授与，亦应以文字为之。其授与代理权者，代理权之授与亦同。”所谓“法律行为，应以文字为之者。其授与代理权，代理权之授与亦同。”所谓“为委任事务之处理，须为法律行为，而该法律行为，应以文字为之者”，例如“民法”第四百零七条（不动产赠与之特别生效要件）、第四百二十二条（不动产租赁之方式）、第五百五十四条第二项（经理人之管理权）、第五百五十八条第三项（代办商之权限）、第七百三十条（终生定期金契约之订立）、第七百三十五条（终生定期金遗赠之准用）、第七百六十条（不动产物权契约之要式性）、第一千零七条（夫妻财产制契约之方式）、第一千零五十条（两愿离婚之方式）、第一千零七十九条第一项（收养行为之方式）等是，此等法律行为依法须以文字为之者，委任处理此等事务时，亦须以文字授与处理权。

惟何谓“处理权之授与”？其性质为何？学者见解不一，有认为该项处理权实即指代理权而言[23]；有认为处理权与代理权为分别之概念，在委任契约必须授与处理权；但不一定授与代理权[24]；有认为该项处理权，在委任并授与代理权时，乃兼指内部处理权及对外代理权而言；但在仅委任处理事务而未授与代理权时，则仅指内部处理权而言。[25] 早期实务见解则以“最高法院”1955年度台上字第一二九〇号判例为其代表[26]，认为代理权之授与，因本人之意思表示而生效力，无须一定之方式，纵代理

23 钱国成，民法判解研究，“司法行政部”印行，1960年，第五五页。戴修瓒，民法债编各论下册，三民书局股份有限公司，1964年，第一一一页。

24 郑玉波，前揭书，同注2，第四二六页。

25 史尚宽，前揭书，同注2，第三六四页。

26 “最高法院”1955年台上字第1290号判例：“‘民法’第一百六十七条所称之代理权，与同法第五百三十九条所称之处理权，迥不相同。盖代理权之授与，因本人之意思表示而生效力，无须一定之方式，纵代理行为依法应以书面为之者，而授与此种行为之代理权，仍不必用书面。原审适用‘民法’第五百三十一条及第七百六十条各规定，谓被上诉人应以书面为代理权之授与方为合法云云，自难为当。”（本判例经“最高法院”2001.3.20 2001年度第三次民事庭会议决议不再援用。）

行为依法应以书面为之者，而授与此种行为之代理权，仍不必用书面。愚意以为代理权之授与，民法债编通则已有规定，“民法”第五百三十一条处理权无论如何解释，应与代理权之定义有别。[27] 为免解释上发生歧见，债编修正条文第五百三十一条后段增订：“其授与代理权，代理权之授与亦同。”使处理本条委任事务时，仅授与处理权者，该处理权之授与应以文字为之；如授与处理权及代理权者，二者之授与均应以文字为之，以示慎重。本条修正后，其适用上须注意下列几点问题：

（一）处理权与代理权为不同之概念

由法文将处理权与代理权并列，可知处理权与代理权为不同之概念。

（二）如同时授与代理权者，代理权之授与亦须以文字为之

此条规定代理权之授与为要式行为，排除“民法”第一百六十七条代理权之授与以意思表示为之的制度，二条文究应如何之适用？代理权之授与是否二种方式皆可？新法似未能予以厘清，仅以“为免解释上发生歧见”、“以示慎重，并杜争议”作为修正理由，不顾法学上之整体制度，率尔作此未附说服力之修正，实有所憾。

第三节　委任之效力

壹、对于受任人之效力

一、事务处理权

（一）处理权之意义

所谓事务处理权，系指受任人得处理委任人事务之权限也。依私法自治之原则，禁止干预他人之事，除符合无因管理（“民法”第一百七十二条至第一百七十八条参照）之要件外，必须由他人授与处理权，始得处理他人之事务。[28]

27　同说，邱聪智，前揭书，同注1，第二〇〇页。

28　“最高法院”1950年度台上字第1190号判例：“‘民法’第五百三十一条所定之授权文字，乃委任人与受任人间契约上应行具备之形式，并非受任人必须交付他造当事人之书证。”

（二）处理权授与之方式

此涉及“民法”第五百三十一条之适用问题，前已述及，于兹不赘。

（三）处理权之范围

受任人之权限，应由委任契约约定之，无约定者依委任事务性质而定之。此外，民法亦另规定特别委任与概括委任，兹分述如下：

1. 特别委任：“民法”第五百三十三条规定：“受任人受特别委任者，就委任事务之处理，得为委任人为一切必要之行为。”所谓特别委任，系指定一项或数项事务而为委任，此时受任人处理权之范围，只限于受指定之范围内，不得逾越。再者，所谓一切必要之行为，无论法律行为或事实行为，均得为之，但以处理该事务所必要者为限。

2. 概括委任：“民法”第五百三十四条规定：“受任人受概括委任者，得为委任人为一切行为。但为左列行为，须有特别之授权：一、不动产之出卖或设定负担。二、不动产之租赁其期限逾二年者。三、赠与。四、和解。五、起诉。六、提付仲裁。”此种委任并未具体指定一项或数项事务，则受任人得为一切行为[29]，但下列行为，则属例外，须经特别授权：

（1）不动产之出卖与设定负担

不动产之出卖，包括买卖契约之订定及所有权之移转，但不包括不动产之买入，此为“明示其一，排除其他”法谚之运用。不动产之设定负担，指就委任人之不动产为他人设定典权、抵押权、地上权、永佃权及地役权，若相反地自他人取得此等权利者，不在此限。本款仅限于不动产，故动产之买卖及设定负担，均非本款所规定之范围，不受此限制，受任人得为一切行为。

（2）不动产之租赁其期限逾二年者

此款亦限于不动产，且其租赁期限须逾二年，否则不属于本款范围之内，至于“租赁”是否应仅限于出租？通说认为以第一款为比较，故应将此之租赁，解释为出租[30]，愚采相同见解。

（3）赠与

赠与为无偿契约，依法条文义，其标的物应包括动产与不动产，甚至其他财产权。惟此之赠与，亦如同前二款，应解为赠与他人，而不包括

29 本条修法理由：“受概括委任之受任人，不仅可为法律行为，事实行为亦得为之。为明确计，爰将‘法律’二字删除。”

30 郑玉波，前揭书，同注2，第四二八页。史尚宽，前揭书，同注2，第三六八页。邱聪智，前揭书，同注1，第二〇五页。

受赠。

（4）和解

和解为最广义之和解，包括民法上之和解（“民法”第七百三十六条至第七百三十八条）、诉讼法上之和解（“民事诉讼法”第三百七十七条至第三百八十条）、破产法上之和解（“破产法”第六条至第五十六条）、仲裁法上之和解（“仲裁法”第四十四条）。

（5）起诉

起诉指诉之提起，包括第一审之起诉，以及第二、三审之上诉、反诉、再审、甚至行政诉讼等等皆属之。此时当事人间，除了内部之委任契约外，尚有代理权之授与，故须注意民事诉讼法有关诉讼代理之规定[31]（“民事诉讼法”第六十八条至第七十五条）。

（6）提付仲裁

提付仲裁系指当事人之争执，不诉请法院以判决解决之，而提请第三人加以判断。台湾现有仲裁法以资规范。

上述六款之中，第一、二、五、六款，依法皆须以文字为之，故其处理权之授与，须受“民法”第五百三十一条之限制，必须以文字为之。此外，愚意以为，调解或调处亦应列为须特别授权之事项，此可由本条第四、五、六款之目的得知，盖此等各款皆系因与人发生争执，事态严重，而于概括委任之初，既未具体列明委任事项，则此等事项是否在预计之中，无法确定，故须特别授权，调解亦有此等情形，且其亦属于当事人解决纷争方法之一，愚认为应予以列入“民法”第五百三十四条第七款，且此之调解包括法院之调解（“民事诉讼法”第四百零三条至第四百二十六条）、乡镇市公所之调解（“乡镇市调解条例”）、劳工局之调解（“劳资争议处理法”）及“行政院公共工程委员会”之调解（“政府采购法”第六十九条）。在未增订前，应类推适用“民法”第五百三十四条之规定。

二、事务处理义务

事务处理于委任契约中具有二面，既为受任人之权利，又为受任人之义务，前者在防止受任人无处理事务之权限而导致干预他人事务之情形；后者在探讨受任人处理事务时所应负责任之原因。“民法”第五百二

31　最高法院1928年度上字第778号判例：“诉讼代理人之受特别委任，须当事人表明其特别委任之事项，故委任书状仅概言依法委任，或泛称全权代理（即为一切行为）等字样，即应解为未受特别委任。”

十八条既明文规定受任人“允为处理”，自应为处理。兹将受任人处理事务之义务分述如下：

（一）注意义务

“民法”第五百三十五条规定：“受任人处理委任事务，应依委任人之指示，并与处理自己事务为同一之注意。其受有报酬者，应以善良管理人之注意为之。”本条规定受任人处理委任事务之方式及注意义务之程度：受任人处理委任事务时，应依委任人之指示，为其所处理之事务，本属于委任人之事务，依委任人之指示处理事务，自属当然。至于受任人处理事务之注意程度，因委任契约系有偿或无偿而有所不同[32]：

1. 无偿委任：无偿委任时，受任人处理委任事务，应以与处理自己事务同一之注意为之。此与“民法”第二百二十条第二项立法意旨相符合，“民法”第二百二十条第二项规定：“过失之责任，依事务之特性而有轻重，如其事件非予债务人以利益者，应从轻酌定。”即因事务之特性以及是否受利益，而区分其注意义务之程度，无偿委任受任人既未受有利益，其责任自应从轻酌定，故令其负具体轻过失责任。[33]“民法”债编已就第五百四十四条第二项之规定予以删除，以符合注意义务之体系规定。

2. 有偿委任：有偿委任受任人既受有报酬，则其处理事务，应以善良管理人之注意义务为之，此时令其负抽象轻过失责任。

（二）变更指示

受任人处理委任事务，应依委任人之指示为之，“民法”第五百三十五条之规定，已如上述。惟在特别之情形下，受任人得不受委任人指示之拘束，而变更指示。“民法”第五百三十六条规定：“受任人非有急迫之情事，并可推定委任人若知有此情事亦允许变更其指示者，不得变更委任人之指示。”原则上受任人须依委任人之指示处理事务，仅于急迫情事下，并可推定委任人若知有此情事亦允许变更其指示者，始得变更之。例如甲于6月1日委任乙出卖黄金，指定于8月1日出卖，惟7月1日黄金市场崩盘，价格骤降，如等至指定之8月1日才出售，价格将低落，此则为急迫之情事，且可推定甲若知有此情事，亦允许以变更其指示，

32 但当事人仍得以契约加重或减轻其责任，惟不得违反“民法”第二百二十二条之禁止规定。

33 最高法院1942.11.19决议（三）：“民法规定应与处理自己事务为同一注意之本旨，系在减轻债务人之注意义务，此观民法第五百三十五条、第五百九十条之规定自明。故平日处理自己事务所用注意，高于善良管理人之注意者，如其履行债务，已尽善良管理人之注意，则虽未与处理自己事务为同一之注意，亦应认为无过失。”

故乙即可尽速将黄金卖出，以避免损害之扩大。

（三）亲自为之

“民法”第五百三十七条规定：“受任人应自己处理委任事务。但经委任人之同意或另有习惯，或不得已之事由者，得使第三人代为处理。”故原则上委任事务应由受任人亲自为之，不得再委任第三人。惟“民法”第五百三十七条规定下列三种例外情形，得以复委任：

1. 委任人之同意：民法不允许复委任，旨在保护委任人之利益，若委任人同意复委任者，自无禁止之必要。此之同意，得在委任契约成立之同时或之后为之。

2. 另有习惯：例如银行受委托之汇款（remittance）或托收款（collection），即常有复委托国内外银行之习惯。

3. 有不得已之事由：受任人如有不得已之事由，如临时生病、兵役征召等是。

惟此须厘清一个概念，即“民法”第五百三十七条虽禁止复委任，惟此规定并不限制受任人得以其受雇人为其委任契约之债务履行辅助人，举例而言，贸易商甲委任会计师乙代为其税务之稽查及申报，乙原则上不得再委任另一会计师处理甲之事务，但乙可以命其雇佣之会计助理丙代为收集资料、计算税额等等。此时乙仍为委任契约之当事人，且乙丙间并非复委任之情形，而是雇佣关系，故不受“民法”第五百三十七条之限制，此时受任人对该辅助人之行为，应依“民法”第二百二十四条规定负责。[34] 其次，如法律另有规定，得为复委任之时，自得为之（如“票据法”第四十条第二项：委任取款背书之复委任[35]）。

（四）复委任之效力

本段主要系讨论复委任时受任人与委任人之关系，以及次受任人与委任人之关系：

1. 受任人与委任人之关系：须视复委任是否合法而定：

（1）不合法复委任

“民法”第五百三十八条第一项规定：“受任人违反前条之规定，使第三人代为处理委任事务者，就该第三人之行为，与就自己之行为，负同一责任。”受任人与第三人之委任契约，仍属有效，但受任人就次受任人之行为，负完全责任。例如次受任人处理事务有过失时，受任人纵无

34 同说，邱聪智，前揭书，同注 1，第二一八页。

35 郑洋一，票据法之理论与实务，作者自刊，1994 年 10 月修订十九版，第一六九页。

过失，亦应对委任人负责（债务不履行责任）。此责任与次受任人之侵权行为责任之间[36]，解释上为不真正连带债务[37]，受任人代负责任而向委任人赔偿后，得请求委任人让与其对次受任人之损害赔偿请求权[38]（“民法”第二百十八条之一参照）。

（2）合法复委任

“民法”第五百三十八条第二项规定：“受任人依前条之规定，使第三人代为处理事务者，仅就第三人之选任，及其对于第三人所为之指示，负其责任。”受任人就次受任人之选任及其对第三人所为之指示有过失时，始负责任。此时受任人与次受任人间，亦为不真正连带债务，故受任人为赔偿后，仍有“民法”第二百十八条之一让与请求权规定之适用。若受任人就次受任人之选任及其所为之指示并无过失，则次受任人处理事务纵使委任人发生损害，亦仅由该次受任人自己负责，受任人并不负责。不过受任人如主张其选任次受任人及其指示无过失时，应负举证责任。

2. 委任人与次受任人之关系：“民法”第五百三十九条规定：“受任人使第三人代为处理委任事务，委任人对于该第三人关于委任事务之履行，有直接请求权。”此规定使直接发生关系，谋求便利，而保护委任人。此时同一委任事务之履行，委任人得向次受任人直接请求，而受任人亦得向次受任人亦得请求，此时委任人与受任人对于次受任人，形成一种类似连带债权关系[39]（“民法”第二百八十三条至第二百九十一条）。本条适用上是否限于合法之复委任？抑或包括不合法之复委任？愚意以后说为当，理由有三：

（1）依文义解释看，本条文并未如“民法”第五百三十八条区分合法复委任与不合法复委任而异其效果，故应包括二者。

（2）复委任之禁止与例外之允许，其目的均为保护委任人之利益，如仅限于合法之复委任时，委任人始对次受任人有直接请求权；在不合法之复委任，委任人更须受到保护时，其对次受任人竟无直接请求权，反而违背复委任之立法意旨。

（3）区分合法复委任与不合法之复委任，主要在于确定受任人之责

36 因其与委任人无契约关系，故其性质属于侵权行为责任。

37 邱聪智，民法债编通则，作者自刊，1993年8月修订六版，第四三二页。刘春堂，论不真正连带债务，收录于辅仁法学，第五期，1986年，第二七一页。

38 邱聪智，前揭书，同注1，第二一九页。王泽鉴，让与请求权，收录于氏著民法学说与判例研究，第三册，作者自刊，1993年9月十一版，第二九七页。

39 史尚宽，前揭书，同注2，第三七二页。

任，委任人对于次受任人之直接请求权，无此分别必要。

综上所述，“民法”第五百三十九条，包括合法复委任及不合法复委任。[40]

三、事务报告及计算义务

所谓事务报告及计算义务，系指受任人将事务处理之经过及其结果，加以报告或交代之谓，受任人之此等义务，有如下之内涵：

（一）受任人报告义务

“民法”第五百四十条规定：“受任人应将委任事务进行之状况，报告委任人，委任关系终止时，应明确报告其颠末。”兹分二种情形：

1. 进行状况之报告：在委任契约存续期间，受任人应将处理事务之状况，向委任人报告。报告之时期，民法并未规定，自应依其习惯或交易惯例，依诚信原则为之，若经委任人请求者，应立即为之。

2. 终止颠末之报告：委任关系终止时，受任人应明确报告其颠末，即应将处理事务之始末，加以详细且正确之报告。此项应为报告义务之时期，民法规定于委任契约终止时为之。此报告亦为报酬给付前提要件（“民法”第五百四十八条第一项参照）。

（二）受任人交付或移转义务

台湾民法不采德国民法所定当然移转委任人之主义，故“民法”第五百四十一条规定：“受任人因处理委任事务，所收取之金钱、物品及孳息，应交付于委任人。受任人以自己之名义，为委任人取得之权利，应移转于委任人。”此即受任人之交付或移转义务[41]，兹分述如下：

1. 交付义务：受任人因处理委任事务，所收取之金钱、物品及孳息，不论以委任人或受任人之名义所取得，受任人均负此交付义务。受任人违反此交付义务者，性质上为债务不履行责任，委任人之损害赔偿请求权之

40　邱聪智，前揭书，同注1，第二二一页。

41　司法院1941年度院字第2208号解释：“据原呈所述情形，甲出典于乙之不动产，由丙得甲之同意代向乙赎出，是丙系为甲之代理人向乙回赎典物，乙之典权既已因回赎而消灭，在乙丙间即无所谓转典或让与典权之关系，甲如别无出典于丙之行为，则丙并未取得典权，甲丙之关系为委任关系，不生可否回赎典物之问题，其委任关系发生于民法债编施行后者，依‘民法’第五百四十一条第一项之规定，丙应将该不动产及其历年孳息交付于甲，依‘民法’第五百四十六条第一项之规定，甲亦应将回赎及管理之必要费用连同自丙支付时起之利息偿还于丙，双方订有甲不得请求孳息丙亦不得请求管理费用及利息之特约者，从其特约。”

消灭时效，解释上应依“民法”第一百二十五条十五年之规定计算之。[42]

2. 移转义务：代理非委任之效力，而系委任契约之外部关系，二者虽常一起出现，因采无因性理论，故委任契约之无效或被撤销，不会影响代理权之存续等等，已如前述。此时受任人为委任人取得权利之方式，即可分为二种：

（1）委任人有授与受任人以代理权时

此时受任人得以委任人之名义，由他人取得权利，此时该权利直接归属于委任人（本人），无移转之问题（“民法”第一百零三条参照）。

（2）委任人并无授与代理权

此时受任人与委任人间，仅有内部委任关系存在，受任人无使用委任人名义之权利，故必须以自己之名义，由他人取得权利。此时必须经过一移转过程，委任人始得取得该权利，才可向他方当事人请求履行[43]，是民法即规定受任人有移转权利之义务。[44] 至于移转权利之范围，应包括权利本身及基于该权利所生之损害赔偿请求权。[45] 惟被请求之他方，仍得以其对于受任人之对抗事由，对于委任人主张抗辩。[46]

42 “最高法院”1963年度台上字第188号判例：“被上诉人主张上诉人（三湾乡农会职员）因离职移交未清而请求给付之款项，除合于侵权行为，得行使损害赔偿请求权外，其基本之法律关系，乃为委任契约返还处理事务所收取金钱之请求权（‘民法’第五百四十一条第一项），上诉人虽主张损害赔偿之请求权消灭时效已完成，而基于委任契约所生之上开请求权，显未逾‘民法’第一百二十五条之时效期间。”

43 “最高法院”1956年度台上字第637号判例：“上诉人基于继承其父之遗产关系而取得系争房屋所有权，原与其叔某甲无涉，某甲之代为管理，曾用自己名义出租于被上诉人，如系已受委任，则生委任关系，依‘民法’第五百四十一条第二项之规定，受任人以自己名义为委任人取得之权利，故应移转于委任人，如未受委任则为无因管理，依同法第一百七十三条第二项之规定，关于第五百四十一条亦在准用之列，均不待承租之被上诉人同意而始生效，从而某甲将其代为管理之系争房屋，因出租于被上诉人所生之权利移转于上诉人，纵使未得被上诉人之同意，亦难谓为不生效力，上诉人自得就系争房屋行使出租人之权利。”

44 最高法院1932年度上字第934号判例：“受任人以自己名义为委任人订立契约，取得债权时，仅该受任人得向他方当事人请求履行债务，故在受任人未将其债权移转于委任人以前，委任人不得径向他方当事人请求履行。”（同院1952年度台上字第1011号判例同旨）

45 “最高法院”1963年度台上字第2908号判例：“委任他人为法律行为，同时授与他人以代理权者，受任人所为之意思表示直接对于委任人发生效力，委任人固有请求权，即无代理权之委任，受任人以自己之名义为委任人取得之权利，包括损害赔偿请求权，已依‘民法’第五百四十一条第二项之规定移转于委任人者，委任人亦有请求权。”

46 “最高法院”1983年度台上字第4720号判例：“受任人本于委任人所授与之代理权，以委任人名义与他人为法律行为时，固直接对委任人发生效力；若受任人以自己名义与他人为法律行为，因而为委任人取得之权利，则须经受任人依‘民法’第五百四十一条第二项规定，将其移转于委任人，委任人始得径向该他人请求履行。前者，因法律行为发生之权利义务，于委任人及该他人之间直接发生效力；后者，则该他人得以对抗受任人之事由，对抗委任人，二者尚有不同。”

现有一争议问题：受任人未将其权利移转于委任人前，委任人不得径向他方当事人请求履行[47]，惟若受任人一直不向第三人请求权利之移转时，委任人得否以委任关系而行使代位权（“民法”第二百四十二条、第二百四十三条）？有正反二说，实务见解以“最高法院”1988年度台上字第二五一号判决采否定说为其代表[48]，愚则采肯定说之见解，盖“民法”第五百四十一条之权利，得否为代位之客体，并不能仅依“民法”第五百四十一条第二项作为判断之惟一标准，而应从“民法”第二百四十二、二百四十三条有关代位权之要件[49]予以分析才是，故上述判决之见解，稍嫌速断。[50]

（三）利息支付与损害赔偿义务

“民法”第五百四十二条规定：“受任人为自己之利益，使用应交付于委任人之金钱，或使用应为委任人利益而使用之金钱者，应自使用之日起，支付利息。如有损害，并应赔偿。”是为受任之利息支付及损害赔偿义务。此义务之标的物有二，一为应交付于委任人之金钱，另一为应为委任人利益而使用之金钱，前者如代为出卖房屋自买方所取得之价金；后者如委任人预付委任事务之处理费用。受任人应忠于委任人，不论其

47 “最高法院”1955年度台上字第262号判例：“系争土地登记为被上诉人所有，如系被上诉人受上诉人之委任，以自己之名义为委任人取得权利，依法受任人即被上诉人自有将所取得之土地权利，返还于委任人即上诉人之义务。”

48 “最高法院”1988年度台上字第251号判决：“‘民法’第五百四十一条第二项规定，受任人以自己之名义，为委任人取得之权利，应移转于委任人。依此项规定，受任人仅有将以自己名义为委任人取得之权利，移转于委任人之义务，并无将未以自己名义为委任人取得之权利，移转于委任人之义务。本件被上诉人委任之受任人庄×洲以自己名义向上诉人买受B部分土地后，既未以自己名义取得该土地所有权，依上开说明，庄×洲仅有将以自己名义取得之B部分土地买受权，移转于被上诉人之义务，并无将未以自己名义取得之该土地所有权，移转于被上诉人之义务，即被上诉人仅有请求庄×洲将以自己名义取得之B部分土地买受权，移转于伊之权利，并无请求庄某将未以自己名义取得之该土地所有权，移转于伊之权利。被上诉人既无请求庄×洲将未以自己名义取得之部分土地所有权，移转于伊之权利，被上诉人要无依‘民法’第二百四十二条规定，代位庄×洲请求上诉人将部分土地分割后，将该土地所有权移转于庄×洲之余地。”

49 有关代位权之要件，请参照邱聪智，前揭书，同注37，第三〇九页。拙著，民法债编总论讲义下册，瑞兴图书股份有限公司，1992年3月，第六六页。

50 关于此争议问题，王泽鉴教授有详细的论述，请参照氏著，委任人不得代位行使受任人以自己名义为委任人取得之权利？——“最高法院”1988年台上字第二五一号判决之检讨，收录于氏著民法学说与判例研究，第六册，作者自刊，1994年8月八版，第二二七页。王泽鉴，代位权之代位，收录于氏著民法学说与判例研究，第五册，作者自刊，1993年9月八版，第二八九页。詹森林，受任人移转权利之义务与委任人之代位权，——“最高法院”1988年台上字第二五一号民事判决评释，收录于氏著民事法理与判决研究，1998年11月出版，第一五一页。

委任契约系有偿或无偿，受任人皆不应使用之，如有使用之情形，自应支付利息（拟制利息）[51]，且如有损害，更应赔偿，此赔偿性质上为无过失责任，委任人仅证明受任人有使用之事实，即为已足。此利息支付义务有“民法”第二百零三条至第二百零七条利息之债的适用。最后，因为“民法”第一百二十六条对利息有特别规定，故此二义务之消灭时效并不相同，利息部分为五年，损害部分则系十五年。

四、债务不履行责任

“民法”第五百四十四条规定：“受任人因处理委任事务有过失，或因逾越权限之行为所生之损害，对于委任人应负赔偿之责。”是为受任人所应负之损害赔偿责任，有下列二种情形：

（一）因处理委任事务有过失

受任人因处理委任事务有过失所生之损害，对于委任人应负损害赔偿责任，此系因受任人违反其注意义务，自应讨论其注意义务违反时之责任问题，此时必须就委任契约是否有偿而异其责任：

1. 有偿委任：“民法”第五百三十五条后段之规定：“其受有报酬者，应以善良管理人之注意为之。”故有偿委任之受任人，应负抽象轻过失责任[52]，如有具体轻过失或重大过失者，更应负责。

2. 无偿委任：“民法”第五百三十五条前段规定：“受任人处理委任事务，应依委任人之指示，并与处理自己事务为同一之注意。”此时受任人须负具体轻过失责任，应属的论。惟旧“民法”第五百四十四条第二项规定：“委任为无偿者，受任人仅就重大过失，负过失责任。”前后规定不符，受任人此时就应负何种程度之注意义务？约有下列数说：

（1）受任人仅就重大过失负责

51 学说称此为拟制利息，且准用“民法”第一百七十三条第二项之无因管理的规定。

52 关于过失责任之理论体系，请参考拙著，民法债编总论讲义，下册，瑞兴图书股份有限公司，1992年3月出版，第四二页。邱聪智，前揭书，同注37，第二五一页。并请参阅“最高法院”1953年度台上字第865号判例：“因过失不法侵害他人致死者，故应负“民法”第一百九十二条、第一百九十四条所定之损害赔偿责任，惟过失为注意之欠缺，民法上所谓过失，以其欠缺注意之程度为标准，可分为抽象的过失、具体的过失，及重大过失三种。应尽善良管理人之注意（即依交易上一般观念，认为有相当知识经验及诚意之人应尽之注意）而欠缺者，为抽象的过失，应与处理自己事务为同一注意而欠缺者，为具体的过失，显然欠缺普通人之注意者，为重大过失。故过失之有无，抽象的过失，则以是否欠缺应尽善良管理人之注意定之，具体的过失，则以是否欠缺应与处理自己事务为同一注意而定之，重大过失则以是否欠缺普通人之注意定之，苟非欠缺其注意，即不得谓之有过失。”

此说以法律适用原则为其根据，“民法”第五百四十四条第二项规定在后，依后法优于前法原则，受任人仅负重大过失责任。[53]

（2）受任人应就具体轻过失负责

此说以过失责任之体系为其依据，“民法”第二百二十条规定：“债务人就其故意或过失之行为，应负责任。过失之责任，依事件之特性而有轻重，如其事件非予债务人以利益者，应从轻酌定。”“民法”第二百二十三条规定：“应与处理自己事务为同一之注意者，如有重大过失，仍应负责。”因为将无偿委任之受任人之责任，仅限于重大过失者，对于委任契约之信任关系而言，并不适当，且此时有偿委任之受任人需负抽象轻过失责任，则有失均衡。虽然无偿委任之受任人因未受利益，其责任应从轻酌定，但也不能有如此悬殊之差异。[54]

愚意以为后说为当，因为由上述二法条，吾人可知过失责任之理论，将注意义务分为善良管理人注意义务、与处理自己事务同一之注意义务及一般人之注意义务三种，违反者各负抽象轻过失责任、具体轻过失责任及重大过失责任。“民法”第五百三十五条之规定，亦符合此理论体系，仅旧“民法”第五百四十四条第二项与此体系相扞格。不能因此一错误之规定而有例外之情形发生，此其一也。再者，旧“民法”第五百四十四条第二项与第五百三十五条间，应无“后法优于前法”之适用，盖其同时经过“立法院”三读通过、“总统”公布，并无时间上之差异，何来前后法之分？[55] 此其二也，故受任人应就具体轻过失负其责任，重大过失更应负责。[56]“民法”债编为避免上述之争议及法条之矛盾，爰将旧“民法”第五百四十四条第二项之规定予以删除[57]，上

53 陈瑾昆，民法通义债编各论，北平朝阳学院，1931年，第二一三页。

54 郑玉波，前揭书，同注2，第四四〇页。史尚宽，前揭书，同注2，第三七九页。邱聪智，前揭书，同注1，第二三一页。

55 反对见解，邱聪智，前揭书，同注1，第二三一页。

56 “最高法院”1973年台上字第1326号判例：“委任关系中之受任人，依‘民法’第五百三十五条前段之规定，虽未受有报酬，其处理委任事务，仍应与处理自己事务为同一之注意，亦即对于具体之轻过失仍须负责，同法第五百四十四条第二项之规定，如解为此种受任人仅以有重大过失为限始负责任，则与同法第五百三十五条之规定未免抵触，故应参照同法第二百二十三条，认为此种受任人，除与处理自己事务为同一之注意，欠缺此种注意，即应就具体过失负责外，如显然欠缺一般人之注意而有重大过失，仍应负责。”

57 “民法”第五百四十四条第二项删除理由：“二、委任为无偿时，依照‘民法’第五百三十五条规定，受任人应与处理自己事务为同一之注意。原条文第二项规定，有使人误解为无偿之受任人，仅就重大过失负责，对于具体之轻过失，可不负责任，则显与上述条文之规定相抵触。为免疑义，爰将第二项删除。”

述争议不复存在，此条项之修正，应值赞同[58]，而“最高法院”1973年度台上字第一三二六号判例，仍可继续有效引用。

（二）因逾越权限行为之赔偿

受任人因逾越权限之行为所生之损害，对于委任人应负赔偿之责。本条所谓之权限，系指“民法”第五百三十二条至第五百三十四条所定之权限。因无过失责任为一般过失责任之例外，如欲采之，必须明文规定始可，故此条规定之赔偿，依“民法”第二百二十条第一项之规定，并本条并未特别规定为无过失责任，故受任人对此逾越权限之赔偿，仍必须有过失始负此责任[59]，而此过失，亦视委任有偿与否，依“民法”第五百三十五条定之。

贰、对于委任人之效力

一、事务处理请求权

受任人对于委任人有事务处理义务，相对地，委任人对于受任人即有事务处理请求权，故“民法”第五百四十三条规定：“委任人非经受任人之同意，不得将处理委任事务之请求权，让与第三人。”由本条规定可知，此请求权具有专属性，原则上不得让与第三人，违者其让与应不生效力，此系因为委任契约具有信任关系也。此须注意的是，在复委任时，委任人对于次受任人有直接请求权（“民法”第五百三十九条参照），此直接请求权，解释上亦应受本条之限制，原则上不得让与第三人。[60]

二、费用预付或偿还义务

（一）费用之预付义务

“民法”第五百四十五条规定：“委任人因受任人之请求，应预付处理委任事务之必要费用。”本条适用上注意下列数点：

1. 必要费用，系处理委任事务不可缺少之费用。如何认定？本书以

58 邱聪智，前揭书，同注1，第二三三页。

59 郑玉波，前揭书，同注2，第四四二页。史尚宽，前揭书，同注2，第三七九页。反对见解，邱聪智，前揭书，同注1，第二三一页。

60 郑玉波，前揭书，同注2，第四四二页。史尚宽，前揭书，同注2，第三八〇页。

为，此费用需客观上确有必要，始得请求其预付[61]，而非由受任人依其主观之认定。

2. 费用不是报酬，其系为委任人之利益而使用，不若报酬与委任事务之处理立于对价关系，故费用与委任事务之处理不能成立同时履行抗辩[62]（“民法”第二百六十四条参照）。

3. 受任人对于费用，并无垫付之义务，但有请求预付之权利。因此，委任人如因受任人之请求预付费用时，其即负有预付费用之义务，如其不为预付，导致受任人无法处理委任事务者，此为附随义务，委任人违反此义务时，受任人不得据此解除契约，但受任人亦不负其债务给付迟延之责任[63]（“民法”第二百三十条参照），盖因不可归责于债务人之事由也。

4. 委任人如预付费用，而受任人为自己之利益而使用时，应适用“民法”第五百四十二条之规定，已如前述。

（二）费用之偿还义务

“民法”第五百四十六条第一项规定：“受任人因处理委任事务，支出之必要费用，委任人应偿还之，并付自支出时之利息。”受任人无垫付费用之义务，惟如有垫付者，有请求偿还之权利。委任人偿还必要费用时，须付自支出时之利息（垫费利息）[64]，其利率未约定者，依法定利率计算。至于有益费用之支出，受任人得否请求偿还？民法委任一节并无规定，解释上由当事人以特约约定之，如未约定，依无因管理之规定请求偿还。[65]

三、债务清偿及损害赔偿义务

（一）债务之清偿

“民法”第五百四十六条第二项规定：“受任人因处理委任事务，负担必要债务者，得请求委任人代其清偿，未至清偿期者，得请求委任人

61　史尚宽，前揭书，同注 2，第三八〇页。

62　邱聪智，前揭书，同注 1，第二三七页。

63　关于附随义务，请参阅拙著，论附随债务之不履行与契约之解除，中兴法学第十八期，第二四五页。王泽鉴，前揭书，同注 5，第二五页。王泽鉴，债之关系之结构分析，收录于氏著民法学说与判例研究，第四册，1993 年 9 月八版，第八三页。

64　学说称此为垫（出）费利息，除本条外，“民法”第一百七十六条及第二百八十一条亦有相同之规定（惟“民法”第一百七十六条第一项已包括有益费用与必要费用）。

65　邱聪智，前揭书，同注 1，第二三九页。

提出相当担保。”是为委任人之债务清偿义务，如上所述，若受任人以代理之方式，用委任人之名义，负担因处理委任事务所生之债务者，此时该债务直接归于委任人（“民法”第一百零三条参照），并无本条项之适用。再者，若委任人于受任人负担债务后，即依“民法”第三百条或第三百零一条之规定承担（免责承担）其债务时，亦无本条项之适用。故本条项只限于受任人以自己之名义负担，且委任人并未承担债务时，始有其适用。此时受任人得请求委任人代其清偿，同时，委任人之清偿为有利害关系第三人之清偿，因此债权人不得拒绝（“民法”第三百十一条第二项但书参照）。本条项前段系以该债务之清偿已届清偿期为其要件，委任人始有清偿义务，若清偿期未届至，为保障受任人，故本条项后段即明文规定，受任人得请求委任人提出相当担保。此担保包括人保及物保，且须足以担保该债务全部清偿，始符合本条项规定之“相当”之要件。

（二）损害之赔偿

“民法”第五百四十六条第三项规定：“受任人处理委任事务，因非可归责于自己之事由，致受损害，得向委任人请求赔偿。”是为委任人之赔偿义务，此损害之发生，须非可归责于受任人之事由始可，亦即以受任人自己无过失为其要件。相对而言，此赔偿义务对于委任人方面，为一无过失责任，不以委任人之故意或过失为其要件。[66] 受任人所受之损害，纵系因天灾等等不可抗力之事由所造成，委任人亦应负责；如非因天灾等等不可抗力之事由，而系另有加害人者，委任人亦须负责，但并不表示加害人之责任得予以免除，因本条项系为保护受任人所设之规定。因此，委任人赔偿受任人之损害后，得依“民法”第二百十八条之一之规定，请求受任人让与其对于加害人之损害赔偿请求权。而民法为平衡委任人与受任人间之权益，且基于造成损害者，应负最后责任之法理，故增订第五百四十六条第四项：“前项损害之发生，如别有应负责任之人时，委任人对于该应负责任者，有求偿权。”新法通过后，不再适用“民法”第二百十八条之一之规定，直接适用本条第四项之规定即可，又所谓有求偿权，与“民法”第一百八十八条第三项规定之求偿权同旨，指全额求偿。

66 郑玉波，前揭书，同注2，第四四六页。史尚宽，前揭书，同注2，第三八二页。

四、报酬给付义务

虽然"民法"第五百三十五条之规定，以无偿为原则，有偿为例外。惟现今工商社会，无偿反为例外，当事人多为报酬之约定，纵未约定，如一习惯或依委任事务之性质，应给与报酬者，依"民法"第五百四十七条之规定，受任人亦得请求报酬。兹将报酬之标的、数额、给付时期，说明如下：

（一）标的

一般以金钱为之，其他给付亦可。

（二）数额

由当事人约定，未约定者，得依习惯或价目表定之。

（三）给付时期

"民法"第五百四十八条第一项规定："受任人应受报酬者，除契约另有订定外，非于委任关系终止及为明确报告颠末后，不得请求给付。"民法就委任之报酬原则采"后付主义"，因此有偿委任之受任人不得以报酬之未付，而行使同时履行抗辩权。[67] 再者，受任人于委任关系终止及为明确报告颠末后，委任人即须依本条项给付报酬，至于其所处理之事务是否成功？并非所问，已于委任与承揽之异同时讨论。此外，如委任契约其事务之处理未完成前，委任契约即终止者，其报酬之给付，"民法"第五百四十八条第二项规定："委任关系，因非可归责于受任人之事由，于事务处理未完毕前已终止者，受任人得就其已处理之部分，请求报酬。"具备本条项之要件时，受任人得请求报酬，惟须就其已处理之部分请求之。[68] 若系可归责于受任人之事由，致委任契约终止者，不但不得请求报酬，对于委任人而言，已构成给付不能，依"民法"第二百二十六条之规定，委任人亦得请求赔偿损害。[69]

67　关于同时履行抗辩权，请参阅王泽鉴，同时履行抗辩："民法"第二六四条规定之适用、准用及类推适用，收录于氏著民法学说与判例研究，第六册，作者自刊，1994 年 8 月八版，第一四三页。

68　"最高法院"1960 年度台上字第 128 号判例："两造所订委任契约，既定酬金十万元，包括受任人承办地方法院、'高等法院'、'最高法院'及强制执行等事务之酬劳在内，则上诉人于受任后，虽曾代为撰状向台湾台北'地方法院'声请调解，充其量不过办理第一审事务中小部，在调解程序中其代理权既因当事人在外成立和解而撤销，依契约本旨及诚信法则，自只能请求给付第一审事务之酬金，而不得及于全部。"

69　关于给付不能，请参阅王泽鉴，给付不能，收录于氏著民法学说与判例研究，第一册，作者自刊，1993 年 9 月十四版，第四一三页。

第四节　委任之消灭

壹、消灭之原因

委任关系消灭之原因很多，一般契约消灭之原因，诸如终期之届满、解除条件之成就、委任事务之处理完毕或履行不能等，委任亦有之，故于此不予论述此一般消灭原因，仅就委任之特别消灭原因分述之：

一、当事人任意终止

“民法”第五百四十九条第一项规定：“当事人之任何一方，得随时终止委任契约。”是为委任契约当事人之任意终止权，当事人得任意为之，不须具备任何之理由。此系因为委任契约基于当事人之信任关系，而信任关系是主观的，若当事人之信任感已有所动摇者，自得允其终止契约，否则委任契约之基础已不稳固，又何必强令其契约继续存在？故本条赋予当事人任意终止权，堪称允当。惟“民法”第五百四十九条第一项所赋予之任意终止权，当事人得否以特约抛弃之？有正反二说[70]，本书以否定说为当，故其如以特约抛弃其任意终止权者，其抛弃不生效力。再者，此终止权之行使方法，本节并未予以特别规定，故应适用“民法”第二百六十三条准用第二百五十八条之规定，而当终止之意思表示生效时（“民法”第九十四、九十五条参照），契约即为终止。

二、法定事由之发生

当事人虽未终止契约，但如发生法定事由时，契约亦当然终止，“民法”第五百五十条规定：“委任关系，因当事人一方之死亡、破产或丧失行

70　肯定说：郑玉波，前揭书，同注2，第四五〇页。惟其认为纵有此特约，仍得适用情事变更原则终止契约。否定说：史尚宽，前揭书，同注2，第三八五页。邱聪智，前揭书，同注1，第二四七页。“最高法院”1970年度台上字第1944号判决：“委任契约之成立，系以相互之信用关系为基础，如其信用动摇，即可由一方之意思，将受任人解除，而不问有无相反之约定。因此上诉人与被上诉人间之委任契约，纵有不得撤销之特约，亦不排除‘民法’第五四九条第一项之适用。”

为能力而消灭。但契约另有订定，或委任事务之性质，不能消灭者，不在此限。”是为委任关系之法定终止事由[71]，兹分述如下：

（一）死亡

委任契约因当事人一方之死亡而消灭，不论是委任人死亡或受任人死亡，甚至二者同时死亡者，委任关系均归于消灭，并无继承之问题。因为从委任契约系基于信任关系视之，将委任关系仅止于委任人及受任人之间而已，不应发生继承之问题。[72] 至于死亡，包括自然死亡与宣告死亡，且在当事人之一方为法人时，其解散或撤销登记等同于自然人之死亡，亦有本条之类推适用。[73]

（二）破产

须以业经受破产之宣告为其要件，因为当事人既已破产而丧失处分权，已无信用可言，如令委任关系继续存在，其信任关系必已受动摇，基于上述信任关系为委任契约之基础之论述，法律乃将破产列为委任契约之法定终止事由之一。

（三）丧失行为能力

此指完全丧失行为能力而言，如系委任人因被宣告禁治产而丧失行为能力者，则其事务应归于其法定代理人处理之，故此时委任契约消灭，但其法定代理人亦得再与原受任人订定委任契约；如系受任人丧失行为能力者，其既无行为能力，又何能代为委任人处理事务？故本条将丧失行为能力列为法定终止事由。再者，依法条文义解释，应仅限于行为能力之丧失，而不及于行为能力受限制，此从“民法”第一百零四条之解释，即可得知，已如前述[74]；再者，委任事务并不仅限于法律行为，事实行为亦属之，自不应将行为能力受限制列为法定终止事由。

71 “最高法院”1962年度台上字第2813号判例：“人之权利能力终于死亡，其权利义务因死亡而开始继承，由继承人承受。故关于遗产之法律行为，自当由继承人为之，被继承人生前委任之代理人，依‘民法’第五百五十条之规定，其委任关系除契约另有订定，或因委任事务之性质不能消灭外，自应归于消灭。”

72 “最高法院”1969年度台上字第2931号判决：“祭祀公业之管理人死亡时，管理权因而消灭，盖管理以本人之信任为基础，信任被继承人者，未必信任继承人，故管理权不得为继承之标的。”同院1980年度台抗字第204号裁定：“当事人委任之诉讼代理人死亡者，依照民法第五百五十条前段规定，其委任关系即因而消灭，从而其诉讼代理权亦因人格消灭，而当然不复存在。”

73 郑玉波，前揭书，同注2，第四五一页。史尚宽，前揭书，同注2，第三八九页。邱聪智，前揭书，同注1，第二四九页。

74 郑玉波，前揭书，同注2，第四五一页。邱聪智，前揭书，同注1，第二五一页。

遇有上述三种法定事由之发生，则委任关系当然消灭，但有下列之例外：

1. 契约另有订定者：本条并非强行规定，允许当事人另行约定。

2. 因委任事务之性质不能消灭者：例如委托受任人代收租金三年，即以之充偿委任人欠该受任人之旧债，此种情形只要尚未收到三年之租金，纵委任人或受任人死亡，其委任关系亦不因此而消灭。

3. 法律特别规定：法律如有特别规定者，自无“民法”第五百五十条之适用，例如“民法”第五百六十四条规定：“经理权或代办权不因商号所有人死亡、破产或丧失行为能力而消灭。”“民事诉讼法”第七十三条规定：“诉讼代理权，不因本人死亡、破产或诉讼能力丧失而消灭。”“信托法”第八条规定：“信托关系不因委托人或受托人死亡、破产或丧失行为能力而消灭，但信托行为另有订定者，不在此限。”[75] 此时委任关系纵有上述法定终止事由时，其委任关系并不消灭。

贰、委任消灭之效果

一、损害赔偿义务

“民法”第五百四十九条第二项规定：“当事人之一方，于不利于他方之时期终止契约者，应负损害赔偿责任。但因非可归责于该当事人之事由，致不得不终止契约者，不在此限。”此义务之要件分述如下：

（一）须当事人之一方任意终止契约

如系因法定终止事由致委任关系消灭者，不在此限。

（二）须于不利于他方之时期终止契约

是否不利，则依具体情事判断之。

具备上述要件后，为终止契约之一方，对于他方应负损害赔偿责任。但因非可归责于该当事人之事由，致不得不终止者，即可不负赔偿责任。此为免责要件，应由终止契约之当事人，就该事由负举证责任。再者，此不负损害赔偿责任，仅因不可归责于该当事人之事由即可，至于是否可归责于他方，并非所问。易言之，如因不可归责于双方当事人之事由而终止

75 四宫和夫，信托法增补版，有斐阁，昭和五五年（1980年）11月30日增补初版第三刷发行，第七四页。叶张基，信托法与民法之调和，中兴大学法律学系硕士论文，1998年7月，第二九页。

契约者，为终止契约之人不负损害赔偿责任；如因可归责于他方之事由而终止契约者，不仅得依本条免负损害责任，更得向他方请求损害赔偿[76]，本项损害赔偿，系指不于此时终止，他方即可不受该项损害之信赖利益赔偿，非指当事人间原先约定之报酬，适用时尤应注意“最高法院”1969年度台上字第二九二九号判例有关居间之报酬，二者显有不同。如系因可归责于双方当事人之事由，而由一方终止契约者，仍应由终止之一方负损害赔偿责任，但因他方亦有过失，自可适用与有过失之规定（“民法”第二百十七条参照）。

二、继续处理义务

“民法”第五百五十一条规定：“前条情形，如委任关系之消灭，有害于委任人利益之虞时，受任人或其继承人或其法定代理人于委任人或其继承人或其法定代理人，能接受委任事务前，应继续处理其事务。”是为受任人之继续处理义务，此义务系存于委任关系已消灭之后，兹分述其要件：

（一）须委任关系因法定事由而消灭

本条即规定“前条情形”，故应仅限于法定事由之情形，而不及于任意终止之情形。

（二）须有害于委任人利益之虞

本条限于有害于委任人利益之虞，不及于有害于受任人利益之虞之情形。例如委任人死亡，委任关系消灭，但委任人之继承人尚无法亲自处理该事务（如重病住院或远在他乡），如受任人不继续处理其事务者，委任人之继承人之利益必发生损害。相对地，如受任人死亡，委任关系消灭，但委任人亦无法亲自处理该事务时，受任人之继承人若不继续处理其事务，亦将使委任人之利益遭受侵害，故有本条之设也。此时因属于特别情事，“民法”第五百五十条以委任契约之信任关系基础为其立法

76　“最高法院”1973年台上字第1536号判例：“委任契约依‘民法’第五百四十九条第一项规定，不论有无报酬，或有无正当理由，均得随时终止。上诉人等之被继承人对被上诉人终止委任契约，无论于何时为之，均不能谓被上诉人原可获得若干之报酬，因终止契约致未能获得，系受损害。同法条第二项规定：‘于不利于他方之时期终止契约者，应负损害赔偿责任’，其所谓损害，系指不于此时终止，他方即可不受该项损害而言，非指当事人间原先约定之报酬。”关于本判例之评析，请参阅拙著，民法上信赖利益赔偿之研究，法学丛刊，第七三期，第四三页。

同院1995年度台上字第1037号判决：“本院1973年台上字第一五三六号判例仅在阐释‘民法’第五百四十九条第二项所称之损害，不包括当事人间原先约定之报酬在内，非谓一切预期利益之损失，均在不得请求赔偿之列。”

意旨即被取代，故民法始规定本条以排除“民法”第五百五十条之适用，此期间双方关系，应属原委任契约之延长[77]，其契约之约定并无变更。

具备上述要件后，受任人之一方即有继续处理义务，惟因法定事由之不同，此义务之主体亦有差异，申言之：

1. 死亡：委任人死亡，则受任人应继续处理委任事务；受任人死亡，则受任人之继承人应继续处理委任事务；若双方同时死亡者，与受任人死亡时同，由受任人之继承人继续处理事务。

2. 破产：委任人破产，则受任人应继续处理事务；若受任人破产，则由其破产管理人继续处理委任事务。

3. 丧失行为能力：若委任人丧失行为能力，则受任人应继续处理事务；若受任人丧失行为能力，则受任人之法定代理人应继续处理委任事务。

继续处理义务之时期，本条规定“于委任人或其继承人或其法定代理人能接受委任事务前，应继续处理其事务”。因此，委任人死亡，受任人应继续处理事务至委任人之继承人能接受时为止；受任人死亡，则受任人之继承人应继续处理事务至委任人能接受时为止；若双方同时死亡，则受任人之继承人应继续处理事务至委任人之继承人能接受时为止。若委任人死亡，而受任人丧失行为能力者，则受任人之法定代理人应继续处理至委任人之继承人能接受时为止，以此类推即可。

三、委任关系之拟制存续

“民法”第五百五十二条规定：“委任关系消灭之事由，系由当事人之一方发生者，他方知其事由，或可得而知其事由前，委任关系视为存续。”是为委任关系之拟制存续。其要件分述如下：

（一）须委任关系消灭之事由系由当事人之一方发生者

适用本条须委任关系消灭之事由，系由当事人之一方发生，例如当事人之一方死亡、破产或丧失行为能力是。

（二）须他方知其事由或可得而知之前

委任关系消灭事由，如他方业已知悉，或虽尚属不知，但其不知系有过失者，则仅有“民法”第五百五十一条规定之适用，而非本条之范围。易言之，当事人之善意且并无过失为本条适用之要件。

77 郑玉波，前揭书，同注2，第四五五页。史尚宽，前揭书，同注2，第三九一页。邱聪智，前揭书，同注1，第二五三页。

具备上述要件，则委任关系视为存续，直至他方已知或可得而知时，始归消灭。此期间双方之权利义务，仍依原契约为之。试举一例如下：A为B银行之支票存户，因生意往来而签发面额100万之支票于C，发票日为1998年6月1日，A于1998年6月5日突因车祸去世，其家人因处理后事，疏忽之余，未将A之死亡通知B银行，而C于提示期限内为该支票提示而兑现，此时B应否负责？依“民法”第五百五十条之规定，A、B之支票存款契约已因A之死亡而消灭，惟B银行并不知情，故其向C之提示为付款，依“民法”第五百五十二条仍生债之清偿效力，故B不须负责。应注意的是，“民法”第五百五十一条系专为保护委任人之利益而设；而本条则兼为保护受任人之利益而设，二者尚有所不同。

第十一章

经理人及代办商

【案例提示】

一、甲商号因业务量骤增，乃聘请乙为其经理人，总管商号之一切事务，乙乃为下列行为，试问下列行为效力如何？

（一）丙工厂进货五千件。

（二）开立面额新台币五十万元之支票予丁。

（三）向法院起诉请求戊返还货款二十万元。

（四）向己购买房屋作为店面之用。

（五）私自用商号章为其好友庚为保证。

二、A商号见台湾无线电手机市场开放，商机无限，乃与外国B公司签订契约，由B公司提供无线电手机、门号等等相关产品，约定A仅得于台湾地区以B公司之名义为商品之销售。试问：

（一）A、B间契约为何？

（二）A于商品销售期间，应对B公司负何义务？

第一节　经理人

壹、经理人之意义及性质

一、经理人之意义

“民法”第五百五十三条第一项规定：“称经理人者，谓由商号之授权，为其管理事务及签名之人。”[1] 经理人必须先由商号授与经理权后，始得为商号管理事务及签名，由此可知经理人必限于自然人。而管理事务及签名，性质上应为经理人之“权限”，而非“权利”[2]。兹分述如下：

（一）经理人系由商号授权为商号管理事务之人

经理人有为商号管理事务之权，此事务必须为商号之事务始可，且必须属于商号之营业行为[3]，若系商号主人之私事，或系其身份行为（例如结婚、离婚等等），则并非经理人所得管理之事务。

（二）经理人系由商号授权为商号签名之人

商号对外所为之法律行为或诉讼行为，必须签名者，此时商号所有人及经理人皆得为之，如系由经理人为之者，性质上应属于代理行为。[4] 至于应如何签名，台湾民法并未加以规定，解释上只要使人得明了其系为其商号签名之意旨者，即生效力[5]，至于是否必须使用商号（公司）之印章，则非所问。[6]

（三）经理人为“隶属商业补助人”

经理人系隶属于商号之中，故称为“隶属商业补助人”，与代办商系在委托之商号以外而独立办理事务，本质上为“独立之商业补助人”有所不同。另须注意者，乃公司法另有经理人之特别规定，依“公司法”

1 本条项修正理由：“经理人必先由商号授与经理权，始得为商号管理事务及签名。而管理事务及签名，为经理人之权限并非权利，原条文第一项，易滋疑义，为期明确，爰予修正。”

2 邱聪智，债法各论，中册，作者自刊，1996年10月二刷，第二六八页。

3 最高法院1930年度上字第1014号判例：“商号经理人，对于一切店伙有指挥监督之职责，若因怠于监督致有舞弊情事，则经理人不能不负责任。”
同院1931年度上字第1349号判例：“商号经理人，关于营业有代商业主人为审判上与审判外一切行为之权限，故如清理商号所负债务与处理因营业所发生之事项，均为其权限以内之事。”

4 “最高法院”1981年度台上字第3816号判决：“经理人有为公司管理事务之权限（‘公司法’第八条第二项、‘民法’第五百五十三条第一项），而公司背书票据，法律既未设有禁止之规定，且为社会上所常见，除有特别情形外，难谓经理人为公司背书，不在其管理事务之内。”

5 惟经理人为其商号于票据上所为之签名，必须符合票据法第九条之规定，载明商号及为其代理之意旨始可，此系因票据法有特别规定使然。

6 “最高法院”1980年度台上字第997号判决：“（一）‘民法’第五百五十三条第一项规定，经理人有为商号管理事务及为其签名之权利，只须经理人表明系为公司签名之意旨即生效力，非以加盖商号（包括公司）或董事长印章为必要，不能因协议书未加盖上诉人公司及董事长之印章而否认其效力。（二）公司设立登记后，有应登记之事项而不登记，仅不得以其事项对抗第三人而已，非谓未经登记之事项当然无效，从而上诉人自不得以谢洁之业务经理未经登记，而否认其有代理上诉人之权限。（三）‘公司法’第三百九十五条虽规定公司对外文件，应标明其登记执照之数号，此为训示规定，违背此项规定者，并非当然无效，上诉人以协议书未载上诉人公司登记执照之数号，而否认该协议书之效力，尤嫌无据。”

第二十九条规定，公司得依章程规定设置经理人，故公司经理人必为民法上之经理人。因此，除“公司法”第二十九条至第三十九条有特别规定外[7]，仍有民法关于经理人规定之适用，又公司法上之经理人，依同法第八条规定，乃当然为公司之职务负责人。

二、经理人契约之性质

（一）有名契约

经理人契约规定在“民法”债编各论第十一节，故为一有名契约。

（二）劳务契约

经理人之处理事务，须给付劳务，故为劳务契约，且为劳务契约中之委任契约（“公司法”第二十九条第一项参照）。

（三）有偿契约

经理人劳务之给付与商号所有人（公司）报酬之给付间互为对价，故经理人契约为有偿契约，经理人须以善良管理人之注意处理事务（“民法”第五百三十五条参照）。

（四）双务或片务契约

经理人给付劳务之义务与商号所有人（公司）给付报酬之义务，互为对价，故经理人契约为双务契约，此二义务有“民法”第二百六十四条同时履行抗辩之适用。

（五）不要式契约

“民法”第五百五十三条第二项规定：“前项经理权之授与，得以明示或默示为之。”故经理权之授与，民法并无限制，明示或默示、书面或口头皆可[8]，故为不要式行为。

贰、经理人之选任

一、经理人之资格

台湾民法并未就经理人之资格加以限制[9]，因为经理人须为管理事务

7 例如“公司法”第三十一条规定：“经理人之职权，除章程规定外，并得依契约之订定。经理人在公司章程或契约规定授权范围内，有为公司管理事务及签名之权。”

8 “最高法院”1981年度台上字第4535号判决：“商号经理人，虽未附以经理人之名称，苟有足以表示授与经理权之意思表示，无论其为明示或默示，亦不妨认其有经理权。”

9 惟台湾“公司法”第三十条、第二十九条第二项、第二百二十二条等规定对于经理人之资格设有规定，此外保险法、银行法及证券交易法之相关子法就其专业的经理人设有资格上的限制。

之事实行为，故解释上应以自然人为限；再就对外关系而言，经理人系商号之代理人，因此，得为代理人之限制行为能力人，亦得为商号经理人[10]，但“公司法”第三十条第六款禁止限制行为能力人为公司之经理人，此为特别规定，须加注意。

经理人与商号所有人间，系属委任关系[11]，惟民法就经理人特别加以规定，故为一特殊委任。[12] 因此，二者间之法律关系原则上依本节之规定，本节无规定者，始适用委任之规定。[13]

二、经理人之报酬

经理人之报酬，本法并未规定，应依当事人之契约约定之，如契约未约定者，自应适用委任之规定。“民法”第五百四十七条规定：“报酬纵未约定，如依习惯或依委任事务之性质，应给与报酬者，受任人得请求报酬。”因此，经理人系属于“委任事务之性质应给与报酬者”之情形[14]，故经理人与商号间性质上为有偿委任。[15]

叁、经理人之权利

一、经理权

经理权之性质为权限，已如上述。经理人有为商号管理事务及为其

10 郑玉波，民法债编各论，下册，三民书局，1992年10月十五版，第四六三页。史尚宽，债法各论，1986年11月初版六刷，作者自刊，第四〇四页。邱聪智，前揭书，同注2，第二七四页。

11 最高法院1931年度上字第910号判例：“商业经理人，于营业范围外未受主人委任，以自己之意思所为借贷之行为，除该地方另有特别习惯外，原则上难认其有直接及于主人之效力。”同院1931年度上字第2459号判例：“经理人于营业外所为之借贷行为，除经主人特别委任或有特别习惯外，难认其直接及于主人之效力。所谓特别委任云者，例如就各个借贷行为予以允许，或另以契约付与以一切借款权限之类。”并请参阅邱聪智，前揭书，同注2，第二六三页。

12 为避免与“民法”第五百三十三条特别委任相混淆，故就此愚称之为“特殊委任”。

13 惟公司法与海商法等特别法皆有经理人之特别规定，例如“公司法”第二十九条、“海商法”第十七条，于适用时更应注意。

14 郑玉波教授则认为经理人之报酬系“依习惯上聘任经理人未有不与报酬者”，理由虽异，结果并无不同。请参照郑玉波，前揭书，同注10，第四六五页。

15 “最高法院”1996年度台上字第3056号判决：“称经理人者，谓有为商号管理事务，及为其签名之权利之人，为‘民法’第五百五十三条第一项所明定，经理人既系受商号之任，为商号处理一定事务之人，而非仅为商号服劳务，故商号与经理人间之关系为委任关系，而非雇佣关系。”

签名之权限，具有对内事务管理权及对外代理权之性质。兹分述如下：

（一）经理权之授与

“民法”第五百五十三条第二项规定：“前项经理权之授与，得以明示或默示为之。”经理权之授与，民法并无限制，明示或默示、书面或口头皆可，性质上为不要式行为，已如前述。此经理权之授与及代理权之授与相同，系有相对人之单方意思表示，通常由商号主人向经理人为之。且一般而言，一经选任经理人，即得认为有默示地授与经理权。[16]

（二）经理权之范围

经理权之范围，包括对内管理权与对外代理权，兹分述如下：

1. 得为管理上之一切必要行为：“民法”第五百五十四条第一项规定：“经理人对于第三人之关系，就商号或其分号，或其事务之一部，视为其有为管理上一切必要行为之权。”经理权一经取得，原则上及于商号营业目的范围内之事务，除非法律有特别限制者外，并无特别授权之问题。所谓一切必要行为，须以其商号营业上有关之行为为限。[17] 例如进口原料、出售货物、纳税、投保及刊登广告均是。至于处分营业本身之行为，即营业之让与或废止，经理人不得为之。[18] 须注意的是，经理人代商号为他人保证，虽无“公司法”第十六条之限制，但除属于该商号之营业范围、依特殊情事为营业上之行为或保证行为为商号所有人所承认外，对商号不生效力。[19]

2. 得为一切诉讼上之行为：“民法”第五百五十五条规定：“经理人，就所任之事务，视为有代理商号为原告或被告或其他一切诉讼上行为之权。”[20] 此诉讼为广义之诉讼行为，包含民事、刑事及行政诉讼，甚至诉愿等一切救济之方式，且必须以关于商号之营业者为限[21]，如系商号所有

16 邱聪智，前揭书，同注2，第二六五页。

17 最高法院1931年度上字第1472号判例：“商店经理人，于商店歇业后，如未经明白表示解任，则对于商店所负之债务，仍应负清理偿还之责。”

18 郑玉波，前揭书，同注10，第四六七页。史尚宽，前揭书，同注10，第四〇六页。

19 最高法院1943年度永上字第212号判例：“商号经理人盖用号章为人保证，除属于该商号之营业范围，或依特殊情事为营业上之行为，或保证行为为号东所承认者外，对于商号不能发生效力。”

20 本条修正理由：“经理人为商号法定之委任代理人，其与商号间，无论民事上或诉讼上均为代理关系。为避免疑义，爰将‘代表’二字修正为‘代理’。”

21 “最高法院”1986年度台上字第1598号判例：“经理人就所任之事务，视为有代商号为原告或被告或其他一切诉讼行为之权，此观‘民法’第五百五十五条之规定自明，此项规定于公司之经理人并未排斥适用。安某既为被上诉人（公司）之经理，而系争工程又为其所任事务权限范围内之事项，自有代表被上诉人（公司）应诉之权限。”

人身份上之诉讼，自不在经理权之范围，故经理人不得为商号所有人提起诉讼。按旧民法本条规定为“视为有代表商号……”，但经理人为商号法定之委任代理人，其与商号间，无论民事上或诉讼上均为代理关系，为避免疑义，爰将“代表”二字修正为“代理”，以实其关系。

（三）经理权之限制

1. 主管事务部门之限制：“民法”第五百五十三条第三项规定：“经理权得限于管理商号事务之一部（如企划经理），或商号之一分号（如台中区经理）或数分号（如台湾北区经理）。”是为经理权主管事务部门之限制。此限制依“民法”第五百五十七条之规定，得对抗善意第三人（详后述）。

2. 书面授权之限制：“民法”第五百五十四条第二项规定：“经理人，除有书面之授权外，对于不动产，不得买卖，或设定负担。”本条适用本条项须注意下列数点：

（1）仅限于不动产，不包括动产。[22]

（2）不含不动产之租赁及其他负担行为。[23]

（3）“民法”第五百五十四条第三项规定：“前项关于不动产买卖之限制，于以买卖不动产为营业之商号经理人，不适用之。”[24] 故如商号系以不动产买卖为其营业者，不适用第二项限制之规定。

（4）依“民法”第五百三十四条之规定，委任契约仅限于不动产之出卖须特别授权；但经理人依“民法”第五百五十四条之规定则包括买卖二者，皆须书面授权。

（5）“民法”第五百五十七条规定：“经理权之限制，除第五百五十三条第三项、第五百五十四条第二项、及第五百五十六条所规定外，不得以之对抗善意第三人。”故本条项之限制可对抗善意第三人。

3. 同时行使之限制：“民法”第五百五十六条规定：“商号得授权于数经理人，但经理人中有二人之签名者，对于商号即生效力。”此系共同

22 经理人如将动产设定质权，或依动产担保交易法之规定设定动产抵押权、附条件买卖及信托占有等等，皆无书面授权之限制。并请参照“最高法院”1963年台上字第1170号判例：“依‘民法’第五百五十四条第二项之规定，经理人就不动产设定负担虽须有书面之授权，但不动产以外之其他财产，纵无书面之授权，亦不能遽谓其设定负担为无权限之行为。”

23 “最高法院”1978年度台上字第2732号判例：“公司经理人有为公司为营业上所必要之一切行为之权限，其为公司为营业上所必要之和解，除其内容法律上设有特别限制外，并无经公司特别授权之必要，此为经理人与一般受任人权限之不同处。”

24 本条项增订理由：“商号若系以买卖不动产为营业者，其经理人是否仍受第二项之限制，现行法尚无明文规定。学者通说以为无须另有书面授权（参见郑玉波著民法债编各论下册四六八页，史尚宽著债法各论四〇八页）。为明确计，爰增设本条第三项。”

经理之规定，对外则为共同代理，“民法”第一百六十八条著有明文，故“民法”第五百五十六条即为“民法”第一百六十八条所谓“法律另有规定”之情形，亦即无须受应全体共同为之之限制。依“民法”第一百六十八条规定，代理人有数人者，若未共同代理，则属无权代理，效力未定（“民法”第一百七十条参照）。惟本条已特别规定，只要有经理人二人之签名时，即生效力，显已排除“民法”第一百六十八条规定之适用，以符合商机稍纵即逝之特性。适用本条时必须为同一商号之数经理人，且“未分配其主管事务”始可，如各有主管事务，则无共同经理之问题。至于受动代理（消极代理），以向经理人其中一人为意思表示为足，无本条之适用。[25] 最后，本条之限制可对抗善意第三人（“民法”第五百五十七条参照）。

4. 商号所有人之意思：商号所有人得任意以其意思限制经理人之权限，惟“民法”第五百五十七条规定：“经理权之限制，除第五百五十三条第三项、第五百五十四条第二项、及第五百五十六条所规定外，不得以之对抗善意第三人。”故商号所有人以意思对经理人所为之限制，不得对抗善意第三人，藉以保护交易安全。民法之规定原则上对经理权不加以限制，若特别予以限制，虽然仅于商号与经理人间有效，但对善意第三人而言，其于交易时不一定得知经理人关于经理权限制之约定，基于民法保护交易安全一贯立场下，乃有本条规定之设计[26]（“公司法”第三十六条、“海商法”第十九条第二项同旨）。惟本条所列举三法条之例外情形既为法所明文排除，则第三人不得就此有所抗辩，乃当然之解释。是本条予以列出排除，得以对抗善意第三人，交易安全亦无受侵害之虞。

二、报酬请求权

如前所述，经理人与商号所有人间为有偿委任关系，故其对商号所有人自有报酬请求权，其对价即是尽善良管理人之注意义务处理商号营业之事务，二者间有“民法”第二百六十四条同时履行抗辩权之适用。

25 邱聪智，民法债编通则，作者自刊，1993年8月修订六版，第五六页。

26 最高法院1938年度上字第1285号判例：“就已授与经理权之事务，加以该经理人须经商号所有人审查同意后始得为之之限制，依民法第五五七条之规定，不得以之对抗善意第三人。”

同院1939年度上字第1260号判例：“商号所有人与经理人间，就不属于经理权范围内之事项订有禁止经理人为之之特约，不过预防经理人之越权行为，特加订明，并非就其固有之经理权加以限制，自无适用民法第五五七条之余地。”

三、福利享受

民法对于经理人虽未有福利享受之特别规定，但一般均得享有商号工作规则所订之福利、劳健保或员工之新股认购权等等。

肆、经理人之义务

一、执行职务义务

经理人应执行职务，并以善良管理人之注意为之（“民法”第五百三十五条），若经理人于执行职务时，不法侵害他人者，商号应依“民法”第一百八十八条之规定，负雇用人之连带赔偿责任。[27] 又关于履行债务而害及债权人者，亦有“民法”第二百二十四条之适用。[28]

二、计算义务

经理人基于其与商号之委任关系，负有下列计算义务：

（一）报告义务

经理人应将委任事务进行之状况，报告商号所有人，委任关系终止时，应明确报告其颠末（“民法”第五百四十条参照）。

（二）金钱、物品及孳息之交付义务

经理人因处理委任事务，所收取之金钱、物品及孳息，应交付于商号所有人（“民法”第五百四十一条第一项参照）。违者，除应负债务不履行责任外，亦可能有背信及侵占之罪嫌。

（三）权利移转义务

经理人以自己之名义，为商号所有人取得之权利，应移转于商号主人（“民法”第五百四十一条第二项参照）。

（四）支付利息及损害赔偿义务

经理人为自己之利益，使用应交付于商号所有人之金钱，或使用应为商号所有人利益而使用之金钱者，应自使用之日起，支付利息。如有

27 “最高法院”1968年度台上字第1663号判例：“‘民法’第一百八十八条第一项所谓受雇人，并非仅限于雇佣契约所称之受雇人，凡客观上被他人使用为之服劳务而受其监督者均系受雇人。”

28 王泽鉴，为债务履行辅助人而负责，收录于氏著民法学说与判例研究，第六册，作者自刊，1994年8月八版，第六七页。

损害，并应赔偿（“民法”第五百四十二条参照）。

三、禁止竞业义务

（一）禁止竞业义务之意义

“民法”第五百六十二条规定：“经理人或代办商，非得其商号之允许，不得为自己或第三人经营与其所办理之同类事业，亦不得为同类事业公司无限责任股东。”是为竞业禁止义务。本条禁止之情形有三，包括：

1. 为自己经营与其所办理之同类事业（含合伙）。
2. 为第三人经营与其所办理之同类事业。
3. 为同类事业公司无限责任股东。

本条禁止之目的有二，即在于防止与商号利益相冲突，以及防止兼职不专之弊。但为同类事业公司有限责任股东者，并无上述之不利益，且现今社会购买股票是为正当、合法之投资，自不在禁止之列。[29] 另“公司法”第三十二条亦对公司经理人有竞业禁止之规定。

（二）违反效果

经理人违反上述竞业禁止之规定，“民法”第五百六十三条第一项之规定：“经理人或代办商，有违反前条规定之行为时，其商号得请求因其行为所得之利益，作为损害赔偿。”学者称为介入权或归入权。[30] 归入权之要件有二：

1. 经理人须违反“民法”第五百六十二条之规定：此时经理人之行为须为商业性行为，例如甲商号系以买卖汽车为其营业，其经理人如为了换车而将车子卖给乙，此时其出售汽车之行为并非商业性行为，故不属于“民法”第五百六十二条所称之竞业行为。

2. 经理人须因此而获利：须有利益始得行使归入权；若无利益者，商号只能依其间之委任契约请求损害赔偿。

具备上述要件，商号即得行使归入权，以其所得之利益为损害赔偿。[31] 此

29 公司法规定经理人、无限公司与两合公司之执行业务股东、股份有限公司之董事均受竞业禁止之限制。

30 “公司法”第五十四条第三项及第二百零九条第五项亦有相类似之规定，惟独经理人漏未规定其归入权，此时公司法学者乃直接适用“民法”第五百六十三条之规定。请参阅柯芳枝，公司法论，三民书局股份有限公司，1996年8月再修订三版，第六十页。

31 “最高法院”1992年度台上字第1453号判例：“公司经理人违反‘公司法’第三十二条竞业禁止之规定者，其所为之竞业行为并非无效，但公司得依‘民法’第五百六十三条之规定请求经理人将因其竞业行为所得之利益，作为损害赔偿。”

制度设计之目的在于此种损害赔偿多为所失利益，殊难证明，如必须加以证明，则难以达成请求损害赔偿之目的，乃有本条之设计，以其所得利益作为损害赔偿，无须证明，较为便利。此时，学界有一争议：此归入权与损害赔偿请求权，二者之行使方法为何？有认为可重叠行使；有认为只能择一行使。[32] 愚意以后者为当，盖就经理人方面以观，其仅为一次之竞业，不应令其负二次之损害赔偿。又此之归入权，性质上应属形成权，故一经行使即发生归入效果，至于应归入多少，乃法院裁判定之。

（三）除斥期间

为使法律关系及早确定，此归入权亦设有期间限制，"民法"第五百六十三条第二项规定："前项请求权，自商号知有违反行为时起，经过二个月或自行为时起，经过一年不行使而消灭。"[33] 此期间有认为系消灭时效[34]；有认为系除斥期间。[35] 愚以为归入权系商号之权利，其一行使即发生归入之效果，无待经理人之意思表示，故"民法"第五百六十三条第一项之"请求"，并非一般之请求权，应系形成权。因此，本条项愚以除斥期间为妥。[36] 至于商号如不行使归入权，而向经理人请求损害赔偿者，始有消灭时效之适用，而依"民法"第一百二十五条以下规定。

四、守密义务

依营业秘密法之规定，经理人应有为商号遵守营业秘密之义务，违者应负侵权行为责任（"营业秘密法"第十条至第十三条参照）。

五、公司经理人申报股权之特别义务

公开发行股票之公司于登记后，应即将其经理人所持有之本公司股票

32 史尚宽，前揭书，同注10，第四一四页。郑玉波，前揭书，同注10，第四七三页。

33 本条项修正理由："二、商号知其经理人或代办商违反竞业禁止之义务时，一个月内恐难以明了违反行为之详情。为期商号能切实搜集证据，了解详情，原规定'一个月'期间过短，爰延长为'二个月'，以符实际需要并收成效。"

34 郑玉波，前揭书，同注10，第四七四页。

35 梅仲协，民法要义，作者自刊，1963年修订八版，第三〇八页。史尚宽，前揭书，同注10，第四一七页。詹森林、陈荣传、冯震宇、林诚二、林秀雄合著，民法概要，五南图书出版有限公司，1996年9月初版一刷，第四一一页。关于消灭时效与除斥其间之差异，请参阅拙著，民法总则讲义下册，瑞兴图书股份有限公司，1995年元月初版，第四一二页。施启扬，民法总则，作者自刊，1994年9月增订六版，第三四三页。

36 郑玉波教授认为介入权（归入权）为请求权，其行使方法应向经理人以意思表示为之。惟愚以为形成权之行使亦系以意思表示为之，故此不能将其解为消灭时效之理由。参照郑玉波，前揭书，同注10，第四七四页。

种类及股数，向主管机关申报并公告之（“证券交易法”第二十五条参照），是为公开发行公司经理人之申报股权义务（“公司法”第三十七条已删除）。

伍、经理关系之消灭

本节未就经理关系之消灭加以规定，故一般皆适用委任之规定，兹分述如下：

一、解任或辞任

“民法”第五百四十九条第一项规定：“当事人之任何一方，得随时终止委任契约。”故经理人得随时辞任，而商号随时解任之。此终止应以意思表示为之（“民法”第二百六十三条准用第二百五十八条第一项规定）。此应注意者，乃经理人因其与商号间并无职业从属性存在，故无劳动基准法之适用。

二、死亡、破产或丧失行为能力

“民法”第五百六十四条规定：“经理权或代办权，不因商号所有人之死亡、破产或丧失行为能力而消灭。”此系因经理权须依于商号而存在，方能收商业交易灵活之效力，商号所有人之情形如何，并非所问，乃有本条之规定。因此，商号所有人死亡、破产或丧失行为能力，并非经理关系消灭之原因，经理权依然存在，排除“民法”第五百五十条规定之适用。但就另一方面而言，经理人死亡、破产或丧失行为能力时，仍须依“民法”第五百五十条之规定，故经理关系因此而消灭，但契约另有订定，或因委任事务之性质不能消灭者，不在此限。

三、营业之废止或转让

营业之废止，经理关系应归于消灭，商号应进行清算，若经理人亦从事清算事务时，仍为经理关系之延续。[37] 至于实务上，经理人虽无劳基法之适用，但为保障经理人之权益，在商号营业废止、合并或转让时，常依惯例比照劳基法规定给予退休或资遣等给付。

37 最高法院1929年度上字第1017号判例：“经理人于商店歇闭后，未经主人明白将其解任者，则关于清理商店歇业后之事务，自应认为有待主人为一切审判上审判外行为之权限。”（同院1931年度上字第1472号判例同旨。）

第二节　代办商

壹、代办商之意义及性质

一、代办商之意义

“民法”第五百五十八条第一项规定：“称代办商者，谓非经理人而受商号之委托，于一定处所或一定区域内，以该商号之名义，办理其事务之全部或一部之人。”[38] 由此吾人可知：

（一）代办商乃受商号之委托办理其事务之人

其所办理之事务系他人之事务，与经理人相类似，故吾国民法债编各论将二者列为一节，有其理由。

（二）须在一定处所或一定区域内办理其事务

代办商系在委托之商号以外而独立办理事务，故须在商号之外，而于一定处所（如衡阳路）或一定区域（如大安区）为之，是为“独立之商业补助人”。代办商为独立办理事务，性质上以自然人或法人之型态均可（经理人限于自然人），但必须为商业。[39] 再者，依“民法”第五百五十八条之文义，委托者亦须为商业始可，否则最多仅能类推适用本节之

38 “最高法院”1998年度台上字第362号判决：“社会上所谓‘经销商契约’（或称‘代理店契约’或‘代理商契约’）（下称经销商契约），系指商品之制造商或进口商将其制造或进口之商品，经由经销商（或代理店或代理商）为商品之贩卖，以维持或扩张其商品之销路，而制造商或进口商与经销商（或代理店或代理商）所订之契约。至其法律上之性质，则依其契约之具体内容，可能有三种类型，即具买卖契约之性质者，具行纪契约之性质者及具代办商契约之性质者是，不同类型之当事人间之权利义务关系自属不同。查为原审认定属实之前开备忘录，其第一条虽载有‘代理经销’等用语，惟由其后各条之约定内容观之，是否具有代理承销契约与补充买卖契约混合契约之性质，抑或仅具有买卖契约之性质，既攸关当事人间之权利义务，自应先予厘清。”

39 “最高法院”1988年度台上字第17号判决：“代办商系指非经理人而受商号之委托，于一定处所或一定区域内，以该商号之名义，办理其事务之全部或一部之人（‘民法’第五百五十八条第一项）。故代办商系独立营业之人，以办理商号之事务为目的。且依‘商业登记法’第三条规定，非经登记不得开业（同法第二条第三十款规定参照）。而雇佣则为以服务为目的之契约。故受雇人须提供劳务以供对方使用。此为两者之主要不同处。至支付报酬之名义及方式为何，工作场所如何提供，与协助工作之人如何聘雇，尚非区别两者之主要标准。”

规定，若双方均非商业者，应直接适用民法上委任及代理等等其他法律规定，而无本节规定之适用问题。

（三）须以该商号之名义办理事务

代办商须以该商号之名义办理事务，故具有代理之性质，此与行纪须以自己名义为之有所不同。

二、代办商之性质

（一）有名契约

代办契约规定在民法债编各论第十一节，故为一有名契约。

（二）劳务契约

代办契约之标的，系事务之办理，故其性质上为劳务契约，且为委任契约之一种。

（三）有偿契约

代办商既以商业为限，其事务之办理必收取报酬，二者互为对价之给付，故为有偿契约。因此，代办商办理代办事务时，须负善良管理人之注意义务（“民法”第二百二十条、第五百三十五条但书参照）。

（四）双务契约

代办商办理代办事务之义务，与商号之报酬给付义务，立于互为对价之义务，故为双务契约，此二义务有“民法”第二百六十四条同时履行抗辩之适用。

（五）不要式契约

代办契约之成立，民法并无特别规定，故于当事人意思表示合致时，契约即为成立（“民法”第一百五十三条参照）。

贰、代办契约之成立

吾人称代办商与委托之商号间为代办契约，其性质上为双务契约，二者间所负对价之义务为代办事务与报酬。通说认为此双务契约性质上为委任契约[40]，实务见解亦采此说[41]，愚亦从之。因为代办事务除有特别约定外，并非限定一定工作之完成，亦非单纯提供劳务，故不能将其视

40 郑玉波，前揭书，同注10，第四七九页。史尚宽，前揭书，同注10，第四二五页。

41 “最高法院”1977年度台上字第2867号判例：“代办商与委托人间之关系，为委任性质，除民法代办商一节别有规定外，准用委任之规定。”

为承揽契约或雇佣契约，因其符合“民法”第五百二十八条之要件，故愚意以为其应属委任契约。[42] 此学说争议之区分实益，在于代办商之规定，如有不足适用之情形时，应适用何种契约之规定。至于代办契约之成立，本节并无特别规定，故应依“民法”第一百五十三条之规定，由当事人意思表示一致即可成立。

叁、代办商之权利

一、代办权

此应称为权限，已如前述，于兹不赘。此仅就代办权之授与、范围及限制分述如下：

（一）代办权之授与

代办权之授与虽不若经理权授与有“民法”第五百五十三条第二项之明文，惟解释上仍不受任何限制，明示或默示、书面或口头皆可。此代办权之授与和经理权、代理权同，性质上亦系有相对人之单独意思表示。

（二）代办权之范围

“民法”第五百五十八条第二项规定：“代办商对于第三人之关系，就其所代办之事务，视为其有为一切必要行为之权。”此与经理人对第三人之关系相同，代办商有为一切之必要权限。

（三）代办权之限制

“民法”第五百五十八条第三项规定：“代办商，除有书面之授权外，不得负担票据上之义务，或为消费借贷，或为诉讼。”本条项为列举规定，只有上述三者必须有商号之书面授权，其余以不要式之意思表示为之已足。

二、报酬给付及费用偿还请求权

“民法”第五百六十条规定：“代办商得依契约所定，请求报酬，或请求偿还其费用。无约定者依习惯，无约定亦无习惯者，依其代办事务

42 “最高法院”1984 年度台上字第 2538 号判决：“所谓总代理，稽其性质系属民法上代办商之一种，代办商与委托人间之关系，为委任性质，除民法代办商一节别有规定外，准用关于委任之规定。”

之重要程度及多寡，定其报酬。”兹分述如下：

（一）报酬给付请求权

代办商既为营业，故须系有偿，相对地亦须尽善良管理人之注意义务，报酬给付时期原则上依约定，无约定者，原则上应采“后付原则”（“民法”第五百四十条参照）。

（二）费用偿还请求权

此费用系指代垫费用，营业费用则不应包括在内。

肆、代办商之义务

一、处理事务义务

代办契约既具有委任之性质，自亦有处理事务之义务。

二、报告义务

“民法”第五百五十九条规定：“代办商，就其代办之事务，应随时报告其处所或区域之商业状况于其商号，并应将其所为之交易，即时报告之。”本条与“民法”第五百四十条系相同之立法意旨，若有关交易上代收金钱、物品或孳息等等，亦应依“民法”第五百四十一条之规定交付于商号。[43]

三、竞业禁止义务

代办商之竞业禁止义务与经理人同，“民法”第五百六十二条、第五百六十三条定有明文，已如前述，于兹不赘。

伍、代办关系之消灭

一、期限届满

代办契约如定有期限，期限届满，代办关系消灭。

43 “最高法院”1953年度台上字第617号判例：“‘民法’第五百五十八条第一项规定‘称代办商者，谓非经理人而受商号之委托，于一定处所或一定区域内，以该商号之名义，办理其事务之全部或一部之人’。是代办商本系以商号名义处理其受委托之事务，其因此所发生之请求权，与‘民法’第一百二十七条第一第八两款所定情形不符。故代办商因处理所受委托事务，而收取金钱、物品及孳息时，应依‘民法’第五百四十一条第一项规定以之交付于委托之商号，而其交付之时间，自不受同法第一百二十七条第一第八两款之限制。”

二、契约终止

“民法”第五百六十一条第一项规定：“代办权未定期限者，当事人之任何一方得随时终止契约。但应于三个月前通知他方。”如前所述，代办契约具有委任契约之性质，故其契约之终止本应有“民法”第五百四十九条之适用，惟代办商既为商业，有其性质上之必要，故本条乃特别给予三个月缓冲期，故代办契约应在终止契约之通知到达他方（“民法”第九十五条参照）后，再过三个月始生终止之效力。

“民法”第五百六十一条第二项规定：“当事人之一方，因非可归责于自己之事由，致不得不终止契约者，得不先期通知而终止之。”故本条项必须“因非可归责于自己之事由”，始不受同条第一项之限制；反之，如系因可归责于自己之事由，则仍应依同条第一项为通知。而此所谓“因非可归责于自己之事由”，解释上应包括不可归责于双方当事人之事由及仅可归责于他方当事人之事由，如系后者，则终止后尚得请求损害赔偿（“民法”第二百六十三条准用第二百六十条）。如依本条项欲终止契约者，不须另先通知，仅终止契约之意思表示到达相对人后，即生终止契约之效力。

三、代办商死亡、破产或丧失行为能力

“民法”第五百六十四条、“民法”第五百五十条规定之适用，与经理人同，于兹不赘。

第十二章

居　间

【案例提示】

一、甲男年过四十，依然单身，苦寻不着伴侣，乃委托友人乙介绍对象，约定事成后给付五万元谢金，甲一日因乙介绍而结识丙女，陷入热恋，并迅速结婚，问：

（一）甲乙间之契约性质为何？

（二）乙得否请求甲给付五万元？

（三）甲给付五万元后，发现法律规定并不须给付谢金后，向乙请求返还，乙得否拒绝？

二、甲为一房屋中介公司，生意兴隆，今乙为移民出国在即，故委托甲代出售其所居住之房屋，甲则介绍丙买主看房子后，顺利将房屋售出，问：

（一）甲乙契约为何？

（二）若丙看完房子后，乙为节省佣金之支出，遂终止其与甲之契约，再与丙直接订立买卖契约，此时甲如何主张始得保障其权益？

第一节　居间之意义、性质与种类

壹、居间之意义

"民法"第五百六十五条规定："称居间者，谓当事人约定，一方为他方报告订约之机会，或为订约之媒介，他方给付报酬之契约。”居间契约当事人为委任人与居间人，前者为支付报酬之人，后者则为报告订约机会或媒介契约之人。由法文可知，居间人之任务有两种：第一种系“报告订约之机会”，即受他人之委托，寻觅及指示其可订约之相对人，进而提供订约之机会，此称为报告居间。第二种是“为订约之媒介”，即介绍双方订立契约，故称为媒介居间，此与报告居间有所不同，媒介居间系受契约当事人双方之委托，于双方当事人间予以斡旋，促使契约成立，报告居间仅向一方报告订约之机会，二者实有差异。[1]

不论是报告居间或是媒介居间，皆止于使契约成立之阶段而已，其并不代他人以自己或他人名义订立契约，故亦异于代办商与行纪。

贰、居间之性质

一、有名契约

居间契约规定在民法债编各论第十二节，故属有名契约。

二、劳务契约

居间以报告或媒介为内容，故属劳务契约。因此，本节规定不足适用时，可类推适用委任之规定。[2] 至于媒介之事项，民法并无限制，近年来所盛行之房屋中介、家教中介、租赁中介及人力中介均属之。适用时要注意特别法及消保法之规定，尤其消保法对于定型化契约有关应记载及不得记载事项等规定，具有强大之效力（“消保法”第十六条、第十七条第二项参照），盖所以保护消费者也。

三、有偿契约

居间人报酬或媒介之给付，与委托人支付报酬之给付互为对价，故为有偿契约。此外，须注意“民法”第五百六十六条第一项规定：“如依

1 “最高法院”1971 年度台上字第 1217 号判决：“社会上之介绍业亦即所谓经纪人，属于民法上居间契约，依‘民法’第五百六十五条所规定之内容，居间有二种情形，一为报告订约之机会，一为担任订约之媒介。”

2 史尚宽，债法各论，1986 年 11 月初版六刷，作者自刊，第四三九页。郑玉波，民法债编各论，下册，1992 年 10 月十五版，作者自刊，第四八八页。邱聪智，债法各论，中册，作者自刊，1996 年 10 月二刷，第三一七页。

情形，非受报酬，即不为报告订约机会或媒介者，视为允与报酬。”是为拟制之承诺也。

四、双务契约

居间人报告或媒介之债务，与委托人支付报酬债务，二者间互为对价，故属双务契约。

五、不要式契约

居间契约之成立，本节并未特别规定，原则上依“民法”第一百五十三条双方当事人意思表示一致，即可成立。

六、诺成契约

居间契约之成立，无须依交付一定物品为其要件，故为诺成契约。

叁、居间之种类

一、报告居间与媒介居间

此系以受托内容不同而分，其差异在媒介居间系受契约当事人双方之委托，于双方当事人间予以斡旋，促使契约成立；报告居间则仅向一方报告订约之机会，已如前述。[3] 此二者区别之实益，在于居间报酬之义务人有所不同（详后述）。

二、一般居间与特种居间

此系以居间所适用之法源作为区分之标准：一般居间系指“民法”第五百六十五条之居间，特殊居间则系指该条以外或特别法规定之居间，兹分述如下：

（一）婚姻居间

婚姻居间内容系为男女媒介婚姻，“民法”第五百七十三条规定：

3 “最高法院”1963年度台上字第2675号判例：“依‘民法’第五百六十五条所定之居间有二种情形，一为报告订约机会之报告居间，一为订约之媒介居间。所谓报告居间，不以于订约时周旋于他人之间为之说合为必要，仅以为他方报告订约之机会为已足，而居间人之报酬，于双方当事人因居间而成立契约时，应许其请求。至于居间行为就令自始限于媒介居间，而仅为报告即已有效果时，亦应许居间人得请求报酬之支付。”

“因婚姻居间而约定报酬者，就其报酬无请求权。”[4] 此种居间性质上为无偿契约，故与一般居间有所不同，解释上应适用委任之规定。[5]“民法”第五百七十三条如是规定，目的在维护公益，以免伤风败俗，避免婚姻居间约定报酬滋生流弊，并非禁绝婚姻居间行为，故婚姻居间仍为有效之法律行为，仅居间人并无约定报酬请求权，如已给付者，不得请求返还（“民法”第一百八十条第一款）。至于费用之约定，则不在禁止之列，故费用偿还或预付之约定，仍有其效力。

（二）不动产居间

不动产居间人系指依不动产经纪业管理条例所称之不动产经纪业（公司或商号），营业项目包括中介业务与代销业务，前者系指从事不动产买卖、互易、租赁之居间或代理业务（同条例第四条第五款），后者系指受起造人或建筑业之委托，负责企划并代理销售不动产之业务（同条例第四条第六款）。适用上应注意特别法优于普通法适用之原则。另民间惯行之不动产中介业所服务之范围，实际上并不以居间为限，常伴随其他业务，例如代办移转登记或贷款等是，故常是一种混合契约，而须类推各有关规定适用之。

（三）保险居间

保险之居间人即系“保险法”第九条所称之保险经纪人，居间内容通常为媒介保险契约，而不及于报告居间。此保险经纪人就居间所得之报酬，仅得向保险业收取，但其佣金仍系来自要保人所缴之保费，故与要保人间仍为有偿契约，符合居间有偿之性质。再者，保险经纪人受保险法保险业章与保险代理人经纪人公证人管理规则之行政监督，并须具备专业资格，始得经营保险经纪业。

（四）证券居间

证券居间人即为证券经纪商（“证券交易法”第十五条第三款、第十六条第三款），居间内容为证券买卖机会之报告或媒介。此证券经纪商有资格之限制，必须为股份有限公司（“证券交易法”第四十七条、第四条参照）。

（五）期货居间

期货居间人即系“期货交易法”第五十六条所规定之期货经纪商，

4 本条修正理由：“本条立法原意，系因婚姻居间而约定报酬，有害善良风俗，故不使其有效。惟近代工商业发达，社会上道德标准亦有转变，民间已有专门居间报告结婚机会或介绍婚姻而酌收费用之行业，此项服务，亦渐受肯定，为配合实际状况，爰修正本条为非禁止规定，仅居间人对报酬无请求权。如已为给付，给付人不得请求返还。”

5 邱聪智，前揭书，同注 2，第三一九页。

居间内容为期货买卖机会之报告与媒介。期货经纪商受期货交易法、期货商设置标准与期货商管理规则之行政监督。

区别实益在于一般居间适用民法居间一节之规定，无规定者始适用委任规定，特殊居间先适用各特别法，无规定时，始适用一般居间规定。

第二节 居间之成立

居间契约之成立，本节并未特别规定，原则上依“民法”第一百五十三条双方当事人意思表示一致，即可成立。

特别法方面，依“不动产经纪业管理条例”第二十二条规定：“下列文件应由经纪业指派经纪人签章：一、不动产出租、出售委托契约书。二、不动产承租、承购要约书。三、定金收据。四、不动产广告稿。五、不动产说明书。六、不动产租赁、买卖契约书。前项第一款及第二款之规定，于经营代销业务者不适用之。第一项第五款之不动产说明书应记载及不得记载事项，由‘中央’主管机关定之。”其中第一项第一款及第二款之规定，系指当事人在委托不动产经纪业为不动产之买卖、租赁之要约或承诺时，必须先出具不动产出租、出售委托契约书或承租、承购要约书，且由不动产经纪业指派经纪人签章，同条第二项复规定经营代销业务者，不适用此二款之规定。故此二款之规定仅限于经营不动产之中介业者，始有其适用，解释上不动产居间即为要式契约。

附带一言，本节所述者为居间之成立要件，与居间内容所媒介之契约本身之要件并不相同，例如不动产买卖契约之生效要件，应依“民法”第一百六十六条之一第一项规定[6] 办理公证，如该不动产买卖契约系由不动产经纪业所中介者，其成立要件必须依“不动产经纪业管理条例”第二十二条第一项第六款之规定，当双方意思表示一致且于不动产买卖契约书上均签章，经纪人亦于该不动产买卖契约书上签章，该不动产买卖契约应认为业已成立。[7] 至于其是否已生效，因学界对“民法”第一百六十六条之一

6 “民法债编施行法”第三十六条第二项规定：“民法”债编修正条文及本施行法修正条文自2000年5月5日施行。但“民法”第一百六十六条之一施行日期，由“行政院”会同“司法院”另定之。

7 拙著，民法债编不动产债权契约公证与特殊侵权行为实例研究，本土法学杂志，第七期，2000年2月，第一〇六页以下。

规定“公证”之属性，尚无定论，而依“民法”债编施行法第三十六条规定，“民法”第一百六十六条之一须待“司法院”与“行政院”会同公布实施，方有法院实务确定见解可循。

第三节　居间之效力

壹、居间人之义务

一、据实报告义务或媒介义务

此为居间人之主给付义务[8]，“民法”第五百六十七条第一项规定：“居间人关于订约事项，应就其所知，据实报告于各当事人。对于显无履行能力之人，或知其无订立该约能力之人，不得为其媒介。”[9] 本条项包括据实报告义务及媒介义务：

（一）据实报告义务

本条项系指在报告居间，居间人应据实将订约事项报告于委托人，但不须将委托人之情况报告于相对人，盖居间契约仅存于委托人与居间人之间，当然不须报告于相对人（相对人并非居间契约之当事人）；反之，在媒介居间时，则居间人应将订约事项，据实报告于“各”当事人，应将委托人与相对人之情况报告于对方始可，此系因居间契约存在于居间人与委托人及居间人与相对人间，而有此义务。[10] 而居间既系有偿契约，故此义务之

8 王泽鉴，民法债编总论，第一册，基本理论债之发生，1994年10月出版，作者自刊，第二五页。王泽鉴，债之关系之结构分析，收录于氏著民法学说与判例研究，第四册，1993年9月八版，第八三页。

9 本条项修正理由：“一、原条文‘支付能力’范围太小，爰修正为‘履行能力’。”

10 惟通说认为媒介居间人于仅受一方委托时，亦须同时向委托人及其相对人为据实报告，此系因“民法”第五百七十条之规定使然。因此，不论媒介居间人与相对人之间是否有居间关系（媒介居间人与委托人之间必有居间关系），媒介居间人对相对人亦负此义务。关于此点，请参阅史尚宽，前揭书，同注2，第四四三页。郑玉波，前揭书，同注2，第四九〇页。邱聪智，前揭书，同注2，第三二四页。就此愚有一疑问：如媒介居间人与相对人之间无居间关系，其既未受委托，即无契约，何来报酬？且在讨论媒介居间时，皆认为媒介居间人系受双方当事人委托而斡旋于双方当事人间折冲协调者，此又为何认为媒介居间人与相对人无居间关系？而郑玉波教授于同书第四九四页中又谓：“……然在媒介居间，因与当事人之双方发生关系，故民法第五百七十条规定……。”又似与上文相矛盾。故愚以为媒介居间人与相对人间亦有居间契约，而其报酬如何分担，“民法”第五百七十条乃作一补充性规定。

履行，应以善良管理人之注意为之，除以居间为营业者外，居间人仅负据实报告义务，并无调查义务，就其所不知者，不负抽象轻过失责任。[11]

居间人如违反据实报告义务，致委托人或相对人因此受损害，即构成债务不履行（“民法”第二百二十七条之不完全给付），居间人应负损害赔偿责任，且不得请求报酬及偿还费用（“民法”第五百七十一条参照）。

（二）媒介义务

居间人对于显无履行能力之人，或知其无订立该约能力之人，不得为媒介。前者如其财产显不足清偿债务之人；后者如欠缺行为能力尚未补正者。居间人对于其财产是否显无履行能力之认定，须以善良管理人之注意为之。此二者须以居间人知悉而不告知时，始负损害赔偿责任，如居间人不知者，纵有过失，亦不负责。

二、调查义务

“民法”第五百六十七条第二项规定：“以居间为营业者，关于订约事项及当事人之履行能力或订立该约之能力，有调查之义务。”[12] 明文规定居间业就订约事项及当事人之履行能力或订立该约之能力，有调查之义务。如因怠于调查或未以善良管理人之注意调查，致当事人受有损害者，应负赔偿责任。例如不动产之买卖或租赁契约之居间，不动产经纪业应对于该不动产是否为海砂屋或辐射屋，应善尽调查义务（例如向原能会查询），对于当事人是否具备完全行为能力或经合法代理等订约能力，亦应负调查之义务。

三、不告知义务

“民法”第五百七十五条第一项规定：“当事人之一方，指定居间人不得以其姓名或商号告知相对人者，居间人有不告知之义务。”学说上称此为隐名居间，本条系为保护交易上之秘密，如有指定，居间人自不得告知相对人。现有一争议：此不告知义务是否于报告居间及媒介居间皆有其适用？抑或仅适用于媒介居间？不无疑问！有学者认为应限于媒介居间始有其适用，惟未说明其理由[13]，其仅在介绍“民法”第五百七十五

11 邱聪智，前揭书，同注2，第三二四页。

12 本条项增订理由：“二、目前社会上，以居间为营业者日多，为保障当事人权益及维护交易安全，爰增订第二项，明定此种以居间为营业之人，关于订约事项及当事人之履行能力或订立该约之能力，有调查之义务。”

13 郑玉波，前揭书，同注2，第四九〇页。

条第二项之介入义务时[14]，谓“民法”第五百七十五条系第五百七十四条之例外规定，而第五百七十四条之明文似又限于“就其‘媒介’所成立之契约”，由此似可推知其应以“民法”第五百七十五条第一项只限于媒介居间始有其适用。本书不以为然，理由有二：第一，虽然本节将报告居间与媒介居间完全区分，而有不同之意义，且多予以并列（例如“民法”第五百六十五条、第五百六十六条第一项、第五百六十七条第一项、第五百六十八条第一项、第五百六十九条第二项）；或单独列出一种（例如“民法”第五百七十条、第五百七十四条），惟“民法”第五百七十条系区分报告居间与媒介居间之重要指标，但“民法”第五百七十四条则无此功能。且“民法”第五百七十四条之立法意旨亦谓：“仅按居间人之任务，仅以‘报告订约之机会或为其媒介而止’……。”足见“民法”第五百七十四条并未排除报告居间。第二，如将“民法”第五百七十四条明文限于其文义上之“媒介”，而认为报告居间人有为其当事人给付或受领给付之权者（反对解释），亦与居间人非契约主体之性质相违背。因此，愚意以为，“民法”第五百七十四条不能仅以媒介居间为限，影响所致，“民法”第五百七十五条亦不应自限于媒介居间，而应包括报告居间。[15]

如采此见解，“民法”第五百七十五条第一项之不告知义务，在媒介居间时，因双方当事人与居间人皆有居间关系，皆须平均负担报酬，故其指定居间人不得告知，自属当然。惟在报告居间时，何人得指定？双方当事人皆可？抑或仅限于委托人？愚以为此应与前述“民法”第五百六十七条同一解释：据实告知义务之依据系因居间契约，而非以报酬由何人负担为标准，因此，不告知义务依同一判断标准，亦应以契约之有无以决定何人得指定居间人不为告知，故于媒介居间，因双方当事人与居间人皆有契约关系，从而二者皆得指定；反之，在报告居间，解释上仅委托人得指定，相对人则不与焉。故在报告居间时，“民法”第五百七十五条之“当事人之一方”应予以目的性限缩解释，而限于委托人，理论方为一贯。[16]

14　郑玉波，前揭书，同注 2，第四九一页。

15　史尚宽，前揭书，同注 2，第四四四页。

16　郑玉波教授之见解兹整理如下：①“民法”第五百七十四条限于媒介居间。②“民法”第五百七十五条亦同。③媒介居间时，相对人应平均负担报酬，但不一定与居间人有居间契约。如采此见解，则发生相对人有给付报酬者，媒介居间人即应负据实告知义务与不告知义务，而此义务并非系因居间契约而系因报酬之给付的不合理现象，与一般民法权利义务系因契约或其他债之发生原因而来之法理有所违背。此由“民法”第五百七十五条第二项规定之“应就该方当事人由‘契约’所生之义务”，更可得强烈之佐证。

四、介入义务

“民法”第五百七十五条第二项规定：“居间人不以当事人一方之姓名或商号告知相对人时，应就该方当事人由契约所生之义务，自己负履行之责，并得为其受领给付。”此为“民法”第五百七十四条之例外，已如前述，居间人无为给付或受领给付之义务，但在隐名居间，当事人一方隐其姓名、商号，则自应由与他方接触之居间人为给付与受领给付。此时居间人仅有介入之义务，而无介入之权利。[17] 且纵使介入后，居间人亦非立于当事人之地位，仅系代隐名当事人履行与受领。易言之，隐名当事人不因指定而失其当事人地位，其契约仍存在于原双方当事人之间，不因指定后居间人介入而使其当事人地位发生移转，居间人依然只是媒介而已，只是对方不知隐名当事人究为何人而已。如此解释，于媒介居间委托人与相对人皆要求其介入时，不致产生居间人为其所媒介契约之惟一当事人之奇特结果（未违反“民法”第一百零六条双方代理之法理）。

居间人如违反不告知义务时，则当事人一方姓名及名称，已为他方所知，隐名居间已不存在。故此时居间人应负不完全给付之债务不履行责任[18]，但已无介入义务之问题。

隐名居间，居间人有代隐名当事人履行债务并受领给付，故其受领给付者，负有交付其物与隐名当事人之义务（类推适用“民法”第五百四十一条第一项）；反之，其所为之给付，系为当事人清偿，于给付后，对隐名当事人有求偿权。于隐名当事人未清偿前，居间人得就其为隐名当事人所受领之给付主张同时履行抗辩权[19]（“民法”第二百六十四条参照）。如受领者系动产，且隐名居间人系代隐名当事人受领动产时，则该动产之所有权即移转予隐名当事人，故系民法第九百二十八条所限制之“债务人”之动产，居间人尚可主张留置权。当然，隐名当事人亦得类推适用“民法”第五百四十六条第一项、第五百四十一条第一项之规定，请求居间人代为受领给付及交付其所受领之物。

17 郑玉波，前揭书，同注2，第四九一页。邱聪智，前揭书，同注2，第三二六页。蔡章麟，民法债编各论（上），作者自刊，1959年，第一七四页。戴修瓒，民法债编各论，三民书局股份有限公司，1964年，第七三页。

18 邱聪智，前揭书，同注2，第三二七页。

19 关于同时履行抗辩权，请参阅王泽鉴，同时履行抗辩：“民法”第二六四条规定之适用、准用及类推适用，收录于氏著民法学说与判例研究，第六册，作者自刊，1994年8月八版，第一四三页。

贰、居间人之权利

一、报酬请求权

居间为有偿，已如前述，故报酬为居间契约之要件，兹分述如下：

（一）报酬之约定

依契约自由原则，报酬应由当事人约定，未约定时，“民法”第五百六十六条第一项规定：“如依情形，非受报酬，即不为报告订约机会或媒介，视为允为报酬。”此为报酬之拟制，所谓“如依情形”，例如不动产、家教、人力、证券、保险、期货等中介等系以居间为营业即是。

（二）报酬数额

报酬之数额，原则上亦应依当事人之约，如未定报酬之数额，“民法”第五百六十六条第二项规定：“未定报酬额者，按照价目表所定给付之。无价目表者，按照习惯给付。”

惟须注意的是，契约自由原则受到社会合理之限制，故民法就此特设报酬之酌减的规定，“民法”第五百七十二条规定：“约定之报酬，较居间人所任劳务之价值，为数过巨失其公平者，法院得因报酬给付义务人之请求酌减之。但报酬已给付者，不得请求返还。”[20] 本条与暴利行为[21]（“民法”第七十四条）、违约金之酌减[22]（“民法”第二百五十二条）之立法意旨相同。本条之要件有三：

1. 报酬必须系约定：不含“民法”第五百六十六条第二项之价日表与习惯。

2. 报酬数额须显失公平：是否显失公平，其判断与“民法”第七十四条之暴利行为同。

3. 须由报酬给付义务人声请：此之声请人不限于委托人，尚包括媒介居间之相对人，且法院必须依声请为之，不得以职权为之，此与“民

20 本条修正理由：“本法第五百七十条规定，在媒介居间之情形，与委托人订立契约之相对人亦有给付报酬之义务。为期公平，爰将‘委托人’修正为‘报酬给付义务人’。”

21 拙著，民法总则讲义，下册，瑞兴图书股份有限公司，1994年7月初版，第十九页。王泽鉴，民法总则，作者自刊，1992年9月十一版，第二五二页。施启扬，民法总则，作者自刊，1994年9月增订六版，第二一二页。

22 拙著，民法债编总论讲义，下册，瑞兴图书股份有限公司，1992年3月，第七四页。邱聪智，民法债编通则，作者自刊，1993年8月修订六版，第三六一页。

法”第二百五十二条法院得以职权酌减违约金不同。

具备此等要件后，法院得就居间报酬予以酌减，此项酌减请求权为形成权，其诉性质上为形成之诉，于法院下酌减之判决即生报酬酌减效果，故为形成判决。惟报酬如已给付者，则不得请求偿还，本条已明文规定，故委托人之声请，须受此时间之限制。但学界通说认为此不公平之报酬，如已给付，虽受“民法”第五百七十二条之限制，但仍无碍“民法”第七十四条暴利行为之适用，只要具备该条之要件（尤其是“乘他人急迫轻率或无经验”之主观要件），委托人仍得声请减轻并请求返还。[23] 至于相对人得否依“民法”第七十四条之规定请求酌减，依条文文义似采否定说。[24] 惟愚意以为，依约定负有给付报酬义务之相对人亦得为酌减之请求，较为公平。

（三）报酬给付义务人

至于上述区分报告居间及媒介居间之实益，乃前者，居间人仅向委托人报告订约机会，并不与相对人发生法律关系，故委托人须给付报酬，相对人则不与焉；后者，因居间人与当事人双方皆有契约存在，因此，依“民法”第五百七十条：“居间人因媒介应得之报酬，除契约另有订定或另有习惯外，由契约当事人双方平均负担。”故双方当事人原则上应平均负担其报酬。[25]

（四）报酬给付时期

1. 契约因其报告或媒介而成立：“民法”第五百六十八条第一项规定：“居间人，以契约因其报告或媒介而成立者为限，得请求报酬。”系采“后付原则”。以契约因其报告或媒介而成立，而非以其生效为其报酬给付之要件。[26] 契约因此而成立，即得请求报酬，惟契约成立如非因居间

23 史尚宽，前揭书，同注2，第四四六页。郑玉波，前揭书，同注2，第四九三页。邱聪智，前揭书，同注2，第三三二页。

24 邱聪智，前揭书，同注2，第三三二页。

25 郑玉波教授于同书第四九四页中谓：“此时居间人受双方之委托者，固无论矣，即仅受一方委托，但其媒介之结果，相对人亦因之而受利益，实系为双方之利益而活动，故虽未受相对人之委托，相对人亦应负担一半报酬也。”此时相对人支付一半报酬之法源依据何在？居间人之请求权基础为何？不能仅以居间人媒介系为双方利益活动致相对人受益为理由，即认相对人应负报酬给付义务。本书以为，从居间契约为不要式契约之性质以观，依“民法”第一百五十三条认为相对人与委托人订约时，即与居间人默示地成立居间契约，相对人因此始得依“民法”第五百七十条与委托人平均负担报酬。

26 惟有学者认为从“民法”第五百六十八条第一项与第二项之比较以观，第一项之成立，其意义上殆指“契约因其报告或媒介而生效者”而言。请参阅邱聪智，前揭书，同注2，第三二九页。惟愚意以为，“成立”与“生效”二者概念并不相同，无法以解释更改其内容，故仍以契约之成立为其请求报酬之要件。

人之报告或媒介者，不得请求报酬。

2. 契约附停止条件："民法"第五百六十八条第二项规定："契约附有停止条件者，于该条件成就前，居间人不得请求报酬。"此附停止条件之契约，并非指居间契约，而系因居间契约而成立于委托人与相对人间之契约，此时该附停止条件之契约虽已成立，但其是否生效则系于条件之成就与否[27]，故此时契约尚未确定，居间人尚不得请求报酬，此以契约因停止条件成就而"生效"为其报酬之给付时期，与同条第一项系以契约"成立"为其报酬给付时期，有所不同。惟当事人亦得特约约定于附停止条件契约之订立时，即得请求报酬。[28]

3. 契约附解除条件：至于契约附解除条件者，居间人之报酬请求权是否因条件成就而受影响？学说上有正反二说。[29] 愚意以为，依本条立法意旨："契约虽已成立，而附有停止条件者，其停止条件成就前，亦不得请求报酬，盖停止条件成就，契约即不成立也。附有解除条件者，亦可以此类推，无待明文规定也。"故可知应以影响说为当，因此，当解除条件成就时，可依"民法"第一百七十九条向居间人请求返还其所受领之报酬。

4. 契约经撤销：委托人与相对人所订立之契约经撤销后，视为自始无效（"民法"第一百十四条第一项参照)，故解为居间人丧失其报酬请求权，应依不当得利之规定请求返还。

5. 契约经解除：如委托人与相对人所订立之契约，其后经解除者，通说认为居间人之报酬请求权不受影响，当事人不得请求返还。[30] 惟愚意以为，于契约被撤销时，视为自始无效，故居间人之报酬请求权丧失，而契约解除，亦为自始无效，故应做相同解释，认为居间人之报酬请求权丧失，理论方为一贯。

6. 契约经终止：契约经终止时，当事人不得请求返还。盖终止权之行使则无溯及力，居间人自得保留其报酬而不受影响。

27 拙著，前揭书，同注 21，第一八八页。

28 史尚宽，前揭书，同注 2，第四四九页。郑玉波，前揭书，同注 2，第四九五页。邱聪智，前揭书，同注 2，第三三〇页。

29 影响说：邱聪智，前揭书，同注 2，第三三〇页。史尚宽，前揭书，同注 2，第四四八页。不影响说：郑玉波，前揭书，同注 2，第四九六页。

30 邱聪智，前揭书，同注 2，第三三一页。史尚宽，前揭书，同注 2，第四四八页。"最高法院"1960 年度台上字第 1646 判例："居间人于契约因其媒介而成立时，即得请求报酬，其后契约因故解除，于其所得报酬并无影响。"

（五）居间报酬之特殊情状

实务上有一案例，乙委托某甲为房屋中介公司代出售房屋，甲则介绍丙买主看房子，乙为节省佣金之支出，遂终止其与甲之契约，再与丙直接订立买卖契约，此时甲应如何主张始得保障其权益，实务见解认为依诚实信用原则，委托人仍应支付报酬。[31] 愚意以为诚实信用原则为民法之帝王条款[32]，绝不能滥用，必须于所有法律救济途径已穷，依其结果仍有不公平之情形者，始得以诚实信用原则为其判决理由。依上述判例之事实，愚意以为，此时应类推适用“民法”第一百零一条第一项之规定[33]，视为居间契约仍存在，该契约系因居间而成立，故居间人仍得请求报酬。

（六）报酬请求权之丧失

1. 给付报酬前：“民法”第五百七十一条规定：“居间人违反其对于委托人之义务，而为利于委托人之相对人之行为，或违反诚实及信用方法，由相对人收受利益者，不得向委托人请求报酬及偿还费用。”是为报酬请求权之丧失，此可分为二种情形：

（1）居间人违反其对于委托人之义务，而为利于委托人之相对人之行为

例如报告居间人为他方掩饰无资力之事实，或隐名居间人将委托人之姓名告知相对人是，此时其报酬请求权丧失。如系在媒介居间，虽得为双方利益活动，但不得偏袒任一方，否则其报酬请求权亦丧失[34]，此时

31 “最高法院”1969年台上字第2929号判例：“媒介居间人固以契约因其媒介而成立时为限，始得请求报酬。但委托人为避免报酬之支付，故意拒绝订定该媒介就绪之契约，而再由自己与相对人订定同一内容之契约者，依诚实信用原则，仍应支付报酬。又委托人虽得随时终止居间契约，然契约之终止，究不应以使居间人丧失报酬请求权为目的而为之，否则仍应支付报酬。”

32 拙著，前揭书，同注21，第四二四页。施启扬，前揭书，同注21，第三九〇页。王泽鉴，诚信原则仅适用于债之关系？收录于氏著民法学说与判例研究，第一册，1993年9月十四版，作者自刊，第三二九页。

33 此时居间契约与因此而成立之契约并未附有停止条件，故只能类推适用本条项之规定，视为居间契约仍存在，该契约系因居间而成立，故居间人仍得请求报酬。郑玉波教授亦采此见解，请参考氏著，前揭书，同注2，第四九九页。并请参阅“最高法院”1998年度台上字第1205号判例：“查当事人预期不确定事实之发生，以该事实发生时为债务之清偿期者，倘债务人以不正当行为阻止该事实之发生，类推适用‘民法’第一百零一条第一项规定，应视为清偿期已届至。”（同院1998年度台上字第2571号判决及1999年度台上字第3254号判决同旨。）

34 此时被偏袒之一方是否免予给付报酬？从“民法”第五百七十一条之条文“不得向委托人……”之文义解释，居间人对相对人仍应有报酬请求权；反之，如媒介居间人偏袒委托人时，应无“民法”第五百七十一条之适用，惟相对人得类推适用本条拒绝给付报酬。

并不问委托人是否受损，亦不问居间人是否由相对人受有利益，胥以是否有违反义务而为利于相对人之行为为断。

（2）违反诚实及信用方法，由相对人收受利益者

此必须以居间人违反诚实及信用方法为限，始为报酬请求权之丧失之原因。至于因“民法”第五百七十条由相对人收受报酬之一半，则非民法第五百七十一条之限制所及，但如与相对人约定“民法”第五百七十条以外之报酬，即是“民法”第五百七十一条所限制之行为。

符合上述之情形之一者，居间人之报酬请求权即生丧失之效果。此外，居间人之行为如构成债务不履行之要件者，委托人亦得请求损害赔偿。

2. 给付报酬后：因居间而成立之契约生效而给付报酬后，始发现居间人有违反“民法”第五百七十一条规定之行为，委托人因此而解除契约时，可否向居间人请求返还报酬及费用？愚意以为：

（1）应依不当得利之规定请求居间人返还报酬及费用

“民法”第五百七十一条系规定报酬及费用请求权之丧失，其目的系不欲使该不肖居间人有最终之报酬及费用之取得。惟“民法”第五百七十一条之效果仅系居间人不得向委托人请求报酬及偿还费用，并无法请求居间人返还，且契约既已解除，故应依不当得利之规定请求居间人返还报酬及费用。[35]

（2）请求损害赔偿

居间人如与相对人合意以欺骗委托人（例如伪称相对人为有支付能力之人），此系可归责于债务人之事由，委托人解除与相对人之契约（“民法”第二百五十六条参照）后，仍得行使其对相对人之损害赔偿请求权（“民法”第二百六十条参照），且得向居间人依居间契约请求损害赔偿，并得请求返还报酬及费用（“民法”第五百七十一条参照）。居间人与相对人之合意欺骗行为亦构成共同侵权行为（“民法”第一百八十五条第一项参照），就委托人之损害需负连带责任。

若居间人与相对人并未合意欺骗委托人，仅系因居间人为“民法”第五百七十一条之行为或违反第五百六十七条之义务时，委托人解除其与相对人之契约，须视该解约之事由是否可归责于相对人而有不同之处理，惟居间人必须返还报酬与费用，如委托人因此受有损害，更应予以赔偿。

35　邱聪智，前揭书，同注 2，第三三四页。

（七）报酬请求权之不发生

“民法”第五百七十三条规定：“因婚姻居间而约定报酬者，就其报酬无请求权。”此时婚姻居间契约仍有效力，但婚姻居间人就其报酬无请求权。本条系因婚姻为终身大事，特别注重当事人之真意，为防止婚姻系因婚姻居间人之贪图报酬而被勉强撮合，故有本条之设，惟若婚姻幸福美满，为感谢婚姻居间人之撮合，而赠送谢礼，或可构成赠与契约，如非另成立赠与契约者，而系因居间契约而给予报酬者，应属无法律上之原因而受利益，致他人受损害，而构成“民法”第一百七十九条之不当得利，居间人本应返还其利益，惟依“民法”第一百八十条第一款规定：“给付系履行道德上之义务者，不得请求返还。”婚姻居间之报酬应属之，故当事人不得请求返还。易言之，婚姻居间人无报酬请求权，委托人结婚时居间人即不得请求报酬，若当事人给付报酬后，即不得再请求居间人返还，并非有“民法”第一百八十条第一款之规定，即认居间人有报酬请求权，此不可不辨。[36] 但婚姻居间虽然依“民法”第五百七十三条约定无报酬请求权，惟如约定偿还费用者，应认其有效。

二、费用偿还请求权

“民法”第五百六十九条第一项规定：“居间人支出之费用，非经约定，不得请求偿还。”因为居间之费用，一般应包含在报酬中，除非特别约定，否则不得请求偿还，特别是以居间为营业，该费用本为其营业所需，故原则上不得向其客户请求偿还。再者，“民法”第五百六十九条第二项规定：“前项规定，于居间人已为报告或媒介而契约不成立者适用之。”因此，如居间人与委托人有费用偿还之约定者，于居间人已为报告或媒介而契约不成立时，居间人亦得请求偿还费用。

“民法”第五百七十一条之规定，除了上述报酬请求权之丧失外，亦包括费用偿还请求权，其理由及适用方法与报酬请求权之丧失同，于兹不赘。

第四节 居间关系之消灭

居间关系之消灭，本节并未规定，故应依一般债之消灭原因及契约

36 以上所述，系指现实之给付而言。如约定为赠与者，与约定报酬并无不同，故其约定无效。

消灭原因定之，此仅就委任之规定分述如下：

壹、契约终止

"民法"第五百四十九条规定："当事人之任何一方，得随时终止委任契约。当事人之一方，于不利于他方之时期终止契约者，应负损害赔偿责任。但因非可归责于该当事人之事由，致不得不终止契约者，不在此限。"故居间人与委托人均得随时终止居间契约[37]，惟于不利于他方之时期终止契约者，应负损害赔偿责任。此外，如因居间之契约即将成立，而委托人竟终止居间契约，而与相对人为同一内容之契约，应类推适用"民法"第一百零一条第一项之规定，视为居间契约仍存在，委托人与相对人之契约系因居间人之报告或媒介而成立，居间人仍有报酬请求权，已如前述。

贰、当事人死亡、破产或丧失行为能力

居间亦重视当事人之信用关系，故有"民法"第五百五十条，甚至居间关系继续存在或视为存续之规定（"民法"第五百五十一条、第五百五十二条参照），亦有其适用之余地。

37 "最高法院"1973年台上字第1536号判例："委任契约依'民法'第五百四十九条第一项规定，不论有无报酬，或有无正当理由，均得随时终止。上诉人等之被继承人对被上诉人终止委任契约，无论于何时为之，均不能谓被上诉人原可获得若干之报酬，因终止契约致未能获得系受损害。同法条第二项规定：'于不利于他方之时期终止契约者，应负损害赔偿责任'，其所谓损害，系指不于此时终止，他方即可不受该项损害而言，非指当事人间原先约定之报酬。"

第十三章
行　纪

【案例提示】

甲有宾士 S320 一部，因其事业资金不足，需款孔急，乃委托乙委托行（牙行）代售其车，开价新台币二百万元。试问：

一、甲乙间契约之性质为何？

二、若乙寻获买主丙愿买该宾士车，该车之买卖契约当事人，究为甲丙？或是乙丙？

三、承二，若丙出价二百二十万或一百八十万元，其法律效果如何？

四、设甲交付宾士车于乙时，该车之煞车业已发生瑕疵，乙应如何处置？

第一节　行纪之意义与性质

壹、行纪之意义

“民法”第五百七十六条规定：“称行纪者，谓以自己之名义，为他人之计算，为动产之买卖或其他商业上之交易，而受报酬之营业。”由此吾人可知：

一、行纪为一营业

行纪与代办商、旅游、仓库、运送、承揽运送相同，均为独立营业人，必须以营业方式为之。[1] 如以私人之身份为之者，仅能适用委任一节之规定（“民法”第五百二十八条至第五百五十二条），而不能适用本节之规定。[2] 再者，行纪既为一营业，自须收受报酬，故依“民法”第五百七十七条适用委任规定时，仅限于有偿委任之部分。

二、行纪须以自己名义为之

行纪与代理制度并不相同，盖代理必须以本人之名义为之（“民法”第一百零三条第一项参照），而行纪系以自己之名义为之。行纪既以自己之名义为之，仅其与相对人发生法律关系，委托人及相对人则不与焉，故学说称为“间接代理”[3]。此时委托人就该契约并无任何权利，亦不负任何义务。例如A经销商受B机车制造商公司之委托，而以B之名义出售机车者，A为代办商（“民法”第五百五十八条参照），买卖契约之出卖人为B，与A无涉；反之，A受B委托，以A之名义出售者，虽然将其出售所得之利益归于B（为他人计算），但A仍为买卖契约之出卖人，故A为行纪业。

行纪人既以自己名义与相对人从事交易行为，并无表明其委托人为何人之义务，故相对人并无请求行纪人告知委托人为何人之权利，行纪人亦不得任意告知相对人为何人。如行纪人任意告知，因而致委托人受有损害者，委托人仍得依债务不履行（不完全给付）请求损害赔偿。[4]

三、行纪系为他人为动产之买卖或其他商业上之交易之营业

行纪之业务，系为他人为商业上之交易，且必须限于动产之买卖，或其他与此相似之商业上之交易始可。因此，非商业之交易行为及商业上非属动产之交易，均非本节所规范。例如公司行号以代买法拍屋为业，倘系以自己名义为之者，即非行纪所得规范，此时最多只能类推适用本节之规定[5]，如

1　大理院1915年度上字第1878号判例：“以自己名义为他人贩卖物品或买之者，为牙行营业。”

2　邱聪智，债法各论，中册，作者自刊，1996年10月二刷，第三四〇页。

3　郑玉波，民法债编各论，下册，1992年10月十五版，作者自刊，第五〇一页。史尚宽，债法各论，1986年11月台北六刷，作者自刊，第四五七页。拙著，民法总则讲义，下册，1995年元月初版，瑞兴图书股份有限公司，第二〇八页。

4　邱聪智，前揭书，同注2，第三四二页。

5　郑玉波教授认为系“准用”，从法学方法上应以类推适用为正确。请参阅郑玉波，前揭书，同注3，第五〇一页。史尚宽，前揭书，同注3，第三四二页。邱聪智教授认为从法律逻辑上应直接适用“民法”第五百二十八条之规定，惟从社会生活需要之观点而言，亦以类推适用行纪之规定为佳。此外，若该等公司系以委托人之名义拍定者，则属代理，无本节之类推适用。

无规定者，依委任之规定（“民法”第五百七十七条参照[6]）。因此，行纪之营业范围，仅限于“为他人为动产之买卖或其他商业上交易之营业行为[7]”，并非所有以自己之名义，为他人计算而从事交易，收受报酬之营业，均属行纪业。[8]

四、须系为他人之计算

行纪所为之营业行为，须系为他人之计算为之，不能为自己计算。所谓“为他人之计算”，系指由该营业行为所发生之经济上之损益，皆归由委托人承受与负担，此表现于“民法”第五百八十一条、第五百八十二条之规定，故行纪人除其系营业主体外，与委任人并无任何差异。[9] 因此，行纪人为委托人计算而从事交易，其利益应归属于委托人，对其因此而取得之物品，负有交付并移转权利予委托人之义务（“民法”第五百七十七条适用第五百四十一条）。

须注意的是，“以自己之名义”与“为他人之计算”系不同层次之概念，二者并未有所冲突。“以自己之名义”将行纪与代理作一明确之区别，而在代理时，亦系“为他人（本人）之计算”，其损益亦皆归于本人所承担，故行纪与代理区分之实益，即在于何人为该契约之当事人。[10]

6 例如行纪业已于营业所外有悬挂招牌者，即有“民法”第五百三十条（允受委托之拟制）之适用。

7 如系为他人之计算，使运送人为物品之运送，而受报酬之营业，则属承揽运送，“民法”第六百六十条以下定有明文，故其适用方法应依承揽运送→行纪→委任→债编通则→民法总则之顺序。

8 邱聪智，前揭书，同注2，第三三八页。

9 最高法院1929年度上字第2110号判例：“货主将所有货物委托牙行代卖，系属一种委任契约，依契约之性质，非不可随时终止。”

10 “最高法院”1998年度台上字第362号判决：“社会上所谓‘经销商契约’（或称‘代理店契约’或‘代理商契约’）（下称经销商契约），系指商品之制造商或进口商将其制造或进口之商品，经由经销商（或代理店或代理商）为商品之贩卖，以维持或扩张其商品之销路，而制造商或进口商与经销商（或代理店或代理商）所订之契约。至其法律上之性质，则依其契约之具体内容，可能有三种类型，即具买卖契约之性质者，具行纪契约之性质者及具代办商契约之性质者是，不同类型之当事人间之权利义务关系自属不同。查为原审认定属实之前开备忘录，其第一条虽载有“代理经销”等用语，惟由其后各条之约定内容观之，是否具有代理承销契约与补充买卖契约混合契约之性质，抑或仅具有买卖契约之性质，既攸关当事人间之权利义务，自应先予厘清。”

贰、行纪之性质

一、有名契约

行纪规定在民法债编各论第十三节，故为一有名契约。

二、有偿契约

行纪系一营业，故行纪人之履行行纪契约给付，系以委托人之给付报酬为对价，“民法”第五百八十二条规定：“行纪人得依约定或习惯请求报酬……”由此可知，行纪为有偿契约。

三、双务契约

行纪负有为委托人计算而与相对人交易之债务，而委托人负给付报酬之债务，二者互为对价，故为双务契约。

四、不要式契约

行纪契约之成立，本节并无特别规定，依“民法”第一百五十三条之规定，仅委托人与行纪人意思表示合致，契约即可成立，故为不要式契约。

五、不要物契约（诺成契约）

行纪契约不以物之交付为要件，故为不要物契约。

六、委任契约

民法债编各论虽将行纪列为一有名契约，惟学界通说[11] 均认为其本质应属委任契约，故“民法”第五百七十七条规定：“行纪，除本节有规定者外，适用关于委任之规定。”此所谓“具有委任性质之行纪契约”，其当事人系指委托人与行纪人，至于行纪人与所为商业上之交易的相对人间之契约，必须视委托人所委托之事务内容而定，但其必系以自己名义为之。“民法”第五百七十八条规定：“行纪人为委托人之计算所为之交易，对于交易之相对人，自得权利，并自负义务。”即为佐证。至于委托人与相对人之间，则不生契约关系，此则系因行纪以“自己名义”为

11　郑玉波，前揭书，同注 3，第五〇二页。史尚宽，前揭书，同注 3，第四五九页。

之，不生代理之效果使然。兹以图示之：

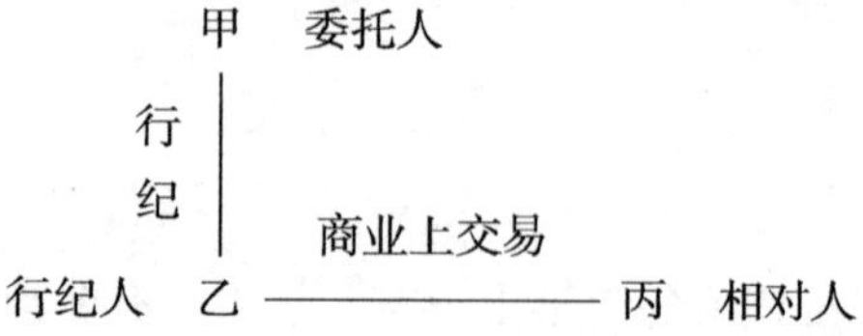

第二节　行纪之成立

行纪契约之成立，本节并无特别规定，依“民法”第一百五十三条之规定，仅委托人与行纪人意思表示合致，契约即可成立。惟若行纪于其营业所外悬挂招牌者，有“民法”第五百三十条允受委托之拟制之适用而成立行纪，此乃系“民法”第五百七十七条适用委任之规定使然。

第三节　行纪之效力

行纪契约之效力，系指委托人与行纪人间契约之效力，至于行纪人与相对人、相对人与委托人之外部关系，则不在此论述。

壹、行纪人之义务

一、直接履行义务

“民法”第五百七十八条规定：“行纪人为委托人之计算所为之交易，对于交易之相对人，自得权利，并自负义务。”故就该项交易行为而言，行纪人自己即为当事人，自当尽当事人之义务，享当事人之权利。因此，相对人履行义务之对象并非委托人，而系行纪人，嗣后再由行纪人将其结果依行纪契约移转于委托人[12]（“民法”第五百七十七条适用第五百四十

12　此与代理即有所不同，虽由代理人代为及代受意思表示，但其直接对本人发生效力，根本无须此项移转行为，此部分请参阅拙著，前揭书，同注3，第二〇七页。

一条)。故行纪人就交易行为有债务不履行之情事时，相对人仅能向行纪人主张，不得向委托人主张。反之，相对人有债务不履行情事，则仅行纪人得向债务人主张，委托人则否。

此时有一疑问：若该交易之相对人不履行债务者，除行纪人得依该交易之契约，主张债务不履行或瑕疵担保责任外，委托人与行纪人间之行纪契约应如何处理？如从“债之相对性”而言，须判断相对人之债务不履行是否可归责于行纪人，如此一来，当该交易契约系不可归责于双方当事人者，固无论矣；反之，当相对人有归责事由时，行纪人是否系可归责？此时不易将之视为行纪契约之归责事由，徒增困扰。台湾民法为求明确，乃有第五百七十九条明文规定：“行纪人为委托人之计算所订立之契约，其契约之他方当事人，不履行债务时，对于委托人，应由行纪人负直接履行契约之义务，但契约另有订定，或另有习惯者，不在此限。”故除行纪契约另有不负履行义务之特约或另有习惯外，不问相对人是否履行，行纪人对委托人均负履行责任。例如：甲委托行纪人乙出卖宾士车，乙将车移转所有权于丙时，丙如依约支付价金者，乙再移转于甲；若丙拒不付价金者，乙亦应向甲支付，其与丙再依买卖契约请求债务不履行之损害赔偿。“民法”第五百七十九条所称履行义务，解释上包括代为履行及代为负责任，故当交易中相对人之行为为可代替行为时，行纪人负履行责任（如价金支付义务）。反之，如非代替行为者，于该行为因可归责于相对人之事由致给付不能者，行纪人对委托人则应负债务不履行责任。行纪人依“民法”第五百七十九条所负之责任，以行纪人与相对人间之交易行为所生之权利为限，故具有从属性[13]，如该交易并未完成者，则无本条适用。再者，本条系以相对人不履行债务者为要件，故不可归责于相对人所致给付不能或迟延者，无本条适用。[14]

行纪人为委托人之计算所定之契约，“形式上”为行纪人与该契约之相对人之契约，行纪人因此所取得之债权，“形式上”为行纪人之债权，此由“民法”第五百七十八条亦可观之，惟“实质上”应属于委托人之债权，因此德国商法第三百九十二条规定：“本于行纪人所订立之行为所生之债权，委托人于受让与后，始得主张之。前项债权，虽未经让与，

13 史尚宽，前揭书，同注 3，第四七一页。戴修瓒，民法债编各论，三民书局股份有限公司，1964 年，第八七页。邱聪智，前揭书，同注 2，第三五〇页。

14 邱聪智，前揭书，同注 2，第三五一页。

但于委托人与行纪人间及与其债权人之关系，视为委托人之债权。”台湾民法就此并未规定，是否得作同一解释，不无疑问，学界多采肯定之见解。[15] 惟反对见解认为行纪人既自任为契约当事人，委托人就行纪人与相对人所成立交易行为，并无直接关系，为保护交易安全计，似不宜直接视为委托人之债权。易言之，委托人欲取得该债权者，仍须经由债权让与之程序。[16] 愚意以为，似可将德国商法第三百九十二条第二项之规定，视为“民法”第一条之“法理”而适用之[17]，故此系解释之问题，其实益在于该债权于移转委托人前行纪人破产时，是否应归于破产财团?[18] 当务之急，应将德国商法第三百九十二条第二项修入草案，惜本次修正案并未予以列入。

二、遵守价格义务

（一）旧“民法”第五百八十条之规定

按行纪契约具有委任之性质，行纪人于交易时，应依照委托人之指示尽善良管理人之注意义务（“民法”第五百七十七条适用第五百三十五条）。因此，就委托内容为买卖时，若委托人有指示一定价额时，行纪人自应依行纪契约遵守其指示，此时似无“民法”第五百三十六条急迫情形变更指示权规定之适用[19]，如违反委托人之指示而以低于其指定之价额卖出，或以高于其指定之价额买入者，委托人本可不承认该项买卖对其发生效力，惟旧“民法”第五百八十条特别规定：“行纪人以低于委托人所指定之价额卖出，或以高于委托人所指定之价额买入者，如担任补偿其差额，其卖出或买入，对于委托人发生效力。”例如于上述之案例提示中，甲指定二百万元，乙将该车以一百八十万元出售于丙，如行纪人乙愿补偿其差额二十万元者，其卖出对委托人甲即发生效力。如依本条之反对解释，行纪人不担任补偿其差额，其卖出或买入，对委托人“不生效力”，其意如何，即有争议，该行纪人与相对人之买卖契约，究应仍属有效，只是效力不及于委托人，委托人仍得依行纪契约请求指定之价额；抑或认为行纪人与相对人之契约无

15 郑玉波，前揭书，同注3，第五〇六页。史尚宽，前揭书，同注3，第四六一页。

16 戴修瓒，前揭书，同注13，第八一页。梅仲协，民法要义，作者自刊，1963年修订八版，第三一三页。邱聪智，前揭书，同注2，第三四九页。

17 拙著，民法总则讲义，上册，1994年元月初版，瑞兴图书股份有限公司，第九九页。

18 类似规定如“信托法”第十一条：“受托人破产时，信托财产不属于其破产财团。”

19 邱聪智，前揭书，同注2，第三五一页。

效？愚意以为，就交易安全之保障及债之相对性等观点，既行纪人有健全且无瑕疵之意思表示，自应采前说，该契约有效，只是其效力不及于委托人。

此补偿差额并非行纪人之义务，如行纪人不愿担任补偿其差额者，委托人如何主张其权利？愚以为该交易之效力并不及于委托人，而行纪人须就行纪契约负债务不履行责任，委托人所受损害及所失利益应予以赔偿（“民法”第二百十六条第一项参照），而此未受补偿之差额应被视为所失利益，此为最合理之解释，惟其结果与行纪人担任补偿其差额之效果并无不同。

行纪人将其保管之物移转所有权于相对人之物权行为，是否属无权处分？甚至是否有善意受让之问题？亦有待厘清。愚以为依“民法”第五百八十三条第一项之规定：“行纪人为委任人之计算所买入或卖出之物，为其占有时，适用寄托之规定。”故行纪人之占有为有权之他主占有，其将保管之物移转所有权与相对人之物权行为，系行纪人履行契约所必须拥有之处分权，故系有权处分，不生善意受让之问题；亦不因行纪人不担任补偿之差额而有所不同（此仅生债务不履行之问题），而于委托人因行纪人不担任补偿之差额而解除行纪契约者，其有权处分变成无权处分，如此再视相对人是否善意而决定是否适用“民法”第八百零一条、第九百四十八条善意取得该物之所有权。

（二）新“民法”第五百八十条之规定

由上可知，旧“民法”第五百八十条规定尚有缺漏，故“民法”债编修正第五百八十条规定：“行纪人以低于委托人所指定之价额卖出，或以高于委托人所指定之价额买入者，应补偿其差额。”[20] 新法施行后，此补偿差额亦成为行纪人之义务，将可使法律关系明确化。此时行纪人与相对人之买卖契约，自属有效，而由委托人请求行纪人履行补偿差额之义务，惟本条不问是否修正，本书均认为此时行纪人交付买卖标的物予相对人，应无无权处分及善意受让等规定之适用，修正理由就此部分似有不妥。

---

20 本条修正理由：“查行纪人系以自己之名义为动产之买卖，故有关买卖之效力，应仅属行纪人与其相对人间之关系。本条后段规定‘其卖出或买入，对委托人发生效力’云云，不免费解。又依原规定，行纪人如未补偿其差额，其卖出或买入，对委托人不生效力，则买卖标的物如已由行纪人交付与相对人，将产生善意受让问题，委托人与行纪人间亦生债务不履行等问题，衍生法律关系之复杂化。为使法律关系明确单纯，爰修正为由行纪人补偿其差额，而使其卖出或买入对于委托人则一律生效。”

因“民法债编施行法”并未对本条之适用赋予溯及力，故新“民法”第五百八十条之规定，自2000年5月5日起施行。

未按委托人如指定最低卖价或最高买价时，行纪人以高于委托人所指定之价额卖出，或低于委托人所指定之价额买入者，依“民法”第五百八十一条之规定，其利益均归属于委托人，此系因行纪人必须为他人（委托人）之计算也，自应将其利益归属于委托人。

三、保管义务

（一）适用寄托之规定

因受托处理事务或因其他法律关系而占有他人之物者，该占有人对其占有之物，负有保管之义务，并因其是否有偿而定其注意义务之程度（“民法”第四百三十二条、第四百六十八条、第五百九十二条及第六百十三条），此为债之原理所当然[21]，但“民法”第五百八十三条第一项规定：“行纪人为委任人之计算所买入或卖出之物，为其占有时，适用寄托之规定。”已明白揭示行纪人之保管义务。行纪人所买入之物，在移交于委托人前；所卖出之物，在交付于买受人之前，均由行纪人所占有，故应依本条适用寄托之规定（可称之为法定寄托），而行纪为有偿契约，故此寄托亦应属于有偿寄托，故受寄人保管寄托物应以善良管理人之注意为之（“民法”第五百九十条后段参照）。一般因其他法律关系而使占有人负保管义务之情形，当事人间并不成立寄托契约，如就物之保管生争执时，仍应适用其原来之法律关系，而不适用寄托之规定。但行纪因本条项之规定而有寄托规定之适用，惟此与一般有偿契约之情形占有人负善良管理人之注意义务，并无不同，差异之处在于有“民法”第五百九十一条、第五百九十三条之不可抗力责任之适用，故民法本条项规定寓有强化行纪人保管义务，并提升其责任标准[22]，并非认为行纪人与寄托人间有寄托契约，是为法定寄托之一种，并请注意。

（二）不负付保险责任

“民法”第五百八十三条第二项规定：“前项占有之物，除委托人另有指示外，行纪人不负付保险责任。”例如甲委托乙所卖汽车，于乙保管期间因台风导致泡水而报废，如甲未另指示应付保险者，行纪人则不负付保险义务，惟行纪人乙仍须以善良管理人之注意保管该车，不因甲是

21 邱聪智，前揭书，同注2，第三五二页。

22 邱聪智，前揭书，同注2，第三五三页。

否有指示保险而有所不同。[23] 行纪人无此义务而自动为其付保险者，应认为系为委托人之计算而支出之必要费用，得依"民法"第五百八十二条请求返还。[24] 有学者认为可依无因管理请求[25]，愚意以为此时可认为系为他人计算，直接依"民法"第五百八十二条之规定向委托人请求返还，不必迂回地适用无因管理之规定。反之，若委托人有此指示投保者，则行纪人有负付保险责任，且不得以委托人未交付投保所需费用而抗辩。未投保致生损害者，行纪人即应负债务不履行责任，委托人如因无保险保护而不能回复损害，得请求行纪人赔偿。

四、处置义务

"民法"第五百八十四条规定："委托出卖之物，于达到行纪人时有瑕疵，或依其物之性质易于败坏者，行纪人为保护委托人之利益，应与保护自己之利益为同一之处置。"是为行纪人之处置义务，其目的在避免损害之扩大，本条之适用之要件如下：

（一）限委托出卖之物

依"明示其一，排除其他"之原则，本条适用上不包括买入之物。且如系买入之物者，系"民法"第五百八十五条之适用问题。

（二）须达到行纪人时有瑕疵或依其物之性质易于败坏

此要件之重点，在于瑕疵存在之时间必限于"达到行纪人时"，此所称之"达到"，系指标的物处于行纪人得随时受领之状态[26]，如系于受领后所生之瑕疵，则属行纪人之债务不履行责任，非此之处置义务；至于"物之性质上易于败坏者"，解释上似无时间之限制，例如生鲜鱼肉、蔬果是。

（三）须为保护委托人之利益

此系行纪人为委托人之计算之表现，自属当然之理。

具备上开要件后，行纪人即应与保护自己之利益为同一处置，至于处置之手段，法无明文，解释上应先保全对运送人之权利（"民法"第六百四十八条参照），并从速通知委托人，将易于败坏之物加以冷藏或拍

23 郑玉波教授谓："……例如所买之物，遭附近火灾殃及，如委托人并未另有指示应付保险时，则行纪人纵未付保险，亦不负任何责任。"惟本条项之文义解释仅明示原则上行纪人不须负付保险之义务，其仍应依"民法"第五百九十条后段尽善良管理人之注意义务，并不因此而"不负任何责任。"请参阅郑玉波，前揭书，同注 3，第五〇八页。

24 邱聪智，前揭书，同注 2，第三五四页。

25 郑玉波，前揭书，同注 3，第五〇八页。

26 邱聪智，前揭书，同注 2，第三五五页。

卖，且须保全对瑕疵之证据。

所谓“应与保护自己之利益为同一处置”，与“与处理自己事务为同一之注意”系不同之概念，不可混为一谈。行纪人就“民法”第五百八十四条为保护委托人之利益，应与保护自己之利益为同一之处置时，其仍应以善良管理人之注意义务程度为之，因为“与保护自己之利益”系其“同一之处置”方式之衡量基准，并非以处理自己事务之注意义务为之即可，不可不辨。故行纪人如怠于尽善良管理人之注意而为处置或其处置措施不当者，应属不完全给付，委托人得就其所受损害，请求不履行之赔偿。[27]

五、报告义务

依“民法”第五百七十七条适用第五百四十条，行纪人负有向委托人报告义务。

六、遵守指示义务

依“民法”第五百七十七条适用第五百三十六条、第五百八十条之规定，行纪人必须遵守委托人之指示。

七、交付标的物及移转权利于委托人之义务

依“民法”第五百七十七条适用第五百四十一条之规定，行纪人因行纪契约而收取金钱、物品及孳息，应交付于委托人以自己之名义而为委托人取得之权利，应移转于委托人。

八、使用应归属委托人之金钱之支付利息义务及损害赔偿义务

依“民法”第五百七十七条适用第五百四十二条之规定，行纪人为自己之利益，使用应交付于委托人之金钱，或使用应为委托人利益而使用之金钱者，应自使用之日起，支付利息，如有损害，并应赔偿。

九、亲自处理事务义务

依“民法”第五百七十七条适用第五百三十七条至第五百三十九条之规定，行纪人应自行处理行纪契约事务之义务。

27 郑玉波，前揭书，同注3，第五〇八页。史尚宽，前揭书，同注3，第四六九页。戴修瓒，前揭书，同注13，第八八页。邱聪智，前揭书，同注2，第三五六页。

贰、行纪人之权利

一、报酬费用请求权

"民法"第五百八十二条规定："行纪人得依约定或习惯请求报酬、寄存费及运送费，并得请求偿还其为委托人之利益而支出之费用及其利息。"由此可知行纪人有报酬与费用请求权，兹分述如下：

（一）报酬请求权

行纪契约为有偿契约，已如前述。故报酬与其所服之劳务，互为对价，二义务间有"民法"第二百六十四条同时履行抗辩权之适用。报酬之数额，应依约定或习惯为之，如无约定，应适用"民法"第五百四十七条之规定，如有前述"民法"第五百八十一条之情形者，除原本约定之报酬外，多会另外约定奖励之方式，亦符合本条之意旨。至于报酬给付时期，本节并未特别规定，故应适用委任之规定（"民法"第五百四十八条参照），采"后付原则"。

（二）费用请求权

行纪既为一营业，故原则上除报酬外，不应另收费用，因此必须依约定或习惯始可请求偿还费用。此费用包含三种：寄存费、运送费及代垫付之为委托人利益而支出之费用及其利息（"民法"第二百零三条至第二百零七条参照）。前二者，通说系指行纪人自己担任寄存或运送所应收取之费用，如系因他人保管或运送而代垫者，其所请求者，为其为委托人之利益而支出之费用（本条后段规定参照）[28]，此时须自支付时起依法定利率（周年百分之五）计付利息，惟当事人另有约定者，不在此限（"民法"第五百四十六条、第二百零三条参照）。

二、买入物之拍卖、取偿及提存权

"民法"第五百八十五条规定："委托人拒绝受领行纪人依其指示所买之物时，行纪人得定相当期限，催告委托人受领，逾期不受领者，行纪人得拍卖其物，并得就其对于委托人因委托关系所生债权之数额，于拍卖价金中取偿之，如有剩余，并得提存。如为易于败坏之物，行纪人得不为前项之催告。"是为行纪人之买入物之拍卖、取偿及提存权，其要

28　史尚宽，前揭书，同注3，第四七四页。邱聪智，前揭书，同注2，第三六〇页。

件分述如下：

（一）须委托人拒绝受领行纪人依其指示所买入之物

得为本条拍卖等权利行使之标的，须行纪人依委托人之指示所买入之物，否则无本条适用。本条仅限于拒绝受领，如系“不能受领”者，应依一般受领迟延之规定为之（“民法”第二百三十四条参照）。[29] 再者，所谓“依其指示”，除文义上行纪人确实依其指示买入该物外，愚意以为，应包括“民法”第五百八十条应补偿其差额之情形在内。[30] 至于买卖以外之交易，而以所有权移转为内容者，解释上仍得类推适用本条之规定。[31]

（二）须行纪人定相当期间催告委托人受领

委托人有拒绝受领情事者，行纪人并不直接取得拍卖等权利，尚须践履催告受领之程序。而催告不限其方式，书面、口头均可，且必须定相当期间，但须依具体情形决定其相当期限，惟如系易于败坏之物，行纪人得不为前项之催告。[32]

（三）须委托人逾期不受领

催告后，须委托人逾期不受领始可，如系前述不须为催告之情形者，无此问题。易言之，于“如为易于败坏之物”者，行纪人之拍卖、取偿及提存权，只须“委托人拒绝受领”之要件已足。

具备上述之要件后，行纪人即得拍卖其物，拍卖之程序则依“民法”第三百九十一条至第三百九十七条之规定为之，但须注意“民法债编施行法”第二十八条及“非讼事件法”第六十八条之适用问题。[33] 拍卖后所得之价金，得就其对于委托人因行纪关系所生之债权之数额取偿之，如有剩余，并得提存。此所称之取偿，系行纪人得就行纪关系所生之债权

29 郑玉波，前揭书，同注1，第五一〇页。邱聪智，前揭书，同注2，第三六二页。

30 在旧民法时代，如行纪人拒不担任补偿其差额时，致委托人拒不受领，是否有本条之适用？如委托人因此而解除契约后，情况是否有所不同？不无疑问。旧“民法”第五百八十条所衍生之争议，于此可见一斑，如采“民法”债编修正第五百八十条之见解，令行纪人负此补偿差额之义务者，即可避免与本条适用上之争议也。

31 邱聪智，前揭书，同注2，第三六二页。

32 有关催告之概念，请参考拙著，民法总则讲义，下册，1995年元月初版，瑞兴图书股份有限公司，第七七页。

33 “民法债编施行法”第二十八条规定：“民法债编所定之拍卖，在拍卖法为公布施行前，得照市价变卖，但应经法院、公证人、警察官署、商会或自治机关之证明。”“非讼事件法”第六十八条规定：“‘民法债编施行法’第十四条（注，现为第二十八条）所定之证明，由应变卖地法院公证人、警察机关、商业会或自治机关为之。”

(报酬请求权、费用偿还请求权)，自拍卖所得金额中抵偿，藉以实现其债权，非若抵销须经意思表示到达始生效力。[34] 而此所指之提存，性质上属清偿提存，适用“民法”第三百二十六条以下之规定，惟须注意行纪人之提存权，必以委托人拒绝受领或不为取回为要件，故行纪人于拍卖后，无须再通知委托人受领，即得提存，与一般提存不太相同。[35]

三、卖出物之拍卖、取偿及提存权

行纪人对于出卖之物亦有拍卖、取偿及提存权，“民法”第五百八十六条规定：“委托行纪人出卖之物，不能卖出，或委托人撤回其出卖之委托者，如委托人不于相当期间，取回或处分其物时，行纪人得依前条之规定，行使其权利。”于符合下列要件时，始得依本条予以催告、拍卖取偿及提存：

(一) 委托出卖之物不能卖出或撤回出卖之委托

“民法”第五百七十七条适用第五百三十七条至第五百三十九条之规定，委托人所委托出卖之物，如不能卖出或委托人撤回出卖之委托，委托人依法应于相当时期内取回其物，如不于相当时期内取回，于行纪人极为不利，为保护行纪人之权益乃有本条之设计。所谓不能卖出，系指物品于届期仍未能卖出而言，惟行纪人未以善良管理人注意为出售之劳务者，应无本条之权利。[36]

应注意的是，此之“撤回”应为“撤销”之误，盖撤回与撤销系不同之概念，即在撤销前，法律行为业已发生效力，必待撤销后使其效力溯及地消灭；撤回系对未发生效力之法律行为而阻其发生效力，二者实有所不同[37]，此时如将“民法”第五百八十六条之规定仅限于“撤回”者，其适用之范围将大幅缩小，仅限于行纪人尚未允受委托（承诺），委托人即先撤回其要约（“民法”第一百六十二条参照）之情形。此时，行纪人已保管其欲出卖之物者，基于行纪契约为诺成契约之性质，仅简易交付始有可能。再者，如行纪人有“民法”第五百三十条允受委托之拟制情形者，则“民法”第五百八十六条除“不能卖出”外，几无适用之余地。综上所述，“民法”第五百八十六条之“撤回”，实有可议，应将

34　邱聪智，前揭书，同注2，第三六七页。
35　邱聪智，前揭书，同注2，第三六七页。
36　邱聪智，前揭书，同注2，第三六四页。
37　拙著，前揭书，同注32，第二七三页。

其修正为“撤销”，于修正前委托人撤销其出卖之委托者，仅能类推适用本条之规定，惜本次修正时并未加以修正。

（二）委托人不于相当期间，取回或处分其委托出卖之物

委托人应于相当期间，至标的物所在地或行纪人住所地受领物品（往取债务），使物品脱离行纪人占有始可。

（三）行纪人催告委托人取回或处分其物品

此系依“民法”第五百八十五条之规定而来，已如前述，于兹不赘。

（四）委托人于催告后逾期未取回或处分其物

此时不问委托人无法取回或处分其物之原因为何，可否归责，仅以逾期未取回或处分其物之事实即可。

四、介入权

“民法”第五百八十七条第一项规定：“行纪人受委托出卖或买入货币、股票，或其他市场定有市价之物者，除有反对之约定外，行纪人得自为买受人或出卖人，其价值以依委托人指示而为出卖或买入时市场之定价定之。”是为行纪人之介入权，此系考虑委托人之利益获得保障之情形下，所赋予行纪人之特殊权利，兹分述如下：

（一）介入权之性质

所谓行纪人之介入权，系指行纪人自为出卖人或买受人，与委托人成立买卖契约，而不另与第三人成立买卖契约，兹以前述甲委托乙出售宾士汽车之例，作一简图如下：

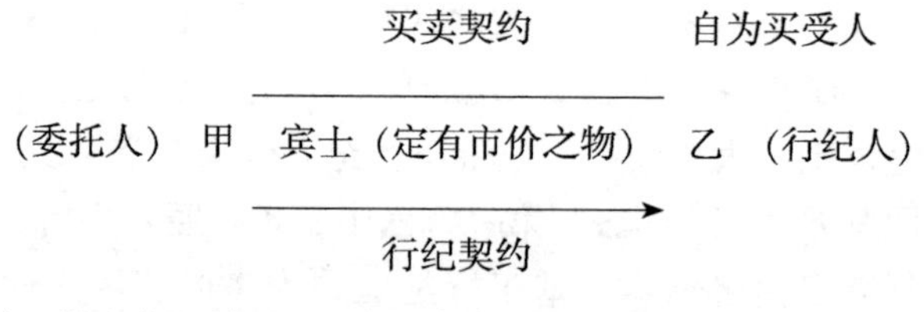

此情形与“民法”第一百零六条“自己代理”最大之差异，在于行纪人系以“自己名义”，与代理人系以“本人名义”为交易有所不同。自己代理如系经本人允诺或专履行债务者，为有权代理，如非上述之情形之自己代理者，亦非无效，仅系无权代理，亦得经本人之承认而生效力。[38] 惟不论何者，均符合契约之“双方当事人”之概念。反观行纪人之

38 拙著，前揭书，同注32，第二一〇页。

介入，系以“自己之名义”与自己订约，违反“契约须当事人相互为对立之意思表示”之定义[39]，故应为法所不许，因此学者乃将其解为“行纪人与委托人间直接成立买卖契约，而此契约之成立，乃出于行纪人行使介入权之结果，并非由于行纪人与委托人间之要约与承诺而成立也[40]”。申言之，行纪人一表示介入，则该买卖契约成立，不以委托人之承诺为要件，故介入权属于一种形成权。

（二）介入权与契约成立之方式

依学界通说，契约成立之方式有三：①要约承诺，②交错要约，③意思实现。[41] 此时是否须将“民法”第五百八十七条行纪人之介入权之行使，视为契约成立方式之例外？如依上述学者之见解，此介入权之行使致该买卖契约成立，其应将此视为契约成立方式之例外。惟本书从债之发生体系之完整性以观，宁采否定见解，理由分述如下：

1. 契约成立方式之体系之完整性：契约成立之方式，通说之三种方式，建立其体系之完整性，而契约成立之特殊方式现今发展有二[42]，一为强制订约，二为事实上契约，前者虽以维持经济利益及当事人间地位之实质自由平等为其目的，而打破意思自由原则，惟其仍未脱离要约承诺之概念；后者则有正反二说[43]，迄今争执不休，于此是否将介入权视为第三种例外，不无斟酌余地。

2. 介入权之行使不能产生买卖契约成立之效果：“民法”第一百五十三条第一项规定：“当事人互相意思表示一致者，无论其为明示或默示，契约即为成立。”此规定亦适用于行纪契约之成立，已如前述。就介入权之形成权性质之部分，本书并不反对，惟形成权系债权之作用，其 行使将使法律关系发生、变更或消灭，此介入权之行使，是否得直接推出买卖契约成立之效果？不无疑问，本书仍采否定说。

39 邱聪智，民法债编通则，作者自刊，1994 年 8 月修订六版，第二七页。

40 郑玉波，前揭书，同注 3，第五一一页。史尚宽，前揭书，同注 3，第四七八页。戴修瓒，前揭书，同注 13，第九一页。邱聪智，前揭书，同注 2，第三七一页。

41 王泽鉴，民法债编总论（一），第一册，基本理论债之发生，作者自刊，1992 年 3 月六版，第一一八、一四四、一四九页。邱聪智，前揭书，同注 39，第三六页。孙森焱，民法债编总论，作者自刊，1990 年 10 月修订九版，第十五页。

42 邱聪智，前揭书，同注 39，第三七页。

43 肯定说：Gunter Haupt. “论事实上之契约关系”（Uberfaktische Vertragsverhaltnisse），引自王泽鉴，事实上之契约关系，收录于氏著，民法学说与判例研究，第一册，作者自刊，1993 年 9 月十四版，第九三页。邱聪智，前揭书，同注 39，第三八页。否定说：王泽鉴，前揭文，第一〇二页。

3. 法文文义解释：依本条之文义“行纪人得自为买受人或出卖人”以观，实难以否定行纪人与委托人间有买卖契约之存在，且若不认其有买卖契约者，日后行纪人取得之物如有瑕疵担保之问题，将另生困扰。

依上所述，愚意以为，行纪人之介入权系一形成权，其行使具有二作用：一为具有要约之性质，二则拟制委托人具有承诺之默示（此默示于“有反对之约定”时，则无法拟制），契约仍系因双方之意思表示合致而成立，而非行纪人介入权之行使直接发生买卖契约之成立，如斯解释，契约成立方式体系始不致遭受破坏。

（三）成立要件

具备上述要件，行纪人始得行使介入权。

1. 不限于买卖：其他交易行为则可类推适用。

2. 须受委托出卖或买入之物为市场订有市价之物：如货币、股票等是，此物是否限于有价证券，抑或凡市场订有市价之物均属之？则有狭义说及广义说，学界通说采广义说[44]，以助经济活络，本书从之。

3. 须无反对之约定：指行纪契约当事人未以契约禁止行纪人得自为买受人或出卖人之特别约定。

（四）行使方法

介入权为一形成权，而形成权之行使，以行纪人一方之意思表示为已足，且系有相对人（委托人）之单独行为。惟须注意的是，行纪人行使介入权，须以尚无实行行纪行为为限，如其业已成立交易行为者，不得行使介入权。台湾民法于此虽未规定，惟此涉及行纪人诚信，为避免利益冲突，并防止不必要纠纷，应认其不得行使介入权。[45]

介入权既为行纪关系所生之权利，其行使须以行纪关系存在为前提，故行纪关系如消灭者，行纪人不得再行使介入权。惟如于行纪契约消灭前，行纪人已行使介入权者，其已生之权利义务不因此或其后介入权丧失而受影响。但此所称之消灭，究系指终止、期限届满等向后失其效力之情形，抑或包括行纪契约不成立、无效、解除或被撤销等自始不生效力、无效或溯及自始无效等之情形？从理论而言，设如行纪人行使介入权后，行纪契约被解除而自始失其效力，则行纪人之介入权失其附丽，自会受到影响。故此称之消灭，应限于向后失其效力之情形，故以前说为当。

44 郑玉波，前揭书，同注 3，第五一二页。史尚宽，前揭书，同注 3，第四七九页。戴修瓒，前揭书，同注 13，第九二页。邱聪智，前揭书，同注 2，第三六九页。

45 史尚宽，前揭书，同注 3，第四八一页。邱聪智，前揭书，同注 2，第三七〇页。

（五）效力

行纪人一行使介入权，使其与委托人间生买卖契约之效力（例如瑕疵担保与危险负担等问题），而该买卖契约之要素—价金，依“民法”第五百八十七条第一项之规定，应以依委托人指示而为出卖或买入时市场之市价订之。[46] 如委托人仅指示出卖或买入，但未指示特定时刻而买卖，则其市价订立之标准，究以指示之时为准？或以介入时为准（即卖出或买入时）？通说采后者[47]，惟此须限于当事人未约定价金，委托人亦未指定价金为前提，始有契约价金拟制规定之适用。

行纪人行使介入权而与委托人成立买卖契约后，行纪契约并不受影响，是以行纪人与委托人间仍有行纪契约与买卖契约，只因介入权之行使致行纪契约之目的得以达成。因此，“民法”第五百八十七条第二项即规定：“前项情形，行纪人得行使第五百八十二条所定之请求权。”故行纪人仍保有行纪人之地位，得请求报酬及费用，惟其介入权之行使，仍应尽善良管理人之注意义务，如有怠于注意而致委托人生损害者，行纪人仍应担任补贴差额，甚至有不完全给付之损害赔偿责任。[48]

（六）介入之拟制

“民法”第五百八十八条规定：“行纪人得自为买受人或出卖人时，如仅将订立契约之情事通知委托人，而不以他方当事人之姓名告知者，视为自己负担该方当事人自己之义务。”是为介入之拟制。适用本条之规定时，其要件为：

1. 行纪人得自为买受人或出卖人时：行纪人主张介入权须符合“民法”第五百八十七条第一项规定之要件，此由本条所称“行纪人‘得自为买受人或出卖人时’……”可得而知。此时行纪人行使介入权，须以意思表示为之，得以明示或默示为之，但必须表示自己介入，始足以当之。

2. 行纪人不得以交易行为相对人之姓名告知委托人：如其仅将订立契约之情事通知委托人，而不以他方当事人之姓名告知者，其相对人为何人，委托人无法得知该契约究为行纪人与第三人间之契约，抑或是委

46 此时价金如由行纪人与委托人另行约定者，非介入权之行使，而系二者另行依“民法”第一百五十三条而成立之买卖契约，既非形成权之行使，无“民法”第五百八十七条第二项之适用。

47 史尚宽，前揭书，同注3，第四八〇页。戴修瓒，前揭书，同注13，第九三页。邱聪智，前揭书，同注2，第三七二页。

48 邱聪智，前揭书，同注2，第三七三页。

托人与行纪人间之契约，如须依举证之方法为之者，亦难以厘清其法律关系。因此，在行纪人无为介入之意思表示之情形下，“民法”第五百八十八条乃规定“视为”行纪人自己介入，故行纪人不得举证推翻之。[49]

附带一言，未符合介入权之要件者，依“民法”第五百八十七条第一项之反面解释，自不得行使介入权，且无“民法”第五百八十八条拟制问题。例如委托出卖或买入之物非市场订有市价之物，或有反对约定者，而行纪人仅将订立契约之情事，通知委托人，而不以他方当事人之姓名告知者，“不”视为行纪人负担该方当事人之义务，自属当然。惟其间之法律关系为何？本书以为，依“民法”第五百八十八条反面解释，洵属正确，委托人应得要求行纪人告知相对人之姓名，且此项告知应可视为行纪契约之从给付义务[50]，违反者，委托人即可依行纪契约主张行纪人违反告知义务，而请求债务不履行之损害赔偿。

第四节　行纪关系之消灭

行纪关系之消灭，民法行纪本节并未规定，应依委任之规定，诸如契约终止[51]（“民法”第五百四十九条参照）、当事人之死亡、破产或丧失行为能力（“民法”第五百五十条至第五百五十二条参照）。盖行纪人既为营业，如系法人，当事人之死亡则解释为指法人之解散，此时无丧失行为能力之适用，惟在合伙时，其中一人有死亡、破产或丧失行为能力时，行纪契约并不受影响，盖合伙团体仍为存在，只有于解散时始有消灭行纪关系之效果。最后，自然人之死亡、丧失行为能力，则于独资商号所有人有其适用。此外，一般契约之消灭原因，如存续期限之届满，履行不能是，亦有其适用。

49 郑玉波，前揭书，同注 3，第五一三页。邱聪智，前揭书，同注 2，第三七五页。

50 有关从给付义务，请参阅王泽鉴，债之关系之结构分析，收录于氏著，民法学说与判例研究，第四册，作者自刊，1993 年 9 月八版，第九二页。

51 最高法院 1929 年度上字第 2110 号判例：“货主将所有货物委托牙行代卖，系属一种委任契约，依委托契约之性质，非不可随时终止。”

第十四章

寄　托

【案例提示】

一、甲将其所拥有之珠宝、债券、黄金等放置于乙商业银行之保管箱内，约定保管期间为一年，三个月后，窃贼丙盗走乙银行之保管箱内所有财物，问：

（一）甲乙间之契约为何？

（二）甲之损失，应如何向乙请求损害赔偿？

（三）如甲系交由其友人丁保管者，契约之效力是否有所不同？

（四）如甲所寄托之物系由其窃盗而来者，效果为何？

二、A偕同其新婚妻子B作蜜月旅行，下榻台东知本C五星级饭店，C饭店之服务员D于搬运行李时，不慎失手，导致A之皮箱滑落，使A拟赠送B之珍珠项链摔碎，问：

（一）A、C契约为何？

（二）C是否须就该项链之毁损负责？

（三）如该项链系因A匆忙未包装好，导致一摔就碎，结果是否不同？

第一节　寄托之意义、性质与其他类似概念

壹、寄托之意义

寄托者，“民法”第五百八十九条第一项规定：“称寄托者，谓当事

人一方，以物交付他方，他方允为保管之契约。”兹分述其意义如下：

一、寄托系当事人一方以物交付他方之契约

（一）当事人

寄托契约之当事人为寄托人与受寄人，二者均无资格之限制。

（二）寄托人须以物交付受寄人

寄托之标的物是否限于动产，外国立法例有认为包括动产与不动产，例如奥国民法第九百六十条、日本民法第六百五十七条等等。有认为仅限于动产者，例如德国民法第六百八十八条、瑞士债务法第四百七十二条第一项、法国民法第一千九百一十八条等等。台湾地区民法寄托一节之立法意旨：“寄托之标的物，是否以动产为限，抑无论动产或不动产皆可寄托，各国立法例未能一致，本法则认为动产不动产皆可为寄托之标的物。”反对见解则认为，从“民法”第六百条第二项所规定之“……将寄托物转置他处者……”可知立法者认为寄托物不限于动产。惟将不动产委托他人保护看管者，通常系以雇佣或委任契约为之，故寄托契约之标的物，现实上仍以动产为主。因此，有学者认为“民法”第五百八十九条第一项之物，应限缩解释为“动产”也。[1] 惟保管场所之提供，仅限于寄托物为动产时实际上有其必要，并非寄托契约之要素，故不动产应可为寄托标的物。再者，如欲以寄托契约为不动产之保护看管者，亦无不可，并非必以雇佣或委任为之。本书以为寄托物不以动产为限[2]，如该动产系可代替物者，有消费寄托（“民法”第六百零二条参照）之特别适用。

（三）寄托标的物为盗赃

如受寄托之物为盗赃物，此寄托契约之效力为何？愚意以为，应就受寄人之善、恶意而有不同之效果：

1. 受寄人为恶意者：受寄人明知为盗赃而受寄者，寄托契约应认为违背公序良俗而归于无效（“民法”第七十二条参照），且受寄人应负“刑法”第三百四十九条第二项之寄藏赃物罪。[3]

2. 受寄人为善意者：受寄人为善意者，应认为其欠缺寄藏赃物罪之

---

1 郑玉波，民法债编各论，下册，作者自刊，1992年10月十五版，第五一五页。

2 史尚宽，债法各论，作者自刊，1986年11月台北六刷，第四八九页。邱聪智，债法各论中册，作者自刊，1996年10月二刷，第三七九页。

3 林山田，刑法各罪论，作者自刊，1995年9月初版，第八二六页。褚剑鸿，刑法分则释论，下册，台湾商务印书馆股份有限公司，1995年12月二次增订版第一次印刷，第一三一四页。

故意，自不成立犯罪。此时该寄托契约并非无效，盖公序良俗之违反，不能仅以客观行为为认定，法律行为、当事人之主观意识均须加以考虑。[4] 受寄人事后发现该寄托物为盗赃者，受寄人得于一年除斥期间内以错误（“民法”第八十八条参照）或受诈欺（“民法”第九十二条参照）为理由，撤销寄托契约，并拒绝再为其保管。[5]

赃物寄托无效或因错误、被诈欺而经撤销者，寄托人为不法原因给付，依洁手原则（the principle of clean hand），不得请求返还寄托物（“民法”第一百八十条第四款本文参照），盖此等情形不法原因皆非“仅于受寄人一方存在”之情形，故不得请求返还。[6] 寄托关系因其他原因消灭者，亦应做相同解释[7]，法学方法则类推适用“民法”第一百八十条第四款本文之规定。

（四）交付

本条项所谓之交付，与“民法”第七百六十一条之关系为何？易言之，本条项之交付，系指移转寄托物之占有，而“民法”第七百六十一条之交付，系指动产物权之让与方法，包括现实交付、简易交付、占有改定及指示交付[8]，除现实交付理所当然适用本条项外，何者能适用于本条项之规定？兹分述如下：

1. 简易交付：“民法”第七百六十一条第一项但书规定：“但受让人已占有动产者，于让与合意时，即生效力。”此为“民法”第九百四十六条第二项所准用。例如甲先出租其汽车予乙，于租期届满后，乙必须将车返还于甲，惟因甲欲出国洽公，故再与乙订立寄托契约，托乙代为保管，此时

4 拙著，民法总则讲义，下册，瑞兴图书股份有限公司，1995年元月初版，第一六页。王泽鉴，民法总则，作者自刊，1994年8月十三版，第二四四页。施启扬，民法总则，作者自刊，1999年9月增订八版，第二一二页。王泽鉴，劳动契约法上之单身条款、基本人权与公序良俗，收录于氏著民法学说与判例研究，第七册，作者自刊，1994年8月四版，第三六页。

5 郑玉波，前揭书，同注1，第五一五页。邱聪智，前揭书，同注2，第三七九页。史尚宽，前揭书，同注2，第四八七页。

6 拙著，民法债编总论讲义，上册，瑞兴图书股份有限公司，1991年10月初版，第七五页。邱聪智，民法债编通则，作者自刊，1993年8月修订六版，第一〇一页。王泽鉴，民法债编总论，第二册，不当得利，作者自刊，1994年10月出版，第一〇二页。王泽鉴，赌债与不法原因给付，收录于氏著民法学说与判例研究，第二册，作者自刊，1996年10月出版，第一二三页。

7 邱聪智，前揭书，同注2，第三八〇页。

8 王泽鉴，民法物权，第一册，作者自刊，1995年10月增订版，第一一二页。谢在全，民法物权论，上册，作者自刊，1995年9月修订版，第九一页。

乙已先占有该车，即不必多费手续，将车返还甲后再交付予乙，其寄托契约于双方合意时，即可生交付效力，因此简易交付有本条项之适用，甚为明确。惟须注意的是，动产质权有特别规定，“民法”第八百九十七条第一项规定：“动产质权，因质权人返还质物于出质人而消灭。”因此质权人不可与出质人订立寄托契约，使出质人为受寄人，否则质权将归于消灭，虽然此寄托契约依然有效（受寄人自己之物亦得成立寄托契约），但不具意义。此时并非寄托契约无效，仅系使质权消灭而已，不可不辨！

2. 占有改定：“民法”第七百六十一条第二项规定：“让与动产物权，而让与人仍继续占有动产者，让与人与受让人间，得订立契约，使受让人，因此取得间接占有，以代交付。”通说认为占有改定得成立寄托，其例为：甲出售汽车于乙后，乙再委由甲代为保管，甲乙得依占有改定成立寄托。[9] 此时，出卖人与买受人于买卖契约成立后，出卖人与买受人订立契约，由出卖人为买受人占有，此际应认为出卖人与买受人系依“民法”第七百六十一条第二项成立寄托契约而占有，以达成买卖契约之交付而生动产所有权移转之效力。惟寄托是否得以占有改定为寄托物之交付，似与上例无涉。兹另举正确实例如下：甲拟将其车寄托于乙，但又与乙约定，于甲自行占有该车，而使乙取得间接占有，此系真正依占有改定为寄托契约之交付，但实无意义，盖甲既自己占有，又何必与乙成立寄托契约？因此，愚意以为占有改定于本条项无适用余地。

3. 指示交付：“民法”第七百六十一条第三项规定：“让与动产物权，如其动产由第三人占有时，让与人得以对于第三人之返还请求权，让与于受让人，以代交付。”寄托契约，通说认为系要物契约[10]，故寄托人必须现实占有其物，原则上不得使第三人代为保管（“民法”第五百九十二条参照），故指示交付原则上不适用本条项。惟经寄托人同意，使第三人代为继续保管，则例外可以成立寄托。[11] 于不动产之寄托契约，其交

9 郑玉波，前揭书，同注1，第五一六页。反对见解，史尚宽，前揭书，同注2，第四八八页。邱聪智，前揭书，同注2，第三八〇页。

10 郑玉波，前揭书，同注1，第五一六页。史尚宽，前揭书，同注2，第四八八页。邱聪智，前揭书，同注2，第三八三页。戴修瓒，民法债编各论，三民书局股份有限公司，1964年，第九七页。

11 郑玉波，前揭书，同注1，第五一六页。邱聪智，前揭书，同注2，第三八一页。陈瑾昆，民法通义债编各论，北平朝阳学院，1931年，第二五八页。蔡章麟，民法债编各论，下册，作者自刊，1959年，第一二页。反对见解，史尚宽，前揭书，同注2，第四八八页。戴修瓒，前揭书，同注10，第九七页。

付与“民法”第三百七十三条规定交付之概念相同，系指移转占有是（“民法”第九百四十六条第二项准用第七百六十一条），故适用上与上述动产之交付相同。最后，在消费寄托中，不但占有必须移转，所有权亦应移转，此时与“民法”第七百六十一条之关系，如前所述，适用时须加以注意！

二、系他方允为保管之契约

此方当事人称为受寄人，已如前述，其资格法律并未加以限制，惟其如为仓库营业人者，应优先适用“民法”债编各论第十五节仓库之规定，如无规定时，始适用寄托之规定。

所谓保管，系指保存行为，而管理行为则兼含保存行为、改良行为及利用行为。[12] 因此，“民法”第五百九十一条第一项规定：“受寄人非经寄托人之同意，不得自己使用或使第三人使用寄托物。”故受寄人不得为寄托物之利用与改良，甚至处分行为。[13] 此外，动产之寄托，不但须提供场所，且须为防止其标的物（寄托物）之灭失、毁损所必要之行为始可（例如对抗第三人之占有妨害），否则仅提供场所，以供标的物之搁置，不负上述必要行为之责任者，应属租赁，一般以银行之保管箱租用契约为其著例，盖银行不直接对于保管箱内之放置物品负责。[14]

贰、寄托之性质

一、有名契约

寄托规定于“民法”债编各论第十四节，故为一有名契约。

二、要物契约

学界通说认为“民法”第五百八十九条第一项之“交付”，系寄托契约之成立要件，故为要物契约。[15]

12 谢在全，前揭书，同注 8，第三四七页。郑玉波，前揭书，同注 1，第五一七页。

13 史尚宽，前揭书，同注 2，第四八九页。邱聪智，前揭书，同注 2，第三八一页。

14 史尚宽，前揭书，同注 2，第四九〇页。惟邱聪智教授认为银行保管箱契约性质上属于仓库契约，请参阅邱聪智，前揭书，同注 2，第四四八页。

15 外国立法例采要物契约有德国民法第六百八十八条、法国民法第一千九百一十九条、奥国民法第九百五十七条、日本民法第六百五十七条等等。但依契约自由原则，通说认为将寄托契约修正为诺成契约为妥，立法例则以瑞士债务法第四百七十二条第一项为代表。

三、原则上为无偿契约与片务契约

“民法”第五百九十条规定：“受寄人保管寄托物，应与处理自己事务为同一之注意。其受有报酬者，应以善良管理人之注意为之。”故寄托契约原则上为无偿契约及片务契约，应与处理自己事务为同一之注意[16]，例外为有偿契约与双务契约，受寄人应以善良管理人之注意为之。

四、不要式契约

寄托契约虽为要物契约，但除交付寄托物外，并无另外特别规定，故仅以双方合意已足（“民法”第一百五十三条第一项参照）。因此，寄托契约为不要式契约。

（接上页）请参阅邱聪智，前揭书，同注2，第三八五页。郑玉波，前揭书，同注1，第五一八页。史尚宽，前揭书，同注2，第四八八页。并请参见“最高法院”1980年度台上字第2189号判决：“银钱业因收受存户之存款，方能发生消费寄托要物契约之效力，从而受寄之银钱业始有返还存款之义务。本件上诉人委托被上诉人向本票之担当付款人提示付款后存入其账户，而与被上诉人发生消费寄托关系，但实际上该项票款并未收到，有被上诉人提出之本票及退票理由单等件可稽，自亦无从将该项票款存入上诉人之账户而发生消费寄托效力。”

同院1983年度台上字第4222号判决：“寄托契约，固属要物契约，上诉人原已愿意将讼争稻谷返还与被上诉人，因一时搬运不便，代为寄存，即受寄人之上诉人以其对于寄托人之被上诉人所负之讼争稻谷债务，作为寄托物之交付，并书立保管条交与被上诉人存执，是双方已合意成立寄托契约，自应解为已具要物性。”

同院1992年度台上字第2166号判决：“被上诉人倘‘明知’吕×洋挪用上诉人之公款，则吕×洋挪用之公款既非基于上诉人移转所有权之意思而交付，吕×洋即无从取得所有权，原判决谓上诉人不得主张该金钱仍属上诉人所有云云，已有可议，且被上诉人非善意受让该金钱之占有，亦不得主张受关于占有规定之保护而取得其所有权（参看‘民法’第八百零一条规定），吕×洋利用被上诉人账户存入之挪用款，果系上诉人所有，则不啻由被上诉人将上诉人之金钱，交付上诉人，以成立消费寄托契约。此与‘民法’第六百零二条规定以移转寄托物所有权于受寄人为消费寄托契约之成立要件，即难谓合。”

同院1992年度台上字第281号判决：“按寄托契约之成立须由寄托人将寄托物交付受寄人为要件，倘叶×良以被上诉人名义，‘虚存虚提’属实，则消费寄托契约根本未曾成立，被上诉人即无从依寄托契约请求返还寄托物。”

“最高法院”1995年度台上字第1472号判决：“寄托物之交付，固不以由寄托人本人将现物交付为必要，其由第三人提出，经受托人承认受领者，亦无不可。惟必限于有现实之寄托物之交付始得成立。”

16 拙著，民法债编总论讲义，下册，瑞兴图书股份有限公司，1992年3月初版，第四二页。邱聪智，前揭书，同注6，第二四六页。

五、继续性契约

寄托契约有一定或不定之期间，且为劳务性契约，故为继续性契约，有情事变更原则（“民法”第二百二十七条之二、“民事诉讼法”第三百九十七条）及终止权之适用。

六、劳务契约

寄托契约之劳务为寄托物之保管。因此，寄托一节未规定者，于与寄托一节之规定不相冲突之情形下，应得类推适用委任之规定。例如受寄人未得寄托人之同意而使用寄托物，对于寄托人应给付报偿（“民法”第五百九十一条第二项前段参照），如寄托物为金钱者，是否应支付利息，寄托一节并未规定，此时可类推适用“民法”第五百四十二条之规定，以求平允。

叁、寄托与其他类似概念

一、寄托与寄托预约

所谓寄托预约，系指当事人约定将来订立寄托契约之契约。预约性质上亦为债权契约，以订立本约为其债务之内容。[17] 在契约自由原则下，预约有其法律上之效力，且因寄托性质上为要物契约，如承认寄托预约，不但对交易安全有所助益，且对当事人之权利义务有所保障，故通说均承认其效力。[18] 因此，寄托预约之权利人有请求义务人履行成立寄托本约之权利，违反者须负债务不履行责任。最后，预约之权利具有人格信赖之性质，故不得让与（“民法”第二百九十四条第一项第二款参照），违者不生让与效力。惟有学者认为，当寄托人为预约权利人时，得为让与，但无偿寄托则不在此限。[19]

17　王泽鉴，民法债编总论，第一册，基本理论债之发生，作者自刊，1994 年 10 月初版，第一一五页。邱聪智，前揭书，同注 6，第三二页。

18　郑玉波，前揭书，同注 1，第五二〇页。史尚宽，前揭书，同注 2，第四九一页。邱聪智，前揭书，同注 2，第三八六页。戴修瓒，前揭书，同注 10，第九九页。蔡章麟，前揭书，同注 11，第一一页。

19　史尚宽，前揭书，同注 2，第四九一页。郑玉波，前揭书，同注 1，第五二〇页。

二、寄托与使用借贷

寄托契约之目的在于寄托物之保管，故受寄人并无使用权（“民法”第五百九十一条第一项参照）；如当事人于契约约定受寄人得使用寄托物者，该契约性质上即为混合契约。受寄人须提供保管之处所（寄托物为动产时），并承担保管之活动，且受寄人为直接占有人（寄托人依寄托契约为间接占有）。使用借贷借用人虽亦负借用物之保管义务（“民法”第四百六十八条参照），但其契约之要素为借用物之使用，该保管义务性质上为从义务而已。

三、寄托与委任

寄托契约系以保管及加以保护为其特种给付内容，故与一般委任并不相同，惟寄托一节未规定者，于与寄托规定不相冲突之情形下，应得类推适用委任之规定，已如上述。此外，保管与非其所必要之处理活动相结合时，应类推适用关于委任之规定，例如银行保管有价证券，除保管外，尚有其他如监督抽签、收取券息等等处理活动，此时为寄托与委任之混合契约。

四、寄托与质权契约

质权契约系为担保债权契约而设立之从契约，质权人占有动产，且必须以善良管理人之注意保管质物（“民法”第八百八十八条参照），此保管仅为附随的契约效力，主要效力仍重在债权之担保，是与寄托重在保管为目的有所不同。

五、寄托与提存

提存可分为清偿提存与担保提存，均必须保管提存物，提存所负有保管义务，且就其保管收取费用，性质为有偿寄托，但其保管并非提存之惟一目的，提存尚有使债务消灭或提供担保之目的。[20]

六、寄托与消费借贷

消费借贷必须限于金钱或代替物，因物之交付而生所有权移转之效

20 拙著，前揭书，同注16，第一一五页。邱聪智，前揭书，同注6，第五二三页。

力，借用人无须返还原物，仅以种类、品质、数量相同之物返还即可[21]，其契约目的在于因代替物之消费而借贷，与寄托重在原物之保管，有所不同。

七、寄托与信托

1996年1月26日公布之信托法第一条明文规定："称信托者，为委托人将财产权移转或为其他处分，使受托人依信托本旨为受益人之利益或特定目的，管理或处分信托财产之关系。"[22] 此种信托系将财产托由他人利用或经营，故与寄托相类似，但其内容并非仅限于保管，受托人得加以利用或经营[23]，且必须移转所有权，故与寄托有所不同。[24]

八、寄托与公法上之寄托

国家或公共团体，为职权之行使，创设相当于私法上之寄托契约。例如"强制执行法"第五十七、五十九条等性质上均属于公法上之寄托，此权利义务关系原则上适用公法规定，惟于公法规定有漏洞时，于与公

21 拙著，民法债编各论，上册，瑞兴图书股份有限公司，1994年11月初版，第四九九页。

22 早期实务见解对信托所下之定义，虽与信托法第一条之用语有些许差异，但其实质上并不同，适用上尚不生疑问，例如"最高法院"1973年台上字第2996号判例："通常所谓信托行为，系指信托人将其财产所有权移转与受托人，使其成为权利人，以达到当事人间一定目的之法律行为。"同院1977年台再字第42号判例："……所谓信托行为，系指委托人授与受托人超过经济目的之权利，而仅许可其于经济目的范围内行使权利之法律行为而言。就外部关系言，受托人固有行使超过委托人所授与之权利，就委托人与受托人之内部关系言，受托人仍应受委托人所授与权利范围之限制。……"

23 "最高法院"1983年度台上字第3535号判决："查金融机关与客户间之一种活期存款契约，具有消费寄托之性质，固经本院著有先例，惟依银行法第十条规定，所谓信托资金，系指银行以受托人地位，收受信托款项，依照信托契约约定之条件，为信托人指定之受益人之利益而经营之资金。此与同法第七条规定之活期存款，系指存款凭存折随时提取之存款，并不相同。本件原审将信托资金视同活期存款，已有未当；对于两造间就所谓信托资金之收授，究竟有何约定，亦未深究。即认系成立金钱消费寄托契约，亦嫌疏略。"

24 关于信托之概念，请参阅何孝元，信托法之研究，中兴法学第十期，1976年5月。方嘉麟，信托法之理论与实务，月旦出版社股份有限公司，1996年2月二版。詹森林，信托之基本问题——"最高法院"判决与信托法规定之分析比较，收录于氏著民事法理与判决研究，1998年11月，第二〇四页。杨崇森，信托与投资，正中书局，1997年3月第八次印行。赖源河、王志诚合著，现代信托法论，五南图书出版有限公司，1996年2月初版一刷。

益不抵触之范围内，应类推适用私法之规定。[25]

第二节　寄托之成立

按寄托契约为要物契约，以寄托物之交付为其成立要件，除此之外，并无另外特别规定，仅以双方合意已足（“民法”第一百五十三条第一项参照），寄托契约即为成立生效。

第三节　寄托之效力

壹、受寄人之义务

受寄人之义务有三，即寄托物保管义务、危险通知义务与寄托物返还义务，兹分述如下：

一、寄托物保管义务

寄托物保管义务，系受寄人之主给付义务，不因寄托物系有偿或无偿而异，兹分述如下：

（一）注意义务程度

受寄人保管义务之注意义务程度，因寄托系有偿或无偿而有不同。“民法”第五百九十条规定：“受寄人保管寄托物，应与处理自己事务为同一之注意。其受有报酬者，应以善良管理人之注意为之。”在无偿寄托，受寄人应与处理自己事务为同一之注意，须负具体轻过失责任；于有偿寄托时，受寄人应尽善良管理人之注意，须负抽象轻过失责任。[26]

25　郑玉波，前揭书，同注1，第五二二页。史尚宽，前揭书，同注2，第四九二页。吴庚，行政法之理论与实用，作者自刊，1997年8月增订三版二刷，第三三页。

26　最高法院1928年度上字第1130号判例：“有偿受寄人对于受寄物，应尽善良管理人之注意义务，为契约上之原则。”
同院1940年度上字第1139号判例：“受有报酬之受寄人，对于寄托物之灭失，非证明自己于善良管理人之注意无所欠缺，不能免其赔偿责任。”

（二）使用之禁止

“民法”第五百九十一条第一项规定：“受寄人非经寄托人之同意，不得自己使用或使第三人使用寄托物。”由此可知，寄托契约以保管为目的，受寄人不得就寄托物加以改良或利用，除非该寄托物之保管必须加以使用，以达到保管之目的者，寄托人始得使用寄托物。例如甲欲出国，乃将其BMW-360寄托于中正机场附近之出国汽车托管场乙，如依“民法”第五百九十一条第一项之规定，乙不能使用该车，但就汽车此种机械装置，如长时间不使用，机械容易生锈、故障，故为保管该车，乙应偶尔驾驶甲之汽车，使其运作，始符合寄托契约保管义务之意旨。

受寄人违反上述规定，而擅自使用或使第三人使用寄托物时，依同条第二项规定：“受寄人违反前项之规定者，对于寄托人，应给付相当报偿，如有损害，并应赔偿。但能证明纵不使用寄托物，仍不免发生损害者，不在此限。”由此可知受寄人之责任，可分为二者，兹分述如下：

1. 报偿之给付责任：报偿之给付系指使用之代价，此系因使用寄托物，于寄托物本身必有相当之耗损，使用人受有利益，此即报偿之对象，认定上可以一般租赁契约相当租金作为标准，不问系受寄人自己或第三人使用寄托物，受寄人均应负此责任，如其所使用者系金钱者，应支付利息。受寄人使用时，除依本条项负报偿给付义务外，尚可成立“民法”第一百七十九条不当得利返还义务，二者间应有请求权竞合论之适用。于第三人使用时，第三人对寄托物之所有人须负“民法”第一百七十九条不当得利之返还义务，其所受之利益即为寄托物之使用利益（相当于使用之租金）。此第三人之不当得利返还义务，与受寄人之报偿给付义务立于不真正连带债务关系。[27]

2. 损害赔偿责任：此之损害系指寄托物之损害，不论系因受寄人自己或第三人使用所生，受寄人均应负赔偿责任，是否与有过失，在所不问。但必须要有损害，一般而言，此损害系指寄托物本身所受之损害而言，其常见者为寄托物之毁损、灭失，但不包括使用时伴随而生之通常耗损。损害之发生，必须与其使用间有因果关系始可，此可由本条项但书：“但能证明纵不使用寄托物，仍不免发生损害者，不在此限。”得知。此时应由受寄人负举证责任，故受寄人损害赔偿责任之成立，不问有无过失，且具有因果关系推定之意义。例如甲将其车寄托于乙，乙擅自借

27　关于不真正连带债务，请参阅拙著，前揭书，同注16，第八八页。邱聪智，前揭书，同注6，第四三一页。

予其兄丙驾驶出游，如丙因驾车不慎导致发生车祸致甲之汽车全毁，乙须负此损害赔偿责任；如丙使用后归还于乙，三日后因强烈台风侵袭，致乙之住宅区大水成灾，甲之汽车也因泡水而受创，此时虽乙借丙驾驶该车，惟丙纵不使用该车，甲汽车之损害仍不免发生，乙不须负损害赔偿责任，此责任为不可抗力责任，与债务不履行（不完全给付）之损害赔偿责任并不相同。此外，本条项但书所规定之"不在此限"，仅指受寄人之损害赔偿责任可免除，与本条项之"报偿之给付责任"无涉，使用人仍应给付报偿。最后，此二请求权，本节设有短期消灭时效，"民法"第六百零一条之二规定："关于寄托契约之报酬请求权、费用偿还请求权或损害赔偿请求权，自寄托关系终止时起，一年间不行使而消灭。"[28] 此规定并不包括寄托物灭失所生之损害赔偿请求权。[29]

（三）亲自保管义务

"民法"第五百九十二条规定："受寄人应自己保管寄托物。但经寄托人之同意，或另有习惯，或有不得已之事由者，得使第三人代为保管。"盖劳务契约多重视当事人之信任关系，原则上应由受寄人自己保管[30]，惟受雇人等债务履行辅助人，并非属于第三人之概念，故使用履行辅助人保管者，并未违反本条亲自保管义务之规定，但须注意"民法"第二百二十四条之适用问题。又须注意的是，消费寄托无第三人保管义务之问题，此系因受寄人已成为消费寄托之所有权人，故无本条之适用。本条适用上有"合法转寄托"与"违法转寄托"之概念，兹分述如下：

1. 合法转寄托：合法转寄托，须有下列三种情形，始得由第三人代为保管：

（1）经寄托人之同意

28 本条增订理由："一、原条文第六百零五条移列。二、移列理由同第六百零一条之一说明二。"

29 "最高法院"2001年度台上字第337号判决："依'民法'第六百十四条规定：仓库除本节有规定者外，准用关于寄托之规定；而'民法'第五百九十五条、第五百九十六条、第六百零一条规定之费用偿还请求权、损害赔偿请求权、报酬请求权，均属受寄人之权利；且修正前'民法'第六百零五条之立法理由为：'谨按本条为消灭时效之规定，为保护受寄人之利益计，应使受寄人对于寄托人有报酬请求权、费用偿还请求权及损害赔偿请求权。然此种权利亦不宜永久存在，故规定自寄托关系终止时起，一年间不行使而消灭，盖使权利状态得以从速确定也。'，原审因认此项短期消灭时效之规定，仅适用于仓库业者对于寄托人之报酬请求权、费用偿还请求权及损害赔偿请求权。并不包括寄托人对仓库业者之寄托物灭失所生之损害赔偿请求权在内，经核并不违背法令。"

30 史尚宽，前揭书，同注2，第四九六页。邱聪智，前揭书，同注2，第三九三页。

亲自保管义务，系源于寄托人与受寄人间信任关系，如经寄托人同意，自得允由第三人代为保管。

（2）另有习惯

如商业习惯上寄托有价证券于银行时，得由第三银行代为保管。此时习惯之适用，并未违反民法第一条之规定，而系因“法律规定”优先适用习惯。[31]

（3）有不得已之事由

例如受寄人突有要事，本欲将寄托物返还寄托人，惟寄托人下落不明，受寄人又无“民法”第二百二十四条之履行辅助人时，不得不将寄托物交由第三人代为保管。

合法转寄托之效力如何？次受寄人对于原寄托人就原寄托契约而言，系第三人之地位，因保管而导致寄托物发生损害者，对于原寄托人并不负债务不履行责任，原寄托人仅得依侵权行为请求损害赔偿。此时，受寄人就第三人对寄托物所致之损害，应否负责？依“民法”第五百九十三条第二项规定：“受寄人依前条之规定，使第三人代为保管者，仅就第三人之选任及其对第三人所为之指示，负其责任。”此时受寄人仅就选任与指示之过失负责，故受寄人能证明其于选任或指示未有过失者，第三人纵因保管而导致寄托物损害，受寄人亦不负损害赔偿责任，寄托人仅得依侵权行为向该第三人（次受寄人）请求损害赔偿。

2. 违法转寄托：如非上述三种情形，而由第三人代为保管时，学理上称为“违法转寄托”，依“民法”第五百九十三条第一项之规定：“受寄人违反前条之规定，使第三人代为保管寄托物者，对于寄托物因此所受之损害，应负赔偿责任，但能证明纵不使第三人代为保管寄托物，仍不免发生损害者，不在此限。”此时受寄人应就第三人代为保管寄托物所发生之损害，对寄托人负赔偿责任。此责任系一无过失责任，但损害之发生与使第三人之保管间有因果关系始可，受寄人如能举证纵不使第三人代为保管，仍不免发生损害者，受寄人则可免责，此与“民法”第五百九十一条立法意旨相同。例如前述甲寄托其车予乙之例，如乙将该车托丙保管，将车置于丙之车库，如台风将乙丙之车库皆吹倒，致甲车压坏，则乙可证明纵使不交丙代为保管，仍不免发生损害者，可以免责；若仅丙之车库吹倒，而乙之车库安然无恙者，乙仍不能免责，此时甲车

31 拙著，民法总则讲义上册，瑞兴图书股份有限公司，1994 年元月初版，第四九页。施启扬，前揭书，同注 4，第五四页。

之损害，虽系因不可抗力所致，受寄人亦应负责。

转寄托契约与原寄托契约之间，为二独立法律关系，其权利义务关系各自独立，惟此时寄托人对于次受寄人，是否享有直接请求权？法无明文，本于劳务契约之信任关系，斟酌寄托人之保护，应可类推适用“民法”第五百三十九条使原寄托人对次受寄人有直接履行请求权，且不问合法转寄托或违法转寄托，均得类推适用“民法”第五百三十九条之规定。[32]

本条之转寄托，只要受寄人应负责任者，受寄人之损害赔偿请求权，应有“民法”第六百零一条之二的一年短期消灭时效之适用。

（四）保管之方法

寄托物保管之方法，须视当事人是否约定而有所不同，兹分述如下：

1. 保管方法经约定者：“民法”第五百九十四条规定：“寄托物保管之方法经约定者，非有急迫之情事，并可推定寄托人若知有此情事，亦允许变更其约定方法时，受寄人不得变更之。”故保管方法如经约定者，自应依约定保管之，受寄人原则上不得变更，除非①遇有急迫情事，并②可推定寄托人若知有此情事，亦允许变更其约定方法，否则受寄人不得变更。通说认为，此时须再加上“须不及通知寄托人并俟其指示”之要件，此要件民法虽未明文，但依诚信原则，亦应作如此解释（“民法”第一百七十三条第一项参照）。[33] 例如甲将车寄托于乙保管，特别约定不准乙驾驶其车，惟依气象报告台风近日即将侵袭，乙恐淹水致汽车受损，又未能及时联络到甲，此时乙应将甲之汽车驾驶到高地，以避水患，此时应可推定甲如知有此台风侵袭情事，亦会允许乙驾驶其车是。

2. 保管方法未经约定者：如其保管方法未经约定者，受寄人应依寄托物之种类、性质或价格为适当之保管，但注意义务程度仍应依“民法”第五百九十条之规定（有偿无偿而定），自不待言。

（五）保管场所

寄托物之保管场所，法未明文，自应委诸契约自由原则，由当事人自行约定。受寄人应依约定，依其应尽之注意义务程度，将寄托物置于保管场所保管之。如当事人并未约定保管场所者，则由受寄人视寄托物之种类、性质、数量及价值等等情事，客观地予以酌定。此外，保管场所不问是否系由当事人约定，如有合法转寄托或急迫情形发生者，受寄

32 邱聪智，前揭书，同注2，第三九五页。

33 郑玉波，前揭书，同注1，第五三一页。史尚宽，前揭书，同注2，第四九四页。邱聪智，前揭书，同注2，第三九九页。

人得依“民法”第五百九十二条、第五百九十四条之规定，予以变更保管场所（“民法”第六百条参照）。

二、危险通知义务

“民法”第六百零一条之一第二项规定：“第三人提起诉讼或为扣押时，受寄人应即通知寄托人。”[34] 是为受寄人之危险通知义务，此义务性质上为附随义务[35]，兹分述其要件如下：

（一）须第三人就寄托物主张权利

本条第二项系沿袭第一项，故应将“第三人就寄托物主张权利”列入要件。[36] 第三人所主张之权利，一般系指所有权或其他物权而言，但亦有主张债权之情形，例如第三人为实现对受寄人之金钱债权，主张寄托物为受寄人所有而查封拍卖是。

（二）须已对“受寄人”提起诉讼或为扣押

依本条之立法意旨谓：“……若第三人已就寄托物主张权利，提起诉讼或扣押时，受寄人仅负通知义务，‘盖该物已受诉讼拘束，无从返还’……”故第三人如对“寄托人”提起诉讼或为扣押时，受寄人无须负此通知义务，仅依本条第一项负返还寄托物于寄托人之义务。[37]

具备上述要件者，受寄人应通知寄托人，使其能为诉讼参加（“民事诉讼法”第五十八条以下参照），或对扣押声明异议或提起第三人异议之诉（“强制执行法”第十二条、第十五条参照）。如受寄人怠于此项通知，其效果法无明文，解释上属于义务之违反，应负损害赔偿责任（类推适用“民法”第四百三十七条第二项）。

三、寄托物返还义务

本书以为，此义务性质上应为寄托契约之主给付义务，在有偿寄托

34 本条增订理由：“一、原条文第六百零四条移列。二、条文内容仅适用于通常寄托之情形，惟因原条次排列于第六百零四条，易亦使人误解亦适用于消费寄托，为避免疑义爰将其移为第六百零一条之一。”

35 关于附随义务，请参阅拙著，前揭书，同注 6，第七页。王泽鉴，债之关系之结构分析，收录于氏著民法学说与判例研究，第四册，作者自刊，1994 年 10 月出版，第八三页。

36 郑玉波，前揭书，同注 1，第五三二页。邱聪智，前揭书，同注 2，第四百页。

37 “民法”第四百三十七条之规定与本条有所不同，盖“民法”第四百三十七条不问是否起诉或查封，承租人均有危险通知义务。

时，寄托物之返还得与寄托人之报酬给付义务立于同时履行抗辩之地位[38]（“民法”第二百六十四条参照），并非仅为受寄人之从给付义务，不可不辨。兹就此义务之主体、客体、返还时期、返还处所分述如下：

（一）返还主体

返还义务人应为受寄人或其代理人，如系由第三人合法转寄托时，亦得由第三人返还。此外，“民法”第六百零一条之一第一项规定：“第三人就寄托物主张权利者，除对于受寄人提起诉讼或为扣押外，受寄人仍有返还寄托物于寄托人之义务。”故此义务并不因第三人主张权利而受影响。

（二）返还客体

返还之物为原寄托之物[39]，如寄托物生有孳息者，应依“民法”第五百九十九条之规定，一并返还。寄托物如无法返还者，须视其不能返还是否系可归责于受寄人之事由所致而决定其责任之归属。如寄托物无法返还系不可归责于受寄人之事由所致者，受寄人不负返还义务（“民法”第二百二十五条第一项），寄托契约消灭；反之，如系可归责于受寄人之事由所致者，受寄人应负损害赔偿责任（“民法”第二百二十六条、第五百九十一条、第五百九十三条）。[40]

（三）返还时期

此点须考虑是否有约定期限，且须注意“民法”第五百九十七条之规定。兹分述如下：

1. 定有期限：“民法”第五百九十七条规定：“寄托物返还之期限，虽经约定，寄托人仍得随时请求返还。”[41] 因为寄托期间系为寄托人之利益而设，如其欲取回寄托物，受寄人自不必强留之。相对而言，“民法”第五百九十八条第二项规定：“定有返还期限者，受寄人非有不得已之事由，不得于期限届满前返还寄托物。”[42] 因为寄托期间系为受托人之利益而设，已如前述，故受寄人非有不得已之事由，不得期前返还，以免受寄人遭受预期以外之损失也。

38 郑玉波，前揭书，同注1，第五三七页。

39 在消费寄托时则应返还同种类、品质、数量之代替物（“民法”第六百零二条参照）。

40 史尚宽，前揭书，同注2，第四九九页。邱聪智，前揭书，同注2，第四〇二页。

41 “民法”第三百十六条前段规定：“定有清偿期者，债权人不得于期前请求清偿，……”故“民法”第五百九十七条为其特别规定。

42 “民法”第三百十六条后段规定：“……如无反对之意思表示时，债务人得于期前为清偿。”故“民法”第五百九十八条为其特别规定。

2. 未定期限："民法"第五百九十八条第一项规定："未定返还期限者，受寄人得随时返还寄托物。"寄托人亦得随时请求返还（"民法"第五百九十七条参照），此乃比较第一项定期限之规定结果，为当然之解释也。

不问是否定有期限，寄托人请求返还时（包含期限届满与期前随时请求返还），受寄人即应将寄托物返还于寄托人，此时清偿期已届至，如受寄人无正当理由不即返还寄托物者，应负给付迟延责任（"民法"第二百二十九条参照），寄托人得请求受寄人赔偿因迟延而生之损害，迟延中对于不可抗力而生之损害，受寄人亦应负责。但受寄人证明纵不迟延给付而仍不免发生损害者，不在此限（"民法"第二百三十一条参照）。[43] 例如甲请求乙返还其寄托于乙之车，惟乙拒不返还，此时乙应负给付迟延责任，于迟延中因台风侵袭导致乙之车库倒塌，压坏该车，乙仍应就车之毁损负责。

（四）返还处所

"民法"第六百条第一项规定："寄托物之返还，于该物应为保管之地行之。"返还地与保管地应为同一，故寄托物返还债务为往取债务，非赴偿债务。[44] 此外，"民法"第六百条第二项规定："受寄人依第五百九十二条或依第五百九十四条之规定，将寄托物转置他处者，得于物之现在地返还之。"亦须注意。

贰、受寄人之权利

一、费用偿还请求权

"民法"第五百九十五条规定："受寄人因保管寄托物而支出之必要费用，寄托人应偿还之，并付自支出时起之利息。但契约另有订定者，依其订定。"[45] 是为受寄人之费用偿还请求权。所谓必要费用，例如寄托物之税捐、保险费、清洁费，其为动物之饲养费，其为生鲜物品之冷藏费等等，均须以因保管寄托物所生为限，其非因保管寄托物之必要者，无本条之适用。此费用受寄人支出时，得请求寄托人偿还之，并得请求

43 拙著，前揭书，同注 16，第五四页。邱聪智，前揭书，同注 6，第二六八页。

44 有关债之清偿，请参阅拙著，前揭书，同注 16，第一〇七页。邱聪智，前揭书，同注 6，第四八七、五〇六页。

45 本条修正理由："必要费用之偿还应附加利息，方为公允，惟现行法尚无明文规定，爰参照第五百四十六条第一项后段规定，增列'并付自支出时起利息'，以期明确。"

自支付时起之利息（垫费利息）。但契约另有订定者，自应依其约定。本条于有偿与无偿契约，均有其适用，惟须注意的是，解释上除特别约定偿还费用外，一般而言，费用应包含于报酬之内，有一年之短期消灭时效之适用（“民法”第六百零一条之二参照）。至于有益费用无本条之适用，惟为平衡双方权益，通说认为受寄人得依无因管理之规定，请求返还[46]，但须待寄托关系消灭后，始得行使之。

二、损害赔偿请求权

“民法”第五百九十六条规定：“受寄人因寄托物之性质或瑕疵所受之损害，寄托人应负赔偿责任。但寄托人于寄托时，非因过失而不知寄托物有发生危险之性质或瑕疵，或为受寄人所已知者，不在此限。”是为受寄人之损害赔偿请求权，其要件为“须因寄托物之性质或瑕疵所受之损害”，所谓“寄托物之性质”，例如寄托物具有爆炸性或腐蚀性，因其爆炸或腐蚀导致损害发生是；所谓“寄托物之瑕疵”，例如甲将其有传染病之鸡鸭寄托乙保管，因而导致乙之鸡鸭亦感染疾病是。此时应注意的是，交付寄托物于受寄人，并非寄托人之给付义务，而系其契约之成立要件（“民法”第五百八十九条参照），应无民法不完全给付债务不履行之适用。因此，如系寄托物之性质或瑕疵所受之损害，受寄人始得向寄托人依本条请求损害赔偿，此项损害性质应属加害给付。如系因其他事由（运送或不可抗力之事由等等）所受之损害，则无本条之适用。惟寄托人有下列免责要件：

（一）寄托人于寄托时，非因过失而不知寄托物有发生危险之性质或瑕疵

寄托人于寄托时，非因过失而不知寄托物有发生危险之性质或瑕疵，此时寄托人为善意无过失，则可免责。

（二）受寄人已知寄托物有发生危险之性质或瑕疵

受寄人恶意时，寄托人可不负责，盖受寄人已知寄托物之性质或瑕疵而仍愿受寄，法律已无保护之必要。但受寄人系因过失而不知者，寄托人仍不能免责，可认为有与有过失规定之适用（“民法”第二百十七条参照）。惟受寄人知悉危险存在，而寄托人担保赔偿其损害时，解释上仍应有本条之适用，受寄人得请求损害赔偿。

46 郑玉波，前揭书，同注1，第五三六页。史尚宽，前揭书，同注2，第五〇一页。邱聪智，前揭书，同注2，第四〇六页。

（三）受寄人保管无过失

损害之发生，须非出于受寄人保管上之过失所致。盖寄托物虽有足以损害之性质或瑕疵，如受寄人妥为保管者，不致发生损害。如因受寄人保管上过失所致之损害，其损害之发生与寄托物之性质或瑕疵，已无相当因果关系，自不得再由寄托人负损害赔偿责任[47]，此时应得类推适用“民法”第五百四十六条第三项有关受任人损害赔偿请求之规定。

依上所述，寄托人之免责要件有三，符合其中之一即可免责，从反面以观，寄托人之损害赔偿责任，必须同时欠缺此三要件，始得成立。不可因本条但书之“或”，而误解其义，且此等免责条件应由寄托人负举证责任。由此可知，寄托人之赔偿责任，本质上仍系过失责任，但举证责任加以转换（中间责任[48]）。此损害赔偿请求权性质上属债务不履行责任，有“民法”第六百零一条之二的一年短期消灭时效之适用，惟如寄托人之行为同时具有侵权行为之性质者，受寄人依侵权行为请求损害赔偿时，时效应依“民法”第一百九十七条第一项规定为二年，此时有请求权竞合论之适用。

三、报酬请求权

“民法”第五百八十九条第二项规定：“受寄人除契约另有订定，或依情形，非受报酬，即不为保管者外，不得请求报酬。”“民法”第六百零一条第一项规定：“寄托约定报酬者，应于寄托关系终止时给付之，分期定报酬者，应于每期届满时给付之。”寄托关于报酬给付时期与一般劳务契约相同，均采“报酬后付原则”。因此，受寄人不得就报酬之未付与寄托物之保管，主张同时履行抗辩权（“民法”第二百六十四条参照），但报酬之未付，通说认为寄托物之返还得与之主张同时履行抗辩权。[49]

寄托于半途终了，其报酬得否请求？应如何计算？或有争议，因此，“民法”第六百零一条第二项乃规定：“寄托物之保管，因非可归责于受寄人之事由，而终止者，除契约另有订定外，受寄人得就其已为保管之部分，请求报酬。”所谓“非可归责于受寄人之事由”，包括：①可归责

47 邱聪智，前揭书，同注2，第四〇七页。

48 郑玉波，前揭书，同注1，第五三七页。史尚宽，前揭书，同注2，第五〇二页。邱聪智，前揭书，同注2，第四〇九页。关于中间责任，请参阅抽著，前揭书，同注6，第一百页。王泽鉴，雇用人无过失侵权责任之建立，收录于氏著，民法学说与判例研究，第一册，作者自刊，第一页。邱聪智，前揭书，同注2，第一四〇页。

49 郑玉波，前揭书，同注1，第五三七页。邱聪智，前揭书，同注2，第四一二页。

于寄托人之事由，与②不可归责于双方当事人之事由。如前例甲委托乙保管其车，约定保管十日，报酬二千元，如寄托人甲于五日后取回其车，乙得请求报酬一千元，如乙已先受领报酬全部者，仅就未保管之部分负不当得利返还责任。但契约另有约定者，从其约定。相对而言，如寄托物之保管，因可归责于受寄人之事由而终止者，除契约另有约定外，受寄人不得就其已为保管之部分，请求报酬。如已受领报酬者，则寄托人得依不当得利之规定请求返还。如受寄人擅自返还寄托物而致契约终止者，不得请求已为保管部分之报酬。此报酬请求权，有一年短期消灭时效之适用（“民法”第六百零一条之二参照）。

第四节　特殊寄托

壹、消费寄托

一、消费寄托之意义

“民法”第六百零二条第一项规定：“寄托物为代替物时，如约定寄托物之所有权移转于受寄人，并由受寄人以种类、品质、数量相同之物返还者，为消费寄托。自受寄人受领该物时起，准用关于消费借贷之规定。”[50] 明白规定消费寄托准用关于消费借贷之规定，故消费寄托有别于一般寄托，学说另以“不规则寄托”称之。[51] 兹分述如下：

（一）消费寄托之本质仍为寄托

本条项之规定从形式面而言，依然使用“寄托物”、“受寄人”等字样，即可知其仍为寄托。民法将其列入寄托一节，更为明证。从实质面以观，消费借贷与消费寄托之目的，并不相同，前者在于借用物之消费，

50 本条项修正理由：“一、本条前段系消费寄托之定义规定，而学说及实务上亦称本条情形为消费寄托，为明确计，爰予明示。又消费寄托与消费借贷虽相类似，但性质上仍有差异，例如消费寄托系以保管为目的，而消费借贷则以消费为目的。消费寄托虽兼为受寄人之利益，惟主要系为寄托人之利益，消费借贷则为借用人之利益而订定。故本条原规定‘适用关于消费借贷之规定’似尚有不同，爰仿日本民法第六百六十六条、韩国民法第七百零二条之立法例，将‘适用’修正为‘准用’，并移列第一项。”

51 郑玉波，前揭书，同注1，第五三九页。邱聪智，前揭书，同注2，第四一六页。

后者则重寄托物之保管，仍属于寄托之一种。[52] 仅因此种寄托契约之标的物为代替物，且须移转其所有权，返还又以同种类、品质、数量之物为之，均与消费借贷相同，故本条规定准用消费借贷之规定。

（二）消费寄托须以代替物为其标的物

如前所述，消费寄托须以代替物为其标的物，不代替物非消费寄托之客体，此系因不代替物本质上无法消费，无法以同种类、品质、数量返还，故仅得为一般寄托之标的物，由是观之，消费寄托之标的物，应仅限于动产，而不及于不动产。

（三）消费寄托须移转代替物之所有权

如未移转所有权者（例如寄托台湾啤酒一打，待回台湾后始返还该打啤酒，并不移转啤酒之所有权是），非本条所规范，仍属一般寄托。故消费寄托虽以代替物为标的物，但以代替物为寄托之标的物者，并不当然成立消费寄托。

（四）受寄人须以同种类、品质、数量之物返还

消费寄托物既已移转于受寄人，故寄托人丧失寄托物之所有权，且标的物之目的在于消费，故受寄人无须返还原物，仅返还同种类、品质、数量之物即可，如必须返还原物，则非消费寄托。再者，寄托人既丧失寄托物之所有权，故其对于寄托人仅有债之寄托物返还请求权而已，而无物上请求权。因此，消费寄托受寄人之返还义务，本质上为种类之债，有“民法”第二百条之适用（无给付不能之问题，只有给付迟延之问题）。亦因此，消费寄托应不生动产善意即时取得之问题。

（五）寄托物之危险负担

旧“民法”第六百零三条第二项规定：“受寄人依前项规定仅须返还同一数额者，寄托物之利益及危险，于该物交付时，移转于受寄人。”[53] 本项规定，仅具宣示性质，其目的在防杜争议。盖消费寄托移转其所有权于受寄人，本于天灾归所有人负担原则，纵无此规定，亦应作相同解释。

52 司法院 1945 年度院解字第 2885 号解释：“存金钱于银行，约定金钱之所有权移转于银行，并由银行以种类品质数量相同之金钱返还者，当事人订约之目的不在金钱之使用，而在金钱价格之保管，诚为寄托之一种，而非消费借贷。”

“最高法院”1968 年度台上字第 2965 号判例：“金融机关与客户间之一种活期存款契约，具有消费寄托之性质，客户得随时请求返还寄托物。”

53 本条项删除理由：“寄托物为金钱时，既推定为消费寄托，而消费寄托自受寄人受领该寄托之金钱时起，即准用关于消费借贷之规定，则该金钱之所有权已移转于受寄人，其利益与危险，当然移转于受寄人，无待规定，原第二项爰予删除。”

消费寄托本质上与给付不能无关[54]，故无“民法”第二百二十五条、第二百六十六条之适用问题。同时，因消费寄托包括有偿与无偿二种，故“民法”第三百七十三条关于标的物危险负担之规定，无偿之消费寄托无法适用。设若无本条规定，或可认为得适用“民法”第三百七十三条之规定，使寄托物之利益及危险，由受寄人承受与负担。惟因准用“民法”第三百七十三条之前提，必须该契约系有偿始可（“民法”第三百四十七条参照），如系无偿寄托者，无法依“民法”第三百四十七条准用第三百七十三条之规定，故无偿之消费寄托并无适用“民法”第三百七十三条之余地。因此，其依据系为“天灾归所有人负担原则”，以免挂一漏万。再者，一般消费寄托之寄托人仍保有所有权，但对此则无特别规定，惟不能因此而谓寄托物利益及危险之负担原则，于此无其适用。故“民法”债编修正草案乃将本条项予以删除，自属正确。

（六）消费寄托适用法条之顺序

依“民法”第六百零二条之规定，消费寄托须先准用消费借贷（“民法”第四百七十四条至第四百八十一条）之规定，其规定不足者，再适用一般寄托（“民法”第五百八十九条至第六百零一条）之规定，一般寄托规定不足时，则适用委任（“民法”第五百二十八条至第五百五十二条）之规定及债编通则（如“民法”第二百条种类之债之规定），甚至民法总则之规定。

二、消费寄托之成立

依“民法”第六百零二条准用“民法”第四百七十五条之规定：“消费寄托，因金钱或其他代替物之交付，而生效力。”消费寄托亦为要物契约，以代替物之交付为其成立要件。[55] 若于金钱消费借贷时，“民法”第六百零三条第一项则有特别规定：“寄托物为金钱时，推定其为消费寄托。”[56] 当

54 邱聪智，前揭书，同注2，第四二五页。并请参阅最高法院1940年度上字第205号判例：“因不可归责于债务人之事由至给付不能者，免其给付义务，固为‘民法’第二百二十五条第一项所明定。惟寄托物为金钱，如依‘民法’第六百零三条第二项之规定，其危险已移转于受寄人，即不生给付不能之问题，自无适用‘民法’第二百二十五条第一项规定之余地。”

55 有学者认为“民法”第六百零二条仅系适用消费借贷之效果，至于其成立要件，乃至于相关法律性质，尚不因同条规定而受任何影响。请参阅邱聪智，前揭书，同注2，第四二一页。

56 本条项修正理由：“一、原条文第一项即为消费寄托之内容，关于消费寄托之意义，第六百零二条第一项已有规定，为期简明，爰将第一项修正为‘推定其为消费寄托’。”

事人如有反证，亦得举证推翻之。

三、消费寄托之效力

消费寄托准用消费借贷之规定，其效力分述如下：

（一）受寄人之义务

1. 标的物返还义务：受寄人应以种类、品质、数量相同之物返还于寄托人（“民法”第六百零二条第一项参照），如受寄人不能以种类、品质、数量相同之物返还者，应以其物在返还时、返还地所应有之价值偿还之[57]（“民法”第六百零二条准用第四百七十九条）。其返还之时期，亦应就定有期限与未定期限，兹分别论述之：

（1）定有期限

寄托物之返还定有期限者，受寄人应于约定期限内返还（“民法”第六百零二条第一项准用第四百七十八条前段），依“民法”第六百零二条第二、三项规定：“消费寄托，如寄托物之返还，定有期限者，寄托人非有不得已之事由，不得于期限届满前请求返还。前项规定，如商业上另有习惯者，不适用之。”[58]故寄托物之返还，定有期限者，寄托人非有不得已之事由，原则上不得于期限届满前请求返还。

（2）未定期限

未定期限者，受寄人得随时返还[59]（“民法”第六百零二条第一项

57　最高法院1933年度上字第1154号判例：“银行兑换券原为现金之代用品，故以兑换券为消费借贷之标的物，而其实际可兑得之金额较券面所定之金额为少者，除经特别约定，日后无论实际可兑得之金额多少，均照借贷数额之券面额返还者，从其约定外，自应认为以该兑换券在借贷时实际可兑得之金额为借贷之金额，始合于当事人之真意，至返还时该兑换券实际可兑得之金额更减少者，借用人即应按该兑换券在借贷时实际可兑得之金额，以现金返还之，如以该项兑换券返还，亦应补足其差额。”

58　本条第二、三项增订理由：“二、原条文第六百零三条第三项规定，通说非仅适用于金钱寄托，对于一般消费寄托，均应有其适用，爰将其移列为本条第二项，且将首句原文‘前项情形’改为‘消费寄托’，末段之请求‘偿还’修正为‘返还’，俾与同项前段之用语相一致。三、目前金融界等各种行业定有期限之消费寄托，在商业上常另有寄托物返还之习惯，爰增订第三项明定其不适用第二项规定，以符实际。”

59　“最高法院”1981年度台上字第3095号判决：“寄托契约未定返还期限者，受寄人得随时返还寄托物。定有返还期限者，受寄人非有不得已之事由，不得于期限届满前返还寄托物，‘民法’第五百九十八条著有明文，所谓不得已之事由为何？法律既无明定，自应本乎诚实信用原则，斟酌双方当事人一切情事而定。本件上诉人在第一审主张：原告（指上诉人）现因将届成年，结婚在迩，亟需修缮后使用该屋，惟因被造（指被上诉人）所有附表之物搁存该处，无法他移致难着手云云，如果属实，则上诉人自得于期限前为寄托物之返还。”

准用第四百七十八条后段、第五百九十八条第一项参照），寄托人亦得依“民法”第四百七十八条之规定，定一个月以上之相当期限催告受寄人返还。[60]

2. 支付利息义务：当事人如约定由受寄人向寄托人支付利息者，此为有偿寄托[61]，但非双务契约，盖双务契约固为有偿契约，但有偿契约不一定是双务契约，只要使用给付而应为对价给付者，即属有偿契约，有称之为“附负担之消费寄托”，“民法”第二百零三条至第二百零七条利息之债之规定，有其适用。

（二）寄托人之义务

1. 瑕疵担保责任：若当事人约定，由受寄人向寄托人支付利息者，则寄托人就寄托物之瑕疵，应负“民法”第四百七十六条之瑕疵担保责任，此即有偿契约之特性也。

2. 损害赔偿义务：“民法”第五百九十六条规定：“受寄人因寄托物之性质或瑕疵所受之损害，寄托人应负赔偿责任。但寄托人于寄托时，非因过失而不知寄托物有发生危险之性质或瑕疵，或为受寄人所已知者，不在此限。”是为受寄人之损害赔偿请求权，属加害给付之一种。

四、金钱消费寄托

金钱消费寄托，系以金钱为寄托物，盖金钱亦属于代替物，自亦有消费寄托之适用[62]，但金钱与一般代替物究为不同，故“民法”第六

60 “最高法院”1984年度台抗字第413号判例：“‘民法’第四百七十八条规定：消费借贷未定返还期限者，借用人得随时返还，贷与人亦得定一个月以上之相当期限催告返还。所谓贷与人得定一个月以上之相当期限催告返还，非谓贷与人之催告必须定有期限，只须贷与人有催告之事实，而催告后已逾一个月以上相当期限者，即认借用人有返还借用物之义务。”此判例认为本条规定之迟延责任应由何时起算？系于该催告所定期间届满后，其消灭时效始开始进行。本书维持一贯见解，认为此迟延责任，应自契约成立后一个月起算，否则如不催告，则千百年后，均可再催告，无异消灭时效永不进行，如自契约成立后一个月起算，始能兼顾“民法”第三百十五条与第四百七十八条之规定。请参见拙著，前揭书，同注21，第五一一页至第五一二页。

61 就双务契约言，应系以寄托人向受寄人给付一定之报酬，作为保管之对价（报酬与保管互为对价之给付），始为双务有偿。今如当事人约定由受寄人向寄托人支付利息者，并非双务有偿寄托，但受寄人仍应依其约定给付之（“民法”第四百七十七条参照），故为单务有偿契约。

62 “最高法院”1980年度台上字第4002号判决：“依金钱寄托之性质，系争寄托款二十万元之所有权，于罗王×珠交付祁×云等时，应已移转于祁×云等，观诸‘民法’第六百零三条第一项、第二项规定甚明，是纵令祁×云等移用系争寄托款，亦不发生侵权行为之问题。”

百零三条第一项另为规定："寄托物为金钱时，推定其为消费寄托。"旧"民法"第六百零三条第二项规定："受寄人依前项规定仅须返还同一数额者，寄托物之利益及危险，于该物交付时，移转于受寄人。"[63] 此规定被民法所删除，已如前述，应直接依"天灾归所有人负担原则"。金钱消费寄托亦属种类之债，故仅有给付迟延，而无给付不能之问题。

五、金钱消费寄托与银行冒领问题

金钱消费寄托，通常表现在存款于银行或其他金融机构之情形，一般交易上由存户持有存折，以证明其债权之存在，且藉此行使其权利，如有第三人冒领者，其法律关系应如何决之？实务见解就此多有讨论[64]，学者亦阐明甚多[65]，兹分述如下：

（一）当事人无特约者

金钱寄托之存款为第三人所冒领时，其所侵害者为银行之财产，非存户之财产（旧"民法"第六百零三条第二项参照），就此损害应由银行向该冒领之人主张侵权行为，请求损害赔偿，不得向存户主张已

63 "最高法院"1966 年度台上字第 3018 号判例："银行接受无偿存款，其与存户间乃属金钱寄托关系。按寄托物为金钱时，推定受寄人无返还原物之义务，仅须返还同一数额。又寄托人仅须返还同一数额者，寄托物之利益及危险，于该物交付时，移转于受寄人，为'民法'第六百零三条第一项及第二项所明定，本件存款倘确系被第三人所冒领，则受损害乃上诉人银行，被上诉人对于银行仍非不得行使寄托物返还请求权，不能谓其权利已受侵害，而认银行及其职员应对被上诉人负损害赔偿责任。"

64 "最高法院"1983 年度台上字第 4535 号判决："上诉人接受被上诉人储蓄存款，两造间系属金钱寄托关系。而寄托物为金钱时，推定受寄人无返还原物之义务，仅须返还同一数额。又受寄人仅须返还同一数额者，寄托物之利益及危险于该物交付时，移转于受寄人，为'民法'第六百零三条第一项及第二项所明定。系争存款，纵如被上诉人主张已为第三人冒领，且上诉人之职员，非无过失。然如前述，其所受损害者，应为上诉人。被上诉人对上诉人仍非不得行使寄托物返还请求权。自不能谓被上诉人之权利，已受损害。从而即无从认上诉人对被上诉人应成立侵权行为。"
同院 1984 年度台上字第 4012 号判决："所谓冒贷，系指客户无贷款之意思，而由第三人冒用客户之名义，向金融机关贷取款项之意，申言之，客户与金融机关之间并未成立消费借贷契约，则金融机关因而付出之款项，即难谓非因第三人侵权行为所致。又所谓冒领，系指客户寄存于金融机关之款项，为第三人冒用客户之名义领取而言，客户与金融机关间成立之金钱寄托关系，并不因而消灭，客户仍得对于金融机关行使寄托物返还请求权，故其受损害者应属金融机关而非客户。"

65 邱聪智，前揭书，同注 2，第四二七页。

生清偿之效力。[66] 嗣后，实务又认为存款非肉眼所能辨识之伪造印文所领取者，仍由银行负责[67]，但第三人为债权之准占有且银行为善意者，

66 "最高法院"1980年度台上字第211号判决："查支票账户设立人与银行订立支票存款往来约定书，开立支票存款（甲种活期存款）账户，将款存入，约定由账户设立人签发支票，委托银行于见票时无条件付款与受款人或执票人，核其性质为委托付款，应属委任契约，参照'票据法'第四条，第一百二十五条第一项第五款，第一百三十五条有关支票委托付款之规定，甚为显然，此与金融机关与客户间之一种活期存款契约，具有消费寄托之性质，客户得随时请求返还寄托物之情形有间。"

同院1982年度台上字第2990号判决："关于侵权行为赔偿损害之请求权，以受有实际损害为成立要件，若无损害亦即无赔偿之可言。而银行与活期储蓄存款户间为金钱寄托关系，依'民法'第六百零三条之规定受寄人之银行无返还原物之义务，仅须返还同一数额，该寄托物之利益及危险于该物交付时移转于受寄人。讼争存款倘确系为他人所冒领，则受损害者乃为上诉人银行，被上诉人对上诉人仍非不得行使寄托物返还请求权，不能谓其权利已受侵害。"

同院1983年度台上字第2655号判决：金融机关与客户间之一种活期存款契约，具有消费寄托之性质，固经本院著有1968年台上字第二九六五号判例。若甲种存户签发支票，委托银行于见票时，无条件付款与受款人或执票人者，则存户与银行之间，即发生委任关系，亦经本院著有1976年台上字第一二五三号判例。

同院1996年度台上字第2131号判决："上诉人接受被上诉人活期储蓄存款，两造间系属金钱寄托关系，按寄托物为金钱时，推定受寄人无返还原物之义务，但须返还同一数额。寄托物之利益及危险于交付时，移转于受寄人，为'民法'第六百零三条第一项及第二项所明定。系争存款纵如被上诉人主张已为诉外人林×飞冒领，且为上诉人职员之过失所致，被上诉人仍得依行使寄托物返还请求权，请求上诉人给付系争存款，则受损害者为上诉人，难谓被上诉人之权利已受损害，被上诉人能否依侵权行为之法律关系请求上诉人赔偿，非无研求之余地。"

同院1998年度台上字第631号判决："信用合作社接受客户存款，系属金钱寄托关系，依'民法'第六百零三条第一项及第二项规定，于存款交付信用合作社时，该存款之利益及危险即移转于信用合作社，如该存款遭人冒领，则受损害者乃信用合作社，客户对于信用合作社仍得行使寄托物返还请求权，不能谓其权利已受侵害，而认信用合作社及其职员应对客户负损害赔偿责任。"

67 "最高法院"1987年度台上字第1865号判决："一种活期存款户与金融机关之间为消费寄托关系，第三人持真正存折并在取款条上盗盖存款户真正印章向金融机关提取存款，金融机关不知其系冒领而如数给付时，为善意的向债权之准占有人清偿，依'民法'第三百十条第二款规定，对存款户清偿之效力。"

同院1992年度台上字第28号判决："判例意旨系指存款人在金融机关留存自己之真正印鉴，存款人须凭真正印鉴请求返还寄托之存款。倘存款为第三人凭伪造之印鉴所冒领，金融机关对于寄托人所负返还寄托物之债务，并不因此而消灭。"

同院1992年度台上字第1875号判决："银行接受定期存款（即'银行法'第八条之定期存款）者，其与存款户间系发生消费寄托关系。依'民法'第六百零三条第一项规定，银行固负有返还同一数额之金钱于存款户之义务，存款如为第三人凭真正之存单及印章所冒领，依其情形得认该第三人为债权之准占有人，且银行不知其非债权人者，依'民法'第三百十条第二款规定，银行得对存款户主张有清偿之效力。存款户即不得请求银行返还同一数额之金钱，银行亦不负侵权行为或债务不履行之损害赔偿责任。倘该第三人非债权之准占

不在此限。[68]

（二）当事人特约排除

依上述实务见解，银行之责任颇重，故银行常于存款契约中约定："银行已尽善良管理人之注意，而不能辨识印文为伪造者，由存款人自行负责。"予以排除其责任，依"民法"第二百二十三条之反面解释，轻过失可预先排除，自属于法有据，是以造成银行与存户间权利义务关系的不平等。故实务乃先认为甲种活期存款中之责任预先排除约款，违背公共秩序而无效，至于契约本身则仍有效[69]，嗣后对一种活期存款亦做相同之见解。[70] 该

（接上页）有人或银行明知该第三人非债权人，亦无'民法'第三百十条第一款及第三款所定情事，则银行向第三人为清偿，对于存款人即不生清偿之效力。存款户自非不得行使寄托物返还请求权，请求银行履行债务，亦不发生侵权行为或债务不履行之问题。"

68 "最高法院"1968年度台上字第2965号判例："金融机关与客户间之一种活期存款契约，具有消费寄托之性质，客户得随时请求返还寄托物。上诉人系金融机关，就客户具领存款，究以何种方法判别印章之真伪，为其内部处理业务之问题，纵令金融机关之职员，以肉眼判别印章之真伪，并无过失，然存款为第三人伪刻印章所冒领，上诉人仅得对该冒领人为损害赔偿之请求，要不得以第三人冒领之事由，主张对于被上诉人已生清偿之效力。"
同院1979年第六次民庭总会决议："民法"第三百十条第二款之适用，须受领人为债权之准占有人，并以债务人不知其非债权人为要件。某甲持银行存折及盖有伪刻之名章之取款条，以存户自居，向银行提取存款后，经科学机器鉴定结果，发现取款条所盖存户印文与所存印鉴不符，但其不符非肉眼所能辨识。似此情形，某甲所持之银行存折虽属真正，但取款条上所盖印文既属伪造，依本院1968年台上字第二九六五号判例所示旨趣，某甲不能认为消费寄托关系中债权之准占有人，银行既设印鉴，即不容藉口非肉眼所能分辨而主张不知其非债权人，谓有该款之适用。

69 "最高法院"1984年第十次民庭会决议："甲种活期存款户与金融机关之关系，为消费寄托与委任之混合契约。第三人盗盖存款户金融机关留存印鉴之印章而伪造支票，向金融机关支领款项，除金融机关明知其为盗盖印章而仍予付款之情形外，其凭留存印鉴之印文而付款，与委任意旨并无违背，金融机关应不赋损害赔偿责任。若第三人伪造存款户该项印章盖于支票持向金融机关支领款项，金融机关如已尽其善良管理人之注意义务，仍不能辨认盖于支票上之印章系伪造时，即不能认其处理委任事务有过失，金融机关亦不负损害赔偿责任。金融机关执事人员有未尽善良管理人之注意义务，应就个案认定。至金融机关如以定型化契约约定其不负善良管理人注意之义务，免除其抽象的轻过失责任，则应认此项特约违背公共秩序，而解为无效。"

70 "最高法院"1984年第十一次民庭会决议："一种活期存款户与金融机关之间为消费寄托关系。第三人持真正存折并在取款条上盗盖存款户真正印章向金融机关提取存款，金融机关不知其系冒领而如数给付时，为善意的向债权之准占有人清偿，依'民法'第三百十条第二款规定，对存款户有清偿之效力。至第三人持真正存折而盖用伪造之印章于取款条上提取存款，则不能认系债权之准占有人。纵令金融机关以定式契约与存款户订有特约，约明存款户事前承认，如金融机关已尽善良管理人之注意义务，以肉眼辨认，不能发现盖于取款条上之印章系属伪造而照数付款时，对存款户即发生清偿之效力，亦因此项定式契约之特约，有违公共秩序，应解为无效，不能认为合于同条第一款规定，谓金融机关向第三人清偿系经债权人即存款户之承认而生清偿之效力。"

约定并未违反“民法”第二百二十三条之规定，实务乃以定型化契约之原理加以处理，藉以维护交易安全及保障当事人之利益。惟此等存款行为，性质亦属于消费行为，故于消费者保护法公布施行后，依该法第十二条第一项：“定型化契约中之条款违反诚信原则，对消费者显失公平者，无效。”认为该约定违反诚信原则显失公平而无效。[71]

贰、混藏寄托

“民法”第六百零三条之一规定：“寄托物为代替物，如未约定其所有权移转于受寄人者，受寄人得经寄托人同意，就其所受寄托之物与其自己或他寄托人同一种类、品质之寄托物混合保管，各寄托人依其所寄托之数量与混合保管数量之比例，共有混合保管物。受寄人依前项规定为混合保管者，得以同一种类、品质、数量之混合保管物返还于寄托人。”[72] 所谓混藏寄托，系指多数寄托人以同种类、品质之代替物交付受寄人保管（数量则不限制），其受寄人得混合保管，并以同数量之寄托物返还寄托人之特殊寄托，学说均予以承认[73]，此次“民法”债编修正乃予增订。混藏寄托之特色在于寄托物之混合保管，故亦称为混合寄托，例如农民将其所生产之农产品（稻米、小麦、高粱等等）寄托于同一仓库而未标明区别是。目前社会上混藏寄托之著例为证券之集中保管。兹就混藏寄托之要件分述如下：

一、须限于代替物

混藏寄托之寄托物必须系代替物，此与消费寄托同。

71 詹森林、冯震宇、林明珠合著，认识消费者保护法，1995年2月，“行政院消费者保护委员会”编印，第七〇页。

72 本条增订理由：“一、本条新增。二、寄托除一般寄托及消费寄托外，尚有一种特殊型态之寄托，其特征在于：寄托物须为代替物，其所有权未移转于受寄人，但受寄人因寄托人之同意，得将寄托物与其自己或其他寄托人同一种类、品质之寄托物混合保管，各寄托人则依其所寄托之数量与混合保管数量之比例，共有混合保管物。此种型态之寄托学者通称为‘混藏寄托’，其在目前社会上使用机会频繁，惟现行法尚无明文，易滋疑义，爰增设第一项。三、前项混藏寄托之受寄人得以同一种类、品质、数量之混合保管物返还于寄托人，爰增设第二项。”

73 郑玉波，前揭书，同注1，第五四四页。史尚宽，前揭书，同注2，第五〇九页。邱聪智，前揭书，同注2，第四四五页。

二、须得寄托人之同意

如不同意，则不可与他人之寄托物混合保管，而必须另外保管，故此时并不成立混藏寄托，如其约定所有权有移转者，则成立一般消费寄托。

三、未约定其所有权移转于受寄人者（分别共有）

此种特殊寄托，虽以代替物为其标的物，惟其所有权并未移转于受寄人，受寄人所保管之寄托物，为数寄托人之分别共有（依其寄托之数量与混合保管数量之比例，定其应有部分），与消费寄托系移转所有权并不相同，故不属于消费寄托，且无危险负担之问题，亦因有混藏寄托之增订，而可避免受寄人（如证券集保公司）因破产或受强制执行而损及寄托人之权益。由是观之，所有混藏寄托人间之关系，实系一持分共有之关系。

四、须以同一种类、品质、数量之混合保管物按比例返还

混藏寄托物之返还，与消费寄托同，均须以同一种类、品质、数量之混合保管物，按混合保管数量之比例返还。

叁、法定寄托

所谓法定寄托，系指寄托关系并非由双方当事人意思表示合致而成立，而系因法律规定而成立。法定寄托并非限于民法本节之规定（例如“民法”第三百五十八条[74]），本节规定之法定寄托之当事人，其受寄人为旅店、饮食店及浴堂主人等特定营业之场所主人，寄托人则为客人（“民法”第六百零六条以下参照）。

一、旅店或其他以供客人住宿为目的之场所主人的法定寄托责任（“民法”第六百零六条）

（一）受寄人

1. 须为旅店或其他以供客人住宿为目的之场所主人：所谓场所，只要系以供客人住宿为目的者，无论其营业组织及名称为何、是否登记，均应有本条之适用。如非以供客人住宿为目的之场所者，无本条规定之

74 邱聪智，前揭书，同注 2，第四二九页。

适用。惟住宿系其主要目的为已足，非以惟一为必要。例如投宿于大饭店，而在其附设之三温暖保管箱中之衣物遭窃，该饭店仍应依本条之规定负责。但如住宿并非其主要目的，例如一般浴室、澡堂、三温暖、健康俱乐部、医院等等，如设有床褥供人休息者，并不负本条责任，但可视其情形决定是否有“民法”第六百零七条之适用。

2. 须因营业而接受投宿：本条加重受寄人之责任，故限于因营业而接受投宿，且必须系有偿之住宿契约始可，此系因条文以“旅店”为例示而推演出之概念，如系招待亲友留宿，无本条之适用。

（二）寄托人

通常寄托人（客人）与场所主人订立住宿契约，惟本条场所主人之责任成立与否，与该住宿契约之效力无涉[75]，例如禁治产人投宿旅店，其住宿契约依“民法”第七十五条之规定无效，但设若该禁治产人之物品于投宿期间遭窃者，旅店主人仍应负本条责任。有学者以为“客人”之概念，不一定即为住宿契约之当事人，是否为客人，仅以其有无投宿之目的为断，不一定非直接签订住宿契约不可。例如二人投宿，仅以其中一人名义签订住宿契约是，愚赞同之，此时其住宿契约仅存于该出名之客人与旅店间，只是约定旅店必须向二人提供住宿服务之给付，姑不论另一未出名客人得否直接请求旅店提供服务之给付（即真正第三人利益契约或不真正第三人利益契约之问题[76]），该未出名客人之物品遭窃，旅店亦应负场所主人责任。再者，场所主人责任成立与否，既与住宿契约之“效力”无涉，依举重明轻之法理，非住宿契约之当事人而依附投宿之客人，其物品遭窃时，旅店更应负场所主人之责任。故只要系因投宿为目的之客人所携带物品有毁损或丧失者，场所主人即应负本条责任。如以投宿为目的作判断之标准者，则无此目的或非客人时，即无本条之适用。例如因生意需要而进入旅店，或是借用电话、洗手间等等而进入旅店是。

客人，一般以自然人为限，盖法人无从投宿也。[77] 惟有学者认为，依目前交易习惯，公司行号举办员工旅游时，以公司行号自己名义签订住

75 邱聪智，前揭书，同注2，第四三二页。

76 关于真正第三人利益契约与不真正第三人利益契约之概念，请参阅拙著，前揭书，同注16，第八二页。邱聪智，前揭书，同注6，第四〇五页。

77 郑玉波，前揭书，同注1，第五四六页。

宿契约之情形，非常普遍，故应有其适用。[78] 惟愚意以为，订立住宿契约之当事人并非必为实际投宿之人，故法人虽无法投宿，亦得以自己之名义订定住宿契约，但实际投宿之客人，必以自然人为限。法人既得为住宿契约之当事人，自得主张本条场所主人责任，惟并不排除实际投宿员工自身之请求权，因此时实含有第三人利益契约之性质也。

（三）场所主人之责任

“民法”第六百零六条规定：“旅店或其他供客人住宿为目的之场所主人，对于客人所携带物品之毁损、丧失，应负责任。但因不可抗力或因物之性质或因客人自己或其伴侣、随从或来宾之故意或过失所致者，不在此限。”[79] 兹分述其要件如下：

1. 须客人所携带之“物品”有毁损灭失：此“物品”系金钱等贵重物品以外之物（“民法”第六百零八条第一项另有规定），不若“民法”第六百零七条限于“通常物品”，故其责任范围较“民法”第六百零七条为广，一般之行李、书籍等通常物品固包括在内，甚至停放在旅店附设之停车场之汽车亦同（非指另行外包经营之停车场）。如因客人之职业或其他事由而携带特殊物品，例如笔记型电脑、乐器等等，亦应包括在内。本条适用之物品，系指客人携带而未交付主人保管之物，如客人已交由主人保管时，即成立一般寄托，惟仍由场所主人负通常事变责任，以免轻重失衡。

2. 通常事变责任：对于客人所携带“物品”之毁损灭失，不问场所主人是否有过失，均应负责，纵使因第三人之行为所致者亦同。第三人之行为如系窃盗、抢夺、强盗而致物品之毁损、丧失者，通说认为有本条之适用[80]，惟有学者认为第三人窃盗、抢夺有本条之适用，但强盗则属不可抗力，场所主人就此不负责任。[81] 例如甲客人之衣服为乙客人所窃走，场所主人应依本条负责，再向甲请求让与其对乙客人之所有物返还请求权（“民法”第二百十八条之一参照）。因此，学者称此场所主人责任为“通常事变责任”，不及于“特别事变责任”。

78 邱聪智，前揭书，同注 2，第四三三页。

79 本条修正理由：“第三人之侵权行为，为普通事变，仍应由旅店主人负责，此乃当然解释，不待明文规定。又第六百零七条在相同情形下亦未作规定。为求一致，爰将第一项后段删除，并作文字调整，将第二项改列为但书规定，以期精简。”

80 郑玉波，前揭书，同注 1，第五四七页。史尚宽，前揭书，同注 2，第五一二页。戴修瓒，前揭书，同注 10，第一一五页。

81 邱聪智，前揭书，同注 2，第四三五页。

3. 责任限制免除：由上可知，场所主人责任颇重，故“民法”第六百零六条但书明文规定主人免责之要件，此为与有过失之特例，盖依“民法”第二百十七条债务人得减免责任，依本条但书之规定主人则无须负责。惟适用本条但书之前提，必须场所主人本身无过失而负责之情形，如其本身或债务履行辅助人有故意或过失者，无本条但书规定之适用，应适用本条文及“民法”第二百十七条与有过失之规定。[82]

二、饮食店、浴堂或其他相类似场所主人之法定寄托责任

“民法”第六百零七条：“饮食店、浴堂或其他相类似场所之主人，对于客人所携带通常物品之毁损、丧失，负其责任。但有前条但书规定之情形时，不在此限。”[83] 此等主人之责任，与住宿场所主人之责任，除适用物品范围之限制较多外，殆无不同。兹分述如下：

（一）受寄人

1. 须为饮食店、浴堂或其他相类似场所之营业主人：须以饮食、沐浴或其他如理发、健身、护肤、三温暖、俱乐部等为目的之营业为限（主要目的），无论其营业组织及名称为何，是否登记，均有本条之适用。

2. 须因营业而接受饮食或入浴：本条加重受寄人之责任，故亦必须受寄人系营业，且系有偿之契约始可，如系招待亲友饮食、入浴、理发或健身，或系入内兜售商品、或系送货之该店之人，均无本条之适用。

（二）寄托人

通常寄托人（客人）与场所主人订立饮食、沐浴理发或健身等契约，惟本条场所主人之责任成立与否，亦与该等契约效力无涉，例如禁治产人前往公共浴堂沐浴，其沐浴契约依“民法”第七十五条之规定无效，如该禁治产人之物品于沐浴期间遭窃者，浴堂主人仍应负本条责任。有学者以为“客人”之概念，不一定即为饮食、沐浴契约之当事人，是否为客人，仅以其有无饮食、沐浴之目的为断，不一定非直接签订饮食、沐浴契约不可。其他关于客人之说明，请详见旅店主人责任之说明。

82 邱聪智，前揭书，同注2，第四三五、四三六页。

83 本条修正理由：“因时代变迁，目前社会除饮食店、浴堂外，尚有许多相类场所，提供客人为一时停留及利用，例如理发店、健身房等。该等场所主人对于客人所携带通常物品之毁损、丧失，仍应负责，始为平允。原条文规定已难因应实际需要，爰增列‘或其他相类场所’，以期周延并符实际。又为配合前条之修正，爰将其中‘第二项’三字修正为‘但书’。”

（三）须客人所携带之“通常物品”有毁损或丧失

此物品系金钱等贵重物品以外之物（“民法”第六百零八条第一项另有规定），且限于“通常物品”，如衣帽、皮包等等，与“民法”第六百零六条“物品”之规定范围有广狭之差异，非通常物品则不与焉，故其责任范围较旅店主人为小。

（四）通常事变责任

客人所携带“通常物品”之毁损灭失，纵因第三人之行为所致者主人仍应负责。此等责任本质上仍系通常事变责任，与旅店主人责任之性质相同，其差异仅在责任范围（物品或通常物品）大小而已，故亦有责任限制或免除之规定（“民法”第六百零七条但书参照）。

三、场所主人所营事业重复时其责任归属问题

例如大饭店兼营餐厅、三温暖等，如于用餐、沐浴之际，通常物品遭小偷窃走，此时法定寄托责任，须视餐厅、三温暖之经营主体，与大饭店之经营主体是否为同一人而定，如系同一人者，解释上应适用“民法”第六百零六条住宿场所主人之责任。反之，如非同一人者，须再视客人之使用目的而定，如客人之目的仅在用餐、沐浴者，适用“民法”第六百零七条饮食沐浴场所主人责任，如为大饭店住宿之客人而至餐厅、三温暖用餐、沐浴者，大饭店及餐厅、三温暖主人均应负责（不真正连带债务），以保障客人权益，此时负责任之顺序应为小偷→餐厅（三温暖）场所主人→大饭店场所主人。故大饭店赔偿客人之损害后，得依让与请求权（“民法”第二百十八条之一）向餐厅（三温暖）主人[84]或小偷求偿。如系餐厅（三温暖）主人赔偿后，则只能依让与请求权向小偷求偿，而不能向大饭店主人求偿。[85]

四、贵重物品之责任

“民法”第六百零八条第一项规定：“客人之金钱、有价证券、珠宝或其他贵重物品，非经报明其物之性质及数量交付保管者，主人不负责任。主人无正当理由拒绝为客人保管前项物品者，对于其毁损、丧失，应负责

84　邱聪智，前揭书，同注2，第四三九页至第四四〇页。

85　关于让与请求权，请参阅王泽鉴，让与请求权，收录于氏著民法学说与判例研究，第三册，作者自刊，1993年9月十一版，第二九七页。

任。其物品因主人或其使用人故意或过失而致毁损、丧失者，亦同。”[86] 是为贵重物品之责任限制，为前述主人责任之特殊规定。所谓贵重物品，系指价值贵重但体积不大之物，法文以金钱、有价证券、珠宝为例示。此等物品非经报明其物之性质及数量交付保管者，主人不负责任，此与“民法”第六百零六条、第六百零七条是否交付保管，主人皆应负责，有所不同。如符合上述要件者，主人亦负通常事变责任，此规定减轻主人责任，故贵重物品之交付保管系法定寄托之要件。惟如主人无正当理由拒绝为客人保管贵重物品者，对于其毁损或丧失，纵使因第三人之行为所致之毁损丧失，主人仍应负通常事变责任。至于何谓正当理由？例如该贵重物品为违禁品，或系价值过巨超过一般正常之情形，或无适当保管设备，均为正当理由，主人可以此理由拒绝为其保管。如该贵重物品因主人或其使用人之故意或过失而致毁损丧失者，主人仍应负责（“民法”第六百零八条第二项后段），此系因主人或其使用人之故意过失所致之毁损灭失，主人应负责任，但此时主人之责任，并非通常事变责任，而系过失责任，为“民法”第二百二十四条之特殊规定。

五、免除限制揭示之无效

“民法”第六百零九条规定：“以揭示限制或免除前三条所订主人之责任者，其揭示无效。”此主人片面揭示无效之规定，系为保障客人之权益，如当事人另以特约为之者，应为本法所允许，但须注意“民法”第二百二十二条故意或重大过失之责任不得预先免除之规定。如系消费关系所生之法定寄托，须注意消费者保护法定型化契约（第十一条至第十七条）之规定。至于轻过失及事变责任，尚得因特约而减免。[87]

六、客人之通知义务

“民法”第六百十条规定：“客人知其物品毁损、丧失后，应即通知主人，怠于通知者，丧失其损害赔偿请求权。”是为客人之通知义务，违者并不负损害赔偿责任，仅丧失其损害赔偿请求权，故为不真

86 本条修正理由：“一、第一项未修正。二、原条文第二项‘雇用人’一语，学者通说以为有误。鉴于‘使用人’乃受主人选任、监督或指挥之人，不限于雇佣关系，亦不以在经济上或社会上有从属地位者为限，其范围较广。为对客人保障更周延，爰仿外国立法例（德国民法第七百零二条、日本商法第五百九十四条第二项、瑞士债务法第四百八十八条第一项）将‘雇用人’修正为‘使用人’。”

87 郑玉波，前揭书，同注1，第五五一页。邱聪智，前揭书，同注2，第四四二页。

正义务。[88] 此项通知，兼有行使损害赔偿请求权之意思表示，故有时效中断之效果。客人怠于通知而丧失其权利者，应以场所主人无过失为限，如场所主人于客人携带物品之丧失、毁损有故意过失者，解释上无本条规定之适用。[89]

七、短期消灭时效

场所主人之责任，多因商业经营而生，其损害赔偿请求权不宜久存，因此，"民法"第六百十一条规定："依第六百零六条至第六百零八条之规定，所生之损害赔偿请求权，自发现丧失或毁损之时起，六个月间不行使而消灭。自客人离去场所后，经过六个月者亦同。"是为短期消灭时效，较一般寄托之消灭时效更短，且其起算点有二：

（一）自发现丧失或毁损之时起算

自发现丧失或毁损之时起算，但此必须履行"民法"第六百十条之通知义务，如未通知者，即丧失其损害赔偿请求权，无本条之适用问题。

（二）自客人离去场所后起算

此系指于客人离去前未发现携带物有毁损或丧失之情形而言，故自客人离去场所后起算。

八、主人之留置权

"民法"第六百十二条规定："主人就住宿、饮食、沐浴或其他服务及垫款所生之债权，于未受清偿前，对于客人所携带之行李及其他物品，有留置权。第四百四十五条至第四百四十八条之规定，于前项留置权准用之。"[90] 是为主人之留置权，盖法律令主人负较重之通常事变责任，相

88 关于不真正义务，请参阅拙著，前揭书，同注 6，第七页。王泽鉴，债之关系之结构分析，收录氏著民法学说与判例研究，第四册，作者自刊，1994 年 10 月出版，第八三页。

89 郑玉波，前揭书，同注 1，第五五〇页。史尚宽，前揭书，同注 2，第五一七页。邱聪智，前揭书，同注 2，第四四三页。

90 本条修正理由："一、第六百零六条至第六百零七条规定旅店、饮食店及浴堂主人之责任，而本条关于场所主人之留置权，则仅列举客人因住宿、饮食或垫款所生之债权，不及于沐浴所生之债权，对浴堂主人之保护，为其周延，增列'沐浴'二字。又为配合第六百零七条增列'或其他相类场所'之概括规定，本条亦增列'或其他服务'，并改列为第一项。二、场所主人之留置权与出租人之留置权，均不以'占有'为发生要件，在观念上与行使上两者较为接近，惟现行法尚无准用规定，适用上易滋疑义。为明确计，爰仿瑞士债务法第四百九十一条第二项规定，增设第二项明定'第四百四十五条至第四百四十八条之规定，于前项留置权准用之。'"

对地必须赋予其特殊之留置权，以为平衡。此留置权并不须具备一般留置权之成立要件[91]（“民法”第九百二十八条），且准用“民法”第四百四十五条至第四百四十八条之规定。兹分述如下：

（一）“民法”第六百十二条第二项准用第四百四十五条第一项但书

按“民法”第六百十二条第一项就其特殊留置权已有明文规定，不必准用“民法”第四百四十五条第一项前段之规定，但禁止扣押之物，场所主人不得予以扣押（“民法”第六百十二条第二项准用第四百四十五条第一项后段）。至于留置权取偿范围，“民法”第六百十二条第一项已明定“就住宿、饮食、沐浴或其他服务及垫款所生之债权”，无准用第四百四十五条第二项规定之余地。

（二）“民法”第六百十二条第二项准用第四百四十六条

客人将留置物取去者，场所主人之留置权消灭。但其取去系乘场所主人之不知，或场所主人曾提出异议者，不在此限（“民法”第六百十二条第二项准用第四百四十六条第一项）。客人如因执行业务取去其物，或其取去适于通常之生活关系，或所留之物足以担保住宿、饮食、沐浴或其他服务及垫款所生债权之支付者，主人不得提出异议（“民法”第六百十二条第二项准用第四百四十六条第二项）。

（三）“民法”第六百十二条第二项准用第四百四十七条第一项前段

场所主人有提出异议权者，得不声请法院，径行阻止客人取去其留置物（“民法”第六百十二条第二项准用第四百四十七条第一项前段）。法定寄托之寄托物限于动产，故无“民法”第四百四十七条第一项后段“如承租人离去租赁之不动产者，并得占有其物”规定准用之余地。至于同条第二项规定：“承租人乘出租人之不知或不顾出租人提出异议，而取去其物者，出租人得终止契约。”因住宿、饮食、沐浴或其他服务之契约多为一时性契约，性质上契约无法终止，且场所主人行使留置权时，应系客人未能就住宿、饮食、沐浴或其他服务及垫款所生债权为支付之情形，纵使赋予场所主人终止契约之权，亦无足够保障，本书以为本条项似无准用余地。

（四）“民法”第六百十二条第二项准用第四百四十八条

客人得提出担保，以免场所主人行使留置权，并得提出与各个留置物价值相当之担保，以消灭对于该物之留置权（“民法”第六百十二条第

91 谢在全，民法物权论，下册，作者自刊，1995年9月修订版，第三八五页。

二项准用第四百四十八条）。

最后有疑问者，乃客人之亲朋好友所寄存于旅店等场所之物品，场所主人得否对之行使留置权？如就第六百十二条之法文明定“携带”二字，似应解为限于客人所携带者，始得加以留置，但若系客人之亲朋好友所赠送之物品，因客人既有所有权，自得对之加以留置，方为合理之解释。

肆、仓库寄托

仓库系规定在民法债编各论第十五节，通说认为其亦属特殊寄托之一种，故“民法”第六百十四条即规定：“仓库，除本节有规定者外，准用关于寄托之规定。”[92] 关于仓库，详见本书第十五章之说明。

伍、提存

提存分为清偿提存与担保提存，前者“民法”第三百二十六条规定：“债权人受领迟延，或不能确知孰为债权人而难为给付者，清偿人得将其给付物，为债权人提存之。”后者则系于民事诉讼法有关假执行、假扣押、假处分所提存之担保是，无论何者，皆为学说所称之“第三人利益之寄托契约”[93]，二者均应依提存法之规定为之，但其本质上仍属寄托。

第五节　寄托之消灭

一般契约消灭之原因，于寄托契约亦有其适用，此外尚有下列之原因：

92 “最高法院”1986年度台上字第558号判决：“仓库营业人应以善良管理人之注意保管寄托物，‘民法’第六百十四条、第五百九十条后段定有明文。仓库营业人就寄托物，不仅应以善良管理人之注意防止损害之发生，且对已发生之损害亦应以同一注意防止其扩大。本件上开货物于运入被上诉人仓库前既已水湿，倘被上诉人未将此项水湿通知固×异公司，或就此项水湿采取适当措置，尚难谓已尽善良管理人之保管义务，而对因此所扩大之损害不负赔偿之责。”

93 拙著，前揭书，同注16，第一一五页。邱聪智，前揭书，同注6，第五一八页。

壹、寄托物之返还

因寄托契约具有要物契约之性质，故其虽有继续契约之性质，但“终止”并不为寄托契约消灭之原因，必须因寄托物之返还，始归消灭。[94] 是银行之金钱消费寄托，并不因定期存款到期而当然终止，习惯上，寄托人不于届期取款者，通常均自动更新金钱消费寄托。

贰、寄托物之承受

寄托物之权利，若由受寄人概括承受（继承）或特别承受（买卖、赠与、互易等等），则寄托契约即归消灭。

94 郑玉波，前揭书，同注1，第五三八页。史尚宽，前揭书，同注2，第五〇四页。

第十五章

仓　　库

【案例提示】

甲将其电脑三百部，堆藏在乙所经营之仓库，乙乃签发仓单，交由甲收执，问：

一、甲如欲将电脑之所有权移转于丙，应如何为之？

二、该仓单如遗失时，执单人应如何救济？

三、如保管期间经过后，甲未将其电脑售出，因而迟迟不肯移去，乙应如何主张？

第一节　仓库之意义与性质

壹、仓库之意义

一、仓库之意义

仓库之意义，法律并无明文规定，解释上系指堆藏及保管物品之设备，均可称为仓库。[1]

二、仓库契约之意义

仓库契约之意义，依“民法”第六百十四条准用关于寄托之规定，

1　史尚宽，债法各论，作者自刊，1986年11月台北六刷，第五二二页。郑玉波，民法债编各论，下册，作者自刊，1992年10月十五版，第五五三页。

其意义可解为："寄托人以寄托物交付仓库营业人，仓库营业人允为堆藏及保管之契约。"因此，仓库契约寄托物之交付，与寄托契约同，均有"民法"第七百六十一条之适用问题，解释上不含占有改定及指示交付。

三、仓库营业人之意义

台湾民法仅就仓库营业人做定义之规定，"民法"第六百十三条规定："称仓库营业人者，谓以受报酬而为他人堆藏及保管物品为营业之人。"兹分述如下：

（一）仓库营业人系一营业人

仓库营业人系以营业为目的，故仓库营业人系一独立营业人。

（二）仓库营业人系为他人堆藏及保管物品为营业之人

本条所称之物品既曰"堆藏"，故必为动产，此与寄托契约不以动产为限相反。而堆藏"及"保管须同时具备，如仅堆藏而无保管，则属租赁[2]；如仅保管（保存行为）而无堆藏，则为一般寄托。仓库性质上与寄托较为类似，故"民法"第六百十四条乃准用关于寄托之规定，但仓库又与寄托有所不同，约有下列四点：①营业，②堆藏（即堆置与存藏），③仓单之填发（"民法"第六百十五条至第六百十八条），④拍卖取偿权（"民法"第六百二十一条）。民法乃另立一节加以规范，如有不足者，准用寄托之规定。

（三）仓库营业人系受报酬而为他人堆藏保管物品为营业之人

仓库业为商业之一种，必以受报酬为要件（有偿契约），且以堆藏保管物品为其对价。

贰、仓库之性质

一、有名契约

仓库规定在"民法"债编各论第十五节，故为一有名契约。

2 "最高法院"1981年度台上字第2772号判例："被上诉人租与上诉人之冷冻库，既有固定之空间，设有门锁，由上诉人自行开关，依面积坪数计收费用，物品之放入、取出，均上诉人自为，不经被上诉人手。此与一般仓库营业准用关于寄托之规定有间。从而上诉人主张之失窃情形纵属实在，亦难令被上诉人负赔偿之责。"

二、要物契约

仓库契约，依“民法”第六百十四条准用寄托之规定为要物契约。[3]“民法”第六百十五条规定：“仓库营业人于收受寄托物后，因寄托人之请求，应填发仓单。”[4]此次“民法”债编修正加强了仓库契约之要物性质，与学界倾向修正为诺成契约之趋势，大异其趣，故有学者批评此次修正[5]，其理由有四：①修正理由认为，依仓库应填发仓单之规定，易滋弊端云云，或属言过其实；②仓单为文义证券，一经填发而流通，其善意受让人（即仓单持有人）之利益，应受保障，此乃交易安全之基本原则，仓库营业人填发仓单后，纵寄托人未交付寄托物，致该仓单称为学理上之空单，除仓库营业人与寄托人外，仓库营业人不得以该仓单为空单而对抗仓单持有人，修正法案所持立场，有违有价证券效力之原则，于交易安全恐有窒碍；③将仓库契约固守于要物契约，立法政策是否妥当，颇值检讨，修正条文未做斟酌而增强其要物性，是否符合社会需要，不无可议；④“海商法”第九十七条（现行法第五十三条）学者已有检讨，虽其立场尚非承认空券有效，惟此或有其海商法之特殊规范意旨以为依据，但民法提单未设限制，实较能体现有价证券之基本原理。

依上述四理由就①、③而言，愚赞同之；但就②、④而言，愚不以为然，纵使“民法”第六百十五条修正，就空单而言，仓库营业人亦不得以其为空单而对抗仓单持有人，交易安全亦得以保护，其修正之“交付寄托物后”仅系增强仓库契约之要物性，使其成为填发仓单之要件，至于仓单填发后如何保障交易安全？为仓单之文义性及无因性之问题，应依“民法”第六百十六条及第六百十八条之规定为之，足以保障善意之仓单持有人。再者，“海商法”第九十七条（现行法第五十三条）之体例，学者虽有争议，但为保障交易之相对人，纵使空券，亦令运送人负文义责任（现行“海商法”第七十四条第一项参照）。因此，如日后仿“海商法”第九十七条（现行法第五十三条）修正“民法”第六百十五

3 反对见解，史尚宽，前揭书，同注 1，第五二四页。

4 本条修正理由：“目前仓库实务作业上，仓单之填发，有依据点收之结果填发再入账者，有先列入登记簿再发给仓单者，情形不一。且各仓库簿册名称各有不同，现行法规定，易生弊端。又仓库寄托契约之性质如何？学者间意见分歧，有主张为要物契约者，有主张为诺成契约者，为免于寄托物收受前，能否填发仓单，发生疑义，爰参照‘海商法’第九十七条立法例修正如上，以期明确。”

5 邱聪智，债法各论，中册，作者自刊，1996 年 10 月二刷，第四五七页。

条，亦可就仓单之文义性及无因性加以保障交易安全。故愚就本条修正之疑问，仅在其增加要物性之理由何在？虽然仓库契约之性质容有争议，但从立法例将其订为要物契约，与社会实际需要，是否符合？按依契约自由原则，似不妨承认诺成仓库契约之效力[6]，故应做实际之考察，而不能仅从学理求之。实则此次民法修正，即因考虑到社会常发现有以“空单”、“空券”诈领保险金之情形，为杜此弊，特于第六百十五条明定，仓库营业人于收受寄托物后，始得填发仓单；又于第六百二十五条明定，运送人于收受运送物后，始得填发提单，前后二条一贯配合。准是以论，仓库契约应解为要物契约较妥。

三、不要式契约

仓库契约虽为要物契约，但除交付寄托物外，仅双方意思合致（“民法”第一百五十三条参照）即可成立，至于仓单之作成，并非仓库契约之成立要件，仅于寄托人请求时仓库营业人始应填发，故仓库契约为不要式契约。

四、有偿契约

仓库系一营业，以报酬为要件，为有偿契约，与一般寄托原则上为无偿不同，故仓库营业人应尽善良管理人之注意义务（“民法”第六百十四条准用第五百九十条后段）。

五、双务契约

寄托人之报酬给付义务与仓库营业人之寄托物堆藏保管义务，立于对待给付关系，故仓库契约为双务契约。惟除另有约定外，基于“报酬后付原则”（“民法”第六百十四条准用第六百零一条），仓库营业人不得主张“民法”第二百六十四条之同时履行抗辩权。

六、继续性契约

仓库契约有一定或不定期间（“民法”第六百十六条第一项第五款、第六百十九条参照），均为继续性契约，有情势变更原则（“民法”第二百二十七条之二、“民事诉讼法”第三百九十七条参照）及终止权之适用。

6 郑玉波，前揭书，同注1，第五五六页。

七、劳务契约

"民法"第六百十四条准用寄托之规定，寄托契约性质上亦属劳务契约，仓库营业人之劳务即寄托物之堆藏与保管。仓库未规定者，准用寄托之规定，寄托一节亦未规定者，应得适用委任之规定；如仓库寄托物为代替物者，应依"民法"第六百零二条第一项之规定，准用关于消费借贷之规定。此外，就仓单之部分，仓库一节未规定者，依有价证券之基本原则，应可类推适用提单之规定。

第二节　仓库之成立

仓库契约，性质为要物契约与不要式契约，故除交付寄托物外，仅双方意思合致（"民法"第一百五十三条参照）即可成立，至于仓单之作成，并非仓库契约之成立要件，已如前述。

第三节　仓库之效力

壹、仓库营业人之义务

一、仓单填发义务

"民法"第六百十五条规定："仓库营业人于收受寄托物后，因寄托人之请求，应填发仓单。"是为仓库营业人之仓单填发义务，兹分述如下：

（一）仓单之意义

仓单者，系指仓库营业人于收受寄托物后，因寄托人之请求，而填发之一种有价证券。

（二）仓单之性质

如上所述，仓单系一有价证券，其性质分述如下：

1. 物权证券：仓单系以一定物品为其标的，仓单所载物品之所有权移转，必须以仓单为之，始生效力（"民法"第六百十八条参照），故仓单为物权证券。

2. 要式证券：仓库契约虽为不要式契约，但仓单上应记载之事项，仍须依“民法”第六百十六条第一项之规定为之，并由仓库营业人签名，故为要式证券。

3. 文义证券：所谓文义证券，系指该当事人间之权利义务关系，胥依证券所记载之文义，纵使其记载与当事人真意不符时，亦不得于证券外另行补充或变更。票据、提单、载货证券均为文义证券[7]，仓单之记载事项，依“民法”第六百十六条第一项规定为之，其权利义务之内容，应以记载为准，故为文义证券。[8] 仓单既为文义证券，于寄托人依“民法”第六百十八条移转所有权于第三人时，新仓单持有人与仓库营业人间之权利义务关系，胥依仓单之记载为准；但寄托人并未将仓单移转于第三人者，寄托人与仓库营业人间权利义务关系，应以仓单为准？抑或以仓库契约为准？不无疑问。愚以为参照海商法学者对载货证券之见解，应认为当仓单持有人即寄托人时，关于仓库契约所生之法律关系，仍应以仓库契约为准，此乃因仓单系依仓库契约而发给。因此，原仓库契约如有瑕疵，直接当事人间仍可抗辩。[9] 本书采此见解，系因文义证券主要之功能在于保障交易安全，故保障交易后之新仓单持有人之权利，仓单之文义性之功能得以彰显；但在未交易之情形，除仓单外，亦应允许寄托人依其原有之仓库契约主张其权利义务，较为合理。

4. 证权证券：仓单上之权利与其原因行为有关，必有仓库契约存在，始得做成仓单以表彰权利，故为证权证券，而非设权证券。

5. 不要因证券：仓单需仓库契约已成立始得填发，早期学者认其为要因证券[10]，故仓单填发流通后，因原因债权之不存在而影响其效力。惟仓单系文义证券，为保护善意之交易相对人，以维交易安全，现今学者多认仓单为不要因证券。[11]

7 郑洋一，票据法之理论与实务，作者自刊，1993年1月修订十八版，第五一页。施智谋，海商法，作者自刊，1986年7月再版，第二五一页。杨仁寿，最新海商法论，作者自刊，1999年十月印刷，第三六四页。

8 史尚宽，前揭书，同注1，第五三五页。郑玉波，前揭书，同注1，第五六〇页。邱聪智，前揭书，同注5，第四六三页。

9 施智谋，前揭书，同注7，第二五一页。杨仁寿，前揭书，同注7，第三六六页至第三六七页。

10 史尚宽，前揭书，同注1，第五三七页。

11 郑玉波教授认为仓库营业人系因记载而负责，而非因受货物而负责。请参见郑玉波，前揭书，同注1，第五六〇页。邱聪智，前揭书，同注5，第四六四页。

6. 自付证券：自付证券者，系指由发行人自己给付之证券，仓单由仓库营业人自己填发，且自己给付，自属自付证券。

7. 缴回证券：仓单持有人请求交付物时应将仓单缴回，此为有价证券之原则，以防止同一物品有重复交付之问题，民法仓库一节就此并未规定，应类推适用“民法”第六百三十条提单之缴回规定，故仓单为缴回证券。

（三）仓单之记载事项

仓单应记载下列事项，并由仓库营业人签名（“民法”第六百十六条第一项参照）：

1. 寄托人之姓名与住址：委托人依法应予以记载，仓单必为记名证券，其移转须以背书为之（“民法”第六百十八条参照）。但有学者认为应容许无记名仓单之存在[12]，基于契约自由原则与有价证券之原理，愚赞同其见解。因此，无记名仓单之移转，不受“民法”第六百十八条之限制，以交付为之即可。

2. 保管之场所：保管之场所为应记载事项。

3. 受寄物之种类、品质、数量及其包皮之种类、个数及记号：此等事项均应记载。

4. 仓单填发地及填发之年月日：未记载填发地者，应可以仓库营业人之营业所，住、居所为准。

5. 定有保管期间者，其期间：此为得记载事项，可为定期或不定期。

6. 保管费：保管费为应记载事项，盖仓库契约为有偿契约。

7. 受寄物已付保险者，其保险金额、保险期间及保险人之名号。

前述七款事项，仓库营业人应记载于“仓单簿”之存根（“民法”第六百十六条第二项参照），此“仓单簿”并非“民法”第六百十五条之“仓库簿”，仓库簿系指仓库营业人之账簿；而仓单簿则是“仓单：存根”之簿册。再者，愚以为1及4之填发地，解释上应为相对应记载事项[13]，

12 史尚宽，前揭书，同注1，第五三〇页。邱聪智，前揭书，同注5，第四六一页。

13 邱聪智教授于前揭书，同注5，第四六〇页，就有价证券之原则作一表，极富参考价值，特附于此：

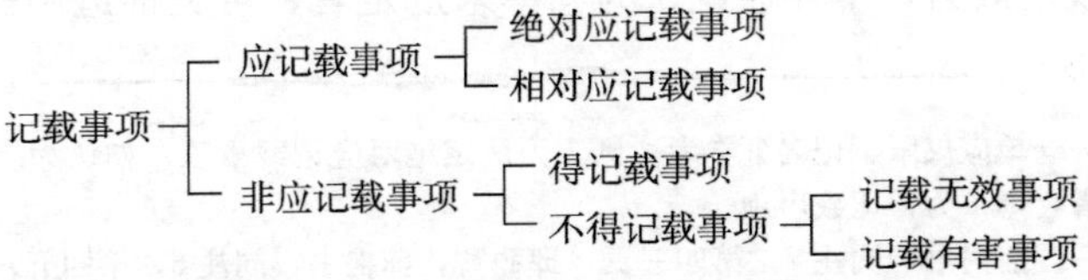

未填写者，法律应有拟制之规定[14]，而2、3、6及4之填发年月日与仓库营业人之签名，应属法定绝对应记载事项，未记载者，该仓单无效，至于5、7为法定得记载事项，未记载者，不影响仓单之效力。当事人亦得另外约定记载事项，此事项不得违反仓单之本质以及“民法”第七十一条、第七十二条之规定，如非当事人约定记载者，而系由仓库营业人印在仓单上，则属定型化契约，须依定型化契约之规定（“消费者保护法”第十一条至第十七条参照）为之。

（四）仓单之填发

“民法”第六百十五条规定：“仓库营业人于收受寄托物后，因寄托人之请求，应填发仓单。”此寄托人之请求，性质上为有相对人之单独行为，一行使仓库营业人即负有填发仓单之义务，故为形成权。如仓库营业人受请求而拒不填发者，即构成不完全给付，盖仓单之填发并非仓库契约之成立要件，而系仓库营业人之义务，有债务不履行之适用，故寄托人得主张债务不履行责任。仓单之填发，应包括填写与发行，与票据之发票行为之性质相同，均为单独行为[15]，且系有相对人之单独行为，纵使承认无记名仓单，亦同。因为此填发单独行为之相对人为请求之寄托人，与仓单上是否为记名无涉。

有关仓单之填发，旧“民法”第六百十五条仅规定，仓库营业人因寄托人之请求，应由仓库簿填发提单。但新法修正意旨认为，目前仓库实务作业上，仓单之填发，有依据点收之结果填发再入账者，有先列入登记簿再发给仓单者，情形不一，且各仓库簿册名称各有不同，现行法规定，易滋弊端。又仓库寄托契约之性质如何？学者间意见分歧，有主张为要物契约者，有主张为诺成契约者，为免于寄托物收受前，能否填发仓单，发生疑义，爰参照“海商法”第九十七条立法例修正，仓库营业人必于收受寄托物后，始能填发仓单，并删除“由仓库簿”等字，以期明确。“民法”第六百二十五条有关提单之填发之规定，亦配合修正为应于收受运送物后，始能填发提单，使同类有价物权证券之原理，前后一贯。

（五）仓单之效力

1. 物权之效力：仓单为物权证券，表彰其所记载物品之所有权，故具有物权之效力，学界通说认为仓单未规定者，可类推适用提单之规定，

14 如认为仓单应仅限于记名证券者，则1为法定绝对应记载事项；如认为应包括记名与不记名者，则1为得记载事项。

15 郑洋一，前揭书，同注7，第四三页。邱聪智，前揭书，同注5，第四五六页。

例如"民法"第六百二十九条、第六百三十条是。因此，交付仓单与物品之交付有同一之效力。[16] 仓单一交付，寄托物所有权即生移转之效果，不须再践履物品交付之物权行为。仓单填发后，寄托人仅得以仓单之交付作为移转物品所有权之方式，不能以指示交付为之。物品所有权之转让，除仓单之交付外，尚须践履背书之方式，且须仓库营业人之签名（"民法"第六百十八条参照），此要件亦适用于仓单之设质（权利质权）。

2. 债权之效力：仓单之填发系有相对人之单独行为，填发后仓库营业人与寄托人有二法律关系：一是仓库契约，一系仓单之证券债权债务关系。此证券债权债务关系，虽系源自于仓库契约，但仓单一经填发后，二者即行分离（仓单之无因性）。仓单移转后，仓单持有人对仓库营业人而言，系寄托物之所有人，得依仓单请求交付寄托物（物权请求权），但无寄托物返还请求权（债权请求权[17]）。若仓单填发后，如因仓库营业人之故意或过失，致仓单所表彰之寄托物毁损或灭失者，对于仓单持有人仍应负不完全给付或给付不能之责任，此系基于证券债权债务关系而来，而非依仓库契约而生。此时仓库营业人就仓单持有人之所有权之毁损或灭失，应负侵权行为责任，而有请求权竞合之情形。

（六）仓单之分割

"民法"第六百十七条规定："仓单持有人，得请求仓库营业人将寄托物分割为数部分，并填发各该部分之仓单。但持有人应将原仓单交还。前项分割，及填发新仓单之费用，由持有人负担。"仓单之分割，在求寄托物之便于处分，仓单持有人既有寄托物之所有权，自应赋予其分割请求权。分割后须填发各部分之仓单，此时原仓单不因此而失效，仍有流通之可能，且仓库营业人亦有重复给付之危险。为保障交易安全及仓库营业人之权利，仓单持有人应返还原仓单，此原仓单之返还与新仓单之交付，应有"民法"第二百六十四条同时履行抗辩权之适用。仓单之分割，系为仓单持有人之利益而为之，故分割及填发新仓单之费用，应由仓单持有人负担，以为公平。

（七）仓单之转让

"民法"第六百十八条规定："仓单所载之货物，非由寄托人或仓

16　史尚宽，前揭书，同注1，第五二九页。郑玉波，前揭书，同注1，第五六三页。邱聪智，前揭书，同注5，第四六五页。

17　邱聪智，前揭书，同注5，第四六六页。

单持有人于仓单背书，并经仓库营业人签名，不生所有权移转之效力。”[18] 是为仓单转让方式，本条就仓单转让方式之规定，较其他有价证券为严，除须背书交付外，尚须仓库营业人之签名，缺此则不生转让之效力。因此，本条规定对仓库营业人之保护为周到，但对交易迅速有所阻碍，学者迭有批评。[19] 愚意以为应仿票据法及提单之规定，不以仓库营业人之签名为要件，仅背书交付即生转让之效果，但可赋予仓库营业人记载禁止背书转让之权利[20]，此种见解，在国际贸易自由化，物流企业兴起，于发货仓库，尤见其转让便利迅速之需要。至于仓单之设质（权利质权）之方式，应依“民法”第九百零二条之规定，准用“民法”第六百十八条关于仓单让与之规定，始生设质之效力。

至于无记名仓单之转让方式，“民法”第六百十八条之规定，仅系规范记名仓单之转让方式，而未及于无记名仓单，故无记名仓单之转让方式，不受“民法”第六百十八条之限制，仅以仓单之交付为其要件。如固守于“民法”第六百十八条之规定者，无记名仓单于转让时转变为记名仓单，无记名仓单之承认即失其意义，故愚以为无记名仓单之转让，应以交付为之，不受“民法”第六百十八条规定之限制。

（八）仓单之灭失

所谓仓单之灭失，系指仓单因毁损、遗失或被盗而灭失或丧失，其救济方法，旧民法并未规定。因仓单之转让，依“民法”第六百十八条之规定应以背书为之，得依“民事诉讼法”第五百三十九条第一项之规定，声请法院依公示催告程序，以除权判决宣告该仓单无效（“民事诉讼法”第五百五十六条参照），经除权判决后，仓单持有人（声请人）对于依证券负义务之人（仓库营业人），虽未占有仓单，但得主张仓单上之权利（“民事诉讼法”第五百六十五条第一项参照），解释上亦得请求填发新仓单[21]，使仓单所表彰之物品得以继续流通，其

18 本条修正理由：“依第六百十六条第一项第一款规定，仓单上仅记载寄托人之姓名与住址，然寄托人未必为货物所有人，如依原条文规定，仓库所载货物之移转，须由货物所有人于仓单背书，事实上有窒碍难行之处，为配合第六百二十条、第六百二十一条规定，爰将‘货物所有人’修正为‘寄托人或仓单持有人’，以符实际。”

19 郑玉波，前揭书，同注1，第五六四页。邱聪智，前揭书，同注5，第四六八页。

20 邱聪智，前揭书，同注5，第四六八页。

21 史尚宽，前揭书，同注1，第五三七页。郑玉波，前揭书，同注1，第五六五页。邱聪智，前揭书，同注5，第四七一页。

费用应由请求重新填发之人负担。[22]

"民法"第六百十八条之一规定："仓单遗失、被盗或灭失者，仓单持有人得于公示催告程序开始后，向仓库营业人提供相当之担保，请求补发新仓单。"[23] 原仓单持有人只要向仓库营业人提供相当之担保，不须等待除权判决即可取得新仓单，使仓单所表彰之物品重新流通，或请求仓库营业人交付，以保持仓单之市场机能，且保障仓库营业人及真正权利人之利益。"民法债编施行法"第三十条之规定："修正之'民法'第六百十八条之一之规定，于民法债编修正施行前遗失、被盗或灭失之仓单，亦适用之。"故"民法"第六百十八条之一之适用有溯及力。

二、寄托物之堆藏保管义务

寄托物之堆藏保管义务，系仓库营业人之主给付义务，与寄托人之报酬给付义务，立于对价关系，但因"民法"第六百十四条准用第六百零一条"报酬后付原则"，故仓库营业人不得以报酬之未付与其寄托物之堆藏保管主张"民法"第二百六十四条同时履行抗辩权，但得与寄托物之返还主张同时履行抗辩权。至于仓单持有人与寄托人非同一人时，仓单持有人虽无给付报酬之义务，但仓库营业人得于报酬未付前对保管之物品主张留置权（"民法"第九百二十八条、第九百二十九条参照）。

仓库营业人以受报酬而为他人堆藏及保管物品之营业，故有堆藏保管义务，仓库契约性质上为有偿寄托契约，故依"民法"第六百十四条准用关于寄托之规定，仓库营业人有下列义务：

（一）亲自保管义务

仓库营业人应自己保管寄托物。但经寄托人之同意，或另有习惯，

22 "最高法院"1962年度台上字第3197号判例："仓单依'民法'第六百十八条规定，系得依背书转让之有价证券，其权利之行使与证券之占有有不可分离之关系，证券如有遗失，须依民事诉讼法公示催告程序，经法院为除权判决，始使持有人生失权效果。上诉人对于某甲所称仓单遗失，既未依上开公示催告程序经过除权判决，遽以自己在仓单所订办法，许某甲不凭仓单提取货物，则持有仓单之被上诉人自不因此而丧失其权利，其基于合法受质之关系，请求上诉人就仓单签证及行使质权人之权利，上诉人殊无可为拒绝之正当理由。"

23 本条增订理由：仓单之遗失、被盗或灭失，依实务上之见解虽可循民事诉讼法公示催告程序声请依公示催告宣告其为无效后，由原持有人主张仓单之权利或请求仓库营业人补发新仓单。惟因公示催告程序需时甚久，如持有人急于提货则缓不济急，为避免因长久之公示催告程序而丧失仓单之市场机能，爰仿日本商法第六百零五条、台湾票据法第十九条第二项增订本条规定。

或有不得已之事由者，得使第三人代为保管（“民法”第五百九十二条参照）。仓库营业人违反亲自保管义务，使第三人代为保管寄托物者，对于寄托物因此所受之损害，应负赔偿负任，但能证明纵不使第三人代为保管，仍不免发生损害者，不在此限（“民法”第五百九十三条第一项参照）。受寄人依“民法”第五百九十二条之规定使第三人代为保管者，仅就第三人之选任及其对于第三人所为之指示，负其责任（“民法”第五百九十三条第二项参照）。

（二）善良管理人注意义务

仓库营业人堆藏及保管物品，既为有偿行为，自应以善良管理人之注意义务为之（“民法”第五百九十条）[24]，但原则上除寄托人另有指示外，仓库营业人不负付保险之义务（“民法”第五百八十三条第二项、第六百十六条第一项第七款参照）。又仓库营业人既须以善良管理人之注意为寄托物之堆藏及保管，其因具体轻过失或重大过失而导致仓单所表彰之物品发生毁损、灭失之情事时，仓库营业人当应依仓单所生之债务负不完全给付或给付不能之责任（“民法”第二百二十三条参照）。

（三）保管方法及场所有遵守指示之义务

寄托物保管之方法经约定者，非有急迫之情事，并可推定寄托人若知有此情事，亦允许变更其约定方法时，仓库营业人不得变更之（“民法”第五百九十四条参照）。

（四）不得使用之义务及违反之责任

仓库营业人非经寄托人之同意，不得自己使用或使第三人使用寄托物（但因为达保管目的所为之保存行为及履行辅助人，不在此限）。仓库营业人违反不得使用之义务者，对于寄托人应给付相当报偿，如有损害，并应赔偿。但能证明纵不使用寄托物，仍不免发生损害者，不在此限（“民法”第五百九十一条参照）。

（五）请求移去寄托物

“民法”第六百十九条规定：“仓库营业人于约定保管期间届满前，不得请求移去寄托物。未约定保管期间者，自为保管时期经过六个月，

24 “最高法院”1986年度台上字第558号判决：“仓库营业人应以善良管理人之注意保管寄托物，‘民法’第六百十四条、第五百九十条后段定有明文。仓库营业人就寄托物，不仅应以善良管理人之注意防止损害之发生，且对已发生之损害亦应以同一注意防止其扩大。本件上开货物于运入被上诉人仓库前既已水湿，倘被上诉人未将此项水湿通知固×异公司，或就此项水湿采取适当措置，尚难谓已尽善良管理人之保管义务，而对因此所扩大之损害不负赔偿之责。”

仓库营业人得随时请求移去寄托物。但应于一个月前通知。”本条可分为定有期间及未定期间，仓库营业人受此限制，但寄托人或仓单持有人间，无论约定期间多寡，是否有约定期间，均得随时请求返还寄托物（“民法”第五百九十七条、第五百九十八条参照）。

三、检点摘取样本及保存之容许义务

“民法”第六百二十条规定：“仓库营业人，因寄托人或仓单持有人之请求，应许其检点寄托物、摘取样本，或为必要之保存行为。”[25] 是为仓库营业人之检点摘取样本及保存的容许义务。权利人系寄托人或仓单持有人，于寄托物交由仓库营业人保管时，寄托人或仓单持有人仍保有其所有权，故有检点、摘取之权利，此系当然之解释。至于检点及摘取，应有一定之限制，仅限于检查其品质、数量而不允许其移出；其摘取系取样供人参考，故摘取之数量不得过多，以供检查之必要为限。仓库营业人须容许寄托人或仓单持有人为寄托物保存所必要之处分。仓库营业人经请求后，负此一容许义务，除另有约定外，不因此而负协力义务。此一容许义务，系仓库营业人之不作为义务，性质上应属从给付义务，仓库营业人如有违反，应负债务不履行（不完全给付）之责任，寄托人或仓单持有人得独立诉请履行，以完全满足给付上利益。[26]

四、危险通知义务

依“民法”第六百十四条准用第六百零一条之一规定，仓库营业人于寄托物罹于查封或诉讼危险时，有通知寄托人或仓单持有人之义务。

上述仓库营业人之债务不履行所生损害赔偿请求权，依“民法”第六百十四条准用第六百零一条之二规定，其消灭时效期间亦为一年。

25　本条修正理由：依德国、日本商法及瑞士债务法之规定，仓库营业人，因寄托人或仓单持有人之请求，应许其检点寄托物或摘取样本外，并得请求许其为寄托物保存所必要之处分（德国商法第四百十八条、日本商法第六百十六条、瑞士债务法第四百八十三条第三项），本法则付诸阙如。学者有谓台湾民法亦可为同样之解释，有称在不妨碍仓库营业人之营业范围内，仓库营业人自不能拒绝者，有曰立法论上，以明文予以规定为宜者，为期适用方便，爰仿上开多数立法例，于本条末段增加“或为必要之保存行为”。

26　王泽鉴，债之关系的结构分析，收录于氏著民法学说与判例研究，第四册，作者自刊，1994年10月版，第九二页。

贰、仓库营业人之权利

一、报酬请求权

仓库契约性质上为有偿寄托契约，依“民法”第六百十六条第一项第六款关于仓单应记载保管费之规定，可知仓库营业人有报酬请求权。至于报酬之种类、数量、给付方式，应由当事人依契约自由原则为之，惟报酬给付时期，除当事人另有约定外，依“民法”第六百十四条准用第六百零一条之规定，采“报酬后付原则”，应于仓库寄托契约关系终止时给付之，如分期定报酬者，应于每期届满时给付之。但仓库既系一营业，仓库营业人之报酬，自应包括其营业之必要费用，从而，“民法”第五百九十五条寄托契约寄托人之必要费用偿还义务，当不在“民法”第六百十四条准用之列。

仓库营业人就报酬之给付与寄托物之返还，得主张“民法”第二百六十四条同时履行抗辩权，且寄托人或仓单持有人未给付报酬时，仓库营业人得于报酬未付前对保管之物品主张留置权（“民法”第九百二十八条、第九百二十九条参照）。仓库营业人之报酬请求权为一年之短期消灭时效（“民法”第六百十四条准用第六百零一条之二参照），如不行使而致消灭时效完成时，寄托人或仓单持有人得拒绝给付（“民法”第一百四十四条第一项参照），但仓库营业人仍可实行其留置权（“民法”第一百四十五条第一项参照）。

二、寄托物拍卖取偿权

“民法”第六百二十一条规定：“仓库契约终止后，寄托人或仓单持有人，拒绝或不能移去寄托物者，仓库营业人，得定相当期限，请求于期限内移去寄托物，逾期不移去者，仓库营业人，得拍卖寄托物由拍卖代价中扣去拍卖费用及保管费用，并应以其余额交付于应得之人。”是为仓库营业人之拍卖取偿权，本条适用时须注意的是①所谓“仓库契约终止后”，应采广义，不限于意思表示之终止，而应包括所有仓库契约消灭之原因(详后述)，均应有本条之适用。[27] ②本条适用上，须限于寄托人或仓单持有人拒绝或不能移去寄托物，如系仓库营业人主张留置权者，无本条

27 邱聪智，前揭书，同注5，第四七七页。

之适用，其拍卖应依“民法”第九百三十六条之规定为之，而非依本条之规定。

三、损害赔偿请求权

依“民法”第六百十四条准用第五百九十六条之规定，仓库营业人因寄托物之性质或瑕疵所受之损害，寄托人应负赔偿责任。但寄托人于寄托时非因过失而不知寄托物有发生危险之性质或瑕疵，或为仓库营业人所已知之者，不在此限。此项仓库营业人之损害赔偿请求权，有一年短期消灭时效之适用（“民法”第六百十四条准用第六百零一条之二参照）。又本条负损害赔偿责任之主体，应仅限于寄托人而不及嗣后受让仓单之仓单持有人，盖此等损害既须以寄托人“寄托时”之过失为要件，其主体自应限于寄托人而不及事后受让仓单之仓单持有人。

叁、寄托物灭失后仓单之移转问题

按寄托物已遗失或被盗用，而不能回复其占有或已为第三人善意受让取得者，仓单持有人如再依“民法”第六百十八条之规定背书转让仓单于第三人时，是否生所有权移转之效力？此问题在载货证券及提单上常发生，实务见解采否定说，认为不生货物所有权移转之物权效力，仅发生损害赔偿债权让与之问题。[28] 此见解是否妥适？不无疑问！此问题涉及仓单之物权效力，争议之学说有绝对说与相对说（又分为严正相对说及单纯相对说）及物权效力否定说。[29] 兹分述如下：

（一）绝对说（Absolute Theory）

仓单物权契约效力，乃仓库营业人与寄托人依其意思表示而创设之权利，只要系仓单持有人即享有物品之权利，与物品之现实占有无

28 “最高法院”1987年度台上字第771号判例：“交付载货证券于有受领货物权利之人时，其交付就货物所有权移转之关系，与货物之交付，有同一之效力，固为海商法第一百零四条准用‘民法’第六百二十九条所明定，惟此系就运送人尚未丧失其对货物之占有（包括间接占有）之情形而言，倘货载已遗失或被盗用，而不能回复其占有或已为第三人善意受让取得者，则载货证券持有人纵将载货证券移转与他人，亦不发生货物所有权移转之物权效力，仅发生损害赔偿债权让与之问题。”（同院1988年度台上字第746号判决同旨。）

29 杨仁寿，前揭书，同注7，第三九五页。梁宇贤，海商法，三民书局股份有限公司，1994年10月修订四版，第五〇四页。

关，仓单依“民法”第六百十八条所为之移转行为与物品之移转具有同一效力。本说完全排除民法物权变动原则（合意＋移转占有），且纵使仓库营业人丧失对物品之占有，亦不影响仓单移转所有权之效力。[30]

（二）相对说（Relative Theory）

相对说又可分为严正相对说与单纯相对说：

1. 严正相对说（Strict Relative Theory）：仓库营业人收受物品后，为物品之直接占有人，而仓单持有人系间接占有人，仓单所表彰者系间接占有之权利。物品所有权之移转，除须符合“民法”第六百十八条规定以外，尚须践履民法所定动产让与之手续。采此说者，寄托物之移转除以仓单之背书外，尚须将寄托物返还请求权一齐让与，显然违反仓单之物权性，应无可采。

2. 单纯相对说（Representative Theory）：单独相对说又称为代表说，按仓单系物品之代表，其物权效力之发生，除仓单依“民法”第六百十八条让与之外，尚须仓库营业人直接或间接占有物品为前提，但不须践履民法规定动产物权移转之要件。于仓单让与他人时，如物品已遗失、被盗而致仓库营业人丧失占有者，仓单之让与不生物品所有权移转之效力，仅生损害赔偿请求权之让与。

（三）物权效力否定说

本说认为仓单仅具债权效力，其让与系“寄托物交付请求权”之让与。此说无视仓单之物权证券之性质，且对于仓单之流通性有所侵害，应不可采。

（四）本书见解

上述学说争议已趋于缓和，通说采单纯相对说[31]，实务见解亦同。[32] 愚意以为，基于保护交易安全、仓库营业人之权益及维持物权法体系等理由，以单纯相对说为当。

30 杨仁寿，前揭书，同注7，第三九七页。惟杨仁寿教授认为除非寄托物已灭失，或已遗失或被盗不能回复其占有，或已为第三人善意受让取得，而丧失仓单物权之效力外，均应认仓单之交付与寄托物之交付有同一之效力，此部分似与单纯相对说相符。

31 梁宇贤，前揭书，同注29，第五〇四页。

32 “最高法院”1987年度台上字第771号判例、同院1988年度台上字第746号判决均采此说（参见注28）。

第四节 仓库之消灭

一般契约消灭之原因，于仓库契约亦有其适用。此外尚有下列之原因：

壹、保管期间届满

“民法”第六百十九条第一项规定：“仓库营业人于约定保管期间届满前，不得请求移去寄托物。”依本条反对解释，保管期间一经届满，仓库契约关系消灭，仓库营业人得请求移去寄托物，如寄托人或仓单持有人拒绝或不能移去者，仓库营业人得依“民法”第六百二十一条之规定之相当期限，请求于期限内移去寄托物，逾期不移去者，仓库营业人，得拍卖寄托物，由拍卖代价中扣去拍卖费用及保管费用，并应以其余额交付于应得之人。

贰、寄托物之返还

按仓库契约具有要物契约之性质，故其虽有继续契约之性质，但“终止”并不为仓库契约消灭之原因，必须因寄托物之返还，始归消灭。[33]“民法”第六百十九条第二项规定：“未约定保管期间者，自为保管时起经过六个月，仓库营业人得随时请求移去寄托物。但应于一个月前通知。”故未约定保管期间者，于自为保管时起六个月内，仓库营业人不得随时请求移去寄托物，应依本条项经过六个月后始得随时请求移去寄托物，且应于一个月前通知。本条项既明白规定，无准用“民法”第五百九十八条第一项规定之余地。相对地，不论是否定有保管期间，寄托人或仓单持有人均得随时请求返还（“民法”第六百十四条准用第五百九十七条参照）。

叁、寄托物之灭失

寄托物之灭失系仓库关系消灭原因之一，须视是否可归责于仓库营

33 郑玉波，前揭书，同注1，第五三八页。史尚宽，前揭书，同注1，第五〇四页。

业人之事由，而决定其是否负给付不能责任（“民法”第二百二十五条、第二百二十六条参照）。

肆、寄托物之承受

寄托物之权利，若由受寄人承受如买卖、赠与、互易等，仓库契约即归消灭。

第十六章

运　送

【案例提示】

一、甲出售电脑一批予乙资讯公司，将该批货物委由丙货运公司运送，丙签发提单予甲，且记载甲为受货人，甲将提单背书转让予乙。试问：

（一）当事人之间法律关系为何？

（二）如该电脑于运送中灭失，应由何人负责？

（三）如该电脑之灭失系应由运送人丙承担时，损害赔偿价额应如何计算？其时效如何计算？

（四）如乙检查该批电脑发现有瑕疵而拒不受领时，丙应如何为之？

二、旅客甲于台北搭乘由乙驾驶之丙客运公司之巴士前往高雄，于行驶中山高速公路时，因乙与丁所驾驶之自小客车发生擦撞，致巴士翻覆于路肩，甲受重伤。试问：

（一）甲丙间之法律关系如何？

（二）如发生车祸时，甲并未坐在自己之座位上，而系于走道上站立且与其友人戊交谈，因此其伤势较戊更为严重时，其结果是否由所不同？

（三）如丙公司于车票上记载“如损害之发生非因本公司所致者，本公司概不负责。”此免责文句之效力如何？

第一节　运送之意义及性质

壹、运送人之意义

“民法”第六百二十二条规定：“称运送人者，谓以运送物品或旅客为营业，而受运费之人。”解释上本条并非运送营业之意义，所谓运送营业，系指“以运送物品或旅客为目的而收取费用之营业”。运送人则是以运送为营业之人，如非以此为营业，纵使有以运送为其契约之标的，亦非此之运送人。“民法债编”各论所欲规范者，应系“运送契约”，即“运送人以运送为目的，而与委托运送之人成立之契约”，故在研究运送契约时，必须先将“运送营业”及“运送人”之概念予以厘清。

由于运送方式之日新月异，以及全球国际化之趋势，以特别法或国际公约或惯例来规范运送营业及运送契约者甚多，具体适用时，常会有何者优先适用问题发生，适用上并请特别注意。

一、运送人以运送为营业

运送人系运送营业人之简称，必须以运送为营业，例如货运公司、客运公司均是，至于汽机车出租业则为出租人，应适用租赁之规定（“民法”第四百二十一条以下）；计程车虽然皆写明“出租汽车”，惟因司机负有驾驶劳务之供给义务，且以到达一定地点为目的，通说既非租赁、亦非运送，而系承揽。[1] 惟愚意以为，运送契约本质上即为承揽之一种，因其均有一定工作之完成（于运送契约即目的地之到达及物品交付或旅客安全离开），此时承揽人与运送人之责任即有轻重之分，承揽人负过失责任（“民法”第四百九十五条、第五百零二条），运送人负通常事变责任（“民法”第六百三十四条、第六百五十四条），惟此责任之差异并非用以判断二者之标准，而是判断后适用之结果。计程车与客运公司巴士均以运送旅客为目的，且均以到达一定地点使旅客安全离开为其工作之完成，何以一为运送，一为承揽？论者并未言明其理，仅以特例视之，是否妥适？不无疑问！故愚意以为计程车司机亦负运送人通常事变责任。

二、运送人为运送物品或旅客之人

运送契约之客体系物品或旅客，此所称之物品，必限于动产，因不动产性质上无法移动，无体财产亦同。信件因邮政法特别规定而直接适用之，故不能将信件归入本节物品之概念内。至于旅客，解释上当然限于自然人，而不及于法人。至于法人与运送人签约运送其员工（如办理

1 史尚宽，债法各论，1986年11月初版六刷，作者自刊，第五五一页。郑玉波，民法债编各论，下册，1992年10月十五版，作者自刊，第五七三页。邱聪智，债法各论，中册，作者自刊，1996年10月二刷，第四八三页。

员工旅游之公司行号）或旅客（如办理国外旅游之旅行社）者，愚以为运送对象仍为自然人，只是此种契约具有第三人利益契约性质，其员工或旅客对运送人享有直接请求运送人运送之权利。

三、运送人为受运费之人

运送人既以运送为营业，必受有报酬，此运费是运送人相对负较重责任之对价，故运送人运送必须收受运费，如运送而不收受运费者，除解释为运费之抛弃外，非民法本节之运送契约，俗称为“take a ride”，属恩惠行为。

此有一争议：饭店、旅馆、百货公司对其旅客或顾客以其自用汽车接送，是否成立运送契约？有不同见解，有谓“因其他独立营业，而附随的所为之运送，则仍非运送人[2]。”有谓“运送人不以专营为限，即与他业结合而为实质营业之一部者，亦属运送人[3]。”愚意以为，此非仅为专营或兼营之问题，仍应回归至运送人判断标准：有无营业及收受运费。关于营业之部分是否限于专营，愚意以为不必限于专营，纵使兼营，对于饭店或百货公司而言，亦属其服务范围之一部分，就旅客或顾客而言，亦立于被运送之地位，其利害及危险之可能性与一般客运并无差异；再者，饭店或百货公司之接送，仍必须收受运费，始得认其为运送契约，因运费之收受系使运送人负通常事变责任之对价，如其接送系免费服务而不另收费用者，非本节之运送契约；反之，如须另收费用者，成立运送契约。愚意以为，不能仅以专、兼营作为判断运送人之惟一标准，亦不问其是否已经特许而营业有所不同，例如俗称之野鸡车，盖其是否特许，仅是公法行政受益之问题，与私法上之契约关系，不能相提并论。

贰、运送契约之意义

如前所述，民法债编各论所欲规范者，应为“运送契约”而非“运送营业”，故1999年4月21日“民法债编”修正将本节节名修正为运送。[4] 运送

2 郑玉波，前揭书，同注1，第五七三页。

3 邱聪智，前揭书，同注1，第四八三页。

4 本节修正理由：“各种之债各节之规定，其内容有属于营业者，例如行纪、代办商、仓库、运送、承揽运送均是。惟除运送外，其他个结节明，均为另加‘营业’二字，而独本节节名则特标明为‘运送营业’，显与其他各节节名之立法体例有异，为期一致，爰将‘营业’二字删除。”

契约之意义，虽民法对运送契约并未明文规定，但就本节各法条之内容而言，即可推论其意义如下："称运送者，谓当事人约定，由运送人为托运人运送物品或旅客，而托运人俟运送完成时给付报酬之契约。"兹分述如下：

一、运送契约之当事人为运送人及托运人

运送人之意义，已如前述，须以运送物品或旅客为营业而请求运费之人；托运人则系委托运送物品或旅客而给付报酬之人。因此，如未以运送为营业者，须视其运送是否受有报酬而定其契约种类[5]，其为有偿则成立承揽契约，其为无偿则成立委任契约。再者，托运人之概念，因物品运送与旅客运送而有些许差异，兹分述之：

（一）物品运送

托运人不限自然人或法人，不问其对物品是否有所有权[6]，例如承揽运送人得为托运人（"民法"第六百六十条参照）。此外，运送中尚有受货人—受领运送物之人，通常为运送契约当事人以外之第三人（利害关系人）。"民法"第六百四十四条规定："运送物到达目的地，并经受货人请求交付后，受货人取得托运人因运送契约所生之权利。"惟此权利于运送完成前并不确定存在，且托运人或提单持有人有处置运送物之权利（"民法"第六百四十二条参照），故与利他契约之受益人概念，尚属有间。仅于物品送达目的地而经通知受货人或受货人请求时（"民法"第六百四十二条之反面解释），其地位始与利他契约之受益人相同。最后，运送契约如有填发提单时，该物品之物权效力胥以提单为准，此时提单持有人为运送物品之所有人，同时享有所有物返还请求权及运送物交付请求权，但仍非运送契约之当事人。

（二）旅客运送

旅客运送之托运人不限于自然人，应包含法人，惟旅客运送之客体必须限于自然人，且包括依交易习惯所允许旅客携带之人（例如父母携带幼童、婴儿），纵未支付运费，仍应认为其为旅客而受民法本节之保护。

5 邱聪智，前揭书，同注 1，第四八六页。

6 "最高法院"1982 年度台上字第 2715 号判例："物品运送系托运人与运送人间之契约，因双方意思表示一致而成立，其运送物品不以属于托运人所有为限，原审因被上诉人所运送之钢线为上诉人所有，即认定两造已成立运送契约，立论殊有可议。"

二、运送须有异动空间之事实

异动空间之事实虽非运送契约成立之惟一重点，但系其成立要件之一，如果单纯为他人保管物品，而未有以空间异动为其契约之内容者，则应成立寄托。再者，运送须以达到目的地，并经交付物品或使旅客安全离开交通工具，此不仅须有劳务之供给，且须完成一定之工作，故通说以为运送系具有承揽性质之契约类型，其一定工作之完成即达到目的地，并经交付物品或使旅客安全离开。[7]

三、托运人须支付报酬

运送人以运送为营业，故运送契约必须受有报酬，于此特称为运费。

叁、运送契约之性质

一、有名契约

运送契约规定于台湾“民法债编”各论第十六节，自为一有名契约，虽然其具有承揽之性质，惟民法既明文另定一契约类型，自应认其为独立之有名契约。[8]

二、不要式契约

本节未规定运送契约之成立方式，“民法”第六百二十四条托运单仅为证明文件，非成立要件，应依“民法”第一百五十三条，因当事人意思合致而成立。旅客购票而未及上车，属受领迟延（“民法”第二百三十四条参照）。此外，尚有事实上契约（de fact contract）之问题，有谓旅客未购票而上车时，依传统民事法学认其为依默示意思表示成立运送契约。如采事实上契约理论，因上车之事实而成立运送契约。[9] 愚则认为此性质较符合台湾“民法”第一百六十一条之意思实现，即英美法上之以行为承诺（acceptance by act）。

7　史尚宽，前揭书，同注1，第五五二页。邱聪智，前揭书，同注1，第四八九页。由此可知，计程车载客应成立运送契约。

8　比较法上有认其为委任契约，例如瑞士债务法第四百四十条第二项规定：“关于运送契约，除本节另有规定外，适用委任之规定。”

9　王泽鉴，事实上契约关系，收录于氏著民法学说与判例研究，第一册，作者自刊，1993年9月十四版，第九三页。邱聪智，前揭书，同注1，第四九〇页。

三、不要物契约（诺成契约）

运送契约之成立，无待现实履行，不以物品之交付或旅客之实际运送为其成立要件，故为诺成契约。

四、双务契约

运送契约成立后，运送人有运送义务，托运人有支付报酬义务，二者互为对价，故为双务契约。此时，因运送契约并未规定报酬给付时期，但因运送契约具有承揽之性质，故除契约当事人另有约定外，应类推适用“民法”第四百九十条、第四百九十一条之规定，采运费后付原则，故无“民法”第二百六十四条同时履行抗辩权之适用。由于采后付原则，故为保全运费，“民法”第六百四十七条乃赋予运送人留置权（详后述）。但通常习惯上均为先购买再持票上车，或先上车后下车前再刷储值卡（如公车、捷运）是。

五、有偿契约

运送人之运送物品或旅客之给付与托运人支付报酬之给付，互为对价，故运送契约为有偿契约，准用运送契约性质所许之买卖之规定（“民法”第三百四十七条参照），例如“民法”第三百四十五条第二项、第三百四十六条是。

第二节　运送之种类

民法将运送分为物品运送与旅客运送，系以运送契约之客体作区别，惟就运送之方式，可分为陆上运送、海上运送、航空运送及陆海空联合运送，陆上运送又可区分为铁路运送、公路运送及其他运送，试以表列之：

- 运送
  - 陆上运送
    - 铁路运送
    - 公路运送
    - 其他运送（例如大众捷运）
  - 海上运送（船舶运送）
    - 件货运送
    - 佣船运送
  - 航空运送（飞机运送）
  - 陆海空联合运送

如上所述，民法以运送契约之客体作区别，原则上适用上表所有之运送，但因台湾地区有铁路法、公路法、海商法、民用航空法等特别法，自应优先适用（“中央法规标准法”第十六条参照），仅于特别法未规定时，始适用民法之规定。[10] 特别法因各有其特别之立法目的，故其运送人之责任与民法稍有不同，例如海商法采过失责任（“海商法”第六十九条）、民用航空法采不可抗力责任（“民用航空法”第八十九条、第九十一条）、铁路法采过失推定责任及衡平责任（“铁路法”第六十二条）、公路法采过失推定责任（“公路法”第六十四条）。[11] 又国际贸易之运送，亦有许多国际公约或习惯规则，于适用时，应斟酌个别法律之立法目的作不同之考量。另外，应特别注意者，乃凡“民法”第十六节未特别规定短期消灭时效者，均应回归“民法总则”第一百二十五条以下有关消灭时效期间之规定适用。

第三节 物品运送

壹、物品运送之意义

民法本节第二款标题为物品运送，其意义仍依上述运送契约推论如下：

10 例如“海商法”第五十六条第二项之损害赔偿请求权，“最高法院”1969年度台上字第3812号判例认为“全部灭失”无适用余地，应适用“民法”第六百二十三条二年时效期间，而非“海商法”第五十六条第二项一年时效期间。嗣后同院1999年度台上字第751号判例：“‘海商法’第一百条第二项规定，‘受领权力人之损害赔偿请求权，自货物受领之日或自应受领之日起一年内，不行使而消灭。’既未限制于货物毁损或一部灭失时，始有其适用，故于货物全部灭失时，亦在适用之列。本院1969年台上字第三八一二号判例与此意旨不符部分，应不再援用。”故“最高法院”1969年台上字第751号判例即不再适用。新海商法则改采除斥期间之规定。请参见杨仁寿，最新海商法论，作者自刊，1999年10月印刷，第三五一页。

11 “最高法院”1994年度台上字第2341号判决：“按‘公路法’第六十四条第一项固规定，汽车或电车运输业遇有行车事故，致人、客伤害、死亡、或财物毁损、丧失时，应负损害赔偿责任。但经证明其事故之发生系因不可抗力或非由于汽车或电车运输业之过失所致者，不负损害赔偿责任。此为举证责任转换之规定，为使汽车或电车行车事故之被害人，向汽车或电车运输业者请求损害赔偿，毋须依民法一般侵权行为规定举证证明加害人有故意或过失，即得为之，而汽车或电车运输业者须举证证明其无过失，始能免责。此乃有关侵权行为之特别规定，而非‘民法’第六百三十四条运送人责任之特别规定。上诉人不得以之作为其运送人债务不履行责任之免责依据。”并请参阅王泽鉴，公路法关于损害赔偿特别规定与民法侵权行为一般规定之适用关系，收录于氏著民法学说与判例研究，第六册，作者自刊，1994年8月八版，第四一页。

“称物品运送者，为当事人约定，由运送人为托运人运送物品，而托运人俟运送完成时给付报酬之契约。”物品运送意义之说明，已如上述，于兹不赘。

贰、物品运送之成立

物品运送契约之成立，依“民法”第一百五十三条当事人意思表示合致即可成立。

叁、物品运送之效力

一、对托运人之效力

（一）托运人之义务

1. 填发托运单义务：“民法”第六百二十四条第一项规定：“运送人于收受运送物后，因托运人之请求，应填发提单。”[12] 是为托运人填发托运单之义务，此托运单必须于运送人收受运送物后，经托运人请求，始得填发。托运单系一证明文件，用以确认托运物品，供查核点收之用，并非有价证券或物权证券，仅系一种收受托运物之清单（certificate of receipt），故同条第二项规定：“托运单应记载左列事项，并由托运人签名：一、托运人之姓名及住址。二、运送物之种类、品质、数量及其包皮之种类、个数及记号。三、目的地。四、受货人之名号及住址。五托运单之填给地，及填给之年月日。”本条项第一、二、三及五款之填给年月日系绝对应记载事项，未填写者，该托运单不生效力；而第四款受货人之名号及住址、第五款之托运单填给地，如未填写者，可以托运人为受托人，以其住所所在地为填给地，故解释上为相对应记载事项。[13] 此外，托运单可任意填载运送相关事项，例如运送物交付日期，预定到达日期。如上所述，托运单仅系一证明文件，非运送契约之成立要件，亦非有价证券，不生背书转让之问题。惟托运单之填发既系托运人之义务，如运送人请求而不填发，或填发不实，致生运送人之损害者，托运人应

12 本条修正理由：“运送人于收受运送物前，能否填发提单？现行法尚乏明文规定。惟通常提单具有受领物品收据之效力。为避免疑义，并其与第六百十五条修正条文相配合，爰将本条第一项修正为‘运送人于收受运送物后，因托运人之请求，应填发提单。’”

13 邱聪智，前揭书，同注 1，第四九六页。

负损害赔偿之责任（不完全给付）。[14]

2. 交付托运物义务：运送契约为诺成契约，已如前述，故运送物之交付为托运人之义务。托运人如有违反交付义务者，若系运送物已灭失，系给付不能；若未灭失，系给付迟延，此时须究明其是否有可归责之事由，而定其是否应负债务不履行责任。如系可归责之给付不能或给付迟延，运送人尚得解除契约。

3. 文件交付及说明义务："民法"第六百二十六条规定："托运人对于运送人，应交付运送上及关于税捐警察所必要之文件，并应为必要之说明。"是为托运人之文件交付及说明义务，此时可分为必要文件之交付及必要事项之说明，前者包括运送、税捐、警察等必要文件，如货物通行证、完税证明、防疫证明或消毒证明等等；后者则包括运送物性质、文件或证照取得过程、使用注意事项之必要说明。此义务如有违反，托运人应负不完全给付之损害赔偿责任。

4. 危险告知义务："民法"第六百三十一条规定："运送物依其性质，对于人或财产有致损害之虞者，托运人于订立契约前，应将其性质告知运送人。怠于告知者，对于因此所致之损害，应负赔偿之责。"是为托运人危险告知义务。此义务本质上是先契约义务，通说认为此性质有如出版权授与人之告知义务（"民法"第五百十六条第二项）、要保人之告知义务（"保险法"第六十四条），系本诸诚信原则而发生。[15] 愚意以为，就负义务之时间点而言，托运人之告知义务与出版权授与人之告知义务、要保人之告知义务相同，均系先契约义务，固无疑问。惟保险法上要保人之告知义务，其违反之效果，与托运人及出版权授与人有所不同，要保人违反告知义务，保险人得解除契约（"保险法"第六十四条第二项），要保人丧失保险之保护，无须负损害赔偿责任[16]；惟托运人违反告知义务，应负赔偿责任（"民法"第六百三十一条），出版权授与人违反告知义务者，应负瑕疵担保责任[17]，其违反之效果既与托运人有所不同，似不宜于此作一并之论述。再者，托运人之告知义务，于运送契约

14 郑玉波，前揭书，同注 1，第五七八页。史尚宽，前揭书，同注 1，第五五七页。邱聪智，前揭书，同注 1，第四九七页。

15 郑玉波，前揭书，同注 1，第五七九页。邱聪智，前揭书，同注 1，第四九八页。

16 江朝国，保险法基本理论，瑞兴图书股份有限公司，1995 年九月修订版，第二二五页。林勋发，保险法上告知义务相关法律问题之分析，政大法学评论，第五十三期，第二六五页。

17 郑玉波，前揭书，同注 1，第四〇五页。邱聪智，前揭书，同注 1，第一五六页。

成立后，解释上亦有随时告知义务，保险契约成立后之告知义务，则由不同功能之“保险法”第五十七条、第五十八条、第五十九条所取代[18]，此又为其一不同点是也。

法文所谓有致损害之虞的性质，例如运送物具有爆炸性、易燃性、腐蚀性、有毒性、污染性或辐射性等足以危害生命、身体、健康、财产者，托运人应负告知义务。“民法”第六百三十一条虽规定“怠于告知者”，故有谓托运人仍须有过失（此系基于缔约上过失即 Cupla in Contrahendo 之法理而来），但法文并未以之为积极要件，故受害人请求损害赔偿时，不必证明托运人有过失；托运人欲免责时，则非证明自己无过失不可。[19] 有谓解释上不以托运人有过失为要件，只要违反告知义务（知其为危险物而未告知），即为以足。[20] 愚以前说为当，盖“民法”第六百三十一条立法目的系在保障运送人，如未有此规定而运送人因此受损害时，仅得依侵权行为法请求托运人损害赔偿，今“民法”第六百三十一条既规定托运人怠于告知时，负损害赔偿责任，足见民法欲以契约责任规范之，愚称之为加害给付。既然如此，此义务之违反效果之评价，是否须到达通常事变责任（“民法”第六百三十四条参照）？答案为否定的！否则殆无人敢从事运送营业，因其责任从先契约义务迄契约义务皆采通常事变责任也。因此，须回归到一般缔约上过失理论，仍以托运人之过失为其要件，但此过失运送人无庸举证，而系由托运人举证其无过失。[21] 如运送人依侵权行为亦得请求损害赔偿时，有请求权竞合理论之适用。[22] 如托运人未告知，但运送人已知者，解释上应可类推适用“民法”第五百九十六条之规定，使托运人免责。[23]

（二）托运人之权利

1. 托运人运送物之处置权：“民法”第六百四十二条第一项规定：“运送人未将运送物之达到，通知受货人前，或受货人于运送物达到后尚未请求交付运送物前，托运人对于运送人，如已填发提单者，其持有人

18 江朝国，前揭书，同注16，第二三九、二六五页。江朝国，论“我国”危险增加规定及相关问题之探讨，保险专刊，第三十八辑，1994年12月，第四九页。

19 郑玉波，前揭书，同注1，第五八〇页。

20 邱聪智，前揭书，同注1，第四九九页。

21 王泽鉴，缔约上过失，收录于氏著民法学说与判例研究，第一册，作者自刊，1993年9月十四版，第七七页。

22 王泽鉴，契约责任与侵权责任之竞合，收录于氏著民法学说与判例研究，第一册作者自刊，1993年9月十四版，第三九五页。

23 郑玉波，前揭书，同注1，第五八〇页。史尚宽，前揭书，同注1，第六〇九页。邱聪智，前揭书，同注1，第四九九页。

对于运送人，得请求中止运送，返还运送物或其他之处置。”是为运送物处置权。[24] 此处置权系源自于运送物所有权（“民法”第七百六十五条参照），此权利不因运送物之交付予运送人而发生移转效力，故此处置权之设计，一来符合物权法理，二来重视托运人利益之维护。兹分述其意义如下：

（1）处置权主体

本条因提单填发之有无而有不同，依条文文义（托运人与提单持有人并列），如已填发提单者，以提单持有人为处置权主体；反之，如未填发提单者，以托运人为处置权主体。本条系依“民法”第七百六十五条而来，解释上限于托运人是所有人，始有本条适用，如此一来，当托运人非所有人时，虽系运送契约之当事人，但依上述理由，应无本条处置权，此时运送物所有人虽非运送契约之当事人，亦得行使本条处置权，此与提单持有人非运送契约当事人之情形相同。

（2）处置权时限

行使此处置权，须限于运送物之达到通知受货人前，或受货人于运送物达到后，尚未请求交付运送物前，否则受货人已依“民法”第六百四十三条、第六百四十四条取得托运人因运送契约所生之权利者，托运人无法行使处置权。惟运送人如已填发提单者，托运人及受货人之地位为提单持有人所吸收，此时无此时间限制之问题。

（3）处置权内容

处置权之主要内容有三：

①请求中止运送：指中途停止而停留于某地，此处置须于运送物到达目的地前为之。中止运送本质上系运送契约请求权，而非运送物之处分权，故“民法债编”将其修正为“处置”，以符本质。又民法上继续性契约，通常仅生“终止”问题，而本条用“中止”，是特别强调运送行为之中止，而非契约之“终止”，但生同等契约之终止耳。

②返还运送物：此系指将运送物于其所在地返还于托运人或提单持有人，不必运回原地而返还。

③其他处置：例如指示运送人将运送物改交受货人以外之人或指示特别保管方法。

24　本条项修正理由：“一、原条文规定托运人或提单持有人对于运送人，得请求中止运送或返还运送物时，均为一种行为，其涵义应较‘处分’为广，参照第五百二十七条第二项、第五百八十四条及第六百四十一条爰将‘处分’修正为‘处置’。又为期本条文义明确，将第一项内‘托运人对于运送人’之后，‘如已……’之前，增加一逗点‘，’。”

处置权既系托运人或提单持有人就原运送契约外所另加之处置，当非运送人所预料，故于此期间所增之费用或所生之损害，“民法”第六百四十二条第二项规定：“前项情形，运送人得按比例，就其已为运送之部分，请求运费，及偿还因中止、返还或其他处置所支出之费用，并得请求相当之损害赔偿。”[25] 此时，法文所谓按比例非指距离之远近，应就运送总体事务综合斟酌，如另有损害，自得请求赔偿。

托运人或提单持有人请求中止运送，返还运送物时，其运送契约之效力如何？解释上此时托运人或提单持有人与运送人间之关系，应依法发生如同终止契约并请求损害赔偿之情形（“民法”第二百六十三条、第二百六十条参照），仅其损害赔偿之范围受“民法”第六百四十二条第二项规定之限制，故其效果又如同终止契约一般（依比例）。但此项法定终止契约之效力仅于运送契约之当事人间发生，与上述“民法”第六百四十二条之终止运送契约不同，惟此系观察面不同所导致之差异矣！

2. 从双务契约而言，托运人之权利即为运送人之义务，故本段仅讨论托运人运送物之处置权部分，至于填发提单请求权、物品运送请求权及损害赔偿请求权，留待于运送人义务讨论。

二、对运送人之效力

（一）运送人之义务

1. 提单填发义务：“民法”第六百二十五条第一项规定：“运送人于收受运送物后，因托运人之请求，应填发提单。”是为运送人填发提单之义务，兹分述如下[26]：

（1）提单之意义

所谓提单，系指物品运送人所填发之处分及受领运送物之一种有价证券。

（2）提单之内容

“民法”第六百二十五条第二项规定：“提单应记载左列事项，并由运送人签名：一、前条第二项所列第一款至第四款事项。二、运费之数

25 本条项修正理由：“二、第二项内‘中止返还’乃缘第一项规定而来，应为二种行为，为明确计，爰于‘中止’与‘返还’间，增加一顿号‘、’，以示区分。又此处中止、返还乃动词，与其并列之‘其他处分’亦应作动词用，为免误解，将‘其他处分’修正为‘为其他处置’，以期一致。”

26 有关提单之填发、作用、性质、效力、丧失之救济与仓单几为一致，故本章仅就提单与仓单不同之部分为详细说明，相同之处则大致论述。

额，及其支付人为托运人，或为受货人。三、提单之填发地，及填发之年月日。”有学者认为此等记载事项咸为绝对应记载事项，缺一无效[27]，惟现行通说认为，仍须依其性质作不同之解释[28]，愚从之。因此，绝对应记载事项包括运送物之种类、品质、数量，及其包皮之种类、个数及记号、目的地、填发年月日。提单填发地（未记载者，视为运送人住居所所在地）为相对应记载事项。法定得记载事项则包括托运人之姓名及住址、受货人之名号及住址[29]、运费之数额及支付之人。至于任意记载事项，如不违反“民法”第六百四十九条或其他强行规定者，均为有效。

（3）提单之性质

①提单与仓单性质相同点

提单性质上与仓单大致相同，故可以表列之：

提单
- 要式证券
- 记名证券（原则上）
- 自付证券
- 物权证券（“民法”第六百二十九条）
- 文义证券（“民法”第六百二十七条）
- 不要因证券
- 缴回证券（“民法”第六百三十条）

②提单与仓单性质相异点

提单与仓单尚有些许差异，兹分述如下：

❶移转要件不同：仓单之移转，除背书交付外，依“民法”第六百十八条之规定，尚须仓库营业人之签名；提单则仅以背书交付为其移转之要件，无须运送人之签名。

❷文义证券之法律依据：仓单与提单均为文义证券，惟仓单并无明文规定，仅系依“民法”第六百十六条之记载以及当事人间之权义关系以仓单为准之观念，认其为文义证券；反之，提单之文义性法有明文，“民法”第六百二十七条规定：“提单填发后，运送人与提单持有人间，关于运送事项，依其提单之记载。”

27 戴修瓒，民法债编各论，三民书局，1964年，第一六三页。蔡章麟，民法债编各论，下册，作者自刊，1959年，第四九页。

28 郑玉波，前揭书，同注1，第五八四页。史尚宽，前揭书，同注1，第五六〇页。邱聪智，前揭书，同注1，第五〇五页。

29 此涉及提单是否得为无记名式，通说肯定之，愚亦从之。郑玉波，前揭书，同注1，第五八四页。邱聪智，前揭书，同注1，第五〇六页。

❸物权证券之法律依据：仓单与提单均为物权证券，惟仓单之物权性依“民法”第六百十八条所推衍而出；提单之物权性则系依“民法”第六百二十九条规定：“交付提单于有受领物品权利之人时，其交付就物品所有权移转之关系，与物品之交付，有同一之效力。”[30] 惟如其交付并非以运送物

30 以下“最高法院”判决所引用之海商法条文，因海商法业经大幅修正，法条之条号多有变更，参引时请特别注意。

“最高法院”1982年度台上字第4390号判决：“‘海商法’第一百零四条准用‘民法’第六百二十七条及第六百二十九条规定之结果，载货证券填发后，运送人与载货证券持有人间，关于运送事项，依其证券之记载，交付载货证券有受领物品权利之人时，其交付就物品所有权移转之关系，与物品之交付有同一之效力。原审既认上诉人持有之载货证券系由有权签发之运送人福×公司在菲之代理人海×船务代理行所签发，如上诉人确为合法受让之持有人，对于运送物非不得主张所有之权利，原审见未及此，率认上诉人非系争原木之所有人，不得请求返还不当得利，亦有未合。”

同院1987年度台上字第366号判决：“载货证券具有换取或缴还证券之性质，运送货物经发给载货证券者，货物之交付，凭载货证券为之，即使为实际之受货人，苟不将载货证券提出及交还，依‘海商法’第一百零四条准用‘民法’第六百三十条规定，仍不得请求交付运送物，经本院著有1978年台上字第一二二九号判例。又依‘海商法’第一百零四条准用民法第六百二十九条规定，交付载货证券于有受领货物权利之人时，其交付就货物所有权移转之关系，与货物之交付，有同一之效力。此项‘交付’之效力，乃基于法律之规定而发生，为‘民法’第七百六十一条之特别规定，实为揭示载货证券之物权效力，故取得运送物之占有者，若未持有载货证券，除有‘民法’第九百四十八条‘善意受让’之情事外，并不能取得运送物之所有权，申言之，载货证券持有人仍得对于运送人行使所有权人之权利。”（同院1987年度台上字第367号判决同旨。）

同院1998年度台上字第926号判决：“‘海商法’第一百零四条固规定‘民法’第六百二十九条关于提单之规定准用于载货证券。准此，受货人于请求交付运送物时，应交还载货证券，亦即运送人于受货人不交还载货证券时，虽得拒绝为运送物之交付，然如于运送人不拒绝交付，而由托运人出具‘电报放货切结书’及由受货人出具‘担保赔偿书’，以电报放货切结方式为运送物之交付时，如未进而约定托运人或受货人应再交还载货证券，或约定于请求货损赔偿时应交还载货证券者，托运人似仅同意由该切结书所载之受货人提取货物，并免除托运人可能误交之损害赔偿责任，及受货人表明如其非真正之受货人，愿负损害赔偿责任而已，似均未表明放弃其对运送物毁损之赔偿请求权，则能否认运送人于受货人请求赔偿因运送物毁损所受之损害时，尚得径据上揭规定以未交还载货证券对抗之，已非无疑。再由‘海商法’第一百零四条准用‘民法’第六百三十条规定观之，载货证券之交付，就物品所有权移转之关系与物品之交付有同一之效力，此一效力，亦仅于将载货证券交付于‘有受领物品权利之人’时始行发生。如将载货证券交付于‘非有受领物品权利之人’时，例如将载货证券交付押汇银行办理押汇或将载货证券设定质权，而交付于各该押汇银行或质权人时，因各该押汇银行或质权人均非‘有受领物品权利之人’，自不发生物品所有权移转之效力，此亦可由‘海商法’第一百零二条、第一百零三条所定载货证券得发行数份之情形获得佐证。是‘海商法’第一百零四条准用‘民法’第六百三十条所定之物权效力，仅于持有载货证券之人为‘有受领物品权利之人’始发生。而由反面言之，如受货人确为‘有受领物品权利之人’，并已提领运送物，对此，运送人、托运人及载货证券上记名之受货人均无异言时，运送人能否仍得据上开规定拒绝为货损之赔偿，自滋疑义。”

所有权移转之意思为之者（例如设定权利质权），无本条规定之适用。[31]

❹缴回证券之法律依据："民法"第六百三十条规定："受货人请求交付运送物时，应将提单交还。"故提单为缴回证券[32]；仓单亦有防止同一物品重复交付之问题，虽仓库一节并未规定，通说认为应类推适用

31 "最高法院"1997年度台上字第1703号判决："'民法'第六百二十九条规定'交付提单于有受领物品权利之人时，其交付就物品所有权移转之关系，与物品之交付，有同一之效力'，系指为物品所有权移转之目的而交付提单于有受领物品权利之人时，与交付物品有同一之效力而言。苟非就物品所有权之移转而交付提单，而系因其他原因交付者，亦仅使受交付者取得请求交付物品之权利，并不当然取得物品之所有权。故受交付提单者，究竟取得何种权利，应依提单授受当事人间之契约内容而定。"

32 "最高法院"1978年度台上字第1229号判例："载货证券具有换取或缴还证券之性质，运送货物，经发给载货证券者，货物之交付，凭载货证券为之，即使为实际之受货人，苟不将载货证券提出及交还，依'海商法'第一百零四条准用'民法'第六百三十条规定，仍不得请求交付运送物。"

同院1984年度台上字第4409号判决："第一百零四条准用'民法'第六百三十条规定，载货证券固具有换取或缴还证券之性质，原则上货物之交付，应凭载货证券为之，即使为真正之受货人，苟不将载货证券提出及交还，亦不得请求交付运送物。惟如受货人怠于受领货物时，依'海商法'第九十四条第一项规定，运送人或船长得以受货人之费用，将货物寄存港埠管理机关或合法经营之仓库，并通知受货人，以完成其交付，则无须凭载货证券为之。"

同院1985年度台上字第2722号判决："载货证券具有换取或缴还证券之性质，运送货物经发给载货证券者，货物之交付，凭载货证券为之，即使为实际之受货人苟不将载货证券提出及交还，依'海商法'第一百零四条准用民法第六百三十条规定，仍不得请求交付运送物，本院著有1978年台上字第一二二九号判例。又'财政部'原木进口通关办法系为进口原木，办理起卸、报关、查验之程序而设，以课征进口原木之税捐为目的。此与运送人交付货物于受货人时，应凭载货证券为之，系属二事。本件原判决以被上诉人依原木进口通关办法第三条之规定，与鸿泰公司联名向'财政部'高雄关申请核发特别卸货准单，并由鸿泰公司具结保管进口之原木，即认已履行运送契约所负交付运送物之义务，其法律上之见解不无违误。"

同院1991年度台上字第2568号判决："载货证券由运送人或船长，因托运人之请求而签发，依'海商法'第一百零四条准用'民法'第六百二十七条规定，运送人与载货证券持有人间，关于运送事项，依载货证券之记载。又准用'民法'第六百三十条规定，载货证券具有换取或缴还证券之性质，运送货物，经发给载货证券者，货物之交付，凭载货证券为之。即使为托运人实际指定之受货人，苟未将载货证券提出及交还，仍不得请求交付运送物。运送人对于载货证券持有人，应依载货证券之记载负其责任。"（同院1991年度台上字第597号判决、1994年度台上字第301号判决、1994年度台上字第2977号判决同旨。）

同院1993年度台上字第1083号判决："载货证券具有换取或缴还证券之性质，运送货物经发给载货证券者，货物之交付，凭载货证券为之，即使为实际之受货人，苟不将载货证券提出及交还，依'海商法'第一百零四条准用'民法'第六百三十条规定，仍不得请求交付运送物，本院著有1978年台上字第一二二九号判例可资参照。因此受货人或其指定之人，不凭载货证券请求交付运送物时，运送人自得拒绝交付，苟不拒绝而交付运送物，似已侵害载货证券持有人之权利。"

同院1997年度台上字第2509号判决："载货证券具有换取或缴还证券之性质，运送货物，经发给载货证券者，货物之交付，应凭载货证券为之，即使为运送契约所载之受货人，苟不将载货证券提出及交还，依'海商法'第一百零四条准用'民法'第六百三十条规定，仍不得请求交付运送物，不因载货证券尚在托运人持有中而有所不同。故运送契约所载之受货人不凭载货证券请求交付运送物，运送人不拒绝而交付，如因而致托运人受有损害，自应负损害赔偿责任。"

“民法”第六百三十条之规定为缴回证券。

（4）提单之填发

“民法”第六百二十五条第一项规定：“运送人于收受运送物后，因托运人之请求，应填发提单。”托运人一请求，运送人负有填发提单之义务，故为形成权，如拒绝填发则构成不完全给付，托运人得主张债务不履行责任。此与仓单之差异在于仓单须受仓库簿之限制，而提单则无。又如前述，新修正民法明定运送人必于收受运送物后，始得填发提单（陆、海运称 Bill of Lading，B/L；空运称 Air waybill，A/W），免生空单或空券之弊端。另提单在国际贸易运送契约上，又有大提单（master）与小提单（certificate of receipt）之分，常见于母子船运送之情形。

（5）提单之效力

①物权效力：提单为物权证券，表彰其所记载物品之所有权，具有物权效力，依“民法”第六百二十九条之规定，交付提单与物品之交付有同一之效力，不须再践履物品交付之物权行为。提单填发后，托运人不得再以指示交付之方式让与运送物所有权予他人。运送物所有权之转让，除提单之交付外，尚须践履背书之程序，此要件亦适用于提单之设质（权利质权）。

②债权效力：提单之填发系有相对人之单独行为，填发后运送人与托运人有二法律关系：一是运送契约，一系提单之证券债权债务关系。而此证券债权债务关系，虽源自于运送契约，但提单一经填发后，二者即行分离（提单之无因性）。托运人尚未将提单移转于他人前，托运人与运送人间之权利义务关系，仍以运送契约为准；反之，提单已移转于他人后，提单持有人对运送人而言，系运送物之所有人，得依提单请求交付运送物[33]（物

33 “最高法院”1984年度台上字第1897号判决：“惟按载货证券填发后，运送人对于载货证券持有人，固应依载货证券之记载负其责任，且在载货证券持有人行使权利期间，托运人对运送人依运送契约所得行使与之有关之权利，殆处于休止状态，不能再予行使，但托运人仍非完全脱离运送契约所定法律关系，此观因托运人之通知不正确所致之一切毁损、灭失及费用，依‘海商法’第九十九条规定，托运人仍应负赔偿责任，运送人且得以限制其载货证券之责任，对抗托运人而自明。故载货证券如嗣因辗转让与而复为托运人持有时，仅得认上述休止状态业已回复，应依运送契约之内容定托运人与运送人间之关系，而非依载货证券之记载定其法律关系。原审谓被上诉人（托运人）可本于载货证券持有人之地位，依海商法有关载货证券之规定，对大阪商三井船舶株式会社（运送人）请求损害赔偿，其所持见解，依上揭说明，非无研究余地。”（同院1986年度台上字第4543号判决、1987年度台上字第660号判决、1988年度台上字第1206号判决同旨。）同院1985年度台上字第1445号判决：“依‘海商法’第一百零四条准用‘民法’第六百二十七条、第六百二十九条规定，运送人对于各载货证券持有人，既应依载货证券之记载负其责任，则在载货证券持有人行使权利期间，托运人对运送人依运送契约所得行使与之有关权利，似仍应处于休止状态，不能行使，否则载货证券持有人及托运人各得本于载货证券或运送契约之法律关系向运送人主张权利，自非事理之本。”（同院1989年度台上字第940号判决同旨。）

权请求权），但无运送物返还请求权（债权请求权[34]）。若提单填发后，如因运送人之故意或过失，致提单所表彰之运送物毁损或灭失者，对于提单持有人仍应负不完全给付或给付不能之责任，此系基于证券债权债务关系而来，而非依运送契约而生。运送人就提单持有人之所有权之毁损或灭失，亦应负侵权行为责任，而有请求权竞合之情形。

（6）提单之分割

提单未如仓单有分割之明文（“民法”第六百十七条参照），但因二者性质相似，应可类推适用“民法”第六百十七条之规定，故提单持有人得请求运送人将运送物分割为数部分，并填发各该部分之提单（俗称“小提单”），但提单持有人应将原提单交还。前项分割，及填发新提单之费用，由持有人负担。提单之分割，在谋运送物之便于处分，提单持有人既有运送物之所有权，自应赋予其分割请求权。分割后须填发各部分之提单，此时原提单不因此而无效，仍有流通之可能，且运送人亦有重复给付之危险，为保障交易安全及运送人之权利，提单持有人应返还原提单，此原提单之返还与新提单之交付，不无牵连关系，应有“民法”第二百六十四条同时履行抗辩权之适用。又提单之分割系为提单持有人之利益而为之，故分割及填发新提单之费用，应由提单持有人负担，以为公平。

（7）提单之转让

①提单之转让方式：提单如系记名式者，其转让以背书及交付方式为之（“民法”第六百二十八条本文参照），如系无记名式，以交付为已足。惟“民法”第六百二十八条但书之指名提单，原则上不得转让，违者无效，解释上无“票据法”第三十条第二项以债权让与方式为之规定适用之余地，盖提单之背书虽具有权利移转效力及权利证明效力，惟其并未如票据背书具有权利担保效力，故违反“票据法”第三十条第二项之规定，通说认为仍生债权让与之效力，实益乃在于此时后手继受前手之瑕疵，人之抗辩不因此而中断。[35] 反观提单之效力，如认其违反“民法”第六百二十八条但书仍认其生债权让与效力者，“民法”第六百二十八条但书之规定势成具文，故本书以为指名提单之转让无效。

②背书之效力：提单之背书未具备权利担保效力，与票据背书效力有

34 邱聪智，前揭书，同注1，第四六六页。

35 郑洋一，票据法之理论与实务，作者自刊，1994年10月修订十九版，第一五四页。梁宇贤，票据法新论，作者自刊，1995年3月修订再版，第一七二页。

异，故提单背书人不因其背书而对提单持有人负给付责任，提单持有人对背书人无追索权，仅得依其原因关系主张权利。惟提单之背书，依“民法”第六百二十九条具有移转物权之效力，此反为票据背书规定所无。[36]

（8）提单之灭失

所谓提单之灭失，系指提单因毁损、遗失或被盗而灭失或丧失，其救济方法，本节并未规定，“民事诉讼法”第五百三十九条第一项规定：“申报权利之公示催告，以得依背书转让之证券及其他法律有规定者为限。”提单之转让，依“民法”第六百二十八条应以背书为之，故得依“民事诉讼法”第五百三十九条第一项之规定，声请法院依公示催告程序，以除权判决宣告该提单无效（“民事诉讼法”第五百五十六条参照），经除权判决后，提单持有人（声请人）对于依证券负义务之人（运送人），虽未占有提单，但得主张提单上之权利（“民事诉讼法”第五百六十五条第一项参照），解释上亦得请求填发新提单[37]，使提单所表彰之物品得以继续流通，其费用应由请求重新填发之人负担。

此次“民法债编”修正增订民法第六百二十九条之一：“第六百十八条之一之规定，于提单适用之。”[38] 是明文规定提单遗失、被盗或灭失者，提单持有人得于公示催告程序开始后，向运送营业人提供相当之担保，请求补发新提单（“民法”第六百二十九条之一准用第六百十八条之一）。提单持有人即可于公示催告开始后，仅向运送人提供相当担保后，无须待除权判决即可取得新提单，使提单所表彰之物品重新流通，或请求运送营业人交付，以保持提单之市场机能，且保障运送营业人及真正权利人之利益。“民法债编施行法”第三十一条之规定：“修正之‘民法’第六百二十九条之一之规定，于‘民法债编’修正施行前遗失、被盗或灭失之提单，亦适用之。”故“民法”第六百二十九条之一之适用有溯及力。

（9）运送物灭失后提单之移转问题

按运送物已遗失或被盗用，而不能回复其占有或已为第三人善意受让取得者，提单持有人如再依“民法”第六百二十八条之规定背书转让提单于第三人时，是否生所有权移转之效力？实务见解采否定说，认为

36 邱聪智，前揭书，同注1，第五一五页。

37 史尚宽，前揭书，同注1，第五三七页。郑玉波，前揭书，同注1，第五六五页。邱聪智，前揭书，同注1，第四七一页。

38 本条增订理由：“一、本条新增。二、提单因其性质与仓单近似，故于遗失、被盗或灭失时，学者通说以为得适用仓单遗失、被盗或灭失之补救方法，为期明确，爰明定提单适用第六百十八条之一之规定。”

不生运送物所有权移转之物权效力，仅发生损害赔偿债权让与之问题。[39] 此见解是否妥适？不无疑问！此问题涉及提单之物权效力，争议之学说有绝对说（Abso1ute theory）与相对说（Relative theory）及物权效力否定说[40]，其中相对说又分为严正相对说（Strict Relative Theory）及单纯相对说（Representative Theory），上述学说争议已趋于缓和，通说采单纯相对说[41]，实务见解亦同。愚以为就保护交易安全及运送营业人之权益，且维持物权法体系而言，以单纯相对说为当。[42] 但注意实务上之运作，为方便主张者之行使权利，常要求提货人签具切结书，表明担保提货无误及负返还或赔偿之责任，方为放货。

2. 运送义务：运送义务系运送人之主给付义务，包括运送物之受领、保管、装运及交付。[43] 依“民法”第六百三十二条、第六百三十三条、第六百四十一条、第六百四十三条之规定，可知运送人须负运送之义务，其内容有四：

（1）准时运送义务

“民法”第六百三十二条规定：“托运物品应于约定期间内运送之。无约定者，依习惯。无约定亦无习惯者，于相当期间内运送之。前项所称相当期间之决定，应顾及各该运送之特殊情形。”依上所述，运送人之运送义务，系自受领时起算，迄交付为止。此所称之运送，解释上包含完成运送[44]，应依其约定期间内运送完成（即运送物之交付），如无约定，依开始运送地之习惯[45] 为准，如无约定亦无习惯时，则应于相当期间内运送。此之相当期间，除应依诚信原则考虑外，应顾及各该运送之特殊情形

39 “最高法院”1987 年度台上字第 771 号判例：“交付载货证券于有受领货物权利之人时，其交付就货物所有权移转之关系，与货物之交付，有同一之效力，固为‘海商法’第一百零四条准用‘民法’第六百二十九条所明定，惟此系就运送人尚未丧失其对货物之占有（包括间接占有）之情形而言，倘货载已遗失或被盗用，而不能回复其占有或已为第三人善意受让取得者，则载货证券持有人纵将载货证券移转与他人，亦不发生货物所有权移转之物权效力，仅发生损害赔偿债权让与之问题。”（同院 1987 年度台上字第 366 号判决、1988 年度台上字第 746 号判决同旨。）

40 杨仁寿，前揭书，同注 10，第三九五页。梁宇贤，海商法，三民书局股份有限公司，1994 年 10 月修订四版，第五〇四页。

41 梁宇贤，前揭书，同前注，第五〇四页。

42 详细说明请参阅本书仓库一节关于“运送物灭失后仓单之移转问题”之说明。

43 郑玉波，前揭书，同注 1，第五九〇页。邱聪智，前揭书，同注 1，第五一五页。

44 最高法院 1930 年度上字第 112 号判例：“运送人对于运送物品本有善良保管之责，于运送责任尚未终了之前，雇人看守，仍属履行保管责任之事项，因此所支付之费用，自不能责由托运人赔偿。”

45 郑玉波，前揭书，同注 1，第五九一页。邱聪智，前揭书，同注 1，第五一六页。

（“民法”第六百三十二条第二项参照），如运送工具、运送物之性质、气候、路线等等，此相当期间之斟酌影响运送人之责任[46]，亦影响及保险责任问题，如认其系相当者，运送人并不违反准时运送义务；反之，运送人须为运送物之迟到负不可抗力责任（“民法”第六百三十四条参照）。[47]

（2）依从指示义务

“民法”第六百三十三条规定：“运送人非有急迫之情事，并可推定托运人若知有此情事亦允许变更其指示者，不得变更托运人之指示。”是为运送人依从托运人指示之义务。因运送系为托运人之利益而存在，在运送物到达目的地经通知受货人之前，托运人尚有处置权，民法乃规定运送人须依从托运人之指示，例如装运方法、运送路线、保管方式等，甚至提单上所有之记载，均为托运人之指示，运送人原则上不得任意变更[48]，如违反指示致生损害于托运人，而该损害系运送物之丧失、毁损或迟到者，运送人应负民法第六百三十四条普通事变责任；反之，运送人仅须负一般债务不履行（不完全给付）责任（“民法”第二百二十七条参照）。但如遇有急迫情事，而可推定托运人若知其情事亦允许其变更其指示者，运送人得予变更，且应予变更（“民法”第六百四十一条第一项参照），如有违反此变更义务，致托运人受有损害者，则应负赔偿责任（“民法”第六百四十一条第二项参照）。

（3）必要注意及处置义务

---

46 “最高法院”1995年度台上字第77号判决：托运物品应于约定期间内运送之，无约定者，依习惯，无约定亦无习惯者，应于相当期间内运送之。“民法”第六百三十二条第一项定有明文。此项规定系运送契约之特别规定，自无适用“民法”第二百二十九条第二项对于债务人应经催告始负迟延责任之规定。本件香蕉运送，两造固未定有期限，惟中日间航程通常运送期间为四至六天，业据上诉人所举证人即德×轮船员陈×猜证明属实，并有德×轮输日之到货报告书四份在卷可稽。本件德×轮自1991年6月26日开航，至同年7月16日遭日本海关禁止进口时止，共计二十一天，显已逾上开相当运送期间，上诉人自应负迟延责任。

47 “最高法院”1992年度台上字第302号判决：“查‘民法’第六百三十二条系有关运送人按时运送义务之规定，同法第六百六十一条则为承揽运送人损害赔偿责任之规定，两者适用之对象并不相同。原审既已认定被上诉人填发提单于上诉人，依‘民法’第六百六十四条规定，视为自己运送，乃竟又交互引用民法关于运送人及承揽运送人之前述规定，审认被上诉人责任、义务之有无，殊属可议。倘被上诉人因填发提单于上诉人，视为自己运送时，能否以自己无航空器，无法控制航程为由，对于延后班机起飞及货品之迟到，不负责任，即有推求之余地。”

48 “最高法院”1960年度台上字第577号判例：“运送人应照托运人之指示，将运送物交所指定之受货人。除托运人有变更指示外，不得自将应行送达之货物交与指示以外之第三人，至受货人所在不明或竟无其人，亦应通知托运人请求指示，不得自行处置。”

"民法"第六百四十一条第一项规定："如有第六百三十三条、第六百五十条、第六百五十一条之情形，或其他情形足以妨碍或迟延运送，或危害运送物之安全者，运送人应为必要之注意及处置。"[49] 是为运送人之注意及处置义务，本条适用上须遇有足以妨碍或迟延运送或危害运送物安全之情形，包括急迫变更之必要情事发生（"民法"第六百三十三条参照）、运送物因受领迟延而有寄存拍卖之必要情事（"民法"第六百五十条参照）、运送物因诉讼而有寄存拍卖之必要情事（"民法"第六百五十一条参照）及其他必要情事，例如运送途中突遇交通断绝，足以迟延运送之情事是。具备上述要件，运送人应为必要之注意或处置，所谓必要之注意，系指善良管理人注意之谓（"民法"第二百二十条参照）。所谓必要之处置，只要求足以解决运送妨碍或避免运送迟延或保持运送物安全之手段。如运送人违反此必要注意及处置义务时，究应负通常事变责任？抑或是一般债务不履行责任？"民法"第六百四十一条第二项之规定："运送人怠于前项之注意及处置者，对于因此所致之损害应负责任。"足见本条责任以运送人怠于必要注意为前提，解释上仍属过失责任，此部分寓有减轻运送人责任之意旨，应优先于"民法"第六百三十四条之适用[50]，惟其损害赔偿，解释上应有"民法"第六百三十八条限制规定之适用。

（4）运送物交付义务

运送物交付义务为运送义务所包括，民法因当然解释未予以明文。"民法"第六百四十三条规定："运送人于运送物达到目的地时，应即通知受货人。"是为运送人通知义务[51]，此通知性质上为"民法"第二百三十五条但书之言词提出。[52]"民法"第六百四十四条规定："运送物达到目的地，并经受货人请求交付后，受货人取得托运人因运送契约所生之权利。"如已填发提单者，则应向提单持有人交付，相对地运送人为保全其

49 本条项修正理由："依原条文第一项规定，运送人之必要注意及处置义务，似专为保护运送物所有人之利益，惟事实上此时运送人与托运人、受货人或其他权利人之关系更为密切，其利益均应受保护，原规定在适用上发生疑义，爰将'为保护运送物所有人之利益'等文字删除。"

50 邱聪智，前揭书，同注 1，第五二〇页。

51 "最高法院"1974 年度台上字第 994 号判例："航空运送，遍布全球，动辄牵连二'国'以上，故运送人多于他地或他国设立分公司或代理人，代为办理有关承运货物在该地之一切事务，'民法'第六百四十三条所规定之运送物达到之通知义务，自亦有其适用。"

52 "最高法院"1987 年度台上字第 2820 号判决："依'海商法'第五条准用'民法'第六百四十三条规定，通知受货人提货为运送人之义务，而非仓库营业人之义务。被上诉人既非运送人，当无课以通知受货人提货义务之理由。"

运费债权，对运送物有留置权（“民法”第六百四十七条参照）。

3. 债务不履行责任：一般债务不履行责任，可分为给付不能、给付迟延及不完全给付三类型，均以可归责事由为其责任成立要件（“民法”第二百二十六条、第二百二十七条、第二百二十九条参照）。惟民法运送一节考虑运送乃一危险行为，故特别加重对运送人债务不履行责任，导致其内容与债之通则之债务不履行，有极大之差异，兹分述如下：

（1）责任之事由

“民法”第六百三十四条规定：“运送人对于运送物之丧失、毁损或迟到，应负责任。但运送人能证明其丧失、毁损或迟到，系因不可抗力，或因运送物之性质，或因托运人或受货人之过失所致者，不在此限。”是为运送人之无过失责任，此责任成立系以运送物之丧失、毁损或迟到为其成立要件。所谓丧失，系与给付不能之概念作同一之解释，即社会通念上不能强制运送物交付实现者，即为已足。因此包括物质上之灭失、被盗或遗失，无法依法律规定回复之情形（“民法”第九百四十九条至第九百五十一条、第九百六十二条参照）亦属之。[53] 所谓毁损，系指物质变动致其价值减损之情形[54]，但单纯物价波动所致之贬值则不与焉。[55] 所谓迟到，指于约定

53 “最高法院”1985年度台上字第2189号判决：“运送物之丧失，系指无法将运送物交付受货人之一切情形而言，不限于物质之灭失，即法律上之不能回复占有，亦包括在内。本件被上诉人运送之物品（鞋类）已因误交他人而不能回复占有以交付受货人，为两造不争之事，自属运送物丧失情况之一种，依‘民法’第六百二十三条规定，因丧失而生之赔偿请求权，自运送终了或应终了时起，二年间不行使而消灭。”

54 “最高法院”1991年度台上字第1544号判决：“上诉人承运联×公司之产品，明知其所托运者为玻璃瓶装之发烟硝酸，包装纸箱上贴有‘联×化学试药发烟硝酸’之标签，并以红色大字书写‘小心玻璃’、‘向上’放置之字样于纸箱上，乃上诉人于装载及运送过程中，未予妥善处理，导致瓶破发烟，因而污染口香糖二十包装盒之外表塑胶纸，自难谓其运送为无过失。上开口香糖受发烟硝酸发烟污染而受损，并非由于托运人留×香公司之过失，乃系上诉人之过失所致，上诉人依‘民法’第六百三十四条之规定，即应负赔偿责任。上诉人辩谓联×公司托运发烟硝酸未尽告知义务，伊即得因而免责云云，为非可采。”

同院1992年度台上字第2827号判决：“按运送人对于运送物之丧失、毁损或迟到，应负责任。但运送人能证明其丧失、毁损或迟到，系因不可抗力，或因运送物之性质，或因托运人或受货人之过失而致者，不在此限，为‘民法’第六百三十四条所明定。查原审虽认定本件香蕉成熟变黄及冻伤肇因承运之裕×轮航期过长，而航期过长系因该船与其他船舶碰撞，折返高雄港整修，因而迁延时日所致云云，惟并未认定此船舶碰撞事件系本件运送中之不可抗力。究竟裕×轮与其他船舶碰撞之原因及过程如何？何一船舶应负过失责任？此碰撞事件对被上诉人而言，是否系不可抗力？凡此皆与本件诉讼有无该法条但书规定之适用，被上诉人得否据以免责，至有关连。”

55 郑玉波，前揭书，同注1，第五九四页。邱聪智，前揭书，同注1，第五二二页。

期间、或依习惯上期间或相当期间而尚未完成运送（含交付）之情形。

（2）责任之型态

①无过失责任："民法"第六百三十四条之规定并未以运送人之故意或过失为其责任成立要件，性质为无过失责任。[56] 无过失责任又可分为通常事变责任与狭义不可抗力之特别事变责任，"民法"第六百三十四条但书规定，运送人能证明因不可抗力所致之丧失、毁损或迟到者，运送人不负责任，故本条系通常事变责任，亦称为有限制的无过失责任。

②履行辅助人之故意或过失：旧"民法"第六百三十六条规定："运送物因运送人之雇用人或其所委托为运送之人，有过失而致丧失、毁损或迟到者，运送人应负责任。"本条业经删除。[57] 盖按依"民法"第六百三十四条通常事变责任之规定，事由之发生不论是否由运送人本人或受雇人或受托送人所致，运送人均应负责，性质为通常事变责任，而履行辅助人亦系运送契约之第三人[58]，其行为当亦属于事变之一种，旧"民法"第六百三十六条之规定，似使人误以为此等人无故意过失时运送人即可免责！或有以为，履行辅助人之过失，运送人应负同一之责任，"民法"第二百二十四条已有明文，何必重复？愚意以为"民法"第二百二十四条与第六百三十六条之责任基础不同，"民法"第二百二十四条本质

56 最高法院1930年度上字第3169号判例："承运之货物既有短少，则非证明确因不可归责于己之事由以致不能交付，自不能辞其赔偿之责。"
同院1958年度台上字第713号判例："关于运送人之责任，只须运送物有丧失、毁损或迟到情事，经托运人或受货人证明属实，而运送人未能证明运送物之丧失、毁损或迟到系因不可抗力，或因运送物之性质，或因托运人或受货人之过失所致者，则不问其丧失、毁损或迟到之原因是否可归责于运送人之事由，运送人均应负法律上或契约责任。"

57 本条删除理由："第六百三十四条系仿法国商法之规定，运送人须负事变责任。依规定，运送人之受雇人或其所委托为运送之人，因过失所致运送物之丧失、毁损或迟到，运送人当然应负责。而本条又仿德国商法第四百三十一条而制定，按德国商法第四百二十九条，运送人系采过失责任，故其第四百三十一条规定运送人就其使用人之过失，与自己之过失，负同一责任，以加重运送人之责任。'我国''民法'本条之情形，既包含于第六百三十四条内，应无存在必要，爰予删除，以免解释上发生疑义。至于运送人之受雇人或其所委托为运送之人于执行职务时，因故意或重大过失致运送物有丧失、毁损或迟到者，依第二百二十四条规定，应适用第六百三十八条第三项。如其非因执行职务所致者，则应适用第六百三十八条第一项规定计算损害赔偿额。并予叙明。"

58 "最高法院"1994年度台上字第1601号判决："实际运送货物之船舶所有人或其履行辅助者，在辅助运送人履行运送契约义务之过程中，因故意或过失不法侵害托运人或载货证券持有人所有之运送物时，运送人依运送契约或载货证券之法律关系，固应赔偿托运人或载货证券持有人所受损害；即托运人或载货证券持有人，亦得依侵权行为之法律关系，请求实际运送货物之船舶所有人赔偿其损害。"

上仍属过失责任，其以履行辅助人之故意或过失作为可归责于债务人之事由，故为其过失之扩大，仍属于过失责任（日本学者称之为给予原因之过失）；“民法”第六百三十六条本质上为无过失责任。纵使此等履行辅助人并无故意或过失而生运送物之丧失、毁损或迟到之情形，运送人仍应负责。足见旧“民法”第六百三十六条即无存在之必要，因其概念已包括于“民法”第六百三十四条之内，故新民法债编乃删除之。

（3）责任之免除

依“民法”第六百三十四条但书之规定，下列事由运送人不负责任：

①不可抗力：此所谓不可抗力，系指狭义不可抗力而言，如运送物系因自然力而丧失、毁损或迟到者，运送人不负责任。例如台风、地震等等。至于战争、罢工、瘟疫解释上亦属之。

②运送物之性质：如运送物易于腐败、不易保存致变形而不堪用。

③托运人或受货人之过失所致：例如托运人指示不当，此时运送人可依本条但书免除责任，但如遇有急迫情事，并可推定托运人若知有此情事，亦允许变更其指示，而运送人怠于必要之注意及处置者，仍应负债务不履行责任（“民法”第六百三十三条、第六百四十一条参照）。受货人因过失而受领迟延亦同，依“民法”第二百三十四条之规定，受领迟延不以债权人之故意或过失为要件，此时运送人之注意义务将减至一般人之注意义务（“民法”第二百三十七条参照），运送人仅就故意或重大过失负责，得请求其赔偿提出及保管给付物之必要费用（“民法”第二百四十条参照），惟此受领迟延如系因受货人之故意或过失所致者，运送人尚得据此免责。

④包皮之瑕疵：“民法”第六百三十五条规定：“运送物因包皮有易见之瑕疵而丧失或毁损时，运送人如于接收该物时不为保留者，应负责任。”此包皮之瑕疵应认为系托运人之过失，本应有“民法”第六百三十四条但书之适用，惟“民法”第六百三十五条予以特别规定[59]，此系因该

59 “最高法院”1978年度台上字第2841号判决：“原审斟酌全辩论意旨及调查证据之结果，以：上诉人承运之重晶石粉，在印度装运前，经当地公证公司检验结果，认为种类、数量、品质、包装及唛头等，均符合契约所定，而上诉人所签发者，又为清洁提单，并无任何瑕疵之保留。但船抵基隆港后，发现有百分之九十以上严重破包，散落无法运仓，经重新改装后，方始运出，计短少货品价值，并开支在船上，在海关仓库改装费、过筛费、仓租各如前开被上诉人主张之金额等情，有事故证明单、提单、公证报告及费用证明等件可证，且为上诉人所不争，自堪认为真实。是其破包引起之损害，依‘民法’第六百二十七条，第六百三十四条，第六百三十五条，自应由上诉人负赔偿之责。上诉人空言所指破包原因，在于包装不固或装卸堆置不良，要无可取。”

包皮瑕疵何时发生，难以证明，如非显而易见者，无“民法”第六百三十五条适用，应回归“民法”第六百三十四条之规定。

运送人如有上述情形者，可以免责，此时是否必须限于运送人无过失始可？易言之，如于上述情形中，运送人亦有过失，能否依“民法”第六百三十四条但书免责？抑或依“民法”第二百十七条之规定减轻或免除其责任（与有过失）？愚意以为解释上应对于“民法”第六百三十四条但书之适用予以限制，仅运送人无过失时始有适用，如运送人亦有过失，无“民法”第六百三十四条但书之适用，而应回归至“民法”第二百十七条与有过失之规定。[60] 反之，如上所述，托运人或受货人有过失究如通说所述依但书之规定免责，或仅得主张“民法”第二百十七条之与有过失？愚以为，如依“最高法院”其1990 年度台上字第二七三四号判例[61] 要旨所示，“民法”第二百十七条关于被害人与有过失之规定，于债务人应负无过失责任者，亦有其适用观之，似应采运送人仅得主张与有过失，盖其本负有限制的无过失责任，此乃解释上之当然结果，但如从法条用语明文“不在此限”，似又采免责主义，惟恐有责任轻重失衡之弊，故愚采与有过失为当。

（4）赔偿范围之限制

“民法”第六百三十八条第一项规定：“运送物有丧失、毁损或迟到者，其损害赔偿额，应依其应交付时目的地之价值计算之。”[62] 由此可知，运送人负无过失责任，其责任较重，为平衡计，民法乃限制其赔偿范围[63]，仅

60 史尚宽，前揭书，同注 1，第五八五页。邱聪智，前揭书，同注 1，第五二七页。

61 “最高法院”1990 年度台上字第 2734 号判例：“‘民法’第二百十七条关于被害人与有过失之规定，于债务人应负无过失责任者，亦有其适用。”

62 “最高法院”1993 年度台上字第 1453 号判决：“海商法运送人单位责任限制规定之立法意旨，乃以海上运送较陆上运送风险为大，限制其赔偿金额，有助于海上运送之发展。因此此项责任限制之规定，仅应适用于海上运送之货物灭失之情形，如货物已离船，因运送人未依约定放货，造成托运人之损害，则不应适用‘海商法’第一百十四条第二项规定，一件以九千元（即银元三千元）计算赔偿损害，而仍应依‘民法’第六百三十八条规定负一般运送人之责任。”

63 “最高法院”1992 年度台上字第 1263 号判决：“查‘民法’第六百三十八条第一项规定：运送物有丧失、毁损或迟到者，其损害赔偿额，应依其应交付时目的地之价值计算之，系就‘民法’第六百三十四条之运送人责任而为规定，被上诉人系依‘民法’第一百八十四条侵权行为之法律关系为请求，自无‘民法’第六百三十八条第一项规定之适用。”

限于“应依其应交付时目的地之价值”计算之损害[64]，即仅赔偿运送物之损害，至于所失利益（如货物运到时应有之转售利益），原则上不在其赔偿范围之内，与“民法”第二百十六条之完全赔偿系源于过失责任，有所不同。至于运费或其他费用（例如税捐），因运送物之丧失、毁损而无须支付者，应由前项赔偿额中扣除之（“民法”第六百三十八条第二项参照），此系因运送契约具有承揽之性质，须完成运送始得收取运费，今运送无法完成，运费或其他费用托运人或受货人即可节省之，为防止其获有不当利益，乃规定应于赔偿额中扣除之（损益相抵，“民法”第二百十六条之一参照）。运送物系迟到者，运送亦属完成，不在“民法”第六百三十八条第二项所扣除之情形内，但于未支付前可与“民法”第六百三十四条之损害赔偿请求权主张抵销（“民法”第三百三十四条）。未查实务见解认为“民法”第六百三十八条第一、二项能排除回复原状一般原则规定之适用，请求权人仅得请求金钱赔偿，不得请求回复原状[65]，有学

64 “最高法院”1983年度台上字第435号判决：“‘民法’第六百三十八条第一项规定，运送物有丧失，毁损或迟到者，其损害额应依其交付时目地之价值计算之。此项规定依‘海商法’第五条之规定，于海商事件，亦有适用。原审既认上诉人运送之物品已灭失，被上诉人请求上诉人赔偿损害为无不当。依上说明，自应依该二批原木交付时目的地之价值计算被上诉人之损害额，而被上诉人系依印尼出口商签发之商业发票所载之金额作为本件运送物之价值。原审未查明其间原木之价格有无变动，前述商业发票所载之金额是否与该原木交付时目的地之价值相当，遽认被上诉人得依此如数请求，尚欠允洽。”（同院1988年度台上字第1866号判决、1992年度台上字第353号判决同旨。）

同院1985年度台上字第1929号判决：“‘民法’第六百三十八条第一项规定，运送物有丧失、毁损或迟到者，其损害赔偿额应依其应交付时目的地之价值定之。此项价值应以运送物应交付时目的地之实际价值为准。在国际贸易商品输出之价格，通常固较输入国目的地之价值为高，然国际贸易货物之市价，瞬息万变，亦常有输出价格较目的地价值为高之事例，如进口商误向价格较高之国家进口商品，或因供求失调而有目的地价格暴跌之情形不一而足。原审仅以目的地价值当较输出国价格为高，即以输出价格定上诉人为损害赔偿之标准，自有未合。”

同院1996年度台上字第3133号判决：“‘民法’第六百三十八条第一项规定：‘运送物有丧失，毁损或迟到者，其损害赔偿额，应依交付时目的地之价值计算之’，所谓‘应依交付时目的地之价值计算之’，仅系作为损害赔偿额之计算标准，并不表示当事人间债之标的即成为以交付时目的地之外国通用货币为给付。”（同院1996年度台上字第548号判决同旨。）

65 “最高法院”1982年度台上字第2275号判例：“运送物有丧失、毁损或迟到者，其损害赔偿额应依其‘应交付时’、‘目的地’之价值计算之。运费或其他费用因运送物之丧失、毁损无需支付者，应由前项赔偿额扣除之，‘民法’第六百三十八条第一项及第二项定有明文，此为民法就运送物之灭失、毁损或迟到所特设之规定。依上开规定，托运人自不得按关于赔偿之债之一般原则而为回复原状之请求。”

同院1983年度台上字第2672号判决：“运送物丧失之赔偿方法及范围，‘民法’第六百三十八条既另有规定，自无依据同法第二百十三条所定应认先行请求回复原状之余地。”

者采相同见解[66]，惟通说认为“民法”第六百三十八条并非损害赔偿方法（“民法”第二百十三条）之特别规定，而系损害赔偿范围（“民法”第二百十六条）之特别规定[67]，愚从之。

“民法”第六百三十八条第一、二项系因运送人所负之通常事变责任较重，立法为考量运送危险行业投资风险大，为鼓励兴业，乃从国际立法趋势，限制其赔偿额，惟运送物之丧失、毁损或迟到，系因运送人之故意或重大过失所致者，如有其他损害，托运人并得请求赔偿[68]（“民法”第六百三十八条第三项参照）。此所称赔偿，包括所受损害与所失利益，与“民法”第二百十六条所规定者同，惟“民法”第六百四十条规定：“因迟到之损害赔偿额，不得超过因其运送物全部丧失可得请求之赔偿额。”此限额之规定，适用上须加以注意。又提单所有人依侵权行为法向运送人求偿时，无本条第一项规定之适用。

（5）贵重物品之赔偿责任

（接上页）同院1984年度台上字第209号判决：“侵权行为与债务不履行之请求权竞合时，债权人固非不得择一行使之，惟关于债务人应负之损害赔偿责任，若于债务不履行有特别规定，则债权人于依侵权行为之规定请求赔偿时，除别有约定外，仍应受该特别规定之限制。本件被上诉人既主张依运送契约及侵权行为之规定，请求上诉人赔偿运送物所受损害，第依‘民法’第六百三十八条第一项及第二项规定‘运送物有丧失、毁损或迟到者，其损害赔偿额，应依其应交付时，目的地之价值计算之。’‘运费及其他费用，因运送物之丧失、毁损，无须支付者，应由前项赔偿额中扣除之。’此与‘民法’第二百十三条第一项所谓法律另有规定相当。”

同院1985年度台上字第453号判决：“负损害赔偿责任者，固应回复他方损害发生前之原状，但法律另有规定者，应从其规定，此观于‘民法’第二百十三条第一项规定自明。‘民法’第六百三十八条第一项规定‘运送物有丧失、毁损或迟到者，其损害赔偿额，应依其应交付时目的地之价值计算之’，即为上揭之法律另有规定，从而上诉人为被上诉人运送物品而致该物品部分丧失，依上说明，被上诉人仅得向上诉人请求赔偿损害价额，尚不得请求赔偿同种类、品质、数量之物品。原审未注意及此，判命上诉人给付同种类、品质、数量之物品，自属违法。”

66 曾世雄，物品运送之损害赔偿，台大法学论丛，第一卷，第一期，第二二五页。

67 史尚宽，前揭书，同注1，第五八六页。郑玉波，前揭书，同注1，第五九六页。詹森林，运送物丧失毁损时，赔偿权利人得否请求运送人回复原状，收录于氏著民事法理与判决研究，1998年11月初版，第一八二页。

68 “最高法院”1991年度台上字第1354号判决：“按运送物之丧失、毁损或迟到，系因运送人之故意或重大过失所致者，如有其他损害，托运人并得请求赔偿，‘民法’第六百三十八条第三项亦定有明文。本件系争立扇被窃，致被上诉人不能依约交货而须赔偿森×公司系争立扇总价六十八万七千五百七十元之三成，计二十万六千二百七十一元，为原审所认定。然依上开规定，被上诉人如就此项损害请求上诉人赔偿，即应就运送物之丧失、毁损或迟到，系因上诉人之故意或重大过失所致，举证责任，于法始属无违。”

“民法”第六百三十九条第一项规定：“金钱、有价证券、珠宝或其他贵重物品，除托运人于托运时报明其性质及价值者外，运送人对于其丧失或毁损，不负责任。”故运送人对贵重物品之责任成立要件有三：

①须为贵重物品：此所称之贵重物品，与“民法”第六百八十条所称者同，系指体积小、价值高之物品而言，法文则以金钱、有价证券、珠宝为其例示。

②须经报明其性质及价值：托运人须报明贵重物品性质及价值，使运送人能加以特殊防范，同时可提高其运费，运送人始负通常事变责任。如托运人未报明其性质及价值者，运送人不负责任。此所谓“不负责任”，此系指不负通常事变责任，如运送人对运送物之丧失、毁损，有故意或过失时，仍应负债务不履行责任（“民法”第二百二十六条、第二百二十七条），而非不负任何责任。最后，此报明性质上系观念通知，应类推适用意思表示关于生效之规定。又所谓报明，应指依诚信原则报明，不可为图利而以少报多，方有本条之适用。

③须丧失或毁损：例如金钱被窃、珠宝破损，运送人就“民法”第六百三十九条之责任，以此为限。至于迟到，纵托运人未报明贵重物品之性质及价值时，运送人仍应依“民法”第六百三十四条负通常事变责任，无“民法”第六百三十九条规定之限制。

具备上述要件后，运送人应负通常事变责任，此时赔偿额亦有加以限制之必要。“民法”第六百三十九条第二项规定：“价值经报明者，运送人以所报价额为限，负其责任。”须注意的是，虽有“民法”第六百三十九条第二项之规定，但非惟一标准，例如托运人虚报贵重物品之价值时，依损害填补原则仍应以交付时目的地之价值为限。反之，如未经报明，运送人于有故意过失时，负债务不履行责任，此时系过失责任，依逻辑推理，运送人须负完全赔偿责任，显然轻重失衡。因此，于此时应解释为“民法”第六百三十九条无明文而回归至“民法”第六百三十八条第一、二项，使其赔偿额受限制，例外托运人未报明而贵重物品之丧失、毁损，系因运送人之故意或重大过失所致者，始为完全赔偿。至于贵重物品迟到，并无“民法”第六百三十九条适用，应适用“民法”第六百三十四条，故赔偿额亦有“民法”第六百三十八条之适用，惟应受到“民法”第六百四十条之限制。

上述一般物品与贵重物品，其赔偿额之规定，尚属复杂，试以表列之：

- 运送人责任
  - 一般物品（通常事变责任）§634
    - 丧失、毁损
      - 事变、轻过失－负责＋限额赔偿（§638Ⅰ）
      - 故意、重大过失－负责＋完全赔偿（§638Ⅲ、§216）
    - 迟到
      - 事变、轻过失－同上
      - 故意、重大过失－同上
      - 限制不得超过全部丧失所得赔偿总额（§640）
  - 贵重物品
    - 迟到（通常事变责任）同上
    - 丧失毁损
      - 报明
        - 事变、轻过失－报明价额赔偿（§639Ⅱ）（仍受§638Ⅰ之限制）
        - 故意、重大过失－完全赔偿（§638Ⅲ、§216）
        - （通常事变责任）
      - 未报明（抽象轻过失责任）
        - 事变－不负责任（§639Ⅰ）
        - 轻过失－限额赔偿（§638Ⅰ）
        - 故意、重大过失－完全赔偿（§638Ⅲ、§216）

运送人须负通常事变责任或抽象轻过失责任时，托运人除依通常事变责任请求损害赔偿外，如运送人有故意过失时，托运人尚得主张侵权行为损害赔偿请求权（“民法”第一百八十四条第一项前段），此时生请求权竞合之问题。

（6）特殊责任免除事由

①运送物之受领：“民法”第六百四十八条第一项规定：“受货人受领运送物并支付运费及其他费用不为保留者，运送人之责任消灭。”按运送物丧失无受领问题，运送物之迟到则无举证困难情事，均无本条适用，解释上仅限于运送物之毁损或一部丧失。[69] 所谓受货人，系指有受领权而实际受领货物之人，“民法”第六百四十二条托运人请求中止运送返还运送物而受领运送物时，可类推适用本条规定。适用本条时，受货人须已支付运费及其他费用，且须当时未表示异议时，运送人始得免除责任。以上所述系为原则，但于运送物系内部之丧失或毁损而不易发现者，受货人于受领运送物后十日内，将其丧失或毁损通知于运送人时，运送人责任即不消灭（“民法”第六百四十八条第二项参照），此十日为除斥期间，逾十日而未通知者，运送人责任始为消灭，由此可推出受货人有从速检查损失之对己义务（不真正义务），违反时并不生损害赔偿责任，仅生失权效力。如运送物之丧失或毁损，系因运送人以诈术隐蔽，或因其故意或重大过失所致者，运送人之责任亦不消灭（“民法”第六百四十八

69　郑玉波，前揭书，同注1，第六〇〇页。邱聪智，前揭书，同注1，第五三七页。

条第三项参照），此条项之适用，并无同条第二项之除斥期间，不问受货人有无保留，运送人责任均不消灭。惟此诈术隐蔽、故意过失之举证责任，则应由受货人负担。[70]

②短期消灭时效："民法"第六百二十三条第一项规定："关于物品之运送，因丧失、毁损或迟到而生之赔偿请求权，自运送终了，或应终了之时起，一年间不行使而消灭。"[71] 此消灭时效起算点有二：于完成运送者（一部灭失、毁损、迟延[72]），自运送终了交付运送物时起算，如系未完成运送者（全部灭失），自应终了之时起算。[73] 此所称"应终了之时"，依"民法"第六百三十二条之规定决之。[74] 时效完成时，运送人即可拒绝给付（"民法"第一百四十四条第一项参照），且有中断或不完成规定之适用。又运送物之丧失、毁损或迟到，运送人有故意或重大过失时，是否仍有一年短期消灭时效之适用？有采肯定说[75]，有采否定说[76]，前说以为文义解释"民法"第六百二十三条第一项并未排除为其立论根

70 郑玉波，前揭书，同注1，第六〇二页。

71 本条项修正理由："一、关于物品之运送，其因丧失、损伤、或迟到而生之赔偿请求权，外国立法例多规定因一年间不行使而消灭，如德国商法第四百三十九条、第四百十四条第一项，瑞士债务法第四百五十四条第一项、法国商法第一百零八条第一项、日本商法第五百六十六条第一项、第五百八十九条是，'我国''海商法'第一百条第二项、'铁路法'第五十四条第一款、'公路法'第五十四条第一项第一款亦然，盖此种请求权以从速行使为宜。现行法将物品运送及旅客运送并于同一法条内，均适用二年之时效，尚有未洽。爰仿上开立法例，将二年消灭时效期间修正为一年，并改列为第一项。"

72 "最高法院"1997年度台上字第1244号判决："'民法'第六百二十三条所定之'迟延'，系如上诉人所称之专指'已为运送而迟延'，不包括'根本未为运送'之单纯拒绝给付在内，甚或该规范'运送营业'之'迟延'，应与同节内之'民法'第六百三十六条、第六百三十七条及第六百三十八条所定运送物之丧失、毁损或'迟到'中之'迟到'，同其解释，被上诉人就其'不为运送'之行为，是否犹得依'民法'第六百二十三条规定之'时效期间'为抗辩，即滋疑义。"

73 "最高法院"1982年度台上字第3200号判决："'民法'第六百二十三条规定：'关于物品或旅客之运送，如因丧失、损伤或迟延而生之赔偿请求权，自运送终了，或应终止了之时起，二年间不行使而消灭'，所谓运送终了，系指交付之而言，而所谓应终了之时，则指货物全部丧失时，依通常情形，在相当期间内，得交付之时之意（'民法'第六百三十二条第一项参照）。"

74 "最高法院"1981年度台上字第3113号判决："关于物品之运送，其因丧失而生之损害赔偿请求权之二年短期时效，系自运送终了，或应终了之时起算，倘运送尚未终了，或不应终了，其时效期间，即属无从起算，此观'民法'第六百二十三条规定，自可明了。"

75 史尚宽，前揭书，同注1，第五九七页。

76 蔡章麟，前揭书，同注27，第六〇页。邱聪智，前揭书，同注1，第五四一页。

据，后说以为此时运送人无保护之必要，民法亦有加重此等运送人责任之规定（“民法”第六百三十八条第三项、第六百四十八条第三项），就交易安全等诸多考量之下，应以民法第一百二十五条规定十五年为当。愚以为应从后说，以保障托运人之权利。此一年短期时效之适用，以有“民法”第六百三十四条规定运送人应负责任者为限，如系基于运送契约之其他债务或债务不履行所生之损害赔偿请求权，自无该一年短期时效规定之适用。[77] 最后，“民法”债编施行法第三条之规定：“民法债编修正施行前之法定消灭时效已完成者，其时效为完成。民法债编修正施行前之法定消灭时效，其期间较民法债编修正施行后所定为长者，适用修正施行前之规定。但其残余期间自民法债编修正施行日起算，较民法债编修正施行后所定期间为长者，应自施行日起，适用民法债编修正施行后之规定。”故托运人之损害赔偿请求权于 2000 年 5 月 5 日前已罹消灭时效者，运送人得拒绝赔偿；如其时效之残余期间自 2000 年 5 月 5 日起算，尚长于一年者，自 2000 年 5 月 5 日起，其时效缩为一年；反之，如其时效之残余期间自 2000 年 5 月 5 日起算，不足一年者，无“民法”债编施行法第三条第二项但书规定之适用，其时效时间仍自运送终了，或应终了之时起算二年。

③免责约定：“民法”第六百四十九条规定：“运送人交与托运人之提单或其他文件上，有免除或限制运送人责任之记载者，除能证明托运人对于其责任之免除或限制明示同意外，不生效力。”如运送契约当事人

77 “最高法院”1996 年度台上字第 1599 号判决：“‘民法’第六百二十三条规定：关于物品之运送，如因丧失、损伤或迟延而生之赔偿请求权，自运送终了或应终了之时起，二年间不行使而消灭。系因运送人已为物品运送时，对物品之丧失、毁损或迟到，依‘民法’第六百三十四条规定应负较重之责任，乃有二年短期时效之适用，以资平衡。如系基于运送契约之其他债务或债务不履行所生之损害赔偿请求权，自无该二年短期时效规定之适用。”

同院 1998 年度台上字第 35 号判决：“‘民法’第六百二十三条固规定：关于物品之运送，如因丧失、损伤或迟延而生之赔偿请求权，自运送终了或应终了之时起，二年间不行使而消灭。惟此所谓运送终了系指交付之时而言，所谓应终了之时则指货物全部丧失时依通常情形在相当期间内得交付之时之意（‘最高法院’七十一年台上字第三二〇〇号判决参照）。此乃因运送人已为物品运送时，对物品之丧失、毁损或迟到，依‘民法’第六百三十四条规定应负较重之责任，乃有二年短期时效之适用，以资平衡。如系基于运送契约之其他债务或债务不履行所生之损害赔偿请求权，自无该二年短期时效规定之适用。宪×公司于 1989 年 5 月至 12 月间所运送之油量未达契约之里程，于 1990 年 1 月至 1991 年 5 月间均未为运送，与该条规定之情形并不相同，中国石×公司对宪×公司之损害赔偿请求权，要无该条短期时效规定之适用。”

间有特约免除或限制运送人责任者，于不违反“民法”第二百二十二条规定之情形下，依私法自治原则，特约应有效力。反之，如非当事人之特约，仅系运送人之提单或其他文件（例如运送契约、收据）记载免除责任或限制赔偿责任数额等事项者，依“民法”第六百四十九条之规定，除能证明托运人对于其责任之免除或限制明示同意（不含默示）外，其记载不生效力。[78] 运送人果真能证明已得托运人之明示同意，亦不能预先免除其故意或重大过失，盖“民法”第二百二十二条虽系强行规定，惟1994年元月11日公布、同年月13日之“消费者保护法”（以下简称“消保法”）第十二条规定应优先适用。但如免责文句系记载于收据者，即不能认为系定型化契约条款，盖不构成契约之内容，不生记载之效力，亦无“消保法”第十二条之适用[79]，解释上仍有“民法”第六百四十九条之适用余地，法之保护始无缺漏。又“民法”增订第二百四十七条之一：“依照当事人一方预定用于同类契约之条款而订定之契约，为左列各款之约定，按其情形显失公平者，该部分约定无效：一、免除或减轻预定契约条款之当事人之责任者。二、加重他方当事人之责任者。三、使他方当事人抛弃权利或限制其行使权利者。四、其他于他方当事人有重大不利益者。”此为附合契约之规定，用以保障托运人之权利。此规定依“民法”债编施行法第十七条之规定亦有溯及效力。

（二）运送人之权利

1. 运费及其他费用请求权

（1）运费及其他费用请求权之给付时期

此等费用应依契约所定，并载入提单（“民法”第六百二十五条第二项第二款参照），如无约定，按运送系承揽之一种，得类推适用“民法”第四百九十一条第二项以价目表所定给付之，无价目表者，按照习惯给付。此等费用仍应采后付原则，盖因运送重视运送之完成。

（2）运费之变动

运费因下列法定事由而变动：

①不可抗力：“民法”第六百四十五条规定：“运送物于运送中因不

78 “海商法”第六十一条规定：“以件货运送为目的之运送契约或载货证券记载条款、条件或约定，以减轻或免除运送人或船舶所有人，对于因过失或本章规定应履行之义务而不履行，致有货物毁损、灭失或迟到之责任者，其条款、条件、约定不生效力。”依此规定不论系片面记载或双方约定，均不生效力。

79 詹森林、冯震宇、林明珠合著，认识消费者保护法，行政院消费者保护委员会编印，1995年2月，第六七页。

可抗力而丧失者，运送人不得请求运费。其因运送而已受领之数额，应返还之。”如运送物因不可抗力而丧失者，运送人不须负赔偿责任，运送物之危险由托运人负担，如仍令托运人负担运费，损失太重，乃有本条规定之适用，使运费之危险由运送人负担，达到当事人间利益之平衡（危险负担）。适用本条须注意期间之限制，必须在“运送中”，与运送完成之概念稍有差异。易言之，运送物已到达目的地，尚未交付予受货人前，即已非“运送中”，此时如遇有不可抗力事由致运送物丧失时，运送人仍得请求支付运费，已受领者，无须返还。本条适用上仅限于运送物之丧失，不及于毁损或迟到，如系因不可抗力而毁损或迟到者，运送人不负赔偿责任，且可请求支付运费，惟无“民法”第六百三十八条第二项之适用。

②因可归责于运送人之丧失或毁损：此时未完成运送部分，托运人无须支付运费，运送人不得请求，惟运送人得自损害赔偿额中扣除（“民法”第六百三十八条第二项参照）。

③运送物之处置：托运人或提单持有人已依“民法”第六百四十二条第一项规定为处置者，运送人得依同条第二项按照比例请求运费及所支出之费用。

④运送物因其性质或托运人、受货人之过失，致运送物丧失者：运送人不负责任，且得请求运费之全部，已受领者毋庸返还，但运送人因此减省之费用（例如卸货费用），仍应自运费中扣除（“民法”第二百二十六条之一）。此时非依“民法”第六百三十八条第二项扣除，因其适用之前提须运送人负赔偿责任，再从中扣除无须支付之运费或其他费用，而系运送人不负通常事变责任，于请求运费或其他费用时将因此减省之费用予以扣除（损益相抵原则）之谓[80]，二者适用之前提、主体、对象，有所不同。

（3）费用偿还请求权

运送人于运送时支出必要费用，如系可归于其营业范围内者，属运费之概念；反之，则不包括于运费中，运送人得请求偿还。例如运送物处置而支出之费用（“民法”第六百四十一条参照）、寄存费用（“民法”

80　最高法院1938年度沪上字第73号判例：“损害赔偿，除法律另有规定或契约另有订定外，应以填补债权人所受损害及所失利益为限，为民法第二百十六条第一项所明定。故同一事实，一方使债权人受有损害，一方又使债权人受有利益者，应于所受之损害内，扣抵所受之利益，必其损益相抵之结果尚有损害，始应由债务人负赔偿责任。”

第六百五十条第二项参照)、拍卖费用（“民法”第六百五十二条参照)。此等费用源于运送契约，原则上由托运人负担费用偿还义务，惟运送人就运送物为保全其费用债权而主张留置权（“民法”第六百四十七条参照）者，受货人或提单持有人虽非运送契约当事人，但系有利害关系之第三人，故清偿此等费用后，有代位清偿规定之适用（“民法”第三百十二条参照)。此时运送人可请求之范围，除费用本身外，解释上包括支付时起之法定利息（“民法”第五百四十六条第一项参照)。

以上运送人之运费及所垫之款，因本节未特别规定，自应依“民法”第一百二十七条第二款规定，适用二年之短期消灭时效。

2. 特别留置权：“民法”第六百四十七条规定：“运送人为保全其运费及其他费用，得受清偿之必要，按其比例，对于运送物，有留置权。运费及其他费用之数额有争执时，受货人得将有争执之数额提存，请求运送物之交付。”此规定之留置权非当然及于运送物之全部，运送人之留置权仅限于保全运费债权等之必要费用，故运送人仅得于运费或其他费用之范围内，就运送物主张留置权，此时无担保不可分原则之适用，且不以托运人所有之运送物为限，与“民法”第九百二十八条之留置权不同，故称为特别留置权。如运费及其他费用之数额有争执时，受货人提存有争执运费之数额者，运送人丧失对运送物之留置权，应依受货人请求而交付运送物。按提存（“民法”第三百二十六条至第三百三十三条参照）为债之消灭原因之一，受货人一提存，运费或其他费用之债务消灭，担保物权自应随同消灭，此为法理所当然，故受货人得请求运送物之交付，日后争执如获解决，再决定运费之归属。

3. 寄存权：所谓寄存权，系指运送人以托运人之费用，将运送物寄存于仓库之权利。寄存权之发生情形有二：

(1) 运送物不能交付

“民法”第六百五十条第一项规定：“受货人所在不明或对运送物受领迟延或有其他交付上之障碍时，运送人应即通知托运人，并请求其指示。”[81] 运送人除有“民法”第六百三十三条急迫情事外，应通知托运人

81 本条项修正理由：“原条文第一项规定受货人所在不明或拒绝受领运送物时，运送人应即通知托运人，并请求其指示。但受货人主观的或客观的不能受领，均应有其适用，故将拒绝受领改为受领迟延，以期周延。又对于其他交付障碍，例如法令有输出输入之禁止而妨碍运送物之交付等，是否仍有本项之适用？解释上虽多采肯定说，惟无明文规定，易滋疑义，为期明白周延，爰仿德国商法第四百三十七条第一项，增列一概括性规定‘或有其他交付上之障碍’。”

并请求其指示，不得自行处理[82]，亦不得一有“民法”第六百五十条第一项之情事即为寄存。如运送人怠为通知者，应认为系债务不履行（不完全给付）而负损害赔偿责任。[83] 至于运送人直接向托运人请求损害赔偿者，无通知托运人之义务。[84]“民法”第六百五十条第一项之规定，于规定受货人所在不明或受领迟延之情形后，增订“其他交付上之障碍”之概括规定，例如受货人主观或客观不能受领（亦属“民法”第二百三十四条受领迟延之一种，评价上应无不同），或法令有输出入之禁止规定等等，藉以涵盖运送人之需要。在“民法”第六百五十条第一项之情形下，运送人须请求指示，如托运人之指示，事实上不能实行，或运送人不能继续保管运送物时，运送人得以托运人之费用，寄存运送物于仓库（“民法”第六百五十条第二项参照）。所谓事实上不能实行，例如托运人之指示违背法令，或指示运送至另一遥远之地；而运送人不能继续保管运送物者，意指运送人急待回程或另行装运，主观上不能继续保管运送物是。

（2）运送物受领权之归属发生诉讼

“民法”第六百五十一条第一项规定：“前条之规定，于受领权之归属有诉讼，致交付迟延者，适用之。”此系指受领权人为何人发生争执，无从确认，必须待诉讼始得解决之。例如提单持有人为复数，或是原受货人死亡或法人解散，其继承人或权利人尚无法确定等等。适用本条时，须因诉讼而交付迟延，惟因诉讼程序多须花费庞大之时间及人力，故有学者谓此仅具理论上之意义而已。[85]

符合上述二种情形之一者，“民法”第六百五十条第二项规定：“如托运人未即为指示，或其指示事实上不能实行，或运送人不能继续保管

82 “最高法院”1960年度台上字第577号判例：“运送人应照托运人之指示，将运送物运交所指定之受货人，除托运人有变更指示外，不得自将应行送达之货物交与指示以外之第三人，至受货人所在不明或竟无其人，亦应通知托运人请求指示，不得自行处置。”

83 “最高法院”1974年度台上字第2067号判例：“运送人通常于运送完成后，即可请求给付运费，至于受货人拒绝受领运送物，而运送人不即通知托运人者，系属义务之违反，托运人如因此受有损害，虽得向运送人请求赔偿，但不因此即谓运送人不得请求运费。”

84 “最高法院”1986年度台上字第871号判决：“（一）被上诉人代理巴西航空公司签发提单，使该航空公司与上诉人成立运送契约，被上诉人因而取得佣金，则巴西航空公司当向被上诉人催缴托运人应付之运费，则被上诉人就该运费之履行，自属有利害关系之第三人。（二）运送人于受货人拒绝支付时，固得依‘民法’第六百四十七条规定行使留置权，并依同法第六百五十条、第六百五十二条规定拍卖取偿，但此系运送人之权利，非义务，运送人得不行使留置权，而向托运人请求损害赔偿，此时运送人即无通知托运人之义务。”

85 邱聪智，前揭书，同注1，第五五〇页。

运送物时，运送人得以托运人之费用，寄存运送物于仓库。”[86] 运送人得以托运人之费用寄存于仓库，因受货人可能有不明之情形，不能以代理之方式为之，故运送人与仓库营业人始为仓库契约当事人，惟此仓库契约系运送人为托运人之利益而订，故费用自应由托运人负担，此与“民法”第五百四十六条之立法意旨相符合[87]，运送人取得仓单后再依“民法”第五百四十一条第二项之规定，以仓单移转之方式移转物品所有权于托运人或其他应受领之人。运送人寄存后，于可能之范围内，应将寄存仓库之情事通知托运人及受货人（“民法”第六百五十条第四项参照），怠于通知致生损害者，应负债务不履行责任。

值得一提的，乃“民法”第六百五十条第一项受货人受领迟延而运送人依同条第二项寄存后，如该仓库不慎失火，致运送物全部灭失时，运送人是否应负“民法”第六百三十四条之责任？愚意以为，依“民法”第二百三十七条之规定，运送人（债务人）于债权人受领迟延时，仅故意或重大过失负其责任，其将运送物寄存于仓库时，依“民法”第二百二十四条之规定，须仓库营业人有故意或重大过失时，运送人始负同一责任。因此，运送人就运送物之灭失不负责任。托运人仅得向仓库营业人依仓单求偿，不得要求运送人负“民法”第六百三十四条之通常事变责任。

4. 拍卖权：“民法”第六百五十条第三项规定：“运送物如有不能寄存于仓库之情形，或有易于腐坏之性质或显见其价值不足抵偿运费及其他费用时，运送人得拍卖之。”[88] 按拍卖权性质上为寄存权之补充，仅于不能或不宜寄存时，始得行使拍卖权。拍卖权之行使，除须先符合寄存权成立要件外，尚须具下列要件之一（“民法”第六百五十条第三项）：

（1）不能寄存于仓库

例如无仓库可寄。

（2）运送物有易于腐坏之性质

例如鱼、肉、蔬果。

86 本条项修正理由：“二、依第一项规定，运送人请求托运人指示，如托运人未为指示，运送人应如何处理，现行法未为规定，难以解决实际问题。鉴于今日通讯发达，运送物亦宜及早处理，爰修正为此际托运人如未即为指示，运送人亦得以托运人之费用，寄存运送物于仓库。”

87 此时未偿还前，运送人仍得就“仓单”本身主张留置权。

88 本条项修正理由：“三、为期与第六百五十六条第二项之用语一致，爰将第三项‘有腐坏之性质’修正为‘有易于腐坏之性质’。”

(3) 运送物之价值显然不足以抵偿运费及其他费用

此等其他费用，应包括“民法”第六百五十条第二项所规定之寄存费用。

符合上开要件之后，运送人得拍卖之（“民法”债编施行法第二十八条参照）。须注意的是，拍卖虽系运送人之权利，惟运送人须为必要注意或处置者，拍卖亦系运送人之义务（附随义务），怠于拍卖者，应负“民法”第六百四十一条第二项之赔偿责任。

如运送人已依“民法”第六百五十条第三项之规定拍卖者，“民法”第六百五十二条规定：“运送人得就拍卖代价中，扣除拍卖费用、运费及其他费用，并应将余额交付于应得之人，如应得之人所在不明者，应为其利益提存之。”此所谓拍卖代价，系指拍卖后所得之价金，运送人得扣除拍卖费用、运费及其他费用，扣除后应将余额交付于应得之人。由此可知，拍卖费用亦由应得之人负担，如应得之人所在不明者，应为其利益提存（清偿提存）。

三、对受货人之效力

受货人系因托运人指定，取得“可能”受领运送物权利之人。此系因托运人可能依“民法”第六百四十二条请求中止运送，故受货人不因托运人之指定，即确定已取得运送物或请求交付运送物之权利。

受货人之权利由来，学说分歧，有“代理说”、“无因管理说”、“新契约说”、“债权让与说”、“第三人利益契约说”[89] 及“法律规定说”[90]。愚意以为仍应偏向第三人利益契约说，因受货人非运送契约当事人，但其享有契约上之利益，如未填发提单者，依“民法”第六百四十三条规定：“运送人于运送物达到目的地时，应即通知受货人。”由此可知其地位与第三人利益契约之受益人相似，但受货人并不因托运人之指定，即对运送人享有直接请求给付之权利（“民法”第六百四十四条参照）。此外，托运人于运送物到达目的地前尚有处置权，如有填发提单者，受货人地位将为提单持有人所吸收。因此，所谓受货人取得运送契约所生之权利，须以运送未填发提单，且托运人未另有处置权为其前提，故受货人与第三人利益契约受益人之概念，尚属有间。但受货人仍系运送契约之第三人，故虽与狭义第三人利益契约不同，但仍可

89 郑玉波，前揭书，同注1，第六一一页。

90 史尚宽，前揭书，同注1，第五七八页。邱聪智，前揭书，同注1，第五五五页。

解为广义第三人利益契约。

（一）受货人之权利

1. 未填发提单时：依“民法”第六百四十四条之规定，受货人取得运送契约之债权（运送物交付请求权），但其物权及物上请求权，仍由托运人或原所有人享有，此时受货人权利应优于托运人之物上请求权，始符合运送契约之目的。盖既依“民法”第六百四十四条取得债权请求权，即表示不符合“民法”第六百四十二条之时间要件，故托运人无法请求中止运送、返还运送物或为其他处置。须注意的是，当受货人与托运人为同一人时，无“民法”第六百四十四条规定之适用。依上所述，受货人之权利既系因“广义第三人利益契约”而来，其应继受托运人运送契约上债权之瑕疵，又因其与“狭义第三人利益契约”之受益人有所不同，故法学方法上得类推适用“民法”第二百七十条之规定，运送人得以运送契约所生之一切抗辩，对抗受货人。此外，受货人如于权利确定前，表示不欲享受利益者，运送人应即通知托运人，并请求指示，甚至得寄存运送物（“民法”第六百五十条参照）。受货人确定取得权利后，如运送人有债务不履行者，损害赔偿请求权即由受货人取得。

2. 已填发提单时：此时托运人及受货人之地位，均为提单持有人所吸收，一切权利义务关系，均以提单为准（“民法”第六百二十七条参照）。提单一经填发，提单持有人取得运送物所有权及运送物交付请求权，故无“民法”第六百四十四条规定适用之余地。“民法”第六百三十条规定提单为缴回证券，其意在于行使运送物交付请求权时，须以提单换取运送物，提单如有遗失、被盗或丧失者，则应以除权判决代之或依“民法”第六百二十九条之一准用第六百十八条之一之规定。若未提示提单而交付运送物者，运送人得依不当得利请求其返还所得利益，甚至提单持有人得向受货之人主张“民法”第七百六十七条物上请求权。

（二）受货人之义务

按受货人非运送契约之当事人，不负托运人之义务，纵使提单上记载以受货人为运费支付之义务人，受货人亦系基于提单而支付运费，并非基于运送契约而支付运费。反之，如未填发提单者，受货人虽依“民法”第六百四十四条规定取得权利，仍不须支付运费，此系因运送契约就运费之约定，性质上为第三人负担契约，第三人亦不因此而负支付义务（“民法”第二百六十八条参照），但运送人为保全运费债权，自可主张留置权（“民法”第六百四十七条参照），此时受货人必先清偿运费及其他费用始可，此系利害关系人之清偿，运送人不得拒绝（“民法”第三百十一条第二项但书参照)，清偿后受托人对托运人可依其原因关系求偿或主张代位权（“民法”第三百十二条参照)。

除支付运费以外之托运人义务（托运单填发、物品交付、文件交付说明、危险告知等等)，系托运人基于运送契约所应负之义务，受货人毋庸负担此义务，如因托运人之过失未尽此义务，致受货人不能行使权利者，应由受货人依其与托运人间原因关系求偿，而运送人则可依“民法”第六百三十四条但书之规定免责。

肆、相继运送

所谓相继运送者，系指数运送人就同一运送物，依序相继而完成运送之运送型态。[91] 相继运送，就运送人间有主体不可分原则之适用，兹就相继运送之适用范围及主体不可分原则分述如下：

一、相继运送之适用范围

（一）部分运送

所谓部分运送，系指数运送人就同一运送物，各自分担一部分运送之运送型态。部分运送尚可分为下列三种：

1. 个别衔接运送：所谓个别衔接运送，系指托运人个别与不同之运送人订约，由不同之运送人各自分担一部分运送之运送型态。例如A分别与B、C、D订立运送契约，委托B自台北运至台中，委托C自台中运至台南，委托D自台南运至高雄是。

2. 代理衔接运送：托运人与前程运送人成立运送契约，并授权运送人待其运送完成后，代理托运人与他运送人成立续程运送契约之运送型态。例如A与B成立运送契约，委托B自台北运至台中，并授权B代理A与C订立运送契约，由C自台中运至台南。

3. 承揽衔接运送：托运人与前程运送人成立运送契约，并委托运送人待其运送完成后，以承揽运送人之名义与他运送人成立续程运送契约之运送型态。例如A与B成立运送契约，委托B自台北运至台中，并委

91 “最高法院”1982年度台上字第1837号判决：“民法第六百三十七条所谓相继运送，乃指数运送人就不同之区域相继为运送而言。本件依被上诉人所诉之事实，不过为某公司与他运送营业人间在同一区域内有辗转委托运送之关系而已，并非立于相继运送人地位，分在不同之区域相继为运送，原审引据该条规定为判断，不无误会。”

托B以承揽运送人名义与C订立运送契约，由C自台中运至台南。此时C之运送契约相对人为B。而代理衔接运送中C之运送契约相对人则是A，此为二者之不同处。

（二）转托运送

托运人与运送人成立运送契约，承担全程运送，运送人再与他运送人成立契约，由他运送人负担运送之一部或其全部之运送型态。[92] 例如A与B成立运送契约，再由B自任托运人，与C成立运送契约，此情形犹如次承揽。

（三）共同运送

数运送人就同一运送物，共同与托运人成立运送契约，但于数运送人之内部间，彼此划分途程而相继完成运送之型态。如填发提单者，则通常以一提单、托运联单或连带托运单为之。

民法本节并未对于相继运送下一定义，仅规定其法律关系。因此，上述之各种运送型态，究竟何者属民法之相继运送，即有讨论之必要。有谓仅共同运送始为民法之相继运送[93]，有谓自保护交易安全之观点，则上述所有类型均为相继运送。[94] 愚意以为，当运送人为多数人时，最后运送人即负有代收取运费之义务（“民法”第六百四十六条参照），且得按其比例对运送物主张留置权（“民法”第六百四十七条参照），而相继运送人又可举证免责，故以后说可采，以保障交易安全。

二、主体不可分原则

相继运送人之各运送人皆为运送契约之当事人，对托运人、提单持有人或受货人应负运送人责任，相继运送特别规定之目的在于加强对运送契约之当事人之保护，因此产生主观不可分原则，其内容主要有二：一为相继运送人之连带责任；一为最后运送人对运送债权之代理权，兹分述如下：

92 “最高法院”1997年度台上字第3135号判决：“（一）运送人系托运货物之直接他主占有人，托运人则为间接自主占有人。在托运人将载货证券交付于有受领权利之人以前，托运人仍为托运货物之所有人，此所有权不因运送人将托运货物转托他人运送而受影响。（二）运送人于与托运人订立运送契约后，将货物转托他人运送者，该第二运送人在辅助第一运送人履行运送契约义务之过程中，因故意或过失不法侵害托运人或载货证券持有人之权利时，托运人或载货证券持有人得依运送契约或载货证券之法律关系，请求第一运送人赔偿损害，亦非不得依侵权行为之法律关系请求第二运送人为赔偿。”

93 郑玉波，前揭书，同注1，第六一四页。

94 史尚宽，前揭书，同注1，第六一一页。邱聪智，前揭书，同注1，第五六二页。

（一）相继运送人之连带责任

“民法”第六百三十七条规定：“运送物由数运送人相继为运送者，除其中有能证明无前三条所规定之责任者外，对于运送物之丧失、毁损或迟到，应连带负责。”由此可知，原则上相继运送人应负连带赔偿责任，例外可举证免责。“民法”第六百三十七条令相继运送人负连带责任，系因为相继运送时运送物之丧失、毁损或迟到由何人证明并不容易，如明定连带责任者，始足以保障交易安全。惟此连带责任以本条所规定之三种情形为限，其余债务不履行责任无连带规定之适用。按举证责任分配之原则，相继运送人如能证明自己无庸负责者，即应无“民法”第六百三十七条规定适用之余地，与“民法”第一百八十五条后段之共同侵权行为相似，因此运送人如证明运送物之丧失、毁损或迟到，非于自己所担任之运程中发生者，举证之运送人即可免责（但反对见解者认为，仅能证明自己无庸负责者，必也能证明何人应负责者，始能免责，此见解有违举证责任分配原则，愚不采）；如其举证运送物之丧失、毁损或迟到系因不可抗力、运送物之性质或托运人或受货人之过失所发生者，全体运送人均可免责。

（二）后运送人对运送债权之代理权

1. 代理行使运费债权之权利：“民法”第六百五十三条规定：“运送物由数运送人相继运送者，其最后之运送人，就运送人全体应得之运费及其他费用，得行使第六百四十七条、第六百五十条及第六百五十二条所定之权利。”是为最后运送人对运送债权之代理权，最后运送人对于运送债权得主张留置权、寄存权、拍卖权及取偿权等权利，最后运送人之地位如同其他运送人之代理人，故一般以代理权称之，惟“民法”第一百零三条之代理之性质系一权限，此所称之代理权则为一权利。最后运送人行使此权利时，不必以其他运送人之名义行之，与一般所称之代理不同，愚称之为“代为权利”。最后运送人取偿后，应依“民法”第五百四十一条之规定交付于其他运送人。[95]

2. 代理行使运费债权之义务：“民法”第六百四十六条规定：“运送人于受领运费及其他费用前交付运送物者，对于其所有前运送人应得之运费，及其他费用，负其责任。”如最后运送人未为其他运送人实现运费之权利即交付运送物于受货人者，等于处分前运送人之留置权等等权利。

95　邱聪智，前揭书，同注1，第五六五页。

民法乃规定运送人对于其所有前运送人应得之运费，及其他费用，负其责任，藉以保障其他运送人。此责任不以最后运送人之故意或过失为要件，性质上为无过失责任，无免责事由之例外规定。

伍、物品运送之消灭

物品运送属于契约之债，故一般债之消灭原因及契约消灭原因皆可适用，于此则不赘述，兹分述其特殊消灭原因如下：

一、受货人受领运送物并支付运费或其他费用而不为保留者（民法第六百四十八条参照）。

二、运送人丧失，运送人依法赔偿损害者。

三、运送人因不可抗力而丧失，运送关系因给付不能而消灭（“民法”第二百二十五条参照）。

四、运送物毁损、迟到，运送人于交付后，依法赔偿损害者。

五、运送物因不可抗力而毁损、迟到而运送人交付运送物者。

六、运送人依法拍卖、取偿，并提存其余额者（“民法”第六百五十条至第六百五十二条参照）。

第四节　旅客运送

壹、旅客运送之意义

“民法”第六百二十二条规定：“称运送人者，谓以运送物品或旅客为营业，而受运费之人。”准此以论，可知“称旅客运送者，谓当事人约定，由运送人为托运人运送旅客，而托运人俟运送完成时，给付报酬之契约。”“民法”本节第三款第六百五十四条至第六百五十九条就旅客运送有详细规定。

贰、旅客运送之成立

民法运送一节就旅客运送契约之成立并未规定，故旅客运送契约之成立，应依“民法”第一百五十三条之意思表示合致即可成立，如未购票而先上车、船者，有事实上契约关系理论之适用，惟传统民事法认为系默示意思表示或意思实现而成立。又本节所称旅客，解释上及惯例上，均包含免费搭车之老年及孩童旅客。

叁、旅客运送之效力

一、对运送人之效力

(一) 运送人之义务——安全准时到达义务

1. 运送人对旅客之责任："民法"第六百五十四条第一项规定："旅客运送人对于旅客因运送所受之伤害及运送之迟到应负责任。但因旅客之过失，或其伤害系因不可抗力所致者，不在此限。"[96] 按运送人对旅客负有安全准时到达义务，此系通常事变责任（无过失责任），"民法"第六百五十四条但书之规定未将"运送之迟延"列为免责之事由，惟通说均采肯定见解。[97] 此所谓"伤害"，解释上亦应包括死亡，而不仅限于身体伤害。如因旅客之过失所致之伤害或迟到，须运送人无过失时，始可免责，如运送人亦有过失时，不能免责，惟得主张与有过失（"民法"第二百十七条参照）。运送人依本条规定应负损害赔偿责任者，其赔偿范围未如"民法"第六百三十八条、第六百四十条有特别规定，通说认为应回归至"民法"第二百十六条之规定，包含所受损害及所失利益。[98] 至于运费如运送未完成而旅客无须支付，本于"民法"第二百十六条之一损益相抵原则之规定而扣除之，此系适用法律之当然结果。惟无过失责任较重，为平衡计，乃有限额赔偿之规定。"民法"第六百五十四条第一项之规定为无过失责任，运送营业人如须完全赔偿者，似有未尽合理之处，故"民法"第六百五十四条第二项增订："运送之迟到系因不可抗力所致者，旅客运送人之责任，以旅客因迟到而增加支出之必要

96 本条项修正理由："一、为配合第六百二十三条之修正，爰将原条文内'迟延'二字修正为'迟到'。又，原条文第一项但书，学者间见解不一，鉴于旅客乃经济上之弱势，基于社会公益，有必要于法律上加以保护，故对于运送之迟到，系因不可抗力所致者，仍应由旅客运送人负其责任，旅客运送人并得藉由责任保险或价格机能分散其损失，爰修正但书规定。"

97 史尚宽，前揭书，同注1，第六一九页。郑玉波，前揭书，同注1，第六一八页。邱聪智，前揭书，同注1，第五〇八页。

98 郑玉波，前揭书，同注1，第六一九页。邱聪智，前揭书，同注1，第五六九页。

费用为限。”[99] 此规定就迟到责任之赔偿范围限于“因迟到而增加支出之必要费用”，至于伤害、死亡部分，仍依“民法”第二百十六条之规定。最后，关于运送契约之违反导致旅客人格权（如生命、身体或健康等）受到侵害部分，依“民法”第二百二十七条之一规定：“债务人因债务不履行，致债权人之人格权受侵害者，准用第一百九十二条至第一百九十五条及第一百九十七条之规定，负损害赔偿责任。”

2. 运送人对行李之责任：行李系指旅客随身所携带之物品，此等行李因是否托运而有所不同，兹分述如下：

（1）对托运行李之责任

按托运之行李与物品之运送并无差异，运送人负有下列义务：

①及时运送义务：“民法”第六百五十五条规定：“行李及时交付运送人者，应于旅客达到时返还之。”是为托运之行李之及时运送义务，解释上托运行李之返还时期即为旅客到达时，惟以旅客“及时”交付运送人者为限。反之，行李未及时交付运送人者，运送人不负及时运送义务。

②运送义务：运送人对托运之行李，自负运送义务，此与物品运送并无甚差异，故“民法”第六百五十七条规定：“运送人对于旅客所交托之行李，纵不另收运费，其权利义务，除本款另有规定外，适用关于物品运送之规定。”藉以保障旅客之权利，此时运送人就托运物品应负通常事变责任，须视托运行李是否为一般物品或贵重物品，以分别适用“民法”第六百三十八条、第六百三十九条之规定。

（2）对未托运行李之责任

“民法”第六百五十八条规定：“运送人对于旅客所未交托之行李，如因自己或其受雇人之过失，致有丧失或毁损者，仍负责任。”[100] 本条规定运送人对于未托运行李之丧失或毁损仅负过失责任，至于何种程度之过失，并未明文，因旅客运送既为有偿契约，依“民法”第二百二十条

99 本条项增订理由：“二、运送人之迟到系因不可抗力所致者，为保护旅客，以免旅客于旅途中陷于困境，仍应由旅客运送人负其责任。惟为期公平，运送人之赔偿责任，应以旅客因迟到而增加支出之必要费用为限，例如增加之膳宿、交通等费用是，爰增设第二项规定。至于运送之迟到系因旅客之过失所致者，固亦仍应由运送人负责，惟可依过失相抵之法则，减轻或免除运送人之责任，毋庸特加规定。三、本条仅系民法上一般性之规定，如铁路法、公路法、民用航空法等特别法就此另有规定时，依特别法优于普通法之原则，从特别法之规定。”

100 本条修正理由：“原条文所定雇用人，应系受雇人之误，爰予修正。”

第二项之规定，运送人就此应以善良管理人注意为之，故此过失责任应为抽象轻过失责任。关于此过失责任之举证应由何人负担，有学者认为应由旅客负举证责任[101]，惟愚意以为，此过失责任系债务不履行责任，故旅客仅举证有运送契约及损害为以足，应由运送人举证证明自己并无可归责之事由，始得免责。[102] 最后，本条适用上限于行李之丧失或毁损，至于迟到则不与焉。关于迟到之部分，解释上既然未托运行李之丧失或毁损运送人仅负过失责任，依举重以明轻之原则，未托运行李之迟到，运送人亦应仅负抽象轻过失责任而已。

运送人对于旅客所未交托之行李，如因受雇人之过失致有丧失或毁损者，通说认为运送人责任性质为无过失责任，惟于运送人因自己过失而负责时，又认其为过失责任[103]，愚不以为然，按同一法条（“民法”第六百五十八条）之责任不应被割裂适用，既然“民法”第六百五十七条、第六百五十八条将旅客之行李区分为托运及未托运，其责任应有所差异，“民法”第六百五十七条为通常事变责任，“民法”第六百五十八条则为过失责任。旅客未托运之行李有丧失或毁损者，运送人不论系因自己或受雇人之过失而负责时，均为过失责任，运送人就受雇人之故意或过失应负同一责任（“民法”第二百二十四条参照），此时旅客仅以举证运送契约及损害存在即为已足，运送人必须举证自己或受雇人无过失，始可免责，纵使证明自己之选任及监督已尽相当注意，亦不能免责[104]，与“民法”第一百八十八条第一项中间责任无涉。由此可知，如无本条规定者，旅客就未托运之行李，仅得依侵权行为法请求损害赔偿，故本条目的在保护旅客之契约利益。如运送人因本条负赔偿责任时，其赔偿范围应依“民法”第二百十六条之规定计算之，无适用“民法”第六百三十八条至第六百四十条之余地，盖该等条文适用前提系运送人应负通常事变责任时，法律特别减轻其赔偿范围之规定。

101 史尚宽，前揭书，同注1，第六二〇页。郑玉波，前揭书，同注1，第六二〇页。

102 邱聪智，前揭书，同注1，第五七二页。

103 郑玉波，前揭书，同注1，第六二〇页。邱聪智，前揭书，同注1，第五七二页。

104 最高法院1937年度渝上字第438号判例：“（一）旅客未交托运送人之行李，因运送人之雇用人之故意，致有丧失或毁损者，运送人虽于选任雇用人之及监督其职务之执行已尽相当之注意，亦不能免其责任。（二）民法第六百五十八条所谓过失，包含故意在内。运送人对于旅客所未交托之行李，因其雇用人之故意致有丧失或毁损者，亦负责任。”（此判例亦误将“受雇人”写为“雇用人”）

3. 运送人责任之消灭

(1) 短期消灭时效

运送人依本节规定应负损害赔偿责任者，旅客之损害赔偿请求权（包括旅客伤害、运送迟延、托运行李丧失、毁损等），“民法”第六百二十三条第二项规定：“关于旅客之运送，因伤害或迟到而生之赔偿请求权，自运送终了，或应终了之时起，二年间不行使而消灭。”[105] 自运送终了或应终了之时起二年内不行使者，运送人得拒绝给付（“民法”第一百四十四条第一项参照）。惟“民法”第六百二十三条第二项之规定，对旅客运送中旅客死亡时之时效，付之阙如，解释上应以二年为短期消灭时效期间。须注意，因说明便宜而将短期消灭时效列于此说明，惟罹于时效者运送人之责任并不消灭，仅运送人取得抗辩权（“民法”第一百四十四条参照）。

(2) 免责文句之效力

“民法”第六百五十九条规定：“运送人交与旅客之票、收据或其他文件上，有免除或限制运送人责任之记载者，除能证明旅客对于其责任之免除或限制明示同意外，不生效力。”本条规定与“民法”第六百四十九条同，兹不赘述。惟本条有“旅客之票”之规定，系因旅客运送并无提单之设计，故有“民法”第六百五十九条之独立规定，此所称“旅客之票”，系指车票、船票、机票等，可简称为客票，性质上为有价证券，除禁止背书转让外，一般均可于使用前转让之，如系无记名者，以交付为已足，如有遗失或被盗者，不得声请公示催告（“民法”第七百二十八条参照），不得请求回复（“民法”第九百五十一条）。再者，客票系证明运送契约成立之书据，非运送契约成立之要件（运送契约为不要式行为），惟其有价证券性质，因剪票、撕票或轧票而丧失，仅成为一证据。

(二) 运送人之权利

1. 运费请求权：旅客运送人系以收取运费而营业之人，故有运费请求权，依劳务契约之通则，应采后付主义，惟交易习惯上均先购票后运送，或在 E-Commence 趋势下，于上、下车前以磁值卡（即电子钱包）刷卡付费，解释上依契约自由原则而承认其合法性，可类推适用“民法”第四百九十一条依价目表或习惯给付之。如旅客未购票而先上车，不论依事实上契约关系理论或默示意思表示或意思实现，运送契约皆可成立，

105 本条项修正理由：“二、关于旅客运送，如因伤害或迟到而生之赔偿请求权，为保障旅客权益，仍以维持二年之消灭时效期间为妥，爰予列为第二项。”

运送人自得请求运费。此项请求权，亦有“民法”第一百二十七条二年短期消灭时效之适用。

2. 行李拍卖权：“民法”第六百五十六条规定：“旅客于行李到达后一个月内不取回其行李者，运送人定相当期间催告旅客取回，逾期不取回者，运送人得拍卖之。旅客所在不明者，得不经催告径予拍卖。行李有易于腐烂之性质者，运送人得于到达后，经过二十四小时，拍卖之。第六百五十二条之规定，于前二项情形准用之。”[106] 是为旅客运送人之行李拍卖权，此行李不问旅客是否托运均有适用，而拍卖前之保管，解释上可认为旅客运送人与该旅客成立有偿寄托，旅客于期间内取回行李时，运送人得请求保管费，属于其他费用之一种，运送人得就此部分主张留置权（“民法”第六百四十七条参照）。惟运送人不得主张“民法”第八百零五条拾得遗失物之规定[107]，但特别法如“铁路法”第五十三条第一项，“公路法”第五十三条第一项有特别规定者，从其规定。应注意的是，本条除斥期间从六个月缩减为一个月，依“民法”债编施行法第四条准用同法第三条第二项规定，“民法”债编修正施行前之除斥期间，其期间较“民法”债编修正施行后所定为长者，适用修正施行前之规定。但其残余期间自“民法”债编修正施行日起算，较“民法”债编修正施行后所定期间为长者，应自施行日起，适用“民法”债编修正施行后之规定。

二、对旅客之效力

（一）旅客之义务

1. 给付运费义务：旅客运送之交易习惯上均先购票后运送，运送人得向旅客请求运费，旅客负给付运送之义务。

2. 告知义务：旅客就其行李（包括托运与未托运）之性质，如对人或财产有致损害之虞者，旅客应于订立契约前，将其性质告知运送人，由运送人决定是否拒载。怠于告知者，对于因此所致之损害，应负赔偿之责（类推适用“民法”第六百三十一条）。

106 本条修正理由：“一、为早日免除运送人保管行李之烦累及责任并兼顾旅客之利益，爰参考日本商法第五百九十一条第二项规定，修正第一项如上。二、行李之性质有易于腐坏者，宜早日处理，爰将第二项内原定‘四十八’小时修正为‘二十四’小时。三、第三项未修正。”

107 史尚宽，前揭书，同注1，第六二一页。郑玉波，前揭书，同注1，第六二二页。邱聪智，前揭书，同注1，第五七六页。

（二）旅客之权利

旅客之权利即为旅客运送人之义务，请参见上段之说明。

肆、旅客运送之消灭

物品运送属于契约之债，故一般债之消灭原因及契约消灭原因皆可适用，于此不予赘述。兹分述其特殊消灭原因如下：

（一）运送完成

一般交易习惯，旅客多先支付票价，于运送到达目的地而旅客安全离去者，运送因目的达成而消灭。

（二）运送因不可抗力而不能完成者

运送因不可抗力而不能完成者，运送关系消灭（“民法”第二百二十五条参照），此时应类推适用“民法”第六百四十五条之规定，退还已收费用，未收取者不得请求。

（三）运送因可归责于运送人之事由致不能完成者

运送因可归责于运送人之事由致不能完成者，运送人于赔偿后，运送关系消灭。

（四）旅客相继运送之消灭

民法虽无旅客相继运送之规定，惟依私法自治应承认其合法性，但因“民法”第二百七十二条连带责任以当事人明示或法律特别规定为限，故在旅客相继运送各运送人应就本程负责，无连带责任规定之适用，于自己运程完成后，个别消灭运送关系。

第十七章

承揽运送

【案例提示】

甲向乙购货，约定将货运送至甲住处，乙欲运送，但对运送业并不熟悉，适乙之友人丙开设通运公司，乙乃委托丙代寻运送人完成运送，丙受托后，与丁运送公司成立运送契约，并交货予丁，且指示丁运送予甲。问：

一、乙丙间之契约为何?

二、如丁之司机戊于运送途中因可归责于自己之事由，致运送物灭失时，其法律关系如何?

三、设丙无法寻妥适当之运送人而由自己运送，则乙丙间法律关系如何?

第一节　承揽运送之意义与性质

壹、承揽运送人之意义

“民法”第六百六十条第一项规定：“称承揽运送人者，谓以自己之名义为他人之计算，使运送人运送物品而受报酬为营业之人。”是为承揽运送人之意义，兹分述如下：

一、承揽运送人为营业之人

承揽运送人以承揽运送为营业，如非营业而偶尔接受他人委任使运送人运送物品者，为委任契约之受任人[1]，并非承揽运送人。

二、承揽运送人为使运送人运送物品而为营业之人

承揽运送人为使运送人运送物品而为营业之人，指承揽运送人系受委托人之委托（以自己名义为他人之计算），自为托运人之地位而与运送人成立物品运送契约。至于运送人运送之方式，则无限制，而运送之客体仅限于物品，不及于旅客。[2]

三、承揽运送人系以自己名义为他人计算之营业人

承揽运送与行纪契约同，均具有“以自己名义，为他人计算”之性质，故“民法”第六百六十条第二项规定：“承揽运送，除本节有规定外，准用关于行纪之规定。”承揽运送与代理制度（船务代理）并不相同，盖代理必须以本人之名义为之（“民法”第一百零三条第一项参照），承揽运送系以自己之名义为之。承揽运送既以自己之名义为之，故仅其与相对人发生法律关系，委托人及相对人则不与焉，学说称之为“间接代理[3]”。委托人就该契约并无任何权利，不负任何义务。例如A受B之委托，以B之名义将货物委托C运送者，A为代理商，运送契约之托运人为B，与A无涉；反之，A受B委托，以A之名义委托C运送者，A为运送契约之托运人，故A为承揽运送业。时下国际贸易有所谓FORWARDER/FORWARDING AGENT，有认其属承揽运送人，有认为其属行纪，愚以为从实务运作以观，FORWARDER/FORWARDING AGENT并非单纯为承揽运送而已，其所从事业务，除承揽运送外，尚包括品检（QC）及其他交易服务事项，故较类似台湾民法之行纪。

贰、承揽运送之意义

承揽运送人必以承揽运送为营业，承揽运送契约当事人之一方为承揽运送人，故可对承揽运送契约下一定义：“称承揽运送人者，谓委托人

1 邱聪智，债法各论，中册，作者自刊，1996年10月二刷，第五八二页。

2 郑玉波，民法债编各论，下册，作者自刊，1992年10月十五版，第六二三页。史尚宽，债法各论，作者自刊，1986年11月台北六刷，第六二四页。邱聪智，前揭书，同注1，第五八二页。

3 郑玉波，前揭书，同注2，第五〇一页。史尚宽，前揭书，同注2，第四五七页。拙著，民法总则讲义，下册，1995年元月初版，瑞兴图书股份有限公司，第二〇八页。

与承揽运送人约定，承揽运送人以自己名义，为委托人计算，而使运送人运送物品，委托人俟运送完成给付报酬之契约。”兹分述如下：

一、完成运送

按承揽运送人与运送人间为物品运送契约，由承揽运送人为托运人，必须为委托人之利益，为委托人计算而为运送之指示，且其应受委托人之指示（“民法”第六百六十条准用第五百七十七条，再适用第五百三十五条前段），须持续到运送完成时，故承揽运送契约系与运送契约相辅相成，运送完成亦系承揽运送给付报酬之要件。兹为明确，特图示承揽运送契约之关系如下：

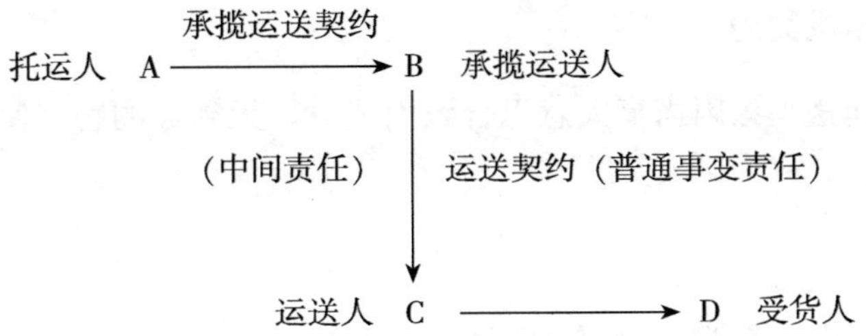

二、托运人须支付报酬

承揽运送人既以承揽运送为营业，自须受有报酬，有报酬后付原则之适用。

叁、承揽运送之性质

一、有名契约

“民法”债编各论将承揽运送列为独立一节，故属有名契约，惟其具有行纪（“民法”第六百六十条第二项参照）及特殊委任（“民法”第五百七十七条参照）之性质。故本节未规定者，准用行纪规定，行纪再无规定者，则适用典型劳务契约之委任规定。

二、双务契约

承揽运送契约委托人负有给付报酬之义务，承揽运送人有使运送人运送物品之义务，此二者间有对价关系，故承揽运送为双务契约，有

“民法”第二百六十四条同时履行抗辩权规定之适用。

三、有偿契约

承揽运送委托人之支付报酬给付，与承揽运送人使运送人运送物品之给付，二者间有对价关系，故承揽运送为有偿契约，承揽运送人应以善良管理人之注意使运送人运送物品（“民法”第六百六十一条、第二百二十条）。

四、不要式契约

承揽运送因当事人意思合致而成立，无须一定之方式，故承揽运送契约为不要式契约。[4]

五、诺成契约

承揽运送契约因当事人意思合致而成立，无须标的物（使运送之物品）之交付，故为诺成契约。

第二节　承揽运送之成立

承揽运送契约之成立，本节未有明文规定，应适用“民法”第一百五十三条因当事人意思合致而成立。

第三节　承揽运送之效力

壹、承揽运送人之义务

一、完成承揽运送之义务

承揽运送人有选任运送人之义务，负有使运送人运送物品之义务，

4　最高法院1931年度上字第2027号判例：“承揽运送契约法律上并非要式行为，除当事人间曾约定须用一定方式外，凡明示或默示均可成立。”

故承揽运送人须先自委托人受取货物，再使运送人完成物品运送，是为承揽运送人完成承揽运送之义务。

“民法”第六百六十一条规定：“承揽运送人，对于托运物品之丧失、毁损或迟到，应负责任。但能证明其于物品之接收保管、运送人之选定、在目的地之交付，及其他与承揽运送有关之事项，未怠于注意者，不在此限。”[5] 为委托人之利益，承揽运送人须就物品之接收、保管、运送人之选定、在目的地运送物之交付及其他与承揽运送有关之事项，尽其注意义务（“民法”第六百六十一条但书参照），因承揽运送为有偿契约，故须尽善良管理人之注意义务。[6]

二、计算义务

“民法”第六百六十条第一项“为他人之计算”之规定，系承揽运送人计算义务之法律依据，依“民法”第六百六十条第二项准用行纪之规定及“民法”第五百七十七条适用委任之规定，可知承揽运送人负有下列计算义务：

（一）报告义务

承揽运送人应将承揽运送事务进行之状况，报告委托人，承揽运送关系终止时，应明确报告其颠末（“民法”第五百四十条参照）。

（二）不背指示义务

承揽运送人于处理承揽运送事务，应依委托人之指示，且非有急迫之情事，并可推知委托人若知有此情事亦允许变更其指示者，不得变更委托人之指示（“民法”第五百三十五条前段、第五百三十六条参照）。

（三）金钱、物品及孳息之交付义务

承揽运送人因处理承揽运送事务，所收取之金钱、物品及孳息，应交付于委托人。承揽运送人以自己之名义，为委托人取得之权利，应移

5 本条修正理由：“承揽运送人与运送人所负之责任不同，前者为中间责任，后者为事变责任。原条文但书规定承揽运送人之免责事由，以‘其他与运送有关之事项’为限，惟承揽运送人既不自为运送，则与运送有关事项，并非其所能完全掌握，不应令其负注意义务，为符合承揽运送之本质，爰修正如上。”

6 “最高法院”1988年度台上字第101号判决：“承揽运送者，谓以自己之名义，为他人之计算，使运送人运送物品而受报酬为营业之人。是承揽运送契约为有偿，承揽运送人应以善良管理人之注意使他人为运送。不仅就物品之接收、保管、运送人之选定，在目的地之交付，即就其他与运送有关之事项，如适当的选择运送之时期，对于运送人为适当之指示等均应以善良管理人之注意为之。”

转于委托人（“民法”第五百四十一条参照）。[7]

（四）保管义务

承揽运送人占有委托人交付而用以托运之运送物，适用寄托之规定（“民法”第五百八十三条第一项参照），故承揽运送人负有保管义务，除委托人另有指示外，承揽运送人不负付保险之义务（同条第二项参照）。

（五）处置义务

委托承揽运送之物，于到达承揽运送人时有瑕疵，或依其物之性质易于败坏者，承揽运送人为保护委托人之利益，应予保护自己之利益为同一之处置（“民法”第五百八十四条参照）。

三、承揽运送人之债务不履行责任

（一）承揽运送人之责任

“民法”第六百六十一条规定：“承揽运送人，对于托运物品之丧失、毁损或迟到，应负责任。但能证明其于物品之接收、保管、运送人之选定、在目的地之交付及其他与承揽运送有关之事项，未怠于注意者，不在此限。”本条但书承揽运送人所得举证免责者，为“未怠于注意”，故承揽运送人并不负通常事变之无过失责任，与一般有偿契约责任相同，仍负抽象轻过失责任[8]（善良管理人之注意义务）。在举证责任方面，委托人不必举证承揽运送人有故意、过失，仅以证明契约存在且有损害即为已足，反之，承揽运送人则须举证对于托运物品之丧失、毁损或迟到无可归责于已之事由，始可免责，故“民法”第六百六十一条之规定属于“过失推定责任”（中间责任），与“民法”第六百三十四条及第六百五十四条通常事变责任之特殊规定，有所不同。

7 最高法院1932年度上字第87号判例：“承揽运送人对于托运物品之丧失，能证明其于物品之接收、保管、运送人之选定、在目的地之交付及其他与运送有关之事项，未怠于注意者，固不负责任。但承揽运送人系以自己之名义，为委托人之计算，使运送人运送物品，依民法第六百六十条第二项准用同法第五百七十八条之规定，对于运送人自得行使权利，故运送人于运送物品之丧失应负损害赔偿责任时，惟承揽运送人得向运送人请求损害赔偿。依民法第六百六十条第二项、第五百七十七条、第五百四十一条之规定，承揽运送人自应向运送人行使其请求权，将其所受领之赔偿物交付委托人，或将其损害赔偿请求权移转于委托人，方可免其责任。”

8 郑玉波，前揭书，同注2，第六二九页。史尚宽，前揭书，同注2，第六二八页。邱聪智，前揭书，同注1，第五九〇页。戴修瓒，民法债编各论，三民书局股份有限公司，1964年，第二〇九页。

（二）相关规定

承揽运送人之责任，除“民法”第六百六十一条之外，尚有下列责任：

1. 易见之瑕疵：依“民法”第六百六十五条准用第六百三十五条之规定，运送物因包皮有易见之瑕疵而丧失或毁损时，承揽运送人如于接收该物时不为保留者，应负责任。惟此时即生“民法”第六百三十五条与第六百六十一条规定相冲突之情形，亦即承揽运送人能依“民法”第六百六十一条但书之规定举证未怠于注意者，是否得免责？如采否定说者，失“民法”第六百六十一条推定过失责任之立法意旨，而遁入无过失责任之领域；反之，如采肯定说，则“民法”第六百六十五条如何准用第六百三十五条？即有疑问！愚意以为应采肯定说，承揽运送人之责任仍应仅负过失推定责任而非通常事变责任，故“民法”第六百六十五条准用第六百三十五条之规定，运送物因包皮有易见之瑕疵而丧失或毁损时，承揽运送人如于接收该物时即为保留者，不负责任。反之，承揽运送人如于接收该物时不为保留者，应负责任，惟其责任仍仅限于推定过失责任，其标准仍依“民法”第六百六十一条但书规定定之。

2. 承揽运送人之代理人或使用人之故意过失：依“民法”第二百二十四条之规定，承揽运送人之代理人或使用人，关于债之履行有故意或过失时，承揽运送人应与自己之故意过失负同一之责任。因“民法”第六百六十一条采推定过失责任，故得适用“民法”第二百二十四条之规定，不若“民法”第六百三十四条采通常事变责任，致“民法”第六百三十六条被删除之情形。惟查运送人并非承揽运送人之使用人（承揽运送人债之履行辅助人），因此运送物于途中因运送人之过失而丧失、毁损或迟到时，对承揽运送人与委托人间之承揽运送契约而言，系通常事变，故承揽运送人不须负责，亦无“民法”第二百二十四条之适用。[9]

（三）赔偿责任

1. 赔偿范围：一般过失责任依“民法”第二百十六条应为完全之赔偿，惟“民法”第六百六十五条准用“民法”第六百三十八条至第六百四十条之规定，使承揽运送人过失责任之赔偿范围，原则上仅限额赔偿。兹分述如下：

（1）过失责任

依“民法”第六百六十一条之规定，承揽运送人负推定过失责任，

9　邱聪智，前揭书，同注 1，第五九四页。

故有关“民法”第六百六十五条准用“民法”第六百三十八条第一项赔偿范围限制规定，仍仅限于承揽运送人应负抽象轻过失责任时，始为限额赔偿，如无过失时，承揽运送人仍不负责；如承揽运送人有故意或重大过失时，仍应准用“民法”第六百三十八条第三项负完全赔偿责任。承揽运送人如因轻过失致运送物丧失、毁损或迟到而应限额赔偿者，因委托人对承揽运送人无需支付运费，仅有报酬，故无扣除运费之问题，至于报酬，可解其为费用而扣除，故承揽运送人得扣除委托人无需支付之费用（“民法”第六百六十五条准用第六百三十八条第二项、“民法”第二百十六条之一参照）。

（2）贵重物品之赔偿责任

依“民法”第六百六十五条准用第六百三十九条第一项之规定，贵重物品于委托人委托时未报明其性质或价值者，承揽运送人对其丧失或毁损，不负责任。此时，如委托人能证明承揽运送人对贵重物品之丧失或毁损有过失时，承揽运送人得否以委托人委托时未报明其性质或价值而免责？愚意以为应采否定说，盖承揽运送人既仅负过失责任，实际上是否报明，并非承揽运送人责任成立之要件，故愚认为“民法”第六百六十五条不应准用第六百三十九条之规定，亦即贵重物品有无报明不影响承揽运送人依“民法”第六百六十一条所应负之推定过失责任。至于承揽运送人应限额赔偿抑或完全赔偿，则与前段相同。

（3）迟到之赔偿

“民法”第六百六十五条准用第六百四十条之规定，因迟到之损害赔偿额不得超过因其运送物全部丧失可得请求之赔偿额。

（4）请求权竞合问题

如运送物因承揽运送人之故意或过失而丧失、毁损或迟到，委托人除主张“民法”第六百六十一条债务不履行损害赔偿请求权外，尚得主张侵权行为损害赔偿请求权，此时有请求权竞合理论之适用。此外，运送物之丧失、毁损或迟到系因运送人之故意或过失所致者，因委托人与运送人间并无任何契约关系，故委托人对运送人仅得主张侵权行为。

（5）物上请求权之行使

实务见解认为运送物如为他人无权占有者，委托人得本于物权请求无权占有人返还。[10] 愚意以为，此仅限于承揽运送人尚未将托运物交付于

10 最高法院1941年度上字第1119号判例：“托运物品丧失时，委托人固得对承揽运送人请求赔偿。但本于其物上请求权，径向该托运物品之无权占有人请求返还，要亦非法所不许。”

运送人，且未填发提单之前，被第三人无权占有之情形而言。如运送人已填发提单者，托运人及受货人之地位均由提单持有人所吸收，提单持有人即为运送物之所有人，此时，运送物遭第三人无权占有时，仅提单持有人得对无权占有人主张“民法”第七百六十七条所有物返还请求权。

2. 赔偿利益之转付：承揽运送人负过失推定责任（“民法”第六百六十一条），运送人负通常事变责任（“民法”第六百三十四条）。因此承揽运送人及运送人间负责任之情形即有四种，兹分述如下：

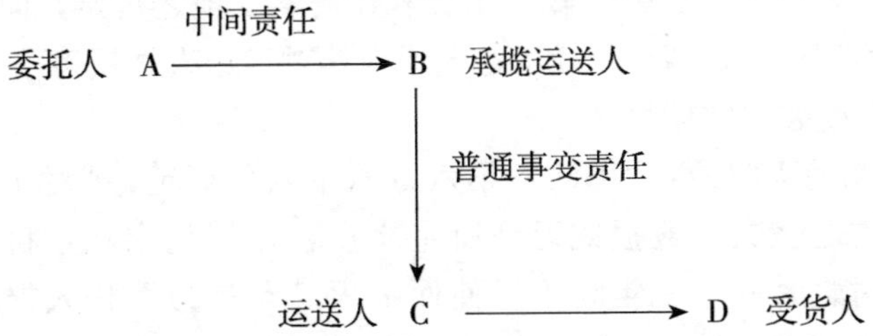

（1）二者均无法举证免责

运送物因运送人过失而丧失、毁损或迟到，而承揽运送人亦无法举证证明其选任运送人未怠于注意者，此时运送人应对承揽运送人负损害赔偿责任，承揽运送人应对委托人负损害赔偿责任。即C赔A，B赔A。

（2）二者均可举证免责

运送人如能举证证明运送物之丧失、毁损或迟到系因运送物之性质所致，且承揽运送人亦能举证证明物品之接收、保管、运送人之选定、在目的地之交付及其他与运送有关之事项，未怠于注意者，二者均不负损害赔偿责任。即C不赔A，B不赔A。

（3）运送人举证免责、承揽运送人无法举证免责

如运送物之丧失、毁损或迟到，系因托运人（承揽运送人）之过失所致者，运送人不负责任。此时承揽运送人若无法举证证明其物品之接收、保管、运送人之选定、在目的地之交付及其他与运送有关之事项，未怠于注意者，则仅承揽运送人对委托人负损害赔偿责任，运送人不负赔偿责任。即C不赔A，B要赔A。

（4）运送人无法举证免责、承揽运送人举证免责

如运送物之丧失、毁损或迟到，系因运送人之受雇人过失所致者，运送人负通常事变责任，如承揽运送人因未怠于注意而举证免责，此时则生“赔偿利益之转付”之情形。按承揽运送人系为委托人之利益使运送人运送物品，承揽运送人因运送物之丧失、毁损或迟到，致对运送人

有损害赔偿请求权者，系为委托人之利益而存在，非为承揽运送人固有利益受害之损害赔偿请求权。此依“民法”第六百六十条第一项“为他人之计算”之立法意旨（即损益归他人），承揽运送人应让与其损害赔偿请求权予委托人，或于受领赔偿后交付于委托人[11]（“民法”第六百六十条第二项准用第五百七十七条，再适用第五百四十一条），如所受领之赔偿为金钱，承揽运送人予以使用者，应支付利息及赔偿损害（“民法”第六百六十条第二项准用第五百七十七条，再适用第五百四十二条）。此时，委托人尚可依“民法”第二百二十五条第二项之规定，向承揽运送人主张代偿请求权，请求承揽运送人让与其对运送人之损害赔偿请求权，或交付其所受领之赔偿物。

3. 短期消灭时效：“民法”第六百六十六条规定：“对于承揽运送人因运送物之丧失、毁损或迟到所生之损害赔偿请求权，自运送物交付或应交付之时起，一年间不行使而消灭。”[12] 是为委托人损害赔偿请求权之短期消灭时效。适用本条时，限于承揽运送人因运送物之丧失、毁损或迟到之损害赔偿请求权，至于其他一般之债务不履行责任，则无本条之适用，应回归“民法”第一百二十五条十五年之规定。本条起算点为“自运送物交付或应交付之时”，系指运送物交付与受货人之时，应依“民法”第六百三十二条规定决之，与“民法”第六百二十三条之“运送终了或应终了之时”之概念大致相同。最后，依“民法债编施行法”第三条之规定：“民法债编修正施行前之法定消灭时效已完成者，其时效为完成。民法债编修正施行前之法定消灭时效，其期间较民法债编修正施行后所定为长者，适用修正施行前之规定。但其残余期间自民法债编修正施行日起算，较民法债编修正施行后所定期间为长者，应自施行日起，适用民法债编修正施行后之规定。”故托运

11 最高法院 1932 年度上字第 87 号判例：“承揽运送人对于托运物品之丧失，能证明其于物品之接收、保管、运送人之选定、在目的地之交付及其他与运送有关之事项，未怠于注意者，故不负责任。但承揽运送人系以自己之名义，为委托人之计算，使运送人运送物品。依民法第六百六十条第二项准用同法第五百七十八条之规定，对于运送人自得行使权利，故运送人于运送物品之丧失应负损害赔偿责任时，惟承揽运送人得向运送人请求损害赔偿。依民法第六百六十条第二项、第五百七十七条、第五百四十一条之规定，承揽运送人自应向运送人行使其请求权，将其所受领之赔偿物交付委托人，或将其损害赔偿请求权移转于委托人，方可免其责任。”

12 本条修正理由：“对于运送人，关于物品之运送，因丧失、毁损或迟到而生之赔偿请求权，其消灭时效期间，第六百二十三条已修正为一年。承揽运送人之责任，不宜较运送人者为重，故本条请求权之消灭时效期间亦修正为一年，以资配合。”

人之损害赔偿请求权于2000年5月5日前已罹消灭时效者，承揽运送人得拒绝赔偿；如其时效之残余期间自2000年5月5日起算，尚长于一年者，自2000年5月5日起，其时效缩为一年；反之，如其时效之残余期间自2000年5月5日起算，不足一年者，无“民法债编施行法”第三条第二项但书规定之适用，其时效时间仍自运送终了，或应终了之时起算二年。

贰、承揽运送人之权利

一、报酬请求权

承揽运送人以承揽运送为营业，必收受报酬，至于报酬之数额、种类、支付，原则上准用行纪之规定（“民法”第六百六十条第二项准用第五百八十二条参照），或再适用委任之规定（“民法”第六百六十条第二项准用第五百七十七条，再适用“民法”第五百四十七条、第五百四十八条参照）。

二、费用偿还请求权

承揽运送人因承揽运送相关事项，为委托人之利益而支出之必要费用，得加上利息请求委托人偿还（“民法”第六百六十条第二项准用第五百八十二条参照）。

三、特殊留置权

“民法”第六百六十二条规定：“承揽运送人为保全其报酬及垫款得受清偿之必要，按其比例，对于运送物，有留置权。”是为承揽运送人之特殊留置权，本条适用上限于承揽运送人为“保全其报酬及垫款得受清偿之必要”，其“按其比例”之规定，已突破留置权之不可分性，此时通常承揽运送人并未直接占有该运送物，故留置权之行使系指使运送人代为之。于相继运送之情形，应由最后之运送人代为行使，此时学者均认为承揽运送人为相继运送人之前运送人。[13]

13 郑玉波，前揭书，同注2，第六三三页。史尚宽，前揭书，同注2，第六三九页。邱聪智，前揭书，同注1，第五九九页。

四、损害赔偿请求权

“民法”第六百六十五条准用第六百三十一条之规定，于委托人违反告知义务时，致承揽运送人受有损害者，委托人对承揽运送人应负损害赔偿责任，此请求权并无“民法”第六百六十二条特殊留置权之适用，但承揽运送人仍得依一般留置权之规定（“民法”第九百二十八条以下）行使其权利。

五、介入权

（一）介入权之意义及性质

“民法”第六百六十三条规定：“承揽运送人，除契约另有订定外，得自行运送物品，如自行运送，其权利义务，与运送人同。”是为承揽运送人之介入权。此介入权一行使，承揽运送人因介入而成为运送人，其与委托人间除承揽运送契约外，再成立运送契约，与“民法”第五百八十七条行纪人之介入权相同，与“民法”第五百六十三条委任人归入权之概念有所差异。

介入权之行使，无须委托人之承诺，一行使委托人与承揽运送人成立运送契约，故介入权之性质属形成权，系有相对人之意思表示（单独行为）。[14] 民法第六百六十三条系规定“自行运送”，故有学者以为“介入权之行使，仅以运送人有自行运送之事实即为已足，无待意思表示之成立或到达。如是，因承揽运送人介入权之行使，其运送之成立，似可认为具有事实上契约之型态。”[15] 愚意以为，此运送契约虽系介入权行使（自行运送）而成立，惟依上述介入权之行使系有相对人之单独行为，既属意思表示，“民法”第九十四条及第九十五条仍应有其适用，故愚意以为此介入权之行使应属默示意思表示。

“民法”第六百六十三条赋予承揽运送人介入权之理由，理由有二：①运送人由何人运送，对委托人之利益并无不同。②承揽运送人自为运送人，所负之通常事变责任较原来之过失推定责任更重，对委托人更有保障。惟如当事人有特约禁止者，基于私法自治原则，承揽运送人自不得行使介入权，亦无介入权拟制规定之适用。

14 郑玉波，前揭书，同注2，第六三四页。史尚宽，前揭书，同注2，第六四〇页。邱聪智，前揭书，同注1，第六〇一页。

15 邱聪智，前揭书，同注1，第六〇二页。

（二）介入权之拟制

"民法"第六百六十四条规定："就运送约定全部价额或承揽运送人填发提单于委托人者，视为承揽人自己运送，不得另行请求报酬。"是为介入权之拟制规定，此时不须依"民法"第六百六十条准用第五百八十八条行纪人介入权之拟制规定，盖"民法"第六百六十条第二项准用行纪规定之前提，须承揽运送本节未规定始可，此可由条文中"除本节有规定外"得知，故承揽运送人介入权之拟制，不必准用行纪之规定，直接适用"民法"第六百六十四条之规定即可。兹分述如下：

1. 就运送约定全部价额：运送契约之托运人为承揽运送人，故运费应由其支付，所谓"就运送约定全部价额"，系指包括承揽运送人之报酬及运送人之报酬（运费），概括地约定由委托人支付，此时可认为承揽运送人自任运送人之地位，故"民法"第六百六十四条予以介入拟制。

2. 承揽运送人填发提单：依"民法"第六百二十五条第一项之规定，提单系由运送人填发，如承揽运送人填发提单于委托人，系自居于运送人之地位，故"民法"第六百六十四条予以介入拟制。

（三）介入之效果

1. 承揽运送关系存续：承揽运送人介入后，与委托人成立运送契约，原承揽运送关系，通说认为并不消灭[16]，依"民法"第六百六十条第二项准用第五百八十七条第二项规定："前项情形，行纪人仍得行使第五百八十二条所定之请求权。"承揽运送人与委托人间，即有二种法律关系，承揽运送人除运送契约外，仍可依承揽运送契约请求报酬及费用。

2. 运送关系成立：自介入时起，承揽运送人与委托人成立运送契约，故承揽运送人应负运送人之义务，享运送人之权利，此即民法第六百六十三条所谓"其权利义务与运送人同"之意旨。此时承揽运送人就运送物之丧失、毁损或迟到，应负通常事变责任[17]（"民法"第六百三十四条

16 郑玉波，前揭书，同注 2，第六三四页。史尚宽，前揭书，同注 2，第六四〇页。邱聪智，前揭书，同注 1，第六〇一页。戴修瓒，前揭书，同注 8，第二一四页。

17 "最高法院"1992 年度台上字第 302 号判决："'民法'第六百三十二条系有关运送人按时运送义务之规定，同法第六百六十一条则为承揽运送人损害赔偿责任之规定，两者适用之对象并不相同。原审既已认定被上诉人填发提单于上诉人，依"民法"第六百六十四条规定，视为自己运送，乃竟又交互引用民法关于运送人及承揽运送人之前述规定，审认被上诉人责任、义务之有无，殊属可议。倘被上诉人因填发提单于上诉人，视为自己运送时，能否以自己无航空器，无法控制航程为由，对于延后班机起飞及货品之迟到，不负责任，即有推求之余地。"

参照），而非过失推定责任（“民法”第六百六十一条参照），同时承揽运送人亦可请求运费或主张其他运送人之权利。于“民法”第六百六十四条介入权拟制之情形，承揽运送人之权利义务应与运送人同，处理方法同上，惟该条所谓“不得另行请求报酬”之特别规定，通说认为系指承揽运送人“不得于约定价额或提单所载运费之外，请求其他报酬，特别是承揽运送之报酬。”[18]此系因在“约定全部价额”之拟制时，既以将承揽运送人之报酬及运费予以约定，自不得再请求其他报酬。本条有此特殊规定，除有上述理由外，目的亦在排除“民法”第五百八十二条第二项规定之准用，但“民法”第六百六十四条尚有另一拟制，即“承揽运送人填发提单”，如该提单记载之运费，并未包括承揽运送人之报酬时，如亦受“民法”第六百六十四条不得另行请求报酬之限制，似有失公平[19]，故有学者认为本条限制不当，应予删除[20]，愚以为应以后说为当，自行介入与介入之拟制，其权利不应有所差异，故“民法”第六百六十四条之限制，应予删除，于未删除前，解释上“承揽运送人填发提单”之情形，须其运费已包括承揽运送人之报酬时，始有其限制之适用。

六、拍卖提存权

按委托承揽运送人使他人运送之物不能运送，或委托人撤回其使人运送之委托者，如委托人不于相当期间，取回或处分其物时，承揽运送人得依前条之规定，行使其权利（“民法”第六百六十条第二项准用第五百八十六条规定），是为承揽运送人拍卖提存权。因其性质与行纪人买入物之拍卖提存权不符，不能准用“民法”第五百八十五条之规定，仅能准用“民法”第五百八十六条之规定。此种情形，承揽运送人得定相当期间，催告委托人取回或处分其物，逾期不为者，承揽运送人得拍卖其物，并得就其对委托人因承揽运送关系所生债权之数额，于拍卖价金中取偿之，如有剩余，并得提存。如为易于败坏之物，行纪人得不为催告，径行拍卖提存之（“民法”第六百六十条第二项准用第五百八十六条，再准用第五百八十五条）。

18 郑玉波，前揭书，同注2，第六三五页。史尚宽，前揭书，同注2，第六四二页。戴修瓒，前揭书，同注8，第二一四页。

19 邱聪智，前揭书，同注1，第六〇五页。

20 梅仲协，民法要义，作者自刊，1964年，第三三四页。

第四节　承揽运送之消灭

承揽运送消灭之原因很多，一般契约消灭之原因，诸如终期之届满、解除条件之成就、承揽运送事务之处理完毕或履行不能等，承揽运送亦有之，于此不予论述此一般消灭原因，仅依“民法”第六百六十条第二项准用第五百七十七条，再适用委任之规定，就承揽运送之特别消灭原因分述如下：

壹、当事人任意终止

“民法”第五百四十九条第一项规定：“当事人之任何一方，得随时终止委任契约。”是为承揽运送契约当事人之任意终止权，当事人得任意为之，不须具备任何之理由。

贰、法定事由之发生

当事人并未终止契约，但如发生法定事由时，契约亦当然终止，“民法”第五百五十条规定：“委任关系，因当事人一方之死亡、破产或丧失行为能力而消灭。但契约另有订定，或委任事务之性质，不能消灭者，不在此限。”是为承揽运送关系之法定终止事由。此承揽运送之消灭原因，系准用委任之规定，而委任关系消灭所生之损害赔偿（“民法”第五百四十九条第二项）、受任人继续处理事务义务（“民法”第五百五十一条）、委任关系存续之拟制（“民法”第五百五十二条），亦有其准用。

21世纪法学研究生参考书系列

林诚二◎著

民法债编各论

（下）

中国人民大学出版社

序　言

民法各种之债，浩瀚深奥，实非个人能力所及，但见此次民法债编全盘修正以来，坊间仍欠缺一套完整债编各论教材，同学需求甚殷，乃不自量力，将多年来教授讲义重新充实整编，先后出版民法债编各论上、中、下三册，不敢言说学术价值，但求尽点心力，让有志于研习民法各种之债者，能有所参用。作者自知才疏学浅，书中论点难免谬误丛生，尚盼先进专家不吝指正，以为切当，使台湾地区“民法”债编各论之学说与实务更加进步。

本书之成，蒙贤棣叶张基君帮忙搜集资料、汇整编辑与缮打，并承东吴大学研究生刘玄颢、杨文山、张进钰及林达峰等同学校对，谨此致谢。

林诚二

序于东吴大学法学院研究室

2002 年 3 月 15 日

目　录

第十八章

合　伙

【案例提示】

甲、乙、丙、丁因周休二日制度实施，国人休闲风气日盛，乃兴起投资度假村之念头，遂约定由甲出资新台币（下同）伍佰万元，乙提供坐落于某乡价值一千万元之土地一笔，丙提供价值各壹佰伍拾万元之休闲巴士三辆，丁则负责度假村之规划、兴建与经营（约定丁之劳务出资折算为壹佰万元），并约定由丙、丁负责事务之执行，问：

一、当事人间契约为何？

二、丙、丁应如何执行合伙事务？其义务为何？

三、甲、乙是否能检查丙、丁事务之执行？

四、契约成立生效后，该笔土地及巴士之所有权谁属？

五、丙、丁向甲请求履行出资义务伍佰万元时，甲可否因丙或乙尚未出资而拒绝出资？

六、开始经营的前三年，度假村一共亏损叁佰万元，第四年至第七年则赚了柒佰万元，此等损益当事人间应如何分配？

七、度假村兴建时期，合伙曾向A银行以乙所提供之土地设定抵押权而借款贰千万元，如因度假村经营不善而无法还款，甲、乙、丙、丁应负何种责任？

八、戊因乙未依约清偿借款，乃以乙所填发之本票向法院声请裁定准予强制执行后，由法院查封乙所拥有之度假村股份，此查封是否发生乙退伙之效果？

九、己旅行社积欠度假村关于旅行团之门票住宿费等债务，可否以其对合伙人甲之借款债权向度假村主张抵销？

十、丙见景气转差，无意再继续投资，应如何取回投资？

十一、设甲、乙、丙、丁均同意停止投资时，应如何分配其财产？

第一节　合伙之意义、性质与其他类似概念

壹、合伙之意义

“民法”第六百六十七条第一项规定：“称合伙者，谓二人以上互约出资以经营共同事业之契约。”兹分述如下：

一、合伙系一种契约

合伙系一契约，当事人称为合伙人，必须二人以上，与一般契约仅有双方当事人不同。再者，合伙契约虽为多数当事人，但意思表示仍为互相对立，故与共同行为[1]之意思表示平行有别，性质上仍属契约。

合伙契约当事人称为合伙人，已如前述。合伙契约性质上为法律行为，故合伙人行为能力均应具备，有“民法”第七十五条至第八十五条规定之适用。因此，合伙人为无行为能力人或限制行为能力人时，其合伙契约之订立须由其法定代理人代理或经其法定代理人之事前允许或承诺始可，违者该部分效力未定，须得其法定代理人或其成为有行为能力后之事后承认始生效力。是合伙人仅有二人者，合伙契约全部均须得其法定代理人之同意，始生效力。又法定代理人允许限制行为能力人独立营业，合伙事业又属于该营业范围者，限制行为能力人则可自行订立合伙契约。[2]

1　关于共同行为，请参阅拙著，民法总则讲义，下册，瑞兴图书股份有限公司，1995年元月初版，第五四页。施启扬，民法总则，作者自刊，1999年9月增订八版，第二〇〇页。

2　郑玉波，民法债编各论，下册，作者自刊，1992年10月十五版，第六三八页。拙著，前揭书，同注1，第九二页。

“公司法”第十三条第一项前段规定：“公司不得为他公司无限责任股东或合伙事业之合伙人。”因合伙人对于合伙财产清偿合伙债务不足之额负连带责任（“民法”第六百八十一条参照），如允许公司投资，恐有害及股东和债权人之权益，为求公司股本稳固而特设此一限制规定。[3] 因此，公司不得为合伙人，如以公司为合伙人者，合伙契约无效[4]，但除去该公司外仍符合合伙契约之要件，而其他当事人仍愿合伙继续存在者，合伙契约应仍为有效，仅该公司被排除于合伙之外耳。

值得注意者，乃甲公司以厂房与乙公司人员及技术互约出资筹设新公司经营事业，此项约定虽不得谓之合伙，但如最后新公司筹设失败，甲乙公司间之法律关系及财产关系应如何解决，愚以为仍应类推合伙关系清算解散之。

二、合伙系经营共同事业之契约

所谓共同事业，系指该事业为全体合伙人共同利益而言，故其成败，对于任何一合伙人均有利害关系。此共同事业之经营，则为合伙人之共同目的，必须具备此一要件，始得成立合伙[5]，否则即非属合伙

3　柯芳枝，公司法论，三民书局股份有限公司，1993 年 10 月再修订再版，第二四页。

4　“最高法院”1990 年度台上字第 1620 号判决：“两造均为具有法人资格之公司组织，其得否为合伙事业之‘合伙人’或‘转投资’为他公司之股东，既应受公司法之规范（见：‘公司法’第十三条），其因合伙或转投资所生之法律效果，自属有异。”

同院 1991 年度台上字第 1886 号判决：“公司不得为他公司无限责任股东或合伙事业之合伙人，‘公司法’第十三条第一项定有明文。此为强制规定，违反之者，依‘民法’第七十一条规定，该合伙契约为无效。本件两造均为具有法人资格之公司组织，竟合伙经营事业，其合伙之约定，应属无效。从而上诉人自不得以无效之法律行为所获得之盈余分配金与有效之买卖行为所负欠之货款互相抵销。”（同院 1997 年度台上字第 1587 号判决同旨。）

同院 1997 年度台上字第 546 号判决：“公司不得为他公司无限责任股东或合伙事业之合伙人。被上诉人为公司组织，依法不得为合伙人，两造所订合伙契约为无效，上诉人本于该无效之合伙契约请求被上诉人返还垫款即属无据。”

同院 1997 年度台上字第 2754 号判决：“公司不得为他公司无限责任股东或合伙事业之合伙人，为‘公司法’第十三条第一项前段所明定，公司负责人如违反此项规定以公司名义与他人订立合伙契约，既不能认为公司之行为，对于公司自不发生效力。”

5　“最高法院”1991 年度台上字第 2607 号判决：“合伙为二人以上互约出资，以经营共同事业之契约，‘民法’第六百六十七条第一项定有明文。故合伙之目的在于经营共同事业。申言之，共同事业之经营乃合伙人之共同目的，合伙人必须具备共同之目的，始能成立合伙。而有无共同事业之经营，应依客观之事实予以认定。”

契约[6]，仅能称之为“共同出资契约”，属无名契约性质，例如甲乙丙三人各出资五百万元共同购地建屋各分配一间是，但如建屋共同出售，则为经营共同事业而属合伙关系。共同事业之种类、期间，均无特别之限制，只要不违反强行规定或公序良俗即可。实务上认为日据时代之公司（会社）、法人未依台湾法律办理公司登记者，其法律关系属于合伙，应适用合伙之规定。[7] 再者，发起人于完成公司设立前之法律关系，因其系

6 “最高法院”1992 年度台上字第 336 号判决：“民法上所称之合伙，应以二人以上互约出资，经营共同事业为其前提，倘出资之目的，非在经营共同事业，纵出资后之法律行为，或可获得相当之利益，仍与合伙有间。”

同院 1993 年度台上字第 227 号判决：“由被上诉人提供土地，颜×琴负责房屋之兴建工程。完工后以土地价值与房屋造价核算，按比例分配。然双方对于分配之比率及何人分配那一层房屋，当初并未具体约定。而征诸双方就分配房屋之后，系各自处理，并无损益分配之约定观之，尚非典型之合伙契约，应认为类似合伙之无名契约，可类推适用合伙之有关规定。系争房屋及基地，既均登记为被上诉人所有，依‘土地法’第四十三条之规定，对于颜×琴以外之第三人有绝对之效力。在颜×琴依其与被上诉人间之内部关系，请求分配房地，办理移转登记以前，第三人自难反于登记之效力，主张颜×琴为系争房屋之所有人。颜×琴如未经被上诉人同意，与上诉人订立买卖契约，并将房屋点交上诉人占有，对于非契约当事人之被上诉人，即无拘束力。”

同院 1993 年度台上字第 2418 号判决：“按合伙为二人以上互约出资，以经营共同事业，而分受其营业所生之利益及分担其所生损失之契约，被上诉人于合伙关系消灭后，将原供经营戏院之建筑物及土地出租与诉外人东和外科诊所，与经营共同事业有间，即非合伙。”

同院 1996 年度台上字第 3058 号判决：“称合伙者，谓二人以上互约出资，以经营共同事业之契约，为‘民法’第六百六十七条第一项所明定，当事人如何出资及共同事业为何，必须确实约定，否则合伙契约仍不能成立。被上诉人自认上开字据内容文字为其所书写，核其内容既称系争一百八十万元系借款，又谓系合伙出资，再言并无返还义务，且未提及被上诉人如何出资，共同事业为何，语焉不详，合伙契约能否成立，尚非无疑。”

7 “最高法院”1983 年度台上字第 2016 号判决：“在台湾地区，日据时期已成立之合名会社，光复后，如未依法办理公司登记，应认其为民法上之合伙，于裁判上固不妨认其有当事人能力，惟若台湾地区之祭祀公业，不过属于某死亡者后裔公同共有祭产之总称，则难认其有当事人能力（祭祀公业涉讼，应由所设置之管理人或该公业之派下全体起诉或被诉）。”

同院 1987 年度台上字第 380 号判决：“纵上诉人系日据时期之公司组织，于台湾光复后未依‘我国’公司法改组登记为公司，亦应认系民法上之合伙而有当事人能力。”

同院 1991 年度台上字第 2175 号判决：“日据时期之法人，于台湾光复后，未依‘我国’法令为法人登记者，其性质为合伙。生药株式会社于台湾光复后，倘未依‘我国’法令办理公司登记，系争土地即为合伙之公同共有财产。”

同院 1991 年度台上字第 1347 号判决：原判决认定台湾光复后，先由陈×鸣任集×株式会社之管理人，陈×鸣死亡后，始由王×祯继任。按陈×鸣于 1950 年 7 月 18 日死亡，则王×祯担任管理人当在 1950 年 7 月 19 日以后，原判决一方面认台南集×株式会社于台湾光复以后，未办理“改组登记”而为合伙；一方面又依日本商法之规定认王×祯为该会社之取缔役，得对外单独代表该会社或公司，亦属矛盾。（同院 1992 年度台上字第 367 号判决同旨。）

以设立公司为共同事业之目的，通说与实务见解均认为系合伙关系[8]，因公司之成立致目的事业已成就而解散合伙关系，但其财产则由成立之公司继受之。

合伙所经营之共同事业，可分为“非商业合伙”与“商业合伙”，又可称为“一般合伙”与“特殊合伙”，二者均有民法合伙规定之适用，后者更有特别法—商业登记法之适用。惟此须注意的是，商业登记法所规定者，多为行政登记之规定，当事人间之权利义务关系，仍以民法之规定为准。[9]

三、合伙系互约出资之契约

合伙契约成立生效后，合伙人均负出资义务。[10] 此等出资义务之间，具有对待给付之关系，但因合伙人多为二人以上，故其对待给付之适用问题，有别于一般契约（详后述）。至于出资种类、时期，容后述之。

贰、合伙之性质

一、有名契约

合伙契约规定于“民法”债编各论第十八节，自属一有名契约。

8 柯芳枝，前揭书，同注 3，第一六四页。并请参见“最高法院”1982 年度台上字第 734 号判决：“所谓合伙，系指二人以上互约出资，以经营共同事业之契约而言，此观诸‘民法’第六百六十七条之规定甚明，依卷附两造不争之契约书（原证十九号）所载，正德公司系由陈×埙等十人共同出资所组成，经营买受系争土地出售事业，并约定按出资额多少比例分配利益，暨推举陈×埙为正×公司代表人，虽正×公司未经依法登记取得法人之资格，核其组织之内容，既有二人以上共同出资，并约定经营共同之事业，定有分配利益之标准及推举代表人对外代表团体，似与民法规定之合伙相当。”
同院 1988 年度台上字第 1376 号判决：“未完成设立登记之公司，应认为合伙，而适用民法关于合伙之规定。本件上诉人与娄×琴及其他出资人间之权利义务关系，应依合伙之规定决之。上诉人要无以娄×琴收取股款后未成立公司，而依不当得利之法律关系，对被上诉人为本件请求之余地。”

9 “最高法院”1975 年度台上字第 1122 号判例：“合伙关系之存在与否，应就当事人有无互约出资经营共同事业之客观事实予以认定，至于有无办理厂商登记，在所不问。”

10 “最高法院”1983 年度台上字第 4281 号判决：“地主出地，建商出资合建房屋，其行为究为合伙、承揽、互易，或其他契约，应探求订约当事人之意思表示及目的决定之。如其契约重在双方约定出资（一出土地，一出建筑资金），以经营共同事业，自属合伙。倘契约着重在建筑商为地主完成一定之建屋工作后，接受报酬，则为承揽。如契约之目的，在于财产权之交换（即以地易屋）则为互易。”

二、双务契约

合伙人均应依契约负出资义务，此等义务互为对价，故属双务契约，有关双务契约之规定，合伙得适用之，惟因其具有团体性，故其适用必须受到限制。兹就同时履行抗辩权与危险负担分述之：

（一）同时履行抗辩权

同时履行抗辩权规定于“民法”第二百六十四条，合伙契约因具有双务契约之性质，故有其适用。当甲、乙二人合伙，甲未出资而要求乙出资时，通说认为乙可行使同时履行抗辩权。[11] 设甲、乙、丙三人合伙，已出资之甲向乙请求出资时，乙可否以丙尚未出资为由而行使同时履行抗辩权？愚意以为，合伙人系各自独立之当事人，“民法”第二百六十四条所指之“他方当事人”系指为请求之一方而言，故不能以第三人之未为给付，而向该请求之当事人主张同时履行抗辩权。更进一步言，请求之一方如为执行业务之合伙人者，被请求之合伙人亦不得以他合伙人未出资为理由主张同时履行抗辩权，纵使该请求之执行业务之合伙人未出资者亦同，此系因合伙具有团体性（详后述），而出资请求权系合伙财产之一，执行业务之合伙人系基于合伙团体之地位而请求，并非基于其个人之地位而请求。[12] 因此，愚以为上述甲乙二人合伙之例中，如甲系执行业务之合伙人，而未出资之甲请求乙出资时，乙亦不能行使同时履行抗辩权。虽然此一合伙仅有二合伙人，但仍具有团体性，盖此团体性之概念并非以合伙人之多寡做区分，系因合伙之本质而来。

（二）危险负担

按“民法”第二百二十五条及第二百六十六条危险负担之规定，于合伙有其适用。设甲、乙二人合伙，而乙之出资义务因不可归责于己之事由而无法履行（例如劳务出资而身体因车祸导致肢障、或现物出资而房屋、汽车因天灾而灭失等等）。此时乙之出资义务因此而免除，甲之出资义务同时免除，因乙免出资义务后，仅余甲一人而失其团体性本质，合伙关系不必存在而消灭，其合伙关系消灭；但如已出

11 郑玉波，前揭书，同注2，第六四〇页。史尚宽，债法各论，作者自刊，1986年11月台北六刷，第六四八页。王泽鉴，同时履行抗辩：“民法”第二六四条规定之适用、准用与类推适用，收录于氏著民法学说与判例研究，第六册，作者自刊，1994年8月八版，第一四八页。

12 郑玉波，前揭书，同注2，第六四〇页。

资后始灭失者，则为合伙财产本身损益之计算问题，非危险负担问题。设甲、乙、丙三人合伙时，而甲因不可归责于己之事由而免除其出资义务时，乙、丙是否均免除其责任？解释上因合伙具有团体性，此时应认为其无“民法”第二百六十六条规定之适用，乙、丙仍应负出资义务，仅由甲退伙，合伙关系不因此而消灭[13]，惟若乙、丙认为欠缺甲之出资后即不愿使合伙继续存在者，仍可依“民法”第六百九十二条第二款之规定，经全体同意而解散之。须注意的是，出资系代替物（例如金钱）者，具种类之债之性质，无“民法”第二百二十五条给付不能之问题，遑论危险负担。

三、有偿契约

合伙人之出资，系互负对价之给付，属有偿契约，因此可准用买卖之规定（“民法”第三百四十七条参照），但必须限于性质上可以准用者，例如现物出资之财产有效用上之瑕疵，得准用“民法”第三百五十四条至第三百六十六条有关物之瑕疵担保责任之规定。

四、债权契约

合伙契约仅生债之效力，不生物权法上之效力，属于债权契约。因此，合伙契约成立生效后，所约定之出资（金钱、动产、不动产、有价证券等等），仅成为合伙财产之出资请求权（债权请求权）而已，尚须合伙人依合伙契约履行出资义务而移转其财产权之物权行为，其出资始成为合伙人全体之公同共有。此概念有助于厘清“民法”第六百六十八条之适用，盖各合伙人之出资与合伙财产虽为合伙人全体之公同共有，该出资概念上亦包括尚未履行之出资[14]，故其公同共有者为合伙之出资请求权，而非约定出资之财产权本身。因此，财产权不因合伙契约之成立生效而生移转之效果。[15]

五、不要式契约

合伙契约不以书面为成立要件或生效要件，仅以当事人意思表示合

13　郑玉波，前揭书，同注2，第六四一页。史尚宽，前揭书，同注11，第六四九页。

14　郑玉波，前揭书，同注2，第六五四页。

15　拙著，前揭书，同注1，第五四页。王泽鉴，民法债编总论，第一册，基本理论债之发生，作者自刊，1994年10月出版，第八九页。

致为已足，契约即可成立[16]（“民法”第一百五十三条参照）。惟因合伙人间权义关系颇为复杂，为避免日后举证困难，自以书面订立合伙契约为佳。

六、诺成契约

合伙契约不以出资之履行为其成立或生效要件，合伙契约于当事人意思表示合致时，即为成立，并对各合伙人有出资请求权。

七、继续性契约

合伙契约系以经营共同事业为目的，非一时性契约，系继续性契约[17]，且从“民法”第六百九十二条及第六百九十三条之规定以观，亦可得知其性质为继续性契约。

八、团体性契约

民法赋予合伙具有团体性，包括：（1）各合伙人之出资，构成合伙财产，而存在于合伙人个人财产以外（“民法”第六百六十八条参照）；（2）对于合伙之债权与对于合伙人个人之债权，应予以分别（“民法”第六百八十二条第二项）；（3）关于合伙事务之执行，采取多数表决之方法（“民法”第六百七十三条参照）；（4）设有入伙、退伙、解散及清算之规定（“民法”第六百八十七条、第六百九十一条、第六百九十二条及第六百九十四条参照）。故合伙具有团体性，已无可议。

叁、合伙与其他类似概念

一、合伙与无限公司

所谓无限公司，系指二人以上之股东所组织，对于公司债务负连带无限清偿责任之公司（“公司法”第二条第一款参照）。此连带清偿责任，

16 最高法院1929年度上字第1675号判例：“订立合同文据，并非合伙契约成立之要件，故合伙人虽未订立合同文据，或其合同文据未经合伙人签名画押，如依其他证凭足以证明其合伙者，亦应认其合伙契约为有效成立。”
同院1933年度上字第1442号判例：“合伙非要式行为，除当事人间有以作成书面为成立要件之约定外，苟二人以上已为互相出资以经营共同事业之约定，虽未订立书据，其合伙亦属成立。”

17 邱聪智，民法债编通则，作者自刊，1993年9月修订六版，第三三页。

须于公司财产不足清偿公司债务时始负之（“公司法”第六十条参照）。合伙人对于合伙之债务于合伙财产不足以清偿合伙之债务时，负连带清偿责任（“民法”第六百八十一条参照）。此部分无限公司与合伙颇为相似，但其二者间仍有不同：

（一）权利能力之有无不同

无限公司具有法人人格，有权利能力；合伙则无。

（二）设立登记之必要性

无限公司系公司之一种，以设立登记为成立要件（“公司法”第六条参照）；合伙原则上不须登记。

（三）目的不同

无限公司系营利法人，必以营利为目的；合伙无此限制，得以祭祀、宗教、慈善、学术、技术及其他各种事业为目的。[18]

（四）财产归属不同

无限公司之财产，属于公司本身之单独所有；合伙团体无权利能力，故合伙财产为合伙人全体公同共有。

二、合伙与隐名合伙

所谓隐名合伙，系指当事人约定，一方对于他方所经营之事业出资，而分受其营业所生利益及分担其所受损失之契约（“民法”第七百条参照）。“民法”第七百零一条规定：“隐名合伙除本节有规定外，准用关于合伙之规定。”此条规定易使人认为合伙与隐名合伙系相同概念。[19] 兹分述二者差异如下：

（一）团体性之有无

合伙系团体性之契约；隐名合伙属一般契约，不具团体性。故合伙有解散之规定；隐名合伙有终止契约（“民法”第七百零九条参照）之规定。

（二）出资与否不同

合伙必须各合伙人互约出资（“民法”第六百六十七条第一项参照）；隐名合伙仅由隐名合伙人出资（“民法”第七百条参照），至于出名营业

18　史尚宽，前揭书，同注 11，第六五〇页。

19　“最高法院”1937 年度上字第 971 号判例：“合伙为二人以上互约出资以经营共同事业之契约，隐名合伙则为当事人约定一方对于他人所经营之事业出资，而分取其营业所生之利益及分担其所生损失之契约，故合伙所经营之事业系合伙人全体共同之事业，隐名合伙所经营之事业则系出名营业人一人之事业，非与隐名合伙人共同之事业，苟其契约系互约出资以经营共同之事业，则虽约定由出资人中一人执行合伙之事务，其他不执行合伙事务之合伙人仅于其出资之限度内，负分担损失之责任，亦属合伙，而非隐名合伙。”

人之出资与否，并非隐名合伙契约之成立要件。

（三）财产所有权谁属不同

合伙财产为各合伙人所公同共有（“民法”第六百六十八条参照）；隐名合伙之财产，属于出名营业人之单独所有（“民法”第七百零二条参照），隐名合伙人仅有出资返还请求权（“民法”第七百零九条参照），并无隐名合伙财产所有权。

（四）责任性质不同

合伙人财产不足清偿合伙债务时，各合伙人对于不足之额连带负其责任（“民法”第六百八十一条参照）；隐名合伙人仅于其出资限度内，负担损失之责任，对外并不负责（“民法”第七百零三条参照）。

（五）事务执行不同

合伙之事务，原则上由合伙人全体共同执行（“民法”第六百七十一条参照）；隐名合伙之事务，原则上专由出名营业人执行之（“民法”第七百零四条参照）。

三、合伙与合会

“民法”第七百零九条之一第一项规定：“称合会者，谓由会首邀集二人以上会员，互约交付会款及标取合会金之契约。其仅由会首与会员为约定者，亦成立合会。”故多数人定期集会，缴纳会款，而轮流借用之一种互助组织。其轮流次序之决定，依抽签、出标或其他方法行之，未得标之会员，须缴纳一定之会款，凑齐后借与得标者使用，于以后各会期偿还一定数额，直至合会中每一会员均得标为止，所借数额已各自还清，而归于解散。因此，合会具有储蓄与融通资金之作用。民法尚未规定合会契约前，因其未违背公共秩序与善良风俗，非法所不许，惟因其为台湾民间常见私人间小额资金融通之金融制度，为使其权利义务关系更加明确，故“民法”债编增订第十九节之一合会乙节。[20]

合会一般可分为二类：一为营业性之合会，例如台湾社会早期之合会储蓄股份有限公司，但现已改为地区性中小企业银行。另一为非营业性之合会，即一般人所举办之合会。一般情形皆有一人为会首，其他人为会员，会首不但负召集责任，对会员不缴之会款，即得标会员不还之借款，

20 曹竞辉，合会制度之研究，联经出版社，1986年6月，第七页。陈玫瑰，民间合会法律关系之研究——兼评民法债编各种之债第十九节之一修正草案，私立东吴大学法律学研究所硕士论文，1997年6月，第三页。

由其负责垫付或赔偿（“民法”第七百零九条之九参照），此种合会系以会首之信用为重。非营业性之合会，尚有一种情形，系由多数人协力办理，并无会首主持，由各会员轮流召集，而办理收付会款、合会金等事务。此种合会于台湾社会并不多见。新法施行后，合会又可区分为单线关系之合会与团体性之合会，差异点在于会员间是否有权利义务之关系。[21]

合会契约系由多数人依共同目的而订立，故与合伙极为相似，尤其是无会首之合会，更与合伙之情形相同。因此，关于合会契约之性质，日本有合伙说、消费借贷说及无名契约说之争[22]，早期台湾学者则认为系无名契约[23]，但新法施行后合会为一有名契约。[24] 故合伙与合会二者间，仍有区别。“民法”债编增订第十九节之一后，其区别将更加明显。

第二节　合伙之成立

合伙之成立，民法无特别规定，依“民法”第一百五十三条之规定，于当事人意思表示相互合致时，即为成立。合伙契约为不要式及诺成契约，惟“意思表示相互合致”，必须就如何出资及共同事业之内容，予以确定，盖此系合伙契约之成立要件是也。[25]

21　拙著，论合会（上），本土法学杂志，第十六期，2000 年 11 月，第四二页。

22　王志诚，论合会制度——兼评民法债编各种之债第十九节之一条文草案，月旦法学杂志，第六期，1995 年 10 月，第八二页。

23　郑玉波，前揭书，同注 2，第六四四页。史尚宽，前揭书，同注 11，第六五二页。

24　拙著，前揭文，同注 21，第三八页。

25　“最高法院”1967 年度台上字第 2568 号判决：“合伙为二人以上互约出资，以经营共同事业之契约，虽只须各合伙间互有出资之约定，并不以各合伙人皆已实行出资为要件，但各合伙人究竟各出资若干，其以他物或劳务出资者，其折算标准如何，要须相互间明确约定，始能作为日后合伙权义分担之依据，藉以确保交易之安全，非谓二人以上一经有共同事业之一致意思，不问出资条件如何，合伙契约即为成立。”
同院 1982 年度台上字第 1522 号判决：“（一）‘民法’第六百六十七条第一项所定合伙，须二人以上互约出资，以经营共同之事业，始足以当之。虽依同条第二项之规定，所谓出资不以金钱为限，而得以他物（如土地）或劳力代之，然究不能无‘共同之事业’。原审未查明被上诉人与颜宝琴约定一方提供土地，他方出资建筑楼房，以经营何种共同之事业（如出售、出租图利是），遽谓彼等间系合伙关系，殊嫌率断。（二）该五层楼房虽已保存登记为被上诉人所有，然与信赖登记而取得新登记之情形，截然有别，并不能据以排除真正权利人之权利，至于建筑执照及使用执照，仅系行政主管官署为实施建筑管理措施核发之文书，亦难单独凭以判断原始所有权孰属。”

第三节　合伙之效力

壹、合伙之内部关系

一、出资义务

（一）出资之意义

所谓出资，系指合伙人依合伙契约之约定，为经营共同事业所为之给付。

（二）出资之种类

出资之种类，大致上可分为财产出资、劳务出资与信用出资三种，“民法”第六百六十七条第二项规定：“前项出资，得为金钱或他物，或以劳务代之。”

兹分述如下：

1. 金钱：此即以现金出资，一般社会上之合伙，多以金钱充之。

2. 现物：现物出资包括动产、不动产，其出资方法有二：

（1）移转出资

以物之所有权移转于合伙财产，成为合伙人全体之公同共有。

（2）用益出资

例如为合伙设定典权或地上权，而成为合伙人全体之准公同共有（“民法”第八百三十一条参照）。此种出资，合伙人必须依合伙契约而负担损益之分配，否则不属于合伙契约。[26]

3. 权利：权利出资系指以债权、物权、准物权及无体财产权为出资标的者而言。此所谓之物权，解释上必须限缩于所有权以外之“用益物权”，例如典权、地上权与永佃权等等，系将已存在之典权、地上权及永佃权让与合伙团体，与现物出资之第二种方法“设定”用益物权，有所不同。盖所有权本身即已归入现物出资之概念，而抵押权、质权等担保物权，系因以债权为权利出资而移转时，随同债权一并移转（“民法”第二百九十五条参照），并非本身得为合伙权利出资之标的。再者，以债权

26 “最高法院”1958年度台上字第1889号判例：“上诉人以其所有之房屋，提供为被上诉人之营业场所，既仅按日收取一定之金额，而不负担合伙损益之分配，所谓出资之系争房屋，又不属于合伙财产，仍由上诉人保有所有权，显与合伙契约之性质不相符合，实为一种租赁关系。”

为出资标的时，必须系性质上得移转之债权，始得为之。以债权为出资标的者，若该债权之债务人无支付能力时，合伙契约当事人关系如何决之？依法律适用之方法而言，合伙性质上为有偿契约，可准用买卖之规定（“民法”第三百四十七条参照）。因此，债权之出卖人原则上对债务人之支付能力，不负担保责任（“民法”第三百四十七条准用“民法”第三百五十二条），该债权如无法获偿，出资之合伙人并不负责。惟如此等适用法律，将使合伙财产无法稳固，有学者乃认为应与“公司法”第四十四条做相同之解释，应由该合伙人补缴；如合伙因此受有损害，并应负赔偿之责。[27] 愚意以为，应以类推适用之方式而由该合伙人补缴；如合伙因之受有损害，并应负赔偿之责。最后，所谓准物权，系指矿业权、渔业权、水权等等，无体财产权系指专利权[28]、著作权、商标权、积体电路布局权、Know-How、Good Will 及最新之 Business Methodsoft 等等。[29]

4. 劳务：劳务出资系以身体上或精神上之劳务为出资标的，其内容并无限制，仅以经营共同事业所必须者为已足。此外，劳务出资之合伙人，原则上不受损失之分配（“民法”第六百七十七条第三项参照），容后述之。

5. 信用：早期“民法”第六百六十七条第二项，并未将信用列入出资之种类，惟通说认为信用应属广义之财富，应得为出资之标的[30]，即以合伙人在社会之名望，供合伙利用。例如在交易上使用其姓名，或对合伙债务由其为连带保证人。如于商业合伙时，可以该信用出资合伙人之姓名为商号名称。[31] 因此，“民法”第六百六十七条第二项修正为：“前项出资，得为金钱或其他财产权，或以劳务、信用或其他利益代之。”[32] 故信用得为合伙财产之出资。

27　郑玉波，前揭书，同注 2，第六五〇页。

28　“最高法院”1989 年度台上字第 2280 号判决：“被上诉人将系争专利权证书交付上诉人保管，系以该证书所载之专利权充被上诉人对合伙之出资，如果属实，依‘民法’第六百六十八条规定，该专利权属于合伙人全体之共同共有。而合伙契约原则上不能因合伙人中一部分人之意思而使其消灭（同法第六百七十条参照），则同法第二百五十九条关于：契约解除时当事人互负回复原状之义务之规定，在此即无从适用。”

29　拙著，民法总则讲义，上册，瑞兴图书股份有限公司，1994 年元月初版，第六二页。施启扬，前揭书，同注 1，第二九页。

30　郑玉波，前揭书，同注 2，第六五〇页。史尚宽，前揭书，同注 11，第六五一页。

31　司法院 1936 年院字第 1597 号解释：“以自己之名或堂名附入股本于合伙内者，与附设于他合伙人之股内而为隐名合伙者不同，不问其有无执行合伙事务，均为出名合伙人。”

32　本条项修正理由：“二、第二项所谓‘他物’是否包括所有权以外之财产权？信用或其他利益（例如物之使用或不为营业之竞争等）是否得代出资？未尽明确，爰将第二项之出资，修正得为金钱或其他财产权，或以劳务、信用或其他利益代之，以期周延。”

6. 单纯不作为：所谓单纯不作为，例如停止某种营业，得否为合伙出资之标的？法无明文，学界有不同见解：肯定说认为单纯之不作为，如具有财产价值，应得为出资之标的[33]；否定说认为合伙人之出资，系为达成共同事业之目的，而含有积极的协力促成之意义，单纯不作为仅属消极地不妨害共同事业目的之达成而已，不得为出资之标的。[34] 此二说各言之有理，惟于现今工商社会中，竞业避免之经济利益，颇为重要，故愚以肯定说为当，且可解为“民法”第六百六十七条第二项“其他利益”出资之概念内而导出相同之结论。惟此种特殊出资与上述各种出资相同，其内容必须予以确定（例如约定于合伙成立时，即停止现在经营之某营业），如仅空言不为竞业，不能认为其构成出资。

上述各种出资，除金钱出资以外，不论何种出资，其价值应予以估定，以确定日后合伙之权利义务关系。“民法”第六百六十七条第三项规定：“金钱以外之出资，应估定价额为其出资额。未经估定者，以他合伙人之平均出资额视为其出资额。”[35] 因此，订立合伙契约时，应就金钱以外之出资予以估定价额[36]，如未予以估定，恐日后有所争议，民法乃拟制其出资额为他合伙人之平均出资额，藉以确定其间法律关系。

（三）出资之数额

“民法”第六百六十九条规定：“合伙人除有特别订定外，无于约定出资之外增加出资之义务。因损失而致资本减少者，合伙人无补充之义务。”[37] 可

33 蔡章麟，民法债编各论，下册，作者自刊，1959年，第八四页。郑玉波，前揭书，同注2，第六五一页。史尚宽，前揭书，同注11，第六五一页。

34 薛祀光，民法债编各论，三民书局股份有限公司，1960年，第二九八页。

35 本条项增订理由：“三、出资额与合伙人间分配损益之成数有关（第六百六十七条参照），故在金钱以外之出资，合伙人间应估定价额以为其出资额，以明其权义。至若未经估定者，明定为以他合伙人之平均出资额视为其出资额，以杜争议。爰增设第三项规定。”

36 司法院1947年院解字第3547号解释：“院字第二六八九号解释所谓其他之物，指金钱以外之动产或不动产而言，至以劳务或信用充资本时，其计算方法，法律或契约定有标准者，从其所定，其未定有标准者，自应予以估定。”

最高法院1984年度台上字第4410号判决：“合伙契约，依民法第六百六十七条规定，固以二人以上互约出资，以经营共同事业为已足，其出资方法或以金钱，或以他物，或以劳务，均无不可。惟如以他物为出资者，须先订定该他物折值金钱若干，明确约定其折算之标准，以为日后合伙权义之依据，其合伙始得谓为成立。”

37 最高法院1937年度渝上字第199号判例：“民法第六百六十七条不过规定分配损益之成数，非谓一有损失，即应填补。合伙人除有特别订定外，无于约定出资之外增加出资之义务，因损失而致资本减少者，合伙人无补充之义务，民法第六百六十九条定有明文。故合伙契约如无随时填补损失之特别订定，纵令因事业之经营一时生有损失，亦无填补之义务，须至清算之际，合伙财产不足清偿合伙之债务时，始负填补损失之义务。”

见各合伙人之出资，不必均等，惟必须确定。

（四）出资之履行

合伙人出资义务之相对概念即为出资请求权，可分为合伙之出资请求权与他合伙人之出资请求权[38]，前者为全体合伙人所公同共有，属于公同共有债权，后者则系合伙人个人所有之债权。易言之，对某一合伙人之出资，执行业务之合伙人得基于前者而请求，不执行业务之合伙人可基于后者而请求，惟被请求之合伙人仅得向合伙人全体或执行业务之合伙人履行始可，不得向请求之不执行业务合伙人履行。再者，执行业务之合伙人自己履行出资时，是为“自己代表”，惟其系专履行债务，故可类推适用“民法”第一百零六条但书之规定而承认其效力。[39]

（五）出资之不履行

合伙人不履行其出资义务时，性质上属于债务不履行之一种，除可据为“民法”第六百八十八条开除之正当理由外，应依一般债务不履行之规定（给付不能、给付迟延）决之。

二、合伙财产

合伙财产可分为广狭二义，广义的合伙财产包括合伙资产（积极财产）及合伙债务（消极财产）而言，狭义合伙财产则仅指合伙资产而言，合伙债务并不与焉。

（一）合伙资产

所谓合伙资产，指为达成经营共同事业之目的，而与合伙人个人财产划分独立的特别财产而言，亦即上述所称狭义的合伙财产。

1. 合伙财产之构成：“民法”第六百六十八条规定：“各合伙人之出资，及其他合伙财产，为合伙人全体之公同共有。”可知合伙财产系由下列二者所构成：

（1）合伙人之出资

所谓出资，概念包括已履行之出资及尚未履行之出资。已履行之出资，为合伙资产所吸收；尚未履行之出资，为合伙团体之出资请求权，均属于合伙财产概念内。但应履行出资之财产权，其所有权不因合伙之成立生效而生移转之效果，已如前述。

38　郑玉波，前揭书，同注 2，第六五二页。史尚宽，前揭书，同注 11，第六五五页。

39　拙著，前揭书，同注 1，第二一〇页。施启扬，前揭书，同注 1，第二九一至二九三页。王泽鉴，民法总则，作者自刊，1994 年 8 月十三版，第三六七页。史尚宽，前揭书，同注 11，第六五五页。

（2）“其他”合伙财产

此系指合伙人出资以外之合伙财产，包括因执行业务所获得之财产[40]、合伙财产所生之天然孳息，或因合伙财产所生对第三人之损害赔偿请求权等等。

2. 合伙财产之归属：合伙团体并非法人，未具有权利能力，不能独立为权利主体，故合伙财产仍应归属于合伙人全体。惟其归属究应采分别共有？亦或公同共同？“民法”第六百六十八条系采后说，合伙财产由合伙人全体公同共有，此系仿德国民法第七百十八条及瑞士债务法第五百四十四条之立法例而制订，目的在于分别共有个人色彩颇强，不足以适应团体性强之合伙的考虑，而使其为公同共有。“民法”第六百六十八条既规定为公同共有[41]，故“民法”物权编第八百二十七条至第八百三十

40 “最高法院”1992年度台上字第2327号判决：“系争房屋既系两造合伙所建，于建造完成后即系合伙财产，为两造公同共有，不待登记而取得所有权。按建物所有权第一次登记，不以原始建筑人为限，其在办理登记前受让建物所有权之人亦得为之，此观‘土地登记规则’第七十条第一项第二款规定自明。”

同院1996年度台上字第1098号判决：“合伙为二人以上互约出资，以经营共同事业之契约。由该合伙契约所生之法律关系即为合伙关系。各合伙人之出资及其他合伙财产，为合伙人全体之公同共有。纵合伙财产之不动产信托登记为第三人名义所有，合伙人就其公同共有权仍不受影响。又合伙关系之存在，乃合伙人得终止合伙财产之不动产信托登记关系之前提。如当事人间确有合伙关系存在，仅因合伙财产信托登记为第三人所有之故，即认其无请求确认合伙关系存在之法律上利益，则该合伙财产将无回复为合伙人公同共有之机会。”

41 最高法院1930年度上字第3150号判例：“合伙人之出资及其合伙财产为合伙人全体之公同共有，故合伙营业之移转，非经合伙人全体之同意不得为之。如执行业务之合伙人未得合伙人全体同意，专擅将合伙营业移转于人者，即属侵权行为，对于其他合伙人，因此所受损书，应负赔偿之责。”

同院1938年度上字第317号判例：“合伙营业虽已停止，各合伙人对于合伙财产之公同共有关系，亦非当然消灭，自不能仅因合伙营业已经停止，即以合伙财产之一部为合伙人中一人债务之执行标的物。”

同院1940年度上字第41号判例：“合伙所购入之货物，为合伙人全体之公同共有，不因合伙人出资之种类而异。本件上诉人既与被上诉人合伙营业，则上诉人之出资虽为劳务，而其合伙所买之木油草果，仍为两造之公同共有。”

同院1981年度台上字第3994号判决：“合作商场兴办处系合伙组织，在实体法上尚不得为权利义务之主体。系争房屋纵由该合伙兴建，但依‘民法’第六百六十八条规定，仍应为合伙人全体公同共有。连叶丽华不得请求确认系争房屋为合作商场兴办处所有。”

同院1985年度台上字第2065号判决：“合伙财产，为合伙人全体之公同共有，‘民法’第六百六十八条定有明文。而各公同共有人对公同共有物，并无所谓应有部分（持分）。本件两造及蔡某等合伙所买之前开土地，其卖得价金属于两造及其他合伙人公同共有。被上诉人纵有超领该价金二百六十四万一千五百三十八元之情形，亦仅合伙或合伙人全体（被上诉人除外）得请求其返还，上诉人及张某等要无各请求被上诉人返还自己部分之余地。”

一条关于公同共有之一般规定，合伙人就其合伙财产有其适用。例如合伙财产为不动产者，其处分可依土地法第三十四条之一第五项准用第一项之规定，以合伙人过半数及其应有部分合计过半数之同意行之。但其应有部分合计逾三分之二者，其人数不予计算。[42] 但合伙契约另有约定或合伙人另有决议者，不在此限。

3. 合伙财产之保全：合伙财产为合伙人全体公同共有，其目的系为共同事业之经营，同时其为合伙债权人之第一次担保。[43] 为使合伙事业得以维持，保障合伙债权人，民法乃就合伙财产设计保全之规定。

（1）合伙财产分析之禁止

“民法”第六百八十二条第一项规定：“合伙人于合伙清算前，不得请求合伙财产之分析。”如允许合伙人于合伙存续中予以分析合伙财产，将无法达成经营共同事业之目的。[44] 复依“民法”第八百二十九条规定：“公同关系存续中，各公同共有人，不得请求分割其公同共有物。”亦得相同之结论。本条所称“合伙财产之分析”应系指合伙财产“全体”而言，始受分析禁止之限制，如系合伙财产“一部”之分析，本质上可归入共有物之处分（“民法”第八百二十八条第二项、“土地法”第三十四

42 谢在全，民法物权论，上册，作者自刊，1995 年 9 月修订版，第三八〇页。王泽鉴，民法物权，第一册，通则·所有权，作者自刊，1995 年 10 月增订版，第三一〇页。

43 合伙人仅于合伙财产不足清偿合伙债务时，始对不足额负连带责任（“民法”第六百八十一条参照）。故合伙人对合伙所负债务之责任为第二次责任，亦即第二次之担保，因此，合伙财产则为第一次担保。

44 “最高法院”1990 年度台上字第 1980 号判决：“二人以上互约出资，以经营共同事业之合伙契约，各合伙人之出资及其他合伙财产，均为全体合伙人之公同共有；合伙人于合伙清算前，不得请求合伙财产之分析，法既有明文，则合伙事业虽已停止，各合伙人对于合伙财产之公同共有关系并非当然消灭。自不能仅因合伙事业停止，即以合伙财产之一部为合伙人中一人债务之执行标的物。”

同院 1991 年度台上字第 394 号判决：“按公同关系存续中，各公同共有人不得请求分割其公同共有物（‘民法’第八百二十九条参照）。此项公同关系之存续虽非不可终止，而由公同共有人中之一人或数人于诉讼外或于起诉时，以诉状向其他公同共有人表示终止公同关系之意思，而请求分割公同共有物，在审理事实之法院，自应审认其所为终止公同关系之意思表示是否正当，能否认为已有合法之终止，为适当之裁判。如可认终止为合法，其公同关系已不复存续，始无‘民法’第八百二十九条规定之适用。依‘民法’第六百六十八条及第六百八十二条第一项规定，合伙财产为合伙人全体之公同共有，合伙人于合伙清算前，不得请求合伙财产之分析。”

同院 1995 年度台上字第 2510 号判决：“合伙解散者，须经清算程序，始得分析合伙财产；并非合伙一经解散，合伙财产即当然归合伙人单独所有，此观‘民法’第六百八十二条第一项规定自明。”

条之一第五项准用第一项参照），自得为之。

（2）合伙债权抵销之禁止

“民法”第六百八十二条第二项规定：“对于合伙负有债务者，不得以其对于任何合伙人之债权与其所负之债务抵销。”对于合伙财产负有债务者，此即合伙财产之债权，属于合伙人全体之公同共有，与合伙人个人财产有所不同。如允合伙之债务人以其对某一合伙人有债权，就所负之债务互相主张抵销，即等于由该合伙人取去合伙财产之一部，自为法所不许。再者，合伙具有团体性，合伙财产虽为全体合伙人所公同共有，惟与合伙人个人财产已有某程度之区别，分别为合伙债权人之第一次与第二次担保，应不符合实质上“‘二人’互负债务”之抵销要件，不应允其抵销。综合上述理由，不论合伙债务人或该合伙人，均不得主张抵销。惟于相反之情形—合伙之债权人得否以其债权，与合伙人个人对其所有之债权，主张抵销？法无明文，似可解为于合伙财产不足以清偿合伙债务时，始得为之，如此方能保障合伙债权人之权益。惟该合伙人则得随时主张抵销[45]，盖此时并无变相取去合伙财产一部之情形，且其抵销之性质则可认为系代位清偿（“民法”第三百十二条参照），由该抵销之合伙人对合伙代位行使主张债权人之权利。

（3）合伙股份转让之限制

“民法”第六百八十三条规定：“合伙人非经他合伙人全体之同意，不得将自己之股份转让于第三人。但转让于他合伙人者，不在此限。”此时因合伙股份之转让具有退伙及入伙之性质，为人之变动的一种。于公同共有关系下，其应有部分系潜在的，不能自由处分，必须以他全体合伙人之同意为必要。[46] 本条文但书就此转让之限制，于让与他合伙人时，不适用之。盖本条重视新人入伙之限制，如转让与他合伙人时，等同退伙，并无新人入伙之问题，不必得到他全体合伙人之同意。惟如合伙人将股份转让于某一合伙人，使合伙人仅余一人者，丧失合伙“二人以上”之要件，应予以解散，进行清算。[47] 合伙股份转让，既受“民法”第六百

45 郑玉波，前揭书，同注2，第六七七页。史尚宽，前揭书，同注11，第六六五页。

46 最高法院1932年度上字第1679号判例：“合伙人将自己之股份转让于他人时，虽以将自己应分担之损失交付受让人，并约明以前合伙所负之债务由受让人清偿，亦仅得请求受让人向债权人清偿，俾自己免其责任，对于债权人则依‘民法’第三百零一条之规定，非经债权人承认，不生效力。惟转让后合伙所负之债务，如受让人为他合伙人，或非他合伙人而其转让已得他合伙人全体之同意者，应由继承该合伙人地位之受让人负其责任。”

47 最高法院1944年度永上字第177号判例：“合伙之退伙，除未退伙之合伙人仅存一人外，不影响于未退伙人间合伙之存续，此与合伙之解散，合伙归于消灭者不同。”

八十三条之限制，合伙股份之设质（权利质权），依“民法”第九百零二条之规定，亦须受民法第六百八十三条之限制。[48] 依“民法”第六百八十三条本文规定，于未获他合伙人全体之同意，即将合伙股份让与合伙人以外之第三人者，其效力如何？实务见解认为其转让行为无效。[49] 愚意以为，此时应属效力未定，于事后得其他全体合伙人同意时，始生效力。[50] 最后，“民法”第六百八十三条所限制者，为合伙股份之让与或设质，至于股份所生之利益分配请求权，清算后剩余财产分配请求权并无专属性，自不受“民法”第六百八十三条之限制，得为自由转让与设质。

（4）合伙人之债权人代位行使之限制

“民法”第六百八十四条规定：“合伙之债权人，于合伙存续期间内，就该合伙人对于合伙之权利，不得代位行使。但利益分配请求权，不在此限。”此因合伙人之合伙权利具有专属性，不能与合伙人地位相分离，乃有限制其债权人代位行使权利之规定（“民法”第二百四十二条但书同旨）。如允其代位行使，即生他人介入合伙之结果，而影响经营共同事业之团体性，自不得允其为之。惟利益分配请求权未具专属性，盖其已成为独立之财产权，其与经营共同事业无关，仅以财产之给付为目的，故得代位行使。[51] 惟“民法”第六百八十四条之规定，设有一时间限制，即

48 最高法院 1933 年度上字第 235 号判例：“合伙人以自已之股份，为合伙人以外之人设定质权，依民法第九百零二条、第六百八十三条之规定，须经他合伙人全体之同意。”

49 最高法院 1940 年度上字第 716 号判例：“合伙人未经他合伙人全体同意，将其股份转让于第三人者，依民法第六百八十三条之规定，除有但书之情形外，其转让行为无效。”

50 郑玉波，前揭书，同注 2，第六五八页。史尚宽，前揭书，同注 11，第六六二页。

51 史尚宽，前揭书，同注 11，第六六三页。并请参见“最高法院”1982 年度台上字第 1417 号判决：“查上诉人本件请求之标的，如所主张，为一、代位行使马某在合伙存续期间对被上诉人之利益分配请求权（‘民法’第六百八十四条但书）；二、马某退伙效力发生后（‘民法’第六百八十五条），对被上诉人得行使之出资返还请求权与其利益分配请求权。关于前者，马某在合伙存续期间所对被上诉人之利益分配权，依‘民法’第六百八十四条但书规定，为债权人之上诉人固非不得代位行使。惟债务人财产为总债权人之共同担保，债权人代位行使债务人之权利，起诉求为财产上之给付，其诉求所得，应直接属于债务人，即代位起诉之债权人不得以之供清偿一已之债权。如须满足自己之债权，应另经强制执行程序始可。债权人虽亦有代位受领第三债务人清偿之权限，但系指应向债务人给付而由债权人代位受领而言，非指直接请求第三债务人向自己清偿，故债权人代位债务人起诉请求给付者，须声明被告（第三债务人）应向债务人为给付之旨，并就代位受领为适当之表明，始与代位权行使效果之法理相符。兹上诉人代位马某起诉请求被上诉人给付其此部分之利益分配款在声明中并未表明应向马某给付而由上诉人代位受领之旨，于法即有未合。关于后者，上诉人初无就马某于退伙效力发生后所得对被上诉人行使之出资返还请求权与其利益分配请求权直接向被上诉人为请求之权限，如谓亦系代位行使，依同一理由，仍非正当。”

必须于“合伙存续期间”内，始有代位禁止规定之适用，盖于合伙解散时，合伙人之出资返还请求权（“民法”第六百九十八条参照）及剩余财产分配请求权（“民法”第六百九十九条参照），已不具专属性，殊无再限制债权人代位行使之必要。[52]

（5）合伙人之债权人扣押之限制

“民法”第六百八十五条规定：“合伙人之债权人，就该合伙人之股份，得声请扣押。前项扣押实施后两个月内，如该合伙人未对于债权人清偿或提供相当之担保者，自扣押时起，对该合伙人发生退伙之效力。”[53] 本条所称之股份，即为合伙人对合伙财产潜在的应有部分，性质上为财产权，应得为扣押之标的，程序上应依“强制执行法”第二章第五节“对于其他财产权之执行”之规定为之。但各合伙人之出资，既为合伙人全体之公同共有，各合伙人不得未经全体合伙人同意而处分其应有部分，故合伙人之股份，固得被声请扣押，但却不得请求直接强制执行。又此次民法修正，为防止合伙人脱产，特将原规定“应于两个月前通知合伙人”删除，另设阻止退伙效力之规定配套之。故合伙人之股份扣押实施后两个月内，如该合伙人对于债权人清偿或提供相当担保者，阻止退伙效力之发生。若该合伙人未为清偿或提供担保者，自扣押时起，对该合伙人发生退伙之效力，此际声请扣押股份之债权人，即能对该合伙人退伙后所得主张之权利，依执行法院之收取命令或移转命令行使权利[54]，而非得对合伙主张承受原合伙

52 郑玉波，前揭书，同注 2，第六五八页。钱国成，合伙财产与合伙债务，法令月刊，第二十二卷，第十二期，第十页。

53 本条修正理由：“一、原条文第一项但书规定，将使合伙帮助该欠债之合伙人脱产，导致债权人之扣押落空，对债权人不利，为杜流弊，爰删除但书‘应于两个月前通知合伙人’。二、原条文第二项规定，对于有偿债诚意之合伙人，未免过苛。为兼顾该合伙人之利益，爰仿日本商法第九十一条第二项立法例，并参酌学者意见（见史尚宽著债法各论第六六四页），加以修正，规定于前项扣押实施后两个月内，如该合伙人对于债权人清偿或提供相当担保，则阻止退伙效力之发生。若该合伙人未为清偿或提供担保，始自扣押时起，对该合伙人发生退伙之效力。”

54 “最高法院”1997 年度台抗字第 622 号裁定：“各合伙人之出资及其他合伙财产，为合伙人全体之公同共有，‘民法’第六百六十八条定有明文。是以原则上，合伙人非经他合伙人全体之同意，不得处分其对于合伙财产应有之部分，此观同法第六百八十三条规定自明。虽法律为保护合伙人之债权人，特于‘民法’第六百八十五条第一项前段规定，合伙人之债权人，就该合伙人之股份，得声请扣押。惟为兼顾其他合伙人之利益，同条项但书及第二项并明定应于两个月前通知合伙人，此项通知，有为该合伙人声明退伙之效力。足见合伙人之债权人不得直接对合伙财产请求强制执行，仅于通知合伙人全体后，始得就该为债务人之合伙人个人对合伙之出资返还请求权及利益分配请求权为执行。”（著者注，“民法”第六百八十五条有修改，故本裁定适用上应有所修正。）

人之地位，使其股份继续存在，成为合伙人之一。[55]

（二）合伙债务

合伙债务性质上为消极财产，广义之合伙债务包括合伙之出资（合伙人之出资返还请求权亦属合伙之负债）与合伙团体对他人所负债务。通常所指之合伙债务，系指狭义之合伙债务—合伙团体对他人所负债务而言。此债务为合伙人全体所负之公同共有债务，其除须以合伙财产负责外，各合伙人尚须以其个人固有之财产连带负责（“民法”第六百八十一条参照）。

三、损益分配

（一）损益分配之意义

损益分配，系将经营合伙事业所生之利益或损失，分配于各合伙人。合伙以经营共同事业为其目的，盈余与亏损均应分配于各合伙人。此所讨论之损益分配成数，仅系合伙人间内部之关系而已，对外各合伙人无论出资数额多寡，损益分配成数为何，均应依“民法”第六百八十一条负连带责任。

（二）损益分配之成数

所谓分配之成数，系各合伙人应受分配之比例，原则上应依下列方法决之：

1. 依约定分配：“民法”第六百七十七条第一项规定：“分配损益之成数，未经约定者，按照各合伙人出资额之比例定之。”故本条项系任意规定，允由当事人以特约约定其损益分配之成数。如当事人已约定其分配成数者，其出资之种类、数额，均在所不问。当事人所得约定者，包括损失与利益二种分配成数，同一合伙人损益分配成数不以一致为必要，可约定不同之成数，一般情形二者多属一致。“民法”第六百七十七条第二项规定：“仅就利益或仅就损失所定之分配成数，视为损益共通之分配成数。”例如A、B、C三人合伙，仅约定利益之分配成数为3∶2∶1，未约定损失分配成数时，视为损失亦依同样成数分配之。本条规定为“视

55　郑玉波，前揭书，同注2，第六五九页。钱国成，前揭文，同注52，第十页。最高法院1940年度抗字第592号判例：“依民法第六百八十五条之规定，合伙人之债权人就该合伙人之股份声请扣押，仅于通知合伙后有为该合伙人声明退伙之效力，并无转让股份于债权人之效力。故债权人除就合伙人因退伙所得行使之出资反还请求权及利益分配请求权，得依执行法院之收取命令或移转命令行使权利外，不得对于合伙主张其承受原合伙人之地位，而有继续存在之股份。”（同院1991.3.20 1991年度第三次民事庭会议决议不再援用。）

为”损益共通之分配成数，不可举证推翻[56]，有学者认为此之所谓“视为”，应属“推定”之意，日本民法第六百七十四条第二项亦用推定字样，故主张二者成数曾约定不一致者，应负举证责任。[57]愚不以为然，理由有二：①推定与视为，其意义殊不相同，不可作此解释，否则有紊乱法体系之嫌，如认其规定有所不当，应以修法为之；②本条项适用其效果之前提，必须“仅就利益或仅就损失所定之分配成数”，故主张二者均有约定之人，应负举证责任[58]，举证成功者，无“民法”第六百七十七条第二项之适用，直接依其约定分配；反之，合伙人间仅约定利益或损失之分配数，此时始适用“民法”第六百七十七条第二项之规定，视为损益共通之分配成数。如此解释，不但符合条文文义，与实务见解互相配合，并无不妥。愚以为本条项不须修正。

2. 依法定分配：“民法”第六百七十七条第一项之规定，已如上述，合伙人如未约定损益分配之成数者，依其出资额之比例定之。出资额之计算于财产出资时，依其固有之数额定之，自为客观与便利。至于劳务及信用出资，必须折成数额，作为分配损益之依据。惟“民法”第六百七十七条第三项复规定：“以劳务为出资之合伙人，除契约另有订定外，不受损失之分配。”亦即劳务出资合伙人原则上仅受利益之分配，不受损失之分配，但契约另有约定者，始例外地受损失之分配。本条项之规定，其立法理由在于劳务出资之合伙人，其劳务于合伙解散清算时，无法请求返还（“民法”第六百九十七条第二项参照），亦即其无出资返还清算请求权，故不使之负担损失为宜。[59]就各国（地区）立法例而言，德、日就此并无规定，惟瑞士债务法第五百三十三条第三项之规定，原则上劳务出资合伙人亦应受损失之分配，例外得特约不受损失之分配；台湾地区“民法”第六百七十七条第三项则与之相反。有学者认为就事实上言，以劳务为出资之合伙人，通常皆有事务执行权，以执行事务之合伙人，竟可不受损失之分配，就合伙之内部关系言，其

56 拙著，前揭书，同注1，第四七页。

57 郑玉波，前揭书，同注2，第六六二页。

58 最高法院1929年度上字第1722号判例：“合伙契约定有利益分配之标准，未定损失分担之标准者，除合伙员有其他证据证明其对于损失不负责任外，自应以约定利益分配之标准，为其损失分担之标准，不得藉口于契约上未载明损失分担，即主张不负责任。”
同院1932年度上字第1598号判例：“合伙人分配损益之成数曾经约定者，固当从其约定，惟主张有此约定者，有举证之责任。”

59 郑玉波，前揭书，同注2，第六六二页。史尚宽，前揭书，同注11，第六七一页。

他合伙人，未免因此而蒙受巨大之损害。[60] 愚亦赞同之，盖劳务既因认其具财产价值而允其为出资之标的，此劳务出资之合伙人，其地位应与其他种类出资之合伙人无二致，不须特加保护，亦不须剥夺其权益。再者，“民法”第六百九十七条第二项之出资返还请求权，依条文文义以观，并未将劳务出资合伙人予以排除，学者解释其不包括劳务出资与信用出资，其理由系依德国民法第七百三十三条第二项之规定而来[61]，惟该国民法虽如此规定劳务出资之合伙人无出资返还请求权，但仍应受损失之分配，因此，出资返还请求权与是否受损失分配系属二事，何以台湾能将出资返还请求权之欠缺，作为其不受损失分配之理由乎？因此，愚意以为“民法”第六百七十七条第三项应予删除，使其回归于常态。

3. 损益分配之方法：损益分配之方法，民法并无规定，应依合伙契约决定，得以现金或实物分配，甚至可以配股为之，惟依“民法”第六百六十九条前段规定：“合伙人除有特别订定外，无于约定出资之外增加出资之义务。”故欲增加合伙人出资额时，须依特别约定始可。再者，就损失分配而言，同条后段规定：“因损失而致资本减少者，合伙人无补充之义务。”故于合伙事务发生亏损时，通常系减少各合伙人之股份额，不得使合伙人补充。

4. 损益分配之时期：“民法”第六百七十六条规定：“合伙之决算及分配利益，除契约另有订定外，应于每届事务年度终为之。”本条亦属任意规定，当事人得以特约定之，惟若无特别约定者，应于每届事务年度终为之。[62] 本条适用范围仅限于合伙之“决算及分配利益”，并未包括损失之分配，而损失之分配，一般多于合伙解散清算时为之[63]，无本条规定之适用，但合伙当事人亦得以特约为之。

四、合伙事务

合伙之目的在于经营共同事务，有合伙事务之执行问题，而合伙事

60　梅仲协，民法要义，作者自刊，1963年，第三四〇页。郑玉波，前揭书，同注2，第六六四页。

61　郑玉波，前揭书，同注2，第七〇〇页。

62　“最高法院”1986年度台上字第379号判决：“各合伙人之出资，及其他合伙财产，为合伙人全体之公同共有，固为‘民法’第六百六十八条所明定，惟合伙人对于合伙之利益，除契约另有订定外，具有分配请求权，此观同法第六百七十六条及第六百八十四条但书之规定自明，故合伙之利益，倘业经确定分配，则为各合伙人各自享有之权利，非复全体公司共有财产之范围。”

63　郑玉波，前揭书，同注2，第六六三页。

务有仅对内者（如账簿整理、营业场所之清洁工作等等）；亦有兼及对外者（如与他人订约），前者指事务执行问题，后者兼及对外代表之问题。就后者而言，愚意以为，应置于合伙之对外关系中予以讨论为妥，故此仅就事务执行之问题为讨论范围。此外，尚有事务监察之制度，藉以使合伙事务之执行较为妥当，兹分述如下：

（一）事务之执行

1. 执行主体："民法"第六百七十一条第一、二项规定："合伙之事务，除契约另有订定或另有决议外，由合伙人全体共同执行之。合伙之事务，如约定或决议由合伙人中数人执行者，由该数人共同执行之。"[64] 合伙事务之执行，须先依合伙人之约定或决议，由其所指定之一人或数合伙人执行之，此时仅该部分合伙人有事务执行权及执行义务，其他合伙人仅有事务检查权（"民法"第六百七十五条参照），并无事务执行权[65] 及执行义务，如无另有约定或决议者，任一合伙人均有事务执行权及执行义务。

2. 执行方法：合伙事务执行之方法，有单独执行、共同执行及多数表决三种，须视事务之性质而定，兹分述如下：

（1）单独执行

"民法"第六百七十一条第三项规定："合伙之通常事务，得由有执行权之各合伙人单独执行之。但其他有执行权之合伙人中任何一人，对于该合伙人之行为有异议时，应停止该事务之执行。"所谓通常事务，系即指日常之例行事务[66]，例如合伙经营商店、日常之货物零售或每届事务年度终了之决算等等[67]，此等事务关系轻微，次数频繁，须争取时间，故

---

64 本条第一、二项修正理由："一、第六百七十条已修正为关于'合伙之决议'之规定。为期周延并兼顾合伙组织之弹性运用，本条第一项及第二项应配合修正，爰增列'决议'之除外规定。"

65 "最高法院"1992年度台上字第2048号判决："上诉人既非该合伙事务之执行人，依'民法'第六百七十一条第二项规定，本无基于合伙人之地位收取租金及执行其他合伙事务之权利，不因其合伙人资格是否已遭合法开除而异。"

66 郑玉波，前揭书，同注2，第六六五页。史尚宽，前揭书，同注11，第六七四页。

67 "最高法院"1994年度台上字第1630号判决："按合伙事务之执行，得依约定，委任合伙人中之一人或数人执行之，此观'民法'第六百七十一条第二项及第六百七十四条第一项规定自明。故执行合伙事务之合伙人，依委任之目的，除不属于合伙事务执行范围之合伙契约之变更，新合伙人之加入，退伙及合伙之解散等事项外，均得执行之。'民法'第六百七十六条规定：合伙之决算及分配利益，除契约另有订定外，应于每届事务年度终为之。是'决算'，仅旨在'分配利益'，核与同法第六百八十九条规定合伙人退伙时之'结算'及第六百九十四条规定合伙解散后之'清算'有别。从而'决算'及'分配利益'，似属执行合伙事务之范畴，非不得由执行合伙事务之合伙人为之。"

有合伙事务执行权之合伙人即可单独执行，不论其事务执行权系源自“民法”第六百七十一条第一项或第二项而来。反之，若非通常事务，如上例之合伙经营商店，与加盟企业签订之Know-How契约或向银行申请创业贷款与保证契约等等，应无“民法”第六百七十一条第三项之适用，而应依“民法”第六百七十一条第一、二项或“民法”第六百七十三条之规定决之。此种单独执行之情形，如有执行不当之虞，或已生不当之结果时，应如何处理？依本条项但书之规定，有执行权之合伙人中任何一人，对于该合伙人之行为有异议时，应停止该事务之执行。此时其他有执行权之合伙人中任何一人得以异议使其事务之执行停止，至于无执行权之合伙人不得为此异议，盖此异议将使该事务之执行发生停止之效果，影响共同事业经营甚大。其他有执行权之合伙人中任何一人异议时，该单独执行之合伙人即应停止该事务之执行，否则因此所产生之损害，应由该单独执行之合伙人负责；反之，如因异议不当使事务执行停止所生之损害者，应由异议之合伙人负其责任，如异议之合伙人有数人时，异议所生之损害赔偿责任，除当事人有明示外不负连带责任，以符合“民法”第二百七十二条之要求，故此为不真正连带责任。此所称之单独执行，仅限于“民法”第六百七十一条第三项“通常事务”之单独执行，不包括当事人约定仅由其中一合伙人执行合伙事务之单独执行之情形。后者之情形不问是否为通常事务，均由其单独执行，因其无“其他有执行权之合伙人”，故无民法第六百七十一条第三项但书有关异议权规定之适用，最多仅有民法第六百七十三条、第六百七十五条之适用而已。至于被异议之合伙人执意不停止事务之执行者，亦得循第六百八十七条及第六百八十八条规定，经他合伙人全体之同意，将之开除。

（2）共同执行

除通常事务由合伙人单独执行外，只要有执行权之合伙人为复数者（“民法”第六百七十一条第一、二项之情形参照），其合伙事务均应共同执行之。此种方法较为慎重，但在时间之争取上则稍嫌不足，须限于较重大之合伙事务，不及于通常事务。

（3）多数表决

“民法”第六百七十三条规定：“合伙之决议，其有表决权之合伙人，无论其出资之多寡，推定每人仅有一表决权。”[68] 本条适用上不再限于旧

68 本条修正理由：“为配合第六百七十条之修正，本条关于表决权之规定，当适用于一切合伙之决议，爰予修正。”

法所订之“一定之事务，如约定应由合伙人全体或一部之过半数决定者”之情形，适用于一切合伙之决议。事务之执行采多数表决之方式，参与该表决权之合伙人必须有表决权，其表决权之计算得特约约定以出资额之多寡决定，但如无特约或约定不明时，本条乃推定其无论出资之多寡，每一合伙人仅有一表决权，如有合伙人主张其有多数表决权者，应负举证责任。[69]

3. 执行合伙事务之合伙人与合伙之关系：合伙团体并不具有法人资格，执行合伙事务之合伙人与合伙之关系，即为执行合伙事务之合伙人与其他合伙人之关系，原则上其性质应属无偿委任（“民法”第六百七十八条第二项），兹分述如下：

（1）执行合伙事务之合伙人之义务

①执行事务之义务：执行事务之义务系执行合伙事务合伙人之主给付义务[70]，此义务之履行，“民法”第六百七十二条规定：“合伙人执行合伙之事务，应与处理自己事务为同一注意。其受有报酬者，应以善良管理人之注意为之。”[71] 执行合伙事务之合伙人原则上应负具体轻过失责任。[72] 当

69 郑玉波，前揭书，同注 2，第六六七页。

70 王泽鉴，前揭书，同注 15，第二五页。并请参见“最高法院”1993 年度台上字第 730 号判决：“依契约书之记载，系争摊位及土地之出卖人为‘金×商业大楼代表人翁荣五’，然‘金×商业大楼’仅系建物名称，无享受权利、负担义务之资格，此为两造所不争执，自非契约当事人。金×商业大楼由陈翁×雀提供土地，翁×五提供资金建造而成，二人间有合作关系，销售之广告，未标明投资兴建者，而以‘金×投资大厦’字体劝诱他人投资订购，并以‘金×商业大楼’名义为交易主体订约，足见兴建该大楼销售为翁×五等合作经营之事业，参以翁×五等为姊弟至亲关系，及翁×五自认陈翁×雀常在国外，故将销售金×商业大楼乙事，委其代表处理等情以观，堪认翁×五等合伙经营建筑金×商业大楼出售，翁×五受任执行合伙事务，本件买卖之出卖人为翁×五等二人构成之合伙，应履行出卖人之债务，高×印自得请求交付系争摊位及移转系争土地所有权应有部分。”

71 本条修正理由：“第六百七十一条以下各条均是有关合伙人执行合伙事务之规定，为使本条与其前后条文之规定相连贯，且执行合伙事务，方有有偿或无偿之区别，爰将‘履行依合伙契约所负担之义务’修正为‘执行合伙之事务’，又合伙人执行合伙之事务，仅负具体过失责任即足，固为罗马法以来之立法例所采（郑玉波著民法债编各论六七〇页），惟瑞士债务法第五百三十八条则分别有无受有报酬，以定合伙人注意义务之轻重。台湾学者通说亦同。爰修正如上。”

72 王泽鉴，前揭书，同注 15，第九九页。邱聪智，前揭书，同注 17，第二四六页。孙森焱，民法债编总论，作者自刊，1990 年 10 月修订九版，第三四七页。并请参见最高法院 1929 年度上字第 1785 号判例：“合伙之亏折如系由于执行业务合伙人之故意或过失者，他合伙人对之得为损害赔偿之请求。”
同院 1932 年度上字第 2760 号判例：“执行合伙事务之合伙人，因其过失致合伙财产受有损失时，对于合伙人全体应负赔偿责任。”

事人如特约约定执行事务之报酬，此时为有偿委任，其执行合伙事务应以善良管理人之注意为之。

②亲自执行义务："民法"第六百八十条准用"民法"第五百三十七条至第五百三十九条之规定，执行事务之合伙人执行事务，原则上应亲自为之，例外始得使第三人代为执行，但并不禁止以受雇人、使用人等债务履行辅助人之方式执行事务。

③事务计算义务："民法"第六百八十条准用"民法"第五百四十条至第五百四十二条之规定，执行事务之合伙人有事务进行状况及颠末之报告义务、物之交付及权利之移转义务[73]及利息支付与损害赔偿义务。

（2）执行合伙事务之合伙人之权利

①费用预付及偿还请求权：依"民法"第六百八十条准用"民法"第五百四十五条之规定，执行事务之合伙人有费用预付请求权。复依"民法"第六百七十八条第一项规定："合伙人因合伙事务所支出之费用，得请求偿还。"是为执行合伙事务合伙人之费用偿还请求权[74]，包括必要费用与有益费用，此时除该费用得请求偿还外，自支出时起之利息（垫费利息），亦得请求。合伙就费用之偿还已有本条项之规定，故不必准用"民法"第五百四十六条第一项关于必要费用偿还之规定。

②负债清偿请求权：依"民法"第六百八十条准用"民法"第五百四十六条第二项之规定，合伙人因执行事务，负担必要债务，得请求合伙代其清偿，未至清偿期者，得请求合伙人提出相当担保。惟执行合伙事务之合伙人既为合伙之代表（"民法"第六百七十九条参照），其以合伙之名义，对外所为之行为，其直接对于合伙发生效力。易言之，所取得之财产属于合伙财产，所负担之债务，属于合伙债务。故"民法"第

73　最高法院1943年度上字第2831号判例："合伙人执行合伙事务，以自己名义为合伙人取得权利者，依民法第六百八十条准用第五百四十一条第二项之规定，负有移转其权利于合伙之债务，必已履行其债务而为移转其权利之行为，其权利始归属于合伙。"

同院1983年度台上字第5030号判决："执行合伙事业之合伙人为他合伙人之代表，以合伙之名义为法律行为，其因此所取得之物及权利，固直接属于合伙人全体公同共有。惟执行合伙事业之合伙人以自己之名义为合伙之计算为法律行为，其因此所取得之权利，在以之移转于合伙成为合伙财产前，则尚难认系属于合伙人全体公同共有。其在不动产，更应以移转登记为全体合伙人公同共有之名义，始能认系合伙人全体公同共有。"

74　"最高法院"1962年度台上字第3659号判例："合伙非有独立之人格，其财产为各合伙人全体公同共有，故合伙人因合伙事务所支出之费用，而依'民法'第六百七十八条第一项之规定求偿者，其相对人为他合伙人全体，而非合伙，亦不必以合伙业经解散或合伙财产不足合伙债务为限。"

五百四十六条第二项似无准用余地。推敲其理，因委任与代理二制度，不一定相伴而生，合伙之执行合伙事务之合伙人必为合伙代表。惟该执行合伙事务之合伙人亦可不以合伙之名义而系以自己之名义执行事务，此时始有“民法”第五百四十六条第二项准用之情形，不可不辨。

③损害赔偿请求权：依“民法”第六百八十条准用“民法”第五百四十六条第三项之规定，合伙人执行合伙事务，因非可归责于自己之事由，致受损害者，得向合伙请求赔偿，此责任性质上为无过失责任，且如合伙赔偿后，有他人应负责时，亦得依“民法”第二百十八条之一之规定，请求执行合伙事务之合伙人让与其对该他人之损害赔偿请求权。[75]

除上述执行合伙事务之合伙人之权利与义务外，尚须注意下列数点：第一，“民法”第六百七十四条规定：“合伙人中之一人或数人，依约定或决议执行合伙事务者，非有正当事由，不得辞任。前项执行合伙事务之合伙人，非经其他合伙人全体之同意，不得将其解任。”[76]因执行合伙事务为合伙人之权利与义务，不允许任意辞任或解任[77]；第二，其他合伙人非经该执行事务之合伙人之同意，不得将执行合伙事务之请求权让与第三人（“民法”第六百八十条准用“民法”第五百四十三条参照）；第三，合伙人执行合伙事务，以无偿为原则，惟得特约约定报酬（“民法”第六百七十八条第二项），但如无特约者，执行事务之合伙人无报酬请求权。

（二）事务之监察（检查）

“民法”第六百七十五条规定：“无执行合伙事务权利之合伙人，纵契约有反对之订定，仍得随时检查合伙之事务及其财产状况，并得查阅

75 王泽鉴，让与请求权，收录于氏著民法学说与判例研究，第三册，作者自刊，1993 年 9 月十一版，第二九七页。邱聪智，前揭书，同注 17，第二八〇页。郑玉波，前揭书，同注 2，第四四六页。

76 本条修正理由：“一、执行合伙事务之合伙人与他合伙人间，非有真正委任关系，此观第六百八十条之规定可之。惟原条文规定易误解为其间具有委任关系，为避免疑义，及配合第六百七十条之修正，爰将第一项‘被委任’修正为‘依约定或决议’。又鉴于合伙重在人合性，如执行合伙事务之合伙既经其他合伙人全体同意其解任即应解任，不须另有其他理由，爰将‘其他合伙人亦不得将其解任’之规定删除。二、第二项配合第一项之修正，作文字修正。”

77 “最高法院”1954 年度台上字第 881 号判例：“被上诉人虽为某旅社其他合伙人全体委任执行合伙事务之人，然依‘民法’第六百七十四条之规定，居于承受其他合伙人全体地位之上诉人，如有正当理由，自非不得将其解任。至此种解任权之行使，该条及其他法律既未规定须以诉之方式为之，则有解任权之一方，不问在诉讼上或诉讼外，均得对之为是项之意思表示，而使生解任之效力，无庸请求法院为宣告解任之形成判决。”

账簿。”是为合伙事务之监察。合伙事务之监察，与无限公司等相同，均以无执行合伙事务权利之合伙人行使监察权。此时得随时检查事务（如与他人订约内容之检查）、财产状况（如资产、负债、现金流量等等）以及账簿（各种会计账簿）。此等检查权，纵使合伙契约有反对之订定，其订定亦无效力，盖本条性质为强行规定，不允许当事人之意思介入，无执行合伙事务权利之合伙人不受该项订定之拘束，得随时行使其监察权。[78]

尚有一问题值得讨论："民法"第六百七十五条有关事务之监察，系一部分合伙人执行职务，他部分不执行事务之合伙人监察情形，惟如全体合伙人共同执行合伙事务时，应如何监察？愚意以为，于通常事务各合伙人得单独执行时，其他合伙人得以异议代替监察（"民法"第六百七十一条第三项参照）。反之，如非通常事务，而应由全体合伙人共同执行者，即无监察之人，仅得由各合伙人善尽其注意之能事而已。[79]

贰、合伙之外部关系

一、合伙人之代表

（一）代表权与被代表人

"民法"第六百七十九条规定："合伙人依约定或决议执行合伙事务者，于执行合伙事务之范围内，对于第三人，为他合伙人之代表。"[80] 是为合伙人之代表。因合伙具有团体性，对外有代表之问题[81]，但因合伙未具法人资格，故其所代表者为其他合伙人而非合伙，不能认为系合伙之机关。[82] 因此，被委任执行合伙事务之合伙人与全体合伙人间，亦有内部关系（合伙）与外部关系（代表）之情形。

---

78 最高法院 1934 年度抗字第 3304 号判例："无执行合伙事务权利之合伙人，固得随时检查合伙之事务及财产状况，并得查阅账簿；但不得以检查及查阅为名，妨害合伙事务之执行。"

79 郑玉波，前揭书，同注 2，第六七〇页。

80 本条修正理由："执行合伙事务之合伙人与他合伙人间，非有真正委任关系，此观第六百八十条之规定可之。惟原条文规定易误解为其间具有委任关系，为避免疑义，及配合第六百七十条之修正，爰将第一项'被委任'修正为'依约定或决议'。"

81 关于代表与代理之差异，请参阅拙著，前揭书，同注 1，第二一五页。施启扬，前揭书，同注 1，第二八五页。

82 郑玉波，前揭书，同注 2，第六七二页。史尚宽，前揭书，同注 11，第六八三页。

代表权人须为依约定或决议执行职务之合伙人，始有代表之问题。因此，不执行合伙事务之合伙人，仅有事务之监察权而无代表权。早期学者认为代表权人须具备之要件有二：①须为执行合伙事务之合伙人；②须为被委任执行合伙事务之合伙人（旧法规定）。此时系以一般委任契约，委任合伙人中之一人或数人执行事务时，合伙人全体与受任人间之法律关系，为纯粹之委任，应适用关于委任之规定，不适用“民法”第六百七十一条至第六百七十五条关于合伙之特别规定。此时系以受任人之地位而非以合伙人之资格为事务之执行。[83] 愚意以为，合伙契约成立生效时，约定其中一人或数人执行事务，即为“被委任执行合伙事务之人”，与“执行合伙事务之合伙人”之概念并无二致。易言之，此二要件实为相同概念，不须以二要件称之，本条修正理由亦谓：“执行合伙事务之合伙人与他合伙人间，非有真正委任关系。”愚意以为，合伙人全体与受任人（即执行合伙事务之合伙人）间之法律关系，虽有合伙及委任规定之适用或准用（“民法”第六百八十条参照），但其间仅有合伙契约关系而已，并未另行成立一委任契约。

依“民法”第六百七十一条第一项之规定，由全体合伙人共同执行事务时，该执行合伙事务之全体合伙人并非“被委任执行合伙事务之合伙人”，仅属依法执行合伙事务而已，不得为代表权人。有学者谓应予扩张解释，认为此等合伙人得为代表权人，与合伙间当然发生委任关系，以符实际运作之便利。[84] 愚不以为然，该合伙既由全体合伙人共同执行事务，不必以代表视之，盖各合伙人皆系依法执行事务而已，且均亲自为之，又何必认其系代表他合伙人执行事务耶？当事人既不另行约定执行事务之合伙人，而欲由全体共同执行之，又何必另以代表制度予以套入，使其依代表决定其对外之法律关系？

（二）代表权之成立

合伙人之代表权，系于被委任执行合伙事务而当然成立，与代理权之授与系另一单独行为，有所不同。基本法律关系无效或撤销时，是否影响代理权之授与行为？学说上有有因及无因二说，通说采有因说。[85] 于合伙及代表二制度间，亦有相同之问题，为保障交易安全，原则上应采

83 郑玉波，前揭书，同注2，第六七二页。史尚宽，前揭书，同注11，第六七九页。

84 郑玉波，前揭书，同注2，第六七三页。

85 胡长青，中国民法总论，第三四八页。洪逊欣，“中国民法总则”，第四五四页。史尚宽，民法总论，第四七八页。郑玉波，民法总则，第三〇三页。

无因说[86]，故当合伙契约系无效或撤销时，并不影响已代表之行为，仅于合伙人退伙或合伙解散时，代表权始归消灭（类推适用民法第一百零八条第一项）。

（三）代表权之范围

1. 共同执行：如系共同执行事务者，代表权之行使应共同为之，即应共同代表。[87] 所谓共同为之，如“民法”第一百六十八条之共同代理，无须同时为之，但须为一致意思之代表，故消极代表不宜适用共同代表之规定。[88]

2. 多数表决：如系由全部或一部合伙人多数表决之方式为事务之执行者，亦得由此等合伙人代表。

3. 单独执行：通常事务既得由一人为之（“民法”第六百七十一条第三项参照），故得由一人代表之。

4. 代表事务之性质：代表事务包括法律行为[89]、事实行为[90] 及侵权行为，是合伙人因执行合伙事务而加于他人之损害者，合伙应类推适用“民法”第二十八条之规定负责，非负“民法”第一百八十八条雇用人之责任。此时合伙与该行为人是否应“连带”负责，有讨论之价值。从法律之适用而言，“民法”第二百七十二条规定连带债务须以当事人有明示或法律有规定者为限，始得成立，故此时所负者为不真正连带责任。[91]

5. 诉讼行为：诉讼行为是否得为代表？因合伙并无法人人格，无权

86 梅仲协，前揭书，同注 60，第一〇四页。王泽鉴，前揭书，同注 39，第三六一页。拙著，前揭书，同注 1，第二三一页。施启扬，前揭书，同注 1，第二九七页。

87 最高法院 1939 年度上字第 1533 号判例：“合伙之事务约定由合伙人中数人执行者，不惟其内部关系依民法第六百七十一条第二项应由该数人共同执行之，即民法第六百七十九条所规定之对外关系，依民法第一百六十八条亦应由该数人共同为代理行为，若仅由其中一人为之，即属无权代理行为，非经该数人共同承认，对于合伙不生效力。”本判例将代表与代理混淆，应予以厘清，惟无权代表类推适用无权代理，其效果并无不同。

88 邱聪智，前揭书，同注 17，第五六页。

89 最高法院 1929 年度上字第 959 号判例：“执行业务之合伙人，对外所为营业上之法律行为，其效力直接及于合伙人全体。”
同院 1991 年度台上字第 740 号判决：“有代表权之合伙人就其代表权之范围内，有对外以合伙之名义为行为之必要，则关于合伙之印信，依理自亦必交由该合伙人掌管，以为执行合伙事务之用，已不担保代表人之他合伙人有将合伙表征之印信移交与有代表权之合伙人掌管之义务。”

90 拙著，前揭书，同注 1，第二一五页。施启扬，前揭书，同注 1，第二八五页。

91 关于不真正连带责任，请参阅拙著，民法债编总论，下册，瑞兴图书股份有限公司，2001 年 3 月，第二八二页。邱聪智，前揭书，同注 17，第四三一页。孙森焱，前揭书，同注 72，第六五三页。

利能力，原则上无当事人能力，惟“民事诉讼法”第四十条第三项赋予非法人团体设有代表人或管理人者，有当事人能力，问题在合伙是否属于“民事诉讼法”第四十条第三项所称之“非法人团体”？有肯定说与否定说二说，否定说认为合伙财产为合伙人全体之公同共有，财产之主体非合伙团体而系合伙人全体，以经营合伙人共同事业为目的，并无离开合伙人之独立固有目的，此点成为团体之单一性极为薄弱，故以否定说为当，关于合伙之诉讼，应以合伙人全体为之，此时执行合伙事务之合伙人为其他合伙人之法定代理人。[92] 肯定说则认为合伙与社团固有不同，但合伙对外关系有其团体性之代表人，诉讼法上应承认其具备当事人能力。[93] 日本实务见解[94] 与台湾实务见解[95] 均采肯定说，合伙团体具备当事人能力，愚采肯定说。[96] 再者，程序上必须由有代表权之合伙人代表合伙

92 姚瑞光，民事诉讼法论，作者自刊，1992年9月版第九七页。

93 郑玉波，前揭书，同注2，第六七四页。史尚宽，前揭书，同注11，第六八五页。邱聪智，合伙人责任与求偿权，收录于固有法制与当代民事法学，戴东雄教授六秩华诞祝寿论文集，三民书局股份有限公司，1997年8月初版，第一九三页。骆永家，合伙与当事人能力，收录于氏著民事法研究I，作者自刊，1993年8月五版，第十七页。林荣耀，论合伙之团体性，法律评论，第三十卷，第一期，第十二页。杨建华，民事诉讼法实务问题研究，作者自刊，1994年11月版，第三五页。张龙文，合伙若干问题，法学丛刊，第二九期，第九三页。

94 日本大判昭和一〇、五、二八民集一四卷一一九一页。最高三小判昭和三七、一二、一八民集二四二二页。

95 “最高法院”1952年度台上字第1040号判例：“某某影业社仅为上诉人独资经营之事业名称，而与民法上之合伙组织有别，无从认为‘民事诉讼法’第四十条第三项之非法人团体，自无当事人能力，原判决列某某影业社为当事人，而以上诉人为其法定代理人，于法显有未合。”

同院1967年台上字第1609号判决：“合伙为二人以上出资，所经营之共同事业，虽因未依法取得法人之资格，不能认系法人，终究不失为非法人之团体，该团体与人涉讼时，自应以该团体为当事人，而由其代表人或管理人为其法定代理人，此与独资经营之商号，应列经营商号之自然人为当事人而附注商号之名称迥异。”

同院1942.9.22民刑庭总会决议：“合伙之事务由合伙人中一人执行者，关于合伙债权或合伙债务之诉讼，只须由该合伙人为原告或被告，合伙之事务，由合伙人全体或其中数人执行者，须由执行合伙事务之合伙人全体一同起诉或被诉；惟‘民法’第六百八十一条规定，请求各合伙人连带清偿债务之诉，不在此限。”

96 惟骆永家教授虽认为合伙有当事人能力，但其复认为不论采取何说，均可利用“民事诉讼法”第四十一条选定当事人之制度。再者，执行事务合伙人得认为其他合伙人之法令上之诉讼代理人，此时以全体合伙人为当事人，而以执行事务合伙人为代理人而为诉讼。又得认执行事务合伙人为其他合伙人之任意的诉讼担当人，此时得以执行事务合伙人为当事人，而其所受之判决之效力及于其他合伙人。以上各种方法，得选择利用，以符合诉讼经济及当事人之方便也。请参阅氏著前揭文，同注93，第十八页。

起诉或被诉，否则应由合伙人全体起诉或被诉，当事人适格始无欠缺；如系由无代表权者代表合伙起诉或被诉者，当事人适格即有欠缺。[97] 台湾实务上，程序法对非法人团体承认其有形式上之当事人能力，但仍不能因此认为合伙有实体上之权利能力。[98]

（四）代表权之效力

有代表权之合伙人，以合伙或全体合伙人之名义，对外所为之行为，直接对于合伙或全体合伙人发生效力。易言之，有代表权之合伙人之所为即为合伙或全体合伙人之所为，依代表行为所取得之财产，属于合伙财产；所负担之债务，属于合伙债务。[99] 又在实务上，代表并无表见代表

97 “最高法院”1981 年度台上字第 3328 号判决：“查合伙财产为合伙人全体公同共有。如上诉人主张，其于原审既经陈明未被选为该合伙之代表人或管理人。兹对被上诉人为返还公同共有物之请求，又无证据证明其业已得其他公同共有人之同意，由其一人单独起诉，于原告当事人之适格，自属有欠缺。”

同院 1983 年度台上字第 832 号判决：“合伙非有独立之人格，其财产为各合伙人全体公同共有，故因合伙事务而涉讼者，除由执行业务之合伙人代表合伙为原告或被告外，应由全体合伙人为原告或被告，其当事人之适格，始无欠缺。”（同院 1993 年度台上字第 3238 号判决及 1993 年度台上字第 806 号判决同旨。）

同院 1984 年度台抗字第 194 号裁判：“合伙在我民法上为合伙人间之契约关系，合伙本身并无权利能力。合伙财产为全体合伙人公同共有（参照‘民法’第六百六十八条）。本件抗告人如为合伙人，相对人既侵占合伙财产，即难谓抗告人非其侵占犯罪事实之被害人，而不得附带提起民事诉讼。至于抗告人就该合伙财产之回复请求，能否由其（即合伙人一人）单独行使，则为诉讼实施权有无即当事人是否适格之问题，与起诉是否合法无关。”（同院 1995 年度台抗字第 166 号裁判同旨。）

同院 1991 年度台上字第 1963 号判决：“当事人之适格要件，为法院应依职权调查之事项。本件被上诉人所诉上诉人侵占‘合伙’购买土地价款之事实，其被害之标的应属合伙之财产，而‘合伙’有当事人能力，合伙之财产又为合伙人全体之公同共有，被上诉人就关于其与诉外人张〇章、张〇亭合伙营业所生之诉讼，有无径以自己名义起诉之权限？殊非无疑。”

同院 1991 年度台上字第 2828 号判决：“上诉人赵〇树既不能证明其为上诉人南〇市场果部委员会之执行业务代表人，复未得其他合伙人全体之同意或授权赵〇树代表合伙人诉讼，亦未有收回土地及请求损害金之决议，竟径行代表南〇市场果部委员会起诉，自属不合。”

98 “最高法院”1978 年度台上字第 865 号判例：“‘民事诉讼法’第四十条第三项固规定‘非法人团体，设有代表人或管理人者，有当事人能力’，并可据此规定，认非法人团体于民事诉讼得为确定私权请求之人或为其相对人。为此乃程序法对非法人团体认其有形式上之当事人能力，尚不能因之而谓非法人团体有实体上之权利能力。”

99 最高法院 1930 年度上字第 20 号判例：“合伙之积极消极财产均为合伙人全体所有，而合伙事务又本得由有执行权之合伙人执行，凡执行合伙事务之合伙人对第三人所缔结之契约。其他合伙人绝无可以卸责之理。”

之适用[100]，盖表见代理仅于意定代理之需授权行为始可能发生也。

（五）代表权之消灭

合伙人之代表权，当然因退伙或合伙解散而消灭[101]，就此合伙一节未明文规定，似可类推适用“民法”第一百零八条第一项之规定。至于其他合伙人对于有代表权合伙人之代表权加以限制或撤回时，代表权原则上亦应归于消灭，但为保障交易安全，宜认其限制或撤回不得对抗善意无过失之第三人（类推适用“民法”第一百零七条）。

二、合伙人之责任

（一）合伙人责任立法主义

各合伙人就合伙对外所负之责任，应如何认定？此等责任合伙人应如何承担？立法上有下列主义：

1. 连带责任主义：即合伙人就合伙债务，除以合伙财产负责任，并以个人单独所有之财产，负连带责任。此又可分为下列二种主义：

①并存主义：瑞士债务法第五百四十四条第三项规定：“合伙人共同或由其代表人对于第三人负担义务时，合伙人应连带对于第三人负责，但另有其他约定者，不在此限。”准此，债权人得就合伙财产或合伙个人单独所有之财产请求连带清偿，并无顺序之分，称为并存主义。

②补充主义：即债权人须先向合伙财产求偿，就不足之额，始得向

（接上页）同院1933年度上字第1604号判例：“得委任执行合伙事务之合伙人，于依委任本旨执行合伙事务之范围内，代表合伙人与第三人所为之行为，直接对于合伙全体发生效力，即使其行为系为他人为之，他合伙人亦不得据以对抗第三人。”

同院1948年度上字第6987号判例：“执行合伙事务之合伙人在其权限内，以本人名义代表合伙与他人订立租赁房屋契约，其租赁权应属于合伙，而不属于该执行合伙事务之合伙人，故在合伙存续期间内，纵令出名订约之合伙人有变更，其与出租人之租赁关系，仍为继续，不得视为消灭。”

同院1961年度台上字第2852号判例：“合伙商号为人保证，在民法上并无（旧）‘公司法’第二十三条（著者注，现为‘公司法’第十六条）设有禁止之规定，故合伙商号业务执行人，以合伙商号名义为人作保行为，倘系在其依委任本旨，执行该商号事务之权限范围内者，即应认其保证为合法生效。”

100 “最高法院”1990年度台上字第2012号判例：“‘民法’第一百六十九条惟意定代理得适用，代表及法定代理不适用之。”

101 最高法院1929年度上字第1844号判例：“钱庄业之合伙，其执行业务之合伙人或经理人代合伙借款，固为关于营业上之事务，应认其有此权限，惟合伙已解散时，此项权限即属当然消灭，嗣后该执行业务之合伙人或经理人，纵以合伙名义向人借款，亦不能对于合伙发生效力，除他合伙人追认其行为或承认其债务外，债权人不得向他合伙人请求清偿。”

合伙人个人单独所有之财产求偿，合伙人个人单独所有之财产，仅系补充合伙财产之不足，是称为补充主义[102]，“民法”第六百八十一条采此主义。因合伙人之责任属于第二次担保，就不足之额予以补充。故“民法”第六百八十一条所称之连带，系指合伙人间之连带，与上述并存主义系合伙人与合伙财产之连带，有所不同。

2. 分割责任主义：日本民法第六百七十五条规定：“合伙之债权人，于其债务发生之当时，不知合伙人损失分担之成数者，得对各合伙人就其平均部分行使权利。”准此，合伙人就合伙债务，仅以其应分担之部分负责。

---

102 郑玉波，前揭书，同注 2，第六七七页。并请参见“最高法院”1991 年度台上字第 2827 号判决：“汇×利机构系非法人之组织，为原判决确定之事实，果尔，其是否合伙或其他组织？原审并未调查审认，如系合伙，则合伙之债务应由合伙财产清偿，于合伙财产不足清偿时，各合伙人对不足之额始负连带清偿之责任（参照‘民法’第六百八十一条）。原审未说明汇×利机构之财产是否已不足清偿合伙债务，遽准被上诉人对黄×铺之财产执行所得之金额参与分配，亦难谓合。”

同院 1997 年度台上字第 3825 号判决：“（一）王×宗就被上诉人所主张伊等有向王×宗及上诉人永久承租系争地下室市场之摊位、店铺，王×宗与上诉人系合伙关系，王×宗与上诉人二人于 1983 年、1987 年间均有嘱王×仁写明细表，允诺愿依该表所载金额退款之事实，予以自认，就形式上观之，已不利益于共同诉讼人；且上诉人于原法院前审曾辩称：‘王×宗承认债务之用意，在嫁祸于他人（盖其本人并无偿还债务之能力），否则如其有偿还债务之诚意及能力，应不待上诉人（即本件被上诉人）起诉请求即履行诺言退还租金予上诉人（即被上诉人）始合情理，揆之上揭法条，其诉讼上自认自不及于被上诉人杨×应。’等语，亦属重要防御方法。王×宗之上开自认是否实在？其效力是否及于上诉人？原审未予调查审认，遽凭王×宗之前开自认，谓被上诉人依履行契约之法律关系请求，为有理由，而为不利于上诉人之判决，自属可议。（二）‘民法第六百八十一条规定，合伙财产不足清偿合伙之债务时，各合伙人对于不足之额连带负其责任。是合伙财产不足清偿合伙之债务，为各合伙人连带责任之发生要件，债权人请求命各合伙人对于不足之额连带清偿，自应就此项要件之存在，负主张并举证之责任。’‘合伙之债务应由合伙财产清偿，于合伙财产不足清偿时，各合伙人对于不足之额始负连带清偿之责任。故合伙之债权人请求合伙人清偿合伙之债务者，应就合伙财产不足清偿合伙之债务，负举证之责。’本院分别著有 1940 年度上字第一四〇〇号、1960 年度台上字第一一八号判例，可资参照。查被上诉人起诉之原因事实为：上诉人与王×宗为出名合伙人，与隐名合伙人周×康、简×成、杨×共同出资，成立兴建邻×市场之合伙事业，竣工后，于 1975 年间以一次缴清价款永久租用方式出租地下室之摊位、店铺予被上诉人，然于 1983 年、1987 年间复将该市场出租予他人，经被上诉人发现后，上诉人及王×宗同意将原受领之租金返还予被上诉人，故依履行契约及‘民法’第六百八十一条之规定，上诉人应与王×宗负连带偿还租金及利息之责等语，关于依‘民法’第六百八十一条规定请求部分，被上诉人就上诉人与王×宗合伙之财产是否不足清偿合伙之债务一节，似未负举证责任，原审亦未注意审究，遽认被上诉人依‘民法’第六百八十一条规定，请求上诉人与王×宗连带给付上述金额及其利息，自属有理由，于法尤属有违。”

（二）台湾民法关于合伙人之责任

“民法”第六百八十一条规定：“合伙财产不足清偿合伙之债务时，各合伙人对于不足之额，连带负其责任。”此系因合伙不具权利能力，为不得独立债务之主体，此等合伙债务即为各合伙人之公同共有债务，合伙人对合伙债务应负之责任采连带责任主义之补充主义，故合伙人所负者为第二顺序之责任。惟何谓“合伙财产不足清偿合伙债务”？应如何认定？此涉及合伙人连带责任成立之时点，故有讨论之必要，学说上有下列三种见解：

1. 计算说：将合伙积极财产依时价估算，如少于合伙债务之总额时，即认为不足清偿债务。采此说对合伙债权人较为有利，台湾实务见解采之。[103]

2. 实在说：将合伙积极财产强制执行，其结果如不足清偿债务时，始可认为不足清偿债务，采此说则对合伙人较为有利。

3. 折衷说：此说认为债权人向合伙请求清偿，而未获满足时，即认为合伙财产不足以清偿债务。

愚意以第一说计算说为当，盖“民法”第六百八十一条未如“民法”第七百四十五条有“强制执行”之文句（保证人之检索抗辩权），此其一也；此说虽较实在说对债权人较为有利，但债权人向合伙人请求清偿时，须就合伙积极财产估价后不足清偿合伙债务之事实，负举证责任[104]，对

103 最高法院1939年度上字第1864号判例：“合伙契约订定合伙人中之一人，于其出资之限度外不负分担损失之责任者，在各合伙人间固非无效，但不得以之对抗合伙之债权人。合伙财产不足清偿合伙之债务时，该合伙人对于不足之额连带负其责任，为民法第六百八十一条之所明定，所谓合伙财产，不仅指合伙债权人向合伙人请求连带清偿时，属于合伙之动产不动产而言，即其时合伙对于第三人之债权，及其他有交易价额之一切财产权得为强制执行之标的者亦包含之。如就此等财产按照时价估计其总额并不少于债务总额，固非所谓不足清偿，即使财产总额少于债务总额，各合伙人亦仅对于不足之额连带负责，并非对于债务全额负有此种责任。”

104 最高法院1940年上字第1400号判例：“民法第六八一条规定合伙财产不足清偿合伙之债务时，各合伙人对于不足之额连带负其责任。是合伙财产不足清偿合伙之债务，为各合伙人连带责任之发生要件，债权人请求命令各合伙人对于不足之额连带清偿，自应就此要件之存在，负主张并举证之责任。”（同院1960年度台上字第118号判例、1983年度台上字第3439号判决、1987年度台上字第1860号判决、1993年度台上字第1105号判决及1994年度台上字第816号判决同旨。）

同院1995年度台上字第2920号判决：“‘民法’第六百八十一条规定：‘合伙财产不足清偿合伙之债务时，各合伙人对于不足之额，连带负其责任。’足见合伙财产不足清偿合伙之债务，为各合伙人连带责任发生之要件，在未证实合伙财产不足清偿合伙债务前，合伙债权人自不得径行诉请合伙人为连带给付。”

于合伙人而言，足以保障其权益，此其二也。反之，如采实在说，须迄强制执行合伙财产后有不足清偿之时，始得向合伙人求偿，对债权人之保障，实有不周，此其三也。惟不论采取何说，当债权人对合伙已取得执行名义，就合伙财产强制执行之结果，如有不足者，得径对无争执之合伙人个人之财产为强制执行，不须另行对该合伙人个人取得执行名义[105]，惟如该合伙人否认合伙或合伙人间有所争议者，仍应另行起诉。从诉讼法而言，合伙债权人就合伙债务之不履行而向法院起诉时，不得以合伙团体与合伙人为共同被告而为预备之诉[106]之声明，请求如就合伙财产强制执行不足清偿债务时，就不足之额命令合伙人为清偿。盖对合伙之执行名义即属对合伙人全体之执行名义，无须以合伙人与合伙为共同被告。[107] 由是观之，合伙人责任之补充性与“民法”第七百四十五条保证人责任之补充性（先诉抗辩权）二者显有不同，后者对主债务人取得执行名义并不当然对保证人亦有执行名义，故须对保证人另行起诉。又此等合伙责任之主体，除现有之合伙人外，尚包括①已退伙之合伙人（对退伙前合伙所负之债务）；②合伙成立后加入为合伙人者（包括对加入前合伙所负之债务）；③表见合伙人[108]，藉以维持合伙之信用，而保障

105 司法院 1933 年度院字第 918 号解释：“来呈所述原确定判决，虽仅令合伙团体履行债务，但合伙财产不足清偿时，自得对合伙人执行，合伙人如有争议，应另行起诉。”

同院 1934 年度院字第 1112 号解释：“院字第九一八号后段所谓合伙有争议者，系指合伙人否认合伙或合伙人间之争议等须另待裁判者而言。如合伙人之争议系以确定判决仅令合伙团体履行债务，不得向其执行为理由时，自无庸责令债权人另行起诉，该号前段解释，业已释明。”

“最高法院”1962 年度台上字第 2307 号判例：“合伙关系之存在与否，固可为确认之诉之标的，但孰为某合伙之合伙人，则为事实问题，不得为确认之诉之标的，且合伙债权人对于合伙人提起确认合伙关系存在之诉，以合伙财产不足清偿债务时，始能谓其有即受确认判决之法律上利益。”

106 关于主观预备之诉，请参阅骆永家，诉之主观的预备合并，收录于氏著民事法研究 I，作者自刊，1993 年八月五版，第一五一页。杨建华，民事诉讼法要论，作者自刊，1994 年 4 月初版，第一〇四页。

107 郑玉波，前揭书，同注 2，第六七八页。钱国成，前揭文，同注 52，第十一页。并请参见“最高法院”1985 年度台上字第 2369 号判决：“合伙财产不足清偿合伙之债务，为各合伙人连带责任之发生要件，债权人求命合伙人之一对于不足之额连带清偿，应就此项要件之存在负举证之责，故在未证实合伙财产不足清偿合伙债务之前，债权人对于各合伙人连带清偿之请求权尚未发生，即不得将合伙人并列为被告，而命其为补充性之给付。况对于合伙之执行名义，实质上即为对全体合伙人之执行名义（“司法院”院字第九一八号解释参照)，亦无于合伙之外，再列全体合伙人为共同被告之必要。”

108 最高法院 1930 年度上字第 973 号判例：“非合伙之股东而有可以令人信其为股东之行为者，对于不知情之第三人与股东负同一责任。”

交易安全。

上述合伙人之补充责任，是否有时间之限制？愚以为合伙虽未有如“公司法”第七十六条及第九十六条之特别规定，但不可无时间上之限制，解释上随各该债权本身应有之消灭时效完成而得拒绝。最后，“民法”第六百八十一条规定令合伙人负连带责任，故“民法”第二百七十二条至第二百八十二条有关连带清偿债务之规定有其适用[109]，合伙人中一人向债权人为清偿、代物清偿、提存、抵销或混同而债务消灭者，其他合伙人亦免除责任。该合伙人得依其内部分担部分，向其他合伙人请求偿还。[110]

第四节　合伙之变更

所谓合伙之变更，系指合伙团体并不解散，而仍保持其同一性，但合伙人之主体或客体则有所变更。兹分述如下：

壹、合伙主体之变更

合伙主体之变更，包括入伙、退伙及交替三种情形：

一、合伙人之入伙

“民法”第六百九十一条第一项规定：“合伙成立后，非经合伙人全体之同意，不得允许他人加入为合伙人。”所谓入伙，系指非合伙人加入已成立之合伙而取得合伙人资格之行为，此时合伙团体之同一性仍然维持，不因新合伙人入伙而有不同。本条项适用上不包括合伙人将股份转让于他人之情形，盖其系“民法”第六百八十三条之适用问题。严格言之，入伙之性质系一契约行为，一方请求加入合伙，合伙人全体允许其

109　邱聪智，前揭文，同注93，第一九八页。

110　最高法院1940年度上字第1105号判例：“合伙财产不足清偿合伙之债务，依民法第六百八十一条之规定，各合伙人对于不足之额虽连带负其责任，但合伙之债权人为合伙人中之一人时，自己亦为连带债务中之一人，其对于合伙之债权与其所负之连带债务，已因混同而消灭，依民法第二百七十四条之规定，他合伙人亦同免其责任，故该合伙人对于他合伙人仅得依民法第二百八十一条、第二百八十二条之规定行使其求偿权，不得更行请求连带清偿。”

加入，意思表示相对立且合致，故为契约行为。合伙关系因重视人格信用，须经合伙人“全体”之同意，入伙始生效力。[111] 又自本条项条文以观，“经合伙人全体之同意”似为强行规定，惟学界通说咸认为当事人亦得以特约约定，由多数人决定允许他人加入[112]，愚赞成之。又依“公司法”第十三条规定，公司不得为合伙事业之合伙人，则入伙人之资格仍应受公司法此项规定之限制。

入伙之后当然取得合伙人之地位，此时应依入伙时之约定为出资履行，对加入后合伙所负之债务，应与他合伙人连带负责（“民法”第六百八十一条参照），不待法条另为明文。惟就加入前合伙所负之债务，是否应负责任？如纯以时间为判断者，当时既非合伙人，本不应负此责任，惟如遇有合伙财务状况不佳，难免入伙人与其他合伙人串通，任意主张其入伙日较债务发生之日为后，藉以逃避责任。此时虽可认其串通为通谋而无效，但是否通谋认定上仍有争议，不若直接规定其责任，使其无为此通谋之弊端。“民法”第六百九十一条第二项规定：“加入为合伙人者，对于其加入前合伙所负之债务，与他合伙人负同一之责任。”[113] 此种立法使入伙人就加入前与加入后之合伙债务皆应负责，即在避免前述弊端而特别保护合伙债权人[114]。愚意以为，此时民法课入伙人如此重责，当使其于入伙前更能谨慎地考虑，故亦有保护入伙人之意。再按“民法”第六百九十一条第二项性质上应为强行规定，当事人不得以特约免除之。

按加入前合伙所负之债务入伙人即应负责，则加入前合伙所取得之利益（尚未分配），入伙人得否分配？如得分配，如何为之？从“民法”第六百九十一条第二项仅就损失负担予以规定而观，就利益之分配究应反对解释“民法”第六百九十一条第二项？抑或类推适用“民法”第六百九十一条第二项？此二种思考模式将导致相反之结果。愚意以为，“民法”第六百九十一条第二项既令入伙人对加入前合伙所负

111 “最高法院”1993年度台上字第59号判决：“蔡×木之加入资金及陈×辉将部分股权让与罗×发，均未征得上诉人、李×茂等原合伙人全体之同意，为上诉人所自认，依‘民法’第六百八十三条前段、六百九十一条第一项规定，不得认为蔡×木、罗×发为上诉人、魏×水、陈×辉，李×茂四人合伙之成员。”

112 郑玉波，前揭书，同注2，第六八二页。史尚宽，前揭书，同注11，第六九五页。

113 “最高法院”1958年度台上字第1552号判例：“被上诉人参加某营业为合伙人，继续经营其业务，倘某营业并未协议解散清算完结，而被上诉人参加后又未为新营业之设立登记，则其对于该营业之原有债务，自应与其他合伙人负同一责任。”

114 郑玉波，前揭书，同注2，第六八三页。

之债务，与他合伙人负同一责任，为求平衡计，自应使其得分配加入前合伙所取得而尚未分配之利益，故以后说为当。至于应如何分配？愚意以为，应先依当事人之特约，此时损益分配之特约，仅具有内部关系之效力，如入伙人与合伙人约定，就加入前合伙所负之债务，入伙人不负责任者，其约定仅对合伙人全体有效，惟合伙人之债权人仍可依“民法”第六百九十一条第二项之规定，向入伙人主张“民法”第六百八十一条之连带责任。如无约定，依全体合伙人（包括入伙人）之出资额分配（“民法”第六百七十七条第一项参照）。

二、合伙人之退伙

（一）退伙之意义

所谓退伙，系指合伙人退出已成立之合伙，丧失其合伙人资格之一种法律事实，此时合伙之同一性仍予以维持。

（二）退伙之原因

退伙之原因有二：包括声明退伙与法定退伙。兹分述如下：

1. 声明退伙

（1）声明退伙之意义

所谓声明退伙，又称为任意退伙，系指合伙人以其一方之意思表示（声明）退出合伙之行为。此种行为，无须得其他合伙人之同意即生效力，性质上为主动单独行为。可以明示或默示为之，惟仍须依“民法”第九十四条或第九十五条规定，其意思表示始生效力，故为有相对人之单独行为。[115] 合伙性质虽为继续性契约，但此时并非“终止”合伙契约，盖合伙原则上不因退伙而消灭，而系退伙人本身退出合伙之团体而已。

（2）声明退伙之时间限制

退伙之声明，是否受有时间之限制？须视合伙定有存续期间与否而

115 最高法院1929年度上字第96号判例：“退伙为单独行为，故无待他合伙人之承诺，然必须向他合伙人确实表示其意思，方能发生效力。”
同院1929年度上字第2264号判例：“合伙人之退伙，须对于各合伙人为退伙之表示始能生效，若仅向合伙之经理人为表示，则必其表示可认为向各合伙人为之者始能发生代理行为之效力，若单独向经理人交涉，显未对他合伙人表示意思，自不能认为合法之退伙。”
同院1930年度上字第449号判例：“（一）合伙人之退伙，故须对于各合伙人为明示或默示之表示始能生效；但执行合伙业务之经理人有代理各合伙人之权，则对于经理人为退伙之表示，可认为向各合伙人所为者，自应认为合法退伙。”
同院1930年度上字第2349号判例：“退伙虽不必有何等要式行为，要必曾经通知他合伙人始为有效。”

不同，兹分述如下：

①未定存续期间："民法"第六百八十六条第一项规定："合伙未定有存续期间，或经订明以合伙人中一人之终身，为其存续期间者，各合伙人得声明退伙，但应于两个月前通知他合伙人。"本条项包括二种情形：第一，未定存续期间，系指合伙契约未订明合伙存续之期间；第二，订明以合伙人中一人之终身为其存续期间，系指以某一合伙人之死亡为合伙之存续期间，性质即为不确定期间，与未定期间所差无几，故民法乃将此二者认为系相同情形，允许合伙人随时声明退伙，否则合伙人将永远为合伙所拘束，并不合理。本条项所规定之二种情形，合伙人固得随时声明退伙[116]，但必须于两个月前通知其他合伙人，否则不生退伙效力[117]，并非须于声明后两个月始生退伙之效力。[118] 惟"民法"第六百八十六条第二项复规定："前项退伙，不得于退伙有不利于合伙事务之时期为之。"目的在保障合伙之利益，例如欲声明退伙者为执行事务之合伙人，正为合伙洽商一件重要之契约签订事宜，如于此时退出，将造成合伙之损失，此时该合伙人不得退伙。惟若该合伙人有非可归责于自己之重大事由时，

116 最高法院 1933 年度上字第 296 号判例："合伙未定有存续期间者，各合伙人虽无特别之理由亦得声明退伙，其声明退伙只须向他合伙人全体以意思表示为之，无须诉请法院为准予退伙之判决，惟他合伙人对其声明之效力有争执时，始有诉请法院确认之必要。"

同院 1952 年度台上字第 113 号判例："合伙人之声明退伙，只须具备'民法'第六百八十六条所规定之要件即生退伙之效力，不以并须公开表示及与善意第三人得知之机会为限。"

同院 1960 年度台上字第 1840 号判例："合伙已依'商业登记法'第九条第一项为登记，而合伙人退伙者，依同法第十条上应于十五日内将退伙事项为登记，其未为退伙登记者，按诸同法第十三条第一项即不得对抗善意第三人，至本院 1952 年台上字第一一三号判例所谓合伙人之声明退伙，只须具备'民法'第六百八十六条所规定之要件即生退伙之效力，不以并须公开表示及与善意第三人得知之机会为限，仅指合伙未依商业登记法登记之情形而言，若业经依法登记之合伙，其退伙则非登记不生对抗善意第三人之效力。"

"司法院"1936 年度院字第 1598 号解释："合伙人中之一人虽于中途抽出股本，但既未声明退伙，仍应认为合伙人。至解散清算经通知而故不到场，其余合伙人之清算对于该未到场之人并非无效。惟该未到场之人，对于清算所为之决议，如有争执，仍得诉请法院裁判。"

117 "最高法院"1963 年度台上字第 1150 号判例："合伙未定有存续期间，合伙人声明退伙，应于两个月前通知他合伙人，否则不生退伙之效力，此观'民法'第六百八十六条第一项但书之规定自明，上诉人所称声明退伙之日其系为 1952 年 5 月 10 日，即使属实，而被上诉人于同月 29 日因出卖鱿鱼与上诉人合伙之某商行所取得之价金支付请求权，尚在上诉人声明退伙未生效力之前，依同法第六百八十一条、第六百九十条之规定，上诉人仍应连带负其责任。"

118 此时期间之计算，应采逆算法。请参阅拙著，前揭书，同注 1，第三〇二页。

可否不受“民法”第六百八十六条第二项之限制？愚意以为，“民法”第六百八十六条第三项有“‘纵’定有存续期间”字样，故于“民法”第六百八十六条第一项之情形，亦应有同条第三项之适用而不受同条第二项之限制，仍可声明退伙且即生退伙之效力。[119]

②定有存续期间：“民法”第六百八十六条第三项规定：“合伙纵定有存续期间，如合伙人有非可归责于自己之重大事由，仍得声明退伙，不受前二项规定之限制。”故合伙定有存续期间，各合伙人应受合伙期间之拘束，不得中途退伙，但此系原则，如合伙人有非可归责于自己之重大事由（如生重病或奉召服兵役），仍得随时退伙，不受两个月及不利期间之限制。[120] 如系“民法”第六百八十六条第一项之“以合伙人中一人之终身为其存续期间”以外之不确定期间者，其声明退伙应依“民法”第六百八十六条第一项或第三项？例如约定合伙期间至某一合伙所出资之房屋不堪使用为其届满之时为止，此属不确定期间之合伙，如二年后合伙人欲声明退伙，是否允许？愚意以为，除“民法”第六百八十六条第一项特别规定之不确定期间外，其他不确定期间，性质上仍属“定有存续期间”[121]，应适用“民法”第六百八十六条第三项之规定，原则上不能声明退伙。

（3）拟制退伙

“民法”第六百八十五条规定：“合伙人之债权人，就该合伙人之股份，得声请扣押。前项扣押实施后两个月内，如该合伙人未对于债权人清偿或提供相当之担保者，自扣押时起，对该合伙人发生退伙之效力。”本条之退伙，通说认为其性质为声明退伙[122]，因为该声明虽非合伙人之声明，但法院依合伙人之债权人之声请所为之扣押具有为该合伙人退伙之效力，仍应认其为退伙。

2. 法定退伙

（1）法定退伙之意义

所谓法定退伙，系遇有法定事由当然发生退伙之效果，又称当然

119 郑玉波，前揭书，同注2，第六八五页。史尚宽，前揭书，同注11，第六九〇页。

120 本条项修正理由：“依原条文第三项声明退伙时，是否须先通知或得否于不利于合伙事务之时期为之？法无明文规定，易滋疑义。学者通说以为各合伙人如有非可归责于自己之重大事由，无须先期通知，并得于不利于合伙事务之时期声明退伙，始足以保护其利益。为期明确，爰明定‘不受前二项规定之限制’。”

121 拙著，民法债编各论，上册，瑞兴图书股份有限公司，1994年11月初版，第二九四页。

122 郑玉波，前揭书，同注2，第六八六页。史尚宽，前揭书，同注11，第六八九页。

退伙。"民法"第六百八十七条规定："合伙人除依前二条规定退伙外，因左列事项之一而退伙：一、合伙人死亡者。但契约订明其继承人得继承者，不在此限。二、合伙人受破产或禁治产之宣告者。三、合伙人经开除者。"[123] 兹分述法定退伙之原因如下：

①合伙人死亡：合伙注重人格信用关系，原则上地位不得继承，故合伙人死亡者（包括自然死亡及死亡宣告），应使其生退伙之效力。[124] 惟本原因并非强行规定，允许合伙人以特约约定由合伙人之继承人继受之。

②合伙人受破产或禁治产之宣告：合伙人一破产，丧失其财产管理处分权（"破产法"第六十五条参照），应依破产法之规定处理而归入破产财团之财产。合伙之股份为该受破产宣告合伙人之责任财产，应归于破产财团，故应使其退伙。此时合伙之股份既属于破产财团之一部，涉及债权人之利益，如当事人有特约约定不必退伙者，仅生内部效力，该破产合伙人之债权人不受该特约之拘束。再者，如合伙人受禁治产宣告者，失其行为能力，无法从事合伙事业，应予退伙。惟此种情形不涉及对外关系，故可特约使受禁治产宣告之合伙人不必退伙，由其法定代理人代为之，此时该合伙人不得为事务之执行，盖其法定代理人无法代为事务之执行（事实行为部分无法代理），故虽可特约令其不必退伙，但愚以为仍不得为事务之执行。

③合伙人经开除：所谓开除，系指反于该合伙人之意思，由他合伙人全体之同意剥夺其合伙人资格之被动单独行为。如合伙人被开除者，即生退伙之效果，对其财产状况将生重大影响，故非具备特殊之要件，不得为之。"民法"第六百八十八条规定："合伙人之开除，以有正当理由为限。前项开除，应以他合伙人全体之同意为之。并应通知被开除之合伙人。"故合伙人之开除，须符合下列要件：

❶须有正当理由：此所谓之正当理由，系不确定之法律概念，应依

123　本条修正理由："第六百八十五条业经修正为非当然退伙，本条爰配合修正并作文字调整。"

124　"最高法院"1997年度台上字第3840号判决："合伙人死亡时，其继承人并不当然为合伙人，除合伙契约有关于继承人得继续为合伙人之约定外，合伙人死亡，即当然退伙。而本件上诉人与江×振所订立之合伙经商契约，并无约定得由继承人继续为合伙人，故于江×振七十六年（1987年）一月十二日死亡时，发生退伙之效力，惟因合伙人仅余上诉人一人，而当然归于消灭。纵被上诉人确有与上诉人维持合伙关系之合意，亦属另一契约，上诉人不得援引上诉人与江×振间之合伙经商契约，作为新合伙关系之规范。"

具体情形决之，例如出资义务之不履行，或窃取合伙财物等是。[125]

❷程序上须经被开除者以外之合伙人全体之同意：如他合伙人中有一人不同意者，不生开除效力。因此，学说上有二争议问题：第一，可否同时开除二人？通说认为应采否定说，以求慎重[126]，惟该二合伙人串通，遇有开除任何一人时，他人即以反对，使其无法开除，此时其他合伙人仅余声明退伙一途而已。第二，如合伙仅有二人时，不可开除任一合伙人，否则合伙即归于解散，二人合伙如有不谐者，仅可解散，不可开除。

❸须通知被开除之合伙人：此通知为开除之生效要件，须通知始生开除之效力。惟查日本民法第六百八十条及台湾地区“公司法”第六十七条规定之通知均采对抗要件，愚意以为本通知立法政策上以对抗要件为妥。此通知性质上为意思通知，其生效应类推适用“民法”第九十四条及第九十五条意思表示生效之规定，故非观念通知。

（三）退伙之效力

1. 合伙人资格之丧失：一经退伙，合伙人即丧失资格，惟退伙仅向将来生效，并不溯及既往，故其资格自退伙时消灭。此时该退伙人与其他合伙人间之合伙关系消灭，至于合伙本身不因此而消灭，其同一性仍维持。

2. 财产之结算：“民法”第六百八十九条规定：“退伙人与他合伙人间之结算，应以退伙时合伙财产之状况为准。退伙人之股份，不问其出资之种类，得由合伙以金钱抵还之。合伙事务，于退伙时尚未了结者，于了结后计算，并分配其损益。”兹分述如下：

(1) 结算之标准时期

合伙之财产状况逐日不同，其结算之标准，宜以法律明定，以杜争议。退伙之结算可能花费数日，其中合伙财产如有增减时，恐生争议，故本条第一项规定以“退伙时”合伙之财产状况为准，以计算合伙之资

125 最高法院1931年度上字第1682号判例：“合伙人为有具备除名之正当理由者，其他合伙人得以全体意思一致将合伙人除名。至所谓除名之正当理由，为对于合伙全体有不法侵害之行为，即其一种。”
同院1943年度上字第6121号判例：“合伙人擅自提取出资，不得谓无开除之正当理由，如果被上诉人擅自提取出资，经他合伙人全体同意，予以开除，并通知被上诉人，则虽被上诉人提取出资并未罄尽，亦未具有退伙字据，依民法第六百八十七条第三款及第六百八十八条之规定，被上诉人仍因之而退伙。”

126 郑玉波，前揭书，同注2，第六八七页。史尚宽，前揭书，同注11，第六九二页。

产与负债状况。如合伙财产多于出资总额，结算后应返还出资及分配利益[127]；反之，如合伙财产少于出资总额时，结算后应以其所出资减去其应分担之损失所得之余额返还。[128] 上述结算之标准时期为原则规定，如合伙事务于退伙时尚未了结者，应于了结后计算，分配其损益。例如某一合伙人退伙时，该合伙正进行某工程之承揽，尚未完成，无法结算并分配损益，只能留待工程完工后始得为之。本条项之例外规定仅限于该批未了结之事务，始有其适用，并非全部之结算，均须拖至该事务了结之后，不可不辨。

（2）股份之抵还

合伙人如退伙，其与其他合伙人间之合伙关系消灭，其公同共有之合伙财产本应结算、分割（“民法”第八百二十九条及第八百三十条参照）及返还退伙人应得之部分[129]，惟恐对合伙事务有所影响，乃有本条第二项规定，不问其出资之种类，得由合伙以金钱抵还之，藉以避免合伙事业受到影响，且收返还便利之效。此须依不同出资之种类而讨论应如何抵还之问题。兹分述如下：

①财产出资：财产出资包括现金出资、现物出资及权利出资三种，已如前述。现金出资得以金钱返还之，自属当然。惟现物出资又可分为移转出资及用益出资，前者以物之所有权移转予全体合伙人公同共有，此时得以金钱抵还而不必返还原物予退伙人。后者系以物之使用收益为

127 “最高法院”1991年度台上字第2199号判决：“退伙人与他合伙人间之结算，应以退伙时合伙财产之状况为准，‘民法’第六百八十九条第一项定有明文。故其出资之返还，自须就退伙时合伙财产状况结算，于未受亏损之情形，始得为全部返还之请求。”

128 最高法院1930年度上字第1273号判例：“合伙未定存续期间者，合伙人得于两个月前声明退伙，其有死亡等原因，则即因之而退伙，退伙人与他合伙人间之结算，应以退伙时合伙财产之状况为准。”

同院1933年度上字第276号判例：“凡合伙人退伙时，依法本应以退伙时之财产状况为准与他合伙人为结算并分配损益，方足以资结束，在事实上为已领回出资摊分利益，并缴销合伙凭证者，自应推定已为结算，除有明确反证，足以认其曾声明保留结算先领一部分赢利者外，绝非空言所得否认。”

同院1962年度台上字第1452号判例：“合伙人退伙时，其出资之返还，就‘民法’第六百八十九条之规定观之，自须就退伙时财产状况结算，于未受亏损之情形，始得为全部返还之请求。”

129 “最高法院”1982年度台上字第60号判决：“上诉人于其退伙后，仍应依‘民法’第六百八十九条规定与他合伙人先为财产之结算，其请求返还出资之对象应为合伙，乃上诉人未经结算程序径向被上诉人个人请求返还其原来之出资三十七万五千元及加给法定利息，自有未合。”

出资，如将土地设定典权、地上权等方式为出资而未移转土地所有权者，此时该合伙人退伙后，仍保有土地所有权，惟其出资即为合伙期间该屋之使用收益，得以金钱抵还，退伙人仅丧失使用收益所折成之股份而已[130]，此时上述之典权、地上权仍应存在，合伙仍得继续使用收益，与退伙人仅余单纯的典权或地上权等关系。至于权利出资与上述之移转出资相同，均得金钱抵还。

②劳务出资：劳务出资合伙人如有退伙，其出资亦同时退出，故无返还出资之问题，惟于结算后如于出资总额外尚有增加之利益时，该利益亦得依股份比例分配予劳务出资之退伙人，此时即得以金钱抵还该利益。反之，如合伙财产结算后少于出资总额，此损失劳务出资之合伙人原则上并不分担该损失，例外于特约时始分担（“民法”第六百七十七条第三项参照）。

③信用出资：信用出资之退伙人出资之返还，与劳务出资同。惟合伙如有损益，自应加以分配（包括损失与利益皆予以分配）。

（3）对于债务之责任

合伙人退伙后丧失合伙人资格，系向将来发生效力，并无溯及效力，故退伙后合伙所负之债务，当然不再负责。“民法”第六百九十条规定：“合伙人退伙后，对于其退伙前合伙所负之债务，仍应负责。”藉以保障合伙债权，以免合伙人为规避责任而退伙。[131]此责任虽不若“公司法”第七十条第一项设有二年之限制，但解释上除该债务本身之消灭时效完成者外，退伙人不能单因时间经过而免责。[132]

三、合伙人之交替

所谓合伙人之交替，系指合伙人股份之转让，导致合伙人有所变更是。合伙股份之转让，“民法”第六百八十三条有明文规定，已如上述。

---

130 郑玉波，前揭书，同注2，第六八九页。史尚宽，前揭书，同注11，第六九四页。

131 最高法院1929年度上字第2473号判例：“合伙人于退伙后所有新欠债务，固不负责，若退伙以前之合伙债务，纵其他之合伙人已为清偿债务之承担（在合伙人间之内部关系当然有效），然非通知债权人得其同意，仍不发生债务移转之效力。”

同院1930年度上字第20号判例：“退伙人对于退伙前之合伙债务，仍应负责。”

同院1930年度上字第725号判例：“合伙人之声明退伙，乃其合伙中内部关系，只须向其他合伙人为退伙合法之表示，即生退伙之效力，无须得合伙债权人同意。若于该合伙人退伙后，始取得之合伙债权，该合伙人依法应不负责。”

132 郑玉波，前揭书，同注2，第六九〇页。

惟“民法”第六百八十三条仅系规定合伙股份转让是否应受限制而已，亦即合伙内部问题，惟其转让时就合伙对外所负之债务[133]，应如何处理？民法就此问题未如“公司法”第七十条有明文规定，解释上应适用“民法”债编通则中有关债务承担之规定（“民法”第三百条至第三百零六条参照）。设某一合伙人 A 将股份转让于第三人 B 时，就受让人 B 而言，属于就他人财产概括承受其资产及负债之情形，依“民法”第三百零五条第一项之规定，因对于债权人为承受之通知或公告而生承担债务之效力。[134] 因此，合伙人 A 关于到期之债权，自通知或公告时起，未到期之债权，自到期时起，二年以内与承担人 B 连带负其责任。[135]

贰、其他之变更

“民法”第六百七十条规定：“合伙之决议，应以合伙人全体之同意为之。前项决议，合伙契约约定得由合伙人全体或一部之过半数决定者，从其约定。但关于合伙契约或其事业种类之变更，非经合伙人全体三分之二以上之同意，不得为之。”[136] 故合伙事业之种类、存续期间、股份之增加、执行事务合伙人等等，皆属合伙契约之内容，自得全体合伙人同意之决议，予以变更。故合伙得以契约另行约定变更之方法（如多数决），或是约定于某一段时间内不准为任何之变更。合伙契约如约定得由合伙人全体或一部之过半数决定者，从其约定；反之，合伙契约如约定其决定成数未达本条第二项所定者，其约定无效，则应依本条第一项之规定由全体决之。至于合伙契约或其事业种类变更，与各合伙人之利害关系甚巨，为示慎重，民法特限制规定，应以合伙人全体三分之二以上之同意，始得为之。

133　此合伙债务限于股份转让前所生者而言，如系转让后所生者，则原合伙人不必负责。

134　邱聪智、前揭书，同注 17，第四七六页。孙森焱，前揭书，同注 72，第七三〇页。

135　郑玉波，前揭书，同注 2，第六九四页。

136　本条修正理由：“一、原条文仅规定合伙人对于合伙契约或事业种类变更之方式，对于其他合伙事务之决议，则未为规定，有欠周延，为期周全，并避免疑义，爰修正本条并改列第一项规定合伙之决议，应以合伙人全体之同意，始得为之。二、原条文定有‘除契约另有订定外’之法文，则少数合伙人，甚或仅合伙人中之一人，得依据契约，任意变更合伙之组织，难免专制跋扈之弊。为免除上述弊端，并兼顾合伙组织多样之灵活运用，爰增订第二项，明定合伙契约如约定得由合伙人全体或一部之过半数决定者，从其约定。惟合伙契约或其事业种类变更，与各合伙人之利害关系甚巨，为示慎重，如契约有约定时，应限以合伙人全体三分之二以上之同意，始得为之，较为平允。”

第五节　合伙之消灭

壹、合伙之解散

所谓合伙之解散，系指消灭合伙关系之一种原因，即终止合伙契约。惟因合伙具有团体性，故法律上乃规定“解散”，而不曰“终止”。兹将解散之原因及其效果分述如下：

一、解散之原因

“民法”第六百九十二条规定：“合伙，因左列事项之一而解散：一、合伙存续期间届满者。二、合伙人全体同意解散者。三、合伙之目的事业已完成或不能完成者。”除本条规定外，合伙解散之原因尚有数种。兹分述如下：

（一）合伙存续期限届满

合伙是否定有存续期间者，胥依当事人意思决之。如合伙定有存续期间者，期限届满，原则上合伙应解散进行清算。惟“民法”第六百九十三条复规定：“合伙所定期限届满后，合伙人仍继续其事务者，视为以不定期限继续合伙契约。”是为合伙契约之拟制更新，此时合伙并不解散，而从定有存续期间转为不定期限之合伙。拟制更新后，此不定期限之合伙，其解散无本款之适用，仅得适用另二款解散之原因。

（二）合伙人全体同意解散

合伙之成立与解散，均可因当事人全体之意思表示为之，乃属当然。本款之适用包含定有存续期间与未定存续期间之合伙。同意解散之性质为合意终止契约，必须由合伙人“全体”同意始可，如仅有一部分合伙人同意者，由该部分同意解散之合伙人退伙，不生解散之效果，由不同意解散之合伙人继续合伙关系。惟不同意解散之合伙人仅为一人者，其他同意解散之合伙人因其退伙导致合伙欠缺存续要件（二人以上）时，仍应归于解散。[137]

（三）合伙之目的事业已完成或不能完成

如合伙之目的事业已完成者，应予解散，亦属当然。至于不能完成，包括自始不能完成及中途不能完成，均可为合伙解散之原因。目的事业不

137　郑玉波，前揭书，同注2，第六九五页。

能完成是否有可归责之人，与合伙之解散，系属二事，如不能完成系因一部分合伙人之故意或过失所致者，系另一损害赔偿之问题，不可不辨。

（四）附解除条件

合伙人得约定附解除条件，当条件成就时，合伙即可解散。[138]

（五）破产

合伙是否有因破产而解散？学说上有争议，兹分述如下：

1. 否定说：此说承认合伙有破产能力[139]，惟因“民法”第六百九十二条并未将破产列为解散原因；合伙人未依“民法”第六百八十一条负补充责任前，难谓包括信用及能力之合伙财产有不敷清偿债务之状态也。因此，须于合伙解散后，如有财产不足清偿债务时，始得宣告破产。

2. 肯定说：此说认为既承认其有破产能力，自得以宣告破产而解散。[140]

愚意以为，有无破产能力与是否为解散原因，系属二事，因前者为资格问题，后者为合伙消灭之原因，不应互相牵连，故以否定说为当，亦即在合伙财产不足以清偿合伙债务时，因全体合伙人仍须对不足之部分负连带无限清偿之补充性责任，故必待全体合伙人之财产均不足以连带清偿时，始有对合伙宣告破产之必要。

二、解散之效果

合伙解散后，应进行清算，于清算必要之范围内，视为存续。此点我民法并未明文，但应采肯定见解。[141] 清算完结后，合伙始完全消灭，且

138 拙著，前揭书，同注 1，第一八八页。

139 史尚宽，前揭书，同注 11，第六八八页。

140 郑玉波，前揭书，同注 2，第六九七页。

141 史尚宽，前揭书，同注 11，第六九七页。梅仲协，前揭书，同注 60，第三四三页。郑玉波，前揭书，同注 2，第六九七页。并请参见“最高法院”1985 年度台上字第 2514 号判决：“合伙解散后，在清算完结前，于清算范围内视为犹尚存续，与人涉讼，除合伙执行人以合伙名义起诉或应诉外，其起诉或应诉，仍应以原合伙人全体为当事人。”

同院 1987 年度台上字第 1945 号判决：“合伙因解散而消灭，惟解散须经清算，故在清算完结前，合伙关系不消灭。本件两造合伙开发土地，土地开发后仍保留四单元建地为合伙人公同共有，为两造所不争。是合伙关系自不得谓于土地开发完成时，即当然消灭。”

同院 1991 年度台上字第 1429 号判决：“确认之诉，应以现在之法律关系之存否为诉讼标的。查上诉人主张两造间就前述三项工程有合伙关系存在，被上诉人则否认其事，显然两造就上诉人所主张合伙关系之存否仍有争执。设上诉人主张之事实非虚，两造间之合伙因目的事业已完成而解散，仍须经清算程序，在清算完结时，其合伙关系始归于消灭。上诉人主张之合伙迄未清算，为两造所不争执，则上诉人提起确认系争合伙关系存在之诉，自系以现在之法律关系为诉讼标的，应为法之所许。”

不溯及既往，仅向将来生效。

贰、合伙之清算

合伙之清算，系指合伙解散，为了结合伙关系所进行之程序[142]，兹分述如下：

一、清算人

清算须有人担任清算事务之执行，称为清算人。

（一）清算人之产生

“民法”第六百九十四条第一项规定：“合伙解散后，其清算由合伙人全体或由其所选任之清算人为之。”[143] 清算人由下列二方式产生：

1. 法定清算人：如合伙人未另选任清算人者，由合伙人全体充任清算人。[144]

2. 选定清算人：即由合伙人选任之人为清算人，“民法”第六百九十四条第二项规定：“前项清算人之选任，以合伙人全体之过半数决之。”此清算人资格及人数均不受限制，第三人亦得充任之。

（二）清算人辞任与解任

以合伙契约选任合伙人中一人或数人为清算人者，非有正当事由不得辞任，其他合伙人亦不得将其解任；前项被选任人之解任，非经其他合伙人全体之同意，不得为之（“民法”第六百九十六条适用“民法”第六百七十四条）。本条适用之前提须被选任为清算人者，系合伙人中一人或数人之情形，如选任第三人为清算人者，无本条之适用，应依一般委任之规定，即当事

142 “最高法院”1969年度台上字第80号判例：“合伙解散后，始生清算问题，原审一面认两造之合伙并未解散，一面又认被上诉人请求清算为有据，理由殊有矛盾。”

143 “最高法院”1930年度上字第449号判例：“（二）关于合伙解散后之清算事务，合伙人未经另选有清算人者，则以前执行业务之合伙人当然任清算之责。”
同院1951年度台上字第851号判例：“合伙解散后，其清算由合伙人全体或由其选任之清算人为之，此为‘民法’第六百九十四条第一项所明定，合伙解散时，其原执行合伙事务人之执行权，即应归于消灭，对于清算事务除原为合伙人者应与其他合伙人全体共同为之外，如非被选任之清算人不得单独为之。”

144 “最高法院”1997年度台上字第3691号判决：“合伙解散后，应先经清算程序，合伙于清算完毕，清偿合伙债务或划出必需数额后，始能就剩余财产返还各合伙人之出资及应受分配利益之成数，在未经清算终结确定盈亏以前，自不得就原来出资为全部返还之请求。又合伙解散后，其清算由合伙人全体或由其选任之清算人为之，此为‘民法’第六百九十四条第一项所明定，合伙解散时其原执行合伙事务人之执行权，即应归于消灭。对于清算事务，除原为合伙人者应与其他合伙人全体共同为之外，如非被选任之清算人，不得单独为之。”

人任何一方均得随时终止委任契约（“民法”第五百四十九条第一项参照）。

二、清算方法

“民法”第六百九十五条规定：“数人为清算人时，关于清算之决议，应以过半数行之。”此时不问清算人是否由合伙人中选任之，只要清算人为复数，即有本条之适用。

三、清算事务

一般清算程序为：①了结现务，②收取债权，③清偿债务，④返还出资，⑤分配剩余财产。此五程序中①、②合伙一节并未规定，法学方法上则类推适用“民法”第四十条及“公司法”第八十四条之规定，至于③、④、⑤合伙一节即有规定，兹分述如下[145]：

145　最高法院 1929 年度上字第 2536 号判例：“合伙非解散后，清算完结，其合伙之关系不能消灭。至清算人之职务，包含了结现在事务，索取债权，清偿债务及分配余存财产各项，并不仅限于结算账目，即为完结。故对于合伙之财产在清算未完结以前，不得由合伙人中之一人向执行清算人请求按其成数先行偿还股本。”
同院 1930 年度上字第 19 号判例：“（一）合伙商号改号以后，合伙关系既不存续，其以前合伙营业之状况如何，自非经清算不能明晰，清算结果，应先将其财产充偿合伙债务，如有余存，他合伙人始能对于执行清算事务之合伙人就其余存之额请求偿还其出资，或受红利之分配。”
同院 1940 年度上字第 795 号判例：“合伙财产须依民法第六百九十七条第一项清偿债务，或划出必需之数额后，尚有剩余，始应返还各合伙人之出资，必返还各合伙人之出资后，尚有剩余，始应按各合伙人应受分配利益之成数于各合伙人。此在民法第六百九十七条第二项、第六百九十九条规定甚明。各合伙人中之一人若在清算人未将合伙财产清偿合伙债务，或划出必需之数额以前，即向清算人请求返还出资及分配利益，自非法之所许。”
同院 1964 年度台上字第 203 号判例：“合伙解散后，应先经清算程序，合伙财产于清算完毕，清偿合伙债务人或划出必须数额后，始能就剩于财产返还各合伙人之出资及应受分配利益之成数，在未经清算终结确定盈亏前，自不得就原来出资为全部返还之请求。”
同院 1994 年度台上字第 539 号判决：“惟按合伙之目的事业完成者，合伙因而解散，合伙解散后应经清算程序，合伙财产须依‘民法’第六百九十七条第一项清偿合伙之债务，或划出必需之数额后尚有剩余，始应返还各合伙人之出资，必返还各合伙人之出资后尚有剩余，始应按各合伙人应受分配利益之成数分配之，为‘民法’第六百九十二条第三款、第六百九十四条、第六百九十七条第一、二项、第六百九十九条所明定。原审虽认定两造合伙之目的事业业已完成，惟未调查审认已否践行清算程序，遽准被上诉人之请求，尚嫌速断。如两造迄未清算完结，则被上诉人现仍不得请求上诉人给付分配款。”
同院 1997 年度台上字第 553 号判决：“合伙有‘民法’第六百九十二条规定之解散原因后，尚须经清算程序，合伙关系始归消灭。原审以两造间之合伙关系尚未经合伙人同意解散并进行清算程序，则彼此间之债权债务如何，尚属不明，上诉人亦不能就属于合伙公同共有之财产请求被上诉人给付，因而为上诉人败诉判决，并不违背法令。”

（一）清偿债务

“民法”第六百九十七条第一项规定：“合伙财产，应先清偿合伙之债务。其债务未至清偿期或在诉讼中者，应将其清偿所必须之数额，由合伙财产中划出保留之。”因此，已届清偿期之债务应予清偿，而未届清偿期之债务，不须清偿，但合伙既已解散进行清算，自得于合伙财产中划出保留，以备届期清偿。[146] 惟债之清偿，债务人原则上得期前清偿，“民法”第三百十六条定有明文[147]，故清算人亦可不划出保留而直接清偿。诉讼中之债务，其债务之存否与金额之多寡，有赖审判之确定，故必须予以保留。最后，清偿债务之方法，应依债之本旨为之（“民法”第三百零九条参照），惟所欠者为金钱债务，合伙已无现金可供偿还时，依“民法”第六百九十七条第四项规定：“为清偿债务及返还合伙人之出资，应于必要限度内，将合伙财产变为金钱。”[148] 如不足清偿债务者，有“民法”第六百八十一条之适用，即各合伙人对于不足之额，连带负其责任。惟此系合伙之外部关系，内部此项不足之损失，则应由各合伙人依其分配损失之成数分担。[149]

（二）返还出资

“民法”第六百九十七条第二项规定：“依前项清偿债务，或划出必须之数额后，其剩余财产应返还各合伙人金钱或其他财产权之出资。”又二项规定：“金钱以外财产权之出资，应以出资时之价额返还

146 郑玉波，前揭书，同注2，第六九九页。

147 邱聪智，前揭书，同注17，第五〇八页。孙森焱，前揭书，同注72，第七八六页。

148 “最高法院”1998年度台上字第654号判决：“公同共有物之处分及其他权利行使，如依公同关系所由规定之法律或契约另有规定者，即须依该法律或契约之规定行之，无‘民法’第八百二十八条第二项‘应得公同共有人全体同意’规定之适用。此观该法条规定自明。次按合伙清算人，对内执行清算事务，对外于执行清算范围内，代表合伙，其地位与合伙事务执行人无异，有为必要的一切行为之权。其为清偿合伙债务及返还合伙人之出资，应于必要限度内，将合伙财产变为金钱，‘民法’第六百九十七条第三项复有明文。此即‘民法’第八百二十八条所谓依公同关系所由规定之法律另有规定者。是合伙清算人为清偿合伙债务及返还合伙人之出资，于必要限度内，将合伙财产移转予他人，以变为金钱者，自不得谓其未经公同共有人全体即合伙人全体之同意而为无效。”

149 最高法院1929年度上字第1155号判例：“合伙解散后，各合伙人应就合伙财产通盘清算，如以合伙财产清偿合伙债务后尚有盈余，则依分配利益为标准以之分配于各合伙人，如有不敷，亦应由各合伙人负担。”

之。"[150] 通说认为此出资之返还，不含劳务及信用出资。[151] 惟此等出资既于出资时予以估价，其出资应有财产上之价值，金钱、现物或权利等出资既得受出资之返还，何以劳务、信用或其他利益等出资不能受出资之返还？为澄清疑义，新法特别规定"返还各合伙人金钱或其他财产权之出资"，明白规定劳务、信用或其他利益之出资等无返还出资之问题。再者，出资返还之方法，则须视出资之种类为何，如系现物或权利出资，而该物或权利仍尚存在，则应返还原物或权利；如系金钱出资或现物出资但其物已不存在者，自得以金钱返还之，现物出资应以出资时之价额返还之。最后，如合伙财产不足以返还各合伙人之出资者，依"民法"第六百九十八条之规定，按照各合伙人出资额之比例返还。

（三）分配剩余财产

所谓剩余财产，系指清偿债务及返还出资后所余之财产，性质上为出资所获之利润。因此，不问出资种类之合伙人，均得受分配，故"民法"第六百九十九条规定："合伙财产，于清偿合伙债务及返还各合伙人出资后，尚有剩余者，按各合伙人应受分配利益之成数分配之。"[152]

150 本条项修正理由："二、原条文第二项所称'合伙剩余财产之返还出资'，应以金钱或其他财产权之出资为限。至于劳务、信用或其他利益之出资，因性质上无从返还，不生返还之问题。为期明确，爰明示剩余财产应返还各合伙人'金钱或其他财产权'之出资。三、第六百六十七条增设第三项'金钱以外之出资，应估定价额为其出资额'。则于返还出资时，仍以出资时之价额返还，较为平允。因现行法尚无明文规定，为避免疑义并配合上开条文之修正，爰仿德国民法第七百三十三条第二项第二段规定，增设第三项'金钱以外财产权之出资，应以出资时之价额返还之'。"

151 史尚宽，前揭书，同注 11，第七〇三页。郑玉波，前揭书，同注 2，第七〇〇页。

152 "最高法院"1989 年度台上字第 1898 号判决："合伙财产为合伙人全体之公同共有。依'民法'第六百九十九条规定，应于清偿合伙债务及返还各合伙人出资后，尚有剩余时，按各合伙人应受分配利益之成数分配之，如有亏损，始生各合伙人分担损失之问题。两造合伙之清算既未终结，上诉人请求被上诉人分担合伙亏损及赔偿应分配额因物价指数变动所致之损害，于法无据。"

第十九章

隐名合伙

【案例提示】

甲乙二人约定由乙方出资新台币壹仟万元，投资甲方所经营之出版社，且分受其盈亏。问：

一、甲乙契约定性为何?

二、乙之出资（现金）之财产权归属如何?

三、甲所经营之出版社因出版某女星写真集大卖而赚取为数可观之利润，甲方应于何时分配之?

四、嗣后该名女星认为甲之出版社侵害其肖像权，愤而提出侵权行为损害赔偿之诉讼，甲乙是否应负连带赔偿责任?

五、设上述诉讼，该名女星获得胜诉判决确定，致甲之出版社倒闭且负债累累，乙是否就此等债务负责?

第一节　隐名合伙之意义、性质与其他类似概念

壹、隐名合伙之意义

“民法”第七百条规定：“称隐名合伙者，谓当事人约定，一方对于他方所经营之事业出资，而分受其营业所生之利益，及分担其所生损失之契约。”兹分述隐名合伙之意义如下：

一、当事人

隐名合伙之当事人为隐名合伙人与出名营业人，前者为出资之一方，后者为经营事业之一方。至于出名营业人之出资，并非隐名合伙契约之要件，其出资与否，在所不问。此等当事人得为单数，亦得为复数，惟于复数当事人之情形，必须“共同”订立“一个”契约，始为同一隐名合伙契约；如系个别地订立契约，纵使系与同一出名营业人或隐名合伙人订约，实为数个隐名合伙契约之并存，各个隐名合伙人或出名营业人与其订约之相对人个别发生契约关系，隐名合伙人与其他隐名合伙人或其他出名营业人之间并无契约关系可言[1]，例如隐名合伙人三人个别与一个出名营业人订立三个隐名合伙契约是。[2] 此外，一个隐名合伙人与出名营业人一方五人中之二人分别订立隐名合伙契约，为二个隐名合伙契约并存，五个出名营业人间并无隐名合伙之问题，仅其中二个出名营业人须分别依其与隐名合伙人所定之隐名合伙分配其损益，此二契约间并无关系，此可从债之相对性原则得知。

二、系隐名合伙人出资分受利益、分担损失之契约

隐名合伙契约必须以隐名合伙人之出资为其契约之要素（必要之点），用以决定隐名合伙人损益分配之比例，仅出名营业人出资或双方均不出资者，无法成立隐名合伙契约。再者，隐名合伙契约仅就其出资与出名营业人分配执行隐名合伙事务之损益[3]，就出名营业人所营事业并不协同营业[4]，悉由出名营业人独立营业。

---

1 “最高法院”1960年度台上字第998号判决：“按隐名合伙人除直接对于出名营业人发生权利义务关系外，对于他隐名合伙人并不发生任何直接关系，故隐名合伙人与出名营业人及其他隐名合伙人间并无所谓股东会议之可言。除该隐名合伙人曾经表示愿受决议内容之约束而应认其属于另一契约外，殊不容依多数决议之结果，以约束任何之隐名合伙人。”

2 郑玉波，民法债编各论，下册，1992年10月十五版，作者自刊，第七〇五页。史尚宽，债法各论，1986年11月版，作者自刊，第七〇八页。

3 最高法院1929年度上字第2658号判例：“附股于他人出名之股内，附股人就合伙营业之关系，乃由出名人而生，其对于合伙事业之权利义务，自应依出名人与其他合伙人间之分派为准。”

4 最高法院1929年度上字第1722号判例：“隐名合伙系为出名营业人而出资，并不协同营业，与普通合伙由合伙员共同出资，以经营共同之事业者，显有区别。”

三、隐名合伙以分受利益、分担损失为其要件

从比较法以观，日本商法第五百三十五条规定：“隐名合伙契约，因约定当事人之一方为相对人之营业出资，而得分受其营业所生之利益，而生效力。”德国商法第三百三十六条第二项规定：“隐名合伙契约得订定隐名合伙人不分担损失，但不得排除隐名合伙人之利益分配。”[5] 惟台湾地区民法以分受利益或分受损失为隐名合伙之成立要件，如当事人约定仅分受利益或分受损失者，有学者认为“其契约虽非无效，亦只能属于类似隐名合伙之一种无名契约，得类推适用隐名合伙之规定”[6]。愚意以为，当事人约定仅分受利益或分担损失者，应可依“民法”第七百零一条准用“民法”第六百七十七条第二项“仅就利益或仅就损失所定之分配成数，视为损益共通之分配成数”之规定，盖此条文并非专为团体性之规定，民法隐名合伙一节既未规定，性质上应得准用。[7] 因此，愚意以为此非“类似隐名合伙之无名契约”[8]。最后，如约定不问营业之盈亏，对于隐名合伙人概为一定利益之给付者，属利息之给付，其契约虽以隐名合伙为契约之名称，但依“民法”第九十八条探求当事人真意，应视其出资方式而定性为消费借贷或租赁契约[9]，有消费借贷（“民法”第四百七十四条至第四百八十一条）及利息之债（“民法”第二百零三条至第二百零七条）或租赁（“民法”第四百二十一条至第四百五十六条）规定之适用。

贰、隐名合伙之性质

一、有名契约

隐名契约之性质，德国认为系合伙之一种，台湾地区民法各种之债

5 德、日商法皆限定出名营业人须为商人，惟台湾地区采民商合一制度，无此限制，不问自然人或法人、商人或非商人，均得为之。

6 郑玉波，前揭书，同注 2，第七〇六页。

7 郑玉波，前揭书，同注 2，第七一七页。史尚宽，前揭书，同注 2，第七一四页。

8 至于约定仅分担损失，且明白约定不分受利益者，此即德国商法第三百三十六条但书之情形，似与契约目的不符，应不得为之。史尚宽，前揭书，同注 2，第七〇九页。

9 郑玉波，前揭书，同注 2，第七〇六页。史尚宽，前揭书，同注 2，第七〇九页。“最高法院”1958 年度台上字第 1889 号判例：“上诉人以其所有之房屋，提供为被上诉人之营业场所，既仅按日收取一定之金额，而不负担合伙损益之分配，所谓出资之系争房屋，又不属于合伙财产，仍由上诉人保有所有权，显与合伙契约之性质不相符合，实为一种租赁关系。”

将之列为独立一节，为一有名契约。

二、双务契约

隐名合伙人依契约应负出资义务（详后述），出名营业人应负事务执行义务，此二义务互为对价，故属双务契约，惟隐名合伙人就其出资有先为给付之义务，不得向出名营业人主张同时履行抗辩权（“民法”第二百六十四条第一项但书参照），而要求出名营业人先为隐名合伙事务之执行。又隐名合伙契约既不以出名营业人之出资为成立要件，纵使约定出名营业人有出资之义务，出名营业人之出资与隐名合伙人之出资，仍非立于对待给付之地位，至多仅得类推适用同时履行抗辩权之规定。[10]

三、有偿契约

隐名合伙人之出资，与出名营业人事务之执行，系互负对价之给付，属有偿契约，自得准用买卖之规定（“民法”第三百四十七条参照），但必须限于性质上可以准用者，例如现物出资之财产有效用上之瑕疵者，得准用“民法”第三百五十四条至第三百六十六条有关物之瑕疵担保责任之规定（详后述）。

四、债权契约

隐名合伙契约仅生债之效力，不生物权法上之效力，属于债权契约。隐名合伙契约成立生效后，其所约定之出资（金钱、动产、不动产，有价证券等等），仅成为隐名合伙财产之出资请求权（债权请求权），须隐名合伙人依隐名合伙契约履行其出资义务而移转其财产权之物权行为，出资始成为出名营业人之财产。此概念有助于厘清“民法”第七百零二条之适用，盖隐名合伙人之出资为出名营业人之出资请求权，非约定出资之财产权本身。因此，财产权不因隐名合伙契约之成立生效而生当然移转之效果。[11]

10　王泽鉴，“同时履行抗辩：民法第二六四条规定之适用、准用及类推适用”，收录于氏著民法学说与判例研究，第六册，作者自刊，1994年8月八版，第一四三页。

11　拙著，民法总则讲义，下册，瑞兴图书股份有限公司，1995年元月初版，第五八页。王泽鉴，民法债编总论，第一册，基本理论债之发生，作者自刊，1994年10月出版，第八九页。

五、不要式契约

隐名合伙契约不以书面为成立要件或生效要件，仅以当事人意思表示合致为已足，契约即得成立（“民法”第一百五十三条参照）。惟因隐名合伙契约当事人间权义关系颇为复杂，为避免日后举证困难，自以书面订立隐名合伙契约为佳。

六、诺成契约

隐名合伙契约不以出资之履行为其成立或生效要件，故隐名合伙契约于当事人意思表示合致时，即为成立，出名营业人对隐名合伙人仅有出资请求权，故为诺成契约。

七、继续性契约

隐名合伙契约系以经营共同事业为目的，非一时性契约，而系继续性契约，此可由“民法”第七百零八条、第七百零九条之规定得知。

叁、隐名合伙与其他类似概念

一、隐名合伙与合伙

隐名合伙与合伙并不相同[12]，否则“民法”债编不必另行列一节定之。二者有下列之差异，兹分述之如下：

（一）出资之财产权归属

隐名合伙人为出名营业人出资，出资后其权利即移属于出名营业人所有（“民法”第七百零二条参照）；合伙人之出资，为合伙人全体之公同共有（“民法”第六百六十八条参照）。

（二）业务之执行

隐名合伙之营业为出名营业人所独占，专由其执行（“民法”第七百

12 最高法院1937年度上字第971号判例：“合伙为二人以上互约出资以经营共同事业之契约，隐名合伙则为当事人约定一方对于他人所经营之事业出资，而分取其营业所生之利益及分担其所生损失之契约，故合伙所经营之事业系合伙人全体共同之事业，隐名合伙所经营之事业则系出名营业人一人之事业，非与隐名合伙人共同之事业，苟其契约系互约出资以经营共同之事业，则虽约定由出资人中一人执行合伙之事务，其他不执行合伙事务之合伙人仅于其出资之限度内，负分担损失之责任，亦属合伙，而非隐名合伙。”

零四条第一项参照)，隐名合伙人仅有监督权，并无执行权（“民法”第七百零六条参照)；合伙事业原则上由合伙人全体共同执行（“民法”第六百七十一条第一项参照)。[13]

（三）对外关系

隐名合伙人对外原则上不生任何法律关系，隐名合伙人对出名营业人所为之行为，对于第三人无任何权利义务关系（“民法”第七百零四条第二项参照)，仅于表见出名营业人之情形下，始例外地对第三人负出名营业人责任；合伙人对外均为权利义务主体，就合伙债务负连带责任（“民法”第六百八十一条参照)。

（四）团体性

隐名合伙人与出名营业人间之隐名合伙契约并未具有团体性，其关系终了不生解散问题，而曰终止（“民法”第七百零八条参照)；合伙则具有团体性，乃有解散之规定（“民法”第六百九十二条参照)。

13　司法院 1936 年度院字第 1597 号解释：“以自己之名义或堂名，附入股本于合伙内者，与附股于他合伙人之股内而为隐名合伙者不同，不问其有无执行合伙事务，均为出名合伙人。”
“最高法院”1953 年度台上字第 434 号判例：“合伙为二人以上互约出资以经营共同事业之契约，隐名合伙则为当事人约定一方对于他方所经营之事业出资，而分受其营业所生利益，及分担其所生损失之契约。故合伙所经营之事业，系合伙人全体共同之事业，隐名合伙所经营之事业，则系出名营业人之事业，非与隐名合伙人共同之事业。苟其契约系互约出资以经营共同之事业，则虽约定由合伙人中一人执行合伙事务，其他不执行合伙事务之合伙人，仅于出资之限度内负分担损失之责任，亦属合伙而非隐名合伙。”
“最高法院”1983 年度台上字第 3586 号判决：“按合伙为二人以上互约出资以经营共同事业之契约，隐名合伙则为当事人约定一方对于他方所经营之事业出资，而分受其营业所生之利益及分担其所生损失之契约，故合伙所经营之事业，系合伙人全体共同之事业，隐名合伙所经营之事业，则系出名营业人一人之事业，非与隐名合伙人共同之事业。”
同院 1994 年度台上字第 1192 号判决：“按合伙者，谓二人以上互约出资，以经营共同事业之契约。合伙人中之一人或数人被委任执行合伙事务者，为合伙事务之执行人，‘民法’第六百六十七条第一项第六百七十一条第二项、第三项上段分别定有明文。此与隐名合伙系当事人约定一方对于他方所经营之事业出资，而分受其营业所生利益，及分担其所生损失之契约，隐名合伙人之出资，其财产权移属于出名营业人之情形有殊，故通常所谓之合伙，并无‘出名营业人’。原审既谓两造出资合购系争房屋，非供自住，系期增值后出售赚钱为目的，属合伙之性质，并谓被上诉人为合伙之出名营业人，两造究系合伙，抑隐名合伙关系，已滋争议，有待澄清。”
同院 1997 年度台上字第 437 号判决：“合伙为二人以上互约出资以经营共同事业之契约，隐名合伙则为当事人约定，一方对于他方所经营之事业出资，而分受其营业所生之利益，及分担其所生损失之契约。故合伙所经营之事业，系合伙人全体共同之事业，隐名合伙所经营之事业，则系出名营业人之事业。”

二、隐名合伙与两合公司

隐名合伙为隐名合伙人出资予出名营业人所经营之事业，分受其营业所生之利益及分担所生损失，隐名合伙人并不执行隐名合伙事务，对外亦不出名，与第三人不生权利义务关系；两合公司系指一人以上无限责任股东，与一人以上有限责任股东所组织，其无限责任股东对公司债务负无限清偿责任，有限责任股东就其出资额为限，对公司债务负其责任之公司（“公司法”第二条第一项第三款参照）。二者有如下之差异：

（一）性质

隐名合伙为契约；两合公司为法人。隐名合伙为契约行为；两合公司之章程属于合同行为。

（二）登记

隐名合伙于一般情形下无须登记；两合公司之成立则必须登记（“公司法”第六条参照）。

（三）财产之归属

隐名合伙之财产归属于出名营业人所有；两合公司之财产则为公司所有。

（四）出资义务

隐名合伙之出资营业人得不出资（其出资并非隐名合伙之要件）；两合公司之无限责任股东必须出资。

三、隐名合伙与消费借贷[14]

隐名合伙契约系一方出资于他方，与有偿消费借贷系一方以金钱或其他代替物借与他方相似，并均移转权利（“民法”第四百七十四条、第七百零二条参照）。惟有下列之差异：

（一）目的

隐名合伙之目的在于执行隐名合伙事务之分受利益与分担损失；有偿消费借贷之目的则在赚取利息。

（二）损益分配

隐名合伙人就出名营业人执行隐名合伙事务系分受利益或分担损失，

14 因隐名合伙契约性质为有偿契约，故无偿消费借贷与隐名合伙并无比较之基础，因此仅列有偿消费借贷为比较对象。

损益并不确定，须视出名营业人经营之良窳而决定是否分受利益或分担损失；有偿消费借贷契约则必依约定之利息给付，不问盈亏。

（三）返还

隐名合伙终了后，出名营业人应返还隐名合伙人之出资及给与其应得之利益，但出资因损失而减少者，仅返还其余存额（“民法”第七百零九条参照）；有偿消费借贷终了后，借用人应以种类、品质、数量相同之物返还于贷与人，其不能返还者，应以其物在返还时、返还地所应有之价值偿还之（“民法”第四百七十四条、第四百七十九条参照）。

四、隐名合伙与合伙之特殊问题

隐名合伙与合伙系不同之契约，本书第十八章及本章均有详述，“民法”第七百零一条规定：“隐名合伙，除本节有规定者外，准用关于合伙之规定。”故于此所应研究者，系合伙一节之规定，何者准用于隐名合伙？何者不能准用于隐名合伙？逻辑上可分为三种类型：

（一）二者皆有规定，其内容大致相同，无准用之必要

1. 隐名合伙人之监督权（“民法”第七百零六条参照）与无执行合伙事务权利之合伙人之事务检查权（“民法”第六百七十五条参照）。

2. 隐名合伙损益之计算及其分配（“民法”第七百零七条第一项参照）与合伙之决算及损益分配之时期（“民法”第六百七十六条参照）。

3. 隐名合伙人之终止（“民法”第七百零八条参照）与合伙人声明退伙[15]及法定退伙事由（“民法”第六百八十六条、第六百八十七条参照）。

（二）隐名合伙有规定，合伙并无规定，当无准用之问题

1. 隐名合伙之定义（“民法”第七百条参照）。

2. 隐名合伙人出资财产之归属（“民法”第七百零二条参照）。

3. 隐名合伙人之有限责任（“民法”第七百零三条参照）。

4. 隐名合伙事务之执行（“民法”第七百零四条参照）。

5. 表现出名营业人[16]（“民法”第七百零五条参照）。

15　“民法”第六百八十六条合伙人声明退伙之规定，虽亦准用于隐名合伙契约，惟此并非依“民法”第七百零一条之规定而准用，而系因“民法”第七百零八条准用之规定使然。因此虽有准用，但仍应列于本项目，不可不辨。至于“民法”第六百八十五条合伙人股份之扣押及其效力之规定，是否准用于隐名合伙，则系另一问题（详后述）。

16　实务上亦承认表现合伙人（见最高法院1930年度上字第973号判例：“非合伙之股东而有可以令人信其为股东之行为者，对于不知情之第三人与股东负同一责任。”）惟现行法并未予以规定，故将表现出名营业人列入隐名合伙有规定而合伙未规定之部分。

6. 未支取之利益不得认为出资之增加（“民法”第七百零七条第二项参照）。

7. 隐名合伙出资及余额之返还（“民法”第七百零九条参照）。

（三）隐名合伙并无规定，合伙则有规定，其性质相同始可准用

1. 合伙中有关团体性之规定，因隐名合伙并未具有团体性之性质而无法准用，包括：

（1）合伙之定义及合伙人之出资（“民法”第六百六十七条参照）。

（2）合伙财产之公同共有（“民法”第六百六十八条参照）。[17]

（3）合伙事务之执行人及其执行（“民法”第六百七十一条参照）。

（4）合伙人之表决权（“民法”第六百七十三条参照）。

（5）合伙事务执行人之辞任与解任（“民法”第六百七十四条参照）。

（6）合伙人之费用偿还及报酬请求权（“民法”第六百七十八条参照）。

（7）合伙执行人之对外代表权（“民法”第六百七十九条参照）。

（8）合伙人之补充连带责任（“民法”第六百八十一条参照）。

（9）合伙财产分析之限制与抵销之禁止（“民法”第六百八十二条参照）。

（10）股份转让之限制（“民法”第六百八十三条参照）。

隐名合伙人之股份，性质上得转让与第三人，不受任何限制，但应符合债权让与之要件（“民法”第二百九十四条至第二百九十八条参照）。

（11）债权人代位权行使之限制（“民法”第六百八十四条参照）。

（12）合伙人之开除（“民法”第六百八十八条参照）。

（13）合伙解散之原因（“民法”第六百九十二条参照）。

17 “最高法院”2001年度台上字第647号：“按合伙为二人以上互约出资，以经营共同事业之契约；隐名合伙则为当事人约定，一方对于他方所经营之事业出资，而分受其营业所生之利益，及分担其所生损失之契约。‘民法’第六百六十七条第一项、第七百条定有明文。故隐名合伙系为出名营业人而出资，并不协同营业，与普通合伙系由合伙员共同出资，以经营共同事业者，显有区别。当事人间究为隐名合伙或普通合伙，端视其合伙契约内容而定，尚不能以商业登记为独资即认为隐名合伙（本院十八年（1929年）上字第一七二二号、六十五（1976年）年台上字第二九三六号判例参照）。本件上诉人与被上诉人许泽民及诉外人刘阿海间究属何种性质合伙，原审未调查审酌其契约内容，仅以工厂登记证登记为独资经营，遽认其为隐名合伙，进而为不利于上诉人之判决，未免速断。次按隐名合伙人之出资，其财产权移属于出名营业人，‘民法’第七百零二条定有明文。故同法第六百六十八条规定：‘各合伙人之出资，及其他合伙财产，为合伙人全体之公同共有。’，即属性质上不得为隐名合伙所准用者。本件原审认移属于出名营业人之财产，准用‘民法’第六百六十八条规定，为合伙人全体之公同共有，其见解亦有可议。”

（14）清算人之选任（“民法”第六百九十四条参照）。[18]

（15）清算之执行及决议（“民法”第六百九十五条参照）。

有关“民法”第六百九十四条、第六百九十五条之规定，实务见解认为得准用于隐名合伙。[19] 愚意以为于隐名合伙应无准用之余地，此系因隐名合伙契约终止时，出名营业人须依“民法”第七百零九条之规定，返还出资及应得利益予隐名合伙人，如何计算得准用“民法”第六百八十九条之规定，并不必以清算人为之，故与上开实务见解有不同之看法。

（16）清算人之辞任与解任（“民法”第六百九十六条参照）。

（17）清偿债务与返还出资（“民法”第六百九十七条参照）。

（18）剩余财产之分配（“民法”第六百九十九条参照）。

2. 其他非专为团体性之规定，隐名合伙得准用

（1）出资义务之增加与补充（“民法”第六百六十九条参照）

“民法”第七百零七条第二项规定：“应归于隐名合伙人之利益而未支取者，除另有约定外，不得认为出资之增加。”此规定虽与“民法”第六百六十九条文字上有些许差异，但基本精神相同，如以每次所分配之利益均须加入资本，隐名合伙人殊无利益可图也。惟“民法”第七百零七条第二项系指于分配之利益未支取之情形，恐出名营业人将其加入资本而言，至于“民法”第六百六十九条则明订其无增加出资之义务，亦无于损失时补充之义务，本条隐名合伙应得准用之。因此，隐名合伙人除有特约外，无于其约定出资以外增加出资之义务。因损失而致资本减少者，隐名合伙人无补充之义务，以与“民法”第七百零七条第二项相呼应。

（2）合伙契约事业种类之变更（“民法”第六百七十条参照）

18 “最高法院”1987 年度台上字第 1647 号判决：“隐名合伙契约如因目的事业已完成而终止时，出名营业人应返还隐名合伙人之出资及给与其应得之利益。此观‘民法’第七百零八条第三款、第七百零九条规定自明。而隐名合伙契约之出名营业人究应给付隐名合伙人利益若干，自须依‘民法’第七百零一条准用同法第六百九十四条规定经由合伙人全体或由其所选任之清算人清算后始可确定。”

19 “最高法院”1982 年度台上字第 1018 号判决：“复查隐名合伙系为当事人约定，一方对于他方所经营之事业出资，而分受其营业所生之利益，及分担其所生损失之契约，该项契约准用合伙之规定，于退伙后须经结算程序，始能分配其损益。”
同院 1987 年度台上字第 1647 号判决：“隐名合伙契约如因目的事业已完成而终止时，出名营业人应返还隐名合伙人之出资及给与其应得之利益。此观‘民法’第七百零八条第三款、第七百零九条规定自明。而隐名合伙契约之出名营业人究应给付隐名合伙人利益若干，自须依‘民法’第七百零一条准用同法第六百九十四条规定经由合伙人全体或由其选任之清算人清算后始可确定。”

此等变更除契约另有约定外，非经合伙人全体同意，不得为之，故准用于隐名合伙契约时，出名营业人所营业，须得隐名合伙人与出名营业人全体同意，始得变更。

（3）合伙人之注意义务（“民法”第六百七十二条参照）

合伙人就合伙事务之执行原则上负具体轻过失责任，盖合伙契约虽为有偿契约，惟系因合伙人间之出资属于对价性之给付，故属有偿契约，而合伙人执行合伙事务，与其他合伙人之出资相互间，并非对价性之给付，故性质上属无偿委任，仅负具体轻过失责任即可，若有特约约定报酬者，应以善良管理人之注意，执行合伙事务（抽象轻过失责任），“民法”第六百七十二条定有明文。通说认为出名营业人执行隐名合伙事务时，应准用“民法”第六百七十二条以与处理自己事务为同一之注意为之[20]，但如将出名营业人之劳务估价以为其营业利益分配之计算基础者，即为有偿，应以善良管理人之注意为之，盖隐名合伙内部关系与合伙无殊也。

（4）损益分配之成数（“民法”第六百七十七条参照）

隐名合伙一节仅规定损益计算及分配之时期，并未规定隐名合伙人分受利益或分担损失之成数，自有“民法”第六百七十七条规定之准用。故成数如未经约定者，依隐名合伙人与出名营业人之出资额比例定之；如出名营业人并未出资者，利益应全归于隐名合伙人，但此时一般多约定出名营业人有报酬请求权；若仅就利益或仅就损失所定之分配成数者，宜视为损益共通之分配成数。[21] 最后，隐名合伙人之出资，通说认为仅得以财产为之（详后述），故“民法”第六百七十七条第三项性质上无准用之余地，但出名营业人出资之种类并无限制，故以劳务出资时，除契约另有约定外，不受损失之分配。[22]

（5）委任规定之准用（“民法”第六百八十条参照）

出名营业人执行隐名合伙事务，系履行其与隐名合伙人之隐名合伙契约，性质上亦属委任契约，得准用委任之相关规定。[23]

20 郑玉波，前揭书，同注2，第七一六页。史尚宽，前揭书，同注2，第七一四页。

21 郑玉波，前揭书，同注2，第七一七页。史尚宽，前揭书，同注2，第七一五页。

22 郑玉波，前揭书，同注2，第七一七页。

23 包括自己处理事务义务（“民法”第五百三十七条至第五百三十九条）、颠末报告义务（“民法”第五百四十六条）、金钱物品交付及权利移转义务（“民法”第五百四十一条）、支付利息及损害赔偿义务（“民法”第五百四十二条）、处理事务请求权让与之禁止（“民法”第五百四十三条）、损害赔偿责任（“民法”第五百四十四条）、费用预付请求权（“民法”第五百四十五条）、债务清偿请求权（“民法”第五百四十六条）等等。

(6) 合伙人股份之扣押及其效力（“民法”第六百八十五条参照）

“民法”第七百零八条规定：“除依第六百八十六条之规定，得准用退伙外，隐名合伙契约，因左列事项之一而终止：（下略）。”故依此规定隐名合伙有“民法”第六百八十六条之适用，至于“民法”第六百八十五条之规定，于隐名合伙是否得准用？容有讨论空间。通说认为隐名合伙得准用“民法”第六百八十五条之规定（详后述），隐名合伙人之债权人，就该隐名合伙人之股份，得声请扣押。前项扣押实施后两个月内，如该合伙人未对于债权人清偿或提供相当之担保者，自扣押时起，对该合伙人发生退伙之效力。

(7) 合伙退伙之结算与股份之抵还（“民法”第六百八十九条参照）

“民法”第七百零九条虽明文规定隐名合伙出资及股份之抵还，但如何计算，未为明文，得准用“民法”第六百八十九条之规定。因此，隐名合伙人与出名营业人之结算，应以终止时隐名合伙财产之状况为准。隐名合伙人之股份不问其出资之种类，得由出名营业人以金钱抵还之。隐名合伙事务，于隐名合伙契约终止时尚未了结者，于了结后计算，并分配其损益（详后述）。

(8) 不定期继续合伙契约（“民法”第六百九十三条参照）

合伙以其存续期限届满为其解散之原因（“民法”第六百九十二条第一款），亦设有以不定期限继续合伙契约之规定，而存续期限届满亦为隐名合伙契约之终止原因（“民法”第七百零八条第一款）。但隐名合伙因未具备团体性，自不能准用“民法”第六百九十二条之规定，惟“民法”第六百九十三条视为不定期限继续合伙契约之规定，隐名合伙仍可准用，故隐名合伙所定期限届满后，出名营业人仍继续执行隐名合伙事务者，视为以不定期限继续隐名合伙契约。

第二节　隐名合伙之成立

隐名合伙之成立方式，本节并无特殊规定，依“民法”第一百五十三条之规定，因当事人之意思表示一致而成立，性质上为不要式契约及诺成契约。

第三节　隐名合伙之效力

壹、内部关系

一、对隐名合伙人之效力

（一）出资义务

1. 出资之意义：隐名合伙系以隐名合伙人之出资为其要素，契约成立后隐名合伙人应负出资义务，为隐名合伙人之主给付义务。

2. 出资之种类：一般出资之种类，可分为财产出资（包括现金、现物、权利出资）、劳务出资及信用出资三种。合伙人、无限公司股东及两合公司之无限责任股东均得为此三种出资。出名营业人之出资并非隐名合伙契约之要件，出名营业人如欲出资，因其必须执行隐名合伙事务，故除财产出资外，应得以劳务、信用出资。至于隐名合伙人之出资，通说限于财产出资始得为之[24]，理由如下：

（1）劳务出资及信用出资性质上无法移转

“民法”第七百零二条规定：“隐名合伙人之出资，其财产权移属于出名营业人。”[25]劳务出资及信用出资性质上无法移转，不得为隐名合伙人出资之标的。

（2）隐名合伙人不得为隐名合伙事务之执行

“民法”第七百零四条第一项规定：“隐名合伙之事务，专由出名营业人执行之。”隐名合伙人既不得为隐名合伙事务之执行，自无法为劳务

24　郑玉波，前揭书，同注2，第七一三页。史尚宽，前揭书，同注2，第七一〇页。陈瑾昆，民法通义债编各论，北平朝阳学院，1930年，第三七二页。

25　“最高法院”1996年度台上字第4482号判决：“执行合伙业务之代表人所持有之合伙财产为公同共有物，如代表人将合伙财产变持有为己有，仍应负侵占罪责，系指一般合伙（普通合伙）而言。至于隐名合伙人之出资，依‘民法’第七百零二条之规定，其财产权移属于出名营业人；该项合伙，自系属于出名营业人，并非与隐名合伙人所共有，关于营业上收取之款项，仍由出名营业人取得所有权，隐名合伙人除依法或契约之规定，就其应受返还之出资及应得之利益，对于出名营业人得行使请求权外，要非直接就营业上收取之款项当然取得所有权；纵令出名营业人将该款项据为已有，并未分给隐名合伙人，究与侵占他人所有物之条件不符，自无成立业务上侵占罪之可言。”

之出资。

(3) 出名营业人无法利用隐名合伙人之信用

“民法”第七百零四条第二项规定：“隐名合伙人就出名营业人所为之行为，对于第三人不生权利义务之关系。”出名营业人无法利用隐名合伙人之信用，故不得为信用之出资。

(4) 两合公司之有限责任股东亦不得以信用或劳务为出资

“公司法”第一百十七条规定：“有限责任股东，不得以信用或劳务为出资。”隐名合伙人之地位与两合公司之有限责任股东相仿（“民法”第七百零三条参照），两合公司之有限责任股东既不得以信用或劳务为出资，隐名合伙人自亦不得为之。[26]

(5) 单纯不作为不得为隐名合伙人之出资

单纯不作为如停止某种营业，得否为隐名合伙人出资之标的？法无明文，肯定说认为单纯之不作为，如具有财产价值，应得为出资之标的。否定说认为隐名合伙人之出资，系为达成隐名合伙事务所经营事业之目的，含有积极的协力促成之意义，单纯不作为仅属消极地不妨害共同事业目的之达成而已，不得为出资之标的。此问题本书于合伙亦曾提出讨论，惟合伙与隐名合伙性质上并不相同，故于合伙契约本书见解以为于现今工商社会中，竞业避免之经济利益，颇为重要而采肯定说，且可解为“民法”第六百六十七条第二项“其他利益”出资之概念内而导出相同之结论。惟隐名合伙人既不能为劳务及信用之出资，理论上其出资亦不得以单纯之不作为为之，故与合伙并不相同，就此问题愚采否定说。

隐名合伙人之财产出资，除金钱出资以外，不论现物出资或权利出资，其价值应予以估定，以确定日后合伙之权利义务关系。“民法”第七百零一条准用第六百六十七条第三项规定：“金钱以外之出资，应估定价额为其出资额。未经估定者，以他合伙人之平均出资额视为其出资额。”订立隐名合伙契约时，应就金钱以外之出资（仅限于现物及权利出资）予以估定价额，如未予以估定，恐日后有所争议，民法乃拟制其出资额为他隐名合伙人之平均出资额，藉以确定其间法律关系，如系惟一之隐名合伙人者，无本条项后段规定之准用，自属当然，此时仅能以其出资标的之市价为其出资额。

26　日本商法明文规定准用两合公司仅以金钱或其财产为出资标的之规定（日本商法第五百四十二条准用第一百五十条）。

3. 出资之方法：包括移转出资及用益出资：

（1）移转出资

以物之所有权移转出名营业人，而归属出名营业人所有。

（2）用益出资

仅以物之使用收益权归于出名营业人，例如为出名营业人设定典权或地上权，此种出资，隐名合伙人须依隐名合伙契约而负担损益之分配，否则不属于隐名合伙契约。[27]

4. 出资之数额：出资数额，依私法自治原则，应由隐名合伙人与出名营业人以契约定之，除有特别约定外，隐名合伙人无于约定出资以外增加出资之义务，因损失而致资本减少者，隐名合伙人并无补充之义务（“民法”第七百零一条准用第六百六十九条参照）。

5. 出资之时期：出资之时期，隐名合伙一节并未规定，合伙契约亦无规定，故应回归“民法”债编通则关于清偿期之规定，依“民法”第三百十五条规定：“清偿期，除法律另有规定或契约另有约定，或不能依债之性质或其他情形决定者外，债权人得随时请求清偿；债务人亦得随时为清偿。”隐名合伙人出资之时期，应依隐名合伙契约之约定，无约定时即属于不定期债务[28]，出名营业人得随时请求其履行，隐名合伙人亦得随时为履行；出名营业人请求其履行时，隐名合伙人不得主张同时履行抗辩权，盖出名营业人之主给付义务为隐名合伙事务之执行，必须有隐名合伙人出资方得为之，此时依“民法”第二百六十四条第一项但书之规定，隐名合伙人有先为给付之义务。至于隐名合伙人有可归责之事由致不能履行其出资时，应视其出资是否可能而定其给付不能或给付迟延责任（“民法”第二百二十六条、第二百二十九条、第二百三十一条参照）。

6. 出资之归属：“民法”第七百零二条规定：“隐名合伙之出资，其财产权移属于出名营业人。”此包括移转出资之权利（移转继受取得）、用益出资之权利设定（创设继受取得），与合伙财产属于合伙人全体公同共有不同，已如前述。

7. 出资之危险负担：隐名合伙契约性质上属于有偿契约，可准用买

27 “最高法院”1958 年度台上字第 1889 号判例：“上诉人以其所有之房屋，提供为被上诉人之营业场所，既仅按日收取一定之金额，而不负担合伙损益之分配，所谓出资之系争房屋，又不属于合伙财产，仍由上诉人保有所有权，显与合伙契约之性质不相符合，实为一种租赁关系。”此实务见解虽系说明合伙与租赁之差异，惟隐名合伙性质上似亦得援引之。

28 郑玉波，前揭书，同注 2，第七一四页。

卖之规定（“民法”第三百四十七条参照），隐名合伙人就其出资应有“民法”第三百七十三条危险负担特别规定之适用。例如隐名合伙契约约定隐名合伙人应将其屋移转于出名营业人，供其执行隐名合伙事务所需，于尚未办妥移转登记前，隐名合伙人先将该屋交付于出名营业人执行隐名合伙事务，此时因不慎失火致该屋全毁，此损失应由隐名合伙人与出名营业人依其隐名合伙契约之约定分担之；反之，于未交付前该屋即毁损或灭失者，应由隐名合伙人自行负担，至于出名营业人是否得主张给付不能之损害赔偿，须视隐名合伙人之不能是否可归责于其事由而定。因此，隐名合伙契约之危险负担与一般买卖契约，虽均以物之交付为其危险负担认定之时点，惟交付后之危险负担并非由出名营业人独自负担，而系由隐名合伙契约之约定决定隐名合伙人与出名营业人（有出资时）之损失分担比例，且有“民法”第七百零三条有限责任及民法第七百零七条损益计算等规定之适用。

8. 出资之瑕疵担保责任：隐名合伙契约准用买卖之规定，已如前述，故隐名合伙人之出资，有瑕疵担保责任规定之适用：

(1) 权利瑕疵

隐名合伙人如系以权利出资（债权、物权、准物权或无体财产权）者，不问是移转出资或用益出资，均有权利瑕疵担保责任之适用（“民法”第三百四十九条至第三百五十三条参照）。

(2) 物之瑕疵

隐名合伙人以现物出资者，如于交付时有灭失或减少其价值之瑕疵，或有灭失或减少其通常效用或契约预定效用之瑕疵者，不问隐名合伙人是否有故意过失，均应负物之瑕疵担保责任（法定无过失责任）（“民法”第三百五十四条至第三百六十六条参照）。惟如该瑕疵系可归责于隐名合伙人之事由者，出名营业人亦得主张不完全给付（“民法”第二百二十七条参照），请求隐名合伙人赔偿因此所受之损害，如隐名合伙人拒不负瑕疵担保责任或不完全给付之损害赔偿责任者，出名营业人得于日后执行隐名合伙事务（未解约时）所得之利益主张抵销，此时并无“民法”第六百八十二条第二项抵销禁止规定之准用。

（二）分担损失责任

“民法”第七百零三条规定：“隐名合伙人仅得于其出资之限度内，负分担损失之责任。”隐名合伙人就隐名合伙契约所负者，性质上为有限责任，此责任仅对出名营业人负之，对出名营业人所营事业之债权人并不直接负责，为间接有限责任，与公司法中有限公司、两合公司及股份有限公司之有限责任股东责任性质相同。[29] 试举一例如下：甲乙订立隐名合伙契约，约定甲乙各出资新台币一百万元，投资甲之餐厅，乙为隐名合伙人，损益平均分配。甲之餐厅因卫生不洁致某学校毕业旅行学生集体食物中毒，须负损害赔偿责任，如其损害为六十万元，则甲对受害人等须负六十万元之损害赔偿责任，再由甲、乙于隐名合伙契约内部各分担三十万元之损失；反之，若损害为三百万元者，甲对受害人等须负三百万元之损害赔偿责任，但乙于内部则仅就其中一百万元负责，且系从乙已出资之股份中予以扣除，并非由乙另外再赔偿一百万元，故乙之责任为间接有限责任[30]，其理在此。

（三）营业监督权

"民法"第七百零六条规定："隐名合伙人，纵有反对之约定，仍得于每届事务年度终查阅合伙之账簿，并检查其事务及财产之状况。如有重大事由，法院因隐名合伙人之声请，得许其随时为前项之查阅及检查。"按隐名合伙人无执行隐名合伙事务之权利，其营业之盈亏，攸关隐名合伙人之损益分配，故民法赋予其监督权，性质与无执行合伙事务权利之合伙人（"民法"第六百七十五条）、无限公司、有限公司之不执行业务股东（"公司法"第四十八条、第一百零九条）及两合公司之有限责任股东（"公司法"第一百十八条）之监督权相同，但其细节性规定则有差异，隐名合伙人之监督权可分为年终行使与随时行使二种，其中后者须经法院许可，始得为之，与无执行合伙事务权利之合伙人不须经过法院许可，即得随时行使其检查权，并不相同。[31]

29 柯芳枝，公司法论，三民书局股份有限公司，1996 年 8 月再修订三版，第九页。

30 "最高法院"1989 年度台上字第 170 号判决："隐名合伙之事务，依'民法'第七百零四条第一项规定，既专由出名营业人执行。则对外亦应专由出名营业人负责。隐名合伙人就出名营业人所为之行为，对于第三人不生权利义务关系，同条第二项定有明文。故营业上所负之债务，乃出名营业人个人之债务，应由出名营业人负无限清偿责任。隐名合伙人仅在内部关系上，以出资额为限度，负出资与分担损失之责任而已，对外则毫无责任可言。"

31 "最高法院"1994 年度台上字第 528 号判决："按隐名合伙为当事人约定一方对于他方所经营之事业出资，而分受其营业所生之利益，及分担其所生损失之契约。故隐名合伙所经营之事业，系出名营业人之事业，非与隐名合伙人共同之事业（参看本院 1953 年台上字第四三四号判例）。隐名合伙人系为出名营业之人所经营之事业而出资，其财产权移属于出名营业人，对于移属于出名营业人之财产，隐名合伙人不得有所主张，惟至少得于每届事务年度终，查阅合伙之账簿，并检查其事务及财产之状况（'民法'第七百零二条、第七百零六条第一项参照）。"

二、对出名营业人之效力

（一）事务之执行

隐名合伙事务之执行系出名营业人之权利与义务（主给付义务）。“民法”第七百零四条第一项规定：“隐名合伙之事务，专由出名营业人执行之。”隐名合伙人就隐名合伙事务并无执行之权利与义务，此等权利义务系专属于出名营业人，必须亲自执行（“民法”第七百零一条准用第六百八十条再准用第五百三十三条至第五百三十九条），亦有报告义务等从给付义务（“民法”第七百零一条准用第六百八十条再准用第五百四十条），隐名合伙人原则上不得将其对出名营业人之请求权让与第三人（“民法”第七百零一条准用第六百八十条再准用第五百四十三条）。

（二）损益之计算与分配

“民法”第七百零七条规定：“出名营业人，除契约另有订定外，应于每届事务年度终计算营业之损益，其应归隐名合伙人之利益，应即支付之。应归隐名合伙人之利益而未支取者，除另有约定外，不得认为出资之增加。”是为出名营业人之计算损益与分配之义务，兹分述如下：

1. 损失之分配：出名营业人应将隐名合伙事业之损失，分配予隐名合伙人。兹就分配比例、时期及方法说明之：

(1) 分配之比例

隐名合伙契约之事业如有损失，应由隐名合伙人与出名营业人依契约分配损失成数之约定分担之，如无约定者，依其出资额之比例定之，惟如出名营业人系以劳务出资，有“民法”第六百七十七条第三项不受损失之分配规定之准用。如隐名合伙契约约定仅由隐名合伙人出资者，隐名合伙事业之损失均应由隐名合伙人负担，惟此时如出名营业人执行隐名合伙事务有故意或过失者，隐名合伙人自得依其契约向出名营业人求偿。再者，如契约约定仅就利益或仅就损失所定之分配成数，视为损益共通之分配成数（“民法”第七百零一条准用第六百七十七条第一项、第二项），已如前述。

(2) 分配之时期

分配之时期，除契约另有约定外，应于每年事务年度终了之时为之。

(3) 分配之方法

按隐名合伙人负间接有限责任，如其已履行出资义务者，此时损失仅为计算上之分担，隐名合伙人不须再为填补，仅减少其出资额即可，此有“民法”第六百六十条规定之准用。隐名合伙人因损失而致资本减少时，除有特别订定外，隐名合伙人无补充之义务。设若损失已超出出资额者，隐名合伙人依“民法”第七百零三条之规定即无分担之义务，但该条文为任意规定，如当事人间特约，亦得于出资额限度外，负分担损失之责任[32]，愚意以为，既然“民法”第六百六十九条允许合伙人特约约定补充出资之义务，“民法”第七百零三条亦应作如是解释。

2. 利益之分配：出名营业人亦应计算隐名合伙事业之利益而分配于隐名合伙人，兹就利益分配之比例、时期及方法说明之：

(1) 分配之比例

隐名合伙事务之利益，其分配应依隐名合伙契约定之，如契约未订定分配之比例者，应依出资额定之，如出名营业人为出资者，利益均由隐名合伙人取得；仅就利益或仅就损失所定之分配成数，视为损益共通之分配成数，此与损失之分配同。

(2) 分配之时期

除契约另有订定，原则上应于每届事务年度终为之。

(3) 分配之方法

应归于隐名合伙人之利益应即现实支付之，如隐名合伙人尚未支取者，除另有约定外，不得认为出资之增加，“民法”第七百零七条第二项定有明文。惟若前等年度已生损失者，日后如有利益，究应直接现实支付之？抑或须先填补其出资额减少之部分，于填补后尚有余额者，始得请求分配利益？[33] 愚意以为，此时仍应先视隐名合伙契约之约定为何，如契约就此未为约定者，则应采后说，以达事业永续经营之目的。退万步言，如采前说者，至少其利益之分配比例，应以其已减少之出资额之比例定之，始为公允。

贰、外部关系

“民法”第七百零四条第二项规定：“隐名合伙人就出名营业人所为之行为，对于第三人不生权利义务之关系。”盖隐名合伙事务专由出名营业人执行之，其对外亦应由其负责，乃有本条项之设计。因此，隐名合伙事务之营业所负之债务，均应由出名营业人负无限清偿责任。隐名合

32 郑玉波，前揭书，同注2，第七一七页。史尚宽，前揭书，同注2，第七二二页。戴修瓒，民法债编各论，三民书局，1964年，第二八三页。

33 郑玉波，前揭书，同注2，第七一七页。

伙人仅于内部关系上以出资额为限负其责任，对外无任何责任可言[34]，故“隐名”系表示隐名合伙人对外隐其名，不负任何责任而言；“合伙”系表示隐名合伙人与出名营业人出资、经营、分配损益等而言。惟在例外之情形，隐名合伙人应负出资营业人之责任，依“民法”第七百零五条之规定：“隐名合伙人如参与合伙事务执行，或为参与执行之表示，或知他人表示其参与执行而不否认者，纵有反对之约定，对于第三人应负出名营业人之责任。”此即表见出名营业人之谓。[35] 兹分述如下：

一、表见出名营业人责任之要件

（一）主体

负表见出名营业人责任之主体，必须为隐名合伙人，如非隐名合伙人而系隐名合伙契约以外之第三人者，纵使其行为符合“民法”第七百零五条规定，仍不负表见出名营业人责任。

（二）种类

1. 参与合伙事务执行：隐名合伙之事务专由出名营业人执行之，“民法”第七百零四条第一项定有明文，“民法”第七百零六条之规定复赋予

34 最高法院 1939 年度上字第 1312 号判例：“隐名合伙之事务，专由出名营业人执行之，隐名合伙人如参与合伙事务之执行，对于第三人应负出名营业人之责任，固为民法第七百零四条第一项，第七百零五条之所明订。惟此种规定，不能据以断定未执行合伙事务之合伙人，均为隐名合伙人，法文本甚明了。且由民法第六百七十一条第二项及第六百七十四条、第六百七十五条、第六百七十九条等规定观之，合伙人非必执行合伙之事务，尤不得仅以未经参与合伙事务之执行，即认为隐名合伙人。”

同院 1944 年度上字第 90 号判例：“依民法第七百零四条第二项之规定，隐名合伙人就出名营业人所为之行为，对于第三人不生权利义务之关系，故隐名合伙人除有同法第七百零五条规定情形外，合伙债权人不得请求隐名合伙人清偿债务。”

同院 1976 年度台上字第 2936 号判例：“现行商业登记法，并未规定由出名营业人登记为独资营业时，其他合伙人即视为隐名合伙人，上诉人究为隐名合伙抑为普通合伙，端视上诉人与其他合伙人间之合伙契约内容而定，尚不能以商业登记为独资即认上诉人为隐名合伙人，谓有‘民法’第七百零四条第二项之适用。”

同院 1989 年度台上字第 170 号判决：“隐名合伙之事务，依‘民法’第七百零四条第一项规定，既专由出名营业人执行，则对外亦应专由出名营业人负责。隐名合伙人就出名营业人所为之行为，对于第三人不生权利义务之关系，同条第二项定有明文。故营业上所负之债务，乃出名营业人个人之债务，应由出名营业人负无限清偿责任。隐名合伙人仅在内部关系上，以出资额为限度，负出资与分担损失之责任而已，对外则毫无责任可言。”

35 为保障交易安全，民法及公司法设有相类似之规定，例如表见代理（“民法”第一百六十九条）、无限公司之表见股东（“公司法”第六十二条）、两合公司之表见无限责任股东（“公司法”第一百二十一条）等等，实务上亦有表见合伙人之见解（最高法院 1930 年度上字第 973 号判例，请见注 16）。

隐名合伙人监督权，隐名合伙人不应参与隐名合伙事务[36]之执行。如隐名合伙人代表出名营业人向第三人为订约等行为而属实际参与者[37]，为保障交易安全，应令隐名合伙人对第三人负出名营业人之责任。

2. 为参与执行之表示：隐名合伙人并未如前所述实际参与隐名合伙事务之执行，但外观上有对第三人为参与执行之表示，形式上亦足以使人相信其为出名营业人，应负出名营业人责任。此须注意的是，所谓为参与执行之“表示”，系指隐名合伙人本身之表示，例如于其名片上印有该营业之负责人字样，或向第三人表示其为该营业之负责人是；如系他人之表示者，须于“知他人表示其参与执行而不否认”之情形，始有“民法”第七百零五条规定之适用，此二者要件并不相同，不可混为一谈。

3. 知他人表示其参与执行而不否认：隐名合伙人未参与执行事务，但他人却表示其参与执行者，例如出名营业人将隐名合伙人之姓名作为商号名称之情形，即为适例。此时如隐名合伙人未予否认，则其应负出名营业人责任。此所称之“他人”，系指隐名合伙人以外之人，包括第三人、出名营业人及其他共同隐名合伙人在内皆属之。

（三）须限于债务不履行之责任

第三人欲向隐名合伙人主张表见出名营业人责任，是否必须限于因债务不履行所生之损害赔偿请求权？抑或包括侵权行为所生之损害赔偿请求权？就债务不履行部分之适用应无争议，惟侵权行为损害赔偿请求权则有疑问，试举一例如下：隐名合伙人乙驾驶出名营业人甲事业之货车，为甲送货至客户处，途中因过失而撞伤路人丙，此时丙得否向乙主张表见出名营业人责任？愚意以为，此例之重点在于甲是否就乙之侵权行为负“民法”第一百八十八条之雇用人责任，与丙得否主张“民法”第七百零五条表见出名营业人责任无涉，盖乙之送货行为，性质上虽属“参与隐名合伙事务之执行”，但此参与执行隐名合伙事务之行为并无法使受害人丙相信其系出名营业人，亦即其未如与隐名合伙人交易之相对人一般有值得信赖其系出名营业人之基础。再者，侵权行为之受害人亦无善恶意之问题，与“民法”第七百零五条保障交易安全之立法目的亦

36 “民法”第七百零五条条文中“合伙事务”应系“隐名合伙事务”之误植。

37 “最高法院”1984年度台上字第1683号判决：“被上诉人与丰泰公司果有隐名合伙契约之成立，由被上诉人为出名营业人，虽为隐外合伙人之丰泰公司参与隐名合伙事务之执行而与第三人订约，依‘民法’第七百零五条规定，对第三人非不应负出名营业人之责任，但不影响其与出名营业人间之隐名合伙关系。”

有不符，故无本条规定之适用。至于甲是否须负雇用人之责任，须视乙是否属于"客观上被甲使用为之服劳务而受其监督者"之情形[38]，虽然隐名合伙人依"民法"第七百零六条对出名营业人有监督权，惟该条系指隐名合伙事务执行之监督，与驾驶送货系另一事实有所不同。愚意以为，乙既驾驶甲事业之货车为甲送货，已符合"客观上被甲使用为之服劳务而受其监督者"之要件，甲就此损害应负雇用人之责任。因此，本条之适用限于因债务不履行所生之损害赔偿请求权，至于侵权行为所生之损害赔偿请求权则不与焉。

（四）保护对象限于善意第三人

"民法"第七百零五条之立法目的既系为保障交易安全，解释上仅善意第三人为本条保护之对象，恶意第三人并不包括在内。[39]

二、效果

（一）隐名合伙人之表见出名营业人责任

符合上述要件者，隐名合伙人对外即应负出名营业人责任，此时隐名合伙人所负者为无限责任，与"民法"第七百零三条系有限责任不同，不得以特约排除之。盖本条系强行规定，纵使有特约排除，亦与受保护之善意第三人无涉，第三人仍得要求隐名合伙人负出名营业人责任，如此解释始足以达成本条保障交易安全之目的，惟该排除隐名合伙人负出名营业人责任之特约，不问系隐名合伙人全部不必负担或依出资比例分担，于隐名合伙人与出名营业人间似仍应有效。

（二）隐名合伙人与出名营业人之责任

隐名合伙人如应负出名营业人责任者，其与出名营业人间应如何向第三人负责？台湾民法隐名合伙一节就此并未规定，合伙一节亦无可准用之条文，民法未如日本商法第五百三十七条连带责任之明文。愚意以为其性质应属不真正连带债务[40]，以符合"民法"第二百七十二条第二项规定之要求（以法律有规定者为限）。

38 "最高法院"1968年度台上字第1663号判例："'民法'第一百八十八条第一项所谓受雇人，并非仅限于雇佣契约所称之受雇人，凡客观上被他人使用为之服劳务而受其监督者均系受雇人。"并请参阅王泽鉴，雇用人无过失侵权责任的建立，收录于氏著民法学说与判例研究，第一册，作者自刊，1993年9月十四版，第一页，本书雇佣一章亦有详细说明。

39 郑玉波，前揭书，同注2，第七一九页。史尚宽，前揭书，同注2，第七二四页。

40 史尚宽，前揭书，同注2，第七二五页。

（三）隐名合伙人与出名营业人之内部分担

“民法”第七百零五条既系为保障交易安全，以维护善意第三人之权益，外部由隐名合伙人与出名营业人负不真正连带债务，但其并未丧失隐名合伙人之资格，内部仍应依其隐名合伙契约分担损失之约定分配之，故隐名合伙人对第三人为清偿后，如已超过其应分担之部分，对出名营业人有求偿权。[41] 此外，如有“民法”第七百零五条所称之“反对约定”者，隐名合伙人对外虽仍应负责，但内部即无分担之部分，隐名合伙人得向出名营业人全额求偿。

（四）与有过失规定之适用

就内部分担关系而言，不问是否有反对之约定，如隐名合伙人向出名营业人请求应分担之部分时，如隐名合伙人就该损失亦有过失者，出名营业人应得主张“民法”第二百十七条与有过失，以减轻或免除其应分担之部分。

（五）须由第三人主张

隐名合伙人之表见出名营业人责任，法院不得依职权认定之，必须由第三人主张隐名合伙人应负此责任时，法院始得依“民法”第七百零五条之要件判断之，此与表见代理相同。[42]

第四节　隐名合伙之消灭

隐名合伙性质上为契约关系，故一般契约消灭之原因，于隐名合伙契约亦有适用。惟性质上属于继续性契约，故“民法”第七百零八条、第七百零九条特设终止事由。

壹、终止之原因

“民法”第七百零八条规定：“除依第六百八十六条之规定，得声明

41 史尚宽，前揭书，同注2，第七二五页。不真正连带债务之特色在于其内部并无分担及求偿之权利，惟此时隐名合伙人系依隐名合伙契约分担损失之约定求偿，与不真正连带债务无涉，并请注意。

42 郑玉波，前揭书，同注2，第七二一页。拙著，民法债编总论讲义，上册，瑞兴图书股份有限公司，1991年10月初版，第五十八页。王泽鉴，前揭书，同注11，第二二九页。

退伙外，隐名合伙契约，因左列事项之一而终止：一、存续期限届满者。二、当事人同意者。三、目的事业已完成或不能完成者。四、出名营业人死亡或受禁治产之宣告者。五、出名营业人或隐名合伙人受破产之宣告者。六、营业之废止或转让者。”关于隐名合伙终止之原因，学理上可分为意定原因及法定原因，兹分述如下：

一、意定终止之原因

此系指因当事人之意思而终止之情形：

（一）声明退伙[43]（“民法”第六百八十六条）

“民法”第七百零八条规定：“除依‘民法’第六百八十六条之规定，得声明退伙外，……（下略）。”故声明退伙亦属于隐名合伙终止原因之一。因此，隐名合伙未定有期间，或经订明以隐名合伙人或出名营业人之终身为其存续期间者[44]，隐名合伙人或出名营业人得声明退伙；此退伙不得于不利于隐名合伙事务之时期为之。[45]隐名合伙纵定有存续期间，如隐名合伙人或出名营业人有非可归责于自己之重大事由，得声明退伙[46]，以终止隐名合伙契约。行使之方式则应依“民法”第二百六十三条准用第二百五十八条第一项之规定以意思表示为之。

此时有一问题，“民法”第六百八十六条既为民法第七百零八条所准用，与“民法”第六百八十六条性质相同之第六百八十五条是否亦得准用于隐名合伙？有肯否二说，否定说认为“民法”第七百零八条既然未将“民法”第六百八十五条列入，依“明示其一，排除其他”之原则，隐名合伙应无准用“民法”第六百八十五条规定之余地。肯定说认为“民法”第六百八十三条虽禁止合伙人未经他合伙人全体之同意而处分其股份，但“民法”第六百八十五条仍允许合伙人之债权人扣押其股份；隐名合伙人之股份既未如一般合伙人之股份受“民法”第六百八十三条

43 有学者称此为“当事人一方的通常终止”，请参阅史尚宽，前揭书，同注 2，第七二五页。

44 虽然“民法”第七百零八条第四款将出名营业人之死亡列入隐名合伙终止之法定原因之一，惟此系“隐名合伙契约之期间以出名营业人之终身”为声明退伙之前提要件，与“民法”第七百零八条第四款并不相同。

45 “最高法院”1986 年度台上字第 1159 号判决：“‘民法’第六百八十六条第二项所谓不利于合伙事务之时期，系指合伙（隐名合伙时为出名营业人）所经营之事业，将因退伙发生难以继续经营之情形而言。”

46 有学者称此为“当事人一方之非常终止”，请参阅史尚宽，前揭书，同注 2，第七二六页。

规定之限制，性质上属可让与之债权（“民法”第二百九十四条第一项第一款参照），债权人更可扣押其股份。[47] 至于法学方法上则可以“民法”第七百零一条准用第六百八十五条之规定，不以“民法”第七百零八条明文准用为必要。惟须注意的是，出名营业人之债权人不因隐名合伙之存在而有碍于其对出名营业人债权之行使，隐名合伙人对出名营业人之行为，对第三人并不生权利义务关系，出名营业人之债权人行使其对出名营业人债权时，隐名合伙契约无终止之必要，此种情形应无准用“民法”第六百八十五条余地，出名营业人之债权人直接依其与出名营业人间之法律关系求偿即可。反之，隐名合伙人之债权人因终止权之行使，于出资额返还请求权上行使自己之债权有重大利害关系，可准用“民法”第六百八十五条之规定，隐名合伙人之债权人，就隐名合伙人之股份，得声请扣押，扣押实施后两个月内，如隐名合伙人未对于债权人清偿或提供相当之担保者，自扣押时起，对隐名合伙人发生退伙之效力。

（二）存续期间届满（“民法”第七百零八条第一款）

存续期间系由当事人约定，其届满应属于意定终止原因，有“民法”第七百零九条规定之适用。此时如出名营业人仍继续其事务，隐名合伙人不即为反对之表示者，依“民法”第七百零一条准用第六百九十三条之规定，视为不定期限继续隐名合伙契约。如定有期限之隐名合伙契约转为不定期限隐名合伙契约者，该不定期限隐名合伙契约之终止，无本款之适用，但其他终止原因仍得适用，有“民法”第六百八十六条第一项、第二项规定之准用。[48]

（三）当事人之同意（民法第七百零八条第二款）

不问隐名合伙契约是否定有期限，仍得经双方同意随时终止之（合意终止）。

二、法定终止之原因

终止并非因当事人之意思终止，而系因法律规定终止：

（一）目的事业已完成或不能完成者（“民法”第七百零八条第三款）

目的事业已完成，隐名合伙契约无存续之必要，故本条款明文规定为终止原因之一。惟须注意的是，所谓目的事业已完成，仅系指特定事

47 郑玉波，前揭书，同注3，第七二五页。有学者称此为“隐名合伙人之债权人之终止”，请参阅史尚宽，前揭书，同注3，第七二六页。

48 史尚宽，前揭书，同注2，第七二五页。

业为目的之情形，例如完成某特定之工程或完成特定之投资是，若其目的为一般营业者，不能因一时之获利而归终止，此系因营利并无止境使然。至于目的事业不能完成者，隐名合伙无存续之价值，应即终止。此所谓不能终止包括绝对不能及相对不能，前者如营业因法律禁止而归于不能，后者如营业显无获利希望是。[49]

（二）出名营业人死亡或受禁治产宣告（“民法”第七百零八条第四款）

因隐名合伙当事人间具有信任关系，出名营业人负有亲自处理义务（“民法”第七百零一条准用第六百八十条准用第五百三十七条），已如前述。于出名营业人死亡或受禁治产宣告而丧失行为能力时，隐名合伙事务无法继续执行，性质与“民法”第五百五十条相同，有本条款明文规定为隐名合伙终止原因之一。[50] 本条款出名营业人必须限于自然人，始有死亡或受禁治产宣告等制度之适用，如出名营业人系法人者，并非禁治产宣告制度适用之对象，解散虽等同于自然人之死亡，惟概念上可归入“民法”第七百零八条第六款营业之废止之情形。最后，本条款之主体为出名营业人，至于隐名合伙人死亡或受禁治产宣告者，非隐名合伙契约终止原因，此系因隐名合伙人并无执行隐名合伙事务之权利，不注重其个人特质。隐名合伙人之出资，性质上得为继承之标的，其死亡时得由其继承人继承之，此等情形与“民法”第五百五十条规定之情形不同，不可一概而论；再者，隐名合伙人受禁治产宣告后，丧失其行为能力，其所得行使隐名合伙契约之权利，均由其法定代理人代为及代受意思表示（“民法”第七十六条参照），亦无本条款规定之适用。

（三）出名营业人或隐名合伙人受破产之宣告（“民法”第七百零八条第五款）

受破产之宣告，须就其财产为清算，无论出名营业人或隐名合伙人何者破产，因丧失处分权，故本条款均明订为终止之原因，性质与“民法”第五百五十条之规定相同。兹分述如下：

1. 出名营业人破产：出名营业人破产时，隐名合伙人之出资返还请求权，得列入破产财团参与分配，但如扣除损失分配之结果，该出资返还请求权为零时，隐名合伙人自不得参与分配；如出资扣除损失

49　郑玉波，前揭书，同注 2，第七二四页。

50　“最高法院”1989 年度台上字第 952 号判决：“隐名合伙契约因出名营业人死亡而终止，‘民法’第七百零八条第四款定有明文。而契约终止者，自终止时起归于消灭，凡以契约存续为前提之双方当事人权利义务，均不再发生。”

后为负值，因隐名合伙人负有限责任（“民法”第七百零三条），故隐名合伙人无须再向破产财团支付，惟此必须隐名合伙人已履行其出资义务，始得主张。[51]

2. 隐名合伙人破产：隐名合伙人破产时，其对出名营业人之出资返还请求权，应列入破产财团（“破产法”第八十二条参照），参与分配。

（四）营业之废止或转让（“民法”第七百零八条第六款）

当出名营业人所经营之营业已废止（如公司之解散或商号之停止经营），或转让他人（如营业概括承受；“民法”第三百零五条第一项参照）。此时隐名合伙人对出名营业人，除有“民法”第七百零九条之出资返还请求权等外，尚须依情形而判断是否有损害赔偿请求权：

1. 营业之废止：如系可归责于出名营业人之事由而造成营业之废止者，出名营业人系因违反其注意义务致生损害于隐名合伙人，应负给付不能之损害赔偿责任（“民法”第二百二十六条参照）；反之，如系不可归责于出名营业人之事由造成营业之废止（如地震、火灾等不可抗力致营业场所全毁是），出名营业人不负损害赔偿责任（“民法”第二百二十五条第一项参照）。

2. 营业之转让：营业之转让使出名营业人无法续为执行而终止隐名合伙契约，原则上应得隐名合伙人之同意，始得为之。如擅为转让，应负给付不能之损害赔偿责任[52]（“民法”第二百二十六条参照）。

贰、终止之效力

“民法”第七百零九条规定：“隐名合伙契约终止时，出名营业人应返还隐名合伙人之出资及给与其应得之利益。但出资因损失而减少者，仅返还其余存额。”故隐名合伙契约终止时，隐名合伙人与出名营业人应尽速厘清双方之权利义务关系，计算与分配其损失或利益，计算方法得准用“民法”第六百八十九条[53]之规定，故计算与分配须依下列之顺序为之：

一、隐名合伙财产之结算

隐名合伙人与出名营业人间财产之结算，应以隐名合伙契约终止

51 郑玉波，前揭书，同注2，第七二五页。

52 郑玉波，前揭书，同注2，第七二五页。史尚宽，前揭书，同注2，第七二八页。

53 史尚宽，前揭书，同注2，第七二九页。

时隐名合伙财产之状况为准（“民法”第七百零一条准用第六百八十九条第一项）。[54]

上述结算之标准时期，是为原则规定，若隐名合伙事务于终止时尚未了结者，应于了结后计算，分配其损益，此时就未了结事务之范围，隐名合伙人仍有监督权。

二、返还出资

出名营业人应返还隐名合伙人之出资（“民法”第七百零九条本文），不问其出资种类为何，出名营业人得以金钱抵还之，自属当然。惟现物出资又可分为移转出资及用益出资，前者以物之所有权移转予出名营业人所有，则得以金钱抵还，不必返还原物予隐名合伙人；后者系以物之使用收益为出资，如将土地设定典权、地上权等方式为出资，未移转土地所有权者，此时隐名合伙契约终止时，隐名合伙人仍保有土地所有权，惟其出资即为隐名合伙期间该屋之使用收益，得以金钱抵还，隐名合伙人仅丧失其就使用收益所折成之股份而已[55]，此时上述之典权、地上权仍应存在，出名营业人仍得继续使用收益，与隐名合伙人仅余单纯的典权或地上权等关系。此外，于权利出资时，与上述之移转出资相同，均得金钱抵还。最后，隐名合伙人不得以劳务、信用或单纯不作为为出资之标的，故此返还出资即不必讨论之。

三、给与利益

出名营业人应给与隐名合伙人应得之利益（“民法”第七百零九条本文），应依其约定比例分配之。

四、损失之分担

若计算之结果发生损失者，即无利益给与之问题，其出资亦仅能于减少损失后返还其余额（“民法”第七百零九条但书参照），如无余额，即无返还出资之问题。

54 “最高法院”1982 年度台上字第 1018 号判决：“复查隐名合伙系为当事人约定，一方对于他方所经营之事业出资，而分受其营业所生之利益，及分担其所生损失之契约，该项契约准用合伙之规定，于退伙后须经结算程序，始能分配其损益。”

55 郑玉波，前揭书，同注 2，第六八九页。史尚宽，前揭书，同注 2，第六九四页。

五、损益分配之方式

此损益之计算与依“民法”第七百零七条每届事务年度终时之计算相同，如尚有利益，应现实地返还其出资与给与其应得之利益；反之，如有损失，属计算上之扣除，不再令隐名合伙人负担，仅返还出资扣除损失之余额，但其前提必须隐名合伙人已履行其出资义务始可。

六、隐名合伙人之出资返还请求权之性质

隐名合伙人之出资返还请求权及利益给与请求权属一般债权，故于出名营业人破产时，并无优先受偿之效力，但如隐名合伙人系用益出资者，仍得行使取回权（“破产法”第一百十条参照）。[56]

七、“民法”第五百五十二条之类推适用

如前所述，当出名营业人死亡、破产或丧失行为能力，以及隐名合伙人破产时，均为隐名合伙契约终止之原因，其性质与“民法”第五百五十条相同，至于隐名合伙人死亡或受禁治产宣告则非隐名合伙契约终止原因，此等情形与“民法”第五百五十条规定之情形不同，不可一概而论。因此，当出名营业人死亡、破产或丧失行为能力，以及隐名合伙人破产时，应得类推适用第五百五十二条之规定，故隐名合伙关系消灭之事由，系由当事人之一方发生者，于他方知其事由，或可得而知其事由前，隐名合伙关系视为存续。至于“民法”第五百五十一条规定：“前条情形，如委任关系之消灭，有害于委任人利益之虞时，受任人或其继承人，或其法定代理人，于委任人或其继承人，或其法定代理人，能接受委任事务前，应继续处理其事务。”因隐名合伙人无接受隐名合伙事务之能力，且一方发生终止事由而为他方所知时，出名营业人应立即依“民法”第七百零九条之规定，返还隐名合伙人之出资及给与其应得之利益，而非继续处理其事务，故愚意以为“民法”第五百五十一条应不在类推适用之列。

---

56 郑玉波，前揭书，同注2，第七二七页。史尚宽，前揭书，同注2，第七三〇页。

第十九章之一

合　会

【案例提示】

甲为筹措资金，进军股市，遂邀集同事（乙、丙、丁）、好友（戊、己、庚）、亲戚（辛、壬……）等二十四人成立合会，约定会款一万元，采内标制，每月第十日投标一次，由出息最高者得标。第十个月甲因周转不灵而在未开标前跑路，此时乙、丁、戊、己……等八人已经得标，而尚有丙、庚、辛、壬……等十六人尚未得标。试问：

一、当事人间法律关系为何？

二、会首与会员是否有资格限制？

三、会首甲之权利义务有哪些？

四、投标之程序及效果为何？

五、会员丙欲将其会份转让于他人，应如何为之？

六、甲违约交割、负债累累而逃匿，导致合会无法继续进行，合会应该如何处理？

第一节　合会之意义、性质与其他类似概念

壹、合会之意义

一、合会契约之意义

（一）民法债编修正条文施行前

“民法”债编修正条文于 2000 年 5 月 5 日施行前，合会系民间融资

方法之一，为台湾民间之习惯（在英文有称为“mutual fund”），属于台湾民法法源之一（“民法”第一、二条参照）。所谓合会，系会首与会员间订立之契约，会员与会员之间并无法律关系存在，首期合会金由会首取得，其余各期由得标会员取得。合会定期开标，以标金（会息）高者为得标，会员得标后，其他会员及会首必须交付会款，自次期起该得标会员即丧失投标权利（俗称死会，尚未投标则俗称为活会，详后述），而必须依其得标所定之标金交付会款于会首，再由会首转交给该期得标会员。依此类推，直至合会所有期数完成为止。[1]

（二）“民法”债编修正条文施行后

合会具有储蓄与融通资金之作用，早期民法并未明文规定合会契约，但因其尚非违背公共秩序与善良风俗，非法所不许，惟因其已为民间常见私人间小额资金融通之金融制度，为使其权利义务关系更加明确，“民法”债编乃增订第十九节之一合会一节。[2]

“民法”第七百零九条之一第一项规定：“称合会者，谓由会首邀集二人以上为会员，互约交付会款及标取合会金之契约。其仅由会首与会员为约定者，亦成立合会。”[3] 新法规定之合会包括二种型态：第一种是团体性合会[4]，即会首与会员间，以及会员与会员相互之间，均发生合会之债权债务关系；第二种是单线关系之合会，亦即习惯上之合会，仅会首与会员之间有合会之债权债务关系，至于会员与会员之间并无任何债权债务关系。早期实务均认为会员间并无法律关系存在，仅承认单线关系之合会。本条项明订团体性合会与单线关系之合会二种型态，足见其目

1 “最高法院”1974 年度台上字第 1159 号判例：“依台湾省民间合会习惯，合会系会首与会员间所订立之契约，会员与会员间并无法律关系之存在，合会定期开标，以标金（即所谓会息）最高者为得标，会员得标时应付出标金，此项标金为未得标会员所应得之利益，会首倒会应认为有损害未得标会员所应得利益之行为，对于未得标会员，除应给付原缴会款外，并应负给付标金之义务。”（“最高法院”2002 年第一次民事庭会议决议不再援用）

2 曹竞辉，合会制度之研究，联经出版社，1986 年 6 月，第七页。陈玫瑰，民间合会法律关系之研究——兼评民法债编各种之债第十九节之一修正草案，私立东吴大学法律学研究所硕士论文，1997 年 6 月，第三页。

3 本条项立法理由：“二、第一项规定合会之意义，查‘我国’合会，习惯上系由会首出面邀集二人以上会员组织而成。合会既系以标取合会金为目的之契约，故会首与会员间及会员与会员间须互约交付会款及标取合会金。但习惯上，亦有仅由会首及会员为约定而亦成立合会者。爰将民间习惯明文化，俾资适用。”

4 大理院 3 年度上字第 931 号判例：“集会契约（即合会契约）之目的，在使各会员得受同等之利益且其性质与合伙关系相类似。故在各会员未完全收回其出资，或偿还其所收他会员之出资以前，各会员均保持共同利害关系，而不容有所差异。”

的在建立会员与会员间之横的关系，使会员得依“民法”第七百零九条之九之规定直接向其他会员行使权利，以济未立法前会员之间无法直接求偿之穷（详后述），但仍保持立法前单线关系之合会之态样。至于合会当事人间之权利义务，与未立法前之习惯，并无甚大之差异，但加以法典制度化也。

（三）不溯及既往原则

因“民法债编施行法”并未就合会一节之规定赋予溯及力，故“民法”债编条文修正施行前所成立生效之合会，并无“民法”第七百零九条之一至第七百零九条之九等规定之适用，仍应以一般民间合会之习惯、学说及实务见解等为依据。因此一般而言，会员与会员间并无合会之债权债务关系，惟如当事人特别约定会员之间有合会关系者，依私法自治原则，其约定仍为有效。[5] 若当事人于修正条文施行前特约适用新法之规定者，于新法未施行前，新法之规定即属合会当事人间之特约，自得予以适用。新法施行之后，合会当事人究系成立团体性之合会？抑或是单线关系之合会？则必须特别明白约定。

二、合会当事人之意义

在民法债编未施行前，合会众多名词，常未能一致，适用上或有混淆，故民法债编施行后，特殊名词应予以厘清定义，避免混用：

（一）会首

会首，系指合会之邀集起会之人，早期习惯称之为“会头”[6]。会首有下列资格之限制：

1. 以自然人为限：依照“民法”第七百零九条之二第一项之规定，

5 “最高法院”1960年度台上字第1635号判例：“台湾合会性质乃会员与会首间缔结之契约，会员相互间除有特约外，不发生债权债务关系。”（“最高法院”2002年第一次民事庭会议决议不再援用。）
同院1981年度台上字第2982号判决：“台湾合会性质，乃会员与会首间缔结之契约，会员相互间，除有特约外，不发生债权债务关系（参见本院1960年台上字第一六三五条判例）。上诉人既已得标而成死会，则会首张浪对上诉人自有债权存在，至保管证上，张浪虽为连带保证人，乃在担保得标会员之给付义务。得标会员之债务并未因此免除。因之本件会首张浪将其对于得标之上诉人之债权转让与被上诉人，即无不合。得标人若不履行给付，会首亦得据以请求，尚不因保管证上会首为连带保证人而发生混同消灭债权情事。”

6 虽然早期有“无会首之合会”存在，但在“民法”债编修正条文施行后，会首为合会之必要机关，理论上不得再订立此种合会契约。

会首以自然人为限。[7] 台湾法制上曾有台湾省“政府”发布之“台湾省储蓄业管理规则”，允许合会储蓄股份有限公司之存在。其后虽依“银行法”第一百三十八条及“台湾地区民间合会储蓄公司改制中小企业银行注意事项”等规定改制为中小企业银行，惟其与信用合作社仍经营合会业务，此即所谓之“商业合会”。所办理之合会业务，系由一定数额之会员，按约定期限之长短，在会期内分期缴纳会款，而就会员所选择之现金或物产，经投标或抽签之方式，决定给付顺序。合会储蓄公司或中小企业银行本身并非会员，地位仅为一供给信用与劳务之企业组织，其营业利益系由会员所缴会款中收取若干差额，或运用会员之存款或会金产生之利润所得，会员与会员间彼此不生债权债务关系，仅会员与会首间因契约发生债权债务关系，由合会公司或中小企银负担一切风险，会员较受保障，不至受到倒会之危险。“民法”债编修正条文明订会首须以自然人为限，限制中小企业银行及信用合作社等法人经营合会业务，有学者以为此等法人之营业范围依法必须登记，如有触犯金融法规之虞者，主管机关自不应准许其将合会业务登记为营业项目，此等规定有违台湾现况，实际上亦无必要。[8] 愚意以为，本条限制会首必须系自然人，目的系“为防止合会经营企业化，致造成巨额资金之集中，将有抵触金融法规之虞”，如会造成金融法规之抵触者，主管机关必不允许其为此等业务，实际上现在合会业务并未发生上开问题，立法目的所虑似无必要。至其所考虑之非法吸金等问题，应由“银行法”（如第二十九条之一）等金融法规加以规范，非于民法加以限制。再者，应考虑以经营合会业务之中小企业银行及信用合作社既得权之保障，骤然剥夺其合会业务之经营权，不但侵其权利，亦对参与该合会之会员不公。故愚意以为解释上应将依银行法经营合会业务之中小企业银行及信用合作社排除适用本条项之规定，未经目的事业主管机关（财政部）许可者，不得经营合会业务，同时亦符合本条项之规定。但长远之计，仍应将本条项禁止法人担任会首之规定予以删除，以符体例，并且保障人民权利。

7 本条项立法目的：“二、合会为民间经济互助之组织，为防止合会经营企业化，致造成巨额资金之集中，将有抵触金融法规之虞，爰于第一项限制会首及会员之资格，非自然人不得为之。”

8 王志诚，论合会制度——兼评民法债编各种之债第十九节之一条文草案，收录于月旦法学杂志，第六期，1995年10月，第八二至九二页。谢哲胜教授认为本条文应加上“除其他法律规定外”，亦有可采。请参阅谢哲胜，合会契约，收录于氏著财产法专题研究（二），元照出版有限公司，第一六六页。

2. 不得兼为同一合会之会员：在民法债编修正条文未施行前，台湾民间习惯上，会首可以兼为同一合会之会员，甚至可以同时兼二份以上之会份，此时其虽身兼会首及会员之地位，本应因混同而消灭，惟因合会具有团体性，会首对会员之债权即为其他会员权利之标的，依“民法”第三百四十四条但书之规定，债之关系并不消灭（此部分本文见解与立法理由有异）。惟因会首同时兼为同一合会之会员，容易在取得首期合会金、第二期之后标取合会金恶性倒会而逃匿，此种社会事件层出不穷，亦为社会融资常见之风险。因此，“民法”第七百零九条之二第二项乃限制会首不得兼为同一合会之会员。[9]

虽民法如此明文规定，但民间合会仍有许多会首假借亲朋好友之“人头”而参加合会之案例，若系该人头同意将其名义借予会首使用（学理上称为“名义贷与”），实际上合会金之标取及会款之缴纳均仍由会首为之者，理论上应属于“消极信托”，目的在规避本条项之适用，依“信托法”第五条第一款之规定，信托行为无效。反之，若被假冒人头之人否认实际上有参与合会者，除有“民法”第一百六十九条表见代理之情形外，仍应由会首自负该人头会份之债务，仍然无法完全禁绝此一弊端。会首违反此一禁止同时为会员之规定者，本条项并未规定其效果，愚意以为依“民法”第七十一条之规定，其兼为同一合会会员之会份无效，应予剔除，以符合保障其他会员之立法目的。至于会首因此已收取基于会员会份所标得之合会金，应依不当得利之规定返还予全部会员。基于不溯及既往原则，如于“民法”债编修正条文施行前，会首已同时兼为同一合会之会员者，仍应承认其效力，纵使其尚未得标（即活会会员），亦不得以日后法律之增订而剥夺其权利。

3. 须有完全的行为能力：依民法总则行为能力理论之架构以观，无行为能力人虽无行为能力，但可由其法定代理人代为及代受意思表示；限制行为能力人所为未经法定代理人允许之契约行为，须经法定代理人之承认始生效力，未经法定代理人允许之单独行为，无效，“民法”第七十五条、第七十六条、第七十八条及第七十九条定有明文。足见无行为能力人理论上得为合会契约之会首，惟其无法自行与会员订立合会契约，必须由其法定代理人代为订立，始得成立。合会性质上既为契约，限制

9　本条项立法理由：“依第七百零九条之七第二项后段及第四项规定，逾期未收取之会款，会首应代为给付，并于给付后有求偿权。如会首兼为同一合会之会员，则对等之债权债务将即于一身，致使法律关系混淆，且易增加倒会事件之发生，故于第二项明文禁止之。”

行为能力人未经法定代理人允许而与会员成立合会契约者，理论上应属效力未定，须经法定代理人之承认，始生效力。由上可知，在民法总则之体系下，无行为能力人与限制行为能力人均得为合会契约之会首，仅其成立合会契约之意思表示须经其法定代理人之代为及代受、允许或承认而生效力而已。惟“民法”第七百零九条之二第三项前段明文规定“无行为能力人及限制行为能力人不得为会首”[10]，此系为了保护无行为能力人及限制行为能力人之利益，故特别明文规定禁止无行为能力人及限制行为能力人担任会首。

由上可知，“民法”第七百零九条之二第三项之规定显已超越民法总则之规定，对无行为能力人及限制行为能力人再作进一步之限制。因此，无行为能力人之法定代理人不得代其订定合会契约担任会首，限制行为能力人所为之担任会首之合会契约，其法定代理人不可同意，亦无法承认，盖自始无效之行为并无事前同意及事后承认之问题。无行为能力人及限制行为能力人违反此一规定担任会首者，本条项并未规定其效果，愚意以为依“民法”第七十一条之规定，整个合会契约无效，至于会首因此已收取之合会金，应依不当得利之规定返还予全部会员。

此时尚有一问题，如限制行为能力人以诈术使其他合会会员信其为有行为能力人者，此时是否有“民法”第八十三条规定之适用，而强制其合会契约有效？愚意以为不论“民法”第七十九条或是第七百零九条之二第三项之规定，目的均系在保护限制行为能力人，以免其因意思能力不周、经验智虑不足而遭受不利益之结果。如限制行为能力人使用诈术，使其他合会会员信其有行为能力者，足见其已有相当意思能力，无再加以保护之必要，使用诈术有背于公序良俗及“恶意不受保护的原则”（一般的恶意抗辩），并不值得鼓励[11]，故仍应强制其有效。虽然“民法”第七十九条或与第七百零九条之二第三项之效果并不相同，惟此时应认为合会契约有效，该限制行为能力人不受“民法”第七十九条及第七百

10 本条项立法理由：“会首在合会中占有重要地位，其对会员负有甚多义务，例如主持标会及收取会款等合会业务之执行，尤其会员未按其给付会款时，会首有代为给付之义务，且如发生倒会情事者，其法律关系非常复杂不易处理，且无行为能力人及限制行为能力人，其本身思虑未周，处事能力不足，且资力有限，难有担任会首之能力。又为维持合会之稳定，遏止倒会之风，无行为能力人及限制行为能力人亦不应参加其法定代理人为会首之合会，爰设第三项规定。”

11 施启扬，民法总则，作者自刊，1999年9月增订八版，第二二八页。

零九条之二第三项规定之保护。

4. 不以一人为限：依“最高法院”1962年度台上字第二一四六号判决认为，如会首有数人时，各会首对于会款应负连带清偿责任（此判决之评析详后述）。可见早期实务见解并未就会首之人数作限制，况依契约自由原则，只要此约定不违反强行规定或善良风俗，均为有效，故愚意以为会首不以一人为限。

（二）会员

会员，系指参加合会之人，早期习惯称之为“会脚”。

1. 会员之限制

（1）以自然人为限

依照“民法”第七百零九条之二第一项之规定，会员亦以自然人为限。本条项立法目的在维持合会之稳定，遏止倒会之风，故限制会员必须为自然人。本文以为，早期实务上多系由自然人担任会员，亦有法人担任会员之情事[12]，此系因合会属民间融资之方法，故法人多未参加合会，并非有法人不得参加合会之限制，此点应予究明。上开限制法人不得担任合会会首者，应规定于银行法而非民法之法理，理论上不得适用于限制法人不得担任合会会员之情形，盖纵使合会会员系法人，其非为合会业务之经营者，除无“防止合会经营企业化，致造成巨额资金之集中，将有抵触金融法规之虞”之可能外，亦不得于金融法规中订定禁止法人为合会会员之规定，愚意以为合会会员实无排除法人之必要，应将本条项禁止法人担任会员之规定予以删除。

（2）无行为能力人及限制行为能力人不得参加其法定代理人为会首之合会

按无行为能力人及限制行为能力人依“民法”第七百零九条之二第三项前段之规定不得为会首，此部分规定增加民法总则行为能力理论规定之限制，已如前述。除此之外，仍应回归至民法总则之规定。因此，无行为能力人之法定代理人得代其与会首订定合会契约；限制行为能力人未经其法定代理人之允许所订定担任会员之合会契约，效力未定，须

12 “最高法院”1983年度台上字第354号判决：“被上诉人虽为公立学校，惟如与人民或商号发生私法关系者，仍应负其责任，其前任校长曾×中倘确曾以被上诉人名义，参加上诉人前身台湾合会储蓄股份有限公司之合会，领取合会金后，与之订立偿还合会金契约书，即难谓无负担此项债务之义务。至被上诉人对于借款未编预算不按法定程序办理，此乃被上诉人与其上级机关之内部关系，不得以此对抗第三人。”

经其法定代理人之同意始生效力。但“民法”第七百零九条之二第三项后段规定基于保护无行为能力人、限制行为能力人及其他会员，乃限制无行为能力人及限制行为能力人不得参加其法定代理人为会首之合会。否则，除理论上会生“民法”第一百零六条自己代理之问题外，其为防止会首利用自己子女为人头冒标之目的即无法达成。

父亲代理未成年子女参加父亲担任会首之合会时，不论是否适用“民法”第一百零六条之规定，此时应认为已违反“民法”第七百零九条之二第三项后段之规定而无效。若父亲代理未成年子女参加同为法定代理人母亲担任会首之合会时，应作同一之解释而认为其行为无效。若父母离异，由一方为对于未成年子女权利义务之行使或负担，此时该方即为未成年子女之法定代理人，受“民法”第七百零九条之二第三项后段规之限制，另一方不再受此限制，未成年子女之法定代理人可代理其参加另一方担任会首之合会，事理至明。

最后，如限制行为能力人以诈术使会首及其他合会会员信其为有行为能力人者，此时是否有“民法”第八十三条规定之适用，强制认其合会契约有效？基于上述同一理由，愚意以为此时该部分之合会契约有效，该限制行为能力人不受“民法”第七十九条及第七百零九条之二第三项规定之保护。

（3）会员可同时参加数会份

会首不得兼为同一合会之会员，“民法”第七百零九条之二第二项定有明文，依此反面解释，民法并未限制会员不得同时兼为同一合会之数会份之会员。再者，“民法”第七百零九条之六第四项明文规定：“每一会份限得标一次。”并非规定每一“会员”限得标一次。故解释上会员可同时参加数会份，一般民间合会之运作亦如此为之，但一会员所占会份之最高额，似有限制之必要，否则失去合会之众合资金意义。惟如合会契约有禁止之约定者，应从其约定。

2. 会员之分类

（1）未得标会员

未得标会员又称为活会会员，仍享有陆续于每期竞标之权利。

（2）已得标会员

已得标会员又称为死会会员，其无再为同一会份竞标之权利，且必须依其得标时约定之标息给付会款。

三、其他名词定义

（一）会款

所谓会款，系指参加合会之会首或会员，其约定每会份应给付之金钱或物品数额而言，早期实务又称为“会钱”、“会金”。早期因会款给付标的之不同可分为现金会与稻谷会，现金会目的在融通资金，稻谷会目的在避免谷类通货膨胀，具有现物期货之功能。[13]“民法”第七百零九条之一第三项规定：“会款得为金钱或其他代替物。”本条并未规定会款之定义，仅规定会款之内容而已。

（二）合会金

所谓合会金，早期习惯称之为“会额”，依“民法”第七百零九条之一第二项规定，合会金系指会首及会员应交付之全部会款。

（三）会份

所谓会份，系指合会会员基于合会契约之地位或资格。不论系一人同时拥有数会份，或是数人共有一会份，每一会份只能得标及收取合会金一次（“民法”第七百零九条之六第三项参照）。活会会份因尚未得标，仍有得标之权利，具有债权及债务之性质；死会会份则因已得标而丧失得标之权利，仅具有债务之性质。

（四）会数

所谓会数，系指合会契约中所约定之期数，原则上一个会员参加一个会份，享有一次竞标之权利，故会数通常是会首加上所有会员所得之总数。但早期会首有时兼为同一合会之会员（新法已禁止，详前述），或是一会员同时身兼数会份，甚或数会员共同参加一会份，故会数不一定是会首加上会员人数之总和。

（五）死会

在合会进行中，已得标会员之会份即为死会，该死会会员即无再为竞标之权利。

（六）活会

在合会进行中，未得标会员之会份即为活会，该活会会员仍享有竞标之权利。

（七）标息

所谓标息，早期实务上又称为“标金”或“会息”，指会员在标会竞

13　谢哲胜，前揭文，同注8，第一五八页。

标过程中，以愿支付最高额利息之会员为得标，该得标会员所愿负担之利息即为标息。

（八）内标

所谓内标，系指得标后，其他活会会员将每期约定之会款中，先扣除得标人所出之标息后缴纳会款之制度，亦即标息先扣之制度。例如约定每期会款一万元，A以1 500元得标，则其他活会会员先扣除标息后，缴付会款8 500元，A自次期开始则每期缴付一万元之会款。一般民间合会因内标制之计算方式较为简便，故多采用内标制计息及支息。须注意者，乃标息先扣，依“最高法院”1958年度台上字第一八〇八号判例观之，与“民法”第二百零六条所谓巧取利益之情节不同，故合会仍应认为有效成立，盖所以善良风俗之互助会也。

（九）外标

所谓外标，系指得标后，其他活会会员即缴纳每期约定之会款，得标人则于次期开始依照得标时所出之标息缴纳会款之制度，亦即标息后加之制度。例如上例A以1 500元得标，则其他活会会员必须缴付会款一万元，A自次期开始则每期缴付11 500元之会款。外标对于实需款项之人较确实，而可免短欠再另为筹款之苦。

（十）底标

所谓底标，系指标息约定之最低数额，会员投标之标息不得低于此数额，一般而言，合会多会约定底标，藉以保障活会会员之获利及以储蓄为目的会员之保本，若无人愿以高于底标之金额标会者，以抽签之方式决定得标人，以底标为其得标之标息（“民法”第七百零九条之六第三项参照）。此底标之约定并非合会契约之成立生效要件（“民法”第七百零九条之三第一项第七款参照）。

（十一）最高标

所谓最高标，系指标息约定之最高数额，会员投标之标息不得高于此数额，合会有时亦会约定最高标，用以防止因标息太高导致倒会情事之发生。最高标之约定亦非合会契约之成立生效要件（“民法”第七百零九条之三第一项第七款参照）。

（十二）加会

所谓加会，系指当合会会员人数众多，如因会期太长易生倒会风险，故合会契约会特别约定定期固定加会，亦即于固定期日多开标一次，例如每三个月、每半年、三大节日或特别指定某月某日加会，以缩短期间。

（十三）搭会

在民间习惯中，所谓搭会，系指合会已开始进行，非会员之第三人欲加入合会组织，因而由会首同意后，进入合会组织。搭会之人原则上必须将搭会时以竞标之前几期会款，按照活会会款一次缴纳。搭会将使会数增加，会期延长。

贰、合会之性质

一、有名契约

按合会系东方国家特有之民间金融制度，为西方国家所无，故民法法典继受欧陆法之同时，台湾民法并未就此加以规定。因此，当“民法”债编修正条文于 2000 年 5 月 5 日施行前，合会系会首与会员间所缔结之无名契约[14]（学说上则有诺成的消费借贷、准消费借贷说、消费借贷与保证之混合说、类似分期付价买卖之有偿契约说即无名契约中一个集体契约的分担负担等说[15]），具有习惯法之地位。[16]“民法”债编修正条文施行后，于“民法”债编各论中增订第十九节之一，将合会契约明文化，故合会契约自此即为有名契约。

14　史尚宽，债法各论，作者自刊，1986 年 11 月台北六刷，第六五二页。郑玉波，民法债编各论，下册，作者自刊，第六四四页。曹竞辉，前揭书，同注 2。曾隆兴，现代非典型契约论，作者自刊，1996 年 11 月修订七版，第七页。詹森林，非典型契约之基本问题，收录于氏著民事法理与判决研究，作者自刊，第一一六页。谢哲胜，前揭文，同注 8，第一五九页。王志诚，前揭文，同注 8，第八四页。“最高法院”1981 年度台上字第 655 号判决：“台湾民间合会，系会首与会员（即会脚）间所缔结之一种无名契约，其两者间之债权债务关系，原与其他会员无涉。惟如会员于得标时，以活会会脚为债权人，以会首为连带保证人，而出具借据交付其他活会会脚，即发生债之更改与债务之承担。死会与活会会脚之间，直接成立消费借贷关系，会首则退而为消费借贷之连带保证人，此为台湾民间之习惯，被上诉人据以请求上诉人于最后一会到期后清偿该项借款，并无不合。”

15　陈聪富，合会习惯之成文化，“全国律师”，七月号，1999 年 7 月出刊，第九三页。陈玫瑰，前揭论文，同注 2，第四八至五一页。

16　有关合会在台湾习惯法之地位，新法未施行前之法律性质及实务上之见解，请参阅前“司法行政部”编印，台湾民事习惯调查报告，第五二一页。戴炎辉，台湾习惯上之合会，收录于台法月报，第三十三卷，第二号。陈瑞堂，台湾民事习惯调查报告，第三编合会。曹竞辉，前揭书，同注 2。

二、债权契约

合会契约成立后，会首与会员，及会员相互间并不随即发生物权变动之效果，仅产生债权债务关系，由会首负责投标、开标等事宜，活会会员依投标结果负交付会款之义务，死会会员依其出标之标息负交付会款之义务。易言之，合会契约仅生债法上之效力，不生物权法上之效力，属于债权契约。因此，合会契约成立生效后，所约定之会款（金钱或其他代替物），仅成为得标会员之债权请求权而已，尚须会首、未得标会员及已得标会员依合会契约履行其约定标息之给付义务而移转其财产权之物权行为，其会款所集聚之合会金始成为该期得标会员所有。因此，财产权不因合会契约之成立生效而生移转之效果。

三、兼为劳务契约与财产契约

就会首而言，首期合会金不必经由投标之方式即可取得，且于每期交付会款时不必支付标息，其有如此优惠之代价即是必须为主持标会、抽签、开标、代收及代垫会款等等劳务行为，此部分因具有劳务契约之性质，在“民法”债编修正条文施行前，系依“民法”第五百二十八条适用有偿委任之规定。至于会首及已得标之会员应给付之各期会款负连带责任，以及会员依得标结果交付会款及收取合会金等等，具有财产契约之性质。

四、双务契约

除合会之会首与会员均应依契约负给付会款义务外，会首就首期合会金不经由投标之方式即可取得，于每期交付会款时不必支付标息，此等优惠之代价即是必须履行主持标会、抽签、开标、代收及代垫会款等义务，会首必须对已得标之会员应给付之各期会款负连带责任，以及会员依得标结果交付会款及收取合会金等等义务，此等义务互为对价，属双务契约，有关双务契约之规定，合会亦得适用之，但因其具有团体性，故适用“民法”第二百六十四条必须受到限制。例如甲起会担任会首，乙、丙、丁……庚、辛等人参加合会，第三期由乙得标，当会首甲向丙请求给付会款时，丙可否以丁尚未给付会款为由而行使同时履行抗辩权？愚意以为，会员系各自独立之当事人，“民法”第二百六十四条所指之“他方当事人”系指为请求之一方而言，不能以第三人之未为给付，而向该请求之当事人主张同时履行抗辩权，丙不得主张同时履行抗辩。[17] 更进一步言，当得标会员乙向丙请求给付会款者，丙不得以会首甲未给付会款而主张同时履行抗辩权，此系因合会具有团体性（详后述）之特质（合伙亦有此问题发生）。

五、有偿契约

会首及会员间之给付会款，以及会首无须给付标息而取得首期合会金与其主持标会、抽签、开标、代收及代垫会款等给付，与会首必须对已得标之会员应给付之各期会款负连带责任，以及会员依得标结果交付会款及收取合会金等等给付之间，系互负对价之给付，属有偿契约，因此可准用买卖之规定（“民法”第三百四十七条参照），但必须限于性质上可以准用者，例如约定会款之稻米有瑕疵，则得准用“民法”第三百六十条有关物之瑕疵担保责任另行交付无瑕疵之物之规定是。

六、要式契约

依民法第七百零九条之三第一项规定[18]，合会应订立会单，并应记载下列事项：

1. 会首之姓名、住址及电话号码。
2. 全体会员之姓名、住址及电话号码。
3. 每一会份会款之种类及基本数额。
4. 起会日期。
5. 标会期日。
6. 标会方法。
7. 出标金额有约定其最高额或最低额之限制者，依其约定：此项并非合会契约之成立生效要件，已如前述。

“民法”第七百零九条之三第二项规定：“前项会单，应由会首及全体会员签名，记明年月日，由会首保存并制作缮本，签名后交每

17 “最高法院”1980年度台上字第1601号判决：“（一）台湾省民间合会习惯，系会首与会员间所订立之契约，会员相互间并无债权债务关系，会首倒会，对未得标之会员自有给付原缴会款之义务，不因其他会员未缴会款而可免责。”

18 本条项立法理由：“二、查民间合会习惯上类多订立会单，但记载事项多不一致，致易引起纠纷，为期有助于合会之正常运作，第一项规定合会应订立会单，并明订会单记载之事项，俾资依据，而利实用。”

一会员各执一份。”[19] 会单除必须记载上开事项外，必须经由会首与全体会员签名[20]，记明年月日，由会首保存此会单之正本。会首同时必须制作会单之缮本，并在全部的缮本上签名后交每一会员各执一份，合会契约为要式契约。因此，如会员无法亲自于会单正本签名而委任他人代理者，授与代理权亦须以书面为之（“民法”第五百三十一条参照）。

新法明定合会为要式契约[21]，如未依规定订定会单、记载所规定之事项并经当事人签名者，该合会契约依法理本应属不成立。但为了缓和合会契约之要式性，“民法”第七百零九条之三规定第三项规定：“会员已交付首期会款者，虽未依前二项规定订立会单，其合会契约视为已成立。”[22] 此条文之目的亦在保障已依合会契约交付首期会款之会员，如会员已交付首期会款于会首后，纵使会单上并未将该会员姓名记入，该会员部分之合会契约“视为成立”，其他会员及会首均不得举证加以推翻，该会员享有并负担一切会员所有之权利与义务。

虽然“民法”第七百零九条之三规定第三项规定“虽未依‘前二项’规定订立会单，其合会契约‘视为已成立’。”似亦以第二项为合会契约之成立要件，惟愚意以为“记明年月日，由会首保存并制作缮本，签名后交每一会员各执一份”等等，理论上仅系保全证据、防止日后举证困难而已，并非合会之成立要件，否则仅因某一会员未取得缮本，或会单上未记明年月日即使合会契约不成立者，对于会员反而更无保障。本条之规定，就立法技术而言，与“民法”第一百六十六条之一类似，盖所以尊重事实，惟前者规定为“视为已成立”，后者规定为“仍为有效”。

七、不要物契约（诺成契约）

虽“民法”第七百零九条之五前段订有首期合会金不经投标由会首取得之规定；“民法”第七百零九条之三规定第三项亦有会员已交付首期

19 本条项立法理由：“三、目前民间合会冒标及虚设会员之情形相当严重，为杜流弊并保障入会者之权益，爰设第二项规定。”

20 此时有“民法”第三条书面与签名准则规定之适用。

21 反对见解，孙森焱，合会之法律关系，法令月刊，第四十八卷，第十二期，第五页。

22 本条项立法理由：“四、为缓和合会之要式性过于僵化，爰于第三项明定会员如事实上已交付首期会款，则虽未完成前二项法定方式，其合会契约亦视为已成立。”民法上类此缓和之规定者，例如“民法”第一百六十六条之一第二项规定。

会款视为成立合会契约之规定。惟此均非指必须交付首期会款合会契约始成立生效之规定，故合会契约并未以会款之交付为成立或生效要件，故合会契约为不要物契约。

八、一时的契约中之分期给付契约

合会究为继续性契约[23]，抑或是一时的契约中之分期给付契约[24]，实务上有不同之见解。本文以为，虽然合会团体性外观上似非一次性给付而完成，由每期投标与开标，交付会款与合会金等等，逐期完成给付之契约，乃有继续性契约之见解，惟合会金债权，系得标人受领合会金给付后，与会首或活会人约定就应返还之合会金分期清偿，性质上为一次给付之债权，特别约定其给付方法为分期给付而已（如有一次迟延偿还，即丧失分期偿还之权利）。二者之差别除一般一时性契约与继续性契约之差异[25]者外，其请求权时效将因是否属于定期给付债权而适用“民法”第一百二十六条五年之规定或非定期给付债权而适用“民法”第一百二十五条十五年规定。

九、团体性契约

合会契约民法赋予其团体性，此可从“民法”第七百零九条之一第一项有关合会定义之规定即可得知，新法规定之合会包括团体性合会与

23 “最高法院”1983 年度台上字第 2024 号判决：“民间合会系会首与会员间所订立之契约，会员应于定期开标之期日，按开标之金额计算，缴纳会款与会首，如标得合会，则得请求会首给付他会员缴纳之会款及过去得标会员所缴之标金（即所谓会息）。以后则于开标之期日按期缴还会款及加付标金与会首。是合会契约系以会员之循环给付为标的之继续契约。如果未得标会员将其会份让与第三人，则属契约之承担，由承受契约之该第三人继续履行债务及行使债权。”

24 “最高法院”1992 年度台上字第 3004 号判决：“‘民法’第一百二十六条所谓一年或不及一年之定期给付债权，系指基于一定法律关系，因每次一年以下期间之经过顺次发生之债权而言，本院著有二十八年度上字第六〇五号判例可资参照。系争合会金债权，乃上诉人受领合会金给付后，与被上诉人约定就应返还之合会金分期清偿，有两造签订之偿还合会金契约书附卷可稽，本质上为一次给付之债权，特别约定其给付方法为分期给付而已（如有一次迟延偿还，即丧失分期偿还之权利），与上开说明之定期给付债权不同。债务人对于支付命令未于法定期间提出异议者，支付命令与确定判决有同一之效力，‘民事诉讼法’第五百二十一条定有明文。系争支付命令均已确定，有支付命令确定证明书影本可按，则系争支付命令与确定判决有同一之效力，已无疑义，其内容纵有不当，应以再审表示不服，要非异议之诉所能救济。”

25 关于一时的契约与继续性契约之意义与区别，请参阅王泽鉴，民法债编总论，第一册，基本理论债之发生，作者自刊，1994 年 10 月出版，第一〇八页。

单线关系之合会二种型态，已如前述。在团体性合会中，会首与会员间，以及会员与会员相互之间，均发生合会之债权债务关系。本条项之规定在建立会员与会员间之横的关系，使会员得依“民法”第七百零九条之九之规定直接向其他会员行使权利，具有团体性之性质。

叁、合会与合伙之区别

“民法”第六百六十七条第一项规定：“称合伙者，谓二人以上互约出资以经营共同事业之契约。”合伙系一契约，其当事人称为合伙人，必须二人以上，与一般契约仅有双方当事人不同。所谓共同事业，系指该事业为全体合伙人共同利益而言，故其成败，对于任何一合伙人均有利害关系而言。此共同事业之经营，则为合伙人之共同目的，必须具备此一要件，始得成立合伙。共同事业之种类、期间，均无特别之限制，只要不违反强行规定或公序良俗即可。合伙契约成立生效后，合伙人均负出资义务，此等出资义务之间，具有对待给付之关系，但因合伙人多为二人以上，其对待给付之适用问题，有别于一般契约。合伙契约系由多数人依共同目的而订立，与合会极为相似，尤其早期无会首之储蓄合会，更与合伙之情形相同。因此，关于合会契约之性质，日本有合伙说、消费借贷说及无名契约说之争[26]，但是合会与合伙二者间，仍有本质上之区别也，“民法”债编增订第十九节之一后，其区别将更加明显。

第二节　合会之成立

“民法”第七百零九条之三之规定，已如前述，故合会原则上为要式契约，必须依规定订定会单、记载所规定之事项并经当事人签名者，该合会契约始为成立。如会员已交付首期会款者，虽未订立会单，但其合会契约视为已成立（“民法”第七百零九条之三第三项参照）。

26　王志诚，前揭文，同注8，第八二页。陈玫瑰，前揭论文，同注2，第四五页。

第三节　合会之效力

壹、单线关系之合会

一、对会首之效力

（一）会首之权利

1. 不经投标取得首期合会金：依“民法”第七百零九条之五前段之规定：“首期合会金不经投标，由会首取得。”[27] 此系将合会习惯予以明文化。如合会当事人特约会首仅得收取管理费或佣金，而不必然取得首期合会金者，似无禁止之必要，本条似可增订特约排除条款。

2. 不须支付标息：就会首而言，其首期合会金不必经由投标之方式即可取得，既然如此，即无标息可言，会首于每期交付会款时不必给付标息。

（二）会首之义务

1. 给付会款义务：会首自第二期起，必须依合会契约所约定之会款数额（无标息），分期摊还予各期得标会员。

2. 合会事务执行义务：会首于每期交付会款时享有不必支付标息之优惠，但其必须负责合会事务之执行义务。“民法”第七百零九条之四之规定：“标会由会首主持，依约定之期日及方法为之。其场所由会首决定并应先期通知会员。会首因故不能主持标会时，由会首指定或到场会员推选之会员主持之。”兹分述会首执行合会事务之内容如下：

（1）主持标会之义务

会首必须主持标会，主持标会内容包括：

①指定标会时间并先期通知会员投标：“民法”第七百零九条之三第一项第五款规定标会期日应记载于会单上，故会首必须依契约约定之标会日期指定时间投标，并通知会员投标。

②决定标会场所并先期通知会员：依“民法”第七百零九条之四第一

27　本条立法理由：“二、民间合会之运作方式，首期合会金系由会首取得，不经过投标手续。其余各期由会员依约定方法标取，由得标会员取得，爰将习惯明文化，俾资遵循。”

项后段规定[28]，投标场所由会首决定并应先期通知会员，至于投标场所由何人提供，均无不可。依此规定及法文有“到场”一词以观，投标一定要有标会之聚会，不可以全部均用电话、通讯或其他方式投标，但某些不克到场之会员仍得委托他人到场投标、或以电话、通讯等方式要求会首代标。

③依约定标会方法主持标会，并办理投、开标事务：“民法”第七百零九条之四第一项前段规定：“标会由会首主持，依约定之期日及方法为之。”复依“民法”第七百零九条之六之规定：“每期标会，每一会员仅得出标一次，以出标金额最高者为得标。最高金额相同者，以抽签定之。但另有约定者，依其约定。无人出标时，除另有约定外，以抽签定其得标人。每一会份限得标一次。”[29] 可见会首必须依约定标会方法办理投、开标事务，如无约定，则依上开规定办理投、开标事务。依“民法”第七百零九条之四第二项规定：“会首因故不能主持标会时，由会首指定或到场会员推选之会员主持之。”[30] 本规定系用以补救会首因暂时性事故不能主持标会情形之规定。惟当会首因故不能主持标会，除会首指定主持之会员外，到场会员亦得另为推选主持之会员，本文以为应由会首指定会员主持，只有在会首未为指定时，始由到场会员推选之会员主持之。至于会首与指定主持人或推选主持人间之内部关系，未特约者，似可依无因管理之规定论之。

④收齐会款并缴交合会金给得标会员：此为会首之主要义务，依“民法”第七百零九条之七第一项规定：“会员应于每期标会后三日内交付会款。”[31]“民法”第七百零九条之七第二项前段之规定：“会首应于前

28 本条项立法理由：“二、合会既系由会首邀集会员而成立之契约，标会为合会之主要事务，应由会首依约定之期日及方法主持之。至于标会之场所，宜由会首决定并应先期通知会员，俾利标会之进行，爰为第一项规定。”

29 本条立法理由：“一、本条新增。二、本条规定标会之方法。民间习惯上，每期标会，每一会员仅得出标一次，向以出标最高者为得标。如最高金额相同者，除当事人另有约定，例如以先开出之人为得标者外，以抽签决定，方为公平。爰于第一项明定之。三、如有无人出标之情形，除契约另有约定例如以坐次轮收（收会款之次序预先排定，按期轮收），拈阄摇彩（由会首抽签唱名，被抽出之会员用摇骰，依点数之最多者为得标），或议定（以公开讨论之方式决定得标者）等方法定其得标人外，当以抽签决定得标人，最称公允，爰于第二项明定之。四、依常理言，每一会份限得标一次，已得标之会份，不得再行参与出标，爰于第三项明定之。”

30 本条项立法理由：“三、会首因暂时性事故不能主持标会。宜有补救规定，爰于第二项明定由会首指定或到场会员推选之会员主持，以利标会。”

31 本条项立法理由：“二、为使得标会员早日取得会款，并期合会得以正常运作，第一项明定会员交付会款之义务及交付期限。”

项期限内，代得标会员收取会款，连同自己之会款，于期满之翌日前交付得标会员。”[32] 因单线关系之合会，会员之间并不生债权债务关系，仅会首得根据合会契约向未得标及已得标会员请求交付会款，故会首负有收齐会款并交付合会金给得标会员之义务。

（2）代为给付会款之义务

“民法”第七百零九条之七第二项后段规定：“逾期未收取之会款，会首应代为给付。”可见会首除收齐会款并缴交合会金给得标会员外，如会员有迟延给付[33] 会款之情事者，会首有代为给付会款之义务（代负责任）。会首代为给付会款后，依同条第四项之规定，会首得请求未给付之会员附加利息（垫付利息）偿还之。[34]

（三）会首之责任

1. 保管会款之事变责任：依“民法”第七百零九条之七第二项前段之规定，会首应于每期标会后三日内代得标会员收取会款，此时会首收到之会款属于得标会员所有，会首应将所收取之会款连同自己之会款，于期满之翌日前交付与得标会员。在未交付得标会员前，依“民法”第七百零九条之七第三项之规定，会首对其丧失、毁损，应负责任。但因可归责于得标会员之事由致丧失、毁损者，应由该得标会员负责。此系因会首对已收取之会款，在未交付得标会员前，有保管之义务，为兼顾会首与得标会员之权益，会首对该会款之丧失、毁损，应负事变责任。依“民法”第七百零九条之七第三项之规定：“会首依前项规定收取会款，在未交付得标会员前，对其丧失、毁损，应负责任。但因可归责于得标会员之事由致丧失、毁损者，不在此限。”[35] 可见会款交付时间点决定危险负担责任。本条规定共分为三个阶段，在第一阶段会员给付会款予会首前，其危险由各会员各自负担；第二阶段会首收取会款交付合会

32 本条项立法理由：“三、收取会款交付于得标会员为会首之义务。前项已明定会员交付会款之期限为标会后三日，兹于第二项规定会首应于前条期限内代得标会员收取会款。收到之会款属于得标会员所有，会首自应将所收取之会款连同自己之会款，于期满之翌日前交付与得标会员。又为保障得标会员之权益，并加重会首责任，逾期未收取之会款，应由会首代为给付。”

33 会款既为金钱或代替物，性质上为种类之债，故无给付不能之问题。

34 本条项立法理由：“五、会首履行代为给付之义务，得请求未给付之会员附加利息偿还之，方为公平，爰明定第四项规定。”

35 本条项立法理由：“四、会首对已收取之会款，在未交付得标会员前，有保管之义务，则对该会款之丧失、毁损，应负责任。为兼顾会首与得标会员之权益，会首宜负事变责任，爰规定第三项。”

金予得标会员前，其危险由会首负担，但此时如因可归责于得标会员之事由致丧失、毁损者，则仍应由该得标会员负责；第三阶段会首将合会金交付得标会员后，其危险则由该得标会员负担。

2. 会首就已得标会员之会款负责任：单线关系之合会中，会员间并无任何权利义务关系，故于死会会员倒会时，会首仍必须给付合会金于得标会员，不因该死会会员未给付会款而免除其给付合会金之义务。易言之，虽谓会首有代死会会员垫付会款之义务，惟此系会首对得标会员自身之义务，仅于代垫后对于死会会员仍得依合会关系请求而已，理论上无所谓连带责任之问题。盖连带债务必系于会首与死会会员对于得标会员均负有债务之前提下，始会发生，即在团体性合会之情形下始有此可能（且系单向连带责任），在单线关系之合会无此连带责任之问题。本条项所规定之连带责任仅具有单向之性质，与一般连带债务系双向性质并不相同。一般连带债务之法源系“民法”第二百七十二条至第二百八十二条之规定，各连带债务人间对外均必须负全部给付之责任，对内则有分担之义务。惟本条所规定之连带债务，仅会首对已得标会员依规定应给付之各期会款负连带责任；相反地，已得标会员并无须就会首依规定应给付之各期会款负连带责任。易言之，本条单向连带债务之规定，已得标会员对外不须负全部给付责任，仅就其本身应给付之各期会款负责，不必对会首之部分负责，会首则必须就本身及所有已得标会员应给付之各期会款负全部责任，用以保障未得标会员之权利，会首给付后，已得标会员依“民法”第二百八十条但书之规定仍应负担其应负担之部分，此时会首得依“民法”第二百八十一条之规定向该得标会员求偿。

3. 会首间负连带责任：早期实务见解认为，如会首有数人时，各会首对于会款应负连带清偿责任（“最高法院”1962年台上字第二一四六号判决）。愚意以为，连带债务之成立，必须以当事人有明示或法律有明文规定者为限，在合会一节尚未施行前，法律必无规定，故除合会契约有明示数会首负连带责任者外，不得令会首间负连带责任。至于合会一节施行后，民法亦未就此加以明订，故结论仍属相同。

二、对会员之效力

（一）会员之权利

1. 竞标权利：依“民法”第七百零九条之五后段规定，除首期合会金外，其余各期由得标会员取得，故会员在给付首期会款后，即享有自第二期以后陆续各期之竞标权利。如无人竞标者，依“民法”第七百零九条之六第二项规定，除另有约定外，以抽签定其得标人。此一竞标权利，“民法”第七百零九条之六第四项明文规定：“每一会份限得标一次。”故得标后该会份丧失以后各期竞标之权利（即为“死会”），自属当然。

2. 请求给付合会金：得标会员得请求会首给付合会金，此时得标会员取得会首及其他会员会款与自己得标前各期标息给付之权利（“最高法院”1983年度台上字第二〇二四号判决参照）。

3. 解除契约：如会首无法给付会款时，会员除得依“民法”第七百零九条之九之规定处理外，活会会员依“民法”第二百二十九条、第二百五十四条之规定，似得解除合会契约，请求会首回复原状。至于死会会员仅有按期给付会款之义务，已无任何权利，故无解除合会契约之权利。

（二）会员之义务

给付会款义务系会员之主给付义务，依“民法”第七百零九条之七第一项规定：“会员应于每期标会后三日内交付会款。”[36] 可区分为内标制与外标制而异其给付方式：

1. 内标制：死会会员应给付缴纳死会会款（即合会约定之会款），而活会会员先将标息扣除后给付活会会款（即标息先扣之制度）。实务见解[37] 并不认为此一标息先扣之制度有违反“民法”第二百零六条巧取利益规定之情事。

2. 外标制：活会会员应给付活会会款（即合会约定之会款），死会会员则给付死会会款（即合会约定之会款再加上得标时约定之标息），亦即标息后加之制度，已如前述。

36 本条项立法理由：“二、为使得标会员早日取得会款，并期合会得以正常运作，第一项明定会员交付会款之义务及交付期限。”

37 “最高法院”1960年度台上字第1361号判决：“合会会员于得标时，应需先行扣除使用他人款项之代价，自难期望每期均收足额。此项短少既基于约定或习惯，而与公序良俗无涉，自应照约分期履行，不得指为巧取利益。”
在商业合会中，“最高法院”1958年度台上字第1808号判例：“被上诉人合会储蓄股份有限公司所组织之合会，系以投标方式由各参加会员投标，以标面最低金额为得标，其投标金额与给付金额之差额，则平均分配于未受给付之会员，此为参加合会会员间契约所约定，并报经台湾省财政厅予以核准，自与“民法”第二百零六条所谓巧取利益之情节不同，该契约仍应认为有效成立。”

三、会员间之权利义务关系

在单线合会关系中，各会员相互间原则上不生债务权债务关系[38]，因此会员间不得就会款主张抵销（但会首与会员间则得主张抵销），但特别约定其权利义务关系者，如未违反强行规定或公序良俗者，从其特约。此时会员倒会者会首无卸责之余地，仍然必须对得标会员负给付合会金之责任后，再向倒会会员求偿。如会首拒不对倒会会员追偿者，会员仅得依“民法”第二百四十二条、第二百四十三条之规定代位行使会首之权利。

贰、团体性之合会

团体性合会因具有共同利益关系，会首与会员间及会员相互间均有权利义务关系，当发生合会不能继续进行之情形时，并不全然由会首负责，应依清算程序而由会首与未得标之会员分摊损失，并请求已得标会员给付其应分担之损失额。该团体性合会之法律性质，有认为系属于类似合伙之无名契约[39]，理论上可以类推适用合伙之规定。惟团体性合会仅具有合伙之外观，而无经营共同之事业之目的，不具有合伙之本质，因此，其内部关系仅限于会款之缴纳与合会金之收受，仅有会首执行业务以及倒会清算之部分，得类推适用合伙规定。在新法施行之后，会首执行业务直接适用新法之规定即可，至于倒会之处理，除依“民法”第七百零九条之九规定外，其清算仍得类推适用合伙之规定。

团体性合会之会员间既有权利义务关系，故会首得将其债务与会员之债务互相抵销，同时会员间亦得互相抵销债务，与单线关系之合会仅会首与会员间可主张抵销，但会员间不得主张抵销，有所不同。[40]

38 “最高法院”1960年度台上字第1635号判例：“台湾合会性质乃会员与会首间缔结之契约，会员相互间除有特约外，不发生债权债务关系。”（“最高法院”2002年第一次民事庭会议决议不再援用。）

同院1980年度台上字第1601号判决：“（一）台湾省民间合会习惯，系会首与会员间所订立之契约，会员相互间并无债权债务关系，会首倒会，对未得标之会员自有给付原缴会款之义务，不因其他会员未缴会款而可免责。”

同院1982年度台上字第1890号判例：“一般民间合会为会员与会首间之债权债务契约，会首依契约行使其权利，应向契约当事人之会员为之，与会员之配偶无关，不因会员与其配偶间依法定夫妻财产制之结果，定其所标得会款之谁属，而认定会员之夫当然负担其妻应缴会款之义务。”

39 陈玫瑰，前揭论文，同注2，第五一页。

40 谢哲胜，前揭文，同注8，第一六三页。

单线关系之合会，会首收取之合会金属于会首所有，并无疑问。惟团体性合会会首收取之合会金，其所有权之归属为何？有下列数种见解：

一、合会金为全体会员公同共有

通说认为团体性合会类似合伙，会首系受会员之委任而执行业务，故其会首收取之会款属于合会本身之财产，并非属于会首，会首仅系代全体会员保管，并未取得所有权，该合会金为全体会员公同共有[41]，会首依合会契约交付合会金于得标会员时，得标会员始取得合会金所有权。

二、合会金为得标会员所有

按台湾民间习惯与日本学说并不相同，台湾习惯上团体性合会发生倒会时会首并不单独负责，而由全体会员分摊损失，并未以合会为共同事业，无类似合伙可言，故认为无须将团体性合会解为合伙。依“民法”第七百零九条之七第二项“代得标会员收取会款”之规定，会首收取之会款系基于代理人之地位而受领，故会首所收取之合会金所有权解释为得标会员所有而非会首，法律关系更为明确，符合当事人之权利义务关系，不违反“民法”第七百零九条之七之规定。[42]

三、合会金为会首所有

基于台湾民间习惯与日本学说之差异点，本书对于团体性合会会首取得之合会金所有权之归属，虽不认为系会员之公同共有，但基于合会契约仅为债权契约之性质，在会首尚未为合会金移转之物权行为前，本书无法认为得标会员已取得合会金之所有权，否则得标会员竟得就合会金向会首主张所有物返还请求权，岂非怪哉！再者，会首与得标会员间是否有代理权授与之关系，亦有疑问，本书无法因“民法”第七百零九条之七第二项规定“‘代’得标会员收取会款”，即得解为得标会员对于会首有代理权之授与。况且合会金与会款均系现金或代替物，性质上为种类之债，即使合会金有所谓毁损、灭失者，在未变为特定之债之前，并无给付不能之问题，会首仍应依合会契约另行交付合会金于得标会员。实际上该合会金之毁损、灭失，对于会首应交付合会金予得标会员之义

41　孙森焱，前揭文，同注21，第四页。吴启宾，台湾民间合会制度，法令月刊，第二十三卷，第四期，第一五页。王志诚，前揭文，同注8，第八六页。谢哲胜，前揭文，同注8，第一六三页。

42　陈聪富，前揭文，同注15，第九八页至第九九页。

务，并不因其取得所有权而有所差别，即使无“民法”第七百零九条之七第三项事变责任之规定，结论仍属相同。本书认为不论系单线关系之合会，抑或团体性合会，差异仅在会员间是否有权利义务关系而已，并不因此而认为会员交付会款时，会首究系取得合会金之所有权或仅是占有（会员公同共有）而有所不同？本书以为此二种型态之合会，会员交付会款，均由会首取得合会金之所有权，并无差别！至于“民法”第七百零九条之七第三项立法理由虽有称会首负有保管责任，惟本书基于上述理由，认为此时所有权归属于会首，系基于种类之债而仅将“民法”第七百零九条之七第三项解为系危险负担分配之规定而已。

有关团体性合会会首与会员之权利义务关系，除上所述及倒会处理外，均与单线关系之合会相同，于兹不赘。

第四节　合会之变更

壹、主体之变更

合会契约当事人可能因个人、家庭、社会等种种因素而发生变更，兹就其变更之方式及效果分述如下：

一、让会

所谓让会，指合会契约当事人将自己之会份转让与他人而言。依“民法”第七百零九条之八规定：“会首非经会员全体之同意，不得将其权利及义务移转于他人。会员非经会首及会员全体之同意，不得退会，亦不得将自己之会份转让于他人。”[43] 本条所称之他人，包括非会员之第

43 本条立法理由：“一、本条新增。二、合会系由会首出面邀集，则会员必信任会首而入会。他人既未必为会员所信任，自不应许其任意将权利义务移转于他人，实际上变换他人为会首。然若会员全体信任该他人，同意其受移转为会首，当不在禁止之列，故设第一项规定。三、为期合会正常运作及维持其稳定性，会员不得任意退会。惟经会首及其他会员全体同意，不在此限。又合会契约，系因会首与会员及会员与会员间彼此信任关系而成立，会员自不得随意将会份转让于他人，但如经会首及他会员全体同意，应无不许之理。爰明定于第二项。四、第一项之‘移转’第二项之‘转让’，系指依法律行为移转或转让者而言，当然不包括继承之情形在内。”

三人与其他会员，但不包括会首（“民法”第七百零九条之二第二项限制会首兼为同一合会之会员），所让与之对象，仍受“民法”第七百零九条之二相关资格之限制。

（一）会首之让会

“民法”第七百零九条之八第一项规定：“会首非经会员全体之同意，不得将其权利及义务移转于他人。”按会首系合会发起人，会员系因其与会首间之信任关系始入会，如会首将其权利义务任意移转予第三人，该第三人未必为会员所信任，故不应允许会首任意移转权利义务于第三人。惟如全体会员均信任该第三人者（例如该第三人之信用较原会首为佳），而全体同意会首将其权利义务移转于该第三人者，法律不必禁止，乃有本条规定。

会首与会员间有合会之权利义务关系，已如前述，故会首将其权利义务移转予第三人，并非单纯之债权让与或债务承担，而系合会契约内所生一切法律上之地位均由受让人取得，故为契约承担。[44] 契约承担，除依法律规定（如“民法”第四百二十五条、第一千一百四十八条）外，其约定应由契约之双方当事人及承受之第三人三方面同意为之。如由让与人与承受人成立契约承担契约者，须他方当事人之同意，始生效力。盖契约承担契约发生效力后，让与人脱离原有契约关系，契约当事人即由他方当事人及承受人继续维持。[45] 因此，“民法”第七百零九条之八第一项规定系根据契约承担之理论而制定。[46]

（二）活会会员之让会

“民法”第七百零九条之八第二项规定：“会员非经会首及会员全体

44　“最高法院”1983年度台上字第2024号判决，同注23。

45　关于契约承担，请参阅孙森焱，民法债编总论，作者自刊，1990年10月修订九版，第七三六页。邱聪智，民法债编通则，作者自刊，1993年8月修订六版，第四七九页。并请参阅“最高法院”1954年度台上字第707号判例：“系争房屋承租人某甲，在租赁关系存续中，得出租人某乙之同意，以改由上诉人占有使用，租金亦归上诉人直接支付，其订约之真意，如为租赁权之让与，则其租赁权既经移转于上诉人，某甲即失其承租人之地位，承受出租人某乙地位之被上诉人，就系争房屋通知于租赁期限届满时即行返还，以为表示反对续租之意思，须对于受让其租赁权之上诉人为之，始有阻却继续契约之效力，对于已失承租人地位之某甲为之，则不得谓有此项效力。”

46　惟有学者认为在单线关系之合会中，债权债务关系系由会首与会员分别成立，故会首将其权利义务移转第三人时，必须由全体会员同意；在团体性合会中，会首即使将权利义务移转予第三人，对于死会会员并不生任何不利影响，故建议修正为仅须未得标会员全体同意即可。请参阅王志诚，前揭文，同注8，第九十页。

之同意，不得退会，亦不得将自己之会份转让于他人。”合会系因会首与会员间及会员与会员间彼此信任关系而成立之契约，会员自不得随意将会份转让于他人，但如经会首及他会员全体同意，自应准许，有本条项之规定。依法文以观，活会会员与死会会员会份之转让，均有本条项规定之适用。

活会会员将其会份转让于他人之前，因其仍有投标、取得合会金之权利，故其会份之转让，性质上属债权移转及债务承担，亦系契约之承担[47]，依本文关于会首移转权利义务说明之相同意旨，在单线关系之合会中，债权债务关系系由会首与会员分别成立，故活会会员将其会份移转第三人时，由会首同意即可；在团体性合会中，活会会员将权利义务移转予第三人时，须由会首及全体会员同意，乃当然之理。惟“民法”第七百零九条之八第二项之规定，不论单线关系之合会，抑或是团体性之合会，均必须得到会首与全体会员之同意，似有再斟酌之必要。

（三）死会会员之让会

“民法”第七百零九条之八第二项规定之内容及适用范围，已如前述。死会会员将其会份转让于他人，因其已无投标、取得合会金之权利，其会份之转让，性质上纯为债务承担[48]，亦有认为系契约之承担。[49] 本书以为，在单线关系之合会中，债权债务关系系由会首与会员分别成立，死会会员将其会份移转第三人时，由会首同意即可；在团体性合会中，死会会员将权利义务移转予第三人时，则须由会首及全体会员同意。故“民法”第七百零九条之八第二项之规定，于此亦有再斟酌之必要。

“民法”第七百零九条之八第一项所规定之“移转”，与第二项之“转让”，系指依法律行为而移转或转让，并不包括继承在内，自属当然。

二、换会

所谓换会，系指二个不同合会组织之会员，愿意将二个分属不同合

47 “最高法院”1978 年度台上字第 3008 号判例：“一般民间合会，系会首与会员间之债权、债务契约。会员除向会首领取得标金外，在得标前须按期缴纳活会会款，得标后须按期缴纳死会会款。会员将其会份让与第三人，如为活会转让，则系债权、债务之转让，并非单纯之债权让与。如系死会转让，则纯系债务之承担。故无论为活会、死会之转让，均非得会首之同意，不生效力。”（同院 1980 年度台上字第 2045 号判决、1983 年度台上字第 2024 号判决同旨。）（此判例“最高法院”2002 年第一次民事庭会议决议不再援用。）

48 同前注。

49 陈玫瑰，前揭论文，同注 2，第一二五页。

会之权利义务关系，彼此交换之谓。例如A所参加之合会利率太高，如得标用以清偿其届期巨额债务，将因负担太重而蒙受不利，B所参加合会利率太低，无法满足赚取利息之目的，如A、B透过换会之程序者，可各取所需。惟就其各自合会而言，均属会员之变更，亦具有让会之性质，仍应受“民法”第七百零九条之八第二项规定之限制。

三、退会

所谓退会，系指退出整个合会组织而言，一般而言，若会员因种种因素无法继续参加合会组织者，多会透过让会之方式处理，惟若时间急迫或无人愿意受让会份时，仅得以退会方式为之。

（一）会首之退会

按合会系会首所邀集，且会首为合会之必要机关，又已取得首期合会金，故如许其退会者，将造成合会组织之停止，故会首不得退会。虽民法并未明文规定会首不得退会，惟自“民法”第七百零九条之八规定以观，该规定仅规定会首于经会员全体之同意时，即可让会；复规定会员在会首及全体会员同意时即可退会或让会，足见该条已有禁止会首退会之意旨。

（二）活会会员之退会

为期合会正常运作及维持其稳定性，依“民法”第七百零九条之八第二项前段规定，会员不得任意退会，惟经会首及其他会员全体同意，不在此限。不论系单线关系之合会或团体性之合会，如经会首及其他会员全体同意退会者，必须将该活会会员与会首及死会会员之权利关系予以结清，该活会会员退出合会组织后，合会会期缩减一期。此时该活会会员得否取回其以前所缴纳之会款？民间习惯上有下列三种方式：

1. 退会会员收回已缴会款，包括利息：此时死会会员一次将其死会会款缴出，活会会员得以取得包括全部利息之会款，此种计算方式将使死会会员丧失期限利益，盖死会会员系按期摊还其以前所得之合会金，活会会员收回资金之惟一得以确定知期日即为末会，故其退会时不应剥夺死会会员之期限利益，应扣除部分利息，否则活会会员反而因退会而取得高额利息，显非合理。

2. 退会会员仅收回已缴会款，并不包括利息：此时活会会员仅得取回其每期缴付之会款而不包括利息，此种计算方式使退会之活会会员丧失所有利息，对于该活会会员非常不利，惟因退会事由并非死会会员所得预先控制，且中途退会者将影响合会组织，故必须由退会会员负担丧失利息之利益。此外，此种计算方式较第三种方式（详后述）为便利，故民间合会常采取此种计算方式。

3. 退会会员收回已缴会款，并包括部分利息：此时活会会员仅得取回其每期缴付之会款及部分利息，此利息之计算则根据每位会员得标时之标息乘以得标期日至末会期日与得标期日至退会期日之比例。虽然此种方式较为公平，惟因计算不易，且死会会员多不愿丧失期限利益，多会要求退会之活会会员负担损失，故本方式于民间合会使用上并不多见。

（三）死会会员之退会

死会会员如欲退会，依“民法”第七百零九条之八第二项前段之规定，仍须经会首及其他会员全体同意，始得为之。不论系单线关系之合会或团体性之合会，如经会首及其他会员全体同意退会者，须将该死会会员与会首及活会会员之权利关系予以结清，该死会会员退出合会组织后，合会会期并不缩减。此时该死会会员提前退会所丧失之期限利益，理论上应予补偿，民间习惯有二种给付方式：

1. 将原本陆续按期缴纳之死会会款一次给付于会首，并不扣除中间利息。

2. 将原本陆续按期缴纳之死会会款一次给付于会首，扣除中间利息。

一般民间合会多采取第一种方式，惟死会会员提前退会，不论依何种方式所给付之死会会款，并不影响活会会员之权利，且完全无倒会之问题，故理论上应采第二种方式，将剩余期数乘以死会会款后依霍夫曼式计算法扣除中间利息，较为公平。

贰、内容之变更

按私法自治、契约自由原则，当事人得变更契约之内容。合会契约内容之变更，涉及会首及会员之权利义务，不论单线关系之合会，或是团体性合会，其契约内容之变更，均须会首与全体会员之同意，始得为之。惟考量活会会员之权益，当活会会员全体决议变更合会契约内容，而该决议并不影响死会会员之权利义务者，似应认为决议有效；反之，如其决议会影响死会会员之权益义务者，其决议仍须经过会首及会员全体之同意，始得为之。[50]

50 曾隆兴，前揭书，同注14，第一三页。陈玫瑰，前揭论文，同注2，第六五页。

第五节　合会实务上之相关问题

壹、换发借用证之问题

一、单线关系之合会

在早期单线关系之合会，会员间并无任何权利义务关系存在，为保障会首与会员之权益，会员在得标时，民间习惯上常由其出具借用证（借据），此会影响合会契约当事人间权利义务关系之改变，在民法债编修正条文施行后之单线关系之合会仍有其适用。兹分述如下：

（一）由得标会员向会首出具借用证

合会契约如约定得标会员于得标后，向会首收受合会金时，应以会首为债权人出具借用证予会首，此时权利义务关系是否发生变动？有下列二说：

1. 肯定说：此说以为出具借用证即表示得标会员与会首间发生债之更改[51]，当事人间由合会关系更改为消费借贷契约，旧债务（合会契约债务）随即消灭，故日后该会员迟延给付或倒会时，会首仅得依消费借贷之法律关系，请求返还借款及其利息，不得以合会关系求偿。

2. 否定说：此说以为出具借用证之行为，仅系受领证书，具有收据性质，用以保全证据，当事人间并不产生债之更改问题，仍有合会关系存在。

愚意以为应以肯定说为当，较符当事人之真意。

（二）由得标会员按活会会员人数出具借用证

1. 出具借用证之方式：合会契约如约定得标会员于得标后，向会首

51　关于债之更改，请参阅孙森焱，前揭书，同注 45，第七七八页。邱聪智，前揭书，同注 45，第五〇四页。并请参阅“最高法院”1990 年度台上字第 1618 号判决：“所谓债之更改，乃当事人间互相同意以新债务替代旧债务之契约。”

同院 1994 年度台上字第 529 号判决：“查债之更改谓成立新债务而消灭旧债务之契约。更改契约成立而生效后，旧债务虽归于消灭，旧债务所由生之债之关系固未必随之消灭，例如价金债务虽因更改而消灭，买受人仍非不得向出卖人主张物之瑕疵担保责任。第原有债之关系与债务人本于更改契约负担之新债务则互不牵涉，债务人即不得依原有债之关系所得对抗债权人之事由，就其负担之新债务有所抗辩。”

收受合会金时，应以活会会员为债权人出具借用证，有下列三种方式：

（1）由得标会员按活会会员人数出具借用证交付会首向活会会员收取会款，并由会首将得标会员出具之借用证交付活会会员收执。

（2）由得标会员直接向活会会员收取会款，并直接将借用证交付活会会员收执。

（3）不论由会首或得标会员收取会款，该借用证应有会首或他人为连带保证人。[52]

2. 权利义务关系之变动：得标会员应按活会会员人数出具借用证，契约权利义务关系是否发生变动？亦有下列三种见解：

（1）债权让与说

此说以为得标会员按活会会员人数出具借用证，交由活会会员收执，以供活会会员于得标时或合会结束时行使权利。解释上系会首将其对得标会员之会款债权，让与活会会员，故发生债权让与效果，权利义务关系发生变动。采此说者，如发生倒会，活会会员得执已得标会员所出具之借用证向已得标会员请求返还会款，不得再向会首请求给付会款。

（2）受领证书说

此说以为出具借用证之行为，仅系受领证书，具有收据性质，用以保全证据而已，不具有债权让与凭证之效力，当事人间并不产生债权让与问题，仍有合会关系存在。采此说者，如发生倒会，活会会员仅得向会首请求给付会款，不得执已得标会员所出具之借用证向已得标会员请求返还会款。故于会首逃匿时，对于活会会员之保障即显不足。

（3）合会契约与重叠债务承担契约之竞合说

此说以为出具借用证之行为，由会首交付于活会会员，得标会员就会首对活会会员所负债务已有承担之合意，故得标会员对于活会会员亦有交付会款之义务。此时会首与得标会员间发生重叠之债务承担契约，使会首、得标会员与活会会员间产生契约上债务之重叠。采此说者，会首与得标会员负有不真正连带债务，如发生倒会，活会会员除得向会首请求给付会款外，得执已得标会员所出具之借用证向已得标会员请求返还会款。

愚意以为应以合会契约与重叠债务承担契约之竞合说为当。盖得标会员出具借用证，由会首交付于活会会员，如解为得标会员就会首对活

52 “最高法院”1981年度台上字第655号判决（同注14）。

会会员所负债务已有承担之合意，会首于得标会员负有不真正连带债务，较能保障活会会员之权益。

二、团体性合会

在单线关系之合会中，为保障会首与会员之权利，民间有出具借用证之习惯，在新法施行后之单线关系之合会亦有其适用，惟此时应讨论者，乃团体性合会是否亦有出具借用证之必要？以及出具借用证之效果，是否与单线关系之合会有所不同？兹分述如下：

（一）由得标会员向会首出具借用证

团体性合会契约如约定得标会员于得标后，向会首收受合会金时，应以会首为债权人出具借用证予会首，此时权利义务关系是否发生变动？基于与单线关系合会之同一理由，本书仍采肯定见解，得标会员与会首间发生债之更改，当事人间由合会关系更改为消费借贷契约，旧债务（合会契约债务）随即消灭，故日后该会员迟延给付或倒会时，会首即得依消费借贷之法律关系，请求返还借款及其利息。

（二）由得标会员按活会会员人数出具借用证

得标会员应按活会会员人数出具借用证，契约权利义务关系是否发生变动？单线关系之合会系采合会契约与重叠债务承担契约之竞合说，惟团体性合会契约，会首与会员及会员与会员间均有合会契约法律关系存在，故理论上并无所谓债权让与或“合会契约与重叠债务承担契约之竞合”之问题，愚以为应采债之更改说，较合法理。

贰、签发票据给付会款之问题

按签发远期支票或本票等票据给付会款，即系新债清偿（间接给付）。所谓新债清偿，依“民法”第三百二十条之规定，系指债务人因清偿旧债务，与债权人成立负担新债务之契约，除当事人另有意思表示外，其旧债务并不当然因之消灭。如新债务履行时，旧债务随之消灭。例如因清偿租金、借款或价款而交付票据。[53] 此系因票据并非货币，纵有收受

53 关于新债清偿，请参见孙森焱，前揭书，同注45，第七七六页。邱聪智，前揭书，同注45，第五〇二页。并请参见“最高法院”1957年度台上字第2018号判例：“上诉人以诉外人某甲所签发之支票二纸交与被上诉人，为其清偿租金之方法，并非该诉外人与债权人或债务人间，有何订立承担债务之契约，上开支票既不能兑现，则其租金债务自难谓已消灭。”

票据之事实，仍无法确定必然兑现而生清偿之效果，按常理言，债权人必无意于收受票据时即使既存债务消灭，故票据债务与原因债务并存，当债权人行使其中任一债权而受全部或一部之清偿者，按其清偿部分其他债权亦消灭，债权人仅得就剩余债权行使权利。[54]

一、单线关系之合会

在早期单线关系之合会，会员间并无任何权利义务关系存在，为保障会首与会员之权益，会员在得标时，民间习惯上常由其出具远期支票或本票等票据，将影响合会契约当事人间权利义务关系之改变，此在“民法”债编修正条文施行之单线关系之合会仍有其适用。兹分述如下：

（一）由得标会员向会首出具票据

合会契约如约定得标会员于得标后，向会首收受合会金时，应以会首为债权人出具票据予会首，此时依上开新债清偿说明，得标会员除负有票据债务外，依“民法”第三百二十条之规定，尚负有给付死会会款之义务，日后该会员迟延给付或倒会时，会首即得依合会之法律关系与票据关系，请求给付会款及票款。[55]

（二）由得标会员按活会会员人数出具票据

得标会员按活会会员人数出具票据，此时得标会员出具票据之行为，由会首交付于活会会员，故得标会员对会首负有死会会款之债务，对于活会会员负有交付票款之义务，故会首对得标会员之会款债权与活会会员对得标会员之票款债权为不真正连带债权，如发生倒会，活会会员除得向会首请求给付会款外，得执已得标会员所出具之票据向已得标会员请求给付票款。惟实务见解认为此时会员于得标时，乃以其他会员为债

54 郑洋一，票据法之理论与实务，作者自刊，1994年10月修订十九版，第一六页。并请参见“最高法院”1959年度台上字第1208号判例：“上诉将第三人所签发之支票依背书交付与被上诉人，并未将被上诉人持有之借据收回或涂销，显系以负担票据债务为使被上诉人受清偿之方法，票据债务既未因履行而消灭，则两造间原有之消费借贷债务，自属存在。”

55 “最高法院”1981年度台上字第2407号判决：“原审既认定系争支票三张系民间互助会会员陈更新于得标向会首（上诉人）领取会款时，为支付以后每月会金，而预先签发未填‘年’、‘月’仅载明‘日’及金额之支票，并先经被上诉人背书，径交上诉人收执，依民间互助会会员与会首间之约定，虽得由会首于每月标会时，按月填写年月，然后提示。此项约定，如事先曾征得被上诉人之同意，不仅于会首与会员间发生效力，即背书人亦应受其拘束。”

权人，而以会首为连带保证人，而发生债之更改与债务承担。[56]

二、团体性合会

在单线关系之合会中，为保障会首与会员之权利，故民间有出具票据之习惯，且在新法施行后之单线关系之合会亦有其适用，惟此时应讨论者，团体性合会是否亦有出具票据之必要？以及出具票据之效果，是否与单线关系之合会有所不同？兹分述如下：

（一）由得标会员向会首出具票据

团体性合会契约如约定得标会员于得标后，向会首收受合会金时，应以会首为债权人出具票据予会首，此时得标会员出具票据系新债清偿，旧债务（合会契约债务）不因此而消灭，日后该会员迟延给付或倒会时，会首即得依合会之法律关系与票据关系，请求加计利息给付会款及票款。活会会员除得向会首请求给付会款外，亦得向已得标会员请求给付会款。

（二）由得标会员按活会会员人数出具票据

得标会员按活会会员人数出具票据，契约权利义务关系是否发生变动？单线关系之合会系采新债清偿说，会首对得标会员之会款债权与活会会员对得标会员之票款债权系不真正连带债权。惟团体性合会契约，会首与会员及会员与会员间均有合会契约法律关系存在，故理论上活会会员对得标会员有票款债权外，尚有会款债权，如发生倒会，活会会员除得向会首请求给付会款外，亦得向已得标会员请求给付会款或票款。

第六节　合会之倒会、解散及清算

壹、倒会之型态

一、会首倒会

会首为合会重要机关，除必须执行合会业务外，会首因不经投标取

56 “最高法院”1984年度台上字第3114号判决：“按台湾民间合会，系会首与会员间所缔结之一种无名契约，其两者间之债权债务关系，原与其他会员无涉，惟‘支票互助会’，起会时即已将标得顺序及标金金额同时确定，而由会员依得标顺序及标金分别签发支票交付各得标会员，俾得标会员于起会时即取得俗称之‘远期支票’而得以流通使用该有价证券，是其一般互助会须届期方取得得标会款不同，会员于得标时，乃以其他会员为债权人，而以会首为连带保证人，而发生债之更改与债务承担，此为民间之习惯。”

得首期合会金，有分期缴付会款之义务，且必须对其他合会会员欠缴之金额应负连带责任。故其因本身还款能力不足或系无力承担死会会员倒会之会款时，亦会发生倒会之情形。

二、死会会员倒会

所谓死会会员倒会，系指死会会员得标后，无力继续给付会款而言。单线关系之合会中，会员间并无任何法律关系，当死会会员无力缴付会款时，活会会员仍得依合会关系，向会首请求给付会款，如会首尚有资力者，即可代死会会员垫付，不影响其他会员之权益，使合会组织继续进行，会首再依其他法律关系如债务不履行、不当得利或无因管理之规定，另向死会会员求偿。惟如会首本身资力不足，无法代死会会员给付会款时，导致得标会员无法获得足够合会金，可能因而发生倒会。于团体性合会中，亦有倒会之问题，其处理程序原则上与单线关系大致相同（差异点详后述）。

至于活会会员如发生无力缴付会款之情形者，并无倒会之问题，而系以让会或退会之方式处理。

贰、倒会之民事责任

一、债务不履行责任

（一）单线关系之合会

1. 会首倒会：不论单线关系之合会或团体性合会，会首倒会之情形并无不同，约有下列几种方式：

（1）会首取得首期合会金后即恶性倒会

会首依“民法”第七百零九条之五前段规定，不经投标即取得首期合会金，且不须支付任何利息，惟其仍有第二期以后按期摊还之义务。如会首取得首期合会金后即恶性倒会者，各个会员仅得依个别与会首之合会关系，请求会首负损害赔偿责任。

（2）会首收取会款后，未将合会金交付给得标会员

会首收取会款后，依“民法”第七百零九条之七第二项之规定，应交付合会金予得标会员，如有违反，得标会员得向会首请求给付合会金及迟延损害赔偿责任。

（3）合会进行一部分后，会首无力缴纳会款而宣告倒会

此时合会会员得向会首请求以前给付之会款以及其应得之标息[57]，如死会会员有出具借用证或票据于活会会员者，亦得据此行使权利。

（4）会首冒标

会首冒用未得标会员之名义标取合会金，此时被冒用之会员丧失竞标权利，仅得向会首请求损害赔偿。盖单线关系之合会下，因无横的会员间之法律关系，仅得依侵权行为理论向侵权之会首请求损害赔偿，合会关系宜使之发生得标效果，以能保障其他活会会员之权利。

（5）会首逃匿

会首逃匿时，得标会员或活会会员均无法直接向会首请求给付合会金，此包括下列情形：

①会首收齐会款后，不交付给得标会员即逃匿：此时因会首已向会员收齐会款，其债权已消灭，故得标会员无法依“民法”第二百四十二条、第二百四十三条之规定代位行使会首之权利，仅得向会首请求损害赔偿。

②竞标后会首未收齐会款即逃匿：此时得标会员除向会首请求损害赔偿（已缴会款之部分）外，尚得依“民法”第二百四十二条及第二百四十三条之规定，代位向未缴付会款之会员行使会首之权利，其必须请求会员给付会款予会首，由得标会员代为受领。[58] 在团体性合会下，得标会员得径依合会契约向其他会员收取会款。

③会首于标会前即逃匿：此时合会并未竞标，无得标会员，因此活会会员可采取代位求偿之方式保障权益。惟活会会员必须以清偿期届至为请求履行债权之时间（即标会期间），此时活会会员得代位会首向死会会员收取会款，再平均分配于活会会员。如得标会员于得标时，有按活会会员人数出具借据者，此时合会会员亦可执此借据向死会会员直接请求给付。

④会首不继续开标时：当会首并未逃匿，亦不宣告停会，惟迟不开标者，此时会首显然迟延开标之给付，活会会员得依“民法”第二百五

57 “最高法院”1974年度台上字第1159号判例：“依台湾省民间合会习惯，合会系会首与会员间所订立之契约，会员与会员间并无法律关系之存在，合会定期开标，以标金（即所谓会息）最高者为得标，会员得标时应付出标金，此项标金为未得标会员所应得之利益，会首倒会应认为有损害末得标会员所应得利益之行为，对于未得标会员，除应给付原缴会款外，并应负给付标金之义务。”（“最高法院”2002年第一次民事庭会议决议不再援用。）

同院1981年度台上字第3309号判决：“按台湾省民间合会习惯，会员得标时所付出之标金（即所谓会息）为未得标会员应得之利益，会首倒会，应认为有损害未得标会员所应得利益之行为，对于未得标会员，除应给付原缴会款外，并应负给付标金之义务。”

58 孙森焱，前揭书，同注45，第四四七页。邱聪智，前揭书，同注45，第三一六页。

十四条定相当期限，催告其执行开标业务，如于期限内不执行者，即得解除合会契约；至于死会会员虽有催告权，但解释上应无契约解除权[59]，盖其仅有得标后缴款之义务，已无再投标之权利可言。

在单线关系之合会中，会员间并无任何法律关系，于会首倒会时，得标会员不得直接向死会会员请求给付会款，必须透过代位权之行使始得为之，惟此时死会会员多不愿意给付于活会会员，而要求必须由会首来收取会款，或系其对会首之会款债务已主张抵销等等藉口，使合会会员实际上无法填补损害，此宜立法加以救济。在团体性合会中得标会员得径依合会契约请有负会款，不必依代位权之规定为之。

2. 会员倒会：死会会员取得合会金后，必须依期摊还死会会款，如其无法缴交会款者，即属倒会。兹分述情形如下：

（1）会首须就会员倒会负责

会员倒会时，得标会员仍得依合会关系向会首请求给付会款，会首必须就会员倒会负责，亦即会首不得以该倒会会员尚未给付会款为由，拒绝给付会款于得标会员。

（2）合会契约与借款（票款）给付请求权竞合

会员倒会时，如其得标时有签发借用证或票据者，活会会员除得向会首请求给付会款外，执证（票）人得根据消费借贷关系或票据关系请求死会会员给付借款或票款。

（3）夫妻一方倒会时，配偶不须负倒会责任

夫妻一方倒会时，配偶是否应负倒会责任？依实务见解[60]认为此显然与配偶无关，配偶不须负此倒会责任，自属当然。

当会员倒会时，会首有代倒会会员给付会款于得标会员之义务，得标会员亦得依合会契约向会首请求给付合会金，会首不得以会员倒会为由拒绝给付合会金。因此，会首如有足够资力者，可代该倒会会员垫付会款于得标会员，合会仍可继续进行。反之，会首已无资力负担者，必须宣告停会（止会）。

（二）团体性合会

团体性合会会员间有权利义务关系，故会员间乃有共同利益关系，如

59 曾隆兴，前揭书，同注 14，第一三页。

60 “最高法院”1982 年度台上字第 1890 号判例：“一般民间合会为会员与会首间之债权债务契约，会首依契约行使其权利，应向契约当事人之会员为之，与会员之配偶无关，不因会员与其配偶间依法定夫妻财产制之结果，定其所标得会款之谁属，而认定会员之夫当然负担其妻应缴会款之义务。”（“最高法院”2002 年第一次民事庭会议决议不再援用。）

生损害，不论系会首或会员倒会，必须由全体会员共同分担。[61] 此时应依清算程序由活会会员分担损失，并请求已得标会员给付其应分担之损失额。

（三）新法规定

1. 倒会之处理："民法"第七百零九条之九第一项规定："因会首破产、逃匿或有其他事由致合会不能继续进行时，会首及已得标会员应给付之各期会款，应于每届标会期日平均交付于未得标之会员。但另有约定者，依其约定。"[62] 当会首破产、逃匿或有其他事由致合会不能继续进行时，为保障未得标会员之权益，减少其损害，应由会首及已得标会员将各期应给付之会款，于每届标会期日，按未得标会员之债权额数，平均分配交付之。但当事人另有约定，依契约自由原则，自应从其约定。例如约定已得标会员应交付之各期会款，于未得标会员中以抽签决定取得人或已得标会员将全部会款一次付出，一次平均分配于未得标会员，均为著例。再者，此时已无再为标会之必要。

2. 会首就已得标会员之会款负连带责任：因会首破产、逃匿或有其他事由致合会不能继续进行时，会首及已得标会员应给付之各期会款，应于每届标会期日平均交付于未得标之会员。但另有约定者，依其约定，"民法"第七百零九条之九第一项定有明文。此时会首依同条第二项之规定，必须就已得标会员依"民法"第七百零九条之九第一项规定应给付之各期会款，负连带责任。[63] 本条项所规定之连带责任仅具有单向之性质，与一般连带债务系双向性质并不相同。一般连带债务之法源系"民法"第二百七十二条至第二百八十二条之规定，各连带债务人间对外均必须负全部给付之责任，对内则有分担之义务。惟本条所规定之连带债务，仅会首对已得标会员依规定应给付之各期会款负连带责任；相反地，已得标会员并无须

61　曹竞辉，前揭书，同注 2，第一〇三页。谢哲胜，前揭文，同注 8，第一六三页。

62　本条项立法理由："二、合会之基础，系建立在会首之信用与会员间彼此之诚信上，如遇会首破产、逃匿或有其他事由致合会不能继续进行时，为保障未得标会员之权益，减少其损害，应由会首及已得标会员将各期应给付之会款，于每届标会期日，按未得标会员之债权额数，平均分配交付之。但当事人另有约定，例如约定已得标会员应交付之各期会款，于未得标会员中以抽签决定取得人或已得标会员将全部会款一次付出，一次平均分配于未得标会员是。依契约自由原则，自应从其约定，爰设第一项规定。又此际，无须再为标会。如会首破产、逃匿等事由致不能继续交付会款时，已得标会员对此部分亦无须分摊给付，并予叙明。"

63　本条项立法理由："三、会首因前项事由致合会不能继续进行时，其给付会款及担保付款之责任不能减免。爰参酌修正草案第七百零九条之七之规定，并兼顾未得标会员之权益，增设第二项规定，令会首对已得标会员依第一项规定应给付之各期会款，负连带责任。"

就会首依规定应给付之各期会款负连带责任。易言之，本条单向连带债务之规定，已得标会员对外不须负全部给付责任，仅就其本身应给付之各期会款负责，不必对会首之部分负责；会首则必须就本身及所有已得标会员应给付之各期会款负全部责任，用以保障未得标会员之权益。会首给付后，已得标会员依“民法”第二百八十条但书之规定，仍应负担其应负担之部分，此时会首得依“民法”第二百八十一条之规定向该得标会员求偿。

3. 期限利益之丧失：“民法”第七百零九条之九第三项规定：“会首或已得标会员依第一项规定应平均交付于未得标会员之会款迟延给付，其迟付之数额已达两期之总额时，该未得标会员得请求其给付全部会款。”[64] 若会首或已得标会员如迟延给付应平均交付于未得标会员之会款者，且其迟付之数额已达两期之总额时，此时该条项规定剥夺迟延给付之会首或已得标会员之期限利益，该未得标会员得请求其给付全部会款，迟延给付之会首或已得标会员不得主张期限利益。

4. 倒会后合会业务之执行：民法债编修正条文尚未施行前，因会员间并无任何法律关系，因此倒会后会首怠于执行合会之业务，必须由未得标会员中之一人或数人，依“民法”第二百四十二条之规定行使代位权，代会首向死会会员请求给付会款。“民法”债编修正条文施行后，“民法”第七百零九条之九第四项规定：“第一项情形，得由未得标之会员共同推选一人或数人处理相关事宜。”[65] 该条第一项之业务，仍须有人处理，此等人必须经未得标会员之同意始得为之，故本条项规定必须由未得标会员共同推选一人或数人出来，以处理相关事宜。

二、侵权行为责任

（一）会首

会首倒会时，对于未得标会员是否构成侵权行为，有下列几种情形值得讨论：

1. 会首未能给付自己会款：会首不经投标即取得合会金后，每期必须摊还会款，此部分系会首自身之缴纳会款义务，如无力缴纳会款导致

64 本条项立法理由：“四、依第一项规定，会首及已得标会员应于每届标会期日将会款平均交付于未得标会员。如会首或已得标会员迟延给付，其迟延之数额以达应给付未得标会员各人平均部分两期之总额时，为保障未得标会员之权益，该未得标会员得请求其给付全部会款，爰增设第三项规定。”

65 本条项立法理由：“五、因会首破产、逃匿或有其他事由致合会不能继续进行时，得由未得标之会员共同推选一人或数人处理相关事宜，以杜纷争，爰增订第四项。”

倒会者，原则上属债务不履行责任，不构成侵权行为责任。

2. 会首以诈欺手段侵害会员权益：例如会首冒标、虚设会员名册、利用人头参加合会、取得首期合会金后随即卷款潜逃或其他诈欺行为，造成活会会员损害，构成“民法”第一百八十四条第一项前段“因故意或过失不法侵害他人之权利”之侵权行为之规定。其诈欺行为亦构成“民法”第一百八十四条第一项后段“故意以背于善良风俗之方法，加损害于他人”之侵权行为之规定。同时，“刑法”第三百三十九条诈欺罪亦系“民法”第一百八十四条第二项“保护他人之法律”之规定[66]，故会首此时应对会员负侵权行为损害赔偿责任。会员此时得竞合主张债务不履行及侵权行为损害赔偿责任。

（二）会员

在单线关系合会中，会员间并无任何法律关系，故死会会员倒会时，活会会员仍可依合会关系向会首请求给付会款（或依借用证、票据关系向借用人或发票人请求返还借款或给付票款）。当会首资力不足之情形下，会员倒会将导致活会会员会款债权无从确保，此时该会员是否负侵权行为损害赔偿责任？按会款性质为债权，依通说见解，其未具有公示性，非“民法”第一百八十四条第一项前段所保护之“权利”，必须在“民法”第一百八十四条第一项后段“故意以背于善良风俗加损害于他人”规定之情形下，始对故意侵害他人债权之行为负侵权行为责任。[67] 于会员恶意倒会时，始必须对活会会员负侵权行为损害赔偿责任。

在团体性合会中，会员间既有合会法律关系，会员恶意倒会者，实系侵害合会会员对其之债权，故理论上并无上述债权公示性之问题，更应对会首及活会会员负侵权行为责任。

叁、解散与清算

一、日本法

台湾地区并无解散、清算之实务见解，故可参考日本法之相关规定，

66 王泽鉴，意思表示之诈欺与侵权行为，收录于氏著民法学说与判例研究，第二册，作者自刊，1996年10月出版，第二一一页。

67 王泽鉴，侵害他人债权之侵权行为，收录于氏著民法学说与判例研究，第五册，作者自刊，1993年9月八版，第二〇九页。反对见解，邱聪智，前揭书，同注45，第一一〇页。

兹叙述如下[68]：

（一）解散事由

依日本学说及实务见解，合会因下列事由而解散：

1. 满会：会首对全体会员给付会款完结时，合会组织因满会而解散。

2. 合会确定不能继续时：若会首倒会、或许多会员倒会，导致会首无法承担时，合会已确定不能继续者，即必须解散。

3. 活会会员因不得已事由请求解散：例如在商业性合会，因经济不景气，导致许多会员无法缴纳会款情形等不得已事由存在时，活会会员得不请求让会、退会而直接请求解散。惟此时仅有活会会员有解散请求权，死会会员则无，盖死会会员仅有摊还会款之义务，已无其他权利存在。

4. 合意解散：会员全体合意解散，或活会会员全体合意解散。

（二）清算程序

1. 清算人之选任与解任：合会解散后，即应进行清算，清理合会财产，并分配给活会会员剩余财产。清算人原则上由会首担任，但如系因会首倒会逃匿而造成解散时，此时得由全体会员或活会会员以过半数之决议选任清算人（解任时亦同）。

2. 清算人之职务：清算人之职务如下：

（1）了结现务。

（2）收取会款、清偿债务。

（3）移交剩余财产于活会会员。

二、台湾地区法

（一）早期民间习惯

早期民间习惯，当会首倒会或其他情事致合会无法继续进行者，合会组织即进行解散、清散程序，此时除在不违反台湾地区习惯时得参考上述日本法外，习惯上清算时，合会组织不再进行开标，会首与死会会员原应给付之各期会款，仍应于每届标会期日缴纳，而交付于活会会员。其交付之方式有下列三种：

1. 清算人将每届标会期日收取之会款，平均分配交付于各活会会员。

2. 清算人将每届标会期日收取之会款，交付于活会会员其中一人或

68 曾隆兴，前揭书，同注14，第一三页。

数人，至于由何人取得，或于每期抽签，或于清算之初即先抽签分配取得顺序，或由活会会员协议为之。

3. 会首及死会会员将所有应给付之会款，扣除利息后一次给付，一次平均分配于所有活会会员。

（二）民法债编修正条文

因民间倒会情事时有所闻，“民法”债编为解决此一问题，特规定第七百零九条之九之规定，其适用要件及其效力，概如前述，于兹不赘。由本条之规定观之，台湾民法似采法定清算方法，此乃兼顾死会会员定期标金之期限利益考量，惟在契约自由原则下，全体合会之会员若另行协议一次清算倒会之财产，亦应无不可，乃法理至明。

第二十章

指示证券

【案例提示】

甲积欠乙借款新台币（下同）一百万元，其现金不足，惟丙亦欠甲货款一百万元，甲乃发行“指示证券”壹纸予乙，指示丙向乙给付一百万元。问：

一、甲所发行之“指示证券”效力如何？

二、丙如依其指示清偿，则其效力如何？

三、丙得否向乙主张其向甲受领货物之瑕疵担保责任？

四、丙得否拒绝给付于乙？

五、乙如欲将该“指示证券”转让于丁时，应如何为之？

六、丙尚未清偿之前，小偷将乙占有之“指示证券”偷走，乙应如何处理？

第一节　指示证券之意义、性质及其他类似概念

壹、指示证券之意义

“民法”第七百十条第一项规定：“称指示证券者，谓指示他人将金钱、有价证券或其他代替物给付第三人之证券。”兹分述其意义如下：

一、指示证券为有价证券

所谓有价证券，系指表彰具有财产价值私权，其权利之发生、移转、

行使及消灭，须全部或一部依据占有证券之证券，故其权利已与证券相结合。因其结合之程度，可分为“完全有价证券”与“不完全有价证券”，前者系四部分均与证券结合，例如票据、无记名证券是；后者仅一部分与证券结合，例如股票、公司债是，但至少移转之部分必须结合，否则无法达成证券注重流通之机能。[1] 指示证券性质上应属于完全有价证券。

二、指示证券乃指示他人向第三人给付之证券

“民法”第七百十条第二项规定：“前项为指示之人，称为指示人；被指示之他人，称为被指示人；受给付之第三人，称为领取人。”故指示证券之当事人有三，包括：

（一）指示人

所谓指示人，系指发行指示证券之人而言，其地位与票据法之发票人相当。

（二）被指示人

所谓被指示人，系指指示人指示其为给付之他人而言，其地位与票据法之付款人相当。

（三）领取人

指被指示人向其为给付之第三人，其地位与票据法之受款人相当。

此所称“指示”，与票据法关于汇票或支票之委托相同，性质上通说采取“双重授权说”[2]。“民法”第七百十二条第一项规定：“指示人为清偿其对于领取人之债务而交付指示证券者，其债务于被指示人为给付时消灭。”复依“民法”第七百十三条后段规定：“被指示人虽对于指示人负有债务，……，已向领取人为给付者，就其给付之数额，对于指示人，免其债务。”因此，一方面认为指示人授权被指示人，以被指示人自己之名义，为指示人之计算向领取人给付，其结果直接影响指示人与领取人之债权债务关系，即发生如同指示人自己对于领取人直接给付之效果；一方面又认为指示人授权于领取人，以领取人自己之名义，为指示人之计算，由被指示人受领给付，其结果直接影响于指示人与被指示人间之债权债务关系，即发生如同指示人自己向被指示人受领之法律效果，是为“双重授权说”，有上开“民法”第七百十二条第一项及第七百十三条后段规定之明文。指

1　郑玉波，民法债编各论，下册，1992年10月十五版，作者自刊，第七三〇页。

2　史尚宽，债法各论，1986年11月初版六刷，作者自刊，第七五六页。郑玉波，前揭书，同注1，第七二九页。

示证券既系指示人指示被指示人给付金钱、有价证券或其他代替物予领取人之证券，并非由自己现实给付，故属于委托证券（他付证券）。

三、指示证券乃以代替物为标的物之证券

指示证券之标的物，以代替物为限，不包括不代替物，盖其重视物品之流通性。“民法”第七百十二条第一项以金钱、有价证券为其例示，与票据仅限于金钱有所差异。又汇票、支票均为指示证券之一种，于汇票、支票[3]不具备法定要件（“票据法”第二十四条、第一百二十五条），而仍具有指示证券之要件时（“民法”第七百十条第一项）[4]，依“民法”第一百十二条所规定之意定转换，自可转换为指示证券。

贰、指示证券之性质

一、记名证券

指示证券须于证券上记载特定领取人之姓名，必为记名证券，不得为无记名证券。再者，指示证券之让与，依“民法”第七百十六条第二项规定，须以背书为之；无记名证券之让与以交付为之即可，不必背书，故指示证券不得为无记名式，惟实务见解认为指示证券并无必须记载领取人之姓名[5]，似与指示证券之性质不符。

二、指定证券

所谓指定证券，系指于证券上记载特定权利人之姓名，且附上“或

3 本票性质上为自付证券，与指示证券系委托证券不同，故于此排除之。

4 例如支票未记载发票之年、月、日（绝对必要记载事项），而无支票之效力（‘票据法’第十一条第一项本文）；或其付款人非金融业者（“票据法”第四条、第一百二十七条）。

5 “最高法院”1951年度台上字第1371号判例：“支票之付款人以银钱业为限，为‘票据法’第一百二十三条（著者按——现行法第一百二十七条）所明定，支票上所记载之付款人如非银钱业，即不能适用票据法关于支票之规定，只应认为‘民法’债编所称之指示证券，此项指示证券并无必须记载领取人之姓名，其未记载固亦属指示证券之性质，领取人并得将其让与第三人，惟被指示人拒绝承担或给付时，领取人可向指示人请求清偿其原有债务，受让人如因受让该指示证券以交付对价于领取人，亦可本于不当得利向领取人请求返还对价，领取人即受让人均不得持该指示证券，请求指示人给付证券上所载之金额。”（同院1955年度台上字第1398号判决、1956年度台上字第1149号判决、1958年度台上字第1876号判决、1960年度台上字第2248号判决、1960年度台上字第2424号判决、1965年度台上字第1983号判决同旨。）

其指定人”字样之证券。此指定系证券权利人以背书让与证券时，对于受让人之指定而言，与指示证券之指示，系证券发行人对于被指示人所为之委托而言，有所不同。前者乃移转权利之所用；后者乃授与权利之所用[6]，惟“民法”第七百十六条第二项规定允许指示证券依背书转让之方式，故为指定证券。

三、债权证券

指示证券因其标的不同，可分为金钱证券、有价证券及物品证券三种，惟其表彰者，均为债权，与票据、股票、公司债相同，故属债权证券，与提单、仓单、载货证券为物权证券，性质上并不相同。

四、委托证券

指示证券系指示他人为给付，指示人自己并不给付，故系委托证券（他付证券），非自付证券。

五、信用证券或支付证券

所谓信用证券，系指证券内容之给付定有指定之到期日，指示证券之持有人于未到期前，信赖指示人之信用而接受之，故称为信用证券，汇票、本票属之。支付证券，系指证券之目的即系代替现实上标的物之给付，故称为支付证券，支票属之。指示证券是否有指定到期日，民法并未规定，理论上依私法自治原则得由指示人自行决定，或与领取人磋商决定指示证券之到期日，即其给付得定期限或条件，亦得见票即付，此时如定有到期日者，该指示证券具有信用证券之性质；反之，指示人发行指示证券之目的在代替现实之金钱、有价证券或其他代替物之给付，未定到期日者，其性质上即属于支付证券。

六、文义证券

指示证券性质上为文义证券，指示证券权利之内容，胥依指示证券上所载之文义而决定，纵使该项记载与行为人之真意或实质情形不符，仍不许当事人以指示证券以外之证明方法，予以变更或补充之。指示证券之文义性，目的在保障善意的证券之持有人，以助长指示证券之流通。

6　郑玉波，前揭书，同注1，第七三一页。

民法指示证券一节就此虽无明文，惟从其性质上属于流通证券、完全有价证券以观，其具有文义证券之性质。

七、无因证券

指示证券发行行为系不要因行为，不以给付原因之要素而得成立之行为，故指示证券为无因证券，指示证券之持有人得不明示其原因之所在，而主张享有指示证券上之权利。

八、流通证券

所谓流通证券，系指证券上之权利得依背书或交付之方式自由转让之证券是也。“民法”第七百十六条第二项既规定指示证券之让与以背书为之，故指示证券性质上为流通证券。

九、设权证券

指示证券并非证明已存在之权利，而系创设权利。因此，无指示证券即无指示证券上之权利，故指示证券性质上为设权证券，与仓单、提单、股票、公司债系证明权利存在之证权证券，有所不同。

十、提示证券

指示证券之持有人于行使其指示证券上之权利时，必须向被指示人提示指示证券，被指示人始得知其指示证券之内容而履行，故指示证券为提示证券。

十一、缴回证券

指示证券之持有人受领指示证券上权利之给付，应将指示证券缴回，故指示证券为缴回证券。

叁、指示证券及其他类似观念

一、指示证券与汇票

“票据法”第二条规定：“称汇票者，为发票人签发一定之金额，委托付款人于指定之到期日，无条件支付与受款人或执票人之票据。”汇票为指示证券之一种，指示证券有发行、承担及背书等问题，与汇票之发票、承兑、背书相似，但二者仍有下列不同：

1. 前者不以金钱为限，代替物即可；后者必以金钱为限（“票据法”第二条参照）。

2. 前者不得为无记名式；后者得为无记名式（“票据法”第二十四条第四项参照）。

3. 前者之持有人无追索权；后者之执票人有追索权（“票据法”第八十五条参照）。

4. 前者无所谓“参加承兑”之制度；后者有参加承兑之制度（“票据法”第五十三条参照）。

5. 前者可为信用证券，亦可为支付证券；后者为信用证券（“票据法”第二条、第二十四条第一项第九款参照）。

6. 前者时效指领取人或受让人对于被指示人因承担所生之请求权，自承担时起算，期间为三年（“民法”第七百十七条参照）；后者持票人除对于汇票承兑人自到期日起算期间为三年外，持票人对前手之追索权，自作成拒绝证书日起算（免除作成拒绝证书，自到期日起算），期间为一年。汇票之背书人，对于前手之追索权，自为清偿之日或被诉之日起算，期间为六个月，时效完成后尚有利益偿还请求权（“票据法”第二十二条第四项参照）。

二、指示证券与支票

“票据法”第四条第一项规定：“称支票者，谓发票人签发一定之金额，委托金融业者于见票时，无条件支付与受款人或执票人之票据。”支票为指示证券之一种，且二者皆有发行（发票）、背书及撤回（撤销付款委托）之问题，然二者仍有下列差异：

1. 前者标的物不以金钱为限，代替物亦可；后者必以金钱为限（“票据法”第四条参照）。

2. 前者不得为无记名式；后者得为无记名式（“票据法”第一百二十四条第二项参照）。

3. 前者之持有人无追索权；后者之执票人有追索权（“票据法”第一百三十一条参照）。

4. 前者可为信用证券，亦可为支付证券，不限于见票即付；后者虽有远期支票之设（“票据法”第一百二十八条第二项参照），惟其仍限于见票即付，如有相反之记载，其记载无效（“票据法”第一百二十八条第一项参照），故为支付证券（“票据法”第四条参照）。

5. 前者之被指示人资格并无限制；后者之付款人限于金融业者[7]（“票据法”第四条、第一百二十七条参照）。

6. 前者时效指领取人或受让人对于被指示人因承担所生之请求权，自承担时起算，期间为三年，已如前述；后者持票人除对于支票发票人自发票日起算期间为一年外，持票人对前手之追索权，自作成拒绝证书日起算（免除作成拒绝证书，自提示日起算），期间为四个月。支票之背书人，对于前手之追索权，自为清偿之日或被诉之日起算，期间为二个月，且时效完成后尚有利益偿还请求权（“票据法”第二十二条第四项参照）。

7. 前者得附保证契约[8]；后者则否。

指示证券与支票虽有上述不同，惟其仍有相似之处，例如支票未具备其法定要件者，学界通说[9]及实务见解[10]多转换为指示证券而适用民法之规定。

三、指示证券与第三人负担契约

指示证券，就指示人与领取人方面而言，与第三人负担契约（“民法”第二百六十八条参照）均系由第三人对于他方为给付，惟二者仍有下列差异：

1. 前者之发行，性质上为单独行为；后者为契约行为。

2. 前者以书面为必要；后者为不要式契约。

3. 前者标的物限于代替物；后者并无限制。

4. 前者之被指示人并无承担指示人所指示之给付或为给付之义务，故其不为给付者，领取人得向指示人请求原有债务之给付；后者第三人亦无

---

7 请参见注5实务见解。

8 “最高法院”1954年度台上字第237号判例：“指示证券并非不可附有保证契约。”

9 史尚宽，前揭书，同注2，第七五八页。郑玉波，前揭书，同注1，第七三五页。

10 “最高法院”1960年台上字第2341号判决：“农会支票虽不合于票据法上之规定，然其是否不失为‘民法’第七百十条之指示证券性质，被上诉人之背书，如属‘民法’第七百十六条第二项之让与行为，应否负债权让与之让与人责任，不无研究之余地。”（此判决因1986年6月29日修正票据法时已将农会规定为支票付款人之金融业者而不再适用。）

同院1971年台上字第1548号判例：“票据法上之支票，其付款人以银钱业者或信用合作社为限，公库支票之付款人为公库，并非一般之银钱业者或信用合作社，是系争公库支票显非票据法上之支票，而仅为指示证券之一种。”（同院1972.8.22第一次民庭庭推总会议决议（一）、1983年度台上字第4484号判决同旨。）

给付义务，故其不为给付者，债务人应对债权人负担损害赔偿责任[11]（“民法”第二百六十八条参照）。

四、指示证券与向第三人给付之契约（利他契约）

指示证券，就指示人与被指示人方面而言，与向第三人给付契约（“民法”第二百六十九条参照）皆系由当事人一方对于他方为给付，惟二者仍有下列差异：

1. 前者之发行，性质上为单独行为；后者为契约行为。

2. 前者以书面为必要；后者为不要式契约。

3. 前者标的物限于代替物；后者并无限制。

4. 前者之被指示人并无承担指示人所指示之给付或为给付之义务，故其不为给付者，领取人得向指示人请求原有债务之给付；后者一经有效成立者，债务人有向第三人为给付之义务，纵第三人不愿受领给付，债权人亦不得请求债务人向其给付，盖利他契约以向第三人给付为标的也。

第二节　指示证券之发行

壹、发行之意义

指示证券之发行，系指发行人作成证券，并交付予领取人之一种单独行为[12]，兹分述如下：

一、指示证券之发行系发行人之单独行为

指示证券之发行，系法律行为，因发行人一方意思表示而成立，不

11　拙著，民法债编总论讲义，下册，瑞兴图书股份有限公司，1992 年 3 月出版，第八一页。邱聪智，民法债编通则，作者自刊，1993 年 8 月修订六版，第四〇一页。孙森焱，民法债编总论，作者自刊，1990 年 10 月修订九版，第六〇三页。

12　票据之发票行为性质众说纷纭，通说亦采“发行说”，指示证券之发行亦得参考之。请参阅郑洋一，票据法之理论与实务，作者自刊，1994 年 10 月修订十九版，第四二页。梁宇贤，票据法新论，作者自刊，1995 年 3 月修订再版，第三六页。

须领取人意思表示之参与即有效力，性质上为单独行为，并非契约。[13]

二、指示证券之发行系作成证券并交付之行为

所谓作成证券，即系于证券上为合法之记载，完成记载后尚须有一交付行为，始生效力。故指示证券之发行，为有相对人之单独行为。至于此所谓指示证券之交付，仅限于现实交付而已，不含简易交付（“民法”第七百六十一条参照），乃当然之理。

贰、发行之款式

指示证券之发行，须以书面为之，故为要式行为，惟其记载事项，民法不若票据法订有列举规定（“票据法”第二十四条、第一百二十五条参照），但仍可依其性质得知其应记载事项如下：

一、绝对必要记载事项

（一）指示之标的

指示证券之标的限于代替物，故指示证券应明确记载其标的之种类、品质、数量等，而有“民法”第二百条种类之债规定之适用。

（二）指示之意旨

实务运作上常记明“凭券祈付”或“凭券请交”等字样，此意旨与票据法上“无条件支付之委托”相当（“票据法”第二十四条第一项第五款、第一百二十五条第一项第五款参照）。惟票据法为求流通，乃明订其支付之委托不得附条件，指示证券虽未限制其附条件，但基于同一意旨，仍以不附条件为妥。[14]

（三）被指示人之姓名或名称

指示人授权为给付之人，其因承担而生给付义务，“民法”第七百十一条第一项定有明文，被指示人必为特定之人，自然人或法人均可。“民法”第七百十条已明定此须给付予第三人，故指示证券必须有三个不同之当事人始可，与票据之付款人得为发票人或受款人（“票据法”第二十五条、第一百二十五条第四项参照）有所不同。[15]

13 史尚宽，前揭书，同注2，第七五九页。郑玉波，前揭书，同注1，第七三八页。
14 反对见解，史尚宽，前揭书，同注2，第七五七页。
15 郑玉波，前揭书，同注1，第七四〇页。

（四）领取人之姓名或名称

领取人为指示证券之权利人，指示证券必须为记名式[16]，故领取人之姓名或名称必须记载特定人始可。领取人让与指示证券时须以背书为之（“民法”第七百十六条第二项参照），其背书之连续亦自领取人起算。

（五）指示人之签名

指示证券之发行人必须签名，否则指示证券不生效力。

二、相对必要记载事项

（一）给付日期

给付日期得为记载，亦得不记载，未载给付期日者，应认为见券即付。

（二）给付地

未载给付地者，以被指示人营业所、住所、居所所在地为给付地，因指示证券债权之行使须提示证券，故性质上应解为往取债务。

三、得记载事项

（一）表明其为指示证券之文字

此事项是否记载，在所不问，盖可从文义定其证券性质也。

（二）发行地与发行日

此等事项是否记载，在所不问，盖发行地有无记载，仅生准据法与诉讼管辖，而发行日有无记载，亦仅生发行人发行时有无行为能力耳。

叁、发行之原因关系

指示证券之发行，必有其原因关系存在，可称为基础关系，包括对价关系与补偿关系。至于履行关系则是被指示人与领取人之关系，亦即本节指示证券之规范对象，并非指示证券发生之原因关系。[17] 兹

16　郑玉波，前揭书，同注 1，第七四〇页。史尚宽，前揭书，同注 2，第七六〇页。戴修瓒，民法债编各论，三民书局股份有限公司，1964 年，第三〇八页。反对见解，“最高法院”1951 年度台上字第 1371 号判例（见注 5）。史尚宽教授认为无记名式指示证券，亦无否认其效力之必要，参照瑞士债务法第四百七十一条之规定，得准用民法指示证券之规定。

17　关于对价关系、补偿关系与履行关系，请参阅拙著，前揭书，同注 11，第八二页。邱聪智，前揭书，同注 11，第四〇三页。孙森焱，前揭书，同注 11，第六〇六页。

分述如下：

一、对价关系

所谓对价关系，系指指示人与领取人之关系，此与利他契约中要约人与第三人间之对价关系相似，因指示人为履行其对领取人之债务，或向领取人取得债权而发行指示证券。前者债务之发生原因并无限制，领取人受领给付之同时是否有对价之给付，在所不问[18]；后者如指示人与领取人间成立消费借贷契约，由指示人发行指示证券以代金钱、有价证券或其他代替物之交付，使消费借贷契约生效是。此时学者谓以指示证券履行债务，应属于一种“类似的间接给付”[19]。

二、补偿关系（资金关系）

所谓补偿关系，系指指示人与被指示人间之关系，此与利他契约中要约人与债务人间之补偿关系相似，盖被指示人愿为指示人之计算而为指示，故其间必有补偿之问题。例如二者有存款契约、消费借贷契约或其他一切债之发生原因等关系是。

三、对价关系之效力不影响履行关系（无因证券）

按指示证券一经发行，即与其原因关系脱离，以保障其流通性，故为无因证券。因此，如对价关系不存在、无效或因撤销而视为自始无效，被指示人已向领取人为给付者，其给付仍为有效，惟指示人得依不当得利之规定向领取人请求返还所受利益，但被指示人对于指示人之债务，以及领取人对其受领人之债务，均因被指示人给付而消灭。[20] 对价关系有效与否，对履行关系不生影响。

以上原因关系如下：

---

18 郑玉波教授认为履行债务为有偿时始称为对价关系，似有不当。惟债权人约定使债务人将其债权归属第三人，必有一定原因，此债权人与第三人之原因关系，一般称为对价关系，不以有偿为要件。请参阅郑玉波，前揭书，同注 1，第七四二页。邱聪智，前揭书，同注 11，第四〇三页至第四〇四页。

19 郑玉波，前揭书，同注 1，第七四二页。

20 关于票据之无因性，请参阅郑洋一，前揭书，同注 12，第五四页。关于对价关系与履行关系效力影响之问题，请参阅邱聪智，前揭书，同注 11，第四〇四页。

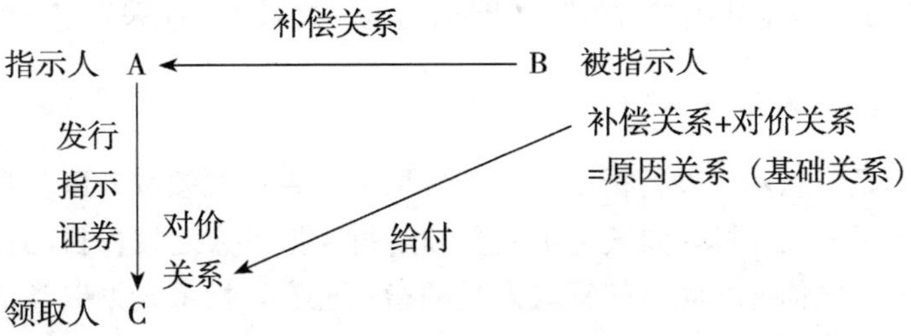

肆、发行之效力

指示证券之发行，生补偿关系与对价关系，至于履行关系，不因指示证券之发行而当然令被指示人与领取人发生权利义务关系，必须经由被指示人为“承担之行为”，始对领取人负给付义务（详后述），尚不能列入发行之效力。本书仅就补充关系与对价关系予以说明：

一、补偿关系

“民法”第七百十三条规定：“被指示人虽对于指示人负有债务，无承担其所指示给付或为给付之义务，已向领取人为给付者，就其给付之数额，对于指示人，免其债务。”可知被指示人因指示证券之发行，即被授与以自已之名义，为指示人之计算而向领取人为给付，此系被指示人之权利，非其义务[21]，须待其承担后，始负给付义务（“民法”第七百十一条第一项参照）。试举一例如下：乙欠甲货款二十万元，甲又欠丙借款十万元，甲（指示人）乃发行指示证券，指示乙（被指示人）向丙（领取人）给付，此时乙并无承担甲所指示给付之义务，即使其不给付所欠货款于丙，亦不因此而陷于给付迟延[22]；反之，如乙已向丙给付十万元者，此时乙就其给付之数额十万元之部分，对甲免除债务。须注意的是，乙对甲所负债务是否陷于给付迟延，仍须依“民法”第二百二十九条之规定认定之，惟如乙对甲之债务为无确定期限者，丙提示指示证券是否属于“民法”第二百二十九条第二项之催告？“民法”第二百二十九条第二项规定：“给付无确定期限者，债务人于债权人得请求给付时，经其催告而未为给付，自受催告时起，负迟延责任。其经债权人起诉而送达诉状，或依督促程序送达支付命令，或为其他相类之行为，与催告有同一之效力。”已增订概括规定，故丙所为指示证券之提示，

21　郑玉波，前揭书，同注 1，第七四三页。史尚宽，前揭书，同注 2，第七六二页。
22　史尚宽，前揭书，同注 2，第七六二页。

应认为属于“其他相类之行为”，与催告有同一之效力，应采肯定见解。

二、对价关系

指示证券指示人发行指示证券予领取人，系授权领取人以其自己之名义，为指示人之计算，向被指示人受领给付。指示人之授权目的在于清偿其对领取人之债务。此时如领取人受领指示证券，指示人系以类似间接给付之方式清偿其债务，有“民法”第三百二十条规定之类推适用。何以称为“类似间接给付之方式”？兹以汇票为例，其与指示证券有许多类似之处，已如前述，发票人负有发票人之责任担保承兑及付款（“票据法”第二十九条参照），于发票后即负有担保承兑之义务，虽汇票主债务人系承兑人而非发票人，但于汇票不获承兑时，执票人于行使或保全汇票上权利之行为后，对于发票人得行使追索权（“票据法”第八十五条参照）。指示人发行指示证券，并不担保被指示人承担或付款，亦无追索权之问题。[23] 因此，指示人并不因发行指示证券而负有指示证券债务，如被指示人拒绝承担或给付时，领取人除依“民法”第七百十四条通知外，仅得向指示人请求清偿原有债务[24]，与间接给付之新债务要件不符。至于可否类推适用“民法”第二百六十八条之规定，令指示人对领取人负担损害赔偿责任，属另一层次之问题，有学者肯定之[25]，愚意以为此即指示证券与第三人负担契约之差异，仍得请求原有债务之履行，保护并未不周，故此时并非法无明文之情形，似不必类推。指示人发行指示证券与领取人，虽亦可作为清偿旧债务之方法，但指示人并不因而负担新债务，与间接给付不同。惟因“民法”第七百十二条第一项规定：“指示人为清偿其对于领取人之债务而交付指示证券者，其债务于被指示人为给付时消灭。”故领取人应先就指示证券行使权利。易言之，债权人（领取人）受领指示证券者，不得请求指示人就原有债务为给付，但于指示证券所定期限内，其未定期限者于相当期限内不能由被指示人领取给付者（“民法”第七百十二条第二项参照），即得请求指示人就原有债务为给付[26]，其效

23 郑玉波，前揭书，同注1，第七四五页。史尚宽，前揭书，同注2，第七六七页。

24 “最高法院”1951年度台上字第1371号判例（同注5）。

25 郑玉波，前揭书，同注1，第七四五页。

26 “最高法院”1954年度台上字第5号判决：“如凭单系买卖债权之书证，则上诉人为出卖人，依‘民法’第三百五十二条第一项规定，出卖人对于该出卖债权之债务人支付能力，除契约另有订定外，不负担保责任。若凭单系上诉人为清偿其对于领取人之债务而交付之一种指示证券，则该领取人为‘民法’第七百十二条第二项所定之债权人，于其受领指示证券后，除有同项但书情形外，不得请求指示人就原有债务为给付。”

果与间接给付契约相类，得类推适用“民法”第三百二十条之规定而称为“类似的间接给付”。有学者认为指示人与领取人另行成立“类似的间接给付契约之契约”，而指示证券虽属有相对人之单独行为，惟其系依上开契约而使指示人负新债务，故二者性质并不冲突。[27]

复依“民法”第七百十二条第三项规定：“债权人不愿由其债务人受领指示证券者，应即时通知债务人。”此时债权人[28]应即通知债务人，此通知义务系因指示证券之发行为有相对人之单独行为，于交付指示证券发生效力，惟如债权人不愿受领，将影响指示证券之效力[29]，故“民法”第七百十二条第三项令其负通知义务，使指示人得基于原因关系（基础关系）向被指示人行使原有之债权。如有违反通知义务，其效果如何？有认为应视为默示承诺[30]，有认为应令其负损害赔偿责任。[31]愚意以为，指示证券未交付前债权人未为通知，理论上指示人并未完成指示证券之“发行”，似无损害发生之可能。反之，指示人交付后领取人不愿受领而未通知，此时该指示证券既已交付而生效力，如债权人于交付时并未通知不愿受领而受领，又何能于事后表示不愿受领？法文系用“债权人”而非领取人，二者尚不生指示证券之法律关系，“民法”第七百十二条第三项无法适用于交付后之情形，故后者亦不可采。因此，愚意以为债权人此项通知义务，仅为训示规定，违者并不生任何效力，此时，指示人可依原有基础关系向被指示人行使其债权。

第三节　指示证券之让与

壹、让与之定义

指示证券之让与系指指示证券领取人或其受让人将证券让与第三人之行为。盖指示证券为有偿证券，自得让与，依“民法”第七百十六条第一、二项规定：“领取人得将指示证券让与第三人。但指示人于指示证

27　郑玉波，前揭书，同注1，第七四四页。史尚宽，前揭书，同注2，第七六五页。

28　因其不愿受领，故法文不称为“领取人”，而称为“债权人”。

29　郑玉波，前揭书，同注1，第七四四页。

30　郑玉波，前揭书，同注1，第七四四页。戴修瓒，前揭书，同注16，第三一三页。

31　史尚宽，前揭书，同注2，第七六五页。

券有禁止让与之记载者，不在此限。前项让与，应以背书为之。”是领取人及其受让人均有让与其证券之权利。惟依“民法”第七百十六条第一项但书之规定，指示人于指示证券有禁止让与之记载者，领取人不得再以背书转让之，此时领取人得否另以债权让与之方式让与债权？通说采肯定见解[32]，少数说认为指示证券于被指示人承担前债权尚未成立，故不得以债权让与方式为之。[33] 愚意以为，在承担前少数说见解可行，惟于承担后已成立债权，此时何以不能依债权让与方式让与？再者，承担前虽无债权，但既有证券本身之所有权及指示人之授权，似得类推适用债权让与之方法转让之，且如权利不存在而让与，受让人亦得主张权利瑕疵担保责任（“民法”第三百五十条参照），已足以保障其权利，故以肯定说为当。至于债权让与与背书转让二者效力差异，则详后述。

最后，背书人得否于指示证券记载禁止背书转让，有学者采否定见解[34]，愚赞同之，盖民法仅规定指示人得为禁止背书转让之记载，依“明示其一，排除其他”原则，应采否定说为当。虽有学者认为此记载与流通有碍[35]，愚以为票据更重流通，但“票据法”第三十条第三项亦允许背书人为此等记载，故指示证券禁止背书人为禁止背书转让之记载，应与流通性无关，故此理由似不成立。按“票据法”第三十条第三项之规定，使票据之后手亦得为禁止背书转让之记载，然禁止背书转让之背书人，仅对其直接之被背书人负责，故对禁止后再由背书取得票据之人，不负责任。[36] 指示证券之背书，并无如同“票据法”第三十九条准用第二十九条权利担保效力，亦无追索权之制度（详后述），即背书人对被背书人之后手本不负责，又何必允许其为禁止背书转让之记载？故以否定说为当。

贰、让与之方式

依上开“民法”第七百十六条第二项之规定，指示证券之让与应以背

32 郑玉波，前揭书，同注1，第七四六页。戴修瓒，前揭书，同注16，第三三二页。反对见解史教授认为如有禁止让与之记载，既不得依背书，亦不得依债权让与之方法为之。请参阅史尚宽，前揭书，同注2，第七七一页。

33 反对见解，史教授则认为被指示人在承担前，严格言之不能依债权让与之规定为移转，民法为使其为便于流通，特规定其让与之方式，虽在承担前，亦许其让与（“民法”第七百十六条），请参阅史尚宽，前揭书，同注2，第七七〇页。

34 郑玉波，前揭书，同注1，第七四八页。

35 郑玉波，前揭书，同注1，第七四八页。

36 郑洋一，前揭书，同注12，第一六四页。

书为之，系指指示证券之领取人或受让人于证券背面所为让与证券之意思表示，性质上亦为单独行为，其方式民法并未规定，应得类推适用“票据法”第三十一条至第三十三条之规定，且除背书外，尚须交付，始生让与效力。

叁、让与之效力

指示证券之让与既系以背书为之，故指示证券让与之效力，即系指示证券背书之效力，通说认为指示证券背书之效力有权利移转效力、权利证明效力及权利担保效力三种[37]，兹分述其理由如下：

一、权利移转效力

依上开“民法”第七百十六条第一、二项之规定，于领取人或受让人将其证券背书交付与第三人时，证券上一切权利均移转予受让人（被背书人），即在被指示人承担前让与者，由被背书人取得指示证券之所有权，并取得指示人授与领取人之领取权；在被指示人承担后让与者，由被背书人取得领取人对于被指示人之债权，指示证券一发行即与其原因关系相分离，故性质上属无因证券。

指示证券之背书让与，“民法”第七百十六条第三项规定：“被指示人，对于指示证券之受让人已为承担者，不得以自己与领取人间之法律关系所生之事由，与受让人对抗。”为求指示证券之流通迅速，民法乃采“后手不继受前手瑕疵”原则，此与“票据法”第十三条促进票据流通性之立法意旨相同[38]，

37　郑玉波，前揭书，同注1，第七四九页。史尚宽，前揭书，同注2，第七七二页。

38　最高法院27年度沪上字第97号判例：“票据行为为不要因行为，苟执票人之取得票据并非出于恶意或诈欺，固不因票据行为原因之无效而受影响，惟票据债务人，以自己与执票人间所存抗辩事由对抗执票人，仍非法所不许，此观票据法第十条（著者按——现行法为第十三条）之规定即可明了。”

同院1978年度台上字第1666号判例：“某甲如确系无权代理上诉人在讼争支票背书，此项无权代理之事由，上诉人本可以对抗一切执票人，就令执票人之取得支票，并非出于恶意或重大过失，亦不例外。”

同院1978年度台上字第1862号判例：“票据法第十四条所谓以恶意取得票据者，不得享有票据上之权利，系指从无权处分人之手，受让票据，于受让当时有恶意之情形而言，如从有正当处分权人之手，受让票据，系出于恶意时，亦仅生‘票据法’第十三条但书所规定，票据债务人得以自己与发票人或执票人之前手间所存的抗辩之事由对抗执票人而已，尚不生执票人不得享有票据上权利之问题。”并请参阅郑洋一，前揭书，同注12，第一二六页。梁宇贤，前揭书，同注12，第一一六页。

与一般债权让与（“民法”第二百九十九条参照）有所差异。[39] 此外，指示证券之背书是否有“期后背书”之适用？亦值研究，愚意以为，在汇票与支票（“票据法”第四十一条、第一百四十四条）均有期后背书适用之同时，指示证券亦应作相同之处理，如指示证券有期后背书者，仅有通常债权让与之效力，无“民法”第七百十六条第三项“后手不继受前手瑕疵”原则之适用，亦无善意取得之效力。[40]

二、权利证明效力

权利证明效力，又称为资格授与效力，仅以指示证券之背书有连续即得证明指示证券之持有人有指示证券上之权利，只要指示证券背书形式上有效，即不必另行举证其权利存在，此应有“票据法”第三十七条第一项规定之类推适用。[41]

三、权利担保效力

按票据上之背书人应担保承兑与付款（“票据法”第三十九条准用第二十九条），是为票据法上之权利担保效力，因此票据法乃另设追索权之规定（“票据法”第八十五条至第一百零五条参照），于执票人行使追索权时，所有之前手均应负连带责任（“票据法”第九十六条），执票人得对背书人、发票人及票据上其他之债务人（如参加承兑人、保证人是）行使追索权；指示证券并未如票据法定有连带债务及追索权之规定，通说认为指示证券之持有人并无追索权，发票人与背书人间不负连带责任，故指示证券并无

39 “最高法院”1960 年度台上字第 1190 号判例：“债权之让与，债务人于受通知时对于让与人有债权者，方得于‘民法’第二百九十九条第二项所定之条件下，对于受让人主张抵销，否则其债权纵令早已存在，而债务人受通知时尚未取得，亦无对受让人主张抵销之余地。”
同院 1963 年度台上字第 1085 号判例：“债权让与，债务人于受通知时所得对抗让与人之事由，皆得以之对抗受让人，‘民法’第二百九十九条第一项定有明文。所谓得对抗之事由，不以狭义之抗辩权为限，而应广泛包括，凡足以阻止或排斥债权之成立、存续或行使之事由在内，盖债权之让与，在债务人既不得拒绝，自不宜因债权让与之结果，而使债务人陷于不利之地位。”

40 票据法上之期后背书无①人之抗辩之限制、②善意取得之效力及③票据法上担保之效力。请参阅郑洋一，前揭书，同注 12，第一六四页。梁宇贤，前揭书，同注 12，第一九一页。而指示证券之权利担保效力，系因准用买卖之权利瑕疵担保之规定而来，纵使为到期日后背书，亦有民法权利瑕疵担保规定之准用，故上述③未于文中引出，并请注意。

41 史尚宽，前揭书，同注 2，第七七二页。郑洋一，前揭书，同注 12，第一七八页。梁宇贤，前揭书，同注 12，第二〇三页。

票据法上权利担保效力规定之类推适用。惟例外于指示证券之背书系有偿让与者，得准用买卖有关权利瑕疵担保之规定（“民法”第三百四十七条、第三百五十条至第三百五十三条参照），使其负权利瑕疵担保责任[42]，但仅得对其前手之背书人行使，盖其非连带债务，亦不若票据追索权得任意向任一票据债务人追索，至于无偿让与则不受此保护[43]，乃当然之理。

肆、指示证券之特殊问题

一、指示证券背书之方式

指示证券之背书除得以让与背书外，尚得为下列之背书：

（一）委任取款背书

指示证券之持有人以委任取款之目的而为背书时，应于指示证券上记载之（类推适用“票据法”第四十条第一项），此时依“票据法”第四十条第二、三、四项规定：“前项被背书人，得行使汇票上一切权利，并得以同一目的，更为背书。其次之被背书人，所得行使权利，与第一被背书人同。票据债务人对于受任人所得提出之抗辩，以得对抗委任人者为限。”

（二）设质背书

如以指示证券上之权利设质者，应依“民法”第九百零八条之规定，以背书及交付之方式为之，亦有“民法”第九百零九条、第九百十条之适用。

（三）信托背书

于信托法未公布施行前，学说上有“信托背书”（Indorsement of Credits）之概念，又称隐存委任取款背书，系于票据上并不记载执票人委任被背书人取款为目的所为之背书。此项背书，实质上系以委任取款为目的，而形式上却系一般转让之背书。故票据上权利应移转于被背书人，其委任取款之合意，仅成为直接当事人间人之抗辩事由而已。[44] 惟信托法公布施行后，应依“信托法”第四条为公示行为，始具有对抗力。[45]

42 史尚宽，前揭书，同注 2，第七七二页。

43 郑玉波，前揭书，同注 1，第七五〇页。史尚宽，前揭书，同注 2，第七七二页。

44 关于信托背书，请参阅郑洋一，前揭书，同注 12，第一七一页。梁宇贤，前揭书，同注 12，第一九七页。

45 关于信托公示，请参阅赖源河、王志诚合著，现代信托法论，五南图书股份有限公司，第五二页。叶张基，信托法与民法之调和，中兴大学法律研究所硕士论文，1998 年 7 月，第四七页。

二、背书之涂销问题

“票据法”第三十七条第二、三项及第三十八条关于票据背书涂销之规定，于指示证券是否亦应类推适用？愚采否定之见解，盖指示证券之持有人并无追索之权利，其不获被指示人给付者，于被指示人承担前，仅得向其前手求偿（“民法”第三百四十九条参照），无法向指示证券之指示人及其他前手求偿；于被指示人承担后，得向被指示人及其前手之背书人求偿。票据法背书涂销规定之立法意旨，在免除被涂销之背书人之担保责任，故指示证券之持有人涂销其前手以外背书人之背书，或指示人之签名者，理论上亦不能免除该人之担保责任，盖此背书人对于指示证券之持有人并不负任何责任，指示证券之持有人涂销何以能免其责任？如指示证券之持有人已向前手求偿者，其前手欲向更前手求偿时，亦系基于上开权利瑕疵担保责任之规定，何以能因指示证券之持有人之涂销而令其前手丧失求偿权？故此时并无类推适用“票据法”第三十八条之余地。再者，如指示证券之持有人涂销其前手之背书，显已有免除其前手担保责任之意思表示，此纵使不类推适用“票据法”第三十八条之规定，亦可得相同之结果。愚意以为指示证券之背书无票据背书涂销规定之类推适用。为期易于了解，试以图示之：

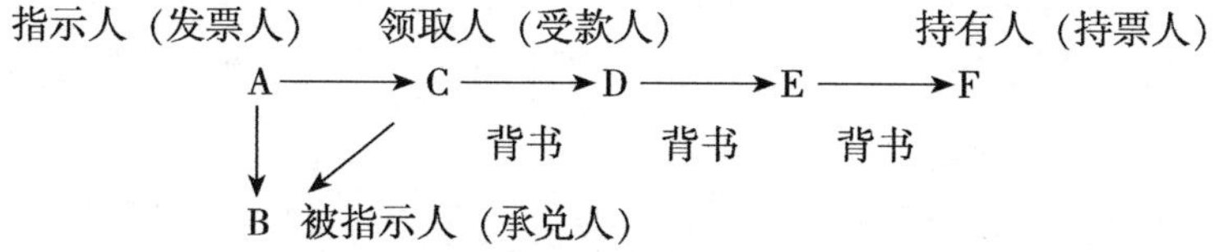

设A所签发者为汇票，如持有人F故意涂销D之背书者，依“票据法”第三十八条之规定，D、E同时免除票据责任，F仍得向A、B、C追索。如F故意涂销发票人A之签名者，A、C、D、E均免除票据责任，此系因追索权得对任一票据债务人行使（“票据法”第九十六条第二项参照），被追索者已为清偿时，与执票人有同一权利（“票据法”第九十六条第四项参照）。因此，F涂销C之背书者，C及C名次后而于为涂销以前为背书者（D、E），均免其责任（“票据法”第三十八条参照）。但在指示证券之情形下，指示证券之持有人F并无追索权，其仅得向已承担之B及其前手E求偿，如何能赋予F免除A、C、D责任之权利？此在指示证券并无追索权之特殊制度之情形下，应认为无类推适用“票据法”第三十八条规定之余地。最后，纵使不类推适用“票据法”第三十八条之规定，F亦无免除C责任之权利[46]，盖如允许F免除C之责任时，则F对E依权利瑕疵担保责任相关规定向E求偿，且E亦向D求偿后，D却无法向C求偿，其不公平之处，显可易见，故指示证券之持有人无免除其前手以外之背书人责任之权利。

三、指示证券抗辩权行使之问题

“民法”第七百十六条第三项规定采“后手不继受前手瑕疵原则”，已如前述，此与“票据法”第十三条人之抗辩之立法意旨相同，皆在维持其流通性，惟“民法”第七百十六条第三项规定之适用上仍有下列问题：

（一）人之抗辩

被指示人对于指示证券受让人已为承担者，不得以自己与领取人间之法律关系所生之事由，与受让人对抗，固为“民法”第七百十六条第三项所明定，惟被指示人是否得以自己与“指示人”间之法律关系，对抗“受让人”或“领取人”？按“票据法”第十三条本文规定与“民法”第七百十六条第三项稍有差异，但其人之抗辩事由对象之规定较为严谨，“民法”第七百十六条第三项虽未有相同规定，但解释上被指示人只要承担，即为指示证券之债务人，不问指示证券之持有人为领取人或受让人，被指示人对之即应负给付义务，而不允许其以对于指示人之事由对抗之，人之抗辩规范始为确实，流通性维持之目的始得达成。

（二）恶意取得

“票据法”第十三条但书规定：“但执票人取得票据出于恶意者，不在此限。”“民法”第七百十六条第三项并未有此等例外规定，但依举重明轻之法理，应得以类推适用“票据法”第十三条但书之规定，于指示证券之持有人取得指示证券出于恶意之情形，排除“民法”第七百十六条第三项规定之适用。

四、指示证券之善意取得

善意取得规定系保护交易安全之重要环节之一，现行法律已依财产之性质予以明文规定（动产：“民法”第八百零一条、第八百八十六条、第九百四十八条。不动产：“土地法”第四十三条。票据：“票据法”第

46　至于C名次以后之背书人同免责任之部分，属于“票据法”第三十八条规定之范围，本书已采否定之见解。

十四条），指示证券性质上属于有价证券，自有遗失、被盗或灭失之可能（“民法”第七百十八条参照），如有善意取得指示证券者，其应得享有指示证券上之权利，惟其法律依据，现行法尚欠明文，故应类推适用票据法第十四条之规定，以维交易安全。[47]

第四节　指示证券之承担

壹、承担之意义与对象

一、意义

指示证券之承担系指被指示人于指示证券上表示愿依指示之内容为给付之法律行为，兹分述如下：

（一）承担系单独行为

承担系被指示人之一方之意思表示，即生效力，无须领取人之承诺，故性质上为单独行为，与债务承担系契约行为有所不同（“民法”第三百条、第三百零一条参照），一为承担之意思表示，即对指示证券之持有人生其效力。

（二）承担系表示愿依指示内容为给付之法律行为

承担之内容即为指示之内容，但在数量上得为一部承担。[48]

（三）被指示人无承担之义务

指示证券之承担，须由被指示人为之，他人不得承担，被指示人之资格则无限制，但仍受“民法”第七十五条以下有关行为能力规定之限制。被指示人是否承担，有决定之权，并非有承担之义务，“民法”第七百十三条前段定有明文。惟其一旦为承担之意思表示者，有依证券内容为给付义务（“民法”第七百十一条第一项参照），此义务系一新生债务，与债务承担契约系移转既存之债务不同[49]，而与汇票之承兑相似。

47　史尚宽，前揭书，同注2，第七四五页。
48　郑玉波，前揭书，同注1，第七五一页。
49　史尚宽，前揭书，同注2，第七六七页。郑玉波，前揭书，同注1，第七五一页。

二、承担之对象

（一）向领取人承担

领取人向被指示人提示指示证券请求承担时，被指示人所为之承担（“民法”第七百十一条第一项参照），此时领取人尚未为背书即为请求承担，被指示人因其承担而负给付责任，日后该指示证券背书之情形如何，由何人取得，均在所不问，其承担对证券之任何持有人均生效力。[50]

（二）向受让人承担

领取人背书转让与他人后，指示证券之受让人向被指示人请求承担是，此承担虽在背书之后，被指示人仍应依其承担负给付义务。

贰、承担之方式

为求给付义务之明确，被指示人之承担应于指示证券上为之，此为有价证券之常态，因指示证券为文义证券，应依其证券记载之内容，以定其权利义务关系，故不得以证券外之事实定之[51]，惟因民法就其方式并未明文，解释上得类推适用汇票承兑之规定（“票据法”第四十三条第一项参照）。至于承担之记载事项，解释上应记载承担之字样，由被指示人签名，或仅由被指示人签名而不记载承担字样。至于承担之时期，一般系于指示证券发行后，经领取人或受让人之请求为之，但于发行前已由被指示人记名承担者，其承担因证券交付于领取人时，亦生效力。[52]

叁、承担之效力

“民法”第七百十一条第一项规定：“被指示人向领取人承担所指示之给付者，有依证券内容，而为给付之义务。”即被指示人因承担而发生债务，故承担系债之发生原因，且此债务乃独立的发生，不因指示人与被指示人间补偿关系之有无而受影响（无因证券），至于其债务之内容如何，胥依证券上所记载者为准（文义证券）。

50　郑玉波，前揭书，同注1，第七五一页。

51　郑玉波，前揭书，同注1，第七五二页。

52　史尚宽，前揭书，同注2，第七六七页。郑玉波，前揭书，同注1，第七五二页。

肆、承担之拒绝

被指示人虽对于指示人负有债务，亦无承担其所指示给付之义务，故被指示人有拒绝承担之权利，如被指示人为拒绝者，领取人应即通知指示人（“民法”第七百十四条参照），解释上并得向指示人请求原有债务之给付。[53]

伍、汇票之承兑与指示证券之承担之异同

一、相同点

1. 二者均得承兑（承担），前者有付款人在汇票上记载承兑之字样并签名，或仅签名而未记载承兑字样（略式承兑）（“票据法”第四十三条参照）；后者由被指示人在指示证券上记载承担之字样并签名，且亦有略式承担之适用。

2. 二者均须由证券之持有人提示，始有承担或承兑之问题。

3. 二者均得为一部承担（承兑），惟须经证券之持有人之同意，始得为之（“票据法”第四十七条第一项参照）。

4. 二者均不得附条件，如承兑（承担）附条件者，视为承兑（承担）之拒绝，但承兑人（承担人）仍依所附条件负其责任[54]（“票据法”第四十七条第二项参照）。

53 “最高法院”1955年度台上字第1645号判决：“指示证券已经被指示人拒绝付款，该证券又记载领取人某甲可向指示人即上诉人请求清偿其原有之债务，则领取人或受让人之第三人自均不得仍持该指示证券请求指示人给付证券上所载之金额。”
同院1997年度台上字第3381号判决：“称指示证券者，谓指示他人将金钱、有价证券或其他代替物给付第三人之证券。为前开指示之人，称为指示人，被指示之他人，称为被指示人，受给付之第三人，称为领取人。指示证券之被指示人向领取人承担所指示之给付者，有依证券内容而为给付之义务，‘民法’第七百十条、第七百十一条第一项分别定有明文。是指示证券在被指示人为承担前，被指示人本不负依证券内容给付之义务，指示证券之被指示人拒绝承担或给付时，仅能由领取人向指示人请求清偿其原有债务，指示证券之受让人，如已因（向领取人）受让指示证券而交付对价于领取人时，亦可本于不当得利之法律关系，向领取人请求返还对价，指示证券之领取人或受让人均不得仍持该指示证券，请求指示人给付证券上所载之金额。”（同院1956年度台上字第1683号判决、1959年度台上字第1792号判决同旨。）

54 郑洋一，前揭书，同注12，第二〇〇页。梁宇贤，前揭书，同注12，第二二二页。

5. 二者一经承担（承兑）均应依证券内容负文义责任。

6. 二者均有撤回之问题（“票据法”第五十一条、“民法”第七百十五条参照）。

二、相异点

1. 前者有法定承兑期限（“票据法”第四十五条）；后者无规定。

2. 前者允许付款人得于相当期限内考虑之（“票据法”第四十八条参照）；后者无规定。

3. 前者有担当付款人制度（“票据法”第四十九条参照）；后者无规定。

4. 前者有参加承兑制度（“票据法”第五十三条以下参照）；后者无规定。

第五节　指示证券之给付

壹、给付之义务

指示证券之给付，系指被指示人实现指示证券内容之行为，与票据之付款（“票据法”第六十九条参照），及一般债务之清偿（“民法”第三百零九条以下参照）相当。[55]

贰、给付之程序

指示证券之给付，应由被指示人向证券之持有人为之，兹分述如下：

一、指示证券之提示

（一）提示之意义

指示证券性质上为提示证券，其权利之行使，必须由证券之持有人

55　关于一般债务之清偿，请参阅拙著，前揭书，同注11，第一〇七页。邱聪智，前揭书，同注11，第四八七页。孙森焱，前揭书，同注11，第七四九页。

向被指示人提示，请求其给付，已如前述。指示证券之提示，系证券持有人向被指示人出示证券而请求给付之行为。须注意的是，此所谓之提示，系指“付款之提示”，而非“承担之提示”，不可混淆。

（二）提示之场所

证券持有人欲向被指示人提示，请求给付，自应于被指示人之住所、居所或营业所为之，盖为提示前，被指示人并不知有该证券之存在，指示证券之债务性质上为往取债务，而非赴偿债务。[56]

（三）提示之期间

就此民法并未予以限制[57]，有学者认为只要指示证券上权利之消灭时效（“民法”第七百十七条参照）未完成前，任何时期皆可。[58] 愚意以为纵使“民法”第七百十七条之时效已完成，证券之持有人亦得向承担人为付款之提示，惟承担人仍有拒绝给付之抗辩权（“民法”第一百四十四条第一项参照），以符合抗辩权发生主义之法理。[59]

（四）提示之方法

证券之持有人必须现实地出示指示证券始可，不得以口头为之。

二、持有人之调查

被指示人有调查证券之持有人是否为真实权利人之权利，无调查之义务（类推适用“票据法”第七十一条），由证券之持有人以背书之连续证明其权利（类推适用“票据法”第三十七条）。

三、证券之交还

被指示人依证券内容为给付时，得要求证券之持有人记载收讫字样，签名为证，并交还指示证券，是为缴回证券。如为一部付款者，得要求证券之持有人在证券上记载所收数额，并另给收据（类推适用“票据法”第七十四条）。

56 郑玉波，前揭书，同注1，第七五三页。关于往取债务及赴偿债务，请参阅拙著，前揭书，同注11，第一一二页。邱聪智，前揭书，同注11，第五〇六页。孙森焱，前揭书，同注11，第七八三页。

57 票据之提示有期限之限制，请参照“票据法”第六十九条及第一百三十条。

58 郑玉波，前揭书，同注1，第七五三页。

59 拙著，民法总则讲义，下册，瑞兴图书股份有限公司，1995年元月出版，第四〇七页。施启扬，民法总则，作者自刊，1994年9月增订六版，第三七二页。

叁、给付之效力

一、被指示人与领取人间之效力

指示证券一经给付，则生清偿之效力，证券上之权利即随之消灭，一部付款则一部消灭（类推适用“票据法”第七十三条）。

二、被指示人与指示人间之效力

“民法”第七百十三条规定：“被指示人虽对于指示人负有债务，无承担其所指示给付或为给付之义务，已向领取人为给付者，就其给付之数额，对于指示证券，免其责任。”指示证券之给付，对于指示人与被指示人间之补偿关系，亦有影响。例如被指示人并未对指示人负有债务，而系对于指示人以取得债权（例如成立消费借贷）为目的，则依指示证券为给付者，就其给付之数额，对于指示人取得债权；反之，如于补偿关系不存在、无效等情形下，被指示人仍依承担而为给付者，被指示人对于指示人有不当得利返还请求权。[60]

三、指示人与领取人间之效力

“民法”第七百十二条第一项规定：“指示人为清偿其对于领取人之债务而交付指示证券者，其债务于被指示人为给付时消灭。”此即为类似间接给付之效果。[61] 依此以论，指示人并未对领取人负有债务，而系对于领取人以取得债权（例如成立消费借贷）为目的而发行指示证券者，其债权于被指示人为给付取得；反之，如于对价关系不存在、无效等情形下，被指示人仍依承担而为给付者，指示人对于领取人有不当得利返还请求权。

四、指示证券之给付与不当得利

上开不当得利之情形，系指对价关系“或”补偿关系无法律上原因而言，其处理方式已如上述。惟在二者均无法律上之原因，而被指示人

60　史尚宽，前揭书，同注2，第七六八页。郑玉波，前揭书，同注1，第七五四页。郑洋一，前揭书，同注12，第二〇〇页。

61　史尚宽，前揭书，同注2，第七六五页。郑玉波，前揭书，同注1，第七五五页。

仍依其承担为给付之情形下，应如何为之？有下列二说：

（一）个别发生不当得利返还请求权

由被指示人基于其对于指示人之不当得利返还请求权，请求指示人让与其对于领取人之不当得利返还请求权者，仅被指示人始得直接向领取人求偿。惟被指示人对领取人之给付等同指示人自己对领取人之给付，指示人与领取人间无对价关系时，即具有无偿给付之性质，如指示人（此时指示人对于被指示人而言，立于不当得利受领人之地位）为善意者，即因此而免负返还义务（“民法”第一百八十二条第一项参照），此时得类推适用“民法”第一百八十三条之规定，领取人于指示人所免负返还义务之限度内，对于被指示人负返还责任。[62]

（二）被指示人对于领取人直接有不当得利返还请求权

此说认为个别发生不当得利返还请求权之见解，理论上甚为合适，惟太过于迂回，不如承认被指示人与领取人间径行成立不当得利返还请求权，如此对于各当事人之间，既均无不利益之情事可言，而法律关系又直接了当。[63]

愚意以为，不当得利返还请求权性质上为债权请求权，其相对性之性质，不应有其例外，此其一也。被指示人依其承担对领取人之给付，只要证券有效，不问其原因关系为何，其给付即为有效，此系指示证券之无因性使然，此其二也。如指示证券为恶意者，则应依“民法”第一百八十二条第二项负责，即无类推适用“民法”第一百八十三条规定之余地，此其三也。综合上述理由，愚仍以前说为当，于对价关系与补充关系皆无法律上之原因时，应个别发生不当得利返还请求权。

肆、给付之拒绝与抗辩

一、给付之拒绝

给付之拒绝，系指当指示证券之持有人向被指示人提示证券请求给付，被指示人拒绝给付之谓，此时被指示人并非因抗辩权之行使而拒绝，而系单纯地对证券之持有人之提示为拒绝之意思通知：

62 关于“民法”第一百八十三条之类推适用，请参阅王泽鉴，民法债编总论，第二册，不当得利，作者自刊，1994年10月出版，第一四〇页。

63 史尚宽，前揭书，同注2，第七六九页。郑玉波，前揭书，同注1，第七五六页。

（一）证券未经承担者

指示证券未经被指示人承担者，被指示人无依证券为给付之义务，纵使其对于指示人负有债务，亦无给付之义务（“民法”第七百十三条前段参照），且具有决定是否承担之权利，已如前述。遇有提示证券时，被指示人得为给付，亦得拒绝之。如其拒绝为证券之给付，因其既无给付之义务，不能认为系债务不履行而请求被指示人负损害赔偿责任。“民法”第七百十四条规定：“被指示人对于指示证券拒绝给付者，领取人应即通知指示人。”此为拒绝给付事实之“观念通知”，惟此通知民法并未定期限，亦未规定违反通知义务之效果，故学者认为从法文上“应即”之字样，领取人应毫不迟延地在通常合理时间内加以通知，如怠于通知致指示人遭受损害，通知义务人应负损害赔偿责任。[64] 此通知义务性质上为领取人对指示人依其对价关系所负之“附随义务”，违者应负损害赔偿责任，但指示人对于领取人之旧债务（基础关系），因证券未获给付并不归于消灭，此时领取人自可向指示人请求原有债务之清偿（“民法”第七百十二条第一、二项参照）。最后，如领取人已将证券让与受让人，而受让人向被指示人请求承担或给付而遭受拒绝时，而受让人已对领取人交付对价，受让人可向领取人请求债务不履行之损害赔偿，或主张权利瑕疵担保责任。有学者认为受让人尚得主张不当得利返还请求权[65]，愚意以为受让人与领取间之关系既然仍存在，即有法律上之原因，不成立不当得利。

（二）证券已经承担

指示证券已经被指示人承担者，被指示人负有依证券内容为给付之义务，“民法”第七百十一条定有明文，如其拒绝给付者，构成债务不履行，证券持有人自得诉请赔偿，应即将拒绝给付之事实通知指示人，亦得向指示人请求原有债务之给付（“民法”第七百十二条第二项参照），此时指示人与被指示人立于“不真正连带债务人”之地位。

二、给付之抗辩

在被指示人未经承担时，纵使其拒绝给付，亦不构成债务不履行；反之，如已承担者，若被指示人拒绝给付，纵使被指示人对指示人并不

64 郑玉波，前揭书，同注 1，第七五七页。

65 郑玉波，前揭书，同注 1，第七五七页。“最高法院”1951 年度台上字第 1371 号判例（同注 5）同旨。

负担债务，仍构成债务不履行。但如其拒绝给付之原因具有抗辩权者，不在此限。兹就被指示人得行使抗辩权之情形分述如下：

（一）对抗领取人之事由

指示证券被指示人已为承担者，而领取人请求给付时，被指示人仅得以本于指示证券之内容，或其与领取人之间法律关系所得对抗之事由对抗领取人（“民法”第七百十一条第二项规定参照）。其情形有二：

1. 本于指示证券内容所生者：即证券本身所生之事由，例如证券上记载之给付日期尚未届至、证券权利消灭时效业已完成，或该证券已为法院除权判决而宣告无效等均属之，此等事由均得向领取人对抗，亦得向其他证券持有人对抗。

2. 本于被指示人与领取人间之法律关系所生之事由：此即被指示人与领取人间法律关系所生之事由，俗称为“直接抗辩”，例如领取人曾对被指示人表示免除（“民法”第三百四十三条参照）或业经抵销（“民法”第三百三十四条参照），导致给付义务消灭，此等事由被指示人自得以之对抗领取人，但不得以之对抗证券之受让人。

除上开二事由外，被指示人不得以其与指示人间补偿关系对抗领取人，此即前述人之抗辩之情形（类推适用“票据法”第十三条）是。

（二）对抗受让人之事由

关于对抗受让人之事由，法无明文，仅有“民法”第七百十六条第三项有消极性之规定，已如前述。此为“人之抗辩”的一种，故被指示人所得对抗受让人事由有二：包括①本于指示证券内容所生，及②本于被指示人与受让人间之法律关系所生之事由。至于被指示人与指示人间补偿关系上所生之事由及指示人与领取人间之对价关系上所生之事由，被指示人亦均不得以之对抗受让人。

第六节　指示证券之消灭

指示证券消灭原因有下列数点，兹分述如下：

壹、指示证券之给付

指示证券经被指示人依其承担而给付者，因证券之持有人缴还指示证券致权利消灭。

贰、指示证券之撤回

指示证券之撤回，可分为任意撤回与拟制撤回二者，前者系由指示人以其意思表示撤回指示证券，后者系由法律拟制其撤回。惟不问任意撤回或拟制撤回，该指示证券均失其效力而消灭，证券之持有人不得再向被指示人请求承担或给付，证券之持有人如系领取人者，仅得向其指示人依其对价关系请求原有债务之履行；证券之持有人如系受让人者，其仅得向证券之让与人主张债务不履行或权利瑕疵担保责任。

一、任意撤回

“民法”第七百十五条第一项规定：“指示人于被指示人，未向领取人承担所指示之给付或为给付前，得撤回其指示证券，其撤回应向被指示人以意思表示为之。”是为指示证券之任意撤回，撤回之主体为指示人，其必须以意思表示之方式为之，并应向被指示人为之（有相对人之单独行为），否则不生撤回之效力。此撤回权之行使，口头或书面皆可，但有其时间之限制，须于被指示人未向领取人承担所指示之给付或为给付之前始得为之，否则不生撤回之效力。如被指示人已为承担者，指示人不得撤回，惟仍得声请法院对于被指示人为禁止支付之命令或声请假扣押或假处分。[66] 最后，此撤回并不以通知领取人为必要，且不以收回证券为要件。

二、拟制撤回

“民法”第七百十五条第二项规定：“指示人于被指示人未承担或给付前，受破产宣告者，其指示证券，视为撤回。”盖指示人已受破产之宣告，信用已失，被指示人将不能为承担或给付，故民法拟制其撤回。又指示人死亡或丧失行为能力，并非拟制撤回之原因。至于时间上如何认定拟制撤回生效？解释上应于当事人之破产宣告时，始生效力。[67] 领取人知指示人受破产之宣告时，应将其收取者返还于破产财团（“破产法”第七十六条、“票据法”第一百四十三条参照）。

66　史尚宽，前揭书，同注 2，第七七七页。
67　史尚宽，前揭书，同注 2，第七六三页。

叁、指示证券之宣告无效

“民法”第七百十八条规定：“指示证券遗失、被盗或灭失者，法院得因持有人之声请，依公示催告之程序，宣告无效。”宣告证券无效之公示催告程序，应依“民事诉讼法”第五百五十六条至第五百六十七条之规定为之。声请人应视指示证券是否空白背书而定，如系空白背书之指示证券，由最后持有人声请之，其他指示证券则由能依据证券主张权利之人为公示催告之声请[68]（“民事诉讼法”第五百五十八条参照）。自公示催告公告最后登载公报或新闻纸之日起，应有六个月以上之申报权利之期间（“民事诉讼法”第五百六十二条参照），逾期无人申报者，声请人得声请为除权判决，除权判决应宣告证券无效（“民事诉讼法”第五百六十四条第一项参照），此时该指示证券之效力消灭，不得再行使证券上之权利，亦不得让与，否则即生权利瑕疵担保责任之问题（“民法”第三百五十条后段、第三百五十三条参照）。除权判决后对于依证券负义务之人，得主张证券上之权利（“民事诉讼法”第五百六十五条第一项参照）。

68 司法院1940年度院字第2005号解释：“申报权利之公示催告，以法律有规定者为限，民事诉讼法第五百三十五条（著者按——现行法第五百三十九条）第一项定有明文。宣告证券无效之公示催告，为申报权利之公示催告之一种，自应依此规定办理。故证券未经实体法明定具有某种情形时，得依公示催告程序宣告无效者，虽属有价证券，亦不许行公示催告程序。民法第七百十八条固规定指示证券遗失、被盗或灭失时，得依公示催告程序宣告宣告无效，惟其所称之指示证券，谓指示他人将金钱、有价证券或其他代替物给付第三人之证券，民法第七百十条第一项规定甚明。更参以民法第七百十条以下各条之规定，指示证券系指示他人为给付，而非发行该证券之指示人自为给付之证券，尤无疑义。民法第六百十五条之仓单，或民法第六百二十五条之提单，则系填发仓单之仓库营业人、或填发提单之运送人自为给付，而非指示他人为给付之证券，显非民法第七百十八条所称之指示证券，记名式之仓单或提单，在法律上既无与民法第七百十八条，第七百二十五条第一项，票据法第十六条第一项同一之规定，即不得依公示催告程序宣告无效。至民事诉讼法第五百五十四条，不过就实体法上已明定具有某种情形时，得依公示催告程序宣告无效之证券，规定何人有公示催告之声请权，并非因实体法所定许行公示催告程序之证券范围过狭，加以扩张，此观同条第一项所称之无记名证券及空白背书之指示证券，在实体法均已明定遗失、被盗或灭失时，得依公示催告程序宣告无效，同条复未规定所称之证券，具有何种情形时，得为公示催告之声请，其义自明，故同条第二项所称前项以外之证券，系指记名式之票据及指示证券等，未以背书转让或其背书记载被背书人者而言，并不包括实体法上未经明定许行公示催告程序之证券在内，自不得据此即将仓单、提单解为许依公示催告程序宣告无效。原呈所称之寄托证，不得依公示催告程序宣告无效，更不待言。”

在声请公示催告之前，为防止证券之占有人（如拾得人，善意受让人等等）向被指示人提示，请求给付，证券原持有人应向被指示人为止付之通知（类推适用“票据法”第十八条），于公示催告程序开始后，其经到期之指示证券，声请人得提供担保请求指示证券之给付；不能提供担保时，得请求将指示证券之金额、代替物或有价证券依法提存（类推适用“票据法”第十九条前段）。此须注意的是，声请人欲请求给付或提存，须限于被指示人已为承担之情形，如被指示人尚未承担者，并不负给付义务，自得予以拒绝给付。最后，声请人得提供担保向指示人请求给付新指示证券，但须限于尚未到期之指示证券之情形（类推适用“票据法”第十九条后段）。

肆、消灭时效完成

“民法”第七百十七条规定：“指示证券领取人或受让人，对于被指示人因承担所生之请求权，自承担之日起，三年间不行使而消灭。”是为短期消灭时效，且限于被指示人已为承担之情形，始有消灭时效之适用，起算点自承担之时起算三年。如罹于消灭时效者，被指示人得拒绝给付（“民法”第一百四十四条第一项参照）。此有一问题：如指示证券定有给付期（到期日），而被指示人在给付期前承担者，证券之持有人于给付期未届至前，尚未能请求被指示人给付，而其时效却自承担时起算，殊有不平之处，故解释上应认为给付日后于承担日者，其时效应自其得行使请求权之给付日起算三年（“民法”第一百二十八条前段）；反之，如未定给付期之指示证券，自承担日起算。[69] 最后，消灭时效完成，台湾采抗辩权发生主义，“民法”第一百四十四条第一项定有明文。严格言之，消灭时效并非指示证券消灭原因，仅因便宜说明之故耳。

69　至于给付日先于承担日之情形，难以想像，故未予以列入讨论。

第二十一章

无记名证券

【案例提示】

某甲百货公司为庆祝十周年开幕，乃发行面额新台币一千元之礼券，客人得凭以于该公司之各专柜购物，某日乙为祝贺其友人之子丙考上大学，乃向甲购买五张礼券赠与丙。试问：

一、该礼券之性质为何？

二、丙持该礼券至甲公司消费，却遭专柜小姐拒收，丙之权利应如何救济？

三、甲得否以该礼券已逾使用期限为由拒绝丙之消费？

四、该礼券遗失时，丙得否依公示催告程序宣告其无效？如证券系“政府”公债，结果有无不同？

五、丙之证券被丁所拾获后售予戊，戊是否为善意受让人而得受保护？

六、丙洗衣服时忘记取出礼券，致使礼券因洗涤而毁损、灭失时，丙应如何处理？

第一节　无记名证券之意义与性质

壹、无记名证券之意义

“民法”第七百十九条之规定：“称无记名证券者，谓持有人对于发行人得请求其依所记载之内容为给付之证券。”兹分述如下：

一、无记名证券系有价证券

无记名证券系有价证券，且系完全有价证券[1]，无记名证券之权利，其发生须作成证券，其移转则必须交付证券，其行使须提示证券。

二、无记名证券为不记载特定权利人之证券

有价证券因权利人是否记载及其记载方式，可分为记名证券、指定证券与无记名证券。记名证券系指证券上记载特定权利人之证券，例如股票；指定证券则系记载特定权利人并附加指定文句，例如支票；至于无记名证券则不记载特定权利人，而以其持有人为权利人是也。持有人得对无记名证券之发行人请求依证券所记载之内容为给付。[2]

三、无记名证券之给付内容并未限制

无记名证券发行人之给付，依证券所载之内容定之，其内容法无限制，不若指示证券必限于金钱、有价证券、物品，甚至服务。[3]

四、无记名证券为自付证券

无记名证券，依“民法”第七百十九条之规定，系由发行人自为给付之证券，故性质上为自付证券，与指示证券系他付证券（委托证券），有所不同。再者，无记名证券限于不记载特定权利人，严格言之，民法上之无记名证券，与有价证券中之无记名证券（包括自付证券或他付证券），有所不同，仅与票据法上之无记名本票相当，故民法未规定时，得类推适用票据法上无记名本票之规定，但二者给付内容仍有不同，盖因无记名证券内容不受限制，票据法上无记名本票给付内容则限于金钱。

贰、无记名证券之性质

一、自付证券

有价证券之无记名证券，理论上不以自付证券为限，但台湾民法规

1 史尚宽，债法各论，1986 年 11 月初版六刷，作者自刊，第七七八页。

2 史尚宽，前揭书，同注 1，第七七九页。郑玉波，民法债编各论，下册，作者自刊，1992 年 10 月十五版，第七六二页。

3 股票系表彰股东权，非单纯地给付，故其纵为无记名，亦非无记名证券之范畴。请参阅郑玉波，前揭书，同注 2，第七六三页。柯芳枝，公司法论，三民书局股份有限公司，1993 年再修订再版，第二〇二页。

定限于自付证券，已如前述。此狭义之规定相当于德国民法第七百九十三条，异于瑞士债务法第九百七十八条第一项之规定。依台湾地区民法规定，无记名证券系由发行人自为给付之证券，与指示证券系指示他人为给付之委托证券（他付证券）并不相同，故性质上为自付证券。

二、债权证券

无记名证券因其标的不同，可分为金钱证券、有价证券及物品证券三种，惟其表彰者均为债权，与票据、股票、公司债相同，故属债权证券，与提单、仓单、载货证券性质上为物权证券，并不相同。

三、信用证券或支付证券

所谓信用证券，系指证券内容之给付定有指定之到期日，指示证券之持有人于未到期前，信赖指示人之信用而接受之，故称为信用证券，汇票、本票属之。支付证券，系指证券之目的即系代替现实上标的物之给付，故称为支付证券，支票属之。无记名证券是否有指定到期日，民法并未规定，理论上依私法自治原则得由发行人自行决定，或与无记名证券之持有人磋商决定无记名证券之到期日，即其给付得定期限或条件，亦得见票即付，此时如定有到期日者，该无记名证券即具有信用证券之性质；反之，发行人发行无记名证券之目的即在代替现实之金钱、有价证券或其他代替物之给付，而未定到期日者，其性质上即属于支付证券。

四、文义证券

无记名证券性质上为文义证券，即指无记名证券权利之内容，胥依无记名证券上所载之文义而决定，纵使该项记载与行为人之真意或实质情形不符，亦不许当事人以无记名证券以外之证明方法，予以变更或补充之谓。无记名证券之文义性[4]，目的在保障善意的证券之持有人，以助长无记名证券之流通。民法无记名证券一节就此虽无明文，惟从其性质上属于流通证券、完全有价证券以观，亦具有文义证券之性质。

五、无因证券

无记名证券发行行为为不要因行为，不以给付原因之要素而得成立

4 史尚宽，前揭书，同注1，第七七九页。

之行为，故无记名证券为无因证券。[5] 无记名证券之持有人得不明示其原因之所在，而主张享有无记名证券上之权利。

六、流通证券

所谓流通证券，系指证券上之权利得依背书或交付之方式自由转让之证券是，民法就无记名证券之让与，虽未明文规定以交付为之，惟学说均承认之，故无记名证券性质上亦为流通证券。

七、设权证券

无记名证券并非证明已存在之权利，而系创设权利，因此无无记名证券即无无记名证券上之权利，故无记名证券性质上为设权证券，与仓单、提单、股票、公司债系证明权利存在之证权证券，有所不同。

八、提示证券

无记名证券之持有人于行使其无记名证券上之权利时，必须向发行人提示证券，发行人始得知其无记名证券之内容而履行，故无记名证券为提示证券。

九、缴回证券

无记名证券之持有人受领无记名证券上权利之给付，应将无记名证券缴回，故无记名证券为缴回证券（兑回证券），以避免发行人负双重给付之危险。

第二节　无记名证券之发行

壹、发行之意义

无记名证券之发行，系指发行人作成无记名证券，并以之交付持有人之法律行为，兹分述如下：

5　史尚宽，前揭书，同注 1，第七七九页。

一、无记名证券之发行为有相对人之单独行为

无记名证券之发行系法律行为之一种，以意思表示为必要，故发行人须具有完全行为能力，否则须由其法定代理人代为之。再者，无记名证券之发行，与指示证券及票据之发行相同，均属有相对人之单独行为（发行说），不若英美法之采契约说。

二、无记名证券之发行系作成证券并交付之行为

无记名证券之发行，必须作成证券，故为要式行为，且作成后必须交付于持有人其发行，始成立生效。此交付须具有交付之意思表示及交付之行为，否则不生效力，此类似于票据之签发行为也。惟为保护交易安全，且为助长无记名证券之流通，乃有下列之例外规定[6]，兹分述如下：

（一）证券非因发行人之意思而流通

"民法"第七百二十一条第一项之规定："无记名证券发行人，其证券虽因遗失、被盗或其他非因自己之意思而流通者，对于善意持有人仍应负责。"发行人虽无自己之交付意思与交付行为，但为保护交易安全，对于善意持有人仍有效力（关于善意受让之问题，详后述）。

（二）发行人死亡或丧失行为能力

"民法"第七百二十一条第二项规定："无记名证券，不因发行在发行人死亡或丧失能力后，失其效力。"此系指发行人已作成证券，但尚未交付即死亡或丧失"行为"能力（如受禁治产宣告），既然未为交付，理论上并不生效力，惟如该无记名证券仍因他人之交付而流通者，该无记名证券乃例外地具有效力，应由发行人或其继承人负责，惟交付行为以外之继承人仍有为抛弃继承或限定继承之权利。本条项理论上将无记名证券之效力例外地提前至其未发出而发行人死亡或丧失行为能力之时点生效，较"民法"第九十五条第二项"表意人于发出通知后死亡或丧失行为能力，或行为能力受限制者，其意思表示，不因之失其效力"之生效时点为早。[7] 再者，本条项虽未如"民法"第九十五条第二项将行为能力受限制之情形予以规范，惟愚意以为，当发行人作成无记名证券未及

6 故无记名证券可认为原则上采发行说，例外采创造说。请参阅郑玉波，前揭书，同注2，第七六七页。

7 郑玉波，前揭书，同注2，第七六七页。

发行而行为能力受限制时（例如“民法”第八十五条第二项本文所规定发行人之法定代理人撤销发行人独立营业之允许是），亦应得类推适用“民法”第七百二十一条第二项之规定，该无记名证券不因此而失其效力。

贰、发行之款式

无记名证券之记载事项，法无明文规定，理论上应有绝对应记载事项、相对应记载事项及得记载事项，兹分述如下：

一、绝对应记载事项

（一）给付之标的

无记名证券之给付标的，并无限制，金钱、有价证券、代替物或服务均可，已如前述。但仍须适法、确定、可能、妥当，以符合法律行为之一般生效要件[8]，至于不代替物及不作为，因与无记名证券流通性不符，解释上非无记名证券之标的。

（二）发行人之签名

无记名证券应由发行人签名，须符合“民法”第三条之规定。又此之签名，解释上含机械式之签名。

（三）发行日期

发行日期为绝对应记载事项。

二、相对应记载事项

（一）给付日期

给付日期可记载，亦可不记载，如不记载者，视为见券即付。[9]

（二）给付地

给付地可记载，亦可不记载，如不记载者，以发行人之营业所、住所或居所所在地为给付地。

8　施启扬，民法总则，作者自刊，1999 年 9 月增订八版，第一九九页。

9　最高法院 1943 年度上字第 1994 号判例：“无记名证券所载付款日期不过为债务之清偿期，并非一经过期，发行人即可免除给付之义务。”并请参阅史尚宽，前揭书，同注 1，第七八〇页。郑玉波，前揭书，同注 2，第七六九页。

三、得记载事项

无记名证券之提示期间，为得记载事项，“民法”第七百二十六条第一项定有明文，发行人得将提示期间记载于无记名证券上。

四、不得记载事项

无记名证券不得记载权利人之姓名，否则即非无记名证券，但如抽象地记载“来人”或“持有人”者，仍不失为无记名证券。[10] 惟此时有一问题：如发行人记载特定人为权利人者，该“证券”之性质应如认定？从文义证券之观点以观，殆不可能再将其解释为无记名证券。再者，此系由发行人自行给付，非指示证券规定所规范之范围，其又未记载“表明其为本票之文字”，且不一定为金钱证券，故无票据法本票规定适用之余地。惟从私法自治原则以观，应认为其无违背强行规定或善良风俗而仍为有效，性质上属于“无名证券”，其权利义务关系除依证券上之记载外，应依其性质分别类推适用指示证券、无记名证券或本票之规定。

叁、发行之效力

“民法”第七百二十条第一项本文规定：“无记名证券发行人，于持有人提示证券时，有为给付之义务。”故发行人因其发行证券而负给付义务，其给付内容则依证券之记载（“民法”第七百十九条参照）。

第三节　无记名证券之流通

壹、无记名证券之让与及设质

一、无记名证券之让与

无记名证券重视流通，故性质上可让与，让与方式民法并未规定，

10　郑玉波，前揭书，同注 2，第七六八页。

通说认为以“合意＋交付”为之即可[11]，故无背书转让之问题，更无背书之方式、涂销或追索等问题。惟因无记名证券所载权利之行使须提示证券，此所谓之交付必须以现实交付之方式为之，无简易交付规定之适用，与一般动产之交付（“民法”第七百六十一条参照）仍有所差异。

二、无记名证券之设质

“民法”第九百零二条规定：“权利质权之设定，除本节有规定外，应依关于其权利让与之规定为之。”复依“民法”第九百零八条前段规定：“质权以无记名证券为标的物者，因交付其证券于质权人而生设定质权之效力。”无记名证券之设质，民法无记名证券一节就无记名证券之让与方式并未予以规定，乃有“民法”第九百零八条前段之规定，应以交付之方式为之。[12]

贰、无记名证券之善意取得

台湾地区民法虽未如日本民法将无记名证券视为动产（日本民法第八十六条第三项参照），但无记名证券具有财产权之性质，从保护交易安全之观点而言，无记名证券亦应有善意取得规定适用之余地，兹分述如下：

一、非因发行人之意思而流通之善意取得

无记名证券作成后，须由发行人自己交付于持有人始生效力（发行说），但因其证券遗失、被盗或其他非因发行人自己意思而流通者，发行人对于善意持有人，仍应负责，“民法”第七百二十一条第一项定有明文。于此等情形下，证券发行人已作成证券，但未有交付之行为，证券却因遗失、被盗或其他非因证券发行人自己之意思而流通，此时为保障善意第三人，发行人仍应负责，惟于给付之后，再另行向拾得人或窃盗者等请求损害赔偿。但如拾得人或窃盗者等并未将证券让与第三人，或是让与恶意第三人者，证券发行人毋须负责。

11　史尚宽，前揭书，同注1，第七八二页。郑玉波，前揭书，同注2，第七六六页。

12　“最高法院”1986年度台上字第700号判决：“质权以无记名证券为标的物者，因交付其证券于质权人而生设定质权之效力。以其他有价证券为标的物者，并应依背书方法为之，‘民法’第九百零八条定有明文。故以有价证券设质，只须当事人将背书之证券交付于质权人，并有设质之合意为已足，无须于背书时附以表示设质之文句。”

二、因无权利人让与之善意取得

当证券发行人作成证券并交付于持有人时，无上开“民法”第七百二十一条第一项规定之适用。盖此时证券发行人系以自己之意思将证券交付于持有人，当无记名证券因遗失、被盗或其他非因持有人之意思而流通者，是否有“民法”第八百零一条、第九百四十八条规定之适用？愚采肯定之见解，理由有二：

1. 无记名证券具有财产权之性质，且为保障交易安全，应认为其有善意取得之适用。

2. 依“民法”第九百五十一条规定：“盗赃或遗失物如系无记名证券，不得向其善意占有人请求回复。”按“民法”第九百五十一条系适用第九百四十九条规定之例外，第九百四十九条规定是适用第九百四十八条规定之例外。[13] 从逻辑而言，欲适用“民法”第九百五十一条规定之前提，必先符合“民法”第九百四十八条之规定。因此，无记名证券得适用民法上善意取得之规定，于无记名证券因遗失、被盗或其他非因持有人之意思而流通之情形，证券发行人仍应对善意持有人负责。再者，盗赃或遗失物如系无记名证券，不得依“民法”第九百四十九条之规定向其善意占有人请求回复，依举重以明轻之法理[14]，非盗赃或遗失物之无记名证券更不得请求回复。[15] 因此，善意取得规定系保护交易安全之重要环节之一，现行法律已依财产之性质予以明文规定（动产：“民法”第八百零一条、第八百八十六条、第九百四十八条。不动产：“土地法”第四十三条。票据：票据法第十四条），无记名证券性质上属于有价证券，自有遗失、被盗或灭失之可能[16]，如有善意取得无记名证券者，其应得享有无记名证券上之权利，以维交易安全。从善意取得人受让该证券之人纵使为恶意，仍系由有权利人取得权利，故该证券已非遗失物或盗赃物，自无善、恶意之问题。[17]

13 王泽鉴，民法物权，第二册，占有，1995 年 5 月初版，作者自刊，第一八二页。谢在全，民法物权论，下册，作者自刊，1995 年 9 月修订版，第五二三页。

14 关于举重明轻之法理，请参阅王泽鉴，举重明轻、衡平原则与类推适用，收录于氏著民法学说与判例研究，第八册，作者自刊，1996 年 10 月出版，第一页。

15 郑玉波，前揭书，同注 2，第七七一页。

16 参照民法第七百二十条第一项但书、第七百二十一条、第七百二十五条、第七百二十七条等规定。

17 史尚宽，前揭书，同注 1，第七八三页。郑玉波，前揭书，同注 2，第七七八页。

叁、无记名证券之换新

一、换新之要件

无记名证券于流通之际，因事实上之毁损或变形，不适于流通时，为确定当事人间法律关系，“民法”第七百二十四条第一项规定：“无记名证券，因毁损或变形不适于流通，而其重要内容及识别记号仍可辨认者，持有人得请求发行人，换给新无记名证券。”换发新无记名证券后，该证券上所表彰之权利，即得以再继续流通。

无记名证券之换新，依“民法”第七百二十四条第一项之规定，必须符合①因毁损或变形不适于流通，及②其重要内容及识别记号仍可辨认。前者如因毁损或变形之情节轻微，仍适于流通者；或证券因灭失而不适于流通者，均无本条项之适用。后者必须其重要内容如给付之种类、品质或数量；其识别记号如银行兑换券或无记名可转让定期存单之编号，无记名证券必须具备上开要件时，持有人始得请求发行人换给新无记名证券。欠缺其一者，发行人得拒绝之。证券因灭失而不适于流通者，得依“民法”第七百二十五条之规定声请公示催告，此时虽无“民法”第七百二十四条第一项规定之适用，但持有人在公示催告之期间，得否提供担保，请求发行人换给新证券？愚意以为得类推适用“票据法”第十九条第二项后段之规定而采肯定说。[18]

二、换新费用之负担

“民法”第七百二十四条第一项规定持有人得请求发行人换给新无记名证券，其立法目的系赋予持有人此换新利益，藉以确保证券所表彰之权利。“民法”第七百二十四条第二项规定：“前项换给证券之费用，应由持有人负担。但证券为银行兑换券，或其他金钱兑换券者，其费用应由发行人负担。”换给新无记名证券之费用（包括成本、印花税等等），由持有人负担，在持有人未支付费用之前，发行人得行使同时履行抗辩权（“民法”第二百六十四条参照）（愚称为法定双务关系），拒绝持有人换新之请求。但证券为银行兑换券，或其他金钱兑换券者，此等兑换券原系大量发行，发行人已获得发行之利益，故换新证券之费用应由发行

18　郑玉波，前揭书，同注2，第七七三页。

人负担。惟不论证券换新费用由何人负担，于发行人换给新券时，持有人应将旧券缴还。

第四节　无记名证券之给付

壹、给付程序

一、证券之提示

“民法”第七百二十条第一项本文规定：“无记名证券发行人，于持有人提示证券时，有为给付之义务。”按持有人请求证券之给付者，既必须提示证券，故无记名证券之给付义务性质上为往取债务。至于无记名证券提示之期间，民法未如票据法定有明文，除证券上已为载明外（“民法”第七百二十六条参照），并无任何限制。但该无记名证券如定有给付期间者，解释上应自到期日起，始得提示。如未定给付期间者，自发行之日起，得随时提示。

二、依内容给付

发行人于持有人提示证券时，有为给付之义务，“民法”第七百二十条第一项定有明文，此时发行人应依证券所载之内容给付，惟有不得给付之情形（例如知持有人就证券无处分之权利，或受有遗失、被盗或灭失之通知，详后述），或具有抗辩事由者（“民法”第七百二十二条参照），发行人即不必依证券之内容给付。

为保障证券之流通，如发行人不知该证券有“民法”第七百二十条第一项但书之情形，而依同条项本文之规定依证券内容给付者，虽持有人就证券无处分之权利，发行人亦免其债务（“民法”第七百二十条第二项参照），仍生给付之效力。此时真正之权利人即不得主张发行人之给付无效或不得对抗之，再向发行人请求依证券内容给付。反之，如发行人明知该证券有“民法”第七百二十条第一项但书之情形，竟仍依证券内容给付者，依“民法”第七百二十条第二项之反对解释，发行人不得免其债务，此时该债务已转为一般债务，不再是证券债务。

三、证券之缴回

"民法"第七百二十三条第一项规定："无记名证券之持有人请求给付时，应将证券交还发行人。"无记名证券与票据、指示证券、提单、仓单及载货证券均相同，均为缴回证券，藉以防止证券流入善意之人而生重复给付之危险。因此，如持有人提示证券，请求发行人依证券内容给付，拒不缴回证券者，发行人自得拒绝给付（类推适用"民法"第二百六十四条同时履行抗辩权）。

发行人依上开规定收回证券后，纵使持有人就该证券无处分之权利，发行人仍取得其证券之所有权，"民法"第七百二十三条第二项定有明文。此时不论持有人有无处分权，不论发行人就持有人之无处分权是否知情，发行人均取得该证券之所有权，理由有三：①法文而言，"民法"第七百二十三条第二项之规定，不若民法第七百二十条第一项但书之规定以发行人"明知"为要件[19]；②自效果而言，纵使发行人明知持有人无处分权而仍为给付，收回证券，此时发行人虽得取得证券之所有权，仍不能免其债务，真正权利人不得请求返还证券[20]，却得请求发行人履行债务，对真正权利人亦有保障；③自实际运作而言，发行人收回证券后多将证券作废，允许真正权利人请求返还，实际上亦无用处。

贰、给付之效力

一、消灭证券债务

发行人依证券之内容给付后，证券债务随即消灭，发行人免其责任。虽持有人就证券无处分之权利，只要发行人为善意，亦免其债务。反之，如发行人为恶意者，不得免其债务，惟此时该债务已转为一般债务，证券债务仍因给付而消灭。

二、取得证券所有权

发行人依证券内容给付时收回证券，不论持有人有无处分该证券

19　反对见解，梅仲协，民法要义，作者自刊，1963年修订八版，第三五九页。

20　史尚宽，前揭书，同注1，第七八八页。郑玉波，前揭书，同注2，第七七一页。

之权利，亦不论持有人无处分权之善、恶意，发行人均取得证券所有权。

叁、给付之拒绝

证券持有人提示证券时，发行人原则上应为给付，如不为给付者，应负债务不履行责任。发行人于例外之情形下得拒绝给付，兹分述之：

一、发行人应拒绝给付

有下列三种情形者，发行人应拒绝给付。如为给付者，发行人仍不得免责：

（一）明知持有人无处分权

依“民法”第七百二十条第一项但书之规定，发行人明知持有人无处分权者，不得给付，如为给付仍不得免责。[21]

（二）受有遗失、被盗或灭失之通知

依“民法”第七百二十条第一项但书之规定，发行人受有遗失、被盗或灭失之通知者，发行人不得为给付。有学者认为此所谓之灭失与一般灭失之概念并不相同，仅限于遗失、被盗以外之非因权利人自己意思而脱离占有之“相对的灭失”而已，不包括物质上“绝对的灭失”[22]。此系因“民法”第七百二十条第一项但书之前提（即本文之规定）已限于持有人提示证券，故解释上但书“灭失”之规定当然不包括物质上之灭失，愚赞同之。

（三）受法院禁止支付之命令

无记名证券遗失、被盗或灭失[23]，持有人得声请法院为公示催告（“民法”第七百二十五条第一项、“民事诉讼法”第五百五十八条参照），此时发行人对于持有人，应告知关于实施公示催告之必要事项，并供给其证明所必要之材料（“民法”第七百二十五条第二项）。如法院准其声请者，对于发行人应为禁止支付之命令（“民法”第七百二十六条、“民事诉讼法”第五百六十六条参照），如该证券定有提示期间者，因法院为禁止支付之命令者，此时停止持有人提示期间之进行。

21 郑玉波，前揭书，同注2，第七七六页。

22 史尚宽，前揭书，同注1，第七八五页。郑玉波，前揭书，同注2，第七七七页。

23 此灭失包括物质上之灭失，与“民法”第七百二十条第一项规定并不相同。

二、发行人得拒绝给付

"民法"第七百二十二条规定："无记名证券发行人，仅得以本于证券之无效、证券之内容或其与持有人间之法律关系所得对抗持有人之事由，对抗持有人。但持有人取得证券出于恶意者，发行人并得以对持有人前手间所存抗辩之事由对抗之。"[24] 此为流通证券之常态，其目的在于维持无记名证券流通之机能。兹就其抗辩之事由分述之：

（一）本于证券之无效

例如证券未载应记载事项（形式欠缺）、证券为伪造、或发票人于变造前签名[25]、发行人于发行时为无行为能力人或限制行为能力人、或该证券已被法院依除权判决宣告其无效（"民事诉讼法"第五百六十四条参照）等等，此抗辩事由得对抗任何持有人（物之抗辩）。

（二）本于证券之内容

发行人既依证券之内容给付，故证券上所记载之给付标的、提示日期、给付日期及给付地，甚至证券权利消灭时效业已完成等，均得以对抗任何持有人（物之抗辩）。

（三）本于发行人与持有人间之法律关系所得对抗持有人之事由

按所谓"发行人与持有人间之法律关系所得对抗持有人之事由"，系指发行人与现行提示之持有人个人间法律关系所得对抗持有人之事由[26] 而言，例如延期给付、抵销、免除、已罹时效之抗辩等是，其概念与"民法"第七百十一条第二项、第七百十六条第三项及"票据法"第十三条相同，发行人仅得以其与持有人间之法律关系之事由对抗持有人，不得以其与持有人之前手间之法律关系之事由对抗持有人，否则将严重侵害交易安全。例如甲因资金关系而发行无记名证券于乙，乙对甲表示免除（"民法"第三百四十三条参照）或业经抵销（"民法"第三百三十四条参

24　本条修正理由："原条文规定无记名证券发行人，仅得以本于证券之无效、证券之内容或其与持有人间之法律关系所得对抗持有人之事由，对抗持有人。至于发行人以持有人取得证券如出于恶意，得否以对持有人前手间之事由而为抗辩，并未规定，适用上不无疑义。按无记名证券之持有人，其取得证券如出于恶意，应许发行人以对持有人前手间所存抗辩之事由对抗持有人，为学者间之通说（史尚宽著债法各论第七八六、七八七页，郑玉波著民法债编各论第七七八页参照）。为保护发行人，爰参照'票据法'第十三条但书、瑞士债务法第九百七十九条第二项之立法例，增列但书规定，许发行人对恶意取得证券之持有人，得以发行人对于持有人前手间所存抗辩之事由，对抗持有人。"

25　郑洋一，票据法之理论与实务，作者自刊，1994 年 10 月修订十九版，第一二四页。

26　郑玉波，前揭书，同注 2，第七七八页。

照），导致给付义务消灭后，竟将证券转让于丙，当丙向甲提示时，甲不得以其与乙间关系对抗丙。

（四）无记名证券之持有人恶意取得证券

无记名证券与指示证券及票据同采“后手不继受前手瑕疵原则”，此与“票据法”第十三条人之抗辩之立法意旨相同，均在维持其流通性。是以于无记名证券之持有人取得证券出于恶意之情形，发行人得否抗辩而拒绝给付？“民法”第七百二十二条仿“票据法”第十三条增定但书之规定，明订于无记名证券之持有人取得证券出于恶意之情形，排除“民法”第七百二十二条本文规定之适用，得以对持有人前手间所存抗辩之事由对抗之。最后，“民法债编施行法”第三十二条规定：“修正之‘民法’第七百二十二条之规定，于民法债编修正施行前取得证券出于恶意之无记名证券持有人，亦适用之。”[27] 故本条修正条文之适用有溯及力。

第五节　无记名证券之丧失

壹、一般无记名证券之丧失[28]

一般无记名证券之丧失，兹分述处理程序：

一、向发行人为通知

证券有遗失、被盗或灭失者，持有人应先向发行人为通知（即俗称之“挂失”），其性质与票据法第十八条规定之“止付之通知”相同。发行人受持有人之通知后，不得为给付（“民法”第七百二十条第一项但书）。

“民法”第七百二十条之一规定：“无记名证券持有人向发行人为遗失、被盗或灭失之通知后，未于五日内提出已为声请公示催告之证明者，

27 本条增订理由：“一、本条新增。二、无记名证券持有人如以恶意取得证券者，应许发行人以对持有人前手间所存抗辩事由对抗持有人，为学者间之通说；修正前民法虽未规定，但“修正民法债编”第七百二十二条已增设但书明文。为保护无记名证券之发行人，宜使民法债编修正前后效力一致，爰增设本条规定。”

28 此所谓“一般无记名证券之丧失”，系指特殊之无记名证券即“利息年金及分配利益之无记名证券”与“无利息见票即付之无记名证券”以外之无记名证券之丧失而言。

其通知失其效力。前项持有人于公示催告程序中，经法院通知有第三人申报权利而未于十日内向发行人提出已为起诉之证明者，亦同。”[29] 无记名持有人虽已向发行人为通知，但未于法定期限内提出已为声请公示催告之证明或已为起诉之证明者，其为遗失、被盗或灭失之通知，失其效力，持有人不得再主张无记名证券之权利。

二、公示催告之声请

“民法”第七百二十五条第一项规定：“无记名证券遗失、被盗或灭失者，法院得因持有人之声请，依公示催告之程序，宣告无效。”[30] 公示催告之声请人，依“民事诉讼法”第五百五十八条第一项规定，系指最后持有人而言，故民法第七百二十五条第一项规定之“持有人”，应作相同之解释。

所谓公示催告程序，系指法院依当事人之声请，以公示方法催告不

29 本条增订理由：“一、本条新增。二、为解决无记名证券遗失、被盗或灭失之问题，俾免久延时日致损及他人利益，爰仿‘票据法’第十八条第一项但书及第二项规定，增订本条第一项，以免争执。三、持有人于声请法院为公示催告中，如有第三人申报权利，实务上法院通常以裁定停止公示催告程序（‘民事诉讼法’第五百四十八条），如当事人未向法院起诉以确定所报权利之归属，则法律关系将久悬不决，损及他人利益，爰于第二项明定持有人未于十日内向发行人提出已为起诉之证明者，持有人为遗失、被盗或灭失之通知，亦失其效力。”

30 司法院 1941 年度院字第 2270 号解释：“称无记名证券者，为持有人对于发行人得请求依其记载之内容为给付之证券，民法第七百十九条定有明文。是具有此种意义之证券，即为无记名证券，并无其他应备之要件。无记名证券因毁损变形不适于流通时，持有人得依民法第七百二十四条之规定，请求发行人换给新无记名证券，则无记名证券，不以适于流通为要件，毫无疑义。原呈所谓适于流通，如指持有人得以交付证券之方法，让与他人而言，则具有民法第七百十九条所定意义之证券，当然适于流通，不得谓具有此种意义之证券，尚需另备适于流通之要件，始为无记名证券。凭票给付之借款条据，如其所载内容可视为具有民法第七百十九条所定意义之证券，自属无记名证券，除依民法第七百二十八条，不适用第七百二十五条之规定者外，当然有民法第七百二十五条之适用。”

同院 1945 年度院解字第 3014 号解释：“记名之黄金存单及法币折合黄金存款之存单，虽未留有印鉴，亦非无记名证券，此项存单遗失、被盗或灭失者，法律上既未如无记名证券，设有民法第七百二十五条之规定，按诸民事诉讼法第五百三十五条，自不得依公示催告程序宣告无效。”

同院 1945 年度院解字第 3057 号：“政府发行之无记名债票，系民法上之无记名证券，此项债票非无利息，亦非见票即付，不能依民法第七百二十八条排除民法第七百二十五条之适用，此外法律上又无排除同条适用之特别规定，则遇债票遗失、被盗或灭失时，法院自得因持有人之声请，依公示催告程序宣告无效，原呈所举困难情形仅可供立法上之参考，不足为解释上排除现行法适用之论据。”

明之利害关系人（指有无不明或不确定及姓名不明等之情形），于一定期间内申报权利，如不申报，使生失权之效果之程序。[31] 民事诉讼法之规定区分为“一般公示催告程序”（“民事诉讼法”第五百三十九条至第五百五十五条参照）与“宣告证券无效之公示催告程序”（“民事诉讼法”第五百五十六条至第五百六十七条参照）二种，无记名证券所适用者为后者。

持有人声请公示催告时，应提出证券缮本或开示证券要旨及足以辨认之事项，并释明证券被盗、遗失或灭失及有声请权之原因、事实（“民事诉讼法”第五百五十九条参照）。此时发行人对于持有人，应告知关于实施公示催告之必要事项，并供给其证明所必要之材料（“民法”第七百二十五条第二项参照），俾便持有人声请公示催告。发行人之告知事项义务、供给材料义务为从给付义务（附随义务），违者，持有人得以诉请求。

三、禁止支付命令之声请

“民事诉讼法”第五百六十六条第一项规定：“因宣告无记名证券之无效声请公示催告，法院准许其声请者，应依声请不经言词辩论，对于发行人为禁止支付之命令。”此时如无记名证券定有提示期间者，依“民法”第七百二十六条之规定，停止提示期间之进行，且该停止，自声请发禁止支付之命令时起至公示催告程序终止时止。

声请公示催告后禁止提示期间进行之立法理由，在于因提示期间届满后持有人如不行使权利，即生失权之效力。声请公示催告时，持有人之无记名证券既已丧失，无法提示证券，须经过公示催告申报权利期间（自公示催告之公告，最后登载公报或新闻纸之日起六个月），取得除权判决后始得行使权利（“民事诉讼法”第五百六十二条、第五百六十五条参照）。如不于声请公示催告后禁止提示期间进行者，有申报权利期间尚未经过，而提示期间已经过之可能性发生，故有禁止之必要。惟公示催告程序因提示证券或其他原因未为除权判决而终结者，法院应依职权以裁定撤销禁止支付之命令（“民事诉讼法”第五百六十七条第一项参照）。

反之，如无记名证券并未记载提示期间，虽无上述之问题，但无记名证券权利之消灭时效亦会有相同之危险。因此，学者以为证券纵未记载提示期间，法院仍可依声请对于发行人为禁止支付之命令，且此时可“停止”消灭时效期间之进行。[32] 此“停止”之效力，自声请发禁止支付

31 杨建华，民事诉讼法要论，作者自刊，1994年4月出版，第四四七页。

32 史尚宽，前揭书，同注1，第七九一页。郑玉波，前揭书，同注2，第七八二页。

之命令时起至公示催告程序终止时止。公示催告程序终止后，无记名证券之时效，应与停止前已过之期间合并计算，继续进行，而与时效之中断后期间重新起算不同。[33]

四、除权判决之声请

宣告证券无效之公示催告程序所定之申报权利期间，如有持有证券人申报权利并提出证券者，法院应通知声请人并酌定期间使其阅览证券（“民事诉讼法”第五百六十三条参照），此项期间由法院酌量情形定之。声请人阅览证券后，认为该证券系其所丧失者，公示催告程序即因此而终结，如证券有实体上之争执，应依诉讼程序解决之。[34]

反之，如申报权利期间经过后，无人申报权利时，法院应以除权判决宣告证券无效（“民事诉讼法”第五百六十四条第一项参照），有除权判决后，声请人对于依证券负义务之人，得主张证券上之权利（“民事诉讼法”第五百六十五条第一项参照），惟此时仍必须提示除权判决之判决书。如发行人因除权判决而为清偿者，于除权判决撤销后[35]，仍得以其清偿对抗债权人或第三人，但清偿时已知除权判决撤销者，不在此限（“民事诉讼法”第五百六十五条第二项参照）。是以清偿时不知除权判决已撤销者，发行人仍得以其清偿对抗债权人或第三人，此时证券真正权利人仅得向受领给付之人请求损害赔偿或不当得利。[36]

33 郑玉波，前揭书，同注 2，第七八二页。

34 杨建华，前揭书，同注 31，第四五六页。

35 “最高法院”1987 年度台上字第 1213 号判决：“无记名证券所表彰之权利与该证券本体有不可分离之关系，故非经提出证券，不得行使其权利，如该证券遗失、被盗或灭失者，为使真正之权利人，得以保障其权利，民事诉讼法乃有宣告证券无效之公示催告程序之规定。公示催告程序中，如无人申报权利，法院得依声请人之声请，以除权判决宣告证券无效；如有人申报权利，而与声请人发生证券权利之争执，法律为解决争端，公示催告程序即因而终结，由声请人或申报权利人另行提起民事诉讼请求确定其权利，是公示催告及除权判决之利害关系人，系指对于声请公示催告及除权判决之证券主张有权利存在之相对人而言。至于证券之发行人或义务人，仅对证券之持有人或因除权判确定之真正权利人负给付义务而已，自难认系公示催告及除权利决之利害关系人。‘民事诉讼法’第五百五十一条对于得提起撤销除权判决之诉之人，固未设明文之规定，惟依上开说明，应系指对于除权利决所宣告无效之证券上权利有执之人。”

36 杨建华，前揭书，同注 31，第四五六页。并请参阅“司法院大法官”会议释字第 186 号解释：“宣告股票无效之除权判决经撤销后，原股票应回复其效力。但发行公司如已补发新股票，并经善意受让人依法取得股东权时，原股票之效力，即难回复。其因上述各情形丧失权利而受损害者，得依法请求损害赔偿或不当得利之返还。本院院字第二八一一号解释，应予补充。”

有除权判决之后，纵使第三人善意受让原证券时，因其未依规定申报权利，故所受让之证券归于无效，无所谓善意受让之问题，其仅得向让与证券之前手主张债务不履行或权利瑕疵担保责任（“民法”第三百五十条参照)，不得向发行人请求依证券内容给付。

贰、利息、年金及分配利益之无记名证券之丧失

一、向发行人为通知

利息、年金及分配利益之无记名证券有遗失、被盗或灭失者，持有人应先向发行人为通知。发行人受持有人之通知后，不得为给付（“民法”第七百二十条第一项但书)。

二、利息、年金及分配利益之无记名证券给付之特殊规定

（一）利息、年金及分配利益之无记名证券之内容

“民法”第七百二十七条第一项所规定之无记名证券，包括利息、年金及分配利益之无记名证券，兹分述如下：

1. 利息之无记名证券：如公债、公司债之息票。

2. 年金之无记名证券：如表彰按年给付一定金额债权之无记名证券。

3. 分配利益之无记名证券：例如无记名证券之红利。

（二）利息、年金及分配利益之无记名证券遗失、被盗或灭失之救济

利息、年金及分配利益之无记名证券，有遗失、被盗或灭失者，除亦得依上述公示催告程序等程序办理外，为求交易安全及持有人之利益，民法定有特殊简便之程序。兹分述之：

1. 时效届满前未有提示：“民法”第七百二十七条第一项规定：“利息、年金及分配利益之无记名证券，有遗失、被盗或灭失而通知于发行人者，如于法定关于定期给付之时效期间届满前未有提示，为通知之持有人得向发行人请求给付该证券所记载之利息、年金、或应分配之利益。但自时效期间届满后，经过一年者，其请求权消灭。”所谓法定关于定期给付之时效期间，如“民法”第一百二十六条所定关于一年或不及一年之定期给付债权，其各期给付请求权之时效期间为五年。此等利息、年金及分配利益之无记名证券，性质上为定期给付债权，时效期间短，金额并不大，民法定有简易救济程序，由持有人将遗失、被盗或灭失等事实通知发行人，于其时效届满前，未有第三人提示证券请求给付者，原

持有人即得向发行人请求给付，发行人亦应给付。发行人给付后，如另有持有人向其提示证券，须视该持有人是否为无记名证券之权利人，如该持有人系拾得人者，发行人自得以其为恶意而拒绝给付；反之，如持有人系善意受让该证券者，发行人亦得以罹于时效而拒绝给付，不致受到损害。因此，民法特别规定持有人已将丧失等事实通知发行人后，原持有人于时效完成后请求给付时，发行人仍应给付，但期间仅限于一年，一年期间经过后，其请求权消灭。[37]

2. 时效届满前已有提示："民法"第七百二十七条第二项规定："如于时效期间届满前，由第三人提示该项证券者，发行人应将不为给付之情事，告知该第三人，并于该第三人与为通知之人合意前，或于法院为确定判决前，应不为给付。"此系因第三人取得该证券可能为善意，亦可能为恶意，发行人并无确定真正权利人之权利与义务，故应依该第三人与原持有人之合意，或依法院之确定判决，确定应给付为何人时，始为给付。

"民法"第七百二十七条之简易救济方法，已如上述，惟利息、年金及分配利益之无记名证券之遗失、被盗或灭失，是否仍得适用上揭公示催告程序？学界多采肯定说[38]之见解，查票据有遗失、被盗或灭失之情事者，依"票据法"第十八条、第十九条之规定得为止付之通知，惟其并未排除公示催告程序规定之适用，无记名证券应采相同见解，故愚亦采肯定说。最后，此等无记名证券纵使记载"不得挂失"，虽无"民法"第七百二十七条规定之适用，但仍未剥夺持有人依公示催告程序宣告该证券为无效之权利。[39]

37 史尚宽，前揭书，同注1，第七九三页。郑玉波，前揭书，同注2，第七八五页。

38 史尚宽，前揭书，同注1，第七九三页。郑玉波，前揭书，同注2，第七八六页。

39 司法院1945年度院字第2811号解释："银行依节约建国储蓄券条例或发行美金节约建国储蓄券办法发行之储蓄券，为民法第七百二十五条第一项所称之无记名证券。此项储蓄券遗失被盗或灭失者，依同条项之规定，法院得因持有人之声请，依公示催告程序宣告无效，财政部颁行之节约建国储蓄券条例施行细则第十五条，及发行美金节约建国储蓄券办法，说明所谓不记名储蓄券不得挂失，系指不得依其所定记名储蓄券挂失办法挂失而言，非以排斥民法第七百二十五条第一项之适用，购券人与银行约定不得挂失者亦同，若其所谓不得挂失意在排斥民法第七百二十五条第一项之适用，则在法律上碍难认为有效。至银行未受有该券遗失被盗或灭失之通知，亦不知有宣告该证券无效之除权判决，则依民法第七百二十条之规定，银行免其债务，声请人不得再依除权判决请求银行给付，又银行因除权判决向声请人补发新券或兑付券款者，依民事诉讼法第五百六十一条第二项之规定，除补发或兑付时除权判决已撤销，且为该银行已知者外，得以其补发或兑付对抗债权人或第三人，其被对抗者是否原券之善意持有人，在所不问，至民法第七百二十一条之规定，于无记名证券因发行人之意思而流通后，在持有人处遗失或被盗者，不适用之。"

叁、无利息见票即付之无记名证券之丧失

“民法”第七百二十八条规定：“无利息见票即付之无记名证券，除利息、年金及分配利益之证券外，不适用‘民法’第七百二十条第一项但书及第七百二十五条之规定。”所谓无利息见票即付之无记名证券[40]，系指不给付利息，且证券上记载见票即付，或虽未记载见票即付，但因未记载给付日期而视为见票即付之无记名证券，例如银行券，“国库券”，商品礼券等是。[41] 此等证券因大量发行、流通，其经济效用与一般无记名证券有所不同。兹分述其义如下：

一、不适用“民法”第七百二十条第一项但书规定

无利息见票即付之无记名证券，不适用“民法”第七百二十条第一项但书“知持有人就证券无处分之权利，或受有遗失、被盗或灭失之通知者，不得给付”之规定。故于发行人明知持有人就证券无处分之权例，或受有遗失、被盗或灭失之通知时，发行人除得对持有人给付而免其债务外，尚有给付之义务，故无利息见票即付之无记名证券即不得挂失。

二、不适用“民法”第七百二十五条规定

无利息见票即付之无记名证券，不适用“民法”第七百二十五条“无记名证券遗失、被盗或灭失者，法院得因持有人之声请，依公示催告之程序，宣告无效。前项情形，发行人对于持有人，应告知关于实施公示催告

（接上页）同院“大法官”会议释字第88号解释：“‘民法’第七百二十五条所定之公示催告程序乃以保障无记名证券合法持有人之利益。‘中华民国’四十八年短期公债发行条例第三条，仅有‘不得挂失’之规定，自不得据以排除上开民法条文之适用。”
同院大法官会议释字第386号解释：“‘中央政府建设公债发行条例’第八条前段规定：‘本公债债票遗失、被盗或灭失者，不得挂失止付，并不适用民法第七百二十条第一项但书、第七百二十五条及第七百二十七条之规定。’使人民合法持有之无记名公债债票于遗失、被盗或灭失时，无从依民法关于无记名证券之规定请求权利保护，亦未提供其他合理之救济途径，与‘宪法’第十五条、第十六条保障人民权利之意旨不符，应自本解释公布之日起，于其后依该条例发行之无记名公债，停止适用。”

40 “最高法院”1995年度台上字第3005号判决：“按旅行支票之使用，有其特定之方式，其性质若何，应斟酌其票上文字记载以为判断。原审徒以被上诉人买受系争旅行支票，未即在支票上签名，且该等支票又无利息之记载，即认其性质为无利息见票即付之无记名证券，而未就其票上文字详细斟酌，并于判决中说明其意见，判决理由自嫌不备。”

41 郑玉波，前揭书，同注2，第七八六页。

之必要事项，并供给其证明所必要之材料”之规定。故此等证券如有遗失、被盗或灭失之情事者，仅得由持有人向拾得人、窃盗者或毁损者等请求返还或损害赔偿，不得以公示催告程序、声请除权判决而宣告其无效。

三、例外情形

“民法”第七百二十八条排除“民法”第七百二十条第一项但书及第七百二十五条之规定，以增强该证券之流通性。但其就“利息、年金及分配利益之证券”设有除外规定，故利息、年金及分配利益之证券仍应适用“民法”第七百二十七条之规定，于遗失、被盗或灭失时，得挂失及依公示催告程序加以救济，其他以非表彰利息、年金及分配利益之证券之无利息见票即付之无记名证券，始受“民法”第七百二十八条规定之限制。[42]

第六节　无记名证券之消灭

无记名证券消灭原因有下列数点，兹分述如下：

壹、无记名证券之给付

无记名证券经发行人给付者，证券之持有人缴还无记名证券致权利消灭。

贰、无记名证券之宣告无效

无记名证券之宣告无效，已如上述，自公示催告公告最后登载公报

42　司法院 1945 年度院解字第 3057 号解释：“政府发行之无记名债票，系民法上之无记名证券。此项债票，非无利息，亦非见票即付，不能依民法第七百二十五条排除之适用，此处法律上又无排除同条适用之特别规定，则遇债票遗失、被盗或灭失时，法院自得因持有人之声请，依公示催告程序宣告无效。原呈所举困难情形，仅可供立法上参考，不足为解释上排除现行法适用之论据。”
同院 1941 年度院解字第 2753 号解释：“依票据法第一百二十条、第二十五条第一项、第六十二条第一项第三款及第一百十七条第三项之规定，本票得为无利息见票即付之无记名式，此项本票，既不失为票据法上之票据，执票人丧失票据时，自应适用票据法第十五条、第十六条，不适用民法关于无记名证券之规定。”

或新闻纸之日起，应有六个月以上之申报权利之期间（“民事诉讼法”第五百六十二条参照），逾期无人申报者，声请人得声请为除权判决，除权判决应宣告证券无效（“民事诉讼法”第五百六十四条第一项参照）。此时该无记名证券之效力消灭，不得行使其上之权利，且亦不得让与，否则即生权利瑕疵担保责任之问题（“民法”第三百五十条后段、第三百五十三条参照）。除权判决后对于依证券负义务之人，得主张证券上之权利（“民事诉讼法”第五百六十五条第一项参照）。

叁、消灭时效完成

无记名证券之时效，“民法”并未如第七百十七条对指示证券定有三年短期消灭时效之规定，故无记名证券所表彰之权利，其时效应回归民法总则之规定，此时定期给付证券（例如“民法”第七百二十七条所规定之证券）之时效，依“民法”第一百二十六条之规定为五年，其他一般无记名证券之时效，依“民法”第一百二十五条之规定为十五年。[43] 惟不论其时效之长短，其时效之起算点皆以给付日之翌日起算，且罹于消灭时效时，发行人得拒绝给付（“民法”第一百四十四条第一项参照），惟利息、年金及分配利益之无记名证券，有遗失、被盗或灭失而通知于发行人者，如于法定关于定期给付之时效期间届满前未有提示，为通知之持有人得向发行人请求给付该证券所记载之利息、年金、或应分配之利益，但自时效期间届满后，经过一年者，其请求权消灭（“民法”第七百二十七条第一项参照）。最后，消灭时效完成，台湾采抗辩权发生主义，“民法”第一百四十四条第一项定有明文，故严格言之，消灭时效并非无记名证券消灭原因，仅因便宜说明之故，只有在“民法”第七百二十七条第一项但书之情形下，无记名证券之利息、年金、或应分配之利益请求权始消灭。

43 郑玉波，前揭书，同注2，第七八〇页。史尚宽，前揭书，同注1，第七九一页。

第二十二章

终身定期金

【案例提示】

甲乙约定于乙之生存期为限，由甲向乙每年给付新台币五十万元，以供乙生活之用，问：

一、甲乙间契约为何？

二、甲乙契约是否必须以书面为之？

三、乙得否将其权利让与其儿子丙？

四、设乙于订约后第五年的八月二十日逝世，乙一共向甲取得多少金额？

五、设甲不愿再支付乙生活费，而派杀手制造意外，导致乙死亡者，契约是否消灭？

第一节　终身定期金之意义、性质与其他类似概念

壹、终身定期金之意义

“民法”第七百二十九条规定：“称终身定期金契约者，谓当事人约定，一方于自己或他方或第三人生存期内，定期以金钱给付他方或第三人之契约。”是为终身定期金契约，兹分述意义如下：

一、终身定期金系以给付金钱为标的之契约

终身定期金契约系以给付金钱为契约之标的，至于以代替物或劳务

为终身定期金契约之给付者，则非民法所规定之终身定期金契约，属一无名契约，如不违反强行规定或公序良俗者，即为有效，且得类推适用终身定期金契约之相关规定。

二、终身定期金系以定期给付金钱之契约

终身定期金契约，系定期给付之契约，指规则地、反复地、每达一固定时期即为给付之谓，例如每年、季、月、周为给付是。终身定期金契约使其债权人取得一终身定期金债权，此债权性质上为基本权，于基本权上每期产生一个支分权，即每期给付请求权，此支分权之给付时期如系一年或不及一年者，消灭时效期间应适用“民法”第一百二十六条之规定为五年[1]，如超过一年以上者，应回归至“民法”第一百二十五条之规定为十五年。支分权之定期给付系以某特定人之生存期为存续期间，如其虽定期给付，但未定有期限或不定期限，或虽定有期限，但非以终身为期限者（例如约定于某童成年前，每年给付若干元是），均非民法所规定之终身定期金契约，性质上属于无名契约。

三、终身定期金系以特定人生存期内定期向他方或第三人给付之契约

终身定期金契约之当事人可分为定期金债务人及定期金债权人，前者为给付之一方，后者为受领给付之一方。至于“依其生存期间而定终身定期金之人”，仅系以其终身定为契约之存续期间而已，此期限为不定期期限，系于特定人之生存期而断，故此特定人非必为终身定期金契约之当事人，当事人得自行约定，兹分述如下：

（一）契约当事人一方向他方给付

1. 甲乙约定，以甲之生存期为限（自己），由甲向乙（他方）每年定期给付十万元。

2. 甲乙约定，以乙之生存期为限（他方），由甲向乙（他方）每年定期给付十万元。

3. 甲乙约定，以丙之生存期为限（第三人），由甲向乙（他方）每年定期给付十万元。

---

1 最高法院1939年度上字第605号判例：“一、民法第一百二十六条所谓一年或不及一年之定期给付债权，系指基于一定法律关系，因每次一年以下期间之经过顺次发生之债权而言，其清偿其在一年以内之债权，系一时发生且因一次之给付即消灭者，不包含在内。”施启扬，民法总则，作者自刊，1999年9月增订八版，第三四九页。

（二）契约当事人一方向第三人给付

此时因当事人系向契约以外之第三人给付，性质上属于“向第三人为给付之契约”（利他契约）之性质：

1. 甲乙约定，以甲之生存期为限（自己），由甲向丙（第三人）每年定期给付十万元。

2. 甲乙约定，以乙之生存期为限（他方），由甲向丙（第三人）每年定期给付十万元。

3. 甲乙约定，以丙之生存期为限（第三人），由甲向丙（第三人）每年定期给付十万元。

4. 甲乙约定，以丁之生存期为限（另一第三人），由甲向丙（第三人）每年定期给付十万元。

定终身定期金契约存续期间之特定人，因必须以其“生存期”定终身定期金契约之期间，故必为自然人，不得为法人。如此特定人兼充定期金债务人或债权人者，该当事人亦必为自然人，自属当然。特定人于终身定期金契约成立时须为尚生存之人，如为已死之人或即将死亡之人，不得充之，盖此非权利能力之问题，因权利能力须至其死亡时始消灭，真正之原因系终身定期金契约具有射幸性质（详后述），设已知其即将死亡（如已为癌症末期之病患是），不得以其生存期为终身定期金契约之期限，盖其已失射幸也。至于终身定期金契约当事人，不问自然人或法人，仅以具权利能力即可，纵使于终身定期金契约成立时已为将死之人，亦非法所禁。最后，当事人不以单一人为限，多数人亦可，惟其给付之方法及金额之分配，以明确约定为妥。至于特定人是否为得为复数？有肯否二说，否定说认为多数特定人其生存期不同，将无所适从，故认为特定人不得为复数；肯定说则认为可约明以其中最初或最后死亡之一人为准。[2] 愚意以为约明以其中最初或最后死亡之一人为特定人，并未违背终身定期金契约之性质，自得为之，以肯定说为当。

贰、终身定期金之性质

一、有名契约

终身定期金契约虽多与其他法律关系相伴而生，惟民法为其专设一

2 郑玉波，民法债编各论，下册，1992 年 10 月十五版，作者自刊，第七九二页。

节，自属有名契约。

二、要式契约

“民法”第七百三十条规定：“终身定期金契约之订立，应以书面为之。”终身定期金契约为要式契约[3]，未以书面为之者，其契约无效（“民法”第七十三条参照）。

三、诺成契约

终身定期金契约之成立，不以现实给付必要，故为诺成契约。

四、原则上为无偿契约

终身定期金契约原则上仅定期金债务人为定期金之给付，定期金债权人并未为对价性之给付，故为无偿契约，有“民法”第四百零八条之适用。[4] 又因其性质上属于定期给付之赠与，故有“民法”第四百十五条之适用。如当事人约定由债权人一次或定期给付金钱若干予定期金债务人，由定期金债务人以债权人之终身定期给付若干予债权人或第三人者，例外为有偿契约。例如保险法之年金保险即为适例（“保险法”第一百五十三条之一、第一百五十三条之三参照），保费与保险金互为对价，属于有偿契约，受领给付者得为债权人或受益人（第三人），与终身定期金契约相同，惟此有特别法优于普通法原则之适用（“中央法规标准法”第十六条参照）。

五、原则上为片务契约

终身定期金契约仅定期金债务人负定期给付金额之债务，属片务契约，无“民法”第二百六十四条同时履行抗辩权规定之适用。但如当事人约定由债权人一次或定期给付金钱若干予定期金债务人，由定期金债务人以债权人之终身定期给付若干予债权人或第三人者，此二人所负之债务，互为对价，例外得为双务契约。[5]

六、不要因契约

一般债权契约皆为要因契约，终身定期金契约常以其他法律关系，

3 史尚宽，债法各论，1986年11月台北六刷，作者自刊，第七九五页。
4 史尚宽，前揭书，同注3，第七九七页。
5 史尚宽，前揭书，同注3，第七九八页。

例如约定扶养义务、消费借贷、雇佣等等为原因而成立终身定期金契约。终身定期金契约一旦成立，即与其原因脱离，性质上为不要因契约。此时当事人间有三个契约，包括“原因关系之契约”、“终身定期金契约”及“移转金钱所有权之物权契约”，如其原因关系不存在而基于终身定期金契约给付者，因为终身定期金契约及物权契约均具有不要因契约之性质，故均有效存在，此时逻辑上该给付系基于终身定期金契约而为，仍为有法律上之原因，不成立不当得利，仅于终身定期金契约本身不存在时，定期金债务人始得主张不当得利请求返还所受之利益。愚意以为，严格言之，不论终身定期金契约是否存在，均不得主张其给付为无效，盖给付金钱本身之物权契约即为不要因契约，故不问原因关系契约或终身定期金契约何者不存在，物权契约均为有效，但物权契约之原因仅为终身定期金契约，不及于终身定期金契约之原因关系契约，仅于终身定期金契约本身不存在时，定期金债务人始得对物权契约原因之欠缺据以主张不当得利请求权，至于终身定期金契约之原因关系不存在则否。因此，终身定期金契约之性质究为要因或不要因？其实益在于原因关系不存在时，终身定期金契约是否会存在？如认为终身定期金契约系要因契约，于其原因关系不存在者，终身定期金契约亦受影响而不存在，物权行为原因即有欠缺，有不当得利规定之适用；反之，如认为终身定期金契约系不要因契约，于其原因关系不存在者，终身定期金契约不受影响而仍存在，物权行为原因即不欠缺，无不当得利规定之适用。

七、继续性契约

终身定期金契约既以特定人之生存期为期限，故为继续性契约，有情事变更原则之适用（“民法”第二百二十七条之二、“民事诉讼法”第三百九十七条参照）。

八、射幸契约

终身定期金契约以人之终身为其存续期间，人之生存期并不确定，从而影响其给付之期数与金额之确定，故与保险契约相同，均为射幸契约，惟其并未如赌博违反强行规定，仍有其效力。[6]

6　史尚宽，前揭书，同注3，第七九九页。

叁、终身定期金契约与其他类似概念

终身定期金之债权，除当事人成立终身定期金契约外，尚有三种情形：

一、因不法侵害他人之身体健康而造成被害人丧失或减少劳动能力或增加生活上之需要所生之损害

“民法”第一百九十三条规定：“不法侵害他人之身体或健康者，对于被害人因此丧失或减少劳动能力，或增加生活上之需要时，应负损害赔偿责任。前项损害赔偿，法院得因当事人之声请，定为支付定期金，但须命加害人提出担保。”此损害赔偿性质上为财产上之损害赔偿[7]，除一次给付外，法院得依当事人之声请定为支付定期金，惟须按霍夫曼式计算式扣除中间利息[8]，并命加害人提出担保。如法院所定者，系令加害人于被害人生存期内按期支付定期金时，属终身定期金债权，有终身定期金契约一节规定之类推适用。[9] 因此，“民法”第七百三十二条第二项、第七百三十三条、第七百三十四条均可类推适用[10]；反之。如未以被害人之生存期为支付定期金之期间者，无终身定期金契约一节类推适用之余地。

二、因不法侵害他人致死，被害人对于第三人负有法定扶养义务者，加害人对于该第三人所负损害赔偿责任

“民法”第一百九十二条规定：“不法侵害他人致死者，对于支出医

7 拙著，民法债编总论讲义，上册，瑞兴图书股份有限公司，1991年10月初版，第一一一页。邱聪智，民法债编通则，作者自刊，1993年8月修订六版，第一四二页。孙森焱，民法债编总论，作者自刊，1990年10月修订九版，第二四四页。

8 最高法院1933年度上字第353号判例：“依民法第一百九十三条第一项命加害人一次支付赔偿总额，以填补被害人所受丧失或减少劳动能力之损害，应先认定被害人因丧失或减少劳动能力而不能陆续取得之金额，按其日后本可陆续取得之时期，各照霍夫曼式计算法，扣除依法定利率计算之中间利息，再以各时期之总数为加害人一次所应支付之赔偿总额，始为允当。”

9 郑玉波，前揭书，同注2，第七九三页。

10 “民法”第七百二十九条（终身定期金契约之定义）、第七百三十条（终身定期金契约之要式性）、第七百三十五条（终身定期金遗赠），本质上无法类推适用。至于“民法”第七百三十一条（终身定期金契约之存续期间与其数额）、第七百三十二条第一项（终身定期金契约之给付时期），法院均会于判决内明订，故不必准用之。

疗及增加生活上需要之费用或殡葬费之人，亦应负损害赔偿责任。被害人对于第三人负有法定扶养义务者，加害人对于该第三人亦应负损害赔偿责任。第一百九十三条第二项之规定，于前项损害赔偿适用之。”[11] 本条于 2000 年 4 月 21 日修正时增订第三项之规定，准用“民法”第一百九十三条第二项之规定，故结论同上段之说明，兹不赘述。

三、终身定期金遗赠

“民法”第七百三十五条规定：“本节之规定，于终身定期金之遗赠准用之。”遗赠系遗嘱人以遗嘱将其财产给予其继承人以外之人之谓，性质上为要式单独行为[12]，与终身定期金契约之性质不同，惟因其亦以特定人生存期间为定期给付金钱，乃有本条规定之设，但其准用方式如下：

（一）终身定期金契约之定义（“民法”第七百二十九条）

本条性质上虽无法准用，惟终身定期金遗赠仍须有“一方于他方或第三人生存期内，定期以金钱给付他方”之要件，是下列三者不准用：

1. 当事人约定：遗赠为单独行为，故无契约约定之问题。

2. 于“自己”之生存期：遗赠自遗嘱人死亡时发生效力（“民法”第一千一百九十九条参照），不能以遗嘱人自己之生存期为要件，否则即与遗赠之本质相违背。

3. 定期以金钱给付“第三人”：遗赠不若终身定期金契约得以“第三人利益契约”之方式为之，故受遗赠人为“他方”而非第三人，此部分不能准用。

（二）终身定期金契约之要式性（“民法”第七百三十条）

遗赠必以遗嘱定之，本身为要式行为[13]（“民法”第一千一百八十九

11　本条增订理由：“一、不法侵害他人致死者，被害人生前之支出医疗及增加生活上需要之费用，固可本于无因管理或其他法律关系，请求被害人之继承人或其遗产管理人偿还。但此项损害，原应由加害人负最后赔偿责任，为免除辗转求偿之繁琐，基于加害人对于支出殡葬费之人直接负损害赔偿责任之同一立法理由，使此等支出医疗等费之人，得径向加害人请求损害赔偿，爰修正第一项。二、按扶养费之支付，具有组织之性质，如许为定期金之支付，较合当事人之目的，爰增订第三项。”

12　戴炎辉、戴东雄合著，中国继承法，作者自刊，1994 年 3 月十四版，第二九一页。陈祺炎、黄宗乐、郭振恭合著，民法继承新论，三民书局股份有限公司，1993 年 8 月三版，第二九四页。

13　戴炎辉、戴东雄合著，前揭书，同注 12，第二四四页。陈祺炎、黄宗乐、郭振恭合著，前揭书，同注 12，第三〇五页。

条至第一千一百九十五条参照），除有“民法”第一千一百九十三条密封遗嘱转换为自书遗嘱之情形外，欠缺其要式性者，遗嘱应为无效（“民法”第七十三条参照），无准用“民法”第七百三十条之必要。

（三）终身定期金契约之存续期间与其数额（“民法”第七百三十一条）及其给付时期（“民法”第七百三十二条）

终身定期金遗赠之存续期间与其数额，应由遗嘱人以遗嘱明订之，如有疑义时，应得准用“民法”第七百三十一条之规定；终身定期金，除遗嘱另有订定外，应按季预行支付，有“民法”第七百三十二条第二项规定之准用。

（四）终身定期金契约之消灭与其例外（“民法”第七百三十三条）

“民法”第七百三十三条规定：“因死亡而终止定期金契约者，如其死亡之事由，应归责于定期金债务人时，法院因债权人或其继承人之声请，得宣告其债权在相当期限内仍为存续。”终身定期金遗赠亦为债权行为[14]，须由遗嘱执行人另行依遗嘱给付之。此终身定期金之给付性质上应属于“管理遗产并为执行上必要行为之职务”，遗嘱执行人则为继承人之代理人（“民法”第一千二百十五条参照），此时定期金债务人应指继承人，有“民法”第七百三十三条规定之准用。惟如其死亡之事由应可归责于遗嘱执行人，致终身定期金遗赠终止者，为不利于债权人，故此时应得准用“民法”第七百三十三条之规定。此时因遗嘱执行人系继承人就遗嘱事务之法定代理人，依“民法”第二百二十四条规定，认为遗嘱执行人关于遗赠债务之履行有故意或过失时，继承人应与自己之故意或过失，负同一责任。

（五）终止定期金契约权利移转之禁止（“民法”第七百三十四条）

受遗赠人对于遗赠虽有处分权，但仅止于决定是否抛弃遗赠（“民法”第一千二百零六条参照），至于终止定期金权利之移转并不与焉，故性质上得准用“民法”第七百三十四条之规定。

四、悬赏广告终身定期金

悬赏广告之性质上有单独行为说与契约说[15]，因民法债编修正将其订

14 戴炎辉、戴东雄合著，前揭书，同注12，第二九四页。陈祺炎、黄宗乐、郭振恭合著，前揭书，同注12，第四二〇页。

15 单独行为说：拙著，前揭书，同注7，第三九页。王泽鉴，民法债编总论，第一册，基本理论债之发生，作者自刊，1994年10月出版，第一八四页。契约说：邱聪智，前揭书，同注7，第四三页。孙森焱，前揭书，同注1，第四七页。

为契约行为而不再有争议。[16] 如以悬赏广告成立终身定期金者，须符合“民法”第七百三十条要式性之规定[17]，此亦为终身定期金债权之发生原因，有民法终身定期金契约一节相关规定之类推适用。[18]

第二节　终身定期金之成立

“民法”第七百三十条规定：“终身定期金契约之订立，应以书面为之。”是为终身定期金契约之要式性，除当事人意思表示一致外，须以书面为之，否则契约无效（“民法”第七十三条参照）。再者，终身定期金契约之成立，不以现实给付之必要，故性质上为诺成契约，已如前述。

第三节　终身定期金之效力

壹、对定期金债权人之效力

终身定期金契约成立，定期金债权人依约取得定期金之债权（基本权），于约定之每一给付期届至产生一支分权。定期金债权人系指受定期金给付之人，可能为终身定期金契约之他方或第三人。

16 “民法”第一百六十四条第一项规定：“以广告声明对完成一定行为之人给与报酬者，为悬赏广告。广告人对于完成该行为之人，负给付报酬之义务。”第四项规定：“前三项规定，于不知有广告而完成广告所定行为之人，准用之。”修正理由谓：“一、以广告声明对完成一定行为之人给予报酬，即为学说与实务上所谓之悬赏广告。爰于第一项第一句末‘者’下增列，‘为悬赏广告’等文字。又悬赏广告之性质如何，有单独行为与契约之不同立法例。学者间亦有如是二种见解。惟为免理论争议影响法律之适用，并使本法之体例与规定之内容一致，爰将第一项末段‘对于不知有广告而完成该行为之人。亦同’移列为第四项，并改‘亦同’为‘准用之’，以明示本法采取契约说之旨。”

17 反对见解，史尚宽，前揭书，同注 3，第八〇一页。惟史尚宽教授系以悬赏广告为单独行为而立论，已与“民法”第一百六十四条修正后之立法例不符。

18 史尚宽，前揭书，同注 3，第八〇一页。

一、定期金存续期间之补充规定

“民法”第七百三十一条第一项规定：“终身定期金契约，关于期间有疑义时，推定其为于债权人生存期内，按期给付。”终身定期金契约之存续期间，应以当事人所约定之特定人为准，此特定人可能为定期金债务人、债权人或第三人，惟如以何人生存期有疑义者，推定其为于债权人生存期内按期给付。此系因终身定期金系为债权人之利益而设，原则上应以债权人之生存期为准，如能证明究竟系以何人之生存其为准者，自得推翻此推定。此所称疑义，解释上包括未约定特定人及约定复数特定人而未约定以最初或最后死亡之人为准之情形，此时应探求当事人之真意（“民法”第九十八条参照），如仍无法得知者，应以债权人生存期为准，纵使复数特定人中未含债权人时亦同。因此，终身定期金契约之存续期间，性质上属于常素（非必要之点），如未经表示时，仍推定成立；惟如前述约定复数特定人而未约定最初或最后死亡之人为准时，虽有表示惟并非不一致（仅系有疑义而已），无“民法”第一百五十三条第二项反对解释之适用，终身定期金契约仍为成立。

二、定期金之数额

“民法”第七百三十一条第二项规定：“契约所定之金额有疑义时，推定其为每年应给付之金额。”终身定期金之数额，应由当事人于契约中明订，定期金债权人依约有请求权，惟如契约仅订明金额若干，而未订明系每年、每季或每月应给付之金额，致生疑义者，推定其为每年应给付之金额，此规定得举证推翻。此时有一问题：如当事人之约定金额未明订系每年、每季或每月为应给付之金额，惟明订应于每季给付若干元，每季之给付金额之四倍，恰为其约定之金额（例如甲乙约定，于乙生存期内给予乙新台币四十万元，于每年1、4、7、10月月初各给付十万元是），此时并无民法第七百三十一条第二项之适用，盖每期应给付之金额其实已明订，其所约定金额（四十万元）虽未明订系以每年、每季或每月为应给付之金额，但可从其每季之十万元得知其约定。惟于其约定有不同时（例如甲乙约定，于乙生存期内给予乙新台币四十万元，于每年1、4、7、10月月初各给付四万元是）。愚意以为，此时无“民法”第七百三十一条第二项规定之适用，如将上例四十万元推定其为每年应给付之金额，与每季给付之总额十六万元相互矛盾，此时应依“民法”第五条之规定，由法院探求当事人之真意，如不能判断时，以最低额为准，始为公允。

贰、对定期金债务人之效力

一、终身定期金之给付时期

终身定期金之给付时期，应依私法自治原则，委由契约当事人自行决定之，故每年、每季或每月之始日或末日均可约定，惟“民法”第七百三十二条第一项规定：“终身定期金，除契约另有订定外，应按季预行支付。”是为按季预付主义，如当事人就终身定期金之给付时期未为约定者，定期金债务人应按季预付之。例如约定每年为一期，金额为四十万元，惟并未约定给付时期者，定期金债务人应依春夏秋冬四季给付之，且应于每季季初预付之，故每季初应给付十万元；反之，如约定每月为一期，每期给付一万元，于未约定给付时期时，应于每季初预付三个月份为三万元。设如当事人仅约定每期金额十二万元，至于每年、每季或每月为给付之金额以及给付时期均未约定者，同时适用“民法”第七百三十一条第二项及第七百三十二条第一项等规定之适用，即每年给付十二万元，每季预付三万元是。

二、预付时期特定人死亡当期金额之归属

“民法”第七百三十二条第二项规定：“依其生存期间而定终身定期金之人，如在定期金预付后，该期届满前死亡者，定期金债权人，取得该期金额之全部。”盖该特定人死亡，终身定期金契约原则上终止，“民法”第七百三十三条定有明文，定期金债权人就其因定期金债务人已先预付之金额，于特定人死亡之翌日起，应无请求权，应依不当得利之规定负返还责任，惟如此解释未免太苛，乃有上开规定之明文，令定期金债权人取得该其债权之全部，以确定当事人间之关系。定期金债权人就该部分金额之取得，即有法律上之原因，无“民法”第一百七十九条不当得利规定之适用。[19] 例如甲乙约定以丙之生存期为标准，每年给付乙定期金新台币十二万元，约定应于每年1、4、7、10月月初各预付三万元，

19　日本民法第六百九十条采按日计算制，德国民法第七百六十条第三项规定：“债权人于应预行支付定期金之期间开始尚系生存者，取得该期间应得金额之全部。”台湾地区立法从德国制。

设丙于5月10日死亡，乙仍取得4月至6月金额之全部。

如定期金债务人应预付而未预付时，是否仍有“民法”第七百三十二条第二项规定之适用？通说采肯定说。[20] 愚意以为，虽然“民法”第七百三十二条第二项之规定有“如在定期金预付后，……”之明文，似将其订为定期金债权人取得该期金额全部之要件，惟同条第一项既规定“应”按季预行支付，预行支付已为定期金债务人之义务，如有违反，除有给付迟延之问题外（详后述），似不得认为因其未预付而使定期金债权人无法取得该期金额之全部，否则因其违约反而获得较履约更大之利益，实非“民法”第七百三十二条第二项规定立法之本意，此等情形仍应有“民法”第七百三十二条第二项规定之适用，愚从通说，建议将“民法”第七百三十二条第二项修正为：“依其生存期间而定终身定期金之人，如在定期金应预付之日后，该其届满前死亡者，定期金债权人取得该期金额之全部。”最后，如特定人同时系定期金债权人时，仍有本条项之适用，该期金额之全部（已发生之支分权，详后述）均应列入其遗产总额内。

三、定期金之债务不履行与消灭时效

定期金债务人如未依约定于应给付之时期给付者，应负债务不履行责任，因定期金之给付系定有期限之债务，又具有金钱债务之性质，故仅有给付迟延之问题无给付不能之问题，有“民法”第二百二十九条第一项、第二百三十三条规定之适用。[21] 最后，定期金债务人如因自己生活困难，得否主张“民法”第一千一百十八条穷困抗辩权？实务见解认为定期金之给付与法定扶养义务性质不同，并无“民法”第一千一百十八条之适用[22]，惟学者认为定期金给付如属无偿者，具有赠与之性质，虽无法主张“民法”第一千一百十八条，但仍可援引“民法”第四百十八条穷困抗辩权之规定。[23] 最后应注意者，乃定期金债务不履行时，定期金债权请求权之消灭时效应如何适用？愚以为终身定期金之债权既有基本权与支分权，其性质与利息债权之于本金债权或租金债权同，如系约定一年或不及一年之定期给付债权，则应适用“民法”第一百二十六条所定

20 郑玉波，前揭书，同注2，第七九八页。史尚宽，前揭书，同注3，第八〇五页。

21 史尚宽，前揭书，同注3，第八〇六页。

22 “最高法院”1958年度台上字第9号判例：“终身定期金契约与民法亲属编关于扶养义务之性质不同，自无‘民法’第一千一百十七条、第一千一百十八条等规定之适用。”

23 郑玉波，前揭书，同注2，第七九八页。

五年之短期时效，否则适用第一百二十五条之十五年长期时效。

第四节　终身定期金权利移转之禁止

壹、终身定期金原则上禁止移转

“民法”第七百三十四条规定：“终身定期金之权利，除契约另有订定外，不得移转。”是为定期金权利之专属性，定期金权利专属于定期金债权人，不得移转、继承或扣押，盖重视定期金债权人与债务人之关系，注重债权人个人之特质，不允许定期金债权人移转，违者其移转无效（“民法”第七十一条参照）。此禁止移转原则有二例外情形：即（一）契约中明订可移转，与（二）法院宣告其债权为其继承人而存续者（“民法”第七百三十三条参照）。

贰、禁止移转之范围

“民法”第七百三十四条规定禁止移转者，系指终身定期金契约之基本权，始有专属性。至于已发生之支分权，已脱离基本权而独立，与一般债权及已发生之利息债权无异，得为移转或继承之标的。[24] 当事人如以特约禁止让与支分权者，其约定不得对抗善意第三人（“民法”第二百九十四条第一项第二款参照）。

叁、终身定期金债务之承担

“民法”第七百三十四条原则上禁止终身定期金权利之移转，惟定期金债务人是否得使第三人承担其债务？终身定期金一节并未明文，自应回归民法债编通则中债务承担之规定。第三人与债务人订立契约承担其定期金债务者，非经债权人承认，对于债权人不生效力（“民法”第三百零一条参照）。当定期金债权人承认第三人与定期金债务人之债务承担契

24　史尚宽，前揭书，同注3，第八〇七页。

约后，终身定期金债务即令第三人单独负责（免责之债务承担），或与原定期金债务人共同负责（并存之债务承担）。

第五节　终身定期金之消灭

终身定期金性质上既属契约，一般契约之消灭原因，均应有其适用，惟因终身定期金契约之权利具有专属性，注重当事人之特性，如当事人死亡时，终身定期金契约即随之消灭，惟“民法”第七百二十九条及第七百三十三条所称之生存期以及死亡之人，均系指特定人而言，当事人死亡导致契约消灭，终身定期金一节并未予以规定。因此，本节所称之死亡，应就特定人、债权人及债务人三种情形分述如下：

壹、特定人死亡

一、原则

依其生存期为标准之特定人死亡者，终身定期金契约当然终止，此系终身定期金契约之本质（“民法”第七百二十九条参照），特定人可为债权人、债务人或第三人，其死亡解释上包括自然死亡及死亡宣告。

二、例外

“民法”第七百三十三条规定：“因死亡而终止定期金契约者，如其死亡之事由，应归责于定期金债务人时，法院因债权人或其继承人之声请，得宣告其债权在相当期限内仍为存续。”是为终身定期金契约之延续，兹分述其适用要件如下：

（一）特定人死亡

死亡之人须以特定人为限，至于是否兼债权人、债务人，或为第三人，均在所不问。此死亡须因可归责于债务人之事由为限，故仅指自然死亡而不含死亡宣告之情形。

（二）死亡之事由须可归责于债务人

1. 特定人兼债权人时：指特定人死亡系因债务人故意或过失所致者，例如债务人故意杀害或过失致特定人于死之情形。

2. 特定人兼债务人时：指特定人死亡系因特定人自己故意或过失所致者，例如债务人自杀或犯罪被执行死刑，惟如于心神丧失、精神耗弱等状态下自杀者，应不包括在内。[25]

3. 特定人为第三人时：此时与“特定人兼债权人时”相同。

（三）须有债权人或其继承人之声请

特定人死亡，原则上终身定期金契约终止，如特定人之死亡系可归责于债务人之事由所致者，为保障债权人之利益，民法允债权人或其继承人得声请法院宣告其债权在相当期限内仍为存续。当特定人为债务人或第三人，因可归责于债务人之事由而死亡时，由尚生存之债权人声请；反之，如特定人兼债权人，因可归责于债务人之事由而死亡时，由债权人之继承人声请。

具备上开要件，法院即得宣告其债权在相当期限内仍为存续，此与“民法”第一百零一条第二项（视为条件不成就）之法理相同，故民法允许法院宣告其债权在相当期限内仍为存续。此所谓“相当期限”，解释上以假定特定人如未死亡而尚能生存之期间为准，此时必须以其年龄、健康等等相关因素判断之。此外，法院之宣告，应以判决为之，因其宣告债权于相当期限内仍为存续之判决一确定，终身定期金契约即为延续，性质上为形成判决[26]，判决确定时，请求权溯及地自始不因特定人死亡而消灭，与其继续有同一之效力。最后，符合“民法”第七百三十三条之要件时，法院是否仍有裁量权而得不予以宣告？此有肯否二说[27]，愚意以为，“民法”第七百三十三条并非规定“法院‘得’因债权人或其继承人之声请，宣告其债权在相当期限内仍为存续”，而系规定“法院因债权人或其继承人之声请，‘得’宣告其债权在相当期限内仍为存续”。如采前者，只要债权人或其继承人声请且符合其他要件者，法院必须宣告；反之，如采后者，须符合所有要件后，法院仍“得”宣告。“民法”第七百三十三条既采后者，故愚认为法院尚有裁量权，以肯定说为当。

三、民法第七百三十三条之特殊问题

（一）特定人为债权人或第三人因可归责于债务人之事由而死亡者

因债权人或其继承人之声请，法院宣告其债权在相当期限内仍为存

25 史尚宽，前揭书，同注3，第八〇八页。

26 郑玉波，前揭书，同注2，第八〇五页。史尚宽，前揭书，同注3，第八〇八页。

27 肯定说：史尚宽，前揭书，同注3，第八〇九页。否定说：郑玉波，前揭书，同注2，第八〇一页。

续，此时终身定期金契约仍未消灭，定期金债务人仍须于法院所定之期限内负定期金债务。此段期间该终身定期金契约并未以特定人之生存期为存续期间，虽谓终身定期金契约之延续，实际上已具有定期之性质，故此段期间如债权人（或其继承人）死亡，或债务人死亡时，契约是否消灭？此时原则上终身定期金契约消灭，惟其既得另以约定排除之，法院所宣告之相当期限应与当事人之特约同视，而生继承之效力。易言之，此定期之终身定期金契约，仅以期限届满为其终止之惟一原因，以保障债权人之权益而符合“民法”第七百三十三条之立法意旨。于债务人死亡之情形，依相同解释认为虽该契约不消灭，但并不排除债务人之继承人行使其抛弃继承或限定继承之权利。

（二）特定人为债务人而因可归责于己之事由而死亡者

因债权人之声请，法院宣告其债权在相当期限内仍为存续，此时终身定期金契约仍为存续，而该契约之当事人，除债权人外，究应令何人担任之？此时愚采相同之见解，由债务人之继承人为此定期之终身定期金契约之债务人，不排除其行使其抛弃继承或限定继承之权利。

贰、债务人死亡

此所谓债务人之死亡，须其未兼任特定人且先于特定人死亡之情形[28]，此时民法并未规定其契约是否终止，学者认为应视终身定期金契约之性质而定：

一、无偿终身定期金契约

终身定期金契约如为无偿者，具有定期给付赠与之性质，依“民法”第四百十五条规定：“定期给付之赠与，因赠与人或受赠人之死亡，失其效力。但赠与人有反对之意思表示者，不在此限。”债权人死亡时，除有反对之意思表示外，终身定期金契约因此而消灭。

二、有偿终身定期金契约

终身定期金契约如系有偿者，定期金债务即未具有专属性，自不因债务人之死亡而消灭，应由其继承人继承之[29]，但不排除债务人之继承人

28 如其后于特定人死亡者，则于特定人死亡时，依本节壹之说明为之。

29 郑玉波，前揭书，同注2，第八〇二页。

行使其抛弃继承或限定继承之权利。

叁、债权人死亡

此所谓债权人之死亡，与前述债务人死亡同，须其未兼任特定人且先于特定人死亡之情形，此时终身定期金契约是否终止？民法亦无明文，除有前述有偿、无偿终身定期金契约之见解外，通说认为依“民法”第七百三十四条规定原则上禁止继承之见解，终身定期金债权性质上既不得继承，自因债权人死亡而消灭，但如有反对之约定者，仍得存续至特定人死亡为止。[30]

最后，于本节贰、叁之债务人或债权人死亡之情形，原则上终身定期金契约消灭。惟如其死亡系可归责于债务人之事由所致者，债权人或其继承人得否依“民法”第七百三十三条规定声请法院宣告其债权在相当期限内仍为存续？按“民法”第七百三十三条所称之死亡，系指特定人死亡而言，如特定人兼债权人或债务人者，此时有“民法”第七百三十三条规定之适用。反之，当债权人或债务人并未兼特定人，且又先于特定人死亡者，此时通说咸认终身定期金契约消灭。其死亡如系可归责于债务人时，倘剥夺债权人或其继承人声请权者，无异使债务人规避“民法”第七百三十三条之适用，而致未兼任特定人之债权人或其本身于死，藉以脱免定期金债务。故愚意以为“民法”第七百三十三条之死亡，依其立法意旨仍限于特定人死亡之情形，此部分愚仍赞同之。惟于未兼特定人之债权人或债务人因可归责于债务人之事由而死亡之情形，应可类推适用“民法”第七百三十三条之规定，以免挂一漏万，甚至于具有利他契约性质之终身定期金契约[31]，其受领定期金之第三人亦具有定期金债权人之地位，故应有“民法”第七百三十三条规定之类推适用。

30　郑玉波，前揭书，同注2，第八〇二页。史尚宽，前揭书，同注3，第八〇三页。
31　请参阅本章第一节、壹、三、(二)之说明。

第二十三章

和　　解

【案例提示】

17岁甲偷驾驶其父乙之车，意外撞伤路人丙，甲经判刑确定后，民事部分丙提附带民事诉讼，请求损害赔偿一百万元。问：

一、甲乙如不欲循民事诉讼求得纷争之解决者，可否与丙成立私法上之和解契约？

二、甲得否自行与丙成立和解？

三、乙是否为和解契约之当事人？

四、甲乙与丙以八十万元成立和解，但甲乙付完五十万元后，即不再理会丙，丙就三十万元之债权应如何救济？

五、甲日后发现该车祸系丙之骗局，得否撤销该和解契约？

第一节　和解之意义、性质与其他类似概念

壹、和解之意义

"民法"第七百三十六条规定："称和解者，谓当事人约定，互相让步，以终止争执或防止争执发生之契约。"兹分述其意义如下：

一、须就法律关系有争执或有争执之虞

和解（settlement）所称之争执，系指当事人对于某种法律关系之存

否、内容、效力等为相反之主张[1]，此争执即为和解之范围[2]，以当事人之主观为准，至于客观上法律关系之种类如何，并无限制。[3] 由是观之，甲向乙请求返还借款十万元，乙主张多年前某日已返还六万元，甲乙对返还部分争执，最后以返还八万元和解，实则仅就四万元争执部分有所和解，盖六万元部分甲乙并未争执。惟和解之法律关系须当事人得自由处分者始可，例如关于婚姻关系存在与否之争执，不得和解，但关于离婚财产之争执可以和解。又形成判决所生之形成力，不得由当事人以和解之方式代之。[4] 再者，刑事上告诉乃论之罪，可以和解而协议由告诉人撤回告诉，但违反约定而提起自诉或告诉者，法院仍须为审判，盖诉权乃公权，仅生违约之效果也。非告诉乃论之罪纵使和解，仅为法院审酌犯罪情状或犯后态度量刑时所参考事项（“刑法”第五十七条参照），法院仍必须加以审判。

1　郑玉波，民法债编各论，下册，1992 年 10 月十五版，作者自刊，第八〇一页。史尚宽，债法各论，1986 年 11 月台北六刷，作者自刊，第八一一页。

2　“最高法院”1992 年度台上字第 1471 号判决：“和解之范围，应以当事人相互间欲求解决之争点为限，至于其他争点，或尚未发生争执之法律关系，虽与和解事件有关，如当事人并无欲求一并解决之意思，要不能因其权利人未表示保留其权利，而认权利已因和解让步，视为抛弃而消灭。”

3　“最高法院”1980 年度台上字第 1063 号判决：“‘电信法’第二十六条第二项固规定：‘因修建房屋、道路、沟渠、埋设管线等工程其他事故损坏电信线路设施者，应负责偿还修复费用’。但该规定并不排除电信机构与损坏电缆之人成立和解，由加损害之人将所损坏之电缆修复，以代该条项所规定之偿还修复费用。”

同院 1992 年度台上字第 1471 号判决：“和解之范围，应以当事人相互间欲求解决之争点为限，至于其他争点，或尚未发生争执之法律关系，虽与和解事件有关，如当事人并无欲求一并解决之意思，要不能因其权利人未表示保留其权利，而认为权利已因和解让步，视为抛弃而消灭。”

4　“最高法院”1993 年度台上字第 1408 号判决：“和解成立者，与确定判决，有同一之效力，‘民事诉讼法’第三百八十条第一项固定有明文。惟判决为法院对于诉讼事件所为之公法的意思表示，和解为当事人就诉讼上之争执互相让步而成立之合意，其本质并非相同。故形成判决所生之形成力，无由当事人以和解之方式代之，从而在诉讼上和解分割共有不动产者，仅生协议分割之效力，非经办妥分割登记，不生丧失共有权，及取得单独所有权之效力。”

反对见解，同院 1994 年度台上字第 1350 号判决：“日本民法第一百七十六条规定：‘物权之设定及移转，仅因当事人之意思表示而发生效力。’即关于物权之发生、变更、消灭，在日本民法系采意思主义，其所谓物权之设定，系指地上权、抵押权及其他限制物权设定；所称物权之移转，则指所有权、抵押权及其他物权之移转而言。至本院 1972 年台上字第二八三五号判例，系谓在日据时期，诉讼上和解之成立，记载于和解调书者，与确定判决有同一之效力。故当事人成立诉讼上之和解分割共有土地，分割方法载明于和解调书，自和解成立时起，即生如和解调书所载分割之效力。此项效果，与‘民事诉讼法’第三百八十条第一项、第四百零一条第一项之规定相同，依同法第四百零二条规定，自应认其效力。”

再者，已经法院判决确定之法律关系，是否得为和解？通说认为当事人就判决之解释或执行上之困难，仍不妨为和解，惟此和解不能除去判决之效力，仅能以执行异议之诉为抗辩[5]，实务见解亦同[6]，愚采之。

二、互相让步

所谓让步（concession），系指抛弃权利之一部或承认负担损失之一部。解释上当事人之一方抛弃权利之全部或承认负担损失之全部，他方当事人对此约定给付一定之报偿者，亦可认其具有“互相让与性”。和解契约必须当事人“互相”让步，始得成立[7]，如仅一方让步，为权利之抛弃或义务之承担（诉讼法上则为诉讼标的之舍弃或认诺），并非和解。

上述和解之意义，系“民法”第七百三十六条至第七百三十八条所规定之和解，除此之外，和解在台湾法律尚有民事诉讼法之和解（“民事诉讼法”第三百七十七条至第三百八十五条）、仲裁法之和解（“仲裁法”第四十四条、第四十六条）及破产法之和解（“破产法”第六条至第五十六条），虽均名为和解，惟与民法所规定之和解有所差异。就民事诉讼法之和解而言，系指于受诉法院或受命法官、受托法官前约定互相让步以终止争执，同时以终结诉讼之全部或一部为目的之契约[8]，又称为“审判上之和解”，程序上须依民事诉讼法规定为之，诉讼上和解之效力与确定判决相同[9]（“民

5 史尚宽，前揭书，同注1，第八一三页。郑玉波，前揭书，同注1，第八〇四页。反对见解，杨建华，民事诉讼法实务问题研究，作者自刊，1994年11月印行，第二七九页。

6 最高法院1933年度上字第2819号判例：“已经确定判决确定之法律关系，当事人虽不得于裁判上再行争执，但因在事实上仍有争执，约定互相让步以终止之，自属和解契约，不得谓无民法第七百三十七条所定之效力。”

7 最高法院1930年度上字第1964号判例：“和解原由两造互相让步而成立，和解之后任何一方所受不利益均属其让步之结果，不能据为撤销之理由。”

8 郑玉波，前揭书，同注1，第八〇五页。史尚宽，前揭书，同注1，第八一四页。骆永家，诉讼上之和解与既判力，收录于氏著既判力之研究，作者自刊，1993年4月七版，第一四七页。杨建华，民事诉讼法要论，作者自刊，1994年4月印行，第二八五页。

9 “最高法院”1988年度台上字第1468号判决：“和解成立者，与确定判决有同一之效力，‘民事诉讼法’第三百八十条第一项定有明文。故在诉讼和解成立前已发生之事实，不问当事人是否曾为主张，概受诉讼上和解之确定力拘束，不得于和解后再为主张。本件两造既曾因买卖契约之履行纠纷，成立上述诉讼上和解，上诉人仍愿交付买卖房地之所有权状等证件。则就和解成立前发生之买卖契约已否解除之事实，应受该和解确定力之拘束，不得于和解后再为主张。兹上诉人仍据以主张，并请求被上诉人办理房地所有权之移转登记，以回复契约解除后之原状，自非所许。至和解笔录约定上诉人应交付被上诉人之他项权利证明书，如在他人持有中，上诉人无从交付时，乃可归责于上诉人事由，致该项约定不能履行问题，尚不构成和解无效之原因。上诉人主张该项和解为无效，自非可取。”

事诉讼法”第三百八十条第一项参照)，和解笔录得为执行名义(“强制执行法”第四条第一项第三款参照)，和解有无效或得撤销之原因者，当事人得请求继续审判[10](“民事诉讼法”第三百八十条第二项参照)。民法之和解，仅为一债权契约，如有违反，仅生债务不履行之效果，并无既判力及执行力，必须再以和解契约之法律关系向法院起诉。[11] 但应注意者，乃诉讼和解，兼具有民法上和解之效力，适用上应注意之。

仲裁法上之和解，系指于仲裁人前，约定互相让步以终止争执，同时以终结仲裁程序之全部或一部为目的之契约，必须于仲裁判断前为之，于和解成立时由仲裁人作成和解书。仲裁法上之和解，与仲裁判断有同一效力，但须声请法院为执行之裁定后，方得为强制执行(“仲裁法”第四十四条参照)。

破产法上之和解，系指债务人于不能清偿债务时，以预防破产为目的，而与债权人团体所订立之契约[12]，此和解须经法院许可或商会处理后，始生效力。破产法上和解之订立，由债权人团体之意思机关之债权

(接上页)同院1995年度台上字第1224号判决：上诉人于1988年10月间，向花莲地院起诉，请求被上诉人返还合伙出资，诉讼程序中两造成立和解，其中关于上诉人愿给付被上诉人八十五万元部分(即被上诉人在本件起诉所主张之请求权依据)，为被上诉人和解让步之条件，惟被上诉人在该诉讼中，并未以反诉方式提出该项请求，则此部分对待给付，自无与确定判决同一效力，即非不得再予审认。

10 “最高法院”1982年度台上字第1009号判例：“上诉人间成立之诉讼上和解，与确定判决有同一之效力，亦兼有私法上和解之性质，惟于法不能拘束非当事人之被上诉人。被上诉人系行使‘民法’第二百四十四条第二项规定之撤销权，请求撤销上诉人间因和解所成立之代偿契约行为，与‘民事诉讼法’第三百八十条第二项之规定，毫无相涉。不得谓其未具备民事诉讼法上开规定有关当事人请求继续审判之原因而指其起诉为不合法。”

同院1989年度台上字第1号判决：“两造就系争土地既已在另案请求确认所有权存在事件中成立诉讼上和解，上诉人表示愿协同被上诉人将土地所有权移转登记与被上诉人所有，依法有使上诉人所抛弃系争土地之权利消灭之效力，此项和解内容并未违反强制或禁止之规定，又无上诉人于法定期间内以该和解有无效或得撤销之原因请求继续审判之情事，上诉人自不得以该和解存有瑕疵为由，片面否定其效力，尤无以该土地原属两造夫妻联合财产，应归其所有，再请求更名登记之余地。”

“最高法院”1995年度台上字第1568号判决：“诉讼上和解成立者，与确定判决有同一效力，是请求继续审判，系以使诉讼上之和解失其效力为目的。因之当事人请求继续审判除系不合法不能补正或不为补正，应以裁定驳回外，诉讼上之和解有无无效或得撤销之原因，须作实体之审判，倘认并无无效或得撤销之原因者，法院即应以判决驳回其请求。”

同院1990年度台抗字第192号裁定：“当事人主张和解有无效或得撤销之原因，请求继续审判，其原因如非当事人和解当时所得知者，其知悉之时期，应从其实际得知之时起算。”(同院1981年度台抗字第291号判例参照。)

11 司法院1948年院解字第4089号解释：“来文所述之和解笔录自非有效，但能证明当事人确曾约定互相让步以终止争执或防止争执发生者，应依民法关于和解之规定办理。”

12 郑玉波，前揭书，同注1，第八〇六页。

人会议与债务人为之，发生拘束全体债权人之效力[13]（“破产法”第三十六条、第四十九条），与民法上之和解不同。

贰、和解之性质

一、有名契约

和解契约为“民法”债编各论第二十三节所明文规定，自属有名契约。

二、诺成契约

和解契约不以现实给付为要件，故为诺成契约。债务人不依契约给付者，即生债务不履行之责任，并非和解契约不成立。

三、债权契约

和解契约为一债权契约，不生物权法上之效力[14]，依债权之相对性原

13 “最高法院”1981年度台抗字第440号判例：“商会和解成立后，和解之效力因而发生，和解程序即为终结，债务人与债权人因和解开始所受不得开始或继续强制执行之限制，至此即告解除。本件相对人以其已取得之执行名义，在和解条件范围内声请强制执行，自无不合。”同院1981年度台抗字第68号裁定：“本件商会之和解，业经债权人会议可决，订立书面契约，并由商会主席（理事长）署名，加盖商会钤记，和解之效力，自属已发生，和解程序当然因而终结，债权人与债务人因和解开始所受之各种限制（包括‘破产法’第十七条所定不得开始或继续民事执行程序之限制），与和解方案不相抵触者，至此均告解除，倘债务人不履行和解条件，债权人自得依凭执行名义，在和解条件范围内，声请强制执行，不再受‘破产法’第四十九条准用同法第十七条之限制。”（同院1986年度台上字第289号判决同旨。）

14 最高法院1929年度上字第1524号判例：“基于和解契约所生之请求权，自系债权，而非物权。”
同院1991年度台上字第2589号判决：“系争土地原为上诉人及诉外人李×盛等四人信托登记与被上诉人所有，为保障上诉人四分之一权利，依两造协议书之约定，乃设定登记抵押权与上诉人，但实质上并无金钱债权债务关系之存在，为两造所不争执，系争土地既经高雄市‘政府’依法征收，并将地价补偿费扣除土地增值税后余额二百四十三万二千九百十六元提存，虽另案就系争土地成立诉讼上和解，然于未办妥所有权移转登记前，即为高雄市政府征收，被上诉人自仍为信托登记之所有人，其应领之地价补偿费为上诉人所溢领，自系受有损害。而上诉人实际上既仅有四分之一权利，竟将上述提存款额独领二分之一即一百二十一万六千四百五十八元，则其溢领之六十万八千二百二十九元，即为不当得利。”
同院1994年度台上字第1138号判决：“买卖及和解行为，仅足使当事人之一方对他方负担给付义务，系负担行为而非处分行为。原审将处分行为与负担行为混为一谈，认两造间就系争土地所成立之买卖及和解行为，均须报经桃园县‘政府’核准，否则不生效力，已属违误。”

则，不得对第三人主张和解契约。

四、不要式契约

和解契约民法并未特别规定其要式性，依“民法”第一百五十三条第一项之规定，和解契约于意思表示合致即成立。[15] 惟为日后举证，自以书面行之为宜。至于特别法之和解，多须以书面为之（“民事诉讼法”第三百七十九条第一项、“仲裁法”第四十四条第一项、“破产法”第四十七条[16]）。

五、有偿契约

和解契约当事人双方之给付互为对价，为有偿契约，可准用买卖之规定（“民法”第三百四十七条参照）。

叁、和解与其他类似概念

一、和解与调解、调处及调协

台湾法律之调解有诉讼上与诉讼外之调解二种，诉讼上之调解为“民事诉讼法”第四百零三条至第四百二十六条之规定[17]，系指法院因

15 最高法院 1930 年度上字第 1964 号判例：“三、和解契约以当事人缔约当时两造合致之意思表示，为成立要件，虽一造表意人于其表示意思时，本无欲受其所表示意思拘束之意，苟非此意为他一造所明知，其表示之意思究不因之而无效，即于和解契约之成立及效力，不生影响。”

同院 1932 年度上字第 1807 号判例：“和解契约非必当事人双方当面协调而后成立，苟由调处人从中接洽，双方意思已归一致，各相调处人表示，经其互相传达于他方者，其和解契约即为成立。”

同院 1944 年度上字第 3343 号判例：“诉讼外之和解，在法律上并非要式行为，自无适用民法第七十三条之余地。”

同院 1990 年度台上字第 2079 号判决：“上诉人既经偕同被上诉人黄×漳、黄傅×枝等，将和解书所载一一五一一六三号土地移转登记与自己，使黄×漳等履行和解条件，并在该土地移转登记申请书备注栏加记：‘本件系为履行和解之登记’，原审因而认定上诉人与黄×漳等间上开和解业已成立，上诉人虽未于和解书签章，与和解之成立无影响，即无不当。”

16 “最高法院”1985 年度台上字第 1390 号判决：“破产法第四十七条所谓‘应订立书面契约’，固未限定其程式，惟解释上仍须记明和解条件，并经债务人及债权人会议可决所需法定人数之双方签名为必要。”

17 “民事诉讼法调解程序”于 1999 年 2 月 3 日经公布修正条文，有大幅度之修正，并请注意。

当事人之声请，于起诉前就有争议之民事案件，劝谕杜息纷争，令当事人成立合意以避免诉讼程序之繁琐。调解与诉讼上之和解有同一之效力[18]（“民事诉讼法”第四百十六条第一项参照）；诉讼外之调解又可分为①乡镇市调解委员会之调解（“乡镇市调解条例”）、②劳资争议之调解（“劳资争议处理法”）、③耕地租佃委员会之调解（“耕地三七五减租条例”）、④仲裁法之调解（“仲裁法”第四十五条、第四十六条）、⑤“行政院公共工程委员会采购申诉审议委员会”之调解（“政府采购法”第六十九条）、⑥农地重划委员会或农地重划协进会之调解（“农地重画条例”第二十六条）、⑦著作权审议及调解委员会之调解（“著作权法”第八十二条）及消费争议调解委员会之调解（“消费者保护法”第四十四条），均系提供异于诉讼之解决争执方式。至于其效力，须视各法律之规定决之。惟不论诉讼上与诉讼外之调解，皆必须由第三人从中介入，予以斡旋，和解不以此为必要。

所谓“调处”，“土地法”第一百二十二条规定：“因耕地租用，业佃间发生争议，得由该管市县地政机关予以调处，不服调处者得向司法机关诉讼处理。”“耕地三七五减租条例”第二十六条第一项亦规定调解不成立者，应由县（市）“政府”耕地租佃委员会调处。调处成立后当事人得径向司法机关声请强制执行，耕地租佃争议事件非经调解或调处，不得起诉。又“都市更新条例”第三十二条第一项规定，权利变换计划书核定发布实施后二个月内，土地所有权人对其权利价值有议时，应申请当地直辖市、县（市）“政府”都市更新审议委员会调解；调解不成立者，由“直辖市”、县（市）主管机关调处之。

所谓“调协”，系破产法之规定，目的在于终结破产程序，于破产财团分配未认可以前，由破产人与破产债权人团体所订立，经法院认可始生效力之强制契约（“破产法”第一百二十九条以下参照）。其经法院认可后，对于一切债权人均生效力，破产程序因此而终结。

二、和解与仲裁

仲裁系第三人所为之判断，不以当事人之让步为必要，如同裁判一

18 “最高法院”1980年度台上字第724号判决：“调解成立，即属民法上和解。和解有使当事人所抛弃之权利消灭，及使当事人取得和解契约所订明权利之效力，‘民法’第七百三十七条有明文。本件既经和解成立，上诉人应将该号土地全部面积二分之一无偿让与被上诉人，兹复诉求确认被上诉人就此二分之一土地让与请求全部存在，自属不应准许。”

般，但并非由法院定纷止争，而系由特别之团体为之。台湾有关仲裁之法律有下列规定：

（一）仲裁法

“仲裁法”于1998年6月24日公布，六个月后施行，将“商务仲裁条例”予以修正，扩大其适用之范围，不再限于商务上现在或将来之争议，凡依法得为和解之现在或将来争议，均得订立仲裁协议，约定由仲裁人一人或单数之数人成立仲裁庭仲裁之（“仲裁法”第一条第一项、第二项参照）。仲裁判断与法院之判决有同一之效力，原则上须声请法院为执行裁定后，方得为强制执行（“仲裁法”第三十七条第一项、第二项本文参照）。

（二）劳资争议处理法

调整事项之劳资争议，调解不成立者，经争议当事人双方之申请，应交付劳资争议仲裁委员会仲裁。主管机关认为情节重大有交付仲裁之必要时，得依职权交付仲裁，并通知劳资争议当事人。调整事项之劳资争议，经当事人双方同意，得不经调解，径付仲裁（“劳资争议处理法”第二十四条参照）。

（三）证券交易法

依证券交易法所为有价证券交易所生之争议，当事人得依约定进行仲裁。但证券商与证券交易所或证券商相互间，不论当事人间有无订立仲裁契约，均应进行仲裁（“证券交易法”第一百六十六条第一项参照）。

（四）期货交易法

依期货交易法所为期货交易所生之争议，当事人得依约定进行仲裁（“期货交易法”第一百零九条第一项参照）。

第二节 和解之成立

和解契约为诺成契约及不要式契约，于当事人双方之意思表示合致时，即为成立（“民法”第一百五十三条参照）。和解契约之目的，既在解决争执，原则应由当事人亲自为之，如由受任人订立者，受任人须经过特别授权[19]，始得为之（“民法”第五百三十四条第四款参照），惟法定代理人不受此限制。[20]

第三节　和解之效力

壹、确定之效力

和解契约之目的，系以互相让步之方式，以终止争执或防止争执之发

19 “最高法院”1988年度台上字第1120号判决：和解有无效或得撤销之原因者，当事人得请求继续审判，‘民事诉讼法’第三百八十条第二项定有明文。本件被上诉人前曾诉请上诉人及诉外人戴时敏给付租金，经台湾台北地方法院1985年诉字第一一九七三号受理，双方在1986年3月17日成立诉讼上之和解，其内容为“上诉人及戴×敏愿给付被上诉人欠租四十五万五千元，被上诉人其余请求抛弃”，有和解笔录在卷可稽。上诉人主张其并未委任李×莲为诉讼代理人到场和解，该和解有无效之原因，纵令属实，亦仅得于三十日之不变期间内请求继续审判，并非当然无效。
同院1989年度台上字第1120号判决：“当事人之诉讼代理人无代理权而参与诉讼上和解成立者，该诉讼行为固不生效力，其和解应归无效，惟依‘民事诉讼法’第三百八十条第二项规定，和解有无效之原因者，当事人仅得请求继续审判。在法院继续审判，将该和解变更以前，不得径指和解系由未经合法授与代理权之诉讼代理人所为而无效。”
同院1992年度台上字第521号判决：按和解、起诉及不动产之出卖等行为，须有特别之授权。被上诉人于1968年7月14日出国时，虽将身份证及木质印章各一枚，留交郑×盆，然不能据此即认被上诉人有授与郑×盆特别代理权，代理出售系争土地及进行诉讼行为，或被上诉人应负授权人之责任。兹上诉人既不能证明被上诉人有授与郑×盆特别代理权，则郑×盆代理被上诉人与上诉人成立诉讼上和解，即有无效之原因；其代理被上诉人出卖系争土地应有部分，在被上诉人承认前，对于被上诉人亦不生效力。从而被上诉人请求继续审判，应予准许。
同院1994年度台上字第84号判决：“按受任人本于委任人所授与之代理权，以委任人名义与他人为法律行为，固直接对委任人发生效力。若受任人以自己或第三人之名义与他人为法律行为，则对于委任人不生效力（本院二十二年上字第三二一二号判例参照）。原审认定卢×旺等人签订系争和解书时，未表明代理郭×贵之旨，该和解书对于郭×贵不生效力，从而被上诉人亦不受其拘束，于法并无不合。”

20 “最高法院”1987年度台上字第534号判决：经理人对于第三人之关系就商号或其分号或其事务之一部，视为其有为管理上一切必要行为之权。经理人就所任之事务，视为有代表商号为原告或被告或其他一切诉讼上行为之权。“民法”第五百五十四条第一项、第五百五十五条定有明文。公司所设置之经理人，亦有此适用（参看本院1953年台上字第五五四号判例）。从而许×辉如为被上诉人之上述经理人，尚难谓其代表被上诉人之和解，不生效力。

生。和解因当事人双方意思表示合致而成立，故当事人应受该契约之拘束，原则上不得事后再反悔，更就和解前之法律关系再行主张[21]，故和解一经成立，当事人间之法律关系因此确定，不得再就原争执更为主张。[22]

贰、创设之效力

和解契约之效力，究为“认定的”？抑或“创设的”？应依和解契约之内容定之[23]，此二种不同效力并非是非对错之问题，兹分述如下：

21 最高法院 18 年度上字第 1129 号判例：“当事人于审判外就诉讼争点和解后，更为诉之撤回，以致诉讼终结者，应受该和解契约之拘束，不得就和解前之法律关系再行主张。”同院 19 年度上字第 1964 号判例：“二、和解契约合法成立，两造当事人即均应受该契约之拘束，纵使一造因而受不利益之结果，亦不得事后翻异，更就和解前之法律关系再行主张。”同院 22 年度上字第 2441 号判例：“夫与妻所订和解契约，约明日后妻如受夫不堪同居之虐待提起离婚之诉时，夫应给妻生活费大洋一千元者，嗣后妻因受夫不堪同居之虐待提起离婚之诉时，苟夫之经济状况无重大变迁，自有向妻照约给付之义务。”

22 “最高法院”1987 年度台上字第 2354 号判决：“和解有创设效力，和解成立后当事人间发生新法律关系，倘一方不为履行，他方仅得依据和解所发生之新法律关系为请求，而不得就同一事项为和解以前同样之主张。”
同院 1992 年度台上字第 69 号判决：“两造间已就借款及票款之相同债务一并为和解，于被上诉人应给付四百万元范围内另成立和解契约，该和解契约又对上诉人全体发生效力，则上诉人除依和解契约请求被上诉人履行外，应不得再据和解前原存之票据等法律关系个别为主张。”
同院 1994 年度台上字第 620 号判例：“和解内容，倘以他种法律关系替代原有法律关系者，则系以和解契约创设新法律关系，故债务人如不履行和解契约，债权人应依和解创设之新法律关系请求履行，不得再依原有法律关系请求给付。”（同院 1992 年度台上字第 69 号判决同旨。）

23 “最高法院”1988. 11. 1 第 19 次民事庭会议决议（一）：“和解之本质，究为创设，抑或认定，应依和解契约之内容定之。当事人以他种之法律关系或以单纯无因性之债务约束等，替代原有之法律关系时，属于创设；否则，以原来而明确之法律关系为基础而成立和解时，则属认定。本件甲乙两造就十万元借款成立和解，同意由甲偿还七万元，其余部分抛弃，系以原来明确之法律关系为基础而成立之和解，应认仅有认定之效力。乙固非不得依原来消费借贷之法律关系诉请甲为给付，但法院不得为与和解结果相反之认定。”
同院 1993 年度台上字第 2015 号判决：“和解有使当事人所抛弃之权利消灭及使当事人取得和解契约所订明权利之效力，‘民法’第七百三十七条定有明文。又和解之本质，究为创设，抑为认定，应依和解契约之内容定之。当事人以他种之法律关系或单纯无因性之债务约束等，替代原有之法律关系时，属于创设；否则，以原来明确之法律关系为基础而成立和解时，则属认定。如系后者，非不得依原来之法律关系诉请给付，法院仅不得为与和解结果相反之认定。”（同院 1993 年度台上字第 993 号判决、1993 年度台上字第 2680 号判决同旨。）

一、认定之效力

所谓“认定的效力”，指和解契约仅确认以前之法律关系仍然存在，并非创设新法律关系，从属原法律关系之保证或物之担保，不因和解而消灭。[24] 如有发现新证据，足以证明以前法律关系与和解所确定者不符者，和解应为无效。例如“破产法”第三十八条规定：“债权人对于债务人之保证人及其他共同债务人所有之权利，不因和解而受影响。”此规定即具有“认定的效力”。

二、创设之效力

所谓“创设之效力”，乃因和解契约创设新的法律关系，使其消灭原权利而取得新权利，至于以前法律关系如何，并非所问。如有新证据证明所确定之法律关系与以前之法律关系不一致时，和解不失效力。从属原法律关系之保证或物之担保，除保证人或物上保证人亦同意和解外，均归于消灭。例如“民法”第七百三十七条规定：“和解有使当事人所抛弃之权利消灭及使当事人取得和解契约所订明权利之效力。”此规定即具有“创设之效力”[25]。

24 “最高法院”1995年度台上字第624号判决：“和解，如当事人以他种之法律关系或以单纯无因性之债务约束等，替代原有之法律关系而成立者，为属于创设性之和解；倘以原来而明确之法律关系为基础而成立和解时，则属认定性之和解。故以原来明确之法律关系为基础而成立之和解，既仅有认定效力，债权人自非不得依原来之法律关系再诉请债务人给付，只法院不得为与和解结果相反之认定而已。又和解之范围，应以当事人相互间欲求解决之争点为限，至于其他争点或尚未发生争执之法律关系，虽与和解事件有关，如当事人并无欲求一并解决之意思，要不能因其权利人未表示保留其权利，而认为该权利已因和解让步视为抛弃而消灭。（本院1968年台上字第二一八〇号判例）”

25 “最高法院”1980年度台上字第264号判决：“查和解有创设之效力，和解内容原不受起诉时原告所主张诉讼标的之法律关系之拘束。”

同院1983年度台上字第940号判决：“依‘民法’第七百三十七条规定：和解有使当事人所抛弃之权利消灭及使当事人取得和解契约所订明权利之效力。因此，和解契约成立后，应依该和解契约创设之法律关系以定当事人间之债权及债务关系。至于和解成立以前之法律关系如何，概置不问。纵和解之成立，系出于错误而为，除有‘民法’第七百三十八条所定各款事项外，当事人不得以错误为理由撤销之。”（同院1987年度台上字第2354号判决、1988年度台上字第219号判决同旨。）

同院1994年台上字第620号判决：“和解内容，倘以他种法律关系，替代原有法律关系者，则系以和解契约创设新法律关系，故债务人如不履行和解契约者，债权人应依和解创设之新法律关系请求履行，不得再依原有法律关系请求给付。”

同院1995年度台上字第392号判决：“按和解有使当事人所抛弃之权利消灭及使当事人取得和解契约所订明权利之效力，为‘民法’第七百三十七条所明定。两造就系争房屋坪数不足之问题，既已于交屋时达成和解，应认上诉人就该屋坪数不足可得请求之权利，已因和解让步而消灭。”（同院1998年度台上字第312号判决同旨。）

"民法"第七百三十七条之规定所创设者，为债权债务关系，非物权之关系。和解契约之债权人仅取得债权请求权，盖和解契约性质上为债权契约，不生物权法上之效力，纵其所争执者为物权，仍须再依和解契约请求为物权行为。试举一例如下：甲向乙购买原料一批，约定价金为100万元，7月1日交货后，甲发现该原料有严重瑕疵而完全无法使用，乃依给付不能之规定向乙请求损害赔偿100万元；乙谓该瑕疵系因上游工厂之疏忽所致，因乙本身周转不灵，无法赔偿此笔庞大数额，甲乙经交涉后同意将赔偿金减至60万元。此时依"民法"第七百三十七条之规定，甲对乙之100万元请求权消灭，但甲取得60万元之损害赔偿请求权，此时非甲径行取得60万元之所有权，甲仍须依和解契约请求乙给付60万元，如乙于清偿期届至仍未给付，须负给付迟延责任。民法上之和解既认为其有创设之效力，其所创设请求权之消灭时效应重新起算。

叁、和解与间接给付、债之更改之关系

"民法"第三百二十条规定："因清偿债务而对于债权人负担新债务者，除当事人另有意思表示外，若新债务不履行时，其旧债务仍不消灭。"此即间接给付之规定，学说上又称为"新债清偿"[26]，性质上亦为契约，惟债务人并未为现实给付，故其所负债务得认为系新债务与旧债务同时并存，旧债务之担保等从权利仍然存在。至于债之更改，又称为债之更新，系指债务人与债权人成立新债务，同时消灭旧债务之契约，实务见解亦肯认之。[27]一般而言，和解既具有创设效力，其得为债权人与债务人债之更改之方式，至于间接给付，理论上仅于认定效力之和解契约，始得为之。

最后，设某甲因与某乙赌博而负债，"欠"乙100万元，如二人和解以40万元达成协议，乙能否本于和解契约诉请给付？关于此点有正反二说，肯定说认为和解具有创设效力，当事人因和解取得之权利，为完全新的权利，故乙得诉请给付。否定说认为和解虽具有创设效力，惟若当

26　拙著，民法债编总论讲义，下册，瑞兴图书股份有限公司，1992年3月初版，第一一一页。邱聪智，民法债编通则，作者自刊，1993年8月修订六版，第五〇二页。孙森焱，民法债编总论，作者自刊，1990年10月修订九版，第七七六页。

27　"最高法院"1951年度台上字第1068号判例："上诉人既自愿照额订立分期拨付据付与被上诉人收执，以清偿从前之债务而负担新债务，被上诉人并将以前借据作废退还上诉人，其有消灭旧债务之意思表示毫无疑义，自不得再事主张。被上诉人仅能就最初本金按银行放款日拆为求偿范围，其超过者无请求权。"

事人利用和解为脱法行为者，和解不生效力。[28]。愚意以为，当事人之真意，应指该赌债于甲乙双方成立和解契约之同时即消灭，应为“债之更改”之问题[29]，但因赌债非债（违反“民法”第七十一条而无效），本质上无法更改[30]，故和解契约因无法更改而无效，并非因脱法行为而无效。愚采否定说，但理由构成有所不同。

肆、和解与错误

“民法”第七百三十八条规定：“和解不得以错误为理由撤销之。但有左列事项之一者，不在此限：一、和解所依据之文件，事后发现为伪造或变造，而和解当事人若知其为伪造或变造即不为和解者。二、和解事件经法院确定判决，而为当事人双方或一方于和解当时所不知者。三、当事人之一方，对于他方当事人之资格或对于重要之争点有错误，而为和解者。”因和解具有创设之效力，以前法律关系在所不问[31]，又和解之目的既在终止争执或终止争执之发生，故当事人意思表示如有错误，致和解所确定之法律关系与真意不符者，自不宜事后再以其为错误而撤销，但因暴利行为、被诈欺或被胁迫而成立之和解契约，仍得依“民法”第七十四条、第九十二条之规定行使撤销权。[32] 再者，通谋虚伪意思表示所为之和解自

28 “最高法院”1955年度台上字第421号判例：“赌博为法令禁止之行为，其因该行为所生债之关系，原无请求权之可言，除有特别情形外，纵使双方同意以清偿此项债务之方法而变更为负担其他新债务时，亦属脱法行为，仍不能因之而取得请求权。”

29 此非间接给付（新债清偿），盖“民法”第七百三十七条有创设之效力。

30 王泽鉴，赌债与不法原因给付，收录于氏著民法学说与判例研究，第二册，1996年10月出版，作者自刊，第一二三页。

31 “最高法院”1983年度台上字第940号判决：“依‘民法’第七百三十七条规定：和解有使当事人所抛弃之权利消灭及使当事人取得和解契约所订明权利之效力。因此，和解契约成立后，应依该和解契约创设之法律关系以定当事人间之债权及债务关系。至于和解成立以前之法律关系为何，概置不问。纵和解之成立，系出于错误而为，除有‘民法’第七百三十八条所定各款事项外，当事人不得以错误为理由撤销之。”

32 “最高法院”1986年度台上字第985号判决：“所谓和解有使当事人所抛弃之权利消灭及使当事人取得和解契约所订明权利之效力，系指该和解出于当事人双方自由意志之和解而言。若当事人一方被胁迫和解，该当事人得依‘民法’第九十二条第一项规定撤销其和解意思表示以阻止和解效力。纵撤销权因除斥期间届满而不得行使，但该被胁迫人亦为侵权行为之被害人，仍得于‘民法’第一百九十七条第一项规定之期间内请求赔偿或废止加害人之债权，或于该期间经过拒绝履行，或依关于不当得利规定请求返还其损害。”（同院1987年度台上字第168号判决同旨。）

同院1991年度台上字第2369号判决：上诉人于其受胁迫成立和解后，至1991年6月24日始提出答辩状，表示以该答辩状撤销受胁迫之意思表示，距签订和解书时，已逾“民法”第九十三条所定一年之除斥期间，不生撤销之效力。

始无效[33]（“民法”第八十七条第一项参照），无待撤销。惟如有“民法”第七百三十八条但书所规定各款之情形，则得撤销和解契约，惟主张有但书各款者，须负举证责任。[34] 兹分述如下：

一、和解所依据之文件，事后发现为伪造或变造，而和解当事人若知其为伪造或变造，即不为和解者

和解系一法律行为，“民法”第七百三十七条赋予其创设效力，故其基础不宜建立于虚伪之上。于此种情形仍应允其撤销，兹分述其要件：

（一）须和解所依据之文件事后发现为伪造或变造

和解所依据之文件事后发现为伪造或变造，不论由何人所为，均有本条适用。盖此所重视者，系此等伪造或变造文件所为之意思表示发生错误而言，此时可撤销和解契约，惟须系以之为和解依据始可。如系由和解当事人之一方所为之伪造或变造者，他方当事人尚得以被诈欺为由而撤销和解契约（“民法”第九十二条）。

（二）须当事人若知其为伪造或变造即不为和解

当事人若知其为伪造或变造，即不为和解者，始有本条适用。此与“民法”第八十八条“表意人若知其事情，即不为意思表示”之表示错误（不知）情形不同，盖前者并非表示行为有所错误，而系和解基础有误，否则依“民法”第八十八条撤销即可，无须本款之必要也。

符合上述二要件，意思表示错误之当事人始得撤销其和解，如该文

33 “最高法院”1985年度台上字第188号判决：“所谓通谋为虚伪意思表示，乃指表意人与相对人互相故意为非真意之表示而言。故相对人不仅须知表意人非真意，并须就表意人非真意之表示相与为非真意之合意，始为相当。被上诉人纵有无欲为其和解意思表示所拘束之意，而表示与真意不符之意思，仍须证明上诉人明知其情，并相与为非真意之合意，始可认为双方通谋而为之虚伪意思表示。”
同院1996年度台上字第235号判决：“所谓通谋为虚伪意思表示，乃指表意人与相对人互相故意为非真意之表示而言，故相对人不仅须知表意人非真意，并须就表意人非真意之表示相与为非真意之合意，始为相当，若仅一方无欲为其意思表示所拘束之意，而表示与真意不符之意思，尚不能指为通谋而为虚伪意思表示。原法院未叙明上诉人与陈女间如何互相故意为非真意之表示，并一方知他方非真意，而就其非真意之表示相与为非真意之合意，竟以无从认定陈女有给付上诉人一千一百六十万元买卖价金之事实，及上诉人多次接续对陈女之汇款，亦无从认系其返还陈女之房屋价款及给付其违约金，即谓上诉人与陈×玲间订立之买卖契约与其后有关违约赔偿之和解契约，系基于通谋虚伪意思表示所为，而为上诉人不利之判决，于法更有未合。”

34 “最高法院”1992年度台上字第939号判决：“上诉人并未举证证明上述和解内容系依原合建契约而达成或系因上诉人之错误意思表示而成立，自不得执原合建契约内容而拒绝上述和解契约之履行。”

件系由第三人所伪造或变造，双方均得撤销和解。

二、和解事件经法院确定判决而为当事人双方或一方于和解当时所不知者

当事人于和解时，双方或一方不知法院已有确定判决，于事后知悉者，自应许其撤销和解。盖和解与法院判决二者之内容不一定相符，因和解而受不利益之一方，如早知有法院确定判决者，自不愿意再为和解，故此种错误应容许其撤销。惟本款适用上，不含和解双方当事人均明知已有法院确定判决之情形。

三、当事人之一方对于他方当事人之资格或对于重要之争点有错误而为和解者

所谓对于他方当事人之资格有错误者[35]，例如当事人一方误他方为债权人，与之就债权之数额而为和解，实际上他方并非真正债权人，此未如“民法”第八十八条第二项有“交易上认为重要者”之要件，但解释上应为相同。至于对于重要之争点有错误，例如误以为轻伤而和解，嗣后发现系重伤之情形，此时自应允许其撤销。[36] 惟如当事人明知争点为不实在，因不能证明，而与他造成立和解者，就此争点互让所决定事项本身，纵有错误，亦不得以错误为由撤销和解。[37]

伍、和解撤销后之效果

“民法”第七百三十八条但书各款所规定撤销权行使之对象，为和解

35 “最高法院”1996 年度台上字第 2091 号判决：“当事人之一方，对于他方当事人之资格有错误而为和解者，依‘民法’第七百三十八条第三款之规定，故得以错误为理由而撤销和解。惟查所谓对于他方当事人之资格有错误，系指对于和解相对人之年龄、性别、学经历、职业、专长、才能、资历等有所误认之动机错误而言。”

36 “最高法院”1959 年度台上字第 730 号判例：“被上诉人最初起诉，即为上诉人应赔偿因迟延移交饲料厂所生之损害，而上诉人于和解时，复同意赔偿此项损害无异，则当事人之一方对于重要之争点，并无因错误而为和解，不得依‘民法’第七百三十八条第三款主张撤销。”同院 1963 年度台上字第 500 号判例：“和解契约成立后，除当事人之一方对于重要之争点有错误而为和解者外，不得以错误为理由声请撤销，此观‘民法’第七百三十八条之规定至明。从而倘无‘民事诉讼法’第三百八十条第二项之情形，自无继续审判之可言。”

37 “最高法院”1992 年度台上字第 2239 号判决：“当事人之一方，对于重要之争点有错误，而为和解者，得以错误为理由，撤销和解，固为‘民法’第七百三十八条第三款所明定。惟如当事人明知争点为不实在，因不能证明，而与他造成立和解者，就此争点互让所决定事项本身，纵有错误，则不得以错误为由，撤销和解。”

契约错误之意思表示，一行使则和解契约视为自始无效（“民法”第一百十四条第一项参照）。此时尚有二问题值得探讨：①“民法”第七百三十八条但书之撤销权之除斥期间为何？②撤销之当事人撤销后是否须负信赖利益赔偿责任？愚意以为，“民法”第七百三十八条系“民法”第八十八条之特别规定，就错误再加以更严格之撤销权行使之要件，惟民法第七百三十八条但书规定所适用之对象，仍为错误之意思表示，自理论而言，愚意以为原则上仍有“民法”第九十条一年除斥期间及“民法”第九十一条信赖利益赔偿责任之适用。[38] 尤其是信赖利益赔偿责任之问题，于“民法”第七百三十八条但书各款之适用上，颇富趣味，兹分述如下：

一、和解所依据之文件事后发现为伪造或变造，而和解当事人若知其为伪造或变造即不为和解者

“民法”第七百三十八条但书第一款即赋予其撤销权，此对其相对人之保护即有不周，故令撤销权人负信赖利益赔偿责任，此由“民法”第九十一条规定以观，并无不妥。但文件如系第三人所伪造或变造者，双方当事人既均不知有错误，且均为善意，如令撤销权人负信赖利益赔偿责任者，无人敢撤销，信赖利益赔偿责任之负担，反而会限制意思表示错误之当事人行使撤销权，此应非“民法”第七百三十八条但书立法之本意。反之，如文件系相对人所伪造或变造者，当事人系依“民法”第九十二条受诈欺而撤销和解契约，故无“民法”第九十一条信赖利益赔偿责任之适用。因此，于本款之情形下应无“民法”第九十一条信赖利益赔偿责任之适用。

二、和解事件经法院确定判决而为当事人双方或一方于和解当时所不知者

如一方当事人不知有确定判决而订立和解契约，“民法”第七百三十八条但书第二款赋予其撤销权，因相对人明知其撤销原因，故不负信赖利益赔偿责任（“民法”第九十一条但书参照）。惟双方既均不知，且二者均善意无过失，当无信赖利益赔偿之问题。

38 “最高法院”1994年度台上字第2383号判例：“和解不得以错误为理由撤销之，但当事人之一方，对于他方当事人之资格或对于重要之争点有错误而为和解者不在此限，此观‘民法’第七百三十八条之规定至明。此种撤销权之行使，既系以错误为原因，则‘民法’第九十条关于以错误为原因，行使撤销权除斥期间之规定，于此当有其适用。”

三、当事人之一方对于他方当事人之资格或对于重要之争点有错误而为和解者

此款之解释与“民法”第八十八条第二项但书均相同，例如对于和解相对人之年龄、性别、学经历、职业、专长、才能、资历等有所误认之动机错误，故如有错误而撤销者，撤销权人应负信赖利益赔偿责任。

第四节　和解之消灭

和解契约之消灭原因与一般契约相同，大致上包括下列数种：

壹、债务履行

和解契约之债务人已依契约履行债务者，和解契约消灭。

贰、解除权之行使

和解契约双方当事人虽不得片面反悔[39]，但仍可依给付不能、给付迟延[40]或不完全给付等债务不履行之事由解除和解契约，或合意解除契约

39 “最高法院”1982年度台上字第1973号判决：“和解依‘民法’第七百三十七条规定，有创设之效力，除有同法第七百三十八条得撤销之事由外，自不容任何一方片面解除。上诉人与任×祥及陈×利公司间所订立之协议书，系彼等就共营事业财产，无法清算，几经折冲而成立，名为协议，其实质应为和解。”
同院1993年度台上字第2263号判决：契约之解除，除当事人间另有约定或具备法定解除之要件外，并无得以‘错误’为原因解除契约之法律明文。上诉人于1992年12月5日委由其诉讼代理人以‘和解重要之争点应属错误’为由（见：原审上更（一）卷二四页）通知被上诉人‘解除’上开1990年12月11日之和解契约，自属无据。”

40 “最高法院”1983年度台上字第1863号判决：按当事人之一方迟延给付者，他方当事人得定相当期限催告其履行，如于期限内不履行时，得解除其契约，“民法”第二百五十四条定有明文。两造于原审成立和解所订之买卖契约，因上诉人未于约定期限给付复经被上诉人限期催告仍未履行，业经被上诉人合法解除，既如前述，上诉人嗣于1979年10月间在第一审法院以1979年存字第一二三〇号提存买卖价款主张买卖款主张买卖关系存在，则被上诉人请求确认两造间，就系争土地二笔之买卖关系存在，则被上诉人请求确认两造间，就系争土地二笔之买卖关系不存在，自有即受确认判决之法律上利益，应予准许，又系争土地业于1980年5月30日移转登记与上诉人，有土地登记簿誊本可证，兹两

或另以新契约解除原和解契约。[41]

叁、撤销权之行使

和解契约可依“民法”第七百三十八条但书各款或“民法”第九十二条之规定而撤销，撤销权一行使，和解契约依“民法”第一百十四条之规定即视为自始无效，已如前述，于兹不赘。

（接上页）造间之买卖契约既已解除，被上诉人请求回复原状，将上诉人之所有权移转登记予以涂销，亦属正当。

两同院1985年度台上字第632号判决：“和解亦属契约之一种，此观‘民法’第七百三十六条之规定至明，故和解契约当事人之一方迟延给付者，他方当事人得定相当期限催告其履行，如于期限内不履行时，依‘民法’第二百五十四条之规定，自得解除该和解契约。”

“最高法院”1986年度台上字第377号判决：“和解契约成立后，当事人双方固应受和解契约之拘束，不得就和解前之法律关系，再行主张，惟和解契约亦为契约之一种，如一方履行迟延者，他方非不得依‘民法’第二百五十四条之规定，解除该和解契约。又上诉人就是否行使契约解除权，或仍请求被上诉人履行和解契约，有选择之权，不能因订有和解契约，即谓须依和解契约所订条件行使权利，而不得依上述规定解除和解契约。”

41　最高法院18年度上字第347号判例：“和解契约，当事人固应受其拘束，不得无故翻异，为当事人两造皆不愿维持该契约之效力，即应认为合意解除，自不能更依该契约判断其权义关系。”

同院1985年度台上字第632号判决：“和解亦属契约之一种，此观‘民法’第七百三十六条之规定至明，故和解契约当事人之一方迟延给付者，他方当事人得定相当期限催告其履行，如于期限内不履行时，依‘民法’第二百五十四条之规定，自得解除该和解契约。”

第二十四章

保　证

【案例提示】

甲公司为向乙银行借贷新台币一千万元，乃由董事长丙以所有不动产一栋供设定抵押权，并由丙、丁、戊、己等董事及监察人个人身份为保证人，该保证契约特别约定："保证人抛弃'民法'债编第二十四节一切保证人之抗辩权。"甲公司顺利向乙银行取得一千万元融资，数年后因甲公司经营不善，无法清偿该笔借款。请问：

一、乙银行应如何主张其权利？

二、丙、丁、戊、己等保证人得主张何种抗辩？

三、上述保证契约之特别约定效力如何？

四、丁可否就甲公司在乙银行之存款债权主张抵销？

五、保证人等代甲清偿后有何权利？

第一节　保证之意义、性质、种类与其他类似概念

壹、保证之意义

所谓保证（guaranty，surety），依"民法"第七百三十九条之规定，系指当事人约定，一方于他方之债务人不履行债务时，由其代负履行责任之契约。[1] 兹分述其意义如下：

1　史尚宽，债法各论，作者自刊，1986年11月台北六刷，第八二六页。郑玉波，民法债编各论，下册，作者自刊，1990年10月十四版，第八一八页。

一、保证是一种契约

保证系一种契约，民法债编各论设有专节之规定，其未规定之事项，应适用债之通则契约及民法总则法律行为有关规定。惟常有名为保证而实际上并非保证契约之情形，例如“票据法”第五十八条票据保证（单独行为，详后述）及“民事诉讼法”第一百零二条第二项诉讼费用担保之保证等等，均为著例。严格言之，均非本节所规定之保证，仅得称之为一种特殊保证，或保证之类似概念而已（详后述）。

按保证系以他人之债务（主债务）为担保对象之契约，故虽名之为保证，且性质上亦为契约，但如系担保自己之债务者，非属于本节所规定之保证，例如“民法”第三百五十四条第二项、第三百六十条所称保证品质之“保证”，第四百十一条所称保证无瑕疵之“保证”，第四百八十五条所称保证其有特殊技能之“保证”，虽于买卖、赠与及雇佣契约之中附有保证约款，但均非本节所规定之保证。

保证契约当事人为债权人与保证人，其所订立之契约谓保证契约，即保证契约乃保证人与债权人间之契约。其中保证人资格原则上并无限制，可为自然人或法人，惟依“公司法”第十六条之规定，除非公司依其他法律或公司章程规定以保证为业务者外，不得为保证人，否则该保证对公司无效，而应由公司负责人自负保证责任。[2] 此不得为保证之限制，包括一般人保[3]、物保[4]、承受他人保证契约[5]、履约

2 “司法院大法官会议”释字第59号解释：“依‘公司法’第二十二条之规定，公司除依其他法律或公司章程规定以保证为业务者外，不得为任何保证人。公司负责人如违反该条规定，以公司名义为人保证，既不能认为公司之行为，对于公司自不发生效力。”

3 “最高法院”1959年度台上字第1919号判例：“被上诉人公司非以保证为业务，其负责人违反公司法第二十三条之规定，以公司名义为保证，依‘司法院’释字第五十九号解释，其保证行为应属无效，则上诉人除因该负责人无权代理所为之法律行为而受损害时，得依‘民法’第一百十条之规定请求赔偿外，并无仍依原契约，主张应由被上诉人负其保证责任之余地。”

4 “最高法院”1985年度台上字第703号判例：“‘公司法’第十六条第一项规定公司除依其他法律或公司章程规定以保证为业务者外，不得为任何保证人，旨在稳定公司财务，用杜公司负责人以公司名义为他人作保而生流弊，倘公司提供财产为他人设定担保物权，就公司财务之影响而言，与为他人保证人之情形无殊，仍应在上开规定禁止之列。”

5 “最高法院”1980年度台上字第1676号判例：“公司除依其他法律或公司章程规定，以保证为业务者外，不得为任何保证人，为‘公司法’第十六条第一项所明定。本件被上诉人公司系以某报之出版发行等为业务，而非以保证为业务，自有上开禁止规定之适用。且所谓不得为任何保证人，非仅指公司本身与他人订立保证契约为保证人，即承受他人之保证契约，而为保证人之情形，亦包括在内。”

保证金契约[6]、票据保证[7]（但公司可以背书之方式达到负担债务之效果[8]）等等。至于商号经理人为他人盖章作保，除经号东同意或追认外，效力不及于号东。[9]

保证契约之当事人为保证人与债权人，并非保证人与主债务人，盖保证人与主债务人间之法律关系或为委任或为无因管理，如由主债务人委托保证人代为“保证事务”者，主债务人与保证人间为委任关系；反之，如系由保证人自动为保证者，主债务人与保证人间为无因管理关系，此系与保证有相当关连，但绝非保证，此不可不辨！

二、保证系一方于他方债务人不履行债务时由其代负履行责任之契约

按保证系主债务人不履行债务时，由保证人代主债务人向债权人负履行责任[10]，此保证责任性质上为无限责任，保证人所有财产均为其责任

6 “最高法院”1997 年度台上字第 3298 号判决：“‘公司法’第十六条第一项规定，公司除依其他法律或公司章程规定得为保证者外，不得为任何保证人。如违反此项规定，以公司名义为人保证，对于公司不生效力。查上诉人为股份有限公司，原审既认上诉人出具予被上诉人之履约保证金保证书之性质为履约之保证，乃竟未查明上诉人依其他法律或公司章程规定得否为保证，遽认该履约保证金保证书对于上诉人为有效，而为上诉人不利之判断，自嫌速断。”

7 “最高法院”1954 年度台上字第 83 号判例：“‘公司法’第二十三条除外之规定，系以依其他法律或公司章程规定以保证为业务者为要件，被上诉人既无依其他法律或公司章程规定以保证为业务之情形，殊无因‘票据法’第五十五条第二项，有不问何人均得为保证之规定，而排斥其适用之余地。至‘公司法’第二十四条乃关于公司负责人违反第二十二条或第二十三条之规定时之处罚，并赔偿公司因此所受损害之规定，不能因此即可谓违反同法第二十三条之保证应属有效。上诉人执此为不服原判决之论据，不能认为有理由。”

8 “最高法院”1959 年度台上字第 922 号判例：“民法所称保证契约之保证人，于主债务人不履行债务时，由其代负履行之责，与票据法所称支票之背书人，应照支票文义担保付款之情形不同。故签名于支票而为背书者，应依票据法之规定负背书人之责任，执票人即不得仅凭支票上之背书，而主张背书人应负民法上之保证责任。”

同院 1988 年度台上字第 2286 号判决：“票据之背书，为票据转让行为之一种，本票之背书人应照本票文义负票据法规定之责任，与民法所称保证契约之保证人，于主债务人不履行债务时，由其代负履行责任之情形有间，故公司在票据之背书，并非‘公司法’第十六条禁止之范围。”

9 请参阅本书经理人乙节之说明，并请参阅最高法院 1930 年度上字第 1897 号判例：“商号经理人或伙友为人盖章作保，除经号东同意或追认外，无论有无特别习惯，其效力皆不及于号东。”

10 “最高法院”1930 年度上字第 159 号判例：“保证人之责任，须主债务人不履行债务时，始代为履行。”

同院 1931 年度上字第 1197 号判例：“保证债务契约，系保证人与债权人约明于主债务人有不履行或不能履行时，代负偿还责任之契约。”

之总担保，与提供担保物担保他人履行债务之物上保证人系负物的有限责任[11]，有所不同。

三、保证契约系担保主债务之契约

按保证债务系从债务，必须以主债务存在为其前提，而主债务即为被担保之债务。是以保证契约（从契约）之成立，以主债务之有效存在为前提，若无有效之主债务存在者，除“民法”第七百四十三条特殊情形外（详后述），保证契约原则上亦属无效。[12] 因此，保证人为主债务人对债权人所负之主债务而担保，但保证人则系基于其与债权人所订定保证契约，对于债权人负有保证债务。易言之，如主债务人不履行主债务时，保证人始代负履行责任。

至于主债务之种类如何，是否与保证之成立有关？兹分述如下：

（一）自然债务

自然债务是否为保证之对象，应分两种情形：

1. 保证契约成立生效后主债务变为自然债务者，例如主债务因时效完成而变为自然债务时，保证虽不因之而失效，但保证人得主张主债务人时效完成之抗辩，纵主债务人抛弃时效抗辩者，保证人仍得主张（“民法”第七百四十二条参照）。

2. 就已经时效完成之自然债务，如债务人以要约承认该债务或提供担保而为保证（例如“民法”第一百四十四条第二项后段），此时理论上主债务人已默示抛弃其时效利益，故其保证应仍为有效。

（二）将来债务

被保证之主债务，通常于保证成立前已发生，惟并不以现实发生为必要，只要有发生基础且将来可能发生为已足[13]，例如已有交互计算契

11　“最高法院”1989年度台上字第473号判决：“所谓保证，依‘民法’第七百三十九条规定，系指当事人约定一方于他方之债务人不履行债务时，由其代负履行责任之契约。设系约定提供担保物，以担保债务人履行债务，则非此之所谓保证。”

12　“最高法院”1994年度台上字第2143号判决：“按称保证者，谓当事人约定，一方于他方之债务人不履行债务时，由其代负履行责任之契约，为‘民法’第七百三十九条所明定。故保证债务乃从债务，以主债务之存在为前提。如主债务尚未发生，则保证债务即无由独立存在。”

13　“最高法院”1986年度台上字第1307号判决：上诉人向被上诉人保证被上诉人所持有国塑公司于现在或将来所负之借款、票据、保证、损害赔偿等及其他一切债务，愿与债务人负连带清偿责任，有卷附保证书足稽。该保证性质系就连续发生而未定有期间之债务为保证，以主债务人实际债额为保证范围，其保证金额非不能确定，参照“最高法院”1974年台上字第七五二号判决意旨，自不影响保证契约之已成立。

约、票据贴现契约、租赁契约、雇佣契约（人事保证，详见人事保证乙节）等基础关系，将来可发生之债务，亦可作为保证之主债务。再者，将来债务之数额亦不以现实具体确定为必要，只要明定最高限额，即所谓“最高限额保证”，与“最高额抵押”之情形相同，学界通说与实务见解均承认其效力（详后述）。

（三）专属性债务

民法上所谓责任，可区分为履行责任、返还责任及赔偿责任等等。[14] 保证人所负之责任，依“民法”第七百三十九条之规定，系代负履行责任，究竟为“负代为履行之债务”，抑或是“就主债务人之履行责任（包括履行及不履行之责任）代负之”？理论上言，应以保证人所担保之主债务是否限于具有代替性为断，易言之：

1. 主债务以具有代替性为限者：此说认为保证人所负保证债务，系负代为履行之债务者，主债务之性质必须具有可代替性，得由他人代替履行者（如金钱债务）始可，否则若为专属性之债务者（例如“民法”第四百八十四条之给付劳务债务），非保证之对象。

2. 主债务不以具有代替性为限者：此说认为保证人所负保证债务，系就主债务人之履行责任代负之者，保证人不仅得代为履行，当债务人不履行债务时所应负赔偿责任，保证人亦应负责。不论主债务是否具有专属性，均得为保证之对象。

3. 本书见解：因“民法”第七百三十九条法文明定“代负履行责任”，故有学者认为民法所规定保证债务之标的必须与主债务为同一，专属性之债务或不作为债务不得为保证之对象，故认为主债务以具有代替性为限。[15] 惟依“民法”第七百四十条之规定，主债务之损害赔偿属于保证债务之范围，且如认为主债务以具有代替性为限者，为专属性债务所作之保证即不得列入台湾民法上保证范围之内，显与社会实情不合[16]，故应以后说为当，认为主债务不以具有代替性为限，实务见解亦同。[17]

14 郑玉波，前揭书，同注1，第八一九页。

15 蔡章麟，民法债编各论，下册，作者自刊，1959年，第一八三页。薛祀光，民法债编各论，三民书局股份有限公司，1960年，第三七八页。

16 史尚宽，前揭书，同注1，第八二八页、第八四八页。戴修瓒，民法债编各论，三民书局股份有限公司，1964年，第三八四页，郑玉波，前揭书，同注1，第八二〇页。

17 最高法院1931年度上字第1197号判例：“保证债务，系保证人与债权人约明于主债务人有不履行或不能履行时，代负偿还责任之契约。”

贰、保证之性质

一、有名契约

保证契约，“民法”债编各论设有第二十四节专节，自属一有名契约。

二、从契约

保证系以主债务之存在为前提，从属于主契约，随主契约而发生、变更、移转与消灭，故性质上为从契约。

三、片务契约

保证契约成立后，仅保证人对债权人负有保证债务，相对地债权人对保证人不负任何债务，故性质上为片务契约，虽保证人与主债务人间有委任关系亦然。

四、无偿契约

按保证人通常并不取得报偿，性质上为无偿契约。但如约定由债权人给予报偿者，当然亦得为保证，此时应属于有偿契约。惟须注意的是，当主债务人给与保证人报偿，而保证人始愿意担任保证人系保证人与主债务人间委任契约为有偿而已，保证契约不因此而成为有偿契约，不可不予区别!

五、不要式契约

保证契约之成立，虽实务上常以书面为之，但法律上并不以书面为必要[18]，债权人与保证人间意思表示合致者，依“民法”第一百五十三条第一项之规定，保证契约即为成立，与人事保证系要式契约（“民法”第七百五十六条之一第二项参照），并不相同。又保证契约可单独为之，亦可与主债务所生之契约结合而为之，称之为结合契约。

六、诺成契约（不要物契约）

保证契约并不以物之交付为其成立生效要件，故为诺成契约。惟如

18 “最高法院”1980年度台上字第2002号判决：“保证契约为诺成契约，因当事人双方意思表示一致而成立，对保除当事人另有特别约定外，并非契约之成立要件，契约书之作成，亦不以由当事人本人自写为必要，签名更得以盖章代之。”（本判决似将“不要式契约”误为“诺成契约”，似有不当。）

系以履约保证金之方式提供担保者，则应为要物契约。

七、继续性契约

保证契约不论系定有期限（“民法”第七百五十二条、第七百五十五条）或未定期限（“民法”第七百五十三条、第七百五十四条），均为继续性契约。

叁、保证之种类

保证可分为“一般保证”与“特殊保证”两大类，为方便说明起见，谨表列之如下：

- 保证
  - 一般保证(简称保证，“民法”第七百三十九条)(指债务保证，与人事保证不同)
  - 特殊保证
    - 连带保证（民法无规定、通说与实务见解承认）
    - 共同保证（“民法”第七百四十八条）
    - 信用委任（“民法”第七百五十六条）
    - 再保证（民法无规定）
    - 求偿保证（“民法”第七百五十条第二项）
    - 票据保证（“票据法”第五十八条）
    - 最高限额保证（民法无规定、通说与实务见解承认）
    - 信用卡保证

本文以下各节所论者，以一般保证为主，至于特殊保证，另以专节分别说明。此外与保证类似之概念不少（如损害担保契约，信用保险、债务之并存承担等），亦将分别论述。惟应注意的是，票据保证性质上为单独行为，与民法上保证性质为契约并不相同，严格言之，应属保证之一种类似概念。[19]

肆、保证与其他类似概念

一、债务承担

（一）免责的债务承担

所谓免责的债务承担，系指不变更债之同一性而由第三人（承担人）

19 史尚宽，前揭书，同注1，第八三七页。郑玉波，前揭书，同注1，第八二二页。

以移转债务为标的之合意，承担原债务人之债务，原债务人脱离债之关系而免除其责任之契约。此种契约不论系第三人与债权人直接订立、第三人与原债务人订立或债权人或债务人与第三人订立，均无不可，惟承担人与原债务人订立，须经债权人承认始生效力（“民法”第三百零一条参照），其余二者于债权承担契约成立时即生债权移转效力[20]，是为准物权行为。按承担人承担他人债务，与保证人保证他人债务，颇为类似，惟仍有下列差异：

1. 承担人承担债务后，原债务人脱离债之关系，由承担人承继债务人之地位，至于双务契约之场合，该脱离之债务人可能仍为相对之债权人；保证契约成立后，主债务人并未脱离债权债务关系，仍应负担其债务[21]，保证人仅为从债务人，不承继主债务人之地位。

2. 债务承担后，如原债务有保证人者，除保证人对于承担已为承认外，依“民法”第三百零四条第二项规定，其保证因债务承担而消灭[22]；承担后之债务如经保证，且该债务原已有保证者，原保证并不因此而消灭，而与新保证并存以成立共同保证。[23]

（二）并存的债务承担

所谓并存的债务承担，又称附加的债务承担或重叠的债务承担，系

20　最高法院 1929 年度上字第 2570 号判例：“承担契约为债务人利益而设，其主旨在使债务人免除责任。保证契约为债权人利益而设，保证人代位清偿之后，对于主债务人仍可行使求偿权，自不能与债务承担相提并论。”

同院 22 年度上字第 426 号判例：“债务之承担与保证债务不同，保证债务为于他人不履行债务时代负履行责任之从债务，该他人仍为主债务人，故除有民法第七百四十六条所列各款情形之一者外，保证人于债权人未就主债务人之财产强制执行而无效果前，对于债权人得拒绝清偿。债务之承担则系债务之移转，原债务人已由债之关系脱退，仅由承担人负担债务，故承担人纵令曾与原债务人约明将来清偿债务之资金，仍由原债务人交付承担人向债权人清偿，亦不得以之对抗债权人。”并请参见邱聪智，民法债编通则，作者自刊，1993 年 8 月修订六版，第四六九页。

21　“最高法院”1969 年度台上字第 3420 号判例：“保证债务之成立，并非债务之承担，主债务人之债务不因有保证人之故，而失其存在。合伙债务亦不因有保证人之故，其合伙人即可免负‘民法’第六百八十一条对于不足之额之连带偿还责任。”

同院 1980 年度台上字第 3652 号判决：“所谓保证，系指当事人约定一方（保证人）于他方（债权人）之债务人（主债务人）不履行债务时，由其代负履行责任之契约而言。在主债务人或保证人清偿债务以前，主债务人之债务依然存在。而债务承担，只须具备债务承担之要件，即发生原债务人之债务移转于承担债务之第三人之效力。易言之，原债务人已因债务承担而脱离其债务人之地位，此与保证契约成立时之债务人之债务依然存在之情形显不相同。”

22　邱聪智，前揭书，同注 20，第四七四页。

23　郑玉波，前揭书，同注 1，第九〇六页。

指第三人加入债务关系与原债务人负担同一责任之契约。并存的债务承担原债务人并不脱离债之关系，且新加入之债务人与其并负同一责任，与保证相类似，但仍有下列不同：

1. 并存的债务承担，新加入债务人并非从债务人，且其债务并无补充性（无先诉抗辩权）；保证人则为从债务人，除非其抛弃先诉抗辩权或为连带保证人外，其债务有补充性，得主张先诉抗辩权。

2. 并存的债务承担，新加入债务人与原债务人间所负债务，理论上为不真正连带债务[24]，实务见解认为系连带债务[25]（就“民法”第二百七十二条规定，连带债务以当事人明示约定或法律规定者为限观之，愚以采不真正连带债务为是。）；保证人除连带保证外，并不与主债务人负连带责任。[26]

二、损害担保契约

（一）损害担保之意义

所谓损害担保契约，系指一方于他方因一定事项受有损害时，应独立负担填补责任之契约。[27] 台湾地区民法就此并未有特别规定，仅于第二百六十八条规定第三人负担契约，类似有损害担保契约之性质，即所谓之履行承担也。但亦与人事保证之限于受雇人因职务上之行为而应负损害赔偿者，有所不同。

（二）损害担保与保证之差异

损害担保契约性质上为无偿契约及片务契约，与保证类似，惟仍有下列不同：

1. 损害担保契约并非从契约，且其债务不具从属性及补充性；保证契约为从契约，其债务则有从属性及补充性。

2. 损害担保契约，不以担保他人之债务不履行为限，因其他事由致债权人受损害时，亦得为担保之对象；保证契约原则上仅担保他人之债

24 邱聪智，前揭书，同注20，第四七五页。

25 最高法院1934年度上第1377号判例：“第三人与债权人订立契约，承担债务人之债务者，其债务固于契约成立时移转于该第三人，惟第三人与债权人订立之契约，系由该第三人加入为债务人与原债务人就同一债务，各负全部给付之责任者，学说上称为重叠债务承担，究与民法第三百条所规定之免责的债务承担不同，原债务人就其债务仍与该第三人连带负其责任。”

26 郑玉波，前揭书，同注1，第八七三页。

27 郑玉波，前揭书，同注1，第九〇七页。

务不履行。

三、保证保险（信用保险）

（一）保证保险之意义

“保险法”第九十五条之一规定：“保证保险人于被保险人因其受雇人之不诚实行为或其债务人之不履行债务所致损失，负赔偿责任。”是为保证保险之规定，例如商店恐顾客赊欠货款，到期不能收回致生损害为由，向保险公司投保；或企业恐受雇人有违反公司规章，甚至亏空公款等严重之不诚实行为所致之损害为由，向保险公司投保。[28]

（二）保证保险与保证之差异

保证保险目的亦有在于担保债务之不履行，与保证契约相类似，惟仍有下列差异：

1. 当事人资格：依“保险法”第一百三十六条第一项前段规定，保险业之组织，以股份有限公司或合作社为限，故保证保险契约当事人之一方必须具有保险人之资格；保证契约当事人之资格，原则上并无限制（详前述）。

2. 契约性质：保险契约性质上为有偿契约、双务契约及要式契约（“保险法”第九十五条之三）；保证契约则为无偿契约、片务契约及不要式契约。

3. 责任性质：债务人不履行债务者，为保险事故之发生，保险人系依保险契约“独立”地为“给付行为”，以填补被保险人之损害之一种独立损害赔偿契约；保证契约于主债务人不履行债务者，保证人除有先诉抗辩权外，系依保证契约“从属”地为“赔偿行为”，以填补债权人之损害。

四、票据保证

关于票据保证，请参见本章第五节特殊保证肆、三之说明。

五、诉讼费用担保之保证

“民事诉讼法”第一百零二条规定：“供担保应提存现金，或法院认

28 此部分之保证保险之目的即在辅助台湾新增“民法”第二十四条之一节民间人事保证之制度，盖人事保证制度，从人之信用人格言，固为落伍之制度，但在信用保险尚未完全商业化之前，仍有承认之必要。

为相当之有价证券。但当事人别有约定者，不在此限。应供担保之原告，不能依前项规定为提存者，法院得许由该管区域内有资产之人具保证书代之。”同法第一百零三条规定：“被告就前条之提存物，与质权人有同一之权利。前条具保证书人，于原告不履行其所负义务时，有就保证金额履行之责任。”此保证责任系依法而生，无民法保证之先诉抗辩权规定之适用，受担保人可依此对负担保义务之人有执行名义之裁判，径对具保证书人为强制执行，不必再另行取得执行名义。[29]

第二节　保证之成立

保证契约之成立，民法并未规定其成立要件，性质上为不要式契约，依“民法”第一百五十三条之规定，保证契约双方当事人意思表示一致，保证契约即成立生效，不须任何方式[30]（但须注意代理及表见代理之问题[31]）。虽社会习惯上通常会立有保证书，但法律并不以此为必要。惟查保证性质上系无偿行为，如轻易承诺，极有可能于日后发生争执，故为免举证困难，乃以书面，甚至经过公证程序为之较佳。至于社会习惯有

29 杨建华，民事诉讼法要论，作者自刊，1994年4月出版，第一二四页。

30 最高法院1930年度上字第1838号判例：“保证契约之成立，本不以作成书据为要件，虽无书据而有其他证明方法足证其契约成立者，亦应发生效力。”

31 “最高法院”1981年度台上字第657号判例：由自己之行为表示以代理权授与他人者，对于第三人应负授权人之责任，必须本人有表见之事实，足使第三人信该他人有代理权之情形存在，始足当之（参看本院1971年台上字第二一三〇号判例）。……人民将自己印章交付他人，委托该他人办理特定事项者，比比皆是，倘持有印章之该他人，除受托办理之特定事项外，其他以本人名义所为之任何法律行为，均须由本人负表见代理之授权人责任，未免过苛。原审徒凭上诉人曾将印章交付与吕某之事实，即认被上诉人就保证契约之订立应负表见代理之授权人责任，自属率断。（同院1997年度台上字第208号判决同旨。）

同院1997年度台上字第3190号判决：保证者，谓当事人约定一方于他方之债务人不履行债务时，由其代负履行责任之契约，“民法”第七百三十九条定有明文。而连带保证为保证契约之一种，自应由双方当事人就保证人愿与主债务人负同一清偿责任有意思之合致，始足成立。又民法上所谓代理，系指本人以代理权授与他人，由他人代理本人为法律行为，该代理人之意思表示对本人发生效力而言（参阅本院1973年台上字第一〇九九号判例）。是意定代理，除符合“民法”第一百六十九条所定之要件而成立表见代理外，应以本人之代理权授与为其前提要件，苟无本人为代理权之授与，自无所谓代理之可言。

所谓“对保”一事，与保证之有效成立，并无影响，自不待言。[32]

又保证债务与立保义务（俗称找保）不同，不可混为一谈。所谓立保义务，即主债务人依契约或法律规定或法院命令，对于债权人负有觅妥保证人之义务是也。例如主债务人与债权人订立契约，承诺必须提供第三人保证，于是即发生立保义务是。又如法律规定（“民法”第五百四十六条第二项、第八百七十二条）或法院命令（如“民法”第一百九十三条第二项）应提供担保时，债务人除能提供物的担保外，不得不出具保证而有立保义务。立保义务乃主债务人之义务，非保证人之义务，此义务如不履行，其债权仍可有效成立。

第三节 保证之效力

壹、保证人与债权人间之关系

一、保证人之保证债务

保证契约成立后，保证人对债权人负有保证债务，兹分述其内容如下：

（一）保证债务之特性

保证债务与一般债务不同，具有下列特性：

32 “最高法院”1957年度台上字第163号判例：“对保与否，并非保证契约之成立要件。上诉人不得以对保过迟，为免负保证责任之论据。”

同院1983年度台上字第3425号判决：“保证契约之成立，只须当事人双方意思表示合致为已足，非以债权人对保为其成立要件。”

同院1988年度台上字第176号判决：“对保并非保证契约之成立要件，被上诉人纵未对保，亦不影响上诉人之连带保证责任。”

同院1990年度台上字第2408号判决：“办理对保，虽为金融界之惯例，但并非保证契约之成立或生效要件。纵使被上诉人之承办人未办理对保，亦不能使上诉人因而免除其责任。所谓通谋而为虚伪意思表示，乃指表意人与相对人互相故意为非真意之表示而言。而本件借款，系因陈×瑞未具备农会会员之身份，乃以陈郭×为借款人，上诉人为连带保证人向被上诉人借款，双方均有借贷之意思，亦确发生借贷关系之效果意思，自非通谋而为虚伪之意思表示。”

同院1998年度台上字第964号判决：“民法上所谓保证，为债权人与保证人间之契约，保证契约须债权人与保证人双方互相表示意思一致，始能成立，对保与否，并非保证契约之成立要件。”

1. 从属性：所谓从属性，系指保证债务与其所担保之主债务原则上同其命运。[33] 包括发生上的从属性、范围上的从属性、履行上的从属性、移转的从属性与消灭的从属性五种情形[34]：

（1）发生的从属性

保证债务之发生，必须以主债务之有效存在为其前提，理论上必须先有主债务之发生，始有保证债务之发生，是为保证债务发生的从属性。故主债务因违反强行规定、公序良俗、或其给付自始客观不能而无效者，即使对保证契约独立观察，该保证契约并非未成立，惟保证债务仍不发生；或主债务之发生有因错误、被诈欺、被胁迫等得撤销之情事者，于主债务人撤销前，保证人得拒绝清偿，是为保证债务发生的从属性（详后述）。

（2）范围的从属性

保证债务之范围，以主债务之限度为其范围（“民法”第七百四十条），且保证人之负担不得逾越主债务人，如保证人之负担较主债务人为重者，依“民法”第七百四十一条之规定，应缩减至主债务之限度，此即系保证债务范围的从属性（详后述）。

（3）履行的从属性

主债务人所有之抗辩，不论主债务人有无抛弃，保证人均得主张之，“民法”第七百四十二条定有明文，是为保证债务履行的从属性（详见保证之效力一节）。

（4）移转的从属性

①自债权而言，被保证之债权为主债权，保证债权为从债权（从属权利），设主债权人将主债权让与他人者，依“民法”第二百九十五条第一项本文规定，保证债权随同移转。

②自债务而言，被保证之债务为主债务，保证债务为从债务（从属债务），设主债务人将主债务由他人承担者，除保证人对于主债务之承担已为承认外，保证债务因主债务之承担而消灭（“民法”第三百零四条第二项参照）。保证债务原则上并不因主债务之移转而移转[35]，盖保证人对

33 郑玉波，前揭书，同注1，第八二九页。

34 詹森林，信用卡定型化保证条款之效力（三），月旦法学杂志，第九期，1996年1月，第四三页。

35 “最高法院”1960年度台上字第1709号判例：“保证契约系基于保证人与主债务人间之信任，若主债务人有所变更，除已得保证人同意外，尚虽谓其仍负保证之责。”

主债务人多少具有信用关系也。

（5）消灭的从属性

主债务因清偿、提存、抵销、免除[36]、混同而消灭者，依“民法”第三百零七条之规定，保证债务随同消灭[37]；或主契约因解除、终止、被撤销而消灭者，保证契约亦随之消灭[38]，此为保证债务消灭的从属性。但解除权（终止权）之行使，不妨碍损害赔偿之请求，“民法”第二百六十条（第二百六十三条）定有明文，故如主债务人在契约解除或终止之前，有应负责任者，依“民法”第七百三十九条规定保证人“代负履行责任”而非“代为履行责任”，保证人亦不能脱免损害赔偿责任，乃事理至然。

2. 补充性：依“民法”第七百三十九条之规定，保证契约系约定主债务人不履行债务时，由保证人代负履行责任。故保证债务具有补充性，保证人代负履行责任，系以主债务人不履行债务为停止条件，但保证契约本身并非附有停止条件，盖保证契约一经成立，无待条件之成就，即生效力。[39]

3. 独立性：按保证债务除上述从属性外，仍具有独立性，此系因保证债务并非属主债务之一部，而系个别独立债务之故。[40] 兹分述如下：

（1）无效债务之保证

“民法”第七百四十三条之规定：“保证人对于因行为能力之欠缺而

36　最高法院1933年度上字第495号判例：“保证债务之存在，以主债务之存在为前提，主债务人所负债务纵有一部未经清偿，而该部分已由债权人免除，因而主债务全部消灭者，保证债务当然随之消灭。”

37　“最高法院”1986年度台上字第1107号判决：“清偿债务而对于债权人负担新债务，有使旧债务消灭之意思表示者，该项意思表示，即为‘民法’第三百二十条中除外规定所谓之‘当事人另有意思表示’，其因此而成立之契约，称之为更改。又保证为从债务，主债务苟由于更改而消灭，其从属之保证债务，应随同消灭，自亦当然。”

38　“最高法院”1994年度台上字第411号判决：1972年2月1日两造所订之土地改良合作契约及1978年4月16日被上诉人与陈○乔之土地买卖契约，均已解除，为两造所不争执，依最高法院1934年度上字第三九六八号判例，该二契约均溯及订约时失其效力，与自始未订约同。上诉人在土地买卖契约中系保证人，依保证契约之从属性，主债务既因解除而消灭，保证债务亦无由存在。

39　郑玉波，前揭书，同注1，第八三〇页。

40　“最高法院”1982年度台上字第2421号判决：“‘民法’第七百四十三条规定：保证人对于因错误或行为能力之欠缺而无效之债务，如知其情事而为保证者，其保证仍为有效。盖保证债务，虽从属于主债务，但并非主债务之一部分。乃系个别独立之债务，故保证债务虽有从属性，但仍不失其独立性。”

无效之债务，如知其情事而为保证者，其保证仍为有效。”[41] 当保证人明知主债务因行为人行为能力之欠缺而无效时（不包括如违反“民法”第七十一条、第七十二条或第二百四十六条等其他无效原因之情形），保证人如明知其无效情事，而仍愿意负保证责任者，此时保证仍为有效，为保证契约发生的从属性之例外。本条适用上须具备二要件：

①因行为能力之欠缺而无效：所谓因行为能力之欠缺而无效，例如主债务人为无行为能力人或为限制行为能力人未经法定代理人之承认者，其意思表示无效。[42]

②保证人知其情事：所谓知其情事，指保证人明知其所保证之债务系因行为能力欠缺而无效之债务。

具备上述二要件者，保证契约仍为有效，为从属性的例外。反之，如保证人不知其情事而为保证，当无本条之适用。按原则上主债务无效时，基于保证之从属性而言，保证债务本应无效，惟本条之情形，因保证人明知有上述主债务无效之情事而仍为保证，法律上即认为其有独立负债之意思。因此，理论上此债务为独立债务，并非“民法”第七百三十九条代主债务人履行其债务，不生向主债务人求偿之问题，无“民法”第七百四十九条代位权规定之适用。[43] 至于此项独立负债究何所指？其可能发生者，例如“民法”第一百十三条规定，无效法律行为之当事人，于行为当时知其无效或可得而知者，应负回复原状或损害赔偿之责任也。

旧法认为因错误而无效亦有本条之适用，故当主债务因错误撤销而无效者，保证人明知其所保证之债务系“因错误经撤销”而仍为保证者，应解为主债务因错误经撤销而无效，但保证债务仍存在。旧法之适用系指对于因错误而成立之主债务已归于无效而仍为保证而言，并非保证债务本身因错误而成立。[44] 惟保证如因错误而成立者，保证人自得依“民法”第八十八条之规定，撤销保证契约（详后述）。今新法将其删除之后，如有上述情

41 本条修正理由：“债务人因错误而负担之债务，依第八十八条规定，得撤销之；并非当然无效，且依第九十二条规定，因被诈欺或胁迫而负担之债务，亦得撤销之。原条文称‘因错误而无效’，恐将引起误会，又仅列举‘错误’一种情形，而置‘诈欺’及‘胁迫’于不顾，理由亦不易明了，爰删除‘错误或’三字，使本条仅适用于因欠缺行为能力而无效之一种情形。”

42 郑玉波，前揭书，同注1，第八三〇页。

43 郑玉波，前揭书，同注1，第八三一页。

44 “最高法院”1973年度台上字第2742号判例：“‘民法’第七百四十三条所谓保证人对于因错误而无效之债务，如知其情事而为保证者，其保证为有效，系指对于因错误而成立之主债务，知其已归无效而仍为保证而言，并非保证债务本身因错误而成立。”（同院2001.3.20 2001年度第三次民事庭会议决议废止本判例。）

形者，纵使保证人明知其所保证之债务系“因错误经撤销”（甚至被诈欺或被胁迫经撤销）而仍为保证者，因保证债务具有发生的从属性之性质，故保证契约并不发生效力。惟本条修正条文并不具有溯及效力，故必须视保证人明知其所保证之债务系“因错误经撤销”而仍为保证之时点与“民法”债编修正条文施行日相比较而决定其效力。相反地，不论系因错误、被诈欺或被胁迫经撤销之主债务，如保证人并不知情者，保证契约亦不生效力（本条反对解释），亦不必讨论“民法”债编修正条文施行之问题。

（2）公司重整后债务之保证

按公司重整完成后，公司债权人对公司之债权，不论已申报或未申报之债权，其未受清偿之部分，除依重整计划处理，移转重整后之公司承受者外，其请求权消灭，“公司法”第三百十一条第一项第一款定有明文。惟同条第二项复规定，公司债权人对公司债务之保证人之权利，不因公司重整而受影响[45]，

45　“最高法院”1995年度台上字第2429号判决：“（一）‘公司法’第三百十一条第二项规定，公司债权人对公司债务之保证人之权利，不因公司重整而受影响。所谓对保证人之权利不因公司重整而受影响，系指债权人对保证人原可主张之权利，不因公司重整完成而生不利益之谓。换言之，公司重整完成后所生之效力，不影响于公司重整前债权人对保证人原得行使之求偿权利。是以债权人因公司重整完成而消灭之权利，仍得对保证人求偿。此为‘民法’第七百四十一条保证债务负担从属性原则之例外规定，自应优先适用。（二）连带责任之免除与连带债务之免除不同，后者为债务之全部免除，前者仅对连带债务人中之特定债务人，免除其与其他债务人连带履行全部债务之义务。亦即债权人将该债务人之债务，限制于其所负担部分之意思表示，该债务人自债权人为意思表示后，仅对债权人负担其应负担部分之债务；其他未受免除连带之债务人依然负全部给付之责任，未享受任何利益，亦即仅生相对之效力，无‘民法’第二百七十六条规定之适用。”同院1997年度台上字第2717号判决：“债权人抛弃为其债权担保之物权者，保证人就债权人所抛弃权利之限度内，免其责任，‘民法’第七百五十一条固定有明文。惟法院裁定终止重整，除依职权宣告破产者，依破产法之规定外，因怠于申报权利，而不能行使之权利，恢复其权利，况公司债权人对公司债务之保证人及其他共同债务人之权利，不因公司重整而受影响，‘公司法’第三百十一条第二项定有明文。查上诉人已申报新×公司之重整债权，计有担保债权四千万元，无物上担保但有客票担保之债权二千六百八十一万元，且上诉人系于系争抵押权所担保之债权经决算后始为申报之事实，固为原审所合法认定。惟查被上诉人限定继承之被继承人吴×狮，似系新×公司系争债权之连带保证人。而上诉人于原审一再辩称：上诉人系预虑重整程序之完成遥不可期，乃将系争债权申报为无担保之重整债权，俾得参加无担保之重整债权人会议，以争取权益为正当。况重整程序尚未完成，且依‘公司法’第三百十一条第二项之规定，伊对保证人即被上诉人之权利，亦不因重整程序而受影响等语。究竟新×公司重整程序进行之情形如何，尤其该重整程序是否未经法院裁定终止而依然存在，既攸关上诉人将系争债权申报为无担保之重整债权，是否仍可认系抛弃其债权担保之系争抵押权，乃原审未予调查审认，已嫌疏略。况且上诉人对为新×公司连带保证人吴×狮之限定继承人即被上诉人之权利，是否不因新×公司之重整而受影响，上诉人既以此为其重要防御方法之一，乃原审对此复恝置不论，未于判决理由项下说明其取舍意见，遽以前开理由，为上诉人不利之判决，亦嫌速断，自有判决不备理由之违法。”

亦即其保证债务仍独立存在，不随同消灭。[46] 当公司债权人向保证人求偿时，保证人不得以主债务请求权消灭为由，依“民法”第七百四十二条第一项主张抗辩权。如重整债权人在关系人会议中对于订有延期清偿之重整计划投赞成票时，保证人不得援引“民法”第七百五十五条之规定。[47]

（3）破产债权之保证

债权人之债权，因破产法上和解之让步而消灭者，债权人对于债务人之保证人所有之权利，依“破产法”第三十八条之规定，不因和解而受影响。[48]

按保证之从属性与补充性系保证之两大特性，至于独立性则为例外之情形下始有之。惟两大特性中之补充性，性质上得依当事人之意思除去（例如后述之连带保证），相反地，从属性不能依当事人之意思而除之，盖从属性如果除去，将发生仅有从债务却无主债务之结果，违反保证契约“保证人于主债务人不履行主债务时，由其代负履行责任”之本旨，亦丧失保证为从契约之本质，故除法律特别规定（如“公司法”第三百十一条第二项、“破产法”第三十八、一百三十七条）外，不得为之。[49]

最后，保证债务原则上无专属性，可为继承之标的，与一般债务并无不同。惟须特别注意的是，如主债务尚未发生而保证人已死亡者，因保证人依“民法”第六条规定已失其为保证契约之权利能力，不再为权利义务之主体，故保证人死亡前已发生之债务，固应由保证人之继承人承受，惟保证人死亡后所生之债务，则不在其继承人继承之范围（“最高法院”1992年度台上字第一〇一一号判例参照）。准此以论，于继承开始时，基于保证债务发生之从属性而言，该保证债务既尚未发生，故嗣后主债务人无法清偿债务导致主债务发生者，该主债务已非保证之标的，不得命保证人之继承人负责。

46 郑玉波，前揭书，同注1，第八三一页。

47 柯芳枝，公司法论，三民书局股份有限公司，1993年10月再修订再版，第五四九页。

48 “最高法院”1983年度台上字第1817号判决：“保证人对于主债务人之求偿权，须待其向债权人为清偿后始得行使，因此，被上诉人对于上诉人求偿权之发生，系在上诉人成立商会和解之后，自不受该项和解契约之拘束。况债权人对于债务人之保证人之权利，不因和解而受影响，‘破产法’第三十八条著有明文，此破产法之特别规定，依同法第四十九条准用于商会之和解，是以被上诉人之从债务，因此项规定而无从减缩，仍应全额清偿，则被上诉人对于太×洋公司无从依非债清偿关系诉求返还，自应对上诉人公司求偿。”

49 郑玉波，前揭书，同注1，第八三〇页。詹森林，前揭文，同注34，第四三、四四页。

（二）保证债务之内容

保证债务之从属性包括范围之从属性，故保证责任范围（内容）原则上应与主债务之范围（内容）相同。兹分述保证债务之种类、范围及体态如下：

1. 保证债务之种类：保证债务之种类应与主债务相同，当主债务为金钱债务者，保证债务亦为金钱债务；当主债务为其他代替物之债务者，保证债务亦为其他代替物之债务。惟当主债务为特定物之债务或为不作为之债务时，则保证债务之内容如何？依"民法"第七百三十九条之规定，保证系就主债务人之履行责任而为担保，故如债务为特定物之债务或为不作为之债务者，当主债务人不履行时，即变为损害赔偿之保证。惟查"民法"第二百五十九条契约解除后之回复原状义务，是否为保证债务范围之内？有肯定说[50]与否定说。[51]本书以为基于保证契约消灭的从属性，当主契约被解除时，保证契约依理固亦失效，但台湾实务上对"民法"第二百六十条"解除权之行使，不妨损害赔偿之请求"之损害赔偿系指因债务不履行之损害赔偿，不含契约消灭所生之新损害赔偿（"最高法院"1966年度台上字第二七二七号判例[52]），则就此部分之损害赔偿，自应仍在原保证之范围内。但回复原状义务则非主债务之变形，亦非主债务之从债务，因此，除保证契约另有订定外，应不在保证债务范围之内。

2. 保证债务之范围："民法"第七百四十条规定："保证债务，除契约另有订定外，包括主债务之利息、违约金、损害赔偿及其他从属于主债务之负担。"可见保证债务之范围，依私法自治原则，得由当事人自由约定，如未约定者，由法律规定加以补充。学理上乃区分为"有限保证"与"无限保证"，兹分述如下：

（1）有限保证

所谓有限保证，系指当事人自由约定保证债务之范围。此范围并不以与主债务范围一致为必要，惟依"民法"第七百四十一条之规定："保证人之负担，较主债务人为重者，应缩减至主债务之限度。"因此，当事

50 戴修瓒，前揭书，同注16，第三八二页。

51 史尚宽，前揭书，同注1，第八五二页。郑玉波，前揭书，同注1，第八三四页。

52 "最高法院"1966年台上字第2727号判例："'民法'第二百六十条规定解除权之行使，不妨碍损害赔偿之请求，并非积极的认有新赔偿请求权发生，不过规定因其他已发生之赔偿请求权，不因解除权之行使而受妨碍。故因契约消灭所生之损害，并不包括在内，因此该条所规定之损害赔偿请求权，系专指因债务不履行之损害赔偿而言。"（此见解虽显值置疑，但无奈实务采之。）

人自由约定保证债务之范围，仅得轻于或等于主债务，不得较主债务为重[53]，逾越保证范围之部分，保证人不负保证责任。

（2）无限保证

所谓无限保证，系指当事人未特别约定保证债务之范围（法定保证范围）。依“民法”第七百四十条之规定，保证债务之范围包含主债务之利息（包括约定利息及法定利息）、违约金（“民法”第二百五十条）[54]、损害赔偿[55]及其他从属于主债务之负担（主债务人所应负担之各项费用如订约费用、登记费用、运费、税捐及诉讼费用等等）。[56]

保证债务之范围，原则上系以主债务范围为准，并随主债务范围变动而变动，且基于保证之从属性，保证债务范围均不得超过主债务范围。若主债务人与债权人另订契约，缩减主债务之范围者，保证债务随之缩减；反之，扩张主债务之范围时，保证债务之范围，不因此而扩张。[57]

3. 保证债务之体态：保证债务之体态，如附有条件、清偿地、清偿期等，均得由当事人自由约定，惟不得重于主债务之限度[58]，兹分述如下：

（1）条件

主债务附有停止条件或解除条件者，保证债务亦附有相同条件，不得使主债务附有条件而使保证债务无条件；但主债务为无条件而使保证债务单独附有条件，理论上符合保证债务轻于主债务之原则，应为法之所许。

53 “最高法院”1992年度台上字第294号判决：“上开委任开发远期信用状契约，委请华×银行垫款之限额每次既仅为五万元，陈×雄亦在该契约签名为连带保证人，则每次超出五万元部分之垫款，自不在陈×雄保证范围。虽华×银行依约得向主债务人新橡公司请求偿还，就该超额部分，尚不得向陈×雄请求连带给付。华×银行于1987年12月1日开发之远期信用状，竟一次垫款美金九万七千一百九十一元七分，已逾越陈×雄保证每次为五万元美金之范围，从而陈×雄就该超过部分（即美金四万七千一百九十一元七分部分）自不负保证之责。”

54 “最高法院”1953年度台上字第624号判例：“当事人于本契约外为确保其契约之履行起见，同时或事后另以契约订定违约金之给付，依其内容给付只以违约为条件，并非有预定赔偿损害之性质，其本契约之保证人于该契约苟未经签名认可，或有经其同意之证明，纵该保证人于本契约经已抛弃其先诉抗辩权，亦不负连带给付之责任。”

55 迟延利息同时具有利息与损害赔偿之性质，解释上将迟延利息列入此项损害赔偿之内，或列入法定利息概念中，均无不可。请参照郑玉波，前揭书，同注1，第八三三页。

56 最高法院1929年度上字第824号判例：“保证范围既未约定，则关于主债务之原本、利息及因主债务人不履行债务所生之损害，与附属于主债务之负担，均负有保证偿还之责任。”

57 “最高法院”1966年度台上字第2526号判例：“营利事业必须觅具纳税保证书，乃基于营利事业登记规则之规定（同规则第四条参照），故纳税保证范围，当以被保商号因营利事业所生或营利事业有关之纳税义务为限。”

58 郑玉波，前揭书，同注1，第八三四页。

（2）清偿期

保证债务之清偿期，原则上自亦同于主债务之清偿期；但当事人就保证债务之清偿期另有约定者，依其约定，但所定之清偿期不得先于主债务之清偿期。[59]

（3）清偿地

保证债务之清偿地，原则上与主债务之清偿地相同[60]，但当事人就保证债务之清偿地另有约定者，依其约定，但不得约定较主债务清偿地为不利之清偿地。

（三）保证债务与主债务之关系

保证债务与主债务之关系，除上述五种从属性、补充性及独立性等各方面外，尚有下列问题：

1. 债权人之请求：依“民法”第七百四十七条规定：“向主债务人请求履行及为其他中断时效之行为，对于保证人亦生效力。”当主债务给付迟延时，保证人应负责任，不因债权人不即时行使权利而生义务消灭之效力[61]，如主债务因请求或起诉而时效中断者（“民法”第一百二十九条参照），保证债务之时效亦随中断，保证人不得执此为时效抗辩。[62] 反之，如债权人向保证人请求或为其他中断时效之行为者，该保证债务时效中

59　郑玉波，前揭书，同注 1，第八三四页。

60　郑玉波，前揭书，同注 1，第八三四页。反对见解认为清偿地并无从属性，请参照史尚宽，前揭书，同注 1，第八五五页。

61　最高法院 1928 年度上字第 715 号判例：“合法成立之保证债务，苟无正当免除责任之原因，则于主债务人无力清偿之时，债权人无论何时得向保证人请求清偿债务，并不因债权人不即行使权利，而遂生义务消灭之效力。”
“最高法院”1981 年度台上字第 2241 号判决：“按合法成立之保证债务，苟无正当免除责任之原因，则于主债务人无力清偿时，债权人无论何时，均得向保证人请求清偿，并不因债权人不即行使权利，而遂生义务消灭之效力（参见本院 1928 年上字第七一五号判例），又保证人认主债务人有财产显形减少之情形者，亦仅能依法请求除去其保证责任。职是上诉人抗辩被上诉人于明×公司周转困难，不及时行使债权，坐令各项担保品因折旧致价值减少，始转向彼等求偿，被上诉人行使债权，有违诚信原则云云，亦难成立。”

62　“最高法院”1981 年度台上字第 1875 号判决：“被上诉人诉请鼎×公司给付本件票款，经法院于 1978 年 7 月 29 日判决鼎×公司败诉而告确定。为原审认定之事实。依强制执行法第四条第三项规定，被上诉人原有请求权之消灭时效期间，应自执行名义成立之日起延长为五年。且依‘民法’第七百四十七条规定对于上诉人亦生效力。被上诉人之请求权显未罹于时效。”（按“强制执行法”第四条第三项已于 1996.10.9 修正时删除，现应以“民法”第一百三十七条第三项之规定为依据。）
同院 1983 年度台上字第 3773 号判决：“查被上诉人对上诉人所负之债务，系保证债务，关于主债务，上诉人前已对主债务人朱某声请强制执行而中断时效，依‘民法’第七百四十七条规定，此项时效之中断，对于保证人之被上诉人亦有效力。”

断对于主债务人不生效力，主债务之时效仍继续进行。

2. 时效之完成：主债务人因请求权罹于时效而取得抗辩权，保证人亦得主张之，“民法”第七百四十二条第一项定有明文。故保证人得主张时效利益，纵使主债务人抛弃时效利益，保证人仍得主张之（同条第二项参照）。反之，保证债务之请求权因罹于时效致保证人取得抗辩权者，其效力不及于主债务，主债务人不得因此而主张时效利益。

3. 清偿、代物清偿、提存：“民法”第三百零七条规定：“债之关系消灭者，其债权之担保及其他从属之权利，亦同时消灭。”故主债务因主债务人之清偿、代物清偿、提存而消灭者，保证债务亦随之消灭。反之，保证债务因保证人之清偿、代物清偿、提存而消灭时，主债务并不因此而消灭，依“民法”第七百四十九条之规定，保证人取得代位权，债权人之债权当然由保证人承受（详后述）。

4. 免除：主债务因债权人全部或一部免除而消灭其全部或一部，依上揭“民法”第三百零七条之规定，保证债务随主债务被免除之部分消灭；反之，债权人免除保证人之债务者，主债务并不消灭。

5. 混同：“民法”第三百四十四条规定：“债权与其债务同归一人时，债之关系消灭。但其债权为他人权利之标的或法律另有规定者，不在此限。”兹分述如下：

（1）保证人与债权人之混同

当保证人与债权人混同时，保证债权与保证债务同归一人，保证债务消灭，惟主债务并不受影响，仍不消灭。

（2）债权人与主债务人之混同

当债权人与主债务人混同时，主债权与主债务同归一人，主债务消灭，依“民法”第三百零七条之规定，保证债务因而消灭。惟主债务之债权已为他人权利（例如权利质权）之标的者，依“民法”第三百四十四条但书之规定，主债务并不消灭，保证债务亦不随之消灭。

（3）保证人与主债务人之混同

保证债务人与主债务人混同，较弱之义务即被较强之义务所吸收，故保证债务原则上应归消灭，但若保证债务之存续，于债权人有法律上之利益时，保证债务即不消灭（例如保证人继承主债务人，依“民法”第一千一百五十四条等相关规定为限定继承者，保证债务仍有存续之必要[63]）。

63 史尚宽，前揭书，同注1，第八六五页。郑玉波，前揭书，同注1，第八三六页。戴炎辉、戴东雄合著，中国继承法，作者自刊，1994年3月十四版，第一五八页。

6. 抵销：主债务因抵销而消灭者，依“民法”第三百零七条之规定，保证债务随之消灭。反之，保证债务因抵销而消灭，主债务并不消灭，此时保证人依“民法”第七百四十九条之规定，承受债权人之债权。又主债务人对债权人有债权者，得向债权人主张抵销。早期实务见解认为保证人不得以之向债权人主张抵销[64]，惟依新增订“民法”第七百四十二条之一之规定[65]，保证人已得以之向债权人主张抵销；但保证人本身对债权人有债权者，除其自己得向债权人主张抵销外，主债务人不得以之向债权人主张抵销，债权人亦不得为之，惟此时必须以保证人具有先诉抗辩权者为限，如保证人并无先诉抗辩权者，其地位与连带债务人相同，依“民法”第二百七十七条之规定，主债务人得以之向债权人主张抵销，相对地，债权人亦得对之主张抵销。[66] 抵销后抵销范围之债务依“民法”第二百七十四条消灭，保证人对主债务人依“民法”第七百四十九条取得代位权，行使债权人之权利。[67]

7. 契约解除：解除主债务契约之效力及于保证债务；反之，解除保证契约之效力不及于主债务。[68]

8. 限定继承：按一般保证债务，并非专属于保证人本身之债务，除

64 “最高法院”1953 年度台上字第 1060 号判例：“保证人于其保证之债务，除有‘民法’第七百四十四条及第七百四十五条所定事由，对于债权人得为拒绝清偿之抗辩外，就主债务人所有之抗辩，亦得主张之，固为同法第七百四十二条所明定。惟该条所谓保证人得主张主债务人所有之抗辩，系仅指主债务人所有与主债务自身之发生、消灭或履行有牵连关系之抗辩（如主债务有不法事由，或当事人无行为能力等原因而发生，或因清偿及其他原因而消灭，或由契约互负债务，他方未为对待给付前，得拒绝自己给付等抗辩），因其效力当然及于有从属性之保证债务，故亦得由保证人主张之者而言。若主债务人与债权人互负给付种类相同之债务，关于主债务人所有之抵销抗辩，系本于主债务以外之独立原因所生，而与主债务之发生、消灭或履行并无牵连关系，则除保证契约另有订定外，自不在保证人得为主张之列。”（同院 2001. 3. 20 2001 年度第三次民事庭会议决议不再援用。）

同院 1992 年度台上字第 2875 号判决：“主债务人与债权人互负给付种类相同之债务，关于主债务人所有之抵销抗辩，系本于主债务以外之独立原因所生，而与主债务之发生、消灭或履行并无牵连关系，则除保证契约另有订定外，自不在保证人得为主张之列。”

65 本条增订理由：“一、本条新增。二、主债务人对债权人有债权者，保证人得否以之主张抵销，学者及实务见解不一。为避免保证人于清偿后向主债务人求偿困难，爰参考日本民法第四百五十七条第二项之规定，增列本条，明定保证人得以主债务人对于债权人之债权，主张抵销，以杜争议。”

66 邱聪智，前揭书，同注 20，第四二二页。

67 郑玉波，前揭书，同注 1，第八三六页。

68 请参见注 38，“最高法院”1994 年度台上字第 411 号判决。

有特殊情形外，即使保证人死亡，其继承人仍继承保证债务[69]，故保证债务有继承性。“民法”第一千一百五十四条第一项规定：“继承人得限定以继承所得之遗产，偿还被继承人之债务。”是为限定继承之规定，此时继承人仅负物之有限责任，以继承之遗产为其责任限度。但被继承人债务之数额并不因继承而有所变更，仅系继承人以继承财产负其责任而已。易言之，债权人仅能就该遗产为强制执行之范围，不得就继承人本身之遗产为强制执行，否则继承人得提起第三人异议之诉。[70] 主债务人死亡其继承人为限定继承者，此时限定继承仅限定主债务之责任，而不及于其数额，故主债务人之继承人纵为限定继承，保证债务之数额并不受影响，保证人仍须清偿其全额，当保证人清偿后，对于遗产得与其他债权人同样行使求偿权（“民法”第七百四十九条参照）；惟所有债权均须以遗产为限度，未必能获得全部赔偿。在保证人有先诉抗辩权时，债权人应先就遗产行使债权，于强制执行后而无效果者，债权人就其未能受偿部分再向保证人求偿。保证人为清偿后，虽仍可主张“民法”第七百四十九条代位权，惟此时事实上已无向遗产求偿之余地。反之，保证人死亡而其继承人为限定继承者，主债务不受影响，惟债权人若不能自主债务人获偿，而向保证人之继承人请求者，该继承人仍得主张限定继承利益，惟其前提必须保证债务于保证人死亡前已发生始可。[71]

9. 破产和解：按主债务人受破产宣告者，保证人不得主张先诉抗辩权，“民法”第七百四十六条第三款定有明文。“破产法”第一百零五条亦规定：“数人就同一给付各负全部履行责任者，其中一人或数人受破产宣告时，其他共同债务人，得以将来求偿权之总额为破产债权而行使其权利。但债权人已以其债权总额为破产债权行使权利者，不在此限。”是

69 “最高法院”1997年度台上字第3765号判决：“一般保证债务并非专属于保证人本身之债务，除有特殊情形，即以保证人具有一定资格为前提而成立之保证债务，例如以保证人为具有公司之董事身份为前提而成立之保证；或保证人应负保证责任之限度不明确而无法预测者，例如为将来债务所负之保证，其将来债务发生之次数及数额不确定，使得附随之保证责任亦不确定；或以保证人与第三人之特别信任关系为前提而成立之保证契约，例如职务保证、信用保证者外，纵保证人死亡，其继承人仍得继承其保证债务。”

70 “最高法院”1988年度台抗字第143号判例：“限定继承之继承人，就被继承人之债务，惟负以遗产为限度之物的有限责任。故就被继承人之债务为执行时，限定继承人仅就遗产之执行居于债务人之地位，如债权人就限定继承人之固有财产声请强制执行，应认限定继承人为‘强制执行法’第十五条之第三人，得提起第三人异议之诉，请求撤销强制执行程序。”

71 郑玉波，前揭书，同注1，第八三七页。

当主债务人破产时，保证债务并不因此而缩减范围，且保证人丧失先诉抗辩权。如债权人向保证人请求全部债权者，保证人于清偿后，得向破产人行使求偿权，而列为破产债权；尚未清偿者，保证人亦得以将来求偿权之总额为破产债权，而行使其权利。但债权人已以其债权总额为破产债权行使权利者，保证人即不得以将来之求偿权为破产债权而行使权利，且对于债权人未能自破产财团受分配之部分，仍须负清偿责任。[72] 反之，当保证人破产者，主债务不受影响，债权人仍必须先向主债务行使权利，违反者，保证人之破产管理人得主张先诉抗辩权。

最后，"破产法"第三十八条规定："债权人对于债务人之保证人及其他共同债务人所有之权利，不因和解而受影响。"主债务人破产时，保证人仍须向债权人为全部清偿，清偿后对于主债务人因和解而免除之数额，不得行使求偿权。[73] 反之，保证人破产时，保证人与债权人所为之和解，对于主债务不生影响。

10. 公司重整："公司法"第三百十一条第二项规定："公司债权人对公司债务之保证人及其他共同债务人之权利，不因公司重整而受影响。"因此，公司债权人得以其债权总额向保证人请求，保证人于清偿后，即得依重整程序代位债权人行使权利[74]；亦得于公司重整完成后，就其未受清偿之部分向保证人请求，保证人于清偿后即无法求偿。反之，股份有限公司依法律或公司章程以保证为业务而得为保证人者，此保证人公司亦有重整之问题，但不影响主债务。

二、保证人之权利

基于保证契约之无偿、片务之性质，保证人对于债权人仅有防御性之权利，并无请求给付之积极性权利。保证人防御性之权利，包括主张主债务人权利之权利、主张基于保证人地位特有之权利及主张基于一般债务人地位应有之权利[75]，兹分述如下：

（一）主张主债务人权利之权利

按保证债务具有从属性，故主债务人对于债权人所有之抗辩或其类

72 破产免责之效力，仅及于破产人，其保证人不受影响，参照钱国成，破产法要义，作者自刊，第一七三页。

73 史尚宽，前揭书，同注1，第八六六页。郑玉波，前揭书，同注1，第八三八页。

74 参见注45，"最高法院"1997年度台上字第2717号判决。

75 郑玉波，前揭书，同注1，第八三九页。

似的权利，保证人均得主张之：

1. 主债务人之抗辩权："民法"第七百四十二条第一项规定："主债务人所有之抗辩，保证人得主张之。"本条项所谓主债务人所有之抗辩，即主债务人所得对抗债权人之事由，包括：

（1）权利未发生之抗辩

当主债务契约不成立、不生效、无效（"民法"第七百四十三条例外）或被撤销时，主债务并未发生，保证债务当然亦未发生，如债权人向保证人行使权利时，保证人即得以此权利未发生之抗辩，否认保证债务之存在。

（2）权利已消灭之抗辩

当主债务已因清偿、代物清偿、提存、混同、抵销或免除而消灭者，保证债务亦随之消灭，保证人自得据此向债权人行使抗辩权。

（3）拒绝给付之抗辩

此种拒绝给付之抗辩，性质上为狭义的抗辩，包括下列抗辩权[76]：

①永久性（灭却性）的抗辩：例如时效完成之抗辩（"民法"第一百四十四条第一项参照）及恶意之抗辩（"民法"第一百九十八条）等等。

②延期性的抗辩：例如同时履行之抗辩（"民法"第二百六十四条）、拒绝支付价金之抗辩（"民法"第三百六十八条）及先诉抗辩（"民法"第七百四十五条）。

以上各种抗辩虽属主债务人所有，惟依"民法"第七百四十二条第一项之规定，保证人得主张此等抗辩权，纵使主债务人抛弃其抗辩权者，依同条第二项之规定，保证人仍得主张。[77] 盖保证人基于保证人之地位而独立主张主债务人之抗辩权，并非代为主张主债务人之抗辩权。易言之，保证人以主债务人之抗辩为自己之抗辩事由，藉以拒绝自己债务清偿，故纵使主债务人抛弃抗辩权，保证人仍得主张之。

2. 主债务人之其他类似权利：主债务人之其他具有防御性之权利，保证人亦得主张之：

（1）撤销权

"民法"第七百四十四条规定："主债务人就其债之发生原因之法

76 郑玉波，前揭书，同注1，第八四〇页。

77 "最高法院"1982年度台上字第4935号判决："保证债务为从债务，如主债务不存在，保证债务自无从发生，又主债务人所有之抗辩，保证人均得主张之，主债务人抛弃其抗辩者，保证人仍得主张之。"

律行为有撤销权者，保证人对于债权人得拒绝清偿。”例如主债务人基于契约对于债权人负有债务，该契约之订立，主债务人之意思表示系错误、被诈欺或被胁迫，主债务人依“民法”第八十八条或第九十二条之规定得行使撤销权，如主债务人确实撤销意思表示者，主债务之契约因此视为自始无效（“民法”第一百十四条第一项参照），保证契约随之失效，保证人所得主张者系“民法”第七百四十二条权利消灭之抗辩权，而非本条之拒绝清偿权。反之，主债务人并未行使撤销权者，保证人虽不得行使该撤销权，但此时即可援引本条主张拒绝清偿权，性质属于暂时性抗辩权，故主债务之撤销权因除斥期间经过而告失权者，保证人即不得再援引本条拒绝清偿。须注意的是，旧“民法”第七百四十三条规定保证人明知有错误之情事而仍为保证者，其保证仍为有效，保证人不得主张本条拒绝清偿权，但新法已将错误排除于“民法”第七百四十三条规定之外，已无此一问题。

（2）抵销权

按保证人得否行使主债务人对于债权人之抵销权？早期学者见解不一，有肯定说[78]与否定说[79]，早期实务见解采否定说[80]，新修正“民法”第七百四十二条之一参照日本法采肯定说，已如前述，兹不赘述。

（二）主张基于保证人地位特有之权利——先诉抗辩权（检索抗辩权）

先诉抗辩权系基于保证人之地位特有之权利，兹分述如下：

1. 先诉抗辩权之意义：“民法”第七百四十五条规定：“保证人于债权人未就主债务人之财产强制执行而无效果前，对于债权人得拒绝清偿。”是所谓先诉抗辩权（检索抗辩权），此抗辩权系债权人未就主债务人之财产强制执行而无效果前向保证人请求时，保证人对于债权人得拒绝清偿之权利。所谓强制执行而无效果，包括执行结果不能清偿债务，或不足清偿债务之情形而言[81]，例如拍卖主债务人财产之结果，无人应买，或拍卖所得仅能清偿一部分债务。若债权人在强制执行而无效前即向保证人请求者，保证人即得主张先诉抗辩权。所谓“先诉”者，即债权人应先对主债务人起诉并强制执行之谓，此即保证

78　史尚宽，前揭书，同注1，第八五八页。郑玉波，前揭书，同注1，第八四一页。

79　戴修瓒，前揭书，同注16，第三九三页。

80　参见注64，“最高法院”1953年台上字第1060号判例及同院1992年度台上字第2875号判决。

81　郑玉波，前揭书，同注1，第八四二页。

债务之补充性。[82]

2. 先诉抗辩权之行使：先诉抗辩权，得于诉讼上或诉讼外行使，性质上为延期性的抗辩而非永久性之抗辩，保证人仅得据此暂时拒绝清偿，无法否认债权人之权利，只要债权人就主债务人之财产强制执行而无效果之后，保证人即无法再主张先诉抗辩权是性质上为非否认权。

3. 先诉抗辩权之消灭："民法"第七百四十六条之规定："有下列各款情形之一者，保证人不得主张前条之权利：一、保证人抛弃前条之权利者。二、保证契约成立后，主债务人之住所、营业所或居所有变更，致向其请求发生困难者。三、主债务人受破产宣告者。四、主债务人之财产不足清偿其债务者。"有本条各款情形之一者，保证人不得主张先诉抗辩权，兹分述先诉抗辩权消灭原因如下：

（1）保证人抛弃先诉抗辩权

保证人一经抛弃，先诉抗辩权随即消灭，保证人不得再行主张。至于抛弃之方法，明示或默示、书面或口头均无不可。例如在保证契约书上载明"保证人愿意放（抛）弃先诉抗辩权"、"愿与主债务人负连带责任或同一责任"，或载明连带保证人后签章于其下者，均为抛弃先诉抗辩权之著例。有问题者，即保证契约如仅约定"清偿期届至，保证人应即清偿"者，是否即认为有本条款规定之适用，而认为保证人已有抛弃先诉抗辩权之特约？实务见解先后并不一致[83]，有学者认为此时虽未言明抛

82 最高法院1929年度上字第93号判例："保证债务非因主债务人绝无资方偿还或偿还不足时，债权人不得径向保证债务人请求代价。"

同院1929年度上字第2570号判例："（一）保证债务人受债权人履行之请求，如主债务人确有资力，并未经债权人证明已向主债务人强制执行而无效果时，固有先诉及检索之抗辩权。但保证契约内已特别定明主债务人届期不还，由保证人如数垫还者，即认为先诉及检索抗辩权之舍弃，不得再行主张。（二）承担契约为债务人利益而设，其主旨在使债务人免除责任。保证契约为债权人利益而设，保证人代位清偿之后，对于主债务人仍可行使求偿权，自不能与债务承担相提并论。"

同院1931年度上字第1200号判例："未据债权人证明其已就主债务人财产强制执行而无效果，于法自许保证人提出先诉抗辩。"

83 最高法院1929年度上字第2570号判例："保证契约内已特别定明主债务人届期不还，由保证人如数垫还者，即认为先诉及检索抗辩之舍弃，不得再行主张。"

同院1948年度台上字第307号判例："当事人间如已特别约定主债务届期下履行，由保证人如数偿还者，即应认为先诉抗辩权之抛弃，不得更为主张之语。"

反对见解，同院1942年度上字第2234号判例："保证债务，本以主债务人不履行债务时，由保证人代负履行责任，为其内容，此观民法第七百三十九条之规定自明，故消费借贷字据载明借用人届期不返还时由保证人代为返还者，不过为负担普通保证债务之约定，不得谓为保证人抛弃民法第七百四十五条权利之意思表示。"

弃先诉抗辩权，但系无形中“默示”地抛弃[84]；惟亦有学者认为所谓如数垫还、代为返还或如数偿还，在文意上并无甚大区别，何以当事人约定于主债务人届期不履行返还义务时由保证人如数垫还或如数偿还，即应认为抛弃检索抗辩权之特约；而当事人约定于主债务人届期不履行返还义务时由保证人代为返还者，则认为普通保证债务之约定，不得认为抛弃检索抗辩权之意思表示，理论上似属难于说明。故具体案例中如遇有此等约定，应依“民法”第九十八条规定旁求其他资料，以探求当事人之真意，不宜拘泥于所用文句为如数偿还或代为偿还，强作分别，而失当事人之真意[85]，愚从之。

（2）保证契约成立后，主债务人之住所、营业所或居所有变更，致向其请求发生困难

适用本款必须符合下列要件：

①须主债务人之住所、营业所或居所有变更：此等变更包括台湾地区、外之迁徙。

②须其变更在保证契约成立以后：如变更在保证契约成立前者，保证成立时以当时之情况为准，自无本款适用之余地。

③须向主债务人请求发生困难：此为最重要要件，例如主债务人移居外国，而台湾地区并未留有财产，纵使债权人可至外国法院起诉，惟相当困难。反之，如主债务人在台湾地区仍留有财产者，则非请求困难，无本条之适用。又如主债务人因刑事案件逃亡而被通缉，去向不明，台湾地区亦未留有财产者，此时债权人向主债务人请求即生困难，保证人亦不得主张先诉抗辩权。

符合上开要件者，保证人不得主张先诉抗辩权，盖此时债权人请求权之行使既已发生困难，保证理应发挥功能，故保证人当然不得主张先诉抗辩权。[86]

（3）主债务人受破产宣告

主债务人受破产宣告，不仅失其处分权，且已失其偿债能力，债权人

84　郑玉波，前揭书，同注1，第八四三页。

85　钱国成，前揭书，同注72，第六四页。

86　最高法院1931年度上字第217号判例：“主债务人逃匿无踪，并已无可执行之财产，则保证人自应依契约本旨履行义务，不得拒绝。”（最高法院1929年度上字第1815号判例同旨）同院1980年度台上字第255号判决：“主债务人逃匿，果有变更住居所或营业所，而致债权人向其请求清偿发生困难时，不能谓无’民法‘第七百四十六条第二款所定之情形，而认其保证人仍有先诉抗辩权之存在。”

当须向保证人求偿，始足以保障债权，故保证人不得主张先诉抗辩权。[87]

（4）主债务人之财产不足清偿其债务

主债务人虽未受破产之宣告，而债权人亦未就其财产为强制执行，但其财产状态恶化，已不足清偿其债务时，保证人不得主张先诉抗辩权。[88] 所谓不足清偿债务，该债务系专指所保证之主债务，不论主债务人毫无财产可供清偿或尚有财产可供清偿一部分者，保证人均不得主张先诉抗辩权。依“民法”第三百十八条规定，原则上债务人并无一部清偿之权利，当主债务人为一部清偿时，如允许保证人行使先诉抗辩权者，等于强逼债权人接受一部清偿，因此，虽然主债务人财产足为一部清偿，但保证人仍不得为先诉抗辩权之行使。须注意的是，关于主债务人财产不足清偿债务乙事，须由债权人负举证责任，例如债权人证明主债务人之财产业经其他债权人执行而无效果，或证明主债务人已贫乏无以自立[89]，否则保证人仍得主张先诉抗辩权。

4. 先诉抗辩权行使之条件：主债务除保证之外，尚有物的担保时（如设有抵押权、动产抵押权或质权），保证人先诉抗辩权得否行使？兹分述如下：

（1）担保物系由主债务人所提供

此时主债务人尚有财产，债权人应先对该担保物强制执行，保证人得主张先诉抗辩权。

（2）担保物为第三人所提供

担保物为第三人所提供，非属主债务人之财产，若此时主债务人自己并无财产者，保证人自不得向债权人主张先诉抗辩权。惟此时保证人得否主张债权人应先对第三人之担保物实行其担保物权？法无明文，台湾实务见解认为原则上应先尽量就担保物拍卖抵偿。[90] 有学者认为该等实

87 最高法院1929年度上字第2909号判例：“主债务人已受破产之宣告时，保证人就其债务即应负代位履行义务，不得为先诉之抗辩。”

88 最高法院1929年度上字第2172号判例：“各主债务人均陷于履行不能之境遇，催告亦属无效，而又无可供执行之财产，则保证人不得主张先诉抗辩。”

89 郑玉波，前揭书，同注1，第八四四页。

90 大理院6年度上字第403号判例：“债权关系如于设定担保物权而外，并立有保证人者，该主债务人不清偿其债务时，自应先尽担保物尽先拍卖。”

最高法院1930年度上字第330号判例：“债务关系如于设定担保物权而外，并有保证人者，该主债务人不清偿其债务时，依原则固应先尽担保物拍卖充偿，惟当事人间如有特别约定，仍应从其特约。”（“最高法院”1991年度台上字第2508号判决同旨。）

同院1960年度台上字第1917号判决：“保证债务与担保物权并存时，依‘民法’第七百五十一条规定之本旨，债权人固应就担保物尽先受偿，不得舍物而诉人。”

务见解所称担保物系指属于债务人之情形而言，因保证债务虽为主债务之补充债务，但非对于担保物权亦有补充性[91]，即使系第三人提供物之担保，只要主债务人已无财产可供执行，保证人即不得主张先诉抗辩权。因此，债权人究竟先就第三人提供之担保物实行担保物权，抑或先向保证人请求清偿，债权人有选择权[92]，即物上保证人之地位与保证人之地位，并无差别。理由有四：

①保证人与物上保证人，依"民法"第七百四十九条与民法第八百七十九条之规定均有代位权。

②保证并无如人事保证有"民法"第七百五十六条之二有"保证人以雇用人不能依他项方法受赔偿者为限"之规定，自不得相提并论。

③外国法例如德国民法第七百七十三条第二项规定："在债权人对主债务人之动产有质权或留置权，而得就其物取偿之范围内，得主张抗辩权。"可知当债权人有担保物权时，保证人得主张先诉抗辩权者，以该担保物属于债务人自己所有者为限，若为第三人所提供者，保证人不得主张先诉抗辩权。

④"民法"第七百五十一条所规定者，系债权人抛弃为其债权担保之物权者，保证人就其债权人所抛弃权利之限度内，免其责任，并未规定债权人抛弃保证债权，而物上保证人随之免责。[93]

以上系依现行民法之规定说明，但"民法"物权编修正草案第八百七十九条第二项则规定："债务人如有保证人时，保证人应分担之部分，依保证人应负之履行责任与抵押物之价值比例定之。抵押物之担保债权额少于抵押物之价值者，应以该债权额为准。"当债务人同时有人保及物保时，物上保证人依"民法"第八百七十九条第一项之规定代债务人清偿债务或因抵押权人实行抵押权致失抵押物所有权时，而承受债权人对于债务人之债权者，物上保证人对于债权人求偿时，保证人亦应分担，故明文规定保证人应分担之部分，依保证人应负之履行责任与抵押物之价值比例定之。抵押物之担保债权额少于抵押物之价值者，应以该债权额为准。例如A对B负有一百二十万元之债务，C为全

91 史尚宽，前揭书，同注1，第八六〇页。薛祀光，前揭书，同注15，第三八五页。

92 "最高法院"1980年度台上字第1924号判例："被上诉人并未抛弃为债权担保之物权，自无'民法'第七百五十一条之适用。又上诉人既系连带保证人，应与主债务人负同一清偿责任，而被上诉人对于主债务人就实行担保物权受清偿，或起诉请求保证人清偿，既得择一行使，则对于与主债务人负同一清偿责任之上诉人，自亦得择一请求。"

93 郑玉波，前揭书，同注1，第八四五页。

额清偿之保证人，D则提供价值四十万元之土地设定抵押权于B。当A逾期无法清偿债务，B则声请拍卖D之土地受偿四十万元，则D依“民法”第八百七十九条第一项之规定承受B对A之四十万元债权，保证人C就D所清偿之金额分担额为三十万元，D可对C求偿三十万元【公式：分担额＝代偿金额×〔人保担保额÷（抵押物价值＋人保担保额）〕】（抵押物之担保债权额多/等于抵押物之价值）。反之，如D系以其所有价值一百六十万元之土地设定抵押权于B者，B声请拍卖D土地受偿一百二十万元，则C之分担额为六十万元【公式：分担额＝代偿金额×〔人保担保额÷（抵押物担保债权额＋人保担保额）〕】（抵押物之担保债权额少于抵押物之价值）。上述比例系根据法律规定，至于分担金额之基础，需视拍定之结果而定。

（三）主张基于一般债务人地位应有之权利

保证人虽系从债务人，但性质上仍为债务人，故保证人应具有一般债务人应有之权利。[94] 例如保证债务本身消灭、不成立、不生效、无效（例如违反“民法”第七十一条、第七十二条第二百四十七条之一、“消费者保护法”第十二条）、得撤销（例如错误、被诈欺、被胁迫）或清偿期未届至等等，保证人均得主张。保证人自己对于债权人有债权者，得向债权人主张抵销，债权人亦得向保证人主张抵销。惟于保证人得行使先诉抗辩权期间内，债权人即不得主张抵销，理由同前。[95]

（四）保证人不得预先抛弃权利

“民法”第七百三十九条之一规定：“本节所规定保证人之权利，除法律另有规定外，不得预先抛弃。”[96] 盖现今社会上许多保证契约均要求保证人预先抛弃一切权利（含民法保证一节规定之权利），对保证人构成过重之责任，殊不公平，故本条规定法律另有规定（例如第七百四十六

94 “最高法院”1996年度台上字第2448号判决：“保证契约系保证人与债权人间所缔结之契约。保证债务之存在，固以主债务之存在为前提，惟保证契约与主债务人及债权人间所成立之债权债务契约，究属二个独立存在之契约。非可因保证债务有其从属性，或因该二契约形之于同一书面上，即可置保证契约之独立条款于不论。”

95 郑玉波，前揭书，同注1，第八四六页。

96 本条增订理由：“一、本条新增。二、本节所规定之保证人权利有一般抗辩权（第七百四十二条）、拒绝清偿权、先诉抗辩权等。保证契约虽为从契约，惟目前社会上，甚多契约均要求保证人预先抛弃一切权利，对保证人构成过重之责任，有失公平。为避免此种不公平之现象，爰仿瑞士债务法第四百九十二条第四项规定，增设除法律另有规定（例如第七百四十六条第一款保证人得抛弃先诉抗辩权）外，本节所规定之保证人之权利，不得预先抛弃。”

条第一款保证人得抛弃先诉抗辩权）外，保证人不得预先抛弃其权利。[97] 在民法修正讨论时，个人与少数委员均认为，先诉抗辩权乃保证人之核心权利，如将第七百四十六条第一项列为法律另有规定而除外，则保证人之重要权利几已丧失，毫无保障，强势债权人必欺压弱势债务人及保证人，殊不公平，故愚以为先诉抗辩权不宜由法律订为例外得为抛弃。

如保证契约系以定型化契约之方式所作成，且有约定保证人事先概括同意抛弃权利（例如“民法”第七百五十五条同意权）之记载者，保证人虽得依“消费者保护法”第十二条之规定，主张该条款违反诚信原则显失公平而无效[98]，惟必须限于保证条款系基于消费关系而以定型化契约之方式签订时，始有消费者保护法之适用，如该保证条款并非基于消费关系定型化契约之方式签订者，自无消费者保护法之适用。此时或可依“民法”第二百四十七条之一（有溯及力）关于附合契约之规定主张该约定无效，惟仍必须符合附合契约之要件始得适用该条规定，基本上仍有其限制。因此民法就保证乙节特别增设本条规定，不论保证契约以何种方式约定保证人预先抛弃一切权利，均在禁止之列，如保证契约约定保证人抛弃一切权利者，依“民法”第七十一条规定，该约定无效。最后，本条之规定，依“民法”债编施行法第三十三条于“民法”债编修正前成立之保证，亦适用之。

贰、保证人与主债务人间之关系

保证契约为保证人与债权人间之法律关系，与保证人与主债务人间之关系无涉，惟民法保证一节对于保证人与主债务人间之关系，特别规定第七百四十九条保证人之代位承受与第七百五十条保证责任除去请求权。至于保证人对于主债务人内部求偿权，法未明文，应依保证人与主债务人间之法律关系（委任或无因管理）定之。

一、保证人之权利

（一）保证人之求偿权

1. 意义：所谓保证人求偿权，系指保证人履行保证债务后，得向主债务人请求偿还之权利。当保证人履行保证债务，对于债权人而言，系

97 “最高法院”1985年度台上字第1064号判决：“‘民法’债编第二十四节内第七百五十一条规定之保证人权利，法律上并无不许抛弃之特别规定，就其性质言，保证人非不得抛弃，且其抛弃，与公共秩序无关。”（本判决于新法施行后即不再援用。）

98 詹森林，前揭文，同注34，第四四页。

属清偿自己之债务，对于保证人而言，实质上仍系清偿他人（主债务人）之债务，故保证人得向主债务人请求偿还，而取得求偿权。

2. 要件：保证人行使求偿权，必须具备下列要件：

（1）须保证人已向债权人为清偿（包括代物清偿、提存、抵销）等行为。

（2）须使主债务人对债权人因此而免责：

保证人清偿后，该债权即移转于保证人，主债务人之债务虽不因之而消灭，但对于原债权人则免责。如主债务人免责非由保证人之清偿行为所致者，保证人即无求偿权。例如主债务人自己早已清偿，或债权人免除主债务人之债务者，债权人之债权早已消灭，而保证人却仍为清偿，此时主债务人免责并非由于保证人之清偿，故保证人对主债务人当无求偿权，仅能向债权人主张非债清偿之不当得利返还请求权，但依“民法”第一百八十条第三项规定，保证人如明知无债务而清偿，则仍不得依不当得利请求返还。

（3）须保证人无赠与之意思

保证人如以赠与意思而为保证者，对主债务人即无求偿权可得行使。故保证人欲行使求偿权者，须保证人清偿时无赠与意思，惟此系消极要件，保证人行使求偿权时不必就此负举证责任，而系由主债务人负举证责任。[99]

3. 效力：保证人求偿权之效力，就保证人与主债务人之关系为委任或无因管理而有不同。兹分述如下：

（1）委任关系

依民法委任之规定，保证人系受任人，其清偿保证债务而使主债务人（委任人）对原债权人免责，性质上即为处理委任事务，依“民法”第五百四十六条之规定，保证人所清偿之原本、利息、必要费用，均得向主债务人请求偿还，并得请求自支出时起之利息，如有损害并得请求赔偿。[100]

99 最高法院1929年度上字第2046号判例：“保证人代为清偿，是否转入自己账内，抑为现金给付，要与债务人应履行之义务无关。”

100 最高法院1929年度上字第1086号判例：“保证人受主债务人之委托而为保证时，须其对于债权人所为之清偿或其他出资行为，足使主债务人消灭其债务，始得将其出资额连同出资以后之利息及不可避之费用，并其他之损害，向主债务人行使求偿权。若保证人于主债务人所负债务之范围以外，向债权人为清偿，或其清偿纵系在债务之范围内，而主债务人若已先向债权人为清偿，则除主债务人不将其事通知保证人，而保证人为清偿时确系不知者外，皆不得向主债务人行使求偿权。”

同院1929年度上字第1561号判例：“保证人受主债务人之委任而为保证者，对于主债务人即有受任人之权利，除依一般委任法则，保证人因受任保证而代偿之数额，应由委任之主债务人偿还外，并应偿还自支出时起之利息。”

(2) 无因管理关系

①适法无因管理：保证人处理保证事务，利于主债务人，并不违反主债务人明示或可得推知之意思者，依“民法”第一百七十六条之规定，保证人所清偿之原本、利息及必要费用，得请求主债务人偿还，并得请求自支出时起之利息，如有损害，并得请求赔偿。

②不法无因管理：保证人处理事务，不合于上述之情形者，依“民法”第一百七十七条之规定，主债务人仍得享有因其保证所得之利益，而其所负对于保证人之义务，以其所得利益为限，故保证人仅能在此限度内，向主债务人求偿。

4. 时效：按求偿权系新成立之权利，与代位承受系由原债权人所移转而来之原债权不同，且其时效期间民法并未特别规定，故其消灭时效应为十五年（“民法”第一百二十五条参照），并自保证人清偿保证债务时开始起算（“民法”第一百二十八条参照）。

(二) 保证人之代位承受（“民法”第三百十二条亦修改为代位承受，不再称之为“代位权”，俾与第二百四十二条之代位权有所区别）

1. 意义：“民法”第七百四十九条规定：“保证人向债权人为清偿后，债权人对于主债务人之债权，于其清偿之限度内，承受债权人对于主债务人之债权。但不得有害于债权人之利益。”[101] 所谓保证人之代位承受，系指保证人向债权人为清偿或其他消灭债务之行为（包括代物清偿、提存、抵销）后，当然承受债权人之地位，而向主债务人行使原债权之权利。[102]

2. 要件：

(1) 需保证人已向债权人为清偿

保证人实际上已代主债务人向债务人为清偿、代物清偿、提存或抵销（以自己对债权人之债权）者，始得主张代位承受。

(2) 需保证人对主债务人有求偿权

101 本条修正理由：“保证人为清偿后，依现行条文规定，应按其清偿限度，受让原有债权，此际如保证人为一部清偿，原债权人既仍保留未受清偿部分之债权，则保证人受让之部分债权与债权人其余原有债权并存，如有担保物权，强制执行程序中何者优先受偿？现行法尚无明文规定，易滋疑义，一般解释认原债权人之利益不因保证人之清偿而受影响。为避免发生疑义，爰参考德国民法第七百七十四条第一项第二段及瑞士债务法第五百零七条第二项后段之规定，并审酌条文用语在文法结构上主词与动词之衔接情形，而仿我‘民法’第二百八十一条第二项及第三百十二条但书之立法例，修正规定如上。”

102 “最高法院”1983年度台上字第3117号判决：“查保证人为主债务人向债权人清偿后，对主债务人之求偿权或代位权，与数人保证同一债务，应负连带保证责任，其一保证人对其他保证人所基于连带债务之规定而生之求偿权，系不同之权利，不可混为一谈。”

按代位承受系为确保求偿权而设，故必须有求偿权，始有代位承受。[103] 如保证人对主债务人无求偿权，亦无代位承受。[104] 所谓无求偿权，例如保证人系以赠与之意思而清偿，或债权人对保证人为无偿的债务免除的情形者，保证人均无求偿权。

3. 效力：符合代位承受之要件者，债权人对于主债务人之债权，于其清偿之限度内，由保证人承受债权人对于主债务人之债权。此债权之“承受”性质为法定当然移转[105]，无须当事人合意即生移转效力，且依“民法”第三百十三条之规定，应有债编通则关于债权让与规定之准用。依民法第二百九十五条之规定，包括原本、原本之担保（如抵押权、质权、留置权、保证）及其他从属之权利（如利息、违约金或对待给付）均由保证人承受。复依“民法”第二百九十六条之规定，债权人并应将证明债权之文件（如主债务人所出之借据），交付于保证人，并应告以关于主张该债权所必要之一切情形。须注意的是，当保证人代主债务人清偿债务时，并未通知主债务人，致主债务人因不知情而向债权人为清偿

103 郑玉波，前揭书，同注1，第八五二页。

104 “最高法院”1992年度台上字第2938号判决：上诉人抗辩，被上诉人于1990年1月19日向台×区中小企业银行×台中分行借款三百万元，上诉人于同年11月1日以连带保证人身份代偿二百二十四万零二百十一元，得向被上诉人求偿，以之与被上诉人之请求抵销等语，固提出借据及收据各一件为证。惟斟酌该分行先后函复：“本行客户廖×聪于1990年1月19日借款三百万元，转入其本人活期存款一×五五八六一账户，每月摊还本金利息由廖×聪一×五五八六一账户自动转缴，缴至第九回于1990年11月1日还清其贷款余额”，“客户廖×聪于七九、一、二十四、所领一百七十五万元，是以现金取款，复转汇至×企雾×分行支存账户内，户名为新×峰涂料股份有限公司。……其存款经查询，是开具支票存入以台×市第×信用合作社国×分社为付款行，发票人为新×峰涂料股份有限公司”各等语，及前开股东会纪录有关公司之负债，有非以公司名义借款之情形，被上诉人主张，该三百万元借款系新×峰公司以被上诉人之名义借贷，属于公司之债务云云，堪认为实在。上诉人纵有代偿情事，亦不得主张依“民法”第七百四十九条规定对被上诉人取得债权，即无从为抵偿云云。

105 “最高法院”1985年度台上字第1774号判决：“保证人向债权人为清偿后，债权人对于主债务人之债权，于其清偿之限度内，移转与保证人，‘民法’第七百四十九条定有明文。从而保证人如已向债权人为清偿，并对主债务人有求偿权，不论保证人就债务为全部清偿或一部清偿，于其清偿之限度内，债权人对于主债务人之债权及其担保物权，当然移转于保证人。换言之，此之移转属于法定移转，无须当事人之合意。”

同院2001年度台上字第2931号判决：“保证人代位清偿后，除得向主债务人行使求偿权外，依‘民法’第二百九十五条及第七百四十九条规定，于其清偿之限度内，尚代位取得债权人对主债务人之债权、担保物权，及其他从属之权利。且此项权利之移转，系本于法律之规定，而非由法律行为，故关于担保物权之取得，不受‘民法’第七百五十八条所定须经登记始生效力之限制。”

者，则其清偿仍有效力，保证人仅得向债权人请求返还不当得利，而不得对主债务人主张代位承受。再者，保证人代为清偿者，债权由保证人承受，债务人于受通知时，所得对抗原债权人之事由（如同时履行抗辩、时效抗辩），均得以之对抗保证人，并得以其对于原债权人之债权主张抵销（“民法”第二百九十九条参照）。

4. 限制：按保证人为一部清偿，原债权人仍保留未受清偿部分之债权，则保证人受让之部分债权与债权人其余原有债权并存，如有担保物权，保证人亦取得该担保物权，此刻强制执行程序中何者优先受偿？即有争议，本条修正时乃增订“但不得有害于债权人之利益”之规定。此但书规定解释上应限于“保证人实行担保物权时”不得有害于债权人之利益，至于保证人因法律规定所取得之担保物权，系承受债权人对于主债务人之债权而来，故其所取得之担保物权之顺位应与原债权人相同。[106] 如原债权人先实行担保物权后，就未受清偿之不足额再向保证人求偿，且保证人代偿后承受原债权人对于主债务人之债权，因已无担保物权之存在，故无此等问题。

5. 时效：按保证人代位承受系保证人向主债务人行使原债权之权利，债务人所得对抗债权人之事由，均得以之对抗保证人，时效抗辩亦同，故代位承受之时效以原债权之时效为准，且继续进行。

6. 代位承受与求偿权之关系：在保证人有求偿权之同时，民法复赋予保证人代位承受，其目的系在确保求偿权，因求偿权系新成立之权利，原权利之从权利及担保等等，并不从属于求偿权，故主债务人未能清偿者，保证人即无保障可言。因此，民法上乃赋予保证人代位承受，将原债权由保证人承受（法定移转），使保证人取得原债权之从权利与担保，如主债务人不清偿时，保证人可实行担保权。保证人不但得就代位承受与求偿权择一行使，亦得一并行使，而代位承受与求偿权其中之一因行使而达目的时，另一权利即归消灭。当保证人欲择一行使代位承受与求偿权者，须视行使何者为有利而决定。例如主债务时效完成且主债务人行使时效完成之抗辩，惟保证人在债权人请求时却未主张时效抗辩，致必须待主债务人清偿，就其清偿之范围对主债务人取得代位承受，惟主债务人仍得据时效抗辩而拒绝给付，此时保证人虽无法行使代位承受，但仍可主张“民法”第五百四十六条或第一百七十七条之求偿权。兹就二者行使时之利益分述如下：

106 陈秋华，试论民法债编修正对银行定型化契约中“保证条款”之影响，律师杂志，第二四一期，第五九页。

（1）担保

代位承受得实行原有担保权[107]（如无担保则无此问题）；求偿权则因新生债权无法实行原有担保权（但求偿权本身附有担保，例如求偿保证，则反而有利）。

（2）抗辩

保证人行使代位承受者，主债务人对于原债权人所有抗辩，皆得以之对抗保证人，如对原债权人有债权，亦得对保证人主张抵销；保证人行使求偿权者，无上述问题。惟主债务人对保证人有债权时，无论保证人行使代位承受或求偿权，主债务人均得主张抵销。

（3）时效

代位承受依原债权之时效继续进行，且可能是短期消灭时效；求偿权则为新债权，时效期间则为十五年，且自保证人代为清偿时起算。

（4）利息

行使代位承受必须视原债权有无约定利息，以决定保证人得否向主债务人请求利息；行使求偿权不论系基于委任或无因管理之法律关系，保证人均得请求利息。

7. 数保证人与数物上保证人代位承受之行使：依“民法”第八百七十九条规定：“为债务人设定抵押权之第三人，代为清偿债务，或因抵押权人实行抵押权致失抵押物之所有权时，依关于保证之规定，对债务人有求偿权。”是为物上保证人之代位承受[108]（由于“民法”第七百四十九条已修改为承受，故不再称之为代位权）。当物上保证人为避免其所有物遭债权人实行抵押权而代主债务人为清偿者，依“民法”第八百七十九

107 “最高法院”1991年度台上字第153号判决：“保证人于履行保证债务后，对于主债务人行使求偿权时，得依‘民法’第七百四十九条规定代位债权人地位行使债权人对于债务人之债权，是行使代位权为使求偿权易于实现之方法。保证人对于债务人如无求偿权，即无代位权可资行使。代位权以确保求偿权得获清偿为目的，故因代位权而移转于保证人之债权，包括债权之担保及其他从属之权利。”

同院1998年度台上字第644号判决：“‘民法’第七百四十九条所定之‘保证人之代位权’，乃保证人向债权人为清偿或其他消灭债务之行为后，当然取代债权人之地位，得于其清偿之限度内，行使原债权之权利。保证人既得代位行使该原债权，解释上包括原债权之担保及其他从属权利，即应一并移转于保证人。殊不因债权人于该受偿限度内，对主债务人已丧失其债权之请求权而影响该代位权之存在。”

108 最高法院1932年度上字第1598号判例：“为债务人设定权利质权之第三人因质权人实行质权致失其权利时，对于债务人固有求偿权，但所谓求偿权系请求偿还所失权利之当时价额及其以后之利息，非请求回复所失权利之谓。”

条之规定，物上保证人亦取得代位权。因此，当同一债务有数个保证人或数个物上保证人，或有一个或数个保证人及一个或数个物上保证人者，其代位承受如何行使？兹分别举例说明之：

（1）数个保证人

A、B二人共同保证C对D之债务，A代C全部清偿后，本应向C行使代位承受，但C无法偿还者，A可否向另一保证人B行使代位承受求偿全部债务？如采肯定说者，对先清偿之保证人A较为有利，盖原债权及其担保均移转于A，A即得向B请求全部。惟查“民法”第七百四十八条规定，共同保证人应连带负保证责任，故A、B间依其内部之连带债务关系，除契约另有约定外，原则上应平均分担[109]（“民法”第二百八十条参照）。A因清偿或其他行为致B免除对D之责任，A得向B请求偿还其各自分担部分，并自免责时起之利息，且依“民法”第二百八十一条之规定，A仅得于求偿权之范围内承受D之权利，故仅得于B应分担部分之范围（二分之一）内行使求偿权（代位承受），不能全部行使求偿权（代位承受）。

（2）数个物上保证人

第三人A以所有不动产设定抵押权，B以所有动产设定质权，其目的均为担保C对D之债务，故A、B均为物上保证人。设A代为清偿C对D之债务，或因抵押权之实行而失其抵押物之所有权者，依“民法”第八百七十九条之规定，A对于债务人C有求偿权。A可否就B之质物实行质权而全部取偿？有学者认为应类推适用“民法”第七百四十八条共同保证之规定[110]，惟最近实务见解则否定之。[111] 本书以为民法与早期实务见解“先

109　最高法院1929年度上字第1235号判例：“保证债务保证人代偿后，其代位所取得之债权全然与原债权相同。则债务人所有财产于其所负之债务总额，如有不敷清偿，自应与各债权人平均分配，殊无主张独享优先权利之余地。”（最高法院1929年度上字第1561号判例同旨。）

110　郑玉波，前揭书，同注1，第八五六页。

111　“最高法院”1991年度台上字第2508号判决：“依最高法院十九年上字第三三〇号判例意旨谓：‘债务关系如于设定担保物权而外并有保证人者，该主债务人不清偿其债务时，依原则固应先尽担保物拍卖充债，惟当事人间如有特别约定，仍从其特约’云云，系采物之担保责任优先说。盖以物之担保，担保物之提供人仅以担保物为限，负物之有限责任；而人之保证，保证人系以其全部财产，负无限责任，其所负责任较重，基于公平起见，使物之担保责任优先，以保障保证人，并无不当。是依‘民法’第七百五十一条规定，债权人抛弃为其债权担保之物权者，保证人就债权人所抛弃权利之限度内，免其责任。反之，债权人抛弃其对保证人之权利者，于债权担保之物权则无影响。二者之责任基础及责任范围并不相同，自难类推适用‘民法’第七百四十八条有关共同保证、第二百八十条有关连带债务人相互间分担义务之规定，使物之担保与人之保证，平均分担其义务。”

尽担保物拍卖充偿”云云，并未采“物之担保责任优先说”，而系由债权人自己选择（详后述），故上述最近实务见解对此似有误会，愚意以为似应类推适用共同保证之规定，A仅得代位向B之质物取偿分担部分（即二分之一），不得全部取偿。如担保物价值不等者，则依其价值比例代为求偿。

（3）一个或数个保证人与一个或数个物上保证人

A为C对D债务之保证人，B将所有不动产设定抵押以担保C对D之债务。设A先代C清偿者，可否代位承受实行抵押权，就B不动产拍卖价款取偿全部债额？设B先代C清偿，或因D实行抵押权而失抵押物所有权者，B得否依代位承受向A求偿全部？关于此一问题，有“物之担保责任优先说”与“平等说”二种见解[112]，采前说者认为如D先向A请求负保证责任时，A除可依先诉抗辩权之规定，要求D先实行抵押权外，如A未主张而先代C清偿者，A即可代位承受实行抵押权，就B所提供担保之不动产之卖价取偿全部债额；设B先代偿债务或因抵押权之实行而失其抵押物所有权者，B不得代位向A求偿，仅能对其他担保物行使权利。采后说者认为保证人与物上保证人之地位均为平等，无论何者先代为清偿取得代位承受时，仅得向另一方求偿二分之一[113]，愚从后说。

（三）保证人之保证责任除去请求权

1. 意义：“民法”第七百五十条第一项规定：“保证人受主债务人之委任，而为保证者，有左列各款情形之一时，得向主债务人请求除去其保证责任：一、主债务人之财产显形减少者。二、保证契约成立后，主债务人之住所、营业所或居所有变更，致向其请求清偿发生困难者。三、主债务人履行债务迟延者。四、债权人依确定判决得令保证人清偿者。”是为保证人之保证责任除去请求权，保证人基于上述各款原因，得向主债务人请求除去其保证责任。

2. 要件：保证责任除去请求权，依上开规定可知其要件如下：

（1）须为受委任而为保证之保证人

按保证人可能因为受委任或无因管理而为保证，惟得向主债务人请求除去保证责任者，以受委任而为保证之保证人为限，不包括因无因管理而为保证之保证人。此系因依“民法”第五百四十六条第三项之规定，委任人（主债务人）对其受任人（保证人）有不使其受损害之责任，已受损害则应予以赔偿；将受损害亦应给予机会防止，故保证人得请求主

112 郑玉波，前揭书，同注1，第八五六页。

113 郑玉波，前揭书，同注1，第八五七页。

债务人除去保证责任。[114] 因无因管理而为保证者，仅于保证人代为清偿后始有求偿权与代位承受，在未清偿前，保证人对于主债务人并无任何权利，故不得向主债务人请求除去保证责任。

（2）须基于法定原因

保证人请求除去其保证责任，须符合“民法”第七百五十条第一项各款之原因，始得为之。兹分述法定原因如下：

①主债务人之财产显形减少者：所谓财产显形减少，系指财产减少且减少后确有不足清偿债务之虞，始足当之。

②保证契约成立后主债务人之住所、营业所或居所有变更向其请求清偿发生困难者：此点与“民法”第七百四十六条第二款所列之情形相同。

③主债务人履行债务迟延者：当主债务人履行债务迟延时，将使迟延利息增加，进而扩大保证担保范围，甚至将有不能履行之虞，故本条项明定其为保证责任除去请求权原因之一。

④债权人依确定判决得令保证人清偿者：例如保证人抛弃先诉抗辩权，债权人径对保证人起诉，法院判令保证人清偿，而判决已确定是，此时即符合保证责任除去请求权发生原因。

3. 效力：符合“民法”第七百五十条第一项各款规定者，保证人即得向主债务人行使保证责任除去请求权，主债务人应设法除去保证人责任。兹就除去保证责任之方法说明如下：

（1）清偿债务

向债权人清偿债务使主债务消灭，保证责任随之消灭，保证责任即因主债务人清偿而被除去。

（2）提供担保（人保或物保）

主债务人向债权人提供物的担保，或另觅新保证人，经债权人同意，承担保证人之责任，以除去保证责任。

主债务人得任意选择以何种方法除去保证人保证责任。但“清偿债务”之除去保证责任之方法，在已届清偿期时，固无问题，如未届清偿期，而强令主债务人清偿，反而侵及主债务人期限利益，故同条第二项规定：“因债务未届清偿期者，主债务人得提出相当担保于保证人，以代保证责任之除法。”可见在债务未届清偿期时，主债务人为维护其期限利益，得向保证人提出相当担保（包括物保与人保，性质上为求偿保证），因此等担保非向

114　郑玉波，前揭书，同注1，第八五八页。

债权人提出，故保证人对于债权人之保证责任仍未除去，但保证人对主债务人之求偿权却获得保障。惟此等担保之提出，属于主债务人之自由，保证人不得强制主债务人提出。须注意的是，此等保证责任除去请求权，仅系保证人与主债务人间之关系，保证人对于债权人所应负之代偿责任，不因此而受影响[115]，盖保证契约系保证人与债权人所签订也。

民法赋予保证人保证责任除去请求权，立意固佳，惟主债务人不能或不愿除去保证人保证责任者，亦乏救济途径。盖主债务人如有“民法”第七百五十条第一项各款之情形者，其债信多已不佳，如其能自动清偿者，亦无令保证人行使保证责任除去请求权之余地，且此时主债务人亦难以提供担保，在保证人请求除去保证责任而主债务人无法除去时，保证人仍应对债权人负保证责任，而保证人代偿后对主债务人即可行使求偿权与代位承受，亦无须再追究主债务人无法除去保证责任之责任。可见“民法”第七百五十条第一项之规定，仅系于主债务人尚未违约之前而有违约之虞时，法律多赋予保证人之请求权而已，在主债务人违约之后即进入求偿权与代位承受之层次，亦无再论保证责任除去请求权之必要也。

最后，保证人此项保证责任除去请求权之性质如何？愚以为既不影响保证人对债权人之原有已生代偿责任，宜采形成权说较妥，否则失去本条立法意旨，准此，保证人责任除去请求权一经保证人行使即生除去效力，至于因保证人对债权人之代偿责任未受影响而为代偿者，保证人仍可依无因管理法则向主债务人依“民法”第一百七十六条规定求偿。

第四节　保证之消灭

壹、消灭之原因

保证债务，除基于从属性而随主债务消灭，与保证人自己为清偿、提存、抵销、被免除或混同，双方合意解除[116]或终止保证契约而单独消灭外（此时主债务并不消灭），尚有特殊消灭原因，兹分述如下：

115　最高法院 1933 年度上字第 365 号判例：“保证人向主债务人请求除去其保证责任，仅为其与主债务人之关系，其对于债权人所负代偿责任，并不因此而受影响。”

116　最高法院 1930 年度上字第 347 号判例：“保证为债权人与保证人间缔结之契约，依契约一般之原则，非得相对人之同意，不能解除。”

一、债权人抛弃担保物权

“民法”第七百五十一条规定：“债权人抛弃为其债权担保之物权者，保证人就其债权人所抛弃权利之限度内，免其责任。”债权人抛弃为其债权担保之物权者，该担保物权因此而消灭（“民法”第七百六十四条参照[117]），同时保证人就债权人所抛弃权利之限度内，免其责任。[118] 此担保物权不论系设定在保证契约成立之前或之后，亦不论系债务人自己或物上保证人设定，均有本条适用[119]，惟必须为有效成立之担保物权始可[120]，且纵使保证人抛弃先诉抗辩权，仍有本条适用。再者，本条所称之“抛弃”，仅限于故意抛弃而不包括过失导致担保物权灭失之情形。此外，变更担保物如未经保证人同意者，实务见解认为系抛弃担保物权，有本条之适用[121]，但怠于行使担保物权致担保物价格低落者，与本条所称抛弃担保物权仍属有间[122]，并

117 “最高法院”1998年度台上字第1469号判决：“债权人抛弃为其债权担保之物权者，保证人就债权人所抛弃权利之限度内，免其责任，‘民法’第七百五十一条固定有明文。又不动产物权依法律行为而取得、设定、丧失及变更者，非经登记不生效力，‘民法’第七百五十八条亦有明定。亦即不动产物权之抛弃，除有抛弃之意思表示外，尚须践行法定登记方式，始生效力。被上诉人既未明白表示抛弃抵押权，亦未办理涂销抵押权登记手续，自难认已生抛弃抵押权之效力。”

118 “最高法院”1992年度台上字第241号判决：“债权人抛弃为其债权担保之物权者，保证人就债权人所抛弃权利之限度内免其责任，‘民法’第七百五十一条定有明文。兹上诉人竟允许沈丽孺取回该价值高过借款金额之担保物，揆诸上开说明，被上诉人即免其保证责任。”

119 “最高法院”1980年度台上字第2915号判决：“工程保证金，如其性质为一种质权，即不失担保物权，依‘民法’第八百九十七条第一项规定，被上诉人应颖兴公司之请求退还保证金，即丧失其担保物权，则上诉人谢涂城主张保证人依‘民法’第七百五十一条规定，就所抛弃限度范围内免除保证责任，是否毫无足采，尤非无研究余地。”并请参见郑玉波，前揭书，同注1，第八六一页。

120 “最高法院”1953年度台上字第416号判例：“‘民法’第七百五十一条关于债权人抛弃其为担保之物权者，保证人就债权人所抛弃权利之限度内，免其责任之规定，所谓为其债权担保之物权，系指已具备物权之生效要件者而言，若欠缺物权之生效要件者，在物权法上既不得称之为其债权担保之物权，纵使债权人有不为主张或怠于行使之情形，亦无抛弃之可言。保证人仍不得因此而于其限度内，免除保证责任。”

121 “最高法院”1955年度台上字第659号判例：“上诉人将担保物电瓶全部返还于主债务人，无论其所调换之担保物价值究为若干，既系抛弃为其债权担保之物权，依‘民法’第七五一条之规定，被上诉人即保证人，自应就上诉人所抛弃权利之限度内，免其责任。”
同院民刑庭总会1955.6.7决议：“更易担保物，如未得保证人之同意，视为债权人抛弃为其债权担保之物权。”

122 最高法院1932年度上字第1015号判例：“债权人抛弃为其债权担保之物权者，保证人固就债权人所抛弃权利之限度内免其责任，但债权人于其债权人已届清偿期后，未即行使担保物权，嗣后该担保物价格低落者，不得即谓为抛弃担保物权。”

无本条之适用。债权人于清偿期限届满后不实行抵押权而自保证人受偿后涂销抵押权者，与本条规定之抛弃不同，亦不适用本条。[123] 相对而言，债权人抛弃人保时，担保物权不因此而受影响。[124]

须注意的是，依“民法”第七百四十八条之规定，共同保证人负连带保证责任。因此，债权人免除共同保证人中之一人责任者，依“民法”第二百七十六条第一项之规定，如债权人无消灭全部债务之意思表示者，除该共同保证人应分担之部分外，他保证人仍不免其责任，此时他保证人虽不能全部免责，但对于该共同保证人应分担之部分，得免其责任。基于同一法理，债权人抛弃一个担保物权时，另一个物上保证人之责任，理论上本应在抛弃之限度内消灭[125]，惟依“民法”第八百七十五条之规定，抵押权人得就各个不动产卖得之价金受债权全部清偿，纵抛弃其一抵押权，仍得就其他抵押权受偿，故其他担保物权不能因此消灭。

二、定期保证逾期而不请求

“民法”第七百五十二条规定：“约定保证人仅于一定期间内为保证者，如债权人于其期间内，对于保证人不为审判上之请求，保证人免其责任。”具备下列要件后，保证人即可免责：

（一）须为定期保证

所谓定期保证，系指约定保证人仅于一定期间内为保证。本条所称之定期保证，系指就已确定之债务为保证，而约定债权人应于保证期间内向保证人为请求，逾期保证人即不负责。此种定期保证，其期间乃保证效力

123 “最高法院”1985年度台上字第2333号判决：“抵押权人于债权已届清偿期，而未受清偿者，得声请拍卖抵押物，就其卖得价金而受清偿，系债权人之一种权利，并非义务，故在债务届清偿期而债务人不清偿时，既经连带保证人代为清偿，债权人于受偿后依抵押物提供人之请求涂销抵押权登记，尤于抛弃担保物权之情形有别。”此时连带保证人得代位实行抵押权。
同院1986年度台再字第14号判决：“‘民法’第七百五十一条所谓债权人抛弃为其债权担保之物权者，应指债权人在债权尚未获偿之前，既有行使担保物权取偿之权利，而竟抛弃不行使之谓。若其债权已依行使担保物权以外方法获偿，则原得行使担保物权之权利即已丧失，嗣后因而涂销该担保物权（如抵押权等）登记，自无抛弃担保物权之可言。”
同院1995年度台上字第2088号判决：“‘民法’第七百五十一条所谓债权人抛弃为其债权担保之物权者，系指债权人在债权尚未获偿之前，既有行使担保物权取偿之权利，而竟抛弃不行使之谓。若其债权已依行使担保物权以外方法获偿，因而涂销该担保物权（如抵押权等）登记者，即与抛弃担保物权有别。”

124 请参见注111，“最高法院”1991年度台上字第2508号判决。

125 郑玉波，前揭书，同注1，第八六二页。

之存续期间。[126] 至于就一定期间内所发生之债务为保证（例如约定保证人仅就 1 月 1 日起至 12 月 31 日止一年间连续所发生之债务为保证），或债务本身定有期间而保证未定期间（例如对于清偿期为 10 月 31 日之债务为保证），此等期间仅为决定保证债务之范围，或未就保证本身定有期限，均非本条所称之定期保证。[127]

（二）须对主债务人在保证期间内请求

债权人对于被保证之主债务须于保证期间内为请求者始可，不得在保证期间内为请求之债务（例如保证期间自 6 月 15 日至 9 月 14 日共三个月，而主债务清偿期为 11 月 5 日），则此种保证即失其意义，盖既不得向主债务人请求，又如何能向保证人请求？因此，此种保证所保证之债务多为不定期债务（因不定期债务依“民法”第三百十五条之规定得随时请求）。再者，如系定期债务而其清偿期在保证期间内者，或主债务清偿期虽不在保证期间内，但依约或依法（例如“民事诉讼法”第二百四十六条将来给付之诉）得提前请求者，均得为本条之保证。[128]

（三）须债权人未于期间内为审判上之请求

本条之定期保证，逾期保证人即不负责，因此债权人必须在所定期间内对保证人为审判上之请求，否则保证人即得免责。所谓审判上之请求，系指提起给付之诉或与起诉有同一效力之事项[129]（“民法”第一百二十九条第二项参照）。至于时间之认定，只要债权人于保证期间内为审判上之请求，即使程序继续超过保证期间，保证人仍应负责。

三、未定期间保证经催告而不请求

“民法”第七百五十三条规定：“保证未定期间者，保证人于主债务人清偿期届满后，得定一个月以上之相当期限，催告债权人于其期限内，

126 郑玉波，前揭书，同注 1，第八六一页。

127 史尚宽，前揭书，同注 1，第八八四页。“最高法院”1954 年度台上字第 275 号判例：“借用证所谓清偿期限，系债务之清偿期限，而非保证人负保证责任之期限。被上诉人是否于此项期限请求清偿，于上诉人之保证责任不生影响。”
同院 1988 年度台上字第 1207 号判决：“‘民法’第七百五十二条所谓：约定保证人仅于一定期间内为保证者，系指保证人就已确定之债务为保证，而约定一定之保证期间，债权人应于该期间内向保证人为请求者而言。至约定就一定期间内所生之债务为保证者，其期间仅系决定保证债务之范围，与上述所指情形有间，自无该条之适用。”

128 郑玉波，前揭书，同注 1，第八六三页。

129 最高法院 1932 年度上字第 2835 号判例：“债权人依‘民法’第八百七十三条第一项之规定，声请法院拍卖抵押物，自亦为同法第七百五十三条第一项所谓审判上之请求。”

向主债务人为审判上之请求。债权人不于前项期限内向主债务人为审判上之请求者，保证人免其责任。”适用本条须具备下列要件：

（一）须为未定期间

所谓未定期间保证，系指保证本身未定有期间。

（二）须主债务有清偿期

所谓主债务有清偿期，系指主债务有确定之清偿期日。

（三）须定期催告

在主债务清偿期届满之后，保证人须定一个月以上之相当期限，催告债权人于期限内，向主债务人为审判上之请求，并须陈明债权人须在其所定之期限内向主债务人为审判上之请求。

（四）须债权人未如期请求

保证人催告后，债权人并未如期向主债务人为审判上之请求，则保证人免其责任。若已为审判上之请求者，不在此限。

对于定有清偿期主债务之保证本身虽未定期间，但其仅保证主债务按期履行，并无永远承担保证责任之理，当债权人怠于请求时，保证人得行使本条权利而免责[130]，至于保证人是否享有“民法”第七百四十五条所定之先诉抗辩权，则非所问[131]，惟亦有实务见解认为连带保证人无本条规定之适用。[132]

---

130 “最高法院”1960年度台上字第1756号判例：“就定有期限之债务为保证，与约定保证人于一定期间内为保证之情形不同，此项保证未定期间，而定有清偿期限之债务，在主债务清偿期届满后，除保证人已定期催告债权人向主债务人为审判上之请求者外，保证人不得以债权人迟迟不为审判上之请求，为免其保证责任之论据。”

131 “最高法院”1987年度台上字第963号判决：“保证未定期间者，保证人于主债务清偿期届满后，得定一个月以上之相当期限，催告债权人于其期限内，向主债务人为审判上之请求；债权人不于此期限内，向主债务人为审判上之请求者，保证免其责任，此观‘民法’第七百五十三条之规定自明。只须保证未定期间，保证人即得行使该条之权利。至保证人是否享有‘民法’第七百四十五条所定之先诉抗辩权，则非所问。在民法上无所谓连带保证，实务上所谓之连带保证，仅为丧失先诉抗辩权之保证而已，除此而外，仍不失其保证之性质。此种保证，虽债权人得径向保证人为全部给付之请求，保证人不得提出先诉抗辩权，然保证人与主债务人之内部关系，不生‘民法’第二百八十条所定内部分担之问题，核与连带债务之性质显不相同，岂可将连带保证与连带债务混为一谈。”

132 “最高法院”1988年度台上字第1772号判决：“连带保证债务之债权人得同时或先后向保证人为全部给付之请求，保证人不得主张先诉抗辩权。同理，连带保证人亦不得依‘民法’第七百五十三条规定，定期催告债权人向主债务人为审判上之请求。否则一面认债权人得同时或先后向连带保证人及主债务人求偿，一面又赋予连带保证人得定期要求债权人先向主债务人求偿之权利，岂非矛盾？从而‘民法’第七百五十三条之规定于连带保证债务无适用之余地。”

此外，主债务并未定有清偿期者，有学者认为得类推适用本条之规定，保证人得定相当期限，催告债权人向主债务人催告履行，此时主债务性质上既为不定期债务，故一经债权人催告，即属届期，如债权人于此期限内不为催告及审判上之请求者，保证人免其责任。[133]

四、连续债务保证之终止

“民法”第七百五十四条第一项规定：“就连续发生之债务保证而未定有期间者，保证人得随时通知债权人终止保证契约。”适用本条须具备之要件如下：

（一）须为连续债务之保证

所谓连续债务，系指一定期间内或不定期间陆续不断的发生之债务，租金、薪资、住院医疗费用、信用卡（签账卡）之刷卡消费款、供货契约之货款等均为其著例，但本条适用上以不定期间连续发生之债务为限，故上开各例之契约如系定期者，无本条之适用。[134] 附带一言，最高限额抵押契约性质与连续发生之债务保证相似，故实务见解认为其如未定存续期间者，得类推适用本条之规定。[135] 反之，此种抵押契约定有存续期间者，不许抵押人于抵押权存续期间届满前，任意终止契约，则不得类推适用本条之规定。

133　戴修瓒，前揭书，同注16，第四一九页。郑玉波，前揭书，同注1，第八六五页。

134　“最高法院”1994年度台上字第1132号判决：“按主债务既为定有期间、额度，得循环借用之消费借贷契约，保证契约又随借款契约同时签立　则凡该借款期间、额度内所发生之债务，均应负保证责任，此情形无‘民法’第七百五十四条之适用。”

135　“最高法院”1977年度台上字第1097号判例：“所谓最高限额之抵押契约，系指所有人提供抵押物，与债权人订立在一定金额之限度内，担保现在已发生及将来可能发生之债权之抵押权设定契约而言。此种抵押权所担保之债权，除订约时已发生之债权外，即将来发生之债权，在约定限额之范围内，亦为抵押权效力所及。虽抵押权存续期间内已发生之债权，因清偿或其他事由而减少或消灭，原订立之抵押契约依然有效，嗣后在存续期间内陆续发生之债权，债权人仍得对抵押物行使权利。此种抵押契约如未定存续期间，其性质与‘民法’第七百五十四条第一项所定就连续发生之债务为保证而未定有期间之保证契约相似，类推适用同条项规定，抵押人固得随时通知债权人终止抵押契约，对于终止契约后发生之债务，不负担保责任。反之，此种抵押契约定有存续期间者，订立契约之目的，显在担保存续期间内所发生之债权，凡在存续期间所发生之债权，皆为抵押权效力所及，于存续期间届满前所发生之债权，债权人在约定限额范围内，对于抵押物均享有抵押权，除债权人抛弃为其担保之权利外，自无许抵押人于抵押权存续期间届满前，任意终止此种契约。纵令嗣后所担保之债权并未发生，仅债权人不得就未发生之债权实行抵押权而已，非谓抵押人得于存续期间届满前终止契约而享有请求涂销抵押权设定登记之权利。”

（二）须保证未定有期间

不论连续发生之债务或保证本身，均须未定有期间，如定有期间则不能随时终止保证契约。

具备上述要件，保证人得随时终止契约（俗称退保）。盖主债务及保证债务既均未定有期间，则可无限制地继续发生，对于保证人之保障显然不足，故本条乃赋予保证人契约随时终止权。惟依“民法”第二百六十三条准用第二百五十八条第一项之规定，终止权之行使，应向他方当事人以意思表示为之，而对话之意思表示以相对人了解时发生效力、非对话之意思表示须达到相对人始生效力[136]（“民法”第九十四条、第九十五条参照），且终止之效力仅系向后发生，故保证人对于终止前已发生之债务仍应负责。[137] 本条第二项乃规定：“前项情形，保证人对于通知到达债权人后所发生主债务人之债务，不负保证责任。”明定保证人对于通知到达债权人后所发生主债务人之债务，不负保证责任，纵使第三人加入为新保证人，亦同。[138] 相对而言，保证人对于终止通知发出后到达前期间所发生之债务仍应负保证责任。本条规定终止权行使之对象为保证契约，而不及于主债务之契约，惟债权人在保证人终止保证契约后应得以停止主债务之继续发生，如不停止而使继续发生者，保证人即不负保证责任。

---

136 最高法院1940年度上字第430号判例：“就连续发生之债务为保证而未定有期间者，保证人固得随时终止保证契约，惟依民法第七百五十四条之规定，其终止保证契约之通知，应向债权人为之，若仅登报公告，则不能发生效力。”

同院1995年度台上字第2974号判决：“未定期限之最高限额保证，保证人须依‘民法’第七百五十四条之规定，通知债权人终止保证契约后，始能免除其保证责任。”

137 最高法院1929年度上字第1520号判例：“保证人中途退保者，原则上只能自退保之日起发生效力，退保时曾特别订明关于被保证人退保前后一切行为，概不负责，已得债权人同意外，其在退保前对于被保证人之行为，仍难免保证责任。”

同院1963年度台上字第1663号判例：“就连续发生之债务为保证而未定有期间者，保证人得随时通知债权人终止保证契约，前项情形，保证人对于通知到达债权人后，所发生主债务人之债务，不负责任，‘民法’第七百五十四条定有明文。寻绎该条立法意旨，系以债权人对于通知以后所发生之债权可以停止给付，无使保证人永负无限责任之必要，本件医药费系每日连续发生，而债权人亦可随时停止给付，与该法条之文义及立法意旨相合，保证人自得随时通知债权人，终止保证契约。”

同院1963年度台上字第3751号判例：“上诉人保证病人住院治疗，与病人共同签立入院志愿书，载明住院规则所需住院费、特别药费、手续费，于接受通知时即行交纳，如有迟延由保证人负完全责任，除上诉人终止保证契约已办妥手续外，即难谓其不负保证责任。”

138 “最高法院”1988年度台上字第157号判决：“上诉人于1976年7月20日签订之保证书，系就连续发生之债务而为保证且未定有期间。依“民法”第七百五十四条规定，除保证人得随时通知债权人终止保证契约外，并不当然因新保证人之加入，而使原来之保证关系消灭。”

五、主债务延期之允许

“民法”第七百五十五条规定：“就定有期限之债务为保证者，如债权人允许主债务人延期清偿时，保证人除对于其延期已为同意外，不负保证责任。”[139] 适用本条须具备之要件如下：

(一) 须为就定有期限之债务而为保证

适用本条规定之主债务必须定有期限，始有延期之可能，至于保证本身是否定有期限，则非所问，但适用本条仍以未定期限之保证为主，若保证本身定有期限，其期限必须与主债务之期限相同者，始有适用之实益，否则保证人即依“民法”第七百五十二条之规定而免责，无本条适用之问题。反之，如保证本身之期限较主债务期限为长者，当债权人允许主债务人延期清偿，而所延之清偿期仍在保证期间之内者，保证人不得据此主张免责。[140]（此判例很重要，请注意之。）

(二) 须债权人允许延期清偿

清偿期届满后，须债权人允许主债务人延期清偿。所谓“延期”，系

139 “最高法院”1991年度台上字第1531号判决：原审以上诉人李×华与诉外人林×盛于1983年5月25日签订“元×实业公司转让契约书”载明元×公司向被上诉人抵押贷款七百九十七万元，信贷七十三万元共为八百七十万元，并约定1983年7月31日以前，如因办理转期需上诉人印鉴时，上诉人李×华应无条件盖章，为其所承认；则上诉人李×华于斯时即已知元×公司贷款之总额，并同意展期续借，自难辞卸其连带保证清偿之责任，原判决已详加论叙。上诉论旨犹执陈词，就其败诉部分指摘原判决取舍证据、认定事实之职权行使为不当，求予废弃，非有理由。

140 “最高法院”1954年度台上字第192条判例：“保证契约既载明自某日起至某日止一年期间内保证负责任，即属概括保证之性质，在此一年期间所发生之债务，不问次数若干，均应负保证责任，纵使债权人同意主债务人某一次借贷延期清偿，而该一次借贷所延展之期间，既在原约定一年期间之内，自不得藉此主张不负保证之责任。”

同院1961年度台上字第1470号判例：“就定有期限之债务为保证者，如债权人允许主债务人延期清偿时，保证人除对于其延期已为同意外，不负保证责任，固为‘民法’第七百五十五条所明定；但约定保证人于一定期间内为保证者，则在此一定期间内所发生之债务，如债权人允许主债移人延期清偿，而所延展之清偿期，仍在该一定期间内者，保证人自不得援引前开法条而主张不负保证责任。”

同院1985年度台上字第429号判决：“查员工经销保证书明载‘…今担保郑某担任…经销职务，在服务或经销期间，如有违背章程厂规及侵害厂内外利益（包括亏短本厂款项及…所开出之付款凭条及票据）等情事，愿负连带保证责任’，依此文义以观，凡属郑某在服务或经销期间所负之上开债务，似均由被上诉人概括保证，果系如此，而郑某与上诉人间所订之经销合约，如定有起迄期间，则郑某在经销期内为清偿某一次之货款而签发之票据，纵因未兑现而再为签发，可认系上诉人同意郑某延期清偿，惟如该一次货款所延之期间，仍在原约定经销期间之内，被上诉人亦不得藉此主张不负保证责任。”

指展延清偿期限之谓，至于其延展日期之长短，并所非问。至于本条所称之“允许”，包括自动（如债权人自动通知债务人展期）或被动（如经债务人恳求），惟债权人之自动必须以明示为限，不得因主债务届期后债权人未向主债务人请求清偿，即认为系债权人默示地允许延期。[141] 当主债务人提出给付而债权人拒绝受领或不能受领者，债权人仅负受领迟延之责任，不得认为其拒绝或不能受领系本条所称之允许延期。最后，允许延期清偿必须限于债权人所为，如系法院依“民法”第三百十八条之规定准许缓期清偿，或依“民事诉讼法”第三百九十六条决定相当之履行期间，无本条之适用。最后，债权人允许之举证责任由保证人负担。[142]

（三）须保证人对于延期未为同意

主债务人延期清偿，须经保证人之同意（仅限于事后而不包括事前[143]），

141 “最高法院”1994年度台上字第137号判决：查欣×公司在被上诉人之存款账户，于本件借款届清偿期之1992年11月3日，并无足够存款可供转账清偿，有历史交易明细表可稽，且为上诉人所不争。则欣×公司于斯时已应负债务不履行之责任，为连带保证人之上诉人同时应负连带保证责任。是欣×公司在其后是否有足够存款，可供被上诉人转账抵偿，于欣×公司及上诉人之上开责任不生影响。况单纯不为转账之行为，尚不足以证明债权人即被上诉人同意主债务人即欣×公司延期清偿。

142 “最高法院”1959年度台上字第260号判例：“‘民法’第七百五十五条之规定，以债务人延期清偿系出自债权人之允许，并未得保证人之同意者，始有其适用。若债务人任意不履行债务，致有延期，而保证人又不能确实证明延期系出自债权人之允许时，自无许其免除保证责任之理。”

143 “最高法院”1962年度台上字第2356号判决：“两造所订保证契约书，既载‘债权人即被上诉人如准主债务人延期清偿，不必再得保证人即上诉人之同意，上诉人仍应负其保证责任，不得推诿异议’字样，足见上诉人对于允许延期清偿一节，已为概括同意之表示，不容援引民法第七五五条之规定，主张免责（1962年度台上字第二三五六号）。”（本见解已因“民法”第七百三十九条之一之施行而不再援用。）

同院1986年度台上字第2014号判决：“就定有期限之债务为保证者，如债权人允许主债务人延期清偿时，保证人除对于其延期已为同意外，不负保证责任，‘民法’第七百五十五条固定有明文。惟两造既特别约定，非至主债务人全部清偿，上诉人应负之连带清偿责任，不归消灭。上诉人即不得执上开法条之规定，作为不负连带清偿责任之论据。”

同院2002年度台上字第3号判决：“民法”第七百五十五条规定，就定有期限之债务为保证者，如债权人允许主债务人延期清偿时，保证人除对于其延期已为同意外，不负保证责任。1999年4月21日修正公布，2000年5月5日施行之“民法”第七百三十九条之一固规定，本节所定保证人之权利，除法律另有规定外，不得预先抛弃。2000年5月5日修正施行之“民法”债编施行法第三十三条并规定，修正之“民法”第七百三十九条之一之规定，于“民法”债编修正施行前成立之保证，亦适用之。惟于“民法”债编修正施行前就定有期限之债务为保证，保证人预先同意债权人得允许主债务人延期清偿者，倘债权人系在修正“民法”第七百三十九条之一施行前允许主债务人延期清偿，其允许延期清偿既在该修正规定施行之前，保证人自不得引用该修正规定，谓其不负保证责任。

保证人始对该主债务负保证责任。其次，在延期后始为保证者，除债权人再允许主债务人延期清偿外，保证人不得藉口主张保证前之延期清偿未经其同意而免其保证责任。

具备上开要件后，保证人免除保证责任[144]，连带保证人亦然。[145] 盖保证人多以主债务人清偿期之资产状况为准而为保证，当债权人任意延长清偿期限，而延长后主债务人资产状况有所变动，甚至恶化，如不赋予保证人免责之权利者，对于保证人至为不利，乃有本条规定之设。[146] 最后，本条规定仅限于人保而不及于物保。[147]

六、主债务之承担

“民法”第三百零四条第二项规定：“由第三人就债权所为之担保，除该第三人对于债务之承担已为承认外，因债务之承担而消灭。”如主债务由第三人承担，未经保证人承认者，依上揭规定，保证因此而消灭。[148]

144 最高法院 1930 年度上字第 1567 号判例：“就定有期限之债务为保证者，如债权人允许债务人延期清偿时，保证人除于其延期已为同意外，不负保证责任。”

145 “最高法院”1955 年度台上字第 1182 号判例：“就定有期限之债务为保证者，如债权人允许主债务人延期清偿时，保证人除于其延期已为同意外，不负保证责任，为‘民法’第七百五十五条之所明定。此项规定凡保证债务均适用之，连带保证债务不过保证人丧失先诉及检索抗辩权，仍不失为保证债务之一种，自无排斥上开法条适用之理由。”

146 “最高法院”1961 年度台上字第 182 号判例：“‘民法’第七百五十五条固规定就定有期限之债务为保证者，如债权人允许主债务人延期清偿时，保证人除对于其延期已为同意外，不负保证之责任。然同法第二百三十三条第一项又规定，迟延债务以支付金钱为标的者，债权人得请求依法定利率计算之迟延利息，但约定利率较高者仍从其约定利率。故债务人迟延后，债权人一面得请其履行债务，一面仍有权收取迟延利息，换言之，收取迟延利息者，不得谓其必未请求履行债务，而准许债务人延期履行。”
同院 1963 年度台上字第 2799 号判例：“就定有期限之债务为保证，保证人主张债权人允许主债务人延期清偿，援引‘民法’第七百五十五条之规定为抗辩时，对于债权人允许延期之事资，固负举证责任；但债权证书之到期日经涂改者，保证人签名究在涂改前，抑在其后，如有争执，应由持有债权证书之债权人负举证责任。”

147 “最高法院”1986 年度第 24 次民事庭会议决议（一）：甲以所有之房屋一栋，为债务人乙供担保，与债权人丙设定本金最高限额抵押权新台币一百万元，存续期间自 1982 年 1 月 1 日起至 1985 年 12 月 31 日止，乙于同年月三日向借款新台币一百万元，约定于 1985 年 12 月 31 日偿还，嗣清偿期届至，丙未得甲同意，与乙约定延至 1986 年 6 月 30 日清偿。甲可否主张其保证责任消灭，诉请涂销抵押权登记。查“民法”第七百五十五条之定期债务保证责任之免除，乃专为人之保证而设，物之保证如抵押权并不包括在内，故甲不得主张其保证责任消灭，诉请涂销抵押权登记（同甲说）。

148 参见注 35，“最高法院”1960 年台上字第 1709 号判例。

七、当事人死亡

（一）债权人死亡

债权人死亡者，其继承人继承债权人财产上一切权利义务，对于主债务人及保证人之权利均无任何影响。

（二）保证人死亡

保证人死亡时，基于保证人与主债务人间之信任，保证契约随保证人死亡而消灭。保证债务之继承问题，须区分一般保证与特殊保证[149]：一般保证契约保证人死亡，其继承人仍应继承保证债务（非继承保证契约），但此限于保证人死亡前已发生具体而确定之赔偿义务，保证人之继承人始应负责，且不影响其限定继承或抛弃继承之权利。特殊保证如以保证人为具有公司之董事身份为前提而成立之保证、最高限额保证、人事保证或信用保证者，保证债务所从属者为主契约之一定法律关系（而非主债务），保证契约因保证人死亡而消灭[150]，惟继承人是否须继承保证债务，须以保证债务与保证人死亡之先后顺序为判断标准，如保证债务在保证人死亡前已发生具体而确定之赔偿义务者，保证债务即因保证人死亡而确定其债务之有无及其范围，其继承人必须负责；在保证人死亡前尚未发生具体而确定之赔偿义务，其继承人即无

149 “最高法院”1997年度台上字第3765号判决：“一般保证债务并非专属于保证人本身之债务，除有特殊情形，即以保证人具有一定资格为前提而成立之保证债务，例如以保证人为具有公司之董事身份为前提而成立之保证；或保证人应负保证责任之限度不明确而无法预测者，例如为将来债务所负之保证，其将来债务发生之次数及数额不确定，使得附随之保证责任亦不确定；或以保证人与第三人之特别信任关系为前提而成立之保证契约，例如职务保证、信用保证者外，纵保证人死亡，其继承人仍得继承其保证债务。”

150 “最高法院”1986年度台上字第2451号判决：“职务保证固具有专属性，然其成立系以保证人对于被保人之信任关系为基础，故原则上仅对保证人具有专属性，就保证契约之债权人，则无专属性之可言，是以债权人之权利义务如因合并或其他关系，而由第三人概括承受时，保证契约之权利义务亦由第三人承受，保证人之责任并不因此而消灭，此与保证人死亡时，其责任因而消灭之情形不同。”

同院1987年度台上字第1061号判决：“职务保证固具有专属性，然其成立系以保证人对于被保人之信任关系为基础，故原则上仅对保证人具有专属性，就保证契约之债权人，则无专属性之可言，是以债权人之权利义务如因合并或其他关系，而由第三人概括承受时，保证契约之权利义务亦由第三人承受，保证人之责任并不因此而消灭，此与保证人死亡时，其责任因而消灭之情形不同。”

庸负责。[151]

（三）主债务人死亡

主债务人虽非保证契约之当事人，惟为明确保证责任之存否，爰于此处一并说明。

主债务人死亡，其继承人依法仍继承主债务人所遗留之债务，但仍可主张限定继承或抛弃继承之权利，惟此时债务之性质、数额均不受任何影响，仅系限定继承人以继承财产负责任而已，保证债务之数额不受影响。盖台湾限定继承采物的有限责任，即以继承财产负责任，而非采量的限定责任，如采后者，则因继承财产的减少，依“民法”第七百四十一条规定，保证人之负担，亦势必随继承财产量之限定而消灭之，结果不啻保证人之责任亦随之归零而无责任。例如主债务一千万元，但因限定继承结果，被继承财产房屋仅值八百万元，则主债务下降为八百万元，而以八百万元负责任，此时保证人即无责任可言；反之，采物的限定责任，即以该继承财产负责，保证责任为一千万元，不受影响，倘该继承财产最后拍卖清偿仅值八百万元，但保证责任仍须对不足之二百万元负责。又主债务人并非保证契约之当事人，故保证契约虽系保证人基于其与主债务人间之信任而与债权人所成立，但保证契约不因主债务人死亡而消灭[152]，主债务人死亡前已实际发生之债务（即主债务人已有债务不履行情事导致保证责任发生之情形），保证人仍应负责，不因主债务人死亡而受影响，但主债务人死亡后，主债务人之继承人有自已债务不履行之情事时（非主债务人死亡前已具体发生之债务不履行责任），则非

151 “最高法院”1962年度台上字第2789号判例：“职务保证原有专属性，除有特约或特殊情形外，保证人之责任因其死亡而消灭。盖此种保证于保证契约成立时，被保人尚有具体的赔偿之债务，必待被保人发生亏损情事后，其赔偿之责任始能具体确定。而遗产继承，应以继承开始时被继承人之权利义务状态为准，倘继承开始时，被保人尚未发生具体而确定之赔偿义务，则此种保证契约自不在其继承人继承范围之内。”（“最高法院”2002年第一次民事庭会议决议本判例增列于“民法”第七百五十六条之七。）

同院1992年度台上字第1011号判决：“保证人与债权人约定就债权人与主债务人间所生一定债之关系范围内之不特定债务，预定最高限额，由保证人保证之契约，学说上称为最高限额保证。此种保证，除订约时已发生之债权外，即将来发生之债权，在约定限额之范围内，亦为保证契约效力所及。而保证人死亡后，已不得再为权利义务之主体。保证人死亡前已发生之债务，在约定限度之范围内，固应由其继承人承受，负连带偿还责任；惟保证人死亡后始发生之债务，则不在其继承人继承之范围。”

152 “最高法院”1959年度台上字第557号判例：“保证契约系保证人与债权人间成立之契约，不因主债务人之死亡而归于消灭。”

保证人保证之范围，盖保证人所保证之对象为主债务人即被继承人之信用及债务不履行责任也。

八、其他

（一）董、监事改选或身居要职之经营者职务有变动，是否为保证责任消灭之原因？

按公司法人向银行贷款时，多以董、监事及身居要职之经营者为连带保证人[153]，当董、监事或身居要职之经营者职务有变动时，其保证责任是否因此免除？本书以为应予区分，若依“民法”第九十八条规定解释银行贷款定型化契约之约定要求，该等人系因担任公司之董、监事或身居要职之经营，始为公司债务之连带保证人者，解释上应有身份地位之牵连关系，当董、监事改选或身居要职之经营者职务有所变动，理论上言，新董、监事或身居要职之经营者重新成立保证契约后，旧董、监事或身居要职之经营者即应免除其保证责任[154]；反之，如其纯系自己个人之意愿为保证人者，大多基于委任契约或无因管理而为，基于债之相对性原则，在董、监事改选或身居要职之经营者职务有所变动，而未得债权人同意办理退保之前，其保证关系仍然存在。

153 “最高法院”1990年度台上字第2609号判决：“上诉人在原审曾主张：按一般情况，公司向金融机关借款，公司之董、监事及身居要职之经营者，均被要求为借款之连带保证人。被上诉人于宪×公司申请借款当时，身为宪×公司之常务董事兼副总经理，自不列外，否则，上诉人绝不可能允诺贷款与宪×公司。原审对上诉人之此重要攻击方法，疏未详查审酌，即判决上诉人败诉，自有未合。”

154 “最高法院”1990年度台上字第1808号判决：众×公司1983年1月28日借款八百万元保证书上所列保证人詹×焕、陈×泰、刘×男、詹林×云、刘×益、洪×钦均为当时之董、监事，有股东名册可稽。公司向银行借款均以该公司董、监事为连带保证人，为上诉人所不争。同年八月及十月间，该公司改选董、监事后，上诉人又与新任董、监事订立保证书，保证众×公司向上诉人所借款项以五千万元为限额，负清偿责任，复有保证书及公司变更登记事项卡为证。上诉人谓同一年间，与众×公司新旧董、监事分别订立不同金额之保证书，系因众×公司提高借款金额而追加。果系如此，则修改原订保证书较另订追加保证书方便且经济。况二张保证书除詹×焕、詹林×云、洪×钦三人相同外，余均不同，后者保证人且较前者多一人，可知新保证书之订立，非单纯为借款金额之提高，实系因董、监事改选而为。新保证书之保证人及保证金额，既较旧保证书所载者为多，且保证人均为该公司新任董、监事，显然系因董、监事身份而担任该公司之保证人。从而在新董、监事为该公司保证债务后，旧董、监事所为保证之效力，应归于消灭。

(二) 公司变更组织是否为保证责任消灭之原因?

按此时保证人得否因主债务人公司变更组织而免除其保证责任？实务见解似采肯定说[155]，惟其偏于保护保证人之利益，不足以维护交易安全。但按公司变更组织时，其法人人格存续不受影响，纵使保证人之保证责任予以维持，亦未增加其责任，对其并无不利，故本书认为保证人此时仍应负保证责任。

贰、消灭之效果

保证债务随主债务消灭而消灭者，并无问题，但如系因保证人自己清偿、提存、抵销等行为使保证债务消灭者，主债务并不因之而消灭，保证人尚可主张求偿权与代位承受。保证人如依"民法"第七百五十一条至第七百五十五条之规定而免责者，主债务不因此而消灭，此时保证人无求偿权与代位承受之问题。

第五节　特殊保证

壹、连带保证

一、连带保证之意义

所谓连带保证，系指保证人与主债务人连带负债务履行与不履行责任之保证。

155 "最高法院"1991年度台上字第161号判决："有限公司依公司法规定变更组织为股份有限公司，其法人人格之存续不受影响，固经'司法院大法官会议'释字第一六七号解释有案。惟查有限公司并非如股份有限公司纯为资合公司之性质，而兼有人合公司之色彩；且有限公司亦非如股份有限公司为大众化之公司，通常系由少数亲朋好友聚资所设立经营之小规模企业；又民法上所谓保证，虽为债权人与保证人间之契约，但保证契约系基于保证人与主债务人间之信任。是保证人所信任者如为具有人合公司色彩之小规模企业之有限公司，则有限公司变更组织为大众化之股份有限公司后，是否仍受保证人之信任，而愿为其保证，殊非无疑。"

（一）连带保证系保证之一种

按民法对于连带保证并无规定，惟学界通说[156]与实务见解[157]均承认其法律地位，故连带保证仍为保证之一种，除性质上不相容者外，均得适用一般保证之规定。

（二）连带保证系保证人与主债务人连带负债务履行与不履行责任之保证

按一般保证债务具有从属性与补充性，而连带保证人与主债务人负连带责任，故连带保证债务具有连带债务性质。依“民法”第二百七十三条规定，债权人先向保证人为全部给付之请求，保证人不得拒绝。盖连带保证人并无先诉抗辩权，即连带保证丧失补充性，但连带保证仍具有从属性质，关于保证契约从属性之规定，仍有其适用。

二、连带保证与其类似概念之比较

（一）连带保证与先诉抗辩权之抛弃

按连带保证与先诉抗辩权之抛弃，均使保证人不得主张先诉抗辩权，惟基于下列差异，先诉抗辩权之抛弃，不当然即属于连带保证：

1. 性质：按抛弃先诉抗辩权，不论系于保证债务成立之同时或事后为之，均为单独行为；连带保证除系因法律规定所生者外（例如“票据法”第六十一条第一项），均系以契约为之。

2. 意思表示之限制：先诉抗辩权之抛弃得以默示之方式为之，例如在保证契约书中记载：“主债务人如不履行时，保证人应即履行”等字样者，即可解为默示抛弃先诉抗辩权[158]；连带保证因具有连带债务之性质，故依“民法”第二百七十二条之规定，仅于法律有明文规定或当事人明示之意思表示，始得成立。

3. 连带责任：按保证人抛弃先诉抗辩权者，债权人即不以先向主债务人请求并强制执行为必要，得自行决定向主债务人或保证人先行请求，但保证人与主债务人间并未有连带责任之性质；而连带保证保证人与主债务人间除具有保证性质外，尚有连带责任之性质。兹图示如下：

156 史尚宽，前揭书，同注1，第八七七页。郑玉波，前揭书，同注1，第八七二页。

157 “最高法院”1957年度台上字第386号判例：“按连带保证债务，其保证人与主债务人负同一债务，对于债权人各负全部给付之责任，故连带保证债务人与普通保证人不同，纵使无‘民法’第七百四十六条所揭之情形，其保证人亦不得主张同法第七百四十五条关于先诉及检索抗辩之权利，此就同法第二百七十二条第一项所定之文义视之甚明。”

158 郑玉波，前揭书，同注1，第八七三页。

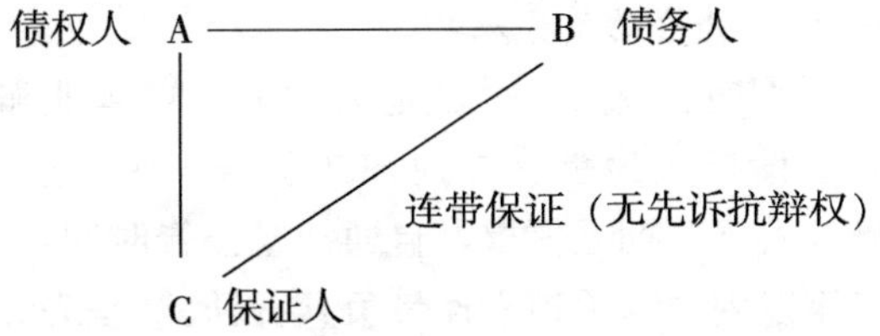

（二）连带保证与共同保证

"民法"第七百四十八条规定："数人保证同一债务者，除契约另有订定外，应连带负保证责任。"是为共同保证之规定，此种保证与连带保证颇为类似，但仍有下列差异：

1. 连带保证系保证人与主债务人间负连带责任；共同保证系保证人间负连带责任，故亦称"保证连带"，其与主债务人间并不负连带责任。惟共同保证亦得同时约定与主债务人连带负责者，共同保证人与主债务人间亦负连带责任。特别法方面，依"票据法"第六十一条第一项规定："保证人与被保证人，负同一责任。"同法第六十二条规定："二人以上为保证时，均应负连带责任。"此时票据共同保证人与主债务人间均负连带责任（详后述）。

2. 连带保证人不得主张先诉抗辩权；共同保证人得主张，盖共同保证并不失其补充性。

3. 连带保证人通常为单数；共同保证人必为复数。

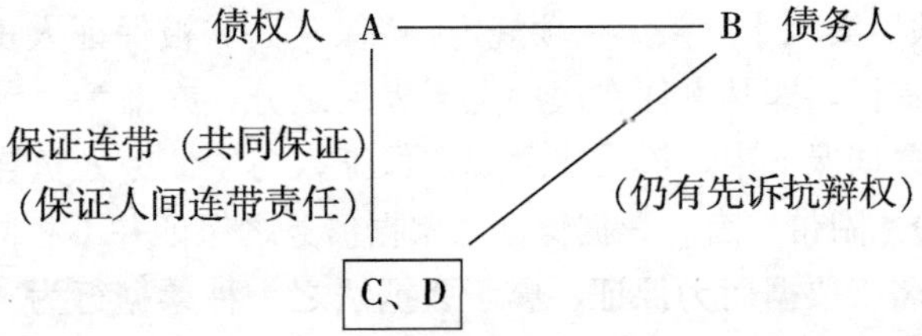

4. 共同保证人亦可与债务人明示或默示构成连带共同保证，兹图示如下：

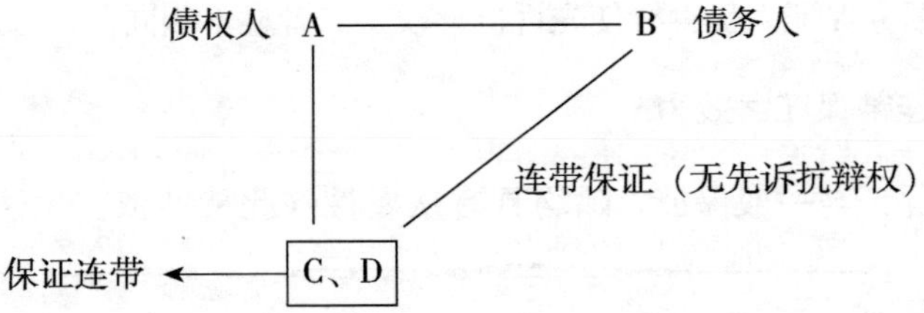

（三）连带保证与并存的债务承担

“民法”第三百零五条规定：“就他人之财产或营业概括承受其资产及负债者，因对于债权人为承受之通知或公告，而生承担债务之效力。前项情形，债务人关于到期之债权，自通知或公告时起，未到期之债权，自到期时起，二年以内，与承担人连带负其责任。”是为并存的债务承担（重叠的债务承担），此时原债务人并不脱离债之关系，仅由第三人加入与之并负责任，对于债权人多一层保障，且承担人与原债务人于二年以内应负连带责任[159]，故与连带保证相类似。惟查连带保证人之债务具有从属性，承担人之债务与原债务人之债务处于同等之地位，并无从属性，理论上仅得适用连带债务之规定，与保证无涉。

三、连带保证之成立

连带保证之成立，包括意定或法定二种：

（一）连带保证契约

连带保证，依当事人之契约而成立，即属意定之成立，性质上与保证契约同为不要式行为，但债权人要求保证人必须负连带责任者，依“民法”第二百七十二条之规定以“明示”为必要。一般多于保证契约上载明“保证人愿负连带责任”、或于保证人签名处载明“连带保证人×××”等字样，均为连带保证。

（二）法律规定

“票据法”第六十一条第一项规定：“保证人与被保证人负同一责任。”所谓负同一责任，即其责任在次序上无先后之分，亦即为一种法定的连带保证，故于票据保证中，依法律之规定保证人与主债务人负连带责任（法定连带保证）。附带一言，票据保证与票据债务之保证并不相同，票据保证系保证人签名于票据而为保证，属于票据法之一种票据行为（单独行为）。至于票据债务之保证，系于票据外另订保证契约（契约行为），目的在担保票据债务，故票据保证人不得行使先诉抗辩权，票据债务之保证，除有约定连带保证或抛弃先诉抗辩权，或有“民法”第七百四十六条各款之一者外，票据债务保证人仍得行使先诉抗辩权，二者显不相同。

四、连带保证之效力

连带保证与一般保证，除均具有从属性（此特性依“民法”第七百

159 参见注25，最高法院1934年度上字第1377号判例。

三十九条之一规定，不得以契约排除）外，其重大差异点在于连带保证欠缺一般保证之补充性。兹分述其效力如下：

（一）保证人与债权人之关系

1. 债权人之权利：连带保证债务具有连带债务之性质，依“民法”第二百七十三条第一项之规定，债权人得对主债务人或保证人同时或先后请求全部或一部之给付。惟连带债务之债权人仅向一债务人请求给付者（包括“民法”第一百二十九条时效中断规定），对他债务人不生效力（连带债务之相对效力），但依“民法”第七百四十七条“向主债务人请求履行及为其他中断时效之行为，对于保证人亦生效力。”之特别规定，债权人向主债务人请求之效力及于连带保证人。须注意的是，“民法”第一百二十九条第一项“承认”，系债务人之行为而非债权人之行为，无“民法”第七百四十七条规定之适用，故主债务人承认者，仅主债务时效中断，但连带保证债务之时效不因此而中断。

2. 连带保证人之责任：连带保证之从属性与一般保证相同，故关于“民法”第七百四十一条保证人之负担不得较主债务人为重之规定，连带保证亦有其适用。而“民法”第七百三十九条“于他方之债务人不履行债务时，由其代负履行责任”之补充性规定，连带保证则不能适用。

3. 连带保证人之抗辩：连带保证人仅得主张基于从属性之抗辩权（“民法”第七百四十二条、第七百四十二条之一及第七百四十四条），不得主张基于补充性之抗辩权[160]（“民法”第七百四十五条），故“民法”第七百四十六条亦无适用之。[161] 惟连带保证人基于一般债务人所有之抗辩，包括期限未届至之抗辩、保证契约无效之抗辩、保证债务本身消灭时效完成之抗辩及其自己对于债权人有债权所得主张之抵销抗辩等等，均得主张。

160 最高法院1929年度上字第2735号判例：“保证债务，债权人未能证明主债务人无力清还，或踪迹不明，或其财产不易执行以前，保证人原得拒绝代偿债务。但当事人间订有特约者，则不在此限。”

同院1929年度上字第941号判例：“保证债务人受债权人履行之请求时，依法虽得为先诉之抗辩，但当事人间如有特别约定，则不在此限。”

同院1930年度上字第722号判例：“保证债务人虽得主张债权人应先向主债务人请求，但当事人间于其偿还责任及方法先已订有特约者，即应依照契约本旨履行义务。”

161 “最高法院”1956年度台上字第1426号判例：“保证债务之所谓连带，系指保证人与主债务人负同一债务，对于债权人各负全部给付之责任者而言，此就‘民法’第二百七十二条第一项规定连带债务之文义参照观之甚明。故连带保证与普通保证不同，纵使无‘民法’第七百四十六条所揭之情形，亦不得主张同法第七百四十五条关于检索抗辩之权利。”

（二）保证人与主债务人之关系

连带保证无一般保证之补充性，故其与一般保证之差异即在于保证人与债权人之关系，至于连带保证人与主债务人间与一般保证并无不同。连带保证人仍得主张求偿权、代位承受及保证责任除去请求权。惟须注意的是，连带保证债务虽具连带债务性质，但与一般连带债务连带债务人间有共同产生债务之意思不同，保证人仅有对主债务人之债务负责任之意思，故一般连带债务人在对内关系上有分担部分之问题（“民法”第二百八十条本文规定参照），连带保证人对主债务人则无分担部分（同条但书参照），故连带保证人对于主债务人求偿权，与一般保证人相同，亦为全部求偿。[162]

五、连带保证之消灭

（一）主债务之消灭

1. 清偿、提存或抵销：主债务如因清偿、提存或抵销等原因而消灭时，保证债务随之消灭。

2. 免除：“民法”第二百七十六条第一项规定：“债权人向连带债务人中之一人免除债务，而无消灭全部债务之意思表示者，除该债务人应分担之部分外，他债务人仍不免其责任。”按连带保证人具有连带债务之性质，已如前述，而连带保证人并无所谓分担之部分，全部债务均由主债务人负担[163]，故当债权人对主债务人免除债务之全部或一部者，依“民法”第三百零七条之规定，就免除之部分，依从属性关系，连带保证人全部免责[164]，与

162 惟此点并非两者绝对区别之所在，请参阅郑玉波，前揭书，同注1，第八七七页。

163 “最高法院”1997年度台上字第1524号判决：“仅连带债务人中之一人有分担部分，他债务人无之者，就有分担部分之债务人时效完成时，他债务人即全免其债务。”
同院1997年度台上字第3529号判决：“债权人向连带债务人中之一人免除债务，而无消灭全部债务之意思表示者，仅就该债务人应分担之部分，他债务人始可同免责任，倘该债务人并无应分担部分，他债务人仍不免其责任，此观‘民法’第二百七十六条第一项规定自明。原审既认沈×光之过失可视同上诉人之过失，而依过失相抵法则按其过失责任比例减轻被上诉人之赔偿金额，则就被上诉人经减轻后应负责赔偿部分，沈×光虽依‘民法’第一百八十五条第一项规定仍应负连带赔偿责任，惟此部分原系被上诉人按其过失责任比例所应分担者，沈×光自无应分担之部分可言。”（同院1982年度台上字第3426号判决、1984年度台上字第2966号判决暨1991年度台上字第2245号判决同旨。）

164 “最高法院”1981年度台上字第3867号判决：“上诉人就奇×公司前开借款本息余额，除奇×公司应依债权人会议决定之成数为清偿外，其余部分，既已免除，则上诉人自不得就其已对奇×公司免除之部分再对为连带保证人之被上诉人请求。至于未免除之部分，奇×公司已提出清偿，上诉人拒绝受领，虽应负迟延责任，但为连带保证人之被上诉人，因不得藉以拒绝上诉人清偿之请求，上诉人对之为请求即不能认为不当。”

一般连带债务不同。须注意的是，连带责任之免除与连带债务之免除不同，连带债务之免除系指债务之全部免除，而连带责任之免除，仅系对连带债务人中之特定债务人，免除其与其他债务人连带履行全部债务之义务，故债权人将该债务人之债务，限制于其所负担部分之意思表示，该债务人自债权人为意思表示后，仅对债权人负担其应负担部分之债务；其他未受免除连带之债务人依然负全部给付之责任，未享受任何利益，亦即仅生相对之效力，无“民法”第二百七十六条第一项规定之适用。[165]

3. 混同：当主债务人与债权人为同一人时，主债务与连带保证债务均归消灭，且不生内部求偿之问题。

4. 时效完成：虽主债务消灭时效完成仅系主债务人取得抗辩权，主债权及保证债权并不消灭，惟依“民法”第二百七十六条第二项准用第一项之规定，连带债务人中之一人消灭时效完成者，除该债务人应分担之部分外，他债务人仍不免其责任。按保证人与主债务人间并无应分担部分可言，故债权人对于主债务人之损害赔偿请求权消灭时效已完成，如保证人不得援用主债务人之时效利益，就全部债务同免责任，则于其为全部清偿后，尚得向主债务人为全部求偿，无异剥夺主债务人之时效利益，复依“民法”第七百四十二条第一项之规定，保证人得主张主债务人之时效抗辩，故当主债务消灭时效完成，主债务人及保证人均得依“民法”第一百四十四条第一项之规定拒绝给付，并避免辗转求偿之复杂关系也。

（二）连带保证债务之消灭

1. 清偿、代物清偿、提存或抵销：连带保证债务除基于从属性而随主债务消灭而消灭外，亦因保证人之清偿、代物清偿、提存、抵销而归消灭，但随之而生“民法”第七百四十九条代位承受之问题。

2. 免除：因连带保证人并无分担部分，全部债务均由主债务人负担，故债权人免除连带保证人保证债务者，保证债务消灭，但依“民法”第二百七十六条第一项之规定，主债务人仍不免其责任。

3. 混同：当保证人与债权人为同一人时，保证债务消灭，但主债务仍不消灭。若保证人与主债务人为同一人时，保证债务原则上亦归消灭，但保证债务之存续于债权人有法律上之利益者，保证债务即不消灭。[166]

（三）主债务之承担

“民法”第三百零四条第二项规定：“由第三人就债权所为之担保，

165　参见注45，“最高法院”1995年度台上字第2429号判决。

166　史尚宽，前揭书，同注1，第八六五页。郑玉波，前揭书，同注1，第八七九页。

除该第三人对于债务之承担已为承认外，因债务之承担而消灭。”连带保证亦属本条所称之“担保”。因此，除连带保证人对于主债务之承担已为承认外，连带保证债务因主债务之承担而消灭。

（四）担保物权之抛弃

“民法”第七百五十一条规定：“债权人抛弃为其债权担保之物权者，保证人就其债权人所抛弃权利之限度内，免其责任。”按连带保证代为清偿后，即取得代位权，此时担保物权随同债权移转于连带保证人。对连带保证人之权益影响甚大，因担保物权攸关连带保证人之利益，故债权人不得擅自抛弃，如为抛弃者，连带保证人即就其债权人所抛弃权利之限度，免除连带保证责任。

最后，理论上言，因连带保证人并无先诉抗辩权，故如“民法”第七百五十三条[167]、第七百五十五条关于一般保证，因债权人未向主债务人为审判上之请求或对主债务人为允许之延期清偿，而保证人得以免责之规定，连带保证应不得适用该等条文[168]，惟实务见解仍认为“民法”第七百五十五条于连带保证亦有其适用。[169]

六、连带保证与其他法律关系

（一）连带保证与连带债务

“民法”第二百七十二条规定：“数人负同一债务，明示对于债权人各负全部给付之责任者，为连带债务。无前项之明示时，连带债务之成立，以法律有规定者为限。”连带保证之法律性质如何？说者不一，有认为系保证之一种[170]，有认为系具有连带债务与保证价务之中间性质[171]，有认为系保证债务与连带债务之并存[172]，学者郑玉波教授认为连带保证与连带债务两者，并非互相排斥之概念，盖连带保证为债务之发生原因，而连带债务则为债务之一种体态，因而连带保证自可发生连带债务，不

167 参见注132，“最高法院”1988年度台上字第1772号判决。

168 史尚宽，前揭书，同注1，第八八八页。郑玉波，前揭书，同注1，第八七九页。

169 “最高法院”1955年度台上字第1182号判例：“就定有期限之债务为保证者，如债权人允许主债务人延期清偿时，保证人除于其延期已为同意外，不负保证责任，为‘民法’第七五五条所明定，此项规定凡保证债务均适用之。连带保证债务不过保证人丧失先诉及检索抗辩权，仍不失为保证债务之一，自无排斥上开法条适用之理由。”

170 参阅日本学者，我妻荣，债权总论，第二三九页。于保不二雄，债权总论，第二五四页。胜本正晃，债权法概论总论，第三〇五页。

171 日本学者，岩田新，债权法概论，第一九九页。

172 日本学者，加平沼骐一郎，债权总论，第二四九页。

过属于一种特殊连带债务而已。[173]

本书认为应以最后一说为当，故连带债务乃债务本身之一种体态，与其发生原因之法律关系（单独行为[174]、契约行为[175]、共同行为[176]或侵权行为[177]），二者上位概念并不相同，显然有其差异，不可混为一谈，惟连带债务发生原因纵使不同，但均生连带债务之效力。因此，连带保证债务亦为连带债务之一种，但因其发生原因特殊，在法律之适用上有所不同。连带保证债务具有从属性，必须适用关于保证从属性之规定，一般连带债务因无从属性，自无上开规定适用之必要。[178] 因此：

1. 请求之效力：依"民法"第七百四十七条之规定，债权人向主债务人请求履行及其他中断时效之行为，对于连带保证人亦生效力；但依"民法"第二百七十三条之规定，债权人对于连带债务人中之一人或数人请求给付，对他债务人不生效力，债权人亦得再对他债务人请求。

2. 免除之效力："民法"第二百七十六条第一项规定："债权人向连带债务中之一人免除债务，而无消灭全部债务之意思表示者，除该债务人应分担之部分外，他债务人仍不免其责任。"故连带债务原则上并不因债权人对其中一人免除债务而同免责任；在连带保证债权人向主债务人免除债务时，连带保证债务基于其从属性而随主债务消灭。

3. 内部分担：依"民法"第二百八十条之规定，连带债务原则上内部关系有分担部分之问题（例外如"民法"第一百八十七条、第一百八十八条）；连带保证人与主债务人间则无分担问题，详如前述。

连带保证与一般连带债务在概念上并非互相排斥，故理论上对于一般连带债务得再为连带保证，包括（1）为全体连带债务人为连带保证，及（2）为连带债务人中之一人为连带保证。此时保证人虽与被保证人负连带责任，惟其连带保证债务仍具有从属性。[179]

（二）连带保证与债权人之撤销权

所谓债权人之撤销权，系指依"民法"第二百四十四条之规定债权

173 郑玉波，前揭书，同注 1，第八七四页。

174 例如"票据法"第五条。

175 例如"民法"第四百七十一条、第六百八十一条。

176 例如"民法"第一千一百五十三条第一项、"公司法"第二条第一项第一款与第六十条。

177 例如"民法"第二十八条、第一百八十五条、第一百八十七条与第一百八十八条。

178 郑玉波，前揭书，同注 1，第八八一页。"最高法院"1970 年度台上字第 2485 号判决："连带债务与连带保证债务，并非同一概念。前者各债务人之责任，并无主从关系；而后者则否。"

179 郑玉波，前揭书，同注 1，第八八三页。

人对于债务人所为有害债权之行为（诈害债权之行为）得声请撤销之权利。仅就债权人之撤销权与连带保证之关系分述如下：

1. 连带保证人对于主债务人所为之诈害行为有无撤销权：按连带保证人代为清偿主债务者，对主债务人即有求偿权与代位承受，连带保证人取得求偿权与代位承受之后，主债务人乃有诈害债权之行为者，连带保证人即得以债权人之地位行使撤销权。惟如主债务人诈害债权之行为系先于连带保证人取得求偿权与代位承受之前所为者，其方式可分为下列二种：

（1）连带保证人基于代位承受行使撤销权

按代位权乃法定债权移转，故连带保证人（等于债权让与之受让人）基于代位承受而有撤销权，主债务人诈害债权之行为纵先于连带保证人取得代位承受之前所为，但连带保证人于取得代位承受之后，仍得声请撤销。[180]

（2）连带保证人基于求偿权行使撤销权

按求偿权系新发生之债权，与代位承受系法定债权移转不同，故连带保证人取得求偿权前债务人所为之诈害债权之行为，连带保证人于取得求偿权后能否行使撤销权？学说上意见不一，有认为连带保证人因而对主债务人在求偿权发生前所为之行为，并不当然有撤销权；亦有认为于最近将来可预见发生之债权，在预见之下所为之诈害行为，当预见发生之债权现实发生时，其债权人亦可行使撤销权，连带保证人求偿权系显而预见者，解释上可行使撤销权。[181]

主债务人于连带保证人取得代位承受或求偿权之前已为诈害债权之

---

180 "最高法院"1987年度台上字第1930号判决："上诉人主张代位行使第×商业银行敦×分行对于被上诉人之撤销权，虽系引用民法第二百四十二条、第二百四十四条第一项之规定，惟适用法律为法院之职权，不受当事人主张之拘束。按'民法'第七百四十九条规定：'保证人向债权人为清偿后，债权人对于主债务人之债权，于其清偿之限度内，移转与保证人'，此乃法定之债权移转，使清偿之保证人替代原债权人之地位。本件上诉人系陈×光向第×商业银行敦×分行借款之连带保证人，于1985年10月11日及1986年2月4日代陈×光偿还该分行部分借款计三十九万六千六百二十九元，为原审认定之事实，则依前开规定，上诉人于其清偿范围内，当然承受原债权人第×商业银行敦×分行之权利，包括债权移转时，该债权之担保及其他从属之权利，一并移转于上诉人（民法第二百九十五条第一项参照）。是故如被上诉人间于1985年6月10日以赠与为原因所为移转登记，确有害及债权，则原债权人第×商业银行敦×分行，于此时对于被上诉人已享有'民法'第二百四十四条第一项规定之撤销权。而该分行之此项权利，因上诉人代为清债，于其清偿之限度内，移转与上诉人，自得由上诉人代位行使。"

181 郑玉波，前揭书，同注1，第八八四页。

行为，连带保证人尚未代为清偿债务之前，可否撤销主债务人之行为？有学者认为撤销权系妨害交易安全之权利，其行使不宜从宽解释，因此，如连带保证系因委任而生者，主债务人诈害债权之行为导致其财产显形减少，连带保证人即得依“民法”第七百五十条第一项第一款之规定向主债务人行使保证责任除去请求权，不得行使“民法”第二百四十四条撤销权。如连带保证系因无因管理而生者，则连带保证人必须于取得求偿权或代位承受之后，始得行使撤销权。[182]

2. 连带保证是否为撤销权行使之对象：债务人为他人为连带保证之行为，是否属于诈害债权之行为而得为撤销权行使之对象？按一般保证保证人有先诉抗辩权，不当然代主债务人清偿债务，故其保证不当然成为撤销权之对象，惟连带保证人并无先诉抗辩权，处于与主债务人同一之地位，况连带保证为无偿行为，债务人为他人之连带保证人当然会影响其资力，如确系因为连带保证而致陷于无资力清偿债务者，自应得为撤销权行使之对象，且应适用“民法”第二百四十四条第一项之规定。

3. 连带保证与继承：

(1) 连带保证人死亡

连带保证人死亡而继承人继承其遗产时，连带保证债务是否为继承之财产，与一般保证相同，须以一时的保证与继续的保证为区别标准，此即保证债务继承性之问题。一时的保证即一般债务之保证，具有继承性，但仅限于保证人死亡前已发生之保证债务，如保证人死亡后主债务人始有债务不履行之情事者，此时所生之主债务并不在保证人之继承人所负保证之范围；继续的保证，如信用卡保证、人事保证、继续的赊卖之保证、代理店契约之保证或租赁保证等等[183]，此等继续的保证因保证人死亡而消灭，惟保证人死亡前已发生之保证债务，则仍有继承性。

(2) 债权人死亡

债权人死亡，由其继承人依法继承其对主债务人及连带保证人之债权，主债务人与连带保证人之债务不因债权人死亡而受影响。

(3) 主债务人死亡

主债务人死亡非保证契约消灭之原因，已如前述。不论一般保证与连带保证，主债务人死亡，其继承人继承其遗产时，保证人不能因此而免除保证责任。如主债务人之继承人依法为限定继承或抛弃继承者，债

182 郑玉波，前揭书，同注 1，第八八五页。

183 郑玉波，前揭书，同注 1，第八八六页。

权人未能自继承人受清偿之部分，保证人不能免其代负履行之责。[184]

4. 连带保证与破产

（1）连带保证人破产

一般保证保证人因有先诉抗辩权存在，故保证人受破产宣告时，债权人可否以其债权为破产债权而行使权利？依日本破产法第二十五条规定："保证人受破产宣告时，债权人得就破产宣告时所有之债权全额，为破产债权人而行使其权利。"明定排除保证人之抗辩权。台湾破产法无明文规定，无法与日本破产法为同样之解释。[185] 惟连带保证并无先诉抗辩权，且与主债务人负连带责任，依"破产法"第一百零四条规定："数人就同一给付各负全部履行之责任者，其全体或其中数人受破产宣告时，债权人得就其债权之总额，对各破产财团行使其权利。"故连带保证人破产时，债权人自得就其债权总额行使权利。债权人由连带保证人之破产财团受分配后，连带保证人即得就分配额向主债务人求偿，并取得代位承受，因此，破产人受破产宣告时，依"破产法"第八十二条第一项第一款之规定，将来可以行使之财产请求权，构成破产财团。

（2）主债务人破产

主债务人受破产宣告时，一般保证人依"民法"第七百四十六条第三款之规定不得主张先诉抗辩权；连带保证人亦无先诉抗辩权，故主债务人破产，债权人向保证人请求时，保证人自应清偿，然后对于主债务人有求偿权与代位承受，得以之为破产债权而行使权利。况依"破产法"第一百零五条规定："数人就同一给付各负全部履行责任者，其中一人或数人受破产宣告时，其他共同债务人得以将来求偿权之总额为破产债权而行使其权利；但债权人已以其债权总额，为破产债权而行使其权利者，不在此限。"故主债务人一经受破产宣告，连带保证人不待代为清偿债务取得求偿权后，即可先以其将来之求偿权为破产债权而行使权利，但以债权人未以债权总额为破产债权而行使权利者为限，若债权人已以其债权总额为破产债权而行使权利时，连带保证人即不得以此种将来之求偿权为破产债权而行使权利，此系因为破产财团不能为双重清偿。同时破产管理人一向债权人清偿后，保证人即不必代为清偿，亦无求偿权之问题，惟此种将来之求偿权性质上为不确定债权，因而如于分配表公告后15日内尚未为清偿或其他消灭债权之行为以行使该求偿权者，依"破产

184 史尚宽，前揭书，同注1，第八六六页。

185 郑玉波，前揭书，同注1，第八二八页。

法”第一百四十二条之规定，即不得加入分配。

（3）债权人破产

债权人受破产宣告时，其对于连带保证人之债权自属于破产财团，依“破产法”第八十二条及第九十条之规定，由破产管理人行使。

贰、共同保证

一、共同保证之意义

所谓共同保证，又称为保证连带，依“民法”第七百四十八条规定，系指数人保证同一债务之保证。

（一）共同保证系一种特殊保证

共同保证有认为系特殊保证[186]，亦有认为系一般保证。[187] 当保证人为多数者，与一般保证仅有一个保证人，有所差异，且多数保证人间之法律关系亦具有连带责任之特殊性，故应认为共同保证系一种特殊保证。

（二）共同保证乃数人所为之保证

共同保证系因保证人为多数，故被认为系特殊保证。此时保证人必须为多数，至于其个别保证人之资格则与一般保证相同，如因欠缺资格不能认为系有效之保证，而使保证人之人数仅为一人者，即非共同保证。

（三）共同保证乃数保证人保证同一债务之保证

数保证人须保证同一债务，始得谓之共同保证。否则数保证人各别保证各别债务，彼此间并无关系者，仅为多数之一般保证并存而已，非共同保证。

二、共同保证之成立

共同保证系数保证人就同一债务而为保证，惟保证契约却不以基于一个契约为限，基于多数之个别之契约，不论其契约系同时或先后成立，彼此间是否有意思联络，均无不可。再者，共同保证人间负连带债务系依“民法”第七百四十八条所致，性质上为法定连带债务，故不以当事人明示为必要。

186 史尚宽，前揭书，同注1，第八八九页。蔡章麟，前揭书，同注15，第二〇一页。郑玉波，前揭书，同注1，第八八九页。

187 戴修瓒，前揭书，同注16，第四〇〇页。薛祀光，前揭书，同注15，第三八六页。

三、共同保证之效力

依“民法”第七百四十八条之规定，共同保证之保证人对于债权人，除契约另有订定外，应连带负保证责任，惟此系保证人间之连带，并非保证人与主债务人间之连带，故学理上称为“保证连带”，与“连带保证”有所区别。共同保证人与主债务人并未负连带责任，是其保证债务仍具有从属性与补充性，各保证人对于债权人均有先诉抗辩权，惟当共同保证人必须负保证责任时，依连带债务之规定，各保证人各须对债权人负全部给付责任。共同保证人代主债务人清偿后，对于主债务人因仍无分担部分之问题，故得向主债务人为全部求偿，惟数保证人间仍有内部分担部分之问题，保证人间分担部分之多寡，应依其契约定之，若未约定者，依“民法”第二百八十条本文之规定应平均分担。故一保证人清偿后致他保证人同免责者，该保证人即得向他保证人请求偿还其各自分担之部分，并自免责时起之利息（“民法”第二百八十一条第一项参照），且该保证人无论向主债务人或他保证人求偿，均得行使求偿权与代位承受。[188] 此外，债权人允许共同保证人中一保证人延期或分期清偿者，台湾民法并未如第七百五十五条定有其他保证人免责之规定，故其他保证人不得据以主张免除保证责任[189]，就此等同意连带债务人中一人延期或分期清偿之效力，并非“民法”第二百七十四条至第二百七十八条所规定之绝对效力事项，故依“民法”第二百七十九条之规定：“就连带债务人中之一人，所生之事项，除前五条规定或契约另有订定者外，其利益或不利益，对他债务人不生效力。”亦得相同结论。最后，共同保证亦

188 “最高法院”1983年度台上字第3117号判决：“查保证人为主债务人向债权人清偿后，对主债务人之求偿权或代位权，与数人保证同一债务，应负连带保证责任，其一保证人对其他保证人所基于连带债务之规定而生之求偿权，系不同之权利，不可混为一谈。”

189 “最高法院”1982年度台上字第4214号判决：“（一）当事人约定之违约金过高者，法院固非不得依同法第二百五十二条之规定，以职权减至相当之数额。惟是否相当，须依一般客观事实、社会经济状况以及当事人所受损害情形以为斟酌之标准。原审核减上诉人请求违约金额为六万九千七百零九元，而维持第一审驳回超过此金额部分之请求之判决，并未斟酌上开情事，自难谓无适用法则不当之违法。（二）上诉人是否就质物取偿，乃其权利，当不得以其未行使此项权利，遂谓其已免除保证人陈×田之保证债务。（三）数人保证同一债务，债权人允许其中一保证人延期或分期偿还其保证之债务，其他保证人尚无得据以可主张免除保证责任之规定，原审以上诉人就新×东之债务，允许其中一保证人即陈×田延期及分期偿还，认定另一保证人即被上诉人易×因而应不负保证责任，尤属适用法规不当。”

可约定与主债务人连带负责，此时即共同保证与连带保证并存，或可称之为连带共同保证，共同保证人即无先诉抗辩权。[190]

叁、信用委任

一、信用委任之意义

"民法"第七百五十六条规定："委任他人以该他人之名义，及其计算，供给信用于第三人者，就该第三人因受领信用所负之债务对于受任人，负保证责任。"兹分述如下：

（一）信用委任乃委任他人供给信用于第三人之契约

信用委任，系委任他人供给信用于第三人，此第三人系受领信用而负担债务之债务人，在保证契约之地位则为主债务人。[191] 所谓供给信用，包括新给予信用（例如贷款或赊卖货物）与就已成立之信用予以更新（例如金钱借贷之延期或更新）在内。例如A委任B银行贷款新台币100万元予C，或B银行早已贷款100万元予C，现已届清偿期，A乃委任B银行为C展期半年，均为信用委任之供给信用之著例。

（二）信用委任乃委任他人以该他人名义及其计算，供给信用之契约

信用委任乃委任人委任他人（受任人），以该他人（受任人）名义及其计算，供给信用之契约。所谓以该他人名义，系指其供给信用于第三人时，以该他人自己之名义为之，并非以委任人之名义为之。所谓以其计算，系指因供给信用所生之损益归属该他人自己，与委任人无涉。

二、信用委任之性质

按"民法"第七百五十六条虽使用委任乙词，惟其效果系使委任人负保证责任[192]，且明定于民法保证乙节，故其性质应属特殊保证，愚称之为法定保证。按一般保证，仅保证人对债权人负保证债务，债权人对

---

190 "最高法院"1982年度台上字第5054号判决："两造及诉外人陈×雄既同为诉外人谢×霞之连带保证人，以保证债权人台湾省合×金库之叁拾万元借款债权，则对于债权人言，保证人固与债务人连带负履行债务之责任；于共同保证人间则依'民法'第七百四十八条规定连带负保证责任，故连带债务之规定，于保证人间当亦有其适用。"

191 郑玉波，前揭书，同注1，第八九二页。

192 郑玉波，前揭书，同注1，第八九三页。有学者称之为法定保证，请参见薛祀光，前揭书，同注15，第二九二页。

保证人并不负任何债务（片务契约），债权人是否愿意贷与信用于主债务人，依契约自由原则定之。信用委任之保证人（委任人）与债权人（受任人）之间，则系先发生委任关系而后发生保证效果，理论上具有双务契约之性质，除保证人对债权人负有保证债务外，债权人基于受任人之地位对于保证人（委任人）负有供给信用于第三人之义务（惟第三人并无向债权人请求供给信用之权利）。再者，一般保证之情形委任关系存于保证人与主债务人之间，至于信用委任之情形委任关系则存于保证人与债权人之间，此为二者重大差异。

三、信用委任之效力

信用委任成立后，受任人如已依约供给信用于第三人者，委任人就该第三人因受领信用所负之债务，对于受任人负保证责任。如上述A委任B银行贷款新台币100万元予C之例，A为委任人与保证人，B为受任人与债权人，C为第三人与主债务人，A就C对B之债务应负保证责任。足见A之保证责任系民法信用委任所规定之效果，并非A与B间另成立保证契约。此种保证既根据委任所生，因此除保证之规定外，亦应适用委任之规定。

最后要注意的是，信用委任在工程融资及国际贸易开发信用状场合已被广泛采用，实务上宜注意之。

肆、再保证、求偿保证及票据保证

一、再保证

（一）再保证之意义

所谓再保证，又称为副保证或复保证，系指保证债务之保证。其目的并非直接保证主债务，而系保证保证人之保证债务，性质上为间接保证。学理上则将被保证之保证称为正保证或主保证。例如A保证B对C之主债务，而D再保证A之保证债务是，此时A为主保证人，D为再保证人。此须注意的是，当A为保证人（第一保证）而B与债权人C约定，如A之保证无效或不能履行保证债务时，由B直接代负保证责任之保证（第二保证），此时B之保证为补充保证之保证，性质上为直接保证，与再保证系间接保证有所不同。盖再保证以保证债务之存在为前提，对于保证债务有从属性，而第二保证对于第一保证并无从属性，仍为主债务之担保。此乃二者不同之所在。再保证与第二保证理论上虽有所区别，但实际运作上容易混淆，故应特别予以辨明。[193] 为明确计，兹图示如下：

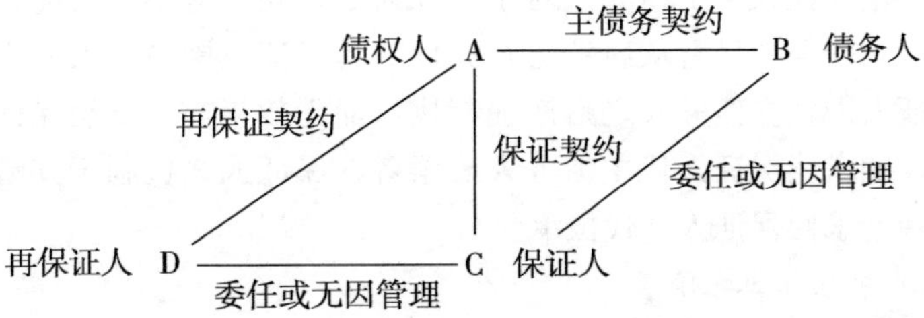

（二）再保证之效力

按再保证从属于正保证，故其内容范围与正保证相同，且再保证人得主张正保证人（此时正保证人立于主债务人地位）之各种抗辩权与自己之先诉抗辩权。惟再保证契约约定再保证人抛弃先诉抗辩权或为连带再保证契约者，基于契约自由原则，应承认其效力。

（三）再保证之消灭

再保证既从属于正保证，故其随主保证消灭而消灭，惟再保证亦得因再保证人自己清偿、提存、抵销或债权人之免除而单独消灭，如系再保证人代正保证人清偿、提存或抵销者，对于正保证人即有求偿权与代位权，甚至可代位行使正保证人对于主债务人之代位承受与求偿权。

二、求偿保证

（一）求偿保证之意义

按求偿保证又称为逆保证，系指以主债务人为被保证人，对于保证人就其将来之求偿权所为之保证，例如“民法”第七百五十条第二项之规定即为著例。求偿保证系对保证人（居于债权人地位）所为之保证，契约关系存在于保证人与求偿保证人之间。为明确计，兹图示如下：

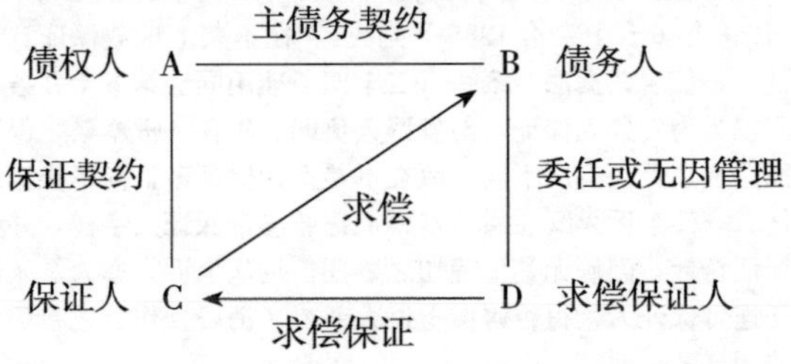

193 郑玉波，前揭书，同注 1，第九〇一页。

（二）求偿保证之效力

按求偿保证人于主债务人对于保证人之偿还义务不履行时，代负履行责任，求偿保证具有从属性与补充性，其保证范围与求偿权之范围相同。保证人未就主债务人之财产强制执行而无效果前，求偿保证人得拒绝清偿，如求偿保证人代主债务人清偿者，保证人之权利于其清偿之限度内移转于求偿保证人（代位承受）。

（三）求偿保证之消灭

求偿保证，因被保证之债务消灭而消灭，但亦得因其代主债务人清偿或被保证人免除而单独消灭。

三、票据保证

票据保证及其类似的概念（隐存的票据保证、票据债务之保证），分述之如下：

（一）票据保证

票据保证乃票据债务人以外之人，就汇票或本票之债务为保证，而签名于票据上之一种票据行为（“票据法”第五十八条、第五十九条与第一百二十四条）。票据保证性质上为一种特殊保证，与民法保证有下列差异[194]，故在汇票或本票上为保证者，不能据以认定票据保证人亦应负民法上之保证责任。[195] 至于支票因未准用汇票之保证规定（“票据法”第一百四十四条参照），故支票不得保证，如竟为之在支票背面为保证者，则依“民法”第一百十二条有关意定转换之原则，仅生支票背书之效果。

1. 法律性质之不同：民法保证系债权契约；票据保证为单独行为。

2. 成立方式之不同：民法保证系不要式行为；票据保证为要式行为。[196]

194 郑洋一，票据法之理论与实务，作者自刊，1994年10月修订十九版，第二一〇页。

195 “最高法院”1998年度台上字第1389号判决：“在本票上记载保证意旨，并签名者，如未载明被保证人，依‘票据法’第一百二十四条准用同法第五十九条、第六十条、第六十一条规定固视为为发票人保证，与发票人负同一责任。惟本票之保证，系属附属的票据行为，与民法上之保证有所不同，故在本票上为保证者，尚不能据以认定亦应负民法上之保证责任。本件上诉人既在系争本票上记载连带保证人字样，并签名，而未在承诺书上另载明保证意旨，则倘无其他确切之事证，足认上诉人亦为苗×消费合作社之系争借款债务担任连带保证人，得否遽谓上诉人就苗×消费合作社之系争借款债务应负连带保证责任，非无斟酌余地。”

196 “最高法院”1981年度台上字第1068号判决：“票据上之保证，应在本票或其誊本上记载保证之意旨及被保证人姓名，本件上诉人仅在系争本票上盖章背书，并未记载保证之意旨，自无从认定其为保证人。”

3. 属性之不同：民法保证原则上有从属性，例外有独立性；票据法原则上有独立性，例外有从属性（“票据法”第六十一条第二项）。民法保证具补充性，保证人得主张先诉抗辩权；票据保证无补充性，保证人与被保证人负同一责任（法定共同保证性质），不得主张先诉抗辩权（“票据法”第六十一条第一项）。

4. 清偿后权限：民法保证之保证人清偿后取得求偿权与代位承受；票据保证之保证人清偿后取得追索权（“票据法”第六十四条）。前者消灭时效依民法之规定；后者依“票据法”第二十二条之规定。

5. 被保证人之特定：票据（汇票）保证未载明或不能推知被保证人者，视为为承兑人保证，其未经承兑者，是为为发票人保证（“票据法”第六十条）；民法保证之被保证人必须为确定之债务人。

6. 抗辩权：民法保证主债务人所有之抗辩，保证人均得主张之（“民法”第七百四十二条）；票据保证被保证人所有之抗辩，保证人不得主张。

7. 共同保证：民法上共同保证，保证人得约定不负连带责任；票据上共同保证保证人则必负法定连带责任（“票据法”第六十二条）。

8. 债权人允许延期清偿时之责任：民法保证，债权人允许被保证人延期清偿时，保证人有同意权，如未得保证人同意者，保证责任即免除（“民法”第七百五十五条）；票据保证，债权人允许被保证人延期清偿者，保证人纵未同意，亦不得免除责任。

（二）隐存的票据保证

隐存的票据保证，系指票据上不载明保证字样，而以背书之方式所为之实质的保证，盖背书具有担保付款之功能。例如A发行票据乙张于B，不记载B为受款人，而记载C为受款人，再由C以背书将该票据转让于B。此时C应负背书人责任，此责任与票据保证人之责任大致相同，故形式上虽无保证字样，惟实质上仍可达到保证目的。该票据由B再移转于第三人者，该第三人向C追索时，C应负票据法背书人责任，惟若系B向C追索者，依“票据法”第十三条反对解释，C仍得以实质上保证关系对抗乙，例如C之保证因C为公司而无效之抗辩（依“公司法”第十六条规定，公司原则上不得为保证人）。隐存的票据保证系采背书之方式达到保证（担保付款）之效果，故不论何种票据均得适用，与一般票据保证仅限于汇票与本票不同。[197]

197　“最高法院”1959年度台上字第922号判例：“民法上所称保证契约之保证人，于主债务人不履行债务时，由其代负履行之责，与票据法所称支票之背书人，应照支票文义担保付款之情形不同。故签名于支票而为背书者，应依票据法之规定，负背书人之责任，执票人即不得仅凭支票上之背书，而主张背书人应负民法上之保证责任。”

（三）票据债务之保证

票据债务之保证，系指于票据外对票据债务所为之独立保证。此时保证人并不于票据上签名，无票据法上票据保证规定之适用，仍应适用民法保证之规定。

伍、最高限额保证

一、最高限额保证之意义

所谓最高限额保证，系指保证人与债权人约定，就债权人与主债务人间所生一定债之关系范围内之不特定债务，预定最高限额，由保证人保证代负履行责任之契约，此最高限额保证契约台湾民法并未规定，但基于契约自由原则，且未违背法律规定或公序良俗，故应承认其效力。

二、最高限额保证之性质

最高限额保证与一般保证并无太大差异，包括从属性、补充性等，均无不同，惟最高限额保证所从属者，并非一确定之主债务，而系债权人与主债务人间所生“一定债之关系”[198]，其所保证之对象系该一定债之关系范围内之不特定债务，与最高限额抵押权相仿。

三、最高限额保证之效力

（一）定有期间

最高限额保证契约如定有期间，在该期间所生约定范围之债务，不逾最高限额者，均为保证契约效力所及。[199]

198 “最高法院”1990年度台上字第505号判决：“被保证之主债务，固应于保证成立之前发生，但无须为现实的发生，以已有发生之基础，而将来可发生者为已足，是将来可发生之债务，亦可作为保证之主债务。又将来之债务之数额亦不以现实具体决定为必要，只定其最高限额即可，学说上称之为最高限额保证。此与保证债务之从属性原则尚属无违，为实务所承认。”

199 “最高法院”1988年度台上字第943号判例：“保证人与债权人约定就债权人与主债务人间所生一定债之关系范围内之不特定债务，预定最高限额，由保证人保证之契约，学说上称为最高限额保证。此种保证契约如定有期间，在该期间内所生约定范围内之债务，不逾最高限额者，均为保证契约效力所及；如未定期间，保证契约在未经保证人依‘民法’第七百五十四条规定终止或有其他消灭原因以前，所生约定范围内之债务，亦同。故在该保证契约有效期间内，已发生约定范围内之债务，纵因清偿或其他事由而减少或消灭，该保证契约依然有效，嗣后所生约定范围内之债务，于不逾最高限额者，债权人仍得请求保证人履行保证责任。”

（二）未定期间

最高限额保证如未定期间，保证契约在未经保证人依“民法”第七百五十四条终止或有其他消灭原因之前[200]，所生约定范围内之债务，纵因清偿或其他事由而减少或消灭，该保证契约仍有效力。[201]

本段所称之定有期限或未定期限，并非指最高限额保证契约“本身”是否定有期间，而系指就一定关系之特定债务是否加上期限之限制而言，故不问所谓定有期限或未定期限之最高限额保证契约，保证人所负之保证责任本身并无期限之问题，只问债务是否在所定期限内发生，与约定保证人仅于一定期间内为保证之定期保证不同，故最高限额保证并无“民法”第七百五十二条规定之适用余地。

四、最高限额保证所担保债权额之确定

所谓最高限额保证所担保债权额之确定，指最高限额保证契约所担保之一定范围内不特定债权，因某一事由之发生而归于具体特定。此时最高限额保证担保之债权，由不特定变为特定，最高限额保证性质上乃发生变更。至于最高限额保证所担保债权额确定之原因，本文以为应与最高限额抵押权所担保债权额确定之原因相似[202]，包括：①担保之债权已无发生之可能，②债权人已向主债务人请求履行债务者，③当事人契约终止，④存续期间届满，适用上必须注意。

200 “最高法院”1987年度台上字第755号判决：“查就连续发生之债务为保证而未定有期间者，保证人固得随时终止保证契约，惟依‘民法’第七百五十四条规定，其保证契约之通知应向债权人为之（本院二十九年上字第四三〇号判例参照）。是保证契约之终止，应于保证人之通知到达债权人时生效。原审谓两造间之连续发生最高限额未定期保证契约，其成立距主债务人借贷生效间相隔十年，与现代经济情形不合，主债务人三次借款之连带保证人一再重复、更动及提高借款额，可认系争旧保证书，已为新保证书取代，双方默示合意以新保证书替代而终止争保证关系。核与上开规定相违背。”

同院1995年度台上字第2974号判决：“未定期限之最高限额保证，保证人须依‘民法’第七百五十四条之规定，通知债权人终止保证契约后，始能免除其保证责任。”

201 “最高法院”1997年度台上字第2691号判决：“保证人与债权人约定就债权人与主债务人间所生一定债之关系范围内之不特定债务，预定最高限额，由保证人保证之契约，学说上称为最高限额保证。此种保证契约如定有期间，在该期间内所生约定范围内之债务，不逾最高限额者，均为保证契约效力所及；如未定期间，保证契约在未经保证人依‘民法’第七百五十四条规定终止或有其他消灭原因以前，所生约定范围内之债务，亦同。”（同院1988年度台上字第943号判例同旨。）

202 关于最高限额抵押权，请参见谢在全，民法物权论，下册，作者自刊，1995年9月修订版，第一五〇页。抽著，营业合并时最高限额抵押权之让与，台湾本土法学杂志，第九期，2000年4月，第一〇七页。

最后，最高限额保证既与最高限额抵押性质类似，则将来民法物权编有关最高限额抵押之增订条文规定，除有准用之明文外，解释上应类推适用物权编相关规定（“民法”第八百八十一条之一至第八百八十一条之十五），又应注意三项请求权：①债权额确定请求权、②债权减额请求权及③保证消灭请求权，且此三项请求权之行使，为求法律关系之迅速确定，亦宜解为形成权，而非请求权。

五、最高限额保证契约之移转

“民法”第二百九十五条第一项规定：“让与债权时，该债权之担保及其他从权利，随同移转于受让人。但与让与人有不可分离之关系者，不在此限。”按最高限额保证契约非从属于特定债权，而系从属于基础关系。因此，最高限额保证契约即系“民法”第二百九十五条第一项但书所称让与债权之担保中“与让与人有不可分离之关系”，故不随同已发生特定债权移转于受让人。实务见解仅对于最高限额抵押权之移转表示意见，以“最高法院”1986 年度台上字第一〇一一号判决之见解为代表[203]，该实务见解或可为最高限额保证契约适用上之依据。因此，最高限额保证契约之让与，可分成下列数种情形：

（一）于债权额未确定前

1. 单独让与债权：已发生之债权，得依债权让与之方法而为让与，但该让与后之债权，即脱离该保证关系，最高限额保证契约并不随同移转于受让人，此与一般保证契约所具有移转上之从属性，并不相同。故受让人所取得之债权，并不在原最高限额保证契约所担保之范围内，系一无担保之债权，该最高限额保证契约仍属于让与人所有，仍担保

203 “最高法院”1986 年度台上字第 1011 号判决：“惟查最高限额抵押权，系对于一定范围内之不特定债权，预定一最高限额，由债务人或第三人提供抵押物予以担保之特殊抵押权。于债权额未确定前，已发生之债权，得依债权让与之方法而为让与，但该让与后之债权，即脱离该抵押关系，抵押权并不随同移转于受让人，此与一般抵押权所具有处分上之从属性，固未尽相同，然如欲让与最高限额抵押权，于债权额未确定前，仅得与其担保债权所由生之基础法律关系（该不特定债权即自此一定范围内发生），一并为之，或于债权额确定后，与其所担保之确定债权，共同为之，则无以异（‘民法’第八百七十条参照）。最高限额抵押权之让与，倘系于债权额未确定前，与其担保债权所由生之基础法律关系一并为之，则受让人嗣后依基础关系所生之债权，固为该抵押权担保效力所及，倘系于债权确定后，与其所担保之确定债权随同让与，则于让与时，所担保之债权即已由不特定而成为确定，故受让人对债务人原有之债权或嗣后所生之债权，因不在原约定之一定范围内，均非该抵押权所担保之范围。”

让与人与债务人间不断发生之债权，盖最高限额保证之债权系浮动不确定也。

2. 同时让与基础关系与最高限额保证契约：欲让与最高限额保证契约者，于债权额未确定前，仅得与其担保债权所由生之基础法律关系（该不特定债权即自此一定范围内发生）一并为之。

（二）于债权额确定后

于债权额确定后，最高限额保证契约之让与，即与一般保证契约相同，必须与其所担保之确定债权，共同让与（“民法”第二百九十五条第一项本文参照）。

六、最高限额保证之消灭

按最高限额保证不因主债务人对债务一时清偿或其他事由而减少或消灭而影响其效力，已如前述。故最高限额保证之消灭应包括下列事由：

（一）合意终止或解除

依契约自由原则，如最高限额保证契约当事人愿意合意终止或解除者，自属有效。

（二）最高限额保证人死亡

最高限额保证人死亡者，既失其权利能力，已非权利义务主体（“民法”第六条参照），故最高限额保证消灭，惟最高限额保证人死亡前以发生之债务，在约定限度范围内，其继承人仍应负责（继承人抛弃继承或限定继承之权利不受影响），但死亡后始发生之债务不在继承范围内，乃属当然之理由，已如前述。

（三）债权人抛弃担保物权

“民法”第七百五十一条之规定与最高限额保证契约之性质并无冲突，故有其适用。债权人抛弃为其债权担保之物权者，该担保物权因此而消灭（“民法”第七百六十四条参照），同时最高限额保证人就债权人所抛弃权利之限度内，免其责任。此担保物权不论系设定在最高限额保证契约成立之前或之后，亦不论系债务人自己或物上保证人设定，均有本条适用。

（四）未定期间保证经催告而不请求

按最高限额保证契约所保证之个别特定债务必须有确定之清偿期日，始有“民法”第七百五十三条之适用。故在该主债务清偿期届满之后，最高限额保证人须定一个月以上之相当期限，催告债权人于期限内，向主债务人为审判上之请求，并须陈明债权人须在其所定之期限内向主债务人为审判上之请求。[204] 最高限额保证人催告后，债权人并未如期向主债务人为审判上之请求，最高限额保证人就该特定定有期限之债务免其责任。如已为审判上之请求，则不在此限。

（五）连续债务保证之终止

最高限额保证契约所保证者，即系“一定债之关系范围内之不特定债务”，故其性质上与“民法”第七百五十四条所称之“连续债务”相符，且限于不定期间陆续不断的发生之债务，始有本条之适用。[205] 此时最高限额保证契约之保证人得随时终止契约（俗称退保），盖主债务及最高限额保证债务既均未定有期间，则可无限制地继续发生，对于最高限额保证人之保障显然不足，故本条乃赋予最高限额保证人契约随时终止权。反之，最高限额抵押，因“民法”物权编并无如第七百五十四条特别终止之规定，故物上保证人并无此项随时终止权。

（六）主债务延期之允许

最高限额保证契约所保证之特定债务必须定有期限，始有延期之可能。清偿期届满后，如债权人允许主债务人延期清偿者，须经最高限额保证人之同意（仅限于事后而不包括事前），最高限额保证人始对该特定债务负保证责任。否则最高限额保证人就该特定债务免除保证责任（“民法”第七百五十五条参照），连带最高限额保证人亦然。又最高限额保证人所负之保证责任本身并无期限之问题，自不生所谓“保证本身之期限较主债务期限为长者，当债权人允许主债务人延期清偿，而所延之清偿期仍在保证期间之内者，保证人即不得据此主张免责”之问题。

（七）主债务之承担

如主债务由第三人承担，未经最高限额保证人承认者，依“民法”第三百零四条第二项之规定，最高限额保证人就该特定债务亦应免负保证责任。

陆、信用卡保证

一、信用卡之意义

所谓信用卡，系指金融机构（发卡银行）依申请而制发于消费者

204 郑玉波，前揭书，同注1，第八六四页。

205 史尚宽，前揭书，同注1，第八八二页。郑玉波，前揭书，同注1，第八六五页。

（持卡人）之卡片。持卡人得凭信用卡在该发卡银行之特约商店签账消费，或在发卡银行指定之特约机构预借现金。特约商店或特约机构于交付货物、提供服务或贷与现金于持卡人后，凭持卡人签名之消费凭证（签账单），向发卡银行请求支付货款、报酬或返还借款。发卡银行审核上述消费凭证无误者，即先垫付扣除手续费后之余额于特约商店或特约机构，再转向持卡人请求支付其全额之消费款。[206]

二、信用卡定型化保证条款

信用卡定型化保证条款，其目的在保证持卡人对于发卡银行上述消费款债务之履行，自有民法本节规定之适用。惟信用卡契约系企业经营者（发卡银行）为与不特定多数人订立契约之用而单方预先拟定之契约条款，性质为“消费者保护法”（下称“消保法”）第二条第七款所规定之定型化契约，基于特别法优先于普通法之原则（“中央法规标准法”第十六条），有“消保法”第十一条至第十七条关于定型化契约规定之优先适用。

“消保法”第十二条规定：“定型化契约中之条款违反诚信原则，对消费者显失公平者，无效。定型化契约中之条款有下列情形之一者，推定其显失公平：一、违反平等互惠原则。二、条款与其所排除不予适用之任意规定之立法意旨显相矛盾者。三、契约之主要权利或义务，因受条款之限制，致契约之目的难以达成者。”“消保法施行细则”第十三条规定：“定型化契约条款是否违反诚信原则，对消费者显失公平，应斟酌契约之性质、缔约目的、全部条款内容、交易习惯及其他情事判断之。”同细则第十四条规定：“定型化契约条款，有下列情事之一者，为违反平等互惠原则：一、当事人间之给付与对待给付显不相当者。二、消费者应负担非其所能控制之危险者。三、消费者违约时，应负担显不相当之赔偿责任者。四、其他显有不利于消费者之情形者。”此等规定是否适用于信用卡保证条款，端视该条款如何约定，兹举出下列特别约款实例分述其效力如下：

（一）“连带保证人保证持卡人履行本约定所有条款，并愿就持卡人依本约款条款对发卡银行所负之一切债务，负连带清偿责任，并同意抛弃先诉抗辩权。”

按保证人抛弃先诉抗辩权，“民法”第七百四十六条第一款定有明

206 詹森林，信用卡定型化保证条款之效力（一），月旦法学杂志，第七期，1995 年 11 月，第二七页。

文，基于保证补充性之可抛弃性，“民法”第七百四十五条系属任意规定，允许债权人与保证人合意排除，亦在“民法”第七百三十九条之一之除外允许特约抛弃权利之内，故此项规定并未违反“消保法”第十二条之规定。

（二）“发卡银行无须征得保证人之同意，即得依持卡人之信用及往来情形，核给并适时调整持卡人之信用额度，保证人对持卡人超过额度使用之账款仍应负清偿之责。”

按所谓信用额度，系发卡银行依持卡人及保证人之身份、地位、正常收入，应有支出及其他资产情形，而认定持卡人得以信用卡代替现金消费之额度。而保证人所保证者，并非信用额度，而系持卡人使用信用卡发生之消费额之全部，不以发卡银行核定之信用额度为限。信用额度核定之目的，仅在于限制持卡人虚张信用并控制发卡银行之交易风险，与持卡人实际上逾越信用额度消费而发生之偿还消费金额之债务并不相关[207]，除非发卡银行另有违反诚信原则情事（例如发卡银行明知持卡人显属难以偿还，却仍同意其逾越信用额度消费），否则持卡人尚不得主张其系逾越信用额度消费，而拒绝偿还发卡银行之代垫款。故信用卡约款约定对超过信用额度使用之账款仍应负保证责任者，并未加重保证人之负担，应无违反“消保法”第十二条诚信原则之规定，而仍属有效。

（三）“保证责任无最高限额，保证人不得以发卡银行所核定之信用额度为抗辩。”

所谓“保证责任无最高限额”之约款，亦未违反“民法”第七百四十一条保证债务范围的从属性之规定，仅强调保证人应就持卡人之消费账款负责而已，并非谓保证人应负较持卡人更重之债务。至于“保证人不得以发卡银行所核定之信用额度为抗辩”之约定，亦未违反保证债务之从属性，仍应认为有效。[208]

（四）“保证人除时效抗辩外，放弃民法有关保证之一切权利。”

一般银行贷款及信用卡定型化保证条款多有“保证人除时效抗辩外，放弃民法有关保证之一切权利”之约定，此项约定除保留时效抗辩之部分符合“民法”第一百四十七条之规定外，其他约定显然意在排除保证人关于保证债务从属性之抗辩，对保证人较为不利，有违诚信公平原则，

207 詹森林，信用卡定型化保证条款之效力（二），月旦法学杂志，第八期，1995年12月，第五〇页。

208 詹森林，前揭文，同注207，第五一页。

依“消保法”第十二条第一项之规定，应属无效。[209]

（五）“发卡银行无须征得保证人之同意，得允许持卡人延期清偿。”

本约款目的系在排除“民法”第七百五十五条规定之适用，按信用卡一般多以二年为一使用期限，故信用卡契约系定有期限之契约，有“民法”第七百五十五条规定之适用，早期实务见解虽认为保证人可事前概括同意允许延期清偿，以排除“民法”第七百五十五条规定之适用。惟如以定型化契约之方式排除“民法”第七百五十五条规定之适用者，使保证人于事前主债务根本未届清偿期时即同意允许延期清偿者，即属违反“民法”第七百五十五条规定之立法意旨，依“消保法”第十二条第二项第二款之规定为无效。[210] 须注意的是，于“民法”债编修正条文施行后，纵上开约款非以定型化契约约定，依“民法”第七百三十九条之一之规定，仍属无效。

最后，信用卡保证因系对持卡人之信用额度内连续发生之消费性债务为保证，且未定有期间者，故法理上言，信用卡保证人依“民法”第七百五十四条规定，应有权随时通知债权人终止保证契约，故如当事人有特约“保证人不得随时终止契约者”，此项特约，依“民法”第七百三十九条之一规定，应解为无效。也必如斯解释，信用卡保证人之随时更迭，乃能促进信用卡支付之社会功能。但要注意的是，保证人在通知终止信用卡保证前已发生之持卡人债务，仍须负责代偿，法理至明。

209　詹森林、冯震宇、林明珠合著，认识消费者保护法，“行政院消费者保护委员会”编印，第七三页。詹森林，前揭文，同注 34，第四四页。

210　詹森林，前揭文，同注 34，第四四页。

第二十四章之一

人事保证

【案例提示】

甲于金融业务高考及格，经职前训练结业后，分发到乙银行服务，报到前银行要求甲提供保证人，甲乃要求好友丙为其保证，保证书中约明："保证人于×××受雇于贵银行期间内因亏空公款或其他违法违规行为造成贵银行之损害者，保证人愿代×××负赔偿责任。保证人并愿抛弃保证人一切抗辩权。"十年后，甲已升当分行经理，因超额贷款给客户，造成该银行一千万元之损害。试问：

一、此种保证之性质如何？与一般保证是否相同？

二、丙于十年后是否仍须负保证责任？

三、上述保证约款约定保证人抛弃一切抗辩权之效力为何？

第一节　人事保证之意义与性质

壹、前言

按人事保证，在台湾社会上惯行已久，不仅私法上之雇佣关系，甚至公法上之职务关系（例如公务人员之人事保证契约），均为人事保证之对象。[1] 自

1　史尚宽，债法各论，作者自刊，1986年11月台北六刷，第八九六页。郑玉波，民法债编各论，下册，作者自刊，1991年10月十四版，第八九五页。曾隆兴，现代非典型契约论，1996年11月修订七版，作者自刊，第一六〇页。

大理院民国五年（1916 年）上字第一〇三二号判决以来[2]，实务上迭见相关案例，惟旧民法并无规定。而日本“身元保证に关する法律[3]”（以下称“人事保证法”）对人事保证则有详尽规定。此次“民法”债编修正为使此一民间惯行甚久之人事保证制度，能对当事人间权利义务关系，在自由约定外，有明确之法律规定，特参考日本人事保证法之规定，并参酌民间实情，兼顾当事人约定之权益保障，爰增设人事保证乙节之规定[4]，俾便适用。本节增定时，民法修正委员虽或有认为人事保证不符时代潮流，已嫌落伍，但在考量商业信用保险无法广泛取代传统民间人事保证情形下，为公平保障当事人间之权益，殊仍有其增订之必要。

本次“民法”债编修正增订人事保证之规定条文共有九条之多（第七百五十六条之一至第七百五十六条之九）。举凡人事保证之定义、约定保证期间之限制、终止、保证人赔偿金额之减轻或免除及准用一般保证等，均有详尽规定。惟查人事保证是否为保证之一种类型？早期实务见解[5]认为人事保证（职务保证）与一般之债务保证不同，盖一般保证系指保证契约之保证人于主债务人不履行债务时，由其代负履行责任，而职务保证则系指保证人对于因被保证人之职务行为致损害于雇主时，应负之“独立”损害赔偿责任之契约，故前者有主债务与从债务之关系；后者系独立债务，无所谓主从债务之问题。从而，二者性质既有不同，自宜独立设专节规定。但考虑人事保证性质上固与一般债务保证不同，但仍有其相类之处，故“民法”第七百五十六条之九规定：“除本节有规定者外，准用关于保证之规定。”例如“民法”第七百四十八条有关共同保

2　大理院 1916 年上字第 1032 号判决：“保证不限于金钱债务，即就雇佣契约言，亦得为之保证，故保证人于缔约之时曾约明被保人任事之后倘有舛错等弊概归保证人承管，则其保证之目的当然包含被保人因违反义务所生损害赔偿之责任在内。”

3　日本“身元保证に关する法律”，系于昭和八年（1933 年）4 月 1 日公布，同年 10 月 1 日施行，总计六条文。就立法技术而言，台湾系将人事保证编入民法债编第二章第二十四节之一，而日本系独立之立法。

4　本节增订理由：“一、本节新增。二、按人事保证者谓当事人约定，一方于他方之受雇人将来因职务上之行为而应对他方为损害赔偿时，由其代负赔偿责任之契约。人事保证在我国社会上已行之有年，自民国五年大理院上字第一〇三二号判决以来，实务上迭见相关案例，惟现行民法尚无任何规定，为使当事人间权利义务臻于明确，爰增设本节规定。”

5　“最高法院”1960 年度台上字第 2637 号判例：“本件契约系职务保证性质，与一般之金钱债务保证不同，其保证书所载‘保证担任职务期间操行廉洁，恪遵法令暨贵公司各种规章，倘有违背情事或侵蚀公款、财物及其他危害公司行为，保证人愿放弃先诉抗辩权，并负责指交被保人及照数赔偿之责’字样，如系对于被保证人职务行为致损害于被上诉人时，负赔偿责任之意思，即为独立负担之损害赔偿义务，非无‘民法’第二百十七条之适用。”

证，第七百四十九条有关保证人之代位权是（详后述）。

贰、人事保证之意义

人事保证包括职务保证及雇佣保证，可分三种：第一种谓人的身元保证，举凡被保证人违反任用契约所致损害赔偿及因执行职务所加于雇主之损害赔偿，均应负保证责任；第二种谓物的身元保证，即被保证人依任用契约或法律规定对雇用人应负之损害赔偿债务，负保证责任；第三种则为损害担保契约，即不问被保证人造成雇主之损害是否与职务有关，保证人均应负赔偿义务。[6] 台湾早期实务见解系采独立负担损害赔偿义务之契约[7]，但观“民法”第七百五十六条之一第一项“代负赔偿责任之契约”之规定，显采创新见解，兼采既独立而又不失补充性之契约，并非完全独立之契约概念。

“民法”第七百五十六条之一第一项规定：“称人事保证者，谓当事人约定，一方于他方之受雇人将来因职务上之行为而应对他方为损害赔偿时，由其代负赔偿责任之契约。”[8] 兹分述人事保证之意义如下：

一、人事保证系对受雇人因职务上行为而应对他方为损害赔偿所做之保证

（一）受雇人之意义

本条所称受雇人者，依立法意旨系与“民法”第一百八十八条所称

6 “最高法院”1974年度台上字第1581号判例：“‘我国’民法并无关于职务（或身元）保证之特别规定，一般所谓职务保证，不外约定以将来主债务之不履行及依契约或法律之规定对债权人应负担之损害赔偿债务，为其保证内容，仍具有附从性。至其约定是否含有独立的损害担保契约性质？（即因主债务人之行为，使债权人蒙受损害，保证人即负填补之义务，其损害之发生，不以主债务人有过失为必要，保证人亦无检索之抗辩权）则属事实审法院解释契约之职权范围。”

7 “最高法院”1960年度台上字第2637号判例，请参见注5。

8 本条项增订理由：“二、本条规定人事保证之意义。一般所称之人事保证，或称职务保证，乃系就雇佣或其他职务关系中将可能发生之债务所为具有继续性与专属性，而独立负担损害赔偿责任之一种特殊保证，惟仍系就受雇人之行为而代负损害赔偿责任。为免人事保证之保证人负过重之责任，爰明定其责任范围为他方受雇人将来因职务之行为而应负之损害赔偿责任，惟不及于与受雇人职务无关之行为，如受雇人于假日外出伤害他人之行为是，亦不及于非损害赔偿债务，如受雇人因故逃匿而代为搜寻是。又本条称受雇人者，与第一百八十八条所称之受雇人同其意义，亦即非仅限于雇用契约所称之受雇人，凡客观上被他人使用为之服劳务而受其监督者均属之（‘最高法院’1968年度台上字第一六六三号民事判例参照）。”

之受雇人同其意义，即“客观上被他人使用为之服务而受其监督者”[9]均属之，人事保证之被保证的受雇人，不以事实上有雇佣契约之受雇人为限，举凡有被选任及监督关系而受他人使用者，均包含在内。兹有问题者，乃人事保证所保证者，既为受雇人因职务上之行为而应对雇主为损害之赔偿，但此项损害，有因受雇人侵权行为而生者，亦有因履行受托债务因故意或过失而生者，是否可依据“民法”第一百八十八条有关侵权行为之规定及其判例而作为判断是否具受雇人地位之标准？容或尚有争议。但就民间惯行之人事保证，亦常有约定适用于无事实上雇佣契约关系之情形。就此现象以论，增订条文之规定似有相当道理存在。

为求明了，兹举一例如下：17岁甲未经其法定代理人乙事先允许，即向丙便利商店表示愿意打工，丙雇用甲后由甲之成年友人丁为甲之人事保证人，甲于整理商品时不慎将饮料罐撞倒，导致顾客戊受伤，戊向丙要求负雇用人责任时，乙向丙表示不承认丙与甲间之雇佣契约，该雇佣契约自始不生效力（“民法”第七十九条参照），惟丙仍应负雇用人责任，不因雇佣契约存在与否而有所不同，此时虽甲、丙间雇佣契约因乙之否认而视为自始不生效力，惟丙、丁间之人事保证契约不因此而失其效力，盖丁所负者为“独立”的损害赔偿责任，且不以甲、丙间有雇佣契约存在为必要。

（二）职务行为

此所谓职务行为，应仅指受雇人依约定所被授予之职务而言，不及于与受雇人职务无关之行为，例如受雇人于假日外出伤害他人之行为（此时应由受雇人依“民法”第一百八十四条规定，自行负侵权行为损害赔偿之责任），但与职务有关之行为，亦应属之。故与“民法”第一百八十八条所谓雇用人执行职务系采凡客观上足认与其执行职务有关而受他人监督者，亦应包括在内之见解[10]，应作同一之认定。盖受雇人之侵权行

9　“最高法院”1968年度台上字第1663号判例：“‘民法’第一百八十八条第一项所谓受雇人，并非仅限于雇佣契约所称之受雇人，凡客观上被他人使用为之服务劳务而受其监督者均系受雇人。”

10　“最高法院”1953年度台上字第1224号判例：“‘民法’第一百八十八条第一项所谓受雇人因执行职务不法侵害他人之权利，不仅指受雇人因执行其所受命令，或委托之职务自体，或执行该职务所必要之行为，而不法侵害他人之权利者而言，即受雇人之行为，在客观上足认为与其执行职务有关，而不法侵害他人之权利者，就令其为自己利益所为亦应包括在内。”
同院1960年度台上字第1469号判决：“‘民法’第一百八十八条第一项所加于雇用人之连带赔偿责任，以其受雇人因执行职务所加于他人之损害为限，若受雇人因个人之犯罪行为而害及他人之权利者，即与该条项规定之责任要件不符，殊无该他人据以请求连带赔偿余地。”

为固系对外之不法行为，人事保证受雇人之侵害系对内之赔偿责任，且其赔偿责任并不以侵权行为造成者为限，因故意或过失不履行受托债务而造成雇用人之损害，亦包括在内。“民法”第七百五十六条之一之规定仅谓“因职务上之行为”，不谓“因职务上之‘不法’行为”。由是以观，凡利用执行职务之机会或恶意利用执行职务权限所生之损害，均在人事保证之范围内。例如银行出纳员A请假，银行临时命工友B代管出纳，B因而起意侵占银行款项，应认与执行职务无关，不能令B之保证人负赔偿责任；但如A为助其友人C周转资金，恳请同事B对并无存款之C所提示之支票加以贴现，以致造成银行损害，应认与A之职务有关之行为，A之保证人应对银行负保证责任。又收费员A，将应收之款项予以侵占，致公司受有金钱损害，亦应认系利用执行职务之机会之行为，A之保证人应对公司负赔偿责任。[11]

（三）职务上之不法行为并非均在人事保证范围内

关于此问题，台湾地区“最高法院”1972年度台上字第二一七号判决[12]，颇具见地，其认为并非受雇人所为之不法行为均得认定为与执行职务有关之事由，而应视受雇人就所掌管事项有无管理监督权限而作不同认定。例如于在职期间共同侵吞公款之行为，其犯罪事实究为侵占或窃盗，对于人事保证人是否应负保证赔偿责任具有决定性。易言之，若认定其为窃盗罪，即非与执行职务有关之事由，难命人事保证人负担保证责任；若认定其为侵占罪，为与受雇人执行职务有关之事由，人事保证人应负担保证责任。盖受雇人对经管财产有管理监督权，侵占乃其职务有关之一般犯罪行为；反之，窃盗则系对其无管理监督权之财产所为之不法行为，自系与其执行职务无关之不法行为，当难令其人事保证人负担保证责任。

（四）受雇人“将来”因职务上之行为

此所谓职务上行为，系指受雇人“将来”因职务上之行为，而应负之损害赔偿责任，故就职务上已发生之损害赔偿而为保证者，乃系就已存在之债务为保证，应属一般债务保证，而非人事保证，其理至明。[13]

11 曾隆兴，前揭书，同注1，第一五六页。

12 法令月刊，第二十四卷，第三期，1973年3月1日，第八三页至第八四页。

13 “最高法院”1990年度台上字第2015号判例：“所谓职务保证，乃保证人与雇用人约定，将来被保人之职务行为致生损害于雇用人时，由保证人负赔偿责任之从契约。其效力仅向将来发生。当事人间如无特别约定，对于雇用人于订约时，业已发生之损害，保证人不负赔偿责任。”

人事保证所保证者，既仅限于他方受雇人将来因职务上之行为而应负之损害赔偿责任，其保证范围自不及于非损害赔偿之债务，例如受雇人因故逃匿而代为搜寻之债务是。

二、人事保证人负附条件之损害赔偿责任

人事保证虽与一般债务保证同具有补充性，但二者性质却不同，即人事保证为独立负担损害赔偿责任之契约，而一般债务保证为从属于主债务已存在之从契约。此可从保证人"代负履行责任"（"民法"第七百三十九条参照）与人事保证人"代负赔偿责任"（"民法"第七百五十六条之一参照）有不同规定得知。人事保证既为独立负担损害赔偿责任之契约，虽经当事人双方意思表示一致而成立，但系附以他方（雇主）之受雇人因职务之行为而应对他方为损害赔偿时，始由保证人代负赔偿责任之附约款，其性质应为附积极条件之债权契约，亦即以被保证之受雇人对雇王发生具体确定之损害赔偿时为条件成就时[14]，有其未必性存在。或有认为人事保证，乃一种将来债务之保证，但将来债务之保证，通常系指发生债务之原因在保证时已存在，亦即系就一定债之关系范围内不特定而随时会发生之债保证，最高限额保证[15] 即属之。日本民法第七百六十五条第二项规定"对将来或负有条件之债务，亦得为保证。"亦指此意旨。学者谢在全教授亦采此看法。[16] 准此以观，对于受雇人履行提供劳务义务，不论现时已存在或将来发生者所为之保证，应别称为"雇佣"保证；而对于受雇人因职务行为造成雇用人损害赔偿责任所为之保证，应称之为"人事"保证，瑞士债务法采此见解。[17]

三、人事保证人系代负赔偿责任非代负履行责任

所谓代负赔偿责任者，兼指二意，第一、指保证人所代负者，仅限于受雇人因职务上之行为而应对其雇主为损害赔偿者；第二、保证人仅代受雇人负赔偿责任。其意义应与"民法"第七百三十九条所谓

14 佐藤隆夫，债法各论要说，劲草书房，1986 年 4 月 20 日第一版第一刷发行，第一五三页。

15 请参见本书第二十四章、第五节、伍之说明。

16 谢教授之发言，请参见"法务部民法研究修正委员会"会议记录财产法组，第六十二集，第四十二页。

17 蔡明收，论身份保证，中兴法学，第二卷第一期，第七八页。

代负履行责任之“代负”同，具补充性质，“民法”第七百四十五条之先诉抗辩权，应有准用余地。故当受雇人因职务上行为造成雇主损害而应负赔偿责任时，若雇主径向保证人请求代负赔偿责任，保证人可依据“民法”第七百四十五条规定主张先诉抗辩权。有问题的是，人事保证人可否依“民法”第七百四十六条第一项第一款抛弃先诉抗辩权？可否为连带保证？愚以为不可准用，盖人事保证通常因人情关系而为之，若许为抛弃或为连带保证，则人事保证常会被滥用而由雇用人与受雇人通谋为损害赔偿之债务，对人事保证人造成极大不利，似与公序良俗不符，且与“民法”第七百五十六条之二第一项之强制规定相冲突，故以不准用为宜（详后述）。

叁、人事保证之性质

一、有名契约

人事保证之意义，系采直接立法解释，且以节名明定之，故为有名契约之一种，俗称为职务保证，日本法称为身元保证。[18]

二、债权契约

人事保证之保证人依法仅代负赔偿责任，亦即仅为一种负担行为之债务，故性质为债权契约。此之“代负赔偿责任”与“民法”第七百三十九条所规定之“代负履行责任”类似，同具补充性质，须被保证人不负损害赔偿责任时，保证人始有代负赔偿之责。

三、继续性契约

人事保证系就雇佣或其他职务关系中将来可能发生损害赔偿之债务为保证，具有继续性，属继续性契约之一种[19]，但为附有以发生损害赔偿债务为停止条件之契约。其情形有如国际贸易之基本契约（basic contract），但附以个别契约（individual contract 如订购单）为每宗买卖契约生效之停止条件。故当受雇人每为一件损害赔偿债务时，基本的人事保证契约即个别的因停止条件成就而发生效力。其情形又如最高

18 钱国成，债编各论讲义，作者自刊，第二五四页。

19 郑玉波，前揭书，同注1，第八九六页。

限额抵押贷款契约，因银行每笔放款而发生效力。人事保证契约之继续性，最明白之表示在于“民法”第七百五十六条之三之期间的规定（详后述）。

四、专属性契约

人事保证因具有浓厚人情信任关系，故就人事保证人具有专属性，对雇用人并无专属性。[20] 如受雇人所生损害赔偿之债务由第三人承担时，承担人之不履行承担债务，保证人应无代负赔偿责任之义务。非仅如此，人事保证契约成立时，被保证人对雇用人尚未有具体确定之赔偿债务，故人事保证人死亡时，应以其继承开始时之权利义务状态为准，而定其人事保证责任，如继承开始时，被保证人尚未负有具体确定之赔偿义务，保证人自亦无代负赔偿责任之理，当不在其继承范围内，从而人事保证人之继承人不负赔偿责任。故人事保证人之责任因其死亡而消灭，但有特约者，不在此限。[21] 惟人事保证人死亡前已发生之损害赔偿债务，应由继承人继承之[22]，此乃继承之当然法理也。

五、要式契约

早期民法对于人事保证并未规定，性质上为不要式契约，依“民法”第一百五十三条规定，只须双方当事人意思表示一致即可成立[23]（但须注

20 “最高法院”1986年度台上字第2451号判决：“职务保证固具有专属性，然其成立系以保证人对于被保人之信任关系为基础，故原则上仅对保证人具有专属性，就保证契约之债权人，则无专属性之可言，是以债权人之权利义务如因合并或其他关系，而由第三人概括承受时，保证契约之权利义务亦由第三人承受，保证人之责任并不因此而消灭，此与保证人死亡时，其责任因而消灭之情形不同。”（同院1987年度台上字第1061号判决同旨。）

21 曾隆兴，前揭书，同注1，第一五三页。“最高法院”1962年度台上字第2789号判例：“职务保证原有专属性，除有特约或特殊情形外，保证人之责任因其死亡而消灭。盖此种保证于保证契约成立时，被保人尚未有具体的赔偿之债务，必待被保人发生亏损情事后，其赔偿之责任始能具体确定。而遗产继承，应以继承开始时被继承人之权利义务状态为准，倘继承开始时，被保人尚未发生具体而确定之赔偿义务，则此种保证契约自不在其继承人继承范围之内。”（“最高法院”2002年第一次民事庭会议决议本判例增列于“民法”第七百五十六条之七。）

22 郑玉波，前揭书，同注1，第八九七页。曾隆兴，前揭书，同注1，第一五三页。

23 最高法院1930年度上字第1838号判例：“保证契约之成立，本不以作成书据为要件，虽无书据而有其他证明方法足证其契约成立者，亦应发生效力。”

意代理及表见代理之问题[24]）。虽社会习惯上通常会立有保证书，但法律并不以此为必要。惟查人事保证性质上系无偿行为，如轻易承诺，极有可能于日后发生争执，故为免举证困难，乃以书面，甚至经过公证程序为之较佳。至于社会习惯有所谓“对保”一事，与人事保证之有效成立，并无影响，自不待言。[25]

惟查“民法”新增订第七百五十六条之一第二项规定：“前项契约，应以书面为之。”故新法明订人事保证契约为要式契约，以求慎重[26]，违反者，依“民法”第七十三条之规定，人事保证契约成立但无效。复依“民法债编施行法”第三十五条规定：“新增第二十四节之一之规定，除

24 “最高法院”1981年度台上字第657号判例：“由自己之行为表示以代理权授与他人者，对于第三人应负授权人之责任，必须本人有表见之事实，足使第三人信该他人有代理权之情形存在，始足当之（参看本院1971年台上字第二一三〇号判例）。‘我国’人民将自己印章交付他人，委托该他人办理特定事项者，比比皆是，倘持有印章之该他人，除受托办理之特定事项外，其他以本人名义所为之任何法律行为，均须由本人负表见代理之授权人责任，未免过苛。原审徒凭上诉人曾将印章交付与吕某之事实，即认被上诉人就保证契约之订立应负表见代理之授权人责任，自属率断。”

同院1997年度台上字第208号判决：“称保证者，谓当事人约定一方于他方之债务人不履行债务时，由其代负履行责任之契约。‘民法’第七百三十九条定有明文。而连带保证为保证契约之一种，自亦应由双方当事人就保证人愿与主债务人负同一清偿责任有意思之合致，始足成立。又‘我国’人民将自己之印章交付他人，委托他人办理特定事项者，比比皆是。倘持有印章之该他人除受托办理之特定事项外，其他以本人名义所为之任何法律行为，均须由本人负责，未免过苛。（参阅本院1981年度台上字第六五七号判例）。”

同院1997年度台上字第3190号判决：“保证者，谓当事人约定一方于他方之债务人不履行债务时，由其代负履行责任之契约，‘民法’第七百三十九条定有明文。而连带保证为保证契约之一种，自应由双方当事人就保证人愿与主债务人负同一清偿责任有意思之合致，始足成立。又民法上所谓代理，系指本人以代理权授与他人，由他人代理本人为法律行为，该代理人之意思表示对本人发生效力而言（参阅本院1973年台上字第一〇九九号判例）。是意定代理，除符合‘民法’第一百六十九条所定之要件而成立表见代理外，应以本人之代理权授与为其前提要件，苟无本人为代理权之授与，自无所谓代理之可言。”

25 “最高法院”1957年度台上字第163号判例：“对保与否，并非保证契约之成立要件。上诉人不得以对保过迟，为免负保证责任之论据。”

同院1983年度台上字第3425号判决：“保证契约之成立，只须当事人双方意思表示合致为已足，非以债权人对保为其成立要件。”

同院1988年度台上字第176号判决：“对保并非保证契约之成立要件，被上诉人纵未对保，亦不影响上诉人之连带保证责任。”

同院1998年度台上字第964号判决：“民法上所谓保证，为债权人与保证人间之契约，保证契约须债权人与保证人双方互相表示意思一致，始能成立，对保与否，并非保证契约之成立要件。”

26 本条项增订理由：“三、为示慎重，并期减少纠纷，爰于第二项明定人事保证契约，应以书面为之。”

第七百五十六条之二第二项外，于民法债编修正施行前成立之人事保证，亦适用之。”[27] 此时即生一问题，于2000年5月4日前未签订书面之人事保证契约，于2000年5月5日之后是否仍有效力？此涉及本条如何溯及适用之问题，有下列说法：

（一）溯及消灭说

此说认为依“民法债编施行法”第三十五条之规定，“民法”第七百五十六条之一第二项要式契约之规定应溯及适用于2000年5月4日前所成立之未签订书面之人事保证契约，故该契约溯及地失效。

（二）完全有效说

此说认为虽“民法债编施行法”第三十五条就“民法”第七百五十六条之一第二项要式性为溯及规定，但此契约生效要件不应溯及地适用于“已成立生效”之人事保证（“民法债编施行法”第三十五条参照），故2000年5月4日前所“成立生效”之未签订书面之人事保证契约，当不因事后法律增订溯及规定而被溯及地认定无效，该契约如定有期间，依其约定；如未定有期间，即属未定期间之人事保证，人事保证人自得随时终止，惟须于三个月前通知雇用人（“民法”第七百五十六条之四参照）。

（三）本书见解

本书以为第一说使该契约因事后法律变更而突然失效，忽视法律安定性之重要，其严重侵害雇用人之保障，自不可采，故以第二说为当。另依“民法”第七十三条规定，法律行为（人事保证契约），不依法定方式（“民法”第七百五十六条之一第二项之书面要求）者，无效，但按传统见解，所谓要式行为之要式，应系指成立要件，而非生效要件，但查“民法”第七十三条与“民法”第一百六十六条之所以做不同效果规定，似又有其特别立法考量法定要式之强制规定，是在未修法前，愚仍采人事保证之书面要求为生效要件。

六、无偿契约及片务契约

人事保证系当事人约定一方于他方之受雇人因职务上之行为而应对他方为损害赔偿时，由其代负赔偿责任之契约，雇主对于保证人并无对价债务可言，故与一般保证同为无偿片务契约。[28]

27 本条增订理由：“一、本条新增。二、人事保证，于民法债编修正前事所常见，为期修正前后效力一致，爰增定本条规定。”

28 曾隆兴，前揭书，同注1，第一五二页。

七、从契约

人事保证契约通常系于典型雇佣契约或其他类型劳务契约成立之同时缔结之。此之所以兼指于其他类型劳务契约，盖“民法”第七百五十六条之一第一项仅规定：“……受雇人因职务上之行为……”，而所谓受雇人又采客观广义概念，凡有选任及监督关系者均属之，不以典型雇佣契约为限，故劳务契约、公务员任用契约或约聘契约，均可能发生人事保证契约。由是观之，不问被保证人与雇佣人间劳务关系契约之性质如何，必于其先存在后，始有人事保证契约之可能，故其应为从契约。

但“从契约”与“从债务”应分别以观，以免对人事保证契约为独立损害赔偿契约之性质有所误解。人事保证与一般债务保证，固均为从契约，但就保证之实质内容言，人事保证为“代负赔偿责任”，而一般债务保证为“代负履行责任”，明显可知，人事保证人并不代负履行责任，仅于被保证人发生职务上损害于雇佣人时，应独立负担损害赔偿责任之义务，并无相对之主债务概念存在，故系独立债务，不宜因系从契约即认其性质为从债务，亦即并非从契约必然产生从债务。[29]

第二节　人事保证之成立

依“民法”第七百五十六条之一第二项规定：“前项契约，应以书面为之。”故除当事人意思表示合致外[30]，新法明订人事保证契约为要式契约，以求慎重，违反者，依“民法”第七十三条之规定，人事保证契约成立但无效。

29 张凤清，以日本法制为中心论人事保证草案条文，中兴大学法律研究所硕士论文，第十四至十五页。

30 “最高法院”1980年度台上字第3714号判决：“原审既认定本件主债务人郭×全当庭曾为‘我要求我父亲作职务保证人，我父亲表面上有答应，我就拿印章来盖’之供证，则揆诸‘民法’第八十六条规定，‘表意人无欲为其意思表示所拘束之意，而为意思表示者，其意思表示不因之无效’意旨，即难以虚应故事非真正允诺一语，遽认被上诉人不应负本件保证责任。”

第三节　人事保证之效力

壹、人事保证人与雇用人间之关系

一、人事保证人之保证债务

(一) 人事保证人之债务

依“民法”第七百五十六条之一第一项之规定，人事保证人于受雇人职务上之行为而应对雇用人为损害赔偿时，由人事保证人独立地代负赔偿责任，故人事保证人之债务并不具从属性。因此，如雇用人与有过失（如疏于应为之职务监督）者，人事保证人自得根据“民法”第二百十七条之规定请求法院减轻或免除赔偿金额[31]，此亦可从“民法”第七百五十六条之六可得其梗概。

(二) 人事保证之内容

1. 种类：人事保证人之债务系“代负赔偿责任”，而非“代负履行责任”，故应限于金钱赔偿而已，不包括代负履行债务之责任等等。此种概念区别，在金钱损害赔偿时，固无意义，但在劳务债务所生之损害赔偿，则有很大区别意义存在。

2. 范围：依“民法”第七百五十六条之九准用同法第七百四十条之规定，人事保证人之保证范围应限于受雇人职务上行为所生之损害赔偿。

(三) 保证债务与主债务之关系

保证债务与主债务之关系，除具备补充性及独立性外（但不具从属性），尚有下列问题：

1. 时效之完成：受雇人因请求权罹于时效而取得抗辩权，人事保证人亦得主张之，“民法”第七百五十六条之九准用第七百四十二条第一项定有明文。故人事保证人得主张时效利益，纵使受雇人抛弃时效利益，

31　郑玉波，前揭书，同注1，第八九八页。曾隆兴，前揭书，同注1，第一五六页。并请参见“最高法院”1995年度台上字第1430号判决：“按职务保证性质，与一般之金钱债务保证不同，保证契约如系约定，对于被保证人职务行为致损害于雇用人时，负赔偿责任，即为独立负担之损害赔偿义务，非无民法第二百十七条过失相抵规定之适用。”（同院1995年度台上字第2597号判决、1996年度台上字第1945号判决、1996年度台上字第2753号判决同旨。）

人事保证人仍得主张之（同条第二项参照）。反之，人事保证债务之请求权因罹于二年短期时效致人事保证人取得抗辩权者（“民法”第七百五十六条之八参照），其效力不及于受雇人，受雇人不得因此而主张时效利益。

2. 清偿、代物清偿、提存、免除、混同及抵销：“民法”第三百零七条规定：“债之关系消灭者，其债权之担保及其他从属之权利，亦同时消灭。”故受雇人之债务因受雇人之清偿、代物清偿、提存、雇用人之免除、受雇人与雇用人之混同或债权之抵销而消灭者，人事保证债务随之消灭。反之，人事保证债务因保证人之清偿、代物清偿、提存，雇用人之免除、雇用人与人事保证人之混同或债权之抵销而消灭时，受雇人之债务并不因此而消灭，依“民法”第七百五十六条之九准用第七百四十九条之规定，人事保证人代位承受雇用人对于受雇人之债权（详后述）。

3. 限定继承：人事保证债务专属于保证人本身之债务，故保证人死亡，其继承人并不继承保证债务。

（四）人事保证人赔偿责任之限制

按人事保证系无偿之单务契约，又恒因人情关系而为，对保证人至为不利，故雇用人能依他法获得赔偿者，自宜要求雇佣人先依各该方法求偿，也必其有不能受偿，或有不足受偿时，始令保证人负其责任，以减轻其责任。故“民法”第七百五十六条之一第二项规定：“人事保证之保证人，以雇用人不能依他项方法受赔偿者为限，负其责任。保证人依前项规定负赔偿责任时，除法律另有规定或契约另有订定外，其赔偿金额以赔偿事故发生时，受雇人当年可得报酬之总额为限。”[32] 所谓他项方法受赔偿者，立法理由列举雇用人已投保受雇人职务之保证保险（“保险法”第九十五条之一至第九十五条之三）或第三人为受雇人向雇用人设有职务损害之最高限额抵押权等例，愚意以为此时应包括雇用人直接依雇佣契约（劳动契约）或侵权行为法向受雇人请求损害赔偿，乃有先诉抗辩权之意涵在内（详后述）。本条规定，颇类似“民法”第一百八十六条第一项规定，即公务员因过失致第三人权利受损害者，以被害人不能

32 本条增订理由：“一、本条新增。二、人事保证为无偿之单务契约，对保证人至为不利，故如雇用人能依他项方法获得赔偿者，诸如雇用人已就受雇人之不诚实行为参加保证保险（‘保险法’第三章第四节之一第九十五条之一至第九十五条之三参照），或已由受雇人或第三人提供不动产就受雇人职务上行为所致损害为雇用人设定最高限额抵押权等是，自宜要求雇用人先依各该方法求偿，其有不能受偿，或不足受偿，始令保证人负其责任，并限定赔偿之金额限制，俾减轻保证人之责任，爰增订本条。”

依他项方法受赔偿时为限负其责任。故人事保证人仅限于雇用人不能依他项方法受赔偿者时，始负其人事保证人责任。

人事保证人依本条第一项之规定须负保证责任时，其赔偿金额亦受限制，除法律另有规定或契约另有订定外，以"赔偿事故发生时受雇人当年可得报酬之总额"为上限。所谓"赔偿事故发生时受雇人当年可得报酬之总额"，解释上与劳动基准法第二条第三款工资之定义相同，系指劳工因工作而获得之报酬；包括"工资、薪金及按计时、计日、计月、计件以现金或实物等方式给付之奖金、津贴及其他任何名义之经常性给与均属之"。如雇用人实际损害扣除本条第一项他项方法受赔偿后所余之损害额，超过"赔偿事故发生时受雇人当年可得报酬之总额"者，则人事保证人仅负此上限之赔偿责任（限制责任）。反之，如雇用人实际损害扣除本条第一项他项方法受赔偿后所余之损害额，不足"赔偿事故发生时受雇人当年可得报酬之总额"者，人事保证人仅就雇用人实际损害扣除本条第一项他项方法受赔偿后所余之损害额负其责任。本条适用上如有法律另有规定或契约另有订定者，依其规定或约定，故雇用人为保障自身利益，多会于人事保证契约特约排除本条项之适用，要求人事保证人就所实际损害扣除本条第一项他项方法后赔偿后所余之损害额负全部赔偿责任。此既为民法所允许当事人契约自由订定，解释上无"民法"第七百五十六条之九准用第七百三十九条之一之适用，惟如该约定系以附合契约之方式订定者，则应可依"民法"第二百四十七条之一第二款"加重他方当事人之责任者"之规定而认为该条款显失公平而无效。最后，"民法债编施行法"第三十五条规定："新增第二十四节之一之规定，除第七百五十六条之二第二项外，于'民法'债编修正施行前成立之人事保证，亦适用之。"故本条项与其他人事保证之规定不同，并无溯及效力，应限于2000年5月5日以后新成立生效之人事保证契约，始有本条项规定之适用；2000年5月4日前成立之人事保证契约，人事保证人应就所实际损害扣除本条第一项他项方法后赔偿后所余之损害额负全部赔偿责任。

（五）人事保证之期间

1. 最长期间之限制："民法"第七百五十六条之三第一项规定："人事保证约定之期间，不得逾三年。逾三年者，缩短为三年。"[33] 按人事保

33　本条项增订理由："二、人事保证契约系以将来内容不确定之损害赔偿债务为保证对象，对于保证人极为不利，不可不设期间之限制。爰参考日本'有关身份保证之法律'第二条，并酌予缩短其期间，于第一项增订人事保证约定之期间，及逾期缩短之规定。"

证，固为民间用人惯行已久之特别保证制度，但可说系源于人情关系而为，且人事保证契约系以将来内容不确定之损害赔偿债务为保证对象，而且保证后受雇人与其雇主之关系要较保证人与被保证人之关系为密切，理当由雇主尽其指挥监督之责，是约定保证期间不宜过长，否则对于保证人极为不利，故“民法”第七百五十六条之三第一项规定人事保证约定之期间，不得逾三年，逾三年者，缩短为三年。所谓“不得逾三年”，解释上言，与“民法”第三百八十条所定买回之期限不得超过五年同，系指人事保证之存续期间。但买回有始期约定之情形，而人事保证则无始期约定之可能，盖其无如买回权之行使问题也，故宁可谓其类似于一般保证之定期保证（“民法”第七百五十二条参照）。由本条规定观之，新法关于人事保证之规定，仅有定期保证，而无不定期保证，盖约定期间既不得逾三年，未约定期间者，当宜以人事保证契约成立之日起算，有效期间为三年，乃为合理解释，故“民法”第七百五十六条之三第三项乃有三年期间之拟制，亦即人事保证未定期间者，自成立之日起有效期间为三年[34]（详后述）。

2. 保证期间之更新：为保障人事保证保证人之权益，人事保证约定之期间固有加以最长限制之必要，但契约自由之原则仍须尊重，故台湾民法仿日本人事保证法第二条之规定，于第七百五十六条之三第二项规定：“前项期间当事人得更新之。”[35] 以符合契约自由原则。本项规定之更新，类似“民法”第四百四十九条第二项有关租赁期限之规定，并无更新次数之限制，惟更新后人事保证契约之期间是否仍应受第一项最长三年之限制，台湾规定并不明显，日本人事保证法第二条第二项则有更新之期间不得逾五年之规定。愚以为台湾民法应作同一解释，盖本项规定既言“前项期间”，自当解为仍应受最长三年之限制，增订理由同此见解，其情形应与台湾“民法”第四百四十九条第二项有关定期租赁之更新仍应受第一项租赁期限不得逾二十年规定之限制相同。

3. 人事保证期间之拟制

34 本条项增订理由：“四、为免保证人负担无限期之责任，爰于第三项明定人事保证未定期间者，其有效期间自成立日起算亦为三年。经过三年有效期间后，其人事保证关系消灭，如当事人重新订约，自无不可。”

35 本条增订理由：“三、人事保证定有期间者，于约定期间届满后，当事人得更新之，方符契约自由之原则，爰仿日本前开法律第二条规定，增设本条第二项规定。至于更新之契约，依前条第二项应以书面为之，且依本条第一项规定，其期限亦不得逾三年，无庸再予明文。”

(1) 拟制之理由

按契约之有效期间，宜委由当事人依契约自由原则约定之。但人事保证之保证人责任系独立负担损害赔偿，且多因人情及信用关系而为，若当事人未约定期间，其责任过重且苛，殊非公允，故有本项法定拟制保证期间之规定。

(2) 三年期间之拟制

“民法”第七百五十六条之三第三项规定：“人事保证未定期间者，自成立之日起有效期间为三年。”“民法”第四百四十九条第一项规定：“租赁契约之期限，不得逾二十年，逾二十年者，缩短为二十年。”本项规定之三年为法定拟制期间，在当事人无约定较短期间下，吾人或可谓人事保证亦不生不定期间或未定期间之问题。此法定三年期间届满后，亦有第二项之适用，亦即当事人得更新之或重新订约。查“耕地三七五减租条例”第五条规定：“耕地租佃期间不得少于六年，其原约租期超过六年者，依其原约定。”前者为最长存续期间之限制，后者为最短期间之限制，是有谓耕地并无不定期限租赁。但观本项规定，人事保证未定期间者，自成立之日起有效期间为三年，是为法定拟制期间，以免保证人负担无限期限之责任。惟此之“三年”之性质，应与“耕地三七五减租条例”之六年不同，盖前者之三年仅系法律之拟制期间，仍容许当事人约定较短之保证期间，但后者系最短期间之限制，不容许当事人约定较六年为短之期间。反观日本人事保证法第一条后段规定，人事保证未定期间者，自成立之日起有效期间为三年，但工商业见习者，其有效期间为五年，要比台湾民法统一规定为三年较具实际。

4. 人事保证期间之过渡

人事保证契约如在民法债编修正施行前已成立，但未约定期间者，是否因新法之修正施行而影响其效力？有下列数说，兹分述如下：

(1) 影响说

“民法”债编施行法第三十五条规定：“新增第二十四节之一之规定，除第七百五十六条之二第二项外，于‘民法’债编修正施行前成立之人事保证，亦适用之。”此说认为认为新法旨意之适用较法律安定性更具重要性，故改变实体法从旧法之法律不溯及既往原则之适用，予以例外之规定，故人事保证契约之订定在民法债编施行前，只须其起诉系在“民法”债编施行后，原来之保证契约之内容，不论其订约之时点与起算之时间，均有“民法”第七百五十六条之三之适用，盖此时其已因“民法债编施行法”第三十五条规定行程当事人间契约内容（保证责任于订约后有效期间为三年)。[36] 采此说者，“民法”债编修正施行前已成立之人事保证契约，于未定期限或所订期限超过三年以上之情况下，应认为自该人事保证契约成立时起算三年，如当事人未更新者，则该人事保证契约可能于民法债编修正施行前已因期间届满而消灭。例如甲、乙于 1991 年 1 月 1 日成立未定期限之人事保证契约，则此人事保证契约因民法债编修正溯及施行而于 1993 年 12 月 31 日消灭。

(2) 不影响说

本说认为民法关于人事保证契约之修正，虽有“民法债编施行法”第三十五条之规定，但不能剥夺雇用人既有之利益，否则人事保证契约将会仅因法律之修正而失其效力，对雇用人殊不公平，故“民法”债编之修正不应影响人事保证契约之效力。[37] 于上例则甲、乙之人事保证契约除有消灭原因外，仍为有效。

(3) 本书见解——折衷说

本书认为就人事保证之法目的性言，不影响说完全忽视“民法债编施行法”第三十五条溯及条款之规定意旨，实不足采，而影响说完全剥夺雇用人之利益，亦非适当。此次民法修正之所以增订人事保证一节，旨在解决传统民间人事保证当事人间地位之不平等以及疑义纠纷滋生，故本书以为于“民法”债编修正施行前已成立之未定期限人事保证契约，应折衷解释为自“民法”债编修正施行日起算三年。如定有期限且于“民法”债编修正施行日起算尚残余三年以上者，亦同；但如残余期间不足三年者，该人事保证契约之效力至原订期限期满而消灭，较为公平。

(六) 人事保证人责任之斟酌事由

1. 台湾地区法之规定：“民法”第七百五十六条之六规定：“有左列情形之一者，法院得减轻保证人之赔偿金额或免除之：一、有前条第一

36 杨淑文，论人事保证之从属性与债权人之附随注意义务—兼论民法债编关于“人事保证”之增订条文一，本土法学杂志，第二十九期，2001 年 12 月，第十三页。

37 “最高法院”2001 年度台上字第 832 号判决：“按‘民法’债编于 2000 年 5 月 5 日修正施行前，人事保证契约之期间，民法并无限制，当事人得自由约定，此观‘民法’第七百四十条前段之规定自明。故纵令 2000 年 5 月 5 日修正施行之‘民法’债编增订之第七百五十六条之三第一项规定，‘人事保证约定之期间，不得逾三年。逾三年者，缩短为三年。’系属早已存在之法理。惟在债编修正施行前，依民法第一条规定，亦无适用该法理之余地。本件原审于民法债编修正施行前，排除修正前条文规定之适用，而以修正后人事保证约定之期间不得逾三年之规定，认系早已存在之法理，径予适用，因而为不利于上诉人之判决，自有可议。上诉论旨，执以指摘原判决此败诉部分不当，求予废弃，非无理由。”

项各款之情事而雇用人不即通知保证人者。二、雇用人对受雇人之监督有疏懈者。”[38] 按雇用人有“民法”第七百五十六条之五第一项各款足使人事保证人责任发生或加重之情事之一时，应有通知义务。本条第一款之适用，限于以损害系雇用人怠于职务上应为之注意或监督者[39]，且因雇用人应通知而未通知后所生，或因此而扩大者，始有其适用之余地。例如变更受雇人之职务未通知人事保证人，而受雇人因不熟悉变更后之工作内容导致制程损害发生错误，造成雇用人损害者是。又雇用人对于受雇人有指挥监督义务，故若有“民法”第七百五十六条之五第一项各款之情事，而雇用人怠于为前条之通知，或对于受雇人之监督有疏懈者，其对损害之发生或扩大与有过失（“民法”第二百十七条参照），自应依其比例自负其责，方为公允。[40]

2. 与日本法之比较：日本人事保证法第五条规定：“法院于决定人事保证人之损害赔偿责任及其金额时，应斟酌雇佣人对受雇人之监督有无过失，人事保证人所以为保证之原因及其为保证时之注意程度，受雇人之职务、本身之变化及其他一切之情事。”此条规定与台湾地区“民法”第七百五十六条之六均明订人事保证人责任之斟酌同属法院之权限，但二地法律仍有下列数点之差异：

（1）立法技术不同

关于人事保证人责任之斟酌事由，台湾地区民法采类型化，并列举法院“得”减轻或免除之规定。日本法未分别列举事由而采例示性规定，法院“应”斟酌一切之情事而为认定，并就赔偿责任及金额为一体之斟酌。

（2）文字用语不同

关于雇用人对受雇人之监督，台湾地区民法规定为“有疏懈者”，日本法则规定为“有无过失”，实则二法制并无差异，盖有无疏懈，有无过失，均以是否欠缺注意义务为判断基准。惟惜二法制均未对注意程度如

38 本条增订理由：“一、本条新增。二、雇用人于有前条第一项各款足使保证人责任发生或加重之情事之一时，应即有通知义务，又雇用人对于受雇人，有监督义务，故若有前条第一项各款之情事而雇用人怠于为前条之通知，或对于受雇人之监督有疏懈，其对损害之发生或扩大既与有过失，自应依其比例自负其责，方称公允，为使其责任明确及具体化，并避免适用之困难，爰参考‘最高法院’1960 年台上字第二六三七号判例意旨而设本条规定。至于本条第一款之适用，自以损害系因雇用人应通知而未通知后所生，或因此而扩大者为限。”

39 史尚宽，前揭书，同注 1，第八九七页。曾隆兴，前揭书，同注 1，第一五七页。

40 “最高法院”1960 年度台上字第 2637 号判例，请参见注 5。

何作明定，愚以为不妨依“民法”第二百二十条第二项规定，由法院依事件特性之轻重加以酌定。

（3）斟酌事由之范围不同

日本法将人事保证人所以为保证之原因及其为保证时之注意程度例示为斟酌事由，台湾地区民法未列入斟酌事由。二法制之比较，日本法较台湾地区民法更具人性规定。

（4）斟酌之前提要件不同

日本法将受雇人之职务或本身之变化，规定为雇用人有通知人事保证人之义务，且例示为斟酌事由。台湾地区“民法”第七百五十六条之五列为雇用人应即通知保证人之事由，如于终止契约前已发生对雇用人应负损害赔偿责任之事由时，以雇用人不将该事由即时通知保证人时，法院得减轻人事保证人之赔偿金额或免除之。二法制比较，日本法法院得斟酌者，并不以雇用人不通知人事保证人为必要；台湾地区民法则限于雇用人不通知人事保证人时，法院始得为斟酌，似以日本法较保护人事保证人。

（七）损害赔偿请求权之消灭时效

“民法”第七百五十六条之八规定：“雇用人对保证人之请求权，因二年间不行使而消灭。”[41] 按人事保证人既系基于人情信任关系而为受雇人作职务保证，故人事保证人负担责任之期间，不宜持续过长，悬而未决，对人事保证人至为不利。雇用人依法对于人事保证人所得主张之损害赔偿请求权，本条乃规定较短之二年时效，不适用“民法”第一百二十五条十五年长期消灭时效之规定。至于本条所定损害赔偿请求权消灭时效之起算点，仍应依“民法”第一百二十八条之规定，以自请求权可行使时起算，亦即雇用人受有损害而得请求赔偿时起算，但如雇用人尚有他项方法可受赔偿时，解释上应自不能依他项方法受赔偿时起算，方符法理。

二、人事保证人之权利

人事保证人之权利，除性质相异外，均与一般保证同，故于此仅为大略说明，不予赘述（详细说明请参见本书保证乙章）。

41 本条增订理由：“一、本条新增。二、雇用人对于人事保证之保证人所得主张之损害赔偿请求权，宜设短期时效，俾免保证人负担之责任持续过长，爰订本条。至请求权消灭时效起算点，依民法第一百二十八条前段之规定，应自请求权可行使时起算，即自雇用人受有损害而得请求赔偿时起算，惟如雇用人尚有他项方法可受赔偿时，依第七百五十六条之二之规定，应自不能依他项方法受赔偿时起算，并予叙明。”

（一）主张主债务人权利之权利

人事保证人得主张主债务人权利之权利，包括：

1. 主债务人之抗辩权（“民法”第七百五十六条之九准用第七百四十二条第一项规定参照），即主债务人所得对抗债权人之事由，包括①权利未发生之抗辩、②权利已消灭之抗辩及③拒绝给付之抗辩等等。

2. 主债务人之抵销权（“民法”第七百五十六条之九准用“民法”第七百四十二条之一规定参照）。

（二）主张基于人事保证人地位特有之权利

人事保证人对于雇用人有行使先诉抗辩之权利（“民法”第七百五十六条之九准用“民法”第七百四十五条规定参照）。

（三）主张基于一般债务人地位应有之权利

人事保证人仍为债务人，故人事保证人应具有一般债务人应有之权利。例如人事保证债务本身消灭、不成立（例如不备书面要件）、不生效、无效或得撤销（例如错误、被诈欺、被胁迫）等等，人事保证人均得主张。人事保证人自己对于雇用人有债权者，得向雇用人主张抵销，雇用人亦得向保证人主张抵销，惟于人事保证人得行使先诉抗辩权期间内，雇用人即不得主张抵销。

（四）保证人不得预先抛弃权利

“民法”第七百五十六条之九准用第七百三十九条之一之规定，人事保证人不得预先抛弃权利，违者其预先抛弃无效。

（五）当事人特约排除本节有关人事保证规定而为不利于人事保证人之效力

日本人事保证法第六条规定：“违反本法规定之特约而对人事保证人不利者，其特约无效。”日本法此项规定显系采折衷式强行规定。申言之，违反其规定之特约，如对人事保证人并无不利者，本诸契约自由原则，其特约仍有效，例如日本人事保证法第二条第二项之规定：“人事保证契约得更新之，但更新之期间不得逾五年。”如特约更新之期间不得逾三年，其特约对人事保证人有利，应为有效；但如特约更新之期间不得少于五年者，其特约对人事保证人不利，依其第六条规定，应为无效。台湾地区民法并无如日本法第六条之规定，是否应作同样解释？“法务部法律事务司”原拟“民法修正草案”第七百五十六条之八，采日本法设有特约对保证人不利者无效之强行规定，惟经民法修正委员会财产法组讨论结果，认为除“民法”第七百五十六条之一有关人事保证之意义规定及“民法”第七百五十六条之二第二项允许当事人特约外，其余各条文均应认为系强行规定，如以特约排除而对于人事保证人不利者，解释上依“民法”第七十一条之规定当然无效，无特别增订之必要。愚意以为人事保证固为一落伍且不合时代之制度，为免人事保证人之责任过苛，有特予保护之必要，与其透过解释而认定特约不利保证人无效，不如明示规定其为无效，较无争议。惟在未明白规定前，除可依上解释外，依“民法”第七百五十六条之九准用第七百三十九条之一之规定，人事保证契约约定人事保证人预先抛弃人事保证乙节及性质上准用一般保证规定之权利者，该约定依“民法”第七十一条规定，无效。

三、雇用人之通知义务

“民法”第七百五十六条之五第一项规定：“有左列情形之一者，雇用人应即通知保证人：一、雇用人依法得终止雇佣契约，而其终止事由有发生保证人责任之虞者。二、受雇人因职务上之行为而应对雇用人负损害赔偿责任，并经雇用人向受雇人行使权利者。三、雇用人变更受雇人之职务或任职时间、地点，致加重保证人责任或使其难于注意者。”[42]兹就雇用人应即通知保证人之事由分述如下：

（一）雇用人依法得终止雇佣契约，而其终止事由有发生保证人责任之虞者

本款规定主要系参照“劳动基准法”第十一条第五款规定及第十二条第一、四、五、六款规定而来。盖该等事由发生时，雇主均有终止劳动契约之权，若雇主有权终止而不终止，影响人事保证人之利益甚巨，且于雇佣关系存续中，受有利益之人多为雇用人，受雇人系在雇用人监督下工作，从而不应将事业经营之风险转嫁给人事保证人。为保障人事保证人之利益，本条第一项乃规定雇用人应即通知人事保证人，俾能及时处理，并使人事保证人有终止保证契约之权。惟为免有上述劳动基准法所规定以外之情况（例如受雇人违反竞业禁止、保密或著作权归属之

42 本条项增订理由：“二、保证契约订立后，无论其系定有期间或未定期间，如有因可归责于受雇人之事由发生，雇用人依法得终止雇佣契约，而其终止事由有发生保证人责任之虞（例如雇用人依‘民法’第四百八十四条、第四百八十五条、‘劳动基准法’第十二条等规定或依契约所定终止契约之事由，本得终止契约而不终止之情形是）；或受雇人因职务上之行为而应对雇用人负损害赔偿责任，并经雇用人向受雇人行使权利；或雇用人变更受雇人之职务或任职地点，致加重保证人责任或使其难以注意受雇人职务之执行等情形，均有加重保证责任之虞，雇用人应即通知保证人，俾能及时处理，爰仿日本‘关于身份保证之法律’第三条规定增订第一项。”

约定）而发生挂一漏万之结果，本条第一项第一款乃规定“雇用人依法得终止雇佣契约，而其终止事由有发生保证人责任之虞者”，雇用人即有通知人事保证人之义务。[43] 本条款所称雇用人“依法”得终止雇佣契约，并非以法定终止雇佣契约之事由为限，应包括受雇人有违反契约所定得终止之事由，而雇用人基于约定“依法”行使终止权（“民法”第二百六十三条准用第二百五十八条参照）。日本人事保证法有类似规定，其第三条第一项第一款规定：“雇用人之受雇人有不适任或不诚实之情事，致有发生人事保证人责任之虞者，雇佣人应即通知保证人。”人事保证人依同法第四条规定：“于受该通知之时起，得向将来终止契约。”似又有异曲同工之妙，盖所谓不适任或不诚实之情形，即台湾地区雇用人得依法终止雇佣契约之情形。须注意者，乃在终止人事保证契约前已发生之损害赔偿，保证人仍应负责，此乃法文“得向将来终止契约”之当然解释也。

（二）受雇人因职务上之行为而应对雇用人负损害赔偿责任，并经雇用人向受雇人行使权利者

本款与“民法”第七百五十六条之一第一项人事保证之定义相呼应，解释上属当然之理。一旦因受雇人之不法行为使雇用人遭受损害，人事保证人即应对此已发生的具体保证债务负损害赔偿责任。此时人事保证人对受雇人的信赖关系已不存在，为免将来继续发生或加重人事保证人之责任，雇用人自应即通知人事保证人，使其及时处理并有终止人事保证契约之权。日本人事保证法对此并未明文规定，考其原因，或认为受雇人因职务上之行为而应对雇用人负损害赔偿责任者，已可包含在前述所谓“受雇人有不适任或不诚实之事实致有发生保证人责任之虞者”之概念内也。

（三）雇用人变更受雇人之职务或任职地点，致加重保证人之责任或使其难于注意者

所谓受雇人之职务或任职地点之“变更”，应系指有显著变化，致加重人事保证人之责任或使其难于注意之情形。所谓“难于注意者”，例如雇主公司之营业让与、公司合并或公司重整等情形，致受雇人之职务或任职地点有变更是。是否变更职务或任职地点，其基准似可参考劳基法实务上所谓之“劳工调动五大原则”，盖就人事保证性质而言，人事保证人不仅保证受雇人之人品，并保证其工作不出纰漏，故人事保证人对于受雇人应负相当程度之注意义务。[44] 因此，雇用人变更受雇人之职务或任

43 “法务部民法研究修正委员会”会议记录财产法组，第六十二集，第一一八页。

44 “法务部民法研究修正委员会”会议记录财产法组，第六十二集，第一一七页。

职地点，致加重人事保证人之责任或使其难于注意时，人事保证人对于已发生之赔偿责任，固难脱免[45]，惟为免将来继续发生或加重人事保证人之责任，雇用人自应即通知人事保证人，并应许其有终止保证契约之权。反之，雇用人虽有变更受雇人之职务（例如由组员平调为行员）或任职地点（例如同区迁厂），但未加重人事保证人之责任，或未使保证人难于注意之情形，人事保证人不得行使终止权。反之，由组员升为专员，或不同县市间迁厂，应解为有加重人事保证人之责任或使人事保证人难于注意之情形，雇用人应即通知人事保证人，且应许人事保证人行使终止权。退万步言之，人事保证人亦得依情事变更原则（“民法”第二百二十七条之二）[46] 终止人事保证契约。[47] 日本人事保证法亦有本款类似之规定，与台湾地区民法仅在于用语之不同。日本人事保证法第三条第一项第二款后段规定：“或使其监督困难者。”台湾地区“民法”本条第一项第三款后段则规定为：“或使其难于注意者。”实则二者之规定，并无实质差异。

贰、人事保证人与受雇人间之关系

人事保证人之权利，除性质相异外，均与一般保证同，故于此仅为大略说明，不予赘述（详细说明请参见本书保证一章）。

一、人事保证人之权利

（一）人事保证人之求偿权

人事保证人代受雇人向雇用人为赔偿后，基于其与受雇人间之委任关系或无因管理关系，得向受雇人行使求偿权。

（二）保证人之代位承受

人事保证人代受雇人向雇用人为赔偿后，依“民法”第七百五十六

---

45 惟早期实务见解有认为就此人事保证人不负保证责任，请参见“最高法院”1951年度台上字第1906号判决：“（一）为雇佣契约之保证契约，仅可解为保证债务人在保证契约订立时之地位，苟所保证之受雇人地位显有变动时，保证人对于其地位变动后所生损害，自不负赔偿之责。（二）保证书内所载明之所谓服务期间，仅能解为系指受雇人在保证契约订立时地位之服务时期而言，如果谓为包括地位变更后之服务时期在内，难免强令保证人负担过分责任，殊与契约自由之本旨不符。”

46 关于情事变更原则，请参见拙著，情事变更原则之再探讨，本土法学杂志，2000年7月，第十二期，第五七页。拙著，民法债编各论（上），1994年11月初版，瑞兴图书股份有限公司，第二九三页。

47 史尚宽，前揭书，同注1，第八九九页。钱国成，前揭书，同注18，第二五五页。曾隆兴，前揭书，同注1，第一五九页。日本大审院大正四年（1915年）10月28日判例参照。

条之九准用第七百四十九条之规定，于人事保证人清偿之限度内，承受雇用人对于受雇人之债权，但不得有害于雇用人之利益。

第四节　一般保证规定之准用

人事保证固与一般债务保证不同，已如前述。但一般债务保证有关规定，仍有可适用于人事保证之法律关系者，例如人之担保性、无偿性及补充性等是，故“民法”第七百五十六条之九规定：“人事保证，除本节有规定者外，准用关于保证之规定。”[48] 问题在于一般保证第七百三十九条至第七百五十六条，在性质上，究有那些条文可以准用？那些条文不能准用？愚以为应逐条按人事保证之性质研判之。兹分述如下：

壹、人事保证性质上不准用一般保证之规定

一、“民法”第七百三十九条

“民法”第七百三十九条系保证之定义规定，人事保证性质上与一般债务保证不同，当无准用余地。[49]

二、“民法”第七百四十条

“民法”第七百四十条系规定一般保证债务之范围。早期学说与实务见解认为人事保证之范围应由当事人约定，并未明示是否得准用本条。[50] 愚意以为人事保证人既代受雇人负担对因职务上之行为而应对雇主为损害赔偿之责任，故人事保证之范围理应限于受雇人（被保证人）职务上行为所生之损害赔偿。盖人事保证既为独立负担损害赔偿之契约，

48　本条增订理由：“一、本条新增。二、人事保证之性质与保证相类，以本节无特别规定者为限，得准用关于保证之规定，爰设本条规定。”

49　反对见解，杨淑文，前揭文，同注 36，第十七页。

50　史尚宽，前揭书，同注 1，第八九六页。并请参照“最高法院”1988 年度台上字第 281 号判决：“身元保证（又称职务保证或人事保证），乃就职务关系或其他人事关系所为之一种特殊保证，在民法，尚未设有明文规定。其保证范围除有背于公序良俗者外，依当事人之约定。”反对见解，杨淑文，前揭文，同注 36，第十七页。

系以将来具体发生之保证赔偿债务为范围，并无现时的主债务存在，故主债务之利息、违约金及其他从属于主债务之负担，自不在准用之内。但若代负损害赔偿所含之利息，自仍应在人事保证责任内，应不待言。[51]

三、"民法"第七百四十一条

"民法"第七百四十一条系规定一般保证债务负担从属性规定。按人事保证既以受雇人（被保证人）职务行为应负之损害赔偿为内容，故人事保证人之负担不可能较被保人为重，无所谓应缩减至主债务人之限度，况人事保证本无主债务之问题，且得特约减轻人事保证范围，由是观之，基本上不生准用"民法"第七百四十一条规定之问题。[52]

四、"民法"第七百四十三条

按人事保证之受雇人（被保证人）不以事实上有雇佣契约之受雇人为限，举凡有被选任及监督关系而受他人使用者，均包含在内。故"民法"第七百四十三条系一般无效保证之例外规定，与人事保证全然无关，应无准用之余地。

五、"民法"第七百四十四条

"民法"第七百四十四条，属一般保证人之拒绝清偿权规定，与人事保证全然无关，无准用之余地。

六、"民法"第七百四十六条

"民法"第七百四十六条系先诉抗辩权丧失之规定。本条第一款规定虽早期学说[53]与实务见解[54]认为有其准用外，但愚意以为，虽人事保证

51 反对见解，杨淑文，前揭文，同注36，第十七页。

52 反对见解，杨淑文，前揭文，同注36，第十七页。

53 史尚宽，前揭书，同注1，第八九七页。曾隆兴，前揭书，同注1，第一五六页。

54 请参见注5，"最高法院"1960年度台上字第2637号判例。

同院1955年度台上字第818号判决："上诉人不仅抛弃先诉抗辩权，且有被保人如有亏短款项时，对于应负赔偿之责任愿照数立即履行赔偿之约定，而该被保人将收得之款项私自挪用，系藉口尚未收到款项，此项损害之发生或扩大难谓被上诉人与有过失，上诉人对此亏短之款项自应负全部赔偿责任。"

同院1991年度台上字第1889号判决："上诉人出具之保证书载明：'任职期间，如有违背贵公司规章、侵害公司利益、迁调被保人之职务或其服务地点，虽已离职或身故，保证人对于所发生之损害，仍应负原保证责任（放弃先诉抗辩权）'，纵上诉人为保证后，杨×环经被上诉人调动职务，对于杨×环生前所为违背职务之行为，仍应负连带赔偿之责。"

可准用“民法”第七百四十五条先诉抗辩权之规定，惟如认为可准用“民法”第七百四十六条第一款之规定或承认“连带人事保证”者，即违反“民法”第七百五十六条之二第一项之强制规定，应属无效。盖“民法”第七百五十六条之二第一项规定：“人事保证之保证人，以雇用人不能依他项方法受赔偿者为限，负其责任。”此规定已明白表示雇用人应先向保证保险人请求理赔，或实行最高限额抵押权，或向受雇人依雇佣关系（劳动关系）请求损害赔偿后，就不足之部分始得向人事保证人求偿，且有数额之限制（同条第二项）。如认为人事保证可准用“民法”第七百四十六条第一款之规定或承认“连带人事保证契约”，而令人事保证人无先诉抗辩权者，虽依“民法”第七百五十六条之九准用第七百三十九条之一之规定，似可认为其抛弃先诉抗辩权系“民法”第七百三十九条之一所称之“除法律另有规定外”，惟如此适用，解释上无异排除“民法”第七百五十六条之二第一项之规定，故愚意以为此等约定依“民法”第七十一条之规定，即属无效。[55]

至于其他各款于一般保证即应宜全数删除，以贯彻保障保证人权益之意旨，否则“民法”第七百四十五条先诉抗辩权尽失其美意，盖本条中第二、三、四款规定，均不足以构成保证人先诉抗辩权丧失之理由，更何况系人事保证？故人事保证应不准用本条第二、三、四款之规定。

七、“民法”第七百四十七条

“民法”第七百四十七条系一般保证请求履行及中断时效之效力规定。人事保证既属独立负担损害赔偿之契约，应与受雇人（被保证人）应对雇用人负担之损害赔偿债务有别，消灭时效应个别起算，且时效中断应个别处理，愚以为本条性质上与人事保证有所抵触，应无准用之余地。反之，若受雇人（被保证人）不为时效抗辩，依“民法”第七百五十六条之九准用第七百四十二条规定，人事保证人仍得援以抗辩之（详后述）。但雇用人向受雇人为请求履行损害赔偿之行为，就人事保证人之补充性（代负赔偿责任）及利益言，应有其准用，始为合理。

八、“民法”第七百五十条

“民法”第七百五十条系保证责任除去请求权之规定。按人事保证既

55　反对见解，钱国成，前揭书，同注18，第二五四页。

采独立负担损害赔偿之契约，虽亦有因受雇人（被保证人）之委任而为保证，但为突显人事保证之独立性，且系在求损害赔偿之确保，并非系一般保证先有主债务存在之情事；又“民法”第七百五十条所列各款情形，均在求主债务之确保，殊与人事保证之独立代负受雇人（被保证人）之不确定损害赔偿不同，故愚意以为不宜准用，否则纵使人事保证人得请求受雇人（被保证人）除去保证责任，但对人事保证契约之当事人即雇用人亦无拘束力可言，形同无意义之准用。

九、“民法”第七百五十三条

民法第七百五十三条系未定期保证责任免除之规定，早期学说均认为人事保证得准用本条规定。[56] 惟其适用上须保证本身未定期间，且须主债务有确定之清偿期日，而人事保证契约依“民法”第七百五十六条之三必定有期间，纵使未定期间该条亦拟制为三年期间，又人事保证并无所谓主债务之存在，故本条性质上与人事保证不同，应非准用之范围内。

十、“民法”第七百五十四条

“民法”第七百五十四条系连续债务保证之终止规定。早期学说[57] 与实务见解虽认为人事保证得准用本条之规定[58]，愚意以为人事保证既无就受雇人“连续发生之债务”为保证，且人事保证必定有期间，故本条性质上与人事保证相抵触，应无准用之余地。复依“民法”第七百五十六条之五第一项第二款之规定，受雇人因职务上之行为而应对雇用人负损

56 史尚宽，前揭书，同注1，第八九八页。郑玉波，前揭书，同注1，第八九九页。曾隆兴，前揭书，同注1，第一五八页。

57 史尚宽，前揭书，同注1，第八九八页。郑玉波，前揭书，同注1，第八九九页。曾隆兴，前揭书，同注1，第一五八页。

58 “最高法院”1987年度台上字第729号判决：“人事保证契约未定有期间，而被保人之职务或雇佣关系亦未定有期间者，固可解释得准用‘民法’第七百五十四条第一项之规定，保证人可随时通知债权人终止保证契约，而于终止通知到达后，经相当期间，发生终止效力。惟本件被上诉人书立之保证书其所附之保证书规则第六条载明‘保证人如欲退保时，应以书面通知本厂，经被保人办妥另具新保手续撤回原保证书后，方可解除保证责任。如以登报或宣言退保者，概不发生效力’，此为两造关于终止本件保证契约程序之特别约定，倘无法律上无效之原因，当事人间应受其拘束。”

同院1993年度台上字第309号判决：“职务保证契约未定保证期间者，如被保证人之任职定有期间时，以其任职之期间为保证之期间；如被保证人之任职未定有期间时，应属继续性保证，解释上自可准用‘民法’第七百五十四条第一项规定，保证人得随时通知债权人终止保证契约。”

害赔偿责任，并经雇用人向受雇人行使权利者，人事保证人得依同条第二项之规定终止人事保证契约，亦即不问定有期间或未定期间之人事保证契约，只要有本款情形发生，人事保证人均得随时终止契约，故人事保证虽系对将来不确定之损害赔偿债务为保证，然因本款已有终止权之特别规定，“民法”第七百五十四条终止权之规定已无意义，无准用之必要。

十一、“民法”第七百五十五条

“民法”第七百五十五条系定期债务保证责任之免除规定。人事保证并无所谓定期债务，亦无所谓主债务，不生允许主债务人延期清偿之问题，况雇用人对于受雇人（被保证人）损害赔偿请求权，仅有请求权存在与否或减免与否，故无准用本条之余地。[59] 但如雇用人减免受雇人损害赔偿责任者，人事保证人得依“民法”第七百五个六条之九准用第七百四十二条抗辩之。

十二、“民法”第七百五十六条

“民法”第七百五十六条系有关信用委任之规定。本条规定与人事保证性质全然不同，无从准用。

贰、人事保证性质上准用一般保证之规定

一、“民法”第七百三十九条之一

“民法”第七百三十九条之一系保证人权利不得预先抛弃之规定，与人事保证之性质并无抵触，应得准用。故人事保证契约约定人事保证人预先抛弃人事保证一节及性质上准用一般保证规定之权利者，依“民法”第七百五十六条之九准用第七百三十九条之一之规定，该约定依“民法”第七十一条规定，无效。

---

59 “最高法院”1962年度台上字第1854号判例：“承销保证契约记载：‘兹担保某甲在台湾省某市果菜批发市场经营果菜承销业务…如有亏欠货款…等情事，保证人愿负法律上一切责任’等语，其性质非属一般债务保证，而为人事保证（亦称职务保证或身元保证），与民法第七百五十五条所谓就定有期限之债务为保证之情形迥不相同。”（“最高法院”2002年第一次民事庭会议决议本判例增列于“民法”第七百五十六条之一。）

二、“民法”第七百四十二条

“民法”第七百四十二条系一般保证人抗辩权规定，与人事保证之性质并无抵触，应可准用。故受雇人（被保证人）所有之抗辩，人事保证人均得主张之，而受雇人（被保证人）抛弃其抗辩者，人事保证人仍得主张之，方得公允，并免受雇人与雇用人串通故生损害赔偿而转嫁于人事保证人。

三、“民法”第七百四十二条之一

“民法”第七百四十二条之一系一般保证人抵销权，与人事保证之性质并无抵触，应可准用。故人事保证人得以受雇人对雇用人之债权，向债权人主张抵销；但人事保证人本身对雇用人有债权者，除其自己得向债权人主张抵销外，受雇人不得以之向雇用人主张抵销，因人事保证人独立地代负赔偿责任，故雇用人可向人事保证人主张抵销，但雇用人必须依“民法”第七百五十六条之二第一项之规定先依他项方法受赔偿后，就受偿不足之部分始得主张抵销，且限于“民法”第七百五十六条之二第二项之范围内始生抵销之效力。抵销后抵销范围之债务消灭，保证人对受雇人（被保证人）依“民法”第七百四十九条取得代位承受雇用人对受雇人之债权。

四、“民法”第七百四十五条

“民法”第七百四十五条系一般保证人之先诉抗辩权规定。人事保证人既仅为“代负赔偿责任”而非“负损害赔偿责任”，自许人事保证人于雇用人未就受雇人（被保证人）之财产执行而无效果前，得对雇用人拒绝赔偿，方得公允，并避免雇用人与受雇人串通，故生损害赔偿而转嫁于人事保证人。愚意以为二者性质上并无抵触，理应有准用。如人事保证人与受雇人对雇用人特约负连带保证者，愚意以为应认其违反“民法”第七百五十六条之二第一项之规定而属无效，已如前述。

五、“民法”第七百四十八条

“民法”第七百四十八条系一般共同保证规定，性质上与人事保证不生抵触，故数人保证同一受雇人之职务行为所生损害赔偿债务者，除另有订定外，对雇用人应连带负人事保证责任。此时，数人事保证人间之内部关系，应依“民法”第二百八十条至第二百八十二条之规定处理之。[60]

六、“民法”第七百四十九条

“民法”第七百四十九条系一般保证人代位承受之规定。按人事保证既系代负赔偿责任，而非连带负赔偿责任，故损害赔偿责任本为受雇人（被保证人）对雇用人因职务上行为而应对雇用人为损害赔偿，其性质与一般保证债务人代偿之情形同，无不予准用之道理。人事保证人与一般保证人同，于向雇用人为清偿后，于其清偿之限度内，承受雇用人对于受雇人之债权。此项求偿权之基础，在未受受雇人（被保证人）委任下，应属于无因管理，依“民法”第一百七十六条之规定求偿；若在受受雇人（被保证人）委任下而保证，人事保证人亦得依民法第五百四十六条规定求偿。至于代位承受及求偿之范围，应限于人事保证人所代偿之限度内，此时须注意“民法”第七百五十六条之二之赔偿责任限度规定之适用。本项代位承受与一般保证同，于人事保证人代负赔偿责任后当然代位，与“民法”第三百十二条第三人清偿之当然代位相同。

七、“民法”第七百五十一条

“民法”第七百五十一条系属保证责任因债权人抛弃担保物权而减免规定。愚意以为人事保证既系以尚未发生而不确定之损害赔偿为客体，于损害赔偿债务尚未发生前，从属的一般担保物权因无所附丽而不能设定，仅最高限额抵押权得以设定，解释上言，须于损害赔偿债务发生后，损害赔偿请求权人抛弃担保物权，始有本条准用之余地。又于损害赔偿债务发生后，始设定担保物权者，嗣后再予抛弃者，愚意以为性质上并无抵触，亦得准用。

八、“民法”第七百五十二条

“民法”第七百五十二条系定期保证之免责规定。愚意以为性质上与人事保证并不抵触，反为常见情事，应有准用余地。[61] 故约定人事保证人仅于一定期间内（例如被保证人受雇时起三年内）为保证者，如被保证人于该三年内未对其雇用人造成职务行为上之损害赔偿之情事，或纵在

---

60 曾隆兴，前揭书，同注1，第一五七页。

61 郑玉波，前揭书，同注1，第八九九页。

三年内有生损害赔偿情事，但损害赔偿请求权人即雇用人对于人事保证人不为审判上之请求，为求人事保证责任之早日确定，人事保证人应免其代负赔偿责任，方为公允，且符立法本旨。

愚意以为解释上言，当事人为三年内之约定、约定超过三年而依法缩短为三年以及未定期间依法拟制为三年等三种情形（“民法”第七百五十六条之三参照），均有本条规定之准用，惟如人事保证契约当事人依“民法”第七百五十六条之三第二项为更新者，即无本条规定之准用之余地。

第五节　人事保证之消灭

壹、消灭之原因

人事保证消灭之原因，兹分述如下：

一、当然终止

（一）因期间届满而消灭

“民法”第七百五十六条之七第一款规定，人事保证关系因保证期间届满而消灭。[62] 查人事保证定有期间者，人事保证关系于期间届满时消灭，但于其期间届满前已发生之损害赔偿债务，并不消灭，乃当然之理。[63] 此应与“民法”第七百五十二条一般保证之规定为相同之解释，亦即对发生于保证期间内之损害，债权人于保证期间届满时仍不请求赔偿，其权利即归于消灭。盖此系对保证定有期间，而非对被保证之损害赔偿债务定有期间。依本条增订理由，所谓保证期间届满，解释上当然包括约定保证期间届满，及未定期间之保证，其法定有效期间已满三年者而言。

62　本条立法理由：“一、本条新增。二、人事保证以保证人之信用为基础，且以受雇人有能力及其与雇用人之雇佣关系存在为前提。因此，保证之期间届满、保证人或受雇人死亡、破产或丧失行为能力、或受雇人与雇佣人之雇佣关系消灭时，其人事保证关系均应消灭。为杜疑义，爰增订本条。王所谓保证期间届满，解释上当包括约定保证期间届满及未定期间之保证契约，其法定有效期间已满三年者而言。”

63　郑玉波，前揭书，同注1，第八九八页。

（二）因受雇人或保证人之死亡而消灭

“民法”第七百五十六条之七第二款规定，人事保证关系因保证人死亡、破产或丧失行为能力而消灭。同条第三款规定，人事保证关系因受雇人死亡、破产或丧失行为能力而消灭。按“民法”原修正草案对人事保证是否因受雇人或保证人之死亡而消灭，并未规定，日本人事保证法亦无明文规定。但按债之主体言，受雇人死亡时已失权利能力（“民法”第六条），不得再为权利义务之主体基础，故其死亡者，再无为保证客体（雇佣关系）存在之前提，人事保证关系亦应随之消灭（非溯及消灭）。又人事保证有专属性存在，故人事保证债务不得继承，故除有特约外，人事保证之责任应因保证人死亡而消灭，实务见解亦同。[64]

按人事保证责任发生与最高限额保证类似，均有就将来不确定之损害为保证。因此，人事保证人死亡后已不得再为权利义务之主体，人事保证人死亡前已发生之债务，在约定限度之范围内（最高限额保证），固应由其继承人承受；人事保证人死亡后始发生之债务不在其继承人继承之范围[65]，惟不论是否已发生债务，除当事人特约且人事保证人之继承人亦与受雇人同样具有信任关系，愿意于继承开始时承继人事保证人之地位[66]者外，人事保证关系并不由人事保证人之继承人继承。[67]至于被保证人（受雇人）死亡，人事保证关系应消灭，但不影响其死亡前已发生对雇用人应负之损害赔偿责任，故人事保证人仍应负人事保证责任，被保证人（受雇人）之继承人仍应负损害赔偿责任[68]，惟其仍有抛弃继承或限

64 “最高法院”1962年度台上字第2789号判例，请参见注17。

65 钱国成，前揭书，同注18，第二五五页。“最高法院”1992年度台上字第1011号判决：“保证人与债权人约定就债权人与主债务人间所生一定债之关系范围内之不特定债务，预定最高限额，由保证人保证之契约，学说上称为最高限额保证。此种保证，除订约时已发生之债权外，即将来发生之债权，在约定限额之范围内，亦为保证契约效力所及。而保证人死亡后，已不得再为权利义务之主体。保证人死亡前已发生之债务，在约定限度之范围内，固应由其继承人承受，负连带偿还责任；惟保证人死亡后始发生之债务，则不在其继承人继承之范围。”

66 史尚宽，前揭书，同注1，第八九八页。

67 “最高法院”1997年度台上字第3765号判决：“一般保证债务并非专属于保证人本身之债务，除有特殊情形，即以保证人具有一定资格为前提而成立之保证债务，例如以保证人为具有公司之董事身份为前提而成立之保证；或保证人应负保证责任之限度不明确而无法预测者，例如为将来债务所负之保证，其将来债务发生之次数及数额不确定，使得附随之保证责任亦不确定；或以保证人与第三人之特别信任关系为前提而成立之保证契约，例如职务保证、信用保证者外，纵保证人死亡，其继承人仍得继承其保证债务。”

68 史尚宽，前揭书，同注1，第八九八页。曾隆兴，前揭书，同注1，第一五九页。

定继承之权利。

（三）因受雇人或保证人之破产或丧失行为能力而消灭

“民法”原修正草案对人事保证是否因被保证人或保证人之破产或丧失行为能力而消灭，并未作规定，日本人事保证法亦无明文规定。台湾地区“民法”第七百五十六条之七第二、三款增订被保证人或保证人之破产或丧失行为能力为人事保证之法定终止事由。盖考虑人事保证系以信用为基础，亦应以有行为能力为前提，始为公允。良以受破产宣告者，其信用已丧失；丧失行为能力者，其已不能为有效法律行为，自当明订其为人事保证契约终止之原因。惟于被保证人或保证人破产或丧失行为能力前已发生保证责任者，亦不因嗣后被保证人或保证人破产或丧失行为能力而受影响。

（四）受雇人之雇佣关系消灭

受雇人之雇佣关系消灭者（例如受雇人被开除、定期雇佣契约期间届满或雇用人结束营业等等），保证客体（雇佣关系）存在之前提已失，人事保证依其从契约之性质，应随之消灭。但雇佣关系终了前已发生之损害赔偿债务，并不消灭，人事保证人仍应负责。[69]

二、终止权之行使

（一）任意终止权

“民法”第七百五十六条之四第一项规定：“人事保证未定期间者，保证人得随时终止契约。”[70] 人事保证定有期间者，除有“民法”第七百五十六条之五第一项所定之事由外，人事保证人不得终止人事保证契约（详后述）。人事保证未定有期间者，依本条第一项之规定，人事保证人得随时终止契约。此“任意终止权”之规定，与“民法”第七百五十六条之三第三项规定三年拟制期间之规定，并无矛盾之处。盖三年有效期间之拟制规定，系为保障人事保证人之利益，不致因人事保证人不知适时终止而令该契约继续存在，至于当事人得随时终止契约，本为未定期间契约之特性，且人事保证人于订立未定期间契约时，恐亦有将来得随时终止之意思，故对于未定期间之人事保证，虽一方面为保障人事保证人之立法目的而有三年期间拟制规定，另一方面为维持未定期间契约之

69 史尚宽，前揭书，同注1，第八九八页。

70 本条项增订理由：“二、人事保证未定期间者，应许保证人于法定之三年有效期间内，得随时通知终止契约，以消灭其人事保证关系，爰为第一项规定。”

特性而有人事保证人得随时终止契约之规定，二者并同规定，应与契约法之原理并无抵触[71]。惟为免雇用人因人事保证人任意行使终止权而遭到不利益之不合理现象，同条第二项规定："前项终止契约，应于三个月前通知雇用人。但当事人约定较短之期间者，从其约定。"[72] 是为预告期间之规定。原则上人事保证人欲终止契约时，应于三个月前通知雇用人，俾雇用人及受雇人得于通知期限内另觅适当之保证人。惟如当事人约定较短期间者，基于契约自由原则，应从其约定。此时，本条项但书相对地同意当事人得约定较短之期间，不得约定长于三个月之之期间，其目的主要在保护人事保证人，以免其负担过重之责任，且预告期间过长，将使人事保证人之任意终止权徒具虚名，故约定较三个月为长者，其约定无效，但人事保证契约仍为有效。

日本人事保证法不承认保证人有任意终止权（日本称终止权为解除权），但不问定有期间或未定期间之人事保证，于有终止权之原因发生而受雇用人通知或知有该法定通知原因事实时，人事保证人得向将来终止人事保证契约（日本人事保证法第三条、第四条），是仅采特别终止权，对人事保证人较为不利。

（二）特别终止权

"民法"第七百五十六条之五第二项规定："保证人受前项通知者，得终止契约。保证人知有前项各款情形者，亦同。"[73] 所谓"前项通知"，系指雇用人有"民法"第七百五十六条之五第一项所定应即通知人事保证人之事由而言。人事保证人有特别终止权，如有法定通知事由发生者，人事保证人受通知或自知有应受通知之情形，在定有期间之人事保证契约，不问所定期间是否届满，未定期间之人事保证亦无需为预告之通知，均得终止人事保证契约，惟终止与否仍属人事保证人之自由。

（三）合意终止

基于契约自由原则，人事保证契约当然得由雇用人与人事保证人合

---

71 "法务部民法研究修正委员会"会议记录，财产法组，第六十二集，第一百页。

72 本条项增订理由："三、保证人于终止契约时，应先期通知雇用人，俾雇用人及受雇人得于通知期限内另觅适当之保证人。惟当事人如约定较短之期间者，自宜从其约定，俾符合契约自由之精神。爰参考瑞士债务法第五百十二条而设本条之规定。"

73 本条项增订理由："三、于有第一项之事由时，保证人对于已发生之赔偿责任，固难脱免，惟为免将来继续发生或加重保证人之责任，应许其有终止保证契约之权利，爰仿日本前开法律第四条增订第二项。"

意终止。[74]

（四）终止权之行使

不论任意终止权或法定终止权，人事保证人行使终止权者，依“民法”第二百六十三条准用第二百五十八条之规定，应向雇用人为以意思表示为之[75]，且效力仅向将来发生。[76]故如“保证人如欲退保时，应以书面通知本公司，经被保证人办妥另具新保手续撤回原保证书后，方可解除保证责任。如以登报或宣言退保者，概不发生效力。”之特约条款，早期实务见解认为有效。[77]愚意以为，此约定除特约以书面为之符合“民法”第一百六十六条之约定，及明示登报或宣言退保不生效力符合“民法”第二百六十三条准用第二百五十八条之规定外，该条款“经被保证人办妥另具新保手续撤回原保证书后，方可解除保证责任”之约定，将人事保证人行使终止权之效力拖延至被保证人另觅新人事保证人后并完成新保手续，显然与“民法”第七百五十六条之四及第七百五十六条之五第二项之规定不符，应不生效力。

三、契约预定消灭事由发生

人事保证契约如有预定人事保证契约消灭事由者，例如约定人事保证人出国或附有其他解除条件者，自其消灭事由发生或解除条件成就时，人事保证契约消灭。[78]

四、雇用人抛弃担保物权

“民法”第七百五十六条之九准用第七百五十一条之规定，雇用人抛弃为其债权担保之物权者，人事保证人就其雇用人所抛弃权利之限度内，免其责任。

五、定期保证逾期而不请求

按人事保证既为定有期间之保证，故依“民法”第七百五十六条之

74 郑玉波，前揭书，同注1，第九百页。

75 曾隆兴，前揭书，同注1，第一五九页。

76 “最高法院”1929年度上字第1520号判例：“保证人中途退保者，原则上只能自退保之日起发生效力，退保时曾特别订明关于被保证人退保前后一切行为，概不负责，已得债权人同意外，其在退保前对于被保证人之行为，仍难免保证责任。”

77 “最高法院”1987年度台上字第729号判决，请参见注58。

78 曾隆兴，前揭书，同注1，第一五九页。

九准用第七百五十二条之规定，如雇用人于其期间内，对于人事保证人不为审判上之请求，保证人免其责任。

贰、消灭之效果

人事保证债务随受雇人之债务消灭而消灭者，并无问题，但如系因人事保证人自己清偿、提存、抵销等行为使人事保证债务消灭者，受雇人之债务并不因此而消灭，人事保证人尚可主张求偿权与代位承受。承受人事保证人如依“民法”第七百五十一条或第七百五十二条之规定而免责者，受雇人之债务不因此而消灭，此时人事保证人无求偿权与代位权之问题。

第六节　结论

人事保证制度，乃台湾民间惯行事实，过去虽无法律明文规定，但实务上相关案例及判决先例亦复不少，惟仍未建立完整体系，适用上难见完美，故特参考日本人事保证法增订之。本体上言，台湾民法之内容系沿用日本法，但仍有少数用语及观念，为求符合民间惯行而作与日本法不同规定。本制度之法典化，旨在补民间惯行之不足，求对人事保证人作最公允之保障，而免一日为保，终生为难之苦，并非在鼓励推行人事保证制度，良以人事保证既为无偿契约，对人事保证人并无益处，多于人情不得已之情形下为之，洵属相当落伍之制度。在无法废除而又须法典化、且不宜鼓励下，台湾地区“保险法”第九十五条之一乃增订有保证保险制度，依该条规定：“保证保险人于被保险人因其受雇人之不诚实行为或其债务人之不履行债务所致损害，负赔偿之责。”即期以保证保险制度取代人事保证制度也。

图书在版编目（CIP）数据

民法债编各论（上中下）/林诚二著.
北京：中国人民大学出版社，2007
（21世纪法学研究生参考书系列）
ISBN 978-7-300-07879-3

Ⅰ．民…
Ⅱ．林…
Ⅲ．债权法-研究-中国-研究生-教学参考资料
Ⅳ．D923.34

中国版本图书馆CIP数据核字（2007）第020055号

21世纪法学研究生参考书系列
民法债编各论（上中下）
林诚二 著

出版发行	中国人民大学出版社		
社　　址	北京中关村大街31号	**邮政编码**	100080
电　　话	010－62511242（总编室）		010－62511398（质管部）
	010－82501766（邮购部）		010－62514148（门市部）
	010－62515195（发行公司）		010－62515275（盗版举报）
网　　址	http://www.crup.com.cn		
经　　销	新华书店		
印　　刷	固安县铭成印刷有限公司		
规　　格	155 mm×235 mm　16开本	**版　　次**	2007年3月第1版
印　　张	69 插页6	**印　　次**	2020年8月第2次印刷
字　　数	1 116 000	**定　　价**	98.00元（全三册）